Levanta do pó o necessitado e,
do monte de cinzas ergue o pobre;
ele os faz sentarem-se com
príncipes e lhes dá lugar de honra.
Pois os alicerces da terra são do Senhor;
sobre eles estabeleceu o mundo.

I Samuel 2.8

CURSO DE DIREITO ADMINISTRATIVO

ELYESLEY SILVA
DO NASCIMENTO

CURSO DE DIREITO ADMINISTRATIVO

4ª edição, revista e atualizada

EDITORA IMPETUS

Niterói, RJ
2018

Editora Impetus Ltda.
Rua Alexandre Moura, 51 – Gragoatá – Niterói – RJ
CEP: 24210-200 – Telefax: (21) 2621-7007

PROJETO GRÁFICO: EDITORA IMPETUS LTDA.
EDITORAÇÃO ELETRÔNICA: EDITORA IMPETUS LTDA.
CAPA: CLAUDIO DUQUE
REVISÃO DE PORTUGUÊS: CARMEM BECKER
IMPRESSÃO E ENCADERNAÇÃO: EDITORA E GRÁFICA VOZES

N194c

Nascimento, Elyesley Silva do

Curso de direito administrativo: síntese do conteúdo em mais de 200 mapas mentais e quadros esquemáticos distribuídos ao longo do livro / Elyesley Silva do Nascimento. – 4ª ed., revista e atualizada – Niterói, RJ: Impetus, 2018.

1048 p. ; 17 x 24 cm.

ISBN: 978-85-7626-973-1

1. Direito administrativo – Brasil. 2. Método de estudo. 3. Estratégia de aprendizagem. I. Título.

CDD – 342.81

www.impetus.com.br

AGRADECIMENTOS

À minha mãe, exemplo insuperável de amor, dedicação, entusiasmo, garra, fé e dignidade. Meu alicerce no ensaio dos primeiros passos e meu porto seguro na primavera da vida.

Ao meu pai, por ter sido o mais primoroso artesão do meu caráter, me fazendo trilhar pelos caminhos da retidão e do companheirismo.

Aos meus avós, por terem sido tão cuidadosos, dedicados e pacientes para com seus filhos e netos. Sem vocês, tudo o que vivemos hoje não teria o mesmo brilho.

À minha esposa, que a cada dia me faz acreditar que a vida é indescritivelmente bela, que os sonhos podem ser realizados e que o amor não é o mero devaneio dos poetas. Perto dela e da grandeza do nosso sentimento a vida parece tão curta...

À minha pequena princesa, cujo olhar puro e sincero faz o papai ter a certeza de que o coração dele já não mais lhe pertence: bate no peito de outro alguém.

Ao professor Gustavo Amaral, grande amigo e constante lapidador dos meus conhecimentos.

A Deus, por cuidar de mim em cada detalhe, a ponto de planejar cada minuto da minha vida e me reservar os melhores momentos e aprendizados.

O Autor

O Autor

- ✓ Assistente Técnico-Jurídico na área de Direito Administrativo e Constitucional da Câmara dos Deputados;
- ✓ Pós-graduado *lato sensu* em Direito Constitucional;
- ✓ Instrutor do Centro de Formação, Treinamento e Aperfeiçoamento da Câmara dos Deputados;
- ✓ Professor de Direito Administrativo e Constitucional;
- ✓ Idealizador do projeto "Escola de Concurso" e dos cursos on-line "Direito Administrativo – Tríade da Alta Performance" "Direito Constitucional – Tríade da Alta Performance", "Lei nº 8.666/93 Descomplicada";
- ✓ Ex-membro de Comissão Permanente de Licitações e Pregoeiro Oficial;
- ✓ Autor das obras "Lei nº 8.112/90 – Estatuto dos Servidores Públicos Federais" e "Os Sete Hábitos do Concurseiro", ambas pela Editora Impetus;
- ✓ Coautor da obra "Lei nº 8.666/93 Anotada pelas Bancas Examinadoras", pela Editora Método;
- ✓ Coach Integral Sistêmico, palestrante e conferencista.

www.elyesleysilva.com.br

PREFÁCIO

Meu primeiro contato com o professor Elyesley Silva foi por meio de seus livros. Em seguida, tive o prazer de conhecê-lo pessoalmente. Como profissional, tanto para fins de editar bons livros quanto para crescer como pessoa, busco incessantemente profissionais dedicados, competentes e com conteúdo que possa agregar valor. Elyesley é desse tipo de homem e de profissional. Com uma belíssima história de vida, que o habilita como vencedor, ingressou no magistério com dedicação e conteúdo inovador. Por isso, ele priva de minha mais alta consideração e é para mim uma honra e alegria ser seu amigo e tê-lo na Editora Impetus.

A obra que você tem em mãos trata de uma das disciplinas mais importantes para o país e para quem deseja ser um operador jurídico. Conhecer os meandros da Administração Pública, mais que uma necessidade, é obrigação do cidadão, do jurista e do bom servidor. Seja por sua importância nas provas ou no próprio dia a dia de trabalho, a matéria assume uma posição de destaque na rotina de todo concurseiro, seja qual for o nível do cargo que pretende assumir.

Muitos materiais no mercado conseguem, satisfatoriamente, transmitir a matéria e informar o concurseiro, mas por falta de uma didática especializada, desenvolvida para atender às demandas específicas desse estudante, que, na maioria das vezes, não possui formação jurídica, acabam pecando ora por um vocabulário demasiadamente técnico, ora pelo foco em apenas uma especificidade da matéria em detrimento dos demais assuntos.

As características procuradas no conteúdo ideal, desenvolvido especificamente para a preparação de concursos, devem ser, além da atualização e da informação, a disposição simples e direta da matéria, levando ao estudante as informações essenciais a sua aprovação, sem aprofundar demasiadamente no *corpus* legal, nem tratar superficialmente qualquer conteúdo.

Estou há muitos anos no mundo dos concursos. Grande parte desse tempo, como editor, consultor ou autor de obras voltadas para o público concurseiro e, por isso, muito me orgulha e honra poder fazer parte deste *Curso de Direito*

Administrativo que foi desenvolvido levando em conta todas as necessidades do estudo para concursos sem deixar, em nenhum momento, de atender às exigências de uma boa obra jurídica.

Eis aqui um material excelente que equilibra, com maestria, questões, curiosidades e conteúdo, destacando o que há de mais relevante em termos de teoria para os principais concursos e bancas do país.

Necessária e aguardada, a obra reúne "tudo o que você precisa saber e nunca teve a quem perguntar" (relembrando uma antiga, mas ainda muito atual contribuição para os concursos, e fórmula que utilizei no meu primeiro livro direcionado aos concurseiros). O leitor poderá estudar Direito Administrativo com eficiência, pragmatismo e praticidade.

O autor, professor Elyesley Silva do Nascimento, é, atualmente, servidor concursado da Câmara dos Deputados, já havendo sido aprovado em nove outros concursos, além de ser professor de Direito Administrativo em cursos preparatórios para concursos, posições que, por si sós, demonstram seu conhecimento teórico e prático acerca da matéria. Mas, para além de sua atuação profissional, também é autor das obras *Os sete hábitos do concurseiro*, na qual aborda algumas das atitudes a serem desenvolvidas por quem deseja ter sucesso, *Lei nº 8.112/1990 – Estatuto dos Servidores Públicos Federais* e *Lei nº 8.666/1993 anotada pelas bancas examinadoras – Cespe/UnB*, da qual é coautor. Seu currículo ratifica sua excelência e preocupação com conteúdos especializados, indispensáveis na mesa de estudos do futuro servidor público e, em mais esta obra, com especial cuidado preparada, apresento meu aplauso e recomendação.

William Douglas

Juiz Federal / RJ, Professor e Escritor

Titular da 4ª Vara Federal, premiada por produtividade (CNJ / CJF)

Apresentação

Resultado de trabalho contínuo e paciente, esta obra vem concretizar o intenso desejo de reunir o conhecimento e a experiência acumulados ao longo de anos de magistério e pesquisa acadêmica. Tão férteis são os caminhos pelos quais se pode enveredar no campo do conhecimento, que não foi tarefa fácil sintetizar as inúmeras descobertas que envidamos junto aos nossos alunos e colegas de magistério.

O propósito que norteou este trabalho foi o de sistematizar os principais aspectos que envolvem a tão rica disciplina do Direito Administrativo, de forma simples, didática e agradável ao leitor. Não obstante o cunho prático da obra, fizemos questão de conservar o rigor da linguagem técnica, a vasta citação de trechos e opiniões dos mais renomados administrativistas, bem como a inserção de jurisprudência contemporânea que, diga-se de passagem, nas últimas décadas vem assumindo posição de destaque na matéria.

A estrutura desta obra proporciona ao leitor explicações pormenorizadas sobre doutrina e jurisprudência correlatas. Os mapas mentais e os quadros esquemáticos abordam os tópicos principais e facilitam a memorização do conteúdo, bem como sua rápida revisão.

Por derradeiro, impende destacar que sem as críticas, os elogios e as sugestões dos leitores, esta obra não terá o êxito que dela se espera. Por isso, contamos com sua participação, para que juntos possamos adentrar com mais acerto nesse mundo repleto de surpresas e delícias, que é o Direito Administrativo.

Brasília, outubro de 2012

Elyesley Silva do Nascimento

professor@elyesleysilva.com.br

SUMÁRIO

Capítulo 1

Fundamentos de Direito Público e Teoria Geral do Direito Administrativo

1. CONSIDERAÇÕES INICIAIS

Viver em sociedade é uma necessidade do indivíduo.

Se, por um lado, o ser humano precisa viver em agrupamento, por outro, a vida em sociedade gera um sem-número de conflitos entre os indivíduos. Daí a importância do Direito, que nasce como uma ciência de dupla finalidade: a) regrar a organização e o funcionamento da sociedade e do Estado; e b) servir como instrumento de harmonização e pacificação dos indivíduos em seus conflitos. Assim, "a tarefa da ordem jurídica é exatamente a de harmonizar as relações sociais intersubjetivas, a fim de ensejar a máxima realização dos valores humanos com o mínimo de sacrifício e desgaste".[1]

Este capítulo tem como objetivo fornecer subsídios para o entendimento do Direito Administrativo.

2. FUNDAMENTOS DE DIREITO PÚBLICO

Preliminarmente, devemos conhecer alguns conceitos básicos relacionados ao Direito Público, notadamente acerca da concepção, composição, funções e poderes do Estado para, posteriormente, verificarmos a Teoria Geral do Direito Administrativo.

A Teoria Geral do Estado, no magistério do mestre Dalmo de Abreu Dallari, se ocupa do "estudo do Estado sob todos os aspectos, incluindo a origem, a organização, o funcionamento e as finalidades, compreendendo-se no seu âmbito tudo o que se considere existindo no Estado e influindo sobre ele".[2]

A importância de se estudar esse ramo do saber reside na premissa de que só se compreende com precisão o funcionamento da máquina administrativa

1 GRINOVER, Ada Pellegrini; DINAMARCO, Cândido Rangel; CINTRA, Antônio Carlos Araújo. *Teoria Geral do Processo*. São Paulo: Malheiros, 2009, p. 25.

2 DALLARI, Dalmo de Abreu. *Elementos de Teoria Geral do Estado*. 28ª ed. São Paulo: Saraiva, 2009, p. 6.

do Estado, se, anteriormente, houver uma nítida imagem acerca do que é o Estado, os seus elementos básicos, funções e poderes estruturais.

2.1. Noções Históricas

A expressão "Estado", na concepção que se tem atualmente, surge pela primeira vez na obra *O Príncipe,* de Maquiavel (1513), como sinônimo de organização política formada por unidades independentes – as Cidades-Estado.

O surgimento do Estado sempre foi alvo de acaloradas discussões entre os pensadores. Dalmo de Abreu Dallari[3] aponta três posições mais relevantes sobre o surgimento do Estado. Uma primeira corrente defende que o Estado sempre existiu, pois o homem sempre esteve organizado socialmente em torno de um poder central que determina a conduta dos indivíduos. A segunda defende que a sociedade humana viveu sem o Estado durante um certo período, mas que, por razões diversas e por conveniência dos indivíduos, este foi instituído na medida em que se apresentava como solução para o atendimento das necessidades dos grupos sociais. A terceira corrente só admite a existência do Estado como instituição a partir do momento em que foi cometido de caracteres bem definidos.

2.2. Elementos

Para que possamos afirmar a existência de um Estado moderno politicamente organizado, é necessária a presença de alguns elementos originários e indissociáveis que lhe são característicos, quais sejam: povo, território, soberania e finalidade.

O **povo** é o componente humano do Estado: a reunião das pessoas que fazem parte de um Estado na condição de nacionais. São os indivíduos que mantêm entre si laços culturais, linguísticos e religiosos comuns e que decidem se unir para constituir o Estado e com ele estabelecer "vínculo jurídico de caráter permanente, participando da vontade estatal e do exercício do poder soberano".[4] Tal vínculo jurídico é denominado nacionalidade. No Direito Administrativo é comum nos referirmos ao povo utilizando expressões como "administrados", "particulares".[5]

O **território** é a estrutura geográfica sobre a qual o povo está situado e onde a soberania do Estado encontra seus limites físicos: solo, subsolo, espaço aéreo, mar territorial e plataforma continental.[6]

3 DALLARI, Dalmo de Abreu. *Elementos de Teoria Geral do Estado*. 28ª ed. São Paulo: Saraiva, 2009, p. 52-53.

4 *Idem, ibidem.* Op. cit., p. 99-100.

5 Para José Jairo Gomes (*Direito Eleitoral*. 9ª ed. São Paulo: Atlas, 2013, p. 5), povo "é a entidade mítica à qual as decisões coletivas são imputadas. Note-se, porém, que as decisões não são tomadas por todo o povo, senão pela maioria, ou seja, pela fração cuja vontade prevalece nas eleições."

6 Sobre "mar territorial" e "plataforma continental", *vide* tópico 8 (Bens públicos em espécie) do Capítulo 11 (Bens Públicos) deste Curso.

Impende notar que território, na condição de elemento constitutivo do Estado, não significa simplesmente espaço físico, mas sim a base geográfica de fronteiras estáveis e sobre o qual há afirmação da soberania de um dado Estado. E é exatamente por isso que a soberania de um Estado não é exercida somente sobre o seu povo, mas também sobre estrangeiros que se encontrem em seu território.

Por óbvio, um conjunto de pessoas situadas num espaço físico não é suficiente para caracterizar a formação de um Estado. É necessário que haja algo que seja capaz de gerenciar e dirigir a vida estatal – seja criando as leis, seja executando-as. Esse elemento de organização da vida estatal pode ser definido como **governo soberano**, que, consoante o dizer de Hely Lopes Meirelles, é o "elemento condutor do Estado que detém e exerce o poder absoluto de autodeterminação e auto-organização emanado do Povo".[7] Em outro dizer, a soberania consiste no poder coercitivo que permite que a organização estatal exerça sua vontade, de forma irresistível, sobre os indivíduos.

A soberania pode ser vista sob duas perspectivas: interna e externa. A soberania interna se reflete na condição de que nenhum cidadão ou organização terá supremacia em relação ao Estado, que ocupa o ápice da pirâmide hierárquica de Poder. Externamente, a soberania significa que nenhum Estado está hierarquicamente acima de qualquer outro. Todos os Estados estão no mesmo patamar nas relações entre si.

Por fim, o elemento **finalidade** diz respeito aos objetivos que devem ser buscados pelo Estado. De modo geral, os objetivos de qualquer Estado giram em torno da seguinte ideia: buscar o bem comum e a paz social. A partir dessa espinha dorsal, cada nação estabelecerá o seu rol específico de objetivos, a exemplo dos "objetivos fundamentais da República Federativa do Brasil" descritos no art. 3º da nossa Constituição Federal.

2.3. Conceito

O conceito de Estado varia conforme o ângulo em que é estudado pelas diversas correntes do saber (sociológica, filosófica, econômica, política, jurídica etc.). Entretanto, o que nos afigura mais importante é aquela que reconhece a **personalidade jurídica** do Estado, como sujeito de direitos e obrigações com capacidade para a prática de atos jurídicos voltados à finalidade de atendimento do interesse público.

Nesse exato sentido vai o art. 41 do Código Civil quando elenca as unidades da Federação (União, Estados, Distrito Federal e Municípios) e as define como pessoas jurídicas de direito público.

7 MEIRELLES, Hely Lopes. *Direito Administrativo Brasileiro*, 34ª ed. São Paulo: Malheiros, 2008, p. 61.

Sendo assim, para nós, o Estado é a pessoa jurídica de direito público que exerce poder soberano e incontrastável sobre os indíviduos situados em determinado território, visando à paz e ao bem-estar coletivo.

2.4. Funções

A tônica da noção de Estado é o desenvolvimento de atividades que satisfaçam o bem coletivo. Vale repetir: a razão de ser do Estado é desempenhar atividades que satisfaçam às mais variadas e legítimas necessidades do indivíduo.

O estudo acerca das atividades que o Estado deve desempenhar em favor dos seus cidadãos tem como marco inicial a obra *A Política*, de Aristóteles. Mas o pensador que melhor desenvolveu o tema foi o Barão de Montesquieu, em *O Espírito das Leis* (1748). Para ele, o Estado para bem atingir o interesse comum deveria desempenhar pelo menos três tipos de atividades: criar as leis, executá-las e resolver conflitos que surgissem de sua aplicação.

O Poder estatal, conquanto uno e indivisível, se desmembra em três funções: a **legislativa**, a **jurisdicional** e a **administrativa**. Nesse contexto, a função legislativa cria o direito, a função jurisdicional aplica o direito a casos concretos, mediante provocação das partes, e a função administrativa executa o direito em prol de uma utilidade pública concreta e imediata.

Adotando-se o **critério objetivo formal**[8], que se baseia na natureza jurídica (atributos específicos) dos atos produzidos em cada uma das funções do Estado, poderíamos conceituar as funções estatais da seguinte forma:

a) **função legislativa** é aquela por meio da qual o Estado produz atos jurídicos que **inovam na ordem jurídica**, criando novos direitos e obrigações a partir de poderes outorgados pela própria Constituição;

b) **função jurisdicional** é aquela responsável por resolver conflitos jurídicos de forma **definitiva**;

c) **função administrativa**, exercida sempre dentro de uma estrutura hierárquica, é desempenhada mediante a produção de **atos jurídicos infralegais** (subordinados à lei) ou excepcionalmente infraconstitucionais (nas hipóteses especiais do art. 84, VI, da Constituição).

Ampliando o entendimento, para ser ato legislativo, não basta que um ato jurídico tenha caráter geral e abstrato, é necessário que inove na ordem jurídica a partir da outorga de poderes pela Constituição. Assim, uma instrução normativa da RFB (Receita Federal do Brasil) não é considerada ato legislativo, mas tão somente ato normativo infralegal da Administração Pública, uma vez que não inova na ordem jurídica (regula dispositivos já previstos em lei).

8 Para se aprofundar nos demais critérios de conceituação das funções estatais, *vide* meu artigo "Critérios de Conceituação das Funções Estatais", disponível em www.elyesleysilva.com.br/funcoes.

Igualmente, uma decisão administrativa da Anatel, ao resolver conflito jurídico entre usuário e prestador de serviço de telefonia, não pode ser considerada ato jurisdicional, na medida em que não tem força definitiva (tal questão pode ser apreciada pelo Poder Judiciário, que terá a última palavra sobre o assunto).

2.5. Poderes

A sistemática de tripartição das funções estatais foi em grande parte desenvolvida e consolidada por Montesquieu.

O Estado manifesta a sua vontade por meio de seus Poderes, que são imanentes e estruturais. Embora o poder estatal seja uno e indivisível, desmembra-se em três Poderes (Executivo, Judiciário e Legislativo), que são os segmentos estruturais em que se divide o poder geral e abstrato decorrente da soberania.

Não podemos confundir os Poderes do Estado com os poderes administrativos (poder regulamentar, poder hierárquico, poder disciplinar, poder de polícia), pois estes têm caráter meramente instrumental e revelam as prerrogativas conferidas pela ordem jurídica aos agentes públicos para atingimento dos fins do Estado.[9]

Vimos, anteriormente, as três funções do Estado e em que consiste cada uma delas. Cabe agora mencionar os sujeitos que deverão desempenhá-las.

Inicialmente, um único indivíduo (geralmente o monarca) desempenhava, direta ou indiretamente, todas as funções do Estado. Vivenciava-se, naquele momento, o período do absolutismo monárquico em que o rei exercia os poderes estatais de maneira absoluta. É no auge do absolutismo que Luís XIV, na França, cunhou a máxima: *L'État cést moi* (o Estado sou eu).

Com a Revolução Francesa havia ficado patente a ideia de que se um único indivíduo desempenhasse de maneira exclusiva as três funções do Estado haveria espaço demasiado para influência de interesses particulares na condução da coisa pública. Ou seja, se apenas um único indivíduo (governante) ficasse responsável por elaborar as leis, executá-las e julgar as controvérsias jurídicas, haveria espaço para que este governante se distanciasse do interesse público e praticasse atos com o fim de atender os seus próprios interesses – o que trairia a própria finalidade do Estado: satisfação de interesses coletivos.

Assim, a ideia central era afastar o monopólio no exercício das funções estatais. O ideal é que cada função fosse desempenhada por uma "instituição" do Estado. Com o intuito de desconcentrar as funções estatais das mãos de um único indivíduo, foram instituídos os **Poderes do Estado** (Legislativo, Executivo e Judiciário), cada um desempenhando uma das funções de maneira típica, precípua, predominante. O Poder Legislativo desempenha a função legislativa,

9 A respeito, *vide* o Capítulo 5 (Poderes e Deveres Administrativos).

o Executivo exerce a função administrativa e o Judiciário, por sua vez, é incumbido da função jurisdicional.

Atualmente, a disciplina constitucional sobre a matéria encontra-se no art. 2º da Carta Magna: "São Poderes da União, independentes e harmônicos entre si, o Legislativo, o Executivo e o Judiciário".

Note que a ordem como os Poderes do Estado se apresentam no dispositivo constitucional revela a sequência adequada de realização do Direito: a norma jurídica como pedra fundamental a regular a vida em sociedade, a execução estatal como modo de concretização da norma no campo prático e a jurisdição como mecanismo de resolução dos inevitáveis conflitos que surgirão desta execução.

Cada Poder exerce uma das funções estatais de maneira típica, mas **não exclusiva**. Ou seja, a função legislativa, por exemplo, é exercida tipicamente pelo Poder Legislativo, mas o Executivo e o Judiciário também a exercem ao, respectivamente, editar medidas provisórias com força de lei e elaborar os regimentos internos dos tribunais. Podemos, então, afirmar que, quando um Poder desempenha uma função que lhe é inerente, dizemos que esta função é **típica ou precípua**. De outro modo, quando desempenha atribuição secundária, dizemos que a função é **atípica ou subsidiária**.

Exemplificativamente:

1. O **Poder Judiciário** tem por função típica a **jurisdicional** (dizer o Direito nos casos concretos), e também funções atípicas **legislativa** (edita seus regimentos internos) e **administrativa** (realiza processo licitatório com vistas à aquisição de um bem móvel).
2. O **Poder Legislativo** tem a função típica **legislativa** (editar comandos gerais de observância obrigatória pelos indivíduos), mas também exerce as funções atípicas **jurisdicional** (julga o Presidente da República nos crimes de responsabilidade) e **administrativa** (realiza concurso público para provimento de cargos efetivos).
3. O **Poder Executivo** tem por função típica a **administrativa**, mas também exerce atipicamente a função **legislativa** (medidas provisórias do Presidente da República). Todavia, o Poder Executivo **não exerce a função jurisdicional**, pois suas decisões não produzem coisa julgada; não têm força definitiva. Isto é, das decisões administrativas sempre cabe recurso ao Poder Judiciário (p. ex.: a demissão de um servidor do Ministério da Justiça pode ser desfeita na via judicial).[10]

Sobre este último tópico, é possível afirmar a existência da denominada **coisa julgada administrativa** como designativo de decisão administrativa que exauriu

10 Adotam esse posicionamento: José dos Santos Carvalho Filho (*Manual de Direito Administrativo*. 20ª ed. Rio de Janeiro: Lumen Juris, 2008, p. 3); Marçal Justen Filho (*Curso de Direito Administrativo*. 9ª ed. São Paulo: Editora Revista dos Tribunais, 2013, p. 118).

todos os meios recursais na esfera da Administração Pública e que, portanto, nesse âmbito já não pode mais ser discutida. Se pensarmos numa perspectiva estritamente interna, podemos, tranquilamente, perfilhar a tese da coisa julgada administrativa. Todavia, se nos voltarmos para as funções estatais como um todo, verificaremos que a "coisa julgada" é atributo das decisões judiciais, jamais das administrativas. Em síntese, sob o critério objetivo formal, as decisões do Poder Executivo não têm força de coisa julgada.

O texto constitucional (art. 2º) revela que os Poderes do Estado são independentes e harmônicos. Isso significa que não há relação de mando de um Poder sobre outro. O que há entre eles é uma relação de coordenação em que cada Poder controla atividades dos demais naquilo que se consagrou como **sistema de freios e contrapesos** (*checks and balances*).

Em rota de conclusão, convém citar a lição de Lucas Rocha Furtado, quando afirma que "a definição das três funções básicas do Estado - legislativa, judicial e administrativa, ou executiva - é o principal traço definidor do Estado moderno. Busca-se nesta divisão de funções e na criação de mecanismos de controle recíprocos - *checks and balances* - o caminho para o Estado realizar o bem comum e os princípios democráticos".[11]

3. TEORIA GERAL DO DIREITO ADMINISTRATIVO

3.1. Natureza Jurídica

Embora o Direito seja um todo unitário correspondente a uma das expressões da cultura humana, é bastante comum o seu desmembramento em duas grandes vertentes: o Direito Público e o Direito Privado.

O **Direito Público** é aquele em que estariam em voga os **interesses coletivos**, que albergam interesses dos indivíduos enquanto membros da coletividade. Esse ramo tem profunda relação com a sociedade política, com os serviços estatais. Assim, o Direito Público só alcança as condutas individuais quando relacionadas a interesses coletivos. A relação jurídica no Direito Público tem num dos polos o Estado e no outro o particular. O Estado, como protetor de interesses da coletividade, comparece na relação em posição de **supremacia** em relação ao particular. Esta supremacia é consubstanciada por determinadas **prerrogativas** (privilégios) **especiais**. Logo, no Direito Público há **desigualdade jurídica** (**verticalidade**) entre as partes envolvidas.

A título de exemplo, imaginemos alguém que deseja ampliar imóvel residencial pelo advento de um filho recém-nascido. Trata-se de uma atividade individual, mas para exercê-la não basta que esta pessoa contrate profissional da área de construção civil e adquira os materiais respectivos. É necessário que o Estado, como protetor dos interesses da coletividade, concorde que o indivíduo desempenhe

11 FURTADO, Lucas Rocha. *Curso de Direito Administrativo*. Belo Horizonte: Fórum, 2006, p. 35.

aquela atividade, uma vez que há uma série de normas urbanísticas que incidem sobre a localidade onde está situado o imóvel. Note que nessa relação jurídica negocial (licença) entre o Estado e o particular o que está envolvido é o interesse público, e não interesses meramente particulares. Por isso, tal relação será regida pelas regras de Direito Público, especificamente, do Direito Administrativo.

Diferentemente, o **Direito Privado** exerce a tutela dos interesses individuais nas relações entre particulares, objetivando garantir uma convivência harmoniosa no corpo social. Este ramo do Direito é caracterizado pela **igualdade jurídica entre as partes (horizontalidade)**. Pois, se de um lado temos um particular que defende interesses individuais e de outro *idem*, não podemos dar tratamento diferenciado àqueles que gozam de mesma situação jurídica.

Apesar de o Estado, como ente personalizado, praticar predominantemente atos regidos pelo Direito Público, inevitavelmente também pratica atos de direito privado, mantendo sempre sua personalidade jurídica de direito público, pois a **Teoria da Dupla Personalidade do Estado** (em que ora o Estado seria pessoa de direito público, ora de direito privado, conforme praticasse ato regido pelo Direito Público ou Privado) encontra-se definitivamente superada em nosso ordenamento jurídico. Dessa maneira, o Estado será sempre pessoa jurídica de direito público, independentemente de praticar atos regidos pelo Direito Público ou pelo Direito Privado.

Exemplo clássico de relação estatal regida pelo Direito Privado é o contrato de conta-corrente em bancos estatais (Banco do Brasil, Caixa Econômica Federal, entre outros). Como se trata de ato de direito privado praticado pelo Estado, há uma relativa igualdade jurídica entre o Estado e o particular correntista. Essa igualdade deve ser vista em termos, haja vista que o Estado nunca poderá proceder com a mesma desenvoltura e liberdade dos particulares. Sempre estará sujeito a regras especiais de Direito Público.

Apesar de praticar atos regidos pelo Direito Privado, a sujeição da Administração Pública a este regime será sempre parcial, posto que o Estado não pode proceder com a mesma liberdade que os particulares e sempre haverá prerrogativas e restrições especiais dirigidas à Administração Pública.

Não obstante estejamos tratando da clássica distinção entre Direito Público e Direito Privado, é importante repisar que o Direito é um todo unitário. Desse modo, essa segmentação só se justifica do ponto de vista didático e, ainda assim, modernamente percebe-se forte interação entre esses ramos. Vale dizer, o Direito Público é permeado por institutos de Direito Privado e este, por sua vez, sofre influência de regras e princípios de Direito Público.

Exemplificativamente, temos o uso da arbitragem (instrumento de natureza privada para solução de controvérsias paralelamente ao processo judicial e que se restringe a direitos patrimoniais disponíveis) no âmbito dos contratos administrativos (*vide* art. 11, III, Lei nº 11.079/2004; art. 23-A, Lei nº 8.987/1995; art. 1º, § 1º, Lei nº 9.307/1996). Temos aqui, típico caso de instrumento a ser utilizado predominantemente nas relações de direito privado, mas que poderá ser utilizado comedidamente em relações de direito público.

Direito Público	Direito Privado
Regula os interesses públicos ou coletivos, pois visa assegurar os interesses da coletividade.	Regula os interesses dos particulares entre si com vistas a uma convivência harmônica entre os indivíduos.
Verticalidade ↕ **Estado** Supremacia = prerrogativa e limitações **Particular**	**Estado** ↔ **Particular** "**Horizontalidade**" Relativa igualdade jurídica
Ex.: Direito Constitucional, Administrativo, Eleitoral, Tributário, Urbanístico, Penal, Processual Penal, Processual Civil etc.	Ex.: Direito Civil, Comercial e do Trabalho.

3.2. Conceito

A conceituação do Direito Administrativo sofreu diversas mutações, conforme o contexto histórico vigente. Inicialmente, na França, surgiu a **Escola Legalista, Exegética, Empírica ou Caótica**, que perfilhava a tese de que o Direito Administrativo nada mais seria que a compilação e a interpretação das leis administrativas existentes a partir das orientações jurisprudenciais dos tribunais administrativos. Tal critério revelou-se insuficiente pelo fato de que o estudo do Direito Administrativo não se limita ao exame literal dos comandos normativos, mas também envolve análise acurada de princípios jurídicos que lhe darão o *status* de ramo autônomo do Direito.

Tomando por base as lições de Maria Sylvia Zanella Di Pietro, podemos estabelecer breve síntese sobre os principais critérios de conceituação do Direito Administrativo:[12]

a) **critério do serviço público**: originário da doutrina francesa, cujo maior influenciador foi Léon Duguit, entende o Direito Administrativo como o ramo que estuda as regras de organização e prestação dos serviços públicos, sem distinguir o regime jurídico a que se submete esta atividade. É interessante notar que a noção de serviço público à época era ampla por demais, abrangendo praticamente todas as atividades do Estado, inclusive as industriais e comerciais. Bem por isso, tal critério não foi satisfatório porque a função administrativa engloba algumas atividades que não são

12 DI PIETRO, Maria Sylvia Zanella. *Direito Administrativo*. 20ª ed. São Paulo: Atlas, 2006, p. 40.

serviços públicos e, no entanto, são objeto do Direito Administrativo, a exemplo da polícia administrativa e da intervenção na propriedade privada;

b) **critério do Poder Executivo**: entende o Direito Administrativo como o conjunto de princípios e normas que regem a organização do Poder Executivo; tal critério se revela insatisfatório pelo fato de a função administrativa ser desempenhada pelos três Poderes do Estado, e não somente pelo Executivo;

c) **critério das relações jurídicas**: conceitua o Direito Administrativo como o conjunto de normas que regem as relações do Estado com os administrados; apesar de válido, é insuficiente, haja vista que outros ramos do Direito, a exemplo do Direito Penal, regem relações jurídicas dos administrados com o Estado;

d) **critério teleológico**: interpreta o Direito Administrativo como o conjunto de princípios jurídicos que disciplinam a atividade concreta do Estado tendente a atender os seus fins de interesse público. Na doutrina brasileira, Oswaldo Aranha Bandeira de Mello adota este critério;

e) **critério negativo ou residual**: entende o Direito Administrativo como aquele que regula toda e qualquer atividade estatal que não corresponda às atividades legislativa e jurisdicional. Também se revela insatisfatório posto que dizer o que não é alguma coisa acaba por em nada contribuir para a exata compreensão daquilo que o fenômeno que se estuda de fato representa;

f) **critério da distinção entre atividade jurídica e social do Estado**: adotado por doutrinadores brasileiros como Mário Masagão e José Cretella Júnior; neste critério a conceituação do Direito Administrativo é feita a partir de duas acepções: a atividade exercida (atendimento de determinada finalidade pública) e os órgãos que regula (órgãos que desempenham a atividade administrativa); e

g) **critério da Administração Pública**: perfilhado pela maior parte dos autores brasileiros, entende o Direito Administrativo como disciplinador da atividade desempenhada pela Administração Pública. Por todos, vale citar registro de Odete Medauar quando constata que, "se a disciplina jurídica da Administração Pública centraliza-se no Direito Administrativo e se a Administração integra a organização estatal, evidente que o modo de ser e atuar do Estado e seus valores repercutem na configuração dos conceitos e institutos desse ramo do Direito".[13]

13 MEDAUAR, Odete. *O Direito Administrativo em Evolução*. 2ª ed. São Paulo: Editora Revista dos Tribunais, 2003, p. 77-78.

Vejamos definições elaboradas por alguns de nossos mais importantes administrativistas.

Celso Antônio Bandeira de Mello entende o Direito Administrativo como o "ramo do Direito Público que disciplina a função administrativa e os órgãos que a exercem".[14]

O saudoso Hely Lopes Meirelles conceitua Direito Administrativo como:

> O conjunto harmônico de princípios jurídicos que regem os órgãos, os agentes e as atividades públicas tendentes a realizar concreta, direta e imediatamente os fins desejados pelo Estado.[15]

Consoante Maria Sylvia Zanella Di Pietro, o Direito Administrativo deve ser entendido como:

> O ramo do direito público que tem por objeto os órgãos, agentes e pessoas jurídicas administrativas que integram a Administração Pública, a atividade jurídica não contenciosa que exerce e os bens de que se utiliza para a consecução de seus fins, de natureza pública.[16]

Por fim, José dos Santos Carvalho Filho concebe o direito como:

> O conjunto de normas e princípios que, visando sempre ao interesse público, regem as relações jurídicas entre as pessoas e órgãos do Estado e entre este e as coletividades a que devem servir.[17]

Definimos o Direito Administrativo como o ramo do Direito Público destinado ao alcance do interesse público mediante a teorização acerca dos princípios e regras jurídicas aplicáveis à organização e ao funcionamento da Administração Pública de quaisquer dos Poderes do Estado, bem como as consequentes relações jurídicas travadas pelos sujeitos estatais, entre si e com os administrados.

3.3. Fontes

Como fontes do Direito Administrativo, podemos apontar: lei, jurisprudência, doutrina e costumes. A lei é considerada a fonte primária do Direito Administrativo, enquanto as demais são fontes secundárias.

3.3.1. Lei

A Lei, como **única fonte primária** do Direito Administrativo, é responsável por ditar comandos gerais e abstratos de observância obrigatória pelos particulares e pela Administração Pública, condicionando a validade de todos os atos por esta praticados.

---

14 MELLO, Celso Antonio Bandeira de. *Curso de Direito Administrativo*. 25ª ed. São Paulo, Malheiros, 2008, p. 29.

15 MEIRELLES, Hely Lopes. *Direito Administrativo Brasileiro*. 34ª ed. São Paulo, Malheiros, 2008, p. 40.

16 DI PIETRO, Maria Sylvia Zanella. *Direito Administrativo*. 20ª ed. São Paulo: Atlas, 2006, p. 43.

17 CARVALHO FILHO, José dos Santos. *Manual de Direito Administrativo*. 20ª ed. Rio de Janeiro: Lumen Juris, 2008, p. 7.

Nesse contexto, a expressão "lei" deve ser entendida em **sentido amplo** como toda e qualquer norma de **caráter geral** (destinários indeterminados) e **abstrato** (situações hipotéticas que tendem a ocorrer sucessivas vezes), englobando desde a Constituição Federal, passando por tratados internacionais, leis ordinárias e complementares, medidas provisórias, até decretos regulamentares do Poder Executivo e demais atos normativos oriundos da Administração Pública (portarias, resoluções, instruções normativas, dentre outras).

3.3.2. Jurisprudência

A jurisprudência pode ser entendida como o conjunto de decisões reiteradas de cada Tribunal em torno de determinada matéria.

Se cada Tribunal prolata as suas próprias decisões, como corolário, podemos falar em jurisprudência do STF, do STJ, do TSE, do Tribunal de Justiça do Distrito Federal e Territórios etc.

Devemos notar que a jurisprudência é formada a partir de um conjunto de julgados. Logo, concluímos que um julgado isolado não pode ser considerado jurisprudência.

É frequente, ao tratarmos da jurisprudência deste ou daquele Tribunal, que nos deparemos com a figura das **súmulas** que são enunciados (verbetes) que expressam jurisprudência consolidada em determinado Tribunal. Cada Tribunal é competente para editar ou cancelar suas próprias súmulas, inclusive nesta obra traremos à colação diversas súmulas do STF e do STJ.

Em face da inexistência de codificação legal (um Código Administrativo, por exemplo), a jurisprudência exerce influência relevante no Direito Administrativo brasileiro – influência esta que vem crescendo nas últimas décadas.

De fundamental importância é notarmos que a jurisprudência **não tem caráter vinculante** para a Administração Pública. Ou seja, as autoridades administrativas não têm qualquer dever de decidir conforme a jurisprudência deste ou daquele Tribunal. Os julgados que compõem a jurisprudência só produzem efeitos nos casos concretos a que estão relacionados.

Um exemplo para aclarar o entendimento: imagine que determinado Tribunal tenha jurisprudência reconhecendo o direito subjetivo à nomeação de candidatos aprovados em concurso público dentro do número de vagas previstas em edital. O fato de haver esse entendimento não impõe às autoridades administrativas o dever automático de nomear todos os candidatos aprovados no número de vagas de um determinado concurso público. Os próprios candidatos não podem exigir da Administração, com base exclusivamente em jurisprudência, que efetue as nomeações. Caso esses candidatos queiram, de fato, assegurar as nomeações terão de intentar ação judicial no Tribunal competente e que possua aquela jurisprudência a fim de vê-la aplicada coativamente no caso concreto.

Isso porque, como já afirmado, nenhum agente público estará obrigado a seguir entendimento jurisprudencial sem que haja decisão judicial específica para o caso concreto em que esteja atuando.

Assentada esta premissa, vejamos uma exceção: as **súmulas vinculantes**. Com a EC nº 45/2004, foi acrescentado na Constituição Federal o art. 103-A que trata das súmulas vinculantes (destacamos):

> O Supremo Tribunal Federal poderá, de ofício ou por provocação, mediante decisão de dois terços dos seus membros, após reiteradas decisões sobre matéria constitucional, aprovar **súmula** que, a partir de sua publicação na imprensa oficial, terá **efeito vinculante** em relação aos demais órgãos do Poder Judiciário e à administração pública direta e indireta, nas esferas federal, estadual e municipal, bem como proceder à sua revisão ou cancelamento, na forma estabelecida em lei.

Sendo assim, as súmulas vinculantes são enunciados emanados exclusivamente do Supremo Tribunal Federal que expressam entendimento pacífico e consolidado no âmbito daquela Corte. Uma vez expedida súmula vinculante, o entendimento nela veiculado é de aceitação e aplicação obrigatórias pelos órgãos do Poder Judiciário e por todos os órgãos e entidades da Administração Pública.

Isso posto, podemos concluir que temos duas espécies de súmulas: as comuns (não vinculantes) de cada Tribunal e as vinculantes, exclusivas do STF.[18]

Em virtude do seu caráter eminentemente concreto, a jurisprudência tende a se nacionalizar, pois refere-se à aplicação coativa do Direito em determinado grupo social, absorvendo-lhe a cultura. A doutrina, enquanto isso, tende a se universalizar, uma vez que as teorias jurídicas tendem a ser compartilhadas entre autores de diversos países.[19]

3.3.3. Doutrina

A doutrina é composta pelas teses e estudos de juristas especializados num determinado ramo jurídico.

Dada a infinidade de administrativistas pátrios, é importante destacar que neste Curso nos balizaremos fundamentalmente pelas lições dos seguintes tradicionalíssimos doutrinadores (sem prejuízo da citação de diversos outros à medida que explorarmos determinados temas): Hely Lopes Meirelles (*Direito Administrativo Brasileiro*, 1964), Oswaldo Aranha Bandeira de Mello (*Princípios Gerais de Direito Administrativo*, 1969), Diogo Figueiredo de Moreira Neto (*Curso de Direito Administrativo*, 1970), Celso Antônio Bandeira de Mello

18 A título de curiosidade, até 30 de dezembro de 2016, o STF havia exarado 736 súmulas e 56 súmulas vinculantes. Na mesma data, o STJ contava com 582 súmulas.

19 MEIRELLES, Hely Lopes. *Direito Administrativo Brasileiro*. 34ª ed. São Paulo: Malheiros, 2008, p. 47.

(*Curso de Direito Administrativo*, 1980), Diógenes Gasparini (*Curso de Direito Administrativo,* 1989), Maria Sylvia Zanella Di Pietro (*Direito Administrativo,* 1990), e José dos Santos Carvalho Filho (*Direito Administrativo*, 1997).

É bem certo que os autores supramencionados compõem uma escola clássica que deve ser muitíssimo respeitada em razão de sua expressiva contribuição para a feição atual do Direito Administrativo brasileiro. Por outro lado, entretanto, nota-se o surgimento de juristas no país que se propõem a apresentar uma nova visão do Direito Administrativo, mais conectada aos tempos atuais e à dinamicidade das sociedades tecnológicas. É nessa direção que nasce este "Curso de Direito Administrativo", como uma obra que pretende humildemente contribuir para a evolução da ciência do Direito, apresentando os enfoques contemporâneos dos temas efervescentes que surgem todos os dias no cotidiano da Administração Pública.

A doutrina exerce grande influência no Direito Administrativo brasileiro ao desempenhar papel informador/orientador (sem qualquer obrigatoriedade) da elaboração das leis administrativas e jurisprudência. Essa influência da doutrina deve-se principalmente a dois fatores:

a) o Direito Administrativo brasileiro, diferentemente do que ocorre em outros ramos como o Direito Penal, Civil, Tributário, não está reunido num único diploma normativo, não está codificado (um Código Administrativo, por exemplo). Em outras palavras, o Direito Administrativo brasileiro é desprovido de codificação legal. Estudar Direito Administrativo no Brasil significa reunir uma série de atos normativos esparsos, a jurisprudência dos nossos Tribunais e as teses doutrinárias; e

b) historicamente, ao contrário do Direito Administrativo francês, que nasceu das decisões do Conselho de Estado, nosso Direito Administrativo nasceu nas universidades públicas, e só depois foi tomando forma como ramo autônomo do Direito Público.

Em face dessa ausência normativa, é facilmente perceptível que o Direito Administrativo brasileiro foi, e continua sendo, grandemente influenciado pela doutrina. Todavia, nas últimas duas décadas a influência da jurisprudência cresceu substancialmente em nosso País.

3.3.4. Costumes

Os costumes podem ser entendidos como a prática reiterada de determinados comportamentos que, em função da sua continuidade (**elemento externo ou objetivo**), atingiram convicção generalizada de sua obrigatoriedade (**elemento interno ou subjetivo**).

Um bom exemplo de costume administrativo é a formação de filas de espera para atendimento em repartições públicas. Até pouco tempo não havia lei no Brasil que previsse a obrigatoriedade de formação de filas. No entanto, ninguém à época poderia negar a convicção que toda a coletividade tinha acerca da obrigatoriedade desta conduta.

Outro curioso exemplo de costume é o cheque pré-datado, instrumento criado originalmente para compras à vista, e que vem sendo utilizado para pagamentos a prazo. Note-se que não há lei que preveja, ou mesmo determine, essa conduta, mas já se formou na sociedade uma convicção generalizada a respeito de sua admissibilidade e força obrigatória, quando adotada entre as partes.

Os costumes podem ser *secundum legem* (segundo a lei), *praeter legem* (vão além da lei visando à complementá-la) e *contra legem* (contra a lei), sendo que este último não é admitido.

Com a evolução das leis administrativas e da jurisprudência na matéria, atualmente os costumes exercem pouquíssima influência no Direito Administrativo brasileiro. Tanto é assim que em 1769 a Lei da Boa Razão proibiu o acolhimento do costume quando contrário à lei, o que foi repisado pelo art. 1.807 do Código Civil de 1916 e pelo art. 2.045 do novo Código Civil.

Em reforço a esta tese, no Distrito Federal foi editada, em 2000, a Lei Distrital nº 2.547, que fixa tempo máximo para atendimento em locais de acesso público. (menção implícita às filas). E mais: em 2009, o STJ editou a Súmula nº 370, em que reconhece o dano moral quando do depósito antecipado do cheque pré-datado.

Vê-se, portanto, que os raros exemplos de conduta humana até então considerados como costumes jurídicos passaram à categoria de lei ou jurisprudência, que são fontes distintas do Direito Administrativo.

A **praxe administrativa**, conjunto de práticas rotineiras e uniformes adotadas pelos agentes administrativos em seus misteres e na interpretação das normas jurídicas a serem aplicadas a casos concretos, não se confunde com os costumes, pois falta o elemento subjetivo, qual seja, convicção generalizada de sua obrigatoriedade. Isso ocorre porque, como são hábitos internos da Administração, logicamente não chegam ao conhecimento da coletividade de modo que esta os entenda obrigatórios.

Em termos mais simples, a praxe administrativa nada mais é do que um "costume" restrito à esfera interna de uma dada repartição pública.

3.3.5. Princípios gerais do direito

São postulados que servem de fundamento e informam o sistema jurídico de determinado Estado, independentemente de estarem previstos expressamente na norma jurídica.

Em outras palavras, são preceitos valorativos universais que se consolidaram ao longo das épocas com a evolução do pensamento humano. Deles, podemos citar como exemplos: não lesar a ninguém, dar a cada um o que é seu, viver honestamente, não se enriquecer ilicitamente, não se beneficiar da sua própria torpeza, não ser punido sem ser ouvido, entre muitos outros.

Os princípios gerais do direito foram expressamente reconhecidos no art. 4º da Lei de Introdução às Normas do Direito Brasileiro como ferramenta a que pode recorrer o juiz para solução dos conflitos que lhe são submetidos: "Quando a lei for omissa, o juiz decidirá o caso de acordo com a analogia, os costumes e os princípios gerais de direito".

3.4. Abrangência

Como ramo autônomo do Direito Público, o Direito Administrativo tem por objeto o disciplinamento da função administrativa do Estado. Onde há a figura do Estado-administrador, há o Direito Administrativo. Se é verdade que todos os Poderes desempenham a função administrativa, é também verdadeiro que, nesse caso, se submetem às regras do Direito Administrativo.

Mais adiante, analisaremos as **atividades finalísticas** e **atividades-meio** da Administração Pública. No entanto, aqui cabem alguns comentários pertinentes. As atividades-fim da Administração Pública são fomento, polícia administrativa, serviços públicos e intervenção administrativa. Estas atividades são desempenhadas predominantemente pelo Poder Executivo. Já as atividades-meio (gestão de bens, pessoal e orçamento) são desempenhadas por todos os Poderes, pois todos eles realizam concursos públicos para provimento de cargos efetivos, concedem licenças, afastamentos e aposentadoria aos servidores, executam licitações para contração de serviços em geral etc.

Assim, podemos concluir que, numa perspectiva finalística, o Legislativo e o Judiciário pouco desempenham a função administrativa, pois essa função lhes é atípica. Prova disso é que tais Poderes realizam as atividades-meio administrativas com o fito de desempenhar as suas atividades típicas de legislar e julgar. Assim, quando o Judiciário ou o Legislativo realizam concursos e licitações, por exemplo, são regidos pelas regras e princípios do Direito Administrativo.

O Poder Executivo exerce com prevalência a função administrativa finalística e também exerce atividades-meio. Logo, este Poder é abrangido de maneira mais ampla pelo Direito Administrativo que os demais. À medida que estudarmos os vários conteúdos do Direito Administrativo, perceberemos que a maioria das teorias são diretamente aplicáveis ao **Poder Executivo** – de fato o são. No entanto, devemos levar em consideração que o Direito Administrativo **também alcança os Poderes Legislativo e Judiciário**, no desempenho de suas atividades-meio administrativas.

4. REGIMES JURÍDICOS DA ADMINISTRAÇÃO PÚBLICA

Regime jurídico é a expressão utilizada para designar o conjunto de regras e princípios que incidem sobre determinada relação jurídica. Vimos anteriomente que o Estado-administrador, na sua função de desempenhar um sem-número de atividades que atendam às necessidades dos indivíduos, constitui com estes diversas relações jurídicas. Neste ponto, cabe estudarmos as regras e princípios que incidem sobre tais relações travadas entre o Poder Público e os particulares administrados.

A Administração Pública se submete basicamente a dois regimes jurídicos: o **regime jurídico-administrativo** e o **regime de direito privado**.

A opção por um ou outro regime é feita, em regra, pela Constituição ou por lei, jamais por mero ato administrativo. Isto é, cabe ao legislador, representante eleito pelo povo, decidir o regime jurídico que incidirá sobre determinada relação jurídica. A própria Administração não tem autonomia para autodeterminar o regime jurídico que regerá suas relações.[20]

O **regime jurídico-administrativo** pode ser entendido como o conjunto de regras e princípios que incidem sobre as relações da Administração Pública com os particulares, em que haja em favor dela **prerrogativas** e **restrições especiais**. Afirmamos prerrogativas e restrições especiais por conta de serem privativas do Estado, sem paralelo com os particulares – privilégios desconhecidos na esfera do Direito Privado.

De forma mais simplificada, podemos afirmar que o regime jurídico-administrativo é o conjunto de regras e princípios retirados da disciplina do Direito Administrativo, ramo do Direito Público. O regime jurídico-administrativo é a própria essência do Direito Administrativo. Inclusive, se pudéssemos sintetizar este ramo do Direito, poderíamos utilizar as expressões **prerrogativas** e **restrições especiais**.

Como protetora dos interesses coletivos, a Administração Pública nada poderia realizar sem que gozasse de **posição de supremacia** frente ao particular. Se o particular defende os seus próprios interesses e a Administração Pública zela pelo interesse público, nessa relação jurídica não pode ser dado tratamento jurídico equivalente a ambas as partes. Fica claro que o interesse público deve prevalecer. Daí o surgimento de **prerrogativas** exclusivas em favor do Poder Público (caso contrário, o interesse coletivo não prevaleceria).

Por outro lado, a Administração Pública não goza somente de privilégios. Há também as restrições especiais que lhe são impostas. O intuito dessas sujeições é **impedir que o administrador público persiga outra finalidade** que não o interesse público e, a pretexto de defender o interesse coletivo, fira deliberadamente direitos individuais.

20 DI PIETRO, Maria Sylvia Zanella. *Direito Administrativo*. 20ª ed. São Paulo: Atlas, 2006, p. 54.

Nessa esteira, apontam-se como princípios do regime jurídico-administrativo o **princípio da supremacia do interesse público** e o **princípio da indisponibilidade do interesse público.**[21]

O princípio da supremacia do interesse público sobre o privado é a justificativa para todas as prerrogativas especiais da Administração, pois se a esta não fossem dados privilégios sem igual no Direito Privado não haveria como o interesse público prevalecer.

Da mesma forma, o princípio da indisponibilidade do interesse público serve como fundamento para as restrições especiais incidentes sobre a Administração Pública. Afirmar que o interesse público é indisponível significa dizer que a Administração não é sua proprietária de maneira que possa decidir quando (ou até mesmo se) irá observá-lo. O interesse público é pressuposto exigível de toda a atuação administrativa. Para manter o administrador público sempre nessa linha e para evitar o sacrifício desnecessário de direitos fundamentais, portanto, há uma série de sujeições especiais, tais como concursos públicos, licitações, controle de contas pelo TCU etc.

Regime Jurídico-Administrativo
Prerrogativas especiais
Princípio da Supremacia do Interesse Público sobre o Privado **X** **Restrições especiais**
Princípio da Indisponibilidade do Interesse Público

Para colaborar com o entendimento aqui defendido, valemo-nos da preciosa lição do mestre Hely Lopes Meirelles quando, a partir da constatação acerca da natureza específica de que são dotadas as normas administrativas, os fins coletivos a que elas se dirigem, o interesse a que elas visam sempre proteger, disserta sobre a interpretação do Direito Administrativo.[22] Para esse autor, há três pilares fundamentais que hão de ser observados na **interpretação** deste ramo jurídico, quais sejam:

a) a desigualdade jurídica entre a Administração e os administrados;

b) a presunção de legitimidade dos atos; e

c) a necessidade de poderes discricionários para a Administração atender ao interesse público.

Essas são as linhas mestras de interpretação de toda a dogmática e principiologia do Direito Administrativo.

21 MELLO, Celso Antônio Bandeira de. *Curso de Direito Administrativo*. 25ª ed. São Paulo, Malheiros, 2008, p. 55.

22 MEIRELLES, Hely Lopes. *Direito Administrativo Brasileiro*. 34ª ed. São Paulo: Malheiros, 2008, p. 49.

Por fim, o **regime de direito privado da Administração** reporta-se às relações jurídicas travadas entre a Administração e os particulares nas quais haverá incidência de normas e princípios do Direito Privado (Direito Civil, Direito Comercial).

O Direito Privado, como já destacamos anteriormente, é marcado pela **horizontalidade** (igualdade jurídica entre as partes), uma vez que os interesses das partes são interesses privatísticos. Nesse contexto, quando a Administração se relaciona juridicamente sob a regência do Direito Privado há necessidade de equiparação ao particular. Vale dizer, quando sob o Direito Privado a Administração se despe de suas prerrogativas e restrições para se equiparar ao particular, a fim de garantir a horizontalidade que é própria do Direito Privado.

Entretanto, ocorre que, mesmo quando a Administração Pública pratica atos regidos pelo Direito Privado, a sua submissão a este regime **nunca é total**, pois o Poder Público sempre conservará algumas prerrogativas e restrições próprias do Direito Público. Assim, podemos afirmar que no regime jurídico de direito privado há **relativa igualdade jurídica** entre a Administração e o particular.

5. SISTEMAS ADMINISTRATIVOS

Falar em sistema administrativo significa apontar o regime adotado pelo Estado para a solução de controvérsias jurídicas que envolvam matéria administrativa, bem como para o controle dos atos praticados pela Administração Pública.

Há dois sistemas administrativos: um de origem francesa (sistema do contencioso administrativo), outro de origem inglesa (sistema de controle judicial ou sistema de jurisdição única).

5.1. Sistema francês ou do contencioso administrativo

O sistema francês, também chamado de sistema do **contencioso administrativo**, nasceu como resultado da separação dos poderes no Estado pós-revolucionário francês. Até então, o Parlamento exercia funções jurisdicionais e julgava toda espécie de conflitos jurídicos. Com a Revolução (1789), como consequência da desconfiança na crescente ingerência do Judiciário nos negócios da Administração, houve a separação das funções estatais entre os Poderes. Em 24.8.1790 a Lei nº 16 assim dispôs: "As funções judiciárias são distintas e permanecerão separadas das funções administrativas. Não poderão os juízes, sob pena de prevaricação, perturbar, de qualquer maneira, as atividades dos corpos administrativos". Um ano depois a Constituição francesa reiterou o entendimento: "Os tribunais não podem invadir as funções administrativas ou mandar citar, para perante eles comparecem, os administradores, por atos funcionais". Em 1800, a Lei de 28 Pluvioso do Ano VIII organiza a Administração Pública francesa atribuindo a ela competência para julgar as lides em que fosse parte. Surge a Justiça Administrativa.

A par desse contexto, é importante perceber que a nota característica do sistema do contencioso administrativo é a rígida separação das competências da Justiça Comum e da Justiça Administrativa, sendo vedado ao Judiciário apreciar a legitimidade dos atos praticados pela Administração Pública.

Com isso, surgem na França duas esferas de solução de conflitos jurídicos, cada uma atuando de maneira independente e proferindo decisões com força definitiva nas matérias que apreciam: a **Justiça Administrativa**, integrada por órgãos da própria Administração Pública, cujo órgão de cúpula é o Conselho de Estado, empenhados na solução de litígios que envolvam a própria Administração, e a **Justiça Comum**, representada pelos órgãos do Poder Judiciário, que detêm competência para a solução de controvérsias outras que não envolvam órgãos ou entidades da Administração Pública.

5.2. Sistema inglês ou de jurisdição una

O sistema inglês nasceu num contexto histórico bem distinto do francês, pois na Inglaterra o rei exercia concentradamente as atividades administrativa e jurisdicional do Estado. Sendo o monarca aquele que julgava e posteriormente decidia os recursos das próprias decisões, a atividade jurisdicional ficava à mercê dos humores do soberano. Era imperioso que houvesse independência da Justiça em relação à Coroa, a fim de que o povo tivesse assegurados os seus direitos contra os desmandos e arbitrariedades da realeza. Nesse sentido foram adotadas diversas medidas com o fito de separar a atividade jurisdicional da figura do rei, mas nenhuma delas surtiu o efeito desejado.

O sistema de **controle judicial** ou de **jurisdição una** outorga ao Poder Judiciário poderes para decidir quaisquer espécies de conflitos jurídicos de maneira definitiva. Vale dizer, tanto os conflitos que envolvam particulares entre si quanto aqueles que têm como parte a Administração Pública serão decididos pelo Poder Judiciário, exclusivamente.

Note que não se está furtando à Administração o poder de controlar os atos que pratica, anulando os que padeçam de vícios insanáveis e revogando os que sejam inconvenientes e inoportunos (poder de autotutela).[23] De maneira alguma! O que se está dizendo, isto sim, é que apenas o Poder Judiciário pode decidir **definitivamente** sobre a legitimidade de um ato administrativo. Ou seja, mesmo que a Administração Pública pratique um ato administrativo e entenda ser ele ato legítimo, pode o destinatário que se sentir prejudicado valer-se da tutela jurisdicional do Estado, e o Poder Judiciário tomará a ultima decisão sobre o assunto, fazendo coisa julgada entre as partes.

23 Para mais detalhes sobre o princípio da autotutela, remetemos o leitor ao Capítulo 2 (Princípios da Administração Pública).

5.3. Sistema administrativo brasileiro

Já afirmamos que nosso Direito Administrativo recebeu influência profunda do Direito francês. Diversos dos nossos institutos e teorias administrativas foram importadas da França, das quais citaremos apenas algumas: teoria dos serviços públicos, teorias sobre as responsabilidades do Estado, teoria da imprevisão, cláusulas exorbitantes dos contratos administrativos, princípio da legalidade etc.

Em que pese essa notória e intensa influência francesa, o sistema administrativo brasileiro não tem raízes na França, mas na Inglaterra. Desde a sua primeira República (1891), o Brasil adotou o sistema inglês - **sistema de jurisdição una** ou **de controle judicial**.[24] Vale dizer, no Brasil o Poder Judiciário, salvo as exceções constitucionais, é competente para solucionar todas as espécies de conflitos jurídicos com força definitiva, inclusive naqueles em que a Administração Pública seja parte. A Constituição consagra este sistema no inciso XXXV do art. 5º pelo que se denomina **princípio da inafastabilidade de jurisdição**: "A lei não excluirá da apreciação do Poder Judiciário a lesão ou ameaça a direito".

Oportunamente, advirta-se que a adoção do sistema de jurisdição una não impede que determinados conflitos possam ser solucionados pela própria Administração Pública. O particular tem à sua disposição duas vias de solução de litígios: a judicial e a administrativa. Poderá se socorrer de qualquer delas, como bem lhe aprouver: poderá intentar o processo judicial ou o processo administrativo. Porém, se optar pelo processo administrativo, poderá, uma vez inconformado com a decisão administrativa, recorrer ao Poder Judiciário, e este, sim, decidirá definitivamente a questão. O que não se admite é que, exarada uma decisão administrativa **favorável ao administrado**, haja recurso da Administração Pública ao Poder Judiciário com o intuito de contestar a decisão que ela mesma exarou. Isso seria incongruente e contraditório.

Impende ressaltar que, com base no princípio da inafastabilidade de jurisdição, uma lei que constitua o prévio esgotamento da via administrativa como requisito para o acesso ao Judiciário será inconstitucional. O Poder Judiciário é uma porta aberta, sempre à disposição dos interessados, sempre que houver lesão ou, pelo menos, ameaça de lesão a direito.

Os principais casos que podemos apontar em que se exige o prévio exaurimento da via administrativa como requisito para acesso ao Judiciário são os seguintes:

a) Justiça Desportiva (art. 217, § 1º, CF/1988): "O Poder Judiciário só admitirá ações relativas à disciplina e às competições desportivas após esgotarem-se as instâncias da justiça desportiva, regulada em lei";

24 Sem embargo, a EC nº 7/1977 introduziu no sistema jurídico brasileiro algumas regras do contencioso administrativo, as quais nem chegaram a ser aplicadas.

b) crimes contra a ordem tributária, cuja ação penal, segundo entendimento do STJ, só pode ser intentada após o esgotamento da via administrativa, com a constituição definitiva do crédito tributário;[25] e

c) reclamação administrativa ao STF sobre descumprimento de súmula vinculante (art. 7º, § 1º, Lei nº 11.417/2006).

Em relação à última hipótese, poder-se-ia, numa primeira e apressada análise, opinar pela inconstitucionalidade do § 1º do art. 7º da Lei nº 11.417/2006, por violação ao princípio da inafastabilidade de jurisdição (ou princípio do livre acesso ao Judiciário) ao condicionar o acesso ao STF ao prévio esgotamento dos meios administrativos cabíveis. Não cremos ser procedente tal argumento. Independentemente de exaurimento prévio administrativo, o interessado estará livre para se valer de qualquer medida judicial (mandado de segurança, ação ordinária, ação popular, entre outras) para impugnar o ato administrativo desrespeitador de súmula vinculante. Note-se que o empecilho criado pelo legislador é tão somente o de o interessado ajuizar a ação de "reclamação" ao STF. Assim, podemos observar que, se assim não fosse, poderíamos assistir a uma enxurrada de reclamações ao STF (muitas delas temerárias) advindas dos mais longínquos rincões deste país em que houvesse o inicial descumprimento de súmula vinculante, o que causaria ainda maior lentidão no processamento dos feitos na mais alta Corte Judicial. Portanto, parece-nos razoável o condicionamento estabelecido. Aliás, trata-se de uma tendência moderna do Direito Processual (fenômeno do contencioso administrativo atenuado). Sem prejuízo do que expusemos, convém salientar que até o presente momento o aventado dispositivo não foi objeto de impugnação no Pretório Excelso.

Alguns costumam apontar o *Habeas Data* (art. 5º, LXXII, CF/1988) como hipótese de necessidade de prévio esgotamento da via administrativa para acesso ao Judiciário. O argumento dos que advogam tal pensamento funda-se em que esse remédio constitucional é cabível em caso de negativa aos direitos de conhecimento de informações pessoais que constam em registros ou cadastros de dados públicos ou para retificação de dados. Partindo dessa premissa, seria necessário o esgotamento das vias administrativas, para que se tivesse então o pressuposto necessário para a provocação do Poder Judiciário: a lesão ou ameaça a direito (art. 5º, XXXV, CF). No entanto, numa análise mais acurada percebe-se que não há necessidade do exaurimento da via administrativa para que se impetre o *Habeas Data*, haja vista que uma única negativa é suficiente para ensejar a impetração desse remédio constitucional. Basta que após essa negativa o interessado queira postular judicialmente o exercício do seu direito à informação.

25 HC 139.998/RS, Rel. Min. JORGE MUSSI, julg.: 25.11.2010.

6. A EXPRESSÃO "INTERESSE PÚBLICO"

Dizer quais interesses são considerados públicos e, consequentemente, as entidades e órgãos incumbidos do seu cumprimento é função do ordenamento jurídico, sobretudo da Constituição Federal. Não cabe ao Direito Administrativo definir quais são os fins do Estado. A partir da definição sobre quais são os interesses do Estado, o ordenamento jurídico define as ferramentas (privilégios especiais) à disposição da Administração para que esta garanta sua supremacia sobre interesses meramente individuais.

Em momento precedente, verificamos que um dos alicerces do regime jurídico-administrativo é o princípio da supremacia do interesse público sobre o privado. Cabe agora indagarmos: até que ponto os interesses privados são opostos ao interesse público? Seria o interesse particular necessariamente contraposto ao interesse da coletividade?

O magistério do professor Bandeira de Mello, sem dúvida alguma um dos maiores juristas brasileiros, nos informa que "o interesse público, o interesse do todo, do conjunto social, nada mais é do que a dimensão pública dos interesses individuais, ou seja, os interesses de cada indivíduo enquanto partícipes da sociedade (entificada juridicamente no Estado)".[26] Em outro dizer, o interesse público nada mais é do que **o conjunto de interesses de que cada um é titular enquanto membro da sociedade politicamente organizada.**

Dessa forma, fica claro que o interesse público não está dissociado, necessariamente, do interesse particular. Exemplificativamente, podemos citar o exemplo de um condutor de veículo automotivo que é multado por estacionar em local proibido. Embora naquele momento o interesse particular desse condutor seja no sentido de não ser penalizado, é bem provável que não se aponha ao Estado penalizar, de modo geral, os infratores de normas de trânsito. Vale dizer, embora naquela situação específica seja contra a multa, porque é diretamente atingido, o condutor não concorda em que o Estado deixe de multar sistematicamente os condutores que infringem as normas de trânsito.

Da compreensão do que foi dito, extrai-se duas consequências. A primeira, de que não há impedimento a que um particular defenda, em seu próprio nome, interesses públicos. Pelo contrário, sempre que o administrado for particularmente prejudicado em algum interesse havido como público, poderá valer-se dos instrumentos cabíveis a fim de obter proteção jurídica estatal. Assim, podemos crer na existência de direito subjetivo ao interesse público em comento. A segunda consequência repousa na constatação de que nem todos os interesses defendidos pelo Estado serão, necessariamente, interesses públicos. Isto é, o Estado poderá defender interesses próprios, desvencilhados do interesse da coletividade. Passemos a comentar essa questão.

---

26 MELLO, Celso Antônio Bandeira de. *Curso de Direito Administrativo*. 25ª ed. São Paulo, Malheiros, 2008, p. 60.

Os interesses públicos representam a verdadeira missão do Estado, como instituição que exerce poderes outorgados pelo povo. Afinal, o art. 1º, parágrafo único, da Constituição dispõe que "todo poder emana do povo, que o exerce por meio de representantes eleitos ou diretamente, nos termos desta Constituição". De outra quadra, é interessante notarmos que o Estado defende também outras espécies de interesses, que não os interesses públicos. Assim, o Estado possui duas espécies de interesses: os interesses primários ou públicos e interesses secundários.

Os **interesses primários** ou interesses públicos são delineados pelo ordenamento jurídico como tradução dos **anseios do grupo coletivo**. São esses interesses que justificam a razão de ser do Estado, como garantidor de que os valores supremos do grupo social serão preservados e efetivados. Seria o caso da preservação dos direitos à vida, à segurança, à propriedade, à manifestação do pensamento, a um meio ambiente saudável, à saúde, à seguridade social entre outros.

Os **interesses secundários** são os que o Estado tem em virtude de sua condição de pessoa jurídica. São interesses privados do Estado, como pessoa jurídica que é, também chamados pelos autores processualistas de interesses da Fazenda Pública. Trata-se de direitos individuais do Estado. Exemplificativamente, podemos imaginar que o Estado, como pessoa jurídica, queira ampliar o seu patrimônio por meio de participação no capital acionário de empresas privadas, aumentar a sua receita instituindo mais tributos, evitar despesas ao não conceder aumento a determinada categoria de servidores públicos. Isto é, os interesses secundários são os que o Estado tem enquanto se volta para si mesmo, para suas necessidades de pessoa juridica.

A par disso, é interessante revelar que o Estado não pode deliberadamente perseguir interesses secundários, pois, como não tem fim em si mesmo (não é pessoa jurídica privada) **é** instituído com a finalidade de atender os interesses primários. Dessa maneira, **só é lícito ao Estado perseguir interesses secundários quando estes não contrariem o interesse público**. Assim, seria ilegítimo que o Estado aumentasse sobremodo a carga tributária com o objetivo único de ampliar suas fontes de receita. De igual modo, seria ilegítimo que o Estado, numa ação de indenização, tentasse diminuir excessivamente o valor da indenização, mesmo sabendo que o dano sofrido injustamente pela vítima reclama valor superior ao proposto. Em suma, acima de qualquer interesse secundário, há o interesse público como o verdadeiro norte da atividade administrativa.

7. ADMINISTRAÇÃO PÚBLICA

Administrar significa gerir e conservar bens e interesses alheios (é oposto à ideia de propriedade, que nos remete à ideia de disponibilidade - livre disposição da coisa pelo seu possuidor). Quando os bens e interesses geridos são individuais, temos a administração particular. Se os bens e interesses são da coletividade, fala-se em Administração Pública. E, nesse caso, há indisponibilidade em relação aos bens e interesses públicos.

7.1. Administração Pública em sentido subjetivo, objetivo e operacional

Uma forma de conceituação de Administração Pública é aquela que ora a identifica com os sujeitos que desempenham a atividade administrativa do Estado, ora com a atividade administrativa em si mesma, e, por fim, com o desempenho concreto dessas atividades.

7.1.1. Administração Pública em sentido subjetivo, formal ou orgânico

Quando se fala em Administração Pública em sentido **subjetivo, formal ou orgânico**, o que se quer considerar são os **sujeitos** que desempenham a atividade administrativa. Assim, podemos defini-la como o conjunto de **órgãos**, **entidades** e **agentes públicos** que desempenham a atividade administrativa do Estado.

Nesse sentido, a Administração Pública não pode ser confundida com nenhum dos Poderes do Estado, uma vez que todos estes, de maneira típica (Executivo) ou atípica (Legislativo e Judiciário), desempenham atividades administrativas.

O conjunto de órgãos que compõem a estrutura de cada uma das entidades políticas (União, Estados, Distrito Federal e Municípios) denomina-se **Administração Direta**. As entidades criadas pelos entes políticos para desempenharem atividades específicas compõem o que se chama **Administração Indireta**. Autarquias, Fundações Públicas, Empresas Públicas e Sociedades de Economia Mista são, como veremos posteriormente nesta obra, entidades administrativas que compõem a Administração Indireta de cada um dos entes políticos.

7.1.2. Administração Pública em sentido objetivo, material ou funcional

No sentido objetivo, material ou funcional, por sua vez, o que se teria em conta não seria mais os sujeitos que desempenham as atividades administrativas do Estado, mas a função administrativa em si. Com base nesse critério, a Administração Pública corresponde ao conjunto de **atividades finalísticas** e **instrumentais** que o Estado, por meio de seus órgãos, entidades e agentes públicos, desempenha quando exerce a função administrativa.

Quando estudamos as funções do Estado e conceituamos cada uma delas, colacionamos alguns exemplos de atos jurídicos produzidos nas três funções estatais. Se pensarmos em um ato jurídico produzido no exercício da função legislativa, o que nos vem à mente, preliminar e instantaneamente, é a lei. Do mesmo modo, se pensarmos num exemplo de ato jurídico produzido no âmbito da função jurisdicional, logo nos lembramos das decisões judiciais.

Todavia, quando cogitamos acerca da função administrativa, os exemplos de atos jurídicos produzidos nessa função são muito distintos entre si, o que confere um caráter de abstração a esta função. Em verdade, a função administrativa pode ser tomada num sentido residual: se excluirmos as funções jurisdicional e legislativa do Estado, o que restar é função administrativa. Tal concepção evidencia o grau de heterogeneidade da função administrativa.

Neste tópico, solucionaremos esta abstração que envolve a função administrativa, exatamente por explicitarmos sistematicamente as atividades **finalísticas** que são desempenhadas no exercício desta função, quais sejam: **fomento**, **polícia administrativa**, **serviço público** e **intervenção administrativa**. Após, comentaremos em tópico apartado as atividades **instrumentais** da Administração Pública: **gestão de patrimônio, de pessoas e de recursos financeiros**.

7.1.2.1. Fomento

É a atividade administrativa finalística mediante a qual o Estado **incentiva particulares** em suas atividades privadas justamente porque trazem benefício direto ou indireto à **coletividade**.

Ao Estado seria impossível o desempenho de todas as atividades que de modo direto ou indireto alcançassem o interesse público. Por essa razão, quando particulares desenvolvem atividades que beneficiam, mesmo que indiretamente, a coletividade, podem contar com incentivos por parte do Estado.

A moderna doutrina administrativa, a exemplo de Diogo de Figueiredo Moreira Neto, vem fazendo menção ao **princípio da subsidiariedade**, postulado segundo o qual a atuação direta do Estado só se firma como necessária nas demandas que, em razão da sua complexidade e necessidade de uso da força, não possam ser atendidas pela própria sociedade. Nas palavras do notável mestre:

> A subsidiariedade escalona atribuições em função da complexidade do atendimento dos interesses da sociedade. Assim, cabe primariamente aos *indivíduos*, decidirem e atuarem para satisfazer com seus próprios meios tudo o que se refira aos respectivos e inerentes interesses individuais; secundariamente, aos *grupos sociais menores*, decidirem e atuarem em prosseguimento de seus respectivos interesses coletivos; terciariamente, aos *grupos sociais maiores*, decidirem e atuarem em prosseguimento de seus respectivos interesses coletivos de maior abrangência; e, quaternariamente, à *sociedade civil*, como um todo, decidir e atuar para realização de seus interesses gerais. Somente aquelas demandas que por sua própria natureza, em razão da complexidade e da necessidade de uma ação concentrada e imperativa, inclusive com a centralização coacta de recursos, não puderem ser atendidas pela própria comunidade de-

> verão ser cometidas às *organizações políticas*, que atuarão, portanto subsidiariamente à sociedade.[27]

Assim, em decorrência do princípio da subsidiariedade, o fomento vem se constituindo como a mais importante, e mais nobre, atividade do Estado.

Amplamente afinada com este vetor, a Constituição Federal estabeleceu o fomento como um dos quatro objetivos fundamentais da República insculpidos no art. 3º: garantir o desenvolvimento nacional.

Como exemplos de fomento podemos citar os benefícios fiscais, as subvenções, os empréstimos em condições facilitadas, os auxílios financeiros, entre outros. A fim de concretizar a prática de fomento foram criadas algumas entidades, das quais podemos citar o Banco Nacional do Desenvolvimento Econômico e Social (BNDES), o Banco do Brasil (BB), no que tange à sua política de crédito agrícola, e a Caixa Econômica Federal (CEF), no que concerne ao crédito habitacional.

7.1.2.2. Polícia Administrativa

É a atividade finalística por meio da qual a Administração impõe **limites** e **condições** ao uso e gozo de bens e ao exercício de direitos e atividades **individuais** em favor do **interesse público**.

A ordem jurídica envolve cada um dos indivíduos numa esfera de direitos e garantias individuais, a fim de protegê-los da atuação arbitrária dos demais indivíduos. Por isso, se alguém interferir na esfera de direitos de outrem, o prejudicado poderá valer-se da tutela jurisdicional do Estado, a fim de ter o dano sofrido devidamente reparado. No entanto, o próprio Estado limita e condiciona o exercício de direitos e atividades individuais com o objetivo de conformá-los ao interesse público. A essa atividade realizada pela Administração damos o nome de polícia administrativa.

Exemplificativamente, quando somos coagidos pelo Estado a obter licença (alvará de construção) para construirmos uma casa, somos alvo da polícia administrativa do Estado, pois estamos sofrendo limitação na nossa esfera jurídica patrimonial em prol do interesse público.

7.1.2.3. Serviço Público

É a atividade material finalística que, regida predominante ou exclusivamente por regime de **direito público**, pretenda satisfazer **direta**, **concreta** e **imediatamente** determinada necessidade da população, seja por meio dos órgãos e entidades da Administração, seja por meio de particulares delegatários.

27 MOREIRA NETO, Diogo de Figueiredo. *Mutações do Direito Administrativo*. 4ª ed., Rio de Janeiro: Renovar, 2007, p. 20.

Uma diferença que poderia ser preliminarmente apontada entre serviço público e polícia administrativa é que enquanto esta é **atividade negativa**, uma vez que limita e condiciona os direitos, as atividades e a utilização de bens individuais, e cria obrigações, aquela é **atividade positiva**, pois amplia a esfera jurídica do particular ao atender às mais variadas necessidades que tem enquanto membro da coletividade.

Podemos citar como exemplos de serviços públicos o serviço de fornecimento de energia elétrica, serviço postal, transporte coletivo urbano, telecomunicações etc.

7.1.2.4. Intervenção Administrativa

A intervenção administrativa é atividade que abrange três modalidades: intervenção direta na atividade econômica, intervenção indireta na atividade econômica e intervenção na propriedade privada.

A **intervenção direta na atividade econômica** ocorre com a criação de empresas estatais exploradoras de atividade econômica (empresas públicas e sociedades de economia mista e suas subsidiárias). A exploração de atividade econômica por parte do Estado deve ser vista como **excepcional**, pois o texto constitucional dispõe que:

> Ressalvados os casos previstos nesta Constituição, a exploração direta de atividade econômica pelo Estado só será permitida quando **necessária aos imperativos da segurança nacional ou a relevante interesse coletivo** (art. 173 - destaque nosso).

Como exemplo dessa modalidade de intervenção, podemos citar a Petrobras S/A, que explora atividade econômica de produção e comercialização de petróleo, fonte de energia imprescindível à sociedade.

Maria Sylvia Zanella Di Pietro ressalva seu ponto de vista no sentido de que a exploração direta de atividade econômica não constitui exercício de função administrativa, mas mera atividade privada, que o Estado exerce em regime de monopólio nos casos mencionados no art. 177 da Constituição, ou em regime de competição com a iniciativa privada, quando, nos termos do art. 173 da Lei Maior, assim o determine o interesse público ou razões de segurança da sociedade.[28]

A **intervenção indireta na atividade econômica** é desempenhada por meio da **regulação e controle** dos agentes econômicos, visando a estabelecer uma série de medidas prestacionais e restritivas estabelecidas pelo Poder Legislativo e empregadas pelo administrador público para a ordenação de determinados segmentos econômicos. Neste caso, o Estado não cria entidades para atuar diretamente no domínio econômico, mas para regular e controlar os agentes econômicos. Assim, podemos citar entidades como Banco Central (Bacen),

28 DI PIETRO, Maria Sylvia Zanella. *Direito Administrativo*. 20ª ed. São Paulo: Atlas, 2006, p. 51.

Conselho Administrativo de Defesa Econômica (Cade), Comissão de Valores Mobiliários (CVM) e Agência Nacional do Petróleo (ANP).[29]

Por sua vez, a **intervenção na propriedade privada** abrange a edição de atos concretos que incidem sobre a propriedade privada, estabelecendo-se critérios para a sua utilização e impondo obrigações aos proprietários, com o objetivo de conformá-la ao interesse público. Aqui se encontram os institutos desapropriação, tombamento, requisições administrativas, ocupação temporária e servidão administrativa.[30]

7.1.3. Administração Pública em sentido operacional

Da lavra do saudoso mestre Hely Lopes Meirelles, reputamos útil trazer à tona o sentido operacional de Administração Pública, que corresponde ao "desempenho perene e sistemático, legal e técnico, dos serviços próprios do Estado ou por ele assumidos em benefício da coletividade".[31]

Para aclarar a exposição, imagine um condutor que, imediatamente após a constatação de que estava conduzindo seu veículo em velocidade superior à permitida, tenha sido notificado por um agente de trânsito de uma possível multa, da qual cabe defesa prévia no prazo de 30 dias.

Nesse caso concreto, o agente de trânsito é considerado a administração pública em sentido subjetivo. A atividade de polícia administrativa é o sentido objetivo da administração pública. E a efetiva lavratura da notificação pelo agente público revela a administração pública em sentido operacional.

Como se percebe é com a administração pública em sentido operacional que as atividades administrativas são manifestadas no mundo real, saindo do plano das ideias e das intenções.

7.2. Administração Pública em sentido estrito e amplo

7.2.1. Administração Pública em sentido estrito

Em **sentido estrito**, poderíamos afirmar que o termo **Administração Pública** refere-se ao conjunto de **órgão e entidades** (sentido subjetivo) **que desempenham as atividades administrativas** de execução das decisões políticas governamentais (sentido objetivo).

O **Governo**, por sua vez, estaria apartado do conceito de Administração Pública e consistiria, no dizer de Hely Lopes Meirelles, na "expressão política de comando, de iniciativa, de fixação de objetivos do Estado e de manutenção da ordem jurídica vigente".[32]

---

29 É interessante notar que a atividade de regulação em sua essência consagra medidas diversas que podem compreender exercício de poder de polícia, prestação de serviços e até realização de programas de fomento.

30 Acerca das modalidade de intervenção na propriedade privada, *vide* Capítulo 16.

31 MEIRELLES, Hely Lopes. *Direito Administrativo Brasileiro*. 34ª ed. São Paulo: Malheiros, 2008, p. 65.

32 *Idem, ibidem*, p. 65.

Por Governo, poderíamos entender a atividade superior desempenhada pelos Poderes e órgãos constitucionais mediante a qual haveria a prática de atos políticos, de macrogerência da vida estatal, de condução dos negócios públicos, de definição das diretrizes do próprio Estado.

Vale dizer, a Administração Pública, em sentido estrito, não pratica atos de Governo, mas tão só atos de execução (atos administrativos) dentro da atuação funcional de cada órgão.

Novamente, é imprescindível trazermos à tona a lição do mestre Hely Lopes Meirelles, para quem:

> A Administração é o instrumento de que o Estado dispõe para pôr em prática as opções política do Governo. Isto não quer dizer que a Administração não tenha poder de decisão. Tem. Mas o tem somente na área de suas atribuições e nos limites legais de sua competência executiva, só podendo opinar e decidir sobre assuntos jurídicos, técnicos, financeiros ou de conveniência e oportunidade administrativas, sem qualquer faculdade de opção política sobre a matéria.[33]

Para melhor entendermos a diferença entre Administração Pública e Governo, utilizaremos a seguinte metáfora: imaginemos uma imensidão de pessoas num teatro público a apreciar a boa música de uma orquestra sinfônica sob a regência de um famoso maestro. Os músicos da orquestra obedecem ao maestro em todos os comandos fixados por este, de modo que são apenas fiéis executores do repertório previamente definido pelo regente. Toda essa estrutura de músicos e maestro é constituída para um único fim: a satisfação do público, ávido por ouvir música erudita de qualidade.

Pois bem, essa metáfora nos mostra o papel do Governo (maestro) e da Administração Pública (músicos que executam os comandos do maestro) na estrutura estatal (teatro repleto de pessoas) e os objetivos a serem perseguidos (a boa execução musical).

Em termos jurídicos, comparando a atividade de Governo com a de Administração Pública, podemos fixar algumas premissas.

A primeira é a de que as funções de Governo se operam num contexto **político** (condução dos assuntos de maior repercussão na sociedade) e, bem por isso, tais atividades encontram-se previstas diretamente no **texto constitucional**, uma vez que é papel da Constituição estabelecer as linhas-mestras da condução política estatal. Consequentemente, a atuação do Governo é **discricionária**, visto que dotada de ampla liberdade conferida pela Lei Maior para a escolha dos rumos políticos a serem tomados. Nesse contexto, nota-se que o Governo atua num campo de **conduta independente**, vale dizer, livre de subordinação hierárquica a qualquer órgão ou agente, razão pela qual os atos por aquele praticados

33 MEIRELLES, Hely Lopes. *Direito Administrativo Brasileiro*. 34ª ed. São Paulo: Malheiros, 2008, p. 66.

atraem **responsabilidade constitucional ou política**. A título de exemplo, o art. 85 da Carta Política estabele um regime especial de responsabilidade para o Presidente da República (crimes de responsabilidade).

De outro lado, a atividade da Administração Pública é **neutra** (no sentido de que não lhe cabe definir os objetivos a serem por ela mesma alcançados, mas tão somente executar as diretrizes fixadas pelo Governo) e **vinculada à lei** (a Administração Pública só poderá fazer o que estiver previsto em lei – **regência por normas infraconstitucionais**). Nessa linha, verifica-se que a Administração Pública desenvolve suas atividades num contexto de **conduta hierarquizada**. Isto é, a organização da máquina administraiva se estrutura com base num sistema de órgãos e agentes superiores e subordinados. Como está sempre subordinada à lei, a Administração tem **responsabilidade técnica e legal pela execução** de suas atividades no campo cível, sendo que seus agentes podem responder civil, penal e administrativamente pelo exercício de suas funções.

Para sedimentar essa gama de informações, propomos aqui uma síntese sobre as atividades da Administração Pública contraposta à atividade do Governo.

Governo	Administração Pública
Atividade política e discricionária	Atividade neutra e vinculada à lei
Conduta independente	Conduta hierarquizada
Responsabilidade constitucional ou política	Responsabilidade técnica e legal pela execução
Regido por norma constitucional	Regida por normas infraconstitucionais

Uma vez que tenhamos tratado das atividades de Governo, passaremos à análise propriamente da **função política ou de governo**. De início, importante considerar que o exercício da função política fica a cargo dos órgãos do Poder Executivo e, em parte, do Poder Legislativo. Essa função compreende as atividades colegislativas e de direção do Estado (a atividade administrativa compreende fomento, serviços públicos, polícia administrativa e intervenção administrativa).[34] Contudo, e não obstante as diferenças já apontadas entre Governo e Administração Pública, não há uma rígida separação entre a função política e a administrativa, embora haja alguns autores que defendam essa separação. É o caso de Celso Antônio Bandeira de Mello[35], que entende que os atos políticos não se encaixam adequadamente em nenhuma das três funções do Estado (legislativa, administrativa e jurisdicional), integrando função à parte: a função política ou de governo. Em sentido contrário, Hely Lopes Meirelles,[36]

34 Segundo perspectiva tradicional, a participação do Poder Judiciário nas decisões políticas é praticamente inexistente, em face de sua função se restringir à atividade jurisdicional, quase exclusivamente.

35 MELLO, Celso Antonio Bandeira de. *Curso de Direito Administrativo*. 25ª ed. São Paulo, Malheiros, 2008, p. 37.

36 MEIRELLES, Hely Lopes. *Direito Administrativo Brasileiro*. 34ª ed. São Paulo: Malheiros, 2008, p. 46.

para quem o ato político nada mais é que ato administrativo ou ato legislativo informado de fundamento político.

Como exemplos de atos praticados no exercício da **função política** por meio dos quais é desempenhada uma ação de instância superior, de *direção suprema* do Estado em seu conjunto, podemos indicar a declaração de estado de defesa ou de sítio, declaração de guerra, celebração da paz, convocação extraordinária do Congresso Nacional, iniciativa de projeto de lei, veto, nomeação de Ministros de Estado pelo Presidente da República, o estabelecimento de relações com Estados estrangeiros, a decretação de intervenção federal, convocação de plebiscito, entre outros. Inserem-se, ainda, na função política os atos de fixação de metas e diretrizes, bem como a elaboração dos planos governamentais, os quais, definidos na função política, serão executados pela Administração Pública (em sentido estrito), no exercício da função administrativa propriamente dita.[37]

7.2.2. Administração Pública em sentido amplo

A Administração Pública em **sentido amplo** nada mais é que a junção entre os **órgãos governamentais** e os **órgãos** e **entidades administrativas** (sentido subjetivo) que desempenham, respectivamente, a **função política e a administrativa** (sentido objetivo).

Como se percebe, não há aqui qualquer distinção entre Administração Pública e Governo, pois ao mencionarmos Administração Pública, o próprio Governo estará incluído na expressão.

É útil lembrar que esta acepção ampla de Administração Pública é objeto de estudo do Direito Constitucional, que trata da organização política do Estado (forma e sistema de Governo) e da estruturação dos Poderes Estatais. Para o Direito Administrativo, o critério apropriado ao estudo das atividades da Administração Pública é o estrito.

7.3. Correlação entre administração em sentido amplo e estrito e em sentido subjetivo e objetivo

Uma vez que tenhamos tratado sobre os critérios amplo/estrito e subjetivo/objetivo de Administração Pública cabe correlacioná-los da seguinte maneira:

a) Administração Pública em sentido amplo e subjetivo é o conjunto de órgãos e entidades administrativas e de governo;

b) Administração Pública em sentido amplo e objetivo é o conjunto de atividades finalísticas e instrumentais que o Estado desempenha no exercício das funções administrativa e política;

37 DI PIETRO, Maria Sylvia Zanella. *Direito Administrativo*. 20ª ed. São Paulo: Atlas, 2006, p. 47.

c) Administração Pública em sentido estrito e subjetivo restringe-se aos órgãos e entidades administrativas (excluídos os órgãos e entidades governamentais); e

d) Administração Pública em sentido estrito e objetivo são as atividades que o Estado desempenha no exercício da função administrativa (excetuada a função política).

7.4. Administração Pública em sentido extroverso e introverso

Outro critério de conceituação de Administração Pública é o que considera o caráter finalístico (atividade-fim) ou instrumental (atividade-meio) da atividade administrativa.

Antes, é necessário relembrarmos a divisão das atividades administrativas em atividades-fim e atividades-meio. As atividades-fim referem-se à Administração Pública em sentido objetivo, material ou funcional: **fomento**, **polícia administrativa**, **serviço público** e **intervenção administrativa**. Todavia, nenhuma dessas atividades sairia do campo teórico e passaria ao campo prático sem que houvesse todo um aparato de bens e humano do Estado – a máquina administrativa. Para construir e manter a estrutura administrativa do Estado faz-se necessária a execução das atividades-meio, que aqui elencaremos como sendo: gestão de pessoas, de patrimônio e de recursos financeiros.

A **gestão de pessoas** refere-se à organização legal, ao provimento, ao estabelecimento de direitos e vantagens, regime previdenciário dos agentes públicos. Assim, a realização de um concurso público, a concessão de aposentadorias, a remoção de servidores externam o exercício da função administrativa do Estado.

A **gestão de patrimônio**, em sentido amplo, trata da aquisição e alienação de bens pelo Estado. Assim, uma licitação para aquisição de novos microcomputadores para uma repartição pública seria considerada função administrativa.

A **gestão de recursos financeiros** é concernente à aplicação das verbas públicas pelos órgãos ou entidades da Administração Pública. Não poderia se falar em gestão de bens e pessoas, ou até mesmo em fomento e serviços públicos, se a Administração não dispusesse de recursos financeiros com os quais custearia estas ações. Por ser matéria própria do Direito Financeiro, não vamos neste Curso nos delongarmos sobre o assunto.

Feita essa explanação sobre atividades-fim e atividades-meio, podemos falar em Administração Pública Extroversa e Introversa. A **Administração Pública extroversa**, ou externa, refere-se ao desempenho das atividades finalísticas administrativas (polícia e intervenção administrativa, fomento e serviço público) que atingem diretamente os administrados. Essas atividades são desempenhadas de acordo com a sistemática constitucional de **partilha de competências administrativas** (arts. 21, 23, 25 e 30 da CF/1988). Os entes da

Federação não são livres para desempenhar toda sorte de atividades finalísticas administrativas que desejarem, mas somente aquelas que lhe foram atribuídas como próprias pelo texto constitucional.

Por sua vez, a **Administração Pública Introversa**, ou Interna, reflete-se na prática das atividades-meio administrativas de caráter notoriamente interno e instrumental (gestão de pessoas, gestão de patrimônio e gestão de recursos financeiros). Constituem verdadeiro suporte ao exercício das atividades finalísticas administrativas. Diferentemente da Extroversa, a Administração Pública Introversa é **atribuída genericamente a todos os entes** da Federação no bojo daquilo que se denomina capacidade de autoadministração. Ou seja, cada ente federativo cuida da própria gestão de pessoal, bens e orçamento com vistas ao atingimento de suas respectivas atividades finalísticas administrativas.

8. NATUREZA E FINS DA ADMINISTRAÇÃO PÚBLICA

Com tudo o que foi dito acerca do Direito Administrativo e da Administração Pública, sobretudo suas prerrogativas e poderes especiais frente ao particular, sua supremacia como zeladora do interesse público, não devemos chegar à conclusão errônea de que o Direito Administrativo seja, em última análise, o ramo do Direito que estuda os poderes supremos e ilimitados do Estado-administrador.

De modo algum concluiremos que a natureza e a finalidade da Administração Pública é ser alvo dos mais pródigos e desarrazoados privilégios a fim de subjulgar o administrado à vontade estatal.

Pelo contrário, o Direito Administrativo é o ramo que cuida do conjunto de deveres do Estado para com os administrados. A natureza da Administração Pública é de "um *munus publico* para quem a exerce, isto é, a de um encargo de defesa, conservação e aprimoramento dos bens, serviços e interesses da coletividade".[38] Desempenhar uma função pública não significa receber um conjunto de privilégios gratuitos para atuar em nome de interesses próprios. Significa a assunção de um compromisso de bem servir à coletividade com lealdade, moralidade e boa-fé.

Todos os poderes da Administração Pública são nada mais que os pressupostos necessários para que esta atinja a sua finalidade de garantir o bem da coletividade administrada. Se o agente se vale dos privilégios que lhe são conferidos pela ordem jurídica e atua em busca do atendimento de interesses exclusivamente seus, pratica a mais vil das ilegalidades.

A Constituição da República Federativa do Brasil consagra a opção política do constituinte por estabelecer um "Estado Democrático de Direito". A ideia de "democrático" é justamente a de que toda e qualquer atividade do Estado deve

38 MEIRELLES, Hely Lopes. *Direito Administrativo Brasileiro*. 34ª ed. São Paulo: Malheiros, 2008, p. 86.

ter como necessário objetivo a busca pelo bem comum. Na própria Constituição Federal o bem comum é traduzido num extenso catálogo de direitos fundamentais, a exemplo da vida, segurança, liberdade, igualdade, moradia, alimentação, lazer, dentre outros. Nesse contexto, não se poderia encerrar este tópico, senão afirmando que o propósito central de toda a máquina administrativa do Estado é a concretização dos direitos fundamentais. A razão de existir da Administração Pública é exatamente fazer com que os direitos fundamentais assegurados pelo ordenamento jurídico sejam efetivamente exercidos por todos os indivíduos que participem do corpo social.

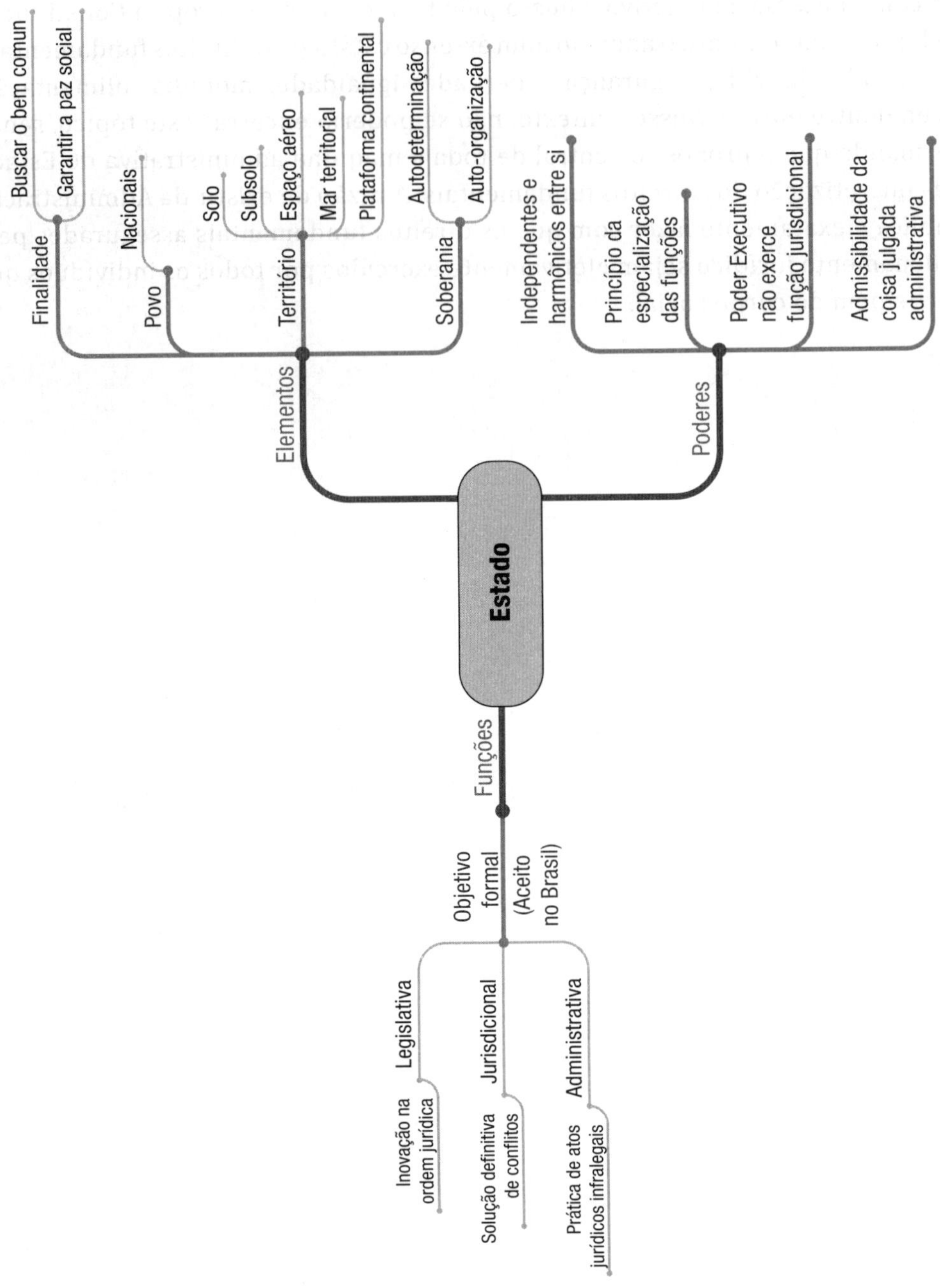

NOTA: Para melhor aproveitamento nos estudos, recomendamos a leitura de todos os mapas mentais deste Curso no sentido horário.

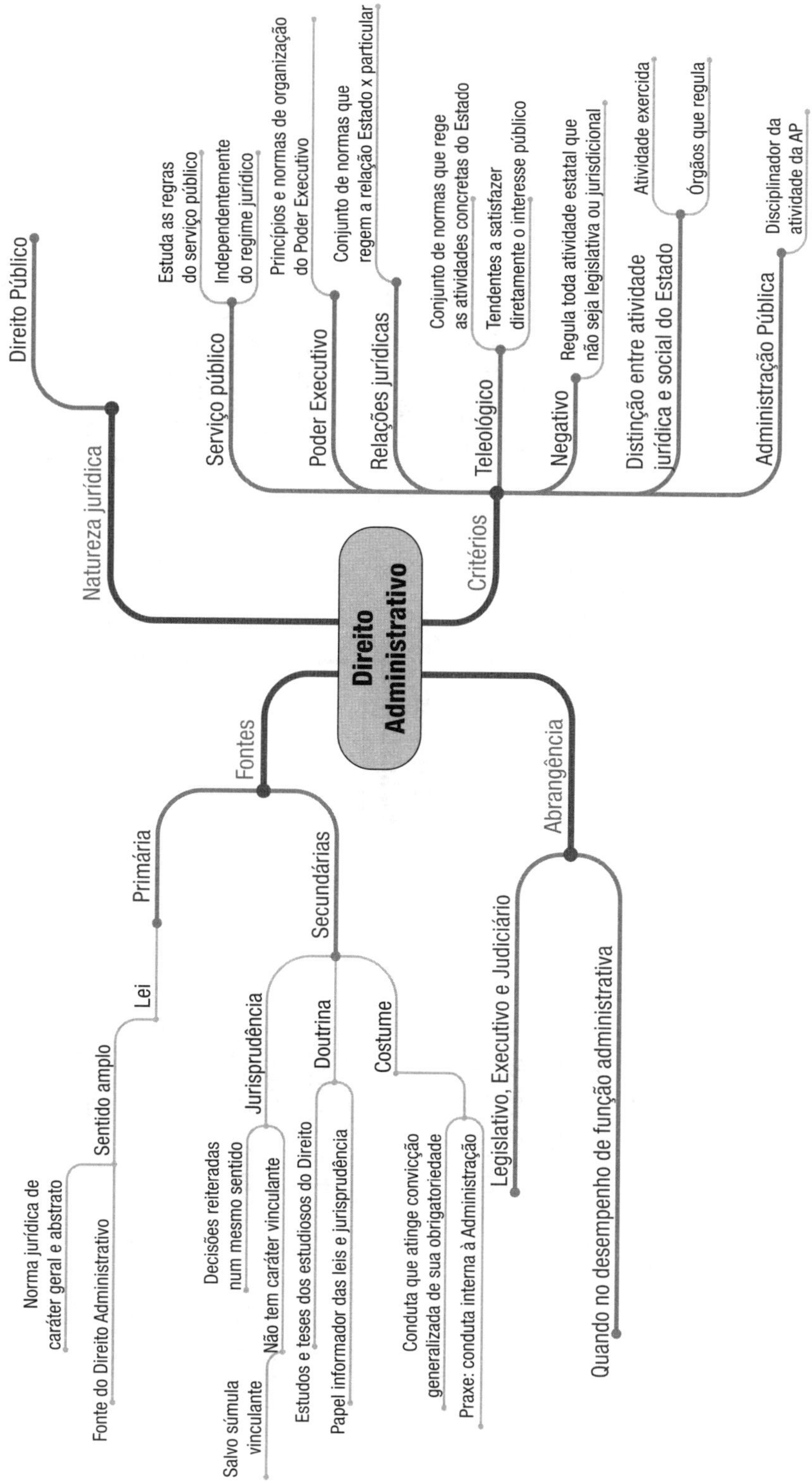
Direito Administrativo
Natureza jurídica
Direito Público
Critérios
Serviço público
Estuda as regras do serviço público
Independentemente do regime jurídico
Poder Executivo
Princípios e normas de organização do Poder Executivo
Relações jurídicas
Conjunto de normas que regem a relação Estado x particular
Teleológico
Conjunto de normas que rege as atividades concretas do Estado
Tendentes a satisfazer diretamente o interesse público
Negativo
Regula toda atividade estatal que não seja legislativa ou jurisdicional
Distinção entre atividade jurídica e social do Estado
Atividade exercida
Órgãos que regula
Administração Pública
Disciplinador da atividade da AP
Fontes
Primária
Lei
Sentido amplo
Norma jurídica de caráter geral e abstrato
Fonte do Direito Administrativo
Secundárias
Jurisprudência
Decisões reiteradas num mesmo sentido
Não tem caráter vinculante
Salvo súmula vinculante
Doutrina
Estudos e teses dos estudiosos do Direito
Papel informador das leis e jurisprudência
Costume
Conduta que atinge convicção generalizada de sua obrigatoriedade
Praxe: conduta interna à Administração
Abrangência
Legislativo, Executivo e Judiciário
Quando no desempenho de função administrativa

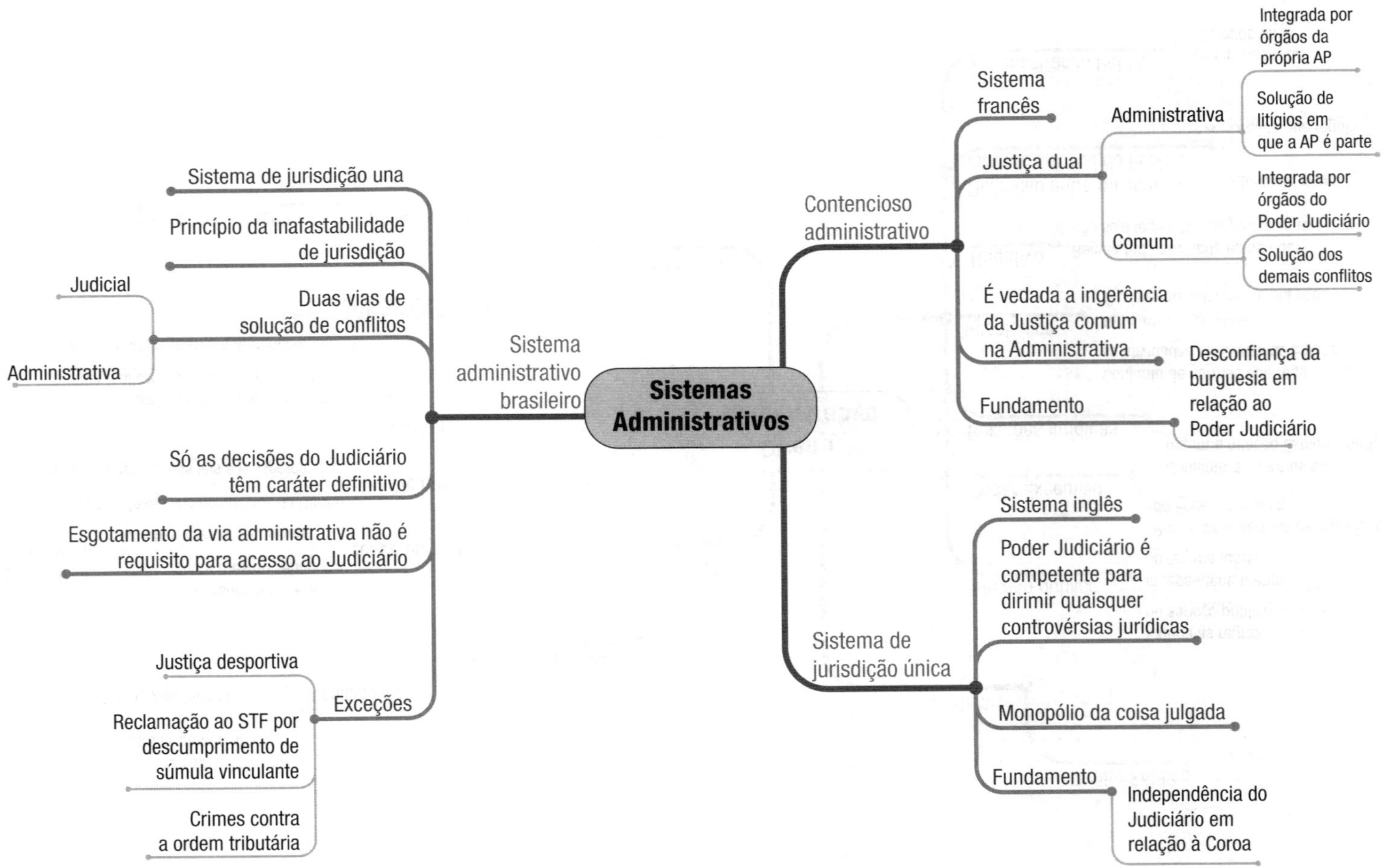
Sistemas Administrativos
Contencioso administrativo
Sistema francês
Justiça dual
Administrativa
Integrada por órgãos da própria AP
Solução de litígios em que a AP é parte
Comum
Integrada por órgãos do Poder Judiciário
Solução dos demais conflitos
É vedada a ingerência da Justiça comum na Administrativa
Fundamento
Desconfiança da burguesia em relação ao Poder Judiciário
Sistema de jurisdição única
Sistema inglês
Poder Judiciário é competente para dirimir quaisquer controvérsias jurídicas
Monopólio da coisa julgada
Fundamento
Independência do Judiciário em relação à Coroa
Sistema administrativo brasileiro
Sistema de jurisdição una
Princípio da inafastabilidade de jurisdição
Duas vias de solução de conflitos
Judicial
Administrativa
Só as decisões do Judiciário têm caráter definitivo
Esgotamento da via administrativa não é requisito para acesso ao Judiciário
Exceções
Justiça desportiva
Reclamação ao STF por descumprimento de súmula vinculante
Crimes contra a ordem tributária

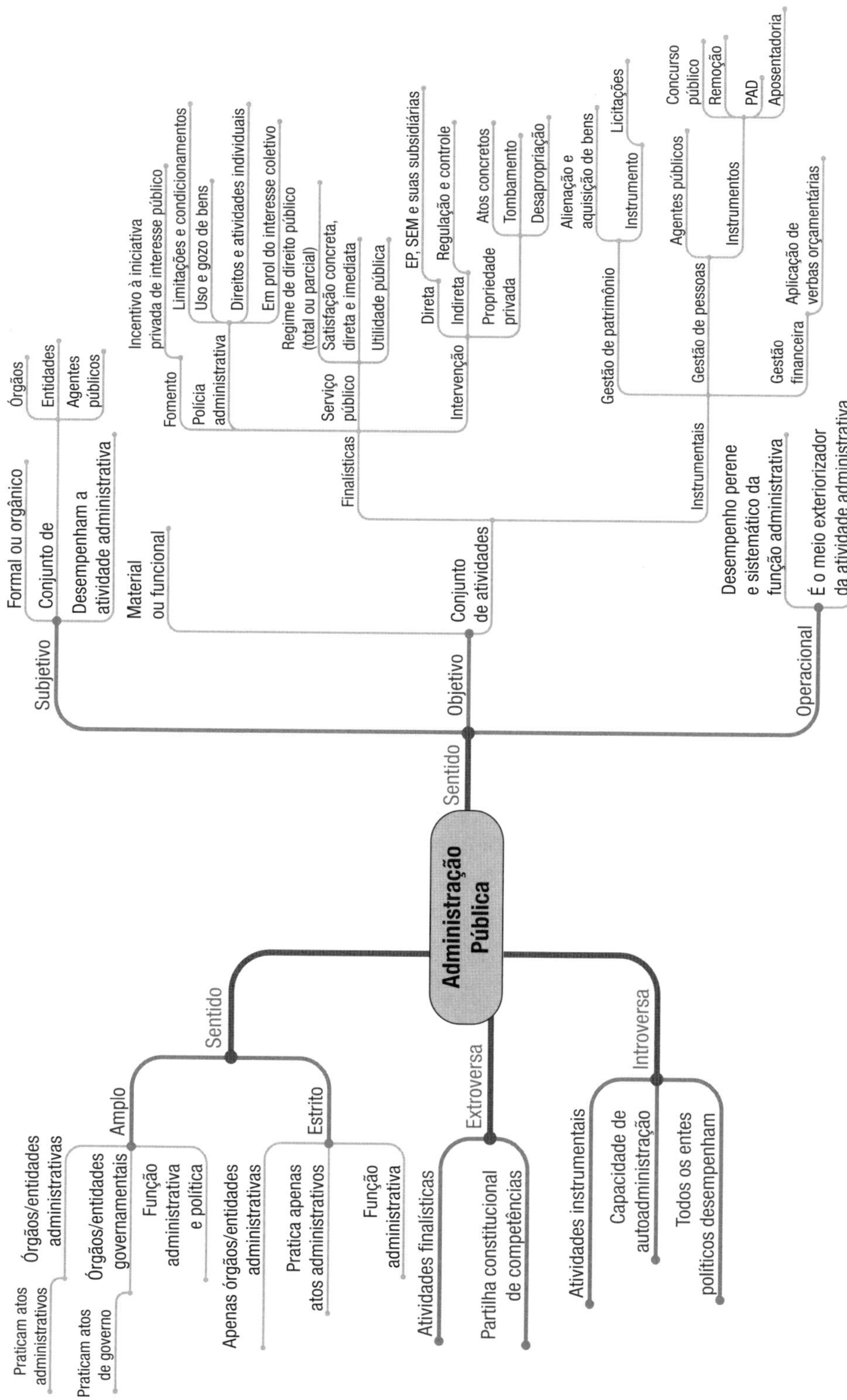
Administração Pública
Sentido
Subjetivo
Formal ou orgânico
Conjunto de
Órgãos
Entidades
Agentes públicos
Desempenham a atividade administrativa
Objetivo
Material ou funcional
Conjunto de atividades
Finalísticas
Fomento
Incentivo à iniciativa privada de interesse público
Polícia administrativa
Limitações e condicionamentos
Uso e gozo de bens
Direitos e atividades individuais
Em prol do interesse coletivo
Serviço público
Regime de direito público (total ou parcial)
Satisfação concreta, direta e imediata
Utilidade pública
Intervenção
Direta
EP, SEM e suas subsidiárias
Indireta
Regulação e controle
Propriedade privada
Atos concretos
Tombamento
Desapropriação
Instrumentais
Gestão de patrimônio
Alienação e aquisição de bens
Instrumento
Licitações
Gestão de pessoas
Agentes públicos
Instrumentos
Concurso público
Remoção
PAD
Aposentadoria
Gestão financeira
Aplicação de verbas orçamentárias
Operacional
Desempenho perene e sistemático da função administrativa
É o meio exteriorizador da atividade administrativa
Sentido
Amplo
Órgãos/entidades administrativas
Praticam atos administrativos
Órgãos/entidades governamentais
Praticam atos de governo
Função administrativa e política
Estrito
Apenas órgãos/entidades administrativas
Pratica apenas atos administrativos
Função administrativa
Extroversa
Atividades finalísticas
Partilha constitucional de competências
Introversa
Atividades instrumentais
Capacidade de autoadministração
Todos os entes políticos desempenham

Capítulo 2

Princípios da Administração Pública

1. CONSIDERAÇÕES INICIAIS

Toda atuação estatal é guiada por diretrizes que reforçam e garantem o pleno atendimento da finalidade do Estado: garantir a todos uma existência digna, livre de interferências arbitrárias e desarrazoadas do Poder Público e até mesmo de outros indivíduos.

Leciona Hely Lopes Meirelles que os princípios:

> Constituem os fundamentos da ação administrativa, ou, por outras palavras, os sustentáculos da atividade pública. Relegá-los é desvirtuar a gestão dos negócios públicos e olvidar o que há de mais elementar para a boa guarda e zelo dos interesses sociais.[1]

2. DISTINÇÃO ENTRE REGRAS E PRINCÍPIOS JURÍDICOS

Para o renomado constitucionalista, José Gomes Canotilho, as regras e os princípios são espécies do gênero norma jurídica.

Ao iniciarmos pelas regras jurídicas, veremos, no dizer de Antônio Rizzatto, que regra é um "comando, um imperativo dirigido aos seus destinatários (pessoas físicas, pessoas jurídicas e demais entes), responsável por permitir, proibir, constranger e/ou disciplinar certos modos de ação ou comportamento presentes na vida humana em relação".[2] Assim, as regras são enunciados normativos que prescrevem determinada ocorrência material específica e atribuem dada consequência jurídica a esse fato. As regras jurídicas têm **reduzido grau de abstração**. Se o fato previsto na regra se concretiza, a consequência respectiva deve ser levada a efeito. Caso contrário, a regra não será aplicada. Como se pode perceber, as regras jurídicas atuam no campo do "tudo ou nada": diante do caso concreto, ou se aplicam ou não se aplicam (**critério da subsunção**).

1 MEIRELLES, Hely Lopes. *Direito Administrativo Brasileiro*. 34ª ed. São Paulo: Malheiros, 2008, p. 88.

2 NUNES, Luiz Antonio Rizzatto. *Manual de Introdução ao Direito*. 3ª ed. São Paulo: Saraiva, 2000, p. 172.

Para ilustrar, vejamos o caso de uma lei que prescreva que o estabelecimento comercial que comercializar produtos contrabandeados será punido com fechamento e multa de até 100 vezes o valor do salário-mínimo. Nesse exemplo, temos o preceito normativo (comercialização de bens contrabandeados) e a consequência jurídica deste fato (fechamento do estabelecimento e multa). Advindo a situação prevista na regra jurídica, aplica-se a penalidade. Caso contrário, não haverá incidência da regra jurídica.

Outro ponto interessante é que havendo conflito entre regras jurídicas, este é solucionado pela via da **exceção** (uma regra jurídica configura exceção à outra de sorte que prevalece aquela) ou da declaração de **nulidade** de uma das regras (uma regra é declarada inválida perante outra). Não há possibilidade de se fazer juízo de ponderação entre regras jurídicas conflitantes.

É nesse contexto que, para resolver os conflitos entre regras, são utilizados os mecanismos clássicos de antinomia: **anterioridade** (lei nova revoga lei anterior), **especialidade** (lei especial revoga lei geral) e **superioridade** (regra de caráter constitucional prevalece sobre regra legal que, por sua vez, prevalece sobre regra infralegal).

A par disso, é útil esclarecermos mais detalhadamente que as regras jurídicas estão hierarquicamente organizadas. A **Constituição Federal** cumpre a função de norma jurídica básica e irrefutável do ordenamento. Abaixo dela e diretamente subordinadas, temos as **normas legais ou infraconstitucionais**, tais como leis ordinárias, leis complementares, medidas provisórias, decretos legislativos, entre outros. Por fim, temos as **normas infralegais**, que estão abaixo das infraconstitucionais e subordinadas a elas. São exemplos de normas infralegais: decretos de execução, regulamentos, portarias, instruções normativas.

Feitas as breves observações sobre as regras, cabe examinarmos os princípios. De maneira geral, os princípios constituem valores, diretrizes ou padrões de comportamentos a serem observados pelos indivíduos. Além disso, os princípios servem como sustentáculos para a criação, interpretação e execução das regras jurídicas (função normogenética).

Ademais, modernamente, vem se falando em **força normativa dos princípios**. Isto é, os princípios jurídicos são valores e diretrizes de observância obrigatória pelos indivíduos, sob pena de invalidade dos atos jurídicos praticados em dissonância com aqueles. No atinente aos princípios da Administração Pública, estes se revelam mandamentos cogentes dirigidos à Administração Pública, sob pena de nulidade dos atos por ela praticados. Assim, é direito de todo cidadão exigir da Administração Pública o cumprimento dos princípios, exigência perfeitamente alinhada à ideia de Estado Democrático de Direito.

Os precursores dessa corrente de pensamento, os jusfilósofos Ronald Dworkin e Robert Alexy, entendem que as regras jurídicas, por si mesmas, são incapazes de prever todas as situações que possam surgir no cotidiano das relações humanas e a elas prescrever uma providência normativa.[3] Diante dessa impossibilidade material, os princípios surgem como balizadores da conduta dos indivíduos.

Ao contrário das regras, os princípios não enunciam situações específicas, mas consubstanciam enunciações de cunho valorativo de caráter aberto e flexível, aplicável a um sem-número de situações. Vale dizer, os princípios possuem um **maior grau de abstração**, e, portanto, seu campo de incidência é mais amplo que o das regras.

Outra distinção entre regras e princípios é que, ao contrário daquelas, quando há aparente conflito destes, a solução ocorre pela via da **harmonização**, e não da exclusão ou nulidade. Portanto, na hipótese de colisão de princípios, prevalecerá aquele que tiver maior peso no caso concreto, de acordo com o juízo de ponderação dos valores envolvidos.

Em outro dizer, quando um princípio deixa de ser aplicado, é porque há outro princípio a que igualmente precisa ser dado efetividade. Logo, conflitos entre princípios são solucionados pela via da harmonização, da **ponderação de interesses**. Não existe no mundo jurídico sacrifício total de um princípio em benefício de outro. Cada circunstância, específica e isoladamente considerada, é que determinará a aplicação ou o afastamento parcial deste ou daquele princípio. Isto é, se um princípio é aplicado preponderantemente numa situação concreta isso não significa a declaração de nulidade do princípio afastado.

Exemplificativamente, imaginemos um concurso público para provimento do cargo de Consultor Legislativo do Senado Federal em que se exija, como requisito para investidura, que o candidato seja do sexo masculino. Nesse caso, poderíamos de imediato colacionar a ilicitude dessa exigência por afronta ao princípio da isonomia. Entretanto, se pensarmos que se trata de um concurso público para o cargo de Agente Penitenciário em cárcere masculino, a exigência de sexo seria perfeitamente aceitável, por necessidade de observância do princípio da razoabilidade. A partir do exemplo dado, não se pode afirmar que nessa segunda situação, o princípio da isonomia foi afastado. Acontece que a isonomia diminuiu o seu campo de atuação para que também fosse observado o princípio da razoabilidade.

É útil frisarmos que todos os princípios têm a **mesma relevância e densidade** no ordenamento jurídico. Não há princípio superior aos demais. A depender da situação concreta um princípio terá maior ou menor incidência. Exatamente por isso é que, quando se fala de subprincípio (ex.: a isonomia é subprincípio da impessoalidade), não se está denotando relação de hierarquia entre os princípios envolvidos, mas de relação de amplitude temática entre um e outro princípio.

3 A respeito, consultar: ALEXY, Robert. *Teoría de los Derechos Fundamentales*. Madrid: Centro de Estudios Constitucionales, 1997. DWORKIN, Ronald. *Levando os Direitos a Sério*. Trad. de Nelson Boeira. São Paulo: Martins Fontes, 2002.

No exemplo acima, a isonomia (noção delimitada) é um dos aspectos em que se pode cumprir a impessoalidade (noção abrangente), razão pela qual aquela é subprincípio desta. O mesmo não se pode falar em relação às regras jurídicas, que, como já afirmado, estão hierarquicamente organizadas.

Por tudo o que foi exposto, percebe-se a necessidade de existirem, ao lado das regras, os princípios jurídicos, pois, como bem ressalta Fernanda Marinela:

> O sistema não pode ser baseado somente em princípios porque a aplicação a determinado caso concreto depende de atividade interpretativa do agente a ela submetido, o que pode comprometer sua segurança jurídica, daí por que se depende da definição das regras. Da mesma forma, somente de regras não seria possível a sua manutenção, considerando que o diploma legal teria que ser muito minucioso, exaustivo, completo, o que impediria a ponderação de interesses públicos e a evolução ágil da norma compatível com as necessidades e conflitos sociais em dado momento histórico. Enfim, hoje o ordenamento jurídico se faz em duas bases normativas: princípios e regras.[4]

Uma vez que tenhamos tratado das distinções entre regras e princípios, a seguir, apresentamos tabela que sintetiza os principais tópicos:

-------------	Regras	Princípios
Aplicação	Enunciados que prescrevem situações específicas	Padrões de comportamentos genéricos aplicáveis a diversas situações
Resolução de conflitos	Exceção ou declaração de nulidade	Harmonização (ponderação de interesses)
Relações entre si	Hierarquicamente estruturadas	Mesma densidade jurídica

3. PRINCÍPIOS EXPRESSOS E IMPLÍCITOS

Os **princípios expressos** estão previstos na norma jurídica taxativamente. Qualquer indivíduo médio pode identificar um princípio expresso, pois ele é literalmente mencionado na norma jurídica. Vejamos alguns exemplos (destaques nossos):

a) art. 37, CF/1988: "A administração pública direta e indireta de qualquer dos Poderes da União, dos Estados, do Distrito Federal e dos Municípios obedecerá aos **princípios** de legalidade, impessoalidade, moralidade, publicidade e eficiência e, também, ao seguinte (...)";

b) art. 3º da Lei nº 8.666/1993: "A licitação destina-se a garantir a observância do princípio constitucional da isonomia e a selecionar a proposta mais

4 MARINELA, Fernanda. *Direito Administrativo*. 4ª ed. Niterói: Impetus, 2010, p. 24.

vantajosa para a Administração e será processada e julgada em estrita conformidade com os **princípios básicos** da legalidade, da impessoalidade, da moralidade, da igualdade, da publicidade, da probidade administrativa, da vinculação ao instrumento convocatório, do julgamento objetivo e dos que lhes são correlatos";

c) art. 2º da Lei nº 9.784/1999: "A Administração Pública obedecerá, dentre outros, aos **princípios** da legalidade, finalidade, motivação, razoabilidade, proporcionalidade, moralidade, ampla defesa, contraditório, segurança jurídica, interesse público e eficiência".

Os **princípios implícitos**, por seu turno, não estão previstos taxativa e literalmente, mas ficam subentendidos pelo próprio conteúdo da norma jurídica. Observe que não afirmamos que os princípios implícitos não estão previstos na norma jurídica. Estão previstos, sim, mas não de maneira expressa, literal. Vejamos alguns casos:

a) art. 5º, XXXV, CF/1988: "a lei não excluirá da apreciação do Poder Judiciário lesão ou ameaça a direito". Embora não esteja literalmente escrito, sabemos que estamos diante do princípio da inafastabilidade de jurisdição;

b) art. 5º, XXXVI, CF/1988: "a lei não prejudicará o direito adquirido, o ato jurídico perfeito e a coisa julgada". Temos aqui o princípio da segurança jurídica em sua aplicação. Note que em nenhum trecho o dispositivo menciona expressamente "princípio da segurança jurídica";

c) art. 5º, LV, CF/1988: "aos litigantes, em processo judicial ou administrativo, e aos acusados em geral são assegurados o contraditório e ampla defesa, com os meios e recursos a ela inerentes". O dispositivo trata dos princípios do contraditório e da ampla defesa. Veja que não há menção a "princípio do contraditório e da ampla defesa".

Neste capítulo, trataremos dos **princípios expressos constitucionais da Administração Pública (legalidade, impessoalidade, moralidade, publicidade e eficiência)**, bem como de alguns princípios implícitos que entendemos relevantes. Há, ainda, alguns outros princípios da Administração Pública que omitimos deste capítulo em virtude de serem diretamente relacionados a determinados assuntos que estudaremos ao longo deste *Curso de Direito Administrativo*. Destes princípios, podemos citar: princípio da especialidade, princípio da coordenação, princípio da tutela ou controle finalístico, princípio da oficialidade, princípio da transparência, entre outros a serem no momento oportuno abordados.

4. PRINCÍPIO DA LEGALIDADE

O princípio da legalidade tem duas aplicações: uma relativa aos particulares e outra à Administração Pública.

A primeira aplicação é objeto de estudo do Direito Constitucional, pois se refere ao direito fundamental de fazer tudo o que a lei não proíbe. Trata-se da legalidade aplicada aos particulares. No art. 5º, II, da Constituição, temos o princípio da legalidade para os particulares: "ninguém será obrigado a fazer ou deixar de fazer alguma coisa, senão em virtude de lei". Assim, os particulares são dotados de **autonomia da vontade**, segundo a qual tudo aquilo que não estiver proibido por lei, está permitido (**relação de não contradição à lei**). No âmbito do Direito Privado, os particulares são dotados de plena autonomia para fazer tudo o que não estiver proibido por lei, sobretudo no campo dos direitos patrimoniais disponíveis.

A segunda aplicação do princípio da legalidade concerne ao estudo do Direito Administrativo, pois consubstancia condição para toda e qualquer atuação da Administração Pública: previsão legal. Inversamente do que ocorre com os particulares, o princípio da legalidade para a Administração Pública determina que esta **somente poderá fazer o que estiver previsto em lei**. Se não há lei que preveja a competência da Administração para agir, nenhuma atuação administrativa é possível (**critério de subordinação à lei**).

Com tudo o que se tem afirmado, o que se quer deixar patente é que, além de não poder atuar *contra legem* (contra a lei) nem *praeter legem* (além da lei), a Administração só pode agir *secundum legem* (segundo a lei).

Isto posto, podemos concluir que o princípio da legalidade tem dupla finalidade: proporcionar segurança aos indivíduos ao protegê-los de medidas arbitrárias por parte dos agentes públicos e garantir que a vontade popular manifestada pelos seus representantes eleitos norteie toda atuação administrativa.

Quando se fala em obediência à lei, estamos nos referindo não somente à lei em sentido **formal** (norma jurídica oriunda dos órgãos legislativos), mas também aos diversos atos normativos produzidos pelos órgãos da Administração Pública (sentido **material**), tais como decretos, instruções normativas, resoluções, portarias etc. Em suma, a obediência à lei tanto ocorre no campo formal quanto no material.

Analisando o princípio da legalidade por outro prisma, poderemos verificar também que os atos normativos da Administração Pública, tais como decretos, instruções normativas, resoluções, somente podem ser considerados lícitos se estiverem conformados aos estritos termos da lei – **não podem inovar na ordem jurídica**. Ou seja, além de não poderem contrariar a lei, não devem transbordar dos limites desta e criar direitos e obrigações que ainda não tenham sido estabelecidos no ordenamento jurídico legal (ir além da lei). Apenas a norma jurídica produzida conforme o processo legislativo previsto nos arts. 59 a 69 da Constituição pode constituir fonte originária de direitos e obrigações para os indivíduos.

O que acaba de ser dito, resta sobremodo mitigado desde a Emenda Constitucional nº 32/2001, que possibilitou a veiculação de algumas matérias mediante **decreto autônomo**, o qual retira sua força normativa da própria Constituição, e não de lei formal. Assim, o art. 84, VI, da Constituição estatuiu que compete ao Presidente da República dispor mediante decreto sobre: a) organização e funcionamento da Administração Pública desde que não importe em aumento de despesas e nem na criação ou extinção de órgãos públicos; b)extinção de cargos e funções públicas, quando vagos. Veja que, nesse caso, o decreto autônomo é assim chamado exatamente por não estar vinculado a nenhuma lei, a título de explicá-la ou regulamentá-la. Esse decreto autônomo se afigura verdadeira norma primária, que inova na ordem jurídica, constituindo fonte de direitos e obrigações para os indivíduos.[5]

Por derradeiro, trazemos à baila tendência moderna do princípio da legalidade, que tem sido ampliado ao sair do campo da **legalidade estrita**, que considera apenas a lei, para uma **legalidade ampla**, que alcança, além da lei, os princípios e valores do ordenamento jurídico. Por esse sentido amplo de legalidade, somente será lícita a atuação administrativa em consonância com a lei e os princípios da Administração Pública.[6] O art. 2º, parágrafo único, I, da Lei nº 9.784/1999, expõe o sentido amplo de legalidade ao demandar da Administração Pública atuação conforme a lei e o Direito.

5. PRINCÍPIO DA IMPESSOALIDADE

O princípio da impessoalidade pode ser compreendido em três acepções.

A primeira acepção se coaduna com o **princípio da isonomia,** mediante o qual a Administração Pública deve dispensar a todos tratamento igualitário, sem discriminações desarrazoadas, benéficas ou detrimentosas. O agente público não pode atuar de modo a estabelecer discriminações gratuitas entre os particulares administrados, seja beneficiando determinados indivíduos em detrimento de outros, seja prejudicando algum desafeto.

Os institutos da licitação e do concurso público consubstanciam o princípio da isonomia no âmbito administrativo ao impedir que os agentes públicos escolham livremente determinados indivíduos para contratação ou ocupação de cargos e empregos efetivos em detrimento de outros interessados. Nesses casos, a Administração deverá abrir procedimento concorrencial que oportunize igual oportunidade aos interessados. Além do mais, com estes institutos há observância

5 Mais detalhes sobre decreto autônomo, *vide* tópico 4 (Poder Regulamentar) do Capítulo 5 (Poderes e Deveres Administrativos).

6 DI PIETRO, Maria Sylvia Zanella. *Direito Administrativo*. 20ª ed. São Paulo: Atlas, 2006, p. 744.

concomitante do princípio da eficiência, pois permite que a Administração selecione, respectivamente, a melhor proposta de contrato, bem como o melhor indivíduo para ocupação de postos de trabalho efetivos na estrutura estatal.

A segunda acepção do princípio da impessoalidade é eleger o interesse público como o único objetivo possível e lícito a ser buscado pela Administração. Trata-se de aplicar o **princípio da finalidade**, pelo qual todo ato praticado pela Administração Pública deve ser orientado para satisfazer o bem coletivo, qualquer ato administrativo que se distancie dessa finalidade será tido por ilegítimo e deverá ser retirado do mundo jurídico.

O princípio da finalidade pode ser apreciado por dois aspectos: sentido amplo e sentido estrito. A finalidade em **sentido amplo** é o atingimento obrigatório do **interesse público**. Qualquer ato administrativo destituído de interesse público que tenha inspirado sua prática, deverá ser retirado do mundo jurídico por incorrer no vício de **desvio de finalidade**. Note que, quando falamos em finalidade em sentido amplo, estamos nos reportando ao objetivo necessário de todo e qualquer ato da Administração.

Por seu turno, a finalidade em **sentido estrito** é definida em lei como objetivo específico que cada ato administrativo deve atingir. Assim, exemplificativamente, a finalidade em sentido estrito da multa de trânsito é punir e influenciar o infrator a não mais transgredir a norma jurídica. A finalidade da exoneração do servidor comissionado é desligar dos quadros da Administração alguém que já não mais preenche os pressupostos de confiança da autoridade nomeante. Por fim, a finalidade da remoção de ofício é deslocar servidor para outra localidade em que há necessidade de pessoal. Dessa forma, sempre que um agente público pratica um ato em desatenção à finalidade específica estabelecida em lei, incorre no vício de desvio de finalidade. É exatamente por isso que a remoção de ofício praticada com finalidade punitiva sofre de **desvio de finalidade**, ainda que haja necessidade de pessoal na localidade para onde o servidor foi deslocado.[7] Nessa esteira, o art. 2º, parágrafo único, *d*, da Lei nº 4.717/1965 (Lei da Ação Popular) dispõe que o desvio de finalidade se verifica quando o agente pratica ato visando a fim diverso daquele previsto, explícita ou implicitamente, na regra de competência.

Note que não é vedado à Administração praticar atos que atendam interesses particulares, pois boa parte dos atos administrativos vão ao encontro dos anseios de seus destinatários – veja o exemplo das licenças para dirigir, autorizações para porte de arma, nomeação em caráter efetivo de candidato aprovado em concurso público, o deferimento de um pedido de licença para trato de interesses particulares por servidor público, entre outros. Veja que é possível a prática de atos administrativos que atendam interesses privados, mas nesses casos sempre haverá a presença concomitante do interesse público, que é a verdadeira

7 No tópico 8.2. do Capítulo 5 (Poderes e Deveres Administrativos) nos debruçamos com mais profundidade sobre esse tema.

finalidade do ato. O que se veda é a prática de atos administrativos cujo fim exclusivo seja a satisfação de interesses particulares.

Por fim, a terceira acepção do princípio da impessoalidade é a **vedação à promoção pessoal** de agentes públicos às expensas das propagandas oficiais. Tal vedação está prevista no art. 37, § 1º, da Constituição Federal:

> A publicidade dos atos, programas, obras, serviços e campanhas dos órgãos públicos deverá ter caráter educativo, informativo ou de orientação social, dela não podendo constar nomes, símbolos ou imagens que caracterizem promoção pessoal de autoridades ou servidores públicos.

Para compreendermos o teor do dispositivo, pensemos na seguinte situação: quando um agente de vigilância sanitária, João Honesto, aplica multa a um restaurante que descumpriu normas de higiene alimentar, considera-se que tal ato é produto da manifestação de vontade não de João Honesto, mas da Administração que, naquela situação, atuou por meio de um agente público incumbido por lei do dever de agir em tais circunstâncias. Por isso, se considerarmos que atos administrativos são praticados como resultado da vontade da atuação da Administração Pública, e não da vontade pessoal dos agentes públicos, devemos de igual modo considerar que a publicidade feita sobre os atos dos órgãos e entidades públicas não pode servir como mecanismo de promoção pessoal, sob qualquer de suas formas, do agente que praticou o ato.

A promoção pessoal configura ato de improbidade administrativa que atenta contra princípios da Administração Pública (art. 11, Lei nº 8.429/1992) e infração funcional decorrente do disposto no art. 117, IX, Lei nº 8.112/1990 (valer-se do cargo para lograr proveito pessoal ou de outrem, em detrimento da dignidade da função pública).

A vedação à promoção pessoal não impede que o agente identifique-se ao praticar um ato administrativo, nem afasta dele a responsabilização civil, criminal e administrativa quando atuar com dolo ou culpa.

Sobre o tema, José Afonso da Silva informa que:

> Os atos e provimentos administrativos são imputáveis não ao funcionário que os pratica, mas ao órgão ou entidade administrativa da Administração Pública, de sorte que ele é o autor institucional do ato. Ele é apenas o órgão que formalmente manifesta a vontade estatal.[8]

A vedação a promoção pessoal também impede que sejam atribuídos nomes de pessoas públicas vivas a bens públicos, tais como avenidas, praças, ruas, viadutos, cidades, entre outros.

8 SILVA, José Afonso da. *Direito Constitucional Positivo*. São Paulo: Malheiros, 2003, p. 647.

Nesse sentido, os arts. 1º e 2º da Lei nº 6.454/1977 vedam que se atribua nome de pessoa viva a bem público, de qualquer natureza, assim como que se inscreva nomes de autoridades ou administradores em placas indicadoras de obras ou em veículo de propriedade ou a serviço da Administração Pública direta ou indireta.

O art. 2º, parágrafo único, III, da Lei nº 9.784/1999, impõe objetividade no atendimento do interesse público, vedada a promoção pessoal de agentes ou autoridades.

6. PRINCÍPIO DA MORALIDADE

A moralidade administrativa é conceito jurídico impreciso, vago, indeterminado. Não há uma definição única, universal e definitiva sobre o que é moralidade. É em cada caso que o agente público analisa se foi ou não observada.

Não obstante a discussão sobre o alcance do termo "moralidade administrativa", poderíamos afirmar que o princípio da moralidade relaciona-se à ideia de ética, honestidade, lealdade à finalidade pública administrativa.

Podemos encontrar em todo o texto constitucional diversos dispositivos e mecanismos jurídicos que provam o especial relevo e prestígio que o poder constituinte deu ao tema da moralidade administrativa, a saber art. 5º, LXXIII; art. 14, § 9º; art. 15, V; art. 37, *caput*; art. 37, § 4º e art. 85, V).[9]

Em relação ao agente público, o princípio da moralidade reclama conduta ética, honesta, dentro de padrões de decoro, lealdade e boa-fé (também chamado de **princípio da probidade**). Inclusive, é nesse sentido que o art. 2º, parágrafo único, IV, da Lei nº 9.784/1999 preconiza a atuação segundo padrões éticos de probidade, decoro e boa-fé.

A **moralidade administrativa não se confunde com a moral comum** da sociedade, pois aquela é jurídica e se origina da disciplina interna da Administração Pública e das normas pertinentes ao exercício da função pública por agentes públicos. A moral comum, por sua vez, está vinculada à distinção entre o bem e o mal, entre o correto e o incorreto, enquanto moral administrativa, além disso, também se refere às regras de boa administração, de bem comum. Ainda que em algumas situações a ofensa à moral administrativa implique igualmente em ofensa à moral comum, não devemos entender que essas expressões sejam sinônimas.[10]

Outra aplicação do principio da moralidade encontra-se na constatação de que **nem tudo o que é legal é honesto** (*non omne quod licet honestum est*). Vale dizer, nem toda conduta que obedeça à letra fria da lei (legalidade estrita) atenderá necessariamente aos reclamos da moralidade administrativa. É preciso ir além da letra fria da lei, a fim de observar, além do texto, os valores que inspiraram a edição da norma.

9 A Constituição Federal de 1988 é a primeira Carta brasileira que prevê expressamente o princípio da moralidade. Em verdade, há mais de 58 dispositivos constitucionais que prestigiam a moralidade e a licitude estatal. Colacionamos apenas as principais normas.

10 DI PIETRO, Maria Sylvia Zanella. *Direito Administrativo*. 20ª ed. São Paulo: Atlas, 2006, p. 70.

Todavia, se pensarmos na legalidade em sentido amplo, poderemos constatar que para que um ato da Administração seja válido, este ato deverá também dar azo aos princípios da Administração Pública, dentre eles o princípio da moralidade.

Assim, verificar a moralidade de um ato administrativo não é fazer mera análise de mérito (privativa da Administração), mas de legalidade. Se o ato é imoral será, por conseguinte, nulo, podendo sua nulidade ser declarada pelo Poder Judiciário ou pela própria Administração Pública.[11]

No cerne do princípio da moralidade, e também de outros princípios da Administração Pública (impessoalidade, eficiência), está a terrível prática de **nepotismo** (nomeação de cônjuge, companheiro ou parente em linha reta, colateral ou por afinidade, até o terceiro grau para cargos em comissão ou funções de confiança).

Em 18.10.2005, o Conselho Nacional de Justiça (CNJ), no uso das atribuições que lhe foram conferidas pelo art. 103-B, § 4º, II, da Constituição Federal, editou a Resolução nº 7, que veda o nepotismo na nomeação de ocupantes de cargos, empregos e funções no Poder Judiciário. Em 2006, foi interposta a ação declaratória de constitucionalidade (ADC) a favor da Resolução do CNJ, ao que o STF declarou sua constitucionalidade, sob o argumento de que **a vedação ao nepotismo não exige a edição de lei formal para coibir a prática, uma vez que decorre diretamente dos princípios contidos no art. 37, *caput*, da Constituição Federal.**[12]

Para reforçar o repúdio à tal prática e evitar uma enxurrada de processos envolvendo aspectos diversos sobre esse assunto, em 2008, o STF editou a Súmula Vinculante nº 13, confirmando a vedação do nepotismo em toda a Administração Pública brasileira (destacamos):

> A nomeação de cônjuge, companheiro ou parente em linha reta, colateral ou por afinidade, até o terceiro grau, inclusive, da autoridade nomeante ou de servidor da mesma pessoa jurídica investido em cargo de direção, chefia ou assessoramento, para o exercício de **cargo em comissão** ou **de confiança** ou, ainda, de **função gratificada** na administração pública direta e indireta em qualquer dos poderes da União, dos Estados, do Distrito Federal e dos Municípios, compreendido o ajuste mediante designações recíprocas,[13] viola a Constituição Federal.

Feita essa menção, cabe tecermos alguns comentários importantes. O primeiro é que a orientação do Poder Judiciário, quando da apreciação da constitucionalidade da Resolução nº 7/2007 do CNJ, foi no sentido de que os princípios constitucionais da Administração Pública encartados no art. 37,

11 Sobre o controle judicial dos atos administrativos, *vide* tópico 6 (Controle Judicial) do capítulo 14 (Controle da Administração Pública).

12 ADC nº 12/DF, Rel. Min. CARLOS BRITTO, julg.: 16.02.2006.

13 Trata-se, aqui, do nepotismo cruzado, em que autoridades combinam entre si nomear parentes um do outro.

caput, do texto constitucional, têm, por si sós, **força normativa**, não carecendo a vedação ao nepotismo de edição de lei formal que a estabeleça. Nesse contexto, percebe-se a nítida acolhida da tese empreendida pelos jusfilósofos Ronald Dworkin e Robert Alexy, conforme aventado precedentemente.

A referida súmula vinculante estatui que a vedação ao nepotismo alcança **cônjuge**, **companheiro**, **parente** em linha reta, colateral ou por afinidade, até o **terceiro grau**, inclusive (a título de esclarecimento: ascendentes, descendentes, filhos, netos, irmãos, tios, sobrinhos, sogros, noras, genros, cunhados).[14]

Quanto ao objeto, vê-se que a vedação ao nepotismo incide **apenas sobre os cargos em comissão e funções de confiança**. Não alcança os cargos efetivos, nem cargos de **natureza política** (Ministro de Estado, Secretário municipal, entre outros).[15] Exemplificativamente, poderia um Governador de Estado nomear o próprio tio para o cargo de Chefe da Casa Civil do Governo, mas não poderia nomear o filho para o posto de assessor de imprensa da Secretaria de Justiça desse mesmo Estado.

Por derradeiro, exponha-se que a vedação ao nepotismo alcança qualquer órgão ou entidade de quaisquer dos Poderes da **União**, **Estados**, **Distrito Federal** e **Municípios**.[16]

7. PRINCÍPIO DA PUBLICIDADE

A publicidade se correlaciona com o **princípio da transparência**, mediante o qual a atividade administrativa deve ser pública e acessível aos administrados, possibilitando com isso o efetivo controle popular da coisa pública – afinal estamos numa República, onde todo Poder emana do povo. A Constituição da República em mais de um dispositivo consagra a possibilidade de amplo acesso pelo povo às informações sobre a atividade administrativa do Estado (*vide* art. 5º, incs. XIV, XXXIII, XXXIV e LXXII).

Nesse diapasão, o art. 2º, parágrafo único, V, da Lei nº 9.784/1999 consagra o princípio da publicidade ao estabelecer como diretriz aos agentes públicos a divulgação oficial dos atos administrativos, ressalvadas as hipóteses de sigilo previstas na Constituição e na lei.

Diante do exposto, podemos concluir que, em geral, os atos do Poder Público são abertos ao conhecimento popular. Todavia, em alguns casos **o sigilo é admitido**, a saber: os atos que comprometem a segurança nacional (soberania e integridade territorial nacionais, planos de guerra e relações internacionais

14 Para o STF, não há nepotismo na nomeação de servidor para ocupar cargo em comissão se o cônjuge, companheiro ou parente até 3º grau já exerce cargo em comissão no mesmo órgão, mas não tem qualquer poder legal de nomeação, ou seja, não pode interferir no processo de seleção (RCL 18.564/SP, Rel. Min. DIAS TOFFOLI, julg.: 23.02.2016).

15 É assim o entendimento do STF vazado na Rcl 6.650/PR, Rel.ª Min.ª ELLEN GRACIE, DJe 21.11.2008.

16 É inconstitucional lei estadual que excepciona a vedação da prática do nepotismo, permitindo que sejam nomeados para cargos em comissão ou funções gratificadas até dois parentes das autoridades estaduais, além do cônjuge do Governador (STF, ADI 3.745/GO, Rel. Min. DIAS TOFFOLI, julg.: 15.05.2013).

do País, operações militares etc.), as investigações policiais,[17] informações imprescindíveis à inviolabilidade da intimidade, da vida privada, da honra e da imagem das pessoas e outros declarados pela Administração nos termos da lei.[18]

Na Constituição Federal há previsão quanto ao sigilo em diversos dispositivos (*vide* art. 5º, incs. XXXIII e LX; art. 93, IX).

A negativa de informações relativas à pessoa do impetrante enseja a propositura de ***habeas data***, já a negativa de informações de interesse particular ou geral e que, portanto, não se referem à pessoa do impetrante possibilita a propositura de **mandado de segurança**.

No intuito de deferir maior densidade ao princípio da transparência, foi editada a Lei nº 12.527, em 28 de novembro de 2011, que regula o **acesso às informações de interesse público** e estabelece os procedimentos a serem observados pela Administração Direta e Indireta da **União, dos Estados, do Distrito Federal e dos Municípios**, bem como entidades controladas direta ou indiretamente pelos entes federativos.[19]

A segunda acepção do princípio da publicidade é que este constitui requisito de **eficácia** dos atos administrativos externos (cuja repercussão extrapola o ambiente interno das repartições), bem como aqueles que a qualquer título onerarem o patrimônio público (criam obrigação de pagamento, renúncia de receita pública ou consentem no uso de bem público por particulares). "O ato administrativo, como de resto do ato jurídico, tem na sua publicação o início de sua existência no mundo jurídico, irradiando, a partir de então, seus legais efeitos, produzindo, assim, direitos e deveres."[20]

Inclusive o § 8º do art. 79-A da Lei nº 9.605/1998 estabelece que a publicidade é requisito de eficácia dos atos administrativos. No mesmo sentido, o art. 26 da Lei nº 8.666/1993 determina a publicação na imprensa oficial, como condição para a eficácia dos atos de dispensa e inexigibilidade de licitação. O mesmo pode ser encontrado no art. 61, parágrafo único, da Lei nº 8.666/1993 quanto à publicação resumida do instrumento de contrato administrativo.

A eficácia dos atos administrativos refere-se à aptidão para produzir efeitos jurídicos. Afirmar que a publicidade é condição de eficácia dos atos administrativos externos significa dizer que tais atos não produzem seus efeitos jurídicos enquanto não forem publicados na imprensa oficial. Assim, a homologação de um concurso com o consequente início do transcurso do prazo

17 Nesse sentido, é interessante notarmos a Súmula Vinculante nº 14, que dispõe sobre o acesso dos advogados às peças do inquérito policial: "É direito do defensor, no interesse do representado, ter acesso amplo e irrestrito aos elementos de prova que, já documentado em procedimento investigatório, realizado por órgão de competência de polícia judiciária, digam respeito ao exercício do direito de defesa".

18 Remetemos o leitor à Lei nº 8.159/1991, que dispõe sobre a política nacional de arquivos públicos e privados e dá outras providências. Há também a Lei nº 12.527/2011 – Lei de Acesso à Informação, a qual será comentada em detalhes posteriormente.

19 Para maior detalhamento quanto à Lei de Acesso à Informação, recomendamos a leitura do nosso artigo intitulado "Comentários à Lei de Acesso à Informação", disponível em: <www.elyesleysilva.com.br/transparencia">.

20 STJ, RMS 15.350/DF, Rel. Min. HAMILTON CARVALHIDO, DJ 08.09.2003.

de vigência (até dois anos) só se torna eficaz com a publicação da homologação. A partir desse momento, inicia-se a contagem do prazo.

É de todo importante dizer que **não se deve confundir eficácia com validade**. A eficácia, como já afirmamos, refere-se à aptidão do ato para produzir seus efeitos jurídicos. Já a validade refere-se à característica do ato administrativo que obedece fielmente às regras do Direito (ato lícito). Em suma, o ato é válido quando obedece à lei e é eficaz quando é publicado.

Por último, é interessante notarmos que, embora a publicação em imprensa oficial seja o meio mais comum de se dar publicidade aos atos administrativos, há outros meios de divulgação oficial. Em alguns casos especificados em lei e, sobretudo nos Municípios que não dispuserem de órgão de imprensa oficial, admite-se como publicidade a simples afixação dos atos administrativos em mural na sede da Câmara Municipal ou da Prefeitura.[21] Há também a publicidade por meio de cientificação pessoal, de publicação em boletins internos ou na imprensa particular (jornal diário de grande circulação), entre outros meios. O que é importante é verificar que, embora a publicação na imprensa oficial seja a forma mais comum de publicidade dos atos administrativos, há outros meios que podem ser utilizados pela Administração Pública.

8. PRINCÍPIO DA EFICIÊNCIA

Inserido na Constituição pela EC nº 19/1998, o moderno princípio da eficiência brota de uma profunda consciência de que não basta a Administração Pública atuar em respeito à legalidade, moralidade, impessoalidade e publicidade. É necessário que haja o efetivo atendimento das demandas populares.[22]

Com o intuito de introduzir um modelo de Administração Pública que permita o atingimento de resultados efetivos, satisfatórios e qualitativos, foi introduzido no texto constitucional o princípio da eficiência, não mais como uma simples tendência moderna de administração, mas com o intuito de tornar obrigatória sua observância, a ponto de tornar ilícito qualquer ato da Administração que demonstre ser ineficiente.

Por outro lado, a inclusão da eficiência como princípio constitucional da Administração Pública levou a doutrina a formular severas críticas, a uma porque a expressão "eficiência" carece de significado preciso (como afirmar que uma conduta é eficiente ou ineficiente?), a duas porque a simples menção

21 MEIRELLES, Hely Lopes. *Direito Administrativo Brasileiro*. 34ª ed. São Paulo: Malheiros, 2008, p. 97.

22 É importante atentar para o fato de que bem antes da EC nº 19/1998 o princípio da eficiência já se encontrava previsto no ordenamento jurídico brasileiro. *Vide* o art. 100 do Decreto-Lei nº 200/1967: "Instaurar-se-á processo administrativo para demissão ou dispensa de servidores, comprovadamente ineficiente no desempenho dos encargos que lhe competem ou desidioso no cumprimento de seus deveres". Na mesma linha o art. 116 estabelecia como competência do Departamento Administrativo do Pessoal Civil (Dasp), atualmente extinto: "Cuidar dos assuntos referentes ao pessoal civil da União, adotando medidas visando ao seu aprimoramento e maior eficiência".

constitucional expressa à eficiência não tornará eficiente a atuação da Administração Pública: é preciso que haja a adequada estruturação do Estado para ser eficiente.

O princípio da eficiência para a Administração Pública impõe a reestruturação da máquina administrativa na medida em que prega a passagem de um **modelo burocrático** para um **modelo gerencial** de administração. O modelo burocrático é centrado na legalidade estrita, no procedimento, ao passo que o modelo gerencial é balizado no resultado, no produto da atuação administrativa. Em outros termos, o modelo burocrático é típico de uma Administração emperrada, formalista, que se preocupa excessivamente com a observância de normas procedimentais em prejuízo do resultado a ser obtido. Já o modelo gerencial representa uma superação desse modelo legalista, pois visa a **desburocratizar** a máquina administrativa a fim de atender de fato à demanda do cidadão. O foco aqui não é mais no processo e no legalismo, mas no resultado e na eficiência.

Com o fito de tornar eficiente a atuação dos órgãos e entidades da Administração Pública foi instituída a figura do **contrato de gestão** a ser firmado entre seus administradores e o Poder Público, que tenha por objeto a fixação de metas de desempenho para o órgão ou entidade, que em troca do atingimento dessas metas terá ampliada a sua autonomia gerencial, orçamentária e financeira (art. 37, § 8º, CF/1988).

Para os **agentes públicos**, a eficiência significa **presteza**, **empatia**, **perfeição**, **celeridade** e **rendimento** no exercício das atribuições. Além de cumprir a lei e os preceitos da moral, do agente público é cobrado acerca dos resultados produzidos no exercício do cargo. Nesse intuito, foram criados alguns instrumentos de medição de desempenho dos servidores públicos, a saber:

a) participação do usuário na Administração Pública direta e indireta podendo oferecer reclamações relativas à prestação dos serviços públicos em geral, asseguradas a manutenção de serviços de atendimento ao usuário e a avaliação periódica, externa e interna, da qualidade dos serviços (art. 37, § 3º, CF/1988);
b) instituição de escolas de governo para a formação e o aperfeiçoamento dos servidores públicos, constituindo-se a participação nos cursos um dos requisitos para a promoção na carreira, facultada, para isso, a celebração de convênios ou contratos entre os entes federados (art. 38, § 2º, CF/1988);
c) avaliação especial de desempenho, na forma de lei complementar, a ser aplicada inclusive aos servidores estáveis, podendo culminar, em caso de desempenho insatisfatório, na perda do cargo público (art. 41, § 1º, III, CF/1988).

Também podemos relacionar o princípio da eficiência ao **princípio da economicidade**, que impõe à Administração Pública o uso racional dos meios, sempre objetivando a obtenção dos melhores resultados com o menor dispêndio possível de recursos públicos (relação custo x benefício).

Merece destaque a previsão no art. 70 da Constituição Federal quanto à possibilidade de as Cortes de Contas controlarem a economicidade dos atos da Administração Pública, podendo anulá-los quando destoarem desse mandamento: "A fiscalização contábil, financeira, orçamentária, operacional e patrimonial da União e das entidades da administração direta e indireta, quanto à legalidade, legitimidade, economicidade, aplicação das subvenções e renúncia de receitas, será exercida pelo Congresso Nacional, mediante controle externo, e pelo sistema de controle interno de cada Poder."

Em síntese, o princípio da eficiência representa imposição jurídica dirigida aos agentes públicos para que estes aprimorem permanentemente técnicas, processos e equipamentos de maneira a gerar resultados maximizados qualitativa e quantitativamente, bem como a utilizar de maneira racional os meios que se encontram à sua disposição.

Por fim, é útil mencionar que a **razoável duração do processo** judicial ou administrativo foi guindada à categoria de **direito fundamental** previsto no art. 5º, LXXVIII, da Constituição: "a todos, no âmbito judicial e administrativo, são assegurados a razoável duração do processo e os meios que garantam a celeridade de sua tramitação".

9. PRINCÍPIOS DA RAZOABILIDADE E DA PROPORCIONALIDADE

Vimos anteriormente que o regime jurídico-administrativo dota o Poder Público de prerrogativas especiais que asseguram à Administração supremacia em relação aos particulares. Todavia, essa posição privilegiada da Administração não pode ser vista como salvaguarda para a adoção de condutas arbitrárias que firam gratuitamente direitos fundamentais conquistados a duras penas pelos indivíduos ao longo da história.

É nesse ambiente de prevenção às condutas arbitrárias e exageradas do Estado e de proteção da segurança jurídica dos direitos fundamentais que tomam cena os princípios da razoabilidade e da proporcionalidade. Em outros termos, os referidos princípios são verdadeira norma de bloqueio ao Estado, pois cumprem a função de proteção do indivíduo contra medidas estatais arbitrárias.

Esses princípios aplicam-se às situações em que a lei não determina exatamente a conduta a ser adotada pela Administração ao praticar **atos restritivos de direitos** (imposição de limitações, condicionamentos e obrigações, aplicação de sanções). Ao contrário, a lei deixa certa margem de liberdade para que o agente, diante de duas ou mais opções, escolha uma: a que seja mais conveniente e oportuna ao interesse público. Assim, o ato praticado pelo agente será chamado **discricionário**, justamente pelo fato de haver liberdade de escolha. Todavia, essa liberdade não pode ser exercida de maneira ilimitada. Deve ser exercida dentro de critérios razoáveis de maneira a coibir condutas desarrazoadas ou desmedidas.

Assim, podemos concluir que a razoabilidade e a proporcionalidade funcionam como balizadores da escolha a ser feita pelo agente público nas situações em que a lei lhe outorga discricionariedade. Os princípios da razoabilidade e proporcionalidade representam, de um lado, o maior limite ao exercício do poder discricionário da Administração Pública e, de outro, um importante instrumento de controle judicial.

Inclusive, é importante destacar que o controle judicial embasado na razoabilidade ou proporcionalidade do ato não invade o mérito administrativo (esfera de avaliação da conveniência e oportunidade). O controle judicial incide exclusivamente sobre o aspecto de legalidade dos atos da Administração, que deve ser tomada em sentido amplo, isto é, abrangendo tanto a lei quanto os princípios da Administração Pública.

Nesse ponto cabe indagarmos se os princípios da razoabilidade e da proporcionalidade podem ser considerados como sinônimos. A doutrina costuma divergir em torno desse tema: enquanto alguns entendem que a proporcionalidade é um dos aspectos da razoabilidade, outros perfilham a tese de que são princípios jurídicos autônomos.[23] Independentemente da acepção adotada, o que se avulta sobremodo importante é verificar que, embora esses princípios tenham conteúdo jurídico semelhante, foram concebidos em contextos históricos, geográficos e jurídicos distintos. Vejamos.

O **princípio da razoabilidade** surgiu por volta de 1215 com a Carta Magna inglesa ("O homem livre não deve ser punido por um delito menor, senão na medida desse delito, e por um grave delito ele deve ser punido de acordo com a gravidade do delito"), como corolário do princípio do devido processo legal (*due process law*), e se manifesta nas situações em que uma norma, comportamento ou qualquer outro ato do Poder Público fogem ao **senso comum de pessoas médias, equilibradas, sensatas**. À época tal princípio representou a garantia de que os direitos fundamentais dos nobres, grandes proprietários de terras e fortunas, seriam preservados em face dos privilégios e desmandos do soberano inglês.

Seria o exemplo de uma lei que estabelecesse como requisito para ingresso no cargo público de agente administrativo a altura mínima de 1,60m. Diante de tal disposição legal, qualquer pessoa de discernimento médio poderia concluir que tal exigência foge ao senso comum e, portanto, viola o princípio da

23 Como expoentes da primeira corrente, poderíamos citar Celso Antônio Bandeira de Mello (*Curso de Direito Administrativo*. 25ª ed. São Paulo: Malheiros, 2007, p. 111), Hely Lopes Meirelles (*Direito Administrativo Brasileiro*, 34ª ed. São Paulo: Malheiros, 2008, p. 94), Maria Sylvia Zanella Di Pietro (*Direito Administrativo*. 20ª ed. São Paulo: Atlas, 2006, p. 72), Luís Roberto Barroso (*Os princípios da razoabilidade e da proporcionalidade*. Artigo publicado na Internet, disponível em: www.acta-diurna.com.br/biblioteca/doutrina/d19990628007.htm – acesso em: 19.08.2003, p. 1) e STF (SS 1.320, Min. CELSO DE MELLO, DJ de 14.4.1999). Em abono da segunda tese temos, entre outros, José dos Santos Carvalho Filho (*Manual de Direito Administrativo*. 20ª ed. Rio de Janeiro: Lumen Juris, 2008, pp. 32-33).

razoabilidade, pois não há qualquer pertinência entre as atribuições do cargo de agente administrativo e a exigência de altura mínima para o seu ingresso. Mas se a referida lei fizesse essa mesma exigência de altura mínima em relação ao cargo de soldado de polícia militar não haveria, aparentemente, qualquer violação ao princípio da razoabilidade, pois a própria natureza das atribuições do cargo impõe a exigência de requisitos diferenciados aos seus futuros ocupantes, sobretudo no que concerne às características físicas.

Em outro quadro, o **princípio da proporcionalidade** tem origem na doutrina alemã e nasceu como corolário das teorias do direito natural nos séculos XVII e XVIII. Tal princípio se deve também à farta jurisprudência do Tribunal Constitucional alemão no pós-2ª Guerra Mundial, constituindo marco de referência a decisão proferida em 1971 sobre armazenagem de petróleo, em que o Tribunal conceituou o princípio em epígrafe nos seguintes termos:

> O meio empregado pelo legislador deve ser adequado e necessário para alcançar o objetivo procurado. O meio é adequado quando com seu auxílio se pode alcançar o resultado desejado; é necessário, quando o legislador não poderia ter escolhido um outro meio, igualmente eficaz, mas que não limitasse ou limitasse da maneira menos sensível o direito fundamental.

Dessa maneira, o princípio da proporcionalidade tem aplicação nas situações em que é necessário **ponderar uma regra, um direito ou um princípio em relação a outro**, com o interesse de buscar a melhor solução para o caso concreto. Nesse caso, deve ser feita a necessária relação entre os fins que se pretende atingir e os meios eleitos para tanto. Se houver desequilíbrio entre eles, haverá violação ao princípio da proporcionalidade. Qualquer medida administrativa que sacrifique direitos individuais além do estritamente necessário ao atendimento do interesse público será desproporcional.

Em outros termos, o princípio da proporcionalidade representa importante proteção para o cidadão contra os excessos do Estado e verdadeiro escudo à defesa dos direitos e liberdades constitucionais. Assim, podemos afirmar que o fim último do princípio da proporcionalidade é garantir o maior benefício possível à coletividade com o mínimo sacrifício possível de seus membros individualmente considerados. Daí o porquê de alguns autores o denominarem princípio da proibição do excesso.

O art. 2º, parágrafo único, VI, da Lei nº 9.784/1999 encampa o princípio da proporcionalidade ou razoabilidade, ao impor à Administração adequação entre meios e fins, vedada a imposição de obrigações, restrições e sanções em medida superior àquelas estritamente necessárias ao atendimento do interesse público.

O STF[24] entende que os princípios da razoabilidade e da proporcionalidade estão implícitos na cláusula do **devido processo legal em sua acepção material**

24 SS 1.320, Rel. Min. CELSO DE MELLO, DJ de 14.4.1999.

ou substantiva, inscrita no inciso LIV do art. 5º da CF/1988 e que exige do Estado adoção de medidas que não sejam excessivas, desproporcionais, que não violem as expectativas que as pessoas nutrem em relação ao Estado e que, sobretudo, protejam os bens e a liberdade dos indivíduos.

A análise da proporcionalidade de um ato discricionário será feita a partir dos seguintes critérios:

a) **adequação** (idoneidade): a providência adotada pela Administração é capaz de atingir a finalidade pretendida com o ato? Em frase lapidar Humberto Ávila averba que "não é adequado tapar o sol com a peneira". Exemplificativamente, podemos citar a proibição de consumo de bebida alcoólica com a finalidade de diminuir o contágio com o HIV ou a instalação de barreira sanitária para proibir pessoas portadoras de certa doença de ingressarem em determinado Município;

b) **necessidade** (meio mais benigno ou princípio da menor ingerência possível): há meio menos restritivo que possa igualmente satisfazer essa finalidade? Um meio só é necessário se não existe outro mais ameno, menos interventor da esfera jurídica do particular. Se a Administração entende que uma simples advertência é suficiente para punição de servidor e, mesmo assim, aplica a ele suspensão de 90 dias, estará violando o critério da necessidade;

c) **proporcionalidade em sentido estrito** (ou máxima do sopesamento): o sacrifício de direito imposto pela providência adotada é proporcional ao benefício advindo de sua prática? Se as vantagens a serem conquistadas não superarem os prejuízos advindos da prática do ato, este será desproporcional.

10. PRINCÍPIO DA SUPREMACIA DO INTERESSE PÚBLICO SOBRE O PRIVADO

Nas relações de direito público, temos, de um lado, o Estado na defesa de interesses coletivos e, de outro, administrados defendendo interesses particulares. Fica evidente que em tal relação as partes não podem receber tratamento jurídico equivalente, tendo em vista que o interesse público deve prevalecer sobre o interesse particular.

O princípio da supremacia do interesse público sobre o privado explicita a posição privilegiada de que goza a Administração ao exercer certas **prerrogativas** sobre o particular. De outro modo, se esses privilégios não lhes fossem outorgados não haveria a mínima possibilidade de o interesse publico prevalecer sobre o privado. Em suma, o princípio da supremacia é a justificativa para as prerrogativas especiais da Administração e, sem ele, inócua seria a existência do Estado. É interessante notar que essa supremacia é própria do interesse público, não servindo para encampar interesses exclusivos do Estado (interesse público secundário) e muito menos, interesses pessoais dos agentes públicos.

A doutrina costuma apontar o princípio da supremacia do interesse público sobre o privado como o princípio fundamental do regime jurídico-administrativo e dá como exemplos de privilégios especiais de que goza a Administração, entre outros, os seguintes:

a) os atributos do ato administrativo, tais como presunção de legitimidade e veracidade, autoexecutoriedade e exigibilidade;

b) as cláusulas exorbitantes do contrato administrativo, que conferem poderes especiais sobre o contratado;

c) os atos unilaterais da Administração com objetivo de intervir na propriedade privada das mais variadas formas, a exemplo da desapropriação, servidão administrativa, tombamento etc.

d) o exercício de atividades de polícia administrativa, pelas quais a Administração Pública impõe limitações e condicionamentos ao uso e gozo de bens e ao exercício de direitos e atividades individuais em prol do interesse público.

Ao tratarmos dos diversos privilégios de que goza a Administração Pública, não podemos esquecer que todos esses privilégios serão exercidos segundo parâmetros e limites impostos pelo ordenamento jurídico. O Estado não poderá, à guisa de assegurar a supremacia do interesse público, ferir arbitrária e desmedidamente os interesses e direitos dos indivíduos. Mesmo nas relações em que goze de supremacia, a Administração Pública deverá observar os princípios da indisponibilidade, do devido processo legal, da motivação, do contraditório e da ampla defesa. Em suma, nas relações jurídicas de direito público, havendo confronto entre o interesse público e interesses particulares, aquele deve prevalecer, uma vez respeitados os direitos fundamentais consagrados no texto constitucional.

11. PRINCÍPIO DA INDISPONIBILIDADE DO INTERESSE PÚBLICO

É antiga a constatação de que quem tem o Poder tende a dele abusar. Sendo assim, não poderia a Administração somente ter privilégios. É necessário também que esteja sujeita a algumas **restrições especiais**, que os particulares em geral não são obrigados a suportar.

O fundamento dessas limitações suportadas pela Administração é o princípio da indisponibilidade do interesse público. Afirmar que o interesse público é indisponível significa que ninguém pode dele sentir-se dono a fim de manejá-lo a seu próprio talante. O interesse público pertence ao povo, e à Administração cabe apenas o dever de zelar pela sua observância, seu atendimento pleno. E é justamente para manter a Administração presa a essa finalidade pública em toda a sua atuação que existem as restrições especiais impostas por lei à atividade administrativa.

Além de manter a Administração Pública na linha de atendimento dos interesses coletivos, o princípio da indisponibilidade impede que a Administração, a pretexto de exercer poderes especiais, sacrifique deliberadamente direitos fundamentais dos indivíduos.

Podemos apontar como exemplos de restrições:

a) princípio da legalidade: a Administração só pode atuar em face de lei que preveja a competência para adotar aquela conduta;
b) princípio da isonomia: a Administração não pode estabelecer critérios diferenciadores desarrazoados, seja para beneficiar ou para prejudicar determinados indivíduos;
c) como decorrência do anterior, obrigatoriedade de realizar licitação para contratação de obras, serviços, compras, alienações etc.
d) inalienabilidade relativa dos bens públicos: somente podem ser transferidos a terceiros por venda, doação, dação em pagamento ou permuta se obedecidos os requisitos legais (art. 17, Lei nº 8.666/1993);
e) controle financeiro-orçamentário realizado pelo Tribunal de Contas competente.

Outra aplicação do princípio da indisponibilidade é a **natureza dúplice** dos poderes administrativos, que são verdadeiros **poderes-deveres de agir** sempre que o interesse público exigir tal atuação. No Direito Privado, quando há outorga de poderes aos particulares, isso significa uma faculdade de que este dispõe a fim de exercê-la no seu interesse pessoal e quando lhe for conveniente, desde que não viole a ordem jurídica. Diversamente, no Direito Público, quando alguém recebe da ordem jurídica determinada prerrogativa, tal poder tem natureza instrumental de poder-dever de agir para atingir o bem comum.

Vale dizer, o poder administrativo é outorgado ao agente público para a satisfação de determinada finalidade pública, e como não há disponibilidade sobre o interesse público, tal poder é de exercício obrigatório – não há escolha sobre atendê-lo ou não. Em suma, os poderes administrativos são **irrenunciáveis** pelos agentes públicos.

Como decorrência do princípio da indisponibilidade, podemos apontar o **princípio da inalienabilidade dos direitos concernentes a bens e interesses públicos**. Se somente a lei é o instrumento idôneo para conferir à Administração poderes-deveres especiais, não pode esta, mediante ato infralegal próprio (ato administrativo, por exemplo), livremente transferir a titularidade desses direitos e bens a terceiros. É por isso que na descentralização administrativa por delegação (concessionários, permissionários e autorizatários), que é feita por contrato ou ato administrativo, não há transferência da titularidade da prestação do serviço público, mas o exercício da competência. O que se transfere ao delegatário de serviços públicos é a mera execução do serviço público. A Administração mantém a titularidade sobre a atividade, podendo alterar unilateralmente as condições de prestação do serviço, intervir na prestação ou até mesmo retomar a delegação a qualquer tempo.[25] O interesse público relativo a essas atividades jamais poderia ser transferido às mãos de particulares, por serem inalienáveis.

12. PRINCÍPIO DA AUTOTUTELA

A Administração, inevitavelmente, comete equívocos nos atos que pratica, tanto no que tange à legalidade desses atos quanto no que concerne ao mérito administrativo (juízo de conveniência e oportunidade). Ficar a Administração Pública à mercê de intervenção do Poder Judiciário para, só então, corrigir eventuais enganos que ela mesma tenha cometido seria furtar a autonomia de que necessita para o bom e ágil desempenho de suas atividades.

É nesse contexto que surge a autotutela, que é o poder-dever que tem a Administração de reapreciar os atos que ela mesma pratica, anulando os ilegais, revogando os inconvenientes ou inoportunos ou, ainda, convalidando os que padecem de defeitos leves.

O controle que a Administração exerce sobre os seus próprios atos difere-se do controle realizado pelo Poder Judiciário pelas seguintes razões:

a) o controle administrativo ocorre mediante **provocação** do administrado ou **de ofício** (independentemente dessa provocação), enquanto o controle judicial é **exclusivamente provocado** (princípio da inércia);

b) o controle administrativo incide sob os aspectos de **legalidade** (conformação do ato ao Direito) e de **mérito** (critério de conveniência e oportunidade na prática do ato) do ato administrativo, enquanto o controle judicial **somente** incide sobre a **legalidade** do ato;

c) as decisões exaradas em sede de controle administrativo **não fazem coisa julgada**, isto é, não têm força definitiva. Toda decisão administrativa poderá ser objeto de apreciação judicial. Somente o Poder Judiciário decide definitivamente as controvérsias jurídicas.

Nesse passo, é útil a menção, respectivamente, às Súmulas nº 346 e nº 473 do STF que consubstanciam o princípio da autotutela da Administração:

> **Súmula nº 346** – A Administração Pública pode declarar a nulidade dos seus próprios atos.
>
> **Súmula nº 473** – A administração pode anular seus próprios atos, quando eivados de vícios que os tornam ilegais, porque deles não

25 Para mais detalhes, remetemos o leitor ao Capítulo 3 (Organização Administrativa do Estado).

se originam direitos; ou revogá-los, por motivo de conveniência ou oportunidade, respeitados os direitos adquiridos, e ressalvada, em todos os casos, a apreciação judicial.

13. PRINCÍPIOS DO DEVIDO PROCESSO LEGAL, DO CONTRADITÓRIO E DA AMPLA DEFESA

O **princípio do devido processo legal** está previsto no art. 5º, LIV, da Constituição, segundo o qual "ninguém será privado da liberdade ou de seus bens sem o devido processo legal". Significa que a ordem jurídica estabelece não somente os direitos e obrigações dos indivíduos, mas também o procedimento e os critérios pelos quais tais direitos serão exercidos e tais obrigações serão impostas. Em outras palavras, o Estado deverá observar roteiros legalmente estabelecidos para impor restrições à esfera jurídica dos indivíduos.

Falar em devido processo legal é o mesmo que dizer que o roteiro a ser seguido pelo Estado para restringir a esfera jurídica do administrado deve ser razoável, adequado, leal, e, além disso, estar autorizado e disciplinado pelo ordenamento jurídico, afastando com isso arbitrariedades por parte daqueles que são incumbidos de atuar em nome do Estado.

A par das afirmações que acabamos de fazer, podemos abordar o princípio do devido processo legal em duas perspectivas: substantiva ou material e adjetiva ou formal.

Em **sentido substantivo ou material**, o devido processo legal exige que o Estado adote medidas que não sejam desleais, excessivas, desproporcionais, que não violem as expectativas que as pessoas nutrem em relação ao que é correto e adequado e que, sobretudo, protejam os bens e a liberdade dos indivíduos.

O princípio do devido processo legal em **sentido adjetivo ou formal**, por seu turno, se atém às garantias processuais (contraditório e ampla defesa, juiz natural, presunção de inocência entre outros mecanismos) outorgadas ao indivíduo para a restrição de seus bens e liberdade. Dessa forma, os atos praticados pela Administração, sobretudo os restritivos de direitos, sem a devida observância das formalidades a eles concernentes serão nulos. Conforme ressalta Celso Antônio Bandeira de Mello, "a Administração Pública não poderá proceder contra alguém passando diretamente à decisão que repute cabível".[26] É necessário que, antes disso, o interessado tenha oportunidade de apor as suas razões em regular processo administrativo ou judicial previsto em lei.

Os princípios do contraditório e da ampla defesa estão previstos no inciso LV do art. 5º da Constituição, e demandam que:

> Aos litigantes em processo judicial ou administrativo e aos acusados em geral são assegurados o contraditório e a ampla defesa, com os meios e recursos a ela inerentes.

26 MELLO, Celso Antonio Bandeira de. *Curso de Direito Administrativo*. 25ª ed. São Paulo: Malheiros, 2007, p. 115.

O **contraditório** refere-se ao direito que o interessado tem de conhecer todas as alegações e provas apresentadas pelo seu adversário para a elas opor resistência e produzir suas próprias alegações e provas de modo a influenciar a decisão estatal.

A **ampla defesa** significa que, nessa atividade de contradizer o que está sendo dito pelo adversário, o interessado poderá utilizar todos os mecanismos juridicamente válidos para a defesa dos seus direitos ou interesses. Qualquer ato da Administração tendente a diminuir ou frustrar a defesa do seu destinatário deve ser tido como absolutamente ilícito e requer sua extinção do mundo jurídico.

Impende notar que o princípio da ampla defesa somente terá efetividade na medida em que o interessado produza provas e alegações dentro dos parâmetros estabelecidos pelo ordenamento jurídico. O próprio texto constitucional preceitua que são inadmissíveis as provas obtidas por meios ilícitos (art. 5º, LVI, CF/1988).

A justificativa destes princípios (devido processo legal, contraditório e ampla defesa) está em que o Estado deve oferecer a todos os membros da sociedade a segurança de que não serão subjugados pelos detentores do Poder nem surpreendidos por providências restritivas sem as devidas providências acauteladoras.[27]

É importante salientar que a correta observância dos princípios do contraditório e da ampla defesa independe de o interessado efetivamente se valer dos seus mecanismos. O que é determinante é a oportunidade de exercê-los, e não o efetivo exercício.

A Lei nº 9.784/1999, que trata do processo administrativo federal, exemplifica alguns instrumentos jurídicos à disposição de qualquer pessoa que queira se valer do contraditório e da ampla defesa:

a) assistência facultativa de advogado (art. 3º, IV, e Súmula Vinculante nº 5);

b) obtenção de informações de seu interesse (art. 2º, parágrafo único, X);

c) produção de provas (art. 2º, parágrafo único, X); e

d) interposição de recursos (art. 2º, parágrafo único, X, e art. 56).

Outra observação importante e comum a esses princípios é que, de modo geral, a atuação administrativa tendente a diminuir a esfera jurídica do interessado deve ser precedida da observância dos aludidos princípios. No entanto, há situações de **risco iminente** em que a Administração deverá atuar imediatamente, sob pena de grave prejuízo à coletividade. Nesses casos, o Estado poderá de imediato adotar a providência que repute adequada e só depois irá oportunizar ao administrado o contraditório e a ampla defesa, no devido processo legal. Em consonância com o tema, o art. 45 da Lei nº 9.784/1999 estatui que em situações

27 MELLO, Celso Antônio Bandeira de. *Curso de Direito Administrativo*. 25ª ed. São Paulo: Malheiros, 2007, p. 118.

de risco iminente a Administração poderá tomar motivadamente providências acauteladoras sem a prévia manifestação do interessado.

14. PRINCÍPIO DA SEGURANÇA JURÍDICA

As normas administrativas, como ocorre com as normas jurídicas em geral, para serem aplicadas pelos agentes públicos, requerem interpretação quanto ao seu conteúdo e alcance frente ao caso concreto. Eventualmente, poderá acontecer de a Administração alterar sua interpretação acerca dessa ou daquela norma a fim de acompanhar a evolução do ordenamento jurídico e dos reclames sociais que o inspiram. O mesmo ocorre com relação à legislação vigente: a todo momento novas leis surgem no ordenamento e outras são revogadas.

Nessa direção, embora as alterações legislativas ou interpretativas sejam inevitáveis frente à natural evolução do direito, pelo princípio da segurança jurídica, não poderão essas alterações alcançar situações pretéritas (consolidadas), mas somente as inconclusas ou que surgirem daquele momento em diante. Se assim não fosse, as mudanças legislativas suscitariam extrema insegurança jurídica nos indivíduos, pois nunca saberiam quando seriam atingidos por novas orientações estatais.

Ao cogitar-se de segurança jurídica, está-se diante de um dos mais básicos fundamentos das Ciências Jurídicas. É assim porque é possível se ter um Direito ruim ou, até mesmo, inefetivo perante a sociedade, mas não se pode jamais ter um Direito inseguro, pois isso equivaleria a negar a própria essência do Direito, que é garantir um grau mínimo de estabilidade e confiabilidade nas condutas estatais e humanas. Isto é, um Direito inseguro equivale a um "não Direito." O ser humano diariamente faz escolhas com base nas consequências que cada uma pode produzir em sua vida. Não houvesse segurança jurídica, o Estado manipularia o indivíduo: o legislador e/ou o aplicador do Direito já saberiam de antemão quais indivíduos iria alcançar (beneficiando ou prejudicando). Proceder assim equivaleria a atentar contra a liberdade privada, a autonomia de escolha de cada ser humano.

Em abono do que estamos a defender, Maria Sylvia Zanella Di Pietro ensina que:

> A segurança jurídica tem muita relação com a ideia de respeito à boa-fé. Se a Administração adotou determinada interpretação como a correta e a aplicou a casos concretos, não pode depois vir a anular atos anteriores, sob o pretexto de que os mesmos foram praticados com base em errônea interpretação. Se o administrado teve reconhecido determinado direito com base em interpretação adotada em caráter uniforme para toda a Administração, é evidente que a sua boa-fé deve ser respeitada. Se a lei deve respeitar o direito adquirido, o ato jurídico perfeito e a coisa julgada, por respeito ao princípio da segurança jurídica, não é admissível que o administra-

do tenha seus direitos flutuando ao sabor das interpretações jurídicas variáveis no tempo.[28]

O constituinte originário dispensou atenção especial ao tema da segurança jurídica quando no art. 5º, XXXVI, da Carta Magna determinou que a lei não prejudicasse o direito adquirido, a coisa julgada e o ato jurídico perfeito.

No direito positivo infraconstitucional, temos o art. 2º, parágrafo único, XIII, da Lei nº 9.784/1999 que estatui a **vedação à aplicação retroativa de nova norma ou interpretação de norma administrativa**.

A segurança jurídica pode ser tomada em dois campos: o objetivo e o subjetivo. Pelo **aspecto objetivo**, a segurança jurídica teria identificação com o **princípio da estabilidade das relações jurídicas** já consolidadas. Havendo alteração no sistema jurídico, bem como na interpretação das normas jurídicas, as novas disposições não se aplicam a situações pretéritas, já consolidadas.

Institutos como prescrição, decadência e preclusão consagram a importância do princípio da segurança jurídica. Por estes institutos, o não exercício de determinado direito no prazo fixado acarreta a inviabilidade de pretensões futuras e tardias. Trata-se de instrumentos estabilizadores das relações jurídicas.

De outra quadra, no **campo subjetivo** a segurança jurídica guarda íntima relação com o **princípio da proteção à confiança**, segundo o qual a relação da Administração com os particulares deve ser pautada na boa-fé que estes nutrem a respeito de como o Estado irá atuar em determinada ocasião. Nesse contexto, não pode o Poder Público simples e deliberadamente ignorar essa legítima expectativa suscitada no administrado.

A despeito de inexistência de previsão normativa expressa acerca dos princípios da estabilidade das relações jurídicas e da proteção à confiança, não têm sido poucos os julgados dos nossos tribunais que deram especial ênfase a esses postulados.

A título exemplificativo, trazemos à baila julgado paradigmático que adveio de mudança de entendimento jurisprudencial da Suprema Corte com relação ao direito do candidato aprovado em concurso público. Tradicionalmente, era pacífica a jurisprudência do STF no sentido de o candidato aprovado em concurso público ter mera expectativa de direito à nomeação, podendo a Administração, inclusive motivadamente, optar por não nomear nenhum candidato aprovado.[29] Entretanto, o Pretório Excelso alterou esse posicionamento para perfilhar a tese de que o candidato aprovado em concurso público dentro do número de vagas em edital tem direito à nomeação.

O fundamento do novel entendimento é que quando a Administração Pública torna público um edital de concurso e oferta número específico de vagas,

28 DI PIETRO, Maria Sylvia Zanella. *Direito Administrativo*. 23ª ed. São Paulo: Atlas, 2010, p. 85.

29 STF: AI 373.054/SP, Rel.ª Min.ª ELLEN GRACIE, DJ 27.09.2002; RE-AgR 421.938/DF, Rel. Min. SEPÚLVEDA PERTENCE, DJ 02.06.2006.

impreterivelmente gera uma expectativa quanto ao seu comportamento segundo as regras previstas no edital. Assim, as pessoas que decidem se inscrever para participar do certame depositam sua confiança no Estado, que deve atuar de forma responsável, deve-se pautar pela boa-fé, tanto no sentido objetivo quanto no aspecto subjetivo de respeito à confiança nela depositada por todos os cidadãos. Tem-se, aqui, a aplicação do princípio da segurança jurídica como **princípio de proteção à confiança**.

São muitos os julgados do STF e do STJ que têm como plano de fundo o princípio da segurança jurídica, os quais optamos por não trazer à lauda para não destoarmos do propósito panorâmico (e não monográfico) deste *Curso de Direito Administrativo*.

15. PRINCÍPIO DA MOTIVAÇÃO

Por este princípio, entende-se que os atos praticados pela Administração devem receber a devida exposição dos motivos de fato e de direito que levaram à sua prática. É decorrência natural do Estado Democrático de Direito em que todo Poder emana do povo e é exercido pelo povo e para o povo. Logo, se o povo é o verdadeiro titular da coisa pública, fica claro que a Administração ao praticar atos administrativos deve expor as razões que embasaram a sua prática.

Vê-se, portanto, que o princípio da motivação é uma das principais ferramentas de controle da Administração Pública, na medida em que torna a atuação estatal transparente. O mínimo que se poderia esperar de uma Administração que se diz "pública" é conhecer as razões que inspiraram o agente público a praticar o ato administrativo.

O princípio da motivação está consagrado no art. 2º, parágrafo único, VII, da Lei nº 9.784/1999 ao determinar a indicação dos pressupostos de fato e de direito que determinaram a decisão. O mesmo diploma legal no art. 50 enumera os atos administrativos que devem ser motivados.

Posteriormente, trataremos com mais rigor sobre o tema "Motivação". A fim de evitar repetições despiciendas, remetemos o leitor ao Capítulo 6 (Atos Administrativos), onde também poderá ser encontrado o mapa mental completo sobre o assunto.

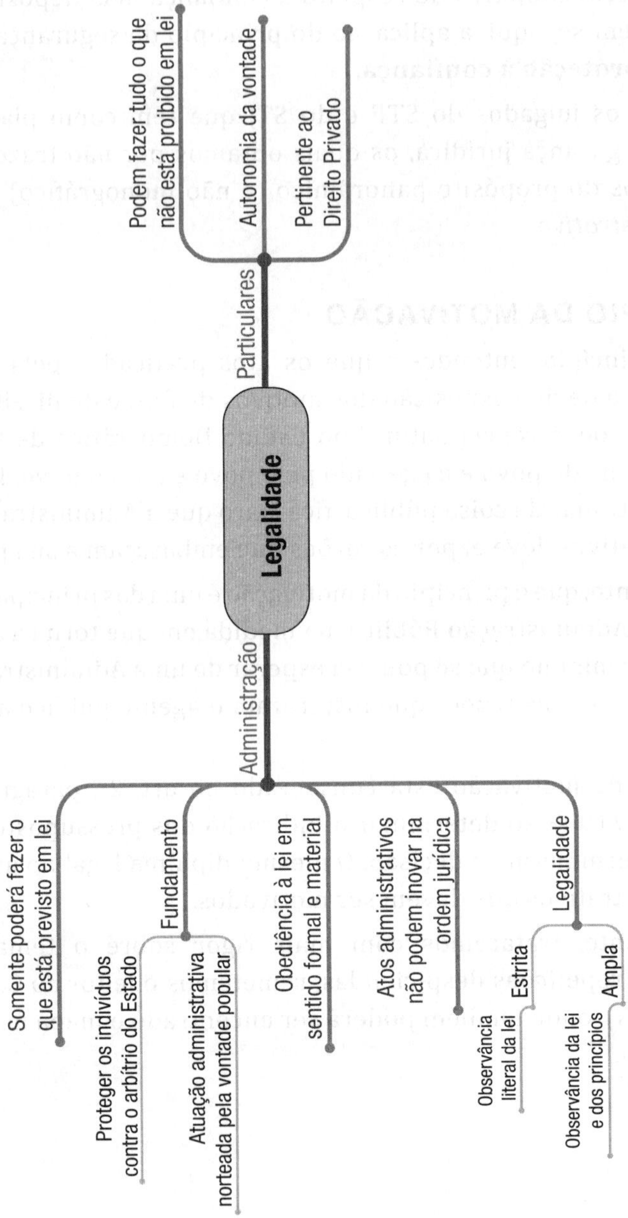
Legalidade
Particulares
Podem fazer tudo o que não está proibido em lei
Autonomia da vontade
Pertinente ao Direito Privado
Administração
Somente poderá fazer o que está previsto em lei
Fundamento
Proteger os indivíduos contra o arbítrio do Estado
Atuação administrativa norteada pela vontade popular
Obediência à lei em sentido formal e material
Atos administrativos não podem inovar na ordem jurídica
Legalidade
Estrita
Observância literal da lei
Ampla
Observância da lei e dos princípios

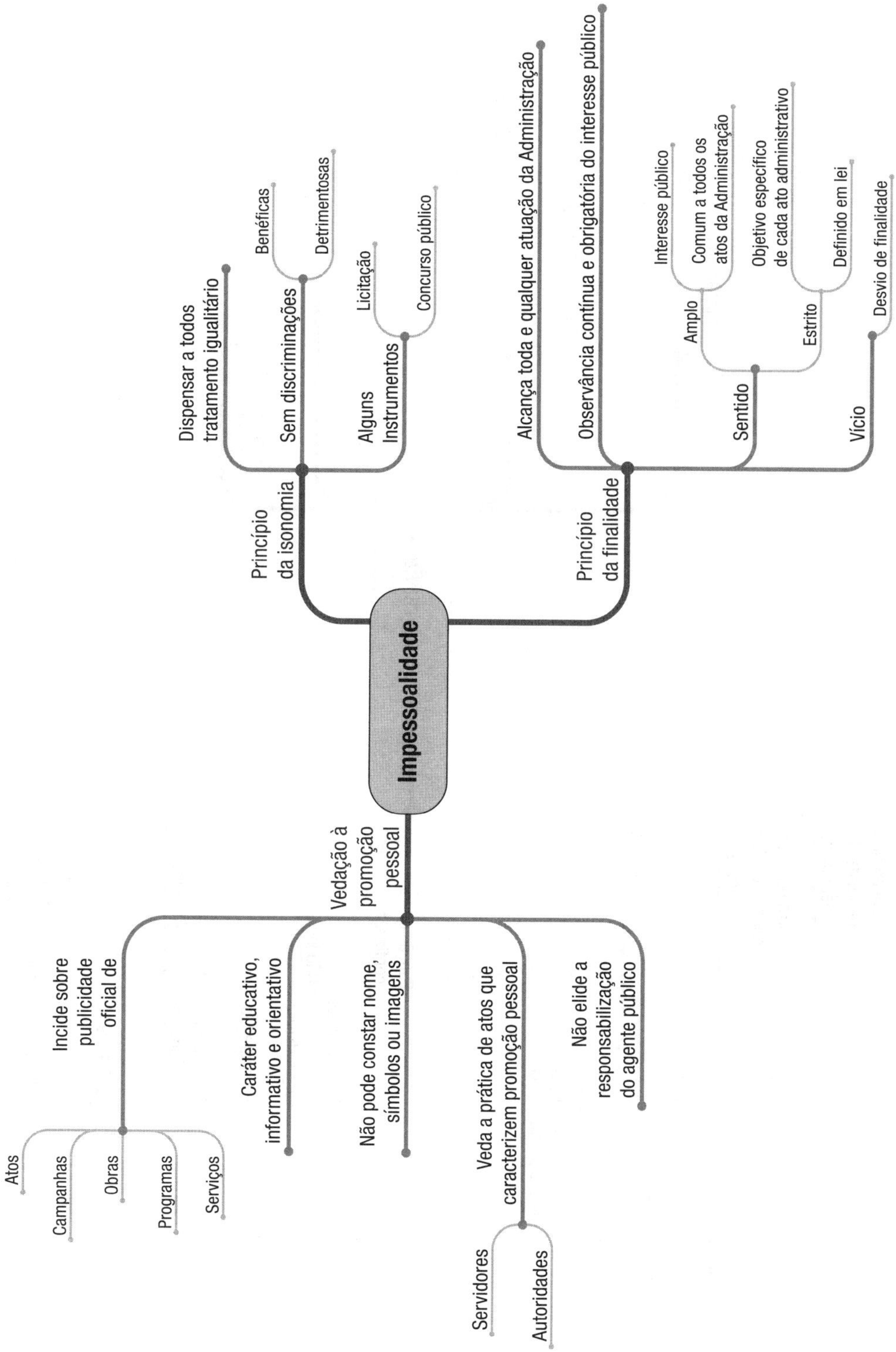
Impessoalidade
Princípio da isonomia
Dispensar a todos tratamento igualitário
Sem discriminações
Benéficas
Detrimentosas
Alguns Instrumentos
Licitação
Concurso público
Princípio da finalidade
Alcança toda e qualquer atuação da Administração
Observância contínua e obrigatória do interesse público
Sentido
Amplo
Interesse público
Comum a todos os atos da Administração
Estrito
Objetivo específico de cada ato administrativo
Definido em lei
Vício
Desvio de finalidade
Vedação à promoção pessoal
Incide sobre publicidade oficial de
Atos
Campanhas
Obras
Programas
Serviços
Caráter educativo, informativo e orientativo
Não pode constar nome, símbolos ou imagens
Veda a prática de atos que caracterizem promoção pessoal
Servidores
Autoridades
Não elide a responsabilização do agente público

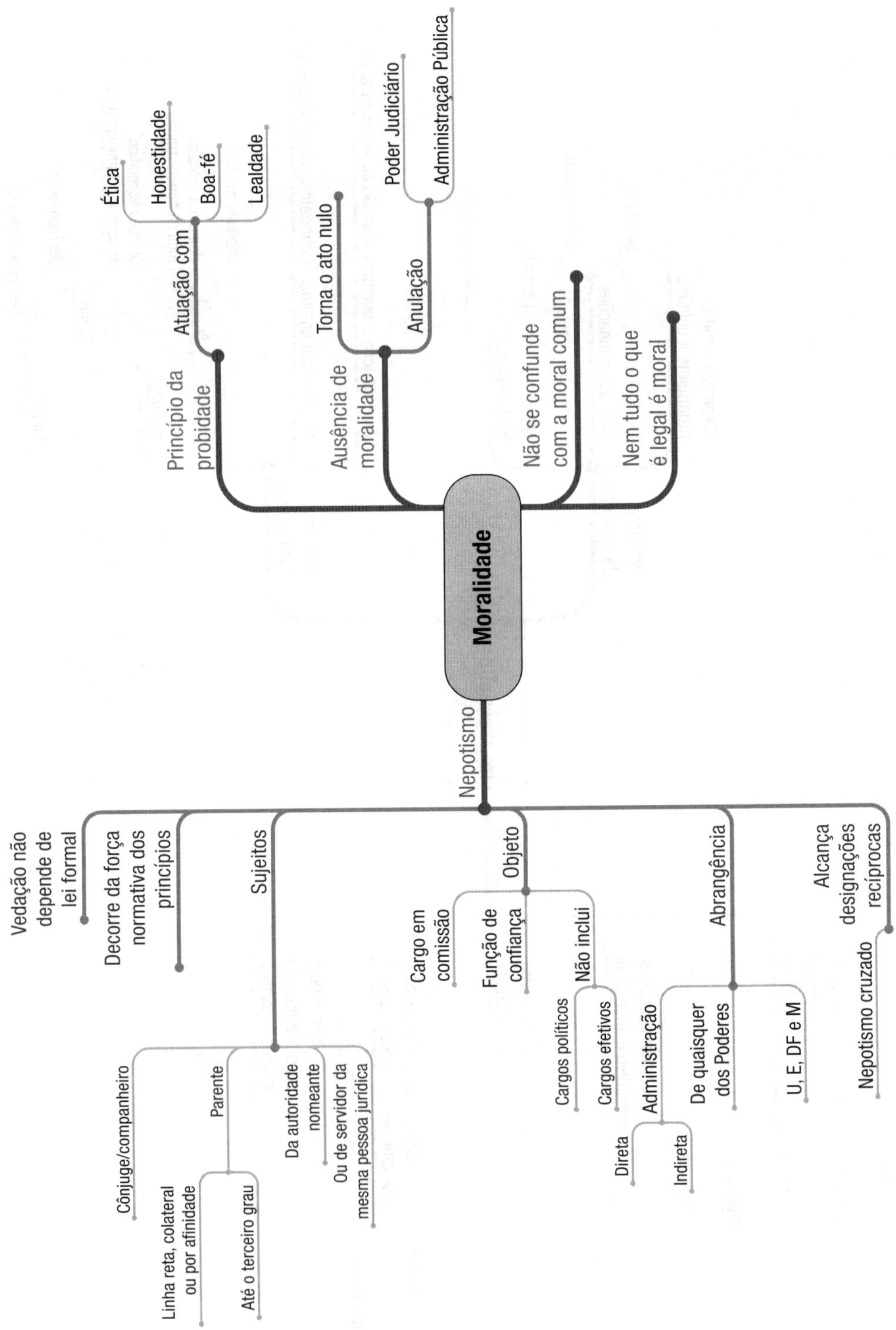
Moralidade
Princípio da probidade
Atuação com
Ética
Honestidade
Boa-fé
Lealdade
Ausência de moralidade
Torna o ato nulo
Anulação
Poder Judiciário
Administração Pública
Não se confunde com a moral comum
Nem tudo o que é legal é moral
Nepotismo
Vedação não depende de lei formal
Decorre da força normativa dos princípios
Sujeitos
Cônjuge/companheiro
Parente
Linha reta, colateral ou por afinidade
Até o terceiro grau
Da autoridade nomeante
Ou de servidor da mesma pessoa jurídica
Objeto
Cargo em comissão
Função de confiança
Não inclui
Cargos políticos
Cargos efetivos
Abrangência
Administração
Direta
Indireta
De quaisquer dos Poderes
U, E, DF e M
Alcança designações recíprocas
Nepotismo cruzado

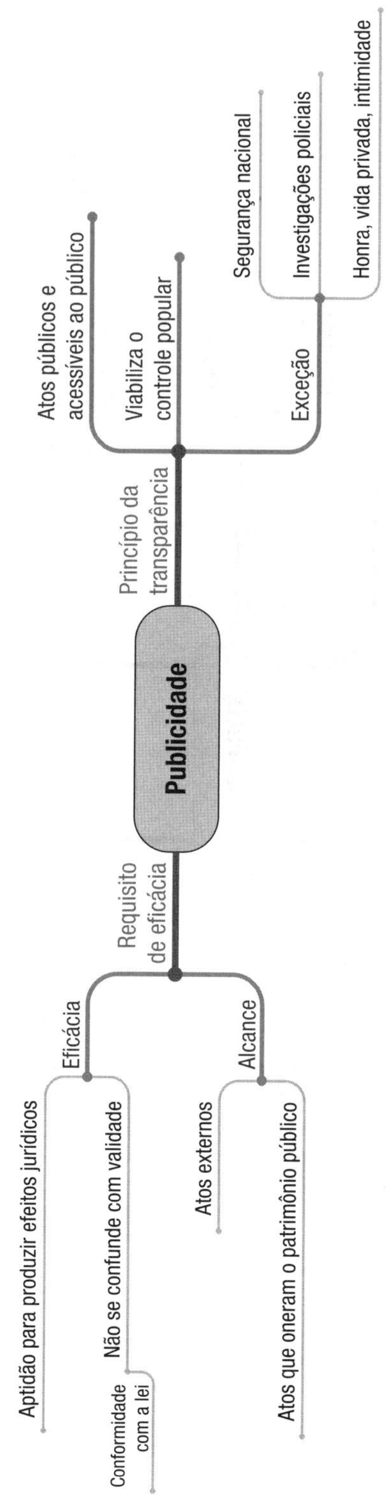
Publicidade
Princípio da transparência
Atos públicos e acessíveis ao público
Viabiliza o controle popular
Exceção
Segurança nacional
Investigações policiais
Honra, vida privada, intimidade
Requisito de eficácia
Eficácia
Aptidão para produzir efeitos jurídicos
Não se confunde com validade
Conformidade com a lei
Alcance
Atos externos
Atos que oneram o patrimônio público

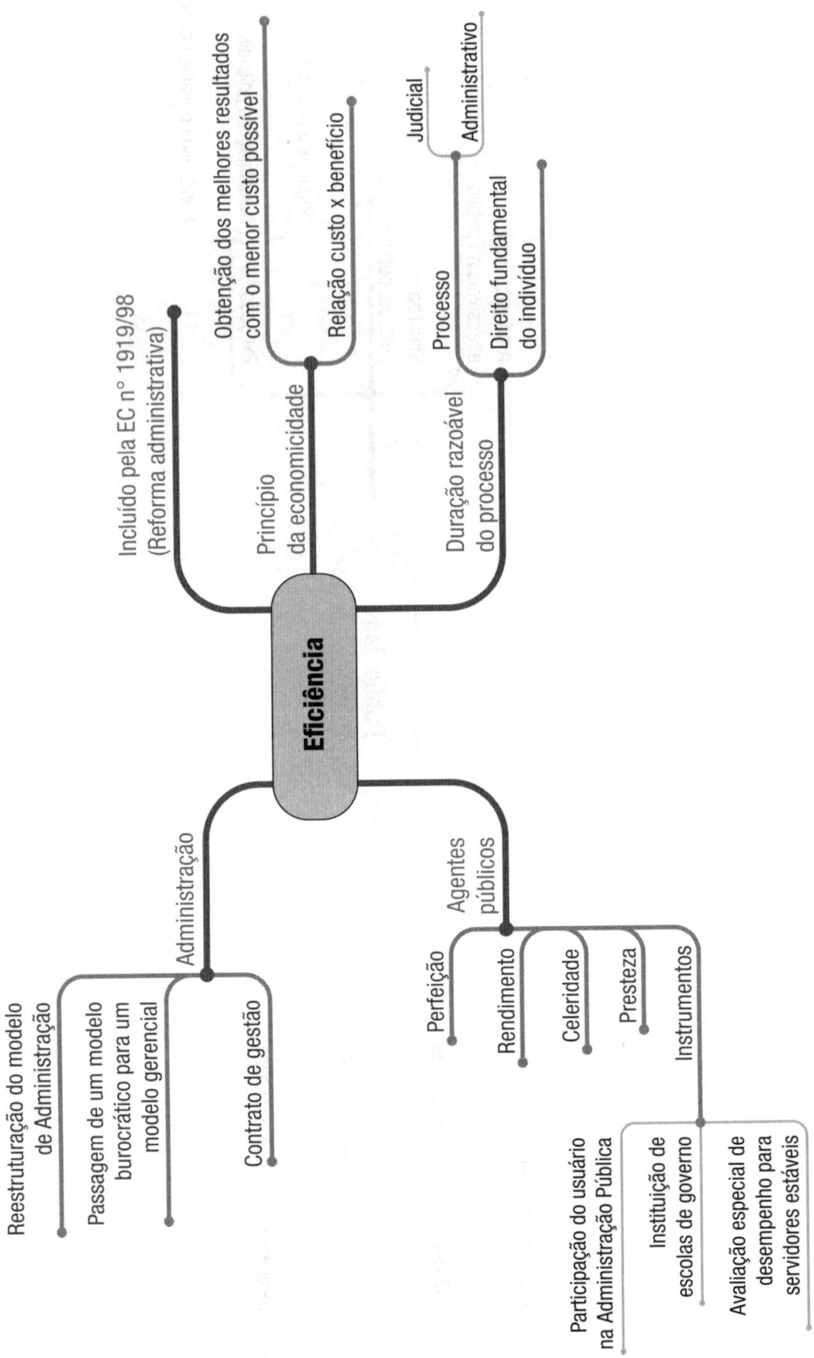
Eficiência
Incluído pela EC nº 1919/98 (Reforma administrativa)
Princípio da economicidade
Obtenção dos melhores resultados com o menor custo possível
Relação custo x benefício
Duração razoável do processo
Processo
Judicial
Administrativo
Direito fundamental do indivíduo
Administração
Reestruturação do modelo de Administração
Passagem de um modelo burocrático para um modelo gerencial
Contrato de gestão
Agentes públicos
Perfeição
Rendimento
Celeridade
Presteza
Instrumentos
Participação do usuário na Administração Pública
Instituição de escolas de governo
Avaliação especial de desempenho para servidores estáveis

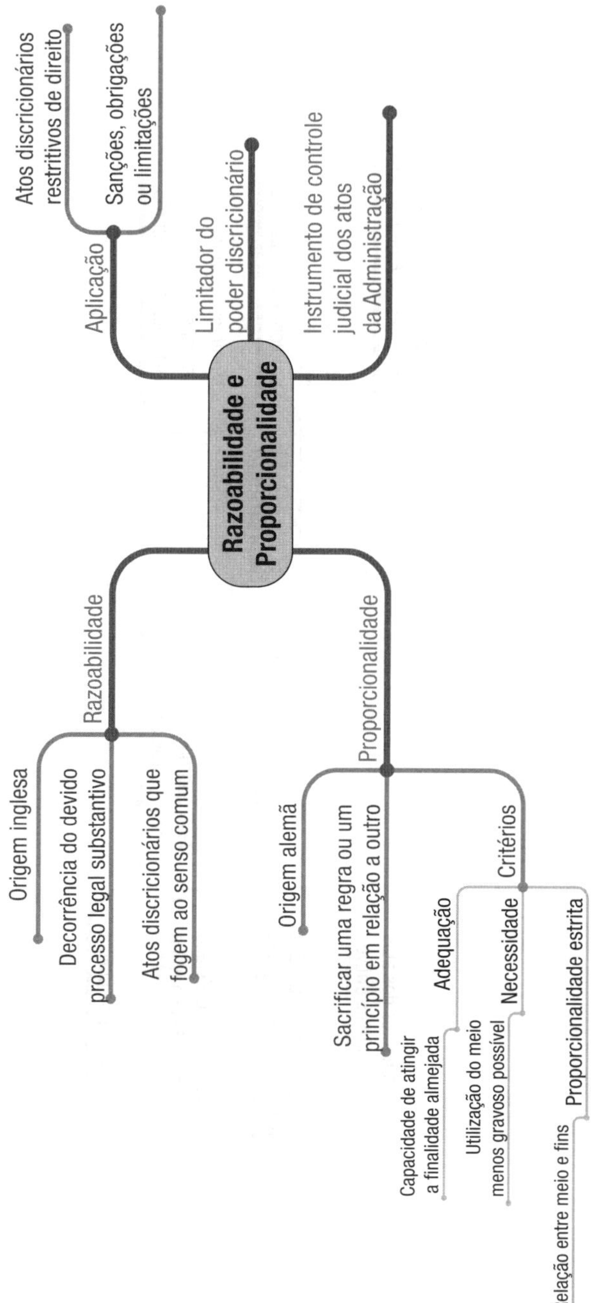
Razoabilidade e Proporcionalidade
Aplicação
Atos discricionários restritivos de direito
Sanções, obrigações ou limitações
Limitador do poder discricionário
Instrumento de controle judicial dos atos da Administração
Razoabilidade
Origem inglesa
Decorrência do devido processo legal substantivo
Atos discricionários que fogem ao senso comum
Proporcionalidade
Origem alemã
Sacrificar uma regra ou um princípio em relação a outro
Critérios
Adequação
Capacidade de atingir a finalidade almejada
Necessidade
Utilização do meio menos gravoso possível
Proporcionalidade estrita
Relação entre meio e fins

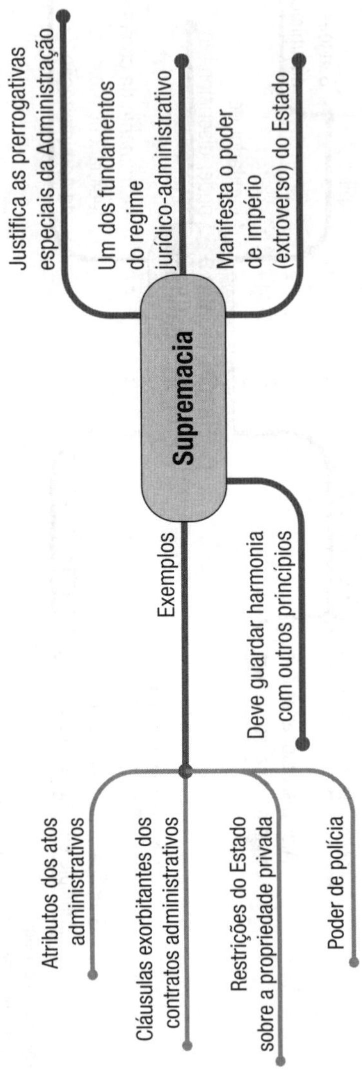
Supremacia
Justifica as prerrogativas especiais da Administração
Um dos fundamentos do regime jurídico-administrativo
Manifesta o poder de império (extroverso) do Estado
Deve guardar harmonia com outros princípios
Exemplos
Atributos dos atos administrativos
Cláusulas exorbitantes dos contratos administrativos
Restrições do Estado sobre a propriedade privada
Poder de polícia

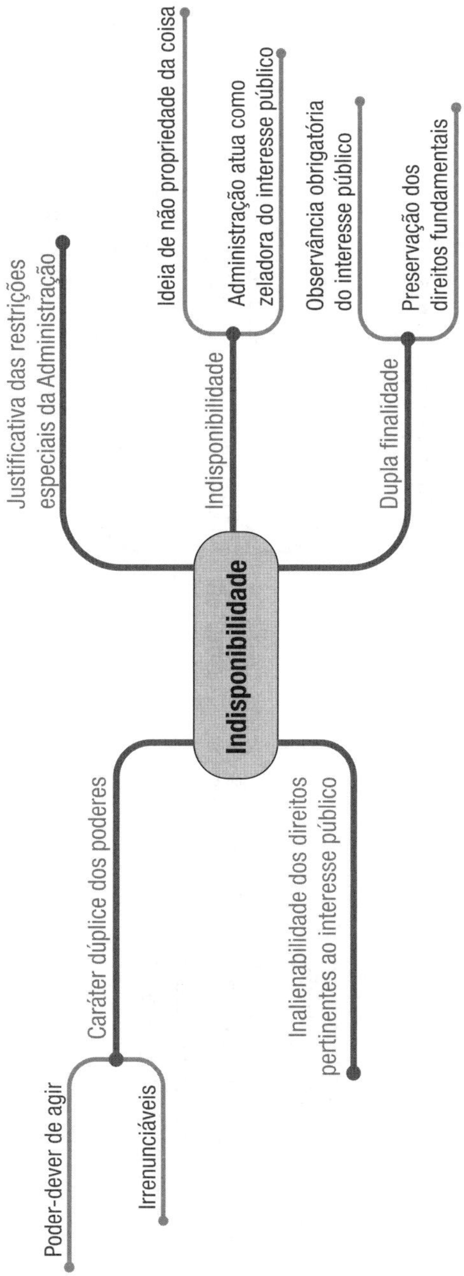
Indisponibilidade
Justificativa das restrições especiais da Administração
Indisponibilidade
Ideia de não propriedade da coisa
Administração atua como zeladora do interesse público
Dupla finalidade
Observância obrigatória do interesse público
Preservação dos direitos fundamentais
Caráter dúplice dos poderes
Poder-dever de agir
Irrenunciáveis
Inalienabilidade dos direitos pertinentes ao interesse público

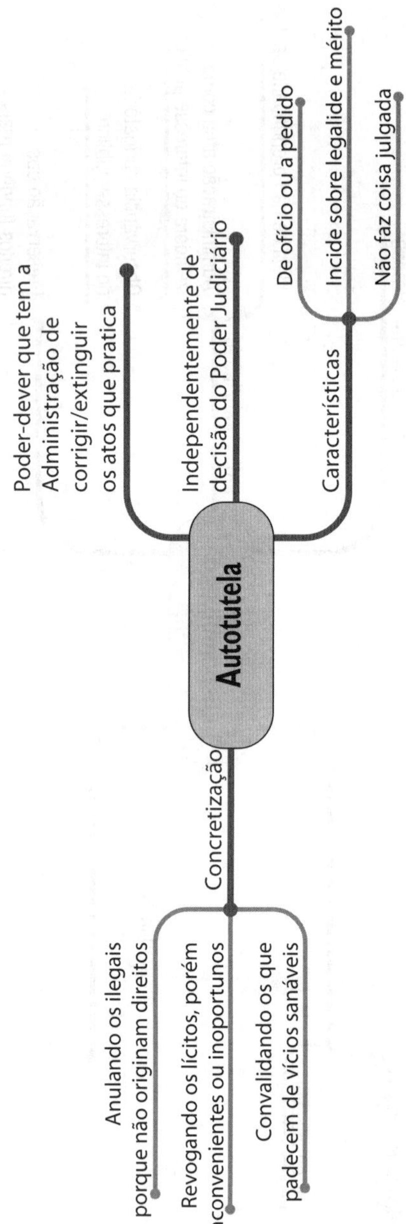
Autotutela
Poder-dever que tem a Administração de corrigir/extinguir os atos que pratica
Independentemente de decisão do Poder Judiciário
Características
De ofício ou a pedido
Incide sobre legalide e mérito
Não faz coisa julgada
Concretização
Anulando os ilegais porque não originam direitos
Revogando os lícitos, porém inconvenientes ou inoportunos
Convalidando os que padecem de vícios sanáveis

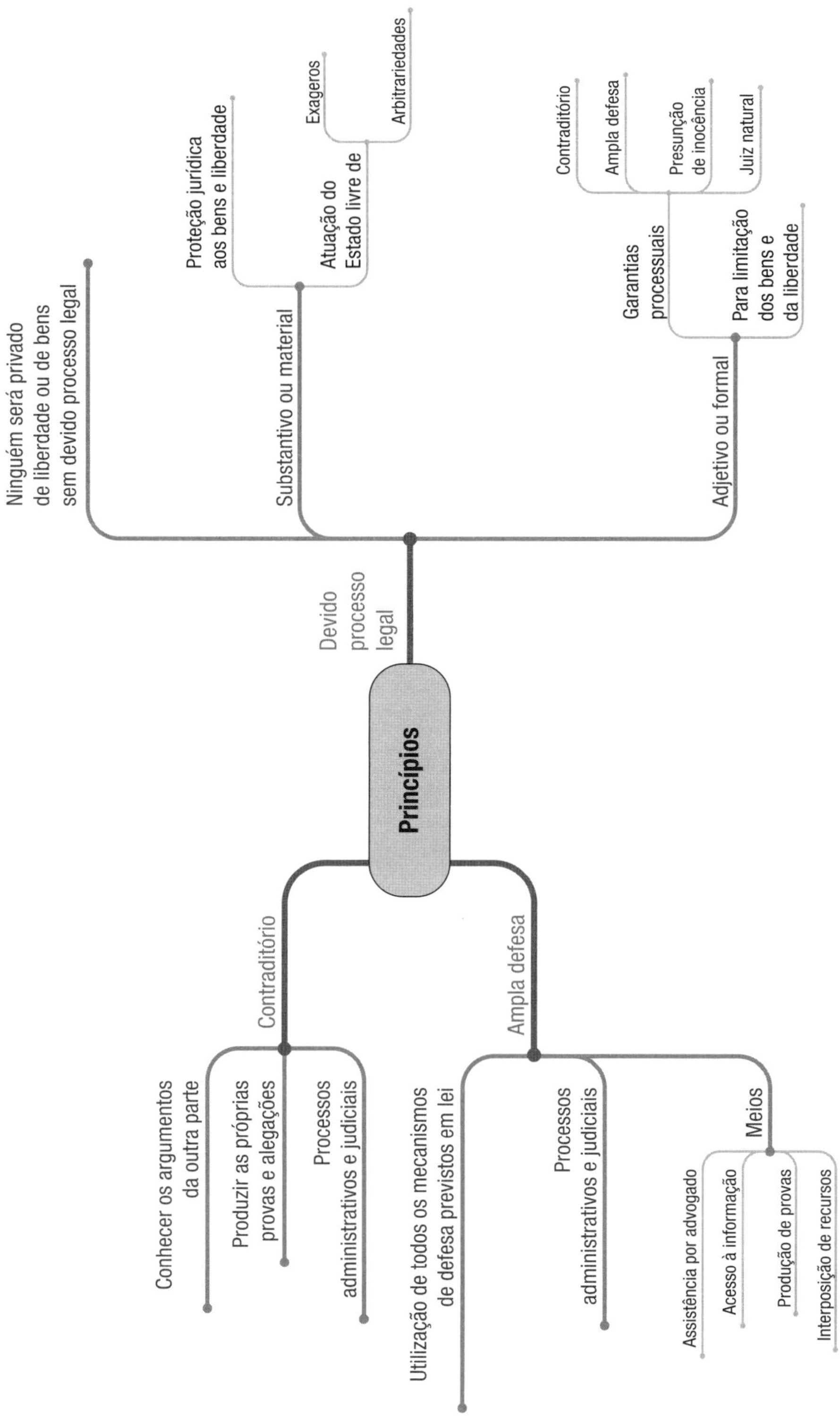
Princípios
Devido processo legal
Ninguém será privado de liberdade ou de bens sem devido processo legal
Substantivo ou material
Proteção jurídica aos bens e liberdade
Atuação do Estado livre de
Exageros
Arbitrariedades
Adjetivo ou formal
Garantias processuais
Contraditório
Ampla defesa
Presunção de inocência
Juiz natural
Para limitação dos bens e da liberdade
Contraditório
Conhecer os argumentos da outra parte
Produzir as próprias provas e alegações
Processos administrativos e judiciais
Ampla defesa
Utilização de todos os mecanismos de defesa previstos em lei
Processos administrativos e judiciais
Meios
Assistência por advogado
Acesso à informação
Produção de provas
Interposição de recursos

Capítulo 3

Organização Administrativa do Estado

Neste capítulo, trataremos da Administração Pública em sentido subjetivo, formal ou orgânico. Isto é, o conjunto de órgãos e entidades que desempenham a atividade administrativa do Estado. Também faremos breves apontamentos acerca da reforma administrativa e das entidades paraestatais.

1. CENTRALIZAÇÃO E DESCENTRALIZAÇÃO POLÍTICA

Centralizar, pela própria semântica da expressão, conota convergência para um ponto central, um núcleo. Por sua vez, descentralizar reporta-se à ideia de afastamento do centro.

No campo jurídico, quando pensamos em centralização, nos vem à mente a ideia de que uma série de atividades é mantida sob a competência de uma só pessoa (política ou administrativa). Por outro lado, quando nos referimos à descentralização, temos a ideia de várias pessoas desempenhando, cada uma, uma atividade específica.

Sob o ponto de vista político, podemos contemplar dois tipos de descentralização:

a) **descentralização das funções do Estado**: estudamos, precedentemente, que embora o poder estatal seja uno e indivisível, as funções estatais são tripartidas em administrativa, legislativa e judicial, com vistas a se evitarem arbitrariedades na condução da máquina pública. Dessa forma, o art. 2º da Lei Maior propugna a independência e harmonia dos Poderes Executivo, Legislativo e Judiciário, cada um desempenhando uma das funções estatais de maneira típica e as demais, atipicamente; e[1]

b) **descentralização territorial ou descentralização vertical**: num país de dimensões continentais como o Brasil, seria impraticável a existência de apenas um ente político central para exercer competências legislativas e administrativas em todo o território nacional. Sendo assim, optamos

1 A respeito, consulte o Capítulo 1 (Fundamentos de Direito Público e Teoria Geral do Direito Administrativo).

pelo sistema federativo em que há partilha de competências entre entes políticos autônomos (União, Estados, Distrito Federal e Municípios) que desempenham atividades específicas que lhes foram outorgadas pela Constituição (arts. 18 a 33, CF/1988).

1.1. Entes políticos

Os **entes políticos** (União, Estados-membros, Distrito Federal e Municípios) são **pessoas jurídicas de direito público** criadas para desempenhar as competências legislativas, jurisdicionais e administrativas do Estado, a teor do que dispõe a Constituição Federal.

Quando se reconhece o ente político como pessoa jurídica, tal afirmação traz consigo a ideia de que o ente possui capacidade jurídica plena para todos os atos do mundo civil. Assim, o ente celebra contratos, possui patrimônio próprio, tem capacidade processual para propor e responder ações judiciais, pode usufruir de diversos privilégios fiscais e processuais, entre outros atributos inerentes à pessoa jurídica.

Cada ente político tem quatro espécies de capacidade ou autonomia:

a) **autoconstituição ou auto-organização**: revela a autonomia de cada ente político para elaborar as suas próprias normas de caráter constitucional, sempre em obediência à Constituição Federal. Dessa autonomia surgem Constituições Estaduais e Leis Orgânicas;

b) **autolegislação**: significa que os entes políticos podem editar suas próprias leis (leis federais, estaduais, distritais e municipais);

c) **autogoverno**: consiste no poder de escolha, mediante eleição do povo, dos membros do Poder Executivo (Presidente da República, Governador, Prefeito e respectivos vices) e do Legislativo (Senadores, Deputados e Vereadores); e

d) **autoadministração**: cada ente político tem autonomia para desenvolver as atividades administrativas finalísticas (fomento, serviços públicos, polícia administrativa e intervenção administrativa) e instrumentais (gestão de bens, pessoal e orçamento) que lhes foram outorgadas pela Constituição Federal. Em outras palavras, trata-se da faculdade de decidirem sobre a administração dos seus serviços, o regime de pessoal e os órgãos necessários ao cumprimento de suas atribuições. É por isso que podemos falar em Administração Pública Federal, Administração Pública Estadual, Administração Pública Distrital e Administração Pública Municipal.

Como acabamos de ver, a Constituição Federal dotou cada um dos entes políticos de capacidade de autoadministração. Isso significa que cada ente político é competente para desempenhar as atividades administrativas que lhe são próprias, livre de interferência dos demais, mesmo que se esteja diante de ente territorialmente mais abrangente (União sobre Estados ou DF, Estados sobre Municípios).

Como critério de repartição de competências, a Constituição Federal adotou o **princípio da predominância do interesse**, segundo a qual a partilha de competências obedece ao seguinte critério: outorga-se a competência ao ente político com maior interesse na atividade. Desse modo, à **União** incumbem as atividades de interesse **nacional**, aos **Estados** cabem as atividades de interesse **regional** e aos **Municípios** são outorgadas as matérias de interesse **local**. O **Distrito Federal**, entidade híbrida (agrega competências de Estado e de Município), desempenha as atividades de interesse **regional e local**.

2. CENTRALIZAÇÃO E DESCENTRALIZAÇÃO ADMINISTRATIVA

Os fenômenos da centralização e descentralização administrativa partem da opção que cada ente político faz ao desenvolver certa atividade que lhe foi outorgada pela norma constitucional. Se optar por desempenhá-la por meio de **órgãos públicos** (centro de competências desprovido de personalidade jurídica), teremos **centralização administrativa**. Se optar por desenvolvê-la por intermédio de **outra pessoa, física ou jurídica,** teremos a **descentralização administrativa ou descentralização horizontal**.

Utilizando outros termos, vemos que **centralização administrativa** é o fenômeno pelo qual o ente político opta por desempenhar a competência **diretamente** e o faz por meio de um **órgão público**, sem quebra de **vínculo hierárquico**. Na centralização **há apenas uma pessoa jurídica** desenvolvendo atividades administrativas por meio de órgãos públicos, que, como veremos no próximo capítulo, não têm personalidade jurídica.

Exemplificativamente, o art. 21, XVIII, da Constituição Federal, estabelece que compete à União "planejar e promover a defesa permanente contra as calamidades públicas, especialmente as secas e inundações". Se a União optar por desempenhar diretamente (ela mesma) essa competência e criar um órgão público para tanto (Ministério da Integração Nacional), afirmamos que há centralização. Por outro lado, se optar por transferir essa atividade, ou parte dela, a outra pessoa, teremos descentralização administrativa. Inclusive, trazendo o exemplo para o plano da realidade, há uma autarquia federal vinculada ao Ministério da Integração Nacional, o Departamento Nacional de Obras contra as Secas (DNOCS), criada pela União para desenvolver as atividades do art. 21, XVIII, da Constituição Federal.

Assim, podemos afirmar que a **descentralização administrativa** ocorre quando o ente político **transfere** a **outra pessoa**, física ou jurídica, a titularidade e/ou o exercício de certa atividade administrativa, ocorrendo **quebra de hierarquia**. Na descentralização administrativa há sempre **duas pessoas** jurídicas (o ente político descentralizador e a pessoa física ou jurídica).

O fenômeno da descentralização pode ocorrer por três modalidades: **outorga, delegação e territorial**.

2.1. Outorga

Também chamada de descentralização por serviços, técnica ou funcional, a outorga ocorre quando o ente político transfere, mediante **lei específica**, a **titularidade** e, consequentemente, o **exercício** de certa competência a outra pessoa jurídica – a **entidade administrativa** – criada pelo Estado precisamente para esta finalidade e, em regra, por **tempo indeterminado**.

A partir desse conceito, podemos elencar algumas características da outorga:

a) nela, o **sujeito passivo** é sempre uma pessoa jurídica (**entidade administrativa**), que pode ser constituída sob a forma de autarquia, fundação pública, empresa pública ou sociedade de economia mista;

b) somente por **lei específica** (lei ordinária que tenha como assunto primordial a criação da entidade e sua área de atuação) é que se pode realizar a descentralização administrativa por outorga. Pelo princípio da simetria jurídica, somente por lei pode ser desfeita a outorga;[2]

c) envolve a transferência da **titularidade** e, consequentemente, do **exercício** da competência à entidade administrativa. Assim, qualquer alteração no regime jurídico da entidade administrativa deve ser feita mediante lei, o que lhe confere certa estabilidade;[3]

d) em regra, seu prazo de duração é **indeterminado**. Contudo, nada impede que a lei que transfere a titularidade da competência possa fixar prazo para o término da outorga (embora seja difícil acontecer, não há óbices para tanto).[4]

---

2 Ainda que raro, é possível a descentralização administrativa por outorga mediante medida provisória, desde que presentes os requisitos de urgência e relevância. A respeito, consulte-se a MP nº 488, de 12 de maio de 2010, que (embora tenha perdido a eficácia por não ter sido convertida em lei) autorizou a criação da Empresa Brasileira de Legado Esportivo S.A. - BRASIL 2016.

3 O professor Celso Antônio Bandeira de Mello (*Curso de Direito Administrativo*. 25ª ed. São Paulo: Malheiros, 2007, p. 160-161) advoga a opinião de que a natureza de direito público das autarquias deve-se ao fato de receberem a própria titularidade dos serviços que lhe são transferidos, ao passo que as pessoas jurídicas de direito privado recebem somente o exercício das competências transferidas, permanecendo a titularidade destas com o ente político. Ressalte-se, porém, que nesse aspecto a posição desse eminente jurista é minoritária na doutrina, prevalecendo a tese de que todas as entidades da Administração Indireta recebem a titularidade das atividades que lhes incumbe desenvolver.

4 Exemplo disso seria o da Empresa Brasileira de Legado Esportivo S.A. – BRASIL 2016 que, nos termos do art. 14 da MP nº 488/2010 (que não foi convertida em lei e, portanto, está ineficaz), seria dissolvida em 31 de dezembro de 2018, podendo ser prorrogada por, no máximo, dois anos, por decisão da assembleia geral.

A descentralização administrativa por outorga gera a **Administração Indireta**, pois trata-se de o ente político desempenhar as atividades por meio de suas entidades administrativas.

2.2. Delegação

A descentralização administrativa por delegação, também denominada descentralização por colaboração, é aquela mediante a qual o ente político, por meio de **contrato ou ato administrativo**, transfere o **exercício** de certa competência à **pessoa física ou jurídica preexistente** que a desempenhará em nome próprio e por sua conta e risco, por **tempo determinado** e mediante **prévia licitação**.

A partir desse conceito, podemos extrair algumas características da delegação:

a) o **sujeito passivo** pode ser **pessoa física ou jurídica** que, a partir disso, receberá a qualificação de delegatário de serviço público. Note que o delegatário de serviço público **não é criado pelo ente político.** Trata-se de particular que deseja prestar determinado serviço público mediante delegação do Estado;

b) o **contrato** (bilateral) ou **ato** (unilateral) administrativo é o instrumento adequado para se fazer delegação. É importante notar que, em regra, exige-se prévio procedimento licitatório a fim de escolher a melhor proposta de prestação de serviço público;

c) enquanto na outorga se transfere a titularidade da competência, na delegação o que se transfere é **somente o exercício** desta, permanecendo a titularidade com o ente político, que a qualquer momento pode alterar o regime jurídico de prestação do serviço ou retomá-lo antes do prazo estipulado, se assim reputar conveniente ao interesse público;

d) é marcada pela **transitoriedade,** razão pela qual é, de modo geral, feita por **tempo determinado**. Excepcionamente, no caso de autorização de serviço público, a delegação poderá ser por tempo determinado.

A delegação é o fenômeno no qual temos os delegatários de serviços públicos, que se subdividem em **concessionários**, **permissionários** e **autorizatários de serviços públicos.**[5]

2.3. Territorial ou geográfica

A descentralização administrativa territorial ou geográfica ocorre mediante **lei complementar** e consiste na transferência de **capacidade administrativa**

5 No Capítulo 10 (Serviços Públicos) trataremos mais a fundo sobre os concessionários, permissionários e autorizatários de serviços públicos.

genérica a uma **pessoa jurídica de direito público**, em regra, por **tempo indeterminado**.

A partir do conceito dado, podemos apontar as seguintes características da descentralização territorial:

a) é feita **sempre a pessoas jurídicas de direito público** (territórios federais);

b) o instrumento de descentralização é a **lei complementar**, consoante o art. 18, § 2º, CF/1988;

c) como o território tem espaço físico geograficamente delimitado que tem, ou poderá ter, uma população, seria descabido que a ele fosse transferida a competência para prestação somente deste ou daquele serviço. Daí, haver transferência de **capacidade administrativa genérica** para prestação de uma série de atividades administrativas de interesse coletivo que a Constituição Federal conferiu aos entes políticos (serviços de educação, transporte, energia elétrica, segurança pública, telefonia, atividade de polícia administrativa etc.);

d) em regra, a descentralização territorial **não tem prazo de vigência**. Todavia, nada impede que lei complementar disponha sobre prazo para extinção do território.

Essa modalidade de descentralização administrativa dá origem aos **territórios federais**, também denominados autarquias territoriais ou geográficas.

Atualmente, **não existem territórios federais** no Brasil. Os que existiam anteriormente (Roraima, Amapá e Fernando de Noronha) ou foram convertidos em Estados-membros ou foram a estes reincorporados quando da promulgação da Constituição (arts. 14 e 15 da ADCT).

Os territórios federais podem receber a denominação **autarquias territoriais**. A diferença entre estas autarquias e aquelas da Administração Indireta (ex.: Bacen, Inss, Ibama), a serem estudadas mais adiante, é a amplitude da capacidade administrativa. Enquanto as autarquias da Administração Indireta desempenham atividades específicas que lhe foram transferidas pelo ente político, as autarquias territoriais recebem do ente político capacidade administrativa genérica que consiste em desempenhar não uma, mas várias atividades próprias do ente político (saúde, educação, transporte urbano, segurança pública, saneamento básico etc.).

Por fim, é importante asseverar, desde logo, que os territórios federais **não são entes políticos** e, portanto, não integram a Federação brasileira. Esta é integrada tão somente pela União, Estados, Distrito Federal e Municípios. Assim, os territórios são meras **pessoas jurídicas de direito público** criadas mediante um processo de descentralização administrativa territorial (art. 41, Código Civil).

A seguir quadro esquemático, que sintetiza a matéria:

-------------	Outorga	Delegação	Territorial
Sujeito ativo	Sempre entidade política (U, E, DF e M)		
Sujeito passivo	Pessoa jurídica (Entidade Administrativa)	Pessoa física ou jurídica (Delegatário de serviços públicos)	Pessoa jurídica de direito público (Território Federal)
Instrumento utilizado	Lei ordinária específica	Contrato ou ato administrativo	Lei complementar
Objeto da transferência	Titularidade e exercício de determinada competência	Somente exercício de determinada competência	Capacidade administrativa genérica (diversas competências)
Prazo de duração	Em regra, indeterminado	Em regra, determinado	Em regra, indeterminado

3. DESCONCENTRAÇÃO ADMINISTRATIVA

A desconcentração administrativa ocorre quando há **divisão de tarefas dentro de uma mesma pessoa jurídica**, que pode ser uma entidade política (União, Estado, DF ou Município) ou entidade administrativa (autarquia, fundação pública, empresa pública ou sociedade de economia mista), sem quebra da estrutura hierárquica.

Assim, pode haver desconcentração administrativa dentro de uma entidade política. Teremos, então, uma **atividade prestada centralizadamente mediante desconcentração administrativa**. A título de exemplo, podemos citar a União que, ao criar Ministérios de Estado, está a um só tempo realizando o fenômeno da centralização e da desconcentração.

A desconcentração também pode ocorrer dentro da estrutura de cada uma das entidades administrativas. Assim, teremos uma **atividade prestada descentralizadamente mediante desconcentração administrativa**. Uma autarquia como o Departamento Nacional de Infraestrutura de Transporte (Dnit) realiza desconcentração administrativa quando mantém Unidades de Infraestrutura de Transporte (Units) espalhadas em todo o território nacional.

Os instrumentos de ação do Estado na desconcentração administrativa são os órgãos públicos. Preliminarmente, poderíamos conceituá-los como centros de competências integrantes da Administração Centralizada (Direta) e da estrutura de cada entidade da Administração Descentralizada (Indireta).

É imperioso não confundirmos os conceitos de descentralização e **desconcentração**. Enquanto na primeira temos a transferência de determinada atividade administrativa do ente político para outras pessoas (portanto, um fenômeno que sempre envolve pessoas distintas e acarreta quebra da estrutura hierárquica), na segunda temos uma simples divisão de tarefas no âmbito de cada pessoa jurídica (portanto, um fenômeno interno a esta pessoa jurídica e que mantém a estrutura hierárquica).

Por oportuno, destacamos as palavras de Hely Lopes Meirelles quando diferencia descentralização de desconcentração:

> A desconcentração é uma técnica administrativa de simplificação e aceleração do serviço dentro da mesma entidade, diversamente da descentralização, que é uma técnica de especialização, consistente na retirada do serviço dentro de uma entidade e transferência a outra para que o execute com mais perfeição e autonomia.[6]

Uma vez que tenhamos tratado da centralização e da descentralização e, posteriormente, da desconcentração, verifiquemos agora a **concentração**, que é o fenômeno inverso à desconcentração. Enquanto na desconcentração atividades são distribuídas entre diversos órgãos de uma mesma pessoa jurídica, na concentração há manutenção dessas tarefas num só órgão público no âmbito da mesma pessoa jurídica. Costuma a doutrina reconhecer a concentração administrativa nas situações em que dois ou mais órgãos públicos são extintos e logo em seguida suas atribuições passam a ser exercidas por um único órgão. Tomemos como exemplo a extinção dos Ministérios da Marinha, da Aeronáutica e do Exército, que passaram a integrar a estrutura de um único órgão, o Ministério da Defesa (EC nº 23/1999 e LC nº 97, de 9 de junho de 1999). Nesse caso, houve concentração administrativa.

4. ADMINISTRAÇÃO DIRETA E INDIRETA

Com base no exposto até agora, podemos conceituar a **Administração Direta** como o conjunto de **órgãos públicos** de cada um dos entes políticos (União, Estados, Distrito Federal e Municípios). Assim, temos a Administração Direta Federal, Administração Direta Estadual, Administração Direta Distrital e Administração Direta Municipal. A administração direta é atividade centralizada mediante desconcentração administrativa.

Já a **Administração Indireta** é o conjunto de **entidades administrativas** vinculadas aos órgãos centrais da Administração Direta de cada ente político. Por conseguinte, temos autarquias federais, fundações públicas estaduais, empresas públicas municipais ou sociedades de economia mista federais. A Administração Indireta é fruto de administração descentralizada mediante outorga.

5. ENTIDADES NÃO INTEGRANTES DA ADMINISTRAÇÃO PÚBLICA

Em sentido formal, considera-se Administração Pública o conjunto de órgãos, entidades e agentes públicos que desempenham a atividade administrativa

6 MEIRELLES, Hely Lopes. *Direito Administrativo Brasileiro*. 34ª ed. São Paulo: Malheiros, 2008, p. 347.

do Estado. Perceba que por esse critério se tem em vista predominantemente o sujeito que desempenha a atividade, e não o conteúdo da atividade que este sujeito desenvolve. Dessa forma, algumas entidades privadas, ainda que materialmente desempenhem atividade administrativa, não são consideradas integrantes da estrutura administrativa do Estado.

Com base nessas considerações, podemos enumerar as entidades que não integram a Administração Pública:

a) **delegatários de serviços públicos**: categoria composta por concessionários, permissionários e autorizatários de serviços públicos. Apesar de desempenharem uma das atividades-fim da Administração (serviço público), são apenas particulares que prestam serviços públicos mediante delegação do Estado e, portanto, não integram a estrutura formal da Administração;

b) **empresas que estão sob o controle acionário do Estado**: em face dos imperativos da segurança nacional ou de relevante interesse público e mediante autorização por lei específica, o Estado pode ser acionista majoritário de empresas privadas a fim de manter o controle sobre estas (art. 37, XX, CF/1988);

c) **entidades subsidiárias**: são entidades-filhas cujo capital, majoritária ou exclusivamente, pertença a entidade que as controlam, administram e determinam sua atuação. Advirta-se que as subsidiárias são pessoas jurídicas distintas das entidades que as controlam, e não meros órgãos ou compartimentos desta. É importante atentar para que apesar de as subsidiárias não integrarem a Administração Pública, sobre estas incidem diversas normas constitucionais atinentes à Administração Pública.[7] Embora o comum seja que as empresas públicas e sociedades de economia mista constituam entidades subsidiárias, nada impede, embora não seja usual, que autarquias e fundações públicas constituam subsidiárias para desempenharem tarefas especializadas;

d) **entidades paraestatais** (serviços sociais autônomos, organizações sociais, organizações da sociedade civil de interesse público e entidades de apoio): são pessoas jurídicas instituídas por particulares para o desempenho de atividades não lucrativas de natureza social e, que por sua importância, recebem do Estado qualificação especial juntamente com algumas prerrogativas especiais.

7 Exemplificativamente, temos o art. 37, XVII, CF (destacamos): a proibição de acumular estende-se a empregos e funções e abrange autarquias, fundações, empresas públicas, sociedades de economia mista, suas subsidiárias, e sociedades controladas, direta ou indiretamente, pelo poder público.

5.1. Princípios fundamentais da Administração Pública

Para este tópico, separamos alguns princípios especificamente relacionados ao funcionamento da máquina administrativa do Estado (Administração Direta e Indireta), informados pelo art. 6º do Decreto-Lei nº 200/1967.

Com estes princípios, o objetivo do legislador, como informa Hely Lopes Meirelles, foi o de "diminuir o tamanho da máquina estatal, simplificar os procedimentos administrativos e, consequentemente, reduzir as despesas causadoras do déficit público".[8]

Consoante o supramencionado dispositivo normativo, são princípios fundamentais da Administração Pública:

a) **princípio da especialidade**: as entidades da Administração Indireta foram criadas para desempenhar atividades concretas e específicas com vistas ao atendimento de determinada finalidade definida na respectiva lei de criação. Assim, por conta de não terem disponibilidade sobre os bens e interesses que lhes incumbe cuidar, essas entidades não podem alterar, *sponte sua*, essa finalidade definida em lei.[9] É relevante mencionar que esse princípio também se aplica à Administração direta;

b) **princípio do controle ou tutela**: com o objetivo de garantir a observância do princípio da especialidade, os órgãos centrais da Administração Direta devem controlar as entidades da Administração Indireta que atuam na mesma área. Todavia, esse controle não deve ser intenso ao ponto de frustrar a autonomia da entidade, nem sobremodo relativo que permita com que a entidade se desvincule dos seus fins institucionais. Esse controle também é denominado controle finalístico ou supervisão ministerial;[10]

c) **princípio da hierarquia**: por este princípio, "os órgãos da Administração Pública são estruturados de tal forma que se cria uma relação de coordenação e subordinação entre uns e outros, cada qual com atribuições definidas na lei".[11] Em decorrência desse princípio, temos o poder hierárquico, por meio do qual os órgãos e agentes superiores podem ordenar, escalonar, supervisionar, rever, delegar e avocar atribuições de órgãos ou agentes subalternos. É importante ressaltar que o poder hierárquico somente é exercido na estrutura de uma única pessoa jurídica. Assim, jamais poderá haver hierarquia ente a Administração direta e a indireta, pois se tratam de duas pessoas jurídicas: o ente político e a entidade administrativa;

d) **princípio do planejamento**: identifica-se com o estabelecimento de metas e diretrizes que possam traçar um rumo à atuação governamental, de modo

8 MEIRELLES, Hely Lopes. *Direito Administrativo Brasileiro*. 34ª ed. São Paulo: Malheiros, 2008, p. 750.

9 O art. 237 da Lei das Sociedades por Ações consagra o princípio da especialidade ao preceituar que "a companhia de economia mista somente poderá explorar os empreendimentos ou exercer atividades previstas na lei que autorizou a sua constituição".

10 Para mais detalhes sobre o tema, consulte o tópico 3.5 do Capítulo 4 (Administração Direta e Indireta).

11 DI PIETRO, Maria Sylvia Zanella. *Direito Administrativo*. 20ª ed. São Paulo: Atlas, 2006, p. 64.

a promover o desenvolvimento econômico-social do País e a segurança nacional, por meio de um plano geral de governo, de programas gerais, setoriais e regionais, de duração plurianual, diretrizes orçamentárias e metas fiscais, orçamento-programa anual e programação financeira de desembolso;

e) **princípio da coordenação:** este princípio impõe harmonia e consonância na atuação dos diversos órgãos e entidades da Administração Pública. Ele demanda racionalidade administrativa, simplificação, integração e unificação da ação administrativa. No dizer de Hely Lopes Meirelles, "coordenar é harmonizar todas as atividades da Administração, submetendo-as ao que foi planejado e poupando-a de desperdícios" e, ainda, "o princípio da coordenação visa a entrosar as atividades da Administração, de modo a evitar a duplicidade de atuação, a dispersão de recursos, a divergência de soluções e outros males característicos da burocracia";[12]

f) **princípio da descentralização:** por este princípio, sempre que reputar conveniente e oportuno, a Administração poderá transferir o exercício de algumas de suas atividades não exclusivas a outras pessoas, físicas ou jurídicas, com vista ao descongestionamento e à especialização das atividades administrativas. É nesse sentido, que o § 2º do art. 10 do Decreto-Lei nº 200/1967 preceitua que "em cada órgão da Administração Federal, os serviços que compõem a estrutura central de direção devem permanecer liberados das rotinas de execução e das tarefas de mera formalização de atos administrativos, para que possam concentrar-se nas atividades de planejamento, supervisão, coordenação e controle";

g) **princípio da delegação:** com o objetivo de assegurar maior rapidez e objetividade às decisões, aproximando-as da realidade dos fatos, pessoas ou problemas a atender, poderão o Presidente da República, os Ministros de Estado e outras autoridades da Administração delegar a seus subordinados a prática de atos administrativos.

6. REFORMA ADMINISTRATIVA DO ESTADO

A demanda por uma melhor prestação das atividades administrativas, sobretudo os serviços públicos, foi a principal causa das profundas transformações por que passou o Brasil a partir da década de 1990. Esse momento ficou conhecido como a **reforma administrativa do Estado**.

A primeira diretriz da reforma era a **passagem do modelo burocrático de Administração para o modelo gerencial**. O modelo burocrático de Administração encontrava-se centrado no procedimento, no legalismo. Por esse

12 MEIRELLES, Hely Lopes. *Direito Administrativo Brasileiro*. 34ª ed. São Paulo: Malheiros, 2008, p. 751.

modelo, o que se tinha em vista era a observância das regras sobre o procedimento de formação do ato administrativo, não importando se resultados positivos eram efetivamente alcançados. Pelo que se percebe, o modelo burocrático redundava em ineficiência e morosidade das atividades administrativas.

Já o **modelo gerencial** é aquele em que há parcial abandono dos controles de procedimento (ou controle das atividades-meio) e consequente adoção de controles de resultado (ou controle das atividades-fim), pois não é suficiente atuar corretamente (legalidade), mas não atingir os resultados que são esperados pela coletividade. Com efeito, o modelo gerencial é lastreado no princípio da eficiência, no direito fundamental à boa Administração Pública.

Essa primeira tendência da reforma administrativa deu ocasião ao surgimento de duas novas figuras administrativas que visam à eficiência na Administração Pública: o **Contrato de Gestão** e as **Agências Executivas**.

A segunda diretriz da reforma administrativa do Estado prega a **necessidade de o Estado afastar-se da prestação direta de serviços públicos** mediante **delegação destes** a particulares, o que gera fortalecimento da atuação regulatória estatal. Desse modo, o Estado deixaria atividades como fornecimento de energia elétrica, telefonia, transporte público, entre outras, a cargo de empresas privadas (que passariam à qualidade de delegatárias de serviços públicos), e para não perder o controle sobre tais atividades exerceria forte regulação. Com isso, surge a figura das **Agências Reguladoras**.

Por derradeiro, a terceira diretriz da reforma administrativa do Estado é a **redução da atuação direta do Estado nas atividades sociais** (cultura, ensino e pesquisa, saúde, assistência social, entre outras) com o **concomitante fortalecimento das atividades de fomento** à iniciativa privada sem fins lucrativos que desempenha essas atividades. Foi com base nessa tendência que surgiram as figuras das **Organizações Sociais (OSs)** e das **Organizações da Sociedade Civil de Interesse Público (OSCIPs)**.

7. CONTRATO DE GESTÃO

O contrato de gestão, também denominado **acordo-programa**, foi inserido na Constituição pela EC nº 19/1998, como umas das ferramentas do Estado para concretizar o princípio da eficiência na Administração Pública. Por esse tipo de ajuste, um órgão ou entidade se compromete a atingir determinadas metas de desempenho e em contrapartida tem a sua autonomia ampliada ou recebe incentivos do Poder Público, conforme o caso.

O art. 37, § 8º, da Constituição Federal dispõe que (destaque nosso):

> A autonomia gerencial, orçamentária e financeira dos **órgãos e entidades da administração direta e indireta** poderá ser ampliada mediante **contrato**, a ser firmado entre seus

> administradores e o poder público, que tenha por objeto a fixação de metas de desempenho para o órgão ou entidade, cabendo à **lei** dispor sobre o prazo de duração do contrato, os controles e critérios de avaliação de desempenho, direitos, obrigações e responsabilidades dos dirigentes e a remuneração do pessoal.

Pelo que se pode extrair do dispositivo e da legislação em vigor, podemos afirmar que o contrato de gestão admite três composições possíveis:

I) celebrado entre dois órgãos da Administração Direta;

II) celebrado entre entidade da administração indireta e o respectivo órgão supervisor; e

III) celebrado entre entidade privada sem fins lucrativos e o órgão da Administração Direta da área respectiva.

7.1. Contrato de gestão celebrado entre dois órgãos da Administração Pública

O art. 37, § 8º, da Constituição Federal prevê que os órgãos da Administração Direta podem ter a sua autonomia gerencial, orçamentária e financeira ampliada mediante a celebração de contrato de gestão que tenha por objeto a fixação de metas de desempenho fixadas pelo órgão superior.

Temos, nesse caso, típico **controle hierárquico**, pelo qual os órgãos subalternos se obrigam a atingir determinados padrões de eficiência estabelecidos pelo órgão superior, nos termos do contrato de gestão, em função do que têm a sua autonomia ampliada.

Exemplificativamente, seria o caso de um contrato de gestão celebrado entre o Ministério da Fazenda e a Receita Federal do Brasil, órgão subordinado àquele. O acordo consistiria em a Receita se comprometer a atingir determinadas metas de desempenho para, em contrapartida, ter ampliação pelo Ministério da Fazenda de autonomia administrativa, por meio da suspensão de alguns controles até então exercidos.

7.2. Contrato de gestão celebrado entre entidades da Administração Indireta e respectivos órgãos supervisores

O contrato de gestão celebrado entre os órgãos centrais da Administração Direta e as respectivas entidades vinculadas, sobretudo autarquias e fundações públicas, segue a mesma lógica daquele celebrado entre órgãos: a entidade administrativa se compromete a alcançar certas metas de desempenho e em troca tem a sua autonomia gerencial, orçamentária e financeira ampliada mediante a suspensão de controles até então exercidos.

Vale destacar que a **autarquia** ou a **fundação pública** que celebra contrato de gestão com o respectivo órgão supervisor recebe a qualificação especial de **Agência Executiva**. Já quando o contrato de gestão é celebrado por empresa pública ou sociedade de economia mista com o órgão controlador não há qualificação especial a ser atribuída. Isto é, não se poderá falar em agência executiva.

É importante advertir que a agência executiva não representa nova categoria de entidade administrativa, mas tão só qualificação especial recebida por autarquia ou fundação pública que celebra contrato de gestão com o órgão central supervisor.

Diferentemente do que ocorre no contrato de gestão celebrado entre dois órgãos da Administração Direta, o vínculo que deflagra a possibilidade de contrato de gestão entre o órgão e a entidade administrativa é de **controle finalístico**.

7.3. Contrato de gestão entre entidade privada sem fins lucrativos e o órgão da Administração Direta da área respectiva: Organizações Sociais (OSs)

Nessa modalidade de contrato de gestão entre órgão da Administração Direta e entidade privada da área pertinente, esta se obriga a atingir determinados padrões de eficiência e, em função disso, receberá diversos incentivos do Poder Público.

Observe que o contrato de gestão entre órgãos públicos e entidade privada não gera ampliação de autonomia desta, pois, antes da celebração do acordo, a entidade não se submetia a nenhum controle especial por parte do Estado. Pelo contrário, gozava da liberdade própria das entidades privadas. Agora, com o contrato de gestão, a entidade privada terá a sua autonomia administrativa diminuída, em virtude de ter que prestar contas ao Poder Público, sobretudo no que tange aos recursos orçamentários que recebe.

Com a celebração do contrato de gestão a entidade privada passará a ser qualificada como **organização social**: pessoa jurídica de direito privado que presta **serviços de natureza social, sem fins lucrativos**.

As organizações sociais não são nova espécie de pessoas jurídicas, mas tão somente qualificação especial que entidades privadas instituídas por particulares recebem em razão de celebrarem contrato de gestão com o Poder Público com vistas à formação de parceria entre as partes para fomento e execução de atividades não exclusivas do Estado.

O contrato de gestão celebrado entre entidade privada sem fins lucrativos e o órgão que atua na área pertinente não está previsto expressamente na Constituição, mas na Lei nº 9.637/1998, que disciplina as organizações sociais.

8. ENTIDADES PARAESTATAIS E TERCEIRO SETOR

As **entidades paraestatais** são pessoas jurídicas de **direito privado não integrantes da Administração Pública** instituídas por **particulares** para desenvolver, sem **finalidade lucrativa**, atividade de **interesse coletivo**, e em razão disso receberem **incentivos** do Estado, a título de **fomento**.[13]

São chamadas de paraestatais por estarem ao lado do Estado, sob seu amparo, desenvolvendo atividades de interesse coletivo sem fins lucrativos. A constatação central é de que o Estado, atuando exclusivamente por meio de sua máquina administrativa (Administração direta e indireta), é incapaz de conseguir prover plena e adequamente a concretização dos direitos fundamentais. Daí a necessidade de estabelecer parcerias com o setor privado.

As paraestatais compõem o **Terceiro Setor**. Além dele, temos o Primeiro Setor, constituído pelos órgãos e entidades administrativas, e o Segundo Setor, composto por pessoas jurídicas de direito privado que desempenham atividades de natureza lucrativa (mercado - agentes econômicos). Modernamente, já se tem falado em Quarto Setor composto por particulares que atuam no campo da informalidade, às margens da lei e do Poder Público, e em um Quinto Setor, formado pelos indivíduos excluídos que vagueiam às margens da sociedade.[14]

São espécies de entidades paraestatais: **serviços sociais autônomos, organizações sociais (OS), organizações da sociedade civil de interesse público (OSCIP)** e **entidades de apoio**.

As modalidades mais comuns de incentivo são repasse de recursos orçamentários, cessão especial de servidores públicos com ônus para a origem, uso gratuito de bens públicos e concessão de incentivos fiscais e creditícios.

Apesar de atuar em áreas relevantes como saúde, cultura, ensino e pesquisa, e assistência social, as entidades paraestatais não integram a estrutura formal da Administração Pública, nem podem ser consideradas delegatárias de serviços públicos. A delegação de serviços públicos ocorre quando o ente político transfere o exercício das atribuições que lhe foram cometidas pela Constituição a pessoas físicas ou jurídicas para que desempenhem serviços públicos em nome próprio e por sua conta e risco. Daí, temos a figura dos delegatários de serviços públicos,

13 Para Hely Lopes Meirelles (*Direito Administrativo Brasileiro*, 34ª ed. São Paulo: Malheiros, 2008. p. 133) a expressão "entidade paraestatal" compreende as pessoas jurídicas de direito privado da Administração Indireta (empresas públicas e sociedades de economia mista) e os serviços sociais autônomos (ex.: Sesi, Sesc, Senai). É, inclusive, em tal sentido que o Código Penal (art. 327, § 1º) emprega a expressão "entidade paraestatal". *Data venia*, ousamos dissentir desse pensamento para afirmar que revela-se imprópria a inclusão das empresas estatais como entidades paraestatais, pois a própria expressão "paraestatal", etimologicamente, designa entidade que atua em parceria com o Estado, ao lado deste. As empresas estatais fazem parte da estrutura formal do Estado, de modo que não podemos afirmar que atuam paralelamente a este.

14 Sobre o tema, consultar: FIGUEIREDO, Leonardo Vizeu. A Questão do Monopólio na Constituição da República Federativa do Brasil e o Setor Postal. *Revista Eletrônica de Direito Administrativo Econômico (REDAE)*, Salvador, Instituto Brasileiro de Direito Público, nº 17, fevereiro/março/abril, 2009. Disponível em: <www.direitodoestado.com.br/redae.asp>. Acesso em: 9 mar. 2010. Também: MORGADO, Almir; GOMES, Eugênio Maria. Entidades paraestatais e Terceiro Setor. *Boletim Jurídico*, Uberaba/MG,a.5, nº 254. Disponível em: <www.boletimjuridico.com.br/doutrina/texto.asp?id=1819> Acesso em: 9 mar. 2010.

que podem ser concessionários, permissionários e autorizatários. Neste grupo não estão enquadradas as entidades paraestatais, que são pessoas jurídicas privadas que desempenham atividade de interesse coletivo.

Não obstante o fato de **não integrarem a estrutura formal** da Administração Pública, nem serem **delegatárias de serviços públicos**, as entidades paraestatais se submetem a algumas regras próprias do Direito Público, das quais podemos citar algumas: controle externo financeiro-orçamentário dos Tribunais de Contas, obediência aos princípios gerais de licitação, controle administrativo do órgão central da área de atuação afim, entre outros.

8.1. Serviços sociais autônomos

Os serviços sociais autônomos são pessoas jurídicas de direito privado instituídas por particulares para o desempenho, sem finalidade lucrativa, de atividades na área de educação e assistência social e à saúde[15] em favor de **interesses de categorias profissionais e econômicas específicas**.

Exemplos de serviços sociais autônomos são o Serviço Social da Indústria (Sesi), o Serviço Social do Comércio (Sesc), o Serviço Nacional de Aprendizagem Industrial (Senai), o Serviço Brasileiro de Apoio às Micro e Pequenas Empresas (Sebrae), a Agência de Promoção de Exportações do Brasil (Apex-Brasil), a Agência Brasileira de Desenvolvimento Industrial (ABDI), a Agência Nacional de Assistência Técnica e Extensão Rural (Anater), entre outros.

Entidades paraestatais e, portanto, não integrantes da Administração Pública, os serviços sociais autônomos têm como principais características as seguintes:

a) são criados a partir de lei que autorize a sua instituição;[16]

b) não estão sujeitos ao controle hierárquico do Poder Público, mas ao controle do órgão central da Administração Direta cujas atividades lhes forem correlatas;[17]

c) por colaborarem com o Poder Público, recebem autorização legal para arrecadarem e administrarem contribuições parafiscais – contribuições sociais de natureza tributária, recolhidas compulsoriamente dos contribuintes respectivos (art. 149, CF);

d) recebem recursos orçamentários da entidade que as criou;

15 Enfim, realizam atividades privadas de interesse coletivo cuja execução não é atribuída de maneira privativa ao Estado.

16 É o caso do Decreto-Lei nº 9.403/1946, que determinou que a Confederação Nacional da Indústria criasse e dirigisse o Serviço Social da Indústria (Sesi). Cite-se ainda a Lei nº 10.668/2003, que autoriza o Poder Executivo a criar a Agência de Promoção de Exportações do Brasil (Apex-Brasil).

17 O Sesi, por exemplo, submete-se à supervisão do Ministério do Trabalho e Previdência Social, nos termos do Decreto nº 57.375/1965.

e) estão sujeitos ao controle externo financeiro-orçamentário dos Tribunais de Contas;

f) estão sujeitos ao dever de licitar, todavia não necessitam observar a Lei nº 8.666/1993 (Lei de Licitações e Contratos), contanto que obedeçam aos princípios da Administração Pública ao elaborarem seus regulamentos próprios de licitação;[18]

g) devem contratar pessoal mediante processo seletivo;[19]

h) não gozam de privilégios fiscais ou processuais, ressalvados os previstos na lei instituidora;[20]

i) seus dirigentes, no exercício de suas funções públicas, são passíveis de responder mandado de segurança nos termos da Lei nº 12.016/2009 e, se o ato for lesivo ao patrimônio público ou à moralidade administrativa, responder ação popular, nos termos da Lei nº 4.717/1965;

j) seus empregados são equiparados a funcionários públicos para fins penais (art. 327, CP) e de improbidade administrativa (art. 2º, Lei nº 8.429/1992).

Não obstante tudo o que foi mencionado acerca dos serviços sociais autônomos, o principal traço característico desse tipo de entidade é estarem sempre voltados a determinada categoria profissional ou econômica, a exemplo dos trabalhadores da indústria, do comércio, do transporte, das micro e pequenas empresas etc. As demais entidades paraestatais, diversamente, atuam em benefício de toda a coletividade.

Os serviços sociais autônomos não prestam serviços públicos, pois para isso teriam de obter delegação do Estado – e já foi dito que eles não são delegatários. Essas entidades desempenham atividade privada sem fins lucrativos de interesse público. Note que o papel do Estado não é no campo dos serviços públicos, mas no do **fomento** à iniciativa privada de interesse público.

8.2. Organizações Sociais (OSs)

8.2.1. Conceito, natureza jurídica e disciplina normativa

As organizações sociais são **pessoas jurídicas de direito privado** que adquirem essa qualificação mediante a celebração de **contrato de gestão** com o Poder Público para prestarem **serviços de natureza social sem fins lucrativos**.

As organizações sociais não são uma nova espécie de entidade, mas tão somente uma qualificação especial que entidades privadas instituídas por

18 TCU, Decisão Plenária nº 907/1997.

19 STF, RE 789.874/DF, rel. Min. TEORI ZAVASCKI, julg.: 17.09.2014: "Os serviços sociais autônomos, por possuírem natureza jurídica de direito privado e não integrarem a Administração Pública, mesmo que desempenhem atividade de interesse público em cooperação com o ente estatal, não estão sujeitos à observância da regra de concurso público (CF, art. 37, II) para contratação de seu pessoal."

20 Nesse sentido, a Súmula nº 516 do STF: "O Serviço Social da Indústria (Sesi) está sujeito à jurisdição da justiça estadual".

particulares recebem em razão de celebrarem contrato de gestão com o Poder Público com vistas à formação de parceria para fomento e execução de atividades não exclusivas do Estado.

Na esfera federal, foi editada a Lei nº 9.637/1998, que disciplina as organizações sociais qualificadas pela União.

8.2.2. Requisitos para qualificação

São requisitos para que uma entidade se habilite à qualificação como organização social (art. 2º, Lei nº 9.637/1998):

I. atuação nas áreas de ensino, pesquisa científica, desenvolvimento tecnológico, cultura, saúde, proteção e preservação do meio ambiente;

II. personalidade jurídica de direito privado;

III. finalidade não lucrativa, com a obrigatoriedade de investimento de seus excedentes financeiros no desenvolvimento das próprias atividades;

IV. previsão de participação, no órgão colegiado de deliberação superior, de representantes do Poder Público e de membros da comunidade, de notória capacidade profissional e idoneidade moral;

V. obrigatoriedade de publicação anual, no Diário Oficial da União, dos relatórios financeiros e do relatório de execução do contrato de gestão;

VI. proibição de distribuição de bens ou de parcela do patrimônio líquido em qualquer hipótese, inclusive em razão de desligamento, retirada ou falecimento de associado ou membro da entidade;

VII. previsão de incorporação integral do patrimônio, dos legados ou das doações que lhe foram destinados, bem como dos excedentes financeiros decorrentes de suas atividades, em caso de extinção ou desqualificação, ao patrimônio de outra organização social qualificada no âmbito da União, da mesma área de atuação, ou ao patrimônio da União, dos Estados, do Distrito Federal ou dos Municípios, na proporção dos recursos e bens por estes alocados; e

VIII. haver aprovação, quanto à conveniência e oportunidade de sua qualificação como organização social, do Ministro ou titular de órgão supervisor ou regulador da área de atividade correspondente ao seu objeto social e do Ministro de Estado de Planejamento, Desenvolvimento e Gestão (MPDG).

Por oportuno, convém destacar que as organizações sociais não prestam serviços públicos. O art. 175 da Constituição atribui a titularidade dos serviços públicos ao Estado, que poderá prestá-los diretamente por meio da Administração direta ou indireta, ou poderá delegá-los a particulares mediante ato (autorizatários) ou contrato administrativo (concessionários e permissionários).

Isto posto, podemos concluir que sempre que a iniciativa privada desempenha serviços públicos há delegação por parte do Estado. As organizações sociais não são delegatárias de serviços públicos, logo, não prestam serviços públicos. A sua área de atuação está voltada para atividades sociais não econômicas de interesse coletivo livre à iniciativa privada, desde que não haja intuito lucrativo.

8.2.3. Fomento

Veja que as organizações sociais atuam em nome próprio, e não do Estado, mas recebem auxílios deste, dentre os quais podemos mencionar:

a) permissão de uso gratuito de bens públicos, dispensada licitação;
b) dotações orçamentárias;
c) cessão especial de servidores com ônus para o órgão ou entidade pública de origem;
d) dispensa de licitação na contratação da organização social para prestação de serviços relacionados às atividades contempladas no contrato de gestão; ou
e) declaração da entidade como de interesse social e de utilidade pública para todos os efeitos legais.

Tanto a contratação com terceiros como a seleção de pessoal pelas organizações sociais devem ser conduzidas de forma pública, objetiva e impessoal, e nos termos do regulamento próprio a ser editado por cada entidade.[21]

A Lei nº 9.648/1998, que deu nova redação à Lei nº 8.666/1993 (Lei de Licitações e Contratos), privilegiou as organizações sociais ao dispor, entre as hipóteses de licitação dispensável, a "celebração de contratos de prestação de serviços com as organizações sociais, qualificadas no âmbito das respectivas esferas de governo, para atividades contempladas no contrato de gestão" (art. 24, XXIV). Com efeito, órgãos e entidades da Administração Pública podem celebrar contratos com organizações sociais para execução das atividades integrantes do contrato de gestão, sem necessidade de processo licitatório prévio (contratação direta por dispensa de licitação).

8.2.4. Fiscalização

A execução do contrato de gestão celebrado por organização social **será fiscalizada pelo órgão ou entidade supervisora da área de atuação correspondente à atividade fomentada** (art. 8º, Lei nº 9.637/1998).[22]

A entidade qualificada apresentará ao órgão ou entidade do Poder Público supervisora signatária do contrato, ao término de cada exercício ou a qualquer

---

21 A respeito, *vide* STF, ADI 1.923/DF, Rel. Min. AYRES BRITTO, DJe 17.12.2015.

22 A respeito, o Decreto nº 8.385, de 30 de dezembro de 2014, dispõe sobre a supervisão da Associação de Comunicação Educativa Roquette Pinto (ACERP) pela Empresa Brasil de Comunicação S.A. (EBC).

momento, conforme as exigências do interesse público, relatório pertinente à execução do contrato de gestão, contendo comparativo específico das metas propostas com os resultados alcançados, acompanhado da prestação de contas correspondente ao exercício financeiro (art. 8º, § 1º, Lei nº 9.637/1998).

Os responsáveis pela fiscalização da execução do contrato de gestão, ao tomarem conhecimento de qualquer irregularidade ou ilegalidade na utilização de recursos ou bens de origem pública por organização social, dela darão ciência ao **Tribunal de Contas da União**, sob pena de **responsabilidade solidária** (art. 9º, Lei nº 9.637/1998).

Quando assim exigir a gravidade dos fatos ou o interesse público, havendo indícios fundados de malversação de bens ou recursos de origem pública, os responsáveis pela fiscalização representarão ao **Ministério Público**, à **Advocacia-Geral da União** ou à **Procuradoria da entidade** para que requeira ao juízo competente a **decretação da indisponibilidade dos bens da entidade e o sequestro dos bens** dos seus dirigentes, bem como de agente público ou terceiro, que possam ter enriquecido ilicitamente ou causado dano ao patrimônio público (art. 10, Lei nº 9.637/1998).

8.2.5. Desqualificação

O Poder Executivo poderá, mediante processo administrativo, assegurado o direito de defesa, proceder à **desqualificação da entidade como organização social**, quando constatado o descumprimento das disposições contidas no contrato de gestão (art. 16, Lei nº 9.637/1998).

A desqualificação da entidade importará na reversão dos bens e recursos públicos a ela entregues, sem prejuízo de outras sanções cabíveis.

Os dirigentes da organização social respondem individual e solidariamente pelos danos ou prejuízos decorrentes de sua ação ou omissão.

8.2.6. Análise crítica

A principal justificativa da instituição das organizações sociais é o desafogamento da estrutura do Estado ao retirar de suas mãos atividades não exclusivas cuja demanda é intensa e que possam ser desempenhadas por pessoas da iniciativa privada sem fins lucrativos.[23]

No entanto, essa justificativa para a qualificação de entidades como organizações sociais tem sido alvo de frequentes críticas pela doutrina. Note a situação: a pessoa jurídica de direito privado (agora qualificada como organização social) desempenha em nome próprio atividade não privativa do

23 *Vide* art. 21 da Lei nº 9.637/1998. Foi com base nesse dispositivo que foi extinta a Fundação Roquette Pinto, vinculada à Presidência da República com a concomitante criação da organização social: Associação de Comunicação Educativa Roquette Pinto (Acerp).

Estado que antes estava sob a responsabilidade de órgão público ou entidade da Administração Indireta e que agora estará a cargo da organização social, livre dos controles e burocracias estatais.

Nesse contexto, Di Pietro esclarece:

> A atividade prestada muda a sua natureza; o regime jurídico, que era público, passa a ser de direito privado, parcialmente derrogado por normas publicísticas; a entidade pública é substituída por uma entidade privada [...] Fica muito nítida a intenção do legislador de instituir um mecanismo de fuga ao regime jurídico de direito público a que se submete a Administração Pública.[24]

Assim, as organizações sociais devem ser vistas como verdadeiras formas de **privatização** de serviços de interesse público. Isto é, serviços até então prestados diretamente pelos órgãos e entidades do Estado, tais como educação e saúde, poderão ser paulatinamente absorvidos pela iniciativa privada, mediante a celebração de contratos de gestão. Consequência disso é a extinção de diversos órgãos e entidades do Estado.

8.3. Organizações da Sociedade Civil de Interesse Público (OSCIPs)

8.3.1. Conceito, natureza jurídica e disciplina normativa

Substancialmente, as organizações da sociedade civil de interesse público (OSCIPs) não diferem das organizações sociais (OSs). Vejamos: são pessoas jurídicas de direito privado **sem fins lucrativos** que, mediante **termo de parceria** com o Poder Público, desempenham atividades de interesse coletivo e, por isso, recebem incentivos do Estado.

A nota distintiva entre as OSs e as OSCIPs é principalmente o vínculo que as une ao Estado. Na primeira temos o contrato de gestão, ao passo que na segunda temos o termo de parceria.

Assim como as organizações sociais, as OSCIPs não constituem nova categoria de pessoa jurídica: trata-se apenas de **qualificação** que entidades privadas recebem do Estado em função de terem firmado Termo de Parceria com este.

A Lei nº 9.790/1999 dispõe sobre a qualificação de pessoas jurídicas de direito privado, sem fins lucrativos, como organizações da sociedade civil de interesse público, institui e disciplina o termo de parceria no **âmbito da União**.

É bom destacar que se considera sem fins lucrativos a pessoa jurídica de direito privado que não distribui, entre os seus sócios ou associados, conselheiros, diretores, empregados ou doadores, eventuais excedentes operacionais, brutos ou líquidos, dividendos, bonificações, participações ou parcelas do seu patrimônio, auferidos mediante o exercício de suas atividades, e que os aplica integralmente na consecução do respectivo objeto social (art. 1º, § 1º, Lei nº 9.790/1999).

24 DI PIETRO, Maria Sylvia Zanella. *Direito Administrativo*. 20ª ed. São Paulo: Atlas, 2006, p. 463-464.

8.3.2. Termo de parceria

O termo de parceria firmado de comum acordo entre o Poder Público e as Organizações da Sociedade Civil de Interesse Público discriminará direitos, responsabilidades e obrigações das partes signatárias (art. 10, Lei nº 9.790/1999).

Sobre a distinção entre o termo de parceria e o contrato de gestão, em essência, este não apresenta notória diferença em relação àquele. Trata-se, portanto, de mera questão de nomenclatura, que em nada altera a substância dos acordos.

8.3.3. Áreas de atuação

José dos Santos Carvalho Filho aponta três categorias de atividades que as organizações da sociedade civil de interesse público podem desenvolver: a) execução direta de projetos, programas e planos de ação; b) entrega de recursos humanos, físicos ou financeiros; e c) prestação de atividades de apoio a outras entidades sem fins lucrativos.[25]

A qualificação instituída como organização da sociedade civil de interesse público somente será conferida às pessoas jurídicas de direito privado, sem fins lucrativos, cujos objetivos sociais tenham pelo menos uma das seguintes finalidades (art. 3º, Lei nº 9.790/1999):

> I. promoção da assistência social;
>
> II. promoção da cultura, defesa e conservação do patrimônio histórico e artístico;
>
> III. promoção gratuita da educação, observando-se a forma complementar de participação das organizações de que trata esta Lei;
>
> IV. promoção gratuita da saúde, observando-se a forma complementar de participação das organizações de que trata esta Lei;
>
> V. promoção da segurança alimentar e nutricional;
>
> VI. defesa, preservação e conservação do meio ambiente e promoção do desenvolvimento sustentável;
>
> VII. promoção do voluntariado;
>
> VIII. promoção do desenvolvimento econômico e social e combate à pobreza;
>
> IX. experimentação, não lucrativa, de novos modelos socioprodutivos e de sistemas alternativos de produção, comércio, emprego e crédito;
>
> X. promoção de direitos estabelecidos, construção de novos direitos e assessoria jurídica gratuita de interesse suplementar;

25 CARVALHO FILHO, José dos Santos. *Manual de Direito Administrativo*. 20ª ed. Rio de Janeiro: Lumen Juris, 2008, p. 336.

> XI. promoção da ética, da paz, da cidadania, dos direitos humanos, da democracia e de outros valores universais; e
>
> XII. estudos e pesquisas, desenvolvimento de tecnologias alternativas, produção e divulgação de informações e conhecimentos técnicos e científicos.

A Lei nº 9.790/1999, em seu art. 2º, **veda** a algumas pessoas jurídicas a qualificação como OSCIP, ainda que exerçam algumas das atividades mencionadas no tópico anterior, são elas:

> I. as sociedades comerciais;
>
> II. os sindicatos, as associações de classe ou de representação de categoria profissional;
>
> III. as instituições religiosas ou voltadas para a disseminação de credos, cultos, práticas e visões devocionais e confessionais;
>
> IV. as organizações partidárias e assemelhadas, inclusive suas fundações;
>
> V. as entidades de benefício mútuo destinadas a proporcionar bens ou serviços a um círculo restrito de associados ou sócios;
>
> VI. as entidades e empresas que comercializam planos de saúde e assemelhados;
>
> VII. as instituições hospitalares privadas não gratuitas e suas mantenedoras;
>
> VIII. as escolas privadas dedicadas ao ensino formal não gratuito e suas mantenedoras;
>
> IX. as organizações sociais;
>
> X. as cooperativas;
>
> XI. as fundações públicas;
>
> XII. as fundações, sociedades civis ou associações de direito privado criadas por órgão público ou por fundações públicas; e
>
> XIII. as organizações creditícias que tenham quaisquer tipo de vinculação com o sistema financeiro nacional.

É vedada às entidades qualificadas como Organizações da Sociedade Civil de Interesse Público a participação em campanhas de interesse político-partidário ou eleitorais, sob quaisquer meios ou formas (art. 16, Lei nº 9.790/1999).

Tanto quanto as OSs, as OSCIPs não prestam serviços públicos, mas atividades sociais de interesse coletivo. Logo, não estão sujeitas à responsabilidade objetiva nos termos do art. 37, § 6º, da Constituição.

8.3.4. Requisitos para qualificação

Cumpridos os requisitos relativos à área de atuação, a pessoa jurídica de direito privado sem fins lucrativos, interessada em obter a qualificação instituída por esta Lei, deverá formular requerimento escrito ao **Ministério da Justiça** (art. 5º, Lei nº 9.790/1999).

A outorga da qualificação prevista neste artigo é **ato vinculado** ao cumprimento dos requisitos instituídos e será expedido no prazo de trinta dias, a contar do recebimento do requerimento. No caso de deferimento, o Ministério da Justiça emitirá, no prazo de quinze dias da decisão, certificado de qualificação da requerente como Organização da Sociedade Civil de Interesse Público (art. 6º, § 1º, Lei nº 9.790/1999).

Questão interessante é a relativa à escolha, dentre muitas "candidatas", da entidade que será qualificada como OSCIP. É comum a adoção do mecanismo do concurso de projetos como procedimento apto a possibilitar ao Poder Público a seleção da entidade com a qual firmará a parceria. Acerca do tema, o entendimento inicial era o que de a realização do concurso de projetos seria facultativa. Todavia, a nova redação dada ao art. 23 do Decreto nº 3.100/99 tornou **obrigatório o concurso de projetos** em tais casos: "A escolha da Organização da Sociedade Civil de Interesse Público, para a celebração do Termo de Parceria, deverá ser feita por meio de publicação de edital de concursos de projetos pelo órgão estatal parceiro para obtenção de bens e serviços e para a realização de atividades, eventos, consultoria, cooperação técnica e assessoria."

Ainda como requisito para qualificação da entidade como OSCIP, prevê o art. 1º da Lei nº 9.790/1999 que podem qualificar-se como OSCIP as pessoas jurídicas de direito privado **sem fins lucrativos** que tenham sido constituídas e se encontrem em funcionamento regular há, **no mínimo, três anos.**[26] Ao estabelecer o requisito temporal mínimo (três anos) para que uma entidade possa se qualificar como paraestatal, andou bem o legislador, pois muitos são os casos de entidades que se constituem com o nítido propósito de apenas receber recursos públicos e empregá-los de modo escuso, deixando em última instância o real propósito da parceria: prestação de serviço de interesse social. Era imperioso, pois, estabelecer critérios objetivos para afastar entidades de fachada do procedimento de seleção, qual seja, aquelas criadas apenas para burlar as exigências do sistema.

8.3.5. Fomento

Ao contrário da Lei nº 9.637/1998, que traça regras básicas sobre as organizações sociais, a Lei nº 9.790/1999, das Organizações da Sociedade Civil de Interesse Público (OSCIPs) não mencionou especificamente quais são as modalidades de fomento aplicáveis a essas entidades, a não ser algumas

26 Redação alterada pela Lei nº 13.019, de 31 de julho de 2014.

referências genéricas a bens e recursos públicos do Poder Público. Diante dessa situação, naquilo que couber, devem ser aplicadas às OSCIPs as modalidades comuns de fomento aplicáveis às entidades paraestatais – já mencionadas neste Capítulo, quando do estudo das características gerais dessas entidades.

Tanto a contratação com terceiros como a seleção de pessoal pelas organizações sociais devem ser conduzidas de forma pública, objetiva e impessoal, e nos termos do regulamento próprio a ser editado por cada entidade.[27]

8.3.6. Fiscalização

Os responsáveis pela fiscalização do Termo de Parceria, ao tomarem conhecimento de qualquer irregularidade ou ilegalidade na utilização de recursos ou bens de origem pública pela organização parceira, darão **imediata ciência** ao **Tribunal de Contas** respectivo e ao **Ministério Público**, sob pena de **responsabilidade solidária** (art. 12, Lei nº 9.790/1999).

Havendo indícios fundados de malversação de bens ou recursos de origem pública, os responsáveis pela fiscalização representarão ao **Ministério Público**, à **Advocacia-Geral da União**, para que requeiram ao juízo competente a decretação da **indisponibilidade dos bens da entidade e o sequestro dos bens** dos seus dirigentes, bem como de agente público ou terceiro que possam ter enriquecido ilicitamente ou causado dano ao patrimônio público além de outras medidas cabíveis (art. 13, Lei nº 9.790/1999). Além disso, é possível que no requerimento seja incluído pedido de investigação, exame e bloqueio de bens, contas bancárias e aplicações mantidas pelo demandado no País e no exterior, nos termos da lei e dos tratados internacionais.

Caso a organização adquira bem imóvel com recursos provenientes da celebração do Termo de Parceria, este será gravado com cláusula de inalienabilidade (art. 15, Lei nº 9.790/1999).

O Ministério da Justiça permitirá, mediante requerimento dos interessados, livre acesso público a todas as informações pertinentes às Organizações da Sociedade Civil de Interesse Público (art. 17, Lei nº 9.790/1999).

8.3.7. Desqualificação

Perde-se a qualificação de Organização da Sociedade Civil de Interesse Público, a pedido ou mediante decisão proferida em **processo administrativo ou judicial**, de iniciativa popular ou do Ministério Público, no qual serão assegurados, ampla defesa e o devido contraditório (art. 7º, Lei nº 9.790/1999).

Vedado o anonimato, e desde que amparado por fundadas evidências de erro ou fraude, qualquer **cidadão**, respeitadas as prerrogativas do Ministério

27 A respeito, *vide* STF, ADI 1.923/DF, Rel. Min. AYRES BRITTO, DJe 17.12.2015.

Público, é parte legítima para requerer, judicial ou administrativamente, a perda da qualificação instituída por essa lei (art. 8º, Lei nº 9.790/1999).

8.4. Diferenças entre Organizações Sociais e Organizações da Sociedade Civil de Interesse Público

É bastante interessante, neste passo, destacarmos as principais diferenças entre as Organizações Sociais e as Organizações Sociais de Interesse Público.

O primeiro ponto a ser verificado é o que concerne ao órgão responsável pela qualificação: enquanto nas OSs a qualificação é conferida pelo **Ministério supervisor**, com anuência do **Ministério do Planejamento, Desenvolvimento e Gestão (MPDG)**, nas OSCIPs, o órgão incumbido desta tarefa é o **Ministério da Justiça e Segurança Pública (MJ)**.

Uma vez preenchidos os requisitos para qualificação, nas OSs ainda há uma liberdade entre qualificar ou não determinada entidade (**ato discricionário**). Já nas OSCIPs, uma vez preenchidos os requisitos mínimos de qualificação, serão obrigatoriamente qualificadas (**ato vinculado**).

O instrumento que confere a qualificação também é digno de nota: na OSs a qualificação é conferida mediante a assinatura de **contrato de gestão**, nas OSCIPs o **termo de parceria** é que as qualifica como tal.

Nas OSs é obrigatória a **participação de servidores públicos** no Conselho de Administração da entidade. Nas OSCIPs **não existe essa obrigatoriedade**, mas por outro lado também não há vedação. Isso se deve ao fato de que, distintamente das OSs, a Lei das OSCIPs não prevê a cessão de servidores como modalidade de fomento aplicável a estas entidades. Em verdade, a Lei nº 9.790/1999 nem mesmo prevê a existência de um conselho de administração, mas tão somente a de um conselho fiscal.

As OSs tendem a assumir gradualmente atividades que, até então, eram desempenhadas pelo Estado, acarretando, assim, a **extinção de diversos órgãos e entidades administrativas** (privatização). A qualificação de OSCIPs **não influi em nada na existência dos órgãos e entidades da Administração Pública**, ainda mais porque devem existir previamente à assinatura do termo de parceria.

Quanto ao controle financeiro-orçamentário, as OSs prestam contas ordinária e **rotineiramente** ao Tribunal de Contas competente, ao passo que OSCIPs só prestarão contas aos Tribunais de Contas **excepcionalmente**, por meio de inspeções, auditorias.[28] A prestação de contas ordinária destas últimas é realizada anualmente perante os órgãos repassadores dos recursos orçamentários a ela destinados.

28 A respeito, consulte Decisão nº 931/1999 e Decisão nº 592/1998, TCU.

Ademais, o rol das atividades que podem ser desempenhadas por OSs é **taxativo**, não cabendo ao administrador público qualificar entidades cujas atividades não estejam previstas expressamente na lei. O mesmo não ocorre com as OSCIPs, cujo rol de atividades previsto legalmente é **exemplificativo**, podendo surgir outras atividades sociais de interesse coletivo que suscitem a qualificação da entidade que as desenvolve.

-------------	Organização Social (OS)	Organização da Sociedade Civil de Interesse Público (Oscip)
Qualificação (órgão)	Ministério supervisor com anuência do MDOG	Ministério da Justiça
Qualificação (ato)	Discricionário	Vinculado
Instrumento de formalização do vínculo	Contrato de gestão	Termo de parceria
Participação de servidores públicos no Conselho de Administração / Fiscal	Obrigatória	Facultativa
Prestação de Contas	Além do órgão supervisor, prestam contas ao Tribunal de Contas da União	Prestam contas aos órgãos repassadores de recursos orçamentários. Excepcionalmente prestam contas ao TCU
Rol de atividades objeto de atuação	Taxativo	Exemplificativo

8.5. Entidades de apoio

Maria Sylvia Zanella Di Pietro elenca as entidades de apoio como quarta categoria de entidade integrante do Terceiro Setor. Para esta administrativista, as entidades de apoio são:

> Pessoas jurídicas de direito privado, sem fins lucrativos, instituídas por servidores públicos, porém em nome próprio, sob forma de fundação, associação ou cooperativa, para a prestação, em caráter privativo, de serviços sociais não exclusivos do Estado, mantendo vínculo jurídico com entidades da administração direta ou indireta, em regra por meio de convênio.[29]

Essas entidades são pouco mencionadas no nosso ordenamento jurídico. Ao contrário das demais paraestatais, as entidades de apoio não contam com dis-

29 DI PIETRO, Maria Sylvia Zanella. *Direito Administrativo*. 20ª ed. São Paulo: Atlas, 2006, p. 459.

ciplina normativa específica. Nesse sentido, o que temos são leis que tratam de determinadas espécies de entidade de apoio. Por exemplo, a Lei nº 8.958, 20 de dezembro de 2004, disciplina as relações entre instituições federais de ensino superior e de pesquisa científica e tecnológica e suas fundações de apoio. Esse diploma normativo foi regulamentado pelo Decreto nº 7.423/2010.[30]

São exemplos de entidades de apoio a Finatec – Fundação de Empreendimentos Científicos e Tecnológicos e a FGI – Fundação de Gestão e Inovação (ambas vinculadas à Universidade de Brasília); a Fundepes – Fundação Universitária de Desenvolvimento, de Extensão e Pesquisa (vinculada à Universidade Federal de Alagoas); Fapex – Fundação de Apoio à Pesquisa e Extensão (vinculada à Universidade da Bahia); FCPC – Fundação Cearense de Pesquisa e Cultura (vinculada à Universidade Federal do Ceará).

O art. 2º da Lei nº 8.958/1994 estabelece que essas entidades, exclusivamente as de que trata a lei, sejam "constituídas na forma de fundações de direito privado, sem fins lucrativos, regidas pelo Código Civil brasileiro". É importante, desde já, enfatizar que essas entidades de apoio não se confundem com fundações públicas de direito privado, mas fundações privadas, a exemplo da Fundação Getulio Vargas, Fundação Bradesco, Fundação Roberto Marinho, entre outras.

Não obstante o vácuo legislativo, algumas características gerais dessas entidades são apontadas por Di Pietro:[31]

a) não são instituídas por iniciativa do Poder Público, mas por servidores públicos de determinada entidade estatal, e com os seus próprios recursos;

b) comumente assumem a forma de fundação, mas também podem assumir a forma de associação ou cooperativa, sempre sem fins lucrativos e inserindo em seus estatutos objetivos iguais aos da entidade pública junto à qual pretendem atuar;

c) enquanto a entidade pública presta serviço público propriamente dito, a entidade de apoio presta o mesmo tipo de atividade, porém, não como serviço público delegado pela Administração Pública, mas como atividade pública aberta à iniciativa privada;

d) sendo a atividade prestada em caráter privado, ela não fica sujeita ao regime jurídico imposto à Administração Pública;

e) seus contratos são de direito privado, celebrados sem licitação;

f) seus empregados são celetistas, contratados sem concurso público; por não serem servidores públicos, não ficam sujeitos às normas constitucionais pertinentes a essa categoria de trabalhadores;

30 O Decreto nº 8.241, de 21 de maio de 2014, dispõe sobre a aquisição de bens e a contratação de obras e serviços pelas fundações de apoio.

31 DI PIETRO, Maria Sylvia Zanella. *Direito Administrativo.* 20ª ed. São Paulo: Atlas, 2006, p. 460.

g) por não desempenharem atividade delegada pelo Poder Público, não se sujeitam à tutela administrativa;

h) mantém vínculo jurídico com a Administração Pública, em regra por meio de convênio".

A Lei nº 8.666/1993 previu hipótese de licitação dispensável envolvendo as entidades de apoio ao possibilitar a contratação direta de instituição brasileira regimental ou estatutariamente da pesquisa, do ensino ou do desenvolvimento institucional, desde que a contratada detenha inquestionável reputação ético-profissional e não tenha fins lucrativos (art. 24, XIII). Assim, a contratação das entidades de apoio pelas universidades federais poderá ser feita com dispensa de licitação.

Não obstante termos indicado algumas características dessas entidades, é importante atentarmos para o fato de que tais regras são privativas das fundações de apoio reguladas pela referida Lei nº 8.958/2004. As demais entidades de apoio, à medida que forem sendo criadas, gozarão de características próprias.

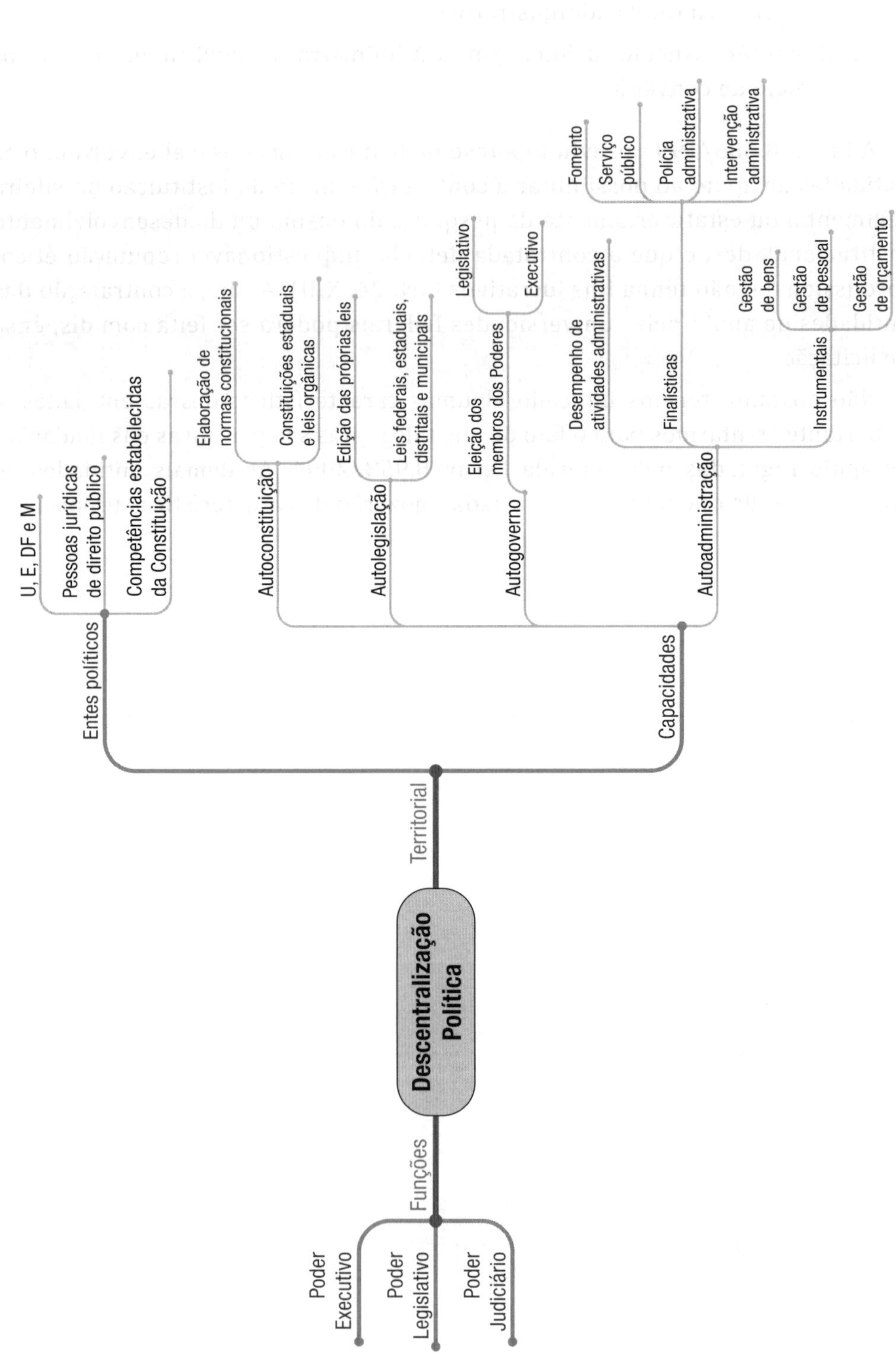
Descentralização Política
Funções
Poder Executivo
Poder Legislativo
Poder Judiciário
Territorial
Entes políticos
U, E, DF e M
Pessoas jurídicas de direito público
Competências estabelecidas da Constituição
Capacidades
Autoconstituição
Elaboração de normas constitucionais
Constituições estaduais e leis orgânicas
Autolegislação
Edição das próprias leis
Leis federais, estaduais, distritais e municipais
Autogoverno
Eleição dos membros dos Poderes
Legislativo
Executivo
Autoadministração
Desempenho de atividades administrativas
Finalísticas
Fomento
Serviço público
Polícia administrativa
Intervenção administrativa
Instrumentais
Gestão de bens
Gestão de pessoal
Gestão de orçamento

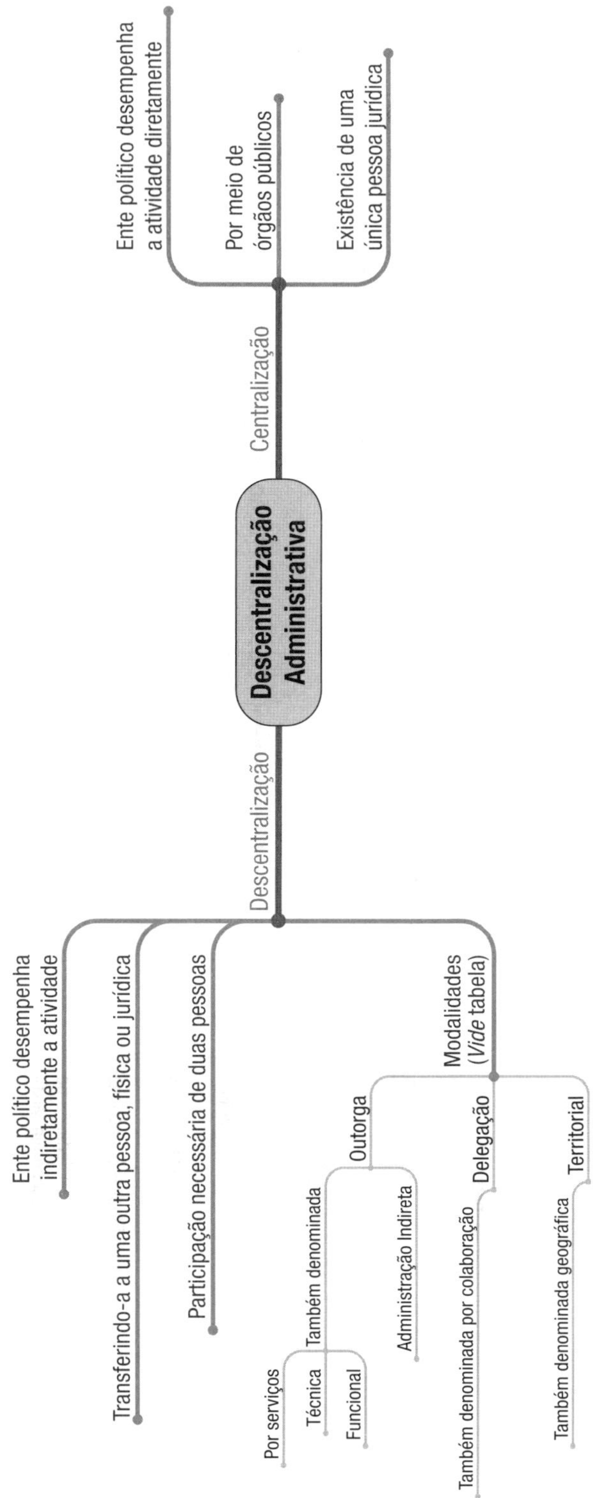
Descentralização Administrativa
Centralização
Ente político desempenha a atividade diretamente
Por meio de órgãos públicos
Existência de uma única pessoa jurídica
Descentralização
Ente político desempenha indiretamente a atividade
Transferindo-a a uma outra pessoa, física ou jurídica
Participação necessária de duas pessoas
Modalidades (*Vide* tabela)
Outorga
Também denominada
Por serviços
Técnica
Funcional
Administração Indireta
Delegação
Também denominada por colaboração
Territorial
Também denominada geográfica

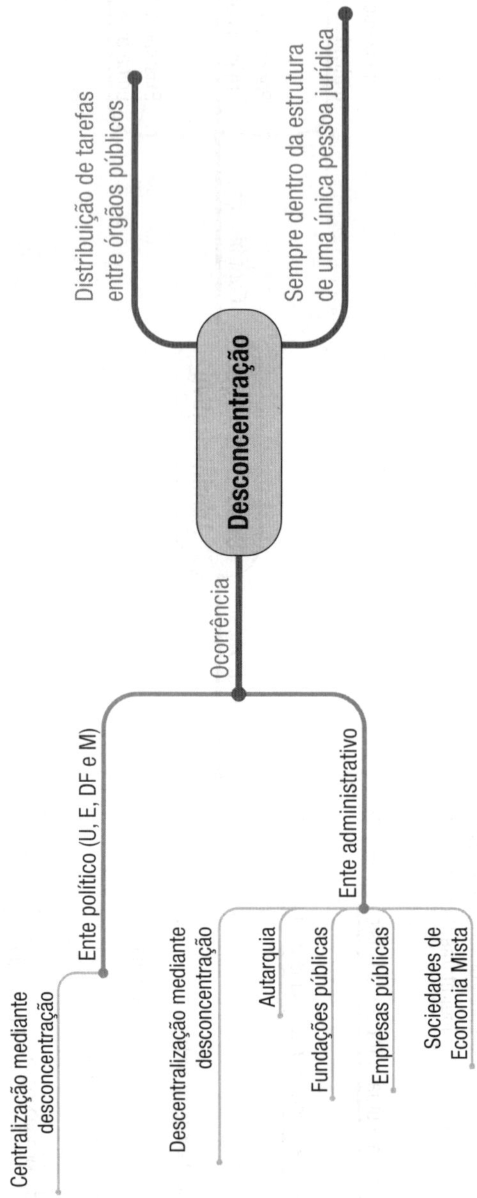
Desconcentração
Distribuição de tarefas entre órgãos públicos
Sempre dentro da estrutura de uma única pessoa jurídica
Ocorrência
Ente político (U, E, DF e M)
Centralização mediante desconcentração
Ente administrativo
Descentralização mediante desconcentração
Autarquia
Fundações públicas
Empresas públicas
Sociedades de Economia Mista

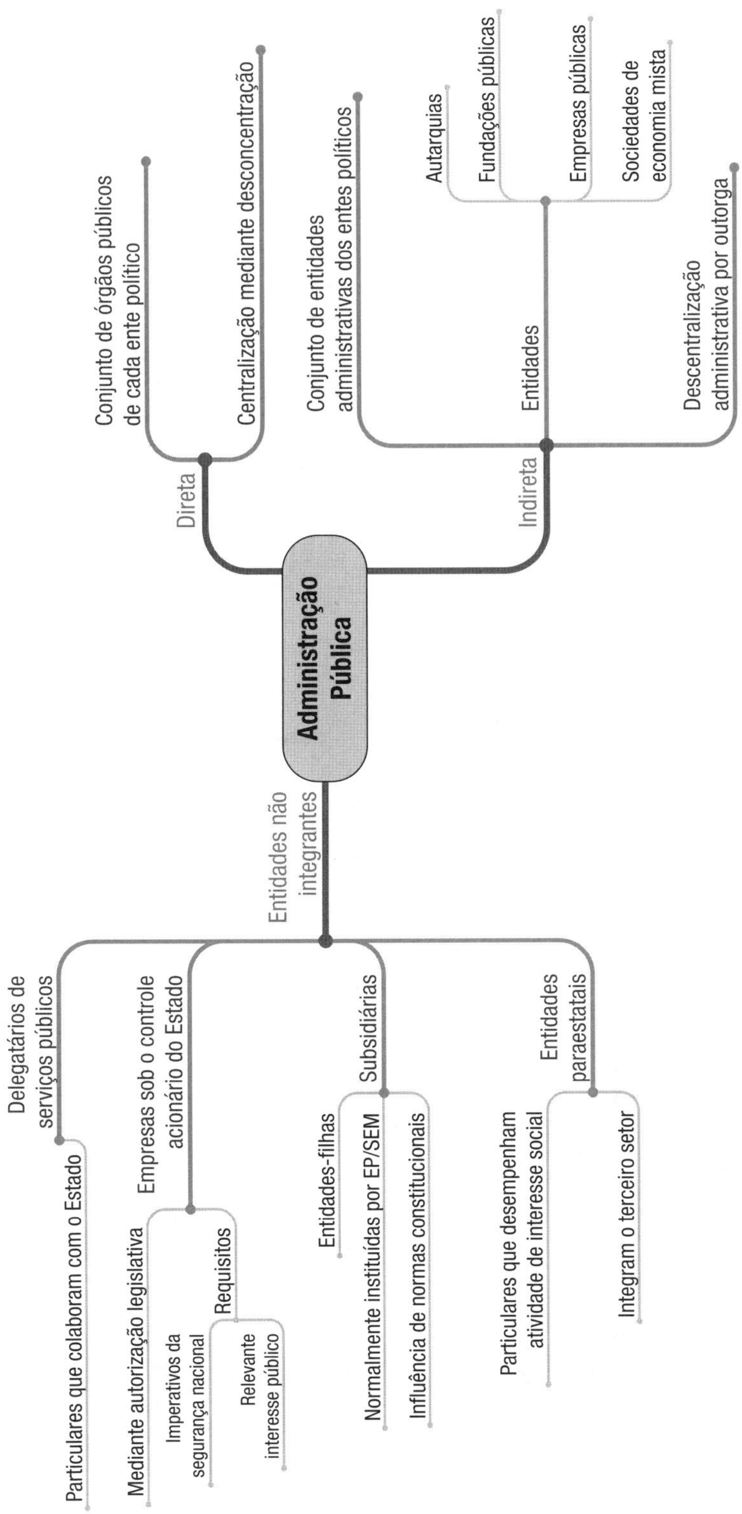
Administração Pública
Direta
Conjunto de órgãos públicos de cada ente político
Centralização mediante desconcentração
Indireta
Conjunto de entidades administrativas dos entes políticos
Entidades
Autarquias
Fundações públicas
Empresas públicas
Sociedades de economia mista
Descentralização administrativa por outorga
Entidades não integrantes
Delegatários de serviços públicos
Particulares que colaboram com o Estado
Empresas sob o controle acionário do Estado
Mediante autorização legislativa
Requisitos
Imperativos da segurança nacional
Relevante interesse público
Subsidiárias
Entidades-filhas
Normalmente instituídas por EP/SEM
Influência de normas constitucionais
Entidades paraestatais
Particulares que desempenham atividade de interesse social
Integram o terceiro setor

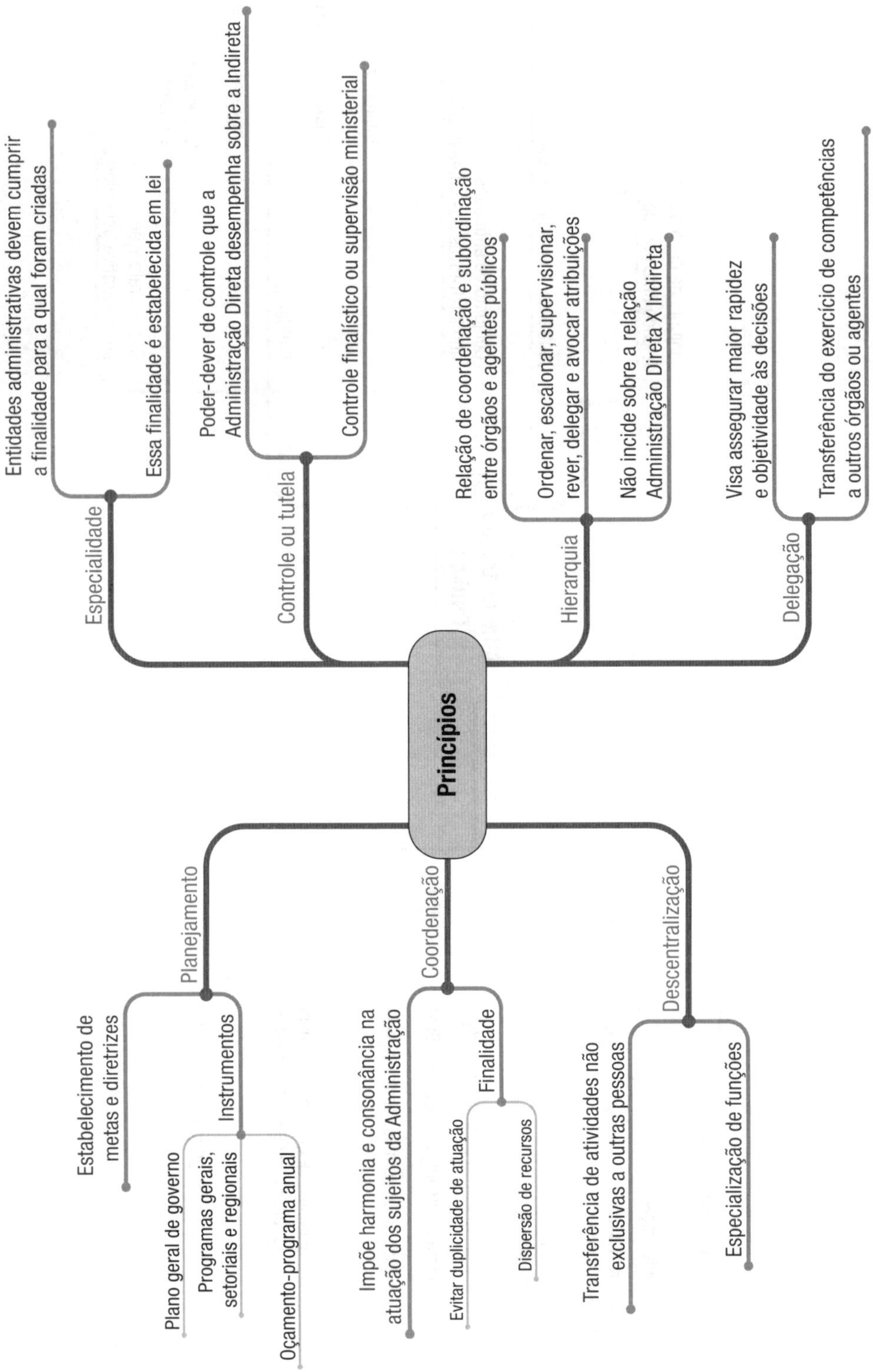
Princípios
Especialidade
Entidades administrativas devem cumprir a finalidade para a qual foram criadas
Essa finalidade é estabelecida em lei
Controle ou tutela
Poder-dever de controle que a Administração Direta desempenha sobre a Indireta
Controle finalístico ou supervisão ministerial
Hierarquia
Relação de coordenação e subordinação entre órgãos e agentes públicos
Ordenar, escalonar, supervisionar, rever, delegar e avocar atribuições
Não incide sobre a relação Administração Direta X Indireta
Delegação
Visa assegurar maior rapidez e objetividade às decisões
Transferência do exercício de competências a outros órgãos ou agentes
Planejamento
Estabelecimento de metas e diretrizes
Instrumentos
Plano geral de governo
Programas gerais, setoriais e regionais
Oçamento-programa anual
Coordenação
Impõe harmonia e consonância na atuação dos sujeitos da Administração
Finalidade
Evitar duplicidade de atuação
Dispersão de recursos
Descentralização
Transferência de atividades não exclusivas a outras pessoas
Especialização de funções

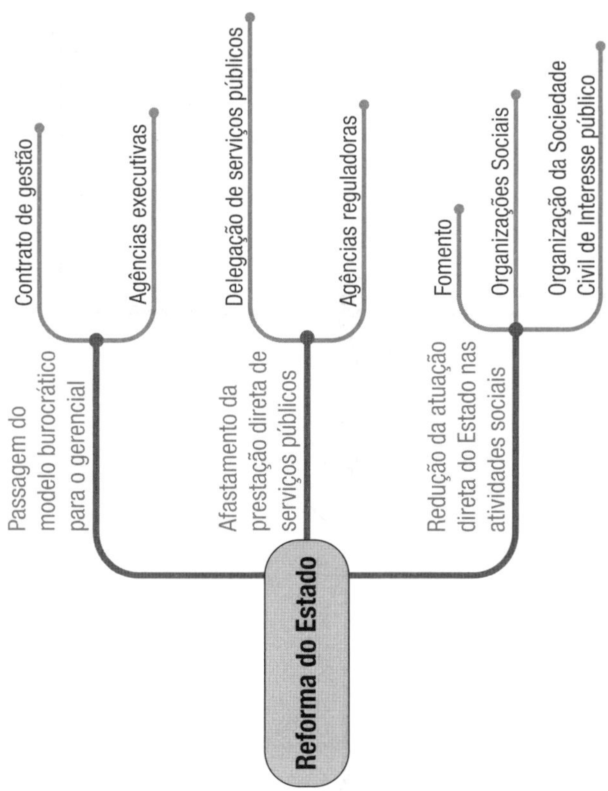
Reforma do Estado
Passagem do modelo burocrático para o gerencial
Contrato de gestão
Agências executivas
Afastamento da prestação direta de serviços públicos
Delegação de serviços públicos
Agências reguladoras
Redução da atuação direta do Estado nas atividades sociais
Fomento
Organizações Sociais
Organização da Sociedade Civil de Interesse público

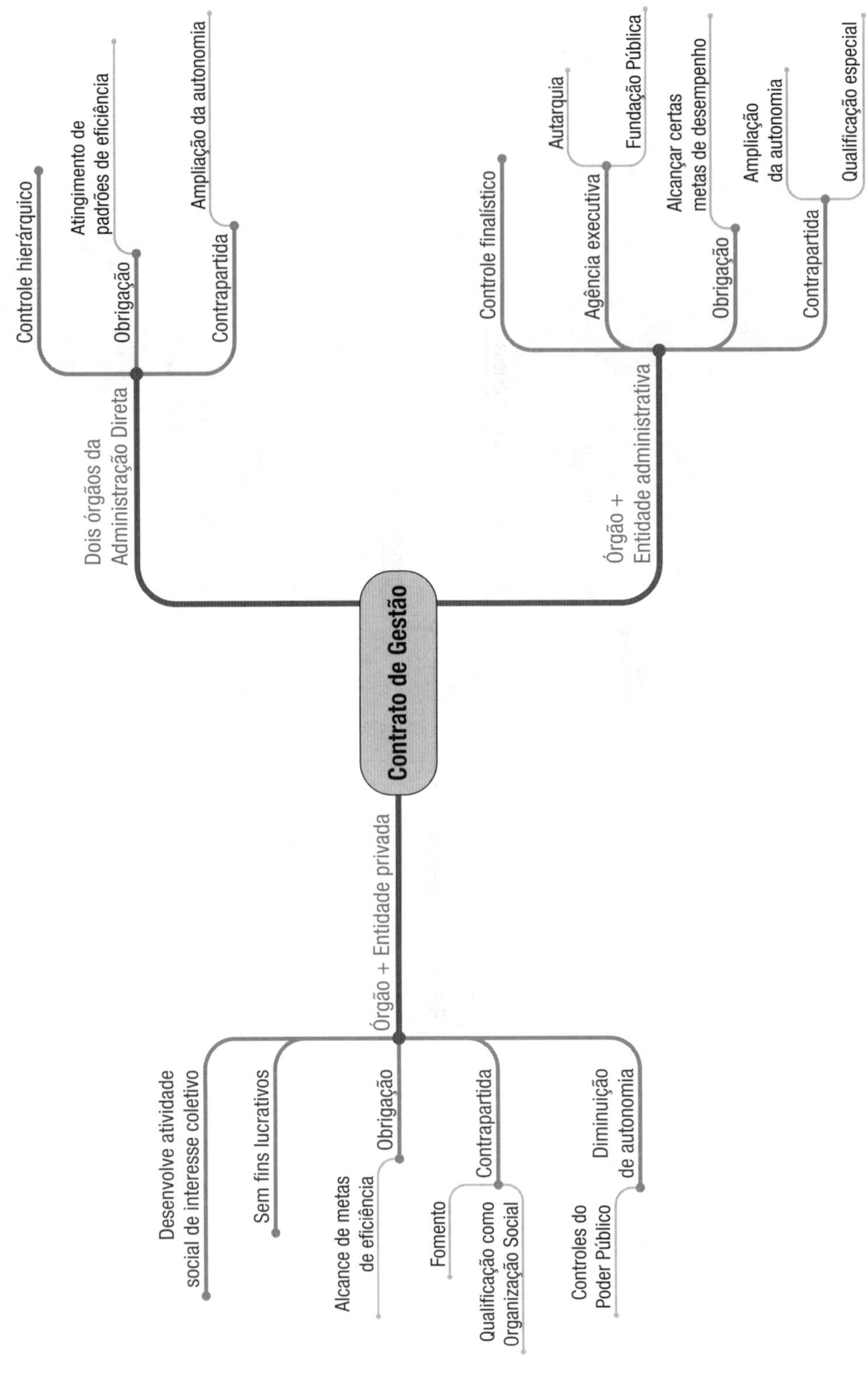
Contrato de Gestão
Dois órgãos da Administração Direta
Controle hierárquico
Obrigação
Atingimento de padrões de eficiência
Contrapartida
Ampliação da autonomia
Órgão + Entidade administrativa
Controle finalístico
Agência executiva
Autarquia
Fundação Pública
Obrigação
Alcançar certas metas de desempenho
Contrapartida
Ampliação da autonomia
Qualificação especial
Órgão + Entidade privada
Desenvolve atividade social de interesse coletivo
Sem fins lucrativos
Obrigação
Alcance de metas de eficiência
Contrapartida
Fomento
Qualificação como Organização Social
Diminuição de autonomia
Controles do Poder Público

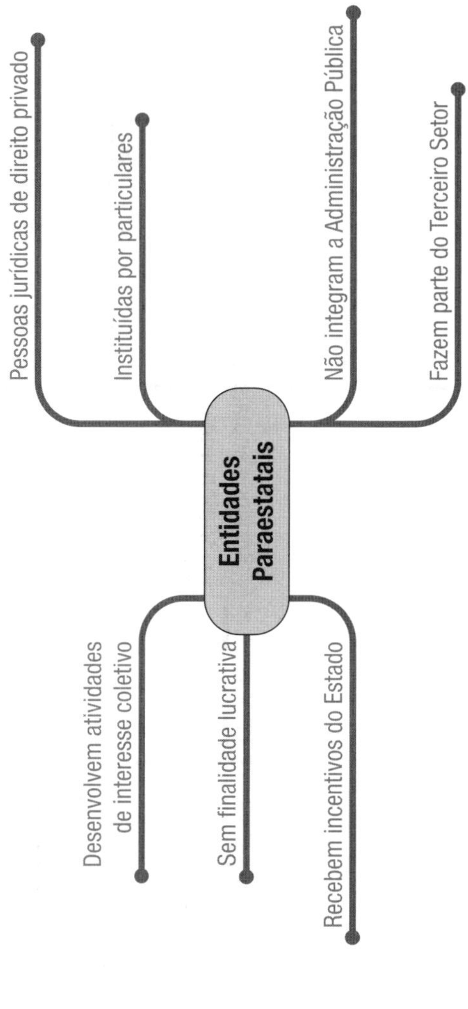
Entidades Paraestatais
Pessoas jurídicas de direito privado
Instituídas por particulares
Não integram a Administração Pública
Fazem parte do Terceiro Setor
Desenvolvem atividades de interesse coletivo
Sem finalidade lucrativa
Recebem incentivos do Estado

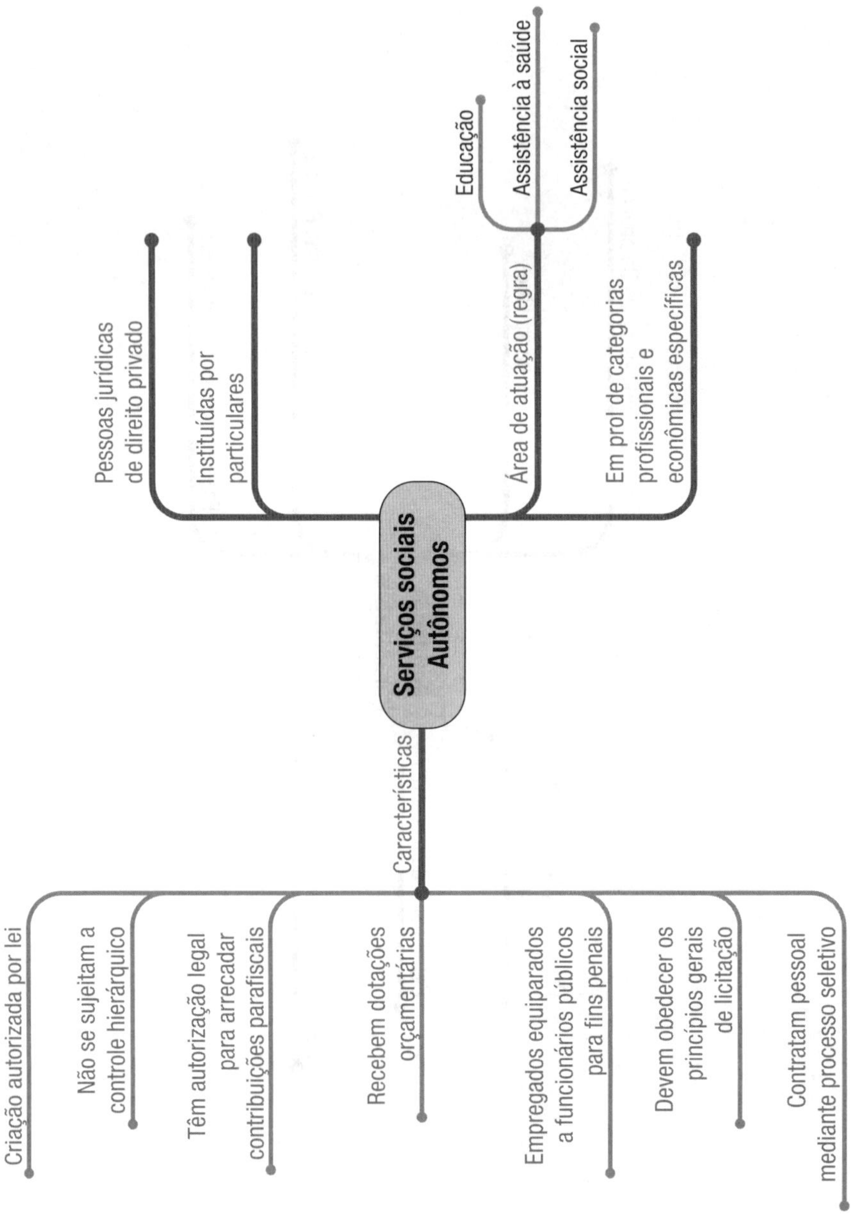
Serviços sociais Autônomos
Pessoas jurídicas de direito privado
Instituídas por particulares
Área de atuação (regra)
Educação
Assistência à saúde
Assistência social
Em prol de categorias profissionais e econômicas específicas
Características
Criação autorizada por lei
Não se sujeitam a controle hierárquico
Têm autorização legal para arrecadar contribuições parafiscais
Recebem dotações orçamentárias
Empregados equiparados a funcionários públicos para fins penais
Devem obedecer os princípios gerais de licitação
Contratam pessoal mediante processo seletivo

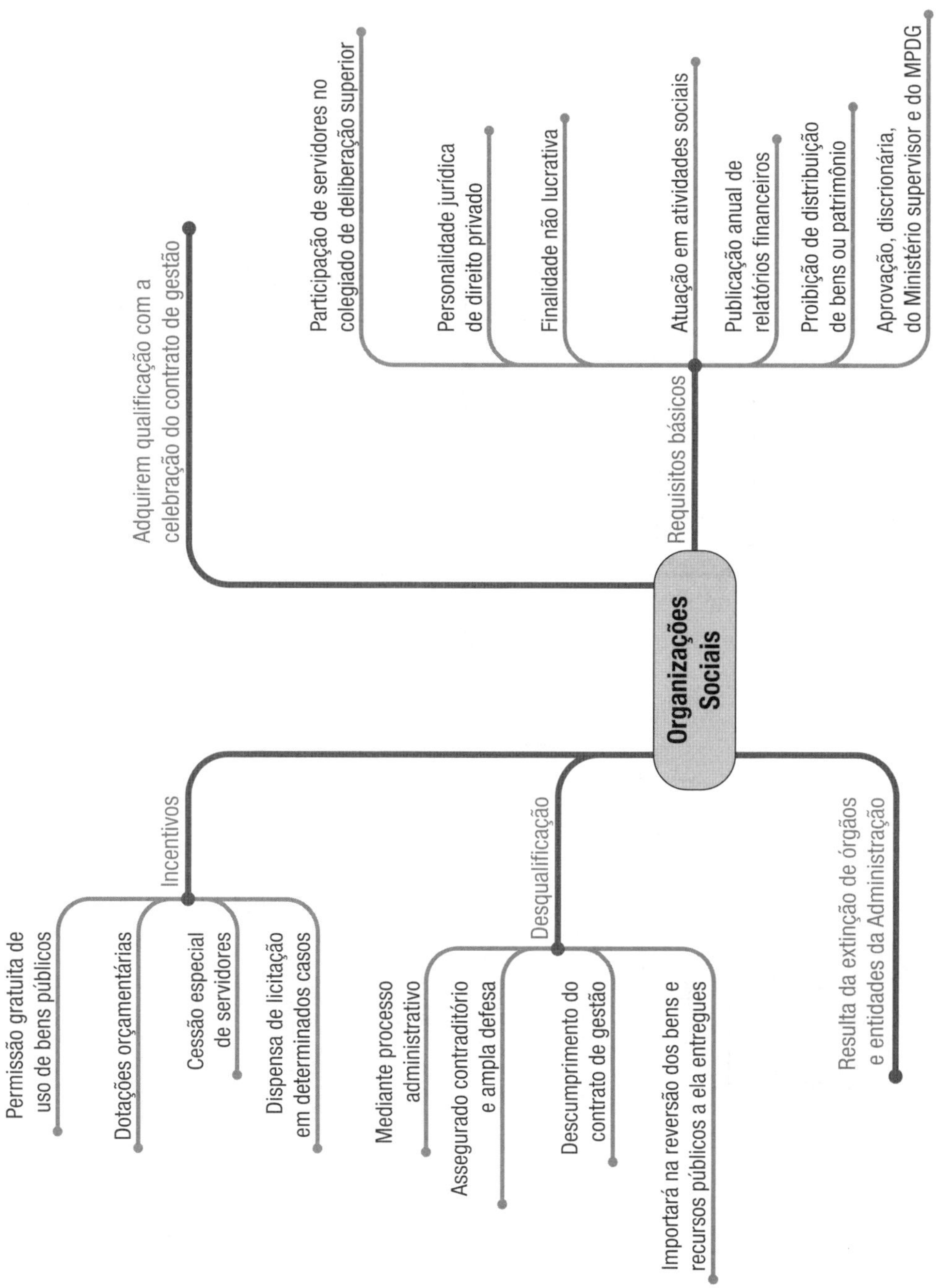
Organizações Sociais
Adquirem qualificação com a celebração do contrato de gestão
Requisitos básicos
Participação de servidores no colegiado de deliberação superior
Personalidade jurídica de direito privado
Finalidade não lucrativa
Atuação em atividades sociais
Publicação anual de relatórios financeiros
Proibição de distribuição de bens ou patrimônio
Aprovação, discricionária, do Ministério supervisor e do MPDG
Incentivos
Permissão gratuita de uso de bens públicos
Dotações orçamentárias
Cessão especial de servidores
Dispensa de licitação em determinados casos
Desqualificação
Mediante processo administrativo
Assegurado contraditório e ampla defesa
Descumprimento do contrato de gestão
Importará na reversão dos bens e recursos públicos a ela entregues
Resulta da extinção de órgãos e entidades da Administração

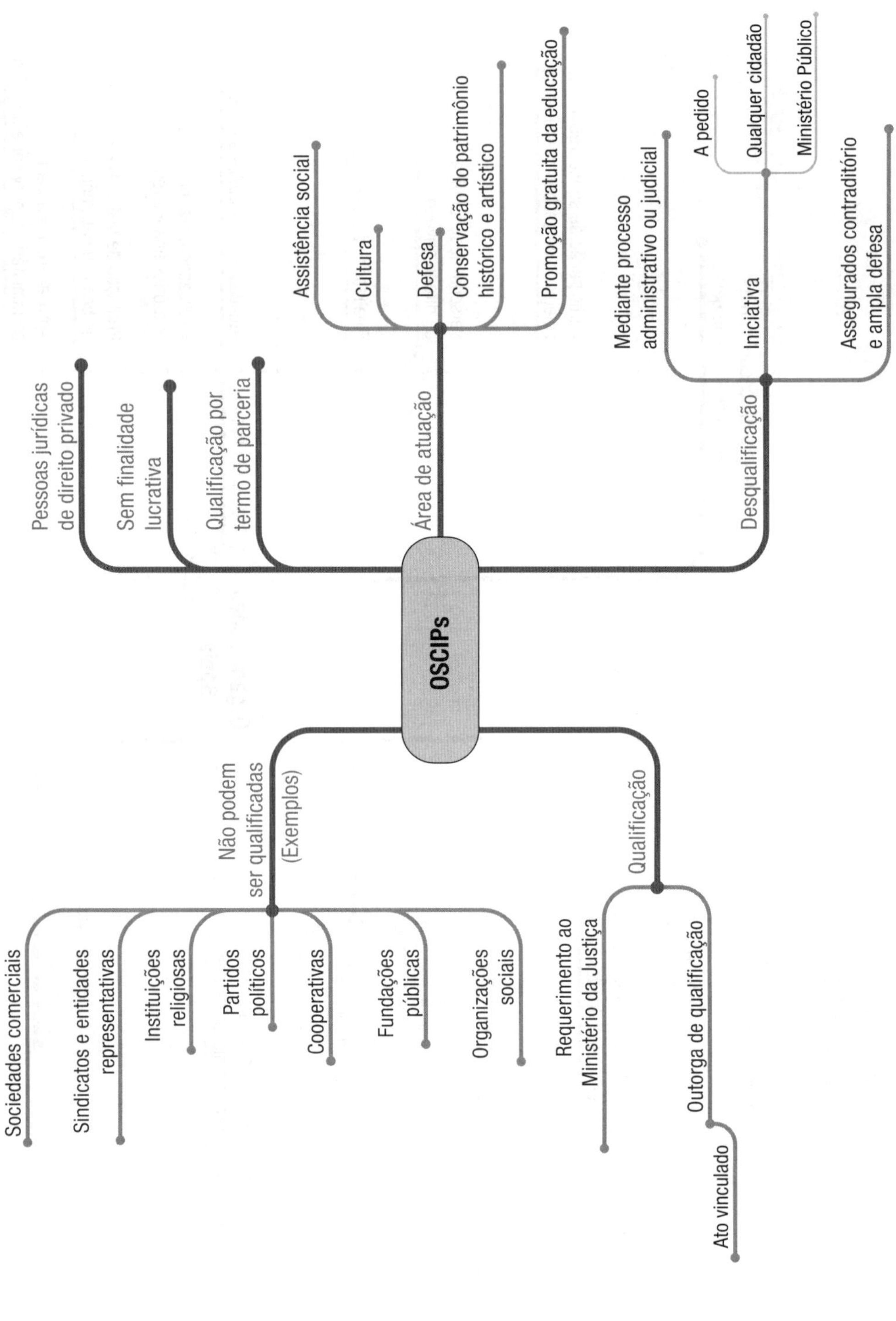
OSCIPs
Pessoas jurídicas de direito privado
Sem finalidade lucrativa
Qualificação por termo de parceria
Área de atuação
Assistência social
Cultura
Defesa
Conservação do patrimônio histórico e artístico
Promoção gratuita da educação
Desqualificação
Mediante processo administrativo ou judicial
Iniciativa
A pedido
Qualquer cidadão
Ministério Público
Assegurados contraditório e ampla defesa
Não podem ser qualificadas (Exemplos)
Sociedades comerciais
Sindicatos e entidades representativas
Instituições religiosas
Partidos políticos
Cooperativas
Fundações públicas
Organizações sociais
Qualificação
Requerimento ao Ministério da Justiça
Outorga de qualificação
Ato vinculado

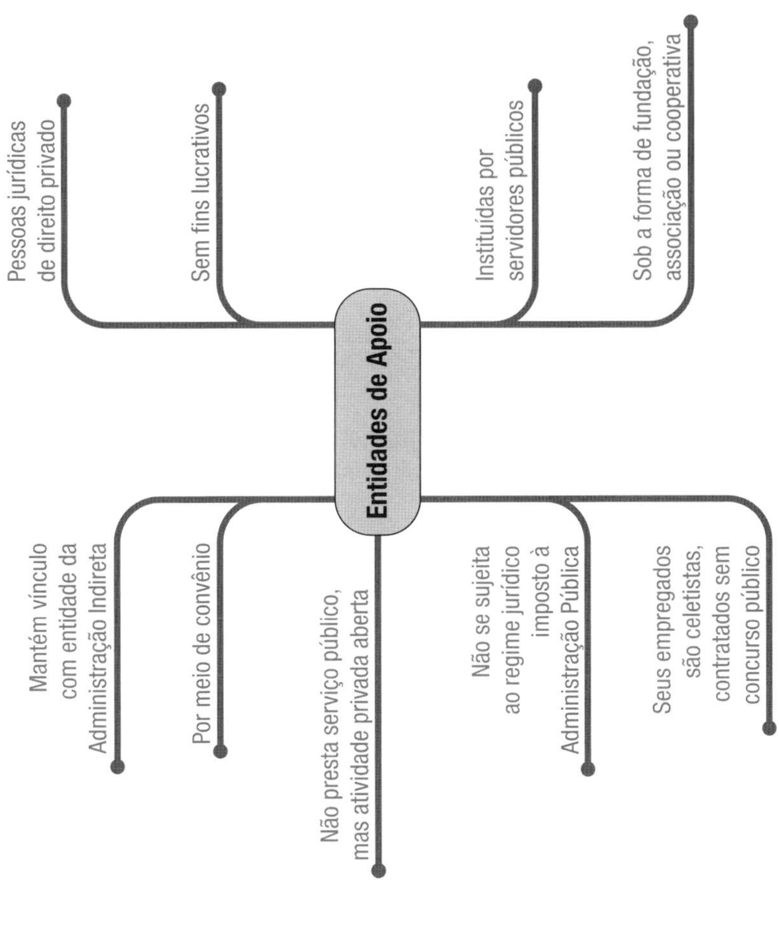
Entidades de Apoio
Pessoas jurídicas de direito privado
Sem fins lucrativos
Instituídas por servidores públicos
Sob a forma de fundação, associação ou cooperativa
Mantém vínculo com entidade da Administração Indireta
Por meio de convênio
Não presta serviço público, mas atividade privada aberta
Não se sujeita ao regime jurídico imposto à Administração Pública
Seus empregados são celetistas, contratados sem concurso público

Capítulo 4

Administração Direta e Indireta

1. CONSIDERAÇÕES INICIAIS

Administração Direta é o conjunto de **órgãos públicos** de cada ente político (União, Estados, Distrito Federal e Municípios), estruturados de maneira hierarquizada e dotados de autonomia administrativa.

Vale lembrar que a administração direta é resultado do fenômeno da **centralização administrativa mediante desconcentração** em que cada ente político opta por desempenhar diretamente determinadas atividades (centralização) e, para tanto, dividindo tarefas internamente entre órgãos públicos (desconcentração).

Atualmente, a estrutura orgânica da Administração direta está prevista na Lei nº 10.683, de 28 de maio de 2003, e suas infindáveis alterações (Lei nº 13.341/2016, Lei nº 13.266/2016, Lei nº 12.954/2014, Lei nº 12.792/2013, Lei nº 12.815/2013).

Abaixo, relacionamos os principais órgãos da Administração Direta de cada um dos entes federativos:

----------	Poder Executivo	Poder Legislativo	Poder Judiciário	Órgãos Independentes
União	Presidência da República e seus órgãos de assessoramento,[1] Ministérios de Estado, AGU, RFB, DPF, PRF, DPU entre outros	Congresso Nacional, Senado Federal e Câmara dos Deputados	Supremo Tribunal Federal, Tribunais Superiores, Tribunais Regionais, TJDFT e CNJ	MPU, MPDFT e TCU

(*continua*)

1 E.g.: Casa Civil, Secretaria de Governo, Gabinete Pessoal, Gabinete de Segurança Institucional, Secretaria do Programa de Parcerias de Investimento.

Estados	Governadoria de Estado e seus órgãos de assessoramento, Secretarias de Estado, PM, PC, CBM, entre outros	Assembleia Legislativa	Tribunal de Justiça do Estado	Ministério Público Estadual e Tribunal de Contas do Estado
Distrito Federal	Governadoria de Estado e seus órgãos de assessoramento, Secretarias de Estado (PM, PC, CBM: organizados e mantidos pela União)	Câmara Legislativa	Organizado e mantido pela União	Tribunal de Contas do Distrito Federal (MP: organizado e mantido pela União)
Municípios	Prefeitura Municipal e órgãos de assessoramento, Secretárias Municipais entre outros	Câmara Municipal	Não possui Poder Judiciário	Não possui Ministério Público Tribunal de Contas Municipal [2] (onde houver)

A **Administração Indireta** é o conjunto de **entidades administrativas** (autarquias, fundações públicas, empresas públicas e sociedades de economia mista) vinculadas aos órgãos centrais da Administração Direta de cada ente político. Assim, podemos falar em administração indireta federal, estadual, distrital e municipal.

A administração indireta decorre do processo de **descentralização administrativa por outorga**, pela qual o ente político, querendo desempenhar determinadas atividades com maior eficiência, resolve transferir a titularidade dessas competências a entes administrativos por ele mesmo criados e integrantes de sua estrutura formal.

O art. 37 da Constituição menciona: "A administração pública **direta e indireta** de **qualquer dos Poderes** da União, Estados, Distrito Federal e Municípios [...]". A partir daí, podemos aferir que, embora todas as entidades administrativas existentes atualmente integrem a estrutura do Poder Executivo, é possível a criação de entidades da Administração Indireta vinculadas aos órgãos dos Poderes Judiciário e Legislativo.[3] Inclusive no Estado da Bahia havia o Instituto Pedro Ribeiro de Administração Judiciária (IPRAJ), autarquia estadual, criada pela Lei Estadual nº 4.384/1984, para cuidar da gestão administrativa e financeira do Poder Judiciário da Bahia. Tratava-se de uma entidade administrativa (autarquia) vinculada a um órgão do Poder Judiciário.[4]

2 A Constituição Federal vedou a criação de Tribunais, Conselhos ou órgãos de Contas Municipais, mantendo os que já existiam à época da promulgação do texto constitucional (art. 31, § 4º). Atualmente, somente os Estados da Bahia, Ceará, Goiás e Pará possuem Tribunais de Contas Municipais. Nos demais Municípios, o controle externo financeiro-orçamentário é realizado pelos Tribunais de Contas Estaduais (TCEs).

3 CARVALHO FILHO, José dos Santos. *Manual de Direito Administrativo*. 20ª ed. Rio de Janeiro: Lumen Juris, 2008, p. 431.

4 A Lei estadual nº 11.918, de 18 de junho de 2010, extinguiu o Instituto Pedro Ribeiro de Administração Judiciária – IPRAJ.

2. ÓRGÃOS PÚBLICOS

2.1. Conceito

Segundo Hely Lopes Meirelles, órgãos públicos são "centros de competência instituídos para o desempenho de funções estatais, através de seus agentes, cuja atuação é imputada à pessoa jurídica a que pertencem".[5]

Para Maria Sylvia Zanella Di Pietro o órgão público é "uma unidade integrada que congrega atribuições exercidas pelos agentes públicos que o integram com o objetivo de expressar a vontade do Estado".[6]

A Lei nº 9.784/1999, em seu art. 1º, § 2º, I, define órgão público como a unidade de atuação integrante da estrutura da Administração Direta e da estrutura da Administração Indireta.

De nossa parte, órgãos públicos são centros de competência desprovidos de personalidade jurídica, criados por lei para atuar, por meio dos agentes públicos nele lotados, em nome da entidade **política** (Administração Direta) ou **administrativa** (Administração Indireta) que integram.

Do conceito exposto, podemos fazer as seguintes conclusões:

a) órgãos públicos **não possuem personalidade jurídica** e, por conseguinte, não podem atuar em nome próprio, razão pela qual atuam em nome da entidade que integram. Todos os atos praticados pelo órgão são imputados à pessoa jurídica que integram, esta sim com capacidade para contrair direitos e obrigações autonomamente;

b) cada órgão público corresponde a um centro de competências, isto é, congrega competências específicas (educação, saúde, transporte, cultura etc.) da entidade da qual faz parte, e que serão desempenhadas pelos agentes públicos nele lotados;

c) a Administração direta é composta por órgãos públicos, como estudamos anteriormente. Já a Administração Indireta é composta por entidades administrativas (pessoas jurídicas). Todavia em cada uma das entidades administrativas há órgãos públicos que integram sua estrutura. Exemplo disso, é que a Fundação Instituto Brasileiro de Geografia e Estatística (IBGE) é uma entidade administrativa, especificamente uma fundação pública de direito público, e internamente é subdividida em diversos órgãos públicos (diretorias, procuradoria, coordenadorias, presidência, entre outros).

2.2. Características

A partir do que já constatamos acerca dos órgãos públicos, podemos apontar as seguintes características:

5 MEIRELLES, Hely Lopes. *Direito Administrativo Brasileiro*. 34ª ed. São Paulo: Malheiros, 2008, p. 68.

6 DI PIETRO, Maria Sylvia Zanella. *Direito Administrativo*. 20ª ed. São Paulo: Atlas, 2006, p. 471.

a) integram sempre a estrutura de uma pessoa jurídica (entidade política ou administrativa);

b) resultam do fenômeno da desconcentração administrativa;

c) não possuem personalidade jurídica;

d) em regra, não possuem capacidade processual;

e) não possuem patrimônio próprio;

f) não podem celebrar contratos, ressalvados os contratos de gestão com outros órgãos ou pessoas jurídicas na forma do § 8º do art. 37 da Constituição Federal; e

g) em regra, possuem autonomia gerencial, orçamentária e financeira.

Em relação à capacidade processual é necessário fazermos algumas ressalvas.

A primeira é que o art. 70 do novo Código de Processo Civil (NCPC) preceitua: "Toda pessoa que se encontre no exercício de seus direitos tem capacidade para estar em juízo". Como os órgãos públicos não têm personalidade jurídica própria, também não possuem capacidade para postular seus interesses em juízo (capacidade processual).

Todavia, alguns órgãos públicos criados para desempenhar atividades **tipicamente** relacionadas ao processo judicial podem figurar como parte em processos judiciais. Trata-se das Procuradorias dos Estados, da Advocacia-Geral da União, e do Ministério Público.[7]

Além dessa hipótese, os órgãos **independentes** e **autônomos** também possuem capacidade processual para defender em juízo o exercício de suas prerrogativas, quando infringidas por outro órgão ou entidade. A própria Constituição, nos arts. 102, I, "o"; 105, I, "d"; 108, "e" e 114, V, reconhece expressamente essa hipótese.[8]

E, por fim, podemos citar o disposto no art. 82, III, do Código de Defesa do Consumidor (CDC) que também confere personalidade judiciária aos órgãos públicos que atuam exclusivamente na área do consumo, estabelecendo que eles têm competência para promover judicialmente a liquidação e a execução de indenizações decorrentes da aplicação do Código.

Em esclarecimento, o que estamos afirmando é que alguns órgãos, embora não sejam pessoas jurídicas, podem ser parte em ações judiciais.

Essa capacidade processual específica dos órgãos públicos, vale dizer, limitada a determinadas hipóteses, é denominada **personalidade judiciária**.

7 STF, ADI 1557/DF, Rel.ª Min.ª ELLEN GRACIE, DJ 18.06.2004 e STJ, EDcl no RMS 21419/BA, JOSÉ DELGADO, DJ 14.12.2006.

8 Jurisprudência do STJ (REsp 1.429.322-AL, Rel. Min. MAURO CAMPBELL MARQUES, julg.: 20.02.2014): "A Câmara Municipal não possui personalidade jurídica, mas apenas personalidade judiciária, o que lhe autoriza a atuar em juízo apenas para defender os seus interesses estritamente institucionais, ou seja, aqueles relacionados ao funcionamento, autonomia e independência do órgão. A Câmara não tem legitimidade para propor ação contra a União pedindo a liberação de FPM por se tratar de uma pretensão de interesse apenas patrimonial do Município e que, portanto, não está relacionada com a defesa de prerrogativa institucional da Câmara Municipal."

Neste sentido, vale citar a Súmula nº 525 do STJ: "A Câmara de Vereadores não possui personalidade jurídica, apenas personalidade judiciária, somente podendo demandar em juízo para defender os seus direitos institucionais".

É importante mencionar que capacidade processual (geral) e personalidade judiciária (específica) não se confundem com capacidade postulatória, que é a aptidão conferida a determinadas pessoas de requerer proteção jurisdicional perante os órgãos investidos de jurisdição. Preceitua o art. 103 do novo Código de Processo Civil que: "A parte será representada em juízo por advogado regularmente inscrito na Ordem dos Advogados do Brasil". Como se vê, em regra, a capacidade postulatória incumbe aos advogados, excepcionalmente às partes.

Situação comumente levantada é a relativa ao fato de alguns órgãos públicos estarem sujeitos à inscrição no Cadastro Nacional de Pessoa Jurídica (CNPJ). Não obstante sejam desprovidos de personalidade jurídica, estes órgãos realizam gestão do orçamento público e como, tal devem estar inscritos no referido cadastro a fim de facilitar a fiscalização da aplicação das verbas que lhes são repassadas. Imagine se os milhares de órgãos que atuam na aplicação de recursos orçamentários federais se submetessem a um único CNPJ – o da União. Seria uma tarefa hercúlea identificar a origem e a execução das verbas por eles executadas. Daí a obrigatoriedade de inscrição.[9]

2.3. Criação e extinção

Na esfera federal, os órgãos públicos são, de maneira geral, criados por lei de iniciativa do respectivo Poder que integram. A competência para apresentar projeto de lei que trata da criação ou extinção de órgãos públicos se dá em função da seguinte sistemática:

a) **órgãos do Poder Executivo**: cabe ao Presidente da República a iniciativa de projeto de lei que verse sobre a criação e extinção de Ministérios e órgãos da Administração Pública (arts. 61, § 1º, II, e, 48, XI, CF/1988);[10]

b) **órgãos do Poder Judiciário**: compete ao Supremo Tribunal Federal, aos Tribunais Superiores e aos Tribunais de Justiça a iniciativa do projeto de lei que trate da criação ou extinção de órgãos públicos (art. 96, II, "c" e "d", CF/1988);

c) **órgãos do Poder Legislativo**: compete à Câmara dos Deputados e ao Senado, mediante resolução, a criação e extinção de seus próprios órgãos públicos (arts. 51, IV, e 52, XIII, CF/1988); e

d) **órgãos do Ministério Público**: iniciativa privativa para propor do projeto de lei que trate da criação e extinção de seus órgãos públicos (art. 127, § 2º, CF/1988).

9 A respeito, consulte a Instrução Normativa nº 748/2007, da Receita Federal do Brasil.

10 Essa mesma disposição, *mutatis mutandis*, é obrigatória, por simestria, aos demais entes federativos. Sendo assim, caberá ao Governador ou ao Prefeito a iniciativa do projeto de lei que verse sobre a criação e extinção de órgãos públicos, no âmbito das respectivas esferas federativas (STF, ADI 1.275/SP, Rel. Min. RICARDO LEWANDOWSKI, julg.: 16.05.2007).

Estrutura a que pertence	Instrumento formalizador	Iniciativa
Poder Executivo	Lei ordinária	Presidente da República
Poder Judiciário	Lei ordinária	Supremo Tribunal Federal (STF) e os Tribunais Superiores (STJ, TSE, TST e STM) e Tribunais de Justiça
Poder Legislativo	Resolução	Câmara dos Deputados e Senado Federal
Ministério Público	Lei ordinária	Respectivos Procuradores-Gerais

2.4. Classificação

2.4.1. Quanto à estrutura

a) **Simples ou unitário**: é formado por um único centro de competências. O órgão simples não é auxiliado por nenhum outro órgão, seja no desempenho de sua atividade-fim ou na atividade-meio. O critério para ter-se um órgão simples é a inexistência de outro órgão em sua estrutura, independentemente do número de cargos ou agentes que possua. Ex.: Seção de protocolo administrativo do Tribunal Superior Eleitoral (TSE).

b) **Composto**: possui em sua estrutura um órgão central e diversos outros órgãos a ele subordinados. Essas unidades subordinadas podem exercer a atividade-fim do órgão ou uma das atividade-meio a elas auxiliares. Exemplo de órgão composto é uma Secretaria de Saúde que possui diversos órgãos empenhados na atividade-fim (hospitais e postos de saúde) ou empenhados na atividade-meio (seção de administração, de licitação e contratos, de pessoal).

2.4.2. Quanto à atuação funcional

a) **Singulares ou unipessoais**: manifestam sua vontade por meio de um único agente público. A existência de diversos agentes subordinados ao agente principal não desfigura a singularidade do órgão. O que importa é que as decisões sejam tomadas pelo agente principal. Podemos citar, a título de exemplo, a Presidência da República e cada um dos Ministérios.

b) **Colegiados ou pluripessoais**: nestes, temos diversos membros e as decisões são tomadas obrigatoriamente pela maioria desses membros. Nos órgãos colegiados, a validade de sua manifestação de vontade reside precisamente na deliberação da maioria dos seus membros que decidem usualmente mediante votação.[11] Seria o caso do Supremo Tribunal Federal, Conselho de Contribuintes do Ministério da Fazenda, Conselho Nacional de Trânsito, entre outros.

2.4.3. Quanto à posição estatal

a) **Independentes**: estão situados no ápice da estrutura governamental do Estado, representativos dos Poderes (Judiciário, Legislativo e Executivo), e têm as suas competências hauridas diretamente da Constituição. São comandados por agentes políticos que atuam sem qualquer subordinação a outro órgão ou agente, somente sujeitos ao controle de um Poder sobre outro (sistema de freios e contrapesos). São exemplos desses órgãos a Presidência da República, as Casas Legislativas, os Tribunais de Contas, os Tribunais do Poder Judiciário e o Ministério Público.

b) **Autônomos**: integram a cúpula da estrutura administrativa do Estado. Diretamente subordinados aos órgãos independentes, possuem autonomia financeira, administrativa e técnica. Desempenham funções de planejamento, supervisão, coordenação e controle das atividades submetidas à sua competência. Os Ministérios, as Secretarias de Estado e todos os demais órgãos subordinados diretamente aos órgãos independentes são órgãos autônomos.

c) **Superiores**: exercem funções de planejamento, coordenação e controle. Sempre subordinados a um órgão autônomo, possuem autonomia exclusivamente técnica nas matérias submetidas à sua competência. Podemos citar como exemplos de órgãos superiores as Diretorias, Coordenadorias, Superintendência, Departamentos etc.

d) **Subalternos**: desempenham atribuições de execução, operacionais, com mínimo poder decisório, estando subordinados a diversos níveis de controle e direção. Como exemplo, podemos citar as seções de protocolo, de auditoria, de expedição de documentos etc.

2.4.4. Quanto à sua esfera de atuação

a) **Centrais**: são os que atuam sobre toda a base territorial do ente político cuja estrutura integram, a exemplo dos Ministérios, que atuam em todo o território nacional, e as Secretarias de Estado, que atuam no território do Estado e, assim, sucessivamente.

11 "Ressalte-se que, se o ato é de rotina administrativa, a vontade do órgão de representação plúrima será materializada pela manifestação volitiva apenas de seu presidente. Ademais, se for impetrado mandado de segurança contra ato do órgão, a notificação para prestar informações deverá ser dirigida exclusivamente ao agente que exerça a sua presidência." (CARVALHO FILHO, José dos Santos. *Manual de Direito Administrativo*. 20ª ed. Rio de Janeiro: Lumen Juris, 2008, p. 16.)

b) **Locais**: diversamente são aqueles que atuam numa determinada parte do território do ente federado, como as Delegacias Regionais da Receita Federal, os Hospitais, as Escolas Públicas, as administrações regionais do Distrito Federal etc.

2.4.5. Quanto à função que exercem

a) **Ativos**: são os que manifestam a vontade do Estado nas ocasiões em que esta é necessária. Classificam-se em órgãos de direção superior, quando incumbidos de manifestar a vontade superior do Estado, assumindo a responsabilidade política e jurídica dessas decisões, e em **órgãos de execução**, quando expressarem tão só secundariamente a vontade do Estado e, ainda assim, no âmbito de uma estrutura hierárquica em que figuram como subordinados.

b) **De controle**: são aqueles que têm por finalidade essencial fiscalizar e supervisionar a atuação de outros órgãos públicos.

c) **Consultivos**: são aqueles órgãos de notória especialização técnica incumbidos de expressar opinião sobre assuntos submetidos à sua apreciação.

2.5. Natureza jurídica da relação entre o Estado e seus agentes públicos

As teorias da natureza jurídica da relação entre o Estado e seus agentes públicos gravitam em torno da seguinte questão: o Estado, como pessoa jurídica, ente abstrato, não pode emitir declarações de vontade por si só. O próprio Estado não pratica atos administrativos, não cria entidades da Administração Indireta, não realiza licitações ou concursos públicos etc. Os instrumentos de ação do Estado são os agentes públicos (pessoas físicas). Estes, sim, capazes de praticar atos jurídicos que manifestam a vontade do Estado.

As teorias apresentadas a seguir buscam explicar porque os atos praticados pelos agentes públicos podem ser considerados como manifestação de vontade das pessoas jurídicas do Estado.

2.5.1. Teoria do mandato

O mandato é figura típica de Direito Civil mediante a qual alguém (mandante) outorga a outrem (mandatário) poderes para que pratique atos em nome daquele. O instrumento de outorga de mandato é a procuração. Pela teoria do mandato, o agente público seria mandatário do Estado e teria poderes para agir em nome e sob a responsabilidade deste, a quem seriam atribuídas a autoria e as consequências dos atos praticados pelo agente.

Todavia, a figura do mandato não é capaz de explicar adequadamente a relação entre o Estado e seus agentes justamente por não solucionar o seguinte questionamento: como o Estado, ente abstrato incapaz de manifestar vontade por si mesmo, poderia outorgar a outrem poderes para praticar atos em seu nome? Quem teria outorgado esse mandato ao agente público?

Ademais, a teoria do mandato não solucionaria a seguinte questão: caso o mandatário exorbite dos poderes que lhe foram outorgados e cause prejuízos a terceiros, o Estado responderia perante o particular lesado? Se seguirmos a disciplina jurídica de direito privado conferida ao mandato, verificaremos que o Estado não teria responsabilidade por tal ato, pois o mandante não responde pelos atos do mandatário, quando este exorbita dos limites impostos.

Pelos motivos apontados essa teoria não é aplicável em nosso sistema jurídico.

2.5.2. Teoria da representação

Essa teoria se origina do instituto da representação, também de Direito Privado, segundo o qual os incapazes não podem praticar atos em nome próprio por serem inaptos para manifestar vontade própria. Para suprir essa incapacidade, são representados por seus pais, tutores ou curadores, a quem cabe praticar atos no interesse daqueles.

Transportando a lição para o Direito Administrativo, a teoria da representação equipara o agente público ao representante do incapaz (nesse caso, o Estado). Esse agente recebe a incumbência de praticar, no interesse do Estado, atos que este necessita praticar e não pode fazê-lo por ser desprovido de capacidade jurídica.

Essa teoria é insatisfatória. A uma, porque compara o Estado aos incapazes (a exemplo dos menores de idade e dos deficientes mentais), a duas, porque não resolve o problema de que, sendo o Estado comparado a um incapaz, não poderia outorgar a alguém poderes de representá-lo, e a três, porque não soluciona a questão da responsabilidade do Estado quando o agente público causa danos a terceiros, pois o representado não responde pelos atos abusivos praticados pelo representante (art. 118, CC).

Por essas razões, a teoria da representação não encontra albergue em nossa doutrina.

2.5.3. Teoria do órgão

Elaborada em 1887, pelo jurista alemão, Otto Gierke, a teoria do órgão advoga a tese de que o Estado, pessoa jurídica, expressa sua vontade por meio dos órgãos públicos que compõem sua estrutura.

Aqui, permite-se fazer breve analogia entre os órgãos públicos e os órgãos do corpo humano. Toda pessoa, quando realiza alguma atividade, o faz utilizando alguns dos seus diversos órgãos (coração, pulmões, cérebro etc.). Do mesmo modo, quando o Estado atua, sempre o faz por meio de um órgão público incumbido de exprimir a sua vontade. Nesse contexto, os agentes públicos (pessoas físicas investidas em função pública) exercem o papel de órgãos do Estado, de maneira que, toda vez que o agente público atuar, essa atuação será **imputada** ao Estado, como manifestação de sua vontade.

Em suma, quando o agente público pratica um ato, o faz em nome do próprio Estado, manifestando a sua vontade. Trata-se do **princípio da imputação volitiva** ou da **teoria do órgão**.

Observe que aqui não se fala em mandato ou representação, mas de imputação da atuação do agente público à pessoa jurídica estatal.

Nesse contexto, surge a chamada **Teoria da Aparência**, que, baseada na teoria do órgão, justifica a validade dos atos praticados por **agentes de fato** (pessoas investidas irregularmente em função pública, a exemplo daquelas que fraudam documento de comprovação de escolaridade para tomar posse em cargo de nível superior).

Os atos praticados por tais agentes, cuja investidura é ilícita, serão mantidos precisamente pelo fato de eles não serem pessoais. Ao contrário, são considerados atos do órgão e, portanto, imputados ao Estado. Isto é, basta a aparência de investidura e o exercício da atividade pelo órgão por meio de tal agente.

3. ENTIDADES ADMINISTRATIVAS

As entidades administrativas são pessoas jurídicas de direito público ou privado criadas, ou cuja criação é autorizada, por lei específica, para desempenhar atividades outorgadas pela Constituição aos entes políticos.

De maneira geral, são características das entidades administrativas:

a) personalidade jurídica própria;

b) patrimônio e receitas próprios;

c) capacidade exclusivamente administrativa;

d) decorrência da descentralização administrativa por outorga;

e) atuação em nome próprio;

f) exigência de lei específica para sua criação ou extinção; e

g) sujeição ao controle finalístico ou tutela administrativa do ente estatal que a criou.

Acerca da capacidade administrativa, é importante sublinhar que as entidades políticas (União, Estados, Distrito Federal e Municípios), como vimos anteriormente, são pessoas jurídicas de direito público que possuem capacidade de autoconstituição, autolegislação, autogoverno e autoadministração. Entre essas capacidades, as entidades administrativas possuem **somente** a de **autoadministração**, mediante a qual podem desempenhar com autonomia a atividade a elas transferida por meio de descentralização administrativa por outorga.

Em outros termos, as entidades administrativas possuem autonomia administrativa para desempenhar as atividades que lhes foram conferidas. Vale dizer, as entidades administrativas **não têm autonomia política**. Caso contrário, estaríamos admitindo a possibilidade de uma autarquia elaborar leis, eleger prefeitos e vereadores, elaborar normas constitucionais, entre outras atribuições exclusivas dos entes da Federação.

Como decorrência da personalidade jurídica, essas entidades podem celebrar contratos e acordos diversos, podem adquirir, gerir e alienar seu patrimônio, possuem capacidade processual plena, incluindo a legitimação ativa para propor ação civil pública (art. 5º, Lei nº 7.347/1985) para proteger o patrimônio público e social, o meio ambiente e outros interesses difusos e coletivos.

Apesar de as entidades administrativas serem dotadas de **poder normativo** para disciplinar as relações jurídicas travadas no âmbito dos assuntos que lhes são correlatos, os atos normativos por elas produzidos não podem inovar na ordem jurídica (criar novos direitos e obrigações não previstos em lei). Tais atos normativos, a exemplo das portarias, resoluções, instruções normativas, estão subordinados à lei, tendo, portanto, caráter de infralegalidade.

As entidades administrativas podem ser criadas sob a forma de autarquias, fundações públicas, empresas públicas e sociedades de economia mista.[12]

3.1. Objeto

As entidades administrativas, como *longa manus* do Poder Público, desempenham as atividades administrativas do Estado (fomento, serviços públicos, poder de polícia e intervenção administrativa).

De maneira geral e adotando outra perspectiva, essas atividades desempenhadas pelas pessoas jurídicas públicas ou privadas incumbidas do exercício de função administrativa podem ser sintetizadas no esquema abaixo:[13]

12 A Lei nº 11.107/2005 instituiu as associações públicas, pessoas jurídicas de direito público ou privado criadas mediante celebração de consórcio público para prestar serviços públicos de interesse comum entre os entes políticos envolvidos no ajuste. Convém esclarecer, entretanto, que as associações públicas de direito público não são nova categoria de entidades administrativas, mas apenas espécies de autarquias (autarquias associativas). Mais detalhes sobre o assunto, *vide* Capítulo 10 (Serviços Públicos).

13 ALEXANDRINO, Marcelo & PAULO, Vicente. *Direito Administrativo Descomplicado*. 17ª ed. São Paulo: Método, 2009, p. 71-72.

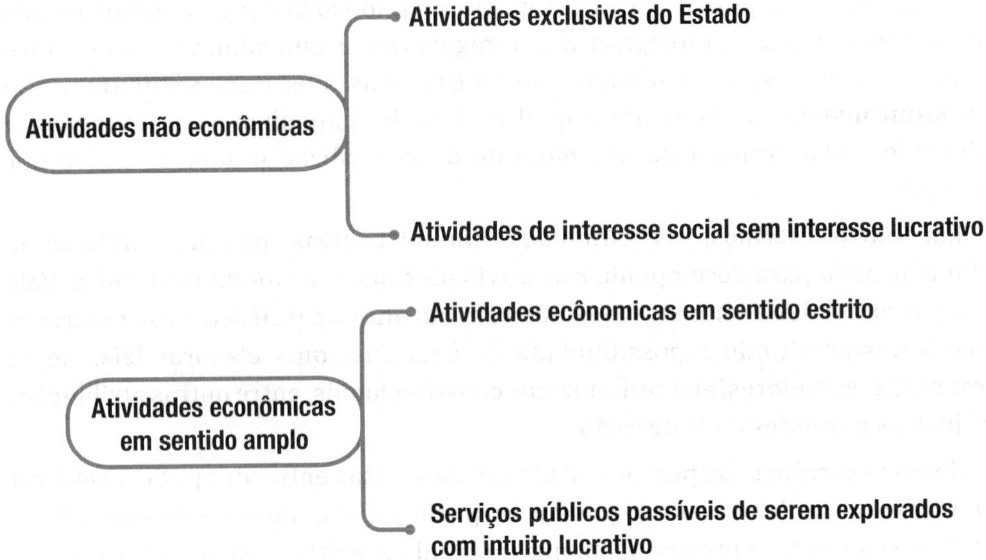

As **atividades não econômicas** são desempenhadas sem finalidade lucrativa e têm amparo constitucional no Título VIII (Da Ordem Social).

Entre essas atividades, temos as que são **exclusivas do Estado** por envolverem poder de império, pelo qual o Estado expressa a sua soberania sobre os particulares ao impor unilateralmente obrigações ou restringir o exercício de direitos e atividades individuais. Por serem atividades exclusivas do Estado, especificamente das pessoas jurídicas de direito público, somente os entes políticos (União, Estados, Distrito Federal e Municípios), as autarquias e as fundações públicas podem desempenhar as atividades exclusivas do Estado. Em relação às fundações públicas, é pouco comum (mas não impossível) essas entidades desempenharem atividades que envolvam poder de império, pois usualmente atuam em atividades sociais. O que é sobremodo importante é que pessoas jurídicas de direito privado, mesmo que integrantes da Administração Indireta (fundações públicas de direito privado, empresas públicas e sociedades de economia mista), não desempenham atividades exclusivas do Estado. A fim de exemplificar essas atividades, citamos a defesa das fronteiras, a manutenção da ordem pública, a exação tributária, a prestação jurisdicional, a vigilância sanitária, entre outras.

Ainda no campo das atividades não econômicas, temos as **atividades de interesse social, sem intuito de lucro**, que concretizam os direitos sociais previstos no texto constitucional, tais como assistência à saúde, educação, cultura, desporto, comunicação social, ciência e tecnologia. Tanto a Administração Pública quanto a iniciativa privada podem desempenhar essas atividades. Quando a cargo da Administração Pública direta ou indireta (sobretudo das fundações públicas) são consideradas **serviços públicos em sentido estrito**, sujeitos ao regime jurídico-administrativo, sem possibilidade de serem prestadas pelo setor privado como serviços públicos, pois quando desempenhadas por este tornam-se serviços privados, e não públicos. Repita-se: quando desempenhadas pela iniciativa privada, essas atividades são consideradas **serviços privados**, sujeitos ao regime jurídico de direito privado. Por serem atividades de interesse social, os particulares que as desempenham podem receber incentivos do Poder Público e, por essa razão, passarão a integrar o denominado Terceiro Setor (entidades paraestatais), a exemplo do Sesi, Sesc e Sebrae. Ponto interessante é que quando essas atividades são desempenhadas por particulares com finalidade lucrativa (a exemplo de saúde e educação), deixam de ser atividades de natureza social e passam a ser **atividades econômicas em sentido estrito**.

Uma vez que tenhamos examinado as atividades não econômicas, podemos discorrer acerca das **atividades econômicas em sentido amplo**, que são desenvolvidas com intuito de lucro na comercialização de bens e produtos e na prestação de serviços. Essas atividades têm previsão constitucional no Título VII (Da Ordem Econômica e Financeira).

Como primeira categoria de atividade econômica, temos as **atividades econômicas em sentido estrito**, que são as desempenhadas com finalidade lucrativa e voltadas para o comércio, a indústria e os serviços privados. Tais atividades recebem o influxo do regime jurídico de direito privado, marcado pela horizontalidade jurídica entre os indivíduos participantes. Tomemos como exemplo a atividade bancária, a produção e comercialização de materiais bélicos, a exploração e distribuição de produtos derivados do petróleo, entre outros. O envolvimento do Estado em tais atividades somente ocorre quando necessário aos imperativos da segurança nacional ou a relevante interesse coletivo (art. 173, CF/1988), ou quando sua exploração esteja sujeita a regime de monopólio (art. 177, CF/1988).

Por fim, como segunda categoria de atividade econômica, seguem-se os **serviços públicos explorados com finalidade lucrativa**. São os serviços públicos a que alude o art. 175 da Constituição Federal, passíveis de prestação pelo Poder Público e pela iniciativa privada, por esta última, mediante delegação. Diferentemente do que ocorre com as atividades econômicas em sentido estrito, os serviços públicos passíveis de prestação com intuito lucrativo submetem-se a regime jurídico de direito público afastado parcialmente pelo direito privado (daí alguns autores afirmarem que se trata de regime jurídico híbrido). Exemplificativamente, os serviços de telecomunicações, transporte coletivo, fornecimento de água potável e tratamento de esgoto, entre outros, são exploráveis com finalidade lucrativa.

3.2. Criação

Como resultado da descentralização administrativa por outorga é imprescindível a edição de lei no processo de criação da entidade administrativa, ora diretamente criando a entidade, ora apenas autorizando a sua criação.[14]

Apesar de incomum, não enxergamos óbices à possibilidade de criação de entidades administrativas por medida provisória, desde que presentes os requisitos constitucionais de urgência e relevância.

O que definirá o papel da lei no processo de criação da entidade é a personalidade jurídica: se o ente político deseja criar uma entidade administrativa com personalidade jurídica de **direito público**, a **lei específica diretamente** criará a entidade; se, diversamente, o ente político deseja a criação de entidade de **direito privado**, a **lei específica** apenas **autorizará** a sua criação, sendo que esta ocorrerá com a inscrição do ato constitutivo em registro competente (registro civil das pessoas jurídicas ou junta comercial).

Com o termo "lei específica", o que se quer designar é lei ordinária que tenha por assunto primordial a criação da entidade, as áreas de sua atuação, a sua estrutura administrativa básica, enfim, as suas características principais.

A Constituição Federal, no art. 37, XIX, prevê o seguinte (grifamos):

> Somente por lei específica poderá ser **criada autarquia** e **autorizada** a instituição de **empresa pública**, **sociedade de economia mista** e de **fundação**, cabendo à lei complementar, neste último caso, definir as áreas de sua atuação.

Afora a controvérsia em torno da personalidade jurídica das fundações públicas, ponto que será abordado devidamente no tópico pertinente, em caráter preliminar, podemos afirmar que as **autarquias e fundações públicas de direito público são criadas diretamente por lei específica**. Ou seja, a mera publicação da lei na imprensa oficial é suficiente para o surgimento da pessoa jurídica, independentemente de qualquer outro ato jurídico complementar. A partir desse momento, a entidade passa a existir juridicamente, e como tal pode contrair direitos e obrigações em nome próprio (art. 1º, CC).

Diferentemente ocorre quando se trata da criação de fundações de direito privado, empresas públicas e sociedade de economia mista. Nesse caso, a lei específica apenas autoriza a criação da entidade. A criação em si sucederá com a inscrição do ato constitutivo no órgão competente. Somente a partir daí é que a entidade passará a existir no mundo jurídico.

---

14 É possível a criação de entidades administrativas por medida provisória. A respeito, consulte-se a MP nº 488, de 12 de maio de 2010, que autorizou a criação da Empresa Brasileira de Legado Esportivo S.A. - BRASIL 2016. Ressalte-se que a referida medida provisória, em virtude de não ter sido convertida em lei nem rejeitada pelo Congresso Nacional, encontra-se atualmente sem eficácia. Trata-se de mais um capítulo do triste cenário brasileiro de edição de medidas provisórias sem qualquer critério de urgência e relevância.

Vale repetir, **as fundações de direito privado, as empresas públicas e as sociedades de economia mista são criadas mediante a inscrição de seu ato constitutivo no registro competente, após devidamente autorizada a sua criação por lei específica**.

Cabe agora apontarmos a autoridade competente para apresentar o projeto de lei que trate da criação ou extinção de entidade administrativa. De modo geral, cabe ao chefe do Poder Executivo a iniciativa de lei. Isso porque todas as entidades administrativas existentes na atualidade (pelo menos as da esfera federal) integram a estrutura do Poder Executivo. Entretanto, nada impede que o Poder Judiciário e o Poder Legislativo criem para si entidades da Administração indireta. Tal afirmação deriva da inteligência da leitura do *caput* do art. 37 da Constituição Federal: "A administração pública **direta e indireta de qualquer dos Poderes** da União, dos Estados, do Distrito Federal e dos Municípios obedecerá aos princípios de legalidade, impessoalidade [...]". Com efeito, é perfeitamente possível, embora incomum, que os Poderes Legislativo e Judiciário criem entidades administrativas vinculadas aos seus órgãos. Nesses casos, a iniciativa do projeto de lei será do chefe do respectivo Poder.[15] Inclusive no Estado da Bahia havia o Instituto Pedro Ribeiro de Administração Judiciária (IPRAJ), autarquia estadual, criada pela Lei Estadual nº 4.384/1984, para cuidar da gestão administrativa e financeira do Poder Judiciário da Bahia. Tratava-se de uma entidade administrativa (autarquia) vinculada a um órgão do Poder Judiciário.[16]

3.3. Extinção

Consoante o **princípio da simetria das formas**, a extinção de uma entidade administrativa deve seguir os mesmos requisitos formais exigidos para sua instituição. Com efeito, se por lei específica é criada a entidade, somente por lei específica é que poderá ser extinta.

Desse modo, a extinção das autarquias e das fundações públicas de direito público deverá ser feita por meio de lei específica, pois são instituídas por lei específica.

Sistemática idêntica é aplicável às fundações públicas de direito privado, empresas públicas e sociedades de economia mista, que são instituídas mediante a inscrição do ato constitutivo (decreto do chefe do Poder Executivo) no registro competente após autorização por lei específica: são extintas por decreto do chefe do Poder Executivo, o qual deve ser autorizado por lei específica.

15 CARVALHO FILHO, José dos Santos. *Manual de Direito Administrativo*. 20ª ed. Rio de Janeiro: Lumen Juris, 2008, p. 431.

16 A Lei estadual nº 11.918, de 18 de junho de 2010, extinguiu o Instituto Pedro Ribeiro de Administração Judiciária – IPRAJ.

3.4. Criação de subsidiárias e participação acionária do Estado em empresas privadas

As subsidiárias são entidades-filhas cujo capital, majoritária ou exclusivamente, pertença à entidade que as controla, administra e determina a sua atuação. Advirta-se que as subsidiárias são pessoas jurídicas distintas das entidades que as controlam, e não meros órgãos ou compartimentos desta (desprovidos de personalidade jurídica).

Quando a entidade-mãe detém a integralidade do capital votante da subsidiária, temos **subsidiária integral**. Quando o instituidor detém tão somente o capital votante majoritário, afirmamos que se trata de **subsidiária controlada**.

As entidades subsidiárias são controladas indiretamente pelas entidades políticas. Acontece assim: o ente político cria a entidade administrativa (entidade-mãe) que, por sua vez, cria outra entidade, a subsidiária (entidade--filha) submetida diretamente ao seu controle. Como o ente político controla diretamente a entidade administrativa, diz-se, assim, que controla indiretamente a subsidiária.

Vejamos um exemplo: a Petrobras (sociedade de economia mista) criou, entre outras subsidiárias, a Petrobras Gás S/A (Gaspetro) para atuar na área de comercialização do gás natural nacional e importado. A Gaspetro é subsidiária controlada diretamente pela Petrobras, que por sua vez é controlada pela União. Assim, podemos concluir que a Gaspetro é controlada indiretamente pela União.

Embora o comum seja que as empresas públicas e sociedades de economia mista constituam entidades subsidiárias, nada impede, embora não seja usual, que autarquias e fundações públicas constituam subsidiárias para desempenharem tarefas especializadas. É a interpretação possível depreendida do art. 37, XX, da Carta Magna e o posicionamento do STF sobre a matéria.[17] Ressalte-se, todavia, que neste *Curso* quando tratamos de subsidiárias, estamos nos reportando a entidades controladas por empresas públicas ou sociedades de economia mista. Tanto é assim que alguns administrativistas costumam denominar as empresas públicas estatais e suas subsidiárias, respectivamente, como **empresas ou sociedades de primeiro grau** e **empresas ou sociedades de segundo grau**.[18]

As subsidiárias **não integram a estrutura formal da Administração Pública**.[19] Entretanto, isso não impede que a elas sejam estendidas algumas

17 ADI 1649/DF, rel. Min. MAURÍCIO CORRÊA, julg.: 24.03.2004.

18 CARVALHO FILHO, José dos Santos. *Manual de Direito Administrativo*. 20ª ed. Rio de Janeiro: Lumen Juris, 2008, p. 467.

19 O STF, incidentalmente, adotou esse posicionamento, na ADI nº 1.649/DF, Rel. Min. MAURÍCIO CORREA, julg. 24.03.2004. No sentido contrário, de que as subsidiárias integram a Administração Pública, o TCU, Acórdão nº 1.591/2011-Plenário.

regras específicas do regime jurídico-administrativo, a exemplo da vedação de acumulação de cargos, empregos e funções (art. 37, XVII), da exigência de concurso público,[20] da obrigatoriedade de realizar procedimento licitatório (art. 1º, parágrafo único, Lei nº 8.666/1993), da submissão ao teto remuneratório relativo ao subsídio dos ministros do STF quando receberem recursos do Poder Público para pagamento de despesas com pessoal ou de custeio em geral (art. 37, § 9º), sujeição ao controle externo-financeiro orçamentário do Poder Legislativo com auxílio do Tribunal de Contas (art. 71, CF).

Quanto à **participação acionária estatal em empresas privadas**, sabemos que esta é possível sempre que haja necessidade de defesa dos imperativos da segurança nacional ou relevante interesse público que justifique tal medida (art. 173, CF/1988) ou quando sua exploração esteja sujeita a regime de monopólio (art. 177, CF/1988). Há setores da sociedade que, apesar de próprios da iniciativa privada, não podem ser mantidos alheios ao controle do Estado, a saber: material bélico, substâncias químicas e farmacêuticas etc. Uma forma de o Estado manter o controle sobre esses setores é a participação acionária com direito a voto no conselho deliberativo da entidade.

É importante atentar para o fato de que a mera participação acionária do Estado em empresas não estatais não confere a elas, por si só, a condição de entidade integrante da Administração indireta. Ao contrário, estas empresas continuam regidas pelo regime jurídico próprio das empresas privadas, não lhes sendo aplicáveis o regime e os controles a que se submetem as empresas estatais, excetuados os casos expressamente previstos na norma jurídica.

Pois bem, retomando a questão das subsidiárias e unindo-a à participação acionária do Estado em empresas privadas, vejamos a disciplina constitucional da matéria (art. 37, XX – destacamos):

> Depende de autorização legislativa, **em cada caso**, a criação de subsidiárias das entidades mencionadas no inciso anterior, assim como a participação de qualquer delas em empresa privada.

Pela redação do dispositivo, depreendemos que para cada subsidiária que se queira criar e para cada participação acionária que se queira fazer será necessária autorização legislativa específica. Note que a Constituição não definiu se essa autorização legislativa seria feita por meio de **lei específica** ou **lei genérica** que disporia, entre outros assuntos, sobre a autorização

20 Súmula nº 231, TCU: "A exigência de concurso público para admissão de pessoal se estende a toda a Administração Indireta, nela compreendidas as Autarquias, as Fundações instituídas e mantidas pelo Poder Público, as Sociedades de Economia Mista, as Empresas Públicas e, ainda, as demais entidades controladas direta ou indiretamente pela União, mesmo que visem a objetivos estritamente econômicos, em regime de competitividade com a iniciativa privada."

da criação da subsidiária, ou, ainda, **decreto legislativo.**[21] Não obstante essa indefinição textual, parece-nos bem clara a redação do dispositivo ao mencionar que a autorização será feita em cada caso. Repise-se que, na ótica do texto constitucional, para cada subsidiária e para cada participação acionária, é necessária autorização legislativa distinta. O objetivo do legislador constituinte foi o de evitar a proliferação desordenada, e sem nenhum critério, de entidades subsidiárias, bem como a oneração desmedida dos cofres públicos com as inevitáveis despesas que isso representaria.

No entanto, o STF, ao apreciar a matéria, adotou posicionamento distinto do que esposamos acima ao reconhecer a constitucionalidade da redação do art. 64 da Lei nº 9.478/1997, que prevê: "A PETROBRAS deverá constituir uma subsidiária com atribuições específicas de operar e construir seus dutos, terminais marítimos e embarcações para transporte de petróleo, seus derivados e gás natural, ficando facultado a essa subsidiária associar-se, majoritária ou minoritariamente, a outras empresas". Vejamos este importante julgado na íntegra (destaque nosso):

> Ementa: AÇÃO DIRETA DE INCONSTITUCIONALIDADE. LEI Nº 9478/1997. AUTORIZAÇÃO À PETROBRAS PARA CONSTITUIR SUBSIDIÁRIAS. OFENSA AOS ARTIGOS 2º E 37, XIX E XX, DA CONSTITUIÇÃO FEDERAL. INEXISTÊNCIA. ALEGAÇÃO IMPROCEDENTE.
>
> 1. **A Lei nº 9.478/1997 não autorizou a instituição de empresa de economia mista, mas sim a criação de subsidiárias distintas da sociedade-matriz**, em consonância com o inciso XX, e não com o XIX do artigo 37 da Constituição Federal. 2. **É dispensável a autorização legislativa para a criação de empresas subsidiárias, desde que haja previsão para esse fim na própria lei que instituiu a empresa de economia mista matriz, tendo em vista que a lei criadora é a própria medida autorizadora**. Ação direta de inconstitucionalidade julgada improcedente.[22]

Com efeito, a posição do Corte Suprema é que a criação de entidades subsidiárias poderá ocorrer mediante uma única autorização legislativa genérica expressa na lei que cria a entidade, como é o caso da lei que autoriza a criação da Petrobras. Com base nessa disposição legislativa, a referida entidade poderá criar quantas subsidiárias reputar necessário, observados os critérios legais.

Observe que o acórdão supratranscrito só tratou da criação das subsidiárias. Nada foi dito quanto à participação acionária em empresas privadas, se seria

21 A linha de ação rotineira é no sentido de a autorização legislativa referida ocorrer por lei ordinária. A título de exemplo, consulte a Lei nº 11.908, de 3 de fevereiro de 2009, que autoriza o Banco do Brasil S.A. e a Caixa Econômica Federal a constituírem subsidiárias e a adquirirem participação em instituições financeiras sediadas no Brasil.

22 ADI 1.649/DF (MC), Rel. Min. MAURÍCIO CORRÊA, julg.: 24.03.2004.

necessária para cada caso ou se seria possível uma autorização legislativa genérica. Em resposta a essa indagação, a Lei nº 11.908, de 3 de fevereiro de 2009, autoriza o Banco do Brasil S.A. e a Caixa Econômica Federal a adquirirem participação em instituições financeiras sediadas no Brasil. O § 4º do art. 1º deste diploma legislativo estabelece que essa autorização é válida até 30 de junho de 2011, podendo ser prorrogada por até 12 meses. Isto é, dentro desse período poderá o Banco do Brasil ou a Caixa Econômica Federal participar do capital nacional em empresas privadas, observados os critérios da lei. Até o fechamento desta edição, o STF não foi provocado a se pronunciar acerca da constitucionalidade da lei supramencionada. Assim, podemos concluir que, tal como ocorre com a criação de subsidiárias, **a participação acionária em empresas privadas poderá ocorrer mediante autorização legislativa genérica**. Trata-se da aplicação do antigo brocardo jurídico *"ubi eadem ratio, ibi ius idem esse deret"*, segundo o qual "onde há a mesma razão, aí deve haver o mesmo direito".

3.5. Tutela administrativa ou controle finalístico

A tônica da descentralização administrativa por outorga é o desafogamento da estrutura do ente político por meio da transferência de atividades específicas às pessoas jurídicas da Administração Indireta (por ele mesmo criadas), que irão desempenhá-las em nome próprio, trazendo com isso maior eficiência, celeridade e rendimento à atividade administrativa do Estado.

Com isso, fica claro que quanto mais autonomia for dada à entidade administrativa para desenvolver as atividades que lhe são próprias, maior será o êxito do Estado ao descentralizar aquela atividade, melhor será a prestação do serviço, já que ficará a cargo de uma pessoa jurídica especializada naquele ramo. Por outro lado, a autonomia não pode ser tal que permita à entidade livremente se desviar da finalidade para a qual foi criada, e perseguir interesse próprios – desvencilhados do interesse público. Para impedir desvios dessa natureza, o ente político deverá efetuar controle sobre a entidade administrativa. Todavia, o controle não pode ser tamanho que diminua sobremodo a autonomia da entidade administrativa, caso contrário ela se assemelharia a um órgão da Administração direta, e frustrada estaria a finalidade da descentralização.

Como forma de buscar um ponto de equilíbrio entre esses dois aspectos, podemos definir que o vínculo existente entre os órgãos da Administração Direta e as entidades administrativas que lhe são vinculadas é de **tutela administrativa**, **controle finalístico ou teleológico**, **supervisão ministerial**, ou, simplesmente, **vinculação**. São termos distintos para designarem o mesmo fenômeno.

Podemos, então, conceituar o controle finalístico como o **poder-dever de fiscalização e correção que os órgãos centrais da Administração Direta**

exercem sobre as entidades administrativas a eles vinculadas, nos termos da lei.

O primeiro ponto a extrair do conceito é que toda e qualquer entidade administrativa estará necessariamente vinculada a um órgão central da Administração Direta da **mesma área de atuação,** que sobre ela exercerá controle finalístico. Na esfera federal, estes órgãos centrais são os Ministérios de Estado e a Presidência da República. No âmbito estadual, são as Secretarias de Estado ou a Governadoria do Estado. Nos Municípios, temos as Secretarias municipais ou a Prefeitura. A respeito, o art. 19 do Decreto-Lei nº 200/1967 estabelece que "todo e qualquer órgão da Administração Federal, direta ou indireta, está sujeito à supervisão do Ministro de Estado competente".

Exemplificativamente, o Departamento de Infraestrutura de Transportes (DNIT) é autarquia vinculada ao Ministério dos Transportes; a Fundação Instituto Brasileiro de Geografia e Estatística (IBGE) é fundação pública vinculada ao Ministério do Planejamento, Desenvolvimento e Gestão; a Empresa Brasileira de Correios e Telégrafos (ECT) é empresa pública vinculada ao Ministério das Comunicações; por fim, a Petróleo Brasileiro S/A (Petrobras) é sociedade de economia mista vinculada ao Ministério de Minas e Energia.

O segundo tópico importante é relativo à parte final do conceito: "**nos termos da lei**". A entidade administrativa não tem liberdade para definir os aspectos que serão objeto de controle nem a forma de realizá-lo. Cabe à lei dispor sobre quais aspectos, e em que termos, será exercido o controle finalístico. Com isso procura-se evitar indesejáveis influências político-partidárias que tendam a submeter as entidades administrativas aos caprichos do grupo político que detenha o poder estatal num dado momento.

A partir daí, não se conclua que os controles exercidos sobre as entidades administrativas estejam restritos ao aspecto de legalidade. O controle finalístico tanto incide sobre a **legalidade** quanto sobre o **mérito** dos atos praticados pelas entidades administrativas, verificando tanto a obediência dos mandamentos legais quanto a conveniência e oportunidade de suas decisões administrativas.[23]

A tutela administrativa pode ser exercida em quatros campos:[24]

a) **controle político**: ocorre com a nomeação dos dirigentes das entidades administrativas feita pelo chefe do Poder Executivo e, em alguns casos, sujeita à aprovação do Poder Legislativo, a exemplo do Presidente e diretores do Banco Central;

b) **controle institucional**: visa a manter a entidade vinculada à finalidade para a qual foi criada;

23 Para mais detalhes sobre controle de mérito e de legalidade, remetemos o leitor ao Capítulo 14 (Controle da Administração Pública).

24 CARVALHO FILHO, José dos Santos. *Manual de Direito Administrativo*. 20ª ed. Rio de Janeiro: Lumen Juris, 2008, p. 437.

c) **controle administrativo**: verifica a eficiência das atividades desempenhadas no seio da entidade; e

d) **controle financeiro**: exercido pelas Cortes de Contas com o intuito de aferir a legitimidade e economicidade da aplicação das verbas públicas destinadas à entidade.

Na esfera federal, o Decreto-Lei nº 200/1967 fixa os objetivos gerais da, por ele denominada, **supervisão ministerial** (arts. 25 e 26).

Além disso, o art. 26, parágrafo único, estabelece alguns mecanismos pelos quais será exercida a supervisão ministerial.

É interessante trazermos a lume o magistério de Bandeira de Mello, que diferencia a tutela ordinária da tutela extraordinária. Para esse autor, **tutela ordinária** é o controle que a Administração direta exerce sobre as entidades da Administração indireta, nos estritos termos da lei. Isto é, tutela ordinária é o controle finalístico tal como expusemos acima. Todavia, em situações excepcionalíssimas e urgentes de "graves distorções no comportamento" da entidade administrativa, admite-se que a Administração direta exerça controles administrativos cujos mecanismos não estejam previstos em lei. Trata-se da **tutela extraordinária.**[25]

3.5.1. Distinções entre controle finalístico e controle hierárquico

Não podemos confundir controle finalístico com controle hierárquico. Assim, é inadequado afirmarmos que esta ou aquela autarquia é subordinada a este ou àquele órgão da Administração Direta. O vínculo entre um órgão da Administração Direta e uma entidade da Administração Direta não é de **subordinação**, mas de **vinculação**. Como principais diferenças entre a hierarquia e a vinculação, vejamos alguns pontos.

A própria ideia de hierarquia traz consigo algumas prerrogativas que lhe são inerentes, tais como dar ordens, controlar, supervisionar, delegar e avocar. Razão por que a hierarquia decorre da própria estrutura organizacional e **independe de previsão em lei.**[26] A vinculação, diversamente, não se presume: só existe nos **casos e condições previstos em lei**, a qual deverá estabelecer os aspectos a serem controlados (legalidade e/ou mérito), o momento de exercício do controle (preventivo, concomitante ou corretivo), bem como a sua intensidade.

Outra diferença importante entre hierarquia e vinculação é que esta pressupõe a existência de **duas pessoas jurídicas**, uma das quais exercerá controle sobre a outra (descentralização), enquanto aquela é exercida sempre na **intimidade de uma mesma pessoa jurídica** (desconcentração).

25 MELLO, Celso Antônio Bandeira de. *Curso de Direito Administrativo*. 25ª ed. São Paulo: Malheiros, 2007, p. 164.

26 A respeito do Poder Hierárquico, *vide* o capítulo 5 (Poderes Administrativos).

Por fim, vale mencionar que não cabe recurso à Administração Direta contra decisões prolatadas pelas entidades da Administração Indireta, pois a via recursal administrativa pressupõe a existência de hierarquia entre as autoridades com poder para decidir. Todavia, essa regra deve ser vista em termos, pois a lei pode prever situações em que caiba recurso a um órgão da Administração Direta das decisões de uma entidade da Administração Indireta. Tal recurso recebe por isso a denominação **recurso hierárquico impróprio**, pois não há uma verdadeira hierarquia entre a autoridade prolatora da decisão (administração indireta) e a que irá apreciar o recurso (administração direta). É bom que se ressalte que a figura do recurso hierárquico impróprio só é possível quando **previsto expressamente por lei**.[27]

4. AUTARQUIAS

4.1. Conceito

As autarquias são **pessoas jurídicas de direito público** da Administração Pública indireta, criadas e extintas diretamente por lei específica, com capacidade exclusivamente **administrativa**, para o desempenho de **atividades típicas** de Estado, gozando de todas as prerrogativas e sujeitando-se a todas as restrições estabelecidas para a Administração Pública direta.

Na ótica de Marçal Justen Filho, a autarquia é:

> Pessoa jurídica de direito público, instituída por lei para desempenhar atividades administrativas sob regime de direito público, criada por lei que determina o grau de sua autonomia em face da Administração Direta.[28]

No direito positivo, o art. 5º, I, do Decreto-Lei nº 200/1967 conceitua autarquia como:

> Serviço autônomo, criado por lei, com personalidade jurídica, patrimônio e receita próprios para executar atividades típicas da Administração Pública, que requeiram, para seu melhor funcionamento, gestão administrativa e financeira descentralizada.

É bom enfatizar que as autarquias recebem, mediante descentralização, exclusivamente capacidade de **autoadministração**. Isto é, essas entidades gozam de autonomia para prestar os serviços cuja titularidade lhes foi transferida, podendo gerenciar seu funcionamento, seu patrimônio, seu orçamento e aplicação das verbas públicas que lhes são destinadas.

De outra parte, **não possuem autonomia política**, que consiste, dentre outras competências, na capacidade de legislar acerca dos assuntos que lhes são

27 A título de curiosidade, quando o recurso é dirigido à autoridade hierarquicamente superior à que proferiu a decisão recorrida, há recurso hierárquico próprio, pois existe hierarquia entre as duas autoridades.

28 JUSTEN FILHO, Marçal. *Curso de Direito Administrativo*. 9ª ed. São Paulo: Editora Revista dos Tribunais, 2013, p. 278.

correlatos. O que existe é poder normativo para editarem comandos infralegais (resoluções, portarias, instruções normativas) referentes a assuntos técnicos de sua alçada. Também não possuem capacidade de **auto-organização**, pois sua capacidade de gestão (autonomia gerencial, orçamentária e financeira) está adstrita aos parâmetros estabelecidos pela lei instituidora, os quais a autarquia não detêm competência para alterar.[29] Vale dizer, ao contrário, as autarquias têm liberdade de autoadministração para gerir a si mesmas dentro dos parâmetros estabelecidos pela lei que as instituiu.

4.2. Objeto

De acordo com art. 2º do Decreto-Lei nº 200/1967, as autarquias, como pessoas jurídicas de direito público, desempenham descentralizadamente **atividades típicas, e normalmente exclusivas,** do Estado. Tais atividades são marcadas pelo poder de império (*ius imperii*) do Estado, pelo qual se manifesta a soberania estatal sobre os particulares.

Consideram-se atividades típicas as que, em tese, só podem ser realizadas pelos entes estatais, pois decorrem diretamente das competências que lhes foram outorgadas pela Constituição, tais como atividades-fim de gestão governamental, planejamento e orçamento, controle interno, comércio exterior, política monetária nacional, supervisão do sistema financeiro nacional, previdenciária e do trabalho e de fiscalização e arrecadação tributária, policiamento ostensivo e judiciário.

Justamente por desempenharem atividades típicas de Estado (notadamente, serviços públicos e outras atividades que impliquem poderes próprios estatais), as autarquias são denominadas **serviço público personificado**, o que significa que se trata de um serviço público que antes era desempenhado por algum órgão público integrante da estrutura do próprio ente político (centralização) e, agora, passou a ser desempenhado por uma **pessoa jurídica** criada pelo Estado justamente para essa finalidade (descentralização).

Exatamente por desempenharem atividades típicas de Estado, as autarquias não devem desempenhar atividades econômicas ou industriais, ainda que sejam de interesse coletivo.[30] Em outra linha, Maria Sylvia Zanella Di Pietro destoa desse posicionamento, haja vista que classifica as autarquias em econômicas, de crédito, industriais, de previdência e assistência, entre outras.[31]

29 Nesse sentido: CARVALHO FILHO, José dos Santos. *Manual de Direito Administrativo*. 20ª ed. Rio de Janeiro: Lumen Juris, 2008, p. 439.

30 MEIRELLES, Hely Lopes. *Direito Administrativo Brasileiro*. 34ª ed. São Paulo: Malheiros, 2008, p. 348. No mesmo sentido: José dos Santos Carvalho filho (*Manual de Direito Administrativo*. 20ª ed. Rio de Janeiro: Lumen Juris, 2008, p. 440-443); Marçal Justen Filho (*Curso de Direito Administrativo*. 9ª ed. São Paulo: Editora Revista dos Tribunais, 2013, p. 279).

31 *Direito Administrativo*. 20ª ed. São Paulo: Atlas, 2006, p. 401.

4.3. Classificação

4.3.1. Quanto ao objeto

Conforme a doutrina de José dos Santos Carvalho Filho, quanto ao objeto, as autarquias podem ser classificadas em:[32]

a) assistenciais: destinadas a desenvolver atividades de assistência social a determinados segmentos sociais ou regiões geográficas menos favorecidas do País, a exemplo do Incra (Instituto Nacional de Colonização e Reforma Agrária) e do Dnocs (Departamento Nacional de Obras contra a Seca);

b) previdenciárias: têm por objeto a gestão do sistema previdenciário público, a exemplo do INSS (Instituto Nacional da Seguridade Social), do Iprev (Instituto de Previdência dos Servidores do Distrito Federal) e do SPPREV (São Paulo Previdência);

c) culturais: promovem ações na área de cultura e de educação, a saber a USP (Universidade de São Paulo), a UFRJ (Universidade Federal do Rio de Janeiro), o Ibram (Instituto Brasileiro de Museus);

d) profissionais (ou corporativas): são encarregadas de fiscalizar o exercício de determinadas profissões regulamentadas, a exemplo da OMB (Ordem dos Músicos do Brasil), CFM (Conselho Federal de Medicina) e do Crea (Conselho Regional de Engenharia e Arquitetura);

e) controle: exercem atividades de fiscalização e controle sobre as entidades que prestam serviços públicos delegados, mediante concessão e permissão do Estado, ou exploram atividade econômica. São exemplos a Anatel (Agência Nacional de Telecomunicações), a Anvisa (Agência Nacional de Vigilânia Sanitária) e a ANP (Agência Nacional do Petróleo);

f) associativas: também denominadas "associações públicas", são pessoas jurídicas de direito público instituídas mediante a celebração de consórcios públicos, nos termos da Lei nº 11.107/2005;[33] e

g) administrativas: tomadas num sentido residual, essas autarquias têm por objeto quaisquer atividades que não estejam elencadas entre as anteriores. São exemplos de autarquias administrativas o Inmet (Instituto Nacional de Meteorologia) e o Dnit (Departamento Nacional de Infraestrutura de Transportes).

4.3.2. Quanto ao regime jurídico

Nessa ótica, as autarquias podem ser classificadas em ordinárias, especiais, fundacionais e associativas.

32 CARVALHO FILHO, José dos Santos. Manual de Direito Administrativo. 20ª ed. Rio de Janeiro: Lumen Juris, 2008. p. 445.

33 Sobre o assunto "Consórcios públicos", *vide* tópico 15 do Capítulo 9 (Contratos Administrativos).

As **autarquias comuns** são criadas pelo procedimento ordinário e não possuem peculiaridades em relação às demais. Será comum uma autarquia criada conforme o regime geral previsto pelo respectivo ente político para suas autarquias.

Já as **autarquias em regime especial** são criadas em regime jurídico específico que lhes confere maior independência em comparação às demais autarquias. Essa independência se consubstancia nas seguintes características:

a) amplo poder normativo técnico: as autarquias têm competência para editar normas (usualmente sob a forma de instruções, resoluções e portarias) sobre assuntos técnicos relacionados à sua área de atuação;

b) autonomia decisória: em regra, suas decisões não podem ser objeto de recurso para a Administração direta, pois gozam de ampla liberdade de atuação, nos termos definidos em lei. Além disso, como regra, as controvérsias jurídicas relativas à sua área de atuação (envolvendo tanto delegatários de serviços públicos entre si quanto estes e usuários de serviços públicos) são decididas pela própria autarquia, conclusivamente, em âmbito administrativo. Isto é, das decisões das autarquias não cabe recurso para o órgão supervisor da Administração direta;

c) independência administrativa: a elas são outorgados diversos mecanismos que lhes conferem maior independência funcional. Exemplo disso é o art. 6º da Lei nº 9.986/2000, que estabelece mandato fixo para os Conselheiros e Diretores das Agências Reguladoras. A duração do mandato será determinada na lei específica de criação de cada Agência. Essa característica se justifica pela necessidade de fazer com que as decisões tomadas pelas diretorias das agências sejam as mais imparciais e independentes possível, livres de ingerências políticas; e

d) autonomia econômico-financeira: as autarquias em regime especial podem ter receita própria em decorrência de taxas cobradas no exercício de poder de polícia, mediante previsão legal.[34]

As **autarquias fundacionais** nada mais são do que fundações públicas de direito público. Dadas as semelhanças entre as autarquias e as fundações de direito público, a doutrina e a jurisprudência costumam classificar as fundações públicas de direito público como espécie do gênero autarquia. Assim, temos autarquias fundacionais ou fundações autárquicas, conforme o gosto pessoal de cada jurista.[35]

Como quarta espécie de autarquia, pode-se mencionar as **autarquias associativas**. Trata-se de autarquias criadas por dois ou mais entes políticos por meio da celebração de consórcio público, instrumento de acordo apto a

34 O STF já considerou constitucional a cobrança de taxa de regulação por autarquias em regime especial, ADI/MC 1.948-RS, Rel. Min. NÉRI DA SILVEIRA, DJ 04.02.1999.

35 STJ, REsp 204.822-RJ, Rel.ª Min.ª MARIA THEREZA DE ASSIS MOURA, DJ 26.06.2007 e STF, RE 219.900-RS, Rel.ª Min.ª ELLEN GRACIE, DJ 16.08.2002.

possibilitar a gestão associada de atividade de interesse comum de diversas unidades federativas.[36] Interessante notar que, diferentemente das demais autarquias, que pertencem a um único ente federativo, as associações são "interferativas" ou "multifederadas", pois integram a Administração indireta de cada ente político signatário do acordo.

4.3.3. Agências reguladoras e agências executivas

Por oportuno, devemos fazer menção a duas figuras inseridas recentemente pela Reforma do Estado: agências reguladoras e agências executivas. Desde logo, cabe informar que sobre estes assuntos trataremos mais detalhadamente na parte final deste Capítulo. Neste passo, apenas breves esclarecimentos.

As **agências reguladoras** são autarquias em regime especial criadas para exercer poder de polícia sobre os delegatários de serviços públicos e sobre a atividade econômica de modo geral. São entidades dotadas de elevado grau de independência em relação à Administração direta, o que fica evidenciado, entre outras características, pela ausência de subordinação hierárquica a qualquer outro órgão ou entidade, por seus dirigentes terem mandato fixo, por gozarem de autonomia financeira.

Convém esclarecer que não devemos confundir agências reguladoras com autarquias em regime especial, pois ainda que, na atualidade, todas as agências reguladoras gozem de regime especial, há autarquias em regime especial que não são agências reguladoras, a exemplo do Banco Central do Brasil, da Comissão de Valores Mobiliários (CVM) e do Conselho Administrativo de Defesa Econômica (Cade). Em outras palavras, atualmente, todas as agências reguladoras são autarquias em regime especial[37], mas nem todas as autarquias em regime especial são agências reguladoras.

As **agências executivas**, por seu turno, têm qualificação dada às autarquias ou às fundações públicas que celebrem contrato de gestão com o respectivo ministério supervisor, nos termos do § 8º do art. 37 da Constituição Federal. Assim, é forçoso concluir que as agências executivas não são nova categoria de entidade administrativa, mas simplesmente qualificação especial conferida à autarquia ou fundação pública, que, inclusive, não perde a sua natureza jurídica autárquica ou fundacional.

Comparando agências executivas e agências reguladoras, vê-se que estas têm sido criadas sempre sob a forma de autarquias em regime especial, enquanto as primeiras podem ser autarquias (ordinárias ou em regime especial) ou fundações públicas.

36 Uma vez mais, sobre o assunto "Consórcios públicos", *vide* tópico 15 do Capítulo 9 (Contratos Administrativos).
37 Acerca da natureza jurídica das agências reguladoras, *vide* o tópico 7.2.3 (Forma jurídica) deste Capítulo.

Além do mais, a existência de agências executivas depende da celebração de contrato de gestão com o órgão central da Administração direta que atua na mesma área. De outra feita, a instituição de agência reguladora não depende de celebração de contrato de gestão, mas tão somente da publicação da lei instituidora.

É possível que uma agência reguladora, mediante previsão na lei que a institui, celebre contrato de gestão e receba a qualificação de agência executiva, mas disso não depende a criação da agência reguladora. Devemos repisar que uma agência reguladora poderá, se assim lhe convier e desde que celebre contrato de gestão, receber a qualificação de agência executiva, mas isso não tem nenhuma relação direta com o processo de criação da entidade. Tomemos como exemplo os arts. 14, 15 e 36 da Lei nº 9.961/2000 (cria a Agência Nacional de Saúde Suplementar) os quais preveem a possibilidade de celebração de contrato de gestão com o Ministério da Saúde e, consequentemente, qualificação como agência executiva.

4.3.4. Conselhos fiscalizadores de profissão

Os conselhos profissionais, a exemplo do Conselho Federal de Contabilidade, Ordem dos Músicos do Brasil e Conselho Regional de Medicina, são criados sob a forma de autarquias[38]. Seus agentes são servidores públicos, contratados mediante concurso público.[39]

Acerca do regime de pessoal aplicável aos agentes dos conselhos fiscalizadores de profissão, há séria instabilidade no trato da matéria. Inicialmente, adotou-se o regime celetista por força do art. 1º do Decreto-Lei nº 968/1969. Após a promulgação da Constituição Federal de 1988, que exigiu a adoção de regime jurídico único (art. 39), o regime passou a ser estatutário. Com a edição da Lei nº 9.649/1998 (art. 58, § 3º), voltou à cena o regime celetista, já que o dispositivo constitucional (art. 39) que exigia o regime jurídico único fora revogado pela EC nº 19/1998.[40] Em seguida, em razão da decisão liminar na ADI 2.135/DF suspendendo a eficicácia da EC nº 19/1998, o regime estatutário passou a ser novamente obrigatório. Desse modo, até que haja decisão de mérito na referida ADI, os conselhos profissionais devem admitir pessoal **necessariamente pelo regime estatutário.**[41]

38 STF, RE 511.961/SP, Rel. Min. GILMAR MENDES, DJe 13.11.2009.

39 STF: MS 26.424/DF, Rel. Min. DIAS TOFFOLI, julg.: 19.02.2013; RE 611.947, Rel. Min. RICARDO LEWANDOWSKI, DJe 06.09.2011; AI 791.759, Rel. Min. GILMAR MENDES, DJe 02.08.2011; RE 363.902/MT, Rel. Min. RICARDO LEWANDOWSKI, julg. 20.10.2009; MS 21.797/RJ, Rel. Min. CARLOS VELLOSO, DJ 18.05.2001; STJ: RE 539.224/CE, Rel. Min. LUIZ FUX, DJe 18.06.2012; e TCU: Acórdão-Plenário nº 1.169/2011.

40 Art. 58, § 3º, Lei nº 9.649/1998: "Os empregados dos conselhos de fiscalização de profissões regulamentadas são regidos pela legislação trabalhista, sendo vedada qualquer forma de transposição, transferência ou deslocamento para o quadro da Administração Pública direta ou indireta."

41 A respeito, consultar STJ, REsp 1.145.265-RJ, Rel.ª Min.ª MARIA THEREZA DE ASSIS MOURA, julg.: 14.02.2012.

A Ordem dos Advogados do Brasil (OAB), de acordo com entendimento do STF, foge à regra da natureza jurídica autárquica e da obrigatoriedade do concurso público. É entidade anômala no Direito brasileiro, ímpar, *sui generis*, um serviço público independente que não integra a Administração Pública. Enfim, é uma entidade que não se encaixa em nenhuma categoria de órgão ou entidade da Administração Pública.[42]

4.4. Personalidade jurídica e regime jurídico

As autarquias são **pessoas jurídicas de direito público**. O inc. IV do art. 41 do Código Civil estatui que são pessoas jurídicas de direito público interno as autarquias, inclusive as associações públicas (criadas por consórcio público).

Atribuir personalidade jurídica de direito público a essas entidades significa que serão regidas por normas publicísticas e, em função disso, essas entidades gozarão de todas as prerrogativas e sujeições dos entes políticos, das quais podemos citar: prazos dilatados em juízo, duplo grau de jurisdição, imunidade tributária recíproca, impenhorabilidade de seus bens, prescrição quinquenal de seus débitos, entre outros a serem comentados no momento oportuno.

A autarquia é pessoa jurídica distinta do ente político que a instituiu e, por conseguinte, será titular de direitos e obrigações, patrimônio e receita próprios.

A partir disso, podemos afirmar que o regime jurídico aplicável às autarquias é o **regime jurídico-administrativo**: regime de direito público em que a entidade goza de uma série de privilégios na condição de gestora da coisa pública, mas também se submete a diversas restrições para que não se distancie da finalidade de interesse público, nem fira gratuitamente direitos fundamentais.

4.5. Criação e extinção

Como pessoas jurídicas de direito público, as autarquias são criadas diretamente por **lei específica**. Isso significa que a simples publicação da referida lei de criação faz com que a entidade passe a existir juridicamente, independentemente de qualquer outro ato jurídico posterior.

Essa lei será de iniciativa do chefe do Poder Executivo quando a autarquia pertencer ao Poder Executivo. Apesar de incomum, pela leitura do *caput* do art. 37 da Constituição, vê-se que nada impede que seja criada uma autarquia vinculada a órgão dos Poderes Legislativo e Judiciário, situação em que a iniciativa do projeto de lei que trate da criação da entidade competirá ao chefe de Poder respectivo.

Quanto à extinção, dar-se-á da mesma forma que a criação, em homenagem ao princípio do paralelismo das formas. Assim, as autarquias são extintas por meio de lei específica, sem necessidade de qualquer ato complementar posterior.

42 STF, ADI 3.026, Min. Rel. EROS GRAU, DJ 19.06.2006.

4.6. Regime de pessoal

O regime de pessoal aplicável às autarquias será o mesmo do ente estatal que as criou: **o estatutário**, que na esfera federal é estabelecido pela Lei nº 8.112/1990.

Os agentes públicos das autarquias serão chamados de **servidores públicos**, ocuparão **cargos públicos efetivos**, cujo ingresso dar-se-á mediante prévia aprovação em **concurso público**, conforme o disposto no art. 37, II, da Constituição Federal, e, como contraprestação pecuniária pelo exercício de suas atribuições, receberão **vencimentos** (ou remuneração em sentido estrito).

O regime jurídico estatutário confere aos servidores públicos garantias especiais, como a estabilidade e a demissão condicionada a processo administrativo disciplinar em que sejam assegurados o contraditório e a ampla defesa, a fim de garantir o exercício imparcial de suas atribuições, livres de perseguições e influências político-partidárias.

Sobre os servidores estatutários incidem as regras constitucionais de vedação à acumulação ilícita de cargos, empregos e funções públicas, conforme o disposto no art. 37, XVI e XVII, da CF/1988.

Os servidores das autarquias se submetem ao regime próprio de previdência social, nos termos do art. 40 da Constituição Federal.

O foro competente para processar e julgar ações envolvendo servidores estatutários em face de suas "autarquias empregadoras" é a **Justiça Federal**, e não a Justiça Trabalhista.[43]

4.7. Participação do Poder Legislativo no processo de nomeação dos seus dirigentes

A nomeação dos dirigentes das autarquias é ato administrativo de competência do chefe do Poder Executivo. O art. 84, XXV, da Constituição estabelece que compete ao Presidente da República a nomeação dos dirigentes das autarquias, bem como a sua exoneração.

Ocorre que essa nomeação pode depender, em alguns casos, de autorização do Poder Legislativo, como é o caso da nomeação do presidente e dos dirigentes do Banco Central, que, segundo disposição expressa do art. 52, III, *d*, da Constituição Federal, depende de prévia autorização do Senado Federal.

A alínea *f* do mesmo dispositivo constitucional dispõe que a autorização do Senado Federal poderá ocorrer em outros casos previstos em lei, como é o

43 Não obstante o art. 114 da CF estabelecer que as ações oriundas da relação de trabalho, envolvendo entes políticos da Administração direta e entidades da Administração indireta, serão processadas e julgadas na Justiça do Trabalho, o STF, liminarmente, concedeu interpretação conforme à Constituição ao citado dispositivo para excluir da incidência da Justiça do Trabalho as relações de ordem estatutária entre os servidores públicos e as pessoas de direito público da Administração. Vale dizer, litígios entre Poder Público e servidores estatutários são de competência da Justiça Comum Federal (ADI 3.395 MC/DF, Rel. Min. CEZAR PELUSO, DJ 05.04.2006).

exemplo da Lei nº 9.986/2000, que condiciona a nomeação dos dirigentes da Agência Reguladora à prévia autorização do Senado Federal.

Questão relevante é verificar até que ponto essa autorização para nomeação ou exoneração de dirigentes da Administração indireta é possível, sem importar em violação ao princípio da separação de funções entre os Poderes, cláusula pétrea constitucional (art. 60, § 4º).

A respeito, o STF entendeu que é **constitucional** lei que condicione a **nomeação** de dirigentes de **autarquias** e **fundações públicas**, pelo chefe do Poder Executivo, à prévia aprovação do Poder Legislativo respectivo.[44]

Quanto à exoneração, o Pretório Excelso entendeu ser **inconstitucional** lei que condicione a **exoneração** dos dirigentes de **quaisquer das entidades da Administração indireta** à prévia autorização do Poder Legislativo.[45]

4.8. Obrigatoriedade de licitar

O art. 37, XXI, da CF/1988, que contém uma miscelânea de normas dirigidas à Administração direta e indireta dos três Poderes da União, Estados, Distrito Federal e Municípios, estabelece o princípio da obrigatoriedade de licitação.

Dessa forma, as autarquias em suas obras, serviços, compras e alienações **deverão adotar procedimento licitatório** em que se assegure tratamento isonômico aos licitantes e se obtenha a proposta mais vantajosa para a Administração.

A Lei nº 8.666/1993 estabelece normas gerais de licitação e contratação para a Administração direta e indireta da União, Estados, Distrito Federal e Municípios. Naturalmente, esta lei é de observância obrigatória pelas autarquias.

4.9. Responsabilidade civil

O § 6º do art. 37 da Constituição Federal consagra a **responsabilidade objetiva** das pessoas jurídicas de direito público por **atos** de seus agentes que, nessa qualidade, causem danos a terceiros.

Apesar de não previsto no texto, é pacífico na doutrina que a responsabilidade objetiva descrita no texto supramencionado se restringe a **atos comissivos** (fazer). Assim, quando um servidor de uma autarquia causa um dano a terceiro por ato comissivo, a própria autarquia (e não o ente político instituidor) responderá objetivamente pelo dano, independentemente de ter o agente agido com dolo ou culpa. Tendo a autarquia indenizado a vítima, poderá exercer direito de regresso contra o servidor público, a fim de obter o ressarcimento do valor

44 ADI 1.949/RS, Rel. Min. DIAS TOFFOLI, julg.: 17.09.2014; ADI 2.225/SC, Rel. Min. DIAS TOFFOLI, julg.: 21.08.2014; ADI-MC 2.225, Min. Rel. SEPÚLVEDA PERTENCE, DJ 29.06.2000.

45 STF, ADI-MC 1.949/RS, Rel. Min. SEPÚLVEDA PERTENCE, DJ 25.11.2005.

da indenização. Todavia, o agente somente será responsabilizado quando ficar comprovado dolo ou culpa em sua atuação, pois a responsabilidade do servidor público é sempre subjetiva.

Por outro lado, quanto aos **atos omissivos (não fazer)** dos servidores das autarquias, aplica-se a teoria da **responsabilidade subjetiva**, pois só haverá dever de indenizar por parte da autarquia se o autor do pedido de indenização (no caso, a vítima) demonstrar que houve dolo ou culpa na atuação do agente público. Caso contrário, descabe falar em indenização.

Esta é a opinião majoritária da doutrina e do STJ[46]. Todavia, no STF ultimamente vem se desenvolvendo o entendimento de que a responsabilidade civil do Estado por atos omissivos também é objetiva. Isso porque o art. 37, § 6º, da CF, ao estabelecer a responsabilidade objetiva do Estado, não distingue conduta comissiva e omissiva. Assim, se o constituinte não fez distinção, não cabe ao intérprete fazê-la. Portanto, é importante frisar que **a jurisprudência atual do STF** é no sentido de que o **Estado responde objetivamente pelos danos que seus agentes causarem a terceiros, tanto por atos comissivos quanto por atos omissivos.**[47]

Importa ainda mencionar que a responsabilidade do Estado (leia-se: ente político instituidor) por atos comissivos ou omissivos dos servidores das autarquias é meramente **subsidiária**. Isto significa que somente no caso de a autarquia não dispor de recursos suficientes para arcar com o ônus da indenização é que o ente político poderá ser chamado a responder civilmente.

Não se deve confundir a responsabilidade subsidiária com a responsabilidade solidária. Na primeira há uma nítida ordem de precedência quanto ao sujeito obrigado a responder civilmente: primeiro comparece o responsável principal (no caso, a autarquia) e na insuficiência deste chama-se o responsável subsidiário (no caso, o ente político). Assim, o autor da ação de indenização não tem liberdade de escolha quanto ao sujeito passivo da demanda. Já no segundo caso, o da responsabilidade solidária, ambos os sujeitos são igualmente responsáveis, podendo a ação ser dirigida contra um, contra o outro ou contra ambos ao mesmo tempo.[48]

4.10. Controle judicial

As autarquias sujeitam-se, como qualquer outra entidade da Administração indireta, ao **controle judicial** de legalidade e legitimidade dos atos que pratica.

46 Resp 1.345.620/RS, Rel. Min. ASSUSETE MAGALHÃES, Julg.: 24.11.2015.

47 ARE 956285 AgR/CE, Rel. Min. EDSON FACHIN, Julg.: 09.08.2016; ARE 951552 AgR / ES, Rel. Min. DIAS TOFFOLI, Julg.: 02.08.2016; ARE 842088 AgR / RJ, Rel. Min. GILMAR MENDES, Julg.: 03.03.2015; ARE 897.890, Rel. Min. DIAS TOFFOLI, Julg.: 22.09.2015; RE 677.283, Rel. Min. GILMAR MENDES, Julg.: 17.04.2015.

48 Para mais detalhes sobre a responsabilidade civil do Estado, consulte o Capítulo 13 (Responsabilidade Civil Extracontratual do Estado).

Como se trata de controle provocado, sempre que alguém se sentir lesado ou ameaçado de lesão pela atuação do agente público de uma autarquia, poderá socorrer-se da tutela jurisdicional do Estado, a quem caberá resolver de maneira definitiva a controvérsia jurídica.

A Constituição prevê diversos instrumentos de controle judicial da Administração Pública, a exemplo do mandado de segurança, *habeas data*, ação popular, entre outros.

Consoante o art. 129, III, da Constituição e o art. 5º da Lei nº 7.347/1985 (Lei da Ação Popular), cabe ao Ministério Público propor ação civil pública quando os atos praticados por autoridade pública forem lesivos ao patrimônio público e social, ao meio ambiente e outros interesses difusos e coletivos.

4.11. Privilégios processuais

Quando em juízo, as autarquias gozam de algumas prerrogativas processuais estabelecidas em lei a favor da Fazenda Pública.

A primeira delas é referente ao foro privativo. O art. 109, I, da Constituição Federal estabelece como competente para julgar os feitos em que as autarquias são parte a **Justiça Federal**, ressalvadas as causas relativas à falência,[49] a acidente de trabalho, à Justiça do Trabalho ou à Justiça Eleitoral.

Ademais, a regra prevista no § 2º do art. 109 da CF ("§ 2º As causas intentadas contra a União poderão ser aforadas na seção judiciária em que for domiciliado o autor, naquela onde houver ocorrido o ato ou fato que deu origem à demanda ou onde esteja situada a coisa, ou, ainda, no Distrito Federal") também se aplica às ações movidas em face de autarquias federais. O obetivo da presente regra é facilitar a propositura de ação pelo jurisdicionado em contraposição ao ente público.[50]

Outra prerrogativa processual é o **duplo grau de jurisdição obrigatório.** Nos termos do art. 496, I e II, do NCPC, a sentença prolatada contra autarquia, ou a que julgar procedente, no todo ou em parte, os embargos opostos à execução de sua dívida ativa, está sujeita ao **duplo grau de jurisdição obrigatório**.

De modo geral, para os particulares, a decisão ou sentença judicial somente será submetida a reexame da autoridade judicial superior se a parte prejudicada ingressar com recurso. No caso das autarquias, essa submissão se dá de modo automático. Isto é, não há necessidade de interposição de recurso. Nesses casos, o próprio juiz de primeira instância, verificando que sua decisão foi contrária à autarquia, fará a **remessa de ofício** ou **remessa obrigatória** dos autos ao Tribunal competente para que este confirme a decisão. Assim, na esfera federal,

49 Essa hipótese ocorre quando a autarquia é credora e deseja a decretação de falência da empresa devedora: a respectiva ação tramitará na Justiça Estadual.

50 STF, RE 627.709/DF, Rel. Min. RICARDO LEWANDOWSKI, julg.: 20.08.2014.

a decisão ou sentença judicial de primeira instância contrária às autarquias somente produz efeitos quando confirmada pelo Tribunal Regional Federal competente (que corresponde à segunda instância).[51]

Vejamos um exemplo para aclarar a exposição. Um particular ajuíza ação de indenização contra o INSS (Instituto Nacional de Seguridade Social) visando à reparação pelos danos materiais que sofreu em decorrência de laudo de médico dessa autarquia que indeferiu o seu pedido de aposentadoria por invalidez permanente, quando esta restou inequivocamente demonstrada por outros meios. Nesse caso, essa lide será inicialmente processada e decidida por um juiz federal (1ª instância). Suponhamos que o juiz julgue procedente o pedido do particular contra a autarquia. Mesmo assim, essa decisão não produzirá efeitos imediatamente, mas somente após a confirmação dessa sentença pelo Tribunal Regional Federal competente (2ª instância). Os autos do processo serão **remetidos automaticamente** para o Tribunal, independentemente de qualquer recurso interposto pela autarquia. Essa hipótese consagra o duplo grau de jurisdição obrigatório.

As autarquias quando comparecem em juízo têm **prazos dilatados**. O novo Código de Processo Civil uniformizou a dilatação dos prazos processuais para a Fazenda Pública (incluindo autarquias e fundações públicas de direito público). Ao invés de ser em quádruplo para contestar e em dobro para recorrer (regra antiga), com o NCPC todos os prazos ficam dilatados em dobro. Isto é, a Fazenda Pública dispõe de prazo em dobro para contestar e recorrer.

Vide a íntegra do dispositivo (art. 183, NCPC): "Art.183. A União, os Estados, o Distrito Federal, os Municípios e suas respectivas autarquias e fundações de direito público gozarão de prazo em dobro para todas as suas manifestações processuais, cuja contagem terá início a partir da intimação pessoal."

Esse privilégio não se aplica às ações regidas por leis especiais, como o mandado de segurança e a ação civil pública, tampouco se aplica aos processos perante os Juizados Especiais da Fazenda Pública (art. 7º, Lei nº 12.153/2009).

Enquanto particulares pagam custas judiciais ao longo do tramitar da ação judicial, as autarquias, quando vencidas, efetuam o **pagamento de custas**

51 O duplo grau de jurisdição obrigatório sofre exceção nos seguintes casos (art. 496, §§ 3º e 4º, NCPC):
a) quando a condenação ou o proveito econômico obtido na causa for de valor certo e líquido inferior a:
I – 1.000 (mil) salários-mínimos para a União e as respectivas autarquias e fundações de direito público;
II – 500 (quinhentos) salários-mínimos para os Estados, o Distrito Federal, as respectivas autarquias e fundações de direito público e os Municípios que constituam capitais dos Estados;
III – 100 (cem) salários-mínimos para todos os demais Municípios e respectivas autarquias e fundações de direito público.
b) quando a sentença estiver fundada em:
I – súmula de tribunal superior;
II – acórdão proferido pelo Supremo Tribunal Federal ou pelo Superior Tribunal de Justiça em julgamento de recursos repetitivos;
III – entendimento firmado em incidente de resolução de demandas repetitivas ou de assunção de competência;
IV – entendimento coincidente com orientação vinculante firmada no âmbito administrativo do próprio ente público, consolidada em manifestação, parecer ou súmula administrativa.

judiciais somente ao final da ação (art. 91, NCPC). Por óbvio, quando saírem vitoriosas da ação, caberá à parte contrária o pagamento das custas judiciais (ônus da sucumbência). Segundo o art. 1.007, § 1º, do NCPC, também estão **isentas do pagamento** das despesas judiciais (porte de remessa e preparo) relativas à interposição de recursos.[52]-[53]

Enquanto advogados de particulares só têm legimidade para postular em juízo devidamente munidos de procuração (instrumento de mandato), outra prerrogativa especial das autarquias é a **dispensa de apresentação de mandato por seus procuradores para defendê-las em juízo**. Nessa esteira, a Súmula nº 644 do STF: "Ao titular do cargo de Procurador de autarquia não se exige a apresentação de instrumento de mandato para representá-la em juízo". Além disso, os procuradores das autarquias devem ser **intimados pessoalmente** das decisões judiciais em que essas entidades figurarem como parte.[54]-[55] Vale dizer, as citações por edital ou por hora certa, previstas nos arts. 256 e 257 do NCPC são inaplicáveis às autarquias.

Os débitos decorrentes de sentença judicial transitada em julgado não poderão ser pagos mediante a penhora de bens da autarquia nem são exigíveis de imediato, pois são pagos mediante o **sistema de precatórios,** regime especial de execução previsto no art. 100 da Constituição. Por este sistema, os débitos das autarquias serão pagos na ordem cronológica de sua apresentação, ressalvados os créditos de natureza alimentícia e das obrigações definidas em lei como de pequeno valor.[56] Para a cobrança de seus créditos, as autarquias se valem da **execução fiscal (e não ação comum)**, nos termos da Lei nº 6.830/1980, com aplicação subsidiária do novo Código de Processo Civil, podendo inscrever seus credores em **dívida ativa**.

Os direitos e ações em favor de terceiros contra autarquia prescrevem em cinco anos. Trata-se da **prescrição quinquenal**, estabelecida no Decreto nº 20.910/1932 e aplicada às autarquias por força do art. 2º do Decreto-Lei nº 4.597/1942, que expressamente conferiu às autarquias este tratamento, que

52 STJ, Súmula nº 483: "O INSS não está obrigado a efetuar depósito prévio do preparo por gozar das prerrogativas e privilégios da Fazenda Pública."

53 Na ótica do STJ (AREsp 249.709/RJ, Rel. Min. CASTRO MEIRA, Dje 06.02.2012), em que pese tenham natureza autárquica, os conselhos fiscalizadores de profissão não estão isentos das custas judiciais, pois a Lei nº 9.289/1996 determina expressamente que os conselhos de fiscalização profissional se submetam ao pagamento das custas processuais. Precedente: STJ, AgRg no AREsp 200.014-RJ, Rel. Min. NAPOLEÃO NUNES MAIA FILHO, julg.: 20.09.2012.

54 STJ, EREsp 1.048.993/PR, Rel. Min. FERNANDO GONÇALVES, DJe 19.04.2010.

55 Tal privilégio processual estende-se aos conselhos fiscalizadores de profissões regulamentadas, em razão da natureza autárquica dessas entidades. Assim é a visão do STJ sobre o assunto: REsp 1.330.473-SP, Rel. Min. ARNALDO ESTEVES LIMA, julg.: 12.06.2013.

56 Para fins de dispensa de pagamento pelo regime de precatórios, cada ente da Federação estabelecerá, em lei própria, o que são obrigações de pequeno valor. Todavia, enquanto não editada a referida lei, aplica-se o disposto no art. 87 do ADCT (Ato das Disposições Constitucionais Transitórias) que fixa os valores considerados como obrigações de pequeno valor: valor igual ou inferior a 40 salários-mínimos para Estados e DF, e 30 salários-mínimos para os Municípios. Na União, os créditos de até 60 salários-mínimos são considerados de pequeno valor, por força da Lei nº 10.259/2001 (Lei dos Juizados Especiais Cíveis).

é próprio da Fazenda Pública. Dessa maneira, aquele que tiver crédito contra autarquia deverá promover a cobrança nesse prazo, sob pena de ver prescrito o direito de ação relativo ao débito.

A respectiva prescrição poderá ser **interrompida ou suspensa** nas situações previstas no novo Código de Processo Civil. Distinção importante entre interrupção e suspensão é que quando se trata de interrupção o prazo prescricional volta à estaca zero e começa a fluir novamente, desconsiderando o que já tenha escoado. Com a suspensão do prazo prescricional, diversamente, o prazo volta a correr da data em que foi suspenso, prosseguindo dali em diante. Todavia, tratando especificamente da prescrição quinquenal, o prazo **interrompido** recomeça a correr, conforme o art. 3º do Decreto-Lei nº 4.597/1942, pela **metade do prazo** (dois anos e meio), da data do ato que a interrompeu ou do último ato ou termo do respectivo processo. Sobre o assunto o STF editou a Súmula nº 383 para estabelecer que a prescrição não poderá ser inferior a cinco anos, caso o titular do direito a interrompa durante a primeira metade do prazo.

Para ilustrar o sobredito verifiquemos dois exemplos:

1. Prazo prescricional que iniciou em 12.02.2010, tendo sido interrompido em 12.02.2014. Nesse caso, a prescrição voltará a fluir por mais dois anos e meio até que sobrevenha nova prescrição (12.08.2016). Repare que o prazo total certamente será superior a cinco, o que não possibilita a aplicação da supramencionada súmula;
2. Prazo prescricional que iniciou em 12.02.2010 e foi interrompido em 12.02.2012. A prescrição voltará a correr não por mais dois anos e meio (ocorrendo em 12.08.2014), como é a regra geral, mas por mais três anos (12.02.2015), pois o prazo total não pode ser inferior a cinco anos, conforme entendimento sumulado do Pretório Excelso.

Note que a referida **prescrição quinquenal** é aplicável a todas as ações e direitos contra a Fazenda Pública, incluindo autarquias, fundações públicas, empresas públicas e sociedades de economia prestadoras de serviços públicos. Até a publicação do novo Código Civil, a aplicação da prescrição quinquenal estava pacificada na doutrina e na jurisprudência dos tribunais. Entretanto, após o advento da nova Lei Civil, fundou-se controvérsia acerca do assunto. O ponto de divergência é que o art. 206, § 3º, V, do CC estatuiu prazo prescricional de três anos para reparação civil de modo geral.

Nesse contexto, alguns autores administrativistas, de modo razoavelmente fundamentado, se posicionaram no sentido de que a **prescrição trienal** do Código Civil, por ser mais favorável ao Estado e por ser veiculada por norma mais recente, se aplicaria às ações contra a Fazenda Pública no tocante à reparação civil. Isto é, no ponto, o Código Civil de 2002 teria operado a revogação tácita da prescrição quinquenal (Decreto nº 20.910/1932) pelo critério da temporalidade (lei nova revoga lei antiga). Quanto às demais pretensões contra a Fazenda Pública, permaneceria a aplicação da prescrição quinquenal.[57]

Outros[58], dentre os quais nos incluímos, argumentam que a **prescrição quinquenal** insculpida no Decreto nº 20.910/1932 seria norma especial que regula a prescrição das pretensões formuladas contra a Fazenda Pública, e, como tal, teria de prevalecer sobre o prazo trienal do Código Civil, norma que disciplina a matéria em termos gerais. Vê-se, aqui, aplicado o critério da especialidade, segundo o qual norma especial prevalece sobre norma geral.

Durante certo tempo, no STJ a questão encontrou-se em profunda controvérsia: tanto houve julgados no sentido de ser aplicável o prazo prescricional de três anos[59] quanto outros no sentido de que esse prazo seria de cinco anos[60].

Entretanto, a partir do segundo semestre de 2012[61], o Tribunal da Cidadania passou a reiterar o entendimento de que **prescreve em cinco anos todo e qualquer direito ou ação movida contra a Fazenda Pública**, seja ela federal, estadual ou municipal, inclusive indenização por reparação civil. Desse modo, atualmente, pode-se afirmar que esta é a jurisprudência do STJ no trato da matéria.[62-63]

4.12. Privilégios fiscais

O art. 150,VI, "a", da Constituição Federal veda aos entes políticos (União, Estados, Distrito Federal e Municípios) instituírem impostos sobre patrimônio, renda ou serviços uns dos outros. Esse dispositivo consagra a **imunidade tributária recíproca**.

No § 2º do mesmo dispositivo legal verifica-se que a **imunidade tributária recíproca alcança também as autarquias e fundações públicas**. Com efeito, da mesma forma que os entes políticos não podem instituir impostos sobre o patrimônio, a renda ou os serviços uns dos outros, **não podem fazê-lo quanto**

57 CARVALHO FILHO, José dos Santos. *Manual de Direito Administrativo*. 20ª ed. Rio de Janeiro: Lumen Juris, 2008, p. 542; CUNHA, Leonardo Carneiro da. *A Fazenda Pública em Juízo*. 8ª ed., São Paulo: Dialética, 2010, p. 88-90; MARINELA, Fernanda. *Direito Administrativo*. 4ª ed. Niterói: Impetus, 2010, p. 1.030.

58 FURTADO, Lucas Rocha. *Curso de Direito Administrativo*. Belo Horizonte: Fórum. 2006, p. 1.015-1.017; JUSTEN FILHO, Marçal. *Curso de Direito Administrativo*. 9ª ed. São Paulo: Editora Revista dos Tribunais, 2013, p. 1362.

59 AREsp 14.062, Rel. Min. ARNALDO LIMA, julg.: 20.09.2012; REsp 1.104.062/RS, Rel. Min. MAURO CAMPBELL, DJe 27.05.2010; REsp 1.137.354/RJ, Rel. Min. CASTRO MEIRA, julg.: 08.09.2009; REsp 1.066.063/RS, Rel. Min. FRANCISCO FALCÃO, DJe 11.11.2008 e REsp 698.195/DF, Rel. Min. JORGE SCARTEZZINI, DJ 29.05.2006.

60 AgRg no REsp 1.149.621/PR, Rel. Min. BENEDITO GONÇALVES, DJe 18.05.2010; AgRg no REsp 1.073.796/RJ, Rel. Min. HUMBERTO MARTINS, DJe 01.07.2009; REsp 1.014.307, SP, Rel.ª Min.ª DENISE ARRUDA, DJe 24.06.2009.

61 AgR no AREsp 69.696/SE, Rel. Min. BENEDITO GONÇALVES, DJe 21.08.2012; AgRg no EREsp 1.200.764/AC, Rel. Min. ARNALDO ESTEVES LIMA, DJe 06.06.2012; AgR no REsp 1.195.013/AP, Rel. Min. TEORI ALBINO ZAVASCKI, DJe 23.05.2012; REsp 1.236.599/Rr, Rel. Min. CASTRO MEIRA, DJe 21.05.2012; AgR no AREsp 131.894/GO, Rel. Min. HUMBERTO MARTINS, DJe 26.04.2012.

62 A título de curiosidade, foi este o julgado que inaugurou o consenso jurisprudencial: REsp 1.251.993/PR, Rel. Min. MAURO CAMPBELL MARQUES, julg.: 12.12.2012.

63 É indêntico o entendimento do STF: ADI 2418/DF, Rel. Min. TEORI ZAVASCKI, julg.: 04.05.2016.

ao patrimônio, rendas e bens das autarquias, quando vinculados às suas finalidades essenciais ou dela decorrentes.

Imprescindível notar que a imunidade tributária recíproca aplicada às autarquias e às fundações públicas não alcança qualquer patrimônio, renda ou serviço, mas exclusivamente aqueles vinculados às suas finalidades essenciais ou delas decorrentes. Dessa forma, uma autarquia está livre do pagamento de IPVA (Imposto sobre Propriedade de Veículo Automotor) no que concerne a veículos de sua propriedade que estejam sendo utilizados na sua atividade-fim ou em apoio a esta. Diferentemente, seriam as rendas auferidas por uma autarquia em decorrência de aplicação financeira em bolsa de valores, pois tal atividade está dissociada de sua finalidade essencial.

Vale mencionar alguns julgados do STJ que conferem interpretação extensiva à expressão "finalidade essencial", constante do dispositivo constitucional supratranscrito. Cite-se o exemplo de uma autarquia que promove locação de imóveis de sua propriedade a terceiros. A Corte Superior entendeu que esses imóveis estariam imunes ao pagamento de IPTU (Imposto sobre Propriedade Territorial Urbana), desde que a renda oriunda dessa atividade seja revertida em favor de suas finalidades essenciais.[64] Nessa esteira, vale trazer à colação a Súmula nº 724 do STF, que em 18.06.2015 veio a se tornar a Súmula Vinculante nº 52:

> Ainda quando alugado a terceiros, permanece imune ao IPTU o imóvel pertencente a qualquer das entidades referidas pelo art. 150, VI, "c", da Constituição Federal, desde que o valor dos aluguéis seja aplicado nas atividades para as quais tais entidades foram constituídas.

Assim, a nítida orientação da jurisprudência dos tribunais brasileiros é no sentido de admitir que a imunidade tributária alcança a exploração de atividades estranhas às finalidades da autarquia (exploração econômica do patrimônio, venda de bens, prestação de serviços), desde que a renda decorrente dessa exploração seja revertida às atividades-fim na realização dos seus objetivos.

Indo mais além, há precedente no STF[65] asseverando que o fato de o imóvel estar vago ou sem edificação não é suficiente, por si só, para retirar a garantia constitucional da imunidade tributária. Não é possível considerar que determinado imóvel está voltado a finalidade diversa da exigida pelo interesse público apenas pelo fato de, momentaneamente, estar sem edificação ou ocupação.

Outro ponto de relevo é que, apesar de receber a denominação imunidade **tributária**, esta imunidade somente incide sobre os **impostos**, e não sobre

64 "Imóveis que integrem o patrimônio das autarquias são imunes à incidência do IPTU mesmo que locados a terceiros, desde que a renda locatícia seja aplicada na manutenção de seus objetivos institucionais, como prescreve o art. 14 do CTN" (REsp 726.326-MG, Rel. Min. CASTRO MEIRA, DJ 01.08.2005).

65 RE 385.091/DF, Rel. Min. DIAS TOFFOLI, julg.: 06.08.2013. Vale ressaltar, no entanto, que há precedente em sentido contrário (STF, AI 661.713 AgR, Rel. Min. DIAS TOFFOLI, Rel. p/ Acórdão: Min. MARCO AURÉLIO, julg.: 19.03.2013): imóveis locados ou não edificados ficam sujeitos ao IPTU.

taxas ou contribuições de melhoria (espécies do gênero "tributo"). Assim, estas entidades continuam sendo obrigadas a pagar taxas e contribuições de melhoria, a exemplo das decorrentes da prestação de serviços públicos como água, energia elétrica, telefonia etc.[66]

4.13. Patrimônio

O patrimônio das autarquias é formado a partir da transferência, dos bens, móveis ou imóveis, da entidade criadora, os quais passam a integrar o patrimônio da nova entidade. Em regra, essa transferência é feita pela própria lei específica que cria a entidade. Além disso, a autarquia poderá receber doações de bens de entidades da Administração Pública, bem como poderá adquirir bens que integrarão o seu acervo patrimonial.

Os bens das autarquias são considerados **bens públicos** (art. 98 do Código Civil), sobre os quais, como se era de imaginar, incidem diversas regras de direito público, que passamos a analisar.[67]

A primeira delas é a **impenhorabilidade,** segundo a qual os bens públicos não podem sofrer a penhora, mediante a sentença judicial que reconhece certa dívida e determina o recolhimento de determinado bem, a fim de levá-lo a leilão para quitar o débito. Justamente por isso é que essas entidades pagam seus débitos pelo sistema de precatórios (art. 100, CF/1988). A impenhorabilidade também protege os bens das autarquias contra **sequestro** e **arresto**, que nada mais são do que medidas cautelares típicas que buscam a restrição do patrimônio do devedor para garantir que os bens deste permanecerão intactos até o final da ação, possibilitando com isso o cumprimento da obrigação discutida no processo. O sequestro ocorreria quando a restrição incidisse sobre bens determinados e o arresto quando repousasse sobre bens indeterminados, mas suficientes para o cumprimento da execução da dívida.

Há também a **não onerabilidade,** que representa a impossibilidade de as autarquias oferecerem seus bens como garantia do cumprimento de determinada obrigação, a exemplo de um contrato de empréstimo. Nesse sentido, os bens das autarquias não podem ser dados em penhor ou hipotecados, por exemplo.

Há também a **inalienabilidade relativa.** Alienar um bem é transferi-lo ao domínio de terceiro por meio de venda, doação, permuta, dação em pagamento, investidura, entre outras formas. Os bens públicos, enquanto afetados à sua finalidade pública, são inalienáveis. Os bens das autarquias somente podem ser transferidos ao domínio de terceiros após serem desafetados de sua finalidade pública, obedecidas as regras gerais previstas nos arts. 17 a 19 da Lei nº 8.666/1993, as quais são: demonstração de interesse público evidente na

66 STF, RE 364.202/RS, Rel. Min. CARLOS VELLOSO, julg.: 05.10.2004.

67 Para mais detalhes sobre a natureza jurídica dos bens públicos, *vide* Capítulo 11 (Bens Públicos).

alienação, avaliação prévia, autorização legislativa e realização de procedimento licitatório.

Por fim, temos a **imprescritibilidade,** que protege os bens das autarquias contra a aquisição por terceiros mediante usucapião (art. 200, Decreto-Lei nº 9.760/1946). Nessa direção, a Súmula nº 340 do STF prescreve o seguinte: "Desde a vigência do Código Civil, os bens dominais, como os demais bens públicos, não podem ser adquiridos por usucapião". Há também o art. 183 da Constituição, segundo o qual "Os bens imóveis não serão adquiridos por usucapião".

Uma vez extinta a autarquia, todos os seus bens são reincorporados ao acervo patrimonial do ente político que a criou.

4.14. Falência

Ressalvadas as hipóteses de estabelecimento de preferências entre as diversas Fazendas Públicas, **não se sujeitam à falência, concordata ou inventário**, para a cobrança de seus créditos fiscais (art. 187, parágrafo único, I a III, do Código Tributário Nacional). Isto é, mesmo que as autarquias adquiram dívidas em montante superior ao seu patrimônio, os credores não podem ingressar com pedido judicial de falência, pois esse mecanismo é inaplicável a tais entidades.

5. EMPRESAS PÚBLICAS E SOCIEDADES DE ECONOMIA MISTA

5.1. Conceito

Empresas públicas são pessoas jurídicas de **direito privado**, integrantes da Administrativa Indireta, criadas pela inscrição do ato constitutivo no órgão competente após autorização em lei específica, com capital **inteiramente público**, para prestação de **serviço público** ou **exploração de atividade econômica** de relevante interesse coletivo, podendo adotar **qualquer forma empresarial** admitida em Direito.

Sociedades de economia mista são pessoas jurídicas de **direito privado**, integrantes da Administrativa Indireta, criadas pela inscrição do ato constitutivo no órgão competente após autorização em lei específica, com participação **majoritária do Poder Público e também de particulares no seu capital votante**, para prestação de **serviço público** ou **exploração de atividade econômica** de relevante interesse coletivo, podendo admitir **apenas a forma de sociedade anônima**.

As empresas públicas e sociedades de economia mista, juntamente com as suas subsidiárias e as entidades controladas pelo Poder Público recebem a denominação **empresas estatais ou empresas governamentais.**[68]

[68] DI PIETRO, Maria Sylvia Zanella. *Direito Administrativo*. 20ª ed. São Paulo: Atlas, 2006, p. 397. No mesmo sentido: MEIRELLES, Hely Lopes. (*Direito Administrativo Brasileiro*, 34ª ed. São Paulo: Malheiros, 2008, p. 363-364).

Neste tópico, iniciaremos pelas características comuns às empresas públicas e sociedades de economia mista e, ao cabo, estudaremos os traços diferenciadores.

5.2. Objeto e espécies

As empresas estatais podem ser instituídas para desenvolver dois tipos de atividades: prestação de serviços públicos outorgados do Estado ou exploração de atividade econômica de produção e comercialização de bens.

Assim, temos duas espécies de empresas estatais:

a) empresas estatais prestadoras de serviços públicos; ou

b) empresas estatais exploradoras de atividade econômica.

Alguns exemplos de empresas estatais prestadoras de serviços públicos são: Serviço Federal de Processamento de Dados (Serpro), Empresa de Correios e Telégrafos (ECT), Casa da Moeda do Brasil, Empresa Brasileira de Hemoderivados e Biotecnologia (Hemobrás), Centrais Elétricas do Norte do Brasil (Eletronorte) etc.

Como exemplos de empresas estatais exploradoras de atividade econômicas podemos mencionar: Indústria de Material Bélico do Brasil (Imbel), Caixa Econômica Federal (CEF), Empresa Brasileira de Pesquisa Agropecuária (Embrapa), IRB-Brasil Resseguros S.A (IRB-Brasil Re.), Banco do Brasil (BB), Banco do Nordeste do Brasil, Banco da Amazônia, Indústrias Nucleares do Brasil (INB), Petrobras etc.

Acerca da justificativa da criação de empresas estatais, José dos Santos Carvalho Filho expõe que:

> Como os órgãos estatais se encontram presos a uma infinita quantidade de controles, o que provoca sensível lentidão nas atividades que desempenham, essas pessoas administrativas, tendo personalidade de direito privado, embora sob a direção institucional do Estado, possibilitam maior versatilidade em sua atuação, quando voltadas para atividades econômicas. O Estado, através delas, se afasta um pouco de seu pedestal como Poder/bem-estar social para assemelhar-se, de certa maneira, a um empresário, que precisa de celeridade e eficiência para atingir seus objetivos.[69]

Convém sublinhar que independentemente da área de atuação da empresa estatal, a finalidade lucrativa estará sempre presente. Isto é, seja prestando serviços públicos seja explorando atividade econômica, a empresa estatal sempre visa ao lucro. Todavia, a finalidade lucrativa não é objetivo principal da entidade, pois o interesse público é o verdadeiro norte de toda e qualquer

69 CARVALHO FILHO, José dos Santos. *Manual de Direito Administrativo*. 20ª ed. Rio de Janeiro: Lumen Juris, 2008, p. 465.

atuação da Administração Pública (princípio da indisponibilidade do interesse público). Nesse diapasão, vem a calhar o magistério de Hely Lopes Meirelles:

> Tais empreendimentos, ainda quando voltados à prestação de serviço público, admitem lucro, e devem mesmo produzi-lo, para seu desenvolvimento e atrativo do capital privado. O lucro, porém, não é o objetivo principal da empresa, nem mesmo quando explore atividade econômica, pois a atuação do Estado nesta área só se justifica quando haja relevante interesse coletivo, ou seja, imprescindível à segurança nacional (CF, art. 175).[70]

Vimos precedentemente que a descentralização administrativa por delegação é a que o Estado transfere a execução de determinados serviços públicos a empresas privadas, por tempo determinado, mediante ato ou contrato administrativo. Daí, temos as figuras dos concessionários, permissionários e autorizatários de serviços públicos.[71] Pois bem, hipótese interessante é a de empresas públicas ou sociedades de economia mista celebrarem contratos de concessão ou de permissão de serviços públicos com ente político que não o instituidor, e se constituírem **concessionárias ou permissionárias de serviços públicos**, conforme o caso. O art. 32 da Lei nº 9.074, de 97 de julho de 1995, prevê essa situação.

Impende notar que essa possibilidade se adstringe à situação de empresa estatal de um ente político que, mediante participação em procedimento licitatório, celebra contrato de concessão ou permissão para prestar serviços públicos da titularidade de outro ente federativo. Exemplificando, seria o seguinte: uma empresa pública do Estado X, após lograr êxito em processo licitatório, celebra contrato de concessão para prestar serviços públicos no Município Y. A razão disso é que a prestação de serviços públicos no Estado X independe de celebração de contrato de concessão, pois a outorga do serviço se dá por autorização legislativa (art. 37, XIX, CF). A concessão será, isto sim, relativa à prestação do serviço público no Município Y.

Celso Antônio Bandeira de Mello, ao tratar sobre o tema, destaca que **não poderão** ser concessionárias ou permissionárias de serviços públicos as empresas públicas cujo capital seja oriundo de um único ente político (U, E, DF e M), tanto do próprio ente político quanto de suas entidades administrativas. Em conclusão, as empresas públicas cujo capital se origine de mais de um ente político e as sociedades de economia mista em geral poderão ser concessionárias ou permissionárias de serviços públicos.[72]

70 MEIRELLES, Hely Lopes. *Direito Administrativo Brasileiro*. 34ª ed. São Paulo: Malheiros, 2008, p. 366.

71 A respeito, consultar o tópico 2.1 do capítulo 3 (Organização Administrativa do Estado).

72 MELLO, Celso Antonio Bandeira. *Curso de Direito Administrativo*. 25ª ed. São Paulo: Malheiros, 2007, p. 200.

Por fim, cabe ressaltar que não há qualquer previsão de qualificação que possa ser dada às empresas públicas e sociedades de economia mista. Dessa forma, essas entidades não podem ser qualificadas como agências executivas.

5.3. Personalidade jurídica e regime jurídico

A personalidade jurídica das empresas estatais é sempre de **direito privado**. Entretanto, é imperioso sublinhar que o fato de terem personalidade jurídica de direito privado não significa dizer que tais entidades sejam instituídas por particulares. Quando se afirma que uma entidade tem personalidade jurídica de direito privado isso apenas significa que essa pessoa jurídica será regida por normas de direito privado, notadamente do Direito Civil e do Direito Comercial. Portanto, é plenamente possível que o Estado crie entidades e as submeta ao regime de direito privado. Quando isso ocorre, não se deve esquecer que a submissão dessa entidade ao direito privado jamais será total, pois ela nunca terá a mesma liberdade e desenvoltura que as pessoas particulares (empresas privadas, por exemplo). Assim, o regime jurídico aplicado a elas será um regime de **direito privado parcialmente afastado (derrogado) pelo direito público**. Essa conjugação de regras de direito privado com regras de direito público (em menor peso) leva alguns autores a defenderem que a elas se aplica **regime jurídico híbrido**.[73]

A depender do objeto da empresa estatal, teremos maior ou menor incidência de regras de direito público. As empresas estatais prestadoras de serviços públicos sofrem maior incidência de normas de Direito Público que as exploradoras de atividade econômica. Contudo, impende mencionar que tanto uma quanto outra continuam sendo predominantemente regidas pelas disposições do Direito Privado.

Assim, as empresas estatais prestadoras de serviços públicos são regidas pelo art. 175 da Constituição e, por desenvolverem atividades próprias do Estado, têm maior influência de normas de Direito Público. Inclusive, pode-se afirmar que, em relação a estas entidades, no silêncio da lei aplicam-se as normas de Direito Público.

Já as empresas estatais exploradoras de atividade econômica têm a sua disciplina extraída do art. 173 da Constituição, segundo o qual se submetem ao **regime próprio das empresas privadas, inclusive quanto às obrigações civis, comerciais, trabalhistas e tributárias**. Assim, percebemos que, nesse caso, a incidência de regras de Direito Público será a mínima possível – apenas o necessário para manter a entidade jungida aos princípios da Administração Pública. Aqui se tem o contrário: quando do silêncio da lei, prevalecem as regras do Direito Privado.

73 CARVALHO FILHO, José dos Santos. *Manual de Direito Administrativo*. 20ª ed. Rio de Janeiro: Lumen Juris, 2008, p. 470.

Ainda sobre as empresas estatais exploradoras de atividade econômica, podemos perceber que, apesar de desenvolverem atividades semelhantes às das demais empresas privadas, nunca gozarão da mesma liberdade que aquelas, pois sempre estarão sujeitas a algumas restrições especiais próprias do Direito Público.

5.4. Criação e extinção

O processo de criação das empresas estatais inicia-se com a publicação da lei que autoriza a sua criação. Esta lei disporá sobre características gerais dessas entidades a fim de dar a elas o mínimo de forma jurídica (denominação, natureza jurídica, finalidade etc.). Contudo, a publicação da lei autorizativa não cria efetivamente a entidade. Após isso, é necessário um ato do chefe do Poder Executivo (usualmente, decreto) que estabelecerá o estatuto jurídico da entidade. Esse estatuto, sim, disporá sobre todas as características da empresa estatal: duração, sede, princípios, objetivos e competências, capital e ações, pessoal, recursos financeiros, administração e organização da entidade, entre outras. Editado o Estatuto deverá este ser registrado no órgão competente.[74-75]

A exigência de **lei específica autorizadora** da criação da entidade é requisito inafastável para que se tenha uma empresa estatal. Nem mesmo lei genérica é suficiente para tanto. É necessária a edição de uma lei específica autorizativa: lei ordinária que tenha por único assunto a autorização da criação da entidade. Segundo a doutrina majoritária, uma entidade que não tem a sua criação autorizada por lei específica pode ser considerada, no máximo, uma empresa sob o controle acionário do Estado.

Excepcionalmente, a lei poderá autorizar não a criação da entidade, mas a transformação de um órgão público ou de uma autarquia ou fundação pública em entidade dessa espécie. Poderá, outrossim, a lei autorizar a desapropriação de ações de uma sociedade privada, em percentual que permita ao Poder Público exercer seu controle, com a expressa disposição de que a pessoa jurídica objeto da desapropriação terá a natureza jurídica de sociedade de economia mista ou empresa pública.

As empresas são **extintas** pelo cancelamento de sua inscrição mediante decreto do chefe do Poder Executivo, devidamente autorizado por lei específica.

---

74 Exemplificativamente, o Decreto nº 8.016, de 17 de maio de 2013, estabelece o Estatuto da Empresa Brasileira de Correios e Telégrafos (ECT). Ressalte-se que tal ato normativo revogou o Estatuto anterior desta entidade.

75 A Lei nº 12.304, de 02 de agosto de 2010, autorizou a criação da empresa pública federal, sob a forma de sociedade anônima, Empresa Brasileira de Administração de Petróleo e Gás Natural S.A. – Pré-Sal Petróleo S.A., vinculada ao Ministério de Minas e Energia, com prazo de duração indeterminado.

5.5. Regime de pessoal

As empresas estatais adotarão obrigatoriamente o **regime celetista**, em vista da sua natureza jurídica de direito privado. As regras trabalhistas a eles aplicáveis são as mesmas relativas aos trabalhadores da iniciativa privada: CLT (Consolidação das Leis Trabalhistas). Por isso, seus agentes são chamados de celetistas.

Os agentes públicos das empresas estatais são denominados **empregados públicos** e, naturalmente, ocupantes **empregos públicos**, cujo ingresso depende de prévia aprovação em **concurso público**, nos termos do inciso II do art. 37 da Constituição Federal. Recebem **salário** (ou remuneração em sentido amplo) como retribuição pecuniária pelo exercício de suas funções.

Não obstante ingressem por concurso público, os empregados públicos não foram contemplados pelo dispositivo constitucional que trata da estabilidade no serviço público (art. 41). Por outro lado, não se pode admitir que tais empregados possam ser dispensados livremente, como ocorre com os trabalhadores da iniciativa privada. Ocorre que as empresas estatais estão obrigadas a obedecer, dentre outros, aos princípios da impessoalidade, da moralidade e da motivação, razão pela qual não há falar em dispensa de empregado público sem que haja instauração de processo administrativo em que lhe sejam assegurados contraditório, ampla defesa e motivação do ato disciplinar. Vale dizer, é ilícita a demissão imotivada do empregado público.[76]

Os empregados públicos se submetem ao Regime Geral de Previdência Social, nos termos do § 13 do art. 40 da Constituição Federal. Note que embora haja menção aos empregados públicos no art. 40 da Constituição (que trata do Regime Próprio de Previdência Social – RPPS), esta menção é feita apenas para conduzir o intérprete ao art. 201 da Constituição, que trata do Regime Geral de Previdência Social (RGPS), este, sim, aplicável aos empregados públicos.

As causas trabalhistas entre empregados públicos e as empresas estatais são processadas e julgadas na **Justiça do Trabalho** (art. 114, CF/1988).

O teto remuneratório constitucional (art. 37, XI, CF: subsídio dos ministros do STF) abrange as empresas públicas e sociedades de economia mista e respectivas subsidiárias que **receberem recursos** da União, dos Estados, do Distrito Federal ou dos Municípios para pagamento de despesas de pessoal ou de custeio em geral (Art. 37, § 9º, CF/1988). Caso não recebam recursos públicos para tal destinação, não se sujeitam ao teto de remuneração do serviço público.

Os empregados públicos, para fins penais, são considerados funcionários públicos (art. 327, § 1º, Código Penal). São considerados agentes públicos para fins de improbidade administrativa (art. 2º, Lei nº 8.429/1992).

76 STF, RE 589.998/PI, Rel. Min. RICARDO LEWANDOWSKI, julg.: 20.03.2013.

Os dirigentes das empresas estatais, no exercício das funções delegadas do Poder Público, podem ser sujeitos passivos de **mandado de segurança** (art. 5º, LXIX, CF/1988), de **ação popular** (art. 5º, LXXIII, CF/1988), dentre outras ações de cunho publicista.

Ainda, com relação aos dirigentes das empresas estatais, vale mencionar a Súmula nº 333 do STJ, segundo a qual: "Cabe mandado de segurança contra ato praticado em licitação promovida por sociedade de economia mista ou empresa pública".

5.6. Participação do Poder Legislativo no processo de nomeação dos seus dirigentes

Segundo entendimento do STF é **inconstitucional** lei que estabeleça a participação do Poder Legislativo no processo de **nomeação** e **exoneração** de dirigentes das empresas públicas e sociedades de economia mista.[77]

5.7. Obrigatoriedade de licitação

Indiscutivelmente, as empresas públicas e sociedades de economia, ressalvados os casos previstos na legislação, estão submetidas à obrigatoriedade de licitação pública (art. 37, XXI, CF).

Se é assim por um lado, por outro não seria adequado que as empresas estatais, ao conduzirem seus processos licitatórios, ficassem sujeitas às mesmas regras burocráticas aplicáveis aos órgãos da Administração Direta, às autarquias e fundações públicas.

Com efeito, seria preciso que as regras licitatórias aplicáveis às estatais fossem mais ágeis, flexíveis e simplificadas, uma vez que tais entidades, não raro, competem com empresas privadas altamente desburocratizadas (*vide* o exemplo da concorrência entre os bancos públicos e os bancos privados). Não instituir regras licitatórias diferenciadas equivaleria a relegar as empresas estatais a uma enorme desvantagem em relação ao setor privado.

Nessa linha de raciocínio, a Emenda Constitucional nº 19/1998 deu nova redação ao art. 173, § 1º (destaque nosso):

> A lei estabelecerá o estatuto jurídico da **empresa pública**, da **sociedade de economia mista** e **de suas subsidiárias que explorem atividade econômica** de produção ou comercialização de bens ou de **prestação de serviços**, dispondo sobre: [...] III – **licitação e contratação** de obras, serviços, compras e alienações, observados os princípios da administração pública; [...].

77 ADI 1642/MG, Rel.Min. EROS GRAU, julg.: 03.04.2008. ADI-MC, Min. Rel. SEPÚLVEDA PERTENCE, DJ 29.06.00. STF, ADI-MC 1.949/RS, Rel. Min. SEPÚLVEDA PERTENCE, DJ 25.11.2005.

Do trecho acima pode-se concluir que haverá dois regimes licitatórios distintos: um regime mais rígido e burocrático concretizado na Lei nº 8.666/1993 para a Administração Direta, autarquias e fundações públicas; e outro mais ágil, flexível e simplificado a ser estabelecido mediante lei ordinária para as empresas públicas e as sociedades de economia mista e suas subsidiárias. O objetivo deste segundo estatuto é que as empresas estatais possam atuar em posição de igualdade com as empresas privadas concorrentes.

Enquanto o famigerado regime diferenciado das estatais não foi editado, tais entidades seguiram submetidas integralmente às regras da Lei nº 8.666/1993. Por certo, essa situação foi alvo de inúmeros embates jurídicos no STF, sobre os quais não discorreremos, a fim de preservar a característica objetiva deste Curso.[78]

Todavia, com o advento da Lei nº 13.303, de 30 de junho de 2016, que estabeleceu o **estatuto jurídico da empresa pública, da sociedade de economia mista e de suas subsidiárias**, as empresas estatais prestadoras de serviço público ou exploradoras de atividade econômica passaram a não mais se submeter à Lei nº 8.666/1993. A partir de então, as estatais efetivamente puderam gozar de um verdadeiro estatuto licitatório diferenciado.

Portanto, é imperioso reconhecer que com a Lei nº 13.303/2016 restou tacitamente revogado o parágrafo único do art. 1º da Lei nº 8.666/1993, que tem a seguinte redação:

> Subordinam-se ao regime desta Lei, além dos órgãos da administração direta, os fundos especiais, as autarquias, as fundações públicas, **as empresas públicas, as sociedades de economia mista** e demais entidades controladas direta ou indiretamente pela União, Estados, Distrito Federal e Municípios.

Frise-se: **todas as empresas públicas e sociedades de economia mista (prestadoras de serviços públicos ou prestadoras de atividade econômica) passam a ser regidas pela Lei nº 13.303/2016 em seus procedimentos licitatórios**.

Isso posto, cabe ainda informar que tudo o que foi dito acerca de obrigatoriedade de realizar licitação, aplica-se às **atividades-meio** das empresas estatais. Quanto às **atividades-fim**, estão dispensadas de procedimento licitatório, por força do art. 28, § 3º, I, da Lei nº 13.303/2016, segundo o qual "São as empresas públicas e as sociedades de economia mista dispensadas da observância dos dispositivos deste Capítulo nas seguintes situações: I – comercialização, prestação ou execução, de forma direta, pelas empresas mencionadas no *caput*, de produtos, serviços ou obras especificamente relacionados com seus respectivos objetos sociais; (...)".

Exemplificativamente, quando a Petrobras (sociedade de economia mista) deseja comercializar produtos derivados do petróleo não precisa realizar

78 Para mais informações a respeito, *vide* STF, AC 1.193 QO-MC/RJ, Rel. Min. GILMAR MENDES, 09.05.2006 e o RE 441.280/RS, Rel. Min. MENEZES DIREITO, 30.09.2008; *vide*, também, as decisões monocráticas do Min. Gilmar Mendes, concessivas de liminares favoráveis à PETROBRAS no MS 25.888 MC/DF, 22.03.2006, no MS 27.837 MC/DF, 21.01.2009, e no MS 27.796, em 28.01.2009.

procedimento licitatório, pois se trata de sua atividade-fim, sua razão de existir. Todavia, quando esta mesma entidade deseja reformar um dos seus escritórios espalhados por território nacional deverá contratar mediante procedimento licitatório, pois a reforma de escritório é atividade-meio, instrumental.

Em apertada síntese, podemos concluir o seguinte:

a) os órgãos da Administração Direta, as autarquias e as fundações públicas estão obrigados a seguir integralmente a Lei nº 8.666/1993;

b) as empresas públicas e sociedades de economia mista:

- nas atividades-fim, estão dispensadas de processo licitatório por força do disposto no art. 28, § 3º, I, da Lei nº 13.303/2016; e
- nas atividades-meio, estão obrigadas a realizar procedimento licitatório com base na Lei nº 13.303/2016.

5.8. Responsabilidade civil

O art. 37, § 6º, da Constituição Federal estabelece que "as pessoas jurídicas de direito público e as de **direito privado prestadoras de serviços públicos** responderão pelos danos que seus agentes, nessa qualidade, causarem a terceiros, assegurado o direito de regresso contra o responsável nos casos de dolo ou culpa" (destaque nosso).

O mencionado dispositivo consagra a responsabilidade objetiva para as empresas estatais fazendo distinção quanto à espécie. Em termos gerais, se forem **prestadoras de serviços públicos** respondem **objetivamente** pelos atos comissivos e **subjetivamente** para atos omissivos de seus agentes que causarem danos a terceiros; se **exploradoras de atividade econômica** respondem pelos atos comissivos e omissivos de seus agentes com base na **responsabilidade subjetiva**.[79]

O STF tem entendido atualmente (apesar de não ser um entendimento pacífico e, por isso, sujeito a alterações) que a responsabilidade **objetiva** das empresas estatais que prestem serviços públicos só alcança os atos comissivos praticados quando da prestação do serviço público (**atividade-fim**). Os atos comissivos praticados fora da prestação do serviço público (**atividade-meio**) serão passíveis de responsabilização com base na teoria da responsabilidade **subjetiva**.

Para ilustrar o sobredito, vejamos a situação de um carteiro, empregado público da Empresa de Correios e Telégrafos (ECT), que cause um dano a um particular em virtude de não ter tomado os devidos cuidados ao manusear documento de suma importância, vindo a extraviá-lo. Como se trata de um ato comissivo diretamente ligado à prestação do serviço público (atividade-fim dos Correios), a ECT responderá pela teoria da responsabilidade objetiva. Diversamente, é o caso de atropelamento causado por empregado da ECT, ao dirigir veículo oficial para

79 Para maior detalhamento do tema, *vide* Capítulo 13 (Responsabilidade Civil Extracontratual do Estado).

fins de transporte do dirigente dessa entidade (atividade-meio). Nessa situação, aplica-se a teoria da responsabilidade subjetiva.

Por fim, vale ainda destacar que no STF ultimamente vem se desenvolvendo o entendimento de que a responsabilidade civil do Estado por atos omissivos também é objetiva. Isso porque o art. 37, § 6º, da CF, ao estabelecer a responsabilidade objetiva do Estado, não distingue conduta comissiva e omissiva. Assim, se o constituinte não fez distinção, não cabe ao intérprete fazê-la. Portanto, é importante frisar que **a jurisprudência atual do STF** é no sentido de que o **Estado responde objetivamente pelos danos que seus agentes causarem a terceiros, tanto por atos comissivos quanto por atos omissivos.**[80]

5.9. Controle judicial e financeiro-orçamentário

A personalidade jurídica de direito privado das empresas estatais em nada elide a sua sujeição ao controle do Poder Judiciário. O art. 5º, XXXV, da Constituição consagra o princípio da inevitabilidade da jurisdição: "a lei não excluirá da apreciação do Poder Judiciário lesão ou ameaça a direito".

Com relação ao mandado de segurança, remédio constitucional cabível para "proteger direito líquido e certo, não amparado por *habeas corpus* ou *habeas data*, quando o responsável pela ilegalidade ou abuso de poder for autoridade pública ou agente de pessoa jurídica no exercício de atribuições do Poder Público" (art. 5º, LXIX), há uma peculiaridade. O mandado de segurança só é cabível quando os atos comissivos ou omissivos do dirigente da empresa estatal forem praticados **no exercício das funções públicas** outorgadas. Se, ao contrário, trata-se de ato jurídico praticado no âmbito do regime de direito privado, não há falar em cabimento de mandado de segurança, mas dos instrumentos processuais comuns cabíveis.

Quanto ao controle externo financeiro-orçamentário, as empresas públicas e sociedades de economia se submetem integralmente ao controle do Congresso Nacional, com auxílio do Tribunal de Contas da União. Especificamente, em relação à tomada de contas especial, o STF em 2005 alterou radicalmente a orientação que vinha tendo até então, no sentido de não sujeição dessas entidades a esse procedimento. Atualmente, a Corte posiciona-se de maneira favorável à sujeição das empresas estatais, independentemente da área de atuação, bem como de todas as demais entidades da Administração Pública ao controle externo financeiro-orçamentário pelo **Tribunal de Contas da União**, aplicável a quem dê causa a perda, extravio ou outra irregularidade de que resulte prejuízo ao erário público.[81]

80 ARE 956285 AgR/CE, Rel. Min. EDSON FACHIN, Julg.: 09.08.2016; ARE 951552 AgR / ES, Rel. Min. DIAS TOFFOLI, Julg.: 02.08.2016; ARE 842088 AgR / RJ, Rel. Min. GILMAR MENDES, Julg.: 03.03.2015; ARE 897.890, Rel. Min. DIAS TOFFOLI, Julg.: 22.09.2015; RE 677.283, Rel. Min. GILMAR MENDES, Julg.: 17.04.2015.

81 MS 25.081/DF, Rel. Min. JOAQUIM BARBOSA, DJ 29.06.2006.

5.10. Privilégios processuais

As empresas estatais, quando em juízo, **não gozam** de quaisquer prerrogativas processuais. Sujeitam-se às regras aplicáveis às pessoas comuns.[82]

Com efeito, prazos dilatados em juízo, duplo grau de jurisdição, pagamento de dívidas pelo sistema de precatórios, prescrição quinquenal, nada disso se aplica às empresas estatais.

A justificativa de não aplicação desses privilégios é o princípio constitucional da livre concorrência, que impede a concessão de tratamento diferenciado a agentes econômicos que se encontrem na mesma categoria. Caso contrário, poderia o Estado funcionar como fator de desiquilíbrio nas disputas de mercado. Ainda que o Estado resolva desempenhar atividade empresarial, não poderá conferir tratamento privilegiado exclusivo às suas empresas.

A exceção a essa regra ocorre nos casos de empresas públicas e sociedades de economia mista **prestadoras de serviços públicos em regime de monopólio**, pois nessa hipótese não haverá prejuízos a outras empresas. Não haverá desequilíbrio de mercado. Como exemplo, pode-se citar o caso da Empresa de Correios e Telégrafos (ECT), cujas dívidas são pagas pelo regime de precatórios previsto no art. 100 da Constituição Federal. Esse é o posicionamento do STF.[83]

Além dos Correios, há outras empresas estatais que são favorecidas por privilégios processuais, a exemplo da Casa da Moeda e outras que desempenham serviços públicos exclusivos.[84]

Importante lembrar que as empresas estatais não gozam de privilégios processuais, salvo no caso das prestadoras de serviços públicos em regime de monopólio.

5.11. Privilégios fiscais

O art. 173, § 2º, prevê que "as empresas públicas e as sociedades de economia mista não poderão gozar de privilégios fiscais não extensivos às do setor privado". O fundamento do dispositivo é o princípio da livre concorrência que rege a ordem econômica e financeira do Estado (art. 170, IV, CF/1988), segundo o qual o Estado deve zelar para que haja ambiente de igualdade entre as pessoas privadas do mercado, livre de favoritismos ou perseguições que tornem a concorrência desleal. Assim, o Poder Público, quando cria entidades que irão competir no mercado com as demais empresas, não pode dar a elas privilégios tributários exclusivos.

---

82 É incompatível com a Constituição o reconhecimento às empresas estatais dos privilégios processuais concedidos à Fazenda Pública. STF, AI 841.548/PR, Rel. Min. CÉZAR PELUSO, julg.: 11.06.2011.

83 RE 220.906, Min. Rel. MAURÍCIO CÔRREA, DJ 16.11.2000. No mesmo sentido, *vide* STF, RE 229.696, Min. Rel. MAURÍCIO CÔRREA, 14.11.2002.

84 STF, RG 852.302/AL, Rel. Min. DIAS TOFFOLI, julg.: 15.12.2015.

Quaisquer privilégios fiscais somente podem ser concedidos às empresas estatais se puderem ser, concomitantemente, estendidos às demais empresas privadas do ramo. Dessa forma, anistias, subvenções, moratórias, isenções, entre outros privilégios fiscais, não podem ser concedidos exclusivamente às empresas estatais.

A questão de extrema relevância é saber se essa regra do § 2º art. 173 aplica-se a todas as empresas estatais ou apenas às exploradoras de atividade econômica. O posicionamento que devemos adotar é o de que a empresa estatal que explore atividade econômica em sentido estrito **não poderá usufruir de benefícios e privilégios fiscais**, mesmo que em **regime de monopólio**. Isso se deve ao fato de que:

> A exploração de atividades econômicas, ainda que sob regime de monopólio, não ensejaria a incidência da proteção constitucional, pois a função da imunidade tributária não seria conceder vantagem de custo ao Estado na contratação de serviços e na aquisição de mercadorias, em detrimento do poder de tributar de outro ente federado.[85]

Já em relação às empresas públicas e às sociedades de economia mista que prestam **serviços públicos exclusivos** do Estado poderá haver instituição de privilégios fiscais, pois não se configurará nenhuma violação ao princípio da livre iniciativa já que se encontram isoladas no mercado. Assim, é o entendimento do Supremo Tribunal Federal, tendo inclusive sido reconhecida a repercussão geral da matéria[86]: "**as empresas públicas e sociedades de economia mista prestadoras de serviço público de prestação obrigatória e exclusiva do Estado são abrangidas pela imunidade tributária recíproca** prevista no art. 150, VI, a, da Constituição Federal."[87]

Em conclusão, é importante verificar que mesmo no caso das empresas estatais prestadoras de serviços públicos em regime de monopólio é necessário perquirir se a entidade desempenharia total ou parcialmente suas atividades com exclusividade. Caso o monopólio seja parcial, só haverá imunidade tributária com relação aos bens, serviços e rendas vinculados às atividades exclusivas. Na parte que houver concorrência com a iniciativa privada, a tributação incidirá normalmente.

Exemplificativamente, voltemos ao caso da Empresa de Correios e Telégrafos, cuja imunidade tributária foi reiteradas vezes objeto de discussão e afirmação

85 STF, RE 580264/RS, Rel. Min. JOAQUIM BARBOSA, julg.: 25.08.2010. No mesmo sentido: RE 253.472/SP, Rel. orig. Min. MARCO AURÉLIO, red. p/ o acórdão Min. JOAQUIM BARBOSA, julg.: 25.08.2010. Com base nesse pensamento o STF reconheceu imunidade tributária a imóvel da União, mas afetado à Codesp (Companhia Docas do Estado de São Paulo) por entender que o bem estaria sendo utilizado na atividade-fim de prestação de serviço público em regime de monopólio. Destacou o Relator que "atividades de exploração ecônomica, destinadas primordialmente a aumentar o patrimônio do Estado ou de particulares, devem ser submetidas à tributação por apresentaram-se como manifestação de riqueza e deixarem a salvo a autonomia política".

86 STF, ARE 638.315/BA, Rel. Min. CEZAR PELUSO, julg.: 06.09.2011; RE 599.628/DF, Rel. Min. AYRES BRITTO, Rel. p/ Acórdão Min. JOAQUIM BARBOSA, DJe 17.10.2011; ARE 709.225/RS, Rel. Min. MARCO AURÉLIO, DJe 01.02.2013.

87 AC 1.851/RO, Rel.ª Min.ª ELLEN GRACIE, julg.: 17.06.2008; ACO 765-RJ, Rel. Min. MENEZES DIREITO, DJ 03.09.2009; STF, ACO 789/PI, Rel. p/ Acórdão Min. DIAS TOFFOLI, DJ 15.10.2010.

no âmbito da Suprema Corte – como registrado anteriormente. No tocante às atividades de caráter tipicamente postais, a ECT goza de imunidade tributária porque monopolista, mas com relação às demais atividades sujeitas à concorrência ou franqueamento junto à iniciativa privada, conforme registramos acima, haveria incidência de tributação em homenagem ao princípio da livre concorrência.

Lamentavelmente, não foi este o entendimento do Supremo Tribunal Federal sobre a matéria: a ECT foi alcançada pelo benefício da imunidade tributária tanto nas atividades em que detém o monopólio quanto nas que desenvolve em regime de concorrência.[88]

Para reforçar a tese, em outubro de 2014, o Plenário do Supremo Tribunal Federal decidiu que a Empresa Brasileira de Correios e Telégrafos (ECT) não recolhe o Imposto Predial e Territorial Urbano (IPTU) incidente sobre seus imóveis, uma vez que eles estão abrangidos pelo princípio da imunidade tributária recíproca. Importante destacar que a imunidade alcança os imóveis próprios da ECT, não aqueles de franqueados ou prestadores de serviços. A decisão foi tomada em julgamento de Recurso Extraordinário com repercussão geral reconhecida, o que torna a decisão vinculante para todos os tribunais e magistrados do país, evitando com isso decisões conflitantes com entendimento da Corte Suprema. Portanto, a matéria está determinantemente pacificada.[89]

5.12. Patrimônio

O patrimônio das empresas estatais é formado a partir da transferência dos bens, móveis ou imóveis, da entidade criadora (ou de pessoas particulares, no caso das sociedades de economia mista), os quais passam a integrar o patrimônio da nova entidade. Em regra, essa transferência é feita pela própria lei específica que autoriza a criação da entidade. Além disso, as empresas estatais poderão receber doações de bens de entidades da Administração Pública, bem como poderão adquirir bens que, a partir disso, integrarão o seu acervo patrimonial.

Os bens das empresas estatais são considerados **bens privados**. Dessa forma, fica claro que os bens destinados a uma empresa pública serão transformados de bens públicos para bens privados, uma vez que o ente político instituidor efetuará a doação a uma pessoa jurídica de direito privado. Já no caso das sociedades de economia mista isso não ocorrerá plenamente, uma vez que parte dos bens (especificamente os bens móveis) destas entidades serão oriundos de particulares. Estes bens são, e continuarão a ser, bens privados.

Mister anotar que a denominação "bens privados" não é designativa do sujeito proprietário do bem. Por isso, não iremos concluir que bem privado é aquele que

88 STF, RE 601.392/PR, Rel. Min. JOAQUIM BARBOSA, DJe 04.06.2013.

89 RE 773.992/BA, Rel. Min. DIAS TOFFOLI, julg.: 15.10.2014; STF, RE 627.709/DF, Rel. Min. RICARDO LEWANDOWSKI, julg.: 12.11.2014.

pertence a um particular. Ter natureza de bem privado significa que sobre este bem incidem regras de Direito Privado, mormente de Direito Civil.

O patrimônio das empresas estatais não é alcançado pela impenhorabilidade, não onerabilidade, inalienabilidade, imprescritibilidade - privilégios próprios dos bens públicos. Logo, em tese, são penhoráveis, oneráveis, alienáveis e prescritíveis.[90]

Nesse passo, há uma observação a ser feita: não obstante os bens das empresas estatais prestadoras de **serviços públicos** sejam **bens privados**, tais bens não se submetem integralmente ao regime de direito privado. Sucede que os serviços públicos são norteados pelo princípio da continuidade, segundo o qual, de modo geral, não podem sofrer interrupção na sua prestação, uma vez que atendem necessidades inadiáveis dos usuários. Caso os bens das empresas estatais prestadoras de serviços públicos pudessem ser livremente penhorados, por exemplo, certamente haveria prejuízo para a continuidade desses serviços.

Assim, podemos afirmar que os **bens afetados à prestação do serviço público** (atividade-fim da estatal) gozam de **impenhorabilidade**, bem como das demais prerrogativas e restrições próprias dos bens públicos. Vale advertir que tais bens continuam a ser privados. Quanto ao regime jurídico é que haverá incidência de normas de Direito Público naquilo que for (e somente se for) cabível, sobretudo para preservar o princípio da continuidade.

Dessa maneira, uma viatura utilizada por empresa pública prestadora de serviços de energia elétrica para efetuar reparo na rede elétrica é impenhorável, por estar afetada à prestação do serviço público. Já o veículo oficial que transporta o dirigente dessa mesma entidade é penhorável, pois não está relacionado à atividade finalística da entidade, mas à atividade-meio.

Em relação à Empresa de Correios e Telégrafos (ECT) há entendimento do STF no sentido de determinar que suas dívidas são pagas mediante o sistema de precatórios (art. 100, CF/1988) em virtude de os seus bens, quaisquer que sejam, serem impenhoráveis.[91]

5.13. Falência

A sujeição, ou não, das empresas estatais à falência é objeto de grande controvérsia na doutrina administrativa e civilista. Todavia, entre os autores administrativistas parece haver certa estabilidade no sentido de não admitir a falência das empresas estatais que prestam serviços públicos, em homenagem ao princípio da continuidade.

---

90 Tanto é assim que o STJ considerou que bem de sociedade de economia mista pode ser objeto de usucapião (REsp 747.357-MG, Rel. Min. CASTRO FILHO, DJ 19.09.2006).

91 *Vide* STF, RE 220.906-DF, Rel. Min. Maurício Côrrea, DJ 16.11.2000.

Nessa esteira, Hely Lopes Meirelles defende que a falência é cabível apenas para as empresas estatais exploradoras de atividade econômica, pois é preceito constitucional sua submissão ao regime próprio das empresas privadas, inclusive quanto aos direitos e obrigações civis e comerciais. Já as empresas estatais prestadoras de serviços públicos, por conta do princípio da continuidade, não podem ter decretada a sua falência.[92]

Não obstante os louváveis posicionamentos dos autores citados e tendo em vista o objetivo pragmático deste Curso, devemos permanecer com a literalidade do art. 2º da nova Lei de Falências (Lei nº 11.101/2005), que expressamente prevê que "essa lei não se aplica às empresas públicas e sociedades de economia mista". Note que o dispositivo não faz distinção entre empresas estatais prestadoras de serviços públicos e empresas estatais exploradoras de atividade econômica.

Assim, ficamos com o seguinte posicionamento: **nenhuma empresa pública ou sociedade de economia mista, mesmo se exploradora de atividade econômica, está sujeita à falência**.

5.14. Diferenças

Vistas as características comuns entre empresas públicas e sociedades de economia mista, motivo pelo qual utilizamos a expressão genérica "empresas estatais", vejamos agora os traços distintivos entre estas entidades.

5.14.1. Forma societária

As **empresas públicas** podem ser constituídas sob **qualquer forma jurídica prevista em lei** (sociedade por quotas de responsabilidade limitada, sociedade anônima, sociedade em comandita simples, entre outras). Aliás, as empresas públicas podem, inclusive, adotar a forma de **sociedade unipessoal**, que ocorre quando o ente político instituidor da entidade detém a integralidade de seu capital social, sem possibilidade de participação de entidade da Administração Indireta.

Sem embargo do que foi dito, as empresas públicas federais (e somente estas) podem assumir formas jurídicas **inéditas**, pois legislar sobre Direito Comercial, modernamente Direito de Empresa (um dos sub-ramos do Direito Civil), por força do art. 22, I, da Constituição, é matéria de competência legislativa privativa da União. As empresas públicas estaduais, distritais e

92 MEIRELLES, Hely Lopes. *Direito Administrativo Brasileiro*, 34ª ed. São Paulo: Malheiros, 2008, p. 367-368. No mesmo sentido: José dos Santos Carvalho Filho (*Manual de Direito Administrativo*. 20ª ed. Rio de Janeiro: Lumen Juris, 2008, p. 482), Celso Antônio Bandeira de Mello (*Curso de Direito Administrativo*. 25ª ed. São Paulo: Malheiros, 2007, p. 206) e Maria Sylvia Zanella Di Pietro (*Direito Administrativo*. 20ª ed. São Paulo: Atlas, 2006, p. 427-428). Em sentido contrário: Waldo Fazzio Júnior (*Lei de falências e recuperação de empresas*. 4ª ed, São Paulo: Atlas, 2008, p. 36-38) e Gladston Mamede (*Manual de Direito Empresarial*. 4ª ed. São Paulo: Atlas, 2008, p. 409 e 410).

municipais, diversamente, poderão ser criadas sob qualquer forma jurídica, desde que **já prevista** em lei.

As sociedades de economia mista, federais, estaduais, distritais e municipais, **devem adotar obrigatoriamente a forma jurídica de sociedade anônima** (S/A), regida pela Lei das Sociedades por Ações (Lei nº 6.404/1976). Em virtude dessa característica, tais entidades somente podem ter seus atos constitutivos registrados nas Juntas Comerciais.

5.14.2. Composição do capital

As **empresas públicas** têm seu capital formado por **capital inteiramente oriundo de recursos públicos**. É o que se chama de empresa de capital fechado. Desde que o capital votante majoritário pertença ao ente instituidor, é bem possível que estes recursos provenham de mais de uma entidade, que pode ser política (União, Estados, DF e Municípios) ou administrativa (autarquia, fundação pública, empresa pública etc.).[93] Dessa maneira, uma empresa pública federal terá seu capital votante majoritário pertencente à União e o restante do capital, a outras entidades, políticas ou administrativas. O que não se admite em hipótese alguma é a participação direta de particulares em seu capital.

As **sociedades de economia mista**, como o próprio nome está a indicar, têm seu **capital votante formado tanto por recursos públicos (majoritário) quanto por recursos de pessoas físicas da iniciativa privada (minoritário)**. É o que se chama de empresa de capital aberto.[94]

Por mais que haja conjugação de recursos públicos e particulares nas sociedades de economia mista, o controle acionário votante da entidade (50% + 1 das ações com direito a voto) deve pertencer ao ente político instituidor ou a uma de suas entidades administrativas. O restante do capital pode ser rateado entre diversas entidades políticas ou administrativas, ou ainda entre diversas pessoas físicas ou jurídicas da iniciativa privada.

5.14.3. Foro judicial

Nos termos do art. 109, I, da Constituição, ressalvando-se as causas sobre falência, acidente de trabalho, ou aquelas de competência da Justiça Eleitoral ou do Trabalho, as demais causas em que a União, suas autarquias ou **suas empresas públicas** forem interessadas, na condição de autoras, rés, assistentes ou opoentes, serão processadas e julgadas na **Justiça Federal**.

Importante acrescentar o que consta da Súmula nº 270 do STJ, segundo a qual "o protesto pela preferência de crédito, apresentado por ente federal em

93 Art. 5º do Decreto-Lei nº 900/1969.

94 Sociedade de capital aberto é aquela que recebe autorização da CVM (Comissão de Valores Mobiliários) para circular com ações na bolsa de valores.

execução que tramita na Justiça Estadual, não desloca a competência para a Justiça Federal".

Como nada dispôs a Constituição sobre a situação dessas entidades, as sociedades de economia mista federais têm as suas causas apreciadas, em regra, pela **Justiça Estadual**. Nesse sentido, a Súmula nº 556 do STF: "É competente a Justiça Comum para julgar as causas em que é parte sociedade de economia mista" e a Súmula nº 42 do STJ: "Compete a Justiça Comum estadual processar e julgar as causas cíveis em que é parte sociedade de economia mista e os crimes praticados em seu detrimento".[95]

Essa regra somente sofrerá exceção quando a União intervém no processo. Esse é o entendimento do STF expressado na Súmula nº 517: "As sociedades de economia mista só têm foro na Justiça Federal quando a União intervém, como assistente ou opoente".[96]

Além disso, quando demonstrado o interesse jurídico da União, compete à Justiça Federal processar e julgar ação penal referente a crime cometido contra sociedade de economia mista.[97]

Por derradeiro, impende consignar que esse traço diferenciador é aplicável apenas às empresas públicas e sociedades de economia federais. As empresas públicas e sociedades de economia mista estaduais, distritais ou municipais não se diferenciam quanto a esse aspecto, haja vista que suas causas são julgadas e processadas na **Justiça Estadual,** nos termos da lei de organização judiciária do respectivo ente político.

Sobre as causas relativas a acidente de trabalho, durante algum tempo, pairou enorme insegurança jurídica quanto ao foro judicial competente para processar e julgar as ações respectivas. Isso se deve ao fato de que uma ação dessa natureza poderá ser intentada com duas espécies de pretensão: a) **pretensão indenizatória**: o trabalhador busca obter indenização do empregador pelos danos materiais, morais ou estéticos decorrentes do acidente de trabalho; b) **pretensão previdenciária**: quando o trabalhador move ação contra o INSS para discutir conflito acerca de benefício previdenciário (auxílio-acidente ou auxílio-doença) a que faz jus.

Inicialmente, o STF se inclinou a entender que essas causas seriam competência da Justiça Comum Estadual, independentemente de terem natureza indenizatória

95 STF, ACO 1.673/RJ, Rel. Min. DIAS TOFFOLI, DJe 13.06.2012: É atribuição do Ministério Público estadual apurar irregularidades no âmbito de sociedades de economia mista, em consonância com o disposto no artigo 109, incisos I e IV, da Constituição Federal (CF) e com o teor das Súmulas 517 e 556 do STF.

96 O STF reconhece a repercussão geral para questão da competência da Justiça Federal para processar e julgar mandado de segurança em face de ato de dirigente de sociedade de economia mista, por se tratar de autoridade federal (RE 726.035/SE, Rel. Min. LUIZ FUX, julg.: 02.05.2014).

97 STF, RE 614115 AgR/PA, rel. Min. DIAS TOFFOLI, julg.: 16.09.2014.

ou previdenciária.[98] Posteriormente, o Tribunal modificou esse entendimento e o consolidou no texto da Súmula Vinculante nº 22:

> A Justiça do Trabalho é competente para processar e julgar ações de indenização por danos morais e patrimoniais decorrentes de acidente de trabalho propostas por empregado contra empregador, inclusive aquelas que ainda não possuíam sentença de mérito em primeiro grau quando da promulgação da Emenda Constitucional nº 45/2004.[99]

Portanto, a definição do foro depende diretamente do teor da pretensão do autor da ação de acidente de trabalho: se houver **pretensão indenizatória (danos materiais e morais)**, o processamento será de competência da **Justiça do Trabalho**; se houver **pretensão previdenciária (pagamento do benefício de auxílio-acidente)**, competirá à **Justiça Estadual.**

6. FUNDAÇÕES PÚBLICAS

Nenhuma entidade da Administração Indireta tem despertado tantas controvérsias na doutrina quanto as fundações públicas. Antes de analisarmos esses pontos de dissenso, é necessária uma visão mais abrangente sobre as entidades fundacionais em si – públicas ou privadas.

A instituição de fundações tem origem no espírito de solidariedade, inerente ao ser humano, que, tomado pelo sentimento de amor ao próximo, à arte, à cultura, à religião, destina parte de seu patrimônio a uma atividade social. Para tanto, cria uma pessoa jurídica mediante a dotação de bens e recursos e dão a ela a denominação fundação.

Quando as fundações são instituídas por particulares, temos fundações privadas, Se, ao contrário, são instituídas e mantidas pelo Estado, temos fundações públicas. É necessário, ainda, notarmos que as fundações estatais não se diferenciam das fundações privadas quanto à finalidade social e o objeto não lucrativo.

Os principais traços distintivos entre as fundações públicas e as fundações privadas são:

a) natureza do patrimônio: nas fundações de direito privado a natureza jurídica do patrimônio é de bens privados, submetidos especialmente às regras do Direito Civil, ao passo que o patrimônio das fundações públicas é composto por bens públicos (às vezes, bens privados), sujeitos às regras do Direito Administrativo;

b) extinção: quando um particular destina parte de seu patrimônio para uma atividade social e cria uma fundação privada esse ato é irrevogável,

98 RE 438.639/MG, Rel. Min. AYRES BRITTO, julg.: 09.03.2005.

99 Nesse sentido, STF: CC 7.204, Rel. Min. CARLOS BRITTO, DJ 09.12.2005; AI 529.763, Rel. Min. CARLOS VELLOSO,DJ 02.12.2005; AC 822, Rel. Min. CELSO DE MELLO, DJ 20.09.2005.

pois esse patrimônio é afetado à finalidade da entidade, de modo que o instituidor não pode alterá-la nem livremente extinguir a fundação. Diversamente, quando o Estado cria fundação pública há liberdade para alterar a finalidade da entidade, bem como extingui-la em atendimento aos ditames do interesse público;

c) fiscalização: a fiscalização das fundações privadas fica a cargo do Ministério Público (art. 66, Código Civil). Essas entidades prestam contas independentemente de suspeitas de irregularidades, e necessitam, para a prática de determinados atos, obter autorização prévia do Ministério Público. Em relação às fundações públicas, em tese, o próprio ente instituidor efetua a fiscalização da entidade (controle finalístico), e não o Ministério Público.[100] Em que pese ao tema, o STF incidentalmente informou que é atribuição do Ministério Público Federal a veladura pelas fundações federais de direito público, funcionem, ou não, no Distrito Federal ou nos eventuais Territórios. Dessa forma, as fundações públicas estaduais estão sujeitas à atuação do Ministério Pública estadual, as fundações públicas distritais estão sujeitas à atuação do MPDFT, e as fundações públicas federais estão sujeitas à atuação do Ministério Público Federal. Todavia, convém esclarecer que essa fiscalização não é uma "veladura" propriamente dita (no sentido de "curadoria"), mas mero controle de legalidade que se insere nas atribuições ordinárias do Ministério Público e alcança a Administração Pública como um todo.[101]

6.1. Conceito

Tendo em conta as características apresentadas acima, pode-se definir fundação pública como o patrimônio dotado de personalidade jurídica de direito público ou privado instituído pelo Estado mediante lei específica para o desempenho de atividades de caráter social visando à concretização de direitos fundamentais diversos.

6.2. Objeto

As fundações públicas desenvolvem **atividades não lucrativas e atípicas de Estado**, assim consideradas as de interesse coletivo que podem ser

100 Para Maria Sylvia Zanella Di Pietro (*Direito Administrativo*. 20ª ed. São Paulo: Atlas, 2006, p. 406-407), "a fiscalização pelo Ministério Público, com relação às fundações governamentais, mesmo as de direito privado, é totalmente desnecessária, pois somente serve para sobrecarregar a entidade com duplicidade de controles que têm o mesmo objetivo. A tutela administrativa a que se sujeitam essas entidades, com o nome de 'supervisão ministerial', já visa assegurar a 'realização dos objetivos fixados nos atos de constituição da entidade, a harmonia com a política e a programação do Governo no setor de atuação da entidade, a eficiência administrativa e a autonomia administrativa, operacional e financeira da entidade (art. 26 do Decreto-Lei nº 200/67). Isto sem falar na fiscalização financeira e orçamentária prevista na Lei nº 6.223, de 14.7.75, e agora tornada indiscutível em face da Constituição de 1988 (arts. 71, 49, inciso X, 165, § 5º,169, parágrafo único)". Em consonância com essa tese: CARVALHO FILHO, José dos Santos. (*Manual de Direito Administrativo*. 20ª ed. Rio de Janeiro: Lumen Juris, 2008, p. 496).

101 ADI 2794/DF, Rel. Min. SEPÚLVEDA PERTENCE, julg.: 14.12.2006.

desempenhadas tanto pelos entes políticos quanto pela iniciativa privada, tais como ensino e pesquisa, assistência social, assistência médica e hospitalar, cultura, entre outras.

Justamente por constituírem patrimônio do Estado empregado numa finalidade social, podemos afirmar que as fundações públicas são **patrimônios personificados**.

São fundações públicas: Funai (Fundação Nacional do Índio), IBGE (Fundação Instituto Brasileiro de Geografia e Estatística), Funasa (Fundo Nacional de Saúde), Fundação Biblioteca Nacional, Fundação do Instituto Oswaldo Cruz (Fiocruz) entre outras. Além dessas, podemos citar as universidades federais criadas mais recentemente no País, a exemplo da UFPI (Universidade Federal do Piauí), FUB (Fundação Universidade de Brasília), UFPA (Universidade Federal do Amapá) e UFRO (Universidade Federal de Rondônia).

Sobre as áreas de atuação das fundações públicas, a Emenda Constitucional nº 19/1998 estatui que caberá à **lei complementar** definir as áreas de atuação das fundações públicas, seja de direito público seja de direito privado. Até o presente momento a referida norma não foi editada. Tramita no Congresso Nacional o Projeto de Lei Complementar nº 97, de 2007, que regulamenta o art. 37, XIX, parte final, da Constituição, para definir as áreas de atuação das fundações instituídas pelo Poder Público. Dispõe o projeto que as fundações deverão atuar nas seguintes áreas: saúde, assistência social, cultura, desporto, ciência e tecnologia, meio ambiente, previdência complementar do servidor público, comunicação social e promoção ao turismo nacional.

Em relação às fundações públicas de direito privado, há uma restrição quanto à sua área de atuação: atividades relacionadas ao poder de polícia, tais como aplicação de penalidades, não podem ser desempenhadas por tais entidades, pois são exclusivas das pessoas de direito público.

6.3. Personalidade jurídica

Até a promulgação da Constituição em 1988, a tese majoritária era a de que as fundações públicas tinham personalidade jurídica de direito privado. Tal inteligência derivava do art. 5º, IV, do Decreto-Lei nº 200/1967, que definia Fundação Pública como:

> Entidade dotada de personalidade jurídica de direito privado, sem fins lucrativos, criada em virtude de autorização legislativa, para o desenvolvimento de atividades que não exijam execução por órgãos ou entidades de direito público, com autonomia administrativa, patrimônio próprio gerido pelos respectivos órgãos de direção, e funcionamento custeado por recursos da União e de outras fontes.

A Constituição Federal, entretanto, parece ter optado por conferir às fundações públicas personalidade jurídica de direito público ao estender a elas diversas prerrogativas que eram próprias das autarquias (pessoas jurídicas de direito público). Nessa esteira, a doutrina passou a entender que as fundações públicas teriam personalidade jurídica de direito público.

O art. 37, XIX, da CF/1988, alterado pela Emenda Constitucional nº 19/1998, deu novo fôlego à celeuma ao estatuir que "somente por lei específica poderá ser criada autarquia e autorizada a criação de empresa pública, sociedade de economia mista e de fundação, cabendo à lei complementar, neste último caso, definir as áreas de sua atuação". Note que somente são criadas diretamente por lei específica as autarquias, o que evidencia sua natureza jurídica de direito público. As demais entidades têm a sua criação autorizada por lei específica, o que também deixa patente a personalidade jurídica de direito privado. Dessa forma, o que se pôde preliminarmente concluir do texto constitucional àquela época era que todas as fundações públicas seriam pessoas jurídicas de direito privado e, por conseguinte, seriam criadas mediante autorização em lei específica.

Se assim fosse, teríamos certa estabilidade quanto à natureza jurídica das fundações públicas, não tivesse o constituinte, por outro lado, mantido para estas entidades diversas prerrogativas próprias das pessoas de direito público (autarquias e entes federativos). A Constituição que aparentemente atribui personalidade jurídica de direito privado às fundações é a mesma que confere a elas diversos privilégios das pessoas públicas. A partir disso, a doutrina majoritária passou a ser no sentido de que as fundações públicas seriam, em verdade, pessoas jurídicas de direito público.[102]

Para pôr fim à controvérsia, em 2001, o STF definiu o alcance, das alterações constitucionais promovidas pela Reforma Administrativa (EC nº 19/1998): há duas modalidades de fundação pública, as de **direito público** (espécie do gênero autarquia) e as de **direito privado** (criadas diretamente por lei específica, estas, pelo registro do ato constitutivo, após autorização em lei específica).[103]

É importante repisar que a Constituição Federal, em nenhum trecho, distingue fundações públicas de direito público e fundações de direito privado. Essa orientação advém exclusivamente de posicionamentos doutrinários e jurisprudenciais a respeito.

Modernamente, é comum denominarmos as fundações públicas de direito privado **fundações governamentais**. Já as fundações públicas de direito público, são chamadas de **fundações autárquicas**.

102 MELLO, Celso Antônio Bandeira de. *Curso de Direito Administrativo*. 25ª ed. São Paulo: Malheiros, 2007, p. 185.

103 Jurisprudência: RE 219.900/RS, Rel.ª Min.ª ELLEN GRACIE, DJ 28.09.2001. No mesmo sentido: STJ, AgRgRD no Ag 1.038.020/RJ, Rel. Min. MAURO CAMPBELL MARQUES, DJe 25.03.2009 e REsp 925.404/SE, Rel. Min. CASTRO MEIRA, DJ 08.05.2007. Doutrina: DI PIETRO, Maria Sylvia Zanella. *Direito Administrativo*. 20ª ed. São Paulo: Atlas, 2006, pp. 403-405; CARVALHO FILHO, José dos Santos. *Manual de Direito Administrativo*. 23ª ed. Rio de Janeiro: Lumen Juris, 2009, pp. 563-567; FURTADO, Lucas Rocha. *Curso de Direito Administrativo*. 1ª ed., Belo Horizonte: Fórum. 2006, pp. 196-199.

Não obstante a orientação firmada pelo Pretório Excelso, ainda há certa indefinição sobre o tema em foco, haja vista que diversos aspectos do regime jurídico das fundações públicas, tais como patrimônio, privilégios processuais, foro judicial competente, restam indefinidos.

Em julho de 2009, o Ministério do Planejamento, Desenvolvimento e Gestão determinou a constituição de uma Comissão de Juristas com o objetivo de propor uma nova estrutura orgânica para o funcionamento da Administração Pública e das suas relações com entes de colaboração. Dos trabalhos dessa Comissão resultou o anteprojeto de Lei Orgânica da Administração Pública e Entes de Colaboração, e nele restou consolidado o posicionamento acerca da natureza jurídica de direito privado das fundações públicas, ali denominadas fundações estatais. Ainda, segundo o documento, as fundações públicas de direito privado seriam apenas espécie do gênero autarquia, gozando de todos os privilégios e restrições pertinentes a esta entidade. Logo, estas últimas não seriam fundações públicas propriamente ditas.

Devemos lembrar, no entanto, que este anteprojeto de lei é mero documento opinativo, que deverá inspirar a apresentação de projeto de lei de autoria do Poder Executivo e que passará pelo crivo das Casas Legislativas do Congresso Nacional e, posteriormente, pela sanção presidencial, para só então converter-se em norma jurídica. Aguardemos os próximos passos, que, inclusive, não aparentam ser ligeiros.

6.4. Regime jurídico

O regime jurídico aplicável às fundações públicas dependerá de sua personalidade jurídica.

As fundações públicas de direito público estão submetidas às regras do **regime jurídico-administrativo**, e nisso se assemelham às autarquias. Já as fundações públicas de direito privado são regidas pelo **regime jurídico de direito privado derrogado por normas de direito público,** cuja conformação se assemelharia mais à das empresas públicas e das sociedades de economia mista, do que à das autarquias.[104] Isto é, essas entidades reger-se-ão por normas do Direito comum (Direito Privado) em tudo aquilo que não for expressamente afastado pelo Direito Público.

Acontece que por mais que uma entidade administrativa tenha personalidade jurídica de direito privado, nunca haverá total submissão a este regime, pois o Estado não poderá proceder com a mesma liberdade com que procedem os particulares. Com efeito, sobre fundações públicas de direito privado incidem, de modo geral, regras de Direito Privado, sobretudo quanto à instituição, ao regime

104 STF, RE 716.378/SP, Rel. Min. DIAS TOFFOLI, julg.: 1º.10.2014.

de pessoal etc. Todavia, algumas destas regras serão parcialmente afastadas (derrogadas) por regras de Direito Público, nas hipóteses expressamente mencionadas na Constituição ou na legislação infraconstitucional. Como exemplos de institutos de Direito Público aplicáveis às fundações públicas de direito privado podemos citar:

a) necessidade de lei específica para criar ou autorizar a sua criação, conforme o caso (art. 37, XIX, CF/1988);
b) investidura em cargo e emprego por meio de concurso público, ressalvados os cargos em comissão, declarados em lei de livre nomeação e exoneração (art. 37, II, CF/1988);
c) obrigatoriedade de realizar licitação para contratação de obras, serviços, compras, alienações e locações (art. 37, XXI, CF/1988);
d) vedação à acumulação remunerada de cargos, empregos e funções públicas (art. 37, XVI, CF/1988);
e) submissão ao teto remuneratório dos subsídios dos Ministros do Supremo Tribunal Federal (art. 37, X, CF/1988);
f) imunidade tributária recíproca em relação aos bens, serviços e rendas vinculados às suas finalidades essenciais (art. 150, § 2º, CF/1988);
g) sujeição ao controle externo financeiro-orçamentário dos tribunais de contas (art. 70, parágrafo único, CF/1988); e
h) equiparação de seus agentes a funcionários públicos para fins penais e de improbidade administrativa.

Não obstante tenhamos elaborado o rol de disposições de Direito Público aplicável às fundações públicas de direito privado, é importante registrarmos que a Constituição Federal nos dispositivos supratranscritos não faz distinção entre fundações públicas de direito público e fundações públicas de direito privado. E isso nos leva à interpretação de que todas as regras constitucionais atinentes às fundações públicas são, em princípio, aplicáveis indistintamente às fundações públicas de direito público e de direito privado.

6.5. Criação e extinção

As fundações públicas de **direito público** são criadas da mesma forma que as autarquias: mediante **lei específica** que, uma vez publicada na imprensa oficial, dá origem à entidade, sem necessidade de qualquer ato posterior que a complemente. Daí a afirmação de que as fundações públicas de direito público são espécies do gênero autarquia, podendo ser chamadas de fundações autárquicas ou autarquias fundacionais.

Já as fundações públicas de **direito privado** são criadas pelo seguinte procedimento: **autorização em lei específica**, elaboração do estatuto (normalmente por meio de decreto) e **registro** desse estatuto no órgão competente. Note que o papel da lei, nesse caso, não é o de criar, mas tão somente de autorizar a criação, o que ocorrerá apenas com o registro do ato constitutivo no órgão competente.

A extinção das fundações públicas de direito público dar-se-á por meio de lei específica, diretamente. Já as fundações públicas de direito privado são extintas pelo cancelamento dos atos constitutivo junto ao órgão competente após autorização em lei específica.

6.6. Regime de pessoal

Quando tiverem personalidade jurídica de direito público, o regime de pessoal será o estatutário (em âmbito federal, sob regência da Lei nº 8.112/1990). Tais agentes serão denominados **servidores públicos** e se submeterão ao Regime Próprio de Previdência Social, nos termos do art. 40 da Constituição Federal.

Ao contrário, se tiverem personalidade jurídica de direito privado, aplicar-se-á o regime trabalhista da CLT (Consolidação das Leis do Trabalho). Tais agentes públicos serão chamados de **empregados públicos** e estarão sob a égide do Regime Geral de Previdência Social, na linha do que dispõe o § 13 do art. 40 da Constituição.

Quanto à participação do Poder Legislativo no processo de nomeação dos seus dirigentes, aplicam-se as mesmas regras concernentes às autarquias, nos termos do exposto no tópico respectivo (4.7.) deste Capítulo.

6.7. Obrigatoriedade de concurso e de licitação

Às fundações públicas, independentemente de serem de direito público ou de direito privado, aplicam-se as mesmas regras relativas às autarquias quanto à realização de concurso público para provimento de cargos e empregos públicos e de licitação para contratação de obras, serviços, compras e alienações.

6.8. Responsabilidade civil

Tanto as fundações públicas de direito público quanto as de direito privado são alcançadas pela regra da responsabilidade objetiva prevista no art. 37, § 6º, da Constituição Federal. Nesse passo, valem as mesmas observações concernentes às autarquias (tópico 4.9).

6.9. Controle judicial

O controle judicial exercido sobre as fundações públicas não difere em relação ao exercido sobre as autarquias.

Quanto ao foro judicial, sabemos que as autarquias federais têm foro na Justiça Federal, por força do art. 109, I, CF/1988. Assim, as fundações públicas federais de direito público, que são consideradas espécie de autarquia, também terão foro na Justiça Federal.[105]

Já em relação às fundações públicas federais de direito privado, o foro será na Justiça Estadual, haja vista que é o foro comum das pessoas privadas.[106]

6.10. Privilégios processuais e fiscais

Quando de direito público, os privilégios processuais e fiscais serão idênticos aos das autarquias. Vale ressaltar que especificamente quanto à imunidade tributária recíproca, as fundações públicas de direito privado também são alcançadas por tal privilégio. Com relação aos demais privilégios processuais ou fiscais, as fundações públicas de direito privado não são contempladas.

6.11. Patrimônio

O patrimônio das fundações públicas de direito público é formado por bens públicos que, semelhante ao que ocorre com as autarquias, gozam de impenhorabilidade, imprescritibilidade, inalienabilidade relativa e não onerabilidade. Já as fundações públicas de direito privado têm patrimônio formado por bens privados.

Em colaboração com esse posicionamento, Maria Sylvia Zanella Di Pietro assevera que o patrimônio das fundações públicas pode ser **total** ou **parcialmente público**, a depender da personalidade jurídica da entidade.[107]

6.12. Falência

Tal qual as autarquias, as fundações públicas de direito público ou de direito privado não se submetem à falência.

Quadro Sinóptico				
Entidades da Administração Indireta				
----------	**Autarquias**	**Fundações Públicas**	**Empresas Públicas**	**Sociedades de Economia Mista**
Personalidade jurídica	Direito público		Direito privado	
Regime jurídico	Regime jurídico-administrativo		Regime jurídico de direito privado derrogado pelo direito público	

105 STJ, CC 37681/SC, Rel. Min. NANCY ANDRIGHI, julg.: 27.08.2003.

106 STJ, CC 76/DF, Rel. ATHOS CARNEIRO, DJ 18.09.1989.

107 DI PIETRO, Maria Sylvia Zanella. *Direito Administrativo*. 20ª ed. São Paulo: Atlas, 2006, p. 404. No mesmo sentido: José dos Santos Carvalho Filho (*Manual de Direito Administrativo*. 20ª ed. Rio de Janeiro: Lumen Juris, 2008, p. 494).

<table>
<tr><td>Criação e extinção</td><td colspan="2">Lei específica (diretamente)</td><td>Autorização por lei específica + decreto + inscrição do ato constitutivo no registro competente</td></tr>
<tr><td>Regime de pessoal</td><td colspan="2">Estatutário</td><td>Celetista</td></tr>
<tr><td>Objeto</td><td>Atividades típicas de Estado (serviço público personificado)</td><td>Atividades atípicas de Estado: natureza social (patrimônio personalizado)</td><td>Serviços públicos ou atividade econômica</td></tr>
<tr><td>Privilégios processuais</td><td colspan="2">• Prazos dilatados em juízo
• Duplo grau de jurisdição obrigatório
• Execução das dívidas: regime de precatórios (art. 100, CF)
• Pagamento de custas judiciais apenas ao final da ação, quando vencidas</td><td>Não gozam de privilégios processuais, salvo quando prestam serviços públicos exclusivos do Estado</td></tr>
<tr><td>Privilégios fiscais</td><td colspan="2">Imunidade tributária recíproca sobre o patrimônio, renda ou serviços vinculados às suas finalidades essenciais (art. 150, § 2º, CF)</td><td>Submetem-se ao regime próprio das empresas privadas, inclusive quanto aos direitos e obrigações civis, comerciais, trabalhistas e tributários (art. 173, CF/1988).
Salvo se prestadoras de serviços públicos exclusivos, não podem gozar de privilégios fiscais não extensivos às demais empresas privadas</td></tr>
<tr><td>Falência</td><td colspan="3">Não se submetem</td></tr>
<tr><td>Patrimônio</td><td colspan="2">Bens públicos (impenhoráveis, imprescritíveis, inalienáveis relativamente e não oneráveis)</td><td>Bens privados. Os bens afetados à prestação do serviço público gozam, naquilo que couber, dos privilégios e restrições próprias dos bens públicos</td></tr>
<tr><td>Obrigatoriedade de licitação</td><td colspan="2">Sujeição à Lei nº 8.666/1990</td><td>Sujeição à Lei nº 13.303/2016</td></tr>
</table>

---------	EMPRESAS PÚBLICAS	SOCIEDADES DE ECONOMIA MISTA
Forma societária	Admitem qualquer forma societária (S/A, Ltda., sociedade em comandita por ações etc.)	Necessariamente na forma de S/A

Composição do capital	Capital 100% estatal	No mínimo, 50% + 1 das ações com direito a voto pertencentes a ente público
Foro competente (exclusivamente na esfera federal)	Justiça Federal, exceto acidentes de trabalho, falência, causas de competência da Justiça Eleitoral e do Trabalho	Justiça Estadual, exceto causas de competência da Justiça Eleitoral e do Trabalho

7. NOVAS FIGURAS DA REFORMA ADMINISTRATIVA

7.1. Agências Executivas

Agência Executiva é qualificação dada **à autarquia** ou **fundação pública** que tenha celebrado **contrato de gestão** com o órgão central da Administração Direta a que se acha vinculada, com vistas à melhoria de eficiência e redução de custos.[108]

É bom frisar que não se trata de nova categoria de entidade da Administração Indireta, mas apenas de **qualificação especial** recebida por autarquia ou fundação pública preexistente que celebre contrato de gestão mediante o preenchimento de determinados requisitos. Tanto é assim que a autarquia ou fundação pública qualificada como agência executiva pode perder tal qualificação, uma vez que descumpra algumas das exigências para manutenção do contrato de gestão.

O art. 51 da Lei nº 9.649/1998 prevê que o Poder Executivo, mediante **iniciativa do Ministério supervisor**, com anuência do Ministério da Administração Federal e Reforma do Estado (atualmente **Ministério do Planejamento, Desenvolvimento e Gestão** – MPDG), poderá qualificar como Agência Executiva a autarquia ou a fundação pública que tenha cumprido os seguintes requisitos:

a) ter celebrado **contrato de gestão** com o respectivo Ministério supervisor; e

b) ter **plano estratégico de reestruturação e de desenvolvimento institucional**, voltado para a melhoria da qualidade da gestão e para a redução de custos, **em andamento**.

É de todo importante ressaltar que o contrato de gestão não é instrumento idôneo para qualificar a entidade como agência executiva, mas tão somente condição para qualificação. Esta, propriamente dita, será feita mediante **decreto** do chefe do Poder Executivo.

Os planos estratégicos de reestruturação e de desenvolvimento institucional definirão as diretrizes, políticas e medidas voltadas para a racionalização de estruturas e do quadro de servidores, a revisão dos processos de trabalho,

108 DI PIETRO, Maria Sylvia Zanella. *Direito Administrativo*. 20ª ed. São Paulo: Atlas, 2006, p. 432.

o desenvolvimento dos recursos humanos e o fortalecimento da identidade institucional da agência executiva (art. 52, Lei nº 9.649/1998).

Os contratos de gestão das agências executivas serão celebrados com **duração mínima** de **um ano** e estabelecerão os objetivos, metas e respectivos indicadores de desempenho da entidade, os recursos necessários e os critérios e instrumentos para a avaliação do seu cumprimento, responsabilidades dos signatários em relação ao atingimento dos objetivos e metas definidos, penalidades aplicáveis à entidade e aos seus dirigentes, bem como condições para sua revisão, renovação e rescisão.

Com o objetivo de fomentar a atividade desenvolvida pelas agências Executivas, a Lei nº 9.648/1998 alterou a redação do parágrafo único do art. 24 da Lei nº 8.666/1993, instituindo **valores duplicados** nos limites para dispensa de procedimento licitatório quando comparadas às demais autarquias e fundações públicas que não possuem tal qualificação. Reza o dispositivo que quando se trata de obras e serviços de engenharia, será dispensável a licitação se o valor da contratação for de até R$ 15.000,00 e, no caso de outras compras e serviços, de até R$ 8.000,00. Entretanto, quando a entidade que realiza a licitação for agência executiva esses valores serão aplicados em dobro: R$ 30.000,00 para obras e serviços de engenharia e R$ 16.000,00 para outras compras e serviços.

São exemplos de agências executivas o Instituto Nacional de Metrologia, Normatização e Qualidade Industrial (Inmetro), a Superintendência de Desenvolvimento do Nordeste (Sudene), e a Superintendência de Desenvolvimento da Amazônia (Sudam).

Embora carregada de boas intenções, a figura das agências executivas não decolou no sistema jurídico-administrativo brasileiro. Poucos são os exemplos de entidades qualificadas, o que leva a crer que, em pouco tempo, estarão totalmente anacrônicas.

7.2. Agências Reguladoras

7.2.1. Origem e conceito

As agências reguladoras, figuras oriundas do Direito norte-americano, nasceram como fruto de uma das diretrizes da reforma administrativa do Estado na década de 1990: afastamento gradual do Poder Público da prestação direta de serviços públicos mediante delegação desses serviços a particulares e consequente fortalecimento da sua atuação reguladora estatal.

Alicerçados nessa diretriz, atividades como energia elétrica e telecomunicações, por exemplo, passaram a ser exercidas por particulares em regime de delegação de serviços públicos. Como a titularidade dos serviços públicos pertence ao Estado (art. 175, CF/1988), não haveria como este se afastar totalmente dessas atividades, deixando-as totalmente livres à iniciativa privada, sob pena de se assistir a um verdadeiro caos nos setores essenciais ao desenvolvimento econômico e social do País. Assim, na delegação, o Estado deve continuar intervindo na prestação do serviço público por meio da regulamentação e fiscalização, a fim de garantir a sua eficiente prestação, a defesa dos interesses dos usuários do serviço, a generalidade na prestação dos serviços, entre outros objetivos.

Desenhado este cenário, é importante destacar que a única verdadeira novidade na figura das agências reguladoras é a própria expressão "agência", importada dos EUA, pois as funções de regulação e fiscalização que essas entidades desempenham já eram empreendidas, desde há muito, por outros órgãos ou entidades da Administração Pública (e.g., Banco Central do Brasil, Conselho Administrativo de Defesa Econômica, Comissão de Valores Mobiliários).

Inclusive há órgãos e entidades que, a despeito de se denominarem "agência", não são agências reguladoras. Cite-se como exemplo a Agência Brasileira de Inteligência (Abin), que é órgão de assessoramente à Presidência da República. Do mesmo modo, há agências reguladoras que não possuem denominação formal de "agência", a exemplo da Previc (Superintendência Nacional de Previdência Complementar).

As agências reguladoras são **autarquias em regime especial** que detêm **elevado grau de autonomia** e **especialização técnica** para exercer **poder de polícia**, **regulamentar** e **fiscalizar** a prestação de serviços públicos por particulares em regime de delegação, as atividades econômicas por estes desenvolvidas, bem como as relações jurídicas travadas no âmbito destas atividades.

Como se vê, as agências reguladoras devem gozar da maior autonomia possível frente ao Poder Executivo e aos setores regulados a fim de assegurar a imparcialidade de sua atuação, livre de ingerências político-partidárias e econômicas lesivas aos interesses que têm de defender: os interesses coletivos.

A Agência Nacional de Energia Elétrica (Aneel), a Agência Nacional de Saúde Suplementar (ANS), a Agência Nacional de Telecomunicações (Anatel), a Agência Nacional de Transportes Terrestres (ANTT), a Agência Nacional de Vigilância Sanitária (Anvisa), a Agência Nacional do Petróleo (ANP), a Agência Nacional de Aviação Civil (Anac) e a Superintendência Nacional de Previdência Complementar (Previc) são algumas de nossas principais agências reguladoras.

É importante sublinhar que, entre as agências reguladoras citadas, apenas a Anatel e a ANP têm previsão expressa na Constituição Federal (respectivamente, art. 21, XI, e art. 177, § 2º). As demais têm previsão **exclusivamente** em lei.

7.2.2. Objeto e classificação

Em primeiro lugar, temos agências reguladoras que controlam as atividades desempenhadas pelos **delegatários de serviços públicos**, a exemplo da Anatel, da Aneel, da Anac.

Em segundo, há as agências reguladoras que atuam com base no típico poder de polícia ao fiscalizarem e controlarem particulares que **exercem atividade econômica** (ex.: ANS, Anvisa, ANTT) ou que **exploram bens públicos mediante concessão** (ANA, ANP).

É possível também encontrarmos exemplo de agência reguladora que, sem prejuízo de sua atividade fiscalizatória, pratica **atividades de fomento** (incentivo) ao agentes que atuam no setor regulado. É o caso da Agência Nacional do Cinema (Ancine), que, além da regulação e fiscalização das indústrias cinematográfica e videofonográfica, executa ações de fomento e promoção nas áreas de cinema e vídeo.

7.2.3. Forma jurídica

Como exercem poder de polícia e regulação, atividades que envolvem poder de império, as agências reguladoras **somente** podem ser constituídas como **pessoas jurídicas de direito público**. Tais atividades são exclusivas das pessoas jurídicas de direito público, jamais podem estar a cargo de pessoas da iniciativa privada.

Desse modo, em tese, as agências reguladoras poderiam ser constituídas como órgãos públicos integrantes da estrutura dos entes federativos, poderiam ser autarquias ou até fundações públicas de direito público. Entretanto, apesar de todas estarem fortemente ligadas ao regime jurídico de direito público, veremos que a única alternativa de constituição das agências reguladoras é como autarquias.

As agências não poderiam ser órgãos da Administração direta por conta do grau de independência que teriam de gozar frente ao Poder Executivo, o que seria incompatível com o exercício do poder hierárquico por parte do chefe de Poder. Não obstante, o art. 21, IX, da Carta Magna prevê que a lei disponha sobre a criação de um "órgão regulador" dos serviços de telecomunicações. Mais adiante, a mesma Constituição, estatui que a lei disponha sobre a estrutura e atribuições do "órgão regulador" do monopólio da União sobre petróleo (art. 177, § 2º). Percebe-se aqui menos a intenção de que as agências reguladoras pertencessem à Administração direta, e mais ausência de boa técnica de redação legislativa. Dessa maneira, em que pese a redação literal do texto constitucional, devemos entender que a infeliz utilização da terminologia "órgão regulador" não deve ser entendida como órgão público propriamente dito, unidade de atuação desprovida de personalidade jurídica.

Também não poderiam as agências reguladoras serem constituídas como fundações públicas de direito público em razão da própria ideia inspiradora das fundações, que é o exercício de atividades de caráter social, voltado para a concretização dos direitos à educação, à saúde, ao trabalho, à moradia, ao lazer.

Desse modo, entendemos que a única opção viável e vantajosa para a constituição de agências reguladoras é na forma jurídica de autarquias. Tanto é assim que, atualmente, **todas as agências reguladoras propriamente ditas são autarquias** em regime especial. Isso se dá exatamente por esta categoria (autarquias) gozar de elevado grau de independência em relação à Administração direta, o que lhe confere a isenção e a imparcialidade necessárias ao satisfatório desempenho de suas atribuições.

7.2.4. Prerrogativas especiais

A ampla autonomia de que as agências reguladoras são detentoras demanda a existência de privilégios especiais que efetivem a independência de suas decisões. Entre as prerrogativas podemos citar:

a) detêm amplo poder para elaborar atos normativos na área de suas competências técnicas (poder normativo);

b) fiscalizam o cumprimento de suas normas e demais leis que incidem sobre o setor pertinente às suas áreas de atuação;

c) aplicam sanções decorrentes do descumprimento de tais normas;

d) solucionam, de maneira definitiva na via administrativa (passíveis, portanto, de revisão judicial), conflitos oriundos das relações jurídicas dos setores que fiscalizam (envolvem o Estado, setor regulado, usuários dos serviços e a sociedade em geral);[109]

e) suas receitas podem ser obtidas por meio de fontes próprias de recursos decorrentes da atividade de fiscalização (taxas de polícia administrativa);

f) não estão submetidas a controle hierárquico de qualquer órgão ou entidade da Administração Pública;

g) seus dirigentes são escolhidos pelo chefe do Poder Executivo segundo critérios técnicos, com participação do Poder Legislativo no processo de nomeação; e

h) seus dirigentes cumprem mandatos de duração determinada e somente podem ser afastados antes do seu término em caso de renúncia, condenação judicial transitada em julgado ou de processo administrativo disciplinar, descumprimento da política legalmente definida para o setor e outras hipóteses previstas na lei que institui a agência.

109 A respeito, *vide* Súmula nº 506 do STJ: "A Anatel não é parte legítima nas demandas entre a concessionária e o usuário de telefonia decorrentes de relação contratual."

Há a tese de que os dirigentes das agências reguladoras também poderiam ser afastados quando do **encerramento do mandato do chefe do Poder Executivo.**[110] A ideia seria a de que, caso contrário, o novo mandatário poderia encontrar um quadro técnico engessado e, de certa forma, ligado ao mandatário antecessor, mormente quando este tenha promovido muitas nomeações nos últimos anos de mandato. Tal circunstância, segundo os defensores da tese, produziria um descalabro em que o novo chefe do Executivo ficaria impossilitado de prover os altos quadros administrativos com as pessoas que gozassem de sua confiança. Note-se que não se trataria de exoneração automática de todos os dirigentes das Agências assim que o novo chefe do Poder Executivo assumisse o mandato, mas tão somente da possibilidade de livre exoneração desses dirigentes caso não gozassem da confiança do chefe do Poder Executivo recém-eleito ou não mantivessem a necessária afinidade com este.

Com o devido respeito aos que advogam nesse sentido, não concordamos com a tese. Entendemos que, ainda que nomeado por outro mandatário, o dirigente da agência é **obrigado a cumprir a política governamental** estabelecida pelo atual chefe do Poder Executivo para o setor, sob pena de perda do cargo. Sendo assim, ficará o novo mandatário plenamente resguardado quanto à obediência aos seus planos de governo. Ademais, o esquema de nomeação dos dirigentes de uma mesma agência deve obedecer critérios de gradativa rotatividade para evitar que um número considerável de integrantes conclua seus mandatos em datas próximas. Nessa linha, todo chefe do Poder Executivo poderá nomear dirigentes, mas tendo que conviver com dirigentes nomeados na gestão anterior, o que pode contribuir fortemente para a imparcialidade das decisões tomadas pelo colegiado.

Ainda quanto aos dirigentes das agências reguladoras, busca-se prevenir o denominado **risco de captura**, fenômeno pelo qual ao término dos seus mandatos esses dirigentes, amplamente familiarizados com o setor no qual atuam e ainda detendo a influência que o cargo lhes confere, tornam-se altamente atrativos no mercado privado na função de consultores das mesmas entidades sobre as quais anteriormente exerciam poder de controle e fiscalização.

A fim de evitar esse choque de interesses, os dirigentes das agências reguladoras se submetem a um período de **quarentena**. Isto é, terminado o mandato, ficam impedidos por um certo prazo de exercerem quaisquer atividades ou prestar serviços no setor regulado pela respectiva agência, sem prejuízo da remuneração a que fariam jus, caso no exercício do cargo estivessem. Esse prazo, em geral, é de quatro meses, salvo se a lei específica que cria a agência reguladora dispuser de modo diverso. Cite-se como exemplo o art. 30 da Lei nº 9.472/1997,

110 MELLO, Celso Antônio Bandeira de. *Curso de Direito Administrativo*. 25ª ed. São Paulo, Malheiros, 2008, p. 176.

que estabelece o prazo de quarentena de doze meses para os ex-dirigentes da Anatel.[111]

7.2.5. Poder normativo

Diante da impossibilidade material de o legislador dispor sobre assuntos técnicos com a mesma propriedade e destreza com que faria um órgão especializado, tem-se assistido ao moderno fenômeno da **deslegalização,** mediante o qual o Poder Legislativo estabelece apenas os aspectos básicos de determinados assuntos (política legislativa), deixando ampla margem de regulamentação (decretos, resoluções, instruções normativas, portarias etc.) aos órgãos e entidades dotados de capacidade técnica-operacional altamente especializada.[112]

Trata-se da **desmonopolização das fontes normativas**, processo que o Poder Legislativo cede espaço aos demais Poderes na feitura das normas. Bem preconiza o emérito Diogo de Figueiredo de Moreira Neto[113] que:

> Tudo concorre para que, pouco a pouco, substitua-se um monopólio legislativo ineficiente por um sistema de comandos normativos descentralizado e polivalente, remanescendo, todavia, com as casas legislativas nacionais, apenas o monopólio da política legislativa, que vem a ser a competência para firmar princípios e baixar as normas gerais, a serem observadas pelas demais fontes intraestatais.

Vê-se, então, que nos assuntos estritamente técnicos, a lei tende a ceder espaço para atos normativos oriundos de quem tenha conhecimento técnico especializado para editá-los, a partir dos parâmetros e limites fixados pelo legislador. É nesse contexto que surge o **poder normativo das agências reguladoras**, entidades tecnicamente especializadas em determinados ramos da atividade econômica e da prestação de serviços públicos.

A lei que dotar essas entidades de poder normativo deverá, necessariamente, dispor sobre os assuntos objeto de normatização, bem como os parâmetros, diretrizes, princípios e limites a serem observados pela entidade técnica. Como se vê a lei deverá ter conteúdo mínimo, a ser complementado pelas normas baixadas pela agência reguladora.

Daí não se poder concluir que os atos normativos das agências reguladoras sejam primários, ou mesmo regulamentos autônomos. Eles nascem a partir

111 O TCU se posiciona no sentido de que, seguindo os parâmetros internacionais, o prazo de quarentena para os dirigentes das agências reguladoras seja de, no mínimo, um ano após a vacância do cargo (TC 012.693/2009-Plenário).

112 CARVALHO FILHO, José dos Santos. *Manual de Direito Administrativo*. 20ª ed. Rio de Janeiro: Lumen Juris, 2008, p. 449.

113 MOREIRA NETO, Diogo de Figueiredo. *Quatro paradigmas do direito administrativo pós-moderno*: legitimidade: finalidade: eficiência: resultados. Belo Horizonte: Fórum, 2008, p. 117.

de um necessário comando normativo autorizador da regulamentação e, por conseguinte, não podem extrapolar os limites gizados pela própria lei.

Outro limite que exsurge em relação ao poder normativo das agências reguladoras é que não poderão esses atos normativos dispor sobre os assuntos para os quais a Constituição exigiu lei formal. Isto é, onde a lei é pressuposto necessário, não há espaço para o poder normativo das agências reguladoras (princípio da reserva legal).

Em suma, podemos apontar as seguintes condições de validade do poder normativo em foco:

a) pressupõe a exigência de lei que autorize a agência reguladora a exercer poder normativo e estabeleça os parâmetros e limites dessa atuação;

b) não alcança as matérias reservadas pela Constituição à lei formal (princípio da reserva legal); e

c) abrange exclusivamente aspectos técnicos referentes ao setor objeto de regulação.

Não é tarde lembrar que todo e qualquer ato normativo oriundo de agência reguladora está sujeito ao controle político do Congresso Nacional que, nos termos do art. 49, V, da Constituição, poderá sustar atos normativos do Poder Executivo que exorbitem do poder regulamentar. Isso sem contar a possibilidade de impugnação do ato pelas vias judiciais idôneas.

7.2.6. Controle

A independência administrativa de que gozam as agências reguladoras não pode ser vista a ponto de representar verdadeira imunidade diante dos controles constitucionalmente previstos no bojo do sistema de freios e contrapesos (*check and balances*).

Com efeito, apesar de poderem solucionar conflitos de maneira definitiva na esfera administrativa, toda e qualquer questão de **legalidade e legitimidade** envolvendo assunto afeto à agência reguladora pode ser rediscutida em sede de processo judicial, detendo o **Poder Judiciário** competência para dizer a última palavra sobre a questão (coisa julgada).

O **Poder Legislativo** nas hipóteses constitucionalmente previstas pode exercer controle sobre a atividade das agências reguladoras. A necessidade de aprovação pelo Senado Federal da nomeação de seus dirigentes e a competência do Congresso Nacional de sustar os atos normativos das agências reguladoras que exorbitem do poder regulamentar (art. 49, V, CF/1988) são bons exemplos do controle legislativo sobre estas entidades.

Além disso, as agências reguladoras estão sujeitas à fiscalização contábil, financeira, orçamentária, operacional e patrimonial, exercida pelo Congresso

Nacional, com auxílio do **Tribunal de Contas da União**, nos termos do art. 71 da Constituição.

As agências reguladoras, por mais que gozem de autonomia administrativa, não fogem ao **controle finalístico** a cargo do órgão da Administração direta a que se acham vinculadas. Ainda que em menor amplitude, se comparado às demais entidades da Administração indireta, tal controle é exercido. Ademais, as agências reguladoras encontram-se sob a direção superior do Presidente da República, consoante o previsto no art. 84, II, da Constituição Federal.

Como regra, das decisões das agências reguladoras não cabe recurso administrativo para o respectivo órgão supervisor da Administração direta. Todavia, poderá a lei prever tal via recursal. Trata-se do **recurso hierárquico impróprio**. Diz-se hierárquico impróprio notadamente pela razão de não haver, de fato, hierarquia entre a agência reguladora recorrida e o órgão central incumbido da apreciação do recurso.

É interessante sublinhar que tal recurso somente será possível em face de **previsão legal expressa**. Caso contrário, será ilícita a sua interposição. Inclusive, há casos de agências reguladoras cuja lei de criação veda expressamente a possibilidade de recurso hierárquico impróprio, a exemplo do que ocorre com a Anatel, pois, no art. 19, XXV, da Lei nº 9.472/1997, estabeleceu-se que à referida agência cabe decidir em último grau sobre as matérias de sua alçada, sempre admitindo recurso ao Conselho Diretor, unidade organizacional desta mesma agência.

As agências reguladoras submetem-se também ao **controle popular**, exercido evidentemente por aquele que é o verdadeiro titular da coisa pública: o povo. Inclusive, para dar azo a esse controle, diversas leis instituidoras de agências reguladoras consagram importantes instrumentos de participação popular: as consultas e as audiências públicas. Enfim, as referidas leis preveem mecanismos de participação efetiva e prévia da população diante da prática de atos que possam diretamente afetar agentes econômicos ou usuários dos bens e serviços do setor regulado. Para tanto, as minutas de atos normativos serão submetidas à consulta ou audiência pública, formalizadas por publicação no Diário Oficial respectivo, devendo as críticas e sugestões merecer exame e permanecer à disposição do público na biblioteca (art. 42, Lei nº 9.472/1997).

7.2.7. Regime de pessoal

Há basicamente dois regimes de pessoal principais no mundo jurídico: o estatutário e o celetista. No regime estatutário, típico da iniciativa pública, são previstas diversas garantias, a exemplo da estabilidade, que permite ao servidor atuação isenta, imparcial, desvencilhada de ingerências políticas, já que não temerá perder o cargo pelo fato de contrariar "certos interesses".

O regime celetista, despojado do instituto da estabilidade, é apropriado ao contexto da iniciativa privada, onde não há exercício de atividade que envolva poder de império, supremacia do interesse público sobre o interesse privado.

A par dessas considerações, tendo em conta as atribuições regulatórias e de poder de polícia que exercem (consideradas atividades típicas e exclusivas de Estado), às agências reguladoras é **obrigatória a adoção do regime estatutário de pessoal** (a Lei nº 8.112/1992 na esfera federal).

Assim é o entendimento do Supremo Tribunal Federal, que suspendeu liminarmente a aplicação da Lei nº 9.986/2000, em especial o art. 1º, que previa o regime de emprego para as agências reguladoras. Na decisão de mérito, a referida ação tornou-se prejudicada em razão da perda do objeto.[114] É que a Lei nº 10.871, de 20 de maior de 2004, que dispõe sobre a criação de carreiras e organização de cargos efetivos das agências reguladoras, estabeleceu em seu art. 6º que o regime de pessoal aplicável aos cargos efetivos que compõem os quadros destas entidades é o **regime estatutário** cujo diploma principal, em âmbito federal, é a Lei nº 8.112/1990.

Ainda sobre o pessoal das agências reguladoras federais, vale mencionar o art. 36, § 1º, da Lei da Anvisa, o art. 76 da Lei da ANP, o art. 34, § 2º, da Lei da Aneel e o art. 16 da Lei da ANA, segundo os quais ficam essas agências autorizadas a admitir pessoal técnico **em caráter temporário** pelo prazo de até 36 meses. Ora, no nosso sentir, um contrato de trabalho cujo prazo de duração chega a três anos passa longe de ser celebrado para atender necessidade temporária de excepcional interesse público, como manda a regra constitucional do art. 37, IX. Vê-se que tal disposição viola claramente a exigência constitucional do concurso público (art. 37, II, CF/1988).

Para agravar o descalabro, a Lei nº 9.986/2000, no art. 26, autorizou as agências a **prorrogarem por mais 24 meses** os contratos temporários em vigor, a partir do vencimento do prazo inicialmente acordado. Assim, o **prazo total** do contrato poderá atingir **60 meses**. E como se isso não bastasse, a cada ano o Presidente da República, mediante medida provisória, prorroga os contratos temporários, confirmando a opção do Governo de utilizar mecanismos precários de preenchimento de funções públicas em detrimento do princípio constitucional do concurso público. Somente se poderia admitir a contratação temporária quando a atividade em si mesma a ser desempenhada pelo servidor temporário tenha natureza excepcional e transitória.

7.2.8. Licitação

Em relação aos procedimentos licitatórios, a Lei nº 9.472/1997 estabelece que para a aquisição de bens e serviços comuns **deverá** ser utilizada a modalidade

114 ADIn 2.310-1/DF, Min. Rel. CARLOS VELLOSO, julg.: 07.12.2004.

pregão (art. 56), e nas demais hipóteses a **consulta** (art. 58). Inicialmente essas regras somente eram aplicadas à Anatel. Entretanto, o art. 37 da Lei nº 9.986/2000 estendeu o pregão e a consulta às **demais agências reguladoras**.

Importante destacar que a licitação por consulta é **modalidade inédita** de licitação, aplicável apenas às **agências reguladoras** federais sempre que o bem e o serviço objeto da contratação não sejam comuns e desde que não se trate de obras e serviços de engenharia, a serem licitados pelas modalidades de licitação previstas na Lei nº 8.666/1993.

Como se percebe, a consulta tem aplicação residual: alcança somente **os bens e serviços não comuns e que não se relacionem a obras ou serviços de engenharia**.

Prevê a Lei nº 9.986/2000 que tanto o pregão quanto a consulta serão regulados por ato normativo editado pela própria agência, observadas as exigências da Lei nº 9.472/1997. Vale dizer, a licitação na modalidade pregão das agências reguladoras não seguirá o rito previsto na Lei nº 10.520/2002 (Lei do Pregão), mas as disposições da Lei nº 9.472/1997, entre as quais podemos citar a obrigatoriedade de os participantes serem previamente cadastrados, ressalvadas as hipóteses previstas em lei.

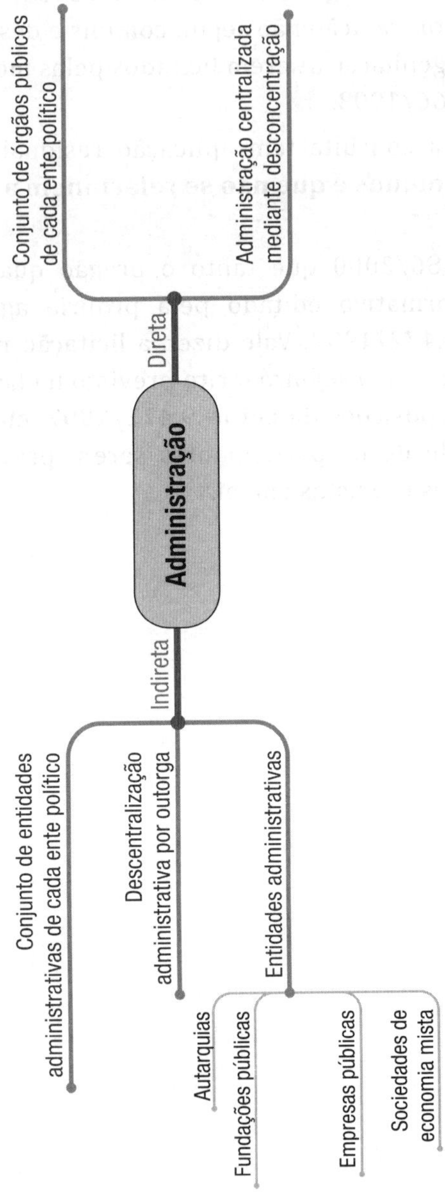
Administração
Direta
Conjunto de órgãos públicos de cada ente político
Administração centralizada mediante desconcentração
Indireta
Conjunto de entidades administrativas de cada ente político
Descentralização administrativa por outorga
Entidades administrativas
Autarquias
Fundações públicas
Empresas públicas
Sociedades de economia mista

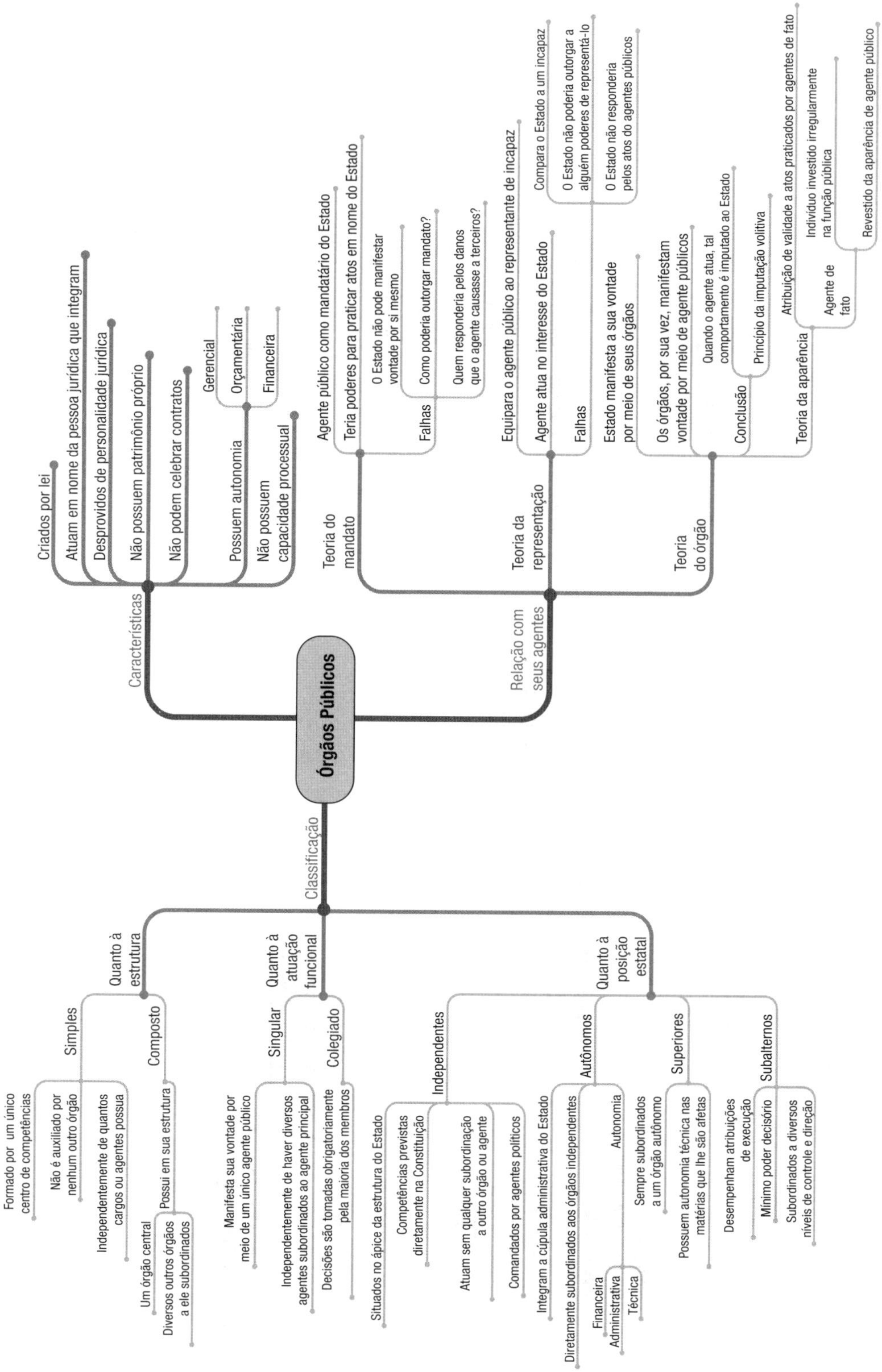
Órgãos Públicos
Características
Criados por lei
Atuam em nome da pessoa jurídica que integram
Desprovidos de personalidade jurídica
Não possuem patrimônio próprio
Não podem celebrar contratos
Possuem autonomia
Gerencial
Orçamentária
Financeira
Não possuem capacidade processual
Relação com seus agentes
Teoria do mandato
Agente público como mandatário do Estado
Teria poderes para praticar atos em nome do Estado
Falhas
O Estado não pode manifestar vontade por si mesmo
Como poderia outorgar mandato?
Quem responderia pelos danos que o agente causasse a terceiros?
Teoria da representação
Equipara o agente público ao representante de incapaz
Agente atua no interesse do Estado
Falhas
Compara o Estado a um incapaz
O Estado não poderia outorgar a alguém poderes de representá-lo
O Estado não responderia pelos atos do agentes públicos
Teoria do órgão
Estado manifesta a sua vontade por meio de seus órgãos
Os órgãos, por sua vez, manifestam vontade por meio de agente públicos
Conclusão
Quando o agente atua, tal comportamento é imputado ao Estado
Princípio da imputação volitiva
Teoria da aparência
Atribuição de validade a atos praticados por agentes de fato
Agente de fato
Indivíduo investido irregularmente na função pública
Revestido da aparência de agente público
Classificação
Quanto à estrutura
Simples
Formado por um único centro de competências
Não é auxiliado por nenhum outro órgão
Independentemente de quantos cargos ou agentes possua
Composto
Possui em sua estrutura
Um órgão central
Diversos outros órgãos a ele subordinados
Quanto à atuação funcional
Singular
Manifesta sua vontade por meio de um único agente público
Independentemente de haver diversos agentes subordinados ao agente principal
Colegiado
Decisões são tomadas obrigatoriamente pela maioria dos membros
Quanto à posição estatal
Independentes
Situados no ápice da estrutura do Estado
Competências previstas diretamente na Constituição
Atuam sem qualquer subordinação a outro órgão ou agente
Comandados por agentes políticos
Autônomos
Integram a cúpula administrativa do Estado
Diretamente subordinados aos órgãos independentes
Autonomia
Financeira
Administrativa
Técnica
Superiores
Sempre subordinados a um órgão autônomo
Possuem autonomia técnica nas matérias que lhe são afetas
Subalternos
Desempenham atribuições de execução
Mínimo poder decisório
Subordinados a diversos níveis de controle e direção

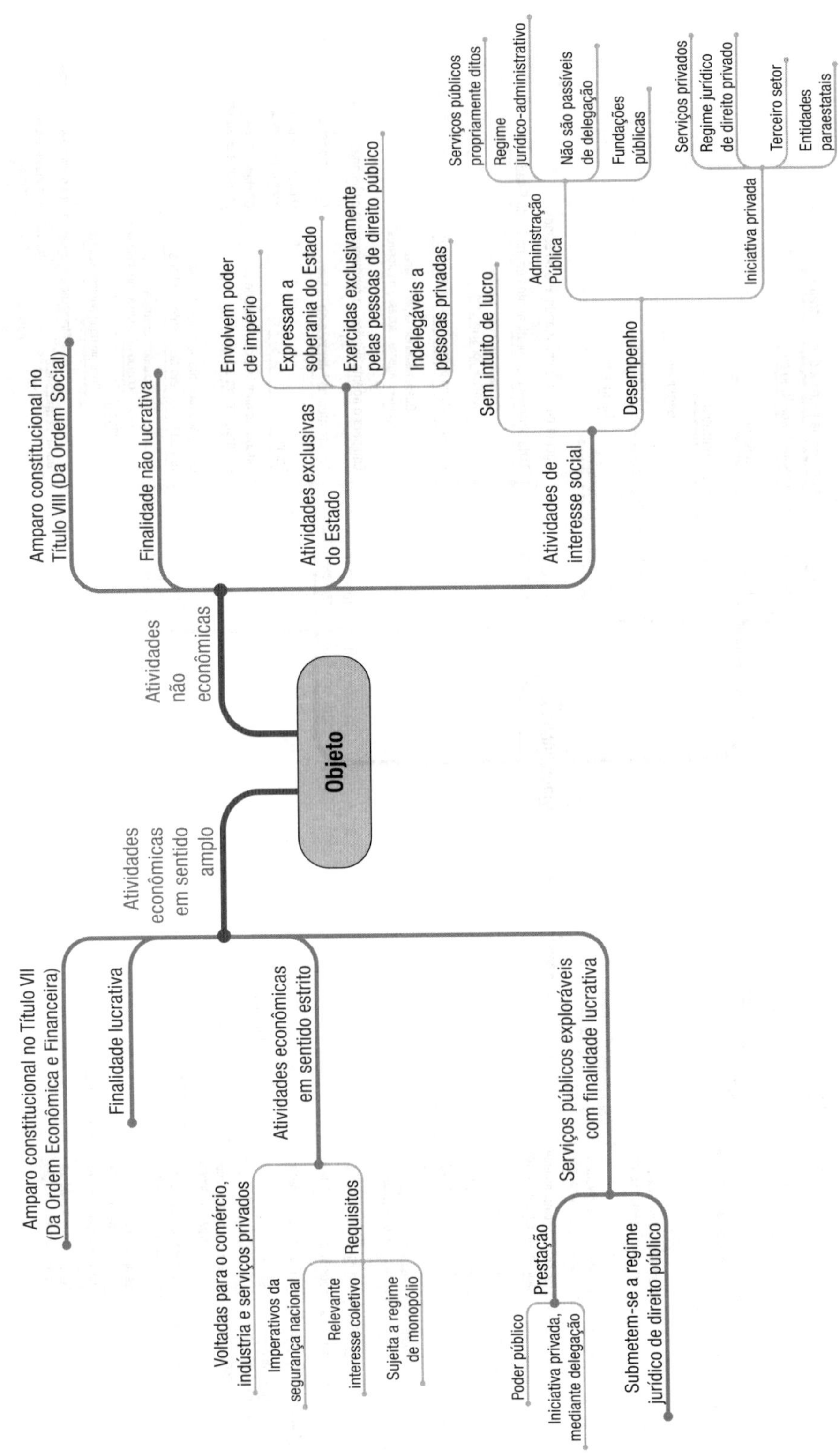
Objeto
Atividades não econômicas
Amparo constitucional no Título VIII (Da Ordem Social)
Finalidade não lucrativa
Atividades exclusivas do Estado
Envolvem poder de império
Expressam a soberania do Estado
Exercidas exclusivamente pelas pessoas de direito público
Indelegáveis a pessoas privadas
Atividades de interesse social
Sem intuito de lucro
Desempenho
Administração Pública
Serviços públicos propriamente ditos
Regime jurídico-administrativo
Não são passíveis de delegação
Fundações públicas
Iniciativa privada
Serviços privados
Regime jurídico de direito privado
Terceiro setor
Entidades paraestatais
Atividades econômicas em sentido amplo
Amparo constitucional no Título VII (Da Ordem Econômica e Financeira)
Finalidade lucrativa
Atividades econômicas em sentido estrito
Voltadas para o comércio, indústria e serviços privados
Requisitos
Imperativos da segurança nacional
Relevante interesse coletivo
Sujeita a regime de monopólio
Serviços públicos exploráveis com finalidade lucrativa
Prestação
Poder público
Iniciativa privada, mediante delegação
Submetem-se a regime jurídico de direito público

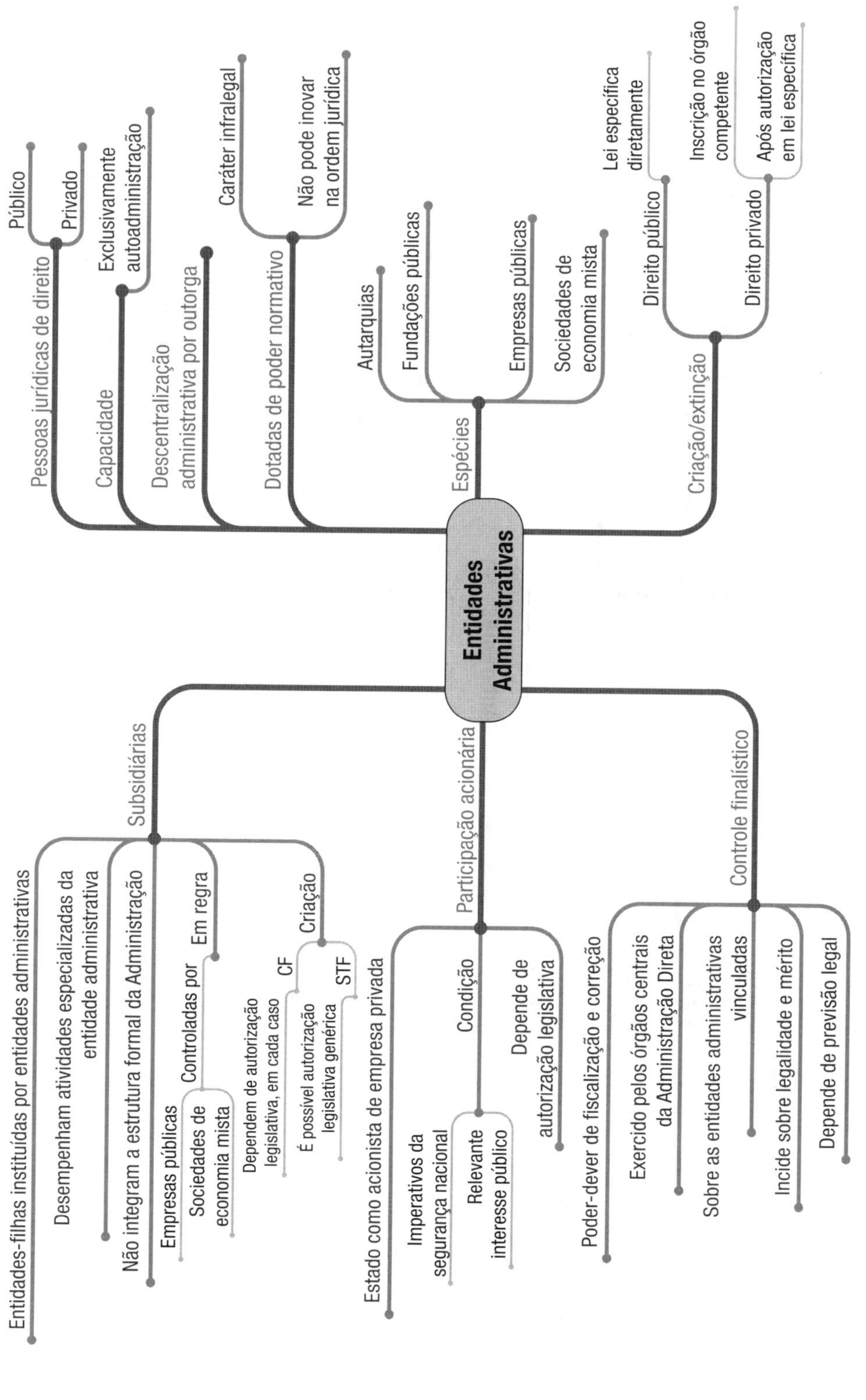
Entidades Administrativas
Pessoas jurídicas de direito
Público
Privado
Capacidade
Exclusivamente autoadministração
Descentralização administrativa por outorga
Dotadas de poder normativo
Caráter infralegal
Não pode inovar na ordem jurídica
Espécies
Autarquias
Fundações públicas
Empresas públicas
Sociedades de economia mista
Criação/extinção
Direito público
Lei específica diretamente
Direito privado
Inscrição no órgão competente
Após autorização em lei específica
Subsidiárias
Entidades-filhas instituídas por entidades administrativas
Desempenham atividades especializadas da entidade administrativa
Não integram a estrutura formal da Administração
Controladas por
Empresas públicas
Sociedades de economia mista
Em regra
Criação
CF
Dependem de autorização legislativa, em cada caso
STF
É possível autorização legislativa genérica
Participação acionária
Estado como acionista de empresa privada
Condição
Imperativos da segurança nacional
Relevante interesse público
Depende de autorização legislativa
Controle finalístico
Poder-dever de fiscalização e correção
Exercido pelos órgãos centrais da Administração Direta
Sobre as entidades administrativas vinculadas
Incide sobre legalidade e mérito
Depende de previsão legal

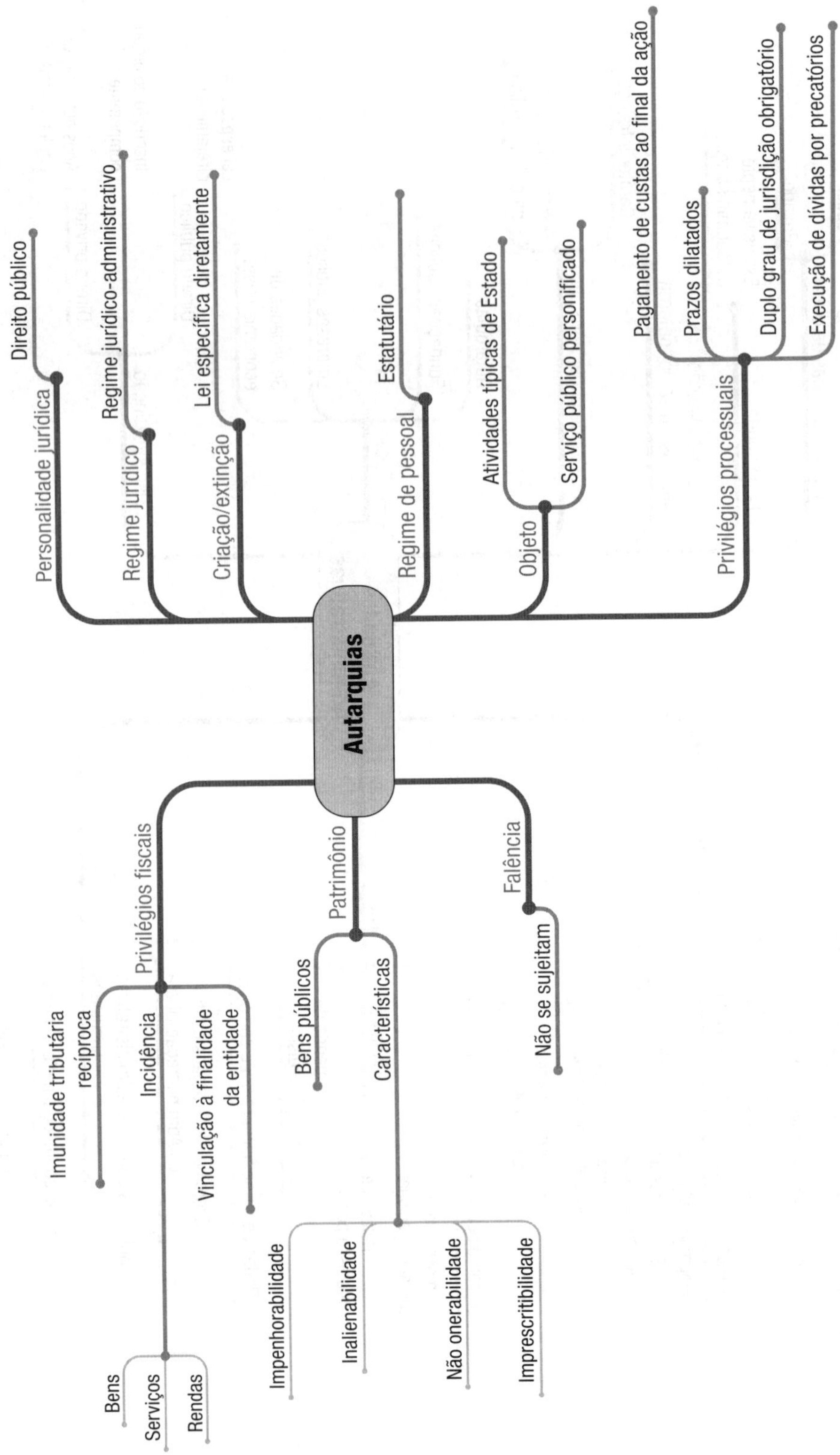

Autarquias
Personalidade jurídica
Direito público
Regime jurídico
Regime jurídico-administrativo
Criação/extinção
Lei específica diretamente
Regime de pessoal
Estatutário
Objeto
Atividades típicas de Estado
Serviço público personificado
Privilégios processuais
Pagamento de custas ao final da ação
Prazos dilatados
Duplo grau de jurisdição obrigatório
Execução de dívidas por precatórios
Privilégios fiscais
Imunidade tributária recíproca
Incidência
Bens
Serviços
Rendas
Vinculação à finalidade da entidade
Patrimônio
Bens públicos
Características
Impenhorabilidade
Inalienabilidade
Não onerabilidade
Imprescritibilidade
Falência
Não se sujeitam

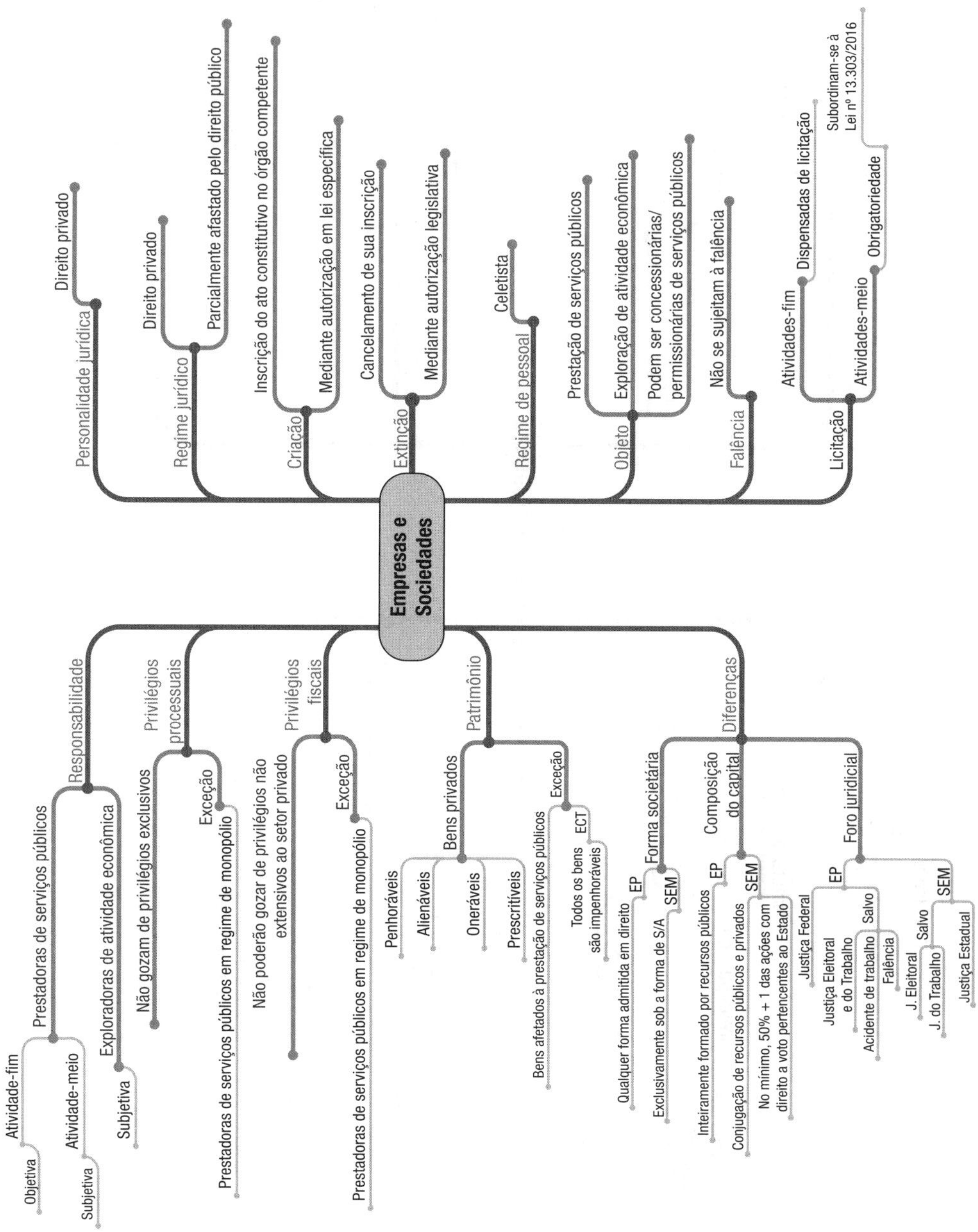
Empresas e Sociedades
Personalidade jurídica
Direito privado
Regime jurídico
Direito privado
Parcialmente afastado pelo direito público
Criação
Inscrição do ato constitutivo no órgão competente
Mediante autorização em lei específica
Extinção
Cancelamento de sua inscrição
Mediante autorização legislativa
Regime de pessoal
Celetista
Objeto
Prestação de serviços públicos
Exploração de atividade econômica
Podem ser concessionárias/ permissionárias de serviços públicos
Falência
Não se sujeitam à falência
Licitação
Atividades-fim
Dispensadas de licitação
Atividades-meio
Obrigatoriedade
Subordinam-se à Lei nº 13.303/2016
Responsabilidade
Prestadoras de serviços públicos
Atividade-fim
Objetiva
Atividade-meio
Subjetiva
Exploradoras de atividade econômica
Subjetiva
Privilégios processuais
Não gozam de privilégios exclusivos
Exceção
Prestadoras de serviços públicos em regime de monopólio
Privilégios fiscais
Não poderão gozar de privilégios não extensivos ao setor privado
Exceção
Prestadoras de serviços públicos em regime de monopólio
Patrimônio
Bens privados
Penhoráveis
Alienáveis
Oneráveis
Prescritíveis
Exceção
Bens afetados à prestação de serviços públicos
ECT
Todos os bens são impenhoráveis
Diferenças
Forma societária
EP
Qualquer forma admitida em direito
SEM
Exclusivamente sob a forma de S/A
Composição do capital
EP
Inteiramente formado por recursos públicos
SEM
Conjugação de recursos públicos e privados
No mínimo, 50% + 1 das ações com direito a voto pertencentes ao Estado
Foro juridicial
EP
Justiça Federal
Salvo
Justiça Eleitoral e do Trabalho
Acidente de trabalho
Falência
SEM
Justiça Estadual
Salvo
J. Eleitoral
J. do Trabalho

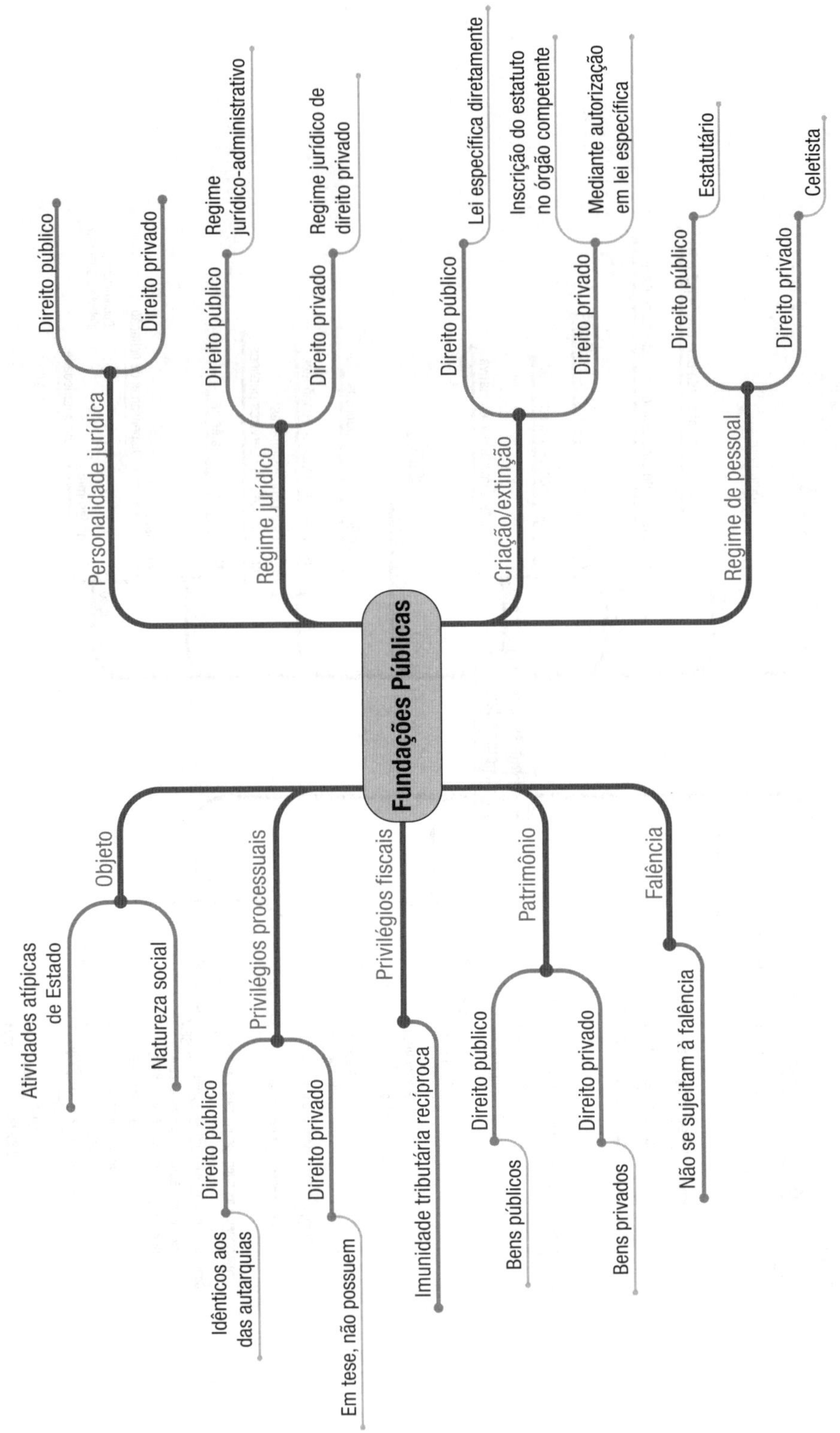
Fundações Públicas
Personalidade jurídica
Direito público
Direito privado
Regime jurídico
Direito público
Regime jurídico-administrativo
Direito privado
Regime jurídico de direito privado
Criação/extinção
Direito público
Lei específica diretamente
Direito privado
Inscrição do estatuto no órgão competente
Mediante autorização em lei específica
Regime de pessoal
Direito público
Estatutário
Direito privado
Celetista
Objeto
Atividades atípicas de Estado
Natureza social
Privilégios processuais
Direito público
Idênticos aos das autarquias
Direito privado
Em tese, não possuem
Privilégios fiscais
Imunidade tributária recíproca
Patrimônio
Direito público
Bens públicos
Direito privado
Bens privados
Falência
Não se sujeitam à falência

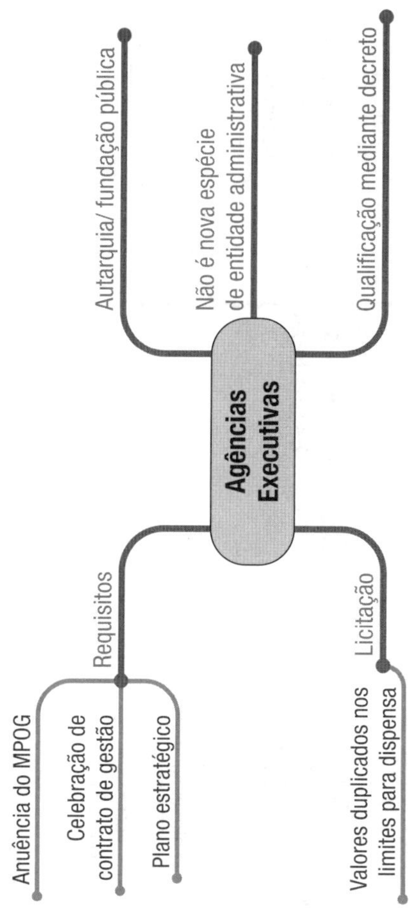
Agências Executivas
Autarquia/ fundação pública
Não é nova espécie de entidade administrativa
Qualificação mediante decreto
Requisitos
Anuência do MPOG
Celebração de contrato de gestão
Plano estratégico
Licitação
Valores duplicados nos limites para dispensa

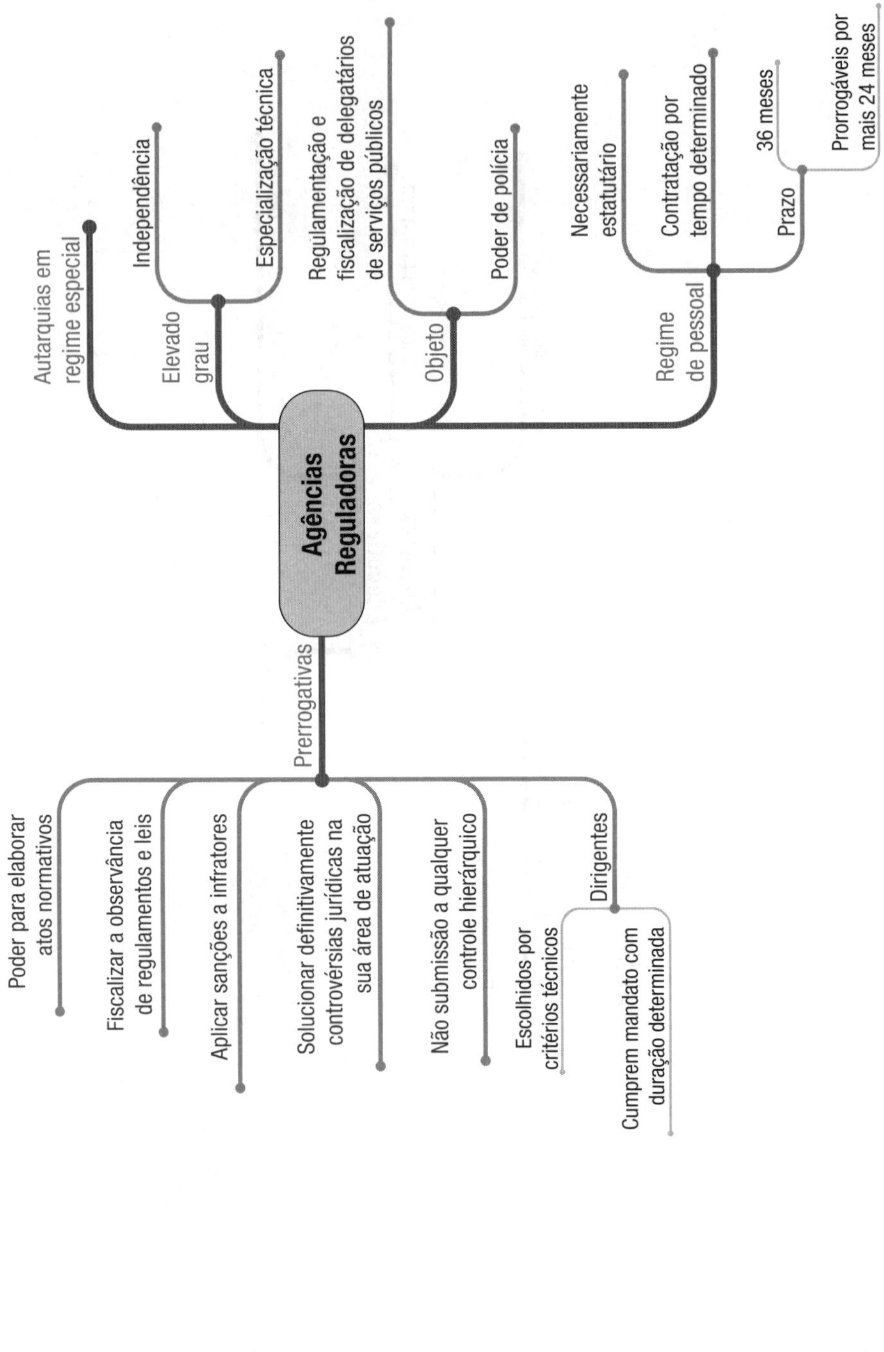
Agências Reguladoras
Autarquias em regime especial
Elevado grau
Independência
Especialização técnica
Objeto
Regulamentação e fiscalização de delegatários de serviços públicos
Poder de polícia
Regime de pessoal
Necessariamente estatutário
Contratação por tempo determinado
Prazo
36 meses
Prorrogáveis por mais 24 meses
Prerrogativas
Poder para elaborar atos normativos
Fiscalizar a observância de regulamentos e leis
Aplicar sanções a infratores
Solucionar definitivamente controvérsias jurídicas na sua área de atuação
Não submissão a qualquer controle hierárquico
Dirigentes
Escolhidos por critérios técnicos
Cumprem mandato com duração determinada

Capítulo 5
Poderes e Deveres Administrativos

1. CONSIDERAÇÕES INICIAIS

Neste capítulo, trataremos dos poderes administrativos, que são o conjunto de privilégios que a ordem jurídica confere aos agentes para que estes possam fazer com que o interesse público prevaleça sobre o interesse particular. Ora, se a Administração não tivesse tais prerrogativas, jamais o interesse público se sobreporia ao interesse particular.

Assim, podemos concluir que os **poderes administrativos são o conjunto de ferramentas de que dispõem os agentes públicos para fazer com que o interesse público prevaleça sobre o interesse individual**.

Se de um lado a Administração Pública goza de prerrogativas especiais, de outro é preciso que haja limitações especiais para que esta não se afaste do interesse público, nem fira deliberadamente interesses individuais. Essas limitações encontram forte amparo no princípio da indisponibilidade do interesse público.

Nesse sentido, **deveres administrativos são o conjunto de limitações que a ordem jurídica impõe aos agentes públicos para que estes nunca se afastem da finalidade do bem comum**.

Tendo de um lado os privilégios especiais da Administração e de outro, as restrições especiais, podemos concluir que os poderes administrativos não são privilégios gratuitos, mas um verdadeiro dever de agir em prol do interesse coletivo.

No Direito Privado, quando a ordem jurídica confere poderes a um indivíduo, isso significa uma mera faculdade que poderá ser exercida no momento em que seja conveniente ao seu detentor (ex.: poder de elaborar testamento). No Direito Público, ao contrário, os poderes são de exercício obrigatório para o agente público (ex.: poder de aplicar sanções), revelando-se com isso o caráter dúplice dos poderes administrativos: **poder-dever de agir**. Isto é, os poderes administrativos não estão à livre disposição dos agentes públicos para que estes possam renunciar a eles a seu bel-prazer. Ao contrário, uma vez configurada a situação em que a atuação seja necessária ao atendimento do interesse público, devem ser obrigatoriamente exercidos pelos agentes competentes. O art. 2º, parágrafo único, II, da Lei nº 9.784/1999 preceitua que nos processos administrativos será observado o critério de atendimento a fins de interesse geral, vedada a renúncia total ou parcial de poderes ou competências, salvo autorização em lei.

Este capítulo cuida exatamente do regime jurídico-administrativo, vale dizer, do estudo dos poderes outorgados aos agentes públicos e dos deveres que surgem para eles como decorrência natural destes mesmos poderes.

2. PODER VINCULADO

Também chamado de poder regrado, ocorre quando a lei confere certa competência ao agente e estabelece, igualmente, **todas as condições e requisitos** para que a exerça, não restando para ele qualquer liberdade de escolha entre praticar ou não o ato. Nesses casos, o agente público simplesmente verifica se a situação de fato se amolda aos contornos legais. Em caso positivo, o agente pratica o ato nos exatos termos da lei. Em caso negativo, não o pratica.

Um exemplo de ato praticado no exercício de poder vinculado é a exoneração do servidor que não entra em exercício no prazo legal. A Lei nº 8.112/1990 dispõe em seu art. 15, § 2º, que o servidor que, tendo tomado posse, não entra em exercício no prazo legal (15 dias) será exonerado. Nesse caso, a lei já estabeleceu todas as condições para que o agente efetue a competência de exonerar, não cabendo qualquer análise acerca da conveniência e oportunidade de sua prática. O agente público, aqui, atua como mero verificador dos seguintes requisitos: a) se o destinatário **é** servidor público regularmente empossado; b) se entrou em exercício no prazo legal. Sendo afirmativas as respostas a essas indagações, a única providência **possíve**l é a exoneração desse servidor. Sendo negativas, a única conduta possível é a não exoneração.

Em outros termos, o poder vinculado refere-se às situações em que a lei de antemão já estabelece a **conduta exata** a ser adotada pelo agente público no caso concreto. Assim, ou a situação prevista na lei acontece no mundo real e o agente pratica o ato nos exatos termos da lei; ou aquela situação fática não ocorre e o agente não pratica o ato.

3. PODER DISCRICIONÁRIO

O poder discricionário, contraposto ao poder vinculado, refere-se às situações em que há para o agente público certa liberdade no exercício da competência, consistindo na escolha, entre duas ou mais opções, daquela que seja mais conveniente e oportuna ao interesse público.

Trata-se dos casos em que não há uma definição clara sobre a providência a ser adotada diante de certa situação. Daí fica o agente autorizado a escolher a conduta que lhe pareça mais vantajosa ao interesse público.

Assim, o agente público atua no exercício do denominado **mérito administrativo**, que é a margem de liberdade que lhe foi conferida por lei para que possa valorar a **conveniência** e a **oportunidade** da prática do ato administrativo e definir o seu **conteúdo** (objeto).

Exemplificativamente, podemos utilizar a seguinte situação: imagine uma lei municipal que outorgue ao Secretário de Desenvolvimento Urbanístico competência para deferir, no interesse da Administração, permissão de uso de bem público, gratuita ou remunerada (valor que pode variar de R$ 50,00 a R$ 300,00 mensais), de 3 a 12 meses. Nesses casos, percebemos que o secretário tem diante de si diversas opções: indeferir o pedido por ser a permissão contrária ao interesse coletivo, deferir permissão gratuita por seis meses, deferir permissão remunerada de R$ 150,00 mensais por um período de 12 meses e assim sucessivamente. Qual, então, será a opção escolhida pelo Secretário? Em cada caso concreto, o Secretário irá avaliar três aspectos do ato a ser praticado: **conveniência**, **oportunidade** e **conteúdo**.

A **conveniência** está relacionada à presença de interesse público na prática daquele ato. Por isso, a primeira indagação do agente no uso de discricionariedade é: há interesse público na prática do ato? Se não houver, o pedido será indeferido. Se, diversamente, houver interesse público, passa-se à análise da **oportunidade**. E nessa análise, a indagação será a seguinte: a partir de que momento esse ato deve ser praticado? Qual é o momento adequado para iniciar-se essa permissão de uso de bem público? Será a partir de amanhã? Semana que vem? E assim, o agente define o momento a partir do qual o ato produzirá seus efeitos. Daí, segue o agente para análise do último aspecto: o **conteúdo**. Este se refere aos termos em que o ato será praticado. Dessa maneira, o agente irá decidir se a permissão será gratuita ou remunerada, e neste último caso fixará o valor mensal dos pagamentos (R$ 50,00 ou R$ 300,00). Decidirá, também, sobre o período de vigência da permissão, que pode ser de três a doze meses. Feita essa análise tripla acerca da conveniência, oportunidade e conteúdo, o agente pratica o ato no exercício do poder discricionário. Em outras palavras, exercerá o **mérito administrativo.**

Nesse ponto, é necessária importante advertência. Muito se tem falado em liberdade de atuação como característica fundamental do poder discricionário. Todavia, no Direito Administrativo não existem liberdades absolutas. Como bem consigna Hely Lopes Meirelles:

> Discricionariedade é liberdade de ação administrativa, dentro dos limites permitidos em lei; arbítrio é ação contrária ou excedente

> da lei. Ato discricionário, quando autorizado pelo Direito, é legal e válido; ato arbitrário é sempre ilegítimo e inválido.[1-2]

Assim, a liberdade do poder discricionário é **liberdade restrita** aos contornos da lei. Qualquer exercício de discricionariedade que rompa os limites legais é conduta arbitrária, é abuso de poder.

4. PODER REGULAMENTAR

De início, a fim de facilitar a compreensão da expressão normativa da Administração Pública, faremos breve apanhado acerca da hierarquia das normas do Direito brasileiro. Obviamente, o aprofundamento da matéria será adequadamente realizado por meio da leitura dos autores especializados em Direito Constitucional. O nosso propósito, por conseguinte, é apenas traçar um panorama que possibilite a compreensão acerca do poder regulamentar e sua colocação no contexto maior das normas jurídicas do sistema.

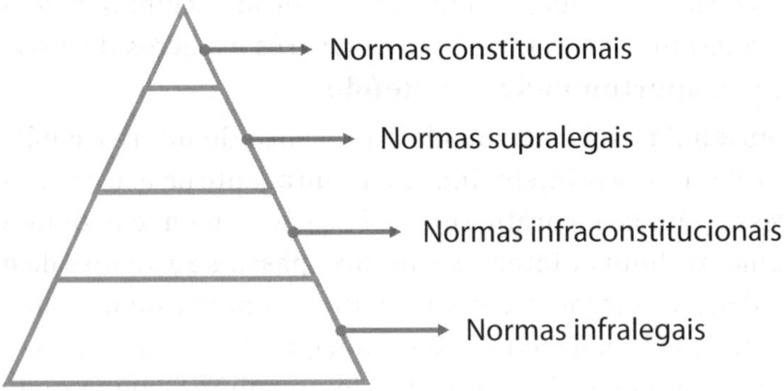

Como podemos notar, a Constituição Federal figura como norma fundamental do Estado no ápice da pirâmide. As **normas constitucionais** têm precedência sobre todas as demais.[3] Nesse contexto, temos o STF, como órgão de cúpula do Poder Judiciário, responsável por velar pela observância da Constituição Federal, declarando inconstitucionais as normas que porventura a contrariem e fulminando-as do ordenamento jurídico.

Como se vê, nosso sistema normativo adotou o modelo de **compatibilidade vertical**, segundo o qual as normas inferiores devem ser compatíveis com as superiores. Nesse sistema, entre normas que se encontram no mesmo patamar não há hierarquia. A hierarquia somente existe entre normas que se postam em níveis distintos da pirâmide.

1 A fim de evitar repetições desnecessárias, remetemos o leitor ao tópico 7.2. do capítulo 6 (Atos Administrativos).

2 MEIRELLES, Hely Lopes. *Direito Administrativo Brasileiro*. 34ª ed. São Paulo: Malheiros, 2008, p. 121.

3 Nas palavras do mestre José Afonso da Silva (*Curso de Direito Constitucional* Positivo. 36ª ed. São Paulo: Malheiros, 2013, p. 47), "a Constituição se coloca no vértice do sistema jurídico do país, a que confere validade, e que todos os poderes estatais são legítimos na medida em que ela os reconheça e na proporção por ela distribuídos. É, enfim, a lei suprema do Estado".

Num segundo nível, temos as **normas supralegais**, que são os tratados internacionais que versam sobre direitos humanos e cuja incorporação ao ordenamento jurídico pátrio se dá por meio do rito legislativo de lei ordinária. Nesse caso, teremos uma norma que nem possui *status* constitucional, pois não se submeteu ao rito legislativo de emenda à Constituição (aprovação por 3/5 em 2 turnos), nem *status* de lei ordinária, pois apesar de se submeter ao rito legislativo dessa espécie legislativa, trata de direitos humanos e, por conseguinte, deve estar em patamar superior. Em síntese, tais tratados estão abaixo da Constituição e acima da legislação ordinária.[4]

Em terceiro plano, tem-se **as normas infraconstitucionais**, ditas **normas primárias** (pois decorrem diretamente da Constituição), que são as normas arroladas no art. 59 da Carta Magna: leis complementares, leis ordinárias, leis delegadas, medidas provisórias, decretos legislativos e resoluções legislativas. É interessante notar a subordinação das normas infraconstitucionais em relação às normas constitucionais.

Por fim, no quarto patamar, as **normas infralegais**, também denominadas **secundárias**, subordinadas às normas infraconstitucionais, tais como decretos executivos, resoluções, instruções normativas, portarias. Tais normas não são, necessariamente, produzidas pelos órgãos legislativos. São comumente editadas por diversos órgãos e entidades da Administração Pública, a exemplo dos decretos do Presidente da República, das resoluções do Conselho Nacional de Trânsito (Contran), das Instruções Normativas da Receita Federal do Brasil (RFB), das Portarias do Ministério da Educação (MEC) etc.

Desde logo, sulinhemos que, entre todas as normas oriundas da Administração Pública, o poder regulamentar ocupa-se tão somente dos decretos emitidos pelos chefes do Poder Executivo. As normas produzidas pela Administração em geral são objeto de estudo do poder normativo, tópico a ser abordado mais adiante.

Importante chamar atenção para a precedência hierárquica dos decretos sobre os demais atos administrativos normativos (portarias, resoluções, instruções, entre outros). Como são elaborados exclusivamente pelos chefes do Poder Executivo, que são autoridades máximas na escala hierárquica do respectivo Poder, os decretos são normas infralegais hierarquicamente superiores aos demais atos normativos produzidos pela Administração Pública.

Feita essa breve explanação, continuemos o nosso raciocínio tendo o **poder regulamentar** em foco. A Constituição Federal, como norma fundamental do Estado, traça as competências legislativas de cada ente da Federação (União, Estados, Distrito Federal e Municípios). A partir daí, cada ente político legisla

4 Embora o tema relativo ao *status* jurídico dos tratados internacionais incorporados ao ordenamento jurídico pátrio seja do nosso mais absoluto apreço, em função do escopo principal deste *Curso de Direito Administrativo*, furtamo-nos a uma análise mais extensa do tema. Para tanto, recomendamos o consagrado *Curso de Direito Constitucional* (7ª ed., São Paulo, SP: Saraiva, 2012) dos constitucionalistas GILMAR FERREIRA MENDES e PAULO GUSTAVO GONET BRANCO.

acerca das matérias que lhe são outorgadas. Não raro, as leis, uma vez em vigor, não estão prontas para execução imediata pela Administração em virtude de não serem minuciosas o suficiente. Nesse contexto, assume fundamental importância o poder regulamentar, que tem por objetivo detalhar o conteúdo das leis administrativas para sua fiel execução pela Administração Pública.

Exemplificativamente, a União recebeu da Constituição Federal competência para legislar sobre normas gerais acerca de licitação e contratação, em todas as modalidades, para a Administrações Pública direta e indireta da própria União, dos Estados, do Distrito Federal e dos Municípios (art. 37, XXII). No exercício dessa competência, a União editou a Lei nº 10.520/2002, que dispõe sobre a modalidade pregão para aquisição de bens e serviços comuns. O art. 2º, § 1º, da referida lei, prevê que "poderá ser realizado o pregão por meio da utilização de **recursos de tecnologia da informação**, nos termos de **regulamentação** específica" (grifamos). Assim, vê-se que a lei instituiu a possibilidade de realização do denominado **pregão eletrônico**. Ora, esse dispositivo isolado não nos permite afirmar ou identificar detalhadamente o que seria o tal "pregão eletrônico", os meios de sua realização, os prazos, as fases procedimentais, entre outras tópicos imprescindíveis à realização dessa modalidade de licitação. Isto é, o legislador não regulou minudentemente a forma como a Administração deverá proceder em relação ao pregão eletrônico. A justificativa para isso é que o legislador entendeu ser a interferência dos órgãos administrativos indispensável ao alcance da finalidade da norma. Assim, com a finalidade de dizer de maneira detalhada como o pregão eletrônico será realizado pela Administração Pública, foi editado pelo Presidente da República o Decreto nº 5.450/2005. Para representar essa situação, valemo-nos da seguinte ilustração que expressa a evolução normativa de que estamos a tratar:

Note-se que a competência para legislar é atribuída pela Constituição aos órgãos legislativos dos entes políticos. Posteriormente à edição da lei, o chefe do Executivo respectivo exerce o poder regulamentar ao editar os decretos de execução, decretos regulamentares ou regulamentos de execução, todos com o objetivo de detalhar a lei para que possa ser aplicada.

Isso posto, podemos entender o poder regulamentar como a prerrogativa exercida com **exclusividade** pelo **chefe do Poder Executivo** e que consiste na edição de regulamentos, geralmente sob a forma de decreto, com a finalidade de detalhar, pormenorizar, esmiuçar determinado dispositivo de uma lei administrativa (jamais alterá-la) a fim de torná-la aplicável pela Administração Pública.

Além da função de explicar e detalhar a lei, visando à sua futura aplicação, Bandeira de Mello aponta como função do poder regulamentar a uniformização da aplicação das leis pela Administração Pública, evitando insegurança por parte dos administrados por não conhecerem de antemão o procedimento que será tomado em cada caso concreto.[5]

Retomando o exemplo do pregão eletrônico, se cada órgão fosse livre para editar o seu próprio regulamento acerca de pregão na forma eletrônica, teríamos uma infinidade de normas no âmbito da Administração Pública para tratar da mesma matéria. Daí, uma empresa interessada em participar de licitações na modalidade pregão se veria diante de tratamentos distintos entre diversos órgãos e entidades. Isso em nada contribuiria para a eficiência nas contratações públicas. Como solução a essa problemática, o poder regulamentar, sempre exercido pelo chefe do Poder Executivo, exerceria o papel uniformizador da aplicação da lei no âmbito da Administração, na medida em que todos os órgãos e entidades ficariam vinculados ao disposto no regulamento executivo.

O poder regulamentar é atribuído exclusivamente ao chefe do Poder Executivo. Consequentemente, é **indelegável**. O art. 84 da Constituição Federal prevê as competências do Presidente da República, entre elas a do inciso IV segundo a qual compete ao Presidente expedir decretos e regulamentos para a fiel execução das leis. No parágrafo único do mesmo artigo há a previsão de que algumas das competências do art. 84 possam ser delegadas. Como não há menção ao inciso IV, entende-se que tal competência é indelegável. Em reforço a essa tese, o art. 13 da Lei nº 9.784/1999 menciona que a competência para editar atos normativos é indelegável.

É imperioso enfatizarmos o **caráter infralegal** dos regulamentos, que são atos administrativos normativos, naturalmente, subordinados aos termos e limites da lei a ser regulamentada. Os decretos **não podem inovar na ordem jurídica** (criar novos direitos e obrigações que não estejam previstos em lei), mas somente estabelecer direitos e obrigações que já tenham sido disciplinados em lei. O fundamento para tal constatação é o art. 5º, II, da Constituição, segundo o qual "ninguém será obrigado a fazer ou deixar de alguma coisa, senão em virtude de lei". Pela leitura do dispositivo conclui-se que apenas a lei é instrumento idôneo para inovar na ordem jurídica, criando direitos e obrigações inéditas no sistema normativo.

Nesse contexto, não podemos perder de vista a ideia de que "inovar na ordem jurídica" significa criar direitos e obrigações em caráter primário (ou originário), inaugurando, portanto, novas situações jurídicas. Não é papel do poder regulamentar exercer essa função, mas ao Poder Legislativo, por intermédio de

5 MELLO, Celso Antônio Bandeira de. *Curso de Direito Administrativo*. 25ª ed. São Paulo: Malheiros, 2007, p. 346.

lei formal. Entretanto, no âmbito da edição de decretos, é possível a criação de obrigações secundárias (ou derivadas), que têm justamente o papel de explicar e detalhar as obrigações primárias já fixadas pela lei. Isto é, aos decretos não é possível a crição de obrigações originárias, que têm caráter inovador, mas também somente a fixação de obrigações derivadas para ofertar os necessários pormenores de como as obrigações primárias devem ser exigidas.

Exemplificativamente, uma vez que a obrigação A foi imposta pela lei, poderá o decreto regulamentar instituir obrigações A1, A2, A3, A4 etc., mas não poderá criar obrigações B, C, D, E etc. O papel do decreto, no exemplo, é apenas detalhar o modo como a obrigação A será exigida, sem possibilidade de instituir obrigação não prevista pela lei.

4.1. Decreto autônomo

O decreto autônomo é ato normativo que inova na ordem jurídica ao regulamentar dispositivos previstos na própria **Constituição**. Diz-se autônomo esse tipo de decreto exatamente porque não regulamenta dispositivos de determinada lei, mas da própria Constituição. Notemos que o decreto executivo decorre diretamente da lei, pois existe precisamente para explicar e detalhar determinado dispositivo daquela. Já o decreto autônomo não se relaciona com nenhuma lei, pois trata de temas previstos diretamente na Constituição.

Com base no exposto, podemos declarar que quando o decreto é autônomo, chamamo-lo de **ato normativo primário**, pois cria novos direitos e obrigações não previstos em lei. Todavia, quando o decreto é executivo, denominamo-lo **ato normativo secundário ou derivado**, porquanto deriva da lei que regulamenta e não inova na ordem jurídica.

As figuras abaixo representam bem a distinção entre decreto regulamentar (ex.: Decreto nº 5.450/2005) e decreto autônomo:

De maneira geral, a doutrina e a jurisprudência rejeitam a figura do decreto autônomo no ordenamento jurídico pátrio. O argumento para tanto encontra-se no já citado inciso II do art. 5º da Constituição, segundo o qual "ninguém será obrigado a fazer ou deixar de fazer alguma coisa, senão em virtude de lei".

Ora, se só a lei pode instituir novas obrigações e direitos aos indivíduos, o decreto autônomo, oriundo do Poder Executivo, representaria exercício inconstitucional de poder regulamentar.

A não aceitação absoluta do decreto autônomo no ordenamento jurídico brasileiro era pacífica até o ano de 2001. Nesse ano, sobreveio a Emenda Constitucional nº 32, que deu nova redação ao art. 84, VI, da Constituição. O texto original era o seguinte: "Compete privativamente ao Presidente da República [...] dispor sobre a organização e o funcionamento da administração federal, na forma da lei". Note-se bem que o constituinte exigia **lei formal** para que o Presidente da República tratasse acerca da organização e funcionamento da Administração Pública.

Com a emenda, o referido dispositivo passou a ter a seguinte redação (grifamos):

> Compete privativamente ao Presidente da República dispor, mediante **decreto**, sobre:
>
> a) **organização e funcionamento** da administração federal, quando não implicar **aumento de despesa** nem **criação ou extinção** de órgãos públicos;
>
> b) **extinção** de funções ou cargos públicos, quando **vagos**.

Dispor sobre organização e funcionamento da Administração Pública significa estabelecer a estrutura interna dos órgãos do Poder Executivo, desmembrar, desconcentrar, concentrar, deslocar e alocar atribuições de órgãos, fazer planejamento e alterar a denominação de órgãos, entre outras ações.

Com essa alteração surgiu a discussão em torno da seguinte questão: as hipóteses do art. 84, VI, poderiam ser consideradas exercício de decreto autônomo? Não obstante haja polêmica em torno do assunto, o posicionamento perfilhado pelos tribunais superiores é o seguinte:[6] **como regra, o decreto autônomo não é aceito no sistema jurídico brasileiro, salvo nas hipóteses do art. 84, VI, da Constituição Federal**.

4.2. Poder normativo

É comum a utilização do termo "poder normativo" para designar a competência de que são dotados os mais diversos **órgãos e entidades da Administração Pública** para elaborar atos normativos em relação à sua estrita área de competência. Vale dizer, **poder normativo** é o poder de que dispõe os mais diversos órgãos e entidades da Administração Pública de elaborar normas de caráter infralegal com o objetivo de disciplinar matérias que lhe são próprias. Nesse espaço surgem os decretos, as resoluções, as portarias, deliberações, regimentos e instruções normativas.

É com base nisso que podemos afirmar o poder normativo dos chefes do Poder Executivo, dos Ministros de Estado, das Agências Reguladoras, do Banco

6 STJ, AgRg no RMS 27679/RS, Rel. Min. HUMBERTO MARTINS, DJe 21.10.2009.

Central, da Comissão de Valores Mobiliários, do Conselho Nacional de Trânsito, do Conselho Nacional do Meio Ambiente, entre outros tantos.

Sendo assim, resta claro que **o poder regulamentar é espécie do gênero poder normativo**, pois entre tantos atos normativos oriundos da Administração Pública, temos aqueles expedidos pelo chefe do Poder Executivo, no exercício de suas atribuições constitucionais. Estes sim são exercícios de poder regulamentar.

4.3. Regulamento autorizado

É expedido por autoridades administrativas, a partir de expressa delegação por lei, que **inova na ordem jurídica** em relação às matérias **técnicas** dos respectivos **órgãos e entidades** da Administração Pública.

Desde logo convém esclarecer que há duas diferenças substanciais entre o regulamento autorizado e o regulamento de execução: a) o decreto de execução tem caráter infralegal e, por conseguinte, não inova na ordem jurídica, ao passo que o regulamento autorizado estabelece normas técnicas não contempladas na lei, inovando na ordem jurídica nos assuntos sobre os quais dispõe; b) o decreto de execução não depende de lei que autorize expressamente a sua edição, já o regulamento autorizado só pode ser exercido a partir de lei que autorize sua edição.

Sobre este último ponto é útil sublinhar que a edição de regulamento autorizado à revelia de lei que o autorize caracteriza clara e frontal inconstitucionalidade, por violar o princípio da legalidade, segundo o qual somente a lei pode ser fonte de direitos e obrigações para os indivíduos (art. 5º, II, CF), e o princípio da separação entre os Poderes (art. 2º, CF), ao representar verdadeira usurpação da função legislativa, que é típica do Poder Legislativo.

A natureza jurídica do decreto autorizado é de **ato normativo complementar**, pois dispõe sobre assuntos técnicos relativos às atribuições do órgão ou entidade expedidor, a partir de expressa autorização em lei nesse sentido. Normalmente, o regulamento autorizado funciona como verdadeiro esclarecedor e delimitador de conceitos técnicos, para os quais o legislador optou por estabelecer apenas comandos generalizados, deixando sua especificação a cargo de ato normativo autorizado. Em última análise, o regulamento autorizado incumbe-se de conferir eficácia às matérias técnicas enunciadas nos comandos legais.

O fundamento do regulamento autorizado é a impossibilidade de o legislador dispor a contento sobre matérias que envolvam alta complexidade técnica. Diante disso, faz-se expressa autorização para que o órgão ou entidade que detenha competência técnica na matéria sobre ela disponha mediante regulamento, valendo-se para tanto da orientação dos especialistas e técnicos que melhor podem dispor sobre o assunto. É o que se chama fenômeno da **deslegalização**, pelo qual a regulamentação de matérias técnicas é transportada da lei para atos normativos mediante autorização do próprio legislador.

Adverte José dos Santos Carvalho Filho:

> Essa delegação não é completa e integral. Ao contrário, sujeita-se a limites. Ao exercê-la, o legislador reserva para si a competência para o regramento básico, calcado nos critérios políticos e administrativos, transferindo tão somente a competência para a regulamentação técnica mediante parâmetros previamente enunciados na lei.[7]

Na organização administrativa brasileira, os regulamentos autorizados são de inteira responsabilidade das agências reguladoras, autarquias em regime especial, incumbidas da regulação e controle das atividades desempenhadas por particulares no seio de exploração econômica ou da prestação de serviços públicos.

4.4. Controle dos atos normativos da Administração Pública

Preceitua o art. 5º, XXXV, CF/1988 que "a lei não excluirá da apreciação do Poder Judiciário lesão ou ameaça a direito". Esse dispositivo constitucional consagra, entre nós, o princípio da inafastabilidade de jurisdição, mediante o qual o Poder Judiciário detém aptidão para produzir a última decisão sobre um sem-número de conflitos jurídicos entre os indivíduos.

Os atos normativos, como atos jurídicos da Administração Pública, são plenamente controláveis pelo Poder Judiciário, no que tange ao seu aspecto de legalidade (verificação da conformidade com a lei e os princípios da Administração Pública).

Um ponto importante acerca do controle judicial dos atos normativos é que, sendo um ato contrário à lei ou transbordante dos seus limites, a questão a ser arguida transita no campo da **ilegalidade**, não da **inconstitucionalidade**. Dessa maneira, não há falar em impugnação de ato regulamentar pela via da ação direta de inconstitucionalidade, nos termos do art. 102, I, "a", da CF/1988. Entretanto, se um ato regulamentar contraria uma regra prevista na própria Constituição, estaremos tratando, aí sim, de inconstitucionalidade. Por conseguinte, esse vício de que padece o ato poderá sofrer impugnação pela via da ação direta de constitucionalidade (ADI).[8] É o que poderia ocorrer com os decretos autônomos, que retiram sua força normativa do próprio texto constitucional.

Ainda com o objetivo de manter os decretos regulamentares dentro da linha da infralegalidade, evitando o abuso de poder regulamentar, a Constituição estabeleceu como competência do **Congresso Nacional sustar os atos normativos do Poder Executivo que exorbitem do poder regulamentar** (art. 40, V).

7 CARVALHO FILHO, José dos Santos. *Manual de Direito Administrativo*. 20ª ed. Rio de Janeiro: Lumen Juris, 2008, p. 51.

8 Nesse sentido: STF, ADI 996-6/DF, Rel. Min. CELSO DE MELLO, DJ 06.05.1994; ADI 3664/RJ, Rel. Min. CEZAR PELUSO, DJe 20.09.2011.

Situação digna de nota é a relativa à **omissão** do chefe do Poder Executivo em expedir decreto regulamentador quando a lei estabelece prazo para regulamentação. É útil observar que o poder regulamentar é um dever de agir por parte do chefe do Executivo, pois jamais poderá obstar a aplicação de uma lei, que em última instância representa a vontade do povo. Admitir-se a possibilidade de o Poder Executivo anular a eficácia das decisões legislativas violaria o princípio da separação dos poderes, o que é de todo modo indesajável. Tanto é assim que a Constituição institui, no art. 5º, LXXI, a figura do **mandado de injunção** cabível sempre que a ausência de norma regulamentadora torne inviável o exercício dos direitos e liberdades constitucionais e das prerrogativas inerentes à nacionalidade, à soberania e à cidadania. Ademais, constitui **crime de responsabilidade** do Presidente da República o ato que atente contra o cumprimento das leis (art. 85, VII). Certamente a não regulamentação de uma lei acarretará a sua não execução pela Administração e, consequentemente, configurará crime de responsabilidade por parte do agente político omisso.

5. PODER HIERÁRQUICO

O poder hierárquico pode ser entendido como a prerrogativa administrativa exercida sempre na **estrutura interna de uma única pessoa jurídica** e do **mesmo Poder do Estado**, e que consiste na atividade de **comando e supervisão** que os órgãos ou autoridades **superiores** exercem sobre os órgãos e autoridades que lhe são **subordinados**.

Um primeiro ponto a ser destacado é que o poder hierárquico restringe-se à pessoa jurídica a que está subordinado o controlador. Essa pessoa jurídica tanto pode ser política (União, Estados, Distrito Federal e Municípios) quanto administrativa (autarquia, fundação pública, empresa pública e sociedade de economia mista). Não há, e nem pode haver, controle hierárquico entre duas pessoas jurídicas distintas. É por isso que quando se fala na relação existente entre os órgãos centrais da Administração Direta e as entidades da Administração Indireta a eles vinculadas, não se pode falar em hierarquia, mas em controle finalístico.

Ilustrativamente, embora haja poder hierárquico entre o Presidente da República e o Ministro de Estado da Fazenda, não há a mesma relação entre este e o Presidente do Bacen. No primeiro caso, temos dois agentes públicos da mesma pessoa jurídica: a União. Já no segundo, temos pessoas jurídicas distintas: a União e o Bacen, que é autarquia.

Também é importante assentar que mesmo que se trate de órgãos e agentes públicos da mesma pessoa jurídica é necessário restringir-se ao Poder do Estado (Executivo, Legislativo e Judiciário) a que se subordina o órgão ou agente. Pois, jamais haverá hierarquia entre órgãos e agentes públicos de Poderes distintos.

A Constituição Federal afirma enfaticamente a independência entre os Poderes do Estado: "São Poderes da União, independentes e harmônicos entre si, o Legislativo, o Executivo e o Judiciário." (art. 2º, CF). A relação existente entre estes é de harmonia e controle mútuo (sistema de freios e contrapesos).

Outro ponto é que o poder hierárquico, embora seja típico do Poder Executivo, verifica-se internamente nos Poderes **Legislativo** e **Judiciário**, quando no exercício da função atípica **administrativa**. De outra forma, não há hierarquia entre agentes políticos do Legislativo e do Judiciário quando desempenham a **função típica** de legislar e julgar, respectivamente. Tais agentes políticos gozam de **independência funcional** no exercício de suas competências típicas.

Em outras palavras, o poder hierárquico está presente nos três Poderes do Estado, excepcionada a independência funcional de que gozam alguns agentes políticos para desempenharem as suas funções típicas jurisdicionais e legislativas. A mesma conclusão pode ser estendida aos membros do Ministério Público e Tribunais de Contas, que não se submetem à hierarquia quanto ao exercício de suas competências institucionais.

Todavia, mesmo no âmbito da função administrativo, há que se destacar o caso dos **órgãos consultivos**, que são encarregados de manifestarem sua opinião com base em fundamentos técnicos acerca de assuntos submetidos à sua apreciação. Em relação a estes, **não há hierarquia** quanto ao exercício de suas funções precípuas (essenciais), uma vez que exercem atividades, que por sua própria natureza são incompatíveis com obediência de ordens por parte do superior hierárquico". Deve haver certa independência funcional, estritamente necessária à emissão de opiniões técnicas.

O mesmo raciocínio aplica-se aos **órgãos independentes**, normalmente representativos dos Poderes do Estado, cujas competências lhe são deferidas com exclusividade pela Constituição e pela lei, não ficando sujeitos à interferência hierárquica de órgão superior. Cite-se como exemplo desses órgãos a Presidência da República, a Governadoria de Estado, a Prefeitura Municipal, os Tribunais de Contas, o Ministério Público, os Tribunais do Poder Judicário, entre outros.

5.1. Prerrogativas

Como caracteres inerentes ao Poder Hierárquico, há algumas prerrogativas que passamos doravante a analisar: dar ordens, fiscalizar, controlar, rever, delegar, avocar, aplicar penalidades e resolver conflitos de competência.

5.1.1. Dar ordens

O superior hierárquico pode expedir ordens aos subordinados, podendo elas ter caráter abstrato ou concreto.

As ordens de **caráter abstrato** são expedidas normalmente por **escrito** por meio de portarias, ordens de serviço, instruções normativas. Tais normas de caráter eminentemente interno têm por objetivo traçar padrões de conduta destinados aos órgãos e agentes públicos sujeitos à hierarquia da autoridade expedidora. Exemplo de ordem abstrata é uma portaria do Diretor-Geral de um tribunal que define a forma de apresentação de certificados e diplomas para fins de concessão de adicional de qualificação aos servidores daquele órgão.

Nesse ponto vale trazer à baila a diferença entre os atos normativos expedidos com fulcro no poder hierárquico daqueles expedidos no exercício do poder de polícia. Enquanto os primeiros têm como destinatários principais os servidores públicos, submetidos à hierarquia da Administração, os últimos visam a alcançar os particulares em geral, independentemente de qualquer vínculo que possuam com o Estado.

Por sua vez, as **ordens concretas** são comandos **específicos**, usualmente **verbais**, que incidem sobre uma **situação determinada** com o objetivo de disciplinar a atuação do órgão ou agente subordinado naquele momento. Exemplo de ordem concreta é a de um superior dirigida a um subordinado para que este redija um ofício a determinada autoridade para cientificá-la acerca de data e local de reunião de certo grupo de trabalho.

É imperioso ressaltar que é dever do servidor público **obedecer as ordens dos superiores, exceto quando manifestamente ilegais** (art. 116, IV, Lei nº 8.112/1990). Além disso, o mesmo artigo, no inciso VI, também estabelece como dever do servidor público levar ao conhecimento da autoridade superior as irregularidades de que tiver ciência em razão do cargo. Sendo assim, expedida a ordem manifestamente ilegal, haverá para o servidor dois deveres: **não obedecer** à ordem superior e **representar** contra a autoridade de que emanou a decisão.

5.1.2. Controlar, fiscalizar e rever

Controlar, fiscalizar e rever referem-se, de maneira geral, à prerrogativa que tem o superior de apreciar as condutas dos subordinados para verificar a legalidade e o mérito das decisões destes e o cumprimento de seus deveres funcionais.

O controle hierárquico é:

a) **pleno**: incide sobre os aspectos de legalidade (conformidade com a lei e com os princípios) e de mérito administrativo (critérios de conveniência e oportunidade) dos atos praticados pelo subordinado. Vale dizer, além da conformação à lei e aos princípios da Administração, o superior pode apreciar os atos do subordinado sob a óptica da conveniência e oportunidade (discricionariedade);

b) **permanente**: é exercido a qualquer tempo: prévia, posterior ou concomitantemente à prática do ato pelo subordinado;

c) **absoluto**: em tese, independe de lei que estabeleça os aspectos a serem controlados, pois a própria ideia de hierarquia já traz consigo algumas características implícitas, tais como dar ordens, delegar, avocar e punir.

É necessário destacarmos que quando afirmamos que o controle hierárquico independe de lei, essa afirmativa deve ser interpretada cuidadosamente. Ocorre que existe lei, sim. Não para prever os mecanismos de controle, mas para organizar a estrutura hierárquica do órgão ou entidade, escalonando funções internamente. Isso tem a ver com a **organização legal do serviço público**: somente por lei podem ser criados órgãos e entidades administrativas. A partir disso, são editados atos normativos infralegais (portarias, resoluções, instruções normativas, usualmente sob a forma de regimento interno) que preveem os mecanismos de controle com o intuito de evitar a arbitrariedade no seio da Administração. Note que estamos dizendo que os mecanismos de controle estão previstos em atos normativos, e não em lei, daí o controle hierárquico ser absoluto.

Como decorrência lógica da supervisão e fiscalização, sobrevem a capacidade de **rever os atos** praticados pelos subordinados, conforme o ato mostre-se em desconformidade com a ordem jurídica ou torne-se inconveniente e inoportuno ao interesse público, podendo anular ou revogar o ato, respectivamente.

5.1.3. Delegar

Delegar significa **transferir** a outro órgão ou autoridade o **exercício** de parte das atribuições que compõem a competência outorgada por lei ao órgão ou agente público.

Trata-se de **ato discricionário** praticado em razão de circunstâncias de índole técnica, social, econômica, jurídica ou territorial sempre que houver conveniência de sua prática e não se trate de edição de atos normativos, decisão de recursos administrativos e atos de competência exclusiva.

A delegação é sempre possível, mas pode sofrer restrições nas situações definidas em lei. Isso pode ser percebido pela própria redação do art. 12 da Lei nº 9.784/1999, pelo qual "um órgão administrativo e seu titular poderão, **se não houver impedimento legal**, delegar parte de sua competência a outros órgãos ou titulares, ainda que estes não lhe sejam hierarquicamente subordinados, quando for **conveniente**, em razão de circunstâncias de índole técnica, social, econômica, jurídica ou territorial" (destacamos). Em seguida, o art. 13 enumera as atribuições que jamais podem ser delegadas, a saber, a edição de atos normativos, a decisão de recursos administrativos e os atos de competência exclusiva. Conclusão lógica e inafastável dos dispositivos é que a regra é a **viabilidade da delegação**, sendo excepcional a impossibilidade de delegar. Não fosse assim, o legislador não teria preocupação em elencar os casos em que a delegação não poderá ocorrer. Pelo contrário, estabeleceria os casos em que poderia haver delegação.

O ato de delegação deverá ser publicado no meio oficial e especificará as matérias e poderes transferidos, os limites da atuação do delegado, a duração e os objetivos da delegação e o recurso cabível, podendo conter **ressalva de exercício da atribuição delegada**, sendo **revogável a qualquer tempo** pela autoridade delegante (art. 14, §§ 1º e 2º, Lei nº 9.784/1999).

Embora tenhamos afirmado que a delegação é exercício de poder hierárquico, é interessante notar que esta é possível ainda que não haja entre o delegante e o delegatário qualquer vínculo hierárquico. Vale dizer, a delegação **independe de hierarquia**. Assim, nem toda delegação decorre de poder hierárquico, como por exemplo a delegação feita a autoridades de mesmo nível hierárquico. Não é bom esquecer que, nesse último caso, a delegação não será uma imposição unilateral, mas decorrerá de mútuo consentimento dos órgãos ou autoridades envolvidas.

As decisões adotadas por delegação devem mencionar explicitamente essa qualidade e considerar-se-ão editadas pelo delegado (art. 14, § 3º, Lei nº 9.784/1999). Dessa forma, em regra, o delegante não responde pelos atos praticados pelo delegado, a não ser que ratifique ou homologue o ato deste ou que a delegação em si seja ilícita. Nesses casos, tanto o delegante quanto o delegado responderão pela prática do ato ilícito.

5.1.4. Avocar

A avocação é o ato administrativo mediante o qual o órgão ou autoridade superior, **temporariamente** e em **circunstâncias excepcionais** devidamente justificadas, chama para si o exercício de competência atribuída **originariamente** a **subordinado**.

Diferentemente da delegação, que poderá ocorrer sempre que houver conveniência, a avocação é ato excepcionalíssimo a ser praticado somente quando não houver outra conduta menos gravosa à disposição do agente avocante. Isso porque "a avocação de um ato sempre desprestigia o inferior e, não raro, desorganiza o normal funcionamento do serviço".[9]

Enquanto a delegação independe de vínculo hierárquico, a avocação **somente** é possível dentro da **escala hierárquica**. Com efeito, toda avocação consubstancia exercício de poder hierárquico.

9 MEIRELLES, Hely Lopes. *Direito Administrativo Brasileiro*. 34ª ed. São Paulo: Malheiros, 2008, p. 125.

Não se pode confundir a revogação de delegação com a avocação. Quando há a **revogação de delegação**, o órgão ou autoridade está **retomando** o exercício de competência que **lhe foi atribuída pela lei**. Na **avocação**, está trazendo para si o exercício de competência que a **lei atribuiu** ao **subordinado originariamente**. Em que pese isso, é comum alguns autores se referirem à avocação como a retomada da competência avocada, tese esta que não perfilhamos.

O exercício de **competências exclusivas** não pode ser avocado pelo órgão ou autoridade superior.

5.1.5. Dirimir conflitos de competência

É comum que haja situações em que dois ou mais órgãos ou se declaram simultaneamente competentes para atuar em determinado campo (conflito positivo) ou se declaram concomitantemente incompetentes para aquela questão (conflito negativo). Em situações como essas, tem cabimento a apreciação de órgão superior para dirimir a controvérsia e decidir a quem incumbiria o exercício da competência.

Oportunamente, não se pode deixar de ressaltar que nem toda resolução de conflitos de competência decorre de exercício de poder hierárquico por parte daquele que decidirá a controvérsia. Cite-se como exemplo as hipóteses constitucionais de resoluções de conflitos. Compete ao STF resolver os conflitos de competência entre o Superior Tribunal de Justiça e quaisquer tribunais, entre Tribunais Superiores, ou entre estes e qualquer outro tribunal (art. 102, I, *o*). Compete ao STJ processar e julgar os conflitos de atribuições entre autoridades administrativas e judiciárias da União, ou entre autoridades judiciárias de um Estado e administrativas de outro ou do Distrito Federal, ou entre as deste e da União (art. 105, I, *g*).

5.2. Hierarquia e controle finalístico

A hierarquia não pode ser confundida com o controle finalístico, pois a primeira ocorre sempre na intimidade de uma **mesma pessoa jurídica** e **Poder do Estado** e **independe de lei** que estabeleça os mecanismos de atuação; o segundo, por sua sorte, pressupõe a existência de **duas pessoas jurídicas distintas** e é exercida nos **estritos termos da legislação** vigente. A primeira é interna, ao passo que o segundo é externo.

Dessa forma, podemos apontar que a relação entre os diversos órgãos de uma mesma pessoa jurídica (União, por exemplo) transita no campo da hierarquia (poder hierárquico) enquanto a relação jurídica travada entre um órgão da Administração Direta e uma entidade da Administração Indireta é de vinculação (controle finalístico).

6. PODER DISCIPLINAR

O poder disciplinar é a prerrogativa por meio da qual, mediante **processo administrativo** e com observância do **contraditório** e da **ampla defesa**, são aplicadas **penalidades** decorrentes de **ilícitos administrativos** praticados por **servidores públicos** ou por **particulares** que mantenham **vínculo específico** com a Administração.

Do conceito podemos extrair algumas premissas básicas:

a) o exercício do poder disciplinar é exercido sempre com observância dos princípios do devido processo legal, do contraditório e da ampla defesa, previstos constitucionalmente (art. 5º, LIV e LV);

b) o poder disciplinar visa a punir a prática de ilícitos administrativos tão somente. Se o ilícito tem natureza penal ou civil, a via judicial é competente para solucionar a questão. É justamente nesta característica que repousa a diferença entre o poder disciplinar e o poder punitivo do Estado na esfera penal: o tipo de ilícito. Enquanto o poder disciplinar pune os ilícitos administrativos, o **poder punitivo do Estado exercido na esfera penal**, por óbvio, pune ilícitos de natureza penal (crimes e contravenções penais);

c) quando o poder disciplinar incide sobre servidores públicos, podemos afirmar que, nesse caso, decorre do poder hierárquico (é resultado do controle, fiscalização e supervisão exercidos pelo superior). Porém, quando incide sobre particulares sujeitos à disciplina da Administração, não decorre do poder hierárquico, pois não há relação de subordinação entre o Estado e o particular (pessoa física ou jurídica) com vínculo específico. Em suma, quem tem poder hierárquico pode exercer poder disciplinar. Todavia, quem exerce poder disciplinar não necessariamente terá poder hierárquico sobre o agente sancionado; e

d) o poder disciplinar incide sobre particulares que mantêm vínculo específico com a Administração Pública, a exemplo dos que celebram contratos administrativos. Por isso não podemos confundir poder disciplinar com **poder de polícia**. O traço diferenciador são os sujeitos passivos: enquanto no poder disciplinar os sujeitos passivos são, além dos servidores públicos, os particulares com vínculo específico (supremacia especial), no poder de polícia os sujeitos passivos são os particulares em geral, independentemente de vínculo que, porventura, tenham com o Estado (supremacia geral). Dessa forma, quando um condutor que trafega em alta velocidade é multado numa barreira eletrônica, temos o poder de polícia, e não o disciplinar: a multa não decorreu de qualquer vínculo com o Estado, mas da condição de particular em geral.

Quanto às penalidades aplicáveis no âmbito do Poder Disciplinar, temos, exemplificativamente, o art. 127 da Lei nº 8.112/1990, que estabelece as penalidades que podem ser aplicadas aos servidores da União, quais sejam, advertência, suspensão, demissão, cassação da aposentadoria ou disponibilidade e destituição do cargo em comissão ou da função comissionada. De sua parte, o art. 87 da Lei nº 8.666/1993 fixa as sanções administrativas aplicáveis aos particulares que celebram contratos administrativos com o Estado (vínculo específico), a saber, advertência, multa, suspensão temporária de participação em licitação e impedimento de contratar com a Administração e, ainda, a declaração de inidoneidade para licitar ou contratar com a Administração Pública.

O poder disciplinar possui aspectos vinculados e aspectos discricionários. A **vinculação** está presente no que tange à **instauração do processo administrativo** (a autoridade que recebe a representação não tem opção entre apurar ou não os indícios de irregularidade) e à **aplicação de penalidade** (uma vez constatada a prática do ilícito, a autoridade não tem liberdade para escolher entre punir ou não punir). Inclusive, o art. 320 do Código Penal prevê que a omissão no cumprimento desses deveres caracteriza-se condescendência criminosa, além de configurar improbidade administrativa (art. 11, II, Lei nº 8.429/1990).

A discricionariedade pode existir (ainda que nem sempre esteja presente) em se tratando da **tipificação da falta** e de **escolha e gradação da penalidade**. É que no Direito Administrativo, ao contrário do Direito Penal, tem-se o **princípio da atipicidade**, segundo o qual a lei ao prever algumas infrações funcionais o faz utilizando noções vagas, imprecisas (os chamados **conceitos jurídicos indeterminados**), sem descrever a conduta exata que as caracterize, a saber: conduta escandalosa, incontinência pública, manifestação de apreço ou desapreço etc. Nesses casos, embora haja previsão em lei de que o servidor que "manifestar apreço" no âmbito da repartição pública será apenado com advertência, não há descrição legal do que efetivamente viria a ser "manifestação de apreço" – o comportamento que a caracteriza. Isso faz com que haja, para a autoridade que aplicará a penalidade, certa margem de liberdade de verificar se determinada conduta encaixa-se ou não naquele tipo legal.

O mesmo acontece em outros casos, como o da suspensão, em que a lei determina que será aplicada com duração de 1 a 90 dias, mas não prevê a quantidade exata de dias a ser aplicada em cada caso. Ademais, a própria suspensão pode ser convertida em multa, para que durante o período da sanção o servidor seja obrigado a comparecer ao serviço, sofrendo desconto de percentual de sua remuneração ou vencimento básico.

Em síntese, em diversos casos, o sistema jurídico proporciona à autoridade certa liberdade para, a partir da tipificação da falta, realizar a escolha e a gradação da penalidade a ser aplicada.

É de todo conveniente ressaltar que, apesar de em alguns casos haver discricionariedade no poder disciplinar, essa liberdade de decidir deve ser exercida com observância do **princípio da adequação punitiva**. Por esse princípio, a autoridade que aplica a pena deve considerar uma série de fatores (circunstâncias agravantes e atenuantes, danos causados ao serviço público, antecedentes funcionais do agente) a fim de que a penalidade corresponda à gravidade do ilícito praticado. Trata-se, em verdade, da aplicação do **princípio da proporcionalidade**.

Outro quesito a ser observado quando da aplicação de penalidades é o **princípio da motivação**, que impõe a indicação das razões em que se baseou a Administração para aplicar sanções disciplinares. Isto é, é necessário que a Administração motive o ato disciplinar, indicando os fatos e as normas jurídicas incidentes no caso concreto. Nesse sentido, a Lei nº 8.112/1990, em seu art. 128, parágrafo único, determina que "o ato de imposição da penalidade mencionará sempre o fundamento legal e a causa da sanção disciplinar".

Isso posto, cabe destacar que os princípios supracitados e, ainda, os demais princípios da Administração Pública são importantes ferramentas que auxiliam no **controle judicial das penas disciplinares**. Desse modo, a medida punitiva que desobedeça aos postulados de legalidade, moralidade, razoabilidade, proporcionalidade, motivação, contraditório, ampla defesa, entre outros, será passível de anulação judicial. Vê-se, pois, que o controle judicial sobre o poder disciplinar administrativo **não ocorre apenas no campo formal** (mera avaliação de compatibilidade entre a sanção e o texto expresso de lei), mas **também no campo material** (verificação de cumprimento dos princípios administrativos em geral).

Entretanto, isso não quer (e nem pode) significar que o controle judicial incida de alguma maneira sobre o **mérito administrativo** da sanção disciplinar no intuito de avaliar a pena que mais conveniente e oportunamente atenderia o interesse público numa dada situação. Assim, conforme a jurisprudência consolidada do STJ:

> Não é possível que o Poder Judiciário se apresente como substituto direto à autoridade administrativa na apreciação das faltas disciplinares e das penalidades aplicadas, ressalvados os casos excepcionais nos quais haja claro e límpido malferimento do sistema jurídico.[10]

Por oportuno, Hely Lopes Meirelles, ao discorrer acerca da natureza vinculada ou discricionária do poder disciplinar, desmembra este poder em **interno e externo**, explicando que a modalidade:

10 STJ, RMS 35.048/MS, Rel. Min. HUMBERTO MARTINS, DJe 11.09.2013; RMS 38.072/PE, Rel. Min. HERMAN BENJAMIN, DJe 31.05.2013; RMS 39.186/CE, Rel. Min. HERMAN BENJAMIN, DJe 07.03.2013. No mesmo sentido, o STJ (MS 7.966-DF, Rel. Min. GILSON DIPP, DJ 08.10.2003) houve por bem afastar do controle judicial o ato de aumentar ou atenuar penalidades funcionais-administrativas por se tratar de análise subjetiva reservada ao administrador público.

> Externa é dirigida aos administrados e, por isso mesmo é vinculada em todos os seus termos à forma legal que a estabelecer, ao passo que a sanção interna, sendo de caráter eminentemente disciplinar e endereçada aos servidores públicos, é discricionária quanto à oportunidade, conveniência e valoração dos motivos que a ensejam. Mais liberdade, portanto, tem a Administração para apenar seus agentes do que para punir os particulares estranhos ao ordenamento hierárquico do Executivo, porque quanto àqueles atua no amplo campo do poder disciplinar, e quanto a estes encontra limites intransponíveis nos direitos e garantias individuais do cidadão.[11]

Em conclusão, é útil destacar que o poder disciplinar do chefe do Poder Executivo (na esfera federal previsto no art. 141 da Lei nº 8.112/1990) pode ser **delegado** aos Ministros de Estados e ao Advogado-Geral da União. Exemplificativamente, o Decreto nº 3.035/1999 estatui a delegação dos atos disciplinares de demissão e cassação de aposentadoria ou disponibilidade dos servidores dos órgãos da Administração Pública Federal direta, autárquica e fundacional.[12]

7. PODER DE POLÍCIA

7.1. Conceito

Desde logo, é importante entender que a expressão "poder de polícia" está ligada às restrições que o Estado impõe à esfera particular, visando a garantir o atendimento do interesse público. Desse modo, há diversas atividades particulares que se sujeitam ao poder de polícia estatal, mesmo que o órgão encarregado desse exercício não seja formalmente denominado "polícia", a exemplo da polícia militar ou polícia rodoviária federal.

Tendo isso em mente, podemos definir o poder de polícia como a atividade finalística da Administração Pública que, visando sempre a concretizar o interesse público, institui restrições, obrigações e sanções aos mais variados segmentos da atividade humana, tais como exercício de profissões, trânsito de veículos, exploração de atividade econômica, ocupação do solo, circulação de mercadorias e prestação de serviços.

Segundo o clássico conceito de Hely Lopes Meirelles, poder de polícia:

> É a faculdade de que dispõe a Administração Pública para condicionar e restringir o uso e gozo de bens, atividades e direitos individuais, em benefício da coletividade [...] É o mecanismo de frenagem de que dispõe a Administração para conter os abusos do direito individual.[13]

---

11 MEIRELLES, Hely Lopes. *Direito Administrativo Brasileiro*. 34ª ed. São Paulo: Malheiros, 2008, p. 198.

12 Conduta que está em perfeita consonância com a jurisprudência do STF: ARE 680.964/GO, Rel. Min. RICARDO LEVANDOWSKI, Julg.: 26.06.2012; MS 25.518/DF, Rel. Min. SEPÚLVEDA PERTENCE, Julg.: 14.06.2006.

13 *Direito Administrativo Brasileiro*. 34ª ed. São Paulo: Malheiros, 2008, p. 123.

No direito positivo, temos o art. 78 do Código Tributário, que conceitua poder de polícia como:

> Atividade da administração pública que, limitando ou disciplinando direito, interesse ou liberdade, regula a prática de ato ou abstenção de fato, em razão de interesse público concernente à segurança, à higiene, à ordem, aos costumes, à disciplina da produção e do mercado, ao exercício de atividades econômicas dependentes de concessão ou autorização do Poder Público, à tranquilidade pública ou ao respeito à propriedade e aos direitos individuais ou coletivos.

Enfim, muitas são as definições que podem ser dadas à atividade de polícia administrativa, mas todas elas passarão, invariavelmente, pela ideia da tensão entre a esfera pública e a esfera privada.

7.2. Fundamento

O fundamento principal do poder de polícia é o princípio da supremacia do interesse público sobre o privado, que defende o perecimento dos direitos e atividades individuais quando estiverem sendo exercidos de maneira a prejudicar o bem-estar da coletividade. Assim, por meio do legítimo sacrifício da esfera individual, o interesse da coletividade é satisfeito.

A ideia central do poder de polícia é evitar que atividades particulares prejudiquem o interesse do grupo social. Assim, o Estado estabelece diversos limites e condições a essas atividades a fim de que o interesse público seja preservado. Dessa forma, atividades como construção civil, funcionamento de estabelecimentos comerciais, trânsito de veículos em vias públicas, exercício de profissão são exercidas por particulares segundo os critérios previamente estabelecidos pelo Estado.

Ensina Maria Sylvia Zanella Di Pietro que:

> O tema relativo ao poder de polícia é um daqueles em que se colocam em confronto esses dois aspectos: de um lado, o cidadão quer exercer plenamente os seus direitos; de outro, a Administração tem por incumbência condicionar o exercício daqueles direitos ao bem-estar coletivo, e ela o faz usando de seu poder de polícia.[14]

A doutrina administrativista costuma distinguir **supremacia geral** de **supremacia especial.**[15] A primeira seria a supremacia que o Estado exerce sobre os indivíduos em geral com base no seu poder de império, no seu poder geral de dominação. A supremacia especial, por sua sorte, seria exercida sobre os indivíduos que mantêm com o Estado vínculo jurídico específico, a exemplo

14 DI PIETRO, Maria Sylvia Zanella. *Direito Administrativo*. 20ª ed. São Paulo: Atlas, 2006, p. 101.

15 Cite-se o exemplo de Celso Antônio Bandeira de Mello (*Curso de Direito Administrativo*. 25ª ed. São Paulo: Malheiros, 2007, p. 811) e Hely Lopes Meirelles (*Direito Administrativo Brasileiro*, 34ª ed. São Paulo: Malheiros, 2008, p. 135).

dos servidores públicos, os contratados, os delegatários de serviços públicos, alunos de escolas e universidades públicas, pacientes de hospitais públicos, entre outros. Feita essa distinção cabe afirmar que, enquanto o poder de polícia tem por base a supremacia geral do Estado, a supremacia especial se encontra no âmbito do exercício de outros poderes administrativos, a exemplo dos poderes hierárquico e disciplinar.

7.3. Objeto

Constituem objeto do poder de polícia quaisquer bens, direitos ou atividades individuais cujo gozo ou exercício, se não conformados aos parâmetros legais, sejam potencialmente lesivos ao interesse público. Assim, segurança pública, meio ambiente, saúde, educação, trânsito, vigilância sanitária, ocupação territorial rural e urbana, propriedade, patrimônio cultural, defesa do consumidor, exercício de profissões, entre outros segmentos constituem objeto do poder de polícia.

É exatamente por isso que se pode falar em polícia ambiental, polícia de trânsito, polícia sanitária, polícia urbana, polícia de profissões etc.

7.4. Sujeitos passivos

Como já afirmado no início deste Capítulo, o poder de polícia incide sobre qualquer área que reclame atuação estatal com o objetivo de assegurar a prevalência do interesse público. Sendo assim, o poder de polícia recai sobre os particulares em geral envolvidos em quaisquer dessas áreas. Todos os indivíduos se submetem ao poder de polícia pelo simples fato de estarem situados em determinado território e de serem destinatários do poder de império do Estado (supremacia geral).

Nisso, percebe-se a clara distinção entre poder de polícia e poder disciplinar. Enquanto neste os sujeitos passivos são os servidores públicos e os particulares com vínculo específico com a Administração, naquele, os sujeitos passivos são os particulares em geral.

7.5. Sujeitos ativos

A competência para exercer poder de polícia pertence ao ente político (União, Estados, Distrito Federal e Municípios) que tem poder para legislar sobre a matéria a ser objeto de condicionamento e restrição.

No campo da tripartição do poder estatal, podemos afirmar que o poder de polícia é desempenhado pelos três Poderes do Estado. O Legislativo, no exercício de sua função típica legislativa, cria as **limitações administrativas** (leis reguladoras do exercício de direitos e atividades, a exemplo do Código de

Trânsito Brasileiro). A partir daí, o Executivo atua por meio da **regulamentação** das limitações administrativas, da **fiscalização** do seu cumprimento e da **prática de atos concretos**, tanto preventivamente (licenças, autorizações e permissões), quanto repressivamente (aplicação de penalidades). O Poder Judiciário, especificamente a Justiça Eleitoral, excepcionalmente exerce poder de polícia ao fiscalizar o cumprimento das normas eleitorais relativas às propagandas eleitorais e outros assuntos pertinentes (art. 41 da Lei das Eleições – Lei nº 9.504/1997).

A atividade de polícia administrativa é **exclusiva** das **pessoas jurídicas de direito público** (União, Estados, Distrito Federal, Municípios e respectivas autarquias e fundações públicas de direito público). Logo, o poder de polícia não pode ser delegado a pessoas de direito privado, nem mesmo quando integrantes da Administração Indireta (fundações públicas de direito privado, empresas públicas e sociedades de economia mista).[16] Carvalho Filho acentua que pessoas de direito privado "jamais serão dotadas da potestade (*ius imperii*) necessária ao desempenho da atividade de polícia".[17] Em reforço a essa tese o art. 4º, inc. III, da Lei nº 11.079/2004, ao dispor acerca das diretrizes a serem adotadas no âmbito das parcerias público-privadas, elenca a **indelegabilidade** do poder de polícia.

O que se admite é que particulares pratiquem atos de execução (materiais) sem qualquer poder decisório objetivando dar suporte à polícia administrativa. Cite-se o exemplo das empresas contratadas para realizarem a manutenção dos equipamentos eletrônicos de fiscalização de trânsito. Note que nesses casos não há nenhum poder decisório envolvido nessa atividade, mas apenas a prática de atos operacionais que precedem o poder de polícia. Como ensina Bandeira de Mello, "não há nisto atribuição alguma de poder que invista os contratados em qualquer supremacia engendradora de desequilíbrio entre os administrados, pois não está aí envolvida expedição de sanção administrativa e nem mesmo a decisão sobre se houve ou não violação de norma de trânsito, mas mera constatação objetiva de um fato".[18] É de se perceber que o particular poderá atuar ora precedendo ora sucedendo o ato de polícia, mas nunca praticando o ato em si que envolva capacidade de decisão autônoma.

7.6. Classificação

Podemos considerar o poder de polícia em dois sentidos: amplo e estrito. O poder de polícia em **sentido amplo** refere-se tanto à criação de limitações administrativas pelo Legislativo quanto à regulamentação, à fiscalização e à aplicação de sanções feita pelo Poder Executivo. Já o poder de polícia em **sentido estrito** designa apenas as atividades realizadas pelo Poder Executivo,

16 STF, ADI 1.717/DF, Rel. Min. SYDNEY SANCHES, DJ 07.11.2002.

17 CARVALHO FILHO, José dos Santos. *Manual de Direito Administrativo*. 20ª ed. Rio de Janeiro: Lumen Juris, 2008, p. 74.

18 MELLO, Celso Antônio Bandeira de. *Curso de Direito Administrativo*. 25ª ed. São Paulo: Malheiros, p. 827.

como mencionamos alhures. Para o Direito Administrativo, importa utilizar a expressão "poder de polícia" somente em sentido estrito. O poder de polícia em sentido amplo mais interessa à abordagem na ótica do Direito Constitucional.

Interessante distinção faz Celso Antônio Bandeira de Mello ao utilizar a locução "poder de polícia" para designar tanto a atividade do Poder Legislativo quanto a do Poder Executivo e a expressão "polícia administrativa" para referir-se tão só à atividade do Poder Executivo.[19]

O poder de polícia também pode ser classificado em originário e derivado. A ideia central é simples: se exercido pelo próprio Estado, o poder de polícia é originário, pois decorre do próprio esquema constitucional de repartição de competência. Se, ao revés, é desempenhado por pessoas jurídicas autônomas, isso significa que o poder de polícia do Estado foi delegado a essas entidades.

Em termos mais precisos, diz-se **originário** o poder de polícia quando é exercido pelos órgãos da Administração Direta do ente político a quem cabe desempenhar a atividade de polícia. Poder de polícia **delegado** é desenvolvido pelas pessoas de direito público da Administração Indireta (autarquias e fundações públicas de direito público).

O uso da expressão pode causar confusão com a descentralização administrativa por delegação de serviços públicos (concessionários, permissionários ou autorizatários). Como visto anteriormente, pessoas jurídicas de direito privado não podem exercer a atividade de polícia administrativa, motivo pelo qual o uso da expressão "poder de polícia delegado", em verdade, quer significar "poder de polícia outorgado" a entidades de direito público da Administração Indireta (autarquias e fundações públicas de direito público), que são criadas pelo mecanismo da descentralização administrativa por outorga.

7.7. Meios de atuação

Os meios de atuação do poder de polícia são os seguintes: legislação (ou ordem, para alguns), consentimento, fiscalização e sanção. Alguns autores costumam denominar os meios de atuação como o **ciclo de vida** do poder de polícia. Pela **legislação,** o Estado cria as normas jurídicas de caráter geral e abstrato que constituem limitações aos direitos e atividades particulares. O **consentimento** é atividade de análise efetuada para verificar se o particular satisfaz os requisitos previstos em lei para o desempenho de determinada atividade ou exercício de certo direito. No exercício da **fiscalização,** a Administração realiza vigilância sobre os indivíduos a fim de constatar se estão, ou não, observando as normas de polícia administrativa. Por fim, com a **sanção**, o Estado exerce poder de coação psicológica ou física sobre os administrados que resistem ao cumprimento das normas jurídicas aplicando-lhes medidas restritivas socioeducativas.

19 MELLO, Celso Antônio Bandeira de. *Direito Administrativo Brasileiro*. 34ª ed. São Paulo: Malheiros, 2008, p. 809.

Retomando a questão da indelegabilidade do poder de polícia a pessoas jurídicas de direito privado, é útil acrescentarmos que modernamente se vem adotando o entendimento de que as atividades de fiscalização e de consentimento podem ser desempenhadas por particulares. A indelegabilidade se referiria apenas às atividades de legislação e aplicação de sanções.

Essa é orientação da STJ plasmada nos seguintes termos (destaques nossos): "**Somente os atos relativos ao consentimento e à fiscalização são delegáveis, pois aqueles referentes à legislação e à sanção derivam do poder de coerção do Poder Público.**"[20] Este precedente adota posicionamento de vanguarda em relação ao exercício do poder de polícia. Representa uma tendência moderna no Direito Administrativo brasileiro. Entretanto, não se pode esquecer que o **entendimento tradicional** é no sentido da **indelegabilidade total do poder de polícia a pessoas jurídicas de direito privado.**

Ainda quanto aos meios de atuação, outra forma de abordar a matéria é a seguinte: o poder de polícia em sentido amplo inicia-se num primeiro nível com a produção de **atos legislativos (limitações administrativas)**. Nem sempre as leis administrativas, ao serem publicadas, estão prontas para produzir seus efeitos imediatamente, já no ato da publicação. Às vezes, é necessário que algum órgão ou entidade que detenha competência técnica regulamente a norma, detalhando-a a fim de torná-la aplicável pela Administração Pública. Este é o segundo nível de atuação do poder de polícia: **atos normativos infralegais** (portarias, instruções normativas, resoluções etc.). O terceiro nível de atuação do poder de polícia é por meio de **atos individuais de consentimento**, a exemplo das licenças, autorizações, multas. O quarto nível é o da **fiscalização**, por meio da qual o Estado verificará o cumprimento das normas de polícia. E, por fim, num ultimo nível, temos o poder de polícia sendo desempenhado por meio de **atos concretos sancionatórios**, como a apreensão de bens, o fechamento de estabelecimento, a destruição de coisas etc.

Para aclarar o entendimento, vejamos um exemplo. O Código de Trânsito (Lei nº 9.503/1997), no art. 105, I, prevê que é equipamento obrigatório dos veículos, entre outros, o cinto de segurança. Como se trata de **ato legislativo** que estabelece um condicionamento para o exercício de uma atividade (dirigir) e a utilização de um bem (veículo), não se pode negar que o Código de Trânsito trata-se de exercício de legítimo poder de polícia. Imaginemos ainda um indivíduo que, para dar cumprimento à mencionada norma, amarre um pedaço de barbante à cintura e ao banco do veículo. Observe que o Código não diz exatamente em que consiste o equipamento "cinto

20 REsp 817.534, Rel. Min. MAURO CAMPBELL MARQUES, DJe 10.12.2009. Nesse caso concreto, o STJ entendeu que a Empresa de Transporte de Trânsito de Belo Horizonte (BHTrans), sociedade de economia mista, não poderia aplicar penalidades decorrentes de poder de polícia por ser pessoa jurídica de direito privado, mas poderia exercer a atividade de fiscalização de trânsito, devendo levar ao conhecimento do Departamento de Trânsito, autarquia estadual, pessoa jurídica de direito público, as eventuais infrações que fossem detectadas. O STF recebeu a matéria em sede de recurso extraordinário (ARE 662.186/MG, Rel. Min. LUIZ FUX) que teve sua repercussão geral reconhecida em 23.03.2012, mas, até o fechamento desta edição, ainda sem decisão de mérito a respeito.

de segurança". Estará esse indivíduo cumprindo a norma de trânsito? Obviamente, não! Pois, embora não haja no CTB especificação completa acerca do equipamento, a Resolução nº 48/1998 do Conselho Nacional de Trânsito estabelece os requisitos de instalação e utilização de cintos de segurança, inclusive no que diz respeito ao modelo, material, tamanho, enfim as especificações do equipamento (as quais, obviamente, não incluem os barbantes). Tal resolução é exercício do segundo nível do poder de polícia: **atos normativos infralegais**. Se, mesmo com a disposição do Código e da Resolução, um condutor cujo veículo não dispõe de cinto de segurança é **fiscalizado** numa "blitz" e o agente de trânsito aplica uma multa em decorrência da infração, temos aí a prática de um **ato concreto sancionatório** que expressa o poder de polícia da Administração Pública. Importante lembrar ainda que o fato de o indivíduo poder conduzir seu veículo partiu de uma licença para dirigir (**atos individuais de consentimento**), ato conferido pelo Estado mediante a satisfação de algumas condições previstas em lei.

Acerca dos meios de atuação do poder de polícia, podemos afirmar ainda que pode ser exercido preventiva e repressivamente, conforme o momento em que o ilícito ocorre. A **atuação preventiva** dá-se por meio da **edição de normas regulamentadoras** das limitações administrativas, do **consentimento** dado aos particulares para que exerçam atividades e direitos e da **fiscalização** de sua observância pelos particulares. As licenças, permissões, autorizações são exemplos de atos administrativos praticados com base no poder de polícia. A **atuação repressiva** se dá por meio da aplicação de **sanções** aos infratores das normas de polícia administrativa. Exemplos de atos sancionadores que externam a atuação repressiva de polícia são: multas, interdição de atividade, fechamento de estabelecimentos, apreensão e destruição de coisas, demolição e embargo de obras, entre outros.

7.8. Limites

O poder de polícia, conquanto seja prerrogativa especial do Estado, encontra limites a fim de que não desrespeite deliberadamente os direitos fundamentais, as prerrogativas individuais e as liberdades públicas asseguradas constitucionalmente.

Lucas Rocha Furtado, com extrema acuidade, observa:

> Deve-se verificar os eventuais benefícios para a sociedade com a intervenção do Estado que importe em restrição de direitos, ou em que medida a imposição de sacrifícios às liberdades e aos direitos individuais encontra respostas claras no ordenamento jurídico – afinal, o Estado existe para realizar direitos dos cidadãos, e não para restringi-los.[21]

21 FURTADO, Lucas Rocha. *Curso de Direito Administrativo*. Belo Horizonte: Fórum. 2006, p. 41.

O **princípio da proporcionalidade**, chamado por alguns de princípio da proibição dos excessos, representa o maior freio ao poder de polícia, uma vez que impede que a Administração restrinja a esfera jurídica do administrado além daquilo que seria estritamente necessário ao interesse público.

O **princípio do devido processo legal** em sua acepção adjetiva também configura limitação do poder de polícia por impor ao Estado a observância das garantias processuais e procedimentais dos particulares. Nesse sentido, a Súmula nº 312 do STJ preceitua que "no processo administrativo para imposição de multa de trânsito, são necessárias as notificações da autuação e da aplicação da pena decorrente da infração".[22]

Sempre que não se tratar de situação de urgência, que reclama atuação imediata (ex.: apreensão de alimentos com prazo de validade vencido) as medidas de polícia serão **precedidas** de **contraditório** e de **ampla defesa**, princípios assegurados constitucionalmente aos litigantes em processo judicial ou administrativo e aos acusados em geral. Isso significa que, antes de impor obrigações ou aplicar **sanções** ao indivíduo, a Administração deverá dar a este oportunidade de fazer suas alegações e defender os seus interesses. A Administração estará desobrigada de previamente garantir aos destinatários da atuação de polícia administrativa somente nos casos de extrema urgência em que haja risco de causar graves danos ou, no dizer de Lopes Meirelles, "quando se tratar de infração instantânea surpreendida na sua flagrância, aquela ou esta comprovada pelo respectivo auto de infração".[23]

O **princípio da legalidade** também representa um forte limite à polícia administrativa, na medida em que toda limitação, condicionamento ou sanção deve ser imposta ao particular somente quando houver previsão em lei. Tal situação decorre do disposto no art. 5º, II, da Constituição Federal: "Ninguém será obrigado a fazer ou deixar de fazer alguma coisa, senão em virtude de lei". Com efeito, não cabe à Administração deliberadamente definir as limitações e condicionamentos a serem exercidos com base no poder de polícia. Tal tarefa incumbe ao legislador, devendo o administrador apenas dar-lhes cumprimento.

7.9. Atributos

7.9.1. Discricionariedade

Pela discricionariedade vê-se que a Administração dispõe de certa **liberdade** para definir o melhor momento de agir (**oportunidade**) e o local e o objeto a ser fiscalizado (**conveniência**), bem como definir a penalidade a ser aplicada e a respectiva gradação, com observância do disposto em lei e do princípio da proporcionalidade.

22 Mais detalhes sobre princípio do devido processo legal, *vide* tópico 13 do capítulo 2 (Princípios da Administração Pública).

23 MEIRELLES, Hely Lopes. *Direito Administrativo Brasileiro*. 34ª ed. São Paulo: Malheiros, 2008, p. 140.

Com efeito, apesar de a discricionariedade se constituir em atributo do poder de polícia administrativa, **há aspectos vinculados em seu exercício,** a exemplo da expedição de licenças (licença para dirigir, construir, exercer profissão), que são atos administrativos vinculados. Isso significa que, uma vez satisfeitos os requisitos legais, a Administração não poderá negar o pedido de licença ao particular. Não haverá, portanto, análise de mérito administrativo (discricionariedade).

7.9.2. Coercibilidade

Também denominada imperatividade, a coercibilidade revela que as medidas de polícia são impostas **unilateralmente** ao particular, **independentemente** de sua **concordância**, inclusive pelo **uso da força**, se necessário. Trata-se do exercício do que se chama de **poder extroverso do Estado**, pelo qual se permite ao Poder Público editar atos unilaterais que interfiram na esfera jurídica dos administrados, criando obrigações e impondo sanções. Isto é, além de interferir na própria esfera jurídica (poder introverso), o Poder Público tem a prerrogativa de se imiscuir na esfera jurídica de terceiros (no caso, os particulares), a fim de alterar direitos e obrigações destes.

Todavia, a coercibilidade não significa um salvo-conduto para que a Administração restrinja a esfera jurídica do particular além do necessário à satisfação do interesse público (princípio da proporcionalidade). Conduta marcada pelo transbordamento do necessário, a desproporcionalidade configura excesso de poder e acarreta a responsabilização civil, penal e administrativa daquele que assim atuar.

7.9.3. Autoexecutoriedade

Por este atributo, também denominado *self executing*, a Administração tem capacidade de, **direta e imediatamente**, executar alguns dos atos que pratica, independentemente de prévia **decisão judicial.**[24]

A autoexecutoriedade está presente sempre que houver **previsão legal** ou quando a Administração estiver defronte de **situações de urgência de iminente dano ao interesse público**, casos em que será necessária a adoção de medidas urgentes que não possam aguardar decisão judicial (ex.: demolição de prédio que ameaça ruir, internamento de pessoa com doença contagiosa, a dissolução de reunião que ponha em risco a segurança de pessoas e coisas).[25]

Não se está dizendo que a autoexecutoriedade tornará os atos da Administração imunes ao controle judicial, mas apenas que a atuação administrativa de polícia não depende de manifestação judicial prévia para produzir seus efeitos. Se o destinatário

24 Alguns autores desmembram a autoexecutoriedade em exigibilidade e executoriedade. A fim de não sermos repetitivos, remetemos o leitor ao tópico 5.4 do Capítulo 6 (Atos Administrativos), onde o tema é abordado detalhadamente.

25 DI PIETRO, Maria Sylvia Zanella. *Direito Administrativo*. 20ª ed. São Paulo: Atlas, 2006, p. 186.

se sentir prejudicado com a decisão administrativa, pode perfeitamente se valer da via judicial a fim de ver satisfeita a sua pretensão jurídica.

Uma última advertência é a de que a **cobrança de multas**, quando não quitadas espontaneamente pelo particular, depende de decisão judicial. Ou seja, a Administração não poderá executar administrativamente o particular, sendo imprescindível a propositura de ação judicial para tanto.

Questão que por vezes provoca estranheza é o fato de a cobrança da multa de trânsito não ser autoexecutória, mas configurar condição para liberação de veículo apreendido ou para renovação de licenciamento. Em situações como essas temos que, se houver **previsão legal**, essa exigência afigura-se plenamente cabível. O que não se pode aceitar é que o agente público, ao seu talante, possa estabelecer tais exigências com o intuito de cobrança da multa.

Nesse passo, o leitor poderia indagar: a exigência de pagamento de multa de trânsito como requisito para liberação de veículo apreendido pela Administração não seria uma forma oblíqua de se cobrar multas sem ação judicial? Sobre o assunto, o STJ tem entendido que, uma vez que o veículo tenha sido apreendido como modalidade autônoma de sanção, é **lícito** condicionar a sua liberação à quitação das multas vencidas e demais despesas decorrentes da respectiva estada no depósito. A situação geradora desse entendimento teve início quando, após uma fiscalização de trânsito, o Detran reteve veículo não licenciado. Ao tentar retirar o veículo, foi cobrado do proprietário, além das despesas com a diária do automóvel sob guarda, o pagamento de multas vencidas. Só com o pagamento seria liberado o automóvel e expedido o Certificado de Registro e Licenciamento de Veículo (CRLV). Neste caso concreto, como a apreensão do veículo se deu em função do não licenciamento, é lícito condicionar a liberação ao pagamento de multas vencidas. O que não seria possível era a apreensão do veículo tão somente em razão das multas em atraso. A fim de consolidarmos a tese, vejamos a íntegra do acórdão (grifos nossos):

> PROCESSUAL CIVIL – INFRAÇÃO DE TRÂNSITO – EXIGÊNCIA DO PAGAMENTO DA MULTA COMO PRESSUPOSTO DA RESTITUIÇÃO DO VEÍCULO RETIDO POR FORÇA DE MEDIDA ADMINISTRATIVA.
>
> 1. Na aplicação de sanções administrativas, o Código de Trânsito Brasileiro, Lei nº 9.503/1997 tem ensejado controvérsias, merecendo sistematização a partir da jurisprudência do STJ:
>
> a) nos termos da Súmula nº 127/STJ, não é lícito condicionar a renovação de licença de veículo ao pagamento de multa, antes da notificação;
>
> b) também **não é lícito a retenção do veículo como forma de coagir o proprietário a pagar a pena de multa**;
>
> c) diferente é a hipótese de **apreensão do veículo, como modalidade autônoma de sanção**, contemplada no art. 262 *caput* e parágrafos

> do CTB, em que **a retenção do veículo pode prolongar-se até que sejam quitadas as multas e demais despesas decorrentes da respectiva estadia no depósito** (precedentes de ambas as turmas).[26]

Retomando o tema inicial, quando afirmamos que a cobrança de multas, quando não adimplidas espontaneamente pelo particular, não é ato autoexecutório, devemos ter bastante cuidado para não confundir as multas decorrentes do poder de polícia da Administração com as multas decorrentes do **poder disciplinar**. A primeira incide sobre os particulares em geral e sua cobrança só pode ser feita por meio de ação judicial, ao passo que a segunda só alcança particulares que tenham vínculo específico com o Estado e pode ser cobrada diretamente pela via administrativa. Os §§ 2º e 3º do art. 86 da Lei nº 8.666/1993 conferem poder à Administração de **executar o valor da multa diretamente**, mesmo se resistida pelo contratado. Para isso a Administração poderá descontar o valor da multa: a) da garantia prestada pelo contratado; e b) dos pagamentos eventualmente devidos pela Administração. Até este ponto verifica-se que a cobrança da multa é feita autoexecutoriamente pela Administração. Entretanto, se o valor da multa superar os valores da garantia e dos pagamentos devidos ao contratado, a Administração deverá se valer da via judicial para saldar o restante do débito. Isto é, a autoexecutoriedade da multa disciplinar se limita à execução da garantia e à retenção dos pagamentos devidos pela Administração. Superando esses valores, o deslinde da questão deverá ocorrer no âmbito judicial. Não é demais lembrarmos que a multa a que nos referimos é decorrente de poder disciplinar e não de poder de polícia.

7.10. Polícia administrativa e polícia judiciária

Até este ponto, ao tratarmos de poder de polícia e suas características, nos restringimos às atividades de **polícia administrativa**, que é objeto de estudo do Direito Administrativo e que já foi devidamente estudada no presente Capítulo. Entretanto, há também a **polícia juridiciária**, incumbida do trabalho de investigação criminal e cuja atuação interessa ao estudo do Direito Processual Penal.

Na pena de José Afonso da Silva[27], a polícia judiciária "tem por objetivo precisamente aquelas atividades de investigação, de apuração das infrações penais e de indicação de sua autoria, a fim de fornecer os elementos necessários ao Ministério Público em sua função repressiva das condutas criminosas, por via de ação penal pública."

Preliminarmente, podemos dizer que a polícia administrativa exerce, ao lado dos serviços públicos, fomento e intervenção administrativa, uma das atividades finalísticas da Administração Pública. Sua atuação é orientada para atender de

26 STJ, REsp 895.284/RS, Rel.ª Min.ª ELIANA CALMON, DJ 20.04.2007.

27 SILVA, José Afonso da. *Curso de Direito Constitucional Positivo*. 36ª ed. São Paulo: Malheiros, 2013, p. 785.

maneira concreta, direta e imediata determinado resultado de utilidade pública. A polícia administrativa está **dispersa em todos os órgãos e entidades da Administração Pública**, a exemplo da Receita Federal do Brasil (RFB), Agência Nacional de Vigilância Sanitária (Anvisa), Instituto Brasileiro de Meio Ambiente e dos Recursos Naturais Não Renováveis (Ibama), Departamento de Trânsito (Detran), Comissão de Valores Mobiliários (CVM).

A polícia judiciária, por sua vez, é assim denominada não por integrar a estrutura do Poder Judiciário, mas por estar direcionada a levantar informações e provas a serem utilizadas no âmbito do processo judicial de natureza penal. Em suma, a polícia judiciária exerce atividade de investigação criminal no intuito de auxiliar o juiz a formar a sua convicção. Diferentemente da polícia administrativa, a polícia judiciária não está dispersa em diversos órgãos e entidades da Administração Pública. É **privativa de corporações especializadas**, tais como a Polícia Federal e as polícias civis.

Quanto ao objeto, a polícia administrativa incide sobre **bens, direitos e atividades**. A pessoa, em si, é alcançada apenas reflexamente, nas situações em que, para garantir a observância do interesse público, a Administração limita ou restringe o uso e gozo de bens e o exercício de direitos e atividades. Vale repisar, a atuação da Administração nunca irá incidir diretamente sobre pessoas, mas sobre os seus bens, direitos e atividades. O mesmo não ocorre com a polícia judiciária cujo objeto de atuação é sempre as **pessoas** em si mesmas consideradas.

Quanto ao tipo de ilícito, a polícia administrativa se difere da judiciária na medida em que a primeira atua no campo dos **ilícitos administrativos** ao passo que a segunda se ocupa preponderantemente das ocorrências de natureza criminal. Ao se deparar com a possível prática de **crimes ou contravenções penais**, a polícia administrativa aciona a polícia judiciária para que esta tome as providências cabíveis.

Como corolário do tipo de ilícito com que lida, a polícia administrativa é regida por **normas administrativas**, ao que a polícia judiciária estriba-se nas **normas penais, processuais penais e regulamentos**.

Tanto a polícia administrativa quanto a judiciária atuam preventiva e repressivamente. O que as distingue neste ponto é a predominância de uma ou de outra forma de atuação. A polícia administrativa atua **prevalentemente** de maneira **preventiva**, a fim de evitar que o ilícito administrativo seja concretizado, o que é realizado por meio de atividades de consentimento e de fiscalização. Mas também há atividades repressivas no âmbito da polícia administrativa, das quais podem ser citadas as sanções aplicadas aos infratores das normas administrativas. A polícia judiciária atua **predominantemente** de forma **repressiva**, isto é, após a consumação da conduta criminosa a fim de verificar indícios de autoria e materialidade. Entretanto, também atua preventivamente quando para prevenir a ocorrência de ações criminosas. Cite-se como exemplo a fiscalização que a polícia federal exerce nos aeroportos com relação à entrada de estrangeiros no país.

Em que pese eventualmente o Judiciário ser provocado a dirimir conflitos jurídicos oriundos do desempenho da polícia administrativa, esta normalmente **inicia e conclui** suas atividades no **âmbito administrativo**. Já a polícia judiciária inicia suas atividades no âmbito administrativo, com o inquérito policial, para que o caso seja concluído na esfera judicial com o julgamento dos possíveis autores do crime ou contravenção.

Por fim, é útil acrescentar que esses critérios não são absolutos, pois alguns órgãos públicos podem desempenhar atividades tanto de polícia administrativa quanto de polícia judiciária, a exemplo do que ocorre com as polícias militares e com a Polícia Rodoviária Federal.

No quadro abaixo, sintetizamos o que acabamos de expor:

---------------	Polícia administrativa	Polícia Judiciária
Objeto	Bens, direitos e atividades	Pessoas
Atividade	Legislação, consentimento, fiscalização e sanção	Investigação dos crimes e contravenções penais
Tipo de ilícito	Ilícitos administrativos, exclusivamente	Ilícitos penais, principalmente
Sujeito que o exerce	Diversos órgãos e entidades da Administração Pública	Órgãos ou corporações especializadas de segurança
Normas	Normas administrativas	Normas penais, processuais penais e regulamentos
Modo de atuação	Prevalentemente preventiva, podendo ser repressiva	Preponderantemente repressiva, podendo ser preventiva
Processo	Inicia-se e encerra-se em âmbito administrativo	Atividade de natureza administrativa voltada para o desempenho da função jurisdicional
Exemplos	Anvisa, Ibama, Detran, ANP, PRF etc.	Polícia Civil e Polícia Federal

7.11. Prescrição da ação punitiva no poder de polícia

Como ferramenta de proteção do administrado frente à inércia do Poder Público, a Lei nº 9.873, de 28 de janeiro de 1999, estabelece prazo de prescrição para o exercício de ação punitiva pela Administração Pública Federal.

Logo em seu artigo 1º, a lei prevê que **prescreve** em **cinco anos** a pretensão punitiva da Administração Pública, no exercício do poder de polícia, objetivando apurar infrações administrativas, contados da **data da prática do ato** ou, no caso de infração **permanente ou continuada**, do dia em que **tiver cessado**. Se o fato ilícito constituir **crime**, aplica-se o prazo de prescrição da **lei penal**.[28]

Na área da polícia administrativa ambiental, em 13.10.2010, foi editada pelo STJ a Súmula nº 467 que assim dispõe:

> Prescreve em cinco anos, contados do término do processo administrativo, a pretensão da Administração Pública de promover a execução da multa por infração ambiental.

Incide a prescrição no procedimento administrativo paralisado por mais de **três anos**, pendente de julgamento ou despacho, cujos autos serão arquivados de ofício ou mediante requerimento da parte interessada, sem prejuízo da apuração da responsabilidade funcional decorrente da paralisação, se for o caso (art. 1º, § 1º).

A título de curiosidade, o prazo prescricional de cinco anos **não se aplica** às infrações de **natureza funcional** e aos processos e procedimentos de **natureza tributária**.

Vale mencionar que a prescrição da ação punitiva da Administração é interrompida quando (art. 2º): a) houver notificação ou citação do indiciado ou acusado, ainda que por edital; b) puder se demonstrado, inequivocamente, qualquer ato da Administração no sentido de apurar o fato ilícito; c) for exarada decisão condenatória irrecorrível; e d) por qualquer ato inequívoco que importe em manifestação expressa de tentativa de solução conciliatória no âmbito interno da Administração Pública federal.

8. ABUSO DE PODER

Quando o agente público exerce normal e regularmente os poderes administrativos, conforme o que dispõe a lei e os princípios da Administração Pública, dizemos que há **uso do poder**. De outra forma, quando os poderes administrativos são exercidos irregularmente há o **abuso de poder**.

As condutas marcadas por abuso de poder, sejam comissivas ou omissivas, dolosas ou culposas, serão **nulas** e importarão responsabilização para os agentes que nelas incorrerem.

A Constituição no art. 5º, LXIX, prevê o mandado de segurança, remédio constitucional a ser utilizado contra abuso de poder sempre que direito líquido e certo esteja sendo prejudicado ou ameaçado por ato abusivo de autoridade pública ou agente de pessoa jurídica no exercício de atribuições do Poder Público.

---

28 A pretensão punitiva da Administração Pública em relação à infração administrativa que também configura crime somente se sujeita ao prazo prescricional criminal quando instaurada a respectiva ação penal (STJ, REsp 1.116.477-DF, Rel. Min. TEORI ALBINO ZAVASCKI, Julg.: 16.08.2012)

O abuso de poder é gênero que abriga duas espécies: o **excesso de poder** e o **desvio de poder**, que passamos doravante a analisar.

8.1. Excesso de poder

O excesso de poder é caracterizado pela prática de ato com defeito na **competência** e ocorre de duas formas:

a) quando o agente pratica **ato alheio às suas atribuições** e infringe a competência de outro agente. Trata-se de verdadeira **incompetência** para praticar certo ato administrativo. Exemplo disso seria um chefe de seção que interrompe, por si próprio, as férias de servidor sujeito à sua hierarquia, quando a Lei nº 8.112/1990 (art. 91) preceitua que essa interrupção só pode ser realizada mediante declaração de necessidade pela autoridade máxima do órgão; e

b) quando o agente vai além do permitido, **exorbita no uso de suas faculdades administrativas** e confere ao ato efeitos que este não está apto a produzir. Exemplificativamente, podemos citar o caso de policial que, ao efetuar prisão em flagrante, vai além do permitido e gratuitamente agride o indivíduo preso.

8.2. Desvio de poder

O desvio de poder, comumente chamado de **desvio de finalidade**, ocorre quando o agente, embora competente, pratica ato com **vício na finalidade**.

O art. 2º, parágrafo único, *d*, da Lei nº 4.717/1965 (Lei da Ação Popular) dispõe que o desvio de finalidade se verifica quando o agente pratica ato visando a fim diverso daquele previsto, explícita ou implicitamente, na regra de competência.

O desvio de poder manifesta-se de duas formas:

a) quando o agente pratica um ato com finalidade de **atender exclusivamente a interesses particulares** (seu ou de terceiros). Um exemplo disso é a remoção de um servidor público por motivos de desavença pessoal. Todo e qualquer ato administrativo deve atender ao interesse público. O ato praticado com o intuito de atender exclusivamente interesses particulares caracteriza-se como desvio de poder e, como tal, é nulo;

b) quando o agente pratica um ato com **finalidade diversa daquela prevista em lei** especificamente para aquele ato, ainda que não busque interesses pessoais. O clássico exemplo é a remoção de servidor público infrator com o intuito de puni-lo. A finalidade precípua da remoção é suprir carência de pessoal ou interesse pessoal do servidor (art. 36, parágrafo único, Lei nº 8.112/1990). Ao utilizar remoção como penalidade, o agente desvia a finalidade deste ato.

8.3. Abuso de autoridade

Nos termos da Lei nº 4.898/1965, tanto o excesso de poder quanto o desvio de finalidade correspondem a **crime de abuso de autoridade,** fazendo com que o agente incidente em tais práticas fique sujeito à responsabilização criminal, administrativa e civil.

9. DEVERES ADMINISTRATIVOS

Vistos os poderes administrativos, verificaremos agora os deveres administrativos.

9.1. Dever de agir

No Direito Privado o poder de agir constitui uma mera faculdade à disposição do particular, que o exercerá no momento que reputar conveniente. Diferentemente ocorre no Direito Público, pois quando a ordem jurídica confere poderes ao agente público é com o objetivo de atender a determinada utilidade pública, razão pela qual esse poder é de exercício obrigatório, irrenunciável.

Para garantir o cumprimento deste dever, a Constituição Federal outorga aos particulares o "direito de petição aos Poderes Públicos em defesa de direitos ou contra ilegalidade ou abuso de poder" (art. 5º, XXXIV, "a", CF/1988). Assim, o agente público omisso estará sujeito à responsabilização civil, penal e administrativa, conforme o tipo de omissão ilícita em que tenha incorrido.

Em relação às ações estatais em favor da coletividade, enfim, do dever de agir, é importante reconhecer a existência da **teoria da reserva do possível**, segundo a qual o Estado está obrigado, sim, a prover as necessidades legítimas da coletividade administrada, mas dentro daquilo que é possível, sobretudo no que tange aos aspectos orçamentários e financeiros. Em outras palavras, apesar de educação, saúde, alimentação, trabalho, moradia, lazer, segurança, entre outros, serem direitos fundamentais assegurados constitucionalmente, nem sempre o Estado poderá concretizá-los plenamente em favor dos indivíduos, pois os recursos públicos são finitos, jamais serão suficientes para fazer frente a tão abrangentes necessidades. Por outro lado, a reserva do possível não pode ser utilizada como álibi para a deliberada omissão estatal, um verdadeiro argumento do Estado para não cumprir suas responsabilidades constitucionais, devendo garantir o mínimo existencial.

Assim, com base nas ideias de razoabilidade e proporcionalidade, em cada caso concreto será necessário aferir se o não cumprimento do dever de agir decorre de ineficiência ou desídia administrativa ou de impossibilidade fática de cumprimento desses mesmos deveres.

9.2. Dever de prestar contas

Administrar é cuidar de coisa alheia. A Administração Pública é instituição que administra os interesses da coletividade. Os agentes públicos, portanto, são as principais ferramentas de que dispõe o Estado nessa atividade de decidir o que é proveitoso ao bem comum.

O parágrafo único do art. 70 da Constituição determina:

> Prestará contas qualquer pessoa física ou jurídica, pública ou privada, que utilize, arrecade, guarde, gerencie ou administre dinheiros, bens e valores públicos ou pelos quais a União responda, ou que, em nome desta, assuma obrigações de natureza pecuniária.

Assim, não há como incutirmos a ideia de que o agente público não deva atuar com transparência. Pelo contrário, de toda a sua atuação o administrador público deve prestar contas.

9.3. Dever de probidade

Ao agente público não basta obedecer a literalidade da lei. É imprescindível que atue de acordo com os princípios éticos de **decoro**, **moralidade**, **honestidade**, **boa-fé** e **lealdade** na missão de que está incumbido: zelar pelo bem comum.

Assim, todos os atos da Administração devem estar livres de favoritismos, perseguições pessoais, nepotismos, entre outras formas vis de desonestidade administrativa.

O art. 37, § 4º, da Constituição Federal prevê que "os atos de improbidade administrativa importarão a suspensão dos direitos políticos, a perda da função pública, a indisponibilidade dos bens e o ressarcimento ao erário, na forma e gradação previstas em lei, sem prejuízo da ação penal cabível".

A Lei nº 8.429/1992 foi editada com a finalidade de regular a prática dos atos de improbidade, suas respectivas sanções e processo, praticados por agentes públicos.[29]

9.4. Dever de eficiência

A eficiência impõe ao administrador o dever de boa administração: atuação voltada para resultados cada vez mais qualitativos a serem buscados por meio da celeridade, perfeição, rendimento e técnica no exercício de suas atribuições.

O dever de eficiência impõe ao agente público **presteza**, **perfeição**, **celeridade** e **rendimento** no exercício das atribuições. Além de cumprir a lei e os preceitos da moral, do agente público é cobrado acerca dos resultados produzidos no

29 Para tratarmos do tema Improbidade Administrativa com maior riqueza de detalhes, dedicamos o capítulo 15 (Improbidade administrativa).

exercício do cargo. Nesse intuito, foram criados alguns instrumentos de medição de desempenho dos servidores públicos, a saber:

a) participação do usuário na Administração Pública direta e indireta podendo oferecer reclamações relativas à prestação dos serviços públicos em geral, asseguradas a manutenção de serviços de atendimento ao usuário e a avaliação periódica, externa e interna, da qualidade dos serviços (art. 37, § 3º, CF/1988);
b) instituição de escolas de governo para a formação e o aperfeiçoamento dos servidores públicos, constituindo-se a participação nos cursos um dos requisitos para a promoção na carreira, facultada, para isso, a celebração de convênios ou contratos entre os entes federados (art. 37, § 2º, CF/1988);
c) avaliação especial de desempenho, na forma de lei complementar, a ser aplicada inclusive aos servidores estáveis, podendo culminar, em caso de desempenho insatisfatório, na perda do cargo público (art. 41, § 1º, III, CF/1988).

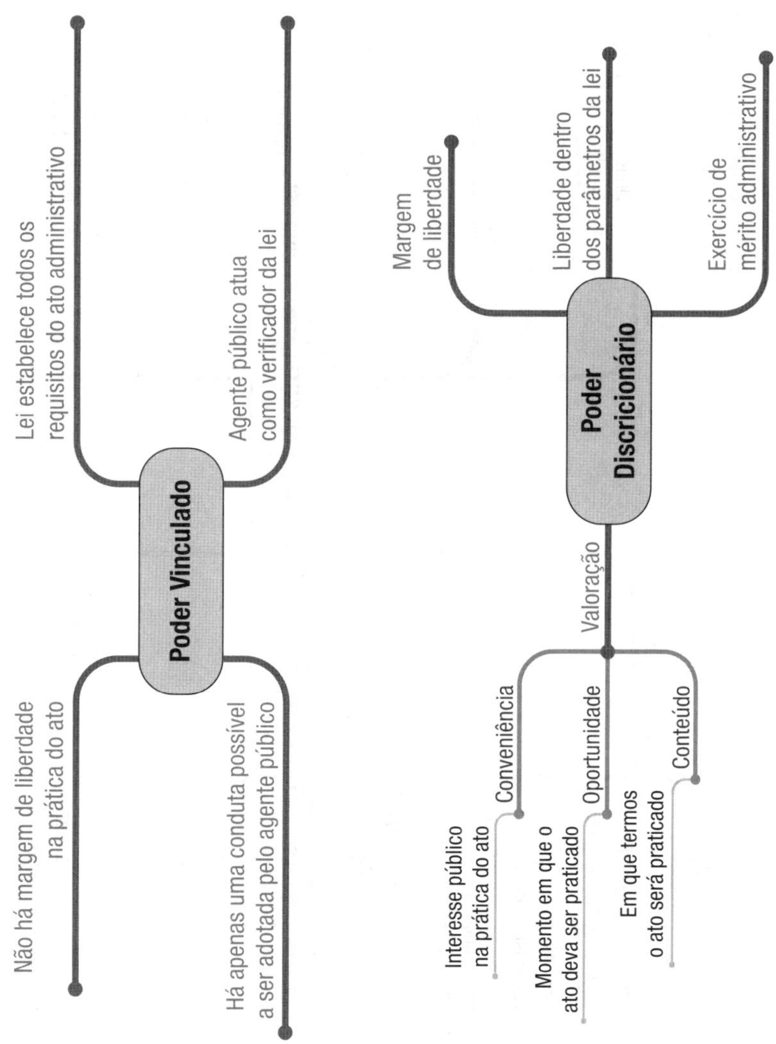

Poder Vinculado
Lei estabelece todos os requisitos do ato administrativo
Agente público atua como verificador da lei
Não há margem de liberdade na prática do ato
Há apenas uma conduta possível a ser adotada pelo agente público
Poder Discricionário
Margem de liberdade
Liberdade dentro dos parâmetros da lei
Exercício de mérito administrativo
Valoração
Conveniência
Interesse público na prática do ato
Oportunidade
Momento em que o ato deva ser praticado
Conteúdo
Em que termos o ato será praticado

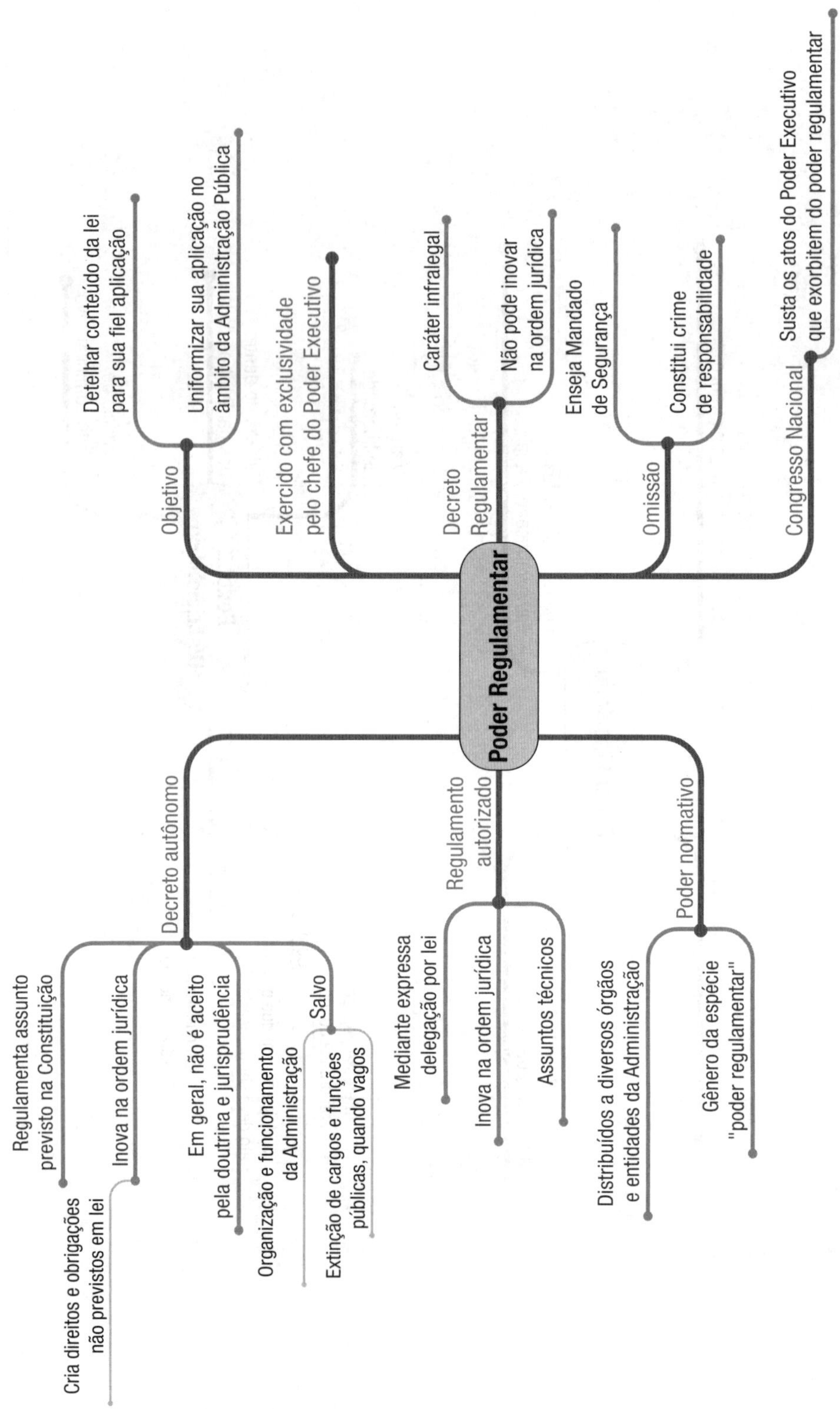
Poder Regulamentar
Objetivo
Detalhar conteúdo da lei para sua fiel aplicação
Uniformizar sua aplicação no âmbito da Administração Pública
Exercido com exclusividade pelo chefe do Poder Executivo
Decreto Regulamentar
Caráter infralegal
Não pode inovar na ordem jurídica
Omissão
Enseja Mandado de Segurança
Constitui crime de responsabilidade
Congresso Nacional
Susta os atos do Poder Executivo que exorbitem do poder regulamentar
Decreto autônomo
Regulamenta assunto previsto na Constituição
Inova na ordem jurídica
Cria direitos e obrigações não previstos em lei
Em geral, não é aceito pela doutrina e jurisprudência
Salvo
Organização e funcionamento da Administração
Extinção de cargos e funções públicas, quando vagos
Regulamento autorizado
Mediante expressa delegação por lei
Inova na ordem jurídica
Assuntos técnicos
Poder normativo
Distribuídos a diversos órgãos e entidades da Administração
Gênero da espécie "poder regulamentar"

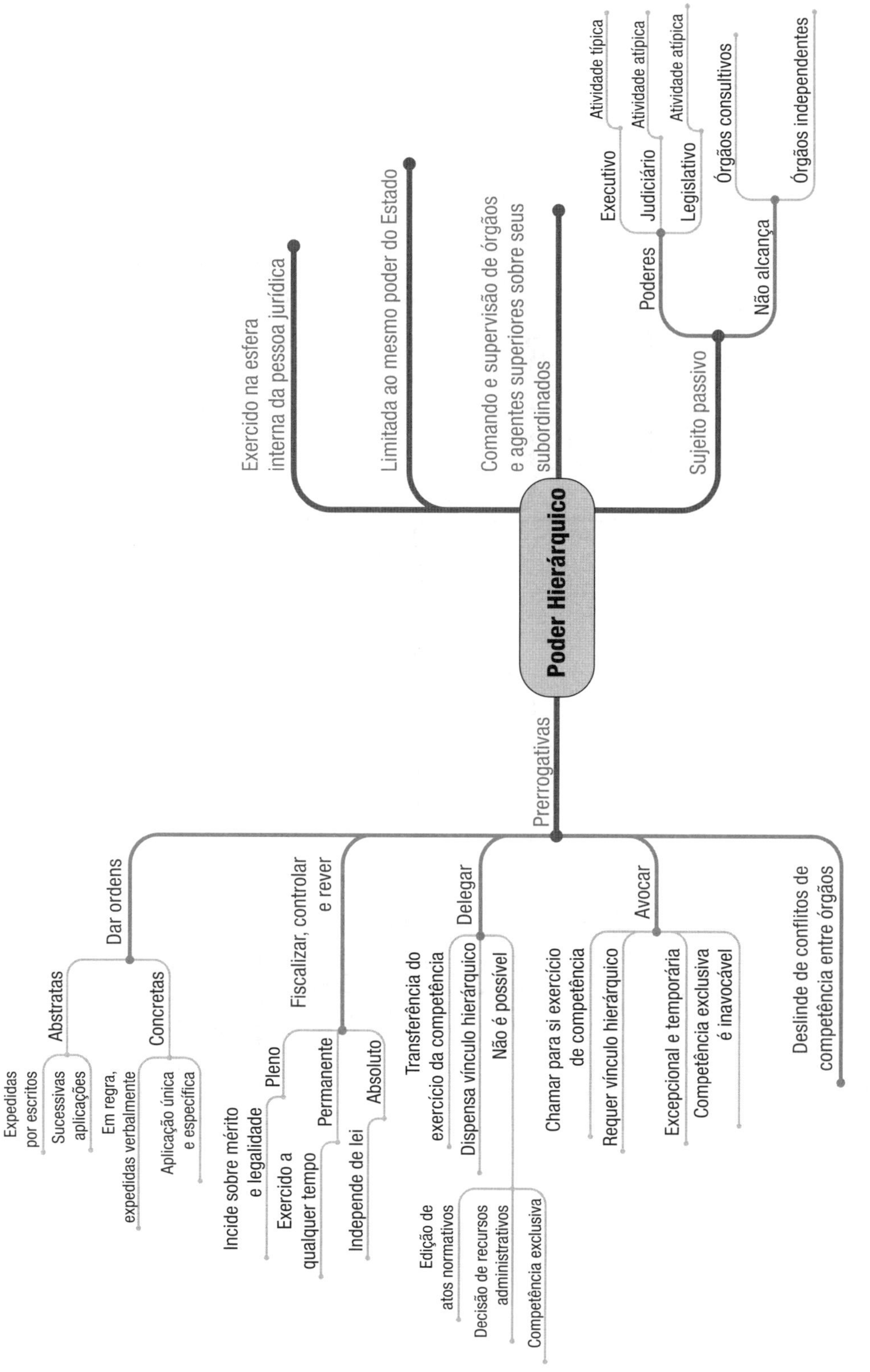
Poder Hierárquico
Exercido na esfera interna da pessoa jurídica
Limitada ao mesmo poder do Estado
Comando e supervisão de órgãos e agentes superiores sobre seus subordinados
Sujeito passivo
Poderes
Executivo
Atividade típica
Judiciário
Atividade atípica
Legislativo
Atividade atípica
Não alcança
Órgãos consultivos
Órgãos independentes
Prerrogativas
Dar ordens
Abstratas
Expedidas por escritos
Sucessivas aplicações
Concretas
Em regra, expedidas verbalmente
Aplicação única e específica
Fiscalizar, controlar e rever
Pleno
Incide sobre mérito e legalidade
Permanente
Exercido a qualquer tempo
Absoluto
Independe de lei
Delegar
Transferência do exercício da competência
Dispensa vínculo hierárquico
Não é possível
Edição de atos normativos
Decisão de recursos administrativos
Competência exclusiva
Avocar
Chamar para si exercício de competência
Requer vínculo hierárquico
Excepcional e temporária
Competência exclusiva é inavocável
Deslinde de conflitos de competência entre órgãos

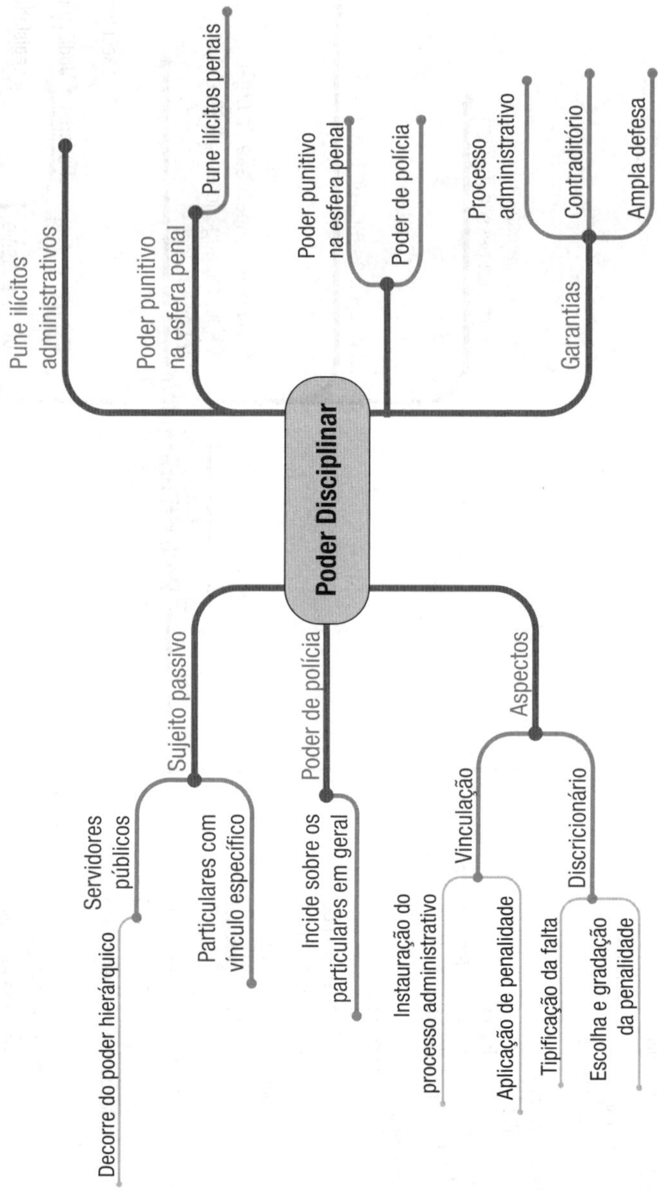
Poder Disciplinar
Pune ilícitos administrativos
Poder punitivo na esfera penal
Pune ilícitos penais
Poder punitivo na esfera penal
Poder de polícia
Garantias
Processo administrativo
Contraditório
Ampla defesa
Sujeito passivo
Servidores públicos
Decorre do poder hierárquico
Particulares com vínculo específico
Poder de polícia
Incide sobre os particulares em geral
Aspectos
Vinculação
Instauração do processo administrativo
Aplicação de penalidade
Discricionário
Tipificação da falta
Escolha e gradação da penalidade

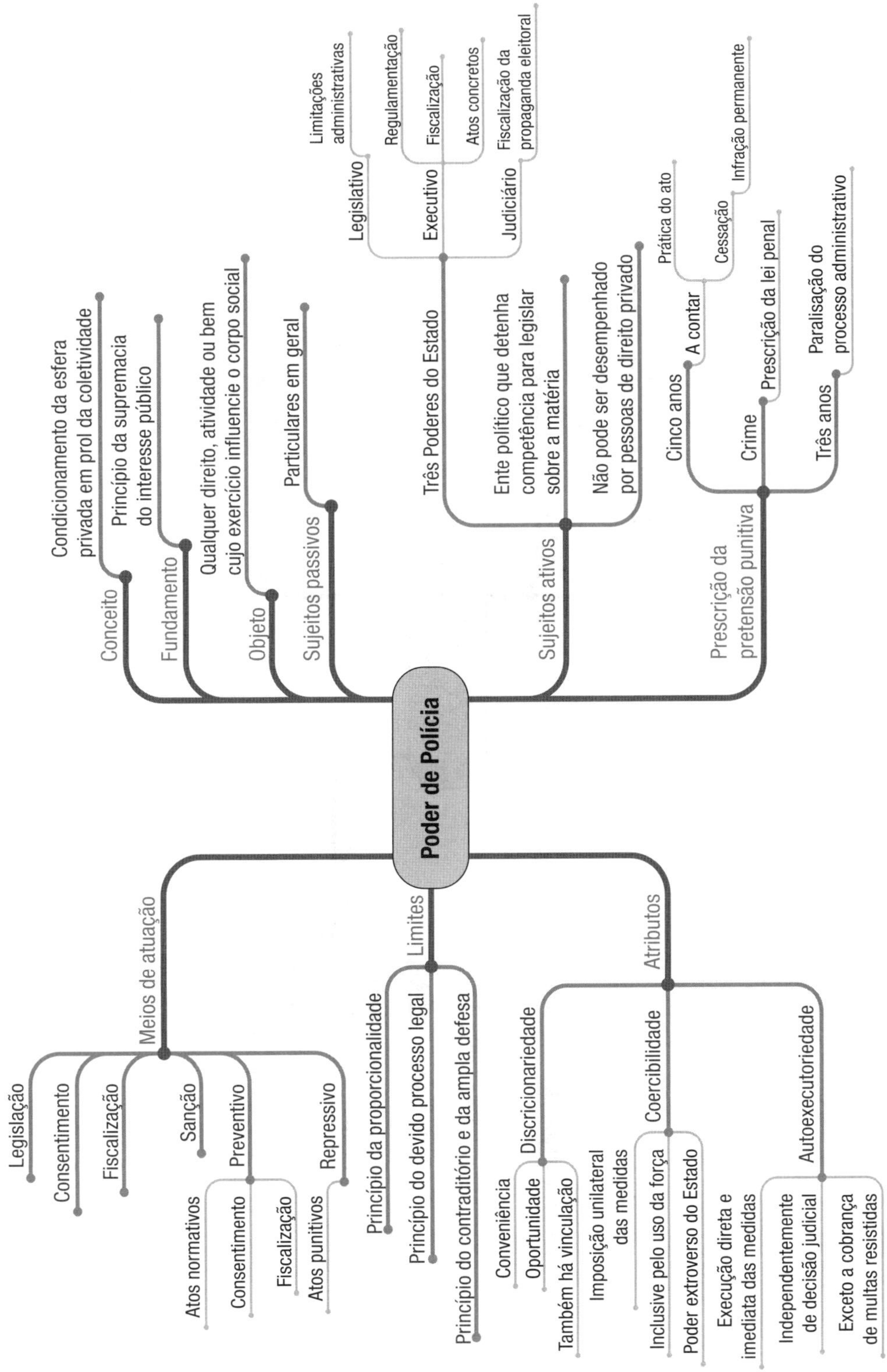
Poder de Polícia
Conceito
Condicionamento da esfera privada em prol da coletividade
Fundamento
Princípio da supremacia do interesse público
Objeto
Qualquer direito, atividade ou bem cujo exercício influencie o corpo social
Sujeitos passivos
Particulares em geral
Sujeitos ativos
Três Poderes do Estado
Legislativo
Limitações administrativas
Executivo
Regulamentação
Fiscalização
Atos concretos
Judiciário
Fiscalização da propaganda eleitoral
Ente político que detenha competência para legislar sobre a matéria
Não pode ser desempenhado por pessoas de direito privado
Prescrição da pretensão punitiva
Cinco anos
A contar
Prática do ato
Cessação
Infração permanente
Crime
Prescrição da lei penal
Três anos
Paralisação do processo administrativo
Meios de atuação
Legislação
Consentimento
Fiscalização
Sanção
Preventivo
Atos normativos
Consentimento
Fiscalização
Repressivo
Atos punitivos
Limites
Princípio da proporcionalidade
Princípio do devido processo legal
Princípio do contraditório e da ampla defesa
Atributos
Discricionariedade
Conveniência
Oportunidade
Também há vinculação
Coercibilidade
Imposição unilateral das medidas
Inclusive pelo uso da força
Poder extroverso do Estado
Autoexecutoriedade
Execução direta e imediata das medidas
Independentemente de decisão judicial
Exceto a cobrança de multas resistidas

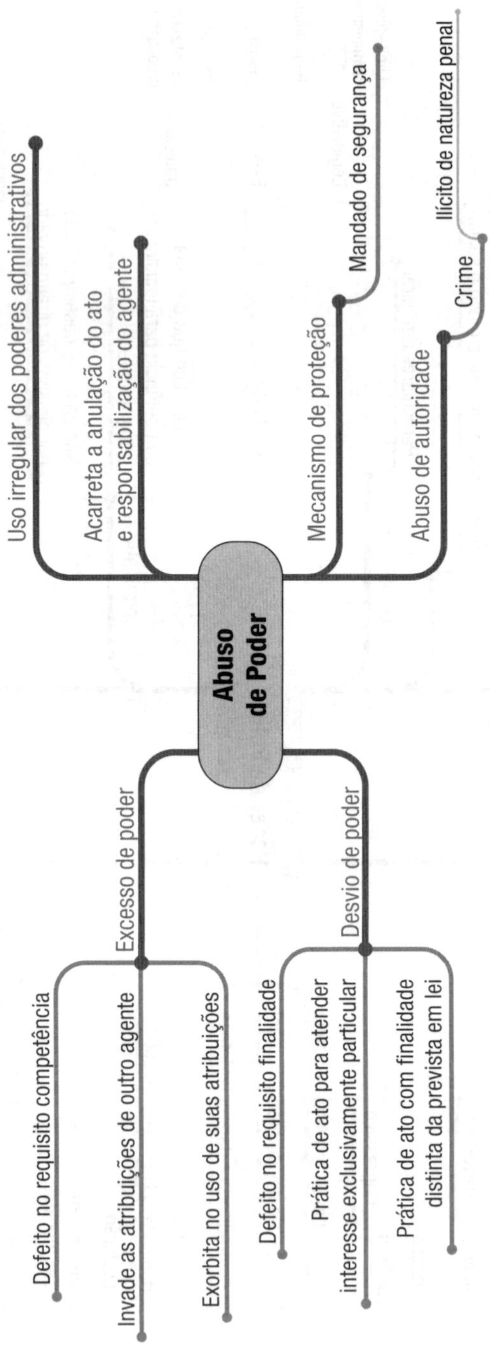
Abuso de Poder
Uso irregular dos poderes administrativos
Acarreta a anulação do ato e responsabilização do agente
Mecanismo de proteção
Mandado de segurança
Abuso de autoridade
Crime
Ilícito de natureza penal
Excesso de poder
Defeito no requisito competência
Invade as atribuições de outro agente
Exorbita no uso de suas atribuições
Desvio de poder
Defeito no requisito finalidade
Prática de ato para atender interesse exclusivamente particular
Prática de ato com finalidade distinta da prevista em lei

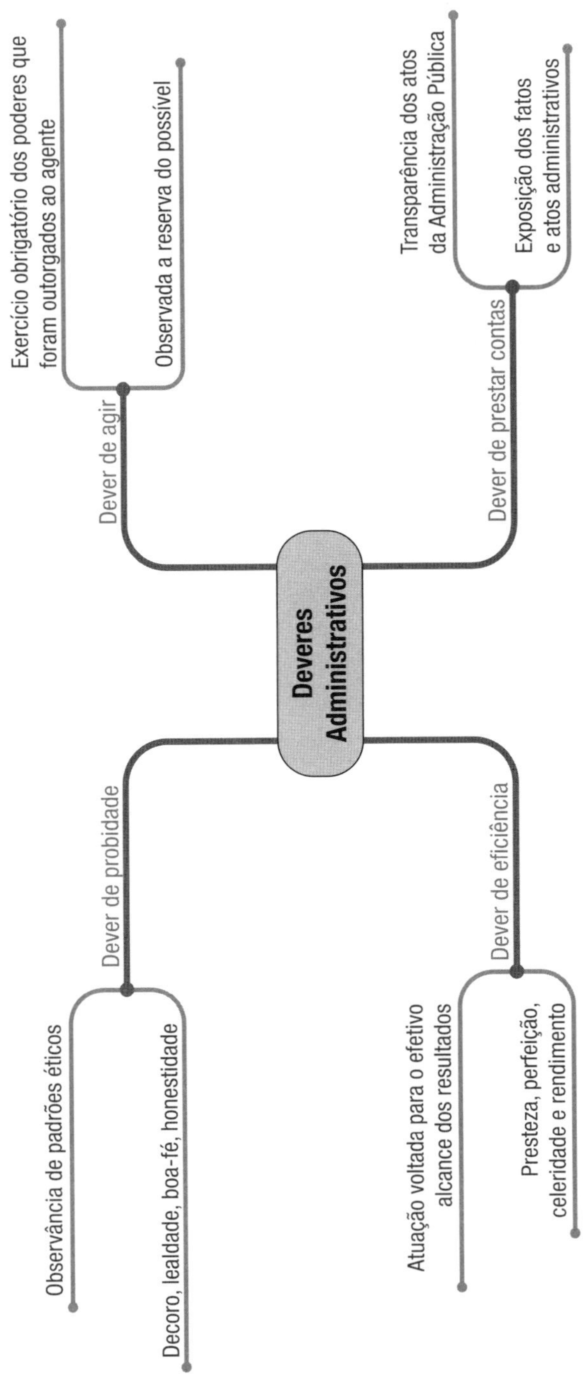
Deveres Administrativos
Dever de agir
Exercício obrigatório dos poderes que foram outorgados ao agente
Observada a reserva do possível
Dever de prestar contas
Transparência dos atos da Administração Pública
Exposição dos fatos e atos administrativos
Dever de probidade
Observância de padrões éticos
Decoro, lealdade, boa-fé, honestidade
Dever de eficiência
Atuação voltada para o efetivo alcance dos resultados
Presteza, perfeição, celeridade e rendimento

Capítulo 6

Atos Administrativos

1. TEORIA DO ATO JURÍDICO

No Direito Privado, denomina-se **fato jurídico em sentido amplo** todo o fenômeno (natural ou humano) a que o Direito atribua significação e vincule consequências jurídicas. Como exemplos, podemos citar, respectivamente, o nascimento com vida (fato natural) e a celebração de contrato de compra e venda (fato humano). Nesse contexto, verificamos que o Direito é como uma lente de aumento que, contemplando a diversidade de fenômenos, resolve atribuir significação jurídica àqueles que revelam maior relevância e importância para a vida social e o bem-estar coletivo.

Partindo do fato jurídico em sentido amplo, temos o **fato jurídico em sentido estrito**, que é o evento da natureza (não decorre diretamente da vontade humana) que acarreta consequências jurídicas, a exemplo do nascimento, da morte, da passagem do tempo.

Podemos mencionar também o **ato jurídico,** que é o acontecimento resultante de manifestação da vontade humana a que o Direito confira significação jurídica, como os contratos, os testamentos, as procurações etc. Assim, podemos concluir que o fato jurídico em sentido amplo é gênero, ao passo que o fato jurídico em sentido estrito e o ato jurídico são espécies.

No campo dos atos jurídicos, tem-se os **atos jurídicos meramente lícitos** que são as manifestações de vontade humana, sem conteúdo negocial, cujas consequências são impostas pela lei, e não pela vontade das partes. Cite-se como exemplo a intimação de alguém para depor.

Há também o **negócio jurídico** que é a manifestação de vontade mediante a qual uma ou mais pessoas se obrigam a efetuar determinada prestação jurídica em torno de algum objeto de direito. Exemplos clássicos de negócios jurídicos são os contratos em geral (compra e venda, locação, prestação de serviços, entre tantos). Informa a doutrina que, nessa espécie de ato jurídico, as partes têm plena autonomia para definir o objeto de negócio, desde que seja lícito, possível, determinado ou determinável. A esse poder que os particulares têm de fazer tudo o que a lei não proíbe, inclusive negócios jurídicos inéditos, denomina-se autonomia da vontade ou autonomia privada (art. 5º, II, CF/88).

Dessa maneira, é perfeitamente possível do ponto de vista jurídico que dois indivíduos celebrem contrato privado que contemple objeto que não esteja previsto expressamente na norma jurídica. A única condição é que esse objeto seja lícito, possível, determinado ou determinável.

Por último, temos os **atos ilícitos**, que são os atos decorrentes da ação humana com efeitos lesivos ao ordenamento jurídico.

Abaixo, síntese do que acabamos de tratar:

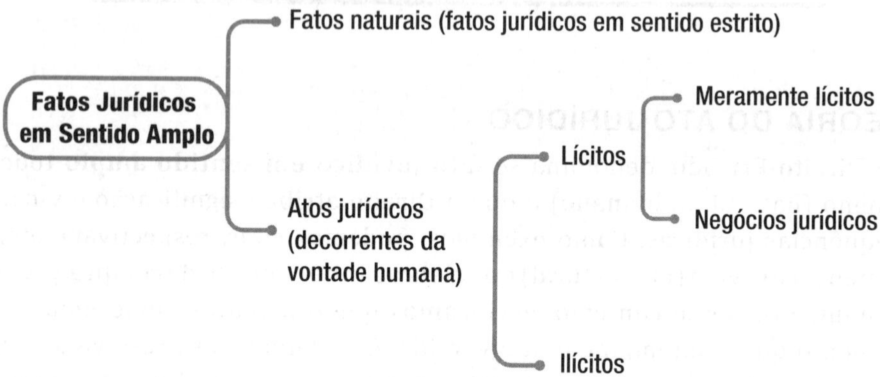

Feitos os comentários pertinentes à teoria básica do ato jurídico, o que interessa saber, neste ponto, é que o Estado também manifesta sua vontade por meio de atos jurídicos e que a depender de qual das três funções (legislativa, jurisdicional ou administrativa) esteja sendo desempenhada, teremos, respectivamente, atos legislativos, atos judiciais e atos administrativos. Em suma, **o ato administrativo é uma espécie de ato jurídico emanado do Estado**.

Grande questão a ser objeto de debate é investigar se os atos administrativos podem ser considerados negócios jurídicos. A doutrina majoritária firma-se na tese de que os atos administrativos não podem ser considerados negócios jurídicos, uma vez que, pelo atributo da tipicidade,[1] a Administração só pode praticar atos administrativos que estão previstos em lei, ao passo que nos negócios jurídicos é possível que o objeto contemple figura jurídica inédita, não prevista taxativamente em lei. Logo, o agente público não tem liberdade para definir os efeitos jurídicos do ato administrativo, estando submisso à lei em todos os seus termos.

Já com relação aos contratos da Administração,[2] podemos falar em negócio jurídico entre esta e o particular, sobretudo nos contratos de direito privado da Administração.[3]

1 Sobre a tipicidade, consulte o tópico 5.5 deste capítulo.

2 No Capítulo 9 (Contratos Administrativos), debruçamo-nos sobre o estudo dos contratos da Administração, mormente os contratos administrativos.

3 Compartilham desse posicionamento Maria Sylvia Zanella Di Pietro (*Direito Administrativo*. 20ª ed. São Paulo: Atlas, 2006, p. 206) e José dos Santos Carvalho Filho (*Manual de Direito Administrativo*. 20ª ed. Rio de Janeiro: Lumen Juris, 2008, p. 96).

2. CONCEITO

Como bem ressalta Di Pietro, inúmeros critérios têm sido adotados pelos autores para a conceituação do ato administrativo. Entre eles, podemos citar os critérios subjetivo e objetivo.[4]

Pelo critério **subjetivo, orgânico ou formal**, o que se leva em conta para a identificação do ato administrativo é o sujeito que o produziu, nada havendo a tratar sobre o conteúdo do ato. Assim, o ato administrativo é aquele praticado pelos órgãos e entidades do Poder Executivo. Exclui-se, portanto, os atos oriundos dos órgãos dos Poderes Legislativo e Judiciário. Como sabemos que no Brasil adotamos o modelo de especialização das funções estatais, em que cada Poder exerce uma função típica e outras atípicas, resta claro que esse critério não é satisfatório, uma vez que não abrange os atos que o Legislativo e o Judiciário praticam no desempenho da função atípica administrativa desses Poderes.

O critério **objetivo, funcional ou material** é o que considera ato administrativo o praticado no exercício da função administrativa do Estado, sem se importar com o sujeito do qual o ato emana. Sendo assim, tanto o Executivo quanto o Judiciário e o Legislativo praticam atos administrativos quando estão no desempenho da função administrativa. Esse critério guarda perfeita consonância com o nosso sistema jurídico e, portanto, é adotado no Brasil.

Isso posto, podemos definir o ato administrativo como a **manifestação unilateral de vontade da Administração ou de quem lhe faça as vezes, sob a orientação do regime jurídico-administrativo e subordinada à lei, que tenha por fim a produção de efeitos jurídicos e seja sempre sujeita ao controle pelo Poder Judiciário**.

2.1. Manifestação unilateral de vontade

O Estado tem por finalidade zelar pelo bem de todas as pessoas e, para isso, precisa declarar o seu querer em diversas situações. Nesse sentido, o ato administrativo representa uma manifestação de vontade do Poder Público, tendente a concretizar determinada utilidade pública.

O traço marcante dos atos administrativos, que inclusive os distingue dos atos comuns, é a **unilateralidade**. Essa característica significa que o ato administrativo é oriundo do Estado e atinge o administrado sem que este tenha necessariamente participado do processo de sua formação ou muito menos concordado com sua prática.

Em outras palavras, a unilateralidade significa que o ato administrativo forma-se a partir de apenas uma vontade: a do Poder Público, não dependendo da manifestação de vontade do destinatário. Pela unilateralidade, o particular se submete aos efeitos de um ato jurídico de cuja formação não participou ou concordou.

4 DI PIETRO, Maria Sylvia Zanella. *Direito Administrativo*. 20ª ed. São Paulo: Atlas, 2006, p. 178.

2.2. Da Administração ou de quem lhe faça as vezes

O ato administrativo pode ser praticado pelos órgãos e entidades de quaisquer dos Poderes do Estado, desde que no exercício da função administrativa (critério objetivo).

Assim, o Senado Federal, órgão do Poder Legislativo, pratica atos administrativos quando, por exemplo, nomeia em caráter efetivo um candidato recém-aprovado em concurso público. O Supremo Tribunal Federal, órgão de cúpula do Poder Judiciário, também pratica atos administrativos quando realiza procedimento licitatório para compra de novos computadores. Enfim, se um órgão ou entidade, de **quaisquer dos Poderes**, desempenha a função administrativa do Estado, certamente vez ou outra praticará atos administrativos.

Os **particulares também podem praticar atos administrativos**, mas somente quando estiverem no exercício de função pública administrativa delegada pelo Estado. Os concessionários, os permissionários e os autorizatários, por exemplo, praticarão atos administrativos quando desempenharem as atividades que lhes foram delegadas pelo Poder Público (prestação de serviços públicos). Tanto é assim que de ato de particular no exercício da função delegada cabe mandado de segurança (art. 5º, LXIX, CF/88) e ação popular (art. 5º, LXXIII, CF/88).

Saliente-se, entretanto, que os atos praticados por esses particulares, fora do exercício da função delegada, são atos jurídicos de direito privado, disciplinados pelo Direito comum, e não pelo Direito Administrativo. Nesse contexto, descabe falar em mandado de segurança ou ação popular.

Com isso, percebe-se que o que caracteriza o ato administrativo não é o sujeito que o pratica, mas as características que lhe são inerentes, os seus atributos.

Ademais, podemos afirmar ainda que nem todo ato administrativo é produzido por seres humanos, a exemplo dos semáforos de trânsito, os pardais eletrônicos que fotografam os condutores que ultrapassam o limite de velocidade e, nessa atividade, manifestam a vontade da Administração Pública naquele momento. Nesses casos, embora não sejam de fato praticados por seres humanos, mas apenas controlados por estes, cremos que estes atos mecânicos são atos administrativos por demonstrarem a vontade do Estado.[5]

5 Sobre os atos administrativos mecânicos, Thiago Marrara (Direito administrativo e novas tecnologias. *Revista de Direito Administrativo RDA*, Belo Horizonte, v. 256, jan./abr. 2011.) destaca com precisão que "o emprego, pelo Estado, de novas tecnologias de produção e comunicação tem, por exemplo, colaborado diretamente para o aumento dos chamados atos automáticos de administração." E acrescenta que atualmente tais atos "ganham amplíssimo espaço na maioria dos serviços prestados pela administração pública. Isso se verifica, a título ilustrativo, em sistemas de agendamento automático de atendimento ao cidadão (e.g., sistema de agendamento de passaportes da Polícia Federal ou do INSS), em sistemas de controle de solicitações administrativas (e.g., sistema eletrônico de solicitação de bolsas de estudos da Fapesp)." Trata-se, portanto, do ingresso definitivo da tecnologia no cotidiano da Administração Pública, o que certamente muito contribuirá para alterar o modo como o cidadão se relaciona com o Estado e, consequentemente, modificará a feição do Direito Administrativo no país.

2.3. Sob a orientação do regime jurídico-administrativo

O fundamento da unilateralidade dos atos administrativos é a supremacia do Estado frente aos particulares (verticalidade). Supremacia esta que se consubstancia por meio de certos privilégios exclusivos do Estado, entre eles o de impor obrigações aos particulares sem que estes tenham necessariamente participado ou assentido.

A **verticalidade** expressa o regime jurídico de direito público a que se submete o ato administrativo: o regime jurídico-administrativo em que o Estado goza de certos privilégios especiais. É exatamente por se submeter às regras do Direito Público que os atos administrativos têm caracteres especiais em relação aos demais atos jurídicos privados. Entre estes caracteres especiais, estudaremos mais adiante os atributos do ato administrativo (presunção de legitimidade, presunção de veracidade, imperatividade, autoexecutoriedade e tipicidade). Não poderia ser diferente, uma vez que todo ato administrativo presta-se à proteção do interesse público, e não de interesses meramente particulares, como são os atos jurídicos em geral praticados por particulares.

2.4. Subordinada à lei

Reza o princípio da legalidade que toda atuação administrativa deve estar respaldada na lei. Por esse princípio, a Administração não pode fazer o que não esteja previsto em lei, muito menos lhe é lícito atuar fora dos limites da lei. Assim, todo ato administrativo deverá retirar da lei o seu embasamento, caso contrário deverá ser retirado do mundo jurídico (anulação).

Note que aqui a expressão "lei" está sendo utilizada em sentido estrito: a norma de caráter geral e abstrato que tem fundamento na própria Constituição e é produzida segundo o processo legislativo previsto no texto desta. Nessa categoria, estão as leis complementares, leis ordinárias, leis delegadas etc.

2.5. Que tenha por fim a produção de efeitos jurídicos

Efeito jurídico é todo e qualquer fenômeno a que o direito atribui relevância e significação. Obviamente que só teria alguma relevância estudarmos a manifestação de vontade do Estado se esta produzisse algum efeito jurídico. Caso contrário, o ato administrativo seria comparado a meras opiniões emitidas pela Administração de acatamento facultativo pelos administrados.

Com efeito, estamos querendo dizer que quando um ato administrativo é praticado, algum efeito jurídico é produzido. Isto é, algum direito é criado, modificado, resguardado, transferido, extinto ou declarado, bem como alguma obrigação é imposta, retirada, transferida ou modificada.

2.6. Sempre sujeita ao controle pelo Poder Judiciário

O exercício da função administrativa do Estado ocorre num ambiente de infralegalidade. Dessa forma, os atos administrativos devem total subserviência à lei. Inclusive, um dos princípios expressos da Administração Pública é o da legalidade, pelo qual toda atuação administrativa deve estar embasada na lei. De outro modo, a atuação é considerada ilícita e deve ser retirada do mundo jurídico.

O art. 5º, XXXV, da Constituição determina que "a lei não excluirá da apreciação do Poder Judiciário lesão ou ameaça a direito". O dispositivo em tela consagra o princípio da inafastabilidade de jurisdição. O conteúdo prático do referido princípio é sagrar ao Poder Judiciário competência para conhecer qualquer controvérsia jurídica e sobre ela se pronunciar definitivamente (coisa julgada).

Por tudo o que foi exposto, fica claro que os atos administrativos, assim como os demais atos jurídicos, são passíveis de controle pelo Poder Judiciário, que quando provocado poderá dizer acerca da sua legitimidade (conformação à lei e aos princípios do direito) e veracidade. É de todo conveniente notar que o controle judicial é sempre um controle provocado. O juiz, salvo em algumas hipóteses, não atua de ofício nos processos judiciais, mas somente mediante provocação das partes (princípio da inércia).

3. ATOS DA ADMINISTRAÇÃO PÚBLICA EM SENTIDO AMPLO

Nem todo ato jurídico praticado pela Administração Pública será, necessariamente, um ato administrativo. Há outros atos jurídicos que a Administração em sentido amplo pratica: atos bilaterais, atos multilaterais, atos de direito privado, atos materiais, atos políticos. A esses atos dá-se o nome de atos da administração.

Em verdade, **os atos administrativos são apenas espécie do gênero atos da Administração Pública em sentido amplo**, que agora passamos a analisar.

Em outro dizer, podemos sintetizar a matéria da seguinte forma: embora nem todo ato praticado pela Administração seja um ato administrativo, sempre será classificado como um ato da Administração Pública em sentido amplo.

3.1. Atos administrativos

Já comentamos sobre o conceito dos atos administrativos no tópico anterior, razão pela qual resolvemos aqui apenas elencar alguns conceitos que a doutrina administrativa tem dado a esse fenômeno jurídico da Administração.

Devemos começar pela lição do professor Hely Lopes Meirelles, de quem emanou uma das conceituações clássicas:

> Ato administrativo é toda manifestação unilateral de vontade da Administração Pública que, agindo nessa qualidade, tenha por fim

> imediato adquirir; resguardar; transferir; modificar; extinguir e declarar direitos, ou impor obrigações aos atos administrados ou a si própria.[6]

Para Maria Sylvia Zanella Di Pietro, o ato administrativo é:

> A declaração do Estado ou de quem o represente, que produz efeitos jurídicos imediatos, com observância da lei, sob regime jurídico de direito público e sujeita a controle pelo Poder Judiciário.[7]

De nossa parte, definimos ato administrativo como manifestação unilateral de vontade da Administração ou de quem lhe faça as vezes, sob a orientação do regime jurídico-administrativo e subordinada à lei, que tenha por fim a produção de efeitos jurídicos e seja sempre sujeita ao controle pelo Poder Judiciário.

3.2. Atos bilaterais

Utilizamos essa expressão para designar os atos cuja formação de vontade parte, necessariamente, de dois sujeitos capazes de direitos e obrigações na ordem civil. Exatamente por isso são chamados bilaterais.

Os contratos administrativos regulados pela Lei nº 8.666/1993 são, por excelência, os principais exemplos de atos bilaterais da Administração Pública.[8]

É importante considerar que nem todo ato bilateral é contrato administrativo, pois também temos contratos de direito privado, que são bilaterais. Entretanto, neste *Curso* usaremos a expressão "atos bilaterais" para designar os contratos regidos pelas regras de Direito Público.

Quando formados por apenas dois partícipes, os convênios administrativos, os termos de cooperação, os contratos de repasse e os consórcios públicos também são atos bilaterais da Administração.[9]

3.3. Atos multilaterais

Os atos multilaterais são os que, regidos pelas regras do Direito Público, provêm da manifestação de vontade de diversos (três ou mais) sujeitos capazes. Pode-se citar como exemplo os consórcios públicos (Lei nº 11.107/2005), que são ajustes de vontades entre entes federativos diversos (União, Estados, Distrito Federal e Municípios) com vistas à gestão associada de serviços públicos comuns. Outro exemplo de atos que podem ser multilaterais são os convênios administrativos, termos de cooperação, contratos de repasse, entre outros, quando firmados por três ou mais partícipes.

---

6 MEIRELLES, Hely Lopes. *Direito Administrativo Brasileiro*. 34ª ed. São Paulo: Malheiros, 2008, p. 152.

7 DI PIETRO, Maria Sylvia Zanella. *Direito Administrativo*. 20ª ed. São Paulo: Atlas, 2006, p. 180.

8 Sob os contratos administrativos. remetemos o leitor ao capítulo 9 deste Curso (Contratos Administrativos).

9 A respeito, tópicos 14 a 15 do capítulo 9 (Contratos Administrativos).

3.4. Atos de direito privado da Administração

São assim considerados aqueles praticados por manifestação bilateral, às vezes unilateral, de vontade da Administração, sob a regência das regras de Direito Privado, que garantem isonomia entre os sujeitos da relação jurídica.

Apesar de raros no campo jurídico, existem atos unilaterais de direito privado da Administração. Podemos citar como exemplo de ato de direito privado que depende de manifestação de vontade de uma só pessoa (unilateralidade) a assinatura de um cheque bancário, que, uma vez emitido, cria para a instituição financeira estatal correspondente uma obrigação de pagamento, sempre que houver saldo suficiente na conta-corrente do emissor.

Os atos de direito privado são aqueles em que não há supremacia do Estado (verticalidade) sobre o particular, mas relativa igualdade jurídica entre as partes (**horizontalidade**). Adotamos a expressão "relativa igualdade" porque, quando pratica atos de direito privado, o Estado nunca se torna plenamente igual ao particular: sempre gozará de alguns privilégios exclusivos e se sujeitará a algumas restrições especiais.

Bons exemplos de atos de direito privado da Administração são o contrato de conta-corrente celebrado com os bancos estatais, contrato de compra e venda ou contrato de doação de bens imóveis, contrato de venda de bens produzidos por sociedade de economia mista em decorrência de suas finalidades essenciais, contrato de locação de imóvel em que a Administração figura como locatária etc.

3.5. Atos materiais

Os atos materiais, também chamados de **fatos administrativos** ou atos de execução, são aqueles que representam a atuação física da Administração no desempenho de suas funções ou, ainda, um acontecimento da Administração que produz efeitos jurídicos.

Os fatos administrativos podem decorrer de atos ou condutas administrativas (fatos voluntários) ou de fenômenos da natureza (fatos naturais).[10]

Em se tratando dos primeiros, podemos afirmar que enquanto os atos administrativos manifestam a vontade da Administração no plano jurídico, os fatos administrativos realizam essa vontade no plano físico, real. Veja exemplos clássicos de **fatos administrativos voluntários**: varrição de uma rua por um prestador de serviços públicos, a construção ou demolição de uma obra pública do Estado, uma cirurgia médica em hospital público, a fiscalização de estabelecimentos comerciais, a apreensão de medicamentos proibidos etc.

O **fato administrativo natural** é aquele que não decorre da manifestação de vontade humana. São meros acontecimentos da natureza que produzem

10 CARVALHO FILHO, José dos Santos. *Manual de Direito Administrativo*. 20ª ed. Rio de Janeiro: Lumen Juris, 2008, p. 94.

consequências jurídicas no mundo jurídico. Exemplos de fatos naturais são a morte de um servidor, a inundação de uma repartição pública, o advento dos 75 anos de idade de um servidor público, a prescrição, a decadência etc.

Por último, é interessante notar que os fatos administrativos não têm por fim específico a produção de efeitos jurídicos, mas podem, em situações específicas, desencadear consequências jurídicas. Cite-se como exemplo a indenização que o Estado terá de efetuar em favor do particular em caso de dano decorrente da execução de uma obra pública.

3.6. Atos políticos

Atos políticos, ou atos de governo, são os que representam o exercício da atividade superior do Estado desempenhada pelos Poderes e órgãos constitucionais e que consistem na prática de atos de gerência macro da vida estatal, de condução dos negócios públicos, de definição das diretrizes superiores do próprio Estado.

Como exemplos de atos políticos, podemos indicar a declaração de estado de defesa ou de sítio, declaração de guerra, convocação extraordinária do Congresso Nacional, iniciativa de projeto de lei pelo Presidente da República, veto, nomeação de Ministros de Estado pelo Presidente da República, o estabelecimento de relações com Estados estrangeiros, a decretação de intervenção federal, convocação de plebiscito, entre outros.

Em virtude dos caracteres especiais de que se revestem os atos de governo, alguns autores, a exemplo do professor Celso Antônio Bandeira de Mello, entendem que os atos políticos não podem ser considerados atos administrativos, haja vista que são praticados no exercício da função política. Esses têm disciplina peculiar por serem praticados a partir de comandos constitucionais (vimos que os atos administrativos são subordinados à lei e são praticados a partir dela). Outros administrativistas, como Carvalho Filho, argumentam que os atos administrativos "decorrem sempre da lei; são diretamente subjacentes a esta, enquanto os atos da Administração alcançam maior liberdade de ação, e resultam de normas constitucionais".[11]

4. O SILÊNCIO NO DIREITO ADMINISTRATIVO

No campo do Direito Privado o silêncio ocorre quando alguém se omite em declarar sua vontade quanto ao negócio jurídico. Consoante o art. 111 do Código Civil, a não ser que a lei estabeleça que é indispensável a manifestação expressa e quando as circunstâncias e os usos autorizarem, o silêncio importa no consentimento tácito de vontade.

11 CARVALHO FILHO, José dos Santos. *Manual de Direito Administrativo*. 20ª ed. Rio de Janeiro: Lumen Juris, 2008, p. 94.

No Direito Administrativo, o silêncio administrativo ocorre quando a Administração deixa de se pronunciar sobre determinado assunto mesmo quando estava obrigada a tal. A disciplina do Direito Privado não pode ser aplicada aos atos administrativos, pois quem silencia não pratica ato administrativo algum. Não obstante a Administração seja obrigada a responder sobre pretensão dos administrados, como decorrência do princípio da legalidade,[12] a doutrina administrativista parece ser concorde no sentido de que no silêncio não há, de fato, manifestação de vontade, logo não pode ser ato jurídico, muito menos ato administrativo. Em verdade, o silêncio é apenas um **fato administrativo**, um acontecimento que se revela quando a Administração deixa de se manifestar sobre determinada pretensão.

Em sentido contrário, Maria Sylvia Zanella Di Pietro advoga a tese de que o silêncio pode ser considerado ato administrativo, quando a lei estabelece um determinado efeito a ele.[13] Ilustrativamente, pode-se cogitar de uma lei que estabeleça que será considerado deferido o requerimento dirigido à Administração caso esta não o responda em 30 dias. Nesse caso, para a ilustre administrativista, o silêncio seria a forma desse ato administrativo que teria por conteúdo o deferimento do pedido.

Em contraponto a essa ideia, Celso Antônio Bandeira de Mello argumenta:

> Nada importa que a lei haja atribuído determinado efeito ao silêncio: o de conceder ou de negar. Este efeito resultará do fato da omissão, como imputação legal, e não de algum presumido ato, razão por que é de rejeitar a posição dos que consideram ter aí existido um "ato tácito". (...) Aliás, se fora possível, em tais casos, considerar o silêncio como ato (e já se viu que não pode sê-lo), além de se ter que admitir a existência de um ato sem formalização – pior ainda, sem forma sequer (o que é logicamente impossível) –, tratar-se-ia de um ato ilícito.[14]

Outro ponto digno de nota parte do seguinte questionamento: Qual é o efeito do silêncio sobre o administrado que carece da decisão da Administração Pública? Teria o efeito de sempre negar o pedido, ou sempre deferir? Para responder a esse questionamento é útil distinguir as situações em que a lei atribui efeito ao silêncio daquelas em que a lei nada disponha sobre tal. Na primeira situação, não há controvérsia a ser solucionada: transcorrendo o prazo para manifestação sem que este de fato ocorra, estará o pedido deferido ou indeferido, conforme o que dispuser a lei. Todavia, quando a lei não atribui efeito algum ao silêncio, o administrado, após decorrido prazo razoável para resposta, poderá ingressar judicialmente para obter solução do seu caso. Quando o ato pleiteado for

12 O art. 48 da Lei nº 9.784/99 estabelece que "a Administração tem o dever de explicitamente emitir decisão nos processos administrativos e sobre solicitações ou reclamações, em matéria de sua competência".

13 DI PIETRO, Maria Sylvia Zanella. *Direito Administrativo*. 20ª ed. São Paulo: Atlas, 2006, p. 193.

14 MELLO, Celso Antônio Bandeira de. *Curso de Direito Administrativo*. 25ª ed. São Paulo, Malheiros, 2008, p. 407.

de natureza vinculada, e a Administração estiver obrigada a deferir o pedido caso o administrado satisfaça os requisitos para o gozo do direito (ex.: licença à gestante), poderá o juiz suprir a omissão administrativa e deferir o pedido. Quando tratar-se de ato discricionário, a que o interessado não tinha direito subjetivo, senão o de obter resposta fundamentada, o juiz estipulará prazo para que a Administração se manifeste sobre o pedido, sob pena de multa diária.[15] Neste último caso, não pode o juiz por si mesmo determinar a conduta a ser adotada pela Administração, pois estará invadindo o mérito administrativo e atentando contra o princípio da separação dos Poderes.

5. ATRIBUTOS

Os atributos dos atos administrativos representam características especiais que lhes dão contornos próprios e os diferenciam dos demais atos jurídicos, possibilitando que a Administração cumpra eficientemente os objetivos de atendimento das necessidades da coletividade.

A mais abalizada doutrina costuma apontar como atributos dos atos administrativos:

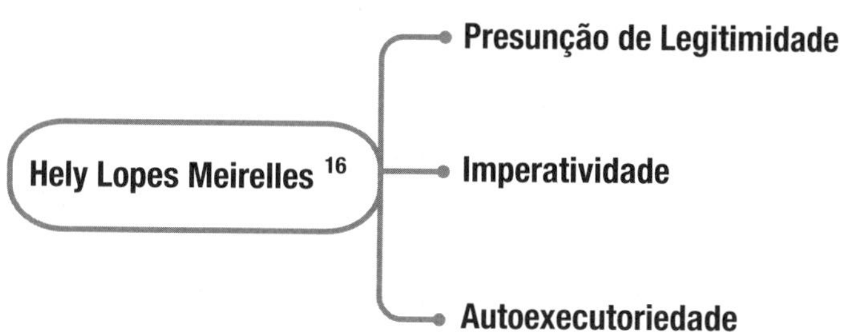

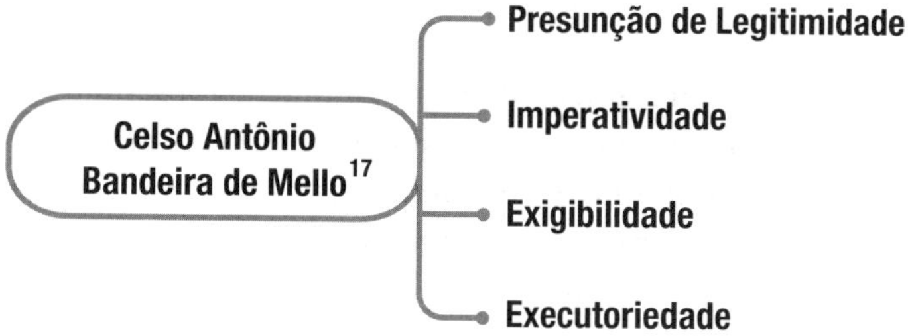

15 Este é o posicionamento adotado por Celso Antônio Bandeira de Mello (*Curso de Direito Administrativo*. 25ª ed. São Paulo, Malheiros, 2008, p. 408).

16 MEIRELLES, Hely Lopes. *Direito Administrativo Brasileiro*. 34ª ed. São Paulo: Malheiros, 2008, p. 161.

17 MELLO, Celso Antônio Bandeira de. *Curso de Direito Administrativo*. 25ª ed. São Paulo: Malheiros, 2008, p. 409.

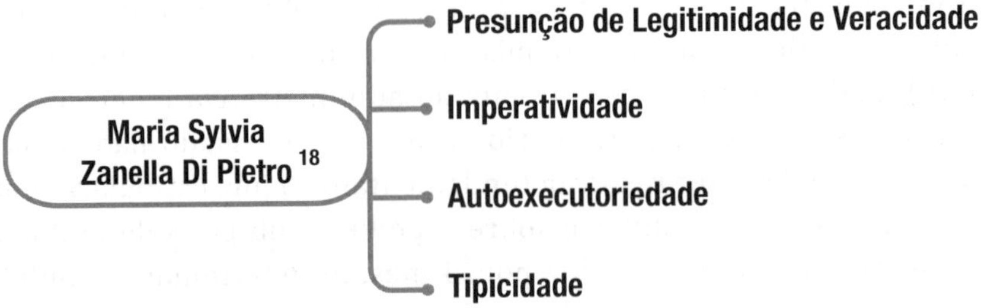

5.1. Presunção de legitimidade e presunção de veracidade

A **presunção de legitimidade** refere-se à qualidade que têm os atos administrativos de serem supostamente praticados conforme a lei e os princípios da Administração Pública.

Por sua vez, pela **presunção de veracidade** consideram-se verdadeiros os fatos alegados pela Administração como fundamento para a prática do ato (motivação). É com base neste atributo que os documentos públicos como atestados, certidões, declarações, certificados, laudos, são dotados de **fé pública**. Até que se prove o contrário, documentos oficiais são presumidamente legítimos e verdadeiros. Inclusive o art. 117, III, da Lei nº 8.112/1990 prevê que ao servidor público é vedado "negar fé a documentos públicos", sob pena de advertência.

Nesse passo, é bom sublinhar que as presunções de legitimidade ou de veracidade não são absolutas, mas **relativas**, *iuris tantum*, pois o administrado que se sentir lesado pelo ato administrativo e desejar provar a sua ilicitude ou inverdade poderá provar o contrário, tendo à sua disposição a via administrativa ou a judicial. Diferentemente, ocorreria caso as presunções de legitimidade ou de veracidade fossem absolutas, *iuris et de iure*, pois neste caso não haveria oportunidade de se fazer prova em contrário. Isto é, em qualquer caso permaneceria a ideia de que os atos administrativos seriam legítimos e verdadeiros.

A principal função da presunção de legitimidade e veracidade é a autorização para que os atos administrativos sejam executados **imediatamente**, mesmo que contenham vícios (defeitos) que os tornem ilegais. E não poderia ser diferente. Se para todo ato que quisesse praticar, estivesse obrigada a primeiro comprovar a sua legitimidade e veracidade, pouca coisa seria feita pela Administração Pública.

A segunda função da presunção de legitimidade e veracidade é a **inversão do ônus da prova** (obrigação de provar)[19]. Isto é, aquele que se sente prejudicado pelo conteúdo do ato é que deve provar que este não é legítimo ou verdadeiro,

18 DI PIETRO, Maria Sylvia Zanella. *Direito Administrativo*. 20ª ed. São Paulo: Atlas, 2006, p. 182.

19 Acerca do ônus da prova, o art. 373 do NCPC estipula que "O ônus da prova incumbe: I – ao autor, quanto ao fato constitutivo do seu direito; II – ao réu, quanto à existência de fato impeditivo, modificativo ou extintivo do direito do autor."

e não o contrário (a Administração comprovar que o ato é legítimo e verdadeiro). Se nada restar comprovado pelo interessado, o ato permanece vigendo no mundo jurídico pela presunção de legitimidade e veracidade.[20]

Há ainda outro efeito da presunção de legitimidade e veracidade que é a impossibilidade de o Poder Judiciário apreciar, de ofício, a validade dos atos administrativos. Portanto, se o ato é presumidamente legítimo e verdadeiro o magistrado somente poderá apreciar a sua legalidade mediante provocação do interessado. Exemplificativamente, se um proprietário de um restaurante instaura processo judicial impugnando a validade da interdição de seu estabelecimento, e fundamenta seu pedido apenas na ausência de proporcionalidade da medida, o juiz somente poderá apreciar esse quesito, mas não os demais aspectos relacionados à legalidade da interdição.

É bom destacar que esses atributos **estão presentes em todo e qualquer ato administrativo**, inclusive nos atos de direito privado da Administração. Disso pode-se concluir que este atributo independe de norma infralegal que o estabeleça, posto que é inerente a todo ato administrativo.

5.2. Imperatividade

Também denominada coercibilidade, significa a **imediata imposição de certos atos administrativos a terceiros**, independentemente de sua concordância, inclusive pelo uso da força, se necessário. Isto é, concorde ou não o destinatário com a manifestação de vontade produzida no ato administrativo mesmo assim será ele praticado pela Administração. E não poderia ser de outra forma, caso contrário o Poder Público nunca conseguiria levar a cabo suas decisões, sobretudo aquelas que impõem limitações e obrigações ao indivíduo, bem como aquelas que aplicam sanções.

O fundamento da imperatividade é o princípio da supremacia do interesse público sobre o privado, segundo o qual nos eventuais conflitos entre o interesse público e o interesse particular, deve ser dada primazia ao bem comum.

Para o eminente administrativista italiano, Renato Alessi, a imperatividade do ato administrativo decorre do **Poder Extroverso do Estado**, mediante o qual o Poder Público cria obrigações unilateralmente aos indivíduos, aplica sanções e impõe restrições ao exercício de direitos e atividades dos administrados. Isto é, além de interferir na própria esfera jurídica (poder introverso), o Poder Público tem a prerrogativa de se imiscuir na esfera jurídica de terceiros (no caso, os particulares), a fim de alterar direitos e obrigações destes.[21]

20 Sobre o assunto, é interessante registrar que a professora Di Pietro (*Direito Administrativo*. 20ª ed. São Paulo: Atlas, 2006, p. 184) entende que a inversão do ônus não ocorre em relação à presunção de legitimidade, uma vez que, "quando de trata de confronto entre o ato e a lei não há matéria de fato a ser produzida".

21 Citado por Celso Antônio Bandeira de Mello (*Curso de Direito Administrativo*. 25ª ed. São Paulo, Malheiros, 2008, p. 409).

Ao contrário das presunções de legitimidade e veracidade, que estão presentes em todos os atos administrativos, a imperatividade **depende de previsão legal**. Isto é, somente a lei confere imperatividade ao ato administrativo.

Assim, a imperatividade não está presente nos atos de direito privado da Administração, pois a igualdade jurídica (horizontalidade) entre as partes, que é característica do direito privado, impede que haja favorecimento do Estado nesses casos.

Aos atos negociais (licenças, autorizações e permissões) e aos enunciativos (certidões, atestados, pareceres, relatórios)[22] não se aplica a imperatividade, uma vez que essas espécies de atos administrativos são praticadas, notadamente, em consonância com o interesse de seus destinatários, razão pela qual não cabe falar em imposição a estes independentemente de sua anuência.

5.3. Autoexecutoriedade

A autoexecutoriedade, ou executoriedade para os franceses, refere-se à imediata e direta execução de certos atos administrativos pela própria Administração, independentemente de prévia autorização judicial.

Da mesma forma que a imperatividade, a autoexecutoriedade não é atributo de todos os atos administrativos, mas somente está presente em face de **previsão legal** ou de **situações de urgência** em que a atuação administrativa, diante de risco de graves danos ao interesse público, deva ser imediata (ex.: demolição de prédio que ameaça ruir, internamento de pessoa com doença contagiosa, a dissolução de reunião que ponha em risco a segurança de pessoas e coisas).[23]

Aqui, podemos apontar dois exemplos de atos administrativos desprovidos de autoexecutoriedade: a **cobrança de multas quando não quitadas espontaneamente pelo destinatário e a desapropriação** quando não há acordo entre o Poder Público expropriante e o expropriado. No primeiro caso, a Administração poderá efetuar o lançamento do débito e proceder à notificação do destinatário para que este faça o pagamento, todavia, se o particular opuser resistência à quitação do débito, a sua cobrança somente poderá ocorrer mediante ação judicial de execução fiscal. No segundo caso, se não há acordo entre o Estado e o particular, há de ser realizada a quitação por processo judicial.

5.4. Exigibilidade e executoriedade

Alguns autores desmembram a autoexecutoriedade em exigibilidade e executoriedade. Entre estes, podemos citar a doutrina de Celso Antônio Bandeira de Mello.

---

22 Os atos negociais e enunciativos serão melhor estudados, respectivamente, nos tópicos 14.3. e 14.4. deste capítulo.

23 DI PIETRO, Maria Sylvia Zanella. *Direito Administrativo*. 20ª ed. São Paulo: Atlas, 2006, p. 186.

A exigibilidade, *privilège du préalable,* está presente quando a Administração utiliza **meios indiretos** de coerção com o intuito de induzir o administrado ao cumprimento das normas estatais. São meios indiretos de coação pelo fato de o ato exigível não impedir o particular que estiver descumprindo a lei de continuar descumprindo-a, mas apenas utiliza de artifícios de convencimento psicológico para que ele não a descumpra. Um bom exemplo de ato dotado de exigibilidade é a multa, pois ela representa uma sanção ao administrado, que não o impede materialmente de praticar novamente a mesma infração que ensejou a punição, mas exerce sobre o indivíduo certo efeito de indução a não infringir a norma jurídica.

Já a executoriedade, *privilège d'action d'office*, é caracterizada pela utilização de **meios diretos** de coerção, pois por meio dela o administrado é compelido materialmente a acatar a determinação do Estado – fica impedido fisicamente de continuar a desobedecer a norma jurídica. A executoriedade ocorre quando a Administração força o administrado ao cumprimento da norma, sob pena de não mais poder exercer o direito ou a atividade objeto de ilegalidade.

Atos como a cassação de licença para dirigir, a interdição ou a demolição de uma obra, a dissolução de uma reunião, a destruição de produtos apreendidos, entres outros, são exemplos de atos dotados de executoriedade.

Por fim, ressalte-se que tanto a exigibilidade quanto a executoriedade são atributos dos atos administrativos que, para serem aplicados, independem de prévia apreciação judicial.

5.5. Tipicidade

Decorrência lógica do **princípio da legalidade**, o atributo da tipicidade demanda que todo ato administrativo deve ser praticado a partir da existência de previsão legal, bem como da situação em que deva ser praticado. Assim, se um condutor que dirija em alta velocidade é multado, isso ocorre porque existe uma lei que prevê que nessas situações deve ser praticado o ato administrativo sancionatório.

Em outros termos, a Administração somente poderá fazer aquilo que estiver previsto em lei, de sorte que todo ato por ela praticado deverá, por conseguinte, estar lastreado em lei que autoriza ou determina aquela conduta. Veda-se, pois, a prática de atos administrativos inéditos, sem base legal.

Por oportuno, vale destacar que a tipicidade é atributo **comum a todo e qualquer ato administrativo**, como decorrência lógica da legalidade administrativa. Entretanto, com relação aos **contratos da Administração**, a doutrina se posiciona no sentido de que o atributo da tipicidade **não seria aplicável**, uma vez que, se houver interesse público, a Administração poderia firmar acordos inéditos, isto é, acordos que não estivessem previstos na norma jurídica.[24]

6. REQUISITOS OU ELEMENTOS

A doutrina diverge em torno da utilização dos termos "requisitos" ou "elementos" para denominar os componentes obrigatórios dos atos administrativos.

Independentemente da terminologia adotada, o que é sobremodo importante é que são aspectos que não podem passar despercebidos na análise de legitimidade dos atos administrativos.

Resolvemos, nesta obra, adotar a sistemática prevista no art. 2º da Lei nº 4.717/1965 (Lei de Ação Popular), que aponta os cinco elementos do ato administrativo, ou seja, sujeito competente, forma, motivo, objeto e finalidade.

De maneira sintética e prática poderíamos apontar cada um dos requisitos ou elementos como indicador de um aspecto que se pretenda verificar em relação ao ato administrativo, a saber:

a) sujeito competente: quem pratica o ato;

b) finalidade: para que pratica o ato;

c) forma: como pratica o ato;

d) motivo: por que pratica o ato; e

e) objeto: o que o ato produz no mundo jurídico.

A doutrina costuma desmembrar os elementos do ato administrativo em intrínsecos e extrínsecos, quando são externos ao ato como fator de sua produção. Os **elementos intrínsecos** do ato fazem parte da sua essência e representam condição necessária de sua existência. São eles: a **ação ou a abstenção humanas**, consubstanciadas em atos comissivos ou omissivos; a **forma**, que é o modo de exteriorização do ato; o **objeto**, que é o efeito jurídico imediato produzido com o ato. Os elementos **extrínsecos**, por sua sorte, são aqueles que relacionam à formação do ato e, uma vez não observados, o tornam inválido. São eles: **agente público competente**, que é o sujeito indicado por lei como produtor do ato; o **tempo** e o **lugar**, que são as circunstâncias e o espaço físico em que o ato é praticado.

6.1. Sujeito competente

Sujeito competente é o indivíduo (no caso, o agente público) a quem a lei confere o poder-dever para que pratique determinados atos administrativos. Sinteticamente, é o autor o produtor do ato.

24 Compartilham desse posicionamento Maria Sylvia Zanella Di Pietro (*Direito Administrativo*. 20ª ed. São Paulo: Atlas, 2006, p. 206) e José dos Santos Carvalho Filho (*Manual de Direito Administrativo*. 20ª ed. Rio de Janeiro: Lumen Juris, 2008, p. 96).

A competência é elemento vinculado de todo ato administrativo. Isto é, o agente público só pode praticar atos para os quais seja competente e na forma e amplitude com que tal competência foi-lhe outorgada por lei.

Por oportuno, devemos acrescentar à noção de competência a de **capacidade**. No direito privado, somente podem praticar atos na vida civil aqueles que forem capazes de fato e de direito. Dessa forma, não basta que a lei, em termos abstratos, tenha outorgado determinada capacidade a alguém (capacidade de direito). É necessário que, no momento de sua atuação, a pessoa possua capacidade de fato para praticá-lo. No Direito Administrativo, além de carecer de capacidade de fato e de direito, o agente precisa receber da lei a competência para praticar este ou aquele ato administrativo.[25]

Por tudo o que foi exposto, podemos apontar as seguintes características da competência:

a) **irrenunciabilidade**: a competência é poder-dever de agir; logo o agente público não pode deixar de exercer a sua competência enquanto a titularizar. Consoante o art. 11 da Lei nº 9.784/1999, a competência é irrenunciável, salvo os casos de delegação legalmente admitidos. Em outro dizer, a competência é de exercício obrigatório pelo agente sempre que o interesse público assim o exigir e não haja situação de delegação e avocação;

b) **inderrogabilidade**: derrogar significa revogar parcialmente. Assim, a competência é inderrogável, pois os agentes públicos, mediante acordo de vontades, não podem alterar a sua competência, a fim de abrir mão desta ou daquela atribuição para que outro a titularize. É fácil perceber a justificativa da inderrogabilidade: se é a lei quem confere a titularidade da competência ao agente, não seria possível a alteração desta por simples ato administrativo (que sempre terá conteúdo infralegal);

c) **improrrogabilidade**: por esta característica a competência não se transforma em incompetência pelo simples fato de ter decorrido determinado prazo. Repise-se: a competência, pelo mero decurso de tempo, não acarreta a incompetência, salvo disposição legal em contrário. Da mesma forma, o lapso temporal não transmuda a incompetência em competência. Daí dizer que o simples fato de um órgão ou entidade ter praticado reiteradamente um ato para o qual não era competente, por maior que seja o tempo decorrido, não o torna competente naquela matéria;

25 *Vide* arts. 3º e 4º do Código Civil: "Art. 3º São absolutamente incapazes de exercer pessoalmente os atos da vida civil os menores de dezesseis anos; Art. 4º São incapazes, relativamente a certos atos, ou à maneira de os exercer: I – os maiores de dezesseis e menores de dezoito anos; II – os ébrios habituais e os viciados em tóxicos; III – aqueles que, por causa transitória ou permanente, não puderam exprimir sua vontade; IV – os pródigos".

d) **intransferibilidade**: o agente ou órgão público não pode transferir a outro agente as competências que lhe foram cometidas por lei. A delegação e a avocação referem-se à transferência apenas do exercício da competência, e não de sua titularidade; e[26]

e) **imprescritibilidade**: a competência não se extingue pelo decurso do tempo. Assim, não importa por quanto tempo ficou sem exercer a competência, ela não prescreverá.

Por fim, ainda é útil salientar que, embora tenhamos dito que a competência deriva de lei, poderá a própria Constituição e atos normativos infralegais conferir competência ao agente. Cite-se como exemplo da primeira situação os órgãos independentes e agentes políticos, que têm as suas competências previstas no próprio texto constitucional. O segundo caso, o da competência conferida por atos normativos infralegais, é verificável em relação aos órgãos superiores (coordenadorias, gabinetes, diretorias) e subalternos (seções), que têm suas competências fixadas em normas internas expedidas normalmente sob a forma de portarias, resoluções, instruções normativas, decretos e assim por diante.[27]

Situação interessante ocorre quando a lei não estabelece expressamente o agente competente para a prática de determinado ato. Para a professora Di Pietro, havendo omissão legal, a competência seria da autoridade de maior poder na escala hierárquica, a exemplo do Presidente da República no Poder Executivo federal.[28] Entretanto, o legislador houve por bem adotar posicionamento diverso ao estatuir que "inexistindo competência legal específica, o processo administrativo será iniciado perante a autoridade de menor grau hierárquico para decidir" (art. 17, Lei nº 9.784/1999).

6.2. Finalidade

É o objetivo almejado pelo agente público com a prática do ato. Em outros termos, a finalidade é o **efeito jurídico mediato** que o ato produz. Note que o objeto é o efeito jurídico imediato, pois ocorre logo no momento da prática do ato. Enquanto a finalidade é o efeito jurídico mediato pretendido com a prática do ato, o que dá uma ideia de algo a ser alcançado futuramente pela Administração, o objeto é o efeito jurídico imediato: surge logo quando da prática do ato administrativo.

Podemos utilizar a finalidade em duas acepções: uma ampla, outra estrita. A finalidade em **sentido amplo** é a que inspira a prática de qualquer ato administrativo: o **interesse público**. Toda atuação do Estado-administrador deve

26 Sobre delegação e avocação, *vide* tópico 5.1.3. e 5.1.4. do capítulo 5 (Poderes Administrativos).

27 Para melhor compreensão acerca da classificação dos órgãos públicos em independentes, autônomos, superiores e subalternos, consulte o tópico 2.4.3 do Capítulo 4 (Administração Direta e Indireta).

28 DI PIETRO, Maria Sylvia Zanella. *Direito Administrativo*. 20ª ed. São Paulo: Atlas, 2006, p. 186.

ser orientada pelos ditames do interesse público. Qualquer ato administrativo em que esteja ausente o interesse público é nulo por desvio de poder.

A finalidade em **sentido estrito** é **específica** prevista implícita ou explicitamente em lei para cada ato administrativo. Todo ato administrativo tem uma finalidade própria para cujo alcance deve ser praticado. Assim, se o que se deseja é o desligamento de um servidor reprovado em estágio probatório, não deve ser praticada uma promoção (ato administrativo que tem por finalidade o desenvolvimento do servidor na carreira), mas uma exoneração (cujo escopo é o desligamento do servidor dos quadros do serviço público quando, entre outras hipóteses, inabilitado em estágio probatório).

Para que um ato administrativo seja considerado válido é necessário o atendimento de sua finalidade, tanto em sentido amplo quanto em sentido estrito. Vejamos um exemplo para ilustrar essa afirmação: um delegado de polícia surpreende sua bela filha trocando carícias com um dos agentes submetidos à sua hierarquia. Tomado pelo ciúme de pai, resolve remover o agente de polícia para a localidade mais longínqua e perigosa do Estado. Nesse caso, fica cabalmente demonstrado que o ato de remoção tem por finalidade exclusiva o interesse particular do delegado e não o interesse público. Ademais, a remoção é ato administrativo que tem a específica finalidade de preencher claros de lotação (espaços vagos), evitando, assim, a interrupção dos serviços nas unidades que tenham carência de pessoal. Com base no exposto, podemos concluir que o ato de remoção praticado pelo delegado será nulo por violar a finalidade em sentido amplo, bem como a finalidade em sentido estrito.

Por derradeiro, cabe observar que não é vedada a prática de ato administrativo que atenda o interesse particular. Na verdade é até recomendável que a Administração possa buscar a satisfação do interesse do particular sempre que esse interesse não conflitar com o interesse público. O que não se pode admitir é a pratica de ato administrativo completamente desprovido de interesse público. Isto é, ato administrativo que atenda exclusivamente o interesse particular. Veja-se o exemplo de uma licença para construir expedida a particular que deseja fazer reformas em seu imóvel residencial. Quem ingressa com o requerimento inicial é, naturalmente, o próprio particular e, uma vez atendido o seu pedido, tem o seu interesse individual satisfeito. Todavia, a expedição do alvará de licença também atenderá o interesse público, uma vez que a obra a ser realizada será feita conforme as normas estabelecidas pelo Estado. Enfim, podemos concluir o seguinte: **é vedada a prática de atos administrativos que atendam exclusivamente o interesse particular, sendo totalmente válido, em algumas situações, o ato administrativo que atenda predominantemente o interesse particular**.

6.3. Forma

A forma refere-se ao modo de exteriorização do ato, e pelo qual ele se apresenta no mundo real. É por meio dela que o ato se torna conhecido pelos administrados.

A forma dos atos administrativos compreende duas acepções: uma ampla, outra estrita.

A forma em **sentido estrito** corresponde ao **conjunto de componentes formais que integram a estrutura do ato administrativo**, a exemplo da denominação (nome que a lei atribui ao ato), das informações obrigatórias (os dados concernentes ao administrado e ao próprio ato em si), da motivação (a exposição por escrito das razões que levaram o agente a praticar determinado ato) e da assinatura da autoridade competente, bem como a data e o local de sua prática. Enfim, a forma em sentido estrito trata-se de uma **perspectiva interna** do ato administrativo. Exemplificativamente, uma portaria de nomeação de servidores desprovida da assinatura da autoridade competente padece de vício de forma.[29-30]

Em regra, os atos administrativos são **formais e escritos**. É assim porque a forma escrita possibilita a documentação do ato e, consequentemente, facilita o seu controle posterior. Outras formas são admitidas, tais como os atos administrativos verbais (ordens verbais de superiores hierárquicos), gestuais (ordens dos guardas de trânsito), sonoros (apitos de guarda de trânsito transmitindo ordens) e pictóricos (placas e sinais de trânsito). Vimos anteriormente que até o silêncio pode significar manifestação de vontade, se assim a lei dispuser. Todavia, o que convém é notar que a regra é a forma escrita, sendo as outras formas adotadas somente em situações de urgência, de transitoriedade da manifestação de vontade ou de relativa irrelevância do assunto para Administração.[31]

No Direito Privado, via de regra, a forma dos atos jurídicos é livre, como no caso de um contrato de compra e venda. Em outros casos, a lei exige que a produção do ato obedeça a alguns parâmetros formais, a exemplo do casamento. Assim, quando a forma do ato é livre afirma-se que é *ad probationem*, pois tem o mero objetivo de provar a existência do ato no mundo real. Ao contrário, quando a lei a determina, temos a forma *ad substantiam*, vale dizer, a forma integra a própria substância do ato, como requisito para sua validade. Transportando

29 O art. 6º da Lei nº 9.784/99 estabelece algumas exigências formais quanto ao requerimento inicial do processo administrativo em âmbito federal, a saber: o órgão ou autoridade administrativa a que se dirige, a identificação do interessado ou de quem o represente, o domicílio do requerente ou local para recebimento de comunicações, a formulação do pedido, com exposição dos fatos e de seus fundamentos e a data e assinatura do requerente ou de seu representante.

30 Sobre a motivação, discorremos com mais vagar no tópico correspondente. Mas cabe de antemão assinalar que a motivação não integra o requisito "motivo" do ato administrativo, mas a forma deste.

31 MEIRELLES, Hely Lopes. *Direito Administrativo Brasileiro*. 34ª ed. São Paulo: Malheiros, 2008, p. 156.

essa sistemática para o Direito Administrativo, temos que a forma, em regra, é *ad substantiam*, pois geralmente vem rigidamente estabelecida pela lei.

O art. 22 da Lei nº 9.784/1999 preceitua que "os atos do processo administrativo não dependem de forma determinada, senão quando a lei expressamente a exigir". Sendo assim, fica fácil perceber que, a não ser que a lei determine um modo específico de exteriorização de um determinado ato administrativo (portaria, resolução, instrução normativa, decreto, entre outros), a Administração terá certa liberdade para adotar a forma que lhe parecer mais adequada ao caso concreto. Como bem ressalta Maria Sylvia Zanella Di Pietro, "normalmente, as formas mais rigorosas são exigidas quando estejam em jogo direitos dos administrados, como ocorre nos concursos públicos, na licitação, no processo disciplinar".[32]

A forma em **sentido amplo** refere-se ao procedimento formal que antecede a prática do ato principal. Em outras palavras, a forma em sentido amplo refere-se ao processo que envolve o ato administrativo final a ser praticado. Como se percebe, nessa acepção há uma **perspectiva externa** de forma, pois se analisa não um ato administrativo isoladamente, mas o conjunto de atos intermediários que foram praticados com vistas à prática do ato final. A título de exemplo, o art. 39 da Lei nº 8.666/1993 determina que sempre que o valor estimado para uma licitação ou para um conjunto de licitações simultâneas ou sucessivas for superior a R$ 150.000.000,00 (cento e cinquenta milhões de reais) o processo licitatório será iniciado, obrigatoriamente, com uma audiência pública marcada pela autoridade responsável com antecedência mínima de 15 (quinze) dias úteis da data prevista para a publicação do edital. Imagine que um órgão público, ao realizar procedimento licitatório, realize audiência pública com cinco dias de antecedência da publicação do edital da licitação. Nesse caso, essa fase do procedimento deve ser anulada por não observar o dispositivo legal supramencionado. O vício que fundamenta a anulação dessa audiência pública está na forma em sentido amplo, pois um requisito formal do procedimento (data) não foi observado.

6.3.1. Principais formas dos atos administrativos

a) **decretos:** é a forma usual de os chefes do Poder Executivo praticarem atos administrativos no uso das suas atribuições. Podem ser individuais, quando atingem pessoas determinadas (decreto que declara a utilidade pública de determinado bem imóvel para fins de desapropriação), ou gerais, se atingem um grupo indeterminado de pessoas (decreto, dito regulamentar, que detalha um dispositivo da lei para a sua correta aplicação);[33]

32 DI PIETRO, Maria Sylvia Zanella. *Direito Administrativo*. 20ª ed. São Paulo: Atlas, 2006, p. 193.

33 Não se deve confundir os decretos dos chefes do Poder Executivo com os decretos legislativos (art. 59, VI, CF) expedidos pelos órgãos do Poder Legislativo no exercício de suas competências exclusivas. Os primeiros são atos administrativos, ao passo que os segundos são atos legislativos.

b) **resoluções e portarias:** são a forma comum dos atos administrativos praticados por outras autoridades que não os chefes do Poder Executivo, tais como órgãos colegiados e autoridades de alto escalão do Governo. A exemplo dos decretos, as resoluções e portarias podem ser atos individuais, quando atingem número certo de indivíduos (portaria de nomeação ou de exoneração), ou gerais, quando se prestam a disciplinar relações jurídicas de destinatários indetermináveis (resolução expedida pelo Tribunal Superior Eleitoral que disciplina a prestação de contas de campanha);[34]

c) **circulares:** são atos administrativos utilizados, mormente, pelos superiores hierárquicos ao estabelecer comandos aos subordinados incumbidos de determinadas tarefas. Exemplo disso é a circular que determina a adoção de determinado procedimento na tramitação de processos na seção de fiscalização de contratos de uma repartição;

d) **instruções normativas:** são atos muito semelhantes às circulares, porém com maior grau de abstração, pois incidem sobre os servidores em geral. Seria exemplo uma instrução que veicula procedimentos a serem adotados na tramitação dos processos administrativos em dada repartição. As instruções normativas são também utilizadas pelos Ministros de Estado no exercício de sua atribuição de tornar aplicáveis leis, decretos e regulamentos;

e) **alvarás:** são a forma pelas quais as licenças e autorizações são expedidas aos particulares que as solicitam. Assim, um alvará de construção nada mais é do que uma licença para construir;

f) **despachos:** são atos exarados em requerimentos ou processos submetidos à apreciação de determinada autoridade e que contêm decisão sobre assunto de interesse individual ou coletivo; e

g) **ofícios e memorandos**: é a forma utilizada entre os agentes públicos nas suas comunicações. A diferença entre uma e outra é que, enquanto o ofício é utilizado para comunicações entre autoridades de órgãos ou entidades distintos, o memorando é veículo de comunicação interna (dentro do mesmo órgão ou entidade).

6.4. Motivo

O motivo refere-se às razões que levaram o agente a praticar o ato administrativo. De maneira mais simples, podemos afirmar que se trata da justificativa para se praticar o ato.

Em termos técnicos, o motivo é o pressuposto de fato e de direito que enseja a prática do ato administrativo. Dessa forma, podemos classificar esse elemento

34 Igualmente, devem ser distinguidas as resoluções em comento com as resoluções previstas no inciso VII do art. 59 da Constituição Federal, que são atos editados pelos órgãos do Poder Legislativo no uso das atribuições constitucionais. As primeiras são atos administrativos, ao passo que as segundas são atos legislativos.

em motivo de direito e motivo de fato. O **motivo de direito** é a norma jurídica abstrata que prevê que em determinada situação o agente público deverá ou poderá praticar tal ato. Por sua vez, o **motivo de fato** é a ocorrência concreta e material da situação prevista na norma.

Vejamos um exemplo: a Lei nº 8.112/1990 (art. 15, § 2º) determina que o servidor que, tendo tomado posse, não entrar em exercício no prazo de 15 dias será exonerado. Elisa, candidata aprovada em concurso público, nomeada e empossada, não observa o prazo de 15 dias para entrar em exercício. No caso em tela, o pressuposto de direito é o dispositivo supramencionado que prevê uma determinada situação (não entrada em exercício do servidor empossado). O pressuposto de fato seria a ocorrência no mundo real da situação prevista na norma jurídica: Elisa não entrou em exercício no prazo legal e, assim, se encaixou perfeitamente na situação prevista na Lei nº 8.112/1990. A partir da reunião dos pressupostos de fato e de direito, temos um motivo para que o agente pratique o ato administrativo de exoneração.

6.4.1. Motivação

Embora semelhantes na grafia, **não podemos confundir motivo com motivação**. O motivo, conforme já foi dito, é o porquê de o agente público praticar o ato administrativo. Já a motivação é a **exposição por escrito dos motivos**. Quando um agente pratica o ato administrativo e resolve expor por escrito os motivos que o levaram a praticar o ato administrativo, afirmamos que há a motivação do ato.

É interessante notar que, por ser elemento integrante da estrutura do ato administrativo, o motivo está sempre presente nessa categoria de ato jurídico. Todavia, o mesmo não ocorre com a motivação, que nem sempre será obrigatória. O art. 50 da Lei nº 9.784/1999 enumera os atos administrativos que carecem de motivação, a saber:

> I. neguem, limitem ou afetem direitos ou interesses;
>
> II. imponham ou agravem deveres, encargos ou sanções;
>
> III. decidam processos administrativos de concurso ou seleção pública;
>
> IV. dispensem ou declarem a inexigibilidade de processo licitatório;
>
> V. decidam recursos administrativos;
>
> VI. decorram de reexame de ofício;
>
> VII. deixem de aplicar jurisprudência firmada sobre a questão ou discrepem de pareceres, laudos, propostas e relatórios oficiais;
>
> VIII. importem anulação, revogação, suspensão ou convalidação de ato administrativo.

Ao nos depararmos com o dispositivo transcrito a primeira reação é concluir que a motivação somente será obrigatória nesses casos. Todavia, não é essa a orientação que devemos adotar, pois trata-se de lista exemplificativa, aberta. Além dos casos enunciados, haverá outros em que a motivação será obrigatória.

A motivação é um dos mais importantes instrumentos de aferição da legitimidade dos atos administrativos. Como constar a ilicitude de uma remoção com intuito punitivo se os motivos do ato não estiverem devidamente expostos? Dificilmente isso será possível. Assim, pela sua importância no controle dos atos administrativos e por ser uma exigência do Estado Democrático de Direito, a motivação foi guindada à categoria de princípio da Administração Pública.[35] Isso se traduz na regra geral de obrigatoriedade de motivação dos atos administrativos, que será afastada apenas em situações excepcionais. Note-se que a regra da motivação incide tanto sobre atos administrativos vinculados quanto discricionários.[36]

Todavia em alguns atos administrativos, seja por disposição legal, seja por ser contrária à própria natureza do ato, a motivação será facultativa: é o que ocorre com a nomeação e exoneração da nomeação do servidor ocupante de cargo em comissão. A própria natureza do ato de exoneração justifica a desnecessidade de motivação. Imagine que o Diretor-geral do STJ pretenda nomear um assessor jurídico. Um amigo lhe indica uma pessoa de "reconhecida competência". O Diretor-geral resolve acolher a indicação e nomeia o assessor jurídico. Passados três meses verifica-se a total inaptidão dessa pessoa para o exercício do cargo, pois mal sabe redigir um parecer. A única alternativa possível é a exoneração. Nesse caso, imagine o constrangimento que teria essa pessoa se o ato de exoneração tivesse de ser motivado. Por essa razão que a motivação é contrária à natureza do ato de exoneração.

Apesar de intimamente relacionada ao motivo, a **motivação integra a forma** (sentido estrito) do ato administrativo, por se tratar de componente que, via de regra, deverá constar no "corpo" do ato administrativo.

Por fim, ainda cabe indagar acerca do momento em que deva ser feita a motivação dos atos administrativos: previamente, concomitante à prática do ato ou posteriormente? Como regra, os atos administrativos são motivados concomitantemente a sua prática, a exemplo do agente de trânsito que no momento da lavratura do auto de infração menciona as situações de direito e de fato em que se fundamenta para multar este ou aquele condutor.

Todavia, nada impede que a motivação ocorra em momento anterior à prática do ato. O § 1º do art. 50 da Lei nº 9.784/1999 estabelece que "a motivação deve ser explícita, clara e congruente, podendo consistir em declaração de concordância com fundamentos de **anteriores pareceres, informações,**

35 *Vide* art. 2º, *caput*, Lei nº 9.784/99.

36 STF, RE 589.998/PI, Rel. Min. RICARDO LEWANDOWSKI, julg.: 24.02.2010.

decisões ou propostas, que, neste caso, serão parte integrante do ato". Assim, fica claro que no "corpo" do ato administrativo praticado com base em parecer anteriormente oferecido no processo não precisa constar expressamente a motivação, pois esta já estará cabalmente demonstrada no próprio parecer. A esse tipo de motivação feita previamente dá-se o nome de motivação *aliunde* ou *per relationem*.[37] Cite-se como exemplo a demissão de um servidor, que quando for aplicada em conformidade com o relatório da Comissão de Inquérito, não precisa ser justificada – esta justificativa constará do relatório.

Quanto à motivação posterior, percebemos ser uma hipótese excepcionalíssima a ser utilizada com o devido critério. O eminente Celso Antônio Bandeira de Mello entende que, no caso de o ato ser vinculado e o motivo não ter sido exposto no momento de sua prática, mas for passível de demonstração posterior sem que haja qualquer dúvida quanto à sua veracidade ou existência, deverá ser considerado sanado o vício. Veja-se o exemplo de uma autoridade que confere licença à gestante servidora pública com nove meses de gestação, mas não juntou no processo o atestado ou exame médico que comprova tal fato. Dessa forma, desde que haja exame ou laudo médico que demonstre que à data da licença a servidora já contava com nove meses de gravidez, poderá então ser este documento inserido no processo, restando o vício na motivação sanado para todos os efeitos. Entretanto, deve-se atentar para o fato de que essa hipótese excepcional (motivação posterior) aplica-se, em princípio, aos atos vinculados cujo motivo tardiamente demonstrado seja incontestável. Os atos discricionários não motivados oportunamente, em regra, serão anulados, uma vez que o agente competente poderia, posteriormente quando o ato fosse questionado, fabricar algum motivo que lhe desse aparência de legalidade.

Em sentido contrário, o STJ entendeu ser possível que o vício da ausência de motivação (vício de forma) de ato de remoção de servidor público seja corrigido em momento posterior. Para o Tribunal da Cidadania, "se a autoridade removeu o servidor sem motivação, mas ela, ao prestar as informações no mandado de segurança, trouxe aos autos os motivos que justificaram a remoção, o vício que existia foi corrigido".[38] De nossa parte, *data venia*, ousamos discordar desse posicionamento pelos argumentos expostos acima, no sentido de que a motivação posterior de atos discricionários possibilita ao agente público inventar a seu mero talante quaisquer motivos que deem ao ato o emblema da legalidade.

6.4.2. Teoria dos motivos determinantes

Pela teoria dos motivos determinantes, uma vez motivado o ato administrativo, fica a Administração vinculada à existência, à veracidade ou à adequação desses motivos, de modo que sendo estes **inexistentes, falsos ou inadequados**

37 A motivação aliunde é admitida pelo STF (MS 25.518-8, Rel. Min. SEPÚLVEDA PERTENCE, DJ 10.08.2006).

38 STJ, AgRg no RMS 40.427-DF, Rel. Min. ARNALDO ESTEVES LIMA, julg.: 03.09.2013.

ao fim pretendido, o ato deverá ser anulado. Em suma, a teoria dos motivos determinantes implicará a nulidade do ato administrativo cujo motivo de fato for descoincidente do motivo de direito.

Imagine que a autoridade competente tenha demitido servidor público sob a alegação de que este teria incorrido na falta de inassiduidade habitual (ausência ao serviço por 60 dias, ou mais, interpoladamente num período de doze meses – art. 139, Lei nº 8.112/1990). Inconformado com a demissão, o "servidor demitido" ingressa com processo judicial e consegue demonstrar que as provas constantes dos autos do processo administrativo disciplinar foram forjadas com o intuito de prejudicá-lo, pois não faltara um dia sequer de serviço durante todo o período em que trabalhou na repartição pública – o que restou demonstrado pelo relatório de ponto eletrônico. Nesse caso, fica patentemente demonstrado que os motivos indicados como fundamento para praticar o ato são falsos. Assim, deverá ocorrer a anulação do ato e a responsabilização da autoridade que o praticou ilicitamente.

6.5. Objeto

É o **efeito jurídico imediato** que o ato produz. É o **conteúdo**, a própria substância da manifestação de vontade da Administração. É o que efetivamente o ato cria, modifica, resguarda, transfere, extingue ou declara, bem como a obrigação que é imposta, retirada, transferida ou modificada.

Assim, o objeto de uma multa de trânsito é a obrigação de efetuar certo pagamento em favor da Administração. O objeto da exoneração é o desligamento do servidor dos quadros do serviço público.

O objeto deve ser **lícito** (obedecer às regras do ordenamento jurídico), **possível** (viável do ponto de vista jurídico e fático), **certo** (determinado quanto aos destinatários, tempo e lugar) e **moral** (conformidade com os padrões de conduta éticos, leais e de boa-fé).[39]

7. VINCULAÇÃO E DISCRICIONARIEDADE

Conceitos de extrema importância e relevância no estudo do Direito Administrativo, a vinculação e a discricionariedade referem-se à existência, ou não, de liberdade para que o agente público possa praticar um ato administrativo. Quando não há liberdade, dizemos que há vinculação. Quando há certa liberdade de atuação, temos discricionariedade.

7.1. Vinculação

Quando a lei estabelece, com objetividade absoluta, todos os elementos ou requisitos para a prática do ato administrativo, afirmamos que há vinculação.

39 DI PIETRO, Maria Sylvia Zanella. *Direito Administrativo*. 20ª ed. São Paulo: Atlas, 2006, p. 192.

A vinculação existe porque o legislador entende que em relação a determinadas situações é possível estabelecer, de antemão, qual será o comportamento mais adequado, em todos os casos, ao perfeito atendimento do interesse público que inspira a norma. Isto é, quando a lei regula vinculadamente uma determinada situação é por não aceitar outra conduta do agente que não seja exatamente aquela capaz de satisfazer de maneira excelente a finalidade legal.[40]

Com efeito, o ato vinculado é aquele em que a lei determina quem é o sujeito **competente**, a **finalidade**, a **forma**, o **motivo** e o **objeto** do ato, de modo que ao agente público não resta qualquer margem de liberdade entre praticar, ou não, o ato administrativo. Nesses casos, o agente atua como mero verificador dos pressupostos legais e, em caso positivo, pratica o ato nos exatos termos da lei. O que marca a vinculação é o fato de que a lei regula de modo completo qual é a única opção possível a ser tomada pelo agente público.

Dessa forma, fica claro que a vontade subjetiva do agente não é relevante na prática de atos vinculados, já que o resultado de sua atuação está definido por completo na lei. Tanto é assim que a doutrina reputa válidos os atos administrativos praticados por agente em estado de loucura, desde que tenham sido produzidos conforme as prescrições da lei.[41]

7.2. Discricionariedade

7.2.1. Conceito e aspectos

A discricionariedade administrativa é a margem de liberdade deferida ao agente e que consiste na escolha e valoração dos motivos do ato, bem como de seu objeto, segundo critérios de oportunidade e conveniência, observadas as imposições legais.

Não se pode confundir discricionariedade com arbitrariedade, que é atuação fora dos limites da lei. Note bem que quando conceituamos a discricionariedade administrativa, utilizamos a expressão "margem de liberdade" exatamente para reforçar que a liberdade de atuação do agente esteja circunscrita aos limites da lei. A liberdade dentro desse campo de atuação é discricionariedade. Se esses limites são extrapolados incorre-se em arbitrariedade.

Ao contrário da vinculação, a discricionariedade reporta-se às situações em que há certa margem de liberdade ao agente para que este avalie a **conveniência** e **oportunidade** da prática do ato administrativo, bem como defina seu **conteúdo**.

A análise de conveniência importa na valoração da existência de interesse público na prática de certo ato. A **conveniência** trata da indagação acerca da potencialidade que tem um ato administrativo de atender ao interesse público.

40 MELLO, Celso Antônio Bandeira de. *Discricionariedade administrativa e controle judicial*. 2ª ed. São Paulo, Malheiros, 2008, p. 32-33.

41 MELLO, Celso Antônio Bandeira de. *Curso de Direito Administrativo*. 25ª ed. São Paulo, Malheiros, 2008, p. 368.

A **oportunidade** refere-se ao momento a partir do qual o ato deve ser praticado para que o interesse público seja satisfeito. O **conteúdo**, por sua vez, reflete em que termos o ato deve ser praticado (objeto – efeito jurídico imediato).

A fim de ilustrar o sobredito, valemo-nos do seguinte exemplo: uma lei que preveja que cabe ao Secretário de Urbanismo apreciar pedido de permissão de uso de bem público no interesse da Administração gratuita ou remunerada mensalmente com a quantia de R$ 100,00 e R$ 500,00, pelo prazo de 6 a 24 meses. Assim, um particular se dirige à repartição pública competente e ingressa com pedido de permissão de uso de bem público localizado em quadra residencial com o intuito de instalar uma banca de revistas. Como se trata de exercício de poder discricionário, cabe ao Secretário analisar o pedido sob três aspectos: conveniência, oportunidade e conteúdo.

Pela análise da conveniência, o Secretário verificará se tal permissão atende o interesse público, se haverá algum prejuízo para a municipalidade, se não há, em vigência, outra permissão de uso de bem público com a mesma finalidade, enfim, o agente irá analisar se tal permissão atende às exigências do bem comum. Em caso positivo, passa-se à análise da oportunidade ao verificar-se a partir de qual momento essa permissão deve iniciar. Haveria violação ao interesse público se essa permissão ocorresse a partir do dia seguinte ao pedido ou dali a uma semana? Definido o momento a partir do qual a permissão começará a viger, o Secretário terá ainda de decidir em que termos deferirá o pedido: se gratuita ou remunerada (e, se sim, por qual valor), se por 6, 12 ou 24 meses. A partir do momento em que o agente público escolhe o teor jurídico da permissão há definição do conteúdo do ato administrativo.

7.2.2. Finalidade e fundamento

A finalidade da discricionariedade é sempre providenciar a melhor solução para as situações que surgem no cotidiano da Administração Pública. O legislador conhecedor da multiplicidade de fatos com que lida diariamente a Administração e ciente de que seria impossível que a lei estabelecesse a solução a ser adotada pelo agente público em todos os casos outorga a este liberdade para que avalie cada caso concreto e tome a decisão que melhor se conforma aos anseios da coletividade.

Para arrematar e ilustrar o sobredito, vejamos o exemplo de uma lei que, para assegurar sistema de saúde qualitativo e universal, garantisse internamento gratuito em hospital público somente às pessoas que ganhassem até um salário-mínimo. As demais deveriam pagar pelo atendimento. Poderia ocorrer que se apresentassem dois indivíduos: um cuja retribuição é de um salário-mínimo e meio e outro que percebia exatamente um salário-mínimo. Ocorre que o primeiro indivíduo é casado, tem oito filhos, mora de aluguel e ainda sustenta a sogra, enquanto o segundo paciente é solteiro, filho de família rica e mora com os pais. Aplicando-se literalmente a norma, teríamos que o segundo indivíduo faria jus ao internamento gratuito em detrimento do primeiro, que teria de efetuar os pagamentos devidos. Pergunta-se: Nesse caso hipotético, estaria atendida a finalidade que inspirou a edição da norma? Obviamente, não.

É exatamente para solucionar problemas como esse que surge a discricionariedade administrativa como forma de garantir que cada situação concreta seja analisada a partir de suas características específicas, obtendo-se, com isso, pleno atendimento da finalidade da norma jurídica. Prova disso é que se a lei citada no exemplo em tela, ao invés de garantir o benefício aos indivíduos que auferissem renda inferior ao salário-mínimo, estendesse a gratuidade aos "reconhecidamente pobres", haveria maior possibilidade de atendimento da sua finalidade.[42]

7.2.3. Mérito administrativo

A partir da análise detalhada dos aspectos envolvidos na discricionariedade, podemos acrescentar que a essa margem de liberdade de que dispõe o agente público para escolher a conveniência e a oportunidade da prática do ato administrativo, bem como seu conteúdo, denomina-se **mérito administrativo**.

7.2.4. Limites

Apesar de termos afirmado que a discricionariedade relaciona-se à liberdade de atuação do agente público, é relevante enfatizarmos que a discricionariedade jamais significa liberdade irrestrita, ilimitada. O mérito administrativo é exercido sempre dentro dos limites que a lei e os princípios jurídicos da Administração traçam enfaticamente.

Retomando o exemplo da permissão de uso de bem público dado no tópico 7.2.1, verificamos que naquele caso a lei conferiu liberdade de escolha entre deferir ou indeferir o pedido, entre optar por ser gratuita ou remunerada (e ainda o valor da remuneração), e ainda relativamente à duração da permissão de uso de bem público. Todavia, se o agente quisesse deferir o pedido de permissão ao custo de R$ 600,00 mensais ou por 24 meses, estaria ultrapassando os limites que a lei estabeleceu ao ato discricionário. Nesse sentido, acentuamos que ato administrativo que ultrapassa os limites legais e principiológicos é ato arbitrário. O professor Hely Lopes Meirelles leciona:

> Discrição e arbítrio são conceitos inteiramente diversos. Discrição é liberdade de ação dentro dos limites legais; arbítrio é ação contrária ou excedente da lei. Ato discricionário, portanto, quando permi-

42 Exemplo da lavra do professor Bandeira de Mello (*Discricionariedade administrativa e controle judicial*. 2ª ed. São Paulo: Malheiros, 2008, p. 34-35).

tido pelo Direito, é legal e válido; ato arbitrário é, sempre e sempre, ilegítimo e inválido".[43]

Os princípios da razoabilidade e da proporcionalidade também funcionam como limitadores da discricionariedade administrativa, na medida em que todo e qualquer ato discricionário deve obedecer os critérios de razoabilidade, adequação, necessidade e proporcionalidade em sentido estrito. O ato administrativo desarrazoado poderá ser anulado pela Administração ou pelo Poder Judiciário sem que, nesse último caso, haja invasão do mérito do ato.[44]

7.2.5. Aplicação

A discricionariedade aplica-se àquelas situações em que:

a) a lei expressamente confere à Administração liberdade para que o agente escolha, entre duas ou mais opções, aquela que melhor se ajusta ao interesse público naquele caso concreto. Ex.: o § 2º do art. 130 da Lei nº 8.112/1990 faculta à Administração converter a penalidade de suspensão em multa de 50% da remuneração ou vencimento diário;

b) a lei, sem outorgar expressamente liberdade, estabelece a competência a ser desempenhada sem descrever a situação ensejadora do exercício da competência. Ex.: a nomeação de ocupante de cargo em comissão, nos termos do art. 9º, II, da Lei nº 8.112/1990, em que fica a critério da autoridade competente indicar os motivos pelos quais nomeará este ou aquele indivíduo; e

c) quando a lei utilizar expressões jurídicas indeterminadas, vagas, imprecisas, diante das quais o agente terá de avaliar no caso concreto a conveniência, oportunidade e conteúdo do ato. Exemplo disso é a Lei nº 8.112/1990 que prevê que será demitido o servidor que incorrer em incontinência pública. A própria lei não define o que é "incontinência pública", trata-se de conceito vago, impreciso. Afinal, o que é incontinência pública? A partir de critérios subjetivos próprios, o agente público irá, em cada situação concreta, avaliar a ocorrência, ou não, de incontinência pública, e em caso afirmativo aplicará a demissão.

Por derradeiro, é importante mencionar que Maria Sylvia Zanella Di Pietro entende que a discricionariedade advém, também, de ausência de lei.[45] Em que pese a notoriedade da eminente administrativista, ousamos dissentir deste posicionamento em virtude de a atividade da Administração Pública ser exercida sob a égide da legalidade, completa submissão à lei. Dessa maneira, em observância ao princípio da legalidade, a discricionariedade não poderá resultar

43 MEIRELLES, Hely Lopes. *Direito Administrativo Brasileiro*. 34 ª ed. São Paulo: Malheiros, 2008, p. 171.

44 A respeito, consultar o tópico 9 do Capítulo 2 (Princípios da Administração Pública).

45 MEIRELLES, Hely Lopes. *Direito Administrativo*. 23ª ed. São Paulo: Atlas, 2010, p. 213.

de ausência de previsão legal sobre determinado assunto. Vale repisar, a falta de previsão legal para a Administração atuar em certa hipótese não significa que ela goze de poder para praticar o ato discricionário, é justamente o oposto que ocorre: em tais hipóteses ela está impedida de produzir qualquer ato, pela incidência do princípio da legalidade.

7.2.5.1. Conceitos jurídicos indeterminados

Na lição de Maria Sylvia, os conceitos jurídicos indeterminados podem ser divididos em conceitos técnicos, conceitos de experiência e conceitos de valor.[46]

Os **conceitos técnicos** são os advindos de orientação técnica, objetiva, plenamente aferível por quem detenha os conhecimentos necessários, a exemplo de um laudo médico que ateste a invalidez de um servidor público para fins de aposentadoria. Nesse caso, não cabe falar em discricionariedade, pois só há uma solução possível para a Administração.

Já os **conceitos de experiência** ou empíricos são os extraídos da "experiência comum" dos indivíduos, sendo plenamente compreendidos por qualquer pessoa média, a saber embriaguez, bons antecedentes criminais, jogos de azar, entre outros. Em relação a esses conceitos, também não há discricionariedade, pois existem critérios objetivos que permitem adotar a única solução possível.

Por sua vez, os **conceitos de valor** podem ou não comportar discricionariedade conforme o caso concreto em que estão inseridos. Sem que se analise a situação concreta não há como aplicar com segurança os conceitos jurídicos indeterminados. Isso porque, na feliz doutrina de Bandeira de Mello, todo conceito jurídico indeterminado comporta três campos de observação: a zona de certeza positiva (onde qualquer pessoa sensata poderá afirmar com certeza a aplicação do conceito), a zona de certeza negativa (onde, a partir do critério de homem médio, qualquer pessoa poderá negar a aplicação do conceito) e a zona de dúvida (aquela em que não se tem uma interpretação uniforme quanto ao cabimento ou não do conceito). Dessa forma, conclui-se:

> Discricionariedade só existe nas hipóteses em que, perante a situação vertente, seja impossível reconhecer de maneira pacífica e incontrovertível qual a solução idônea para cumprir excelentemente a finalidade legal.[47]

Exemplificativamente, pelo art. 132, VI, da Lei nº 8.112/1990, o servidor será demitido se cometer insubordinação grave em serviço. A expressão "insubordinação grave" é conceito jurídico indeterminado. Com base nisso, vejamos três situações:

a) servidor público que, ao tomar conhecimento de que foi removido de ofício para outra localidade, a isso se opõe com veemência, a ponto de declarar

46 DI PIETRO, Maria Sylvia Zanella. *Direito Administrativo*. 20ª ed. São Paulo: Atlas, 2006, p. 201.

47 MELLO, Celso Antônio Bandeira de. *Curso de Direito Administrativo*. 25ª ed. São Paulo, Malheiros, 2008, p. 427-429.

publicamente que em hipótese alguma se submeteria à remoção. Nesse caso, o conceito jurídico indeterminado se encontra na zona de certeza positiva, pois qualquer pessoa poderá afirmar que o comportamento do servidor caracteriza insubordinação grave;

b) servidor público que, em decorrência de ordem manifestamente ilegal do superior hierárquico, se recusa a cumpri-la e, em seguida, representa contra o chefe. Nesse caso, estamos na zona de certeza negativa, pois é claro e evidente para qualquer pessoa que esse servidor não incorreu em insubordinação grave e, por isso, não pode ser demitido;

c) haverá situações diante das quais algumas pessoas dirão que o comportamento do servidor caracteriza insubordinação grave, enquanto outros dirão exatamente o contrário. É nesse momento que surge a discricionariedade administrativa da zona cinzenta.

Veja a figura abaixo, que representa graficamente o que acabamos de expor:

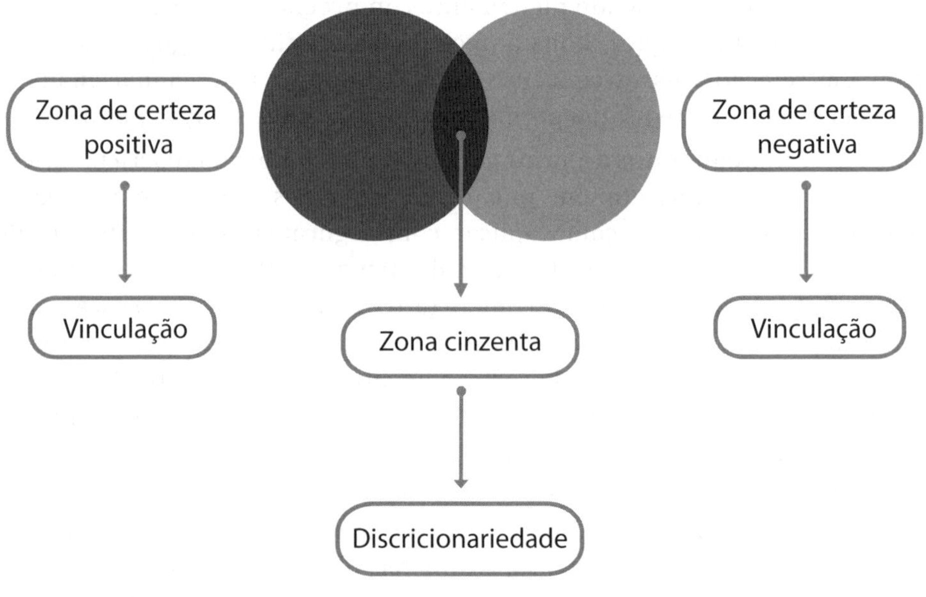

7.2.6. Correlação com os elementos do ato administrativo

Já dissemos precedentemente que o ato vinculado é aquele em que a lei determina todas as condições e requisitos para a sua prática (competência, finalidade, forma, motivo e objeto), sem deixar ao agente qualquer liberdade de escolha sobre quando e como praticá-lo. Sendo assim, ao afirmarmos que o ato discricionário é marcado pela liberdade de atuação do agente público, não devemos ter a errônea ideia de que, de modo diverso, o ato discricionário é aquele em que competência, finalidade, forma, motivo e objeto sejam deixados à inteira liberdade do administrador público.

Em verdade, essa terminologia "ato discricionário" é imprópria, uma vez que **não há ato plenamente discricionário**. Não obstante haja certa divergência em torno do tema, a lei sempre estabelece a competência e a finalidade do ato discricionário. Ou seja, esses elementos nunca serão deixados à livre escolha do administrador público. A discricionariedade existe apenas em relação ao motivo e ao objeto do ato.

É imperioso repisar que a doutrina não é unânime em torno desse tema. Para Di Pietro, a finalidade em sentido amplo, pela qual se entende que todo ato deve atender ao interesse público, pode ser discricionária, pois a lei a ela se refere frequentemente utilizando noções vagas, abstratas, tais como ordem pública, moral, segurança nacional.[48] Nesses casos, a prática ou não do ato administrativo dependerá de análise subjetiva desses termos, redundando numa certa discricionariedade. O mesmo não se pode dizer da finalidade em sentido estrito (especificada em lei para um determinado ato), pois haverá sempre a delimitação em lei da finalidade do ato administrativo. Delimitação esta que não pode ser relevada pelo agente público.[49]

Em relação à forma, em que pese a tradição doutrinária no sentido de considerá-la como vinculada, adotamos o posicionamento de que em relação ao ato discricionário a forma, conforme o caso, pode ser vinculada (fixada pela lei em termos exatos) ou discricionária (quando o legislador faculta ao agente a escolha de duas ou mais opções de forma a ser adotada).

A discricionariedade quanto ao **motivo** ocorre nas seguintes situações:

a) quando a lei estabelece determinada competência, mas não afirma expressamente que se trata de ato discricionário No entanto, nesses casos, fica implícito o exercício de poder discricionário. Um bom exemplo é o art. 37, V, da Constituição que declara os cargos em comissão como de "livre nomeação e exoneração" pela autoridade competente. Percebe-se aí, embora não esteja expresso, que trata-se de exercício de poder discricionário que consiste na escolha da pessoa em que mais se tem confiança para exercer aquele cargo;

b) quando a lei utiliza-se de **conceitos jurídicos indeterminados** (teoréticos ou plurissignificativos) para descrever certas situações diante das quais o agente público terá de decidir com base no poder discricionário. Estamos tratando de expressões como insubordinação grave, justo receio de dano irreparável, incontinência pública, manifestação de apreço, deslealdade, entre outros conceitos previstos em lei. Como são conceitos imprecisos,

48 DI PIETRO, Maria Sylvia Zanella. *Direito Administrativo*. 20ª ed. São Paulo: Atlas, 2006, p. 199.

49 Celso Antônio Bandeira de Mello. (*Curso de Direito Administrativo*. 25ª ed. São Paulo: Malheiros, 2008, p. 423) compartilha do mesmo posicionamento.

noções vagas, fluidas, não há apenas uma conduta possível, mas duas ou mais opções que terá de escolher o agente público, a partir do juízo de conveniência e oportunidade. Seria um bom exemplo dessa situação uma lei que estabelecesse que o usuário de determinada repartição pública que se portasse de maneira *escandalosa* ou se trajasse de maneira *indecorosa* deveria dela ser retirado, inclusive pelo uso da força, se necessário. Afinal, o que é conduta escandalosa ou o que são trajes indecorosos? Perceba que como a lei utilizou conceitos jurídicos indeterminados para definir uma conduta haverá para o agente, em cada caso concreto, discricionariedade quanto à análise de uma conduta ser ou não considerada escandalosa ou indecorosa.

A discricionariedade no **objeto** ocorre:

a) quando a lei confere expressamente certa liberdade ao agente público para que este defina o **conteúdo** do ato administrativo. Exemplificativamente temos o art. 10 da Lei nº 9.719/1998, que determina que aquele que infringir a proibição de fumar em recinto coletivo, privado ou público, salvo em área destinada exclusivamente a esse fim, devidamente isolada e com arejamento conveniente está sujeito à penalidade de multa, de R$ 5.000,00 a R$ 100.000,00, aplicada conforme a capacidade econômica do infrator. Nesses casos, o agente público aplicador da multa terá liberdade para escolher o valor da multa de acordo com a conveniência e oportunidade de cada caso;

b) quando a lei deixa ao agente público para que este escolha, entre **duas ou mais opções** de atos administrativos, aquela que seja mais conveniente e oportuna ao interesse público. Exemplo disso é o § 2º do art. 130 da Lei nº 8.112/1990 que prevê que "quando houver conveniência para o serviço, a penalidade de suspensão **poderá ser convertida em multa**, na base de 50% por dia de vencimento ou remuneração, ficando o servidor obrigado a permanecer em serviço". Note-se que neste caso, o agente poderá optar pela suspensão ou pela conversão em multa de 50% da remuneração ou vencimento diário.

7.3. Controle judicial dos atos vinculados e discricionários

O art. 5º, XXXV, da Constituição informa que "a lei não poderá excluir da apreciação do Poder Judiciário nenhuma lesão ou ameaça a direito". Trata-se do princípio da inafastabilidade de jurisdição, segundo o qual toda e qualquer controvérsia jurídica poderá ser submetida à apreciação do Poder Judiciário.

Como principais instrumentos de controle judicial dos atos administrativos, podemos citar a teoria do excesso e desvio de poder, teoria dos motivos determinantes, princípio da razoabilidade e proporcionalidade, moralidade etc.

Todo ato administrativo pode ser controlado em dois aspectos:

a) **legalidade**: por este verifica-se se o ato administrativo foi praticado em consonância com as regras e princípios vigentes. Em outras palavras, no controle judicial, verifica-se se os elementos do ato administrativo (competência, finalidade, forma, motivo e objeto) estão de acordo com a lei e os princípios;

b) **mérito**: o controle de mérito é aquele que se atém aos critérios de conveniência e oportunidade utilizados pelo agente público para declarar os motivos e escolher o objeto dos atos discricionários. Veja que aqui não se faz qualquer indagação acerca da legalidade do ato: verifica-se apenas o mérito administrativo.

Foi dito em outra parte que o ato vinculado é aquele em que a lei define a única conduta possível diante de determinada situação, não deixando qualquer liberdade de atuação ao agente público. Este atua como verificador dos pressupostos legais e, em caso afirmativo, pratica o ato nos exatos termos legais. Disso se extrai que descabe falar em mérito administrativo nos atos vinculados, haja vista que o único aspecto que pode ser apreciado é o que concerne à legalidade (conformidade com a lei e os princípios do direito). Repise-se: nos atos vinculados há um único aspecto a ser avaliado: a legalidade. E se o controle judicial incide sobre a legalidade, podemos concluir seguramente que **o controle judicial sobre os atos vinculados é o mais amplo possível**, pois o Judiciário poderá controlar o ato em todos os seus elementos (competência finalidade, forma, motivo e objeto).

Entretanto, quando tratamos de atos discricionários, há dois aspectos a serem levados em conta: o de legalidade e o de mérito. Em se tratando da legalidade dos atos discricionários, o controle judicial é plenamente realizável, podendo culminar na anulação do ato, e desde que não invada o **mérito administrativo**, não pode o juiz apreciar a conveniência e oportunidade dos atos administrativos, pois como se trata de análise subjetiva, estaria apenas substituindo a sua avaliação de conveniência e oportunidade pela do administrador público. Isso sem falar que os critérios de aferição de mérito de um magistrado são bem distintos dos do administrador público, habituado às inúmeras e heterogêneas situações do cotidiano administrativo. O administrador público melhor que ninguém pode aferir o que é conveniente e oportuno ao interesse público.

Um último argumento a ser levantado para reforçar a impossibilidade de controle de mérito pelo Poder Judiciário é o princípio da separação de Poderes, cláusula pétrea constitucional (art. 59, § 4º). Assim, não poderia o juiz valorar o mérito do ato administrativo, pois estaria exercendo típica função administrativa, o que lhe é vedado. Nesse sentido, vale citar jurisprudência do STJ sobre o tema:

> É defeso ao Poder Judiciário apreciar o mérito do ato administrativo, cabendo-lhe unicamente examiná-lo sob o aspecto de sua legalidade, isto é, se foi praticado conforme ou contrariamente à lei. Esta solução se funda no princípio da separação dos poderes, de sorte que a verificação das razões de conveniência ou de oportunidade dos atos administrativos escapa ao controle jurisdicional do Estado.[50]

Por oportuno, convém ressaltar ainda mais um ponto acerca da discricionariedade. Embora tenhamos dito que o Poder Judiciário não efetua controle de mérito, é importante entendermos que a discricionariedade é margem de liberdade dentro dos limites impostos pela lei e pelos princípios da Administração Pública. Dessa forma, se o agente público a pretexto de exercer o mérito administrativo vai além da liberdade que a lei lhe conferiu, pratica ato arbitrário e, portanto, plenamente passível de controle judicial. Assim, cabe ao Judiciário apreciar as margens de liberdade impostas pela lei ao ato discricionário. Note que, mesmo nessa situação, o controle judicial continua sendo de legalidade, pois é a própria lei que define os limites de atuação do administrador.

Ainda sobre o controle judicial dos atos discricionários impende salientar que não é pelo fato de haver conceito jurídico indeterminado que o juiz não poderá, sob qualquer hipótese, analisar as margens de liberdade do administrador público. Isto é, mesmo quando há utilização de conceitos jurídicos indeterminados, o juiz poderá avaliar se o administrador atuou mesmo dentro da margem de discricionariedade que lhe foi conferida ou se, a pretexto de exercê-la, incorreu em arbitrariedade.

8. PROCESSO ADMINISTRATIVO

Inicialmente, ressaltamos o caráter **unilateral** do ato administrativo. Isso significa que, em termos absolutos, os atos administrativos são produzidos conforme manifestação de vontade do Poder Público, sem necessidade da participação ou concordância do administrador.

Todavia, alguns atos administrativos, como as licenças, autorizações e permissões, parecem fugir à regra da unilateralidade, pois sem a manifestação de vontade do particular destinatário não há como serem praticados.

Para ilustrar o sobredito, imaginemos que um particular se dirija a órgão competente da Administração com o objetivo de obter autorização de porte de arma e, para tanto, leve consigo toda a relação de documentos exigidos como requisitos para porte de armas de fogo. Atendidos os requisitos legais e havendo conveniência e oportunidade, a Administração resolve deferir o pedido e pratica o ato administrativo: autorização de porte de arma.

50 ROMS nº 1288/91-SP, Rel. Min. CESAR ASFOR ROCHA, DJ 02.05.1994.

É difícil perceber que uma autorização de porte de arma, que se inicia com o requerimento do particular seja de fato um ato unilateral da Administração. Todavia, **embora em algumas situações específicas a unilateralidade seja de difícil constatação, ela está presente em todo e qualquer ato administrativo**.

Para entendermos essa afirmação, é útil notarmos que os atos administrativos, regra geral, não são praticados repentinamente, de maneira súbita. Os atos administrativos são praticados como resultado de diversos atos intermediários que, juntos e ordenados, chamamos de processo administrativo. Com efeito, um **processo administrativo consiste numa sucessão lógica de atos intermediários com vistas à prática de um ato final**. Trazendo a lição para o nosso exemplo, a autorização de porte de arma é o ato final, mas para se chegar a ela são praticados diversos atos intermediários (requerimento inicial, autuação do processo, juntada de documentos, análise dos documentos, decisão da autoridade competente etc.). Perceba que, enquanto os atos intermediários podem ser praticados por agentes públicos e por particulares, o ato final é sempre resultante da manifestação unilateral de vontade da Administração.

Em suma, os atos administrativos são manifestações unilaterais de vontade da Administração e, via de regra, não surgem isoladamente no mundo jurídico, mas são praticados dentro de uma estrutura mais complexa (o processo administrativo), composta de atos praticados pelos agentes públicos e pelos particulares.[51]

Cabe ressaltar ainda que não se confunde processo administrativo com ato complexo, pois este decorre da manifestação de vontade de dois ou mais órgãos, ao passo que aquele não necessariamente envolve a participação de diversos sujeitos.

No ato complexo, enquanto todas as manifestações de vontade dos orgãos envolvidos não são emitidas, o ato é insuscetível de impugnação pelo interessado que se sinta prejudicado. Em outro dizer, é impossível a impugnação de um ato complexo que ainda não tenha sido concluído (pois se trata de ato imperfeito).

Típico exemplo de ato complexo é a aposentadoria de servidor público, cuja concessão inicial é feita pelo órgão ou entidade de lotação do servidor, mas que depende de apreciação posterior pelo tribunal de contas. Na hipótese em que o tribunal entenda que a concessão da aposentadoria é indevida, não há necessidade de o ato de cancelamento ser precedido de contraditório e ampla defesa por parte do servidor aposentado. A razão disso é que enquanto o TCU não manifesta sua vontade, o ato não pode ser impugnado pelo particular, pois ainda não concluiu o seu ciclo de formação. A ideia é a de que seria impossível a impugnação de um ato que ainda não se aperfeiçoou no mundo jurídico. Primeiro ele deve se aperfeiçoar para só então quedar-se passível de impugnação. De outra

51 Sobre os processos administrativos, remetemos o leitor ao Capítulo 7 (Processo Administrativo Federal).

sorte, o processo administrativo é formado por atos administrativos autônomos, passíveis de impugnação individualmente, mesmo que o procedimento ainda não se tenha concluído.

9. EXTINÇÃO OU DESFAZIMENTO

Uma vez praticado o ato administrativo, passa este a integrar o mundo jurídico e a produzir seus efeitos. Ocorre, no entanto, que por uma ou outra razão será necessária ou conveniente a retirada desse mesmo ato. A extinção ou o desfazimento trata-se exatamente da retirada de um ato administrativo do mundo jurídico.

A seguir, passaremos à análise das diversas formas pelas quais os atos administrativos podem ser extintos, partindo das mais importantes: anulação e revogação.

9.1. Anulação

9.1.1. Conceito

Anulação é o desfazimento pela própria Administração ou pelo Judiciário do ato administrativo ilícito, praticado em dissonância com a ordem jurídica.

Sobre a expressão "anulação" alguns autores, a exemplo de Celso Antônio Bandeira de Mello[52] e Maria Sylva Zanella Di Pietro[53], preferem utilizar o termo "invalidação". Entretanto, há outros, como Hely Lopes Meirelles[54], que utilizam a expressão "invalidação" para alcançar tanto a anulação quanto a revogação. Em que pese a opinião desse renomado jurista, ousamos dissentir do seu posicionamento e, para isso, alegamos que invalidade é a qualidade do ato administrativo que padece de vícios de legalidade. E em se tratando de revogação, veremos que esta incide exclusivamente sobre atos lícitos, válidos. Em síntese, perfilhamos a utilização de "invalidação" como sinônimo de "anulação".

9.1.2. Objeto

Como se percebe, a anulação somente pode ter como objeto a extinção de um ato administrativo **ilícito**, **ilegal**, **inválido**, praticado em desconformidade com as normas e princípios da Administração Pública. Nesse contexto, tanto podem ser anulados atos vinculados quanto discricionários. Para tanto basta que sejam ilícitos.

Importante frisar que a anulação tem lugar quando há violação a dispositivo legal expresso (legalidade estrita) ou mera desobediência a algum dos princípios

52 MELLO, Celso Antônio Bandeira de. *Curso de Direito Administrativo*. 25ª ed. São Paulo: Malheiros, 2007, p. 451.

53 DI PIETRO, Maria Sylvia Zanella. *Direito Administrativo*. 20ª ed. São Paulo: Atlas, 2006, p. 219.

54 MEIRELLES, Hely Lopes. *Direito Administrativo Brasileiro*, 34ª ed. São Paulo: Malheiros, 2008, p. 202.

da Administração Pública (legalidade ampla). Com razão, é perfeitamente possível cogitarmos da anulação de ato administrativo que, embora observe fielmente a letra fria da lei, não seja compatível com princípios administrativos, como moralidade, impessoalidade e razoabilidade, dentre outros.

9.1.3. Fundamento

O fundamento da anulação é o **princípio da legalidade**, que determina que toda atuação da Administração Pública deverá ser pautada na lei. Por conseguinte, se este ou aquele ato administrativo é praticado em discordância com a lei (legalidade estrita) ou com os princípios (legalidade ampla), deve ser, inarredavelmente, retirado do mundo jurídico.

9.1.4. Legitimação ativa

São dois os sujeitos competentes para proceder à anulação dos atos administrativos: a própria **Administração** e o **Poder Judiciário**.

A anulação feita pela Administração consubstancia o princípio da autotutela, segundo o qual a própria Administração que praticou o ato é competente para avaliar a sua legalidade e, portanto, efetuar a sua anulação. A autotutela da Administração tem previsão na clássica Súmula nº 473 do STF, segundo a qual:

> A administração pode anular seus próprios atos, quando eivados de vícios que os tornam ilegais, porque deles não se originam direitos; ou revogá-los, por motivo de conveniência ou oportunidade, respeitados os direitos adquiridos, e ressalvada, em todos os casos, a apreciação judicial.

O Judiciário também realiza o controle de legalidade do ato administrativo, pois com base no inc. XXV do art. 5º da Constituição "a lei não excluirá da apreciação do Judiciário a lesão ou ameaça a direito". O mencionado dispositivo consagra, entre nós, o princípio da inafastabilidade de jurisdição. Com base no exposto, o Poder Judiciário é competente para conhecer e decidir de maneira definitiva acerca de quaisquer espécies de litígios submetidos à sua apreciação. Inclusive, a Constituição estabeleceu diversos instrumentos de provocação judicial para controle de legalidade dos atos administrativos: mandado de segurança (art. 5º, LXIX), *habeas data* (art. 5º, LXII), ação popular (art. 5º, LXIII), entre tantos outros.

As duas grandes diferenças entre o controle de legalidade feito pelo Poder Judiciário e o realizado pela própria Administração são:

a) enquanto o controle judicial é sempre provocado (princípio da inércia), o da Administração poderá dar-se de ofício ou a pedido (princípio da autotutela); e

b) somente as decisões judiciais podem adquirir *status* de coisa julgada. Isto é, a decisão judicial transitada em julgado é insuscetível de modificação por outro poder do Estado. A decisão administrativa, diferentemente, poderá, sempre, ser rediscutida ou até modificada pelo Poder Judiciário, este sim proferindo a última palavra sobre aquele conflito jurídico.

9.1.5. Classificação

A anulação, como dever imposto à Administração e ao Judiciário (quando provocado a tal) de restaurar a legalidade do ato, trata-se de **ato vinculado**. Não cabe falar em liberdade de escolha entre anular ou não o ato administrativo, pois o princípio da legalidade determina que todos os atos da Administração sejam pautados pela mais absoluta legalidade. Nesse sentido, o art. 53 da Lei nº 9.784/1999 (destaque nosso):

> A Administração **deve anular** seus próprios atos, quando eivados de vício de legalidade, e **pode revogá-los** por motivo de conveniência ou oportunidade, respeitados os direitos adquiridos.

Conforme veremos adiante, quando tratarmos acerca da teoria das nulidades do ato administrativo, os atos administrativos podem ser nulos ou anuláveis. No primeiro caso, temos os atos que padecem de defeitos graves, incorrigíveis, que deverão ser necessariamente anulados (ato vinculado). Já os atos anuláveis são os que contêm defeitos leves, que não causam prejuízos a terceiro nem danos ao interesse público. Defeitos que podem ser corrigidos pela Administração, por meio da convalidação. Dessa forma, em relação aos atos anuláveis, a Administração terá faculdade entre anular e convalidar (ato discricionário).

9.1.6. Efeitos

Imaginemos o exemplo de João Silva, taxista, que por erro da Administração teve o seu veículo apreendido sob a alegação de não estar devidamente licenciado e ter cometido o equivalente a R$ 20.000,00 em multas. Como o ato de apreensão goza de presunção de legitimidade e veracidade, enquanto João não conseguisse comprovar a ilicitude do ato, deveria se submeter aos seus efeitos. Assim, o veículo de Silva foi apreendido, ficando este impossibilitado de exercer sua profissão, além disso a licença para dirigir de João foi cassada, o mesmo ocorreu com a sua permissão de taxista, sem falar em outros prejuízos. Quinze dias após a apreensão, João Silva consegue comprovar o erro da Administração e seu veículo é liberado. Pergunta-se: nesse caso, haveria alguma relevância em a anulação retroagir à data em que o ato foi praticado e desfazer todos os efeitos jurídicos produzidos ilicitamente até então: apreensão do veículo, cassação da licença e da permissão de taxista, renda que deixou de auferir por conta da apreensão e outros prejuízos comprovados? É óbvio, que sim!

A partir do exemplo dado, podemos tratar dos efeitos da anulação. Desde logo, devemos entender que atos lícitos produzem efeitos jurídicos lícitos e atos ilícitos, por conseguinte, produzem efeitos ilícitos. Por conclusão, como na anulação estamos lidando com ato administrativo ilícito, os efeitos produzidos por esse ato, desde o seu nascimento, são ilícitos e, por conseguinte, devem ser desfeitos a fim de reparar a situação ao que era antes, *status quo ante*. A anulação, portanto, tem efeitos *ex tunc*. Isto é, **retroage às origens e desfaz os efeitos produzidos pelo ato desde o seu nascimento.**

Celso Antônio Bandeira de Mello ensina que a anulação do ato administrativo tem duplo objetivo:

> Impedir que a fonte produtora de efeitos (o ato) continue a gerar novos relações e suprimir as já nascidas. Portanto, ataca cumulativamente o ato e os efeitos, inclusive os já ocorridos.[55]

Aproveitamos o ensejo para trazer uma importante advertência: embora a regra seja que a anulação produza efeitos *ex tunc*, retroativos, **em algumas situações específicas, em nome do princípio da segurança jurídica e da boa-fé dos administrados, admite-se que a anulação tenha efeitos "ex nunc", ou seja, efeitos não retroativos.**[56]

9.1.7. Indenização

A obrigação de indenizar depende, num primeiro momento, do sujeito atingido e, posteriormente, da inexistência de dolo ou culpa por parte do destinatário do ato, bem como do momento em que é realizada a anulação.

Com relação ao **sujeito diretamente envolvido na situação passível de anulação**, se o destinatário do ato ilícito concorreu para sua prática, estando manifesta inequivocamente a sua **má-fé**, não cabe falar em indenização, de forma alguma. À guisa de exemplo, seria o caso de um licitante que, em conluio com servidor público, desclassifica sumariamente as propostas dos demais licitantes, vindo a sagrar-se vencedor do certame. Nesse caso, conhecido o erro e constatada a má-fé do licitante, não há que se falar em indenização a este, mas, ao contrário, em ressarcimento ao erário pelos prejuízos sofridos por este e pelos demais licitantes desclassificados indevidamente.

---

55 MELLO, Celso Antônio Bandeira de. *Curso de Direito Administrativo*. 25ª ed. São Paulo: Malheiros, 2007, p. 453.

56 É o pensar de Celso Antônio Bandeira de Melllo: "Parece-nos que efetivamente nos atos unilaterais restritivos da esfera jurídica dos administrados, se eram válidos, todas as razões concorrem para que sua fulminação produza efeitos *ex tunc*, exonerando por inteiro quem fora indevidamente agravado pelo Poder Público das consequências onerosas. Pelo contrário, nos atos unilaterais ampliativos da esfera jurídica do administrado, se este não concorreu para o vício do ato, estando de boa-fé, sua fulminação só deve produzir efeitos *ex nunc*, ou seja, depois de pronunciada" (*Curso de Direito Administrativo*. 25ª ed. São Paulo: Malheiros, 2007, p. 469).

Diversamente, se o **destinatário** está de **boa-fé**, cumpre verificar ainda o momento da anulação. Quando realizada em momento anterior à incursão em quaisquer despesas, não há direito à indenização. Exemplo disso é o edital de um concurso público cujo contrato com a banca examinadora tenha sido celebrado com valor muito acima do valor de mercado, mas o período de inscrições ainda não tenha se iniciado. Nesse caso, haverá anulação do referido edital, mas não haverá qualquer indenização aos possíveis candidatos, posto que não efetuaram nenhuma despesa relativa ao certame. Situação distinta seria se o período de inscrições já tivesse sido concluído, situação em que a Administração teria o dever de indenizar os candidatos inscritos, ressarcindo os respectivos valores despendidos.

Em relação aos **terceiros de boa-fé**, que não participaram do ato, mas foram direta ou indiretamente alcançados por alguns de seus efeitos, **subsistem os direitos adquiridos** sob a égide do ato anulado, em virtude das presunções de legitimidade e veracidade que acompanham toda a atividade administrativa. Seria o caso de advogado que, ao protocolizar recurso em face de decisão que negou seguimento a um Mandado de Segurança, tenha sido atendido por servidor cuja investidura era irregular. Caso seja anulada a nomeação desse servidor, o que ocorrerá com o recurso interposto pelo advogado? Será anulado? Obviamente, não. Isso porque o princípio da aparência assegura a manutenção dos direitos gerados por atos administrativos praticados por agentes de fato putativos (aqueles que foram investidos irregularmente) e que tenham atingido terceiros de boa-fé.[57] Pode ocorrer, todavia, de o próprio direito não poder ser mantido, caso em que a Administração tem a obrigação de indenizá-los pelos prejuízos decorrentes da anulação.

Em relação aos **terceiros de má-fé**, ou seja aqueles que tinham pleno conhecimento da ilicitude e não tomaram nenhuma providência no sentido de alertar a Administração Pública, não há falar em indenização. Serão atingidos totalmente pelos efeitos retroativos da anulação.

9.1.8. Limites

Os princípios da boa-fé, da estabilidade das relações jurídicas e da segurança jurídica são os maiores limites à anulação dos atos administrados. De maneira geral, a doutrina tem entendido que atos administrativos ilegais cujas relações já se consolidaram no tempo não podem ser anulados em face das garantias constitucionais de proteção ao direito adquirido e ao ato jurídico perfeito (art. 5º, XXXVI, CF/88). Em razão do exposto, há duas situações em que a anulação do ato administrativo restará impossibilitada.

A primeira está prevista no art. 54 da Lei nº 9.784/1999 que prevê:

57 Sobre os agentes de fato, consulte o tópico 2.4 do Capítulo 12 (Servidores públicos).

> O direito da Administração de anular os atos administrativos de que decorram **efeitos favoráveis** para os destinatários **decai em cinco anos**, contados da data em que foram praticados, **salvo comprovada má-fé** (destaque nosso).

Considera-se exercício do direito de anular qualquer medida de autoridade administrativa que importe impugnação à validade do ato (art. 54, § 2º, Lei nº 9.784/1999).

Um exemplo prático da situação prevista no dispositivo é um servidor inativo que, por erro da Administração, receba R$ 200,00 além do que lhe era devido a título de provento de aposentadoria. Haja vista que os cálculos previdenciários tornaram-se sobremodo complexos após as reformas previdenciárias este descompasso no valor do provento passou despercebido pelo aposentado. Nesse caso, temos um típico ato administrativo ilícito que produz efeitos favoráveis a um destinatário de boa-fé. Nesse caso, a Administração terá o prazo de cinco anos para anular essa concessão de aposentadoria, sob pena de decadência. Dessa forma, se passados três anos da percepção do primeiro provento e a Administração descobrisse o erro, poderia anular o ato de concessão da aposentadoria e refazer o cálculo, a fim de reestabelecer a legalidade da aposentação.

Questão interessante é saber se, nesse caso, o inativo de boa-fé seria obrigado a devolver os valores (R$ 200,00) recebidos durante esse período de três anos. Segundo a jurisprudência do STJ, é descabida a exigência de devolução de valores pagos ao destinatário em decorrência de errônea interpretação ou má aplicação da lei pela Administração, pois foram percebidos de boa-fé.[58]

Outro tema curioso é quanto ao prazo de decadência dos atos ilícitos favoráveis a destinatários de boa-fé praticados antes da publicação da Lei nº 9.784, de 1º de fevereiro de 1999. A orientação do STJ é no sentido de que o prazo decadencial para esse tipo de ato começará a fluir a partir da data da publicação da Lei nº 9.784/1999.[59]

Embora a regra geral seja que a anulação produz efeitos *ex tunc*, retroativos, **em algumas situações específicas, em nome do princípio da segurança jurídica e da boa-fé dos administrados, admite-se que a anulação tenha efeitos "ex nunc", ou seja, efeitos não retroativos**.

A segunda limitação ao dever de anular encontra-se em relação aos atos administrativos ilegais cuja **anulação provocaria prejuízos ainda maiores que a sua permanência** no mundo jurídico. Seria o caso de alunos de universidade

58 A esse respeito *vide*: RMS 33.034/RS, Rel. Min. ARNALDO ESTEVES LIMA, julg.: 15.02.2011; EREsp 575551/SP, Rel.ª Min.ª NANCY ANDRIGHI, DJe 30.04.2009; AgRg no AgRg no Ag 873336/RJ, Rel.ª Min.ª JANE SILVA, DJe 09.12.2008; AgRg no REsp 808507/RJ, Rel.ª Min.ª MARIA THEREZA DE ASSIS MOURA, DJe 22.09.2008; REsp 535134/RS, Rel.ª Min.ª LAURITA VAZ, DJ 06.08.2007. Também: Súmula nº 34 da AGU: "Não estão sujeitos à repetição os valores recebidos de boa-fé pelo servidor público, em decorrência de errônea ou inadequada interpretação da lei por parte da Administração Pública".

59 RMS 32.706/SP, Rel. Min. ARNALDO ESTEVES LIMA, julg.: 15.02.2011; REsp 878.467-PE, Rel. Min. TEORI ALBINO ZAVASCKI, julg.: 15.09.2009; MS 7.702-DF, Rel. Min. JOSÉ ARNALDO DA FONSECA, Julg.: 14.09.2005.

pública que concluíram o curso e iniciaram o exercício da profissão e, vinte anos depois, foram constatadas irregularidades em seu currículo escolar por ausência de disciplina curricular de cunho obrigatório. Por ser o prejuízo advindo da anulação desses diplomas bem maior do que o da sua permanência, a doutrina tem admitido a impossibilidade de anulação de tais atos. Trata-se da aplicação da **teoria da estabilização dos efeitos**.

Para melhor aclarar o tema, valemo-nos do exemplo de Regis Fernandes de Oliveira, citado por Di Pietro:

> Imagine-se a seguinte hipótese: autorizou-se um loteamento em terras municipais. O interessado, valendo-se de documentos falsos, logrou obter aprovação do loteamento, seu registro e o competente deferimento do loteamento perante a própria Prefeitura Municipal a quem pertenciam as terras. O ato que determinou a expedição do alvará autorizando a realização do loteamento é nulo. E a nulidade advém do conteúdo do ato. O loteamento não poderia ser autorizado, uma vez que dentro do imóvel municipal. Inobstante, famílias adquiriram lotes, construíram casas, introduziram-se melhoramentos, cobrados foram tributos incidentes sobre eles, bem como tarifas de água etc. Enfim, onde era terreno municipal erigiu-se verdadeira cidade. Anos após, descobre-se que o terreno não pertencia ao loteador e que se trata de área municipal.[60]

Tem-se, nesse caso, aplicação do princípio da segurança jurídica, que impede que situações jurídicas já consolidadas no tempo não fiquem sujeitas eternamente a desfazimento, causando instabilidade, gerando temores e incertezas para os seus destinatários. Trata-se da **teoria do fato consumado**.

Com base nessa premissa, o STJ assegurou o direito a 12 servidores de permanecer em seus respectivos cargos na Assembleia Legislativa do Estado da Paraíba e, entre os já aposentados, o de preservar suas aposentadorias. Embora a efetivação dos servidores sem concurso tenha sido ilegal, o transcurso de quase 20 anos sem que a Administração se manifestasse tornou a situação irreversível, impondo a prevalência do princípio da segurança jurídica. Se é certo que a Administração Pública atua sob a direção do princípio da legalidade, que impõe a anulação do ato que contenha vício insuperável para o fim de restaurar a legalidade malferida, por outro lado, não é menos certo que o poder-dever da Administração de invalidar seus próprios atos encontra limite temporal no princípio da segurança jurídica, pela evidente razão de que os administrados não podem ficar indefinidamente sujeitos à instabilidade originada pelo poder de autotutela do Estado.[61]

Em suma, o decurso do tempo e o princípio da proporcionalidade funcionam como limites ao poder de autotutela da Administração Pública de anular a qualquer tempo atos administrativos ilícitos.

60 DI PIETRO, Maria Sylvia Zanella. *Direito Administrativo*. 20ª ed. São Paulo: Atlas, 2006, p. 220.

61 RMS 23027/PB, Rel. Min. LUIZ FUX, DJe 03.11.2008. *Vide* também: STJ, RMS 24.339-TO, Rel. Min. NAPOLEÃO NUNES MAIA FILHO, julg.: 30.10.2008 e MS 13.669/DF, Rel. Min. NAPOLEÃO NUNES MAIA FILHO, julg.: 22.05.2010.

9.1.9. Anulação e os princípios do contraditório, da ampla defesa e do devido processo legal

É corrente e crescente a afirmação de que a anulação dos atos administrativos que afetarem interesses individuais deve ser **precedida de contraditório e ampla defesa**, nos termos do art. 5º, LV, CF/88. Ou seja, o particular atingido pela anulação do ato administrativo tem direito de sobre ela se manifestar previamente e defender os interesses que reputa legítimos. O STF, inclusive, já se manifestou no sentido de que "a anulação não prescinde da observância do contraditório, ou seja, da instauração de processo administrativo que enseja a audição daqueles que terão modificada situação já alcançada".[62-63] Estribada nessa orientação a Suprema Corte determinou que determinada autoridade do serviço público notificasse servidores públicos concursados de procedimento administrativo instaurados contra eles em virtude de terem sido nomeados após a expiração do prazo de validade do concurso, garantindo-lhes o direito de serem ouvidos, sem prejuízo de suas respectivas investiduras.[64]

Como advertência ao que acaba de ser dito, é interessante mencionar que há situações em que a atuação da Administração Pública deve ser imediata, não podendo aguardar manifestação prévia do particular, sob pena de grave lesão ao interesse público. Em casos como esses, o contraditório e a ampla defesa são oportunizados num momento posterior à prática do ato administrativo.

9.1.10. Atos irregulares

O professor Celso Antônio Bandeira de Mello informa a existência dos atos administrativos irregulares, que são aqueles que contêm mero vício de formalidade que "não interfere para nada com as garantias do administrado ou com a segurança e certeza em relação ao conteúdo do ato. Assim, a função única e específica da formalização prevista é apenas a de 'uniformizar', ou seja, 'padronizar' o instrumento de veiculação dos distintos atos administrativos".[65]

Seria o exemplo de um ato administrativo expedido sob a forma de "ordem de serviço", ao passo que deveria ter observado a forma de "instrução normativa". Nessa situação, o vício concerne tão somente a uma norma interna, cujo objetivo era o de padronizar os serviços prestados naquela repartição, não acarretando maiores danos aos usuários dos serviços ali prestados. Esse ato expedido sob o rótulo "ordem de serviço" é ato irregular, cujo vício não afeta a sua validade e, portanto, admite-se a sua convalidação.

62 RMS 31.661/DF, Rel. Min. GILMAR MENDES, julg.: 10.12.2013; RE 158.543-9-RS, Rel. Min. MARCO AURÉLIO, DJ 6.10.1995 e AI nº 587.487-RJ, Rel. Min. MARCO AURÉLIO, DJ 31.5.2007; RE 594.296/MG, Rel. Min. DIAS TOFFOLI, julg.: 31.08.2011. Neste último julgado, a Ministra Cármen Lúcia chegou a propor a revisão da clássica Súmula nº 473 do STF para incluir no final do texto o seguinte: "garantidos, em todos os casos, o devido processo legal administrativo e a apreciação judicial".

63 O STJ adota idêntica linha de pensamento (RMS 26.261-AP, Rel.ª Min.ª MARIA THEREZA DE ASSIS MOURA, julg.: 07.02.2012; RMS 33.034/RS, Rel. Min. ARNALDO ESTEVES LIMA, julg.: 15.02.2011).

64 STF, MS 27.154/DF, Rel. Min. JOAQUIM BARBOSA, julg.: 10.11.2010.

65 MELLO, Celso Antônio Bandeira de. *Curso de Direito Administrativo*. 25ª ed. São Paulo: Malheiros, 2007, p. 404.

9.1.11. Vícios quanto ao sujeito competente

No que tange ao sujeito competente, podemos ter vícios de duas ordens: incompetência e incapacidade.[66]

A incompetência fica caracterizada quando o ato não se incluir nas atribuições legais do agente que o praticou (art. 2º, parágrafo único, "a", Lei nº 4.717/1965). Quanto aos vícios de incompetência, temos:

1. **excesso de poder**: ocorre quando o agente pratica **ato alheio às suas atribuições** e infringe a competência de outro agente (ex.: autoridade que aplica a servidor penalidade de suspensão de 80 dias, quando teria competência para aplicar suspensão de, no máximo, 30 dias, sendo a de 80 dias de competência da autoridade superior) ou quando **exorbita** no uso de suas faculdades administrativas e pratica ato que não lhe era lícito praticar (ex.: servidor da vigilância sanitária que, diante de pequena infração, aplica a penalidade com maior intensidade do que a prevista em lei);
2. **usurpação de função**: tipificado no art. 328 do Código Penal, configura-se quando alguém, sem qualquer investidura ou vínculo com o Estado, pratica atos cuja legitimidade pressupõe justamente essa condição. O usurpador de função desempenha atividades estatais por conta própria sem qualquer investidura ou relação funcional com o Estado. Segundo doutrina majoritária, os atos nesse contexto produzidos devem ser tidos por **inexistentes**. Ex.: indivíduo que comercializa licenças para dirigir (CNH). Note que os que o procuram têm plena consciência da ilicitude desse comportamento;
3. **função de fato**: ocorre quando alguém é investido irregularmente na função pública e desempenha atribuições estatais com toda aparência de legalidade. Ex.: servidor nomeado e empossado no cargo público em decorrência de fraude em concurso público. Tem-se aí um típico exemplo de **agente de fato**. É imperioso salientar que a função de fato, ao contrário da usurpação de função, permite que sejam mantidos os atos praticados pelo "agente público" ou pelo menos os efeitos deles decorrentes que atinjam terceiros de boa-fé, desde que, no caso concreto, estejam preenchidos os requisitos do que se denomina **teoria da aparência**. Segundo essa teoria, se determinado ato foi praticado numa situação que aparentava ser regular, e o administrado encontrava-se de boa-fé (não tinha ciência da ilicitude), deve ser mantido o ato ou os efeitos por ele produzidos.

Os vícios de incapacidade, no Direito Civil, têm previsão legal nos arts. 3º e 4º do Código Civil, bem como os resultantes de fraude, simulação, erro, dolo ou coação.

66 DI PIETRO, Maria Sylvia Zanella. *Direito Administrativo*. 20ª ed. São Paulo: Atlas, 2006, pp. 190-191.

Além desses e tratando especificamente do Direito Administrativo, temos a Lei nº 9.784/1999, que em seus arts. 18 a 21 disciplina as situações de suspeição e impedimento aplicáveis aos servidores que atuarão no processo administrativo:

a) **impedimento**: consoante o art. 18 da Lei nº 9.784/99, "é impedido de atuar em processo administrativo o servidor ou autoridade que:

I – tenha interesse direto ou indireto na matéria;

II – tenha participado ou venha a participar como perito, testemunha ou representante, ou se tais situações ocorrem quanto ao cônjuge, companheiro ou parente e afins até o terceiro grau;

III – esteja litigando judicial ou administrativamente com o interessado ou respectivo cônjuge ou companheiro". O impedimento gera presunção absoluta de incapacidade e, caso não alegado no momento oportuno, configura falta grave para efeitos disciplinares;

b) **suspeição**: o art. 20 preceitua que: "pode ser arguida a suspeição de autoridade ou servidor que tenha amizade íntima ou inimizade notória com algum dos interessados ou com os respectivos cônjuges, companheiros, parentes e afins até o terceiro grau". A suspeição é presunção relativa de incapacidade, pois se não alegada pelo servidor ou pelos interessados considera-se vício sanado, não podendo ser objeto de discussão posterior.[67]

9.1.12. Vícios quanto à finalidade

Ocorre nas situações de **desvio de poder**, que se configura quando o agente persegue fins exclusivamente particulares (remoção de servidor subordinado por motivo de desavença pessoal com o superior hierárquico) ou não permitidos pela lei para aquela categoria de ato administrativo (remoção de servidor para localidade onde há necessidade de pessoal, mas com caráter disciplinar). Na dicção do art. 2º, parágrafo único, "e", da Lei nº 4.717/1965, o desvio de finalidade se verifica quando o agente pratica ato visando a fim diverso daquele previsto, explícita ou implicitamente, na regra de competência.[68]

9.1.13. Vícios quanto à forma

Considera-se como tal a **omissão ou observância incompleta ou irregular de formalidade** exigida por lei ou ainda a **inexistência de processo administrativo** necessário à tomada de decisão ou à existência ou seriedade do ato (art. 2º, parágrafo único, "b", Lei nº 4.717/1965). No primeiro, exemplificativamente, temos uma portaria que declara determinado imóvel de utilidade pública para fins de desapropriação, quando, na verdade, a forma adequada seria o decreto. Na segunda situação, temos o exemplo da anulação de contrato administrativo sem que tenha o contratado tido respeitados seus direitos de contraditório e

67 Mais detalhes sobre suspeição e impedimento, *vide* tópico 9 do Capítulo 7 (Processo Administrativo Federal).

68 Mais detalhes sobre desvio de poder, *vide* tópico 8.2 do Capítulo 5 (Poderes Administrativos).

ampla defesa. É interessante notar que a ausência de motivação, quando esta é obrigatória por força de lei, constitui vício na forma, pois foi omitida uma informação indispensável.

9.1.14. Vícios quanto ao motivo

Ocorre quando o motivo é **inexistente, falso** ou **inadequado ao fim pretendido**.

Seria exemplo de motivo inexistente a exoneração de servidor estável sob a alegação de excesso de despesa com pessoal e, logo em seguida, a nomeação de outro ocupante para a mesma vaga. Haveria motivo falso caso a Administração aplicasse penalidade de demissão a um servidor em virtude da prática de usura, quando, na verdade, esse servidor teria revelado segredo do qual se apropriou em razão do cargo. Vê-se que enquanto no motivo inexistente o fato alegado simplesmente não aconteceu de forma alguma, no motivo falso alega-se um fato ocorrido, mas não da forma alegada pela Administração. Na primeira há total improcedência do motivo, na segunda há improcedência parcial.

Por fim, seria exemplo de motivo inadequado ao fim pretendido a revogação de autorizações de porte de arma de todos os moradores de uma cidade com o objetivo de diminuir a criminalidade.

9.1.15. Vícios quanto ao objeto

Há defeito no objeto do ato quando o seu conteúdo jurídico é:[69]

a) **inexistente**: quando o objeto vem a desaparecer, independentemente da justificativa. Ex.: permissão de uso de bem público em praça que foi demolida e desativada;

b) **ilícito**: objeto proibido expressamente por norma jurídica ou divergente daquele que lei exigiu para aquele ato. Ex.: no primeiro caso, a realização de concurso público para provimento de cargo em comissão; no segundo, a utilização de portaria para declarar utilidade pública de imóvel para fins de desapropriação, quando a lei exige a edição de decreto executivo;

c) **impossível**: quando os efeitos jurídicos almejados são inalcançáveis, irrealizáveis. Ex.: concessão de licença a servidor que pediu exoneração;

d) **indeterminado**: quando não se pode determinar objetivamente os destinatários, o lugar ou o tempo em que se realizará o objeto. Ex.: permissão de uso de bem público para funcionamento de banca de revista sem a precisa indicação da área a ser ocupada; e

e) **imoral**: quando o objeto contrariar os ditames da ética, de decoro, da boa-fé e da lealdade. Ex.: Nomeação de cônjuge para ocupar cargo em comissão sob a chefia imediata da autoridade nomeante.

69 DI PIETRO, Maria Sylvia Zanella. *Direito Administrativo*. 20ª ed. São Paulo: Atlas, 2006, p. 192.

9.2. Revogação

9.2.1. Conceito

Revogação é a extinção de um ato administrativo **válido** e **discricionário** que, embora no momento de sua prática tenha sido conveniente e oportuno, não mais convém à Administração em face de situação superveniente.

Imagine que determinado Estado da Federação tenha publicado edital de concorrência com o intuito de contratar empreiteira para construir prédio para funcionamento de Secretaria de Estado recentemente criada. Note-se que esse edital de licitação é de todo conveniente e oportuno ao interesse público. Uma semana após a publicação do edital, uma autarquia do mesmo Estado resolve doar um prédio desativado que estaria abandonado e que atenderia perfeitamente às exigências do órgão recém-criado. Diante disso, não faz o menor sentido dar continuidade ao procedimento licitatório, pois já não é mais interessante para a Administração Pública. Assim, a Administração irá revogar esse edital, pois deixou de ser conveniente e oportuno ao interesse público.

9.2.2. Objeto

Somente os atos **lícitos, legais, válidos** ou **legítimos discricionários** podem ser objeto de revogação. Quando o ato é nulo, cabe a anulação, jamais a revogação. O mesmo se pode dizer dos atos discricionários, que não podem ser revogados, posto que ainda que lícitos, não comportam análise de conveniência e oportunidade, já que a lei fixou a conduta exata a ser adotada pelo administrador público.

A revogação pode incidir total ou parcialmente sobre o ato administrativo. No segundo caso, o ato continua vigendo na parte que não foi revogada quando esta possa existir por si mesma, independentemente da parte revogada.

9.2.3. Fundamento

Conforme a doutrina de Carvalho Filho, o fundamento da revogação é que:

> Não se poderia conceber que alguns atos administrativos perdurassem infinitamente no universo jurídico, contrariando critérios administrativos novos, os quais, embora supervenientes, passem a refletir a imagem do interesse público a ser protegido. A revogação vem exatamente ao encontro da necessidade que tem a Administração de ajustar os atos administrativos às realidades que vão surgindo em decorrência da alteração das relações sociais.[70]

Enfim, a **ausência de conveniência e a oportunidade** (poder discricionário) que justifique a permanência do ato administrativo é o verdadeiro alicerce da revogação.

70 CARVALHO FILHO, José dos Santos. *Manual de Direito Administrativo*. 20ª ed. Rio de Janeiro: Lumen Juris, 2008, p. 157-158.

9.2.4. Legitimação ativa

Para que se chegue à conclusão de que este ou aquele ato administrativo é inconveniente e inoportuno, devemos fazer análise de mérito administrativo. E isso é **atribuição exclusiva da Administração,** seja do Poder Executivo, Judiciário ou Legislativo. Dessa forma, cada Poder do Estado revoga os atos que pratica (e, nesse campo, atua como Administração Pública).

O Poder Judiciário, no exercício de sua função típica jurisdicional, não pode analisar o mérito, em si, do ato administrativo, pois isso implicaria em substituir o administrador público em sua apreciação subjetiva discricionária e atentaria contra o princípio da separação dos Poderes – cláusula pétrea constitucional (art. 60, § 4º, III).

Entretanto, é importante notar que o Poder Judiciário pode revogar os atos administrativos por ele mesmo praticados. É que, nesse caso, estará exercendo a função atípica administrativa, e não a função jurisdicional. Se é verdadeiro dizer que a Administração Pública nada mais é que um dos Poderes do Estado exercendo a função administrativa, se o Judiciário exerce função administrativa, neste momento será considerado como Administração Pública. Sendo assim, é plenamente verdadeira a afirmação de que somente a Administração poderá revogar atos administrativos.

9.2.5. Classificação

Como a revogação parte de análise de conveniência e oportunidade da subsistência deste ou daquele ato administrativo, podemos forçosamente concluir que se trata de exercício de **poder discricionário** da Administração Pública. Assim, a decisão quanto à revogação revela-se exercício pleno de mérito administrativo. Em outro ângulo, inexiste o dever jurídico de revogar atos adminstrativos, de modo que possa facultar ao destinatário do ato o ajuizamento de ação judicial para exigi-lo.

Justo observar que com a anulação é diferente: o ato de anulação se apresenta ora como vinculado, ora como discricionário, conforme o ato a ser anulado apresente defeitos insanáveis ou sanáveis, respectivamente.

9.2.6. Efeitos

Como na revogação estamos diante de ato lícito, os efeitos produzidos por esse ato são igualmente lícitos e, por isso, não devem ser desfeitos.

Assim, diversamente da anulação, que tem efeitos *ex tunc* (retroativos), a revogação tem efeitos ***ex nunc*** (proativos), pois não desfaz as consequências jurídicas regularmente produzidas pelo ato discricionário.

9.2.7. Indenização

De maneira geral, e desde que observados os efeitos já produzidos pelo ato administrativo, a revogação não gera para a Administração o dever de indenizar o destinatário.

Em alguns casos especiais em que o ato é expedido com prazo determinado de vigência, se a revogação ocorrer antes de escoado esse período, a Administração deverá indenizar o particular. É o que ocorre com a permissão onerosa de uso de bem público por prazo certo em que o destinatário pode requerer da Administração indenização pelo rompimento do vínculo antes do prazo estipulado.

9.2.8. Limites

Embora a revogação, via de regra, seja sempre possível. Nem sempre isso ocorre em vista de determinados limitadores a essa ação administrativa. Estamos falando dos atos irrevogáveis, a saber:

a) atos vinculados;

b) atos consumados;

c) atos que geram direitos adquiridos;

d) meros atos administrativos;

e) atos complexos; e

f) atos que integram um procedimento.

Em primeiro lugar, devemos mencionar como irrevogáveis os **atos vinculados.** Nestes não há conveniência ou oportunidade em sua prática, logo se a Administração não tem liberdade de atuação quando de sua prática também não será livre para retirá-lo do mundo jurídico.

Os **atos consumados** são aqueles que já produziram todos os seus efeitos jurídicos, a exemplo de autorização para gozo de férias por 15 dias, após o transcurso desse prazo. Se a revogação produz efeitos proativos (*ex nunc*), não caberia falar em revogação de um ato que já não tem mais nenhum efeito a produzir. A revogação, portanto, pressupõe um ato administrativo que ainda esteja produzindo efeitos.

Os **atos que geraram direitos adquiridos** (direitos subjetivos) também são irrevogáveis pela Administração. O direito adquirido é aquele incorporado permanentemente ao patrimônio jurídico do seu detentor e pode ser por ele exigido sempre que lhe for conveniente. Segundo Hely Lopes Meirelles, "por direito subjetivo se deve entender aquela situação decorrente de ato válido e exequível que coloque de um lado alguém obrigado a dar, prestar, fazer ou deixar de fazer alguma coisa e de outro lado alguém que possa exigir essa ação ou abstenção, no seu interesse próprio, por meio judiciais".[71] O art. 5º, XXXVI, da Constituição dispõe que "a lei não prejudicará o direito adquirido, o ato jurídico perfeito e a coisa julgada". Ora, se nem a lei (ato normativo que tem a sua força haurida da própria Constituição) pode prejudicar o direito adquirido, que dirá um simples ato de revogação. Assim, de maneira geral, os atos que geram direitos adquiridos não podem ser revogados. Todavia, nas situações em que o interesse público esteja justamente na extinção do ato, a revogação será efetuada e, consequentemente, haverá integral indenização dos prejuízos suportados pelo particular. "Isto porque, se, de um lado, não pode o particular manter situações prejudiciais ao interesse público, de outro, não é lícito ao Poder Público suprimir direitos e vantagens individuais, adquiridos legitimamente pelo particular."[72]

Os **meros atos administrativos** não são passíveis de revogação, pois seus efeitos são previamente definidos em lei. São exemplos destes as certidões, os pareceres, os atestados, os relatórios, entre outros.

Os **atos complexos** também são insuscetíveis de revogação, posto que são formados a partir da manifestação de vontade de dois ou mais órgãos. Assim, o ato que a lei fez depender da concorrência de vontade de diversos órgãos não pode ser desfeito (revogado) pela simples manifestação de vontade de um órgão.

Por fim, são irrevogáveis os **atos que integram um procedimento**. Como visto anteriormente, um procedimento administrativo é uma sucessão lógica de atos intermediários, com vistas à prática de um ato final, conclusivo. Ocorre que a cada nova fase do procedimento opera-se a preclusão da anterior, tornando-a insuscetível de análise discricionária que culmine na revogação.[73] Tal impossibilidade deriva do fato de que uma vez superada uma fase, os atos que a integram já cumpriram devidamente sua função dentro da cadeia procedimental e, portanto, os efeitos produzidos não podem ser desconstituídos.

9.2.9. Revogação do ato revogador

Ao tratar deste tema, estamos tentando esclarecer a seguinte pergunta: Se um ato administrativo A é revogado por um ato B e a Administração se arrepende da revogação de A e pratica o ato administrativo C para revogar o ato B; nesse caso, o ato A voltará a ter vigência?

A isso se denomina repristinação, fenômeno mediante o qual se restaura o primeiro ato administrativo (ato A) pela revogação (ato C) do ato que o revogou (ato B).

71 MEIRELLES, Hely Lopes. *Direito Administrativo Brasileiro*, 34ª ed. São Paulo: Malheiros, 2008, p. 204.

72 *Idem, Ibidem*, p. 205.

73 Preclusão, para os efeitos do que estamos tratando, é a perda do direito de praticar determinado ato processual pelo escoamento do prazo designado para tal, ou pela prática de ato anterior incompatível com o ato que ora se pretende praticar.

É importante sublinhar que, em situações como essa, a revogação do ato revogador B somente acarretará a restauração do ato administrativo A, se no ato C vier **expressamente** a intenção da Administração de restaurar o ato B, caso contrário não haverá repristinação tácita. O fundamento desse argumento é o § 3º do art. 2º da Lei de Introdução às Normas do Direito Brasileiro.

---------	**Anulação**	**Revogação**
Objeto	Ato ilegal (vinculado ou discricionário)	Ato legal (sempre discricionário)
Fundamento	Princípio da legalidade	Mérito administrativo
Legitimação ativa	Administração Pública ou Poder Judiciário	Exclusivamente a Administração Pública
Classificação do ato de extinção	Ato vinculado (defeitos insanáveis) e ato discricionário (defeitos sanáveis)	Ato discricionário
Efeitos	*Ex tunc* – retroativos	*Ex nunc* – proativos
Limites	a) Atos favoráveis a destinatários de boa-fé devem ser anulados em 5 anos, sob pena de decadência do direito; b) Atos cuja anulação acarretaria prejuízo ainda maior que sua permanência.	a) Atos vinculados; b) Atos consumados; c) Atos que geram direitos adquiridos; d) Meros atos administrativos; e) Atos complexos; e f) Atos que integram um procedimento.

9.3. Cassação

É a extinção de um ato administrativo cujo destinatário **descumpriu as condições exigidas para a sua manutenção**. Em outros termos, é o desfazimento do ato administrativo válido na origem (momento em que surgiu no mundo jurídico), porém inválido na execução.[74]

Exemplo bastante conhecido é o da cassação de licença para dirigir praticada contra o condutor que atinge determinada pontuação em decorrência de cometimentos de infrações de trânsito.

74 MEIRELLES, Hely Lopes. *Direito Administrativo Brasileiro*. 34ª ed. São Paulo: Malheiros, 2008, p. 206.

Os efeitos da cassação são "**ex nunc**", isto é, proativos. Assim, se um indivíduo tem alvará de funcionamento de casa noturna cassado em virtude de ter se tornado zona de baixo meretrício, a cassação irá produzir efeitos somente desse momento em diante. O período anterior de funcionamento não será atingido.

9.4. Desfazimento volitivo

A **anulação**, a **revogação** e a **cassação** são classificadas como formas do chamado **desfazimento volitivo**, porque resultantes da manifestação de vontade expressa do administrador ou do Poder Judiciário, conforme o caso, relativamente ao ato que esteja sendo extinto. Ou melhor, o desfazimento volitivo ocorre quando, para extinguir o ato administrativo, a Administração Pública ou o Judiciário pratica o segundo ato que tem por conteúdo principal extinguir o primeiro. Há, porém, formas de extinção do ato administrativo que independem de manifestação expressa ou declaração do Poder Público. São as formas tácitas de extinção do ato administrativo, as quais doravante passamos a analisar.

9.5. Caducidade

Ocorre quando o ato administrativo é extinto tacitamente por conta de ter sido editada **norma jurídica** que não permite a manutenção da situação jurídica por ele constituída.

Exemplificativamente, imaginemos que uma lei aumente a idade mínima para autorização de porte de armas de 21 para 25 anos. Nessa situação, as autorizações já deferidas aos indivíduos que, à época da publicação da lei, contavam idade inferior a 25 anos serão automaticamente extintas por caducidade. Isso porque a nova lei torna impossível a manutenção da autorização para porte de arma para indivíduos com idade inferior a 25 anos.

9.6. Contraposição

A contraposição ou **derrubada** é a forma de desfazimento tácito do ato administrativo pela edição de **outro ato administrativo** com **efeito contrário** ao primeiro.

Maria Sylvia Zanella Di Pietro dá como exemplo de contraposição a exoneração, que acaba por extinguir a nomeação, pois tem efeitos contrários a esta.[75]

9.7. Extinção natural

Todo ato administrativo é praticado tendo em vista a produção de algum efeito jurídico. Dessa forma, quando um ato produz todos os efeitos jurídicos que lhe são próprios, não há sentido em que esse ato continue a existir no mundo

75 DI PIETRO, Maria Sylvia Zanella. *Direito Administrativo*. 20ª ed. São Paulo: Atlas, 2006, p. 218.

jurídico – será extinto naturalmente. Podemos, então, conceituar a extinção natural como a forma de extinção automática do ato administrativo que já produziu todos os seus efeitos jurídicos e está, portanto, consumado.

Uma autorização do superior para que o subordinado goze de 15 dias de férias cessa após o transcurso desse prazo e gozo por parte de seu beneficiário.

9.8. Extinção subjetiva

Temos extinção subjetiva, como a própria locução está a indicar, quando o **sujeito destinatário** do ato vem, por qualquer forma, a desaparecer. Não faz sentido que, nesses casos, o ato permaneça no mundo jurídico. Haverá a extinção subjetiva desse ato.

O que acontece com a licença para dirigir deferida a motorista que vem a falecer em acidente no trânsito? Sofrerá extinção subjetiva.

9.9. Extinção objetiva

A extinção objetiva acontece quando o **objeto sobre o qual recai o ato** vem, por qualquer forma, a desaparecer. Nesses casos, também desaparece o ato administrativo, já que o objeto é elemento essencial à sua validade.

Seria o caso de uma permissão de uso de bem público para funcionamento de quiosque de sorvetes em praça pública que é cometida de forte terremoto e, por conta disso, é destruída totalmente. Se o bem público deixou de existir, não há porque subsistir o ato de permissão.

10. TEORIA DAS NULIDADES DO ATO ADMINISTRATIVO

No Direito Privado, os vícios dos negócios jurídicos podem tornar o ato anulável quando há defeitos leves, passíveis de correção (art. 166, CC), ou nulo, no caso de defeitos graves e insuscetíveis de convalidação (art. 171, CC). Assim, nem todo defeito no ato acarreta a anulação do negócio jurídico. Em alguns casos, a correção será plenamente possível.

A questão que vem sendo debatida desde tempos remotos pela doutrina é se essa teoria das nulidades dos atos jurídicos do Direito Privado pode ser transportada para a realidade dos atos administrativos.

Alguns autores, a exemplo de Hely Lopes Meirelles, Diógenes Gasparini e Régis Fernandes de Oliveira entendem que não seria possível falar-se em ato administrativo anulável, pois toda e qualquer espécie de vício no ato administrativo acarreta, necessariamente, a sua anulação. O fundamento para isso, segundo esses doutrinadores, é o princípio da indisponibilidade do interesse público, que impede a Administração de sopesar a gravidade do vício do ato administrativo e decidir pela anulação ou convalidação. O grupo de administrativistas que adota esse posicionamento integra a **corrente monista**.

Por outro lado, há a **corrente dualista**, formada por autores que entendem que há dois tipos de vícios no ato administrativo: **sanáveis e insanáveis**. Os primeiros seriam defeitos leves, que não acarretam, necessariamente, a anulação do ato, podendo ser convalidados pela Administração, com base no poder discricionário de que dispõe. Os segundos, os insanáveis, são os ilícitos graves que não admitem correção, acarretando, inelutavelmente, a anulação do ato administrativo. Assim, os atos que padecem de vícios **sanáveis são chamados de atos anuláveis**, pois podem ser **anulados ou convalidados**. E os atos eivados de vícios **insanáveis são denominados atos nulos**, pois no caso deles somente cabe a **anulação**. Filiam-se à corrente dualista os seguintes autores: Oswaldo Aranha Bandeira de Mello, Celso Antônio Bandeira de Mello, Maria Sylvia Zanella Di Pietro, José dos Santos Carvalho Filho, Lúcia Valle Figueiredo, José Cretella Júnior, entre outros.

Invocando o direito positivo, cite-se o art. 55 da Lei nº 9.784/1999, que assim dispõe (destaque nosso):

> Em decisão na qual se evidencie não acarretarem lesão ao interesse público nem prejuízo a terceiros, os atos que apresentarem **defeitos sanáveis poderão ser convalidados pela própria Administração**.

Com isso não resta dúvida de que a teoria dualista foi expressamente perfilhada pelo legislador, sendo este o posicionamento que adotamos neste Curso.

11. CONVALIDAÇÃO

11.1. Conceito

Para Maria Sylvia Zanella Di Pietro, convalidação ou saneamento "é o ato administrativo pelo qual é **suprido** o vício existente em um ato **ilegal**, com **efeitos retroativos** à data em que este foi praticado".[76]

Podemos, por nossa vez, afirmar que a convalidação é a correção retroativa dos defeitos sanáveis de que padece o ato administrativo anulável.

11.2. Fundamento e objeto

O fundamento da convalidação é a margem de liberdade que tem o administrador público de escolher a **conveniência** e a **oportunidade** de corrigir os defeitos do ato administrativo.

O objeto da convalidação é o ato administrativo ilícito que apresente **defeitos leves**, sanáveis, que não acarretem **prejuízo a terceiros** nem **dano ao interesse público**.

76 DI PIETRO, Maria Sylvia Zanella. *Direito Administrativo*. 20ª ed. São Paulo: Atlas, 2006, p. 228.

11.3. Classificação

A convalidação, conclusão retirada da leitura do art. 55 da Lei nº 9.784/1999, é **ato discricionário**, que será praticado a partir da análise da conveniência e oportunidade de tal medida.

Note que o texto legal menciona que os defeitos sanáveis do ato administrativo "poderão" ser convalidados pela Administração, o que é feito a partir de uma análise de mérito da autoridade competente.

11.4. Legitimação ativa

Por se tratar de ato discricionário, cuja prática envolve não só a legalidade, mas o mérito administrativo, a convalidação só poderá mesmo ser **exclusiva da Administração Pública**. Ao Judiciário não é permitida a análise do mérito, em si, do ato administrativo.

De fora parte o que foi dito, a convalidação pode ser também realizada pelo **particular** administrado, "quando a edição do ato dependia da manifestação de sua vontade e a exigência não foi observada. Este pode emiti-la posteriormente, convalidando o ato".[77]

11.5. Efeitos

Como se trata de restabelecer a legalidade do ato administrativo que contém defeitos leves, a convalidação tem efeitos "**ex tunc**", isto é, **retroativos**. Assim, a convalidação corrige o defeito do ato administrativo desde o momento em que foi praticado.

11.6. Indenização

A convalidação não é forma de extinção do ato administrativo, mas de manutenção de uma situação jurídica ilícita a partir da correção dos seus defeitos. Assim, não há que se falar em obrigatoriedade de a Administração indenizar o eventual destinatário do ato, pois provavelmente não haverá prejuízos a serem reparados pela convalidação.

11.7. Limites

Um dos limites à competência de convalidar atos administrativos é a inexistência de lesão ao interesse público ou prejuízo a terceiros. Incorrendo em um desses defeitos, o único comportamento permitido à Administração Pública é a anulação do ato administrativo.

77 DI PIETRO, Maria Sylvia Zanella. Direito Administrativo. 20ª ed. São Paulo: Atlas, 2006, p. 228.

Ademais, somente o ato administrativo eivado de vícios sanáveis poderá ser convalidado. Pois os vícios insanáveis deverão ser, inarredavelmente, objeto de anulação.

A doutrina costuma apontar os vícios sanáveis do ato e, portanto, passíveis de convalidação, os quais passaremos a analisar.

O vício na **competência poderá ser convalidado** desde que **não se trate de competência exclusiva**. Quando a lei define uma determinada competência como sendo passível de execução por uma única autoridade, temos a competência exclusiva. De modo diverso, quando o exercício da competência possa ser delegado a outra autoridade, temos a competência privativa. Retomando a questão da convalidação, poderão ser convalidados atos administrativos praticados por agente incompetente desde que não se trate de competência exclusiva.

Alguns autores, a exemplo de Maria Sylvia Zanella Di Pietro[78], costumam abordar a matéria distinguindo a **incompetência em razão do sujeito** – que é aquela em que o ato é praticado por sujeito que não era competente para tal, mas a quem poderia ter sido (mais não foi) delegada a matéria, podendo ser objeto de convalidação – da **incompetência em razão da matéria** – que ocorre quando a matéria só pode ser objeto de deliberação por um único agente público sendo, portanto, insuscetível de delegação por parte deste, não podendo ser convalidada.

Para exemplificar o sobredito, cogitemos a hipótese de um Ministro de Estado demitir um servidor público integrante dos quadros do Ministério correspondente. Segundo a Lei nº 8.112/1990, o ato de demissão no Poder Executivo Federal compete ao Presidente da República (art. 141). Seria possível a delegação aos ministros de Estado, mas imaginemos que esta não tenha ocorrido. Nessa situação, temos um ato administrativo praticado com vício na competência. Daí, o que pode ser feito é o Presidente da República, uma vez que concorde com o ato de demissão praticado pelo ministro, ratificar a demissão com efeitos retroativos, convalidando o vício na competência de que padecia o ato punitivo.[79]

Quanto à **finalidade**, entende-se **impossível a convalidação** quando o vício residir nesse elemento do ato administrativo por ser impossível que um ato praticado com vistas ao atendimento exclusivo de interesse particular possa, posteriormente, conformar-se ao interesse público.

O vício na **forma** pode ser **convalidado**, desde que **não se trate de forma essencial à validade do ato**. Quando a lei, ao dispor sobre determinado ato administrativo, estabelece expressamente a forma de que ele se revestirá

78 DI PIETRO, Maria Sylvia Zanella. *Direito Administrativo*. 20ª ed. São Paulo: Atlas, 2006, p. 229-230.

79 Sobre o assunto, o STJ (REsp 1.348.472-RS, Rel. Min. HUMBERTO MARTINS, Julg.: 21.05.2013) já se posicionou na linha de que "não deve ser reconhecida a nulidade em processo licitatório na hipótese em que, a despeito de recurso administrativo ter sido julgado por autoridade incompetente, tenha havido a posterior homologação de todo o certame pela autoridade competente."

temos a forma essencial. De maneira mais sintética, a forma essencial é aquela que está prevista expressamente em lei como a única possível para aquele ato administrativo. Quando há inobservância dessa exigência, o ato não está sujeito à convalidação, mas somente à anulação (ato nulo). Exemplo disso é o edital, como instrumento convocatório para a escolha de trabalho técnico na modalidade de licitação concurso (art. 22, § 4º, Lei nº 8.666/1393). Por outro lado, quando a lei não estabelece exatamente a forma de um determinado ato, passa-se então à forma não essencial, e nesse caso, havendo vícios, poderá este ato ser convalidado pela Administração (ato anulável). Exemplo disso é um ato administrativo expedido sob a forma de "ordem de serviço", quando a forma propriamente a ser observada seria a "instrução normativa". Nesse caso, mantém-se os efeitos da "ordem de serviço", convalidando-se retroativamente o vício na forma ao convertê-la em "instrução normativa".

Outro exemplo que se pode citar sobre a convalidação da forma não essencial é o que se inscreve no art. 26, § 3º, da Lei nº 9.784/1999, que faculta ao Poder Público utilizar qualquer meio que assegure a certeza da ciência do interessado para realizar a comunicação dos atos do processo administrativo federal. Note bem que a lei não estabelece a forma exata a ser adotada pelo agente, mas deixa à sua opção escolher a forma que melhor atenda aos objetivos da Administração e apresente certeza de que o interessado foi devidamente cientificado. Ocorre que, mesmo que seja utilizada forma que não ofereça certeza da ciência do interessado, o comparecimento espontâneo deste supre a falta cometida pela Administração Pública. Portanto, tem-se aqui clássico exemplo de convalidação de vício de forma em sentido amplo, não pela Administração, mas pelo destinatário do ato.

Ainda é cabível outra ilustração no tocante à convalidação de vícios de forma. Na doutrina de Celso Antônio Bandeira de Mello, encontra-se tese no sentido de que, em casos extremos e excepcionais, seria possível convalidar defeito de forma consubstanciado na **ausência de motivação** do ato administrativo vinculado. Nesse caso, defende o jurista que a motivação expedida posteriormente à impugnação do ato poderia ser aceita caso fosse demonstrado que os motivos preexistiam e que a lei exigia que o ato fosse praticado com o exato conteúdo com que o foi. Importante notar que a tese de Bandeira de Mello se restringe à ausência de motivação de atos vinculados, jamais de atos discricionários.[80]

De modo ainda mais permissivo, o Superior Tribunal de Justiça já apreciou caso em que houve ausência de motivação em portaria de remoção *ex officio* de servidor público (ato discricionário). Na hipótese, o Tribunal entendeu que o referido vício "poderia ser convalidado, de forma excepcional, mediante a exposição, em momento posterior, dos motivos idôneos e preexistentes que foram a razão determinante para a prática do ato, ainda que estes tenham sido

80 MELLO, Celso Antônio Bandeira de. *Curso de Direito Administrativo*. 25ª ed. São Paulo: Malheiros, 2007, p. 464.

apresentados apenas nas informações prestadas pela autoridade coatora em mandado de segurança impetrado pelo servidor removido."[81]

Assim, parece-nos que a convalidação em **vício de forma consistente na ausência de motivação** paulatinamente vai se assentando no Direito Administrativo brasileiro, desde que o **motivo extemporaneamente alegado**: a) preexista à impugnação do ato; b) seja idôneo para justificar o ato; c) seja a razão determinante da prática do ato. Havendo concorrência dessas três condições, há de se entender que o ato se convalida com a motivação posterior.

Em relação ao **motivo** do ato administrativo, que não se confunde com motivação (que é a sua exposição por escrito), o que se tem é o seguinte: ou é verdadeiro ou é falso, ou é adequado ou é inadequado. Portanto, o ato administrativo praticado com vício no motivo **não pode ser convalidado**, haja vista que não é possível a correção do motivo em momento posterior, pois se trata de acontecimento passado, portanto naturalmente imutável.

Por fim, o defeito quanto ao **objeto**, em tese, também **não é passível de convalidação**, a não ser que o objeto seja **plúrimo**, o que ocorre quando num mesmo ato há diversas providências administrativas. Sendo uma delas inválida, esta é retirada, mantendo-se as demais.[82] Exemplique-se com o ato de promoção de A e B por merecimento. Posteriormente, verifica-se que B não possui os requisitos para essa espécie de promoção. Assim, retira-se do ato a parte que determina a promoção de B, mas mantém-se a parte que promove A. Note que estamos tratando de objeto plúrimo, pois se o objeto for singular, a correção não será possível, cabendo nesses casos a anulação.

11.8. Espécies

O administrativista português Marcello Caetano reconhece a existência de quatro espécies de convalidação, a saber: ratificação, reforma, conversão e confirmação.[83]

A **ratificação** é a correção de um ato administrativo praticado por agente incompetente, que é encampado e ratificado pela autoridade competente. Ex.: um Secretário Judiciário de Tribunal pratica ato de competência não exclusiva do Diretor-Geral deste mesmo órgão. Nesse caso, havendo concordância por parte do Diretor-Geral, este poderá ratificar o ato praticado, sanando com isso o vício de incompetência que inquinava o ato administrativo.

81 AgRg no RMS 40.427-DF, Rel. Min. ARNALDO ESTEVES LIMA, julg.: 03.09.2013. Precedentes: REsp 1.331.224-MG, Rel. Min. MAURO CAMPBELL MARQUES, DJe 26.02.2013; MS 11.862-DF, Rel. Min. TEORI ALBINO ZAVASCKI, DJe 25.05.2009.

82 CARVALHO FILHO, José dos Santos. *Manual de Direito Administrativo*. 20ª ed. Rio de Janeiro: Lumen Juris, 2008, p. 156.

83 CAETANO, Marcelo. *Manual de Direito Administrativo*. Lisboa: Coimbra, 1973, p. 557. v. II, ob. cit. CARVALHO FILHO, José dos Santos. *Manual de Direito Administrativo*. 20ª ed. Rio de Janeiro: Lumen Juris, 2008, p. 156.

A **reforma** é a espécie de convalidação do ato administrativo por meio da qual a autoridade competente retira a parte inválida de um ato anterior e aproveita-lhe a parte válida, que passa a integrar o conteúdo de um novo ato administrativo. Ex.: promoção de A, B e C por tempo de serviço. Posteriormente verifica-se que o servidor C não preenche os requisitos para promoção. Retira a promoção de C e mantém a promoção por tempo de serviço por A e B.[84]

Por fim, a **conversão** é o ato administrativo mediante o qual a Administração, depois de retirar a parte inválida do ato anterior, processa a sua substituição por uma nova parte, de modo que o novo ato passa a conter a parte válida anterior e uma nova parte, nascida esta com o ato de aproveitamento. Ex.: promoção de A, B e C por merecimento. O servidor C não preenche os requisitos para promoção, mas o servidor D possui tais requisitos. Solução: retira-se a promoção de C, mantém-se a promoção de A e B e acrescenta-se a promoção de D.[85]

Ainda tratando da **conversão**, há certo dissenso na doutrina acerca de esta ser espécie de convalidação ou categoria jurídica distinta. Maria Sylvia Zanella Di Pietro perfilha este último posicionamento.[86] Para essa eminente autora, a conversão "pode ser definida como o ato administrativo pelo qual a Administração converte um ato válido em ato de outra categoria, com efeitos retroativos à data do original".[87] Em outro dizer, a conversão seria a transformação do ato administrativo, com efeitos retroativos, de uma categoria jurídica cujos requisitos de validade não foram preenchidos em outra categoria que seja válida. Trata-se de um ato administrativo que não preenche os requisitos de validade para qualificar-se em uma categoria jurídica, mas satisfaz os requisitos de validade de outra categoria, para a qual será convertido. Exemplo de conversão seria a licença para edificação definitiva, nula como licença que poderá ser aceita e validada como autorização para edificação provisória. Podemos listar também a permissão de uso de bem público convertida em autorização para esse mesmo fim.

Por derradeiro, vale citar a **confirmação** que ocorre quando os prejuízos advindos da anulação do ato forem superiores aos da sua permanência. Para Di Pietro, "a confirmação difere da convalidação, porque ela não corrige o vício do ato; ela o mantém tal como foi praticado. Somente é possível quando não causar prejuízo a terceiros, uma vez que estes, desde que prejudicados pela

84 Maria Sylvia Zanella Di Pietro (*Direito Administrativo*. 20ª ed. São Paulo: Atlas, 2006, p. 230) atribui à reforma noção totalmente distinta. Para esta administrativista, a reforma atinge o ato válido e ocorre por razões de conveniência e oportunidade, produzindo efeitos proativos, *ex nunc*. Seria exemplo de reforma um decreto que desapropria parte de um imóvel que é reformado para abranger o imóvel inteiro.

85 CARVALHO FILHO, José dos Santos. *Manual de Direito Administrativo*. 20ª ed. Rio de Janeiro: Lumen Juris, 2008, p. 156.

86 Celso Antônio Bandeira de Mello (*Curso de Direito Administrativo*. 25ª ed. São Paulo: Malheiros, 2007, p. 464) também advoga o entendimento de que a convalidação não pode ser confundida com a conversão, na medida em que na convalidação os efeitos do ato original são mantidos, ao passo que a conversão produz, retroativamente, efeitos próprios de outro ato.

87 DI PIETRO, Maria Sylvia Zanella. *Direito Administrativo*. 20ª ed. São Paulo: Atlas, 2006, p. 230.

decisão, poderão impugná-la pela via administrativa ou judicial".[88] Em seguida, a mesma autora informa que a confirmação poderá ocorrer tacitamente em decorrência da decadência ou prescrição do direito de anular o ato, a exemplo do que propugna o art. 54 da Lei nº 9.784/1999.

Como é de se perceber, a terminologia utilizada para delimitar o alcance da expressão "convalidação" é bastante confusa entre os estudiosos do tema. Dessa forma, limitamo-nos a fazer um apanhado geral, sem acreditar que tais discussões sejam relevantes do ponto de vista prático, uma vez que o objetivo a ser perseguido incansavelmente é o interesse público, independentemente de nomenclaturas ou rótulos.

---------	Anulação	Revogação	Convalidação
Objeto	Ato ilegal (vinculado ou discricionário)	Ato discricionário legal	Ato ilícito que apresente defeitos leves, que não acarretem prejuízo ao interesse público nem dano a terceiros
Fundamento	Princípio da legalidade	Mérito Administrativo	Mérito Administrativo
Legitimação ativa	Administração Pública ou Poder Judiciário	Exclusivamente a Administração Pública	Exclusivamente a Administração Pública
Classificação do ato de extinção	Ato vinculado (defeitos insanáveis) e ato discricionário (defeitos sanáveis)	Ato discricionário	Ato discricionário
Efeitos	*Ex tunc* – retroativos	*Ex nunc* – proativos	*Ex tunc* – retroativos
Limites	a) Atos favoráveis a destinatários de boa-fé devem ser anulados em 5 anos, sob pena de decadência do direito; b) Atos cuja anulação acarretaria prejuízo ainda maior que sua permanência.	a) Atos vinculados; b) Atos consumados; c) Atos que geram direitos adquiridos; d) Meros atos administrativos; e) Atos complexos; e f) Atos que integram um procedimento.	a) Inexistência de lesão ao interesse público e prejuízo a terceiros; b) Competência exclusiva; c) Forma essencial; d) Finalidade; e) Motivo; f) Objeto, quando singular.

12. VALIDADE, PERFEIÇÃO, EFICÁCIA E EXEQUIBILIDADE

O **ato válido** é praticado conforme as prescrições da ordem jurídica quanto a competência, finalidade, forma, motivo e objeto. Enfim, é o ato administrativo

88 DI PIETRO, Maria Sylvia Zanella. *Direito Administrativo*. 20ª ed. São Paulo: Atlas, 2006, p. 231.

que **observa a lei e os princípios da Administração Pública**. Não padece de nenhum defeito ou irregularidade.

A **perfeição** refere-se à qualidade do ato administrativo que ultrapassou todas as etapas do seu processo de formação. Portanto, perfeito é o ato **concluído**.

Por sua vez, a **eficácia** refere-se à situação do ato administrativo concluído e que já está apto a **produzir os efeitos jurídicos que lhe são próprios**. Esse tipo de ato não está sujeito a qualquer evento futuro (termo, condição suspensiva, ato controlador) para produzir seus efeitos jurídicos.[89]

O ato perfeito e o ato válido não se confundem, pois aquele se refere à conclusão do procedimento de formação do ato administrativo, enquanto este se refere à situação de o ato estar conforme à lei.

Celso Antônio Bandeira de Mello ensina que os efeitos do ato administrativo podem ser típicos ou atípicos. Os **efeitos típicos**, ou próprios, do ato administrativo relacionam-se à sua finalidade específica (o efeito típico da nomeação para cargo público é o provimento originário). Por seu turno, os **efeitos atípicos** podem ser preliminares ou reflexos. Efeitos atípicos **preliminares**, ou **prodrômicos** são os que decorrem do processo de formação do ato ainda pendente de controle. Cite-se como exemplo o registro do ato de aposentadoria que depende de apreciação do TCU (art. 71, III, CF/1988). Nesse caso, o ato administrativo de aposentadoria tem como efeito atípico preliminar o de gerar um dever ao órgão superior de emitir o ato controlador. Os efeitos atípicos reflexos atingem terceiros estranhos à relação jurídica inicial do ato (a remoção de ofício de servidor público tem por efeito típico deslocar servidor no interesse do serviço, mas também produz efeito atípico reflexo de gerar direito ao cônjuge ou companheiro, também servidor, a entrar com pedido de remoção e ter seu pedido obrigatoriamente deferido, nos termos do inc. III do parágrafo único do art. 36 da Lei nº 8.112/1990).[90]

Retomando o tema inicial da validade, perfeição e eficácia, podemos concluir que o **ato eficaz é sempre um ato perfeito**, pois a eficácia somente ocorre após a conclusão do processo de formação do ato administrativo.

O professor Bandeira de Mello, a quem continuamente recorremos nesta obra como demonstração da sua importância para a consolidação do Direito Administrativo brasileiro, relaciona validade, perfeição e eficácia ao afirmar que um ato pode ser:

a) perfeito, válido e eficaz: quando, concluído o seu ciclo de formação, encontra-se plenamente ajustado às exigências legais e está disponível para deflagração dos efeitos que lhe são típicos;

89 José dos Santos Carvalho Filho entende que, mesmo sujeito a termo ou condição, considera-se eficaz o ato que teve seu ciclo de produção concluído (*Manual de Direito Administrativo*. 20ª ed. Rio de Janeiro: Lumen Juris, 2008, p. 122). Nesse ponto, o autor assume posicionamento distinto do de Celso Antônio (*Curso de Direito Administrativo*. 25ª ed. São Paulo: Malheiros, 2007, p. 381) e de Maria Sylvia Di Pietro (*Direito Administrativo*. 20ª ed. São Paulo: Atlas, 2006, p. 209) que entendem o ato eficaz como aquele que já concluiu seu processo de formação e não está sujeito a condição ou termo, podendo produzir imediatamente efeitos jurídicos.

90 MELLO, Celso Antônio Bandeira de. *Curso de Direito Administrativo*. 25ª ed. São Paulo: Malheiros, 2007, p. 381.

b) perfeito, inválido e eficaz: quando, concluído seu ciclo de formação e apesar de não se achar conformado às exigências normativas, encontra-se produzindo os efeitos que lhe seriam inerentes;

c) perfeito, válido e ineficaz: quando, concluído seu ciclo de formação e estando adequado aos requisitos de legitimidade, ainda não se encontra disponível para eclosão de seus efeitos típicos, por depender de um termo inicial ou de uma condição suspensiva, ou autorização, aprovação ou homologação, a serem manifestados por um autoridade controladora;

d) perfeito, inválido e ineficaz: quando, esgotado seu ciclo de formação, por encontrar-se em desconformidade com a ordem jurídica, seus efeitos ainda não podem fluir, por se encontrarem na dependência de algum acontecimento previsto como necessário para a produção dos efeitos (condição suspensiva ou termo inicial, ou aprovação ou homologação dependentes de outro órgão).[91]

Por fim, cabe trazer à baila a **exiquibilidade**, que atine ao ato administrativo apto a produzir efeitos jurídicos imediatamente, em face da conclusão do seu processo de formação e da inexistência de termo ou condição. Um ato eficaz, por estar concluído seu ciclo de formação, será exequível desde que não esteja sujeito a termo ou condição.

A partir do exposto, o leitor poderá concluir que ato exequível é o mesmo que ato eficaz. Se levarmos em consideração a doutrina de Celso Antônio Bandeira de Mello, como exposto acima, veremos que essa afirmativa é plenamente verdadeira e coerente com a conceituação que demos para ato válido, perfeito e eficaz. De maneira geral, é esse o sentido que se deve dar à expressão "eficácia".

Todavia, a eficácia, na acepção que lhe dá Hely Lopes Meirelles, tem significado distinto. Para esse eminente autor, a exequibilidade seria um *plus* em relação à eficácia. Assim, um **ato exequível** está pronto para desencadear **imediatamente** (neste momento) os efeitos que lhe são próprios, ao passo que o **ato eficaz** está apto a produzir efeitos jurídicos, mas no entanto, **está sujeito à condição ou termo** (isto é, está apto a produzir efeitos, mas não agora). Em outro dizer, ato eficaz é aquele que potencialmente está apto a produzir efeitos jurídicos, mas que ainda não o fez por estar sujeito à condição ou termo. Já ato exequível é aquele que já não está mais sujeito à qualquer condição ou termo e, por isso, pode desde já produzir todos os efeitos jurídicos que lhe são naturais.

13. CLASSIFICAÇÃO

Em relação à classificação dos atos administrativos são encontradas inúmeras na doutrina, conforme cada autor.

Nesta obra, apresentamos as mais conhecidas e mais relevantes.

91 MELLO, Celso Antônio Bandeira de. *Curso de Direito Administrativo*. 25ª ed. São Paulo: Malheiros, 2007, p. 382.

13.1. Atos vinculados e discricionários

O **ato vinculado ou regrado** é verificado quando a lei faz menção a todos os seus elementos (competência, finalidade, forma, motivo e objeto) e estabelece, de antemão, as condições para que o agente o pratique. Em suma, ato vinculado é aquele em que não existe liberdade de atuação, mas apenas dever de, em face de dada situação, praticar o ato administrativo nos estritos termos da lei. São exemplos de atos vinculados o deferimento de aposentadoria compulsória a servidor, a licença para construir, a licença à gestante, entre outros.

Já o **ato discricionário** nos remete à ideia de liberdade de escolha, entre duas ou mais opções, daquela que seja a mais acertada, conveniente e oportuna ao interesse público. No ato discricionário, no entanto, os elementos competência e finalidade serão vinculados, pois não existe, no Direito Administrativo, liberdade quanto à definição da autoridade competente tampouco do objetivo a ser buscado com a prática do ato. No que se refere à forma, ora será discricionária, ora vinculada, a depender do tratamento legal que for dado ao ato. A discricionariedade residirá efetivamente nos requisitos motivo e objeto, que serão valorados pelo agente público em cada caso concreto submetido à sua apreciação. Exemplos de atos discricionários são as autorizações para porte de arma, o deferimento de remoção a pedido, a permissão de uso de bem público, entre outros.

13.2. Atos individuais e gerais

Os **atos individuais**, também chamados de concretos, são destinados a alcançar apenas um indivíduo ou um grupo determinado (ou determinável) de indivíduos. O agente público ao praticar o ato individual já sabe, antecipada e nominalmente, quais são as pessoas a serem atingidas pelo ato.

Os atos individuais constituem a maioria dos atos administrativos. À guisa de exemplos, podemos mencionar a nomeação de candidatos em caráter efetivo para titularizar cargos públicos, o decreto de declaração de utilidade pública de determinado bem imóvel para fins de reforma agrária, a licença para dirigir, a autorização para porte de armas, entre outros.

Quando o ato individual alcança um único particular, podemos subclassificá-lo como ato **singular**. De outra sorte, quando atinge um grupo determinado (ou determinável) de indivíduos, chamamo-lo de ato **plúrimo**.

Quando o ato individual gera direitos adquiridos para seu destinatário, em tese, não pode ser objeto de revogação, como anteriormente visto quando do estudo da Súmula nº 473 do STF. Todavia, quando for imperioso o desfazimento do ato, haverá pagamento da justa indenização ao destinatário. Os atos individuais podem ser diretamente impugnados pelos seus destinatários, na via administrativa ou judicial.

Quando um ato administrativo atinge um número indeterminado de indivíduos, de modo que não se possa saber com certeza quais os indivíduos que foram por ele afetados, dizemos que se trata de um **ato geral**.

Os atos gerais podem ter efeito **concreto**, quando aplicáveis a uma situação ímpar e específica (ex.: edital de um concurso público), ou **abstrato**, que acontece quando há aplicações sucessivas, sempre que se configurar a hipótese neles prevista (ex.: resolução do Contran estabelecendo normas sobre cinto de segurança, normas estas que incidirão sucessivas vezes, sempre que algum indivíduo conduzir veículo automotor pelas vias públicas).

Por alcançar pessoas estranhas ao corpo administrativo do Estado ou sem vínculo estreito com este, os atos gerais necessitam de publicação na imprensa oficial para produzirem efeitos jurídicos.[92] São incondicionalmente revogáveis, respeitados os efeitos que o ato produziu até sua extinção.

Além do mais, os atos gerais devem prevalecer sobre os atos individuais. Isto é, uma multa de trânsito não pode contrariar o comando preceituado por uma resolução do Contran.

Como atingem a coletividade e não uma pessoa em especial, não são passíveis de impugnação direta pelos seus destinatários. Estes poderão impugnar apenas o ato individual praticado a partir do ato geral, mas não este em si. Nesse sentido, vale citar a lição de Hely Lopes, segundo o qual "somente quando os preceitos abstratos dos atos gerais são convertidos pela Administração em providências concretas e específicas de execução ou quando essa conversão for iminente é que se tornam impugnáveis por quem se sentir lesado pela atuação administrativa".[93] Imagine uma Portaria do Diretor-Geral de um Tribunal que tenha extinguido o benefício de horário especial de servidores estudantes. Os eventuais prejudicados pela medida poderão impugnar administrativa ou judicialmente a extinção dos benefícios de horário especial, buscando uma solução para o seu caso específico, com eficácia restrita a ele. Mas não poderá pleitear a declaração de ilegalidade do ato de revogação com eficácia geral para todos os servidores.

13.3. Atos internos e externos

Atos internos produzem efeitos apenas no interior das repartições públicas, sem atingir diretamente os particulares. De maneira mais simples, são os que ficam restritos à intimidade da Administração Pública.

---

92 Vale mencionar que, embora a publicação em imprensa oficial seja a maneira usual de se dar publicidade aos atos administrativos externos, em face de hipóteses previstas em lei, nem sempre isso ocorrerá. Cite-se o exemplo do art. 22, § 3º, da Lei nº 8.666/1993 que prevê que o instrumento convocatório na modalidade de licitação convite não carece de publicação em diário oficial, bastando a afixação da carta-convite em local apropriado (mural da repartição) para que os interessados possam dele ter conhecimento.

93 MEIRELLES, Hely Lopes. *Direito Administrativo Brasileiro*. 34ª ed. São Paulo: Malheiros, 2008, p. 166.

Em vista disso, podemos apresentar algumas características desses atos:

a) não necessitam de publicação na imprensa oficial, bastando para tanto a cientificação direta aos seus destinatários ou a publicação em boletins internos de amplo conhecimento dos agentes públicos da repartição; e

b) em tese, não geram direitos adquiridos para os seus destinatários, razão pela qual podem ser revogados a qualquer tempo pela Administração.

Atos administrativos como instruções, circulares, avisos, ordens de serviço, provimentos são considerados internos.

Os **atos externos**, como o próprio nome está a delatar, produzem efeitos jurídicos perante terceiros estranhos à Administração Pública.

Em razão de atingirem diretamente a esfera jurídica dos administrados, os atos externos só produzem efeitos (eficácia) em relação a estes após a sua regular publicação em órgão de imprensa oficial.

Exemplos de ato externo são as resoluções do Tribunal Superior Eleitoral (TSE) que disponham sobre determinado período eleitoral.

13.4. Atos simples, complexos e compostos

O ato administrativo cuja manifestação de vontade emana de um único órgão ou entidade é classificado como **ato simples**. O número de agentes envolvidos na manifestação de vontade do órgão ou entidade não influi na classificação do ato administrativo como simples. Por isso, serão consideradas ato simples tanto uma portaria do Ministério da Saúde (expedida pelo respectivo Ministro), quanto uma resolução do TSE para determinada eleição (fruto de deliberação pelo plenário do Tribunal, composto de sete ministros). No primeiro caso, temos ato administrativo simples e singular; no segundo, temos ato simples e colegiado.[94]

O **ato complexo** resulta da conjugação de **vontades homogêneas** (igual densidade jurídica) de **dois ou mais órgãos ou entidades** da Administração Pública para a formação de um **único ato**. O ato complexo se forma a partir da manifestação de vontade de todos os órgãos ou entidades envolvidos, sendo insuficientes para tanto as manifestações de vontades isoladas.[95] Carvalho Filho, ao corroborar essa opinião, afirma que os atos complexos "são aqueles cuja vontade final da Administração exige a intervenção de agentes ou órgãos diversos, havendo certa autonomia, ou conteúdo próprio, em cada uma das manifestações".[96]

94 MELLO, Celso Antônio Bandeira de. *Curso de Direito Administrativo*. 25ª ed. São Paulo: Malheiros, 2007, p. 419.

95 MEIRELLES, Hely Lopes. *Direito Administrativo Brasileiro*. 34ª ed. São Paulo: Malheiros, 2008, p. 207.

96 CARVALHO FILHO, José dos Santos. *Manual de Direito Administrativo*. 20ª ed. Rio de Janeiro: Lumen Juris, 2008, p. 125.

Como exemplo de ato complexo, podemos citar a nomeação em caráter efetivo de candidato aprovado em concurso público feita pelo chefe do Executivo e complementada pela posse e exercício dados pelo chefe da repartição em que vai servir o nomeado.[97] Uma portaria conjunta que define cursos de capacitação comuns a todos os servidores do Poder Judiciário da União também é exemplo de ato complexo, haja vista que há conjugação de vontades de diversos tribunais para a formação de um único ato administrativo. Um terceiro exemplo de ato complexo é o ato de aposentadoria de um servidor público que se inicia no órgão ou entidade onde o servidor exerce as suas atribuições e somente se completa com a apreciação do registro da aposentadoria pelo TCU (art. 71, III, CF/88).

Faz-se mister notar que o ato complexo somente se aperfeiçoa quando da manifestação de vontade de todos os órgãos ou entidades nele envolvidos, antes do que não é possível impugná-lo administrativa ou judicialmente. É justamente nesse aspecto que reside a diferença entre ato complexo e **procedimento administrativo**, que é uma sequência lógica e sucessiva de atos intermediários com vistas à obtenção de um ato principal e final: todas as fases (atos intermediários) do procedimento administrativo são impugnáveis isoladamente, ao passo que o ato complexo somente poderá ser atacado após a sua conclusão (quando torna-se perfeito).[98]

Na lição de Maria Sylvia Zanella Di Pietro, **ato composto:**

> É o que resulta da manifestação de dois ou mais órgãos, em que a vontade de um é instrumental em relação à de outro, que edita o ato principal. Enquanto no ato complexo fundem-se vontades para praticar **um ato só**, no ato composto, praticam-se dois atos, um principal e outro acessório; este último pode ser **pressuposto** ou **complementar** daquele.[99]

De maneira geral, são compostos todos os atos administrativos sujeitos à autorização, aprovação, visto ou homologação.

É útil mencionar a doutrina de Hely Lopes Meirelles, que é ligeiramente peculiar. Para esse autor, ato composto "é o que resulta da vontade única de *um órgão*, mas depende da *verificação por parte de outro*, para se tornar exequível".[100] Em outro dizer, o ato composto advém da manifestação de vontade de apenas um órgão ou entidade da Administração Pública, mas depende, para a imediata produção de seus efeitos jurídicos, da manifestação de vontade de outro órgão, consentindo com a sua prática, por meio de autorização, homologação, aprovação, visto. É importante notar que o segundo órgão não pode alterar o conteúdo

97 MEIRELLES, Hely Lopes. *Direito Administrativo Brasileiro*. 34ª ed. São Paulo: Malheiros, 2008, p. 174.

98 Nesse diapasão, o STF tem entendido que o cancelamento do registro da aposentadoria pelo TCU não carece de ser precedido de contraditório, pois trata-se de ato complexo que só se completa com a apreciação do TCU (Súmula Vinculante nº 3).

99 DI PIETRO, Maria Sylvia Zanella. *Direito Administrativo*. 20ª ed. São Paulo: Atlas, 2006, p. 207.

100 MEIRELLES, Hely Lopes. *Direito Administrativo Brasileiro*. 34ª ed. São Paulo: Malheiros, 2008, p. 175.

da manifestação de vontade inicial, restringindo-se apenas a manifestar a sua aquiescência quanto a ele.

Perceba que para esse administrativista, semelhante ao que ocorre com os atos complexos, no ato composto é praticado um **único ato**, mas por apenas **um órgão ou entidade**, haja vista que o segundo limita-se a anuir com sua produção. Isto é, um órgão pratica o ato e o outro (sem praticar outro ato) apenas chancela a manifestação de vontade produzida pelo outro órgão. A título comparativo, a professora Di Pietro, como já averbado, entende que nos atos compostos temos **dois atos**: um principal e outro acessório.

Ao cabo deste tópico, devemos abordar um tema que tem gerado certa controvérsia na doutrina: a nomeação de autoridades, condicionada à aprovação de outro órgão distinto do nomeante, a exemplo do disposto no art. 52 da Constituição Federal em relação aos ministros dos Tribunais Superiores, dos Tribunais de Contas, do Procurador-Geral da República, entre outros. Nesse caso, temos ato composto ou complexo?

De maneira geral, a corrente majoritária é no sentido de que nomeação de autoridades por um órgão e sujeita à aprovação de outro é **ato complexo**.[101] Dessa forma, a nomeação de Ministros do STJ pelo Presidente da República sujeita à aprovação do Senado Federal seria exemplo de ato complexo. Isso porque há manifestação de vontade de dois órgãos (ou três se o indicado é oriundo da carreira de advocacia, indicado em lista sêxtupla da OAB), para a formação de um único ato: a nomeação do futuro ministro do STJ.[102]

Em sentido contrário, temos a professora Di Pietro para quem a nomeação de autoridades cuja eficácia dependa da anuência de órgão distinto do que nomeou é ato composto. Exemplo citado pela autora é o da nomeação do Procurador-Geral da República, que deve ser aprovado pelo Senado Federal.[103]

13.5. Atos de império, de gestão e de expediente

O **ato de império** nada mais é que o ato administrativo em que o Estado comparece na relação jurídica em posição de supremacia em relação ao administrado (*ius imperii*). Aqui, o ato administrativo é executado mesmo havendo resistência do particular, a exemplo de apreensão de veículo em situação irregular.

É ilegal a realização de atos de império ou de gestão por agente simplesmente designado para "responder pelo expediente" na vaga ou ausência do titular. Esses agentes têm poder apenas para movimentar processos e papéis de rotina, e não para a prática de atos decisórios ou para celebração de contratos. Todavia, não

101 Perfilham essa tese: José dos Santos Carvalho Filho (*Manual de Direito Administrativo*. 20ª ed. Rio de Janeiro: Lumen Juris, 2008, p. 126) e Celso Antônio Bandeira de Mello (*Curso de Direito Administrativo*. 25ª ed. São Paulo: Malheiros, 2007, p. 419).

102 Essa é a orientação do STF sobre o tema (RMS 27920/DF, Rel. Min. EROS GRAU, 6.10.2009).

103 DI PIETRO, Maria Sylvia Zanella, *Direito Administrativo*. 20ª ed. São Paulo: Atlas, 2006, p. 207.

se pode confundir esse agente designado para "responder pelo expediente" com os substitutos legais do titular, indicados no regimento interno da repartição ou designados pela autoridade competente, a exemplo dos cargos de Vice--Presidente e Vice-Diretor.[104]

Já os **atos de gestão**, diametralmente opostos, são aqueles em que há equivalência jurídica (horizontalidade) entre administrado e Administração, que, nesses casos, se despe de sua supremacia (*ius gestionis*).

A classificação dos atos administrativos em atos de império e atos de gestão perdeu muito da sua utilidade em face da evolução do Direito Administrativo e do abandono da teoria da dupla personalidade do Estado, que ora atuaria como pessoa de direito público, expedindo atos de império, ora como pessoa de direito privado, praticando atos de gestão.

Por isso, atualmente, é comum falarmos simplesmente em **atos administrativos** e **atos de direito privado da Administração** para designar, respectivamente, atos de império e atos de gestão. Todavia, em face da doutrina tradicional, que ainda utiliza essa classificação, resolvemos incluir o tema em nossos estudos.

Por derradeiro, os **atos de expediente** "se destinam a dar andamento aos processos e papéis que tramitam pelas repartições públicas, preparando-os para a decisão de mérito a ser proferida pela autoridade competente".[105] São praticados pelos agentes administrativos na tramitação regular dos procedimentos administrativos, dos quais podemos citar a autuação e protocolização de processos administrativos, a numeração e aposição de rubricas às folhas do processo, juntada de documentos, despachos diversos, expedição de memorando ou ofício, anotação em guias-fora e assim por diante.

13.6. Atos válido, nulo, anulável, irregular e inexistente

O **ato válido** é produzido conforme as regras do Direito e os princípios da Administração Pública. Em outros termos, é o que cumpre todos os requisitos legais para sua legitimidade: competência, finalidade, forma, motivo e objeto. Esse ato não tem qualquer vício, defeito ou irregularidade.

O **ato nulo**, ao contrário, é o portador de vício insanável em alguns dos seus elementos. Tal ato deve ser retirado do mundo jurídico por meio da anulação. Em outras palavras, nulo é o ato administrativo que fere norma jurídica expressa (nulidade explícita) ou princípio da Administração Pública (nulidade virtual). Em relação ao ato nulo, a única providência possível é a anulação (ato vinculado), jamais a convalidação, que é privativa de atos anuláveis.

104 MEIRELLES, Hely Lopes. *Direito Administrativo Brasileiro*. 34ª ed. São Paulo: Malheiros, 2008, p. 75-76.
105 *Idem, ibidem*, p. 169.

É interessante observar que o ato nulo produz efeitos jurídicos. Caso contrário, não faria sentido falar em anulação desse ato, uma vez que não haveria prejuízo algum a quem quer que fosse. Fala-se em anulação desse tipo de ato justamente para fazer cessar os efeitos jurídicos ilícitos que o ato nulo produziu.

Ademais, pelo atributo da presunção de legitimidade e veracidade o ato administrativo produz efeitos imediatamente, mesmo que sofra de vícios insanáveis. O particular que se sentir prejudicado pelos efeitos jurídicos ilícitos do ato administrativo poderá se socorrer da via judicial ou administrativamente para fazer valer a sua pretensão. Todavia, enquanto não declarada a nulidade do ato, este produzirá seus efeitos normalmente, em virtude da presunção de legitimidade e veracidade a ele inerentes.[106]

De outra parte, quando o ato administrativo padece de vício sanável (defeito leve que não acarreta prejuízos a terceiros, nem danos ao interesse público), podemos denominá-lo **ato anulável**. Esse tipo de ato pode ter seus vícios corrigidos (convalidados) ou anulados pela Administração, conforme visto precedentemente.

O **ato irregular**, consoante os ensinamentos de Bandeira de Mello, contém mero vício de formalidade que:

> Não interfere para nada com as garantias do administrado ou com a segurança e certeza em relação ao conteúdo do ato. Assim, a função única e específica da formalização prevista é apenas a de "uniformizar", ou seja, "padronizar" o instrumento de veiculação dos distintos atos administrativos.[107]

Seria o exemplo de um ato administrativo expedido sob a forma de "ordem de serviço", ao passo que deveria ter observado a forma de "instrução normativa". Nessa situação, o vício concerne tão somente a uma norma interna, cujo objetivo era o de padronizar os serviços prestados naquela repartição, não acarretando maiores danos aos usuários dos serviços ali prestados. Esse ato expedido sob o rótulo "ordem de serviço" é ato irregular, cujo vício não afeta a sua validade e, portanto, pode ser convalidado pela Administração.

O **ato inexistente** é aquele que apesar de aparentemente originar-se da Administração, foi praticado por quem não detinha a condição jurídica de agente público. Surge aí a figura do usurpador de função, que é o terceiro estranho à Administração que pretensamente se faz passar por agente público por sua própria conta, sem que tenha nenhum vínculo com o Estado. Seria exemplo de alguém que se faz passar por agente fiscal de vigilância sanitária e aplica multa em estabelecimento comercial. Nessa situação, diz-se que essa multa é

106 A respeito da presunção de legitimidade e veracidade, consulte o tópico 5.1. deste capítulo.

107 MELLO, Celso Antônio Bandeira de. *Curso de Direito Administrativo*. 25ª ed. São Paulo: Malheiros, 2007, p. 404.

ato inexistente e que, por isso, não produzirá nenhum efeito jurídico, exceto a responsabilização do usurpador.

A diferença entre o ato inexistente e o ato nulo é que este parte de agente público (de fato ou de direito) e permanece válido perante terceiros de boa-fé, enquanto aquele se origina de alguém que não tinha qualquer vínculo com o Poder Público e não surte qualquer efeito perante terceiros, mesmo que estejam de boa-fé.

O professor Celso Antônio Bandeira de Mello adota a locução "ato inexistente" em sentido diverso. Para este administrativista, o ato inexistente é aquele que se encontra no campo do impossível jurídico: condutas criminosas dos agentes públicos, atentatórias aos direitos fundamentais assegurados constitucionalmente. Seria o exemplo de um delegado de polícia que, em virtude de desavença pessoal, emite ordem aos seus subordinados para que agridam fisicamente, de forma severa, um inimigo notório.

13.7. Atos perfeito, imperfeito, pendente e consumado

O **ato perfeito** é o que passou por todas as etapas do seu processo de formação. Assim, quando um particular ultrapassa com aprovação todas as fases do procedimento para a obtenção de licença, dizemos que essa licença é ato perfeito, pois não é necessário nenhum outro ato para que ela possa ser expedida.

Não confundamos o ato perfeito com o ato válido, pois aquele se refere à conclusão do procedimento de formação do ato administrativo, enquanto este se refere à situação de o ato estar conforme à lei.

O **ato imperfeito**, contrariamente, é aquele cujo processo de formação não se concluiu: ainda encontra-se em tramitação. É bom ressaltar que a imperfeição não se relaciona à invalidade, característica do ato que é praticado com inobservância da lei. Ato imperfeito é todo ato administrativo incompleto, não importando, para isso, se obedece ou não as regras e princípios do ordenamento jurídico. Em verdade, o ato imperfeito ainda não existe como ato administrativo. Somente existirá quando concluir seu ciclo de formação.

A nomeação de um ministro do STF que ainda não foi aprovada pelo Senado Federal (art. 52, III, "a", CF/88) é ato imperfeito exatamente por ainda não ter sido praticado um ato inerente ao procedimento.

Diz-se **ato pendente** todo aquele que já teve seu processo de formação concluído, mas que se encontra sujeito a termo (evento futuro e certo) ou condição (evento futuro e incerto) para produzir efeitos jurídicos. Sinteticamente, ato pendente é o ato perfeito sujeito a termo ou condição.

Nesse ponto, é válida a seguinte observação: o ato pendente não pode ser confundido com o ato imperfeito, pois todo ato pendente é perfeito, já que para ser pendente deverá, necessariamente, ter esgotado todas as fases do seu ciclo de formação para, posteriormente, estar sujeito a termo ou condição. Contudo, nem todo ato perfeito é pendente, basta que tenha finalizado o seu processo de produção e não esteja sujeito a qualquer termo ou condição.

Por último, temos o **ato consumado** que é o que já produziu todos os seus efeitos jurídicos e, por isso, torna-se imodificável por lhe faltar objeto. Seria o caso da autorização para gozo de férias a servidor que já as usufruiu.[108] Rememorando o que dissemos na parte de extinção dos atos administrativos, veremos que a forma de extinção pertinente aos atos consumados é a extinção natural.

13.8. Atos constitutivos, extintivos, modificativos, declaratórios, alienativos e abdicativos

Os **atos constitutivos** suscitam (criam) novas situações jurídicas ou direitos perante a Administração Pública. Dessa forma, podemos considerar a nomeação como ato constitutivo, pois com ela origina-se um vínculo funcional do indivíduo com a Administração Pública. Também seriam atos constitutivos as autorizações ou permissões, pois geram direitos para seus destinatários, que só passaram a existir a partir da análise de conveniência e oportunidade da Administração.

Os **atos extintivos**, ao contrário dos constitutivos, extinguem direitos ou relações jurídicas constituídas entre Administração e particular. Na mesma esteira do exemplo anterior, seria o caso da exoneração de servidor público reprovado em estágio probatório (art. 20, § 2º, Lei nº 8.112/1990).

Os **atos modificativos** alteram situações preexistentes, sem suprimir direitos ou obrigações do destinatário. É o caso da promoção de um servidor público, que modifica o seu posicionamento na carreira e eleva os níveis de seus rendimentos.[109]

Os **atos declaratórios** se limitam a declarar situações de fato existentes antes da prática do ato. Seria o caso das licenças, certidões, atestados, certificados, entre outros.

Tem-se **ato alienativo** quando um sujeito transfere a outro bens ou direitos integrantes do seu patrimônio jurídico. É o que ocorre nas doações de bens públicos imóveis feitas a outro órgão ou entidade da Administração Pública (art. 17, I, "b", Lei nº 8.666/1993).

Por derradeiro, o **ato abdicativo** é aquele por meio do qual o titular de um direito abre mão do seu exercício. Seria o exemplo de um auditor fiscal da Receita

108 A forma comum de os atos consumados serem extintos do mundo jurídico é a extinção natural comentada no tópico 9.7. deste capítulo.

109 Maria Sylvia Zanella Di Pietro (*Direito Administrativo*. 20ª ed. São Paulo: Atlas, 2006, p. 210) considera o ato constitutivo como "aquele pelo qual a Administração cria, modifica ou extingue um direito ou uma situação do administrado". Note que para essa jurista os atos constitutivos absorvem os modificativos e extintivos.

Federal do Brasil aposentado que renunciasse aos seus proventos para tomar posse no cargo inacumulável de Auditor Federal de Controle Externo do TCU, em decorrência de aprovação em concurso público.

14. ESPÉCIES

14.1. Atos normativos

São os que contêm comandos **gerais** e **abstratos**, aplicáveis a um sem-número de situações e que incidem sobre toda a coletividade.

É justamente por esse caráter de generalidade e abstração que os atos normativos são considerados **lei em sentido material**: têm a mesma normatividade da lei e a ela se equiparam para fins de controle judicial, "mas quando, sob a aparência de norma, individualizam situações e impõem encargos específicos a administrados, são considerados de efeitos concretos e podem ser atacados e invalidados direta e imediatamente por via judicial comum, ou por mandado de segurança, se lesivos de direito individual líquido e certo".[110] É de se esclarecer que os atos normativos não são lei em sentido formal, pois não são produzidos por órgãos legiferantes sob as regras do processo legislativo (arts. 59 a 69, CF/1988).

Como principais características dos atos normativos, temos:

a) caráter infralegal: estão abaixo da lei e diretamente subordinados a esta, não podendo inovar na ordem jurídica;
b) são incondicionalmente revogáveis;
c) não podem ser impugnados, diretamente, pelo interessado na via administrativa ou judicial. Aquele que se sentir lesado pelo ato poderá apenas questionar os atos específicos emitidos a partir do ato normativo e, para tanto, disporá dos meios processuais cabíveis, tanto judiciais quanto administrativos;
d) comportam certa discricionariedade da Administração, nos limites da lei.

Alguns dos mais relevantes atos normativos são:

a) **decretos**: são atos oriundos da manifestação de vontade dos chefes do Poder Executivo no uso de suas atribuições constitucionais. Entre os decretos emitidos por essas autoridades, há os decretos regulamentares, que detalham e explicam o conteúdo de uma lei para a correta e fiel execução pelos órgãos e entidades da Administração Pública;[111]
b) **resoluções**: são atos normativos oriundos de órgãos colegiados, como os conselhos, os tribunais e órgãos do Legislativo, ou de autoridades do alto

110 MEIRELLES, Hely Lopes. Direito Administrativo Brasileiro. 34ª ed. São Paulo: Malheiros, 2008, p.181-182.

111 Mais detalhes sobre decretos, consultar tópico 4, Capítulo 5 (Poderes Administrativos).

escalão, como Ministros e Secretários de Estado, para disciplinar matéria de sua competência específica; e

c) **instruções normativas**: são atos administrativos editados, normalmente, pelos Ministros de Estado para a execução das leis, decretos e regulamentos sobre assuntos de sua pasta (CF, art. 87, parágrafo único, II). Além destes, outros órgãos e entidades superiores da Administração também expedem instruções para o mesmo fim.

14.2. Atos ordinatórios

São atos administrativos **internos** praticados no âmbito do **poder hierárquico** que visam a disciplinar o **funcionamento** e a **organização** da Administração Pública e a estabelecer **padrões de conduta** para os agentes públicos.

As portarias, circulares, avisos, ordens de serviço, ofícios e despachos são exemplos de atos ordinatórios.[112]

14.3. Atos negociais

Os atos negociais são os em que há coincidência entre a vontade da Administração e a pretensão do particular. Alternativamente, os atos negociais, uma vez que tenham atendido o interesse público, vão ao encontro dos anseios dos administrados.

Tais atos consistem na outorga de certos direitos e benefícios ao particular. Justamente por isso é que a imperatividade, atributo pelo qual a Administração impõe o ato ao terceiro independentemente de sua concordância, não se aplica aos atos negociais. Na verdade, normalmente, os próprios particulares é que buscam obter do Poder Público certas situações jurídicas benéficas a serem expedidas por meio dos atos negociais.

Como exemplos de atos negociais, podemos mencionar as licenças (licença para construir, para dirigir, para exercer profissão, para funcionar estabelecimento comercial), as permissões (permissão para dirigir, de uso de bem público), as autorizações (autorização para porte de arma, de uso de bem público), vistos, dispensas etc.

Antes de examinarmos algumas subespécies de atos negociais, vejamos que estes podem ser vinculados ou discricionários, definitivos ou precários:

a) os atos negociais **vinculados** são aqueles em que, uma vez que o particular atenda os requisitos legais, há direito adquirido à pratica do ato. Ou seja, a Administração é obrigada a deferir o seu pedido;

b) os atos negociais **discricionários** são os que, mesmo que o administrado preencha os requisitos legais para sua obtenção, a Administração pode

112 Sobre o tema, *vide* o tópico 6.3.1. deste capítulo.

valorar a conveniência e oportunidade de sua prática. Com efeito, nesse tipo de ato, mesmo que o particular satisfaça todas as exigências, a Administração poderá indeferir o pedido, se assim entender conveniente e oportuno;

c) os atos negociais **precários** são os em que há interesse público, mas o interesse predominante é o do particular, que se manifesta por meio do seu requerimento. Tais atos consubstanciam uma mera liberalidade da Administração e, em razão disso, não geram direito adquirido para o seu destinatário. Assim, podem ser revogados a qualquer tempo sem que haja, em regra, dever de a Administração indenizar o particular pelos danos que este venha a sofrer;

d) os atos negociais **definitivos** são aqueles em que predomina o interesse da coletividade e, por isso, também podem ser revogados pela Administração, a qualquer tempo, em virtude de interesse público superveniente. No entanto, é cabível indenização ao particular pelos prejuízos regularmente comprovados.[113]

Nesse ponto, passamos a analisar alguns atos negociais:

a) **licença**: é o ato **vinculado** e **definitivo** em que a Administração consente em que o administrado desempenhe certa atividade. Como exemplos, temos a licença para dirigir, licença para o exercício da profissão de advocacia, licença para construir, licença para funcionamento de estabelecimento comercial, entre outros. Aqui, cabe observação de extrema importância: o STF reconhece excepcionalmente que a licença para construir, a despeito de ser ato vinculado e definitivo, pode ser revogada antes de iniciada a obra, sem que valha ao destinatário o argumento de direito adquirido;[114]

b) **autorização**: é ato **discricionário** e **precário** em que a Administração consente que o particular desenvolva atividade ou pratique atos de seu interesse (autorização como ato de polícia).[115] Embora seja o interesse do particular que predomine nesse tipo de ato, o Estado condiciona a atividade ao seu consentimento justamente porque há também o interesse público a ser preservado em casos como esses. Tanto é assim que algumas autorizações são outorgadas ao particular somente por conta da periculosidade da atividade que pretende exercer, para que graves danos ao interesse público não ocorram. A autorização para porte de arma, autorização para transitar por determinado local, autorização para pesquisa e lavra de recursos naturais e autorização para produção e comercialização

---

113 É interessante lembrar que o ato definitivo não obsta que a Administração, ante irregularidade na sua expedição ou descumprimento pelo particular de requisitos necessários à sua manutenção, proceda à sua cassação ou anulação, conforme o caso. Cite-se o exemplo da cassação de uma licença para dirigir por ter sido obtida pelo particular mediante extorsão e ameaça de morte aos examinadores.

114 STF, RE nº 105.634, Rel. Min. FRANCISCO REZEK, 1985.

115 DI PIETRO, Maria Sylvia Zanella. *Direito Administrativo*. 20ª ed. São Paulo: Atlas, 2006, p. 212.

de material bélico são bons exemplos que podemos mencionar. Além da autorização que já mencionamos há, também, autorizações que têm por objeto bens e serviços públicos, a saber autorização de uso de bem público e autorização de serviços públicos.[116] Na autorização, embora o destinatário satisfaça as exigências legais administrativas, o Poder Público decide discricionariamente sobre a conveniência e oportunidade do atendimento da pretensão do particular ou da cessação do ato autorizado, diversamente do que ocorre com a licença, em que, satisfeitas as prescrições legais, fica a Administração obrigada a licenciar.[117] Vale acrescentar que a autorização, por motivos de interesse público, pode ser revogada a qualquer tempo pela Administração sem que se possa falar em indenização aos seus destinatários;[118]

c) **permissão**: é o ato **discricionário** e o ato **precário** em que há predominância do interesse público na sua expedição. Atualmente as permissões podem ter por objeto o exercício de certas atividades não classificadas como serviço público e o uso de bens públicos. As permissões de serviços públicos não são consideradas atos administrativos, mas verdadeiros contratos administrativos (bilateral);[119]

d) **admissão**: é o ato administrativo vinculado pelo qual o Poder Público, uma vez cumpridos todos os requisitos legais, defere ao particular direito de usufruir de determinado serviço público, a exemplo dos alunos de escolas públicas, hospitais públicos, entre outros;

e) **homologação**: é o ato de controle mediante o qual a autoridade hierárquica superior verifica a legalidade e o mérito de ato anterior da própria Administração, de outra entidade ou de particular, para dar-lhe eficácia. Enquanto não receber a homologação que dela for dependente é ineficaz – não produzirá quaisquer efeitos jurídicos. "Como ato de simples controle, a homologação não permite alterações no ato controlado pela autoridade homologante, que apenas pode confirmá-lo ou rejeitá-lo, para que a irregularidade seja corrigida por quem a praticou."[120]

---

116 Sobre autorização de serviços públicos e de uso de bens públicos, comentamos em pormenores nos Capítulos 10 (Serviços públicos) e 11 (Bens públicos), respectivamente.

117 MEIRELLES, Hely Lopes. *Direito Administrativo Brasileiro*, 34ª ed. São Paulo: Malheiros, 2008.

118 A Lei Geral de Telecomunicações (Lei nº 9.472/1997), no art. 131, § 1º, dispõe que "autorização de serviço de telecomunicações é o ato administrativo vinculado que faculta a exploração, no regime privado, de modalidade de serviço de telecomunicações, quando preenchidas as condições objetivas e subjetivas necessárias". A afirmação de que a autorização é ato vinculado é equivocada, e expressa a total ausência de técnica de redação por parte do legislador. Dessa forma, a autorização será sempre ato discricionário.

119 A esse respeito consultar o tópico 12 do Capítulo 10 (Serviços Públicos) deste Curso.

120 MEIRELLES, Hely Lopes. *Direito Administrativo Brasileiro*. 34ª ed. São Paulo: Malheiros, 2008, p. 193.

14.4. Atos enunciativos

São atos mediante os quais a Administração **declara situações de fato** ou **emite opinião técnica** sobre determinado assunto sem que, contudo, essa declaração ou opinião produza por si só, efeitos jurídicos.

As certidões, atestados, pareceres, relatórios, apostilamentos, informações são algumas subespécies de atos enunciativos.

Alguns doutrinadores, a exemplo da professora Di Pietro, não consideram os atos enunciativos como **atos administrativos propriamente ditos** em função de não haver neles manifestação de vontade que produza efeitos jurídicos. Esses atos exigem a prática de outro ato administrativo, este sim, produtor de efeitos jurídicos. Podem ser considerados atos administrativos somente em sentido formal, visto que materialmente não contêm manifestação da vontade da Administração.[121] São denominados, por isso, meros atos administrativos.

Para ilustrar o sobredito, vejamos o caso de um particular que pretende tomar posse em cargo público efetivo. Como um dos requisitos para investidura em cargo público é a quitação com as obrigações eleitorais, deverá obter da Justiça Eleitoral uma certidão de quitação eleitoral. Note que neste caso a expedição da certidão pelo cartório eleitoral não produzirá qualquer efeito jurídico, uma vez que somente com a apresentação da certidão e dos demais documentos exigidos para posse é que serão produzidos os efeitos jurídicos: a investidura.

Alguns atos enunciativos são:

a) **certidão**: é ato administrativo pelo qual a Administração declara situações constantes em seus cadastros e bancos de dados. Assim, temos as certidões de nascimento, de casamento, certidão de tempo de serviço, entre outras. O art. 2º da Lei nº 9.051/1995 fixa o prazo improrrogável de 15 dias para a Administração expedir certidões de sua competência. Todavia, deve o interessado apontar os fins e razões do pedido, sob pena de lhe serem negadas as informações;

b) **atestado**: é a declaração feita pela Administração de um fato do qual tem conhecimento por meio de seus órgãos e entidades. O professor Hely Lopes Meirelles bem adverte que "não se confunde o atestado com a certidão, porque esta reproduz atos ou fatos constantes de seus arquivos, ao passo que o atestado comprova um fato ou uma situação existente, mas não constante de livros, papéis ou documentos em poder da Administração. A certidão destina-se a comprovar fatos ou atos permanentes; o atestado presta-se à comprovação de fatos ou situações transeuntes, passíveis de modificações frequentes";[122]

c) **parecer**: é o ato administrativo mediante o qual os órgãos técnicos da Administração emitem opinião sobre assuntos levados à sua consideração.

121 DI PIETRO, Maria Sylvia Zanella. *Direito Administrativo*. 20ª ed. São Paulo: Atlas, 2006, p. 195.

122 MEIRELLES, Hely Lopes. *Direito Administrativo Brasileiro*. 34ª ed. São Paulo: Malheiros, 2008, p. 196.

Os pareceres podem ser facultativos ou obrigatórios e vinculantes ou não vinculantes. O parecer **facultativo** é o ato em que a Administração não é obrigada a solicitá-lo nem, muito menos, concordar com a opinião nele consignada. **Obrigatório** é aquele definido por lei como essencial ao curso do processo administrativo, mas que não obriga a autoridade incumbida da decisão a concordar com seus termos, podendo decidir de maneira diversa. O parecer **vinculante** é o que, além de ser obrigatória a sua solicitação, determina que a autoridade decida conforme a opinião nele manifestada.[123] Os pareceres vinculantes não são comuns no âmbito administrativo. Pois o comum é que essa espécie de ato cumpra papel essencialmente opinativo. Por fim, o parecer **não vinculante** é aquele que se limita, como é natural, a emitir opinião sobre assuntos técnicos, instruindo (mas não impondo) a autoridade quanto a melhor decisão a ser tomada.[124]

14.5. Atos punitivos

São aqueles mediante os quais a Administração pune os **agentes públicos** ou os **particulares** pela prática de ilícitos administrativos.

As multas, destruição de coisas, interdição de atividades, apreensão de bens, suspensões, advertências, demissões são exemplos de atos punitivos.

Se a sanção recair sobre agentes públicos ou particulares com vínculo específico com a Administração há a incidência do **poder disciplinar**. Se, diversamente, a sanção incide sobre os particulares em geral, independentemente do vínculo que tenham com a Administração, há exercício de **poder de polícia**.

Não devemos confundir os atos punitivos da Administração Pública com o poder punitivo do Estado na esfera penal, pois este é praticado em decorrência da prática de ilícitos penais, enquanto aquele ocorre quando há cometimento de ilícitos de natureza administrativa. Exemplificativamente, quando um condutor é punido com a apreensão do veículo em decorrência de atingir a pontuação máxima de infrações e dirigir mesmo com a licença cassada, temos a prática de ato punitivo de polícia. Diferentemente, é o caso de alguém condenado a 16 anos de reclusão por homicídio.

---

123 Apesar de termos dito que os atos enunciativos não produzem, por si sós, efeitos jurídicos, essa conclusão não é válida quando estamos diante de pareceres vinculantes. Nessa espécie de parecer, a autoridade competente para decidir o processo não tem autonomia para tomar a decisão que melhor lhe aprouver. Contrariamente, terá que decidir nos exatos termos do parecer. Aqui, fica claro que os pareceres vinculantes produzem efeitos jurídicos.

124 Quanto à responsabilidade do parecerista, temos que o STF se posiciona no sentido de que o parecer vinculante cria para a autoridade incumbida da decisão a obrigação de decidir conforme a opinião nele manifestada. Com efeito, "essa manifestação de teor jurídico deixa de ser meramente opinativa e o administrador não poderá decidir senão nos termos da conclusão do parecer ou, então, não decidir". Nessa espécie de parecer, há falar em responsabilidade solidária do parecerista, por compartilhar o teor da decisão com a autoridade vinculada. Entretanto, entende a Corte Maior, "salvo demonstração de culpa ou erro grosseiro, submetida às instâncias administrativo-disciplinares ou jurisdicionais próprias, não cabe a responsabilização do advogado público pelo conteúdo de seu parecer de natureza meramente opinativa" (STF, MS 24631-DF, Rel. Min. JOAQUIM BARBOSA, DJ 09.08.2007; MS 30892/DF, Rel. Min. LUIZ FUX, Dje 22.08.2014; MS 27867 AgR/DF, rel. Min. DIAS TOFFOLI, julg.: 18.09.2012).

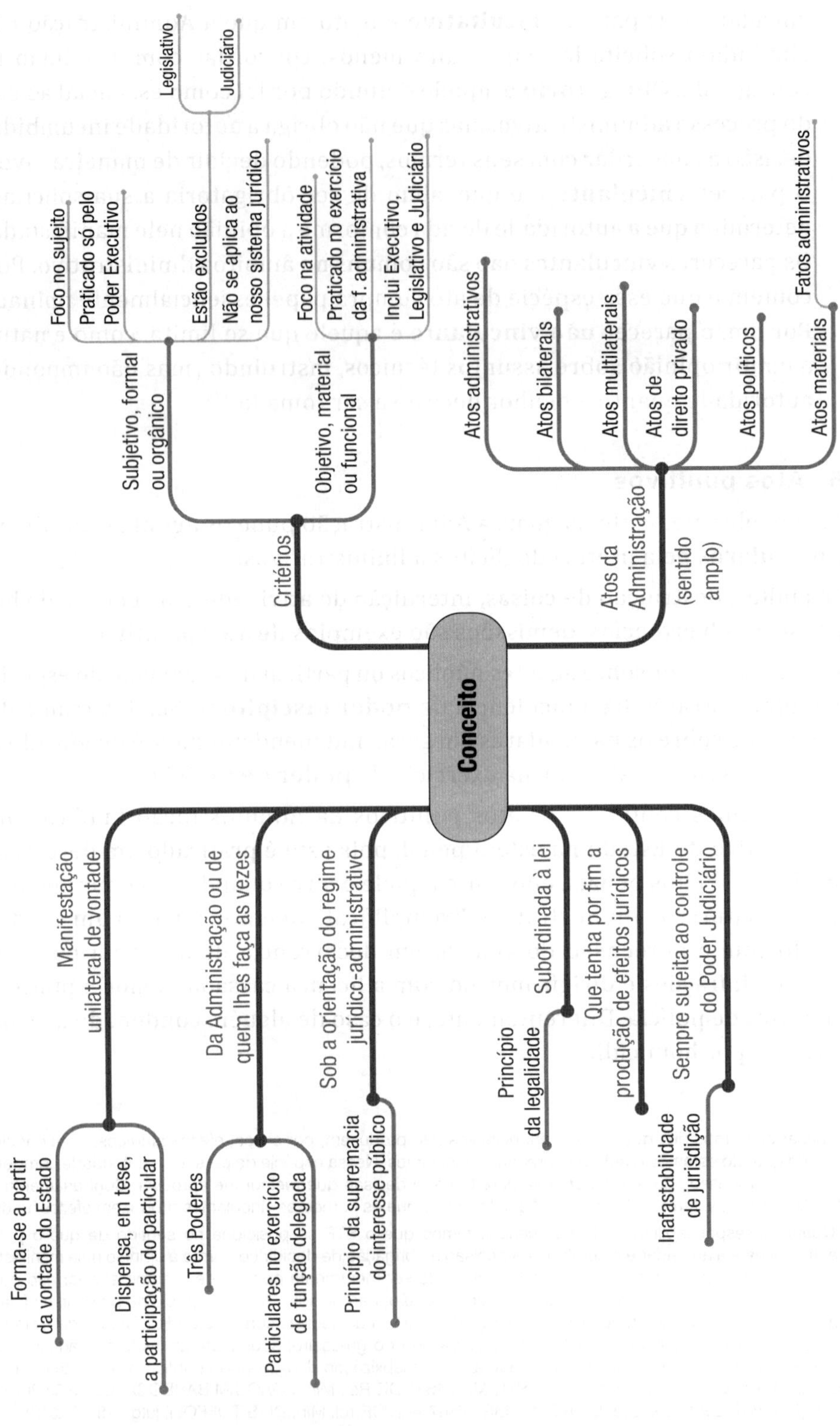
Conceito
Critérios
Subjetivo, formal ou orgânico
Foco no sujeito
Praticado só pelo Poder Executivo
Estão excluídos
Legislativo
Judiciário
Não se aplica ao nosso sistema jurídico
Objetivo, material ou funcional
Foco na atividade
Praticado no exercício da f. administrativa
Inclui Executivo, Legislativo e Judiciário
Atos da Administração (sentido amplo)
Atos administrativos
Atos bilaterais
Atos multilaterais
Atos de direito privado
Atos políticos
Atos materiais
Fatos administrativos
Manifestação unilateral de vontade
Forma-se a partir da vontade do Estado
Dispensa, em tese, a participação do particular
Da Administração ou de quem lhes faça as vezes
Três Poderes
Particulares no exercício de função delegada
Sob a orientação do regime jurídico-administrativo
Princípio da supremacia do interesse público
Subordinada à lei
Princípio da legalidade
Que tenha por fim a produção de efeitos jurídicos
Sempre sujeita ao controle do Poder Judiciário
Inafastabilidade de jurisdição

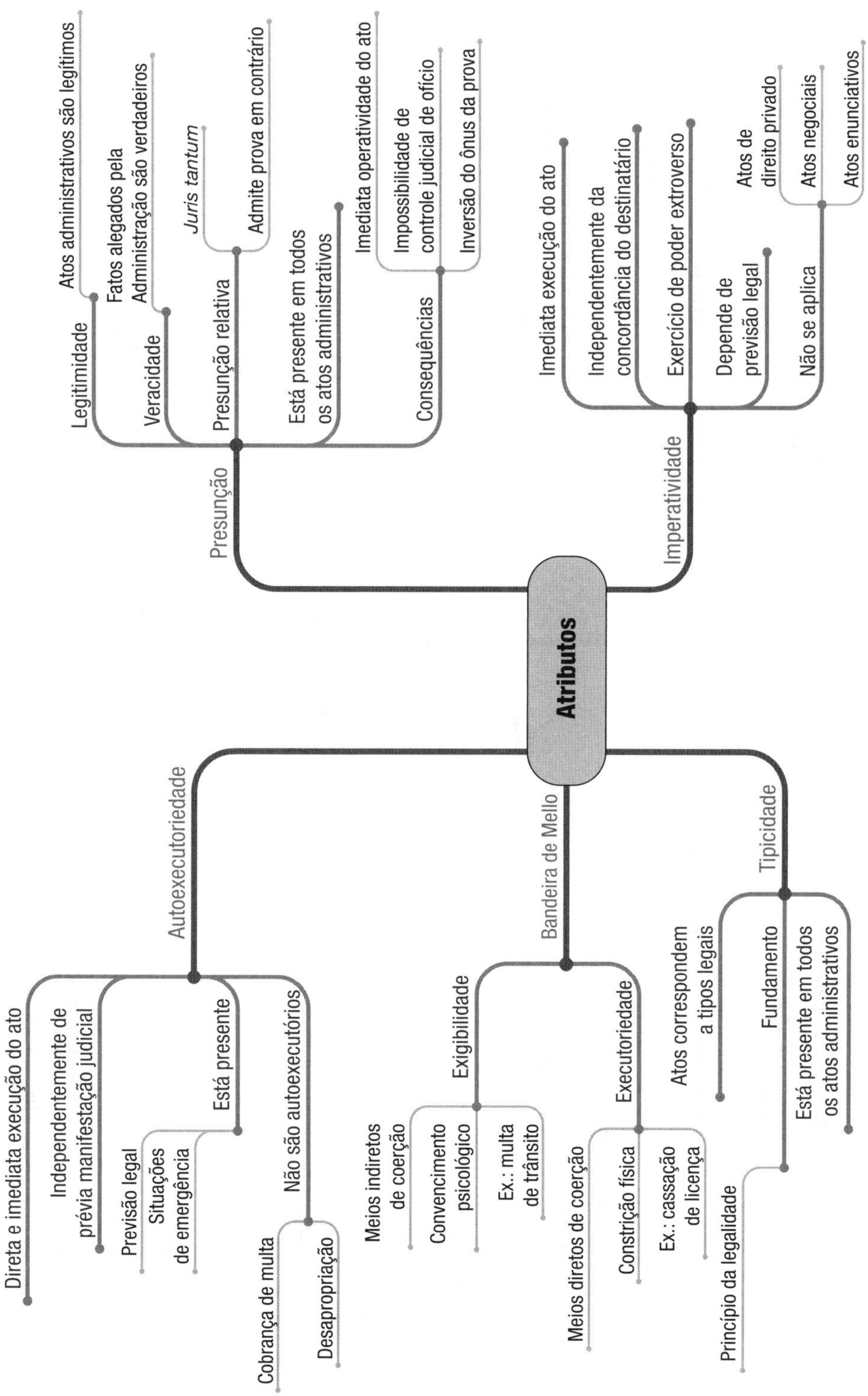
Atributos
Presunção
Legitimidade
Atos administrativos são legítimos
Veracidade
Fatos alegados pela Administração são verdadeiros
Presunção relativa
Juris tantum
Admite prova em contrário
Está presente em todos os atos administrativos
Consequências
Imediata operatividade do ato
Impossibilidade de controle judicial de ofício
Inversão do ônus da prova
Imperatividade
Imediata execução do ato
Independentemente da concordância do destinatário
Exercício de poder extroverso
Depende de previsão legal
Não se aplica
Atos de direito privado
Atos negociais
Atos enunciativos
Autoexecutoriedade
Direta e imediata execução do ato
Independentemente de prévia manifestação judicial
Está presente
Previsão legal
Situações de emergência
Não são autoexecutórios
Cobrança de multa
Desapropriação
Bandeira de Mello
Exigibilidade
Meios indiretos de coerção
Convencimento psicológico
Ex.: multa de trânsito
Executoriedade
Meios diretos de coerção
Constrição física
Ex.: cassação de licença
Tipicidade
Atos correspondem a tipos legais
Fundamento
Princípio da legalidade
Está presente em todos os atos administrativos

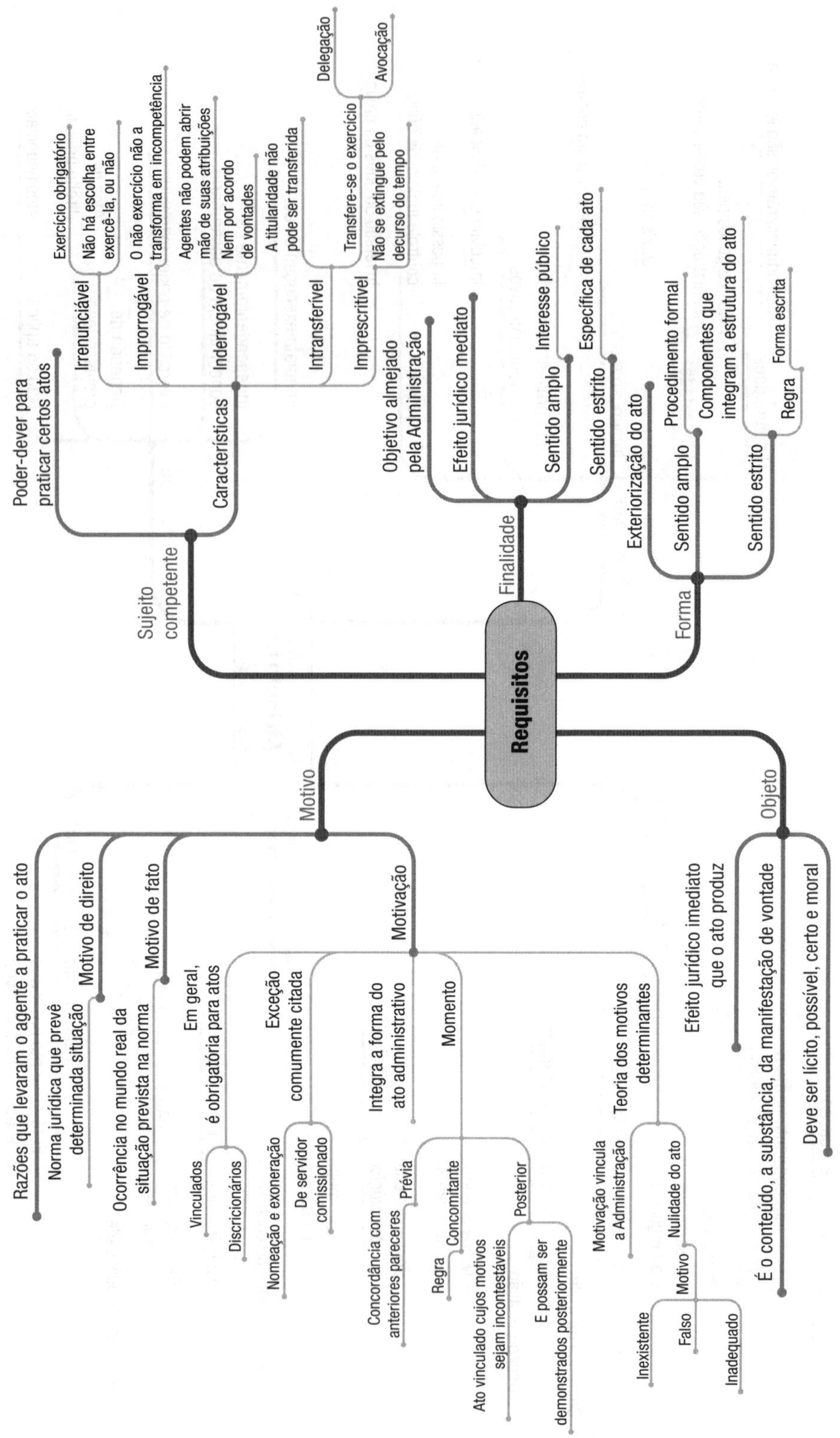
Requisitos
Sujeito competente
Poder-dever para praticar certos atos
Características
Irrenunciável
Exercício obrigatório
Não há escolha entre exercê-la, ou não
Improrrogável
O não exercício não a transforma em incompetência
Inderrogável
Agentes não podem abrir mão de suas atribuições
Nem por acordo de vontades
Intransferível
A titularidade não pode ser transferida
Transfere-se o exercício
Delegação
Avocação
Imprescritível
Não se extingue pelo decurso do tempo
Finalidade
Objetivo almejado pela Administração
Efeito jurídico mediato
Sentido amplo
Interesse público
Sentido estrito
Específica de cada ato
Forma
Exteriorização do ato
Sentido amplo
Procedimento formal
Componentes que integram a estrutura do ato
Sentido estrito
Regra
Forma escrita
Motivo
Razões que levaram o agente a praticar o ato
Motivo de direito
Norma jurídica que prevê determinada situação
Motivo de fato
Ocorrência no mundo real da situação prevista na norma
Motivação
Em geral, é obrigatória para atos
Vinculados
Discricionários
Exceção comumente citada
Nomeação e exoneração
De servidor comissionado
Integra a forma do ato administrativo
Momento
Prévia
Concordância com anteriores pareceres
Concomitante
Regra
Ato vinculado cujos motivos sejam incontestáveis
Posterior
E possam ser demonstrados posteriormente
Teoria dos motivos determinantes
Motivação vincula a Administração
Nulidade do ato
Motivo
Inexistente
Falso
Inadequado
Objeto
Efeito jurídico imediato que o ato produz
É o conteúdo, a substância, da manifestação de vontade
Deve ser lícito, possível, certo e moral

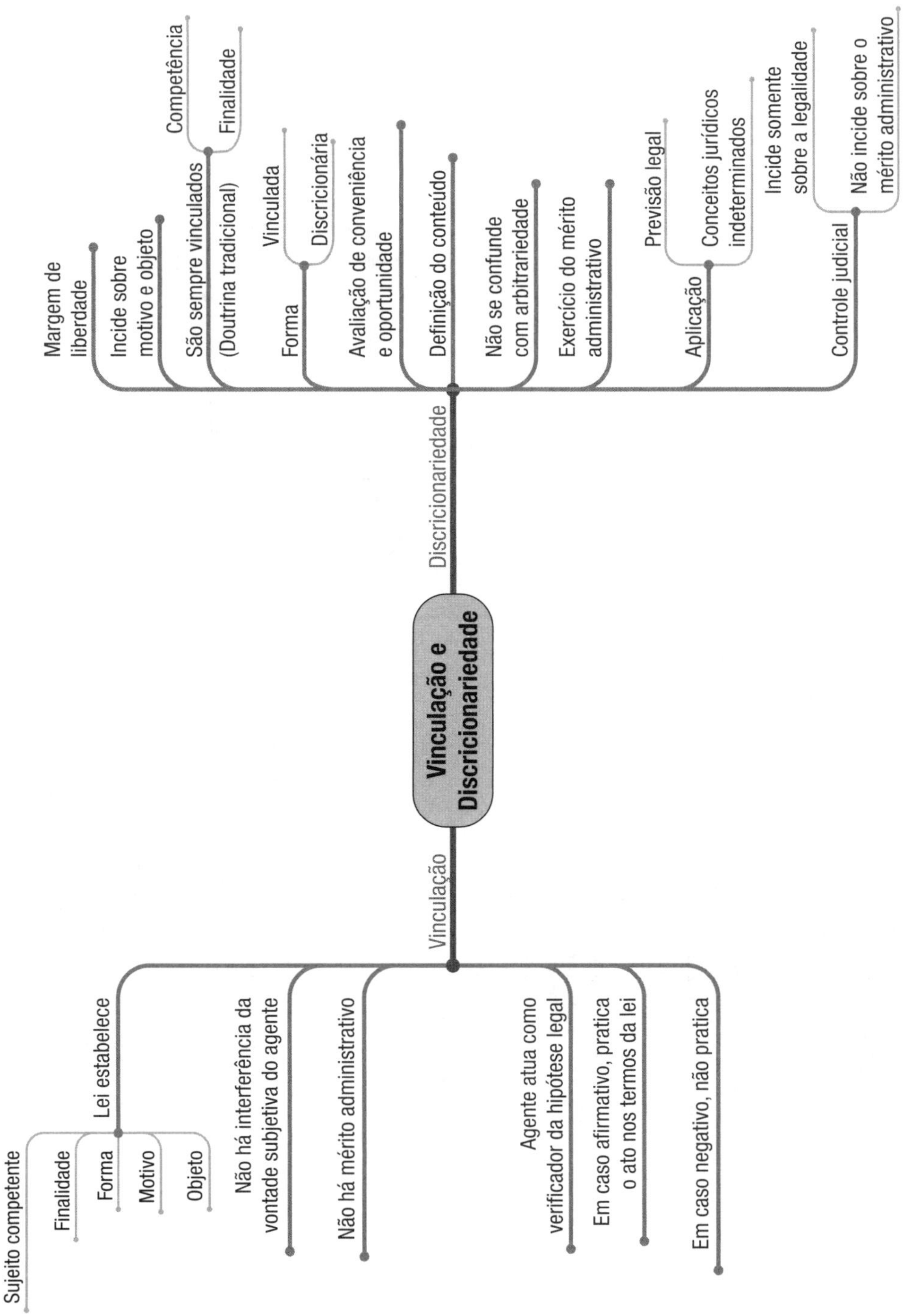
Vinculação e Discricionariedade
Discricionariedade
Margem de liberdade
Incide sobre motivo e objeto
São sempre vinculados (Doutrina tradicional)
Competência
Finalidade
Forma
Vinculada
Discricionária
Avaliação de conveniência e oportunidade
Definição do conteúdo
Não se confunde com arbitrariedade
Exercício do mérito administrativo
Aplicação
Previsão legal
Conceitos jurídicos indeterminados
Controle judicial
Incide somente sobre a legalidade
Não incide sobre o mérito administrativo
Vinculação
Lei estabelece
Sujeito competente
Finalidade
Forma
Motivo
Objeto
Não há interferência da vontade subjetiva do agente
Não há mérito administrativo
Agente atua como verificador da hipótese legal
Em caso afirmativo, pratica o ato nos termos da lei
Em caso negativo, não pratica

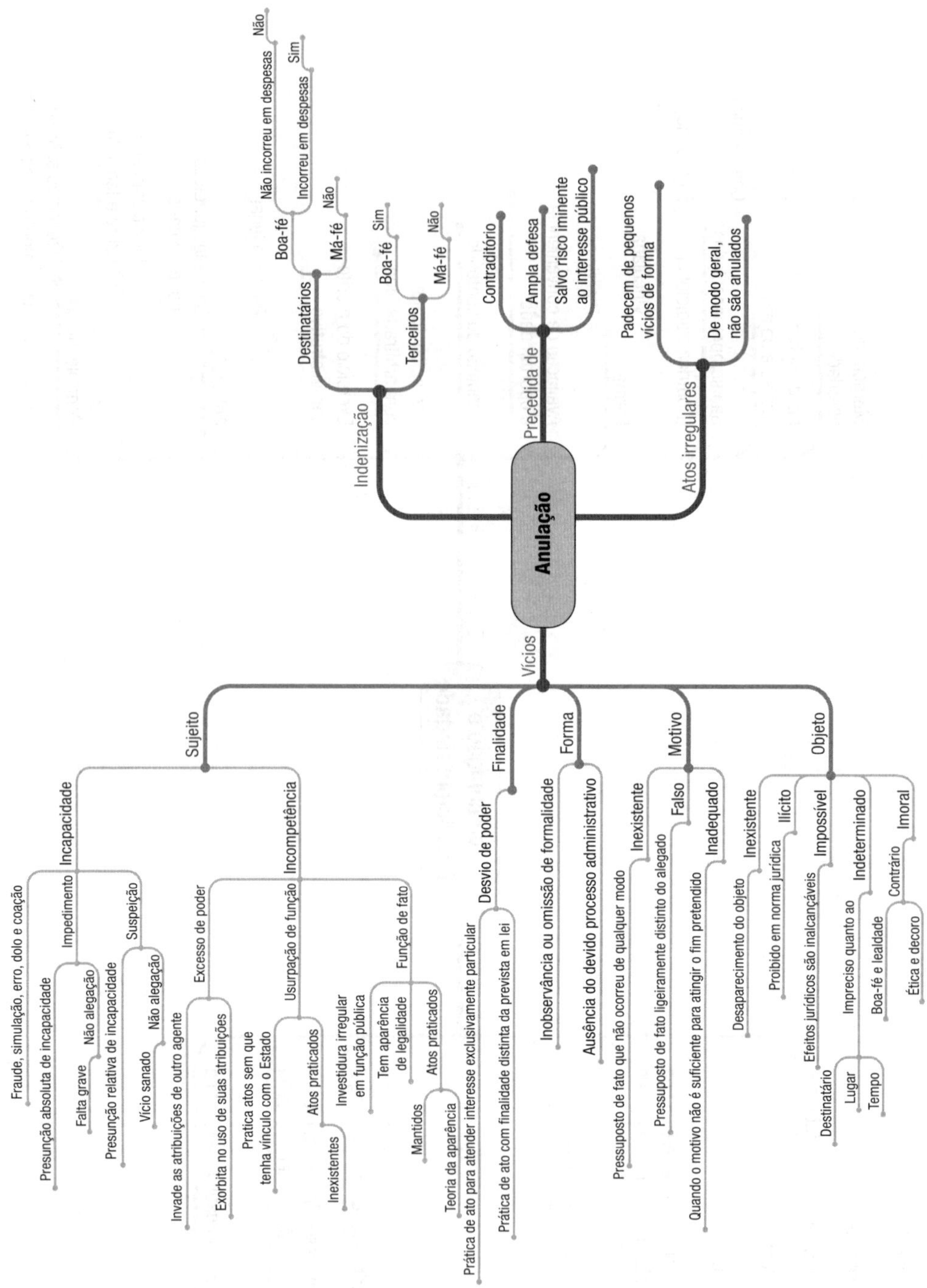

Nota: em razão de termos sintetizado as principais características da revogação na tabela da página anterior, acrescentamos no mapa mental acima apenas características da anulação.

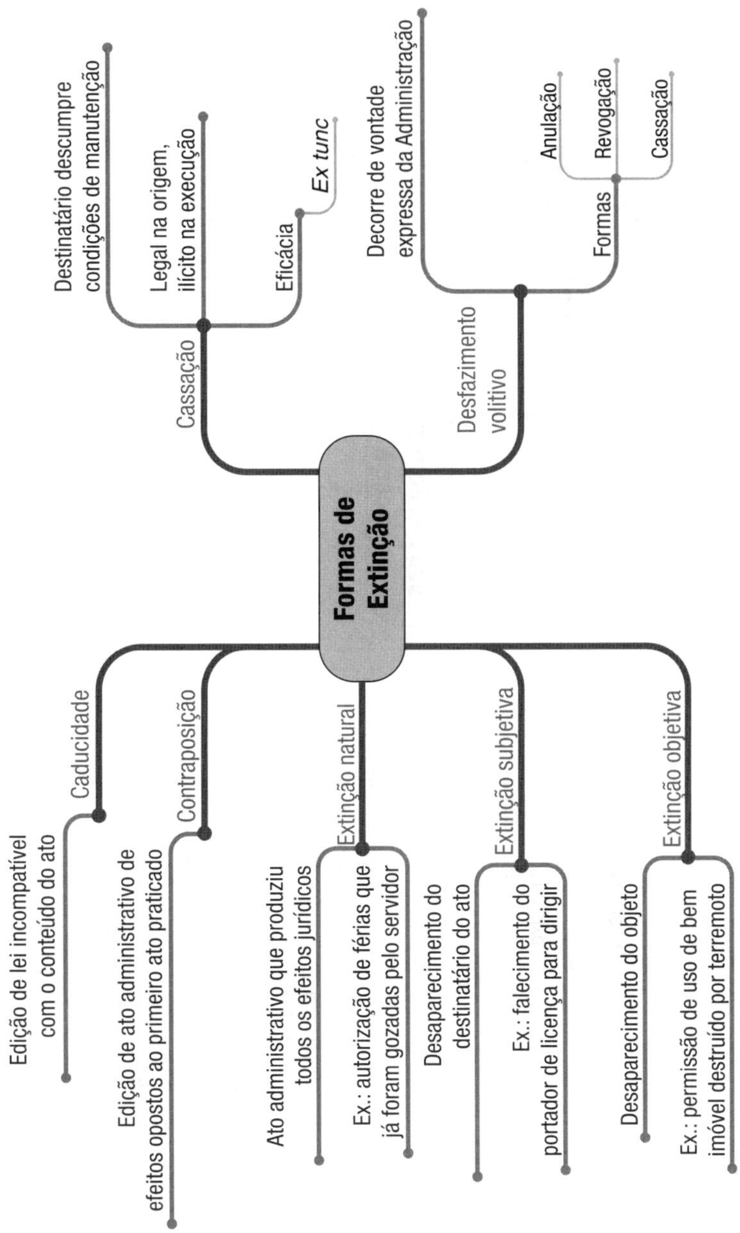
Formas de Extinção
Cassação
Destinatário descumpre condições de manutenção
Legal na origem, ilícito na execução
Eficácia
Ex tunc
Desfazimento volitivo
Decorre de vontade expressa da Administração
Formas
Anulação
Revogação
Cassação
Caducidade
Edição de lei incompatível com o conteúdo do ato
Contraposição
Edição de ato administrativo de efeitos opostos ao primeiro ato praticado
Extinção natural
Ato administrativo que produziu todos os efeitos jurídicos
Ex.: autorização de férias que já foram gozadas pelo servidor
Extinção subjetiva
Desaparecimento do destinatário do ato
Ex.: falecimento do portador de licença para dirigir
Extinção objetiva
Desaparecimento do objeto
Ex.: permissão de uso de bem imóvel destruído por terremoto

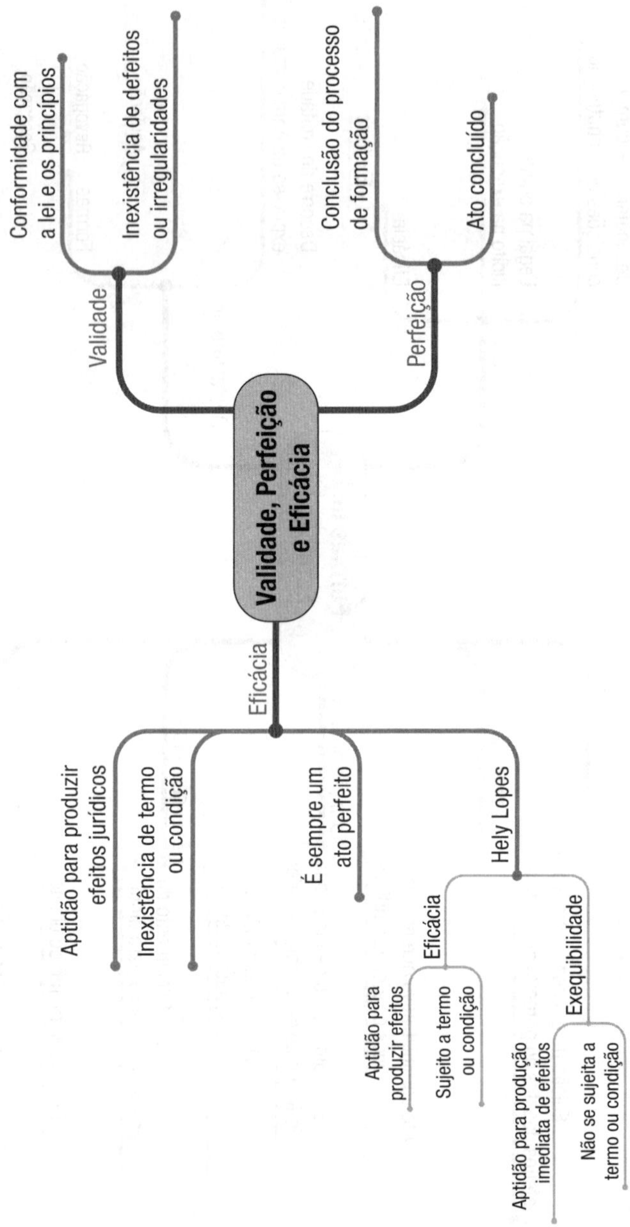
Validade, Perfeição e Eficácia
Validade
Conformidade com a lei e os princípios
Inexistência de defeitos ou irregularidades
Perfeição
Conclusão do processo de formação
Ato concluído
Eficácia
Aptidão para produzir efeitos jurídicos
Inexistência de termo ou condição
É sempre um ato perfeito
Hely Lopes
Eficácia
Aptidão para produzir efeitos
Sujeito a termo ou condição
Exequibilidade
Aptidão para produção imediata de efeitos
Não se sujeita a termo ou condição

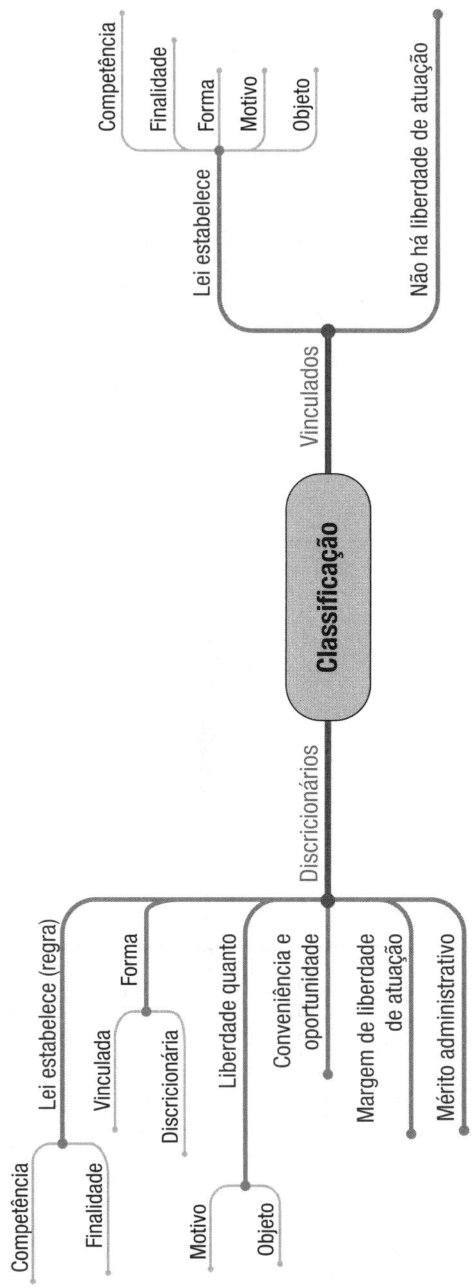
Classificação
Vinculados
Lei estabelece
Competência
Finalidade
Forma
Motivo
Objeto
Não há liberdade de atuação
Discricionários
Lei estabelece (regra)
Competência
Finalidade
Forma
Vinculada
Discricionária
Liberdade quanto
Motivo
Objeto
Conveniência e oportunidade
Margem de liberdade de atuação
Mérito administrativo

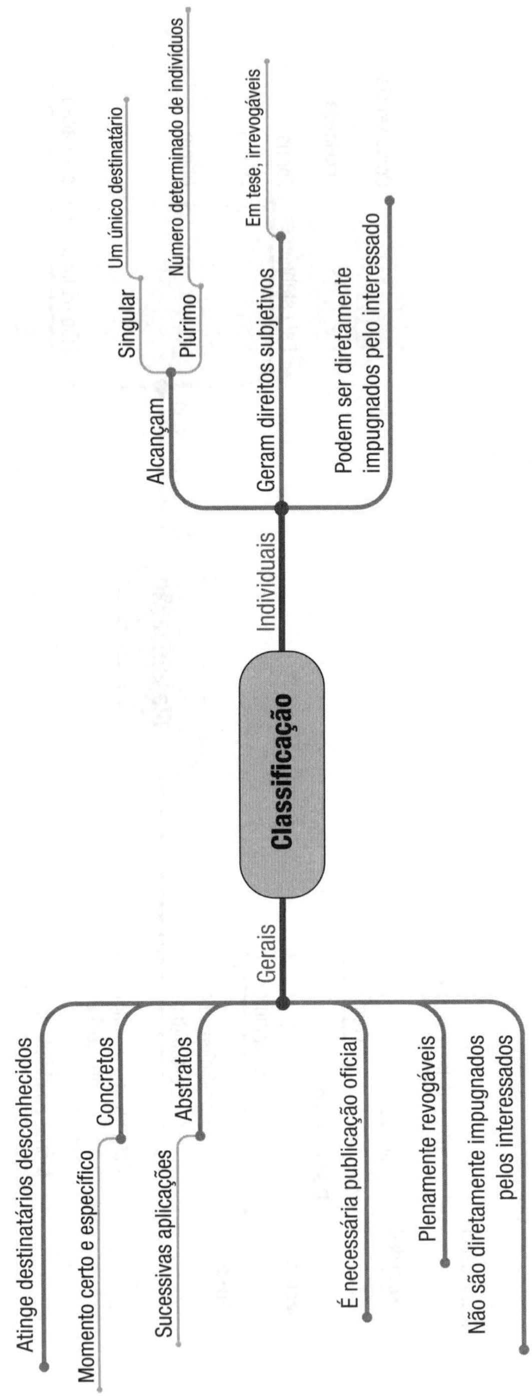
Classificação
Individuais
Alcançam
Singular
Um único destinatário
Plúrimo
Número determinado de indivíduos
Geram direitos subjetivos
Em tese, irrevogáveis
Podem ser diretamente impugnados pelo interessado
Gerais
Atinge destinatários desconhecidos
Concretos
Momento certo e específico
Abstratos
Sucessivas aplicações
É necessária publicação oficial
Plenamente revogáveis
Não são diretamente impugnados pelos interessados

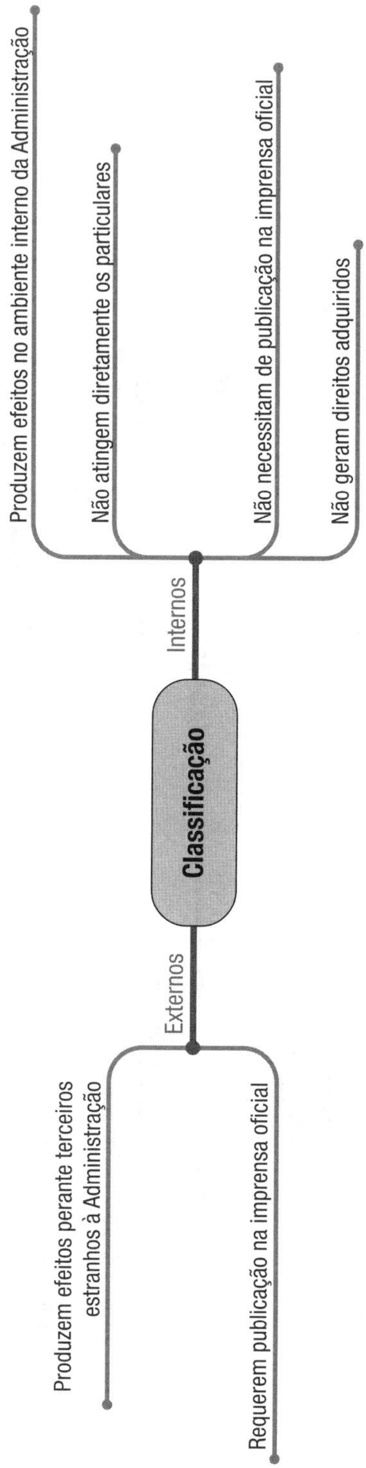
Classificação
Internos
Produzem efeitos no ambiente interno da Administração
Não atingem diretamente os particulares
Não necessitam de publicação na imprensa oficial
Não geram direitos adquiridos
Externos
Produzem efeitos perante terceiros estranhos à Administração
Requerem publicação na imprensa oficial

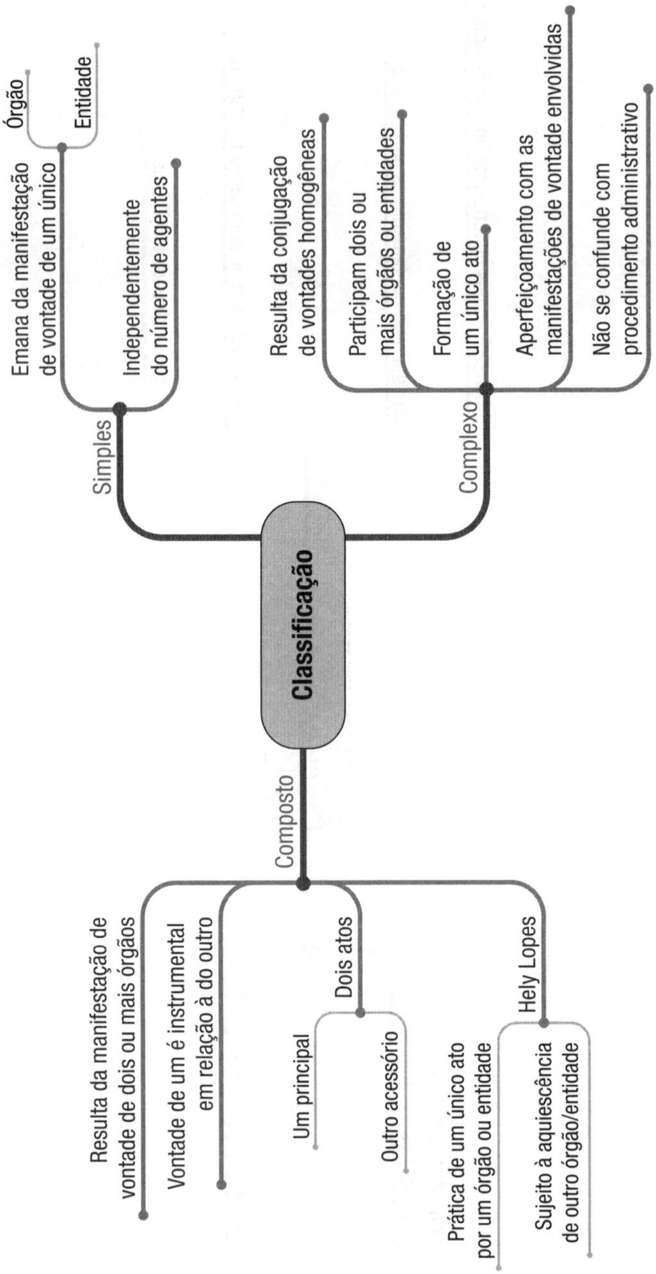
Classificação
Simples
Emana da manifestação de vontade de um único
Órgão
Entidade
Independentemente do número de agentes
Complexo
Resulta da conjugação de vontades homogêneas
Participam dois ou mais órgãos ou entidades
Formação de um único ato
Aperfeiçoamento com as manifestações de vontade envolvidas
Não se confunde com procedimento administrativo
Composto
Resulta da manifestação de vontade de dois ou mais órgãos
Vontade de um é instrumental em relação à do outro
Dois atos
Um principal
Outro acessório
Hely Lopes
Prática de um único ato por um órgão ou entidade
Sujeito à aquiescência de outro órgão/entidade

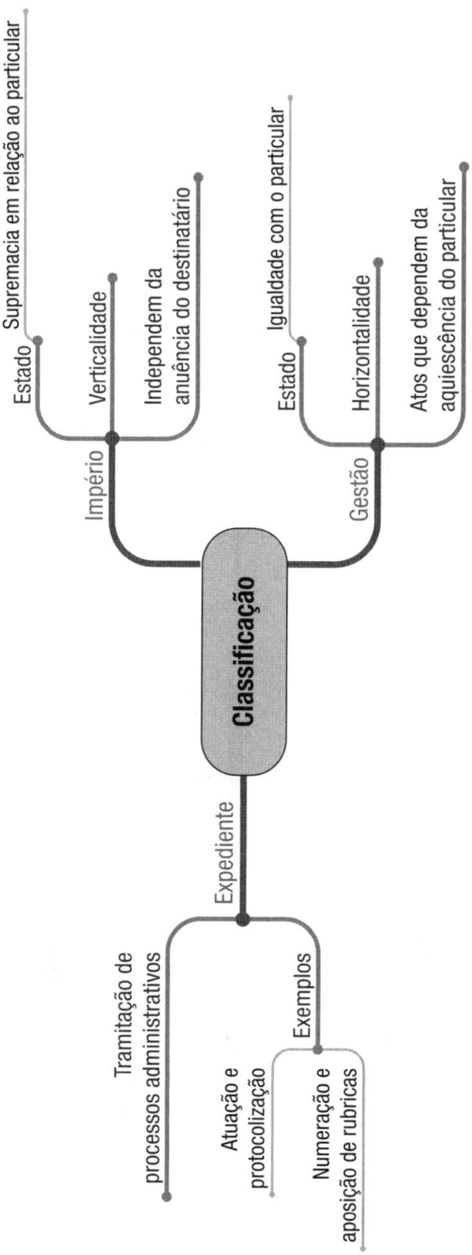
Classificação
Império
Estado
Supremacia em relação ao particular
Verticalidade
Independem da anuência do destinatário
Gestão
Estado
Igualdade com o particular
Horizontalidade
Atos que dependem da aquiescência do particular
Expediente
Tramitação de processos administrativos
Exemplos
Atuação e protocolização
Numeração e aposição de rubricas

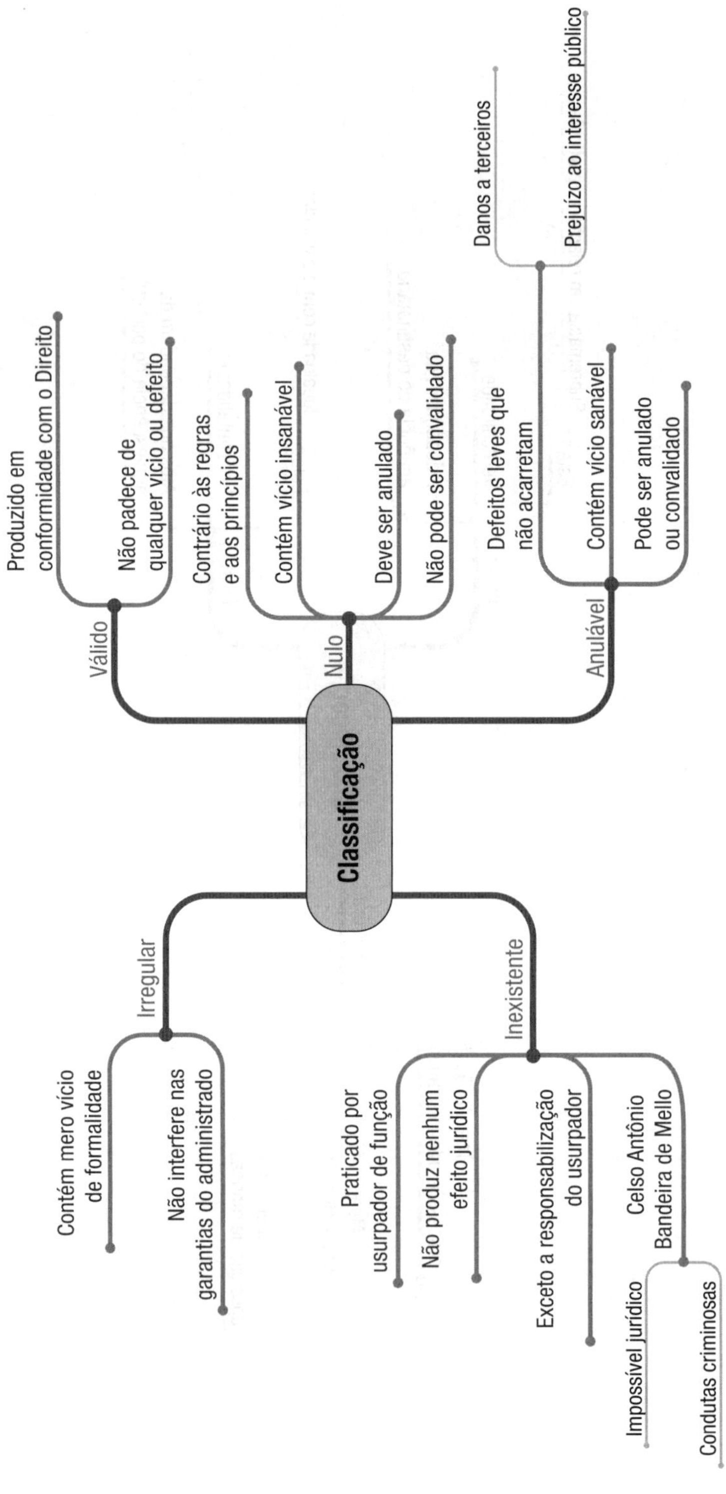
Classificação
Válido
Produzido em conformidade com o Direito
Não padece de qualquer vício ou defeito
Nulo
Contrário às regras e aos princípios
Contém vício insanável
Deve ser anulado
Não pode ser convalidado
Anulável
Defeitos leves que não acarretam
Danos a terceiros
Prejuízo ao interesse público
Contém vício sanável
Pode ser anulado ou convalidado
Irregular
Contém mero vício de formalidade
Não interfere nas garantias do administrado
Inexistente
Praticado por usurpador de função
Não produz nenhum efeito jurídico
Exceto a responsabilização do usurpador
Celso Antônio Bandeira de Mello
Impossível jurídico
Condutas criminosas

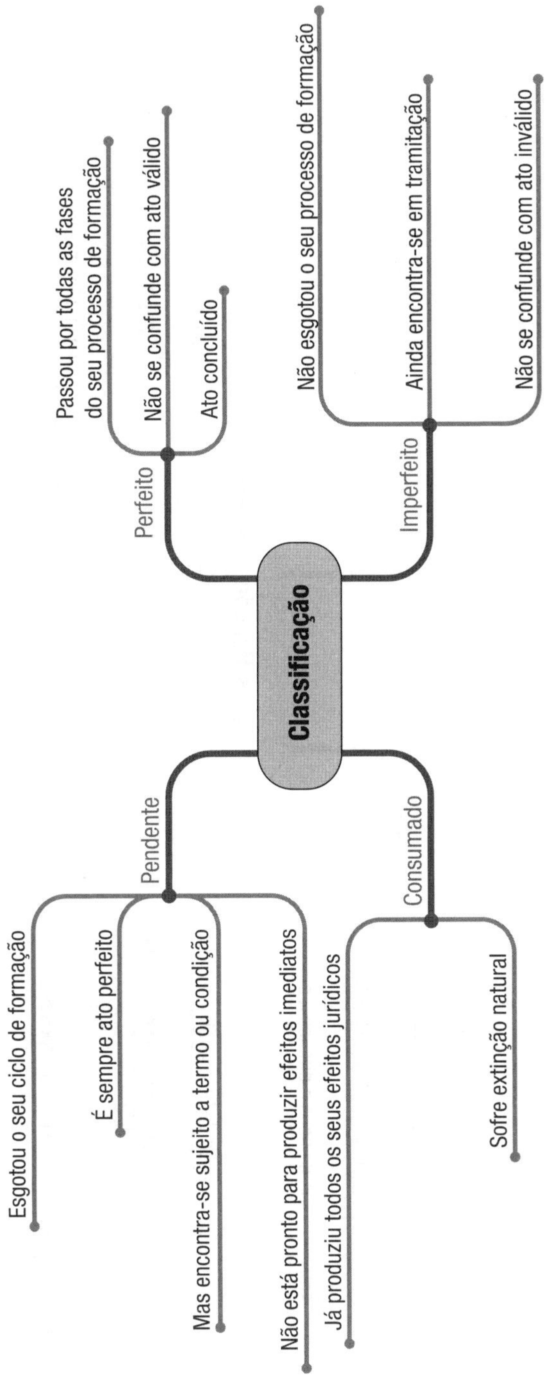
Classificação
Perfeito
Passou por todas as fases do seu processo de formação
Não se confunde com ato válido
Ato concluído
Imperfeito
Não esgotou o seu processo de formação
Ainda encontra-se em tramitação
Não se confunde com ato inválido
Pendente
Esgotou o seu ciclo de formação
É sempre ato perfeito
Mas encontra-se sujeito a termo ou condição
Não está pronto para produzir efeitos imediatos
Consumado
Já produziu todos os seus efeitos jurídicos
Sofre extinção natural

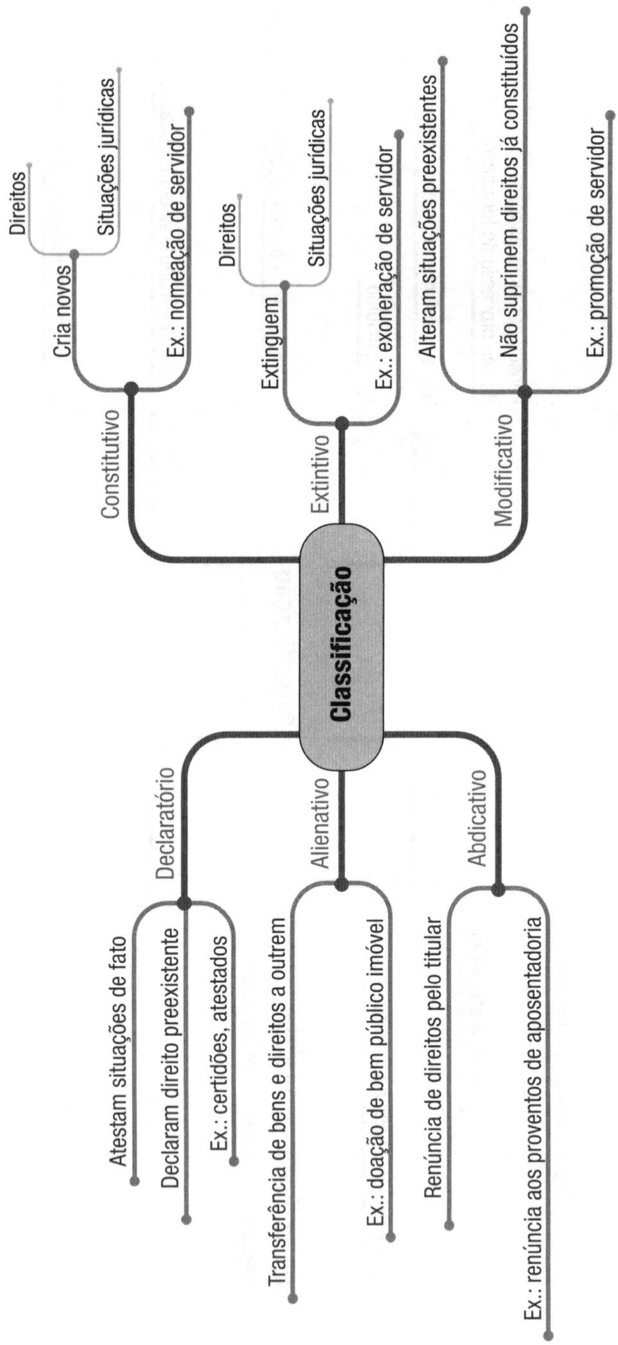

Classificação
Constitutivo
Cria novos
Direitos
Situações jurídicas
Ex.: nomeação de servidor
Extintivo
Extinguem
Direitos
Situações jurídicas
Ex.: exoneração de servidor
Modificativo
Alteram situações preexistentes
Não suprimem direitos já constituídos
Ex.: promoção de servidor
Declaratório
Atestam situações de fato
Declaram direito preexistente
Ex.: certidões, atestados
Alienativo
Transferência de bens e direitos a outrem
Ex.: doação de bem público imóvel
Abdicativo
Renúncia de direitos pelo titular
Ex.: renúncia aos proventos de aposentadoria

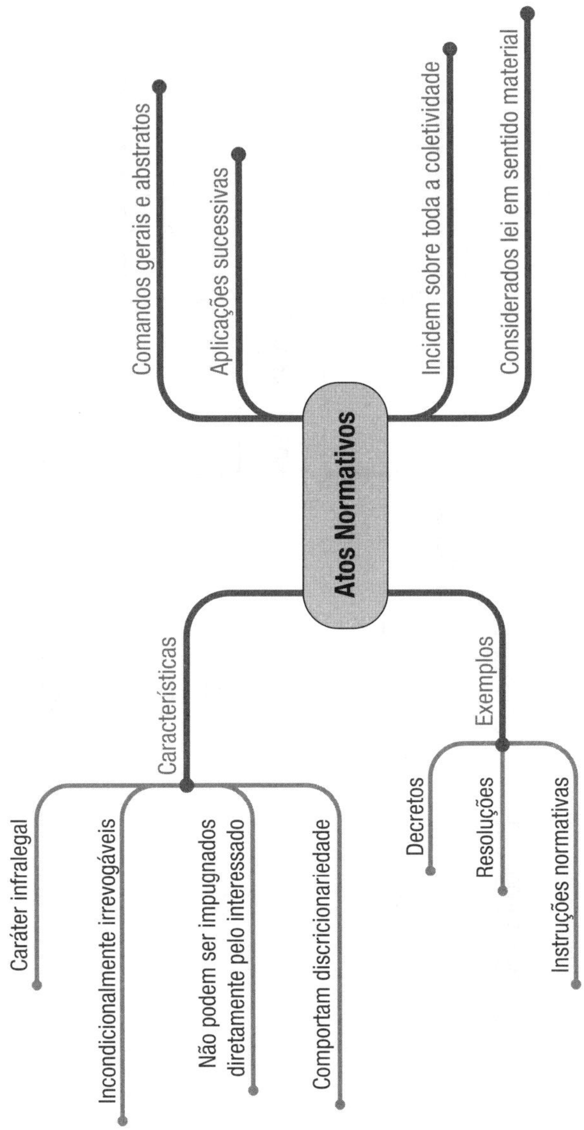
Atos Normativos
Comandos gerais e abstratos
Aplicações sucessivas
Incidem sobre toda a coletividade
Considerados lei em sentido material
Características
Caráter infralegal
Incondicionalmente irrevogáveis
Não podem ser impugnados diretamente pelo interessado
Comportam discricionariedade
Exemplos
Decretos
Resoluções
Instruções normativas

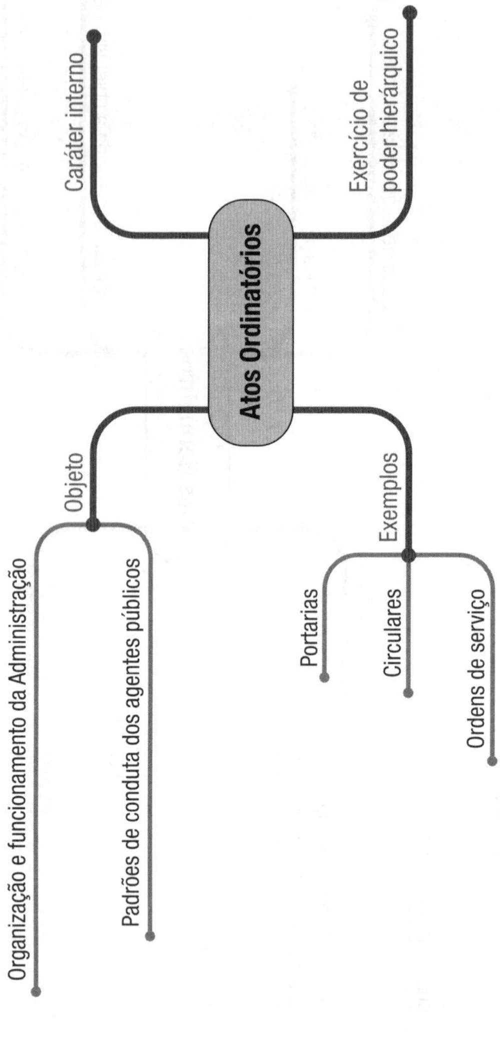
Atos Ordinatórios
Caráter interno
Exercício de
poder hierárquico
Objeto
Organização e funcionamento da Administração
Padrões de conduta dos agentes públicos
Exemplos
Portarias
Circulares
Ordens de serviço

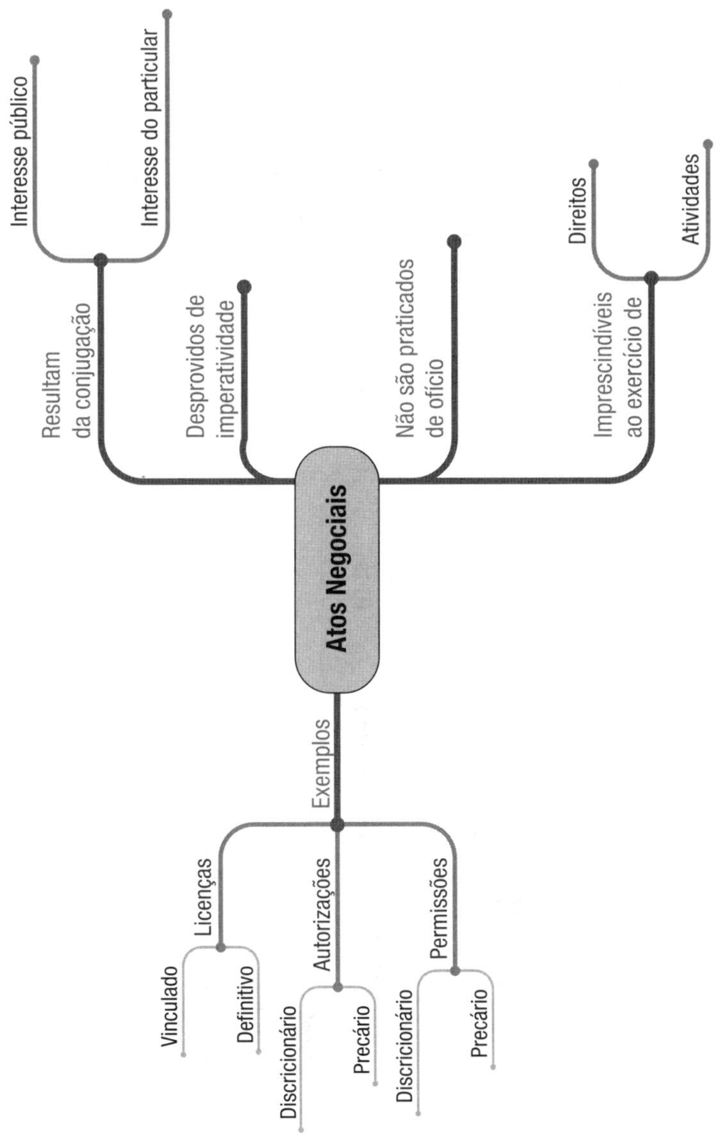
Atos Negociais
Resultam da conjugação
Interesse público
Interesse do particular
Desprovidos de imperatividade
Não são praticados de ofício
Imprescindíveis ao exercício de
Direitos
Atividades
Exemplos
Licenças
Vinculado
Definitivo
Autorizações
Discricionário
Precário
Permissões
Discricionário
Precário

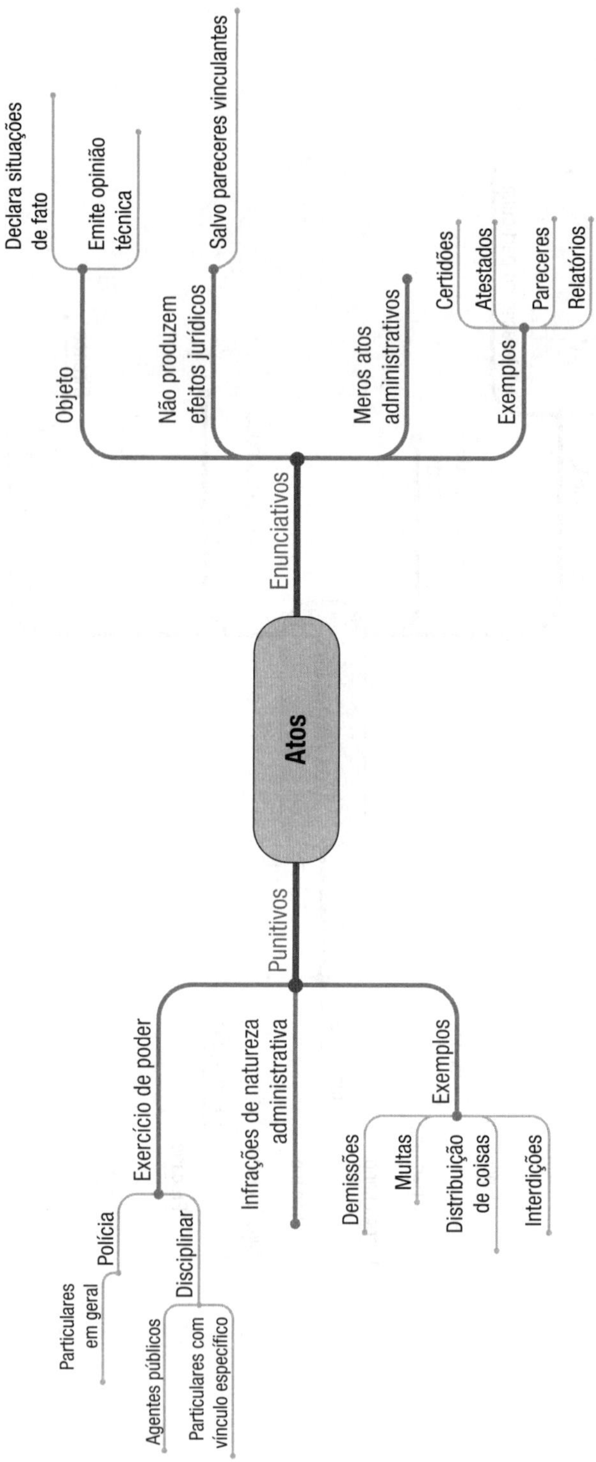
Atos
Enunciativos
Objeto
Declara situações de fato
Emite opinião técnica
Não produzem efeitos jurídicos
Salvo pareceres vinculantes
Meros atos administrativos
Exemplos
Certidões
Atestados
Pareceres
Relatórios
Punitivos
Exercício de poder
Polícia
Particulares em geral
Disciplinar
Agentes públicos
Particulares com vínculo específico
Infrações de natureza administrativa
Exemplos
Demissões
Multas
Distribuição de coisas
Interdições

Capítulo 7

Processo Administrativo Federal (Lei nº 9.784/1999)

1. CONSIDERAÇÕES INICIAIS

A análise detalhada do ato administrativo (requisitos, elementos, atributos) inicialmente pode levar o leitor à errônea percepção do ato administrativo como fenômeno jurídico isolado, autônomo, fruto de um momento específico em que se encontra o agente público. Nada mais falso do que tal impressão, pois, ressalvados alguns casos específicos, os atos administrativos estão inseridos num processo no qual desempenham uma função conclusiva ou acessória, conforme o caso.

Ao verificarmos as funções do Estado, perceberemos que em todas elas podemos apontar um clássico exemplo de ato que expressa a atividade típica daquela função. Esclarecendo o que foi dito, se pensarmos, por exemplo, na função legislativa, o melhor exemplo de ato jurídico produzido no âmbito dessa função é a lei. Da mesma forma, se pensarmos na função jurisdicional, teremos como exemplo marcante do exercício dessa função a sentença judicial. No entanto, nem a lei, nem a sentença são atos jurídicos praticados de maneira repentina pelos agentes públicos incumbidos de sua prática. Assim, a lei não é ato súbito que surge como num "passe de mágica". Antes, é fruto de um processo legislativo, tal qual disposto nos arts. 59 a 69 da Constituição Federal. A sentença, também, não nasce subitamente dos gabinetes dos magistrados: é precedida de uma série de atos a que chamamos de processo judicial.

Ora, se nas funções legislativa e jurisdicional os atos jurídicos praticados são resultado de processos, o que nos leva a pensar que os atos administrativos seriam praticados de maneira isolada e repentina? O ato administrativo como regra é fruto de um processo, a que denominamos processo administrativo.

Em suma, podemos fazer as seguintes afirmações:

a) na função legislativa, os atos jurídicos (as leis) são praticados mediante um processo legislativo;

b) no exercício da função jurisdicional, os atos são praticados no cerne de um processo judicial;

c) no desempenho da função administrativa, os atos administrativos são praticados no âmbito de um processo administrativo que, no momento, é o objeto de nosso estudo.

Um outro fundamento apontado como justificativa para o processo administrativo é o **princípio do devido processo legal**, que tem sua aplicação prevista no texto constitucional: "ninguém será privado da sua liberdade ou de seus bens sem o devido processo legal" (art. 5º, LIV). Isso significa que a ordem jurídica não apenas estabelece os direitos e as obrigações que compõem a esfera jurídica de cada indivíduo, mas também o modo como tais direitos serão exercidos e tais obrigações serão exigidas. Sendo o ato administrativo fruto de uma manifestação de vontade do Poder Público que produz efeitos jurídicos (criando, transformando ou extinguindo direitos e impondo obrigações), nada mais coerente do que tais atos serem praticados no interior do processo administrativo previsto em lei.

Assim, resta claro que os processos administrativos possuem dupla finalidade:

a) atender ao interesse público, provocando a Administração a rever seus atos e, conforme o caso, anulá-los ou revogá-los;

b) garantir celeridade e gratuidade aos administrados na prevenção ou correção de lesões a seus direitos.

Por tudo o que foi exposto pode-se afirmar que o processo administrativo é a **sequência lógica de atos administrativos intermediários praticados com o objetivo de se chegar a um ato administrativo final, conclusivo, que garanta aos interessados a proteção aos seus direitos e interesses legítimos**.

Para melhor entendermos o conceito, pensemos na seguinte situação: a Administração Pública deseja contratar uma empreiteira para a construção do edifício de uma autarquia recém-criada e para tanto abre um processo licitatório. Note que o interesse final da Administração é o contrato administrativo de obra pública. Contudo, não é possível que, nesse caso, se proceda imediatamente à contratação direta, sem licitação. Por isso, com o objetivo de selecionar a melhor proposta de contrato, o Poder Público abre processo licitatório. O processo licitatório nada mais é que uma sucessão lógica de atos intermediários, que não têm fim em si mesmos (publicação do edital, habilitação dos interessados, julgamento das propostas, adjudicação ao vencedor, homologação), com vistas à prática de um ato final: o contrato administrativo de obra pública.[1]

É comum utilizarmos, ao invés de "processo administrativo", o termo "**procedimento administrativo**". Essa diferença, se é que existe alguma em termos práticos, reside em que, enquanto o processo refere-se ao conjunto de

1 Embora haja certo dissenso na doutrina em torno de o contrato ser, ou não, integrante do procedimento licitatório, utilizamos o exemplo para fins de compreensão do conteúdo ora exposto.

atos intermediários que serão praticados até a decisão final, o procedimento é relativo ao modo como esses atos intermediários serão praticados (o rito, o *iter*), a sua forma especial, solenidade, entre outros. Vale dizer, o procedimento desenvolve-se no interior do processo.

2. A LEI Nº 9.784/1999

Das três funções do Estado, a administrativa é a mais ampla, abrangendo uma infinidade de situações que, muitas vezes, não guardam qualquer semelhança entre si.[2] Isso contribui para uma diversidade quase infindável de processos administrativos, uns mais complexos, outros mais simples.

O tema deste capítulo é o processo administrativo federal, que é gênero de muitas espécies: processo administrativo disciplinar (PAD), processo administrativo ambiental, processo administrativo previdenciário, processo administrativo federal de determinação e exigência de créditos tributários (PAF), entre outros. É de todo importante afirmar que cada uma dessas espécies de processo administrativo é regulada por lei específica.

Nesse esteio, com o objetivo de uniformizar os processos administrativos na Administração Pública no âmbito federal e visando, em especial, à proteção dos direitos dos administrados e ao melhor cumprimento dos fins da Administração, foi editada a Lei nº 9.784/1999, lei federal que traça **normas gerais** sobre os processos administrativos que tramitam nos órgãos e entidades públicas federais de quaisquer dos Poderes (Executivo, Legislativo e Judiciário).

O primeiro ponto a destacar é que, em princípio, essa lei **não se aplica aos Estados, ao Distrito Federal e aos Municípios, mas tão somente à União**. Pois, já vimos que, salvo os casos previstos na Constituição, o Direito Administrativo é matéria de competência legislativa de cada ente da Federação.

Interessante orientação tem norteado a jurisprudência do STJ ao asseverar que, diante da falta de lei geral própria, é possível a aplicação subsidiária, no âmbito estadual, distrital ou municipal, da Lei nº 9.784/1999, que regula o processo administrativo no âmbito federal. Isto é, à míngua de lei geral que estabeleça normas para os processos administrativos dos Estados, DF e Municípios, poderá ser aplicada supletivamente a Lei nº 9.784/1999.[3]

O segundo ponto a ser ressaltado é que a Lei nº 9.784/1999 dispõe sobre **normas gerais** aplicáveis a todas as espécies de processos administrativos federais, mesmo que regidos por lei específica. Todavia, quando houver conflitos entre a norma geral e a lei específica, prevalecerá esta última. Em suma, os processos administrativos específicos continuarão a reger-se por lei própria,

2 Sobre este tema, veja o tópico 2.4 (Funções do Estado) do Capítulo 1 (Fundamentos de Direito Público e Teoria Geral do Direito Administrativo).

3 RMS 21.070-SP, Rel.ª Min.ª LAURITA VAZ, julg.: 17.11.2009. No mesmo sentido, AgRg no Ag 815.532/RJ, Rel. Min. ARNALDO ESTEVES LIMA, DJ 23.04.2007 E RMS 21414/SP, Rel. Min. FÉLIX FISCHER, DJe 04.08.2008.

aplicando-se-lhes apenas subsidiariamente os preceitos da lei geral do processo administrativo (art. 69, Lei nº 9.784/1999).

A Lei nº 9.784/1999 dispõe, além de normas gerais sobre o processo administrativo federal, sobre alguns temas relevantes do Direito Administrativo, que há muito tempo estavam consagrados na doutrina, mas que ainda não estavam previstos em lei. Assim, temos assuntos como: princípios da Administração Pública, motivação, competência, anulação, revogação e convalidação de atos administrativos. Todos esses assuntos já foram estancados em outros pontos deste Curso. Sendo assim, para não sermos enfadonhos, não vamos repetir o conteúdo com a profundidade usual, limitando-nos a fazer breves comentários a respeito.

Por fim, o art. 1º, § 2º, da lei dispõe que se considera:

> I – órgão – a unidade de atuação integrante da estrutura da Administração direta e da estrutura da Administração indireta;
>
> II – entidade – a unidade de atuação dotada de personalidade jurídica;
>
> III – autoridade – o servidor ou agente público dotado de poder de decisão.

3. PRINCÍPIOS DA ADMINISTRAÇÃO PÚBLICA

A Lei nº 9.784/1999 traz expressamente em seu texto alguns princípios que até então eram implícitos na ordem jurídica, tais como: finalidade, motivação, razoabilidade, proporcionalidade, ampla defesa, contraditório, segurança jurídica e supremacia do interesse público.

No parágrafo único do art. 2º, a lei dispõe sobre a aplicação de alguns princípios nos seguintes termos (nossas anotações entre parênteses):

> I – atuação conforme a lei e o Direito (princípio da legalidade);
>
> II – atendimento a fins de interesse geral, vedada a renúncia total ou parcial de poderes ou competências, salvo autorização em lei (princípios da impessoalidade e da indisponibilidade do interesse público);
>
> III – objetividade no atendimento do interesse público, vedada a promoção pessoal de agentes ou autoridades (princípio da impessoalidade);
>
> IV – atuação segundo padrões éticos de probidade, decoro e boa-fé (princípio da moralidade);
>
> V – divulgação oficial dos atos administrativos, ressalvadas as hipóteses de sigilo previstas na Constituição (princípio da publicidade);

VI – adequação entre meios e fins, vedada a imposição de obrigações, restrições e sanções em medida superior àquelas estritamente necessárias ao atendimento do interesse público (princípios da razoabilidade e da proporcionalidade);

VII – indicação dos pressupostos de fato e de direito que determinarem a decisão (princípio da motivação);

VIII – observância das formalidades essenciais à garantia dos direitos dos administrados (princípio da segurança jurídica);

IX – adoção de formas simples, suficientes para propiciar adequado grau de certeza, segurança e respeito aos direitos dos administrados (princípios da segurança jurídica e do informalismo);

X – garantia dos direitos à comunicação, à apresentação de alegações finais, à produção de provas e à interposição de recursos, nos processos de que possam resultar sanções e nas situações de litígio (princípios do contraditório e da ampla defesa);

XI – proibição de cobrança de despesas processuais, ressalvadas as previstas em lei (princípio da gratuidade);

XII – impulsão, de ofício, do processo administrativo, sem prejuízo da atuação dos interessados (princípio da oficialidade);

XIII – interpretação da norma administrativa da forma que melhor garanta o atendimento do fim público a que se dirige, vedada aplicação retroativa de nova interpretação (princípios da finalidade e da segurança jurídica).

4. PRINCÍPIOS ESPECÍFICOS DO PROCESSO ADMINISTRATIVO

4.1. Princípio da oficialidade

Nos processos judiciais, as partes é que devem tomar as medidas para instaurá-los e deles participarem até a decisão final. Salvo raríssimas exceções, é vedado ao juiz praticar atos de ofício, sem que tenha provocação das partes para tanto (**princípio da inércia**). Tal disposição justifica-se pelo conflito que há entre as partes e pela posição equidistante em que se encontra o juiz em relação a elas (**trilateralidade**). Daí a célebre frase: "o Judiciário somente atua quando provocado".

Nos processos administrativos, a própria Administração é parte no processo (**bilateralidade**), na medida em que decide as questões que lhe são submetidas em sede dos processos administrativos e é diretamente interessada na solução por ela mesma adotada. Isto é, provocada ou não pelo particular, a Administração sempre atua em prol dos interesses coletivos que lhe cabe preservar. Ademais, nem sempre há conflito de interesses no processo administrativo.

E é justamente por isso que os processos administrativos são orientados pelo **princípio da oficialidade** (ou da impulsão), segundo o qual o desdobramento do processo, desde o início até a decisão final, é atribuído à Administração Pública, mesmo que tenha sido iniciado pelo particular interessado.

A oficialidade concretiza-se no processo administrativo nas seguintes situações:

a) possibilidade de instauração do processo de ofício;

b) instrução (tomada de depoimentos, produção de provas, solicitação de pareceres, perícias e laudos, realização de diligências) do processo pela Administração; e

c) revisão de ofício.

Extremamente importante destacar que há situações em que o interessado será conclamado a prestar informações ou juntar documentos ao processo. Nesse caso, mesmo havendo omissão do particular, a Administração poderá, em tese, suprir a falta a fim de que o interesse público seja atendido e o processo seja concluído.

Nesse passo, é importante asseverar que o princípio da oficialidade, por óbvio, não se aplica aos processos administrativos em que o interesse predominante seja o do particular, pois nesses casos havendo inércia deste não há razão para que o processo continue tramitando. Inclusive, a Lei nº 9.784/1999, em seu art. 40, propugna:

> Quando dados, atuações ou documentos solicitados ao interessado forem necessários à apreciação do pedido formulado, o não atendimento no prazo fixado pela Administração para a respectiva apresentação implicará arquivamento do processo.

4.2. Princípio da verdade material

Um dos instrumentos que os litigantes têm à sua disposição para exercer a defesa de seus direitos e interesses é a apresentação de provas. Nos processos judiciais de natureza cível, há momentos processuais específicos para as partes (e somente elas) apresentarem provas: dilação probatória. Fora desses momentos específicos, as partes não podem juntar provas aos autos. O juiz, ao julgar o processo, estará restrito às provas apresentadas pelas partes. Inclusive há uma antiga máxima jurídica que retrata esse quadro: "se a prova não está nos autos, não está no mundo". Trata-se do princípio da verdade formal, segundo o qual as provas somente serão apreciadas no processo se forem apresentadas pelas partes num momento específico destinado para tal. O juiz, aqui, mantém-se numa posição de inércia, aguardando que as partes apresentem a comprovação dos fatos por elas alegados.

Nos processos administrativos, a Administração está vinculada à verdade real e, para tanto, lança mão de mecanismos menos formais para chegar a uma decisão justa. Assim, **interessados, terceiros** e a própria **Administração** podem, a qualquer momento antes da decisão final, apresentar provas no processo com vistas a fornecerem subsídios para a tomada de decisão. Além disso, a Administração poderá se valer de provas constantes de outros processos administrativos ou judiciais. É o princípio da **verdade material, da verdade real ou da liberdade na prova**.

Por fim, vale trazer à baila o tema acerca da possibilidade de utilização, no processo administrativo, de **prova emprestada do processo penal**.[4] De maneira geral, a doutrina e a jurisprudência têm admitido essa hipótese, desde que não se apresente qualquer óbice à defesa do servidor. Isto é, se a prova emprestada não importa em diminuição da garantia de defesa do servidor, poderá ser utilizada no processo administrativo.[5]

4.3. Princípio do informalismo

Por este princípio, também chamado de formalismo racional ou razoável, a Administração limita-se a exigir apenas as formalidades estritamente necessárias à garantia de lisura e segurança do processo. Em outras palavras, significa que a Administração não exigirá formas rígidas, a não ser por força de lei.

Desde logo deve-se sublinhar que o princípio do informalismo não significa que o processo administrativo não terá forma alguma. Pelo contrário, todos os atos do processo devem ser praticados por escrito, com as suas folhas devidamente numeradas e rubricadas, a fim de garantir a confiabilidade das informações ali contidas. O informalismo, portanto, significaria que as formalidades inerentes ao processo devem ser as mais simples possíveis, devendo-se afastar exigências inúteis, desnecessárias e injustificadas.

O fundamento do princípio do informalismo é que, como nos processos administrativos não é obrigatória a assistência técnica de advogado, deve o procedimento ser balizado pela simplicidade dos atos processuais, exigindo-se somente as formalidades que sejam suficientes para propiciar adequado grau de certeza, segurança e respeito aos direitos dos administrados.

De maneira geral, nos processos administrativos que envolvem interesses opostos entre particulares há exigência de maior formalismo, ao passo que nos

4 Prova emprestada, para estes efeitos, é aquela que advém de outro processo, qualquer que seja sua natureza, e é transposta para o processo administrativo.

5 RMS 25485/DF, Rel. Min. CARLOS BRITTO, julg.: 17.03.2006. Nesse mesmo sentido, STF, QO-Inq. 2.424-RJ, Rel. Min. CEZAR PELUSO, DJ 24.08.2007. O STJ também advoga esse mesmo entendimento: MS 14.405/DF, Rel. Min. NAPOLEÃO NUNES MAIA FILHO, julg.: 26.05.2010.

processos administrativos meramente internos se tem menos formalidades. Destarte, o princípio do informalismo não se aplica aos processos administrativos concorrenciais (como os de licitação), pois violaria a isonomia entre os contendores.[6]

Cabe aqui importante observação. Quando estudamos a forma dos atos administrativos, afirmamos que é elemento vinculado, não cabendo liberdade na sua escolha. Aliás, conforme foi exposto, a discricionariedade reside nos elementos motivo e objeto. Essa é uma maneira tradicional de se abordar a matéria. Todavia, a prática administrativa demonstra que nem sempre a lei especifica a forma a ser utilizada na edição deste ou daquele ato administrativo. Assim, não raro, surge para o agente público certa liberdade para escolher a forma que melhor se amolda ao objeto do ato administrativo. E é nesse quadro que se afigura importante o princípio do informalismo, haja vista que impede a adoção de formalismos desnecessários que elidam a defesa dos direitos dos administrados e violem frontalmente o princípio da eficiência. Essa é a orientação firmada pelo art. 22 da Lei nº 9.784/1999 ao prescrever que "os atos do processo não dependem de forma determinada, senão quando a lei expressamente o exigir".

4.4. Princípio da garantia de defesa

Com o objetivo de preservar e garantir a defesa dos interessados, a Lei nº 9.784/1999 prevê os **direitos** de que estes são detentores em processo administrativo (art. 3º):

> I – ser tratado com respeito pelas autoridades e servidores, que deverão facilitar o exercício de seus direitos e o cumprimento de suas obrigações;
>
> II – ter ciência da tramitação dos processos administrativos em que tenha a condição de interessado, ter vista dos autos, obter cópias de documentos neles contidos e conhecer as decisões proferidas (princípio da acessibilidade);
>
> III – formular alegações e apresentar documentos antes da decisão, os quais serão objeto de consideração pelo órgão competente;
>
> IV – fazer-se assistir, facultativamente, por advogado, salvo quando obrigatória a representação, por força de lei.

Com a Emenda Constitucional nº 45, de 8 de dezembro de 2004, (que veiculou a denominada "Reforma do Judiciário"), restaram promovidos os direitos dos interessados nos processos administrativos, com o acréscimo do inciso LXXVIII ao art. 5º da Constituição, que tem a seguinte redação: "a todos, no âmbito judicial

6 MELLO, Celso Antônio Bandeira de. *Curso de Direito Administrativo*. 25ª ed. São Paulo, Malheiros, 2008, p. 495.

e administrativo, são assegurados a razoável duração do processo e os meios que garantam a celeridade de sua tramitação".

Como supracitado, a transparência dos atos processuais é direito dos interessados em processos administrativos. Assim, são assegurados ciência da tramitação e das decisões, acompanhamento de interrogatórios, cópia de documentos e vista dos autos.

Não obstante, com relação a esta última, o STF tem entendido que o *habeas data* **não se revela meio idôneo para se obter vista de processo administrativo**, haja vista que esse remédio constitucional se presta à proteção da privacidade do indivíduo contra abuso no registro e/ou revelação de dados pessoais falsos ou equivocados.[7]

Sendo assim, o direito à vista dos autos, quando negado, enseja propositura de mandado de segurança (art. 5º, LXIX, CF). Em reforço, o art. 46 da lei afirma:

> Os interessados têm direito à vista do processo e a obter certidões ou cópias reprográficas dos dados e documentos que o integram, ressalvados os dados e documentos de terceiros protegidos por sigilo ou pelo direito à privacidade, à honra e à imagem.

Em contrapartida, no art. 4º, a lei estabelece os **deveres dos administrados** perante a Administração:

> I – expor os fatos conforme a verdade;
>
> II – proceder com lealdade, urbanidade e boa-fé;
>
> III – não agir de modo temerário;
>
> IV – prestar as informações que lhe forem solicitadas e colaborar para o esclarecimento dos fatos.

4.5. Princípio da gratuidade

Como corolário da bilateralidade do processo administrativo, em que a mesma Administração que julga é também interessada diretamente na decisão do processo administrativo, há o princípio da gratuidade. Em termos mais simples, se a Administração é diretamente interessada, não faz sentido que receba pagamento de custas.

Nos termos do art. 2º, parágrafo único, XI, da Lei nº 9.784/1999, deverá ser observada a "proibição de cobrança de despesas processuais, ressalvadas as previstas em lei". Ainda nesse rumo, o art. 29, § 2º, da referida lei afirma que "os atos de instrução que exijam a atuação dos interessados devem realizar-se do modo menos oneroso para estes".

A gratuidade do processo administrativo opõe-se à onerosidade do processo judicial (cobrança de custas judiciais), pois neste o Estado atua a pedido das

7 HD nº 90/DF, Rel.ª Min.ª ELLEN GRACIE, DJ 25.05.2009.

partes. Isto é, movimenta-se toda a máquina judicial (para tanto são contratados peritos, contadores e profissionais em geral a depender da causa) para resolver um conflito de interesses particular. O art. 82 do novo Código de Processo Civil consagra o princípio da onerosidade ao estatuir:

> Salvo as disposições concernentes à gratuidade da justiça, incumbe às partes prover as despesas dos atos que realizarem ou requererem no processo, antecipando-lhes o pagamento, desde o início até a sentença final ou, na execução, até a plena satisfação do direito reconhecido no título.

O art. 56, § 2º, da Lei nº 9.784/1999 prevê que "salvo exigência legal, a interposição de recurso administrativo independe de caução". Em relação a este tópico, a jurisprudência do STF e do STJ é no sentido de que qualquer exigência de depósito prévio de garantia como pressuposto de admissibilidade do recurso administrativo é inconstitucional por violar os princípios do contraditório e da ampla defesa.[8] Nessa esteira, vale citar a Súmula Vinculante nº 21, de 10 de novembro de 2009, pela qual: "**É inconstitucional a exigência de depósito ou arrolamento prévios de dinheiro ou bens para admissibilidade de recurso administrativo**".

4.6. Princípio da economia processual

Por este princípio, exige-se o alcance dos melhores resultados com o mínimo possível de atividade (esforço) processual.

O § 5º do art. 26 expressa a aplicação do princípio da economia processual ao dispor que "as intimações serão nulas quando feitas sem observância das prescrições legais, mas o comparecimento do administrado supre sua falta ou irregularidade". Pelo dispositivo percebe-se a intenção de que um ato processual seja repetido por mera ausência desta ou daquela finalidade. Sendo atingida a finalidade para a qual o ato foi praticado, não haverá nulidade por meros deslizes de forma – princípio da instrumentalidade das formas.[9]

Como consequência deste princípio, temos o **princípio do aproveitamento dos atos processuais**, mediante o qual deve-se sempre buscar corrigir os vícios do processo, caso sejam sanáveis, evitando a anulação (extinção) do feito. Obviamente, a convalidação desses atos somente será possível quando não afetar direitos dos administrados e o interesse da Administração.

---

8 Vale citar, ainda, a ADI 1976-DF, Rel. Min. JOAQUIM BARBOSA, DJ 05.06.2007. STJ, Súmula nº 373, de 30 de março de 2009 e REsp 943.116-SP, Rel. Min. JOSÉ DELGADO, DJ 19.06.2007.

9 A respeito, *vide* NCPC: "Art. 277. Quando a lei prescrever determinada forma, o juiz considerará válido o ato se, realizado de outro modo, lhe alcançar a finalidade. [...] Art. 281. Anulado o ato, consideram-se de nenhum efeito todos os subsequentes que dele dependam, todavia, a nulidade de uma parte do ato não prejudicará as outras que dela sejam independentes.".

4.7. Princípio da participação popular

A Constituição da República no seu art. 1º, parágrafo único, lança o fundamento do princípio da participação popular nos processos administrativos ao dispor que "todo poder emana do povo, que o exerce por meio de seus representantes eleitos ou diretamente, nos termos desta Constituição". Além disso, a Administração Pública está incumbida de defender, não interesses próprios, mas interesses da coletividade. Logo, a própria coletividade tem direito de participar das decisões que lhe afete.

Dessa forma, os administrados têm direito de participar nos processos administrativos em que figurem como interessados, direta ou indiretamente.

A Lei nº 9.784/1999 prevê diversos instrumentos de participação popular nos processos administrativos, quais sejam, **consulta pública**, **audiência pública** e **participação dos administrados, diretamente ou por meio de organizações e associações legalmente reconhecidas** (arts. 31 a 33).

5. INÍCIO DO PROCESSO

O processo administrativo pode iniciar-se **de ofício** ou **a pedido** do interessado (art. 5º). Aqui, temos uma das primeiras aplicações do princípio da oficialidade, segundo o qual a Administração pode iniciar o processo de ofício (sem nenhuma provocação do interessado).

Salvo os casos em que for admitida a solicitação oral, o processo administrativo iniciará com a formulação de requerimento inicial por escrito e conterá os seguintes dados (art. 6º):

> I – órgão ou autoridade administrativa a que se dirige;
>
> II – identificação do interessado ou de quem o represente;
>
> III – domicílio do requerente ou local para recebimento de comunicações;
>
> IV – formulação do pedido, com exposição dos fatos e de seus fundamentos;
>
> V – data e assinatura do requerente ou de seu representante.

Tendo em vista que no processo administrativo não é obrigatória a assistência por advogado e considerando, por consequência, que o interessado nem sempre disporá dos conhecimentos jurídicos suficientes para exercer a defesa dos seus direitos, é **vedada à Administração a recusa imotivada** de recebimento de documentos que não atendam às exigências dispostas acima, devendo o servidor **orientar o interessado quanto ao suprimento de eventuais falhas** (art. 6º, parágrafo único). Observe que se trata de dever, e não de mera faculdade de orientar o interessado.

Com o objetivo de agilizar o atendimento da pretensão do administrado e dar azo ao princípio da eficiência, os órgãos e entidades administrativas deverão elaborar modelos ou formulários padronizados para assuntos que importem pretensões equivalentes (art. 7º).

Imagine que cinco servidores recém-nomeados em concurso público sejam estudantes universitários da mesma turma e pretendam conciliar os estudos com o trabalho. O Estatuto dos Servidores Públicos Federais (art. 98) prevê que aos servidores estudantes será concedido horário especial, quando comprovada a incompatibilidade entre o horário escolar e o da repartição, sem prejuízo do exercício do cargo. Sendo assim, esse grupo de servidores pleiteará horário especial e para isso formulará requerimento inicial por escrito. Tal requerimento pode ser individual (cada servidor dará início a um processo em separado) ou coletivo (será formulado um único requerimento inicial para todos os interessados). Em suma, quando os pedidos de uma **pluralidade de interessados** tiverem conteúdo e fundamentos idênticos, poderão ser formulados em um único requerimento, salvo preceito legal em contrário (art. 8º).

Inexistindo competência legal específica, o processo administrativo deverá ser iniciado perante a autoridade de menor grau hierárquico para decidir (art. 17).

6. FORMA, TEMPO E LUGAR DOS ATOS DO PROCESSO

Os atos do processo administrativo **não dependem** de forma determinada senão quando a lei expressamente a exigir (art. 22).

O § 1º do mesmo artigo dispõe que os atos do processo serão produzidos por escrito, em vernáculo, com a data e o local de sua realização e a assinatura da autoridade responsável. Salvo imposição legal, o **reconhecimento de firma** somente será exigido quando houver **dúvida de autenticidade** (§ 2º). A **autenticação de documentos** exigidos em cópia poderá ser feita pelo órgão administrativo (§ 3º). O processo deverá ter suas páginas numeradas sequencialmente e rubricadas (§ 4º).

Os atos do processo devem realizar-se em **dias úteis**, no **horário normal** de funcionamento da repartição na qual tramitar o processo (art. 23). Serão concluídos depois do horário normal os atos já iniciados, cujo adiamento prejudique o curso regular do procedimento ou cause dano ao interessado ou à Administração (art. 23, parágrafo único).

Inexistindo disposição específica, os atos do órgão ou autoridade responsável pelo processo e dos administrados que dele participem devem ser praticados no prazo de **cinco dias**, salvo motivo de força maior (art. 24). Tal prazo pode ser dilatado até o **dobro**, mediante comprovada justificação.

Os atos do processo devem realizar-se preferencialmente na sede do órgão, cientificando-se o interessado se outro for o local de sua realização (art. 25).

Pelo que determina o art. 16 da Lei, os órgãos e entidades administrativas divulgarão publicamente os locais das respectivas sedes e, quando conveniente, a unidade funcional competente em matéria de interesse especial.

7. INTERESSADOS

São legitimados como interessados no processo administrativo (art. 9º):

> I – pessoas físicas ou jurídicas que o iniciem como titulares de direitos ou interesses individuais ou no exercício do direito de representação;
>
> II – aqueles que, sem terem iniciado o processo, têm direitos ou interesses que possam ser afetados pela decisão a ser adotada;
>
> III – as organizações e associações representativas, no tocante a direitos e interesses coletivos;
>
> IV – as pessoas ou as associações legalmente constituídas quanto a direitos ou interesses difusos.

São capazes, para fins de processo administrativo, os maiores de dezoito anos, ressalvada previsão especial em ato normativo próprio (art. 10).

O art. 69-A da Lei nº 9.784/1999 foi incluído pela Lei nº 12.008, de 29 de julho de 2009. Esse dispositivo determina que terão prioridade na tramitação, em qualquer órgão ou instância, os procedimentos administrativos em que figure como parte ou interessado:

a) pessoa com idade igual ou superior a 60 (sessenta) anos;

b) pessoa portadora de deficiência, física ou mental;

c) pessoa portadora de tuberculose ativa, esclerose múltipla, neoplasia maligna, hanseníase, paralisia irreversível e incapacitante, cardiopatia grave, doença de Parkinson, espondiloartrose anquilosante, nefropatia grave, hepatopatia grave, estados avançados da doença de Paget (osteíte deformante), contaminação por radiação, síndrome de imunodeficiência adquirida, ou outra doença grave, com base em conclusão da medicina especializada, mesmo que a doença tenha sido contraída após o início do processo.

A pessoa interessada na obtenção do benefício, juntando prova de sua condição, deverá requerê-lo à autoridade administrativa competente, que determinará as providências a serem cumpridas. Deferida a prioridade, os autos receberão identificação própria que evidencie o regime de tramitação prioritária (§§ 1º e 2º).

8. COMPETÊNCIA

A competência é **irrenunciável** e se exerce pelos órgãos administrativos a que foi atribuída como própria, **salvo os casos de delegação e avocação legalmente admitidos** (art. 11).

A delegação é ato administrativo mediante o qual se transfere o **exercício de determinadas** competências entre órgãos e agentes públicos, mesmo que não jungidos (unidos) pelo vínculo hierárquico.

Reza o art. 11 que um órgão administrativo e seu titular poderão, se não houver impedimento legal, delegar **parte** da sua competência a outros órgãos ou titulares, ainda que estes não lhe sejam hierarquicamente subordinados, quando for conveniente, em razão de circunstâncias de índole técnica, social, econômica, jurídica ou territorial. A partir disso, pode-se concluir que a delegação **é sempre possível, desde que não haja vedação legal.** Frise-se: a regra é a possibilidade de delegação, enquanto a exceção é a indelegabilidade.

Nesse sentido, preceitua o art. 13 que **não podem ser objeto de delegação**:

> I – a edição de atos de caráter normativo;
>
> II – a decisão de recursos administrativos;
>
> III – as matérias de competência exclusiva do órgão ou autoridade.

Segundo o art. 14, o ato de delegação e sua revogação deverão ser **publicados** no meio oficial. O ato de delegação especificará as matérias e poderes transferidos, os limites da atuação do delegado, a duração e os objetivos da delegação e o recurso cabível, podendo conter **ressalva de exercício** da atribuição delegada. A delegação não retira da autoridade delegante a titularidade da competência, pois o que se transfere é meramente o exercício da competência. Assim, a autoridade delegante pode continuar a exercer a competência delegada, já que esta pode ocorrer com reserva de poderes.

O ato de delegação é feito por **prazo indeterminado** e pode ser **revogado a qualquer momento** pela autoridade delegante.

As decisões adotadas por delegação devem mencionar explicitamente esta qualidade e considerar-se-ão editadas pelo delegado (art. 14, § 3º). Dessa forma, temos que, em regra, o delegante não responde pelos atos praticados pelo delegado, a não ser que o ratifique ou homologue, ou que a delegação em si seja ilícita. Nesses casos, tanto o delegante quanto o delegado responderão pela prática do ato ilícito.

Uma vez que tenhamos tratado da delegação, cabe agora trazermos à baila a **avocação**, que é o ato administrativo excepcional e temporário pelo qual um órgão ou autoridade **transfere para si** o **exercício de competência** atribuída originariamente a **subordinado**, desde que não se trate de competência exclusiva e não haja vedação legal.

Informa o art. 15 da Lei nº 9.784/1999 que será permitida, em caráter excepcional e por motivos relevantes devidamente justificados, a avocação temporária de competência atribuída a órgão hierarquicamente inferior.

A contrário do que ocorre com a delegação, que é sempre possível, a avocação é sempre um **ato excepcional**, uma medida extrema de que se valerá o agente público. A uma porque altera substancial e drasticamente a estrutura organizacional do Poder Público, ao desconfigurar a competência para prática deste ou daquele ato. A duas porque a avocação gera para o avocado notório constrangimento, pois é como se tivesse um carimbo de incompetência cravado em sua testa. Por esses e outros motivos, a avocação é medida excepcional.

Não se pode confundir a revogação de delegação com a avocação. Quando há a **revogação de delegação**, o órgão ou autoridade está **retomando** o exercício de competência que **lhe foi atribuída pela lei**. Na **avocação** se está trazendo para si o exercício de competência que a **lei atribuiu** ao **subordinado originariamente**. Em que pese isso, é comum alguns autores se referirem à avocação como a retomada da competência avocada.

9. SUSPEIÇÃO E IMPEDIMENTO

De maneira geral, regras relativas a impedimento e suspeição revelam a concretização do princípio da impessoalidade na Administração Pública, pois referem-se a situações em que provavelmente o servidor não atuará com imparcialidade e por isso terá de se abster de atuar no processo.

A suspeição é **presunção relativa de incompetência** para praticar atos no processo. Por isso, se não alegada no momento oportuno, a suspeição não poderá ser arguida posteriormente com o fito de anular os atos praticados pelo servidor suspeito, haja vista que terá havido a preclusão do direito de invocá-la. Vale dizer, se não alegada oportunamente, considera-se vício sanado e o processo seguirá normalmente.

Pelo art. 20, pode ser arguida a suspeição de autoridade ou servidor que tenha **amizade íntima** ou **inimizade notória** com algum dos interessados ou com os respectivos cônjuges, companheiros, parentes e afins até o terceiro grau. Todavia, o indeferimento de alegação de suspeição poderá ser objeto de recurso, sem efeito suspensivo.

Convém informar que na suspeição, o servidor ou autoridade não é obrigado a comunicar o fato, gerando para o interessado uma possibilidade de apresentar uma arguição requerendo que o agente se afaste do processo.

Diferentemente, o impedimento é **presunção absoluta de incompetência**. A autoridade ou servidor que incorrer em impedimento deve comunicar o fato à autoridade competente, abstendo-se de atuar (art. 19). A omissão do dever de comunicar o impedimento constitui falta grave para efeitos disciplinares.

É impedido de atuar em processo administrativo o servidor ou autoridade que (art. 18):

> I - tenha interesse direto ou indireto na matéria;
>
> II - tenha participado ou venha a participar como perito, testemunha ou representante, ou se tais situações ocorrem quanto ao cônjuge, companheiro ou parente e afins até o terceiro grau;
>
> III - esteja litigando judicial ou administrativamente com o interessado ou respectivo cônjuge ou companheiro.

10. INSTRUÇÃO E DEVER DE DECIDIR

A instrução é a fase do processo em que se colhe o máximo de informações a fim de que a autoridade possa decidir com o maior acerto possível.

As atividades de instrução destinadas a averiguar e comprovar os dados necessários à tomada de decisão realizam-se **de ofício** ou **mediante impulsão** do órgão responsável pelo processo, sem prejuízo do direito dos **interessados** de **propor atuações probatórias** (art. 29). A possibilidade que atos da instrução sejam praticados de ofício pelo órgão ou entidade responsável pelo processo consagra o **princípio da oficialidade**.

Todavia, a oficialidade não afasta o direito do interessado de atuar no processo em defesa de direitos e interesses que lhe são próprios. O art. 36, inclusive, dispõe que cabe ao interessado a prova dos fatos que tenha alegado (ônus da prova), sem prejuízo do dever atribuído ao órgão competente para a instrução.[10]

Quando o interessado declarar que fatos e dados estão registrados em documentos existentes na própria Administração responsável pelo processo ou em outro órgão administrativo, o órgão competente para a instrução proverá, **de ofício**, à obtenção dos documentos ou das respectivas cópias (art. 37). Vê-se, portanto, que se tem aqui exceção à regra do ônus da prova disposta acima, pois caberá à própria Administração, e não ao interessado, providenciar a documentação ou suas cópias.

Em reforço a essa ideia, o Decreto nº 6.932/2009 preceitua em seu art. 2º que os órgãos e entidades do Poder Executivo Federal que necessitarem de documentos comprobatórios de regularidade de situação do cidadão, atestados, certidões ou outros documentos comprobatórios que constem em base de dados oficial da

10 Acerca do ônus da prova, o art. 373 do NCPC estipula que "O ônus da prova incumbe: I – ao autor, quanto ao fato constitutivo do seu direito; II – ao réu, quanto à existência de fato impeditivo, modificativo ou extintivo do direito do autor."

Administração Pública Federal deverão **obtê-los diretamente** do respectivo órgão ou entidade, salvo se se tratar de comprovação de **antecedentes criminais**, informações sobre **pessoa jurídica** e situações expressamente **previstas em lei**. Desse modo, os órgãos e entidades do Poder Executivo Federal **não poderão exigir** do cidadão a apresentação de **certidões ou outros documentos expedidos por outro órgão ou entidade** do Poder Executivo Federal (art. 3º).

Por outro lado, quando dados, atuações ou documentos **solicitados ao interessado** forem necessários à apreciação de pedido formulado, o não atendimento no prazo fixado pela Administração para a respectiva apresentação implicará **arquivamento** do processo (art. 40).

Ademais, o interessado poderá, na fase instrutória e antes da tomada da decisão, juntar documentos e pareceres, requerer diligências e perícias, bem como aduzir alegações referentes à matéria objeto do processo, que deverão ser considerados na motivação do relatório e da decisão (art. 38). Os interessados têm direito à vista do processo e a obter certidões ou cópias reprográficas dos dados e documentos que o integram, ressalvados os dados e documentos de terceiros protegidos por sigilo ou pelo direito à privacidade, à honra e à imagem (art. 46).

A lei estabelece uma série de exigências em relação às provas no processo administrativo. A primeira delas trata da **recusa de provas**, que poderá ocorrer mediante expressa justificação da autoridade competente nos casos em que as provas forem ilícitas, impertinentes, desnecessárias ou protelatórias (art. 38, § 2º).

Ao ser necessária a prestação de informações ou a apresentação de provas pelos interessados ou terceiros, serão expedidas **intimações** para esse fim, mencionando-se data, prazo, forma e condições de atendimento (art. 39). Não sendo atendida a intimação, poderá o órgão competente, se entender relevante a matéria, suprir **de ofício** a omissão, não se eximindo de proferir a decisão (art. 39, parágrafo único).

Quando a matéria do processo envolver assunto de interesse geral, o órgão competente poderá, mediante despacho motivado, abrir período de **consulta pública** para manifestação de terceiros, antes da decisão do pedido, se não houver prejuízo para a parte interessada (art. 31). A abertura da consulta pública será objeto de divulgação pelos meios oficiais, a fim de que pessoas físicas ou jurídicas possam examinar os autos, fixando-se prazo para oferecimento de **alegações escritas**.

É interessante observar que o comparecimento à consulta pública não confere, por si, a condição de interessado do processo, mas confere o direito de obter da Administração resposta fundamentada, que poderá ser comum a todas as alegações substancialmente iguais (art. 31, § 2º).

Antes da tomada de decisão, a juízo da autoridade, diante da relevância da questão, poderá ser realizada **audiência pública** para **debates** sobre a matéria do processo (art. 32).

A diferença entre consulta pública e audiência pública é que nesta há **sessão de debates verbais**, enquanto naquela a opinião popular é colhida mediante **manifestação escrita**.

Os resultados da consulta e da audiência pública, e de outros meios de participação de administrados deverão ser apresentados com a indicação do procedimento adotado (art. 34).

Ainda com o objetivo de promover o princípio da participação popular no processo administrativo, os órgãos e entidades administrativas, em matéria relevante, poderão estabelecer **outros meios de participação de administrados**, diretamente ou por meio de organizações e associações legalmente reconhecidas (art. 33).

Quando necessária à instrução do processo, a audiência de outros órgãos ou entidades administrativas poderá ser realizada em **reunião conjunta**, com a participação de titulares ou representantes dos órgãos competentes, lavrando-se a respectiva ata, a ser juntada aos autos (art. 35).

Quando deva ser obrigatoriamente ouvido um órgão consultivo, o parecer deverá ser emitido no prazo máximo de **quinze dias**, salvo norma especial ou comprovada necessidade de maior prazo (art. 42).

O parecer é o ato administrativo mediante o qual os órgãos técnicos da Administração emitem opiniões sobre assuntos submetidos à sua consideração. Os pareceres podem ser facultativos ou obrigatórios e vinculantes ou não vinculantes. O parecer **facultativo** é aquele em que a Administração não é obrigada a solicitá-lo. **Obrigatório** é aquele definido por lei como essencial ao curso do processo administrativo, mas que não necessariamente obriga a autoridade incumbida da decisão a concordar com seus termos, podendo decidir de maneira diversa. O parecer **vinculante** é o que, além de ser obrigatória a sua solicitação, determina que a autoridade decida conforme a opinião neles manifestada. Os pareceres vinculantes não são comuns no âmbito administrativo, pois essa espécie de ato cumpre papel essencialmente opinativo. Por fim, o parecer **não vinculante** é aquele que se limita, como é natural, a emitir opinião sobre assuntos técnicos, instruindo a autoridade quanto a melhor decisão.

Sobre o tema, a Lei nº 9.784/1999 consignou que se um parecer **obrigatório e vinculante** deixar de ser emitido no prazo fixado, o processo não terá seguimento até a respectiva apresentação, responsabilizando-se quem der causa ao atraso (art. 42, § 1º). Se um parecer **obrigatório e não vinculante** deixar de ser emitido no prazo fixado, o processo poderá ter prosseguimento e ser decidido com sua dispensa, sem prejuízo da responsabilidade de quem se omitiu no atendimento (art. 42, § 2º).

Quanto à responsabilidade do parecerista, temos que o STF se posiciona no sentido de que o parecer vinculante cria para a autoridade incumbida da decisão a obrigação de decidir à luz da opinião manifestada no parecer. Daí "essa manifestação de teor jurídico deixa de ser meramente opinativa e o administrador não poderá decidir senão nos termos da conclusão do parecer ou, então, não decidir". Nessa espécie de parecer, há como falar em responsabilidade solidária do parecerista, por compartilhar o teor da decisão com a autoridade vinculada. Assim, entende a Corte Maior:

> Salvo demonstração de culpa ou erro grosseiro, submetida às instâncias administrativo-disciplinares ou jurisdicionais próprias, não cabe a responsabilização do advogado público pelo conteúdo de seu parecer de natureza meramente opinativa.[11]

Quando por disposição de ato normativo devam ser previamente obtidos laudos técnicos de órgãos administrativos e estes não cumprirem o encargo no prazo assinalado, o órgão responsável pela instrução deverá solicitar laudo técnico de outro órgão dotado de qualificação e capacidade técnica equivalentes (art. 43).

Encerrada a instrução, o interessado terá o direito de manifestar-se no prazo máximo de **dez dias**, salvo se outro prazo for legalmente fixado (art. 44). No contexto do processo judicial, essa fase é conhecida como "alegações finais".

Para evidenciar o poder geral de cautela da Administração Pública, para salvaguardar o interesse público em situações de emergência, prevê o art. 45 que: "Em caso de risco iminente, a Administração Pública poderá motivadamente adotar providências acauteladoras sem a prévia manifestação do interessado". Isto é, embora a regra seja a observância do contraditório e da ampla defesa previamente à ação administrativa, em situações de risco pode a Administração agir para só posteriormente buscar conhecer as razões do administrado, desde que o faça mediante expressa justificativa.

O órgão de instrução que não for competente para emitir a decisão final elaborará relatório indicando o pedido inicial, o conteúdo das fases do procedimento e formulará proposta de decisão, objetivamente justificada, encaminhando o processo à autoridade competente (art. 47).

A Administração tem o **dever** de explicitamente emitir decisão nos processos administrativos e sobre solicitações ou reclamações, em matéria de sua competência (art. 48). Assim, concluída a instrução de processo administrativo, a Administração tem o prazo de até **30 dias** para decidir, salvo **prorrogação por igual período** expressamente motivada (art. 49).

11 STF, MS 24.631-DF, Rel. Min. JOAQUIM BARBOSA, DJ 09.08.2007. Na mesma linha: MS 30.892/DF, Rel. Min. LUIZ FUX, Dje 22.08.2014; MS 27.867 AgR/DF, rel. Min. DIAS TOFFOLI, julg.: 18.09.2012.

11. COMUNICAÇÃO DOS ATOS

O órgão competente perante o qual tramita o processo administrativo determinará a intimação do interessado para ciência de decisão ou a efetivação de diligências (art. 26).

A intimação observará a antecedência mínima de **três dias úteis** quanto à data de comparecimento e poderá ser efetuada por ciência no processo, por via postal com aviso de recebimento, por telegrama ou outro meio que assegure a certeza da ciência do interessado. No caso de interessados indeterminados, desconhecidos ou com domicílio indefinido, a intimação deve ser efetuada por meio de publicação oficial (art. 26, § 4º) – neste caso tem-se a intimação ficta. É importante sublinhar que a intimação pela imprensa oficial somente poderá ser adotada quando a Administração tenha esgotado todos os meios comuns para a cientificação do interessado. Na ineficiência desses meios, poderá valer-se da intimação por meio de publicação oficial.

A intimação deverá conter a identificação do intimado e nome do órgão ou entidade administrativa; finalidade da intimação; data, hora e local em que deve comparecer; se o intimado deve comparecer pessoalmente, ou fazer-se representar; informação da continuidade do processo independentemente do seu comparecimento; indicação dos fatos e fundamentos legais pertinentes (art. 26, § 1º).

As intimações serão nulas quando feitas sem observância das prescrições legais, mas o **comparecimento** do administrado supre sua falta ou irregularidade (art. 26, § 5º). Aqui, há aplicação do **princípio da instrumentalidade das formas**, segundo o qual são aproveitados os atos administrativos que padecem de defeitos leves, mas, ainda assim, tenham alcançado sua finalidade sem causar prejuízo para qualquer dos interessados no processo.

O desatendimento da intimação não importa o **reconhecimento da verdade dos fatos**, nem a **renúncia a direito** pelo administrado, porquanto, no prosseguimento do processo, será garantido direito de ampla defesa ao interessado (art. 27). Por esse dispositivo conclui-se que **não há preclusão do direito de defesa**. A preclusão, instituto do processo judicial, impede que as partes que não tenham, no momento específico e oportuno (eventualmente há mais de um momento para isso), apresentado suas alegações e provas pertinentes, o façam em momento posterior. Assim, essa figura não se aplica aos processos administrativos em âmbito federal, pois a qualquer momento antes da decisão final no processo poderá o interessado formular alegações e apresentar documentos, os quais devem ser levados em consideração pela autoridade que decidirá o processo.

Devem ser objeto de intimação os atos do processo que resultem para o interessado em imposição de deveres, ônus, sanções ou restrição ao exercício de direitos e atividades e os atos de outra natureza, de seu interesse (art. 28).

12. MOTIVAÇÃO

Consagrada como princípio da Administração Pública, a motivação demanda que os atos praticados pela Administração deverão receber a devida exposição das razões de fato e de direito que autorizaram a sua prática.

Não obstante ainda haja certo dissenso na doutrina, a posição majoritária é a de que, de modo geral, todos os atos administrativos, vinculados ou discricionários, devem ser motivados. Prova disso é que a Lei nº 9.784/1999 dedicou capítulo especial a esse tema. Diferente não era esperado dos agentes públicos, incumbidos de zelar pelos interesses da coletividade. Não se poderia admitir que esses agentes pudessem praticar atos sem a devida justificativa do que os levou a adotar aquela conduta. Em última análise, a motivação dos atos administrativos atende aos reclamos do Estado Democrático de Direito.[12]

Os atos administrativos deverão ser motivados, com indicação dos fatos e dos fundamentos jurídicos, quando (art. 50):

> I - neguem, limitem ou afetem direitos ou interesses;
>
> II - imponham ou agravem deveres, encargos ou sanções;
>
> III - decidam processos administrativos de concurso ou seleção pública;
>
> IV - dispensem ou declarem a inexigibilidade de processo licitatório;
>
> V - decidam recursos administrativos;
>
> VI - decorram de reexame de ofício;
>
> VII - deixem de aplicar jurisprudência firmada sobre a questão ou discrepem de pareceres, laudos, propostas e relatórios oficiais;
>
> VIII - importem anulação, revogação, suspensão ou convalidação de ato administrativo.

A motivação deve ser **explícita**, **clara** e **congruente**, podendo consistir em declaração de **concordância** com fundamentos de anteriores pareceres, informações, decisões ou propostas, que, nesse caso, serão parte integrante do ato (art. 50, § 1º).

Na solução de vários assuntos da mesma natureza, pode ser utilizado meio mecânico que reproduza os fundamentos das decisões, desde que não prejudique direito ou garantia dos interessados (art. 50, § 2º).

A motivação das decisões de órgãos **colegiados e comissões** ou de **decisões orais** constará da respectiva ata ou de termo escrito (art. 50, § 3º).

12 Em razão de termos abordado a motivação em outro ponto nesta obra, não vamos aqui repetir a matéria. Por isso, remetemos o leitor ao tópico 6.4.1. (Motivação) do Capítulo 6 (Atos Administrativos).

13. ANULAÇÃO, REVOGAÇÃO E CONVALIDAÇÃO

A Administração **deve anular** seus próprios atos, quando eivados de vício de **legalidade**, e **pode revogá-los** por motivo de **conveniência** ou **oportunidade**, respeitados os direitos adquiridos (art. 53).

O direito da Administração de anular os atos administrativos de que decorram efeitos favoráveis para os destinatários **decai em cinco anos**, contados da data em que foram praticados, salvo comprovada **má-fé** (art. 54). No caso de efeitos patrimoniais contínuos, o prazo decadencial contar-se-á da percepção do primeiro pagamento (§ 1º).

Em relação aos atos praticados antes de vigência da Lei nº 9.784/1999, considera-se como marco para início do prazo decadencial de cinco anos a data de publicação da referida lei. Assim, o direito da Administração de anular um ato administrativo ilícito de efeitos favoráveis a destinatário de boa-fé que tenha sido praticado em 30 de maio de 1996 decairá em 29 de janeiro de 2004 (cinco anos após a publicação da lei).[13]

Em decisão na qual se evidencie não acarretarem lesão ao interesse público, nem prejuízo a terceiros, os atos que apresentarem defeitos sanáveis poderão ser **convalidados** pela própria Administração (art. 55).

14. DESISTÊNCIA E EXTINÇÃO DO PROCESSO

A **desistência** é mero desinteresse na continuidade da relação processual, sem abandono da pretensão de direito material, a qual poderá ser objeto de novo processo. Note que, na renúncia, o particular apenas desiste de discutir o seu direito naquele específico processo, sem abrir mão da possibilidade de fazê-lo futuramente em outro.

A **renúncia**, diversamente, importa no total abandono do direito material em âmbito administrativo. Isto é, na renúncia o interessado expressamente abre mão do direito que desencadeou a instauração do processo administrativo e não poderá mais discutir esse direito em âmbito administrativo.

Contrapondo os dois institutos, podemos afirmar que enquanto a desistência opera efeitos intraprocessuais, a renúncia produz efeitos extraprocessualmente.

Consigna o art. 51 que o interessado poderá, mediante **manifestação escrita**, desistir **total ou parcialmente** do pedido formulado ou, ainda, renunciar a **direitos disponíveis**. Havendo vários interessados, a desistência ou renúncia atinge somente quem a tenha formulado (§ 1º).

Direitos disponíveis são aqueles de natureza patrimonial. Somente essa categoria de direitos pode ser renunciada. Os direitos indisponíveis (como a vida, a honra, a intimidade etc.) são irrenunciáveis.

13 É nesse sentido a orientação do STJ (RMS 32.706/SP, Rel. Min. ARNALDO ESTEVES LIMA, julg.: 15.02.2011; REsp 878.467-PE, Rel. Min. TEORI ALBINO ZAVASCKI, julg.: 15.09.2009; MS 7.702-DF, Rel. Min. JOSÉ ARNALDO DA FONSECA, julg.: 14.09.2005).

A desistência ou renúncia do interessado, conforme o caso, **não prejudica o prosseguimento do processo**, se a Administração considerar que o interesse público assim o exige (art. 51, § 2º).

O órgão competente poderá declarar extinto o processo quando exaurida sua finalidade ou o objeto da decisão se tornar impossível, inútil ou prejudicado por fato superveniente (art. 52).

15. RECURSO ADMINISTRATIVO E REVISÃO

Para defesa de direitos e interesses dos particulares, tradicionalmente, há dois instrumentos de petição na via recursal administrativa: o pedido de reconsideração e o recurso. O pedido de reconsideração é dirigido à mesma autoridade que já proferiu uma primeira decisão e com a qual não se conformou o particular. Então, ele poderá dirigir um pedido de reconsideração para que a autoridade reexamine a matéria e atenda aos seus anseios. O recurso, distintamente, é dirigido à autoridade imediatamente superior àquela que proferiu a primeira decisão. Exemplificativamente, se a autoridade "A" profere decisão com a qual se inconforma o interessado, este poderá interpor recurso à autoridade "B", imediatamente superior.

Não obstante toda essa sistemática, a Lei nº 9.784/1999 alterou substancialmente a matéria na medida em que fundiu o pedido de reconsideração e o recurso administrativo. A partir de então, o recurso passou a, automaticamente, ter efeito de pedido de reconsideração.

O art. 56 da lei informa que, em face de razões de **legalidade** e de **mérito** das decisões administrativas, cabe recurso, que será dirigido à mesma autoridade que proferiu a decisão, a qual, se não a reconsiderar no prazo de **cinco dias**, o encaminhará à autoridade superior, que terá **30 dias** para decidi-lo, prorrogáveis por igual período. Como se vê, o recurso interposto não é dirigido à autoridade superior, mas à que proferiu primeiramente a decisão para que reconsidere, e só em caso negativo é que o recurso subirá à autoridade hierárquica imediata, para que esta decida a controvérsia. Com essa nova feição, os recursos administrativos ganham celeridade na sua apreciação, haja vista que a autoridade que proferiu a decisão poderá reconsiderá-la em cinco dias e o recurso não precisará subir à autoridade competente, que terá até 60 dias para emitir decisão.

Salvo exigência legal, a interposição de recurso administrativo independe de caução (art. 56, § 2º, Lei nº 9.784/1999). Em relação a este tópico, temos jurisprudência do STF e do STJ no sentido de que qualquer exigência de depósito prévio de garantia como pressuposto de admissibilidade do recurso administrativo é inconstitucional por violar os princípios do contraditório e da ampla defesa.[14] Nessa esteira, vale citar a Súmula Vinculante nº 21, de 10 de novembro de 2009, pela qual:

> É inconstitucional a exigência de depósito ou arrolamento prévios de dinheiro ou bens para admissibilidade de recurso administrativo.

Em 2006, a Lei nº 11.417 trouxe importante alteração à Lei nº 9.784/1999 ao dispor sobre providências relacionadas às súmulas vinculantes. Figuras recém-inseridas no texto constitucional (art. 103-A) pela Emenda Constitucional nº 45/2004, as súmulas vinculantes são verbetes que expressam entendimento consolidado do STF em relação a determinados temas de grande controvérsia. A diferença entre as súmulas vinculantes e as súmulas comuns é que estas só produzem efeitos no interior do processo no qual são prolatadas, enquanto aquelas obrigam todos os órgãos do Poder Judiciário e da Administração Pública da União, Estados, Distrito Federal e Municípios a observá-las em futuras decisões. Assim, o art. 56, § 3º, dispõe que se o recorrente alegar que a decisão administrativa contraria enunciado da súmula vinculante, caberá à autoridade prolatora da decisão impugnada, se não a reconsiderar, explicitar, antes de encaminhar o recurso à autoridade superior, as razões da aplicabilidade ou inaplicabilidade da súmula, conforme o caso. Inclusive, é possível reclamação ao STF em face de decisão administrativa que contrarie frontalmente súmula vinculante. Acolhida pelo Supremo Tribunal Federal a reclamação fundada em violação de enunciado da súmula vinculante, dar-se-á ciência à autoridade prolatora e ao órgão competente para o julgamento do recurso, que deverão adequar as futuras decisões administrativas em casos semelhantes, sob pena de responsabilização pessoal nas esferas cível, administrativa e penal (art. 64-B).

Há legitimidade para interpor recurso administrativo (art. 58):

> I – os titulares de direitos e interesses que forem parte no processo;
>
> II – aqueles cujos direitos ou interesses forem indiretamente afetados pela decisão recorrida;
>
> III – as organizações e associações representativas, no tocante a direitos e interesses coletivos;
>
> IV – os cidadãos ou associações, quanto a direitos ou interesses difusos.

Salvo disposição legal específica, é de **10 dias** o prazo para interposição de recurso administrativo, contado a partir da ciência ou divulgação oficial da decisão recorrida (art. 59).

Quando a lei não fixar prazo diferente, o recurso administrativo deverá ser decidido no prazo máximo de **30 dias**, a partir do recebimento dos autos pelo

14 Vale citar, ainda, a ADI 1976-DF, Rel. Min. JOAQUIM BARBOSA, DJ 05.06.2007. STJ, Súmula nº 373, de 30 de março de 2009 e REsp 943.116-SP, Rel. Min. JOSÉ DELGADO, DJ 19.06.2007.

órgão competente, podendo esse prazo ser **prorrogado por igual período**, ante justificação explícita.

Os prazos para decisão não são **peremptórios** (ou **impróprios**). Isto é, quando a decisão administrativa não é exarada no prazo legal, isso não acarreta a anulação do processo. No entanto, a autoridade que der causa à intempestividade da decisão poderá, salvo justificativa razoável, ser responsabilizada penal, civil e administrativamente.

O recurso interpõe-se por meio de requerimento no qual o recorrente deverá expor os fundamentos do pedido de reexame, podendo juntar os documentos que julgar convenientes (art. 60).

Salvo disposição legal em contrário, o recurso **não tem efeito suspensivo**. Todavia, havendo justo receio de prejuízo de difícil ou incerta reparação decorrente da execução, a autoridade recorrida ou a imediatamente superior poderá, de ofício ou a pedido, dar efeito suspensivo ao recurso (art. 61).

Interposto o recurso, o órgão competente para dele conhecer deverá intimar os demais interessados para que, no prazo de **cinco dias úteis**, apresentem alegações (art. 62).[15]

O recurso **não será conhecido** quando interposto (art. 63):

I – fora do prazo;

II – perante órgão incompetente;

III – por quem não seja legitimado;

IV – após exaurida a esfera administrativa.

Quando interposto perante órgão incompetente, deve o servidor público orientar o interessado quanto à autoridade competente para conhecer daquela matéria, sendo-lhe devolvido o prazo de 10 dias para interposição de novo recurso, agora perante órgão competente.

Quanto ao exaurimento da esfera administrativa, dispõe a lei que o recurso administrativo tramitará **no máximo por três instâncias administrativas**, salvo disposição legal diversa (art. 57).

Desde que não ocorrida a preclusão administrativa, o não conhecimento do recurso por não preencher os requisitos de admissibilidade não impede a Administração de **rever de ofício** o ato impugnado. Novamente, trata-se da aplicação do princípio da oficialidade no processo administrativo.

Nesse sentido, tem a doutrina se manifestado no sentido de que a revisão de ofício de ato administrativo impugnado intempestividade não poderá ocorrer se

15 Atenção para o fato de que as únicas duas hipóteses de prazo contado em dias úteis na Lei nº 9.784/1999 são:
a) 5 dias úteis para que os demais interessados no processo manifestem sobre o recurso interposto isoladamente por um dos interessados; e
b) 3 dias úteis de antecedência da data do comparecimento para realização de intimação (art. 42).

já tiver havido prescrição judicial do ato, que seria de cinco anos conforme o disposto no Decreto nº 20.910/1932 (prescrição quinquenal das ações judiciais contra a Fazenda Pública).

O órgão competente para decidir o recurso poderá confirmar, modificar, anular ou revogar, total ou parcialmente, a decisão recorrida, se a matéria for de sua competência (art. 64). Se da aplicação da nova decisão puder decorrer **gravame** à situação do recorrente, este deverá ser cientificado para que formule suas alegações antes da decisão. Nos recursos administrativos é admitida a "*reformatio in pejus*" (reforma em prejuízo). Ou seja, a autoridade que receber o recurso pode, desde que haja ilegalidade expressa da primeira decisão, agravar a situação do recorrente, mas nesses casos deverá fazer antecipação de juízo, oferecendo prazo para que o recorrente se manifeste antes da decisão.

Em relação a esse tema, valiosa é a advertência de Carvalho Filho quando consigna que a autoridade que recebe o recurso não tem liberdade irrestrita para, a seu alvedrio, agravar a situação do interessado. Isto é, a *reformatio in pejus* do recurso administrativo não poderá advir de análise subjetiva da autoridade. Exemplificativamente, não seria válido que uma autoridade administrativa, ao receber recurso de servidor contra suspensão de 60 dias que lhe foi aplicada, resolvesse agravar-lhe a situação aplicando suspensão de 65 dias. A *reformatio in pejus*, isto sim, sucederá quando a autoridade dotada de poder de decisão esteja defronte de situação de flagrante ilegalidade e que precisa ser irremediavelmente alterada em desfavor do interessado. Seria o caso de um recurso de servidor contra advertência aplicada em razão de inassiduidade habitual (falta ao serviço por 60 dias, ou mais, interpoladamente, durante período de 12 meses). Nesse caso, a autoridade deverá agravar a situação do servidor em face de o regime jurídico dos servidores federais (Lei nº 8.112/1990) determinar que a penalidade aplicável à inassiduidade habitual é a demissão e não a advertência.[16]

Cabe agora tratarmos da **revisão** do processo administrativo. Tal instituto aplica-se àqueles processos de que resultem sanções, que poderão ser revistos, a qualquer tempo, a pedido ou de ofício, quando surgirem fatos novos ou circunstâncias relevantes suscetíveis de justificar a inadequação da sanção aplicada (art. 65).

Ao contrário do recurso, a revisão do processo não poderá acarretar agravamento da sanção. Assim, a "*reformatio in pejus*" não se aplica à revisão, mas tão somente ao recurso.

A seguir, no quadro sinótico, apresentaremos algumas diferenças entre recurso e revisão:

16 CARVALHO FILHO, José dos Santos. *Manual de Direito Administrativo*. 20ª ed. Rio de Janeiro: Lumen Juris, 2008, p. 899-900.

----------	RECURSO	REVISÃO
Cabimento	Contra decisões em quaisquer espécies de processo.	Contra decisões em processos de natureza punitiva (predominantemente).
Iniciativa	Não há recurso de ofício.	Pode ser de ofício ou a pedido.
Requisitos de admissibilidade	Apenas legitimidade, tempestividade e regularidade formal. Pode ser interposto para mera alegação de inconformidade do interessado com a decisão recorrida.	Existência de fatos novos ou circunstâncias suscetíveis de justificar nova decisão.
Prazo para interposição	Salvo disposição legal específica só podem ser interpostos no prazo de 10 dias contados da ciência ou da divulgação oficial da decisão recorrida.	Interposta a qualquer tempo.

16. PRAZOS E SANÇÕES

Em relação aos prazos no processo, a lei, nos arts. 66 e 67, elenca algumas regras:

a) os prazos começam a correr a partir da data da cientificação oficial, excluindo-se da contagem o dia do começo e incluindo-se o do vencimento (art. 66);

b) considera-se prorrogado o prazo até o primeiro dia útil seguinte se o vencimento cair em dia em que não houver expediente ou este for encerrado antes da hora normal;

c) os prazos expressos em dias contam-se de modo contínuo;

d) os prazos fixados em meses ou anos contam-se de data a data;

e) se no mês do vencimento não houver o dia equivalente àquele do início do prazo, tem-se como termo o último dia do mês; e

f) salvo motivo de força maior devidamente comprovado, os prazos processuais não se suspendem.

As **sanções**, a serem aplicadas por autoridade competente, terão natureza pecuniária ou consistirão em obrigação de fazer ou de não fazer, assegurado sempre o direito de defesa.

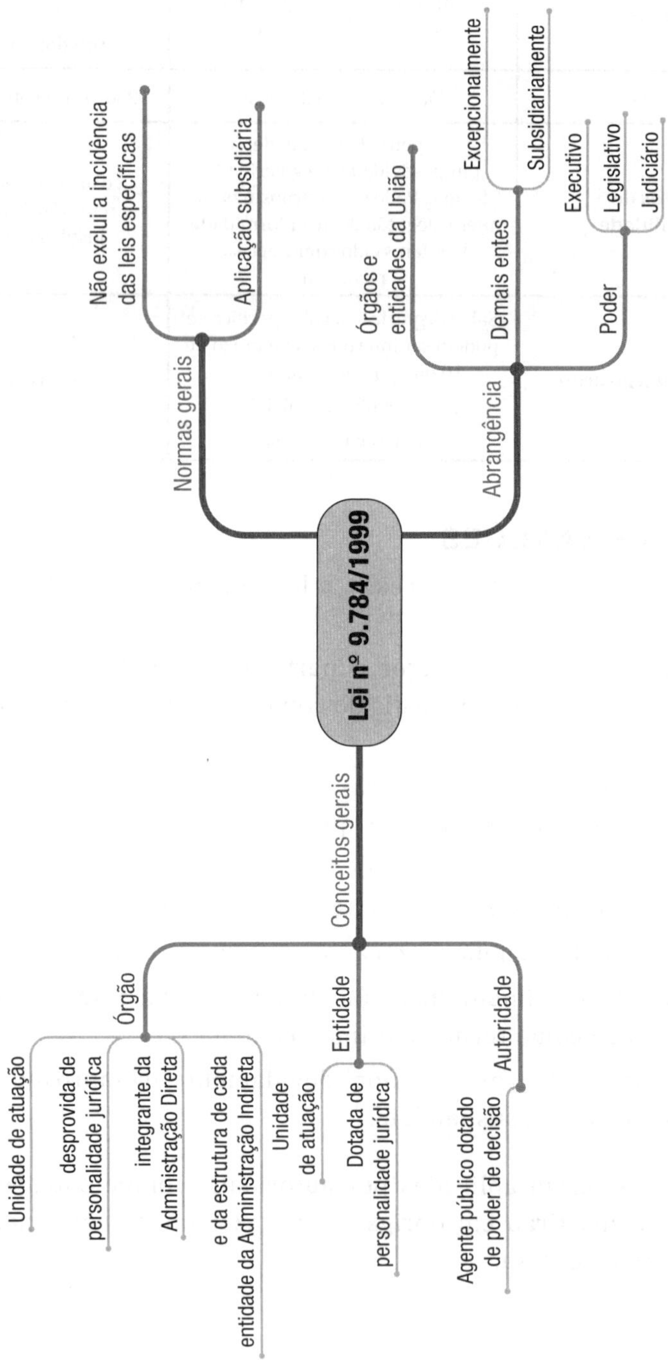
Lei nº 9.784/1999
Normas gerais
Não exclui a incidência das leis específicas
Aplicação subsidiária
Abrangência
Órgãos e entidades da União
Demais entes
Excepcionalmente
Subsidiariamente
Poder
Executivo
Legislativo
Judiciário
Conceitos gerais
Órgão
Unidade de atuação
desprovida de personalidade jurídica
integrante da Administração Direta
e da estrutura de cada entidade da Administração Indireta
Entidade
Unidade de atuação
Dotada de personalidade jurídica
Autoridade
Agente público dotado de poder de decisão

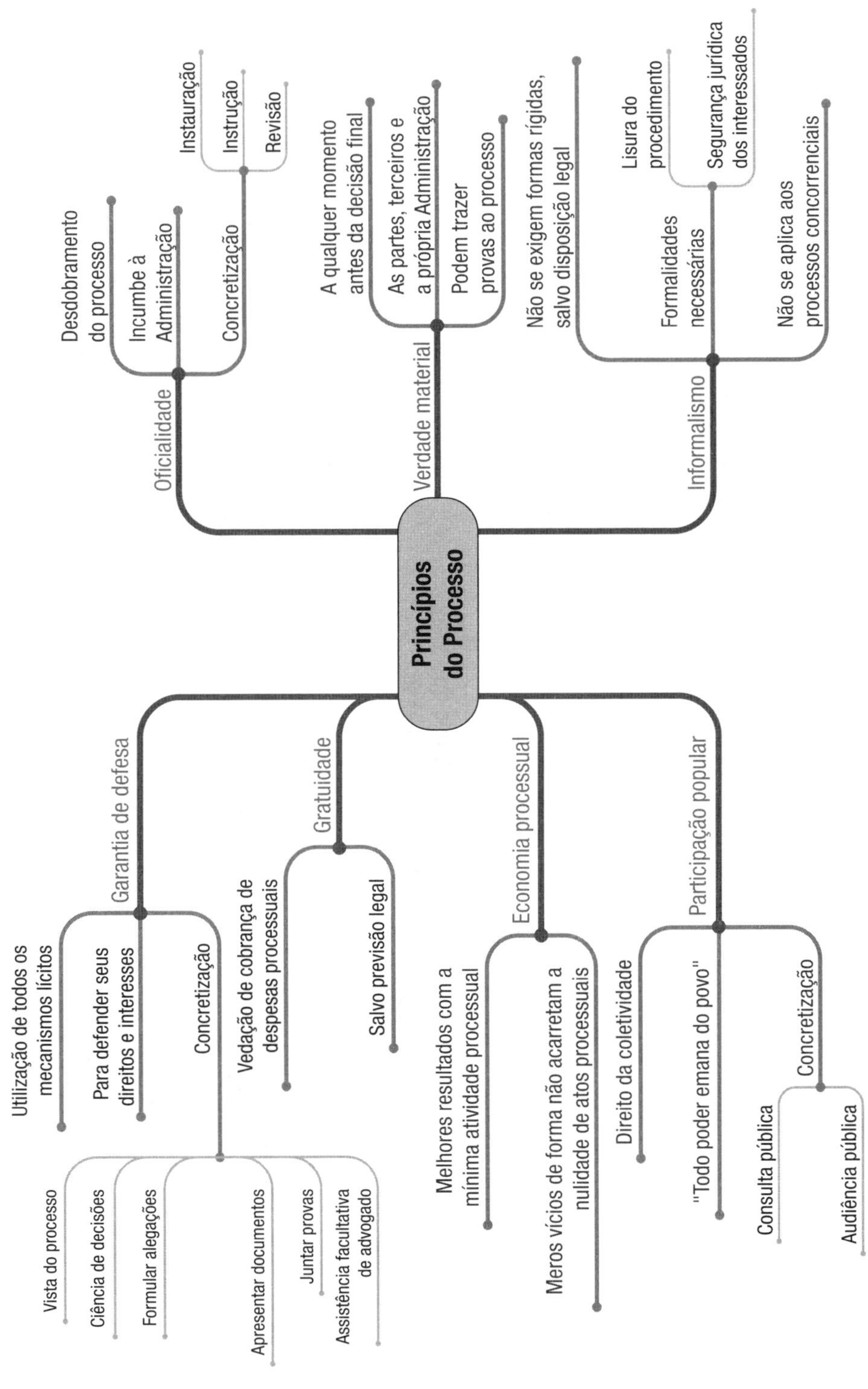
Princípios do Processo
Oficialidade
Desdobramento do processo
Incumbe à Administração
Concretização
Instauração
Instrução
Revisão
Verdade material
A qualquer momento antes da decisão final
As partes, terceiros e a própria Administração
Podem trazer provas ao processo
Informalismo
Não se exigem formas rígidas, salvo disposição legal
Formalidades necessárias
Lisura do procedimento
Segurança jurídica dos interessados
Não se aplica aos processos concorrenciais
Garantia de defesa
Utilização de todos os mecanismos lícitos
Para defender seus direitos e interesses
Concretização
Vista do processo
Ciência de decisões
Formular alegações
Apresentar documentos
Juntar provas
Assistência facultativa de advogado
Gratuidade
Vedação de cobrança de despesas processuais
Salvo previsão legal
Economia processual
Melhores resultados com a mínima atividade processual
Meros vícios de forma não acarretam a nulidade de atos processuais
Participação popular
Direito da coletividade
"Todo poder emana do povo"
Concretização
Consulta pública
Audiência pública

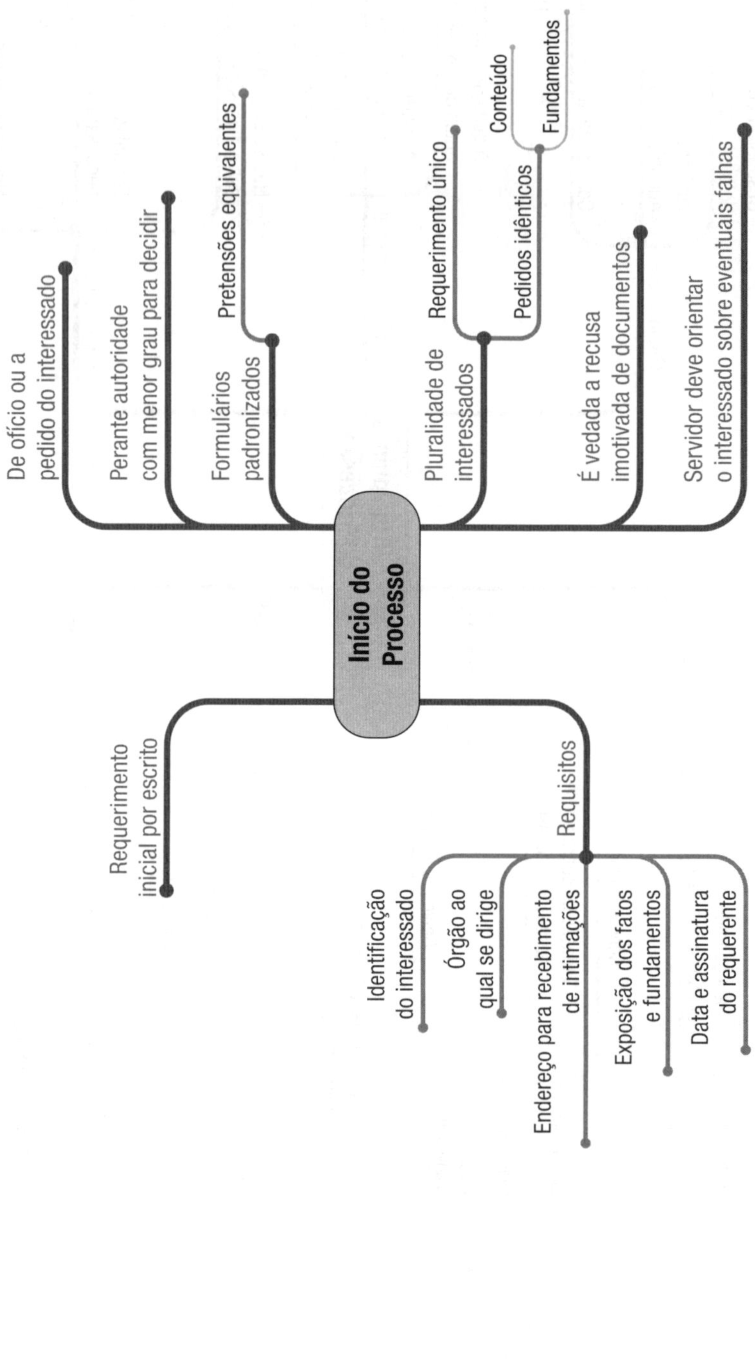
Início do Processo
De ofício ou a pedido do interessado
Perante autoridade com menor grau para decidir
Formulários padronizados
Pretensões equivalentes
Pluralidade de interessados
Requerimento único
Pedidos idênticos
Conteúdo
Fundamentos
É vedada a recusa imotivada de documentos
Servidor deve orientar o interessado sobre eventuais falhas
Requerimento inicial por escrito
Requisitos
Identificação do interessado
Órgão ao qual se dirige
Endereço para recebimento de intimações
Exposição dos fatos e fundamentos
Data e assinatura do requerente

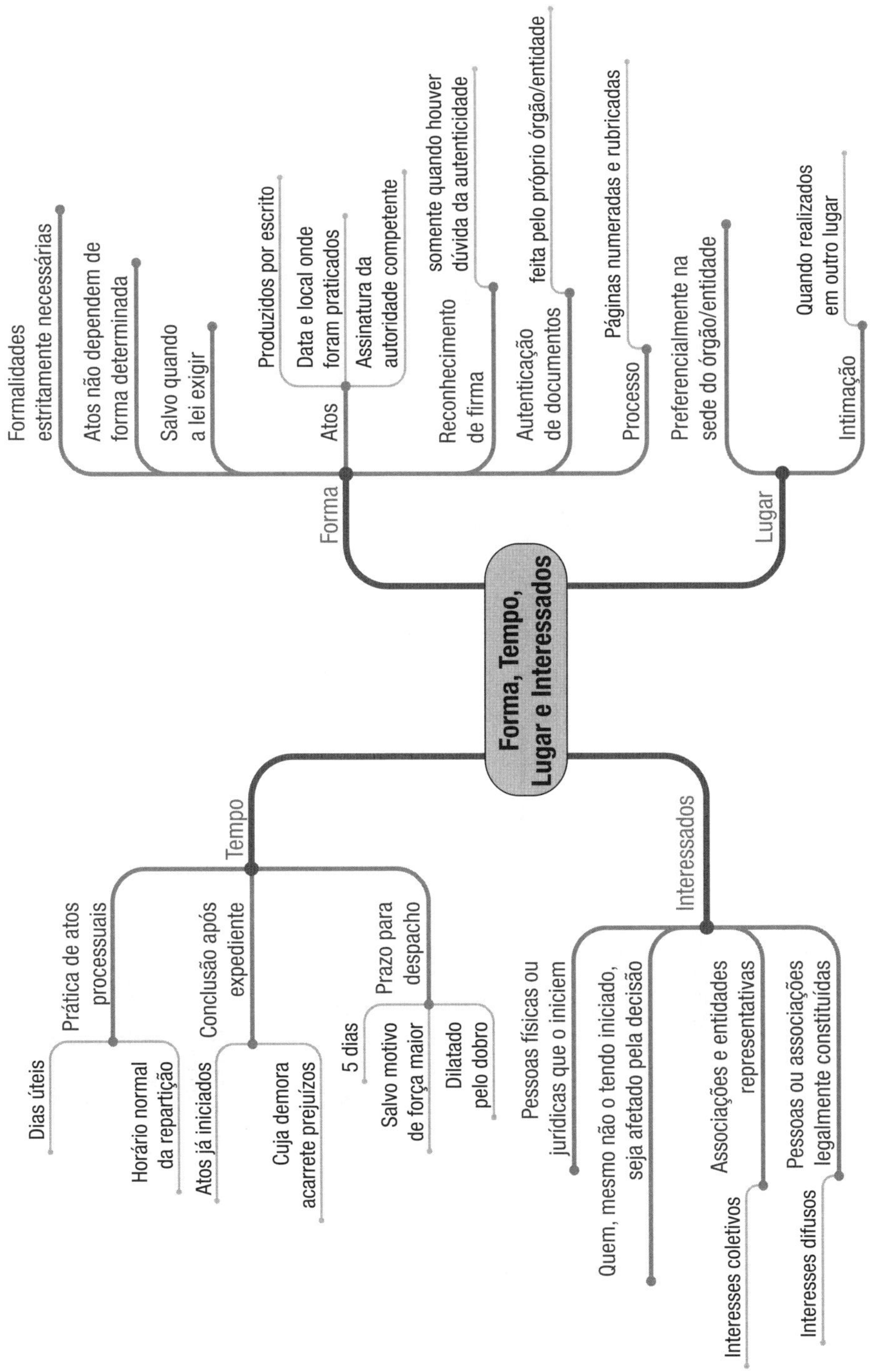
Forma, Tempo, Lugar e Interessados
Forma
Formalidades estritamente necessárias
Atos não dependem de forma determinada
Salvo quando a lei exigir
Atos
Produzidos por escrito
Data e local onde foram praticados
Assinatura da autoridade competente
Reconhecimento de firma
somente quando houver dúvida da autenticidade
Autenticação de documentos
feita pelo próprio órgão/entidade
Processo
Páginas numeradas e rubricadas
Lugar
Preferencialmente na sede do órgão/entidade
Intimação
Quando realizados em outro lugar
Tempo
Prática de atos processuais
Dias úteis
Horário normal da repartição
Conclusão após expediente
Atos já iniciados
Cuja demora acarrete prejuízos
Prazo para despacho
5 dias
Salvo motivo de força maior
Dilatado pelo dobro
Interessados
Pessoas físicas ou jurídicas que o iniciem
Quem, mesmo não o tendo iniciado, seja afetado pela decisão
Associações e entidades representativas
Interesses coletivos
Pessoas ou associações legalmente constituídas
Interesses difusos

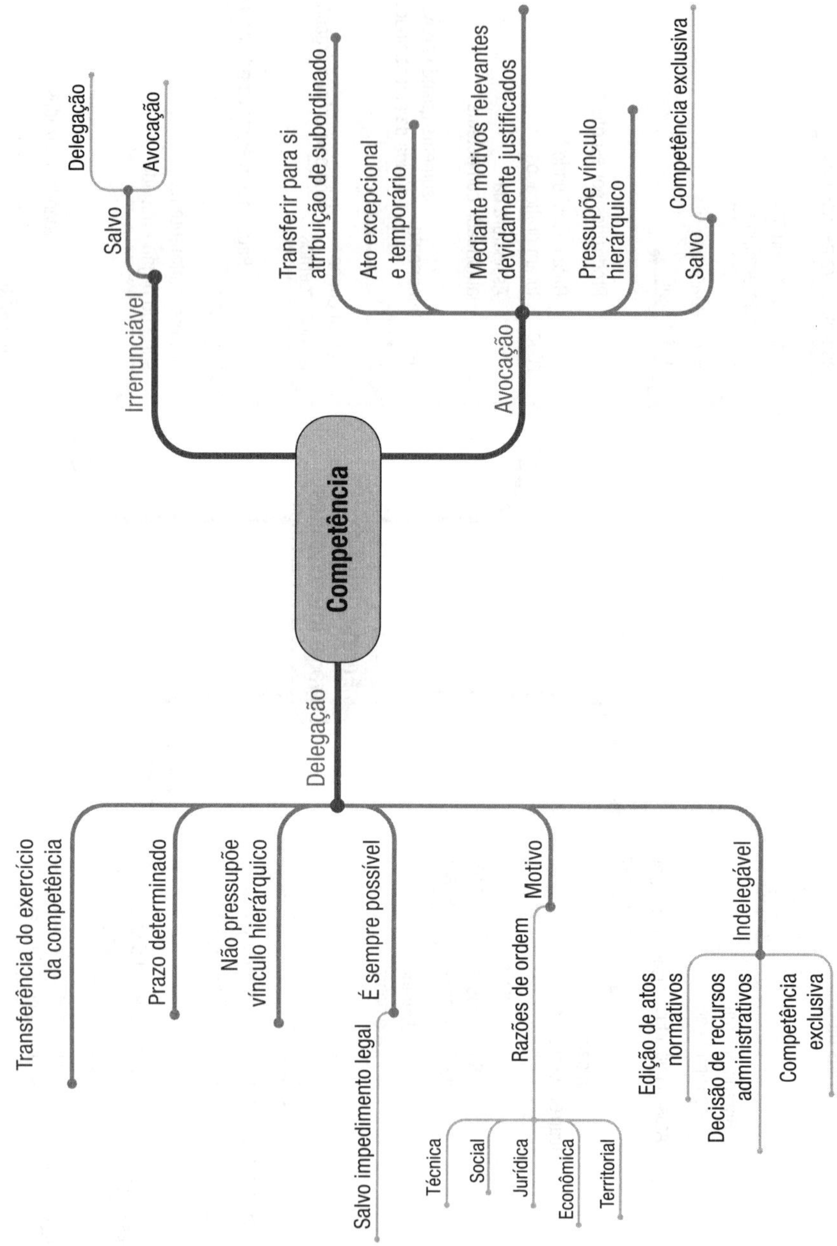
Competência
Irrenunciável
Salvo
Delegação
Avocação
Avocação
Transferir para si atribuição de subordinado
Ato excepcional e temporário
Mediante motivos relevantes devidamente justificados
Pressupõe vínculo hierárquico
Salvo
Competência exclusiva
Delegação
Transferência do exercício da competência
Prazo determinado
Não pressupõe vínculo hierárquico
É sempre possível
Salvo impedimento legal
Motivo
Razões de ordem
Técnica
Social
Jurídica
Econômica
Territorial
Indelegável
Edição de atos normativos
Decisão de recursos administrativos
Competência exclusiva

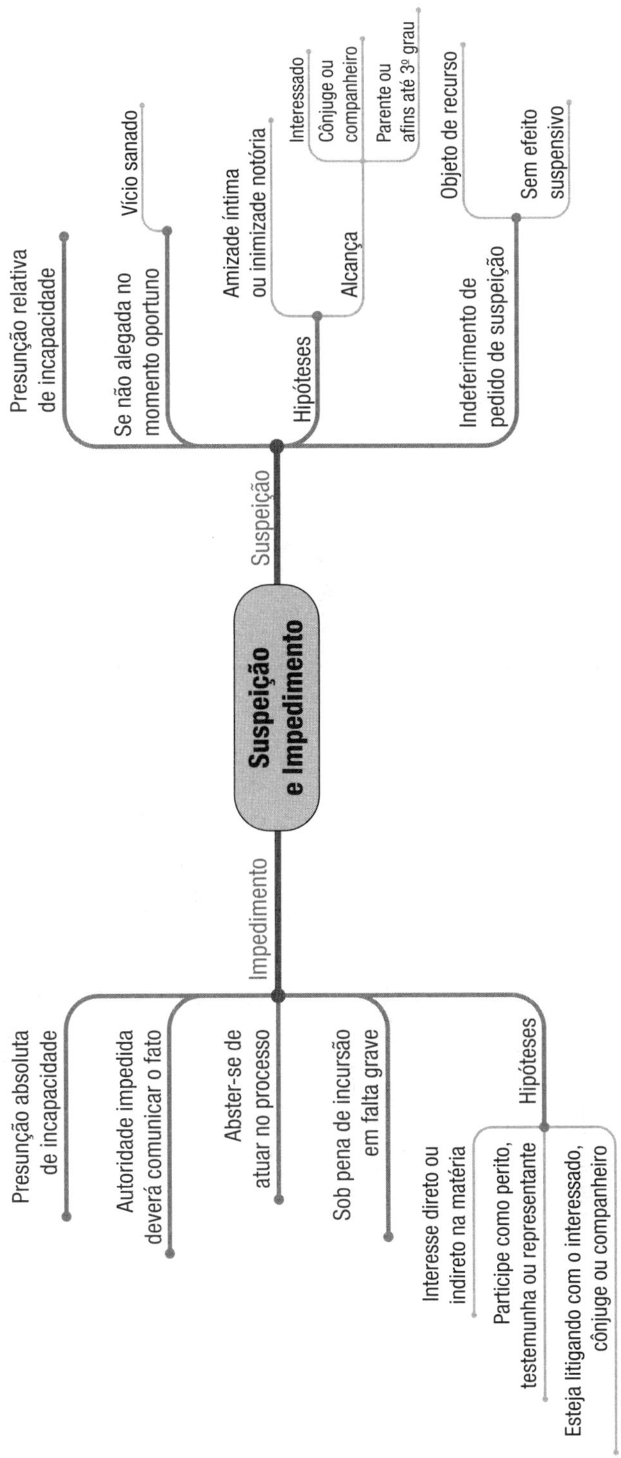
Suspeição e Impedimento
Suspeição
Presunção relativa de incapacidade
Se não alegada no momento oportuno
Vício sanado
Hipóteses
Amizade íntima ou inimizade notória
Alcança
Interessado
Cônjuge ou companheiro
Parente ou afins até 3º grau
Indeferimento de pedido de suspeição
Objeto de recurso
Sem efeito suspensivo
Impedimento
Presunção absoluta de incapacidade
Autoridade impedida deverá comunicar o fato
Abster-se de atuar no processo
Sob pena de incursão em falta grave
Hipóteses
Interesse direto ou indireto na matéria
Participe como perito, testemunha ou representante
Esteja litigando com o interessado, cônjuge ou companheiro

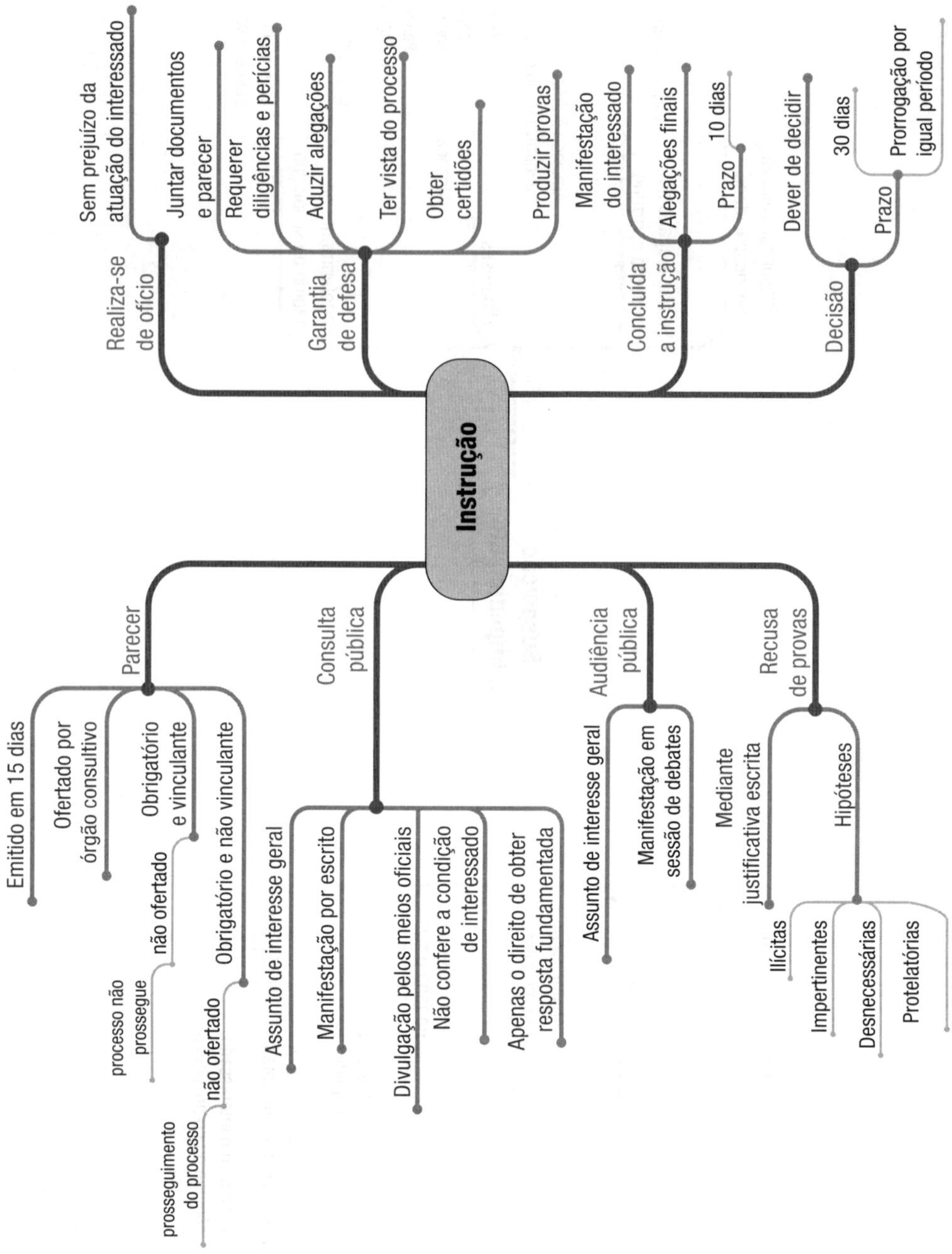
Instrução
Realiza-se de ofício
Sem prejuízo da atuação do interessado
Garantia de defesa
Juntar documentos e parecer
Requerer diligências e perícias
Aduzir alegações
Ter vista do processo
Obter certidões
Produzir provas
Concluída a instrução
Manifestação do interessado
Alegações finais
Prazo
10 dias
Decisão
Dever de decidir
Prazo
30 dias
Prorrogação por igual período
Parecer
Emitido em 15 dias
Ofertado por órgão consultivo
Obrigatório e vinculante
não ofertado
processo não prossegue
Obrigatório e não vinculante
não ofertado
prosseguimento do processo
Consulta pública
Assunto de interesse geral
Manifestação por escrito
Divulgação pelos meios oficiais
Não confere a condição de interessado
Apenas o direito de obter resposta fundamentada
Audiência pública
Assunto de interesse geral
Manifestação em sessão de debates
Recusa de provas
Mediante justificativa escrita
Hipóteses
Ilícitas
Impertinentes
Desnecessárias
Protelatórias

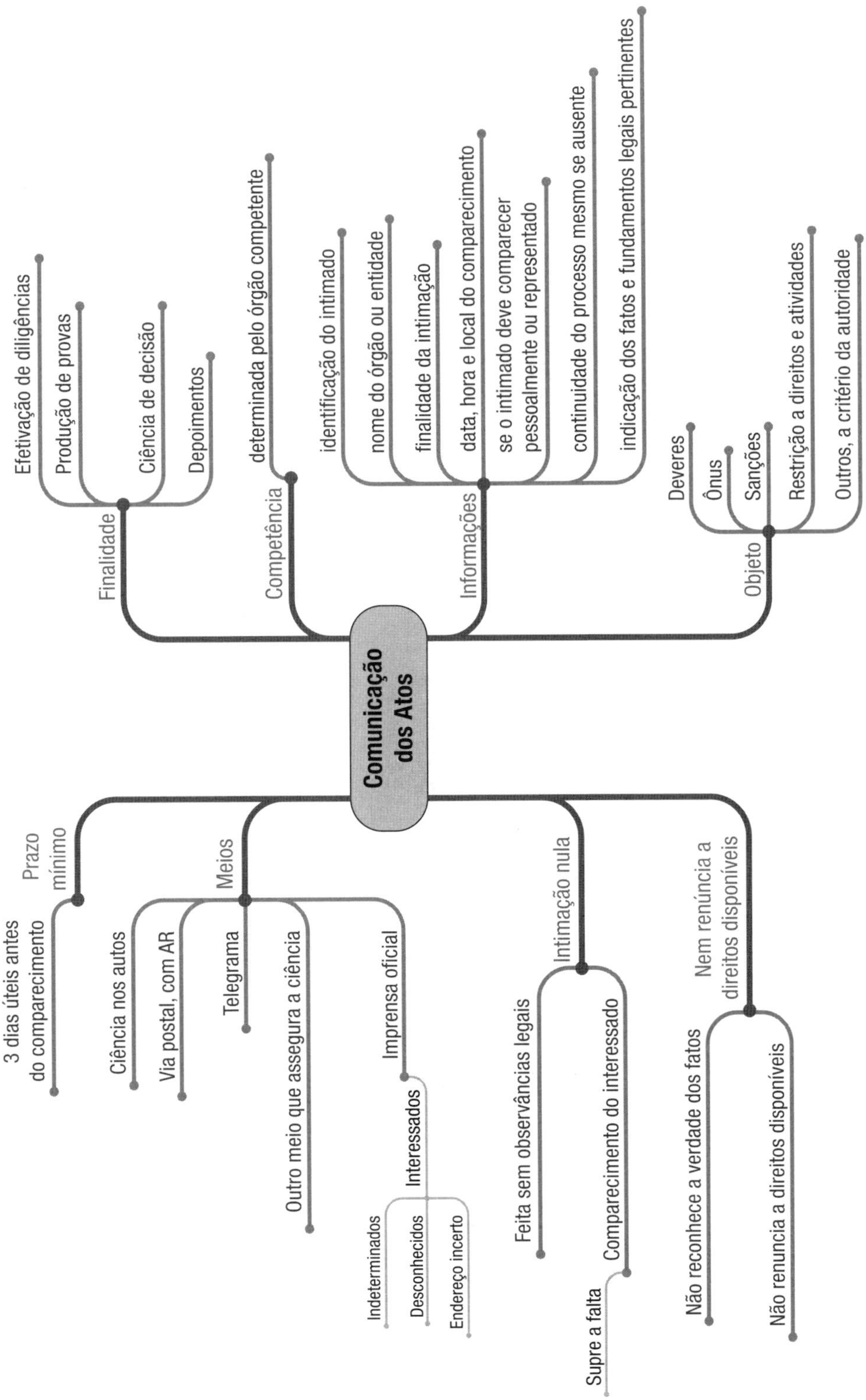
Comunicação dos Atos
Finalidade
Efetivação de diligências
Produção de provas
Ciência de decisão
Depoimentos
Competência
determinada pelo órgão competente
Informações
identificação do intimado
nome do órgão ou entidade
finalidade da intimação
data, hora e local do comparecimento
se o intimado deve comparecer pessoalmente ou representado
continuidade do processo mesmo se ausente
indicação dos fatos e fundamentos legais pertinentes
Objeto
Deveres
Ônus
Sanções
Restrição a direitos e atividades
Outros, a critério da autoridade
Prazo mínimo
3 dias úteis antes do comparecimento
Meios
Ciência nos autos
Via postal, com AR
Telegrama
Outro meio que assegura a ciência
Imprensa oficial
Interessados
Indeterminados
Desconhecidos
Endereço incerto
Intimação nula
Feita sem observâncias legais
Comparecimento do interessado
Supre a falta
Nem renúncia a direitos disponíveis
Não reconhece a verdade dos fatos
Não renuncia a direitos disponíveis

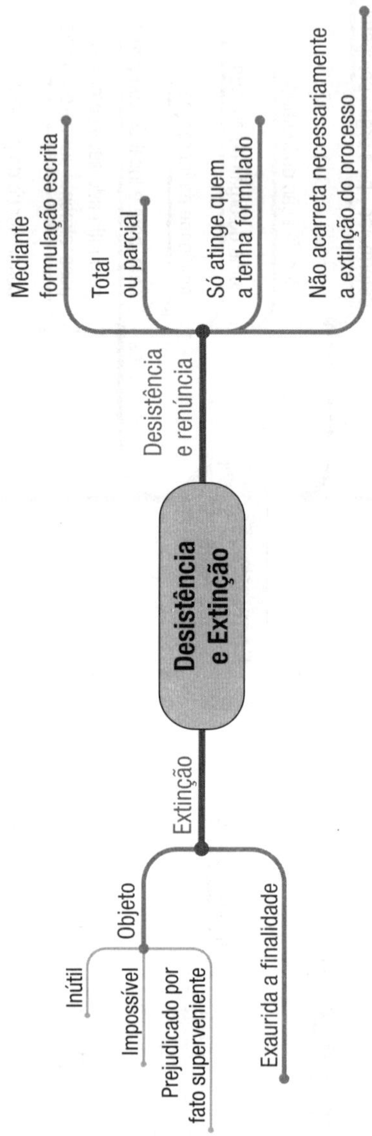
Desistência e Extinção
Desistência e renúncia
Mediante formulação escrita
Total ou parcial
Só atinge quem a tenha formulado
Não acarreta necessariamente a extinção do processo
Extinção
Objeto
Inútil
Impossível
Prejudicado por fato superveniente
Exaurida a finalidade

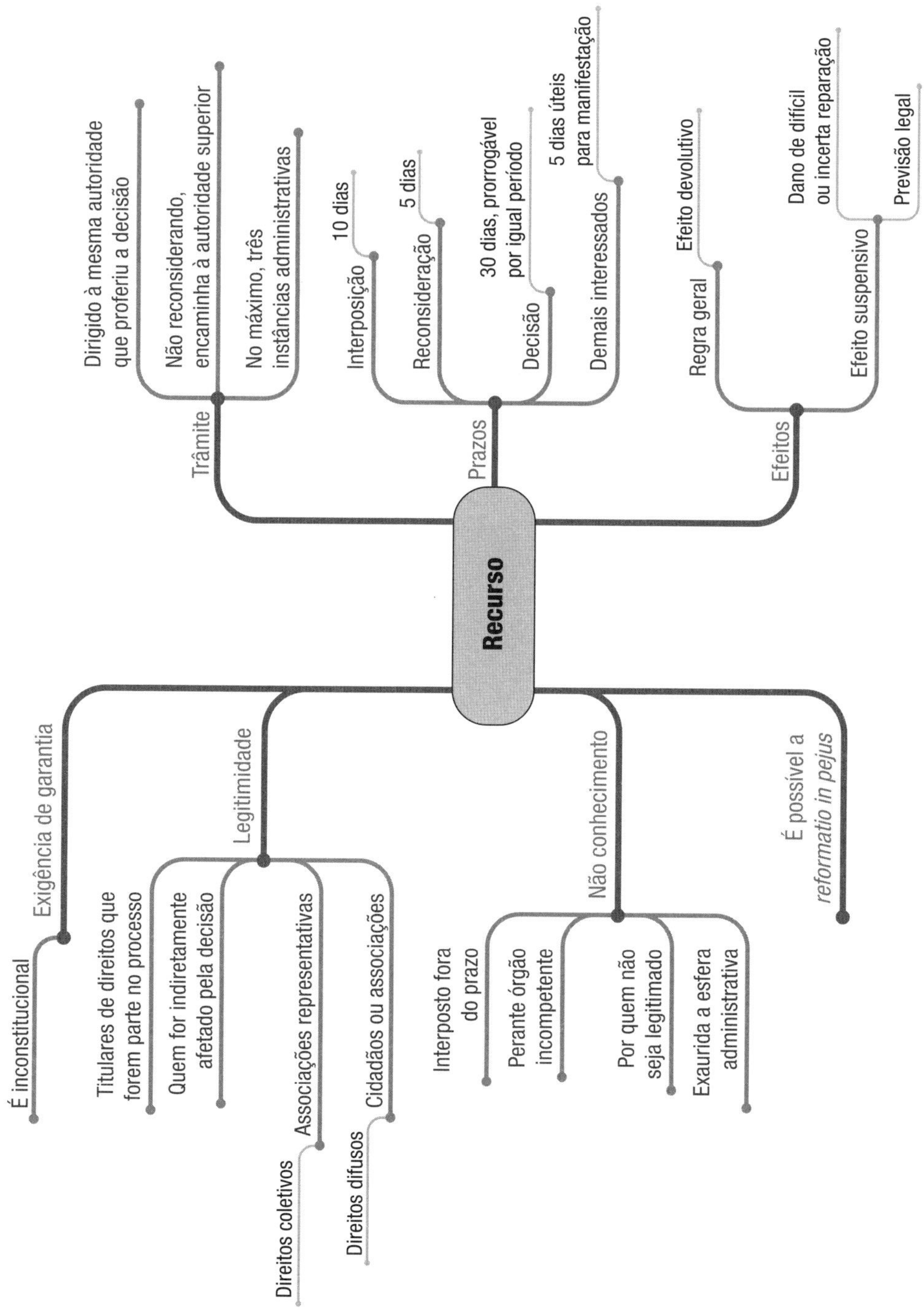
Recurso
Trâmite
Dirigido à mesma autoridade que proferiu a decisão
Não reconsiderando, encaminha à autoridade superior
No máximo, três instâncias administrativas
Prazos
Interposição
10 dias
Reconsideração
5 dias
Decisão
30 dias, prorrogável por igual período
Demais interessados
5 dias úteis para manifestação
Efeitos
Regra geral
Efeito devolutivo
Efeito suspensivo
Dano de difícil ou incerta reparação
Previsão legal
Exigência de garantia
É inconstitucional
Legitimidade
Titulares de direitos que forem parte no processo
Quem for indiretamente afetado pela decisão
Associações representativas
Direitos coletivos
Cidadãos ou associações
Direitos difusos
Não conhecimento
Interposto fora do prazo
Perante órgão incompetente
Por quem não seja legitimado
Exaurida a esfera administrativa
É possível a reformatio in pejus

Capítulo 8
Licitações Públicas

1. CONSIDERAÇÕES INICIAIS

O Estado, cotidianamente, necessita adquirir bens, contratar serviços, empreender obras, alienar e locar bens a fim de que desenvolva efetivamente as atividades a seu encargo. O princípio da isonomia, segundo o qual o Poder Público deve dispensar a todos os indivíduos que se encontrem em situação jurídica equivalente igual tratamento, impõe que na contratação desses bens, serviços, obras, alienações e locações seja dada oportunidade a todos aqueles que se interessem pelo objeto do contrato.

Nesse contexto, podemos afirmar que a **licitação pública** é o procedimento administrativo que visa à promoção do desenvolvimento nacional e à escolha da melhor proposta de contrato para a Administração em que se assegure igualdade de condições a todos os interessados no seu objeto.

Para Celso Antônio Bandeira de Mello, licitação:

> É o procedimento administrativo pelo qual uma pessoa governamental, pretendendo alienar, adquirir ou locar bens, realizar obras e serviços, outorgar concessões, permissões de obra, serviço ou de uso exclusivo de bem público, segundo condições por ela estipuladas previamente, convoca interessados na apresentação de propostas, a fim de selecionar a que se revele mais conveniente em função de parâmetros antecipadamente estabelecidos e divulgados.[1]

Pelo conceito exposto, fica claro que a licitação tem tripla finalidade: garantir a promoção do desenvolvimento nacional,[2] selecionar a proposta mais vantajosa para a Administração e garantir tratamento isonômico àqueles interessados em com ela contratar.

A ideia central da licitação pública é a garantia da observância dos princípios da isonomia e da impessoalidade, pois sempre que a Administração dotar

1 MELLO, Celso Antônio Bandeira de. *Curso de Direito Administrativo*. 25ª ed. São Paulo: Malheiros, 2007, p. 516.

2 Essa finalidade foi acrescentada à Lei de Licitações e Contratos pela Lei nº 12.349, de 15 de dezembro de 2010, que introduziu diversas regras fomentadoras das pessoas jurídicas nacionais.

quaisquer particulares de situação jurídica especial, a que mais de uma pessoa poderia aspirar, será obrigada a realizar procedimento licitatório para que a escolha seja justa, eficiente e igualitária.

Tamanha a importância do procedimento licitatório que este, a um só tempo, satisfaz o princípio da eficiência ao demandar o uso racional e qualitativo dos recursos públicos (ao selecionar a proposta mais vantajosa para o Estado), e os princípios da isonomia, impessoalidade e moralidade (ao dar igual tratamento aos licitantes), afastando qualquer desonestidade na condução da coisa pública.

Note que a finalidade de alcance da proposta mais vantajosa para a Administração não significa necessariamente a escolha da proposta que tenha o menor valor. Ocorre que, em muitos casos, a Administração escolherá a proposta de melhor técnica, ainda que esta não seja a de menor valor.

Como todo procedimento administrativo, a licitação nada mais é que uma sequência de atos administrativos intermediários praticados com vistas a se chegar a um resultado concreto: a contratação. A licitação é antecedente lógico do contrato administrativo. Via de regra, quando a Administração pretende celebrar contratos tendo por objeto obras, compras, serviços, alienações e locações terá de realizar procedimento licitatório.

Participam dessa ordenação de atos intermediários:

a) administração: publicação do edital, recebimento e análise da documentação relativa à habilitação, julgamento das propostas comerciais, homologação do procedimento, adjudicação do objeto ao vencedor;

b) particulares licitantes: obtenção de cópia do edital, apresentação da documentação de habilitação e da proposta, comparecimento às sessões públicas, interposição de recurso contra atos da comissão de licitação; e

c) cidadão: controle dos atos praticados com vistas à preservação da legalidade, moralidade e eficiência, bem como à concretização do direito fundamental à boa administração pública.

É importante observar que essa enumeração de atos é meramente exemplificativa, exposta a fim de facilitar o entendimento preliminar da matéria. A depender da modalidade de licitação adotada, os atos praticados podem variar bastante, conforme veremos adiante.

1.1. Fundamento constitucional do dever de licitar

O fundamento constitucional da licitação encontra-se no art. 37, XXI, que assim dispõe (grifo nosso):

> Ressalvados os casos especificados na **legislação**, as obras, serviços, compras e alienações serão contratados mediante **processo de licitação** pública que assegure **igualdade**

> **de condições** a todos os concorrentes, com cláusulas que estabeleçam obrigações de pagamento, mantidas as condições efetivas da proposta, nos termos da lei, o qual somente permitirá as exigências de qualificação técnica e econômica **indispensáveis** à garantia do cumprimento das obrigações.

Da leitura do dispositivo, podemos extrair que a licitação constitui verdadeiro dever da Administração quando pretende celebrar contratos com particulares. Dessa forma, podemos afirmar a existência do **princípio da obrigatoriedade de licitação**. Isso não significa, porém, que haverá procedimento licitatório antecedendo todas as contratações. Como expresso no comando constitucional, exceções à regra de licitar podem ser estabelecidas pela lei, diante de razões devidamente apontadas. Em momento oportuno, trataremos da contratação direta por dispensa ou inexigibilidade de licitação.

1.2. Competência legislativa em matéria de licitação

A competência para legislar acerca de licitação está disciplinada no art. 22, XXVII, da Constituição de 1988, segundo o qual **compete privativamente** à União legislar sobre:

> **Normas gerais de licitação e contratação**, em **todas as modalidades**, para as administrações públicas diretas, autárquicas e fundacionais da **União, Estados, Distrito Federal e Municípios**, obedecido o disposto no art. 37, XXI, e para as empresas públicas e sociedades de economia mista, nos termos do art. 173, § 1º, III (grifo nosso).

Em cumprimento ao dispositivo constitucional em apreço foi editada a Lei nº 8.666, de 21 de junho de 1993, denominada pela doutrina Lei de Licitações e Contratos (LLC) ou, ainda, Estatuto de Licitações e Contratos.[3] Trata-se de lei de caráter nacional que traça normas gerais acerca de todas as modalidades de licitação na Administração Direta e na Administração Indireta federal, estadual e municipal.

Releva destacar que é incorreto afirmar que haverá apenas uma norma geral de **licitações e contratos**. A União, com base na sua competência legislativa, poderá editar tantas normas gerais quantas se afigurarem convenientes ao Estado. Prova disso é que, quase uma década após a edição da Lei nº 8.666/1993, tivemos a Lei nº 10.520, de 17 de julho de 2002, que traça normas gerais especificamente para uma única modalidade de licitação: o pregão.

É com base, principalmente, nesses dois diplomas normativos que doravante faremos nossos comentários sobre o tema "licitações públicas".

3 Neste capítulo as licitações públicas serão objeto de nossos estudos. No capítulo subsequente, nos ocuparemos do exame dos Contratos Administrativos.

Não obstante, temos a Lei nº 8.987/1995 e a Lei nº 11.079/2004 que tratam, respectivamente, dos contratos de concessão comum e de concessão especial (parceria público-privada) de serviços públicos. Desses assuntos trataremos no capítulo pertinente.

Assim, podemos concluir que cabe à União editar comandos gerais sobre licitações e contratos para as administrações públicas de todos os entes da Federação, isto é, para a própria União, Estados, Distrito Federal e Municípios. A partir daí, cada ente político, inclusive a União, tem competência para editar normas específicas para si.[4]

É importante notar que nem sempre é fácil identificar, com objetividade e precisão, o que seriam normas gerais em matéria de licitações e contratos. Não há um critério claro que possa orientar o administrador público. Tal dificuldade aumenta ainda mais diante da omissão do legislador federal em indicar na própria lei quais dispositivos teriam caráter geral e quais teriam caráter específico. Assim, cabe ao Poder Judiciário, em cada caso concreto, aferir quando a norma pode ser considerada geral ou específica.

A título de exemplo, o STF já reconheceu o caráter específico de determinados comandos da Lei nº 8.666/1993 e restringiu sua aplicabilidade à esfera federal.[5] Caso fossem aplicados aos Estados, Distrito Federal e Municípios, seriam inconstitucionais por violarem o art. 22, XXVII, CF/1988.

Estabelecidas as normas gerais, cada ente político poderá editar normas específicas em âmbito interno, desde que respeitados os comandos gerais da União. O mesmo vale para a própria União, em relação a sua própria administração pública, pois além de estabelecer as normas gerais de observância obrigatória e inafastável por todos os entes políticos, poderá criar normas específicas para si mesma.

Sinteticamente, podemos afimar que a competência para legislar sobre normas gerais de licitações e contratos é da União e alcança todos os entes políticos. Em se tratando de normas específicas, observadas as normas gerais, cada ente da Federação, inclusive a União, estabelecerá regras específicas para si mesmo.

1.3. Objeto

Pela regra constitucional expressa no art. 37, XXI, combinada com o disposto no art. 1º da Lei de Licitações e Contratos, percebe-se que são objeto de licitação: obras, serviços, inclusive de publicidade, compras, alienações e locações.

Também são objeto de licitação concessões e permissões de serviços públicos, nos termos da Lei nº 8.987/1995 – o Estatuto Geral dos Serviços Públicos.

4 A União detém competência para legislar sobre as normas gerais de licitação, podendo os Estados e Municípios legislar sobre o tema para complementar as normas gerais e adaptá-las às suas realidades. Assim, lei municipal pode proibir que os agentes políticos do Município (e seus parentes) mantenham contrato com o Poder Público municipal (STF, RE 423.560/MG, Rel. Min. JOAQUIM BARBOSA, julg.: 29.05.2012).

5 STF, ADI nº 927-3-RS, Rel. Min. CARLOS VELLOSO, DJ 11.11.94.

1.4. Sujeitos ativos

Estão alcançados pelo dever de licitar a Administração Direta e a Administração Indireta de quaisquer dos Poderes da União, Estados, Distrito Federal e Municípios, bem como os fundos especiais[6] e as entidades controladas direta ou indiretamente pelo Poder Público (art. 1º, parágrafo único).

No entanto, isso não significa que estão todos os órgãos e entidades da Administração Pública obrigados a obedecer as disposições da Lei nº 8.666/1993 em suas licitações e contratações.

Há o caso especial das empresas públicas e sociedades de economia mista, que indiscutivelmente, ressalvados os casos previstos na legislação, estão submetidas à obrigatoriedade de licitação pública (art. 37, XXI, CF).

Se é assim por um lado, por outro não seria adequado que as empresas estatais, ao conduzirem seus processos licitatórios, ficassem sujeitas às mesmas regras burocráticas aplicáveis aos órgãos da Administração Direta, às autarquias e fundações públicas.

Com efeito, seria preciso que as regras licitatórias aplicáveis às estatais fossem mais ágeis, flexíveis e simplificadas, uma vez que tais entidades, não raro, competem com empresas privadas altamente desburocratizadas (*vide* o exemplo da concorrência entre os bancos públicos e os bancos privados). Não instituir regras licitatórias diferenciadas equivaleria a relegar as empresas estatais a uma enorme desvantagem em relação ao setor privado.

Nessa linha de raciocínio, a Emenda Constitucional nº 19/1998 deu nova redação ao art. 173, § 1º (destaque nosso):

> A lei estabelecerá o estatuto jurídico da **empresa pública**, da **sociedade de economia mista** e **de suas subsidiárias que explorem atividade econômica** de produção ou comercialização de bens ou de **prestação de serviços**, dispondo sobre: (...) III – **licitação e contratação** de obras, serviços, compras e alienações, observados os princípios da administração pública; [...].

Do trecho acima pode-se concluir que haverá dois regimes licitatórios distintos: um regime mais rígido e burocrático concretizado na Lei nº 8.666/1993 para a Administração Direta, autarquias e fundações públicas; e outro mais ágil, flexível e simplificado a ser estabelecido mediante lei ordinária para as empresas públicas e as sociedades de economia mista e suas subsidiárias. O objetivo deste segundo estatuto é que as empresas estatais possam atuar em posição de igualdade com as empresas privadas concorrentes.

---

6 A referência a fundos especiais como sujeitos obrigados a licitar é alvo de reiteradas críticas por parte da doutrina, uma vez que fundos especiais não são pessoas jurídicas e, portanto, não podem ser sujeitos de direitos e obrigações. Os fundos são meras reservas financeiras, estatuídos por lei ou pela Constituição, geridos por um órgão ou entidade públicos, estes, sim, obrigados a licitar. Vale registrar que, excepcionalmente, os fundos podem ser constituídos como pessoas jurídicas autárquicas ou fundacionais, passando a integrar as entidades da Administração Pública.

Note-se que não se trata de simplesmente liberar essas entidades da obrigatoriedade de realização de procedimento licitatório, mas tão somente de permitir que se submetam a regras mais simples, céleres, dinâmicas e compatíveis com sua natureza jurídica de pessoas de direito privado em regime de concorrência.

Entretanto, até meados de 2016, passadas quase duas décadas de sua previsão no texto constitucional, o Estatuto de que trata o art. 173, § 3º, III, da Constituição não havia sido editado pelo Congresso Nacional, em franca desatenção à Lei Maior. Em face disso, até aquele momento, enquanto não elaborado o estatuto especial, as empresas deveriam continuar sendo regidas integralmente pela Lei nº 8.666/1993.

Em face dessa vergonhosa inércia legislativa, que já não se faz rara em nosso país, algumas empresas estatais que atuam no domínio econômico editaram para si regulamentos em matéria de licitações e contratos (via decreto presidencial – art. 84, IV, CF). De outra sorte não conseguiriam sobreviver num mercado cada vez mais competitivo.

Um caso paradigmático é o que ocorria com a Petrobras, que, com base no art. 67 da Lei nº 9.478/1997, adotou para si procedimento licitatório simplificado, definido no Decreto nº 2.745/1998, do Presidente da República. O TCU e o STJ sempre se demonstraram resistentes em aceitar a disciplina normativa simplificada em detrimento da aplicação da Lei nº 8.666/1993.[7] Levada a questão à apreciação do Supremo Tribunal Federal, entendeu a Corte liminarmente que seria possível a Petrobras continuar não adotando a Lei nº 8.666/1993, mas seguir **regulamento próprio**. Essa orientação firmou-se com base na tese de que o procedimento licitatório previsto na Lei Geral, destinada principalmente às pessoas jurídicas de direito público, seria incompatível com a atividade econômica de exploração de petróleo em regime de livre competição com as empresas privadas concessionárias da atividade.[8]

Essa situação toda perdurou até 30 de junho de 2016, quando foi editada a Lei nº 13.303, que estabeleceu o **estatuto jurídico da empresa pública, da sociedade de economia mista e de suas subsidiárias**. Com o advento desta norma, as empresas estatais prestadoras de serviço público ou exploradoras de atividade econômica passaram a não mais se submeter à Lei nº 8.666/1993. A partir de então, as estatais efetivamente puderam gozar de um verdadeiro estatuto licitatório diferenciado.

Portanto, é imperioso reconhecer que com a Lei nº 13.303/2016 restou tacitamente revogado o parágrafo único do art. 1º da Lei nº 8.666/1993, que tem a seguinte redação:

7 TCU, Acórdão nº 2.811/2012 – Plenário: "Até que seja regulamentado o art. 173, § 1º, da Constituição Federal de 1988, aplica-se à Petrobras a Lei nº 8.666/93".

8 A respeito, *vide* a AC 1.193 QO-MC/RJ, Rel. Min. GILMAR MENDES, DJ 09.05.2006 e o RE 441.280/RS, Rel. Min. MENEZES DIREITO, DJ 30.09.2008; *vide*, também, as decisões monocráticas do Min. Gilmar Mendes, concessivas de liminares favoráveis à PETROBRAS no MS 25.888 MC/DF, julg.: 22.03.2006, no MS 27.837 MC/DF, julg.: 21.01.2009, e no MS 27.796, julg.: 28.01.2009.

> Subordinam-se ao regime desta Lei, além dos órgãos da administração direta, os fundos especiais, as autarquias, as fundações públicas, **as empresas públicas, as sociedades de economia mista** e demais entidades controladas direta ou indiretamente pela União, Estados, Distrito Federal e Municípios.

Frise-se: **todas as empresas públicas e sociedades de economia mista (prestadoras de serviços públicos ou prestadoras de atividade econômica) passam a ser regidas pela Lei nº 13.303/2016 em seus procedimentos licitatórios.**

Isso posto, cabe ainda informar que tudo o que foi dito acerca de obrigatoriedade de realizar licitação, aplica-se às **atividades-meio** das empresas estatais. Quanto às **atividades-fim**, estão dispensadas de procedimento licitatório, por força do art. 28, § 3º, I, da Lei nº 13.303/2016, segundo o qual:

> São as empresas públicas e as sociedades de economia mista dispensadas da observância dos dispositivos deste Capítulo nas seguintes situações: I - comercialização, prestação ou execução, de forma direta, pelas empresas mencionadas no *caput*, de produtos, serviços ou obras especificamente relacionados com seus respectivos objetos sociais; (...).

Exemplificativamente, quando a Petrobras (sociedade de economia mista) deseja comercializar produtos derivados do petróleo não precisa realizar procedimento licitatório, pois se trata de sua atividade-fim, sua razão de existir. Todavia, quando esta mesma entidade deseja reformar um dos seus escritórios espalhados por território nacional deverá contratar mediante procedimento licitatório, pois a reforma de escritório é atividade-meio, instrumental.

Em apertada síntese, podemos concluir o seguinte:

a) os órgãos da Administração Direta, as autarquias e as fundações públicas estão obrigados a seguir integralmente a Lei nº 8.666/1993;

b) as empresas públicas e sociedades de economia mista:

- nas atividades-fim, estão dispensadas de processo licitatório por força do disposto no art. 28, § 3º, I, da Lei nº 13.303/2016; e
- nas atividades-meio, estão obrigadas a realizar procedimento licitatório com base na Lei nº 13.303/2016.

Os **consórcios públicos**, pessoas jurídicas de direito público ou privado, instituídas a partir de ajuste firmado entre entes políticos para gestão associada de serviços públicos, também estão sujeitos às regras da Lei nº 8.666/1993 nas suas contratações de obras, serviços e compras, nos termos do art. 6º da Lei nº 11.107/2005.

Quanto aos **serviços sociais autônomos** (SSA), a exemplo do Sesi, Sebrae, Apex-Brasil, entre outros, embora possam editar seus regulamentos simplificados de licitações e contratos, têm de observar os princípios da Administração Pública. Não editando estatuto próprio, submetem-se integralmente ao regramento da Lei nº 8.666/1993.[9] Vale destacar que o Tribunal de Contas da União vem adotando a tese de que tais entidades deverão promover adequações em seus regulamentos licitatórios, de modo a "tornar obrigatória, sempre que possível, a utilização da modalidade de pregão para a aquisição de bens e serviços comuns, assim considerados aqueles cujos padrões de desempenho e de qualidade possam ser objetivamente definidos pelo edital, por meio de especificações usuais no mercado, podendo, todavia, adotar outra modalidade, mas, nesse caso, desde que a escolha seja devidamente justificada.[10]

As **organizações sociais** (OS) e **organizações da sociedade civil de interesse público** (OSCIP) também estão obrigadas a realizar licitação sem que, no entanto, estejam sujeitas à Lei nº 8.666/1993. Vale dizer, essas entidades realizarão procedimento licitatório nos termos de regulamentos próprios, desde que observados os princípios gerais da Administração Pública. Inclusive as leis que as instituíram são expressas nesse sentido (grifo nosso):

> A **organização social** fará publicar, no prazo máximo de noventa dias contado da assinatura do contrato de gestão, **regulamento próprio** contendo os procedimentos que adotará para a contratação de obras e serviços, bem como para compras com emprego de recursos provenientes do Poder Público (art. 17, Lei nº 9.637/1998).
>
> A **organização** parceira fará publicar, no prazo máximo de trinta dias; contado da assinatura do Termo de Parceria, **regulamento próprio** contendo os procedimentos que adotará para a contratação de obras e serviços, bem como para compras com emprego de recursos provenientes do Poder Público, observados os princípios estabelecidos no inciso I do art. 4º desta Lei (art. 14, Lei nº 9.790/1999).[11]

2. PRINCÍPIOS DE LICITAÇÃO

O art. 3º da Lei de Licitações e Contratos estabelece:

> A licitação destina-se a garantir a observância do princípio constitucional da isonomia e a selecionar a proposta mais vantajosa para a Administração e será processada e julgada em

9 CARVALHO FILHO, José dos Santos. *Manual de Direito Administrativo*. 20ª ed. Rio de Janeiro: Lumen Juris, 2008, p. 230.

10 Decisão nº 907/97 – Plenário; Acórdão 2.841/2011 – 1ª Câmara; e Acórdão nº 5.613/2012 – 1ª Câmara.

11 A respeito, *vide* STF, ADI 1.923/DF, Rel. Min. AYRES BRITTO, DJe 17;12;2015.

> estrita conformidade com os princípios básicos da **legalidade**, da **impessoalidade**, da **moralidade**, da **igualdade**, da **publicidade**, da **probidade administrativa**, da **vinculação ao instrumento convocatório**, do **julgamento objetivo** e dos que lhes são correlatos" (destaques nossos).

Do dispositivo se extrai que são **princípios expressos** de licitação os seguintes: legalidade, impessoalidade, moralidade, igualdade, publicidade, probidade administrativa, vinculação ao instrumento convocatório, julgamento objetivo e padronização (este último previsto no art. 15, I, LLC).

Além desses, serão objeto de nossos estudos os princípios do procedimento formal, da adjudicação compulsória ao vencedor, do sigilo na apresentação das propostas e da competitividade. Tais princípios não podem ser considerados explícitos em virtude de não estarem previstos expressamente na Lei nº 8.666/1993. Portanto, são **princípios implícitos** de licitação pública.[12]

Em relação aos princípios da igualdade, legalidade, impessoalidade, moralidade, publicidade e da probidade administrativa já fizemos os devidos comentários quando do estudo dos princípios da Administração Pública, no capítulo 2 deste *Curso*. Não iremos, aqui, repetir o que já foi lecionado, sob pena de sermos enfadonhos. Portanto, remetemos o leitor ao capítulo supramencionado. O que objetivamos, nesse passo, é trazer à colação princípios especificamente aplicáveis às licitações públicas.

2.1. Procedimento formal

O princípio do procedimento formal determina a adoção, por todos os entes políticos, de todas as **exigências procedimentais** previstas em lei, por mais insignificantes que pareçam, sob pena de tornar **nulo** o procedimento licitatório.

É que a licitação é procedimento em que os licitantes competem entre si a fim de apresentar a melhor proposta de contrato para a Administração. Relevar qualquer defeito no procedimento formal, via de regra, gera favorecimento a alguns licitantes em detrimento de outros. É por isso que não cabe falar em flexibilização das regras que compõem o procedimento licitatório, pois isso equivaleria a desequilibrar toda a lisura e segurança da licitação.

O princípio do procedimento formal reduz significativamente o campo de discricionariedade da Administração, que somente poderá exercer seu direito de opção e subjetividade nos atos preparatórios e internos do procedimento, tais como na elaboração do edital ou carta-convite e na definição do objeto.

12 Interessante notar que o princípio da eficiência, inserido na Constituição pela EC nº 19/98, não é princípio expresso de licitação, mas princípio implícito.

Após isso, se verá obrigada a cumprir integralmente tudo quanto por ela mesma estabelecido.

Inclusive, o parágrafo único art. 4º do Estatuto afirma que "o procedimento licitatório previsto nesta lei caracteriza ato administrativo formal, seja ele praticado em qualquer esfera da Administração Pública".

O princípio do procedimento formal não pode ser confundido com rigorismos, formalismos exagerados, desmedidos, desarrazoados. Inclusive, o STJ tem se pronunciado sobre o tema nos seguintes termos:

> ADMINISTRATIVO. RECURSO ESPECIAL EM MANDADO DE SEGURANÇA. LICITAÇÃO. ALEGADA VIOLAÇÃO DO ART. 41 DA LEI 8.666/1993. NÃO OCORRÊNCIA. SESSÃO PÚBLICA DE RECEBIMENTO DOS ENVELOPES. ATRASO NÃO VERIFICADO. DOUTRINA. PRECEDENTE. DESPROVIMENTO.
>
> 1. A Administração Pública não pode descumprir as normas legais, tampouco as condições editalícias, tendo em vista o princípio da vinculação ao instrumento convocatório (Lei nº 8.666/1993, art. 41).
>
> 2. A recorrida não violou o edital, tampouco a regra constante do art. 41 da Lei nº 8.666/1993, porquanto compareceu à sessão pública de recebimento de envelopes às 8h31min, ou seja, dentro do prazo de tolerância (cinco minutos) concedido pela própria comissão licitante. Com efeito, não houve atraso que justificasse o não recebimento da documentação e da proposta.
>
> 3. Rigorismos formais extremos e exigências inúteis não podem conduzir à interpretação contrária à finalidade da lei, notadamente em se tratando de concorrência pública, do tipo menor preço, na qual a existência de vários interessados é benéfica, na exata medida em que facilita a escolha da proposta efetivamente mais vantajosa (Lei nº 8.666/1993, art. 3º).
>
> 4. Recurso especial desprovido.[13]

A fim de aclararmos a exposição do tema, nos valemos da sagaz lição de Hely Lopes Meirelles:

> O Princípio do procedimento formal é o que impõe a vinculação da licitação às prescrições legais que a regem em todos os seus atos e fases. [...] Procedimento formal, entretanto, não se confunde com "formalismo", que se caracteriza por exigências inúteis e desnecessárias. Por isso mesmo, não se anula o procedimento diante de meras omissões ou irregularidades formais na documentação ou nas propostas desde que, por sua irrelevância, não causem prejuízo à Administração ou aos licitantes. A regra é a dominante nos processos judiciais: não se decreta a nulidade onde não houver dano para qualquer das partes.[14]

Portanto, em síntese, o princípio do procedimento formal exige a observância fiel dos requisitos procedimentais licitatórios previstos em lei, porém não ao

13 REsp 797.179/MT, Rel.ª Min.ª DENISE ARRUDA. DJ 07.11.2006. Na mesma esteira: STJ, RMS 15.530/RS, Rel.ª Min.ª ELIANA CALMON, DJ 01.12.2003.

14 MEIRELLES, Hely Lopes. *Direito Administrativo Brasileiro*. 34ª ed. São Paulo: Malheiros, 2008, p. 275-276.

ponto de se desprezar completamente as noções básicas de razoabilidade que impediria a adoção de comportamos absurdos ou excessivamente formais.

2.2. Publicidade dos atos

Como já era de se esperar, os atos do procedimento licitatório não poderiam ser sigilosos, secretos, obscuros, pois pública é a Administração que os pratica. Logo, os atos da licitação serão **públicos e acessíveis ao público**, salvo o conteúdo das propostas, até a respectiva abertura (art. 3º, § 3º, Lei nº 8.666/1993).

A publicidade tem o condão de conferir **transparência** ao procedimento para proporcionar a quem de direito (licitantes e cidadãos) os meios necessários à **verificação da legitimidade** dos atos licitatórios. É nesse sentido que o art. 4º preceitua que todos aqueles que participem de licitação "têm direito público subjetivo à fiel observância do pertinente procedimento estabelecido nesta lei, podendo qualquer cidadão acompanhar o seu desenvolvimento, desde que não interfira de modo a perturbar ou impedir a realização dos trabalhos". Com idêntico propósito, o art. 63 da Lei de Licitações e Contratos prevê que "é permitido a qualquer licitante o conhecimento dos termos do contrato e do respectivo processo licitatório e, a qualquer interessado, a obtenção de cópia autenticada, mediante o pagamento dos emolumentos devidos".

Ademais, o art. 21 prescreve que os avisos contendo os resumos dos editais das concorrências, das tomadas de preços, dos concursos e dos leilões, embora realizados no local da repartição interessada, deverão ser **publicados** com antecedência, **no mínimo**, por **uma vez**:

> I – no Diário Oficial da União, quando se tratar de licitação feita por órgão ou entidade da Administração Pública Federal e, ainda, quando se tratar de obras financiadas parcial ou totalmente com recursos federais ou garantidas por instituições federais;
>
> I – no Diário Oficial do Estado, ou do Distrito Federal quando se tratar, respectivamente, de licitação feita por órgão ou entidade da Administração Pública Estadual ou Municipal, ou do Distrito Federal;
>
> III – em jornal diário de grande circulação no Estado e também, se houver, em jornal de circulação no Município ou na região onde será realizada a obra, prestado o serviço, fornecido, alienado ou alugado o bem, podendo ainda a Administração, conforme o vulto da licitação, utilizar-se de outros meios de divulgação para ampliar a área de competição.

Um ponto interessante a ser sublinhado é que não se deve confundir publicidade com publicação na imprensa oficial. É possível que um ato administrativo atenda o princípio da publicidade, **mesmo sem ter sido publicado na imprensa oficial**. Exemplo emblemático é o da carta-convite, instrumento convocatório das licitações na modalidade convite, que é enviada a, no mínimo, três possíveis interessados e afixada em local apropriado para conhecimento de demais interessados. Note que em nenhum momento a lei determina que a carta-convite seja publicada na imprensa oficial. No entanto, não se pode negar que com a afixação do ato em local de acesso público na repartição estará atendido o princípio da publicidade.

A Lei nº 8.666/1993, em diversos dispositivos, consagra o princípio da publicidade dos atos licitatórios. Vejamos:

> Qualquer cidadão poderá requerer à Administração Pública os quantitativos das obras e preços unitários de determinada obra executada (art. 7º, § 8º);
>
> Os preços registrados serão publicados trimestralmente para orientação da Administração, na imprensa oficial (art. 15, § 2º);
>
> Será dada publicidade, mensalmente, em órgão de divulgação oficial ou em quadro de avisos de amplo acesso público, à relação de todas as compras feitas pela Administração Direta ou Indireta, de maneira a clarificar a identificação do bem comprado, seu preço unitário, a quantidade adquirida, o nome do vendedor e o valor total da operação, podendo ser aglutinadas por itens as compras feitas com dispensa e inexigibilidade de licitação (art. 16);
>
> Qualquer modificação no edital exige divulgação pela mesma forma que se deu o texto original, reabrindo-se o prazo inicialmente estabelecido, exceto quando, inquestionavelmente, a alteração não afetar a formulação das propostas (art. 21, § 4º);
>
> O registro cadastral deverá ser amplamente divulgado e deverá estar permanentemente aberto aos interessados, obrigando-se a unidade por ele responsável a proceder, no mínimo anualmente, através da imprensa oficial e de jornal diário, a chamamento público para a atualização dos registros existentes e para o ingresso de novos interessados (art. 34, § 1º);

Em outro sentido, a publicidade visa à ampla divulgação do certame a fim de que o máximo possível de interessados possam dele ter conhecimento. Assim, é inteiramente correta a observação de Maria Sylvia Zanella Di Pietro, para quem "a publicidade é tanto maior quanto maior for a competição propiciada pela modalidade de licitação; ela é a mais ampla possível na concorrência, em que o interesse maior da Administração é o de atrair maior número de licitantes, se reduz ao mínimo no convite, em que o valor do contrato dispensa maior divulgação".[15]

Por fim, cabe apenas fazer uma ressalva: embora a regra seja a publicidade dos atos licitatórios, o conteúdo das propostas dos licitantes, enquanto não abertas conjuntamente em sessão pública, será mantido em sigilo, a fim de preservar a isonomia entre os contendores. Após a sua abertura conjunta em sessão pública até mesmo o conteúdo das propostas será público e acessível ao público.

2.3. Sigilo na apresentação das propostas

Como já afirmamos, os envelopes contendo as propostas dos licitantes serão mantidos em sigilo durante o prazo estipulado pela Comissão de Licitação para recebimento das propostas. Após isso, todas as propostas serão abertas conjunta e publicamente, diante de qualquer interessado, quando tornar-se-ão públicas para todos os efeitos.

É que, em regra, as propostas são entregues à comissão de licitação por escrito, em envelope lacrado, não sendo comum a negociação verbal com a Administração.[16] Sendo assim, cada licitante deve apresentar sua proposta em envelope lacrado, que somente será aberto quando findo o período destinado ao recebimento das propostas comerciais. Se, a cada vez que um licitante apresentasse sua proposta, a comissão pudesse imediatamente conhecê-la, isso poderia favorecer os demais licitantes que ainda não tivessem apresentado suas propostas comerciais, pois certamente iriam elaborá-las de modo a superar as já apresentadas. Então, para que isso não aconteça, os envelopes serão abertos apenas conjuntamente em sessão pública.

Ademais, o princípio do sigilo na apresentação das propostas redunda na obtenção de proposta efetivamente vantajosa para a Administração, haja vista que o licitante certamente procederá com maior critério e competitividade na elaboração de sua proposta. Isso por dois motivos: a) o licitante não poderá conhecer as propostas dos concorrentes antes de formular a sua própria; b) uma vez entregue sua proposta, em regra, não poderá mais modificá-la.

O professor Hely Lopes Meirelles nos esclarece o tema com extrema precisão quando afirma que não se pode confundir:

Abertura da documentação e das propostas com seu julgamento. Aquela será sempre em ato público; este poderá ser realizado em recinto fechado e sem a presença dos interessados, para que os julgadores tenham a necessária tranquilidade na apreciação dos elementos em exame e possam discutir livremente as questões a decidir. O essencial é a divulgação do resultado do julgamento, de

15 *Direito Administrativo*. 20ª ed. São Paulo: Atlas, 2006, p. 333-334.

16 Uma das peculiaridades da modalidade pregão é a possibilidade de negociação entre o pregoeiro e os licitantes, com vista à obtenção do menor preço.

modo a propiciar aos interessados os recursos administrativos e as vias judiciais cabíveis.[17]

É crime de licitação (art. 94, Lei nº 8.666/1993), punível com detenção de dois a três anos e multa, o ato de devassar o sigilo de proposta apresentada em procedimento licitatório, ou proporcionar a terceiro o ensejo de devassá-lo.

2.4. Igualdade entre os licitantes

O princípio da isonomia, constitucionalmente consagrado já no inc. I do art. 5º, *caput*, funciona como mecanismo de proteção dos licitantes, que terão suas propostas analisadas livre de favoritismos ou perseguições por parte dos agentes públicos envolvidos no processo licitatório.

Assim, são nulas de pleno direito quaisquer cláusulas editalícias ou decisões administrativas que criem critérios discriminatórios, benéficos ou detrimentosos, na fase de análise de documentos de habilitação e de julgamento das propostas comerciais.

Também não fere o princípio da igualdade entre os licitantes, o disposto no art. 3º, § 2º, da Lei nº 8.666/1993, posteriormente alterado pela Lei nº 12.349, de 15.12.2010, que preceitua, em igualdade de condições, como **critério de desempate**, que será assegurada preferência, sucessivamente, aos bens e serviços: I – **produzidos no País**; II – produzidos ou prestados por **empresas brasileiras**[18]; III – produzidos ou prestados por empresas que invistam em **pesquisa e no desenvolvimento de tecnologia** no País; e IV – produzidos ou prestados por empresas que comprovem cumprimento de **reserva de cargos** prevista em lei para **pessoa com deficiência** ou para **reabilitado da Previdência Social** e que atendam às **regras de acessibilidade** previstas na legislação.[19]

Se não houver licitante que se enquadre em algumas dessas situações, a forma de classificação das propostas deverá ser feita, **obrigatoriamente**, por **sorteio**, em ato público, para o qual todos os licitantes sejam convocados, **vedado** qualquer outro processo (art. 45, § 2º, LLC).

O Estatuto prevê crime de licitação, punível com detenção de dois a quatro anos e multa, o ato de admitir, possibilitar ou dar causa a qualquer modificação ou vantagem, inclusive prorrogação contratual, em favor do adjudicatário, durante a execução dos contratos celebrados com o Poder Público, sem autorização em lei, no ato convocatório da licitação ou nos respectivos instrumentos contratuais,

17 *Direito Administrativo Brasileiro*. 34ª ed. São Paulo: Malheiros, 2008, p. 277.

18 Foi revogado pela Lei nº 12.349/2010 o dispositivo que estabelecia preferência, em igualdade de condições, como critério de desempate, aos bens e serviços produzidos ou prestados por empresas brasileiras de capital nacional. Andou bem o legislador ao retirar do texto da lei o preceito que continha a expressão "empresas brasileiras de capital nacional". Isso porque, em face da EC nº 6, de 15 de agosto de 1995, que revogou o art. 171 da Constituição, o conceito de "empresa brasileira de capital nacional" contraposto ao de "empresa brasileira" perdeu o significado.

19 Dispositivo incluído pela Lei nº 13.146, de 2015.

ou, ainda, pagar fatura com preterição da ordem cronológica de sua exigibilidade (art. 92).

2.4.1. Critérios diferenciados para contratação de microempresas e empresas de pequeno porte (ME e EPP)

O art. 170, IX, da Constituição Federal, estabelece como princípio da atividade econômica o tratamento diferenciado para as empresas de pequeno porte constituídas sob as leis brasileiras e que tenham sua sede e administração no País.

Em abono, o art. 179 da Carta Magna determina que a União, os Estados, o Distrito Federal e os Municípios dispensarão às microempresas e às empresas de pequeno porte, assim definidas em lei, tratamento jurídico diferenciado, visando a incentivá-las pela simplificação de suas obrigações administrativas, tributárias, previdenciárias e creditícias, ou pela eliminação ou redução destas por meio de lei.

A Lei Complementar nº 123, de 14 de dezembro de 2006, dá cumprimento ao texto constitucional ao trazer importantes regras relativas ao tratamento especial que se deve dar às microempresas (ME) e empresas de pequeno porte (EPP), sobretudo no âmbito de procedimentos licitatórios. Regulamentando a matéria em âmbito federal, foi editado o Decreto nº 6.204, de 5 de setembro de 2007.

Para os efeitos dessa lei complementar, consideram-se microempresas ou empresas de pequeno porte a sociedade empresária, a sociedade simples e o empresário que exerce profissionalmente atividade econômica organizada para a produção ou a circulação de bens ou de serviços, devidamente registrados no Registro de Empresas Mercantis ou no Registro Civil de Pessoas Jurídicas, conforme o caso, desde que:

> I – no caso das **microempresas**, o empresário, a pessoa jurídica, ou a ela equiparada, aufira, em cada ano-calendário, receita bruta igual ou inferior a R$ 360.000,00 (trezentos e sessenta mil reais);
>
> II – no caso das empresas de pequeno porte, o empresário, a pessoa jurídica, ou a ela equiparada, aufira, em cada ano-calendário, receita bruta superior a R$ 360.000,00 (trezentos e sessenta mil reais) e igual ou inferior a 4.800.000,00 (quatro milhões e oitocentos mil reais).[20]-[21]

20 Dispositivo alterado pela Lei Complementar nº 155, de 27 de outubro de 2016.

21 "A qualificação como microempresa ou empresa de pequeno porte é feita mediante declaração da Junta Comercial, que a expede com base em informação da empresa interessada, com o requerimento à respectiva Junta do arquivamento da 'Declaração de Enquadramento de ME ou EPP'. (TCU, Acórdão nº 1.972/2010–Plenário). Assim, é de inteira responsabilidade da empresa licitante a atualização e a veracidade das declarações de pertencimento, ou não, às categorias de ME/EPP. Com base nesse entendimento, o TCU declarou a inidoneidade para licitar ou contratar por dois anos de empresa que não comunicou o seu desenquadramento como ME/EPP e participou de licitação usufruindo dos privilégios que são próprios destas entidades" (Acórdão nº 2.578/2010-Plenário).

O art. 47 da LC nº 123/2006[22] consubstancia exitosamente a intenção de incentivar as ME e EPP ao preceituar que nas contratações públicas da União, dos Estados e dos Municípios, **deverá ser concedido tratamento diferenciado e simplificado** para as microempresas e empresas de pequeno porte objetivando a promoção do desenvolvimento econômico e social no âmbito municipal e regional, a ampliação da eficiência das políticas públicas e o incentivo à inovação tecnológica, desde que previsto e regulamentado na legislação do respectivo ente.

Reza o parágrafo único do mesmo artigo que: "No que diz respeito às compras públicas, enquanto não sobrevier legislação estadual, municipal ou regulamento específico de cada órgão mais favorável à microempresa e empresa de pequeno porte, aplica-se a legislação federal."

Para o cumprimento do disposto no art. 47, a Administração Pública (art. 48 - grifos nossos):

> I - **deverá** realizar processo licitatório destinado **exclusivamente** à participação de microempresas e empresas de pequeno porte nos itens de contratação cujo valor seja de até **R$ 80.000,00** (oitenta mil reais);
>
> II - **poderá**, em relação aos processos licitatórios destinados à aquisição de obras e serviços, exigir dos licitantes a **subcontratação** de microempresa ou empresa de pequeno porte;
>
> III - **deverá** estabelecer, em certames para aquisição de bens de natureza divisível, **cota de até 25%** (vinte e cinco por cento) do objeto para a contratação de microempresas e empresas de pequeno porte.

Prevê o § 3º do art. 48 que os benefícios supramencionados **poderão**, justificadamente, estabelecer a **prioridade de contratação** para as microempresas e empresas de pequeno porte **sediadas local ou regionalmente**, até o limite de **10% (dez por cento) do melhor preço válido**."

Esses mecanismos, todavia, não serão aplicados quando (art. 49):

> I - (Revogado);
>
> II - não houver um mínimo de três fornecedores competitivos enquadrados como microempresas ou empresas de pequeno porte sediados local ou regionalmente e capazes de cumprir as exigências estabelecidas no instrumento convocatório;
>
> III - o tratamento diferenciado e simplificado para as microempresas e empresas de pequeno porte não for vantajoso para a administração pública ou representar

22 Houve diversas alterações produzidas pela Lei Complementar nº 147, de 7 de agosto de 2014, as quais já foram devidamente incorporadas ao texto.

> prejuízo ao conjunto ou complexo do objeto a ser contratado; e
>
> IV – a licitação for dispensável ou inexigível, nos termos dos arts. 24 e 25 da Lei nº 8.666, de 21 de junho de 1993, excetuando-se as dispensas tratadas pelos incisos I e II do art. 24 da mesma Lei, nas quais a compra deverá ser feita preferencialmente de microempresas e empresas de pequeno porte, aplicando-se o disposto no inciso I do art. 48."

O art. 44 da referida lei estabelece que "nas licitações será assegurada, como critério de desempate, preferência de contratação para as microempresas e empresas de pequeno porte". A lei dá ao termo "empate" acepção peculiar. Para os efeitos legais, o empate ocorre quando as propostas apresentadas pelas ME e EPP sejam **iguais ou até 10% superiores** à proposta mais bem classificada, desde que não tenha esta sido feita por microempresa e empresa de pequeno porte. No caso de **pregão**, o intervalo tecnicamente considerado empate será de **até 5% superior** ao menor preço ofertado na licitação (art. 44, § 2º, LC nº 123/2006). Nessas situações, a ME/EPP poderá reapresentar a sua proposta. Critica-se o referido dispositivo, pois o valor da proposta mais bem classificada já é conhecido quando a ME/EPP em "empate" é convocada a reapresentar sua proposta inicial. Isto é, de certo modo, esse critério de desempate viola o princípio do sigilo na apresentação das propostas, pois, embora a ME/EPP não conheça as propostas do licitante no momento da apresentação, poderá posteriormente apresentar nova proposta, que se afigure mais vantajosa para a Administração que a do licitante mais bem classificado.

Exemplificativamente, podemos pensar a situação em que a proposta mais bem classificada seja de R$ 10.000,00 e a proposta da ME/EPP tenha sido de R$ 10.990,00. Nesse caso, a ME/EPP poderá reformular sua proposta num valor inferior ao apresentado pelo licitante mais bem classificado.[23] Se o valor da proposta reapresentada pelas referidas entidades for inferior à do licitante vencedor, não importa o quanto (no exemplo, poderá ser fixado em R$ 9.999,99), será adjudicado em seu favor o objeto da licitação.

Caso a ME/EPP "empatada" não reapresente proposta inferior, poderão ser convocadas as remanescentes que porventura se enquadrem nos percentuais já mencionados anteriormente, na ordem classificatória, para o exercício do mesmo direito (art. 45, II). Se houver empate entre as propostas apresentadas pelas ME/EPP, será realizado sorteio entre elas para que se identifique a que primeiro poderá apresentar melhor oferta (art. 45, III).

23 No caso de pregão, a microempresa ou empresa de pequeno porte mais bem classificada será convocada para apresentar nova proposta no prazo máximo de 5 (cinco) minutos após o encerramento dos lances, sob pena de preclusão (art. 45, § 3º).

Caso não tenha ocorrido a contratação com base nesses critérios diferenciados, o objeto licitado será adjudicado em favor da proposta originalmente vencedora do certame (art. 45, § 1º).

Importante observar que a redação original do inc. I do art. 49 da LC nº 123/2006 estatuía que o tratamento diferenciado de que estamos cuidando não se aplicaria quando os seus critérios não fossem expressamente previstos no instrumento convocatório. Tal estipulação acabava por gerar enfraquecimento da efetividade dos benefícios criados pelo legislador, pois sua aplicação aos certames dependia da "boa vontade" dos administradores públicos em fazer incluí-los expressamente nos editais. Entretanto, desde o início, essa diretriz não foi adotada.

Para calar de vez as vozes em sentido contrário à tese apresentada, a Lei Complementar nº 147/2014 revogou o inc. I do art. 49 da LC nº 123/2006. Portanto, fica inteiramente claro que **o tratamento diferenciado em favor das MEs/EPPs independe de previsão em edital**.

2.4.2. Alterações promovidas pela Lei nº 12.349/2010

Com objetivo de privilegiar os serviços nacionais e as empresas que fabricam produtos manufaturados que atendam a normas técnicas brasileiras e também os bens e serviços produzidos ou prestados por empresas que comprovem cumprimento de reserva de cargos prevista em lei para pessoa com deficiência ou para reabilitado da Previdência Social e que atendam às regras de acessibilidade previstas na legislação, a Lei nº 12.349/2010 incluiu no art. 3º da Lei nº 8.666/1993 os §§ 5º a 13, que estabelecem **margem de preferência** em favor dessas pessoas jurídicas. Essa margem de preferência por produto, serviço, grupo de produtos ou grupo de serviços será definida pelo Poder Executivo Federal, ficando, entretanto, limitada a **até 25% acima do preço dos produtos manufaturados e serviços estrangeiros**.

O Decreto nº 7.546, de 2 de agosto de 2011, regulamenta o dispositivo supracitado. Reza o art. 5º deste decreto que outro decreto deverá estabelecer as margens de preferência, discriminar a abrangência de sua aplicação e fixar o universo de normas técnicas brasileiras aplicáveis por produto, serviço, grupo de produtos e grupo de serviços.[24]

A mesma margem de preferência de que estamos a tratar poderá ser estendida, total ou parcialmente, aos bens e serviços originários dos Estados Partes do Mercado Comum do Sul - Mercosul e será estabelecida com base em estudos, em prazo não superior a cinco anos, que levem em consideração: I – geração

---

24 Em cumprimento a este dispositivo foram editados os Decretos nºs 7.601, de 7 de novembro de 2011, 7.756, de 14 de junho de 2012, e 7.903, de 4 de fevereiro de 2013, que estabelecem a aplicação de margem de preferência a determinados produtos manufaturados (confecções, calçados e artefatos) nacionais e equipamentos de tecnologia da informação e comunicação. No ano de 2012 foram editados diversos decretos que regulam a margem de preferência para determinados produtos ou serviços. Entretanto, não foram mencionados dado o caráter generalizado e panorâmico de que se reveste este *Curso*.

de emprego e renda; II – efeito na arrecadação de tributos federais, estaduais e municipais; e III – desenvolvimento e inovação tecnológica realizados no País (§§ 6º e 10).

Vale ressaltar que os produtos manufaturados e serviços nacionais resultantes de desenvolvimento e inovação tecnológica realizados no País terão **margem de preferência adicional**, desde que respeitado o limite de 25% acima do preço dos produtos manufaturados e serviços estrangeiros (§ 7º).

Todavia, esses critérios de preferência não se aplicam aos bens e aos serviços cuja capacidade de produção ou prestação no País seja inferior: I – à quantidade a ser adquirida ou contratada; ou II – ao quantitativo mínimo fixado no caso de compra de bens de natureza divisível e desde que não haja prejuízo para o conjunto ou complexo, situação em que é permitida a cotação de quantidade inferior à demandada na licitação, com vistas à ampliação da competitividade, quando for o caso. (art. 3º, § 9º).

A fim de afastar quaisquer dúvidas que poderiam ser suscitadas acerca do alcance das expressões "produtos manufaturados nacionais" e "serviços nacionais", foram acrescentados os incisos XVII e XVIII ao art. 6º da Lei nº 8.666/1993, que conceituaram as referidas expressões nos seguintes termos:[25]

> XVII – **produtos manufaturados nacionais** – produtos manufaturados, produzidos no território nacional de acordo com o processo produtivo básico ou regras de origem estabelecidas pelo Poder Executivo Federal;
>
> XVIII – **serviços nacionais** – serviços prestados no País, nas condições estabelecidas pelo Poder Executivo Federal; [...].

Os editais de licitação para a contratação de bens, serviços e obras poderão, mediante prévia justificativa da autoridade competente, exigir que o contratado promova, em favor de órgão ou entidade integrante da Administração Pública ou daqueles por ela indicados a partir de processo isonômico, medidas de compensação comercial, industrial, tecnológica ou acesso a condições vantajosas de financiamento, cumulativamente ou não, na forma estabelecida pelo Poder Executivo federal (art. 3º, § 11).

Nas contratações destinadas à implantação, manutenção e ao aperfeiçoamento dos sistemas de tecnologia de informação e comunicação, considerados estratégicos em ato do Poder Executivo federal, a licitação poderá ser restrita a bens e serviços com tecnologia desenvolvida no País e produzidos de acordo com o processo produtivo básico de que trata a Lei nº 10.176, de 11 de janeiro de 2001 (art. 3º, § 12).

25 *Vide* art. 2º do Decreto nº 7.546/2011 que define com mais riqueza de detalhes algumas das expressões utilizadas pelo legislador.

Os sistemas de tecnologia de informação e comunicação estratégicos, segundo o art. 6º, XIX, da Lei nº 8.666/1993, são definidos como:

> Bens e serviços de tecnologia da informação e comunicação cuja descontinuidade provoque dano significativo à administração pública e que envolvam pelo menos um dos seguintes requisitos relacionados às informações críticas: disponibilidade, confiabilidade, segurança e confidencialidade.

Vale ressaltar que, por expressa previsão no art. 2º da Lei nº 12.349/2010, esses critérios de preferência de que estamos tratando se aplicam à licitação na modalidade **pregão**.

Ademais, as preferências supramencionadas **devem privilegiar** o tratamento diferenciado e favorecido às **microempresas e empresas de pequeno porte** (art. 3º, § 14).

Por fim, deve-se destacar que a Lei nº 12.349/2010 promoveu outras alterações no Estatuto Geral das Licitações e Contratos, as quais iremos comentar oportunamente nesta obra.

2.5. Vinculação ao instrumento convocatório

A fim de atrair interessados no objeto de contratação, a Administração deverá tornar pública a realização do procedimento licitatório e, para tanto, irá expedir instrumento convocatório, que, via de regra, é o **edital**.

Vale lembrar que a única modalidade de licitação que não adota o edital como instrumento convocatório é o convite: **carta-convite**.

O instrumento convocatório é responsável por ditar as regras específicas a serem observadas naquele certame que está sendo realizado. Reza o art. 40 sobre as informações obrigatórias do edital, entre as quais citamos: objeto da licitação, prazo e condições para assinatura do contrato ou retirada dos instrumentos, sanções para o caso de inadimplemento, local onde poderá ser examinado e adquirido o projeto básico, critério para julgamento, com disposições claras e parâmetros objetivos, condições de pagamento, entre outras.

Uma vez delineadas as regras do procedimento licitatório, elas vinculam tanto os licitantes quanto a própria Administração. Isso significa dizer que as regras do instrumento convocatório deverão ser observadas fielmente, sob pena de tornar nula a licitação.

Na feliz dicção de Hely Lopes Meirelles, "o edital é a lei interna da licitação e, enquanto tal, vincula tanto os licitantes como a Administração que o expediu".[26]

O art. 41 da Lei nº 8.666/1993 prevê que "a Administração não pode descumprir as normas e condições do edital, ao qual se acha **estritamente vinculada**".

26 MEIRELLES, Hely Lopes. *Direito Administrativo Brasileiro*. 34ª ed. São Paulo: Malheiros, 2008, p. 278.

Por oportuno, trazemos à colação trecho de julgado do Superior Tribunal de Justiça que trata da vinculação ao instrumento convocatório:

> O Poder Discricionário da Administração esgota-se com a elaboração do Edital de Licitação. A partir daí, nos termos do vocábulo constante da própria Lei, a Administração Pública vincula-se *estritamente* a ele.[27]

Com tudo que temos dito, não se pode concluir que a Administração não possa alterar o edital de licitação ou carta-convite após sua elaboração e divulgação. O que estamos afirmando é que as regras editalícias são de observância obrigatória por qualquer licitante e mesmo pela Administração. As alterações no edital podem ser feitas sempre que assim o exija o interesse público. Todavia, o § 4º do art. 21 estatui que:

> Qualquer modificação no edital exige divulgação pela mesma forma que se deu o texto original, reabrindo-se o prazo inicialmente estabelecido, exceto quando, inquestionavelmente, a alteração não afetar a formulação das propostas.

2.6. Julgamento objetivo

Para dar efetiva aplicação ao princípio da igualdade entre os licitantes, a comissão, ao proceder a escolha da melhor proposta, deverá fazê-lo com base em **critérios objetivos, concretamente aferíveis** por qualquer licitante, e não com base em critérios subjetivos ou pessoais. Assim, ficam vedados os julgamentos feitos por mera abstração, subjetividade, desprovidos de critérios técnico-científicos de análise.

É imprescindível trazermos à baila a lição do mestre Hely Lopes Meirelles, quando ensina que o "julgamento objetivo é o que se baseia no critério indicado no edital e nos termos específicos das propostas. É princípio de toda licitação que seu julgamento se apoie em fatores concretos pedidos pela Administração".[28] Dessa forma, cabe à Administração prever claramente no instrumento convocatório quais serão os critérios de julgamento a serem utilizados para a seleção da melhor proposta.

Nesse contexto, percebe-se a importância dos **tipos de licitação**. Quando nos indagamos acerca dos critérios objetivos a serem utilizados pela comissão de licitação no julgamento da melhor proposta, estamos nos referindo aos tipos de licitação.

27 REsp 421.946/DF, Rel. Min. FRANCISCO FALCÃO, DJ 06.03.2006.

28 MEIRELLES, Hely Lopes. *Direito Administrativo Brasileiro*. 34ª ed. São Paulo: Malheiros, 2008, p. 278.

Ao abordar o tema, os arts. 44 e 45 da LLC estabelecem, respectivamente, que "no julgamento das propostas, a Comissão levará em consideração os critérios objetivos definidos no edital ou convite, os quais não devem contrariar as normas e princípios estabelecidos por esta Lei" e "o julgamento das propostas será objetivo, devendo a Comissão de licitação ou o responsável pelo convite realizá-lo em conformidade com os tipos de licitação, os critérios previamente estabelecidos no ato convocatório e de acordo com os fatores exclusivamente nele referidos, de maneira a possibilitar sua aferição pelos licitantes e pelos órgãos de controle".

Os tipos de licitação, previstos na lei, são: menor preço, melhor técnica, técnica e preço e maior lance ou oferta, os quais iremos analisar no tópico apropriado. Desde logo, é importante frisar que os tipos de licitação **não se confundem** com as modalidades de licitação (concorrência, tomada de preços, convite, concurso, leilão, pregão e consulta), pois enquanto os primeiros se referem a uma fase específica do certame (o julgamento das propostas), estas se referem ao modo como a Administração conduz o procedimento licitatório como um todo.

2.7. Adjudicação compulsória ao vencedor

Tendo analisado as propostas, a comissão de licitação escolherá aquela que melhor atende às exigências da Administração. A adjudicação do objeto ocorre quando a comissão atribui ao **vencedor da licitação** a expectativa de contratá-lo quando julgar conveniente. É ato simbólico por meio do qual o vencedor do certame é declarado como o detentor da expectativa de direito ao futuro contrato.

Diz-se compulsória porque a Administração deverá, **obrigatoriamente**, adjudicar o objeto. Não se poderia cogitar da realização de procedimento licitatório para a escolha da melhor proposta de contrato, se a Administração pudesse, livremente, contratar com outro licitante, que não o vencedor. Vale dizer, de nada adiantaria abrir procedimento licitatório estritamente vinculado aos termos da lei e do edital, se a Administração pudesse discricionariamente, caso não lhe agradasse o resultado obtido, reabrir nova licitação para contratar o mesmo objeto ou, pior, contratar com terceiro alheio ao certame.

O art. 50 determina que "a Administração não poderá celebrar o contrato com preterição da ordem de classificação das propostas ou com terceiros estranhos ao procedimento licitatório, sob pena de nulidade". Assim, podemos concluir que a adjudicação é ato vinculado, ressalvadas as situações em que a Administração resolva anular ou revogar o procedimento (art. 49).

Hely Lopes Meirelles com extrema propriedade elenca algumas consequências da adjudicação:[29]

29 MEIRELLES, Hely Lopes. *Direito Administrativo Brasileiro*. 34ª ed. São Paulo: Malheiros, 2008, p. 313.

a) aquisição do direito de contratar com a Administração nos termos em que o adjudicatário venceu a licitação;
b) vinculação do adjudicatário a todos os encargos estabelecidos no edital e nos termos prometidos na proposta;
c) sujeição do adjudicatário às penalidades previstas no edital e normas legais pertinentes se não assinar o contrato no prazo e condições estabelecidas;
d) o impedimento de a Administração contratar o objeto licitado com outrem; e
e) a liberação dos licitantes vencidos de todos os encargos da licitação e o direito de retirarem os documentos e levantarem as garantias oferecidas, salvo se obrigados a aguardar a efetivação do contrato por disposição do edital ou norma legal.

É importante **não confundir** adjudicação do objeto com assinatura do contrato. A primeira trata-se de **ato vinculado**, meramente simbólico, que consiste na declaração do vencedor do certame e atribuição do objeto da contratação a este, sem que isso corresponda a qualquer direito à contratação. O que o licitante vencedor possui é **mera expectativa de direito**, no sentido de saber que, se a Administração pretender contratar, terá de fazê-lo necessariamente com o vencedor, e não com outro licitante qualquer. A contratação, por sua sorte, brota de **poder discricionário** da Administração, que poderá realizá-la no momento que julgar oportuno.

Todavia, é imperioso verificar que a Lei de Licitações e Contratos fixa, em seu art. 64, § 3º, o prazo de **60 dias**, a contar da **entrega da proposta**, em que o licitante fica vinculado ao conteúdo do que propôs. Inclusive, poderá sofrer penalidade (advertência, multa, suspensão etc.) caso seja chamado a contratar e não queira celebrar o contrato nos moldes da sua proposta. Significa dizer que a partir de 60 dias da entrega da proposta sem que a Administração tenha chamado o licitante vencedor a contratar, ficará este liberado dos compromissos assumidos. Após esse prazo, se a Administração chamar o vencedor à celebração do contrato, este poderá recusar a assinatura sob alegação de que a proposta oferecida já não é mais interessante. Nesses casos, a Administração não poderá aplicar qualquer penalidade ao adjudicatário.

Pelo § 2º do art. 64 da LLC:

> É facultado à Administração, quando o convocado não assinar o termo de contrato ou não aceitar ou retirar o instrumento equivalente no prazo e condições estabelecidos, convocar os licitantes remanescentes, na ordem de classificação, para fazê-lo em igual prazo e nas mesmas condições propostas pelo primeiro classificado, inclusive quanto aos preços atualizados de conformidade com o ato convocatório, ou revogar a licitação independentemente da cominação prevista no art. 81 desta Lei.

O art. 81 prescreve:

> A recusa injustificada do adjudicatário em assinar o contrato, aceitar ou retirar o instrumento equivalente, dentro do prazo estabelecido pela Administração, caracteriza o descumprimento total da obrigação assumida, sujeitando-o às penalidades legalmente estabelecidas.

O parágrafo único do mesmo artigo reza que tal regramento "não se aplica aos licitantes convocados nos termos do art. 64, § 2º desta Lei, que não aceitarem a contratação, nas mesmas condições propostas pelo primeiro adjudicatário, inclusive quanto ao prazo e preço".

2.8. Competitividade

O princípio da competitividade, também chamado de **princípio da oposição**, está diretamente relacionado à participação do maior número possível de licitantes a fim de que haja, de fato, a obtenção da melhor proposta de contrato para a Administração.

Dessarte, qualquer cláusula editalícia tendente a diminuir a participação de determinados licitantes será ilícita, salvo quando estritamente compatível com o cumprimento do objeto do contrato.

O art. 3º, § 1º prescreve que é vedado aos agentes públicos (destacamos):

> I – admitir, prever, incluir ou tolerar, nos atos de convocação, cláusulas ou condições que **comprometam, restrinjam ou frustrem o seu caráter competitivo**, inclusive no caso de sociedades cooperativas, e estabeleçam **preferências ou distinções** em razão da **naturalidade**, da **sede** ou **domicílio** dos licitantes ou de qualquer outra circunstância impertinente ou irrelevante para o específico objeto do contrato;[30]
>
> II – estabelecer tratamento diferenciado de natureza comercial, legal, trabalhista, previdenciária ou qualquer outra, entre empresas brasileiras e estrangeiras, inclusive no que se refere a moeda, modalidade e local de pagamentos, mesmo quando envolvidos financiamentos de agências internacionais, ressalvado o disposto em lei.

Com base nesse dispositivo, o STF julgou inconstitucional lei estadual que estabelecia como condição de acesso à licitação pública que a empresa licitante

30 TCU, Acórdão nº 3.769/2012 – 2ª Câmara: "A determinação de que os produtos a serem adquiridos mediante licitação sejam, necessariamente, de fabricação nacional é ilícita, por constituir restrição indevida ao caráter competitivo do certame."

tivesse fábrica ou sede no Estado-membro.[31] O STJ, no mesmo sentido, reputou ilegítima, por afronta ao princípio da competitividade, a exigência de que o licitante obtenha visto no Conselho Regional de Nutrição (CRN) do local do certame.[32]

No mesmo sentido é o disposto no art. 7º, §§ 5º e 6º, da Lei nº 8.666/1993, segundo os quais "é vedada a realização de licitação cujo objeto inclua bens e serviços sem similaridade ou de marcas, características e especificações exclusivas, salvo nos casos em que for tecnicamente justificável, ou ainda quando o fornecimento de tais materiais e serviços for feito sob o regime de administração contratada,[33] previsto e discriminado no ato convocatório" e "a infringência do disposto neste artigo implica a nulidade dos atos ou contratos realizados e a responsabilidade de quem lhes tenha dado causa".

O § 5º do art. 30 também traz previsão com o mesmo desiderato de preservar a competitividade do certame ao dispor que é vedada, para fins de habilitação, a exigência de comprovação de atividade ou de aptidão com limitações de tempo ou de época ou ainda em locais específicos, ou quaisquer outras não previstas em lei, que inibam a participação no certame.

Com o intuito de concretizar o princípio da competitividade no âmbito das licitações, o art. 4º do Decreto nº 3.555/2000, que regula o pregão presencial, prevê:

> As normas disciplinadoras da licitação serão sempre interpretadas em favor da ampliação da disputa entre os interessados, desde que não comprometam o interesse da Administração, a finalidade e a segurança da contratação.

Ademais, o art. 55, III, da Lei nº 9.472/1997, Lei Geral das Telecomunicações preceitua que o objeto será determinado de forma precisa, suficiente e clara, sem especificações que, por excessivas, irrelevantes ou desnecessárias, limitem a competição.

Com fulcro nesse entendimento, o STF julgou inconstitucional lei distrital que proibia a participação, em licitação, de empresas que discriminem, na contratação de empregos, pessoas inscritas em cadastros restritivos de crédito, uma vez que essa garantia não tem nenhuma pertinência com a exigência de garantia do cumprimento do contrato objeto do concurso.[34]

31 ADI nº 3.583/PR, Rel. Min. CEZAR PELUSO, DJe 13.03.2008.

32 REsp 1.155.781/ES, Rel.ª Min.ª ELIANA CALMON, julg.: 1º.06.2010.

33 O regime de administração contratada ocorre quando o contratado é remunerado com base em percentual calculado sobre o custo da obra ou serviço, ficando a Administração com os riscos do empreendimento. Acontece mais ou menos assim: o contratado efetua as despesas para execução da obra ou prestação de serviços e a Administração lhe reembolsa todos os valores despendidos nessa atividade e o remunera com base no percentual que incide sobre o custo total da obra ou do serviço. Ocorre que esse regime foi vetado pelo Presidente da República quando da sanção do projeto que originou a Lei nº 8.666/1993. Para tanto, alegou-se que esse sistema acarretaria alto risco de desequilíbrio orçamentário por não haver previsão de despesas na lei orçamentária anual ou no plano plurianual. Ademais, o fato de a remuneração do contratado ter por parâmetro o custo total da obra ou serviço certamente levaria este a elevar sobremodo os custos a fim de se beneficiar com valores vultosos a título de remuneração.

34 ADI 3.670/DF, Rel. Min. SEPÚLVEDA PERTENCE, DJ 17.05.2007.

Sobre as discriminações no que concerne ao local da sede dos licitantes, o art. 20 da LLC prevê que, salvo por motivo de interesse público, devidamente justificado, o fato de a licitação se realizar no local onde se situa a repartição interessada não impede a habilitação de interessados residentes ou sediados em outros locais.

Ademais, o art. 90 da lei capitula como crime de licitação, com pena de detenção de 2 a 4 anos e multa, o ato de frustrar ou fraudar, mediante ajuste, combinação ou qualquer outro expediente, o caráter competitivo do procedimento licitatório, com o intuito de obter, para si ou para outrem, vantagem decorrente da adjudicação do objeto da licitação.

2.9. Padronização

O art. 15 do Estatuto estabelece o princípio expresso da padronização ao mencionar que as compras, sempre que possível, deverão "atender ao princípio da padronização, que imponha compatibilidade de especificações técnicas e de desempenho, observadas, quando for o caso, as condições de manutenção, assistência técnica e garantia oferecidas".

Conforme a lição do saudoso professor Diógenes Gasparini:

> Padronizar significa igualar, uniformizar, estandizar. Padronização, por sua vez, quer dizer a adoção de um estander, um modelo. [...] Assim, deve a entidade compradora, em todos os negócios para a aquisição de bens, observar as regras básicas que levam à adoção de um estander, de um padrão que, vantajosamente, possa satisfazer às necessidades das atividades que estão a seu cargo. O dispositivo [...] impõe que toda compra seja avaliada segundo esse princípio, com o intuito de evitar aquisições de bens diferentes nos seus elementos componentes, na qualidade, na produtividade e na durabilidade, com implicações diretas e imediatas no estoque, na manutenção, na assistência técnica, nos custos, no controle e na atividade administrativa.[35]

Note que a exigência de padronização para compras não elide a obrigatoriedade de licitação. Isto é, sempre que os bens, objeto de padronização, puderem ser ofertados por mais de um interessado haverá obrigatoriedade de realizar procedimento licitatório para a escolha da melhor proposta. Nesse sentido, vem a calhar a jurisprudência do TCU sobre a matéria:

> Ainda que fosse admitida a preferência de marca, para fins de padronização, como permitido pela norma regedora da matéria (art. 15, I, da Lei nº 8.666, de 1993), afastando, no caso, a contratação de veículos de outra marca, se houver a possibilidade de os bens serem fornecidos por várias empresas, seria justificada e obrigatória a licitação.[36]

35 GASPARINE, Diógenes. *Direito Administrativo*. 13ª ed., São Paulo: Saraiva, 2008, p. 480-481.

36 TCU, Decisão Plenária nº 686/1997.

> Embora seja comum a crença de que componentes genuínos do mesmo fabricante do equipamento supostamente detenham a vantagem de possuir uma garantia de fábrica e, portanto, ofertem uma segurança a mais, não pode a Administração se submeter a reservas de mercado, com vínculo à marca comercial, quando existem empresas que fabricam os mesmos insumos com padrões de qualidade, fornecendo, inclusive, a necessária garantia por seus produtos. [37]

Ainda sobre o tema relativo à indicação de marca no instrumento convocatório, vale repisar que, em tese, tal direcionamento afigura-se ilegal por representar burla aos princípios da obrigatoriedade de licitação e da isonomia. Entretanto, a lei faz uma ressalva no art. 7º, § 5º, ao prever que é vedada a realização de licitação cujo objeto inclua bens e serviços sem similaridade ou de marcas, características e especificações exclusivas, salvo nos casos em que for **tecnicamente justificável**.

Exemplo clássico em que a Administração realiza licitação indicando precisamente a marca do produto é o da aquisição de cartuchos de **toner** para impressoras. Nesses casos, a licitação é restrita aos cartuchos originais do fabricante das impressoras, sob o risco de perda da garantia de manutenção. Veja que nesse caso a indicação da marca do cartucho é justificável na medida em que configura condição para manutenção da garantia da impressora. Se utilizados cartuchos de outras marcas o fabricante da impressora não se responsabilizará por eventuais defeitos que venham a surgir com o tempo. Sendo assim, é perfeitamente lícita a especificação de marca.

A essa altura, o leitor poderia argumentar: se a Administração faz preferência de marca só haverá um único e exclusivo interessado apto a fornecer o produto, logo será feita contratação direta – isto é, sem licitação. Negativo! Note que, embora seja feita a especificação da marca, é possível que haja vários fornecedores ou representantes comerciais interessados em realizar o fornecimento do produto. É muito comum no mercado o mesmo produto ser comercializado por diversos representantes comerciais ou fornecedores. Dessa maneira será feita licitação entre estes, não obstante a marca já esteja determinada no instrumento convocatório.

3. DISPENSA E INEXIGIBILIDADE

Como vimos anteriormente, o dever de licitar vigora sempre que a Administração deseja realizar contratações que tenham por objeto obras, serviços, compras, alienações e locações (princípio da obrigatoriedade de licitação).

Porém, em algumas situações especiais admite-se a não realização de procedimento licitatório. Isto é, há situações em que a contratação direta é

37 TCU, Decisão Plenária nº 130/2002.

plenamente legítima. Mas para que a Administração proceda à contratação direta é imprescindível que haja previsão legal, expressa ou implícita. Dessa forma, a dispensa e/ou inexigibilidade de licitação somente poderão ocorrer diante de lei que permita a contratação direta.

De maneira geral, o marco diferenciador entre a dispensa e a inexigibilidade de licitação é a existência, ou não, de **viabilidade de competição**. Quando a competitividade é possível, em face da existência de mais de um interessado idôneo à contratação, temos a **dispensa** de licitação. Ao contrário, quando diante das circunstâncias houver inviabilidade de competição, é caso de **inexigibilidade** de licitação.

Outra distinção importante é que, enquanto o rol das situações de dispensa é **taxativo** (não admite outras hipóteses, que não aquelas previstas **expressamente** na lei), o rol dos casos que justificarão a inexigibilidade é meramente **exemplificativo** (admite-se que haja inexigibilidade de licitação mesmo que o caso concreto não se enquadre em alguma das hipóteses legais). Para se ter uma ideia, atualmente há quase 50 hipóteses de dispensa de licitação, ao passo que há apenas três situações de inexigibilidade.

Por oportuno, é bom enfatizar que a dispensa indevida da licitação constitui ato de improbidade administrativa que causa prejuízo ao erário (art. 10, VIII, Lei nº 8.429/1992), o que pode atingir tanto o agente público que pratica o ato indevidamente quanto o licitante que se beneficie de tal ilegalidade.

3.1. Dispensa

As situações que dispensam a realização de licitação estão previstas na Lei de Licitações e Contratos de maneira **taxativa**, *numerus clausus*, de maneira que para haver dispensa de licitação é necessário que o caso concreto esteja previsto expressamente na lei. Caso contrário, não será possível a contratação direta.

O fundamento de tal restrição é o fato de que os casos de dispensa de licitação constituem exceção à regra do dever de licitar quando há **viabilidade de competição**. É bem por isso que essas hipóteses não podem ser ampliadas livremente pelos agentes públicos incumbidos de realizar procedimento licitatório.

A doutrina costuma desmembrar a dispensa de licitação em licitação dispensada e licitação dispensável. A primeira, relacionada à alienação de bens, está prevista no art. 17 da Lei nº 8.666/1993. A segunda, referente a uma gama de situações distintas entre si, tem fulcro no art. 24 do mesmo diploma legal.

3.1.1. Licitação dispensada

A licitação dispensada é aquela diante da qual não há alternativa à disposição do agente público entre realizar licitação ou contratar diretamente. Ao contrário, nas hipóteses previstas para licitação dispensada o agente público deverá,

obrigatoriamente, realizar contratação direta, sem procedimento licitatório. Assim, podemos concluir que a licitação dispensada é **ato vinculado**, vale dizer, não há liberdade de atuação ao agente público para avaliar a conveniência e oportunidade da contratação direta.

O interessante é notar que todas as hipóteses de licitação dispensada estão relacionadas à **alienação de bens públicos** pela Administração. Alienação é qualquer transferência de bens do domínio de uma pessoa para outra. As quatro principais formas de alienação são a venda, a doação, a dação em pagamento e a permuta. Assim, sempre que a Administração utilizar uma hipótese de licitação dispensada, pode-se afirmar seguramente que estará alienando bens públicos.

O inc. I do art. 17 da LLC dispõe sobre a alienação de **bens imóveis**. O referido dispositivo estabelece os requisitos gerais para alienação de bens imóveis, quais sejam:

a) interesse público;
b) autorização legislativa para os imóveis da administração direta, autarquia e fundação pública;
c) avaliação prévia; e
d) procedimento licitatório.

Quanto ao procedimento licitatório para alienação de bens imóveis, independentemente do valor, tem-se que, em regra, é realizado na modalidade **concorrência**. Inclusive, o art. 18 da lei reza que na concorrência para venda de bens imóveis, a fase de habilitação limitar-se-á à comprovação do recolhimento de quantia correspondente a 5% da avaliação. No caso de bens imóveis cuja aquisição haja derivado de procedimento judicial ou dação em pagamento, a Administração poderá utilizar **concorrência** ou **leilão** (art. 19).

O procedimento licitatório para alienação de **bens imóveis** será dispensado nos seguintes casos:

a) dação em pagamento;
b) doação, permitida exclusivamente para outro órgão ou entidade da administração pública, de qualquer esfera de governo, ressalvado o disposto nas alíneas *f*, *h* e *i*. Nesses casos, cessadas as razões que justificaram a sua doação, reverterão ao patrimônio da pessoa jurídica doadora, vedada a sua alienação pelo beneficiário;[38-39]
c) permuta, por outro imóvel destinado ao atendimento das finalidades precípuas da Administração, cujas necessidades de instalação e localização

38 *Vide* STF, Medida Cautelar na ADI nº 927-3-RS, Rel. Min. CARLOS VELLOSO, DJ 11.11.94, na qual foram julgados inconstitucionais os seguintes dispositivos da Lei nº 8.666/93: art. 17, I, "b" e "c"; e 17, II, "b"; e § 1º do mesmo artigo. Portanto, passíveis de aplicação somente no âmbito da União.

39 Dispositivo alterado pela Lei nº 11.952, de 25 de junho de 2009.

condicionem a sua escolha, desde que o preço seja compatível com o valor de mercado;[40]

d) investidura, que ocorre em duas situações:

I - a alienação aos proprietários de imóveis lindeiros de área remanescente ou resultante de obra pública, área esta que se tornar inaproveitável isoladamente, por preço nunca inferior ao da avaliação e desde que esse não ultrapasse a R$ 40.000,00; e

II - a alienação, aos legítimos possuidores diretos ou, na falta destes, ao Poder Público, de imóveis para fins residenciais construídos em núcleos urbanos anexos a usinas hidrelétricas, desde que considerados dispensáveis na fase de operação dessas unidades e não integrem a categoria de bens reversíveis ao final da concessão;

e) venda a outro órgão ou entidade da Administração Pública, de qualquer esfera de governo;

f) alienação gratuita ou onerosa, aforamento, concessão de direito real de uso, locação ou permissão de uso de bens imóveis residenciais construídos, destinados ou efetivamente utilizados no âmbito de programas habitacionais ou de regularização fundiária de interesse social desenvolvidos por órgãos ou entidades da Administração Pública;

g) procedimentos de legitimação de posse ao ocupante de terras públicas, que as tenha tornado produtivas com o seu trabalho e o de sua família, mediante iniciativa e deliberação dos órgãos da Administração Pública em cuja competência legal inclua-se tal atribuição. Aqui, a lei dispensa a autorização legislativa (art. 17, § 2º-A);[41]

h) alienação gratuita ou onerosa, aforamento, concessão de direito real de uso, locação ou permissão de uso de bens imóveis de uso comercial de âmbito local com área de até 250 m^2 e inseridos no âmbito de programas de regularização fundiária de interesse social desenvolvidos por órgãos ou entidades da Administração Pública;

i) alienação e concessão de direito real de uso, gratuita ou onerosa, de terras públicas rurais da União e do Incra, onde incidam ocupações até o limite de que trata o § 1º do art. 6º da Lei nº 11.952, de 25 de junho de 2009, para fins de regularização fundiária, atendidos os requisitos legais.[42]

---

40 *Vide* STF, Medida Cautelar na ADI nº 927-3-RS, Rel. Min. CARLOS VELLOSO, DJ 11.11.1994.

41 Legitimação de posse é a transferência voluntária do domínio de terras devolutas ou outras áreas sem destinação pública específica a particulares, que, ao longo dos anos, vem cultivando-a por meio de seu trabalho e de sua família, tornando-a produtiva. A legitimação de posse concretiza a função social da propriedade (art. 170, III, CF/88).

42 Redação alterada pela Lei nº 13.465, de 11/07/2017.

Em se tratando de alienação de **bens móveis**, o inc. II do art. 17 da LLC determina que se observem cumulativamente os seguintes requisitos:

a) interesse público;

b) avaliação prévia; e

c) procedimento licitatório.

A modalidade de licitação utilizada para alienação de bens móveis será feita conforme o valor do bem: se o valor for de até R$ 650.000,00, será o caso de leilão ou de concorrência; se superior, será utilizada necessariamente a concorrência. Além disso, o leilão será utilizado para venda de bens móveis inservíveis e produtos legalmente apreendidos ou penhorados.

O procedimento licitatório será dispensado nos seguintes casos:

a) doação, permitida exclusivamente para fins e uso de interesse social, após avaliação de sua oportunidade e conveniência socioeconômica, relativamente à escolha de outra forma de alienação;

b) permuta, permitida exclusivamente entre órgãos ou entidades da Administração Pública;[43]

c) venda de ações, que poderão ser negociadas em bolsa, observada a legislação específica;

d) venda de títulos, na forma da legislação pertinente;

e) venda de bens produzidos ou comercializados por órgãos ou entidades da Administração Pública, em virtude de suas finalidades;

f) venda de materiais e equipamentos para outros órgãos ou entidades da Administração Pública, sem utilização previsível por quem deles dispõe; e

g) procedimentos de legitimação de posse de que trata o art. 29 da Lei nº 6.383, de 7 de dezembro de 1976, mediante iniciativa e deliberação dos órgãos da Administração Pública em cuja competência legal inclua-se tal atribuição.

A doação com encargo será licitada e de seu instrumento constarão, obrigatoriamente os encargos, o prazo de seu cumprimento e cláusula de reversão, sob pena de nulidade do ato, sendo dispensada a licitação no caso de interesse público devidamente justificado (art. 17, § 4º).

Por fim, cabe ressaltar que há outras hipóteses de licitação dispensada que não constam expressamente do texto do Lei nº 8.666/1993. A fim de não nos distanciarmos sobremodo do propósito panorâmico deste *Curso*, citaremos a hipótese contida no art. 5º da Lei nº 12.550/2011, que autoriza o Poder Executivo a criar a empresa pública denominada Empresa Brasileira de Serviços Hospitalares (EBSERH): "É

43 *Vide* STF, Medida Cautelar na ADI nº 927-3-RS, Rel. Min. CARLOS VELLOSO, DJ 11.11.1994.

dispensada a licitação para a contratação da EBSERH pela Administração Pública para realizar atividades relacionadas ao seu objeto social."[44]

3.1.2. Licitação dispensável

A licitação dispensável é aquela em que a lei faculta à Administração a contratação direta, ao invés de realização de procedimento licitatório. Como se vê, diante das hipóteses de licitação dispensável a Administração tem opção entre licitar ou contratar diretamente. Nesses casos, o legislador percebeu que, apesar de possível, a licitação seria onerosa ao interesse público. Trata-se, portanto, de **ato discricionário**, e não vinculado, como é o caso da licitação dispensada.

Não é demais repetir que o rol das hipóteses de licitação dispensável é **taxativo**. Significa dizer que caso queira a Administração contratar diretamente com base em licitação dispensável, deverá necessariamente apontar em qual hipótese legal o caso concreto se enquadra. Se assim não for, será obrigatória a realização de procedimento licitatório.[45]

As hipóteses de licitação dispensável estão previstas no art. 24 da Lei nº 8.666/1993. Com o intuito de tornar didática nossa exposição, traremos à baila a sistematização feita pela professora Lúcia Valle Figueiredo, que subdivide essas hipóteses conforme os seguintes critérios: pequeno valor, situação excepcional, objeto a ser contratado e pessoa a ser contratada. Com efeito, doravante vamos expor a matéria segundo essa sistemática.[46]

I. Em razão do pequeno valor (art. 24, I e II, LLC)

A licitação será dispensável para **obras e serviços de engenharia** de valor até **R$ 15.000,00** (10% do valor correspondente à modalidade convite), desde que não se refiram a parcelas de uma mesma obra ou serviço ou ainda para obras e serviços da mesma natureza e no mesmo local que possam ser realizadas conjunta e concomitantemente.

Também será dispensável a licitação para **outros serviços e compras** de valor até **R$ 8.000,00** (10% do valor correspondente à modalidade convite) e para alienações, nos casos previstos nessa lei, desde que não se refiram a parcelas de um mesmo serviço, compra ou alienação de maior vulto que possam ser realizada de uma só vez.

44 Reza o art. 3º da referida lei que "A EBSERH terá por finalidade a prestação de serviços gratuitos de assistência médico-hospitalar, ambulatorial e de apoio diagnóstico e terapêutico à comunidade, assim como a prestação às instituições públicas federais de ensino ou instituições congêneres de serviços de apoio ao ensino, à pesquisa e à extensão, ao ensino-aprendizagem e à formação de pessoas no campo da saúde pública".

45 Registre-se, a título de curiosidade, que atualmente o art. 24 da lei conta com nada mais que 34 incisos contra 15 da redação original da Lei nº 8.666/1993. Isto é, desde a publicação do Estatuto foram acrescentadas 18 novas hipóteses de licitação dispensável. Assim, fica patente a clara intenção do legislador em aumentar, a cada ano, os casos em que será afastada a regra geral da obrigatoriedade de licitação. Situações como essas nos fazem repensar se, afinal, no Brasil, a regra seria a contratação direta, constituindo a licitação pública uma mera exceção a ser utilizada em casos extremos!

46 FIGUEIREDO, Lucia Valle. *Curso de Direito Administrativo*. 9ª ed. São Paulo: Malheiros. 2008, p. 487.

O § 1º do art. 24 estatui que os percentuais referidos nos incs. I e II serão fixados em 20% (passados a R$ 30.000,00 e 16.000,00, respectivamente) para compras, obras e serviços contratados por **consórcios públicos**, **sociedade de economia mista**, **empresa pública** e por autarquia ou fundação qualificadas, na forma da lei, como **agências executivas**.

Nesse passo, impende estabelecer a necessária diferença entre **fracionamento de despesas** e **parcelamento do objeto**. A primeira é prática ilícita que consiste na divisão do objeto da contratação em parcelas que possibilitem a dispensa de licitação ou a utilização de licitação mais simples que a aplicável ao total do objeto.[47]

A fim de ilustrar o sobredito, vejamos o caso de uma licitação para contratação de obra de engenharia no valor de R$ 40.000,00. A modalidade de licitação apropriada ao caso é o Convite. Assim, o fracionamento de despesas correspondente ao objeto ocorreria se a Administração dividisse o objeto em quatro parcelas de R$ 10.000,00 a fim de burlar a exigência de licitação ao se utilizar da licitação dispensável. O mesmo aconteceria se uma obra fosse estimada em R$ 4.000.000,00, que deverá ser licitada obrigatoriamente por concorrência, e a Administração fracionasse o objeto em quatro parcelas de R$ 1.000.000,00 a fim de utilizar modalidade de licitação mais simples – no caso, a tomada de preços.

Isto posto, fica claro que a prática de fracionamento de despesas é ilícita por expressa incompatibilidade com o art. 23, § 5º, da LLC:

> É vedada a utilização da modalidade "convite" ou "tomada de preços", conforme o caso, para parcelas de uma mesma obra ou serviço, ou ainda para obras e serviços da mesma natureza e no mesmo local que possam ser realizadas conjunta e concomitantemente, sempre que o somatório de seus valores caracterizar o caso de "tomada de preços" ou "concorrência", respectivamente, nos termos deste artigo, exceto para as parcelas de natureza específica que possam ser executadas por pessoas ou empresas de especialidade diversa daquela do executor da obra ou serviço.

Ressalte-se que ao cabo do dispositivo supratranscrito há ressalva quanto às parcelas de natureza específica que possam ser executadas por pessoas ou empresas de especialidade diversa daquela do executor da obra ou serviço. Seria o caso de uma licitação para aquisição, em um mesmo lote, de periféricos de informática, mídias e suprimentos de impressão, exigindo-se que o licitante fizesse cotação de preços para todos os itens, sob pena de desclassificação. Obviamente essa exigência afastaria da competição um sem-número de

47 FARIA JUNIOR, Cyonil & BERNARDES, Sandro Henrique. *Licitações e Contratos*. 2ª ed. Rio de Janeiro: Elsevier, 2010, p. 142.

potenciais fornecedores (ex.: fabricantes de cartucho para impressoras ou de mídia, importadores de periféricos etc.) que, embora fornecessem parte do objeto, não estariam aptos a arcar com a totalidade deste. Perceba que nesse caso há forte restrição ao caráter competitivo da licitação e, por isso, será possível o parcelamento do objeto, figura esta que passaremos analisar.[48]

O **parcelamento do objeto**, também chamado por alguns de licitação por itens, está previsto no § 1º do art. 23 (destaque nosso): "As obras, serviços e compras efetuadas pela Administração **serão divididas em tantas parcelas quantas se comprovarem técnica e economicamente viáveis**, procedendo-se à licitação com vistas ao melhor aproveitamento dos recursos disponíveis no mercado e à ampliação da competitividade sem perda da economia de escala".

O parcelamento do objeto soluciona situações em que a quantidade e complexidade do objeto tendem a diminuir substancialmente o quantitativo de licitantes. Daí, a Administração efetua o parcelamento do objeto para possibilitar a participação do maior número possível de licitantes e, com isso, ampliar a competitividade.

Ressalte-se, todavia, que quando houver parcelamento do objeto, deve ser obedecida a modalidade de licitação relativa ao **valor global** da contratação.

Ilustrativamente, numa licitação para aquisição de 3.500 equipamentos no valor total de R$ 1.575.000,00, a Administração poderá dividir o objeto em cinco itens, cada um com 700 equipamentos no valor total de R$ 315.000,00. Note que nesse caso na mesma licitação haverá disputa para sete itens distintos, o que poderá proporcionar que tanto as pequenas quanto as grandes empresas participem em mais de um lote, inclusive. Dessa maneira, poderíamos ter sete vencedores nessa licitação – um para cada item licitado (adjudicação por item). A justificativa desse parcelamento é que há muitos licitantes que não têm capacidade operacional para fornecimento de 3.500 equipamentos de uma única vez. Assim, a Administração parcela o objeto para facilitar e ampliar a participação do maior número possível de interessados.

Entretanto, mesmo havendo parcelamento, a modalidade de licitação adotada corresponderá ao **valor total da contratação**, e não o de cada parcela isoladamente. No exemplo citado, se pensarmos no montante (R$ 1.575.000,00), veremos que a modalidade de licitação cabível é a concorrência. Se, diversamente, pensarmos em cada uma das parcelas (R$ 315.000,00), pensaremos ser possível a utilização de tomada de preços. Diante disso, a conclusão que se deve ter é que seria realizada uma concorrência com sete itens, e não sete licitações na modalidade tomadas de preços.

Outra restrição imposta ao parcelamento do objeto é a **manutenção da economia de escala**, reconhecida em função desta relação: quanto maior a

48 *Vide* TCU, Acórdão nº 2.401/2006.

compra, menor o preço unitário; quanto menor a compra, maior o preço unitário. Ex.: a compra de 600 cadeiras no valor de R$ 80,00, totalizando R$ 48.000,00, não pode ser dividida em três parcelas de 200 cadeiras se, com essa quantidade, a Administração obtenha propostas no valor unitário de R$ 90,00. Isso é o que se denomina perda de economia de escala: quando a diminuição da quantidade de itens comprados acarreta aumento de valores unitários ofertados. Isso ocorrendo, a Administração não poderá parcelar o objeto.

Oportunamente, citamos a Súmula nº 247 do TCU:

> É obrigatória a admissão da adjudicação por item e não por preço global, nos editais das licitações para a contratação de obras, serviços, compras e alienações, cujo objeto seja divisível, desde que não haja prejuízo para o conjunto ou complexo ou perda de economia de escala, tendo em vista o objetivo de propiciar a ampla participação de licitantes que, embora não dispondo de capacidade para a execução, fornecimento ou aquisição da totalidade do objeto, possam fazê-lo com relação a itens ou unidades autônomas, devendo as exigências de habilitação adequar-se a essa divisibilidade.

Por fim, o § 7º do art. 23 dispõe:

> Na compra de bens de natureza divisível e desde que não haja prejuízo para o conjunto ou complexo, é permitida a cotação de quantidade inferior à demandada na licitação, com vistas à ampliação da competitividade, podendo o edital fixar quantitativo mínimo para preservar a economia de escala.

Para aclarar o dispositivo nos valemos do seguinte exemplo: a Administração pretende realizar licitação para aquisição de 5.000 toners de impressoras. Se houver previsão no edital, inclusive quanto ao quantitativo mínimo para manutenção da economia de escala, poderá a empresa ABC cotar 3.000 unidades a R$ 55,00 e a empresa XYZ as 2.000 restantes a R$ 60,00.

II. Em razão da situação excepcional

a) Casos de guerra ou grave perturbação da ordem (inciso III).

Segundo Hely Lopes Meirelles, *grave perturbação da ordem* é a comoção interna generalizada ou circunscrita a determinada região, provocada por atos humanos, tais como revolução, motim, greve que atinja atividades ou serviços à comunidade.[49]

b) Casos de emergência ou de calamidade pública, quando caracterizada urgência de atendimento de situação que possa ocasionar prejuízo ou comprometer a segurança de pessoas, obras, serviços, equipamentos e outros bens, públicos ou particulares, e somente para os bens necessários ao atendimento da situação emergencial ou calamitosa e para as parcelas de obras e serviços que possam ser concluídas no prazo máximo de 180

49 MEIRELLES, Hely Lopes. *Direito Administrativo Brasileiro*. 34ª ed. São Paulo: Malheiros, 2008, p. 282-283.

dias consecutivos e ininterruptos, contados da ocorrência da emergência ou calamidade, vedada a prorrogação dos respectivos contratos (inciso IV).

Considera-se de calamidade pública a "situação de perigo e de anormalidade social decorrente de fatos da natureza, tais como inundações devastadoras, vendavais destruidores, epidemias letais, secas assoladoras e outros eventos físicos flagelantes que afetem profundamente a segurança ou a saúde públicas, os bens particulares, o transporte coletivo, a habitação ou o trabalho em geral. Deve ser declarada por decreto do Executivo, delimitando a área flagelada e indicando as medidas a serem adotadas, bem como as autoridades incumbidas das diversas providências que a situação impuser, para que fiquem habilitadas a realizar obras, serviços e compras com dispensa de licitação".[50] Em complemento, o Decreto nº 895, de 16 de agosto de 1993, no art. 3º, IV, define o estado de calamidade pública como "o reconhecimento pelo poder público de situação anormal, provocada por desastres, causando sérios danos à comunidade afetada, inclusive à incolumidade ou à vida de seus integrantes".

Por oportuno é importante sublinhar que, segundo entendimento do TCU,

> É possível, em casos excepcionais, firmar termo aditivo para prorrogar contrato oriundo da dispensa de licitação prevista no art. 24, inciso IV, da Lei nº 8.666/1993, por período adicional estritamente necessário à conclusão da obra ou serviço, além do prazo máximo fixado nesse dispositivo legal, desde que essa medida esteja fundamentada na ocorrência de fato excepcional ou imprevisível, estranho à vontade das partes, que impossibilite a execução contratual no tempo inicialmente previsto.[51]

Para que fique caracterizada a situação de emergência ou de calamidade devem ser observados os seguintes requisitos:[52]

- urgência concreta e efetiva do atendimento da situação decorrente do estado emergencial ou calamitoso, visando afastar risco de danos a bens ou pessoas;
- risco concreto, iminente e especialmente gravoso;
- os bens contratados sejam estritamente necessários ao atendimento da situação emergencial ou calamitosa e as parcelas de obras e serviços possam ser concluídas no prazo **máximo de 180 dias consecutivos** e ininterruptos, contados da ocorrência da emergência ou calamidade, **vedada** a prorrogação dos respectivos contratos;
- haja demonstração da compatibilidade dos preços contratados com aqueles vigentes no mercado ou com os fixados por órgão oficial competente, ou, ainda, com os que constam em sistemas de registro de preços, bem

50 MEIRELLES, Hely Lopes. *Direito Administrativo Brasileiro*. 34ª ed. São Paulo: Malheiros, 2008, p. 283.

51 Acórdão nº 3.238/2010-Plenário.

52 Decisão Plenária nº 347/1994.

como que foi consultado o maior número possível de fornecedores ou executantes;[53]

- a situação não possa ser imputada à pessoa do administrador a título de **desídia**, **falta de planejamento**, **negligência**, **má gestão** de recursos públicos. Isto é, que a situação não possa, em alguma medida, ser atribuída à culpa ou dolo do agente público que tinha o dever de agir para prevenir a ocorrência de tal situação.

Com relação ao último requisito, é importante notar que, em caso de "emergência fabricada" (isto é, desencadeamento de contratação emergencial em virtude de ineficiência administrativa ou má-fé), se a contratação sem licitação for realmente necessária, esta será realizada, devendo a Administração, por outro lado, aplicar sanções, a exemplo da multa, ao agente público responsável pela falta de planejamento, negligência ou má gestão. Esse é o entendimento do TCU sobre o tema:

> A situação prevista no art. 24, IV, da Lei nº 8.666/1993 não distingue a emergência real, resultante do imprevisível, daquela resultante da incúria ou inércia administrativa, sendo cabível, em ambas as hipóteses, a contratação direta, desde que devidamente caracterizada a urgência de atendimento a situação que possa ocasionar prejuízo ou comprometer a segurança de pessoas, obras, serviços, equipamentos e outros bens, públicos ou particulares. [...] Há que se separar a ausência de planejamento da contratação emergencial propriamente dita, tratando-as como questões distintas. Nesse quadro, a contratação emergencial ocorreria em função da essencialidade do serviço ou bem que se pretende adquirir, pouco importando os motivos que tornam imperativa a imediata contratação. Assim, na análise de contratações emergenciais não se deve buscar a causa da emergência, mas os efeitos advindos de sua não realização.[54]

c) Quando não acudirem interessados à licitação anterior e esta, justificadamente, não puder ser repetida sem prejuízo para a Administração, mantidas, neste caso, todas as condições preestabelecidas (inciso V).

A doutrina denomina essa situação **licitação deserta**. Nesses casos, independentemente do valor do contrato, deverão ser observados três requisitos:

- a realização de licitação em que nenhum interessado tenha apresentado a documentação exigida na proposta;
- que a realização de novo procedimento seja prejudicial à Administração;
- que sejam mantidas, na contratação direta, todas as condições constantes do instrumento convocatório.[55]

---

53 TCU, Acórdão nº 2.019/2010- Plenário.

54 Acórdão 1138/2011-Plenário.

55 DI PIETRO, Maria Sylvia Zanella. *Direito Administrativo*. 20ª ed. São Paulo: Atlas, 2006, p. 342. Na mesma linha: TCU, Acórdão nº 342/2011-1ª Câmara.

d) Quando as propostas apresentadas consignarem preços manifestamente superiores aos praticados no mercado nacional, ou forem incompatíveis com os fixados pelos órgãos oficiais competentes, casos em que, tendo a Administração fixado prazo para reapresentação de nova documentação e de outras propostas e, persistindo a situação, será admitida a adjudicação direta dos bens ou serviços, por valor não superior ao constante do registro de preços, ou dos serviços (inciso VII).

Aqui temos um típico caso de **licitação fracassada**, em que as propostas de todos os licitantes são desclassificadas, ou por consignarem preços manifestamente superiores aos praticados no mercado nacional, ou por serem incompatíveis com os fixados pelos órgãos oficiais competentes. Ainda podemos identificar licitação fracassada quando as propostas de todos os licitantes forem inabilitadas, por não suprirem as exigências da Administração quanto à habilitação jurídica, qualificação técnica, qualificação econômico-financeira e regularidade fiscal, bem como cumprimento das normas constitucionais quanto ao trabalho de menores de 18 anos.

Em situações assim, a Administração deverá facultar a apresentação de novas propostas em oito dias úteis (no caso de convite este prazo pode ser reduzido para três dias úteis). Persistindo a inadequação das propostas, a Administração poderá proceder à contratação direta, desde que o valor não seja superior ao do registro de preços ou da estimativa de serviços.

e) Na contratação de remanescente de obra, serviço ou fornecimento, em consequência de rescisão contratual, desde que atendida a ordem de classificação da licitação anterior e aceitas as mesmas condições oferecidas pelo licitante vencedor, inclusive quanto ao preço, devidamente corrigido (inciso XI).[56]

Para ilustrar, imaginemos que a empresa "A" ao apresentar proposta no valor de R$ 110.000.000,00 consiga sagrar-se vencedora do certame para construção de um prédio de 10 andares. Na segunda colocação, a empresa "B", que ofereceu preço no valor de R$ 125.000.000,00. Caso a empresa "A" inicie a obra e, quando da parte final de acabamento, descumpra cláusulas contratuais relativas ao material empregado no empreendimento, a Administração deverá rescindir unilateralmente o contrato antes do término regular do prazo contratual. Nessa situação, a Administração poderá promover novo procedimento licitatório ou, alternativamente, convocar a empresa "B", segunda colocada, para celebrar o contrato nas mesmas condições, inclusive quanto ao preço, do ajuste avençado com a empresa "A".

56 O TCU (Acórdão 740/2013 – Plenário) já se manifestou favorávelmente à aplicação dessa hipótese de dispensa de licitação para contratação dos licitantes subsequentes na ordem de classificação mesmo quando a empresa vencedora do certame celebra o contrato administrativo, mas este é rescindido antes de se executar qualquer obra, serviço ou fornecimento.

f) Quando a União tiver que intervir no domínio econômico para regular preços ou normalizar o abastecimento (inciso VI).

Observe que esta hipótese de dispensa é exclusiva da União. Com efeito, Estados, Distrito Federal e Municípios, quando intervierem no domínio econômico para regular preços ou normalizar o abastecimento, não poderão adquirir produtos ou serviços com dispensa de licitação.

g) Quando houver possibilidade de comprometimento da segurança nacional, nos casos estabelecidos em decreto do Presidente da República, ouvido o Conselho de Defesa Nacional (inciso IX).

O Decreto nº 2.295, de 04.08.1997, elencou três casos considerados como comprometimento da segurança nacional:

- aquisição de recursos bélicos navais, terrestres e aeroespaciais;
- contratação de serviços técnicos especializados a área de projetos, pesquisas e desenvolvimento científico e tecnológico;
- aquisição de equipamentos e contratação de serviços técnicos especializados para a área de inteligência.

Em razão dos lamentáveis episódios que vieram à tona ao longo do ano de 2013 relacionados à provável "espionagem externa" de que foram vítimas o Brasil e outros países, em 4 de novembro de 2013, a Presidência da República fez publicar o Decreto nº 8.135, que trata sobre as comunicações de dados da Administração Pública Federal, e sobre a dispensa de licitação nas contratações que possam comprometer a segurança nacional. Um dos pontos de destaque da referida norma é o acréscimo de mais uma hipótese de dispensa de licitação envolvendo o comprometimento da segurança nacional: a contratação de órgãos ou entidades da Administração Pública Federal visando à implementação e à operação de redes de telecomunicações e de serviços de tecnologia da informação, em especial à garantia da inviolabilidade das comunicações de dados da Administração Pública Federal direta e indireta.

h) Para a aquisição de bens ou serviços nos termos de acordo internacional específico aprovado pelo Congresso Nacional, quando as condições ofertadas forem manifestamente vantajosas para o Poder Público (inciso XIV).

i) Nas compras ou contratações de serviços para o abastecimento de navios, embarcações, unidades aéreas ou tropas e seus meios de deslocamento quando em estada eventual de curta duração em portos, aeroportos ou localidades diferentes de suas sedes, por motivo de movimentação operacional ou de adestramento, quando a exiguidade dos prazos legais puder comprometer a normalidade e os propósitos das operações e desde que seu valor não exceda a R$ 80.000,00 (inciso XVIII).

j) Para o fornecimento de bens e serviços, produzidos ou prestados no País, que envolvam, cumulativamente, alta complexidade tecnológica e defesa nacional, mediante parecer de comissão especialmente designada pela autoridade máxima do órgão (inciso XXVIII).

III. Em razão do objeto a ser contratado

a) Para a compra ou locação de imóvel destinado ao atendimento das finalidades precípuas da Administração, cujas necessidades de instalação e localização condicionem a sua escolha, desde que o preço seja compatível com o valor de mercado, segundo avaliação prévia (inciso X).

Chamamos atenção para o fato de que, entre as hipóteses de licitação dispensável, esta é a única que se refere a bens imóveis, o que pode gerar confusão em relação às hipóteses de licitação dispensada.

Pela leitura do dispositivo, podemos estabelecer alguns requisitos para compra ou locação de imóvel pela Administração:

- atendimento das finalidades precípuas da Administração;
- necessidades de localização e instalação devem justificar a escolha;
- não haja outro imóvel com características semelhantes; e
- preços compatíveis com os de mercado.

b) Nas compras de hortifrutigranjeiros, pão e outros gêneros perecíveis, no tempo necessário para a realização dos processos licitatórios correspondentes, realizadas diretamente com base no preço do dia (inciso XII).

c) Para a aquisição ou restauração de obras de arte e objetos históricos, de autenticidade certificada, desde que compatíveis ou inerentes às finalidades do órgão ou entidade (inciso XV).[57]

É imperioso enfatizar que a aquisição ou restauração de obras de arte e objetos históricos somente poderá ser feita por contratação direta se relacionada às finalidades do órgão ou entidade (ex.: museu). Caso contrário, deverá ser obrigatoriamente realizado procedimento licitatório.

d) Para a aquisição de componentes ou peças de origem nacional ou estrangeira, necessários à manutenção de equipamentos durante o período de garantia técnica, junto ao fornecedor original desses equipamentos,

57 Como bem destaca Maria Sylvia Di Pietro (*Direito Administrativo*. 20ª ed. São Paulo: Atlas, 2006, p. 345), "O fato de tratar-se de hipótese de dispensa (que é sempre facultativa) não impede que, em determinada situação concreta, a restauração de obra de arte, ainda que sem os requisitos do artigo 24, inciso XV apresente características que autorizem a declaração de inexigibilidade, com base no artigo 25, inciso II, desde que se trate de serviço de natureza singular, com profissional ou empresa de notória especialização; a própria lei deixou essa abertura, ao incluir no artigo 13, inciso VII, a 'restauração de obras de arte e bens de valor histórico' entre os serviços especializados a que se refere o artigo 25, II".

quando tal condição de exclusividade for indispensável para a vigência da garantia (inciso XVII).

e) Para as compras de material de uso pelas Forças Armadas, com exceção de materiais de uso pessoal e administrativo, quando houver necessidade de manter a padronização requerida pela estrutura de apoio logístico dos meios navais, aéreos e terrestres, mediante parecer de comissão instituída por decreto (inciso XIX).

f) para a aquisição ou contratação de produto para pesquisa e desenvolvimento, limitada, no caso de obras e serviços de engenharia, a 20% (vinte por cento) do valor de que trata a alínea "b" do inc. I do *caput* do art. 23 (inciso XXI).[58]

g) Na aquisição de bens e contratação de serviços para atender aos contingentes militares das Forças Singulares brasileiras empregadas em operações de paz no exterior, necessariamente justificadas quanto ao preço e à escolha do fornecedor ou executante e ratificadas pelo Comandante da Força (inciso XXIX, incluído pela Lei nº 11.783, de 17 de setembro de 2008).

Para configuração dessa hipótese há necessidade de observância de alguns requisitos:[59]

- missão de paz no exterior;
- contratação de bens e serviços, e não de obras;
- preços compatíveis com o mercado, ainda que estrangeiro; e
- contratação direta ratificada por Comandante de cada Força Armada.

h) Na contratação de instituição ou organização, pública ou privada, com ou sem fins lucrativos, para a prestação de serviços de assistência técnica e extensão rural no âmbito do Programa Nacional de Assistência Técnica e Extensão Rural na Agricultura Familiar e na Reforma Agrária, instituído por lei federal (inciso XXX, incluído pela Lei nº 12.188, de 11 de janeiro de 2010).

i) Nas contratações visando ao cumprimento do disposto nos arts. 3º, 4º, 5º e 20 da Lei nº 10.973, de 2 de dezembro de 2004, observados princípios gerais de contratação dela constantes (inciso XXXI, incluído pela Lei nº 12.349, de 15 de dezembro de 2010).

Esses dispositivos da Lei da Inovação (Lei nº 10.973/2004) supracitados tratam das contratações atinentes à constituição de alianças estratégicas e o desenvolvimento de projetos de cooperação envolvendo empresas nacionais, ICT

58 Redação modificada pela Lei nº 13.243, de 2016.

59 FARIA JUNIOR, Cyonil & BERNARDES, Sandro Henrique. *Licitações e Contratos*. 2ª ed. Rio de Janeiro: Elsevier, 2010, p. 155.

e organizações de direito privado sem fins lucrativos voltadas para atividades de pesquisa e desenvolvimento, que objetivem a **geração de produtos e processos inovadores**.

j) Na contratação em que houver transferência de tecnologia de produtos estratégicos para o Sistema Único de Saúde - SUS, no âmbito da Lei nº 8.080, de 19 de setembro de 1990, conforme elencados em ato da direção nacional do SUS, inclusive por ocasião da aquisição destes produtos durante as etapas de absorção tecnológica. (inciso XXXII, incluído pela Lei nº 12.715, de 2012).

k) Na contratação de entidades privadas sem fins lucrativos, para a implementação de cisternas ou outras tecnologias sociais de acesso à água para consumo humano e produção de alimentos, para beneficiar as famílias rurais de baixa renda atingidas pela seca ou falta regular de água. (inciso XXXIII, incluído pela Lei nº 12.873, de 2013).

l) Para a aquisição por pessoa jurídica de direito público interno de insumos estratégicos para a saúde produzidos ou distribuídos por fundação que, regimental ou estatutariamente, tenha por finalidade apoiar órgão da administração pública direta, sua autarquia ou fundação em projetos de ensino, pesquisa, extensão, desenvolvimento institucional, científico e tecnológico e estímulo à inovação, inclusive na gestão administrativa e financeira necessária à execução desses projetos, ou em parcerias que envolvam transferência de tecnologia de produtos estratégicos para o Sistema Único de Saúde - SUS, nos termos do inciso XXXII deste artigo, e que tenha sido criada para esse fim específico em data anterior à vigência desta Lei, desde que o preço contratado seja compatível com o praticado no mercado. (Inciso XXXIV, incluído pela Lei nº 13.204, de 2015)

m) Para a construção, a ampliação, a reforma e o aprimoramento de estabelecimentos penais, desde que configurada situação de grave e iminente risco à segurança pública. (Inciso XXXV, incluído pela Lei nº 13.500, de 2017)

IV. Em razão da pessoa a ser contratada

a) Para a aquisição, por pessoa jurídica de direito público interno, de bens produzidos ou serviços prestados por órgão ou entidade que integre a Administração Pública e que tenha sido criado para esse fim específico em data anterior à vigência da lei, desde que o preço contratado seja compatível com o praticado no mercado (inciso VIII).

Em 17 de setembro de 2012, a Lei nº 12.715 acrescentou o § 2º ao art. 24 da Lei nº 8.666/1993 para estatuir que o limite temporal de criação do órgão ou entidade que integre a Administração Pública estabelecido na hipótese supradescrita não se aplica aos órgãos ou entidades que produzem produtos estratégicos para o SUS, no âmbito da Lei nº 8.080, de 19 de setembro de 1990.

b) Na contratação de instituição brasileira incumbida regimental ou estatutariamente da pesquisa, do ensino ou do desenvolvimento institucional, ou de instituição dedicada à recuperação social do preso, desde que a contratada detenha inquestionável reputação ético-profissional e não tenha fins lucrativos (inciso XIII).[60]

c) Para a impressão dos diários oficiais, de formulários padronizados de uso da administração, e de edições técnicas oficiais, bem como para prestação de serviços de informática a pessoa jurídica de direito público interno, por órgãos ou entidades que integrem a Administração Pública, criados para esse fim específico (inciso XVI).

d) Na contratação de associação de portadores de deficiência física, sem fins lucrativos e de comprovada idoneidade, por órgãos ou entidades da Administração Pública, para a prestação de serviços ou fornecimento de mão de obra, desde que o preço contratado seja compatível com o praticado no mercado (inciso XX).

e) Na contratação de fornecimento ou suprimento de energia elétrica e gás natural com concessionário, permissionário ou autorizado, segundo as normas da legislação específica (inciso XXII).

f) Na contratação realizada por empresa pública ou sociedade de economia mista com suas subsidiárias e controladas, para a aquisição ou alienação de bens, prestação ou obtenção de serviços, desde que o preço contratado seja compatível com o praticado no mercado (inciso XXIII).[61]

g) Para a celebração de contratos de prestação de serviços com as organizações sociais, qualificadas no âmbito das respectivas esferas de governo, para atividades contempladas no contrato de gestão (inciso XXIV).

h) Na contratação realizada por Instituição Científica e Tecnológica - ICT ou por agência de fomento para a transferência de tecnologia e para o licenciamento de direito de uso ou de exploração de criação protegida (inciso XXV).

i) Na celebração de contrato de programa com ente da Federação ou com entidade de sua administração indireta, para a prestação de serviços públicos de forma associada nos termos do autorizado em contrato de consórcio público ou em convênio de cooperação (inciso XXVI).

---

60 Súmula nº 250, TCU: A contratação de instituição sem fins lucrativos, com dispensa de licitação, com fulcro no art. 24, inc. XIII, da Lei nº 8.666/93, somente é admitida nas hipóteses em que houver nexo efetivo entre o mencionado dispositivo, a natureza da instituição e o objeto contratado, além de comprovada a compatibilidade com os preços de mercado.

61 Nesses casos, também é necessário que haja "relação de pertinência entre o serviço a ser prestado ou os bens a serem alienados ou adquiridos e o objetivo institucional ou social das mencionadas entidades" (TCU, Acórdão nº 6.301/2010-1º Câmara).

j) Na contratação da coleta, processamento e comercialização de resíduos sólidos urbanos recicláveis ou reutilizáveis, em áreas com sistema de coleta seletiva de lixo, efetuados por associações ou cooperativas formadas exclusivamente por pessoas físicas de baixa renda reconhecidas pelo Poder Público como catadores de materiais recicláveis, com o uso de equipamentos compatíveis com as normas técnicas, ambientais e de saúde pública (inciso XXVII).

Além das hipóteses de licitação dispensável já mencionadas, podemos acrescer as seguintes, que não estão previstas na Lei nº 8.666/93:

a) Empresa estatal que participe, na qualidade de licitante, de concorrência para concessão e permissão de serviço público, poderá, para compor sua proposta, colher preços de bens ou serviços fornecidos por terceiros e assinar pré-contratos com dispensa de licitação (art. 32, Lei nº 9.074/1995).

b) Contratação de empresas avaliadoras especializadas (assessorar o Banco do Brasil e a Caixa Econômica Federal nas suas aquisições de participações acionárias) em caso de justificada urgência (art. 2º, § 1º, Lei nº 11.908/2009).

c) Venda para o Banco do Brasil S.A. ou para a Caixa Econômica Federal de participação acionária em instituições financeiras públicas (art. 5º da Lei nº 11.908/2009).

3.2. Inexigibilidade

As situações justificadoras da inexigibilidade de licitação fundamentam-se na ausência dos, assim denominados pelo professor Celso Antônio Bandeira de Mello[62]: pressuposto lógico, pressuposto jurídico e pressuposto fático.

O **pressuposto lógico** remete à ideia de que só se pode cogitar de realização de procedimento licitatório diante da existência de uma pluralidade de objetos e de uma pluralidade de interessados. Se o objeto ou fornecedor são únicos, cabe falarmos somente em contratação direta de quem ostenta essa qualidade. O **pressuposto jurídico** da licitação exige que, diante do caso concreto, a licitação seja o meio apto ao alcance do interesse público de que a Administração Pública é zeladora. Isto é, a licitação não será realizada caso se demonstre que o interesse público será melhor atendido por meio da contratação direta. Por fim, o **pressuposto fático** é a efetiva existência de interessados em disputá-la. Sem tal interesse, impensável falar-se em processo licitatório.

O que marca a inexigibilidade de licitação é a impossibilidade lógico-jurídica de se ter mais de um interessado que possa, sem prejuízo para a Administração, disputar o objeto da licitação, quer pela natureza específica do objeto, quer pelos objetivos sociais visados pela Administração. Assim, é nesse ambiente de **inviabilidade de competição** que se faz a contratação direta sob a alegação de inexigibilidade de licitação.

---

62 MELLO, Celso Antônio Bandeira de. *Curso de Direito Administrativo*. 25ª ed. São Paulo: Malheiros, 2007, p. 529.

Diversamente do que ocorre na dispensa de licitação, o rol das hipóteses previstas na lei que configuram inexigibilidade de licitação é meramente **exemplificativo** *(numerus apertus)*. Isto é, ainda que a situação concreta em que se queira realizar contratação direta não esteja prevista expressamente na lei, poderá haver inexigibilidade de licitação, basta que haja inviabilidade de competição. A justificativa é que seria impossível à lei prever todas as situações em que a competição estivesse inviabilizada, pois isso é verificada em cada caso concreto que surge no cotidiano da Administração Pública.

O art. 25 da lei cita alguns exemplos em que a licitação poderá ser inexigível, a saber (destaques nossos):

I. para aquisição de materiais, equipamentos, ou gêneros que só possam ser fornecidos por produtor, empresa ou representante comercial **exclusivo**, **vedada a preferência de marca**, devendo a comprovação de exclusividade ser feita através de atestado fornecido pelo órgão de registro do comércio do local em que se realizaria a licitação ou a obra ou o serviço, pelo Sindicato, Federação ou Confederação Patronal, ou, ainda, pelas entidades equivalentes;[63]

II. para a contratação de **serviços técnicos**, de **natureza singular**, com profissionais ou empresas de **notória especialização**, **vedada** a inexigibilidade para serviços de publicidade e divulgação.

O primeiro ponto a ser destacado do dispositivo é que somente podem se enquadrar nessa hipótese de dispensa os **serviços técnicos especializados** elencados no art. 13, assim reconhecidos os dotados de alta complexidade e especialização. Impõe que as pessoas ou empresas incumbidas de sua realização tenham alto grau de conhecimentos e habilidades.

Nessa esteira, o art. 13 da Lei nº 8.666/1993 exemplifica os serviços técnicos profissionais especializados: I - estudos técnicos, planejamentos e projetos básicos ou executivos; II - pareceres, perícias e avaliações em geral; III - assessorias ou consultorias técnicas e auditorias financeiras ou tributárias; IV - fiscalização, supervisão ou gerenciamento de obras ou serviços; V - patrocínio ou defesa de causas judiciais ou administrativas; VI - treinamento e aperfeiçoamento de pessoal;[64] e VII - restauração de obras de arte e bens de valor histórico.[65]

63 A Súmula nº 255 do TCU preceitua que: "Nas contratações em que o objeto só possa ser fornecido por produtor, empresa ou representante comercial exclusivo, é dever do agente público responsável pela contratação a adoção das providências necessárias para confirmar a veracidade da documentação comprobatória da condição de exclusividade".

64 *Vide* Orientação Normativa nº 18 da AGU, de 1º de abril de 2009: "Contrata-se por inexigibilidade de licitação com fundamento no art. 25, inc. II, da Lei nº 8.666, de 1993, conferencistas para ministrar cursos para treinamento e aperfeiçoamento de pessoal, ou a inscrição em cursos abertos, desde que caracterizada a singularidade do objeto e verificado tratar-se de notório especialista". No mesmo sentido, TCU, Decisão Plenária nº 439/2008.

65 Perceba que em relação aos serviços de restauração de obras de arte e objetos históricos há possibilidade de inexigibilidade de licitação, desde que seja contratado com profissional de notória especialização e que a obra de arte e objeto histórico não seja relacionada à atividade-fim do órgão ou entidade contratante. Caso a restauração desses bens seja compatível ou inerente às finalidades do órgão ou entidade (ex.: museu), poderá haver contratação direta, mas com fulcro na licitação dispensável, e não na exigibilidade.

Em regra, esses serviços são contratados pela modalidade de licitação **concurso**, mas quando se revestem de singularidade e são prestados por profissionais de notória especialização, podem ser objeto de inexigibilidade de licitação.

Não é demais repisar que para que a contratação direta se dê por inexigibilidade é **obrigatório** que o serviço contratado esteja arrolado entre os serviços técnicos profissionais do art. 13 supramencionado.[66] Essa é orientação plasmada na Súmula nº 252 do TCU:

> A inviabilidade de competição para a contratação de serviços técnicos, a que alude o inciso II do art. 25 da Lei nº 8.666/1993, decorre da presença simultânea de três requisitos: serviço técnico especializado, entre os mencionados no art. 13 da referida lei, natureza singular do serviço e notória especialização do contratado.

Em segundo plano, devemos considerar que além de o objeto referir-se a serviços técnicos especializados, deve ser prestado por profissional ou empresa de **notória especialização**, que, nos termos do art. 25, § 1º da lei, é aquele:

> Cujo conceito no campo de sua especialidade, decorrente de desempenho anterior, estudos, experiências, publicações, organização, aparelhamento, equipe técnica, ou de outros requisitos relacionados com suas atividades, permita inferir que o seu trabalho é essencial e indiscutivelmente o mais adequado à plena satisfação do objeto do contrato.

Devemos notar, ainda, que além de ser serviço técnico especializado prestado por profissional ou empresa de notória especialização, deverá ter **natureza singular**, ímpar, inédita ou incomum. Isto é, se o serviço for corriqueiro, ordinário, deverá ser contratado mediante procedimento licitatório. Como bem ressalta Bandeira de Mello:

> Se o serviço pretendido for banal, corriqueiro, singelo, e, por isto, irrelevante que seja prestado por "A" ou por "B", não haveria razão alguma para postergar-se o instituto da licitação.[67]

Por derradeiro, vale consignar que a contratação direta de serviços de **escritório de advocacia** com arrimo na inexigibilidade de licitação afigura-se legítima, desde que presentes os seguintes requisitos: a) necessidade de procedimento administrativo formal; b) notória especialização do profissional a ser contratado; c) natureza singular do serviço; d) demonstração da inadequação da prestação do serviço pelos integrantes do Poder Público; e e) cobrança de preço compatível com o mercado para o serviço.[68]

A singularidade fica afastada diante da contratação de escritório de advocacia de notória especialização para defender o Estado em toda e qualquer causa em

66 STJ, REsp nº 942.412/SP, Rel. Min. HERMAN BENJAMIN, DJe 09.03.2009.

67 MELLO, Celso Antônio Bandeira de. *Curso de Direito Administrativo*. 25ª ed. São Paulo: Malheiros, 2007, p. 540.

68 STF, Inq 3074/SC, Rel. Min. ROBERTO BARROSO, julg.: 26.08.2014.

que figure como parte. Como é de perceber não há nada de singular em tais serviços. Todavia, em se tratando, por exemplo, de contratação de escritório de notória especialização em Direito Tributário para defender determinado Município em ação judicial que envolva matéria tributária de vultosos valores e alta complexidade, não há qualquer óbice à contratação direta com justificativa em inexigibilidade de licitação.[69]

Impõe registrar que o STJ assevera a legalidade de contratação sem licitação de profissional de advocacia (pessoa física) para prestar serviços de assessoramento jurídico, planejamento e acompanhamento institucional de entes da Administração Pública, mediante pagamento de remuneração mensal. Nas palavras do Ministro Relator, "A singularidade dos serviços prestados pelo advogado consiste em seus conhecimentos individuais, estando ligada à sua capacitação profissional, sendo, desta forma, inviável escolher o melhor profissional, para prestar serviço de natureza intelectual, por meio de licitação, pois tal mensuração não se funda em critérios objetivos (como o menor preço)"[70].

III. Para contratação de profissional de qualquer setor artístico, diretamente ou através de empresário exclusivo, desde que consagrado pela crítica especializada ou pela opinião pública.

Note-se que a consagração pode se dar tanto pela crítica especializada quanto pela opinião pública, e não necessariamente por ambos.

Outro detalhe interessante é que, embora o trabalho artístico não seja financeiramente aferível com tanta objetividade, é obrigatória a justificativa de preço na inexigibilidade de licitação, a ser feita a partir da comparação da proposta apresentada com preços praticados pela futura contratada junto a outros órgãos públicos ou pessoas privadas.[71]

3.3. Processo de dispensa e inexigibilidade

Contratar diretamente não significa contratar com qualquer interessado ou mesmo contratar sem a observância de formalidades. Ao contrário, mesmo na contratação direta é obrigatória a identificação da necessidade da contratação, caracterização do objeto, indicação dos recursos orçamentários pelos quais correrão as despesas do contrato, submissão dos autos à assessoria jurídica competente, entre outros.

A fim de verificar se as contratações diretas estejam sendo feitas com observância das normas legais pertinentes, nada mais justo que exigir dos

69 Esse tem sido o entendimento de nossos tribunais: STF (AP nº 348-5/SC, Rel. Min. EROS GRAU, DJU 3.8.2007; HC 86.198-9/PR, Rel. Min. SEPÚLVEDA PERTENCE, DJU 29.6.2007) e STJ (REsp 1.103.280-MG, Rel. Min. FRANCISCO FALCÃO, julg.: 16.04.2009; REsp 436.869, Rel. Min. JOÃO OTÁVIO DE NORONHA, DJ 06.12.2005).

70 REsp 1.192.332, Rel. Min. NAPOLEÃO NUNES MAIA FILHO, julg.: 12.11.2013.

71 TCU, Acórdão nº 1.796/2007.

agentes públicos a devida justificativa do ato de dispensa e inexigibilidade de licitação.

A motivação, nesse contexto, seria a exposição por escrito das razões de direito e circunstâncias de fato que levaram o agente público a dispensar ou inexigir a licitação, contratando diretamente.

Sobre a obrigatoriedade de motivar, temos o inc. IV do art. 50 da Lei nº 9.784/1999 que exige a motivação de todo e qualquer ato administrativo que dispensar ou inexigir licitação. Sendo assim, em todas as hipóteses deverá ser exposta a justificativa da contratação direta.

O art. 26 da Lei nº 8.666/1993 determina a **comunicação à autoridade superior**, dentro de 3 dias, para ratificação, e **publicação na imprensa oficial**, no prazo de cinco dias, como condição para a **eficácia** dos atos, nos seguintes casos:

a) licitação dispensada: para alienação de bens por concessão de direito real de uso a outro órgão ou entidade da Administração e por doação com encargo;

b) licitação dispensável: em todos os casos, exceto os dois primeiros incisos do art. 24 - em razão do pequeno valor;[72]

c) inexigibilidade: exige-se para todas as hipóteses; e

d) retardamento imotivado da execução das obras ou serviço, ou de suas parcelas, se existente previsão orçamentária para sua execução total, salvo insuficiência financeira ou comprovado motivo de ordem técnica.

O parágrafo único do mesmo artigo prevê que o processo de dispensa, de inexigibilidade ou de retardamento, previsto nesse artigo, será instruído, no que couber, com os seguintes elementos: I - caracterização da situação emergencial, calamitosa ou de grave e iminente risco à segurança pública que justifique a dispensa, quando for o caso; II - razão da escolha do fornecedor ou executante; III - justificativa do preço; IV - documento de aprovação dos projetos de pesquisa aos quais os bens serão alocados.

Além desses requisitos, o TCU entende que em casos de dispensa de licitação, seja comprovada, no respectivo processo, a pesquisa de preços de mercado a pelo menos três potenciais fornecedores. Isso para evitar que, a despeito da não realização de processo licitatório, a Administração efetue contratações cujos preços estejam em descompasso com as práticas de mercado.[73]

Nos casos de inexigibilidade e em **qualquer dos casos de dispensa**, se comprovado superfaturamento, respondem solidariamente pelo dano causado

72 Ressalte-se que, nos casos de licitação dispensável em razão do pequeno valor (art. 24, I e II), não se prescinde de motivação. Esta continua sendo exigida como mecanismo de transparência da Administração Pública. O que se faculta é a ratificação da autoridade superior e publicação na imprensa oficial.

73 Acórdão nº 7821/2010-1ª Câmara.

à Fazenda Pública o fornecedor ou o prestador de serviços e o agente público responsável, sem prejuízo de outras sanções legais cabíveis (art. 25, § 2º).

Por fim, o Estatuto das Licitações tipifica como crime de licitação, punível com pena de detenção de 3 a 5 anos e multa, dispensar ou inexigir licitação fora das hipóteses previstas em lei, ou deixar de observar as formalidades pertinentes à dispensa ou à inexigibilidade (art. 89). Na mesma pena incorre aquele que, tendo comprovadamente concorrido para a consumação da ilegalidade, beneficiou-se da dispensa ou inexigibilidade ilegal, para celebrar contrato com o Poder Público.

4. MODALIDADES

Quando nos indagamos acerca do procedimento a ser adotado pela Administração para a realização de uma disputa licitatória, pensamos nas modalidades de licitação, pois elas definirão os requisitos para participação, os prazos mínimos para apresentação da apresentação das propostas, se haverá necessidade de cadastramento, entre outros pontos a serem analisados mais adiante.

Não se deve confundir, ainda que do ponto de vista semântico seja parecido, modalidades de licitação com tipos de licitação, pois estes concernem ao critério utilizado pela Comissão para a escolha do licitante vencedor enquanto aquelas nos remetem ao modo de realização da licitação como um todo. Perceba que o tipo de licitação refere-se à única fase do procedimento (o julgamento das propostas), ao passo que a modalidade repercute no procedimento em geral.

A Lei nº 8.666/1993 prevê cinco modalidades de licitação, quais sejam: concorrência, tomada de preços, convite, concurso e leilão. O pregão, modalidade de licitação relativamente nova em nosso ordenamento jurídico, foi instituído pela Lei nº 10.520/2002. Temos ainda a consulta, modalidade criada pela Lei nº 9.472/1997, inicialmente somente para a Anatel, mas posteriormente aplicável às demais agências reguladoras, pela Lei nº 9.986/2000.

O § 8º do art. 22 da lei prescreve que é **vedada a criação de outras modalidades de licitação ou a combinação das existentes.** O desiderato (objetivo) da norma é impedir que um ente federativo crie nova modalidade de licitação aplicável somente à sua esfera interna. A experiência política brasileira tem nos dito reiteradamente que, não raro, apareceriam supostas modalidades de licitação cujo único intento do legislador fosse o de violar o dever de licitar. Assim, não se admite que os entes políticos, mediante leis próprias, criem modalidades de licitação exclusivamente para si, pois isso atentaria contra o disposto no art. 22, XVII, da Constituição ("Compete privativamente à União legislar sobre normas gerais de licitação e contratação, em **todas as modalidades**, para as administrações públicas diretas, autárquicas e fundacionais da **União, Estados, Distrito Federal e Municípios**").

Isto posto, alguns indagariam, de pronto, se a criação do **pregão** (Lei nº 10.520/2002) não representaria violação à regra supracitada. Não cremos que seja assim. De fato o pregão é uma nova modalidade, mas, a nosso ver, o legislador não quis proibir absolutamente a criação de outra modalidade por lei. Se assim fosse, o Congresso Nacional estaria esgotando a própria competência legislativa e criando verdadeira cláusula pétrea legal. Em verdade, o que se quer é proibir a criação, por lei federal, estadual, distrital ou municipal, de nova modalidade adstrita apenas ao âmbito interno do ente político instituidor. Portanto, para criação de nova modalidade de licitação exige-se lei de âmbito nacional, elaborada pela União, aplicável a todos os entes da Federação, assim como sucede com a Lei nº 8.666/1993 e a Lei nº 10.520/2002. Por essa razão entendemos que a modalidade pregão está em plena harmonia com o sistema jurídico.

Todavia, sem embargos do que foi dito acima, em 1997 foi criada pela Lei nº 9.472 (Lei Geral das Telecomunicações), a modalidade de licitação **consulta** aplicável apenas à Anatel. Posteriormente, a Lei nº 9.986/2000 estendeu essa modalidade às demais agências reguladoras federais. Assim, fica claro que essa modalidade continua restrita à esfera federal. Cremos que, aqui sim, estamos diante de uma regra violadora do texto constitucional (art. 22, XVIII), pois se trata de modalidade de licitação exclusiva da União, em flagrante desatenção à regra que veda a criação de novas modalidades de aplicação restrita a determinados entes federativos.

Retornando às modalidades de licitação previstas na Lei nº 8.666/1993, temos que as modalidades concorrência, tomada de preços e convite estão hierarquizadas em função dos valores fixados para cada uma. O quadro abaixo estabelece essa sistemática:[74]

----------	**Obras e serviços de engenharia**	**Outras compras e serviços**
Concorrência	Acima de R$ 1.500.000,00 (utilização obrigatória)	Acima de R$ 650.000,00 (utilização obrigatória)
Tomada de preços	Até R$ 1.500.000,00	Até R$ 650.000,00
Convite	Até R$ 150.000,00	Até R$ 80.000,00

74 Os valores fixados por essa lei poderão ser anualmente revistos pelo Poder Executivo Federal, que os fará publicar no *Diário Oficial da União*, observando como limite superior a variação geral dos preços do mercado, no período (art. 120 e parágrafo único).

Como se pode perceber, a concorrência é a modalidade utilizada quando o valor estimado do objeto for vultoso. Quando se trata de valores medianos, é cabível a tomada de preços. E, para valores mais baixos, o convite afigura-se a modalidade mais adequada.

No caso de consórcios públicos, aplicar-se-á o **dobro** dos valores da tabela quando formado por **até três** entes da Federação, e o **triplo**, quando formado por **mais de três entes** (art. 23, § 8º).[75]

O art. 22, § 4º, estabelece que a concorrência é modalidade universal, pois tanto nos casos em que cabe tomada de preços quanto nos em que o convite é possível, poderá ser utilizada a concorrência. A tomada de preços, por sua sorte, poderá ser utilizada nos casos de convite. O que se extrai disso é que "quem pode mais, pode menos". Isto é, se a modalidade é capaz de cuidar de valores mais altos, também estará apta a valores mais baixos. O contrário (a modalidade de menor valor abranger a de maior valor) jamais poderá ocorrer: "quem pode menos não pode mais".

Exemplificativamente, a fim de aclararmos o tema, imagine uma licitação para obra de engenharia orçada em R$ 1.150.000,00. A modalidade referência seria a tomada de preços. Pois bem, a Administração poderá, ao invés de abrir uma tomada de preços, instaurar uma concorrência, pois se esta pode lidar com valores acima de R$ 1.500.000,00 com certeza poderá com valores menores. O mesmo ocorreria caso a modalidade de referência fosse o convite: a Administração poderia optar pela realização de um convite, uma tomada de preços ou uma concorrência.

4.1. Concorrência

Concorrência é a modalidade de licitação entre quaisquer interessados que, na fase inicial de habilitação preliminar, comprovem possuir os requisitos mínimos de qualificação exigidos no edital para execução de seu objeto (art. 22, §1º).

A concorrência tem quatro características principais que a diferencia das demais modalidades:

a) **universalidade**: admite-se o maior número possível de interessados, independentemente de inscrição em registro cadastral. No tomada de preços e no convite há exigência de que os licitantes sejam cadastrados para participarem, o que não ocorre na concorrência. A universalidade fica evidenciada, também, pela possibilidade de a concorrência ser utilizada para qualquer valor de contrato;

75 Exemplo de consórcio público é a Autoridade Pública Olímpica – APO. Por meio da Lei nº 12.396, de 21 de março de 2011, foi ratificado o Protocolo de Intenções firmado entre a União, o Estado e o Município do Rio de Janeiro com objetivo de coordenar a preparação e realização dos jogos olímpicos e paraolímpicos de 2016, especialmente para assegurar o cumprimento das obrigações por eles assumidas perante o Comitê Olímpico Internacional – COI.

b) **ampla publicidade**: para que se tenha o máximo possível de interessados é necessário que a Administração utilize múltiplos meios de divulgação do certame, a fim de que este se torne conhecido por todos os potencialmente interessados. É precisamente por isso que o edital resumido deve ser publicado, pelo menos uma vez, no diário oficial e em jornal diário de grande circulação, sem prejuízo de publicação em outros meios; e

c) fase inicial de **habilitação preliminar**: já que não há necessidade de inscrição dos interessados nos registros cadastrais da Administração, a habilitação preliminar destina-se a verificar, entre a gama de interessados participantes, aqueles que têm condições efetivas de cumprir fielmente o contrato. Na tomada de preço e no convite, a verificação da capacidade do licitante é feita em momento anterior ao certame, mediante os registros cadastrais.

A concorrência será utilizada nos seguintes casos:

I. obras e serviços de engenharia de valor superior a R$ 1.500.000,00;

II. outras compras e serviços de valor superior a R$ 650.000,00;

III. compra e alienação de **bens imóveis**, independentemente do seu valor. No caso de bens imóveis cuja aquisição haja derivado de procedimento judicial ou dação em pagamento, pode ser utilizado também o leilão (art. 19);[76]

IV. alienação de **bens móveis** de valor superior a R$ 650.00,00. Se o valor for de até R$ 650.00,00 poderá ser utilizado o leilão – art. 17. No caso de bens móveis inservíveis, penhorados ou apreendidos, utiliza-se também o leilão;

V. concessão de direito real de uso de bens públicos;

VI. concessão e permissões de serviços públicos (Lei nº 8.987/1995), inclusive parcerias público-privadas (Lei nº 11.079/2004);[77]

VII. licitações internacionais, salvo os casos em que couber Tomada de Preços ou Convite; e

VIII. compra de bens pelo sistema de registro de preços. Se forem bens comuns, poderá ser adotada a modalidade pregão (art. 11, Lei nº 10.520/2002).[78]

---

76 Os professores Cyonil Borges e Sandro Bernardes (Licitações e Contratos. 2ª ed, Rio de Janeiro: Elsevier, 2010, p. 84) registram que "o inciso XI do art. 156 do Código Tributário Nacional admite a extinção da dívida tributária mediante a dação em pagamento em bens imóveis, na forma e condições estabelecidas em lei. Em síntese: a dívida originária junto ao Fisco é em dinheiro, porém, o contribuinte salda (quita) sua dívida com algo diverso (bem imóvel), constituindo-se o que a doutrina reconhece como forma indireta de adimplemento de obrigações. A partir daí, abre-se a possibilidade de o Estado alienar o bem mediante concorrência ou leilão".

77 Em relação à concorrência prévia à celebração de contratos de concessão de serviços públicos (Art. 18-A da Lei nº 8.987/1995) e de parcerias público-privadas (art. 13 da Lei nº 11.079/2004), é admitida a inversão da ordem das fases de habilitação e julgamento, hipótese em que este ocorrerá antes daquela.

78 Sobre o sistema de registro de preços, *vide* o tópico 7 deste capítulo.

4.2. Tomada de preços

Bastante semelhante à concorrência, a tomada de preços é a modalidade de licitação entre interessados devidamente cadastrados ou que atenderem a todas as condições exigidas para cadastramento até o terceiro dia anterior à data do recebimento das propostas, observada a necessária qualificação (art. 22, § 2º).

Na tomada de preços há dois tipos de participantes: os cadastrados (estes já comprovaram os requisitos de habilitação em momento anterior à licitação e poderão participar livremente do certame) e os não cadastrados, que deverão comprovar possuírem os requisitos mínimos até o terceiro dia anterior ao recebimento das propostas.

São hipóteses de utilização da tomada de preços:

I. obras e serviços de engenharia de valor até R$ 1.500.000,00;

II. outras compras e serviços de valor até R$ 650.000,00;

III. permissões de serviços públicos (Lei nº 8.987/1995); e

IV. licitações internacionais, quando o órgão ou entidade que estiver realizando a licitação dispuser de cadastro internacional de fornecedores e os valores forem compatíveis com esta modalidade.

4.3. Convite

Convite é a modalidade de licitação entre interessados do ramo pertinente ao seu objeto, cadastrados ou não, escolhidos e convidados em número **mínimo** de **três** pela unidade administrativa, a qual afixará, em local apropriado, cópia do instrumento convocatório e o estenderá aos demais cadastrados na correspondente especialidade que manifestarem seu interesse com antecedência de até 24 horas da apresentação das propostas (art. 22, § 3º).

No convite há dois tipos de participantes: os que foram convidados (**cadastrados ou não**) e os não convidados (**necessariamente** cadastrados que devem manifestar interesse em participar da licitação com antecedência mínima de **24 horas** da apresentação das propostas).

O convite será utilizado nas seguintes situações:

I. obras e serviços de engenharia cujo valor não supere R$ 150.000,00;

II. outras compras e serviços de valor até R$ 80.000,00;

III. permissões de serviços públicos (Lei nº 8.987/1995); e

IV. licitações internacionais, quando não houver fornecedor no Brasil e haja compatibilidade de valores com esta modalidade.[79]

Uma característica peculiar do convite é o instrumento convocatório. Enquanto em todas as demais modalidades o instrumento convocatório é o

79 É necessário que haja mais de um fornecedor estrangeiro, caso contrário não haverá viabilidade de competição, acarretando inexigibilidade de licitação, nos termos do art. 25, I, da Lei nº 8.666/1993.

edital, no convite é a **carta-convite**. Esta não é divulgada na imprensa oficial, muito menos na imprensa particular (jornais e revistas), como ocorre com o edital. A publicidade da carta-convite ocorre por meio do seu envio a, no mínimo, três possíveis interessados e de afixação de uma cópia em local aberto ao público para que outros interessados devidamente cadastrados possam apresentar suas propostas na data fixada pela Comissão de licitação.

Como já dito anteriormente, a carta-convite será envidada a, no mínimo, três possíveis interessados, salvo quando no lugar da realização da licitação **não houver esse número de atuantes na área do objeto** ou quando houver **manifesto desinteresse dos convidados**. Nesses casos, é obrigatória a devida **justificativa** dessa circunstância (art. 22, § 7º).

O TCU posiciona-se no sentido de que a licitação não deve ser concluída quando não existirem pelo menos três propostas válidas por item licitado, **devendo repetir-se** o certame sempre que tal quantitativo não for atingido, exceto nos casos de limitação de mercado ou manifesto desinteresse dos convidados – circunstâncias que deverão ser justificadas no processo de licitação.[80]

Se houver na praça **mais de três possíveis interessados**, a cada novo convite realizado para objeto idêntico ou assemelhado é obrigatório o convite a, no mínimo, **mais um** interessado, enquanto houver cadastrados que não tenham sido convidados em últimas licitações (art. 22, § 6º).

Quanto à comissão de licitação, nunca é demais lembrar que no caso de convite, excepcionalmente, as pequenas unidades administrativas onde houver escassez de pessoal poderão (facultativamente) conduzir a modalidade mediante designação pela autoridade competente de **um servidor** (art. 51, § 1º).

4.4. Concurso

Concurso é a modalidade de licitação entre quaisquer interessados para escolha de **trabalho técnico**, científico ou artístico, mediante a instituição de **prêmios** ou **remuneração** aos vencedores, conforme critérios constantes de edital publicado na imprensa oficial com antecedência mínima de **45 dias** (art. 24, § 4º).

Não se deve confundir o concurso de que estamos tratando com o concurso público de provas e títulos, previsto no art. 37, II, da Constituição Federal. Pois enquanto este visa a selecionar pessoas para ocupar cargos efetivos ou empregos públicos, aquele busca a seleção de trabalho técnico, de natureza artística ou científica. Assim, são instrumentos distintos que têm aplicação específica e são regidos por diplomas normativos diferentes.[81]

A seleção dos trabalhos ficará a cargo de uma **comissão composta por especialistas** no assunto pertinente ao objeto, servidores ou não.

80 TCU, Súmula nº 248, Decisões Plenárias nº 472/99 e 1.102/2001 e Acórdão nº 3.068/2005, DOU 15.12.2005.

81 Sobre concurso público, *vide* tópico 10 do Capítulo 12 (Servidores públicos).

Ao concurso **não se aplicam os tipos de licitação** (menor preço, melhor técnica etc.) previstos no art. 45 da Lei de Licitações e Contratos e já comentados a nesta obra. É assim porque os prêmios e remunerações já são definidos previamente pela Administração e não dependem de propostas dos licitantes.

O art. 13 da lei enumera os serviços técnicos profissionais especializados de que são exemplos: estudos técnicos e projetos básicos ou executivos; pareceres, perícias e avaliações em geral; assessorias ou consultorias técnicas e auditorias financeiras ou tributárias; patrocínio ou defesa de causas judiciais; restauração de obras de arte e bens de valor histórico.

O § 1º do mesmo artigo prescreve que ressalvados os casos de inexigibilidade de licitação, os contratos para a prestação de serviços técnicos profissionais especializados deverão, **preferencialmente**, ser celebrados mediante a realização de **concurso**, com estipulação prévia de prêmio ou remuneração.

O concurso deve ser precedido de regulamento próprio, a ser obtido pelos interessados no local indicado no edital. Este regulamento deverá indicar: I – a qualificação exigida dos participantes; II – as diretrizes e a forma de apresentação do trabalho; e III – as condições de realização do concurso e os prêmios a serem concedidos (art. 52 e parágrafo único).

O § 2º do art. 13 dispõe que em se tratando de projeto, o vencedor deverá autorizar a Administração a executá-lo quando esta julgar conveniente. Nesse passo, é importante sublinhar que a realização de licitação na modalidade concurso para selecionar trabalho técnico não é garantia de que o referido objeto será executado pela Administração. Vale dizer, num concurso para escolha de trabalho técnico de projeto de arquitetura de uma ponte não há nenhuma obrigatoriedade de que, uma vez escolhido o trabalho, esta ponte seja efetivamente construída.

4.5. Leilão

Leilão é a modalidade de licitação entre quaisquer interessados para a venda de bens móveis inservíveis para a Administração ou de produtos legalmente apreendidos ou penhorados, ou para a alienação de bens imóveis cuja aquisição haja derivado de procedimento judicial ou dação em pagamento, a quem oferecer o maior lance, igual ou superior ao valor da avaliação (art. 22, § 5º).

Como se percebe, o leilão poderá ocorrer nas seguintes situações:

I. alienação de bens imóveis cuja aquisição haja derivado de procedimento judicial ou dação em pagamento. Pode ser também utilizada a concorrência em tal caso;

II. alienação de bens móveis de valor até R$ 650.000,00. Se superior, utiliza--se a concorrência;

III. venda de bens móveis inservíveis para a Administração; e

IV. venda de produtos legalmente apreendidos ou penhorados.

O leilão pode ser cometido a leiloeiro oficial ou a servidor designado pela Administração, procedendo-se na forma da legislação pertinente (art. 53).[82]

Todo bem a ser leiloado será **previamente avaliado** pela Administração para fixação do preço mínimo de arrematação (§ 1º). Os bens arrematados serão **pagos à vista ou no percentual** estabelecido no edital, **não inferior a 5%** e, após a assinatura da respectiva ata lavrada no local do leilão, **imediatamente** entregues ao arrematante, o qual se obrigará ao pagamento do restante no prazo estipulado no edital de convocação, sob pena de perder em favor da Administração o valor já recolhido (§ 2º). Nos leilões internacionais, o pagamento da parcela à vista poderá ser feito em até **vinte e quatro horas** (§ 3º).

Como trata-se de licitação em que os pagamentos são feitos, via de regra, à vista, não é necessária habilitação dos licitantes. Mas a lei permite a exigência de documentos de habilitação caso a Administração entenda conveniente e oportuna (art. 32, § 1º).

O Programa Nacional de Desestatização, aprovado originalmente pela Lei nº 8.031/1990, e reformulado pela Lei nº 9.491, de 9 de setembro de 1997, prevê a adoção de leilão para operacionalização de diversas formas de privatização, tais como alienação de ações, dissolução de sociedades com alienação de ativos, a alienação, arrendamento, locação, comodato ou cessão de bens e instalações; e a concessão, permissão ou autorização de serviços públicos.

A Lei nº 9.074, de 7 de julho de 1995, com redação dada pela Lei nº 11.943/2009, dispõe sobre as concessões e permissões de serviços públicos de transmissão de energia elétrica e prevê que as modalidades de licitação a serem adotadas nesse caso são a concorrência e/ou o leilão.

Útil acrescentar que o art. 8º da Lei nº 12.783, de 11 de janeiro de 2013, prevê a adoção da modalidade leilão para licitar as concessões de geração, transmissão e distribuição de energia elétrica que não forem prorrogadas, nos termos dessa mesma lei.

4.6. Pregão

O pregão, modalidade mais nova de licitação, foi instituído inicialmente pela Lei nº 9.472, de 16 de julho de 1997, Lei Geral das Telecomunicações. Posteriormente, com o sucesso que houve no âmbito da Anatel, a (reeditada incontáveis vezes)

82 A profissão de leiloeiro oficial está regulada pelo Decreto nº 21.981, de 19 de outubro de 1932, e pode ser exercida, mediante matrícula em juntas comerciais, ao indivíduo que preencher os seguintes quesitos: a) ser cidadão brasileiro e estar no gozo dos direitos civis e políticos; b) ser maior de vinte e cinco anos; c) ser domiciliado no lugar em que pretenda exercer a profissão, há mais de cinco anos; e d) ter idoneidade, comprovada com apresentação de caderneta de identidade e de certidões negativas dos distribuidores, no Distrito Federal, da Justiça Federal e das Varas Criminais da Justiça local

Medida Provisória nº 2.026, de 4 de maio de 2000, cujo regulamento era o Decreto nº 3.555 de 8 de agosto de 2000, estendeu o pregão aos demais órgãos e entidades da Administração Pública Federal. Nessa época, o pregão alcançava apenas os órgãos e entidades da União, o que promovia certa discussão em torno de sua licitude, uma vez que não abrangia todos os entes políticos.

Em 17 de junho de 2002 foi editada a Lei nº 10.520, que instituiu o pregão como modalidade de licitação a ser aplicada a todos os entes políticos (União, Estados, Distrito Federal e Municípios).

Conceitualmente, o **pregão é a modalidade de licitação em que a disputa pelo fornecimento de bens ou serviços comuns é feita em sessão pública, por meio de propostas de preços escritas e lances verbais** (art. 2º do Decreto nº 3.555/2000).

O pregão tem por objeto a aquisição de bens e contratação de serviços comuns, independentemente dos valores, assim considerados aqueles cujos padrões de desempenho e qualidade possam ser objetivamente definidos no edital, por meio de **especificações usuais** no mercado. Em suma, o pregão se destina à aquisição de bens e serviços padronizados (de prateleira).

Não se deve concluir, com isso, que os bens e serviços sofisticados não podem ser considerados comuns para fins de pregão. Vejamos o Acórdão nº 2.658/2007 do TCU:

> O administrador público, ao analisar se o objeto do pregão enquadra-se no conceito de bem ou serviço comum, deverá considerar dois fatores: os padrões de desempenho e qualidade podem ser objetivamente definidos no edital? As especificações estabelecidas são usuais no mercado? Se esses dois requisitos forem atendidos o bem ou serviço poderá ser licitado na modalidade pregão. A verificação do nível de especificidade do objeto constitui um ótimo recurso a ser utilizado pelo administrador público na identificação de um bem de natureza comum. Isso não significa que somente os bens pouco sofisticados poderão ser objeto do pregão, ao contrário, objetos complexos podem também ser enquadrados como comuns.

O anexo II do Decreto nº 3.555/2000 apresenta um **rol exemplificativo** de bens e serviços considerados comuns:[83-84]

a) bens comuns: água mineral, combustível, gás, gênero alimentício, material de expediente, material de limpeza e conservação, mobiliário, veículos automotivos em geral, microcomputador de mesa ou portátil (notebook), monitor de vídeo e impressoras; e

---

83 O Decreto nº 7.174, de 12 de maio de 2010, revogou o anexo II do Decreto nº 3.555/00. Entretanto, como se trata de uma lista meramente exemplificativa, essa revogação não nos impede de continuar citando alguns desses exemplos a fim de visualizarmos de maneira prática os bens e serviços comuns.

84 *Vide* TCU, Acórdão nº 2.094/2004.

b) serviços comuns: apoio à atividade de apoio administrativo, de apoio à atividade de informática (digitação, e manutenção), assinaturas (revistas, jornais, TV a cabo), assistência (médica, hospitalar, odontológica), atividades auxiliares (ascensorista, copeiro, garçom, jardineiro, motorista, secretária, telefonista), entre outros elencados.[85]

A licitação na modalidade de pregão **não se aplica** às contratações de **obras de engenharia**, bem como às **locações imobiliárias** e **alienações em geral**, que serão regidas pela legislação geral da Administração (art. 6º, Decreto nº 5.450/2005).

O TCU vem entendendo possível a aplicação da modalidade **pregão eletrônico** para contratação de serviços de engenharia que sejam padronizados no mercado.[86] A Súmula nº 257 do TCU prescreve o seguinte: "O uso do pregão nas contratações de serviços comuns de engenharia encontra amparo na Lei nº 10.520/2002".

O pregão surgiu como nova modalidade de licitação que confere maior agilidade às contratações da Administração Pública, pois as fases do procedimento são invertidas: primeiro julga-se todas as propostas e depois afere-se a habilitação apenas do licitante a ser contratado. Veja bem, leitor: na concorrência a Administração analisa a documentação de habilitação de todos os licitantes para só depois julgar as propostas destes e declarar o vencedor do certame. No pregão, primeiro é feito o julgamento das propostas e, posteriormente, analisa-se tão somente a documentação do licitante com o qual a Administração pretende celebrar o contrato. Vale dizer, a Administração não precisa analisar a documentação de todos os participantes, mas só daquele que teve a proposta escolhida como mais vantajosa.

Em razão da inversão das fases de julgamento e habilitação, há expressiva economia de tempo, o que torna o pregão uma modalidade altamente vantajosa. Além do mais, a possibilidade de negociação direta com o licitante vencedor permite que a Administração Pública obtenha melhores preços e efetue compras econômicas, seguras e eficientes.

Outro detalhe importante sobre o pregão é que essa modalidade não conhece limites de valores. Isto é, **independentemente do valor** do futuro contrato, o pregão poderá ser utilizado. Essa modalidade de licitação não é escolhida em função dos valores, mas do objeto (bens e serviços comuns). Como consequência, podem ser realizados dois ou mais pregões para objetos idênticos ou

85 Os serviços de consultoria, assim considerados aqueles em que se espera a realização do estudo de determinada situação e a subsequente proposta de solução para os problemas aí identificados, têm sido considerados como comuns, para efeito de enquadramento no pregão, não havendo necessidade, nem mesmo de que eles sejam simples (TCU, Acórdão nº 1.989/2010-Plenário).

86 TCU, Acórdão nº 2314/2010-Plenário. No mesmo sentido, Acórdãos nº 817/2005 e 331/2006.

assemelhados, pois não há risco de incursão na prática ilícita de fracionamento de despesas, tema este já abordado anteriormente neste capítulo.

Há duas modalidades de pregão: o presencial e o eletrônico. O **presencial**, regido pela Lei nº 10.520/2002 e pelo Decreto nº 3.555/2000, é aquele em que os licitantes comparecem pessoalmente ao local de realização do certame, tendo em mãos os envelopes relativos à proposta e à habilitação. Após a análise das propostas, há oportunidade de os participantes oferecerem lances verbais e sucessivos, com o objetivo de se chegar ao vencedor. Já no **eletrônico**, disciplinado pelo Decreto nº 5.450/2005, a disputa é feita à distância em sessão pública, por meio de sistema que viabilize a comunicação via internet. As propostas, a documentação de habilitação e os lances, todos são apresentados eletronicamente.

Acerca da obrigatoriedade do pregão na esfera federal, o art. 4º do Decreto nº 5.450/2005 prevê que nas licitações para aquisição de bens e serviços comuns será **obrigatória** a modalidade pregão, sendo **preferencial** a utilização da sua forma eletrônica. Isto é, sempre que houver necessidade de aquisição de bens comuns ou contratação de serviços comuns, será obrigatória a realização da disputa na modalidade pregão, sendo preferencial a forma eletrônica.

Em verdade, quando a norma estabelece que o pregão eletrônico será preferencial, há uma verdadeira imposição no sentido de que a não ser que haja justificativa plausível, deve ser feito o pregão eletrônico. Vale dizer, a forma eletrônica será utilizada sempre que possível, salvo nos casos de comprovada inviabilidade, a ser justificada pela autoridade competente (§ 1º).

É de extrema importância ressaltar que essa regra de obrigatoriedade do pregão, a princípio, é válida **somente** na esfera federal.[87] Os **demais entes** federativos para aquisição de bens e serviços comuns poderão adotar o pregão (**preferencialmente**) ou as outras modalidades de licitação da Lei nº 8.666/1993.

Por fim, a Lei nº 10.520/2002 estabelece a possibilidade de aplicação subsidiária da Lei nº 8.666/1993 ao pregão.

4.6.1. Pregão presencial

O pregão presencial é regido basicamente pelas regras da Lei nº 10.520/2002. Há também o Decreto nº 3.555/2000 que será aplicável ao pregão naquilo que não dispuser em contrário a Lei do Pregão. Inicialmente, o leitor poderia indagar: se a Lei nº 10.520 é de 17 de julho de 2002, como pode ser regulamentada pelo Decreto nº 3.555/2000, de 8 de agosto de 2000? Como já foi dito anteriormente, o pregão foi instituído inicialmente pela Lei nº 9.472/1997 só para a Agência Nacional de Telecomunicações (Anatel). Posteriormente, a (sucessivamente reeditada) Medida Provisória nº 2.026, de 4 de maio de 2000, estendeu o pregão

87 Inclusive, a jurisprudência do TCU é no sentido de que esta exigência do Decreto nº 5.450/2005 vincula apenas o Poder Executivo Federal, não havendo amparo legal para sua imposição ao Poder Judiciário e Legislativo (Acórdão nº 2.245/2010-Plenário).

aos demais órgãos e entidade da Administração Pública Federal. Nesse contexto, nasceu o Decreto nº 3.555/2000, para regulamentar a supramencionada medida provisória. Posteriormente, o pregão foi estendido aos demais entes políticos (Estados, Distrito Federal e Municípios) pela Lei nº 10.520/2002. É importante notar que essa lei não revogou o decreto. Este continua sendo aplicável em tudo o que não for contrário àquela. Em verdade, o decreto faz um verdadeiro detalhamento de alguns pontos que na lei se encontram obscuros ou omissos. Daí, a sua importância.

Neste tópico, iremos concentrar nossos comentários no pregão presencial. Mais além, trataremos do pregão na forma eletrônica.

Retomando o conceito já utilizado e adaptando à realidade do pregão presencial: pregão é a modalidade de licitação, entre **quaisquer interessados**, para aquisição de **bens e serviços comuns** pelo critério exclusivo do **menor preço**, em que a disputa ocorre em sessão pública **presencial** por meio de **propostas de preços escritas** e **lances verbais e sucessivos**.

O pregão será conduzido por **pregoeiro oficial**, servidor efetivo do quadro de pessoal do órgão ou entidade responsável pela licitação, que deverá ser previamente designado pela autoridade competente (art. 8º, III, *d*, Decreto nº 3.555/2000). Somente poderá atuar como pregoeiro o servidor que tenha realizado capacitação específica para exercer a atribuição.

As atribuições do pregoeiro incluem (art. 9º, Decreto nº 3.555/2000): I – o credenciamento dos interessados; II – o recebimento dos envelopes das propostas de preços e da documentação de habilitação; III – a abertura dos envelopes das propostas de preços, o seu exame e a classificação dos proponentes; IV – a condução dos procedimentos relativos aos lances e à escolha da proposta ou do lance de menor preço; V – a adjudicação da proposta de menor preço; VI – a elaboração de ata; VII – a condução dos trabalhos da equipe de apoio; VIII – o recebimento, o exame e a decisão sobre recursos; e IX – o encaminhamento do processo devidamente instruído, após a adjudicação, à autoridade superior, visando a homologação e a contratação.

O pregoeiro contará com o auxílio de uma comissão de apoio que deverá ser integrada em sua maioria por servidores ocupantes de cargo efetivo ou emprego da administração, preferencialmente pertencentes ao quadro permanente do órgão ou entidade promotora do evento (art. 3º, § 1º, Lei nº 10.520/2002).

Diferentemente do que ocorre em relação aos membros de comissão de licitação, que não podem ser reconduzidos em sua totalidade, o pregoeiro oficial tem mandato de **um ano**, admitindo-se sucessivas reconduções (art. 10, § 3º, Decreto nº 5.450/2005).

O procedimento do pregão presencial é dividido em fase preparatória e fase externa.

Em síntese, a **fase preparatória** refere-se a todos os procedimentos internos adotados pela Administração para justificar, definir e elaborar as regras da disputa que será realizada. A fase preparatória do pregão, estabelecida pelo art. 3º da Lei nº 10.520/2002, inicia-se pela justificativa da autoridade competente da necessidade da contratação e definição do objeto do certame de forma clara, concisa e objetiva, de acordo com termo de referência[88] elaborado pelo requisitante, em conjunto com a área de compras, obedecidas as especificações praticadas no mercado.

É importante destacar que a definição do objeto deverá ser precisa, suficiente e clara, vedadas especificações que, por excessivas, irrelevantes ou desnecessárias, limitem a competição.

Caberá também à autoridade competente fixar as exigências de habilitação, os critérios de aceitação das propostas, as sanções por inadimplemento e as cláusulas do contrato, inclusive com fixação dos prazos para fornecimento e das demais condições essenciais para o fornecimento, o que será de suma importância na fase de execução contratual.

À autoridade competente de que estamos tratando, uma vez designada de acordo com as atribuições previstas no regimento ou estatuto do órgão ou da entidade, caberá ainda (art. 7º, Decreto nº 3.555/2000): I – determinar a abertura de licitação; II – designar o pregoeiro e os componentes da equipe de apoio; III – decidir os recursos contra atos do pregoeiro; e, IV – homologar o resultado da licitação e promover a celebração do contrato.

Dos autos do procedimento constarão a justiça ativa da contratação e definição do objeto, bem como os indispensáveis elementos técnicos sobre os quais estiverem apoiados, bem como o orçamento, elaborado pelo órgão ou entidade promotora da licitação, dos bens ou serviços a serem licitados (art. 3º, III, Lei nº 10.520/2002).

A **fase externa** (art. 4º, Lei nº 10.520/2002 e art. 11, Decreto nº 3.555/2000), por sua vez, será iniciada com a convocação dos interessados e será efetuada por meio de publicação de aviso em *Diário Oficial* do respectivo ente federado ou, não existindo, em jornal de circulação local, e facultativamente, por meios eletrônicos e conforme o vulto da licitação, em jornal de grande circulação, nos termos do regulamento. No aviso constarão a definição do objeto da licitação, a indicação do local, dias e horários em que poderá ser lida ou obtida a íntegra do edital.

Constarão do edital a definição do objeto, as exigências de habilitação, os critérios de aceitação das propostas, as sanções por inadimplemento, as normas que disciplinarem o procedimento e a minuta do contrato, bem como

88 Pelo disposto no art. 8º, II, do Decreto nº 3.555/2000, o termo de referência é o documento que deverá conter elementos capazes de propiciar a avaliação do custo pela Administração, diante de orçamento detalhado, considerando os preços praticados no mercado, a definição dos métodos, a estratégia de suprimento e o prazo de execução do contrato.

suas cláusulas quando for o caso. Cópias do edital e do respectivo aviso serão colocadas à disposição de qualquer pessoa para consulta e divulgação.

A convocação dos interessados por aviso obedecerá aos seguintes critérios, em função dos limites de valores a seguir:

a) para bens e serviços de valores estimados em até R$ 160.000,00: 1. *Diário Oficial da União;* e 2. meio eletrônico, na internet;
b) para bens e serviços de valores estimados acima de R$ 160.000,00 até R$ 650.000,00: 1. *Diário Oficial da União;* 2. meio eletrônico, na internet; e 3. jornal de grande circulação local;
c) para bens e serviços de valores estimados superiores a R$ 650.000,00: 1. *Diário Oficial da União;* 2. meio eletrônico, na internet; e 3. jornal de grande circulação regional ou nacional;
d) em se tratando de órgão ou entidade integrante do Sistema de Serviços Gerais – SISG, a íntegra do edital deverá estar disponível em meio eletrônico, na internet, no site www.comprasnet.gov.br, independentemente do valor estimado.

O prazo fixado para a apresentação das propostas, contado a partir da publicação do aviso, não será inferior a **oito dias úteis**. Entende-se que esse prazo é suficiente para que os licitantes tomem nota do objeto da licitação e formulem suas propostas de preços à Administração.

Pela regra do art. 5º, é **vedada** a exigência de:

a) garantia de proposta, com vistas a facilitar a participação na licitação do maior número possível de interessados;[89]

b) aquisição do edital pelos licitantes, como condição para participação no certame; e

c) pagamento de taxas e emolumentos, salvo os referentes a fornecimento do edital, que não serão superiores ao custo de sua reprodução gráfica, e aos custos de utilização de recursos de tecnologia da informação, quando for o caso.

Até **dois dias úteis** antes da data fixada para recebimento das propostas, **qualquer pessoa** poderá solicitar **esclarecimentos**, **providências** ou **impugnar**

89 Note que o que a lei veda não é a exigência de garantia contratual (caução em dinheiro, fiança bancária, seguro-garantia), mas a exigência de garantia de proposta, como requisito para participação do certame licitatório na modalidade pregão.

o ato convocatório do pregão. Caberá ao pregoeiro decidir sobre a petição no prazo de **vinte e quatro horas**. Acolhida a petição contra o ato convocatório, será designada nova data para a realização do certame (art. 12, Decreto nº 3.555/2000).

No dia, hora e local designados será realizada **sessão pública** para recebimento das propostas, devendo o interessado, ou seu representante, identificar-se e, se for o caso, comprovar a existência dos necessários poderes para formulação de propostas e para a prática de todos os demais atos inerentes ao certame.

Aberta a sessão, os interessados ou seus representantes, apresentarão **declaração** dando ciência de que cumprem plenamente os requisitos de **habilitação** e entregarão os envelopes contendo a indicação do objeto e do preço oferecidos, procedendo-se à sua **imediata abertura** e à verificação da conformidade das propostas com os requisitos estabelecidos no instrumento convocatório. Nessa fase, o pregoeiro realiza a análise de aceitabilidade da proposta. Essa análise preliminar é feita exclusivamente em função do objeto a fim de verificar se a proposta do licitante está em conformidade com as especificações do edital. Nesse momento, não se verifica o preço veiculado na proposta. É que não interessa à Administração ter um licitante que oferte o menor preço, mas cujo produto ou serviço não atende aos padrões mínimos de qualidade necessários ao atendimento da demanda da contratação.

Sendo assim, as propostas que estiverem em desacordo com o edital serão desclassificadas, independentemente dos valores consignados.

Uma vez feita a análise da aceitabilidade da proposta, o pregoeiro passa a verificar, entre os licitantes que atenderam as especificações do edital, o valor da proposta. Assim, no curso da sessão, o autor da oferta de valor mais baixo e os das ofertas com preços até 10% superiores àquela poderão fazer **lances verbais e sucessivos**, até a proclamação do vencedor.

Note que temos duas etapas na fase de julgamento das propostas: a abertura dos envelopes das propostas de preços e os lances verbais e sucessivos. Só passarão à etapa de lances os licitantes que tiverem os preços de suas propostas compreendidos no intervalo entre a proposta de menor valor e aquelas de até 10% superiores a de menor valor.

Para ilustrar imagine que os licitantes ofereçam propostas nos seguintes valores:

A – R$ 1.000,00

B – R$ 1.250,00

C – R$ 1.100,00

D – R$ 1.080,00

E – R$ 1.150,00

F – R$ 1.050,00

Nesse caso, a Administração deverá selecionar a proposta de menor valor (A – R$ 1.000,00) e todas as outras de valor até 10% superiores à de menor preço (isto é, aquelas até R$ 1.100,00). Assim, passarão à fase de lances verbais e sucessivos os licitantes A, C, D e F.

Todavia, não havendo pelo menos três ofertas nas condições definidas no parágrafo anterior, poderão os autores das melhores propostas, até o máximo de três, oferecer lances verbais e sucessivos, quaisquer que sejam os preços oferecidos.

Modificaremos sensivelmente o exemplo anterior para termos o seguinte quadro:

A – R$ 1.000,00
B – R$ 1.250,00
C – R$ 1.200,00
D – R$ 1.080,00
E – R$ 1.150,00
F – R$ 1.120,00
G – R$ 1.210,00

Perceba que só poderiam passar à fase de lances verbais e sucessivos os licitantes A e D. Como a fase de lances deve ter, no mínimo, três licitantes, a Administração poderá permitir aos demais licitantes, até que se atinja o número máximo de três, participar da fase de lances. No caso, apenas o licitante F pode passar à fase de lances. Se todas as demais propostas estivessem acima da de menor valor (A – R$ 1.000,00), a Administração poderia convocar os licitantes D e F para a fase de lances, totalizando três.

Para julgamento e classificação das propostas, será adotado o critério de **menor preço**, observados os prazos máximos para fornecimento, as especificações técnicas e os parâmetros mínimos de desempenho e qualidade e as demais condições definidas no edital.

Realizados todos os trâmites para a escolha dos licitantes que participarão dos lances, de fato será dado início à etapa de apresentação de lances verbais pelos proponentes, que deverão ser formulados de forma sucessiva, em valores distintos e decrescentes. O pregoeiro convidará individualmente os licitantes classificados, de forma sequencial, a apresentar lances verbais, a partir do autor da proposta classificada de maior preço e os demais, em ordem decrescente de valor.

A desistência em apresentar lance verbal, quando convocado pelo pregoeiro, implicará a exclusão do licitante da etapa de lances verbais e na manutenção do último preço apresentado pelo licitante, para efeito de ordenação das propostas.

Caso não se realizem lances verbais, será verificada a conformidade entre a proposta escrita de menor preço e o valor estimado para a contratação.

Declarada encerrada a etapa competitiva, ordenadas as propostas e examinada a proposta classificada em primeiro lugar, quanto ao objeto e valor, caberá ao pregoeiro decidir motivadamente a respeito da sua aceitabilidade. Nesse passo, o pregoeiro poderá **negociar diretamente** com o proponente para que seja obtido preço melhor. Aqui se encontra um dos grandes diferenciais do pregão com relação às demais modalidades: possibilidade de negociação direta e verbal com os licitantes.

Em seguida, proceder-se-á à abertura do invólucro contendo os documentos de **habilitação** do licitante que apresentou a melhor proposta, para verificação do atendimento das condições fixadas no edital.

A habilitação far-se-á com a verificação de que o licitante está em situação regular perante a Fazenda Nacional, a Seguridade Social e o Fundo de Garantia do Tempo de Serviço – FGTS, e as Fazendas Estaduais e Municipais, quando for o caso, com a comprovação de que atende às exigências do edital quanto à habilitação jurídica e qualificações técnica e econômico-financeira. Isso tudo sem prejuízo de apresentação dos documentos exigidos no art. 29 da Lei nº 8.666/1993.

Para habilitação dos licitantes, será exigida, exclusivamente, a documentação prevista na legislação geral para a Administração, relativa à: I – habilitação jurídica; II – qualificação técnica; III – qualificação econômico-financeira; IV – regularidade fiscal; e V – cumprimento das normas relativas ao trabalho dos menores de 18 anos.

É útil lembrar que os licitantes poderão deixar de apresentar os documentos de habilitação que já constem do Sistema de Cadastramento Unificado de Fornecedores – Sicaf e sistemas semelhantes mantidos por Estados, Distrito Federal ou Municípios, assegurado aos demais licitantes o direito de acesso aos dados nele constantes. [90]

Verificado o atendimento das exigências fixadas no edital, o licitante será declarado **vencedor**. Se a oferta não for aceitável ou se o licitante desatender às exigências habilitatórias, o pregoeiro examinará as **ofertas subsequentes** e a qualificação dos licitantes, na ordem de classificação, e assim sucessivamente, até a apuração de uma que atenda ao edital, sendo o respectivo licitante declarado vencedor.

Ilustrativamente, utilizando o primeiro exemplo em que os licitantes A, C, D e F foram selecionados para a fase de lances. Pois bem, após concluída a etapa competitiva, esses licitantes apresentaram as seguintes ofertas:

90 TCU, Súmula nº 274: É vedada a exigência de prévia inscrição no Sistema de Cadastramento Unificado de Fornecedores – Sicaf para efeito de habilitação em licitação.

A - R$ 950,00

C - R$ 970,00

D - R$ 990,00

F - R$ 1.000,00

Imagine que o pregoeiro declare o licitante "A" como vencedor e o convoca para celebrar o contrato, mas este se recuse a fazê-lo. Nessa situação, a forma correta de se proceder é convocar o próximo licitante, na ordem de classificação, no caso, o licitante C. Daí surge a indagação: O licitante C deverá aceitar a proposta oferecida pelo licitante vencedor ou oferecer a sua própria proposta? Se tomarmos por base a Lei nº 8.666/1993, veremos que os demais licitantes, para celebrar o contrato, deverão aceitar fazê-lo em igual prazo e nas mesmas condições propostas pelo primeiro colocado (art. 64, § 2º). Não obstante, pela Lei nº 10.520/2002, o licitante C poderá celebrar o contrato com base na sua própria proposta, e não na do primeiro colocado. Isso sem prejuízo de o pregoeiro negociar diretamente com o proponente para que seja obtido preço melhor.

Declarado o **vencedor**, qualquer licitante poderá manifestar, na própria sessão, **imediata** e **motivadamente** a intenção de **recorrer**, quando lhe será concedido o prazo de **três dias** para apresentação das razões do recurso, ficando os demais licitantes desde logo intimados para apresentar contrarrazões em **igual número de dias**, que começarão a correr do término do prazo do recorrente, sendo-lhes assegurada vista imediata dos autos.

Observe que a impugnação do pregão ocorre somente ao fim do procedimento, e não no decorrer do procedimento como é o caso das modalidades da Lei nº 8.666/1993. Com efeito, depois de declarado o vencedor, todos os licitantes poderão interpor recursos. Ademais, o recurso contra ato do pregoeiro não terá efeito suspensivo.

Outro detalhe é que os recursos não necessariamente devem ser manifestados já na sessão. Pode perfeitamente ocorrer de na sessão o licitante apenas manifestar o interesse de recorrer e apontar resumidamente o motivo de sua irresignação. A partir disso, será concedido o prazo de três dias para que apresente detalhadamente as razões de seu recurso. Em seguida, os demais licitantes serão desde logo intimados para apresentar suas contrarrazões dentro do mesmo prazo (três dias), a contar do término do prazo do recorrente.

Ilustrativamente, se na sessão, o licitante C manifesta interesse em recorrer da decisão que proclamou o vencedor, terá, então, três dias para apresentar seu recurso. Ao término desse prazo, os demais licitantes (A, D e F) serão intimados para, no mesmo prazo de três dias, apresentarem suas contrarrazões sobre as razões do recurso do licitante F.

Uma vez que o licitante apresente na sessão a intenção de recorrer, caberá ao pregoeiro oficial decidir acerca de sua admissibilidade. A finalidade da norma, ao autorizar o pregoeiro a examinar previamente a admissibilidade do recurso, seria

> Afastar do certame aquelas manifestações de licitantes de caráter meramente protelatório, seja por ausência do interesse de agir, demonstrada pela falta da necessidade e da utilidade da via recursal, seja por não atender aos requisitos extrínsecos, como o da tempestividade.[91]

O acolhimento de recurso importará a invalidação apenas dos atos insuscetíveis de aproveitamento. A falta de manifestação imediata e motivada do licitante importará a **decadência do direito de recurso** e a **adjudicação do objeto** da licitação pelo pregoeiro ao vencedor.

Decididos os recursos, a autoridade competente fará a adjudicação do objeto da licitação ao licitante vencedor. Aqui, cabe importante observação: quando não há interposição de recursos caberá ao próprio pregoeiro adjudicar o objeto da licitação ao vencedor. A autoridade competente só adjudica o objeto na existência de recursos.

Homologada a licitação pela autoridade competente, o adjudicatário será convocado para assinar o contrato no prazo definido em edital. Como condição para celebração do contrato, o licitante vencedor deverá manter as mesmas condições de habilitação.

Aqui, parece haver intenção do legislador de conferir ao licitante vencedor **direito subjetivo à contratação**. Essa observação é útil na medida em que, embora tenhamos afirmado peremptoriamente em outro momento que o vencedor tem apenas expectativa de direito ao contrato, esse entendimento tende a sucumbir frente à inevitável evolução da matéria no sentido de se admitir a tese do direito subjetivo.[92]

Se o licitante vencedor, convocado dentro do prazo de validade da sua proposta, não celebrar o contrato, o pregoeiro examinará as ofertas subsequentes e a qualificação dos licitantes, na ordem de classificação, e assim sucessivamente, até a apuração de uma que atenda ao edital, sendo o respectivo licitante declarado vencedor e convocado para celebrar o contrato administrativo.

Com a celebração do contrato administrativo, encerra-se o procedimento licitatório.

Quem, convocado dentro do prazo de validade da sua proposta (em regra, 60 dias, salvo se outro estipulado no edital), não celebrar o contrato, deixar de entregar ou apresentar documentação falsa exigida para o certame, ensejar o

91 TCU, Acórdão nº 600/2011-Plenário, TC-033.647/2010-0, Rel. Min. JOSÉ JORGE, julg.: 16.03.2011.

92 Como um dos pioneiros na ideia, podemos citar José dos Santos Carvalho Filho (*Manual de Direito Administrativo*. 20ª ed. Rio de Janeiro: Lumen Juris, 2008, p. 277), para quem, uma vez homologado o procedimento, o vencedor da licitação tem direito efetivo à realização do contrato.

retardamento da execução de seu objeto, não mantiver a proposta, falhar ou fraudar na execução do contrato, comportar-se de modo inidôneo ou cometer fraude fiscal, ficará **impedido de licitar e contratar** com a União, Estados, Distrito Federal ou Municípios e será **descredenciado** no Sicaf, ou nos sistemas de cadastramento de fornecedores, pelo prazo de **até cinco anos**, sem prejuízo das **multas** previstas em edital e no contrato e das demais cominações legais (art. 7º, Lei nº 10.520/2002).[93]

O dispositivo supratranscrito aponta alguns aspectos peculiares do exercício do poder disciplinar no âmbito do pregão.

Em primeiro lugar, a sistemática de sanções do pregão (impedimento de licitar e contratar, descredenciamento do SICAF e multa) não é a mesma da Lei nº 8.666/1993 (advertência, multa, suspensão e declaração de inidoneidade para licitar e contratar). Tal constatação leva à conclusão de que no tocante ao rol de penalidades passíveis de aplicação, a Lei nº 8.666/1993 não se aplica à modalidade pregão.[94]

Em segundo, a utilização do vocábulo "ou" (impedido de licitar e contratar com a União, Estados, Distrito Federal **ou** Municípios) deixa claro que o legislador optou por restringir a aplicação da penalidade de impedimento ao ente federativo ao qual foi imposta.[95] A Lei nº 8.666/1993, diversamente, atribui efeito extensivo à sanção de declaração de inidoneidade para licitar e contratar, posto que alcança todas as esferas federativas, e não apenas o ente ao qual se aplicou a penalidade.

4.6.2. Pregão eletrônico

O art. 2º, § 1º, da Lei nº 10.520/2002 prescreve que poderá ser realizado o pregão por meio da utilização de recursos de tecnologia da informação, nos termos de regulamentação específica que, em âmbito federal, é o Decreto nº 5.450, de 31 de maio de 2005.

Subordinam-se ao disposto nesse decreto, além dos órgãos da Administração Pública federal direta, os fundos especiais, as autarquias, as fundações públicas, as empresas públicas, as sociedades de economia mista e as demais entidades controladas direta ou indiretamente pela União.

O art. 1º, § 1º, do Decreto nº 5.504/2005 **determinou** adoção do sistema de **pregão preferencialmente na forma eletrônica**, próprio ou de terceiros, para aquisição de bens e serviços comuns por entes públicos e privados, inclusive por **Organizações Sociais (OS)** e **Organizações da Sociedade Civil de Interesse Público (OSCIP)**,

93 Consoante entendimento do STF (RMS 31972/DF, Rel. Min. DIAS TOFFOLI, julg.: 03.12.2013), a sanção de impedimento de licitar e contratar da Lei do Pregão não se aplica se não há prejuízo para a Administração Pública e também se não há dolo ou má-fé por parte do licitante.

94 FERNANDES, Jorge Ulisses Jacoby. *Sistema de Registro de Preços e Pregão presencial e eletrônico*. 2ª ed, Belo Horizonte, Fórum, 2007, p. 543.

95 NIEBURH, Joel de Menezes. *Pregão presencial e eletrônico*. Curitiba, Zênite, 2004, p. 197.

quando tais contratações forem realizadas com recursos da União, decorrentes de convênios ou instrumentos congêneres, ou ainda consórcios públicos.

Reza o art. 2º que o pregão, na forma eletrônica, como modalidade de licitação do tipo menor preço, realizar-se-á quando a disputa pelo fornecimento de bens ou serviços comuns for feita à distância em sessão pública, por meio de sistema que promova a comunicação pela internet.

É importante repisar que a licitação na modalidade de pregão, na forma eletrônica, não se aplica às contratações de obras de engenharia, bem como às locações imobiliárias e alienações em geral (art. 6º, Decreto nº 5.450/2005).

O pregão, na forma eletrônica, será conduzido pelo órgão ou entidade promotor da licitação, com apoio técnico e operacional da Secretaria de Logística e Tecnologia da Informação do Ministério do Planejamento, Desenvolvimento e Gestão (MPDG), que atuará como provedor do sistema eletrônico para os órgãos integrantes do Sistema de Serviços Gerais – SISG (art. 2º, § 4º).

Deverão ser previamente credenciados (mediante atribuição de chave de identificação e de senha pessoal e intransferível) perante o provedor do sistema eletrônico a autoridade competente do órgão promotor da licitação, o pregoeiro, os membros da equipe de apoio e os licitantes que participam do pregão na forma eletrônica. A perda da senha ou a quebra de sigilo deverá ser comunicada imediatamente ao provedor do sistema, para imediato bloqueio de acesso.

O art. 13 prevê as providências que cabem ao licitante interessado em participar do pregão, na forma eletrônica.

O pregão na forma eletrônica segue o mesmo rito que o pregão presencial no que diz respeito à sua fase preparatória. No tocante à fase externa, há algumas peculiaridades que passamos a analisar.

A fase externa do pregão, na forma eletrônica, será iniciada com a convocação dos interessados por meio de **publicação de aviso**, observados os valores estimados para contratação e os meios de divulgação a seguir indicados:

I – até R$ 650.000,00: a) *Diário Oficial da União;* e b) meio eletrônico, na internet;
II – acima de R$ 650.000,00: a) *Diário Oficial da União;* b) meio eletrônico, na internet; e c) jornal de grande circulação local;
III – Os órgãos ou entidades integrantes do SISG e os que aderirem ao sistema do Governo Federal disponibilizarão a íntegra do edital, em meio eletrônico, no Portal de Compras do Governo Federal – COMPRASNET, sítio www.comprasnet.gov.br.

Impende ressaltar que na divulgação de pregão realizado pelo sistema de registro de preços, independentemente do valor estimado, a publicidade ocorrerá em Diário Oficial da União, meio eletrônico, na internet e jornal de grande circulação regional ou nacional (art. 17, § 6º).

Até **dois dias úteis** antes da data fixada para abertura da sessão pública, **qualquer pessoa** poderá **impugnar** o ato convocatório do pregão, na forma eletrônica. Caberá ao pregoeiro, auxiliado pelo setor responsável pela elaboração do edital, decidir sobre a impugnação no prazo de até **vinte e quatro horas**. Acolhida a impugnação contra o ato convocatório, será definida e publicada nova data para realização do certame (art. 18).

Os **pedidos de esclarecimentos** referentes ao processo licitatório deverão ser enviados ao pregoeiro, até **três dias úteis** anteriores à data fixada para abertura da sessão pública, exclusivamente por meio eletrônico via internet, no endereço indicado no edital (art. 19).

Pela regra do art. 21, após a divulgação do edital no endereço eletrônico, os licitantes deverão **encaminhar proposta** com a descrição do objeto ofertado e o preço e, se for o caso, o respectivo anexo, até a data e hora marcadas para abertura da sessão, **exclusivamente** por meio do sistema eletrônico, quando, então, encerrar-se-á, automaticamente, a fase de recebimento de propostas. A participação no pregão eletrônico dar-se-á pela utilização da senha privativa do licitante. Até a abertura da sessão, os licitantes poderão retirar ou substituir a proposta anteriormente apresentada.

Para participação no pregão eletrônico, o licitante deverá manifestar, em campo próprio do sistema eletrônico, que cumpre plenamente os requisitos de **habilitação** e que sua proposta está em conformidade com as **exigências** do instrumento convocatório.

A partir do horário previsto no edital, a sessão pública na internet será aberta por comando do pregoeiro com a utilização de sua chave de acesso e senha. O pregoeiro verificará as propostas apresentadas, **desclassificando** aquelas que não estejam em conformidade com os requisitos estabelecidos no edital.

A desclassificação de proposta será sempre fundamentada e registrada no sistema, com acompanhamento em tempo real por todos os participantes. O sistema disponibilizará campo próprio para troca de mensagens entre o pregoeiro e os licitantes.

O sistema ordenará, automaticamente, as propostas classificadas pelo pregoeiro, sendo que somente estas participarão da fase de lance (art. 23). Note que todas as propostas que estiverem em acordo com as especificações do edital serão passadas à fase lances. Nesse ponto há diferença notória do pregão presencial, no qual só passam à fase de lances os licitantes cujas propostas sejam a de menor valor ou até 10% superiores a esta.

Classificadas as propostas, o pregoeiro dará início à fase competitiva, quando então os licitantes poderão encaminhar lances **exclusivamente** por meio do sistema eletrônico. Os licitantes poderão oferecer lances sucessivos, observados o horário fixado para abertura da sessão e as regras estabelecidas no edital. O licitante somente poderá oferecer lance inferior ao último por ele ofertado e registrado pelo sistema. Não serão aceitos dois ou mais lances iguais, prevalecendo aquele que for recebido e registrado primeiro. Durante a sessão pública, os licitantes serão informados, em tempo real, do valor do menor lance registrado, vedada a identificação do licitante.

A etapa de lances da sessão pública será encerrada por decisão do pregoeiro. O sistema eletrônico encaminhará aviso de **fechamento iminente** dos lances, após o que transcorrerá período de tempo de até **30 minutos**, aleatoriamente determinado, findo o qual será automaticamente encerrada a recepção de lances (art. 24, § 6º).

Após o **encerramento** da etapa de lances da sessão pública, o pregoeiro poderá encaminhar, pelo sistema eletrônico, **contraproposta** ao licitante que tenha apresentado lance mais vantajoso, para que seja obtida melhor proposta, observado o critério de julgamento, não se admitindo negociar condições diferentes daquelas previstas no edital. A negociação será realizada por meio do sistema, podendo ser acompanhada pelos demais licitantes.

Encerrada a etapa de lances, o pregoeiro examinará a proposta classificada em primeiro lugar quanto à compatibilidade do preço em relação ao estimado para contratação e verificará a habilitação do licitante conforme disposições do edital (art. 25).

Se a proposta não for aceitável ou se o licitante não atender às exigências habilitatórias, o pregoeiro examinará a proposta subsequente e, assim sucessivamente, na ordem de classificação, até a apuração de uma proposta que atenda ao edital.

Declarado o vencedor, qualquer licitante poderá, durante a sessão pública, de forma imediata e motivada, em campo próprio do sistema, manifestar sua intenção de recorrer, quando lhe será concedido o prazo de três dias para apresentar as razões de recurso, ficando os demais licitantes, desde logo, intimados para, querendo, apresentarem contrarrazões em igual prazo, que começará a contar do término do prazo do recorrente, sendo-lhes assegurada vista imediata dos elementos indispensáveis à defesa dos seus interesses (art. 26).

A falta de manifestação imediata e motivada do licitante quanto à intenção de recorrer, nos termos do *caput*, importará na decadência desse direito, ficando o pregoeiro autorizado a adjudicar o objeto ao licitante declarado vencedor.

No julgamento da habilitação e das propostas, o pregoeiro poderá sanar erros ou falhas que não alterem a substância das propostas, dos documentos e sua validade jurídica, mediante despacho fundamentado, registrado em ata e acessível a todos, atribuindo-lhes validade e eficácia para fins de habilitação e classificação.

Decididos os recursos e constatada a regularidade dos atos praticados, a autoridade competente adjudicará o objeto e homologará o procedimento licitatório. Após a homologação, o adjudicatário será convocado para assinar o contrato ou a ata de registro de preços no prazo definido no edital. Na assinatura do contrato ou da ata de registro de preços, será exigida a comprovação das condições de habilitação consignadas no edital, as quais deverão ser mantidas pelo licitante durante a vigência do contrato ou da ata de registro de preços (art. 27).

Aquele que, convocado dentro do prazo de validade de sua proposta, não assinar o contrato ou ata de registro de preços, deixar de entregar documentação exigida no edital, apresentar documentação falsa, ensejar o retardamento da execução de seu objeto, não mantiver a proposta, falhar ou fraudar na execução do contrato, comportar-se de modo inidôneo, fizer declaração falsa ou cometer fraude fiscal, garantido o direito à ampla defesa, ficará impedido de licitar e de contratar com a União, e será descredenciado no Sicaf, pelo prazo de até cinco anos, sem prejuízo das multas previstas em edital e no contrato e das demais cominações legais (art. 28).

4.7. Consulta

Essa modalidade de licitação foi instituída inicialmente para a Agência Nacional de Telecomunicações (Anatel), pela Lei nº 9.472, de 16 de julho de 1997. Diga-se de passagem: a mesma lei que instituiu o pregão.

Posteriormente, a consulta foi estendida a todas – e exclusivamente – as agências reguladoras, nos termos do art. 37 da Lei nº 9.986, de 18 de julho de 2000.

Desde logo convém consignar que, sob o ponto de vista formal, observando a disciplina do art. 22, § 8º, da Lei nº 8.666/1993, que veda a criação de novas modalidades de licitação, percebemos que a Lei nº 9.472/1997 violou o Estatuto Geral de Licitações ao criar nova modalidade de licitação com aplicação adstrita à Anatel. Tal ilegalidade não se corrigiu com a Lei nº 9.986/2000, pois a consulta seguiu restrita à esfera federal.

É que a referida norma viola competência legislativa da União para legislar em caráter geral sobre todas as modalidades de licitações públicas para as Administrações de todos os entes políticos, como insculpido no art. 22, XVII, da Carta. Sendo assim, a não ser por meio de lei aplicável a todos os entes políticos, não poderá ser criada nova modalidade de licitação restrita a esta ou àquela esfera administrativa.

Inclusive, tramita no STF Ação Direta de Inconstitucionalidade que tem por objeto a Lei nº 9.472/1997. Em relação aos arts. 54 (prevê a adoção das modalidades consulta e pregão para contratações que não envolvam engenharia civil), 55 (critérios para utilização da consulta) e 56 (versa sobre a contratação de bens e serviços comuns por meio de pregão) do referido diploma já houve indeferimento, por apertada maioria (seis votos a cinco), de medida cautelar requerendo a suspensão dos referidos dispositivos. Isto é, pelo menos liminarmente esses dispositivos foram considerados conformes à Constituição Federal. Todavia, não houve, até o presente momento, julgamento de mérito. Aguardemos a manifestação do Pretório Excelso sobre o assunto.[96]

Não bastasse a pretensa inconstitucionalidade ainda não apreciada, a lei que criou a Consulta foi lacônica ao dispor sobre essa modalidade, chegando a afirmar simples e unicamente que a consulta é modalidade de licitação que se presta à contratação de **bens e serviços não comuns**[97] e que não sejam obras e serviços de **engenharia**.

Como se pode observar, a utilização da modalidade consulta é residual: é possível sempre que não seja utilizado o pregão e o objeto não seja obra ou serviço de engenharia (nesses casos, poderão ser adotadas a concorrência, a tomada de preços ou convite, conforme o valor do objeto).

Vale repetir, o legislador não se deu ao trabalho de ao menos conceituar a modalidade consulta, o que veio a ser feito pelo art. 15 da Resolução nº 5/1998 da Anatel, que define a consulta como a "modalidade de licitação em que ao menos cinco pessoas, físicas ou jurídicas, de elevada qualificação serão chamadas a apresentar propostas para fornecimento de bens ou serviços não comuns".

O inc. II do art. 16 da Resolução supramencionada da Anatel prescreve que as propostas das pessoas convocadas para a consulta serão apreciadas por um júri, composto por pelo menos **três pessoas** de elevado padrão profissional e moral, servidores ou não da agência.

Quanto à classificação das propostas, o inc. X do mesmo artigo dispõe que serão analisadas de acordo com critérios fixados no ato convocatório, os quais devem se nortear pelo binômio custo/benefício de cada proposta, considerando-se a qualificação do licitante. A aceitabilidade das propostas, em relação ao seu conteúdo e preço, será decidida por maioria de votos e a classificação será em função das notas que lhes forem atribuídas pelos jurados.

96 ADI nº 1.668/DF, Rel. Min. MARCO AURÉLIO, julg.: 20.08.1998.

97 Nos termos do parágrafo único do art. 15 da Resolução nº 5/98 da Anatel, "consideram-se bens e serviços não comuns aqueles com diferenças de desempenho e qualidade, insuscetíveis de comparação direta, ou que tenham características individualizadoras relevantes ao objeto da contratação, em casos como o dos trabalhos predominantemente intelectuais, da elaboração de projetos, da consultoria, da auditoria e da elaboração de pareceres técnicos, bem assim da aquisição de equipamentos sob encomenda e de acordo com especificações particulares da Agência ou de outros bens infungíveis".

5. PROCESSO ADMINISTRATIVO LICITATÓRIO

Processo administrativo licitatório é o conjunto de atos intermediários praticados tanto pela Administração quanto pelos licitantes para escolha da melhor proposta de contrato para a Administração.

O procedimento será mais complexo tanto mais elevados sejam os valores financeiros envolvidos e a complexidade do objeto do certame. Assim:

> O procedimento é mais complexo na concorrência, tendo em vista o maior vulto dos contratos a serem celebrados; é um pouco menos complexo na tomada de preços, em que o valor dos contratos é médio; e simplifica-se ainda mais no convite, dado o pequeno valor dos contratos.[98]

O art. 43 da Lei nº 8.666/1993 estabelece, em linhas gerais, o transcurso geral do processo licitatório, nos seguintes termos:

> I – abertura dos envelopes contendo a documentação relativa à habilitação dos concorrentes, e sua apreciação;
>
> II – devolução dos envelopes fechados aos concorrentes inabilitados, contendo as respectivas propostas, desde que não tenha havido recurso ou após sua denegação;
>
> III – abertura dos envelopes contendo as propostas dos concorrentes habilitados, desde que transcorrido o prazo sem interposição de recurso, ou tenha havido desistência expressa, ou após o julgamento dos recursos interpostos;
>
> IV – verificação da conformidade de cada proposta com os requisitos do edital e, conforme o caso, com os preços correntes no mercado ou fixados por órgão oficial competente, ou ainda com os constantes do sistema de registro de preços, os quais deverão ser devidamente registrados na ata de julgamento, promovendo-se a desclassificação das propostas desconformes ou incompatíveis;
>
> V – julgamento e classificação das propostas de acordo com os critérios de avaliação constantes do edital;
>
> VI – deliberação da autoridade competente quanto à homologação e adjudicação do objeto da licitação.

A doutrina costuma desmembrar o processo administrativo licitatório em duas etapas: interna e externa.

A **etapa interna** refere-se à abertura do processo administrativo que compreende a autorização para realização do procedimento, objeto a ser

98 DI PIETRO, Maria Sylvia Zanella. *Direito Administrativo*. 20ª ed. São Paulo: Atlas, 2006, p. 358.

licitado,[99] indicação dos membros da comissão de licitação, do leiloeiro ou do responsável pelo convite, recursos previstos para o custeio do contrato, entre outros pontos preliminares.

Nessa esteira, o § 2º, I, do art. 7º determina que as obras e os serviços somente poderão ser licitados quando:

> I – houver projeto básico aprovado pela autoridade competente e disponível para exame dos interessados em participar do processo licitatório;
>
> II – existir orçamento detalhado em planilhas que expressem a composição de todos os seus custos unitários;[100-101]
>
> III – houver previsão de recursos orçamentários que assegurem o pagamento das obrigações decorrentes de obras ou serviços a serem executadas no exercício financeiro em curso, de acordo com o respectivo cronograma;
>
> IV – o produto dela esperado estiver contemplado nas metas estabelecidas no Plano Plurianual, quando for o caso.

É importante ressaltar que o entendimento consolidado do TCU é no sentido de que, antes da fase externa da licitação, há que se fazer **pesquisa de preço** para obtenção de, no mínimo, **três orçamentos** de fornecedores distintos.[102]

Ainda sobre a fase preparatória das licitações, reza o art. 38 da Lei nº 8.666/1993 que o procedimento da licitação será iniciado com a **abertura de processo administrativo**, devidamente autuado, protocolado e numerado, contendo a autorização respectiva, a indicação sucinta de seu objeto e do recurso próprio para a despesa, e ao qual serão juntados oportunamente os documentos previstos no referido dispositivo (ex.: instrumento convocatório, original das propostas, pareceres técnicos ou jurídicos, termo de contrato etc.).

Em seguida, na **etapa externa** realizam-se os seguintes procedimentos: realização de audiência pública (nas licitações de grande vulto), publicação

99 *Vide* Súmula nº 177 do TCU: "A definição precisa do objeto licitado constitui regra indispensável da competição, até mesmo como pressuposto do postulado de igualdade entre os licitantes, do qual é subsidiário o Princípio da Publicidade, que envolve o conhecimento, pelos concorrentes potenciais das condições básicas da licitação, constituindo, na hipótese particular da licitação para compra, a quantidade demandada uma das especificações mínimas e essenciais à definição do objeto do pregão".

100 Na linha do entendimento do TCU, esse dispositivo acarreta duas implicações: "A primeira contempla o dever de a Administração estimar seus custos, pois os valores a desembolsar devem ser previstos antes mesmo de se iniciar a licitação. A segunda guarda consonância com o princípio da transparência na gestão dos recursos públicos de forma que se possa verificar a conformidade de cada proposta ofertada à Administração com os preços correntes no mercado, o que se coaduna com a busca da proposta mais vantajosa e da isonomia e ainda conduz a um aumento de efetividade no controle dos recursos" (Acórdão nº 1.762/2010- Plenário).

101 Na licitação na modalidade pregão, o orçamento estimado em planilhas e preços unitários não constitui um dos elementos obrigatórios do edital, devendo estar necessariamente inserido no processo relativo ao certame (TCU, Acórdão nº 933/2011-Plenário).

102 Acórdão nº 3.026/2010-Plenário.

do resumo do edital ou o envio do convite de convocação, recebimento da documentação, habilitação, julgamento da proposta, homologação e adjudicação.

Por oportuno é vantajoso registrar que qualquer lacuna verificada na Lei nº 8.666/1993 quanto ao procedimento licitatório poderá ser suprida por intermédio da aplicação subsidiária da Lei nº 9.784/1999, que institui normas gerais sobre o processo administrativo federal.

5.1. Projeto básico e executivo

Toda e qualquer licitação para execução de obras e para a prestação de serviços obedecerá à seguinte sequência: projeto básico, projeto executivo e execução das obras e serviços (art. 7º). A cada nova etapa será obrigatória a conclusão e aprovação, pela autoridade competente, dos trabalhos relativos às etapas anteriores. Entretanto, o **projeto executivo** poderá ser desenvolvido **concomitantemente** com a execução das obras e serviços, desde que também autorizado pela Administração (§ 1º).

Esmiuçando o quesito relativo à apresentação dos projetos básico e executivo, o § 2º, I, do art. 7º preceitua que as obras e os serviços somente poderão ser licitados quando houver projeto básico aprovado pela autoridade competente e disponível para exame dos interessados em participar do processo licitatório.

Quanto à obrigatoriedade de existência de previsão de recursos orçamentários, o § 3º do artigo supramencionado reza que "é **vedado** incluir no objeto da licitação a **obtenção** de **recursos financeiros** para sua execução, qualquer que seja a sua origem, **exceto** nos casos de empreendimentos executados e explorados sob o regime de concessão, nos termos da legislação específica". No mesmo sentido é a intenção do art. 8º do Estatuto, segundo o qual "a execução das obras e dos serviços deve programar-se, sempre, em sua totalidade, previstos seus custos atual e final e considerados os prazos de sua execução".

A abertura do processo licitatório somente será autorizada se houver **previsão de recursos orçamentários** que assegurem o custeio das obrigações contratuais que serão assumidas no exercício financeiro em curso. Entretanto, **não se exige a efetiva disponibilidade financeira** (isto é, que a Administração já disponha do recurso antes do início da licitação), mas, tão somente, que haja previsão desses recursos na lei orçamentária.[103]

Outra questão intrigante diz respeito à possibilidade de a Administração tomar empréstimos para pagamento das obrigações contratuais. Apesar de não haver previsão na Lei nº 8.666/1993 acerca dessa questão, não enxergamos óbice jurídico a que ocorra, desde que haja autorização na Lei Orçamentária Anual – LOA (créditos adicionais). Cumprida essa condição, estará suprida a exigência de previsão orçamentária como requisito para abertura do certame licitatório.

103 REsp 1.141.021-SP, Rel. Min. MAURO CAMPBELL MARQUES, julg.: 21.08.2012.

Pela dicção do § 4º tem-se que:

> É **vedada**, ainda, a inclusão, no objeto da licitação, de fornecimento de materiais e serviços **sem previsão** de quantidades ou cujos quantitativos **não correspondam às previsões reais** do projeto básico ou executivo.

Para dar azo ao princípio da participação popular, o § 8º faculta a qualquer cidadão "requerer à Administração Pública os quantitativos das obras e preços unitários de determinada obra executada".

Com o objetivo de evitar o direcionamento da licitação para este ou aquele interessado, o Estatuto veda que participem, direta ou indiretamente,[104] da licitação ou da execução de obra ou serviços e do fornecimento de bens a eles necessários (art. 9º):[105]

> I – o autor do projeto, básico ou executivo, pessoa física ou jurídica;[106]-[107]
>
> II – empresa, isoladamente ou em consórcio, responsável pela elaboração do projeto básico ou executivo ou da qual o autor do projeto seja dirigente, gerente, acionista ou detentor de mais de 5% do capital com direito a voto ou controlador, responsável técnico ou subcontratado. A ressalva a essa regra ocorre quando a empresa ou autor do projeto atuar como consultor ou técnico, nas funções de fiscalização, supervisão ou gerenciamento, exclusivamente a serviço da Administração interessada;
>
> III – servidor ou dirigente de órgão ou entidade contratante ou responsável pela licitação.

Não obstante o que foi exposto, não há óbice a que a licitação ou contratação de obra ou serviço inclua a elaboração de projeto executivo como encargo do contratado ou pelo preço previamente fixado pela Administração (art. 9º, § 2º).

104 Considera-se participação indireta a existência de qualquer vínculo de natureza técnica, comercial, econômica, financeira ou trabalhista entre o autor do projeto, pessoa física ou jurídica, e o licitante ou responsável pelos serviços, fornecimentos e obras, incluindo-se os fornecimentos de bens e serviços a estes necessários. O mesmo aplica-se aos membros da comissão de licitação (art. 9º, §§ 3º e 4º).

105 Diversamente, a Lei nº 11.079/2004, que dispõe sobre as Parcerias Público-Privadas, não veda a participação no certame dos autores do projeto básico.

106 "Mesmo que a Lei nº 8.666, de 1993, não possua dispositivo vedando expressamente a participação de parentes em licitações em que o servidor público atue na condição de autoridade responsável pela homologação do certame, vê-se que foi essa a intenção axiológica do legislador ao estabelecer o art. 9º dessa Lei, em especial nos §§ 3º e 4º, vedando a prática de conflito de interesse nas licitações públicas." Acórdão nº 607/2011-Plenário.

107 STF, RE 423.560/MG, Rel. Min. JOAQUIM BARBOSA, DJe 19.06.2012. "A proibição de contratação com o Município dos parentes, afins ou consanguíneos, do prefeito, do vice-prefeito, dos vereadores e dos ocupantes de cargo em comissão ou função de confiança, bem como dos servidores e empregados públicos municipais, até seis meses após o fim do exercício das respectivas funções, é norma que *evidentemente* homenageia os princípios da impessoalidade e da moralidade administrativa, prevenindo eventuais lesões ao interesse público e ao patrimônio do Município, sem restringir a competição entre os licitantes. Inexistência de ofensa ao princípio da legalidade ou de invasão da competência da União para legislar sobre normas gerais de licitação."

5.2. Audiência pública

A audiência pública é uma sessão pública de debates em que os participantes oferecem opiniões sobre assuntos de interesse geral que estejam sendo discutidos.

Pela regra do art. 39 da Lei de Licitações e Contratos, sempre que o valor estimado para uma licitação ou para um conjunto de licitações simultâneas ou sucessivas for superior a R$ 150.000.000,00 (cento e cinquenta milhões de reais), o processo licitatório será iniciado, obrigatoriamente, com uma audiência pública. Pelo que se percebe a audiência pública somente será obrigatória em face de licitações de **imenso vulto econômico.**[108]

A responsabilidade da instauração e condução da audiência pública fica a cargo da autoridade responsável, que deverá ser realizada com antecedência mínima de **15 dias úteis** da data prevista para a publicação do edital. Ademais, a referida audiência pública deverá ser divulgada, com a antecedência mínima de **10 dias úteis** de sua realização, pelos mesmos meios previstos para a publicidade da licitação, à qual terão acesso e direito a todas as informações pertinentes e a se manifestar todos os interessados.

Para fins legais, entenda-se como **licitações simultâneas** aquelas com objetos similares e com realização prevista para intervalos não superiores a **30 dias** e como **licitações sucessivas** aquelas em que, também com objetos similares, o edital subsequente tenha uma data anterior a **120 dias** após o término do contrato resultante da licitação anterior (art. 39, parágrafo único).

5.3. Edital

O edital, como instrumento convocatório do certame, deverá regular minuciosamente todos os assuntos relativos à disputa.

O professor Bandeira de Mello aponta as funções desempenhadas pelo edital:

> a) dá publicidade à licitação; b) identifica o objeto licitado e delimita o universo das propostas; c) circunscreve o universo de proponentes; d) estabelece os critérios para análise e avaliação dos proponentes e propostas; e) regula os atos e termos processuais do procedimento; e f) fixa cláusulas do futuro contrato.[109]

O parágrafo único do art. 38 da Lei de Licitações impõe a necessidade de as minutas de editais de licitação, bem como as dos contratos, acordos, convênios ou ajustes serem previamente aprovadas por assessoria jurídica da Administração. Esse órgão consultivo deverá se manifestar sobre a licitude (verificação da

108 A doutrina denomina licitação de imenso vulto aquela cujo valor estimado do objeto seja superior a 150 milhões de reais (MELLO, Celso Antônio Bandeira de. *Curso de Direito Administrativo*. 25ª ed. São Paulo: Malheiros, 2007, p. 561). Entretanto, a Lei nº 8.666/1993, no art. 6º, V, denomina licitação de grande vulto aquela cujo objeto seja superior a 37,5 milhões de reais.

109 MELLO, Celso Antônio Bandeira de. *Curso de Direito Administrativo*. 25ª ed. São Paulo: Malheiros, 2007, p. 572.

conformidade com a lei e com os princípios de licitação) dos atos submetidos à sua apreciação.

É entendimento do TCU que, em caráter excepcional, é possível a utilização de minuta-padrão, previamente aprovada pela assessoria jurídica, quando houver identidade de objeto e não restarem dúvidas acerca da possibilidade de adequação das cláusulas exigidas no contrato pretendido às cláusulas previamente estabelecidas.[110]

Quanto à responsabilidade dos pareceristas, o STF se posiciona no sentido de que a manifestação da assessoria jurídica não se limita a simples opinião que não vincula a autoridade competente. A opinião emitida por meio de pareceres que aprovem editais de licitação, convênios, contratos ou outros instrumentos congêneres vincula a autoridade competente a emitir o ato tal qual como submetido à assessoria. Assim, é perfeitamente cabível falar em **responsabilidade solidária do parecerista** por suas opiniões que divirjam do conteúdo da lei ou violem princípios da Administração Pública.[111]

O art. 40 do Estatuto prescreve exigências pertinentes ao edital, dentre as quais o objeto da licitação, em descrição sucinta e clara; o prazo e condições para assinatura do contrato ou retirada dos instrumentos; sanções para o caso de inadimplemento; critério para julgamento, com disposições claras e parâmetros objetivos; entre outros.

O edital precisa tornar-se conhecido a fim de que cumpra a sua real função de instrumento convocatório. Para isso é necessária a sua divulgação pelos meios oficiais e não oficiais. Não há necessidade de que o edital seja publicado na integralidade, mas apenas o aviso resumido do edital com a indicação do local onde os interessados poderão ler e obter o texto integral.

O art. 21 do Estatuto, ao tratar da publicidade do edital, exige a publicação, pelo menos uma vez, em imprensa oficial e jornal diário de grande circulação. Mas nada impede que a Administração publique o edital mais de uma vez, em função da relevância do objeto a ser licitado.

5.3.1. Impugnação administrativa do edital

Qualquer cidadão ou licitante poderá apresentar impugnação ao edital ou a alguma de suas cláusulas por irregularidade na observância da Lei nº 8.666/1993.

O prazo para impugnação varia conforme o sujeito que a formula:

a) cidadão: até **cinco dias úteis** antes da data fixada para abertura dos envelopes de habilitação, devendo a Administração julgar e responder à impugnação em até **três dias úteis**; e

110 Acórdão nº 873/2011-Plenário.

111 A respeito, *vide* STF, MS 24.631-DF, Rel. Min. JOAQUIM BARBOSA, DJ 09.08.2007; MS 30.892/DF, Rel. Min. LUIZ FUX, Dje 22.08.2014; MS 27.867 AgR/DF, Rel. Min. DIAS TOFFOLI, julg.: 18.09.2012.

b) licitante: até **dois dias úteis** antes da data fixada para abertura dos envelopes de habilitação em concorrência, a abertura dos envelopes com as propostas em convite, tomada de preços ou concurso, ou a realização de leilão.

Ademais, reza o art. 41 que qualquer licitante, contratado ou pessoa física ou jurídica poderá representar ao Tribunal de Contas ou aos órgãos integrantes do sistema de controle interno contra irregularidades na aplicação da LLC.

A impugnação feita pelo licitante não poderá impedi-lo de continuar participando do certame até o trânsito em julgado da decisão a ela pertinente (art. 41, § 3º). O que não pode acontecer é o licitante, após o julgamento das propostas e decisão desfavorável a si, resolver impugnar edital que anteriormente havia aceitado tacitamente.

Por oportuno convém notar que a caducidade do direito à impugnação do edital opera efeitos apenas perante a Administração. Judicialmente, é possível que a qualquer tempo, seja arguida ilicitude na condução do processo licitatório.[112]

5.4. Recebimento das propostas

A contar da última publicação do edital resumido ou da expedição do convite, o prazo mínimo para recebimento das propostas comerciais ou para realização do evento será (art. 21, § 2º):

> I - 45 dias para:
>
> a) concurso;
>
> b) concorrência, quando o contrato a ser celebrado contemplar o regime de empreitada integral ou quando a licitação for do tipo "melhor técnica" ou "técnica e preço";
>
> II - 30 dias para:
>
> a) concorrência, quando a licitação for do tipo "menor preço" ou "maior lance ou oferta";
>
> b) tomada de preços, quando a licitação for do tipo "melhor técnica" ou "técnica e preço";
>
> III - 15 dias para a tomada de preços, quando o licitação for do tipo "menor preço" ou "maior lance ou oferta", ou leilão;
>
> IV - cinco dias úteis para convite; e
>
> V - oito dias úteis para pregão.

O prazo mínimo de que estamos tratando tem o objetivo de oportunizar aos interessados tempo necessário para avaliação da conveniência e oportunidade de sua participação no certame, bem como para formular sua proposta de

112 STJ, AgRg no AG 838285/DF, Rel.ª Min.ª LAURITA VAZ, DJ 14.05.2007.

maneira responsável, em pleno atendimento às condições estabelecidas no edital de licitação.

Qualquer modificação no edital exige divulgação pela mesma forma que se deu o texto original, reabrindo-se o prazo inicialmente estabelecido, exceto quando, inquestionavelmente, a alteração não afetar a formulação das propostas comerciais (art. 21, § 4º).

5.5. Comissão de licitação

O procedimento licitatório será impulsionado por comissão permanente ou especial composta de, **no mínimo**, **três membros**, sendo pelo menos dois deles servidores qualificados pertencentes aos quadros permanentes dos órgãos ou entidades da Administração responsáveis pela licitação.

Observar que se trata de número mínimo de três participantes; haverá casos de comissões compostas por mais de vinte membros, a depender da complexidade do certame.

No caso especial da modalidade convite, excepcionalmente, as pequenas unidades administrativas onde houver exiguidade de pessoal poderão substituir a comissão por **servidor** formalmente designado pela autoridade competente para conduzir a modalidade (art. 51, § 1º).

Em se tratando de concurso, a comissão especial será composta por pessoas de reputação ilibada e notório conhecimento da matéria em exame, independentemente de serem servidores públicos (art. 51, § 5º).

Os membros da comissão permanente terão **investidura** por, no **máximo**, **um ano**, vedada recondução da totalidade dos seus membros para a mesma comissão no período subsequente (art. 51, § 4º). Note que o legislador não proibiu a recondução dos membros da comissão individualmente, e sim a recondução da totalidade dos membros. Com isso, tem-se um rodízio parcial dos membros com o objetivo de garantir a plena imparcialidade dos julgamentos e decisões administrativas.

Os membros das Comissões de licitação responderão **solidariamente** por todos os atos praticados pela Comissão, salvo se posição individual divergente estiver devidamente fundamentada e registrada em ata lavrada na reunião em que tiver sido tomada a decisão (art. 51, § 2º).

5.6. Habilitação dos licitantes

A fase de habilitação é destinada a verificar se o licitante possui os requisitos necessários à adequada execução do objeto do contrato.

A habilitação é realizada em oportunidades distintas e por sistemas diferentes conforme a modalidade de licitação em que ela ocorra. Vejamos:

a) **Concorrência:** faz-se após a instauração do certame, em fase preliminar à do julgamento;[113-114]

b) **Tomada de preços:** ocorre por meio de inscrição nos registros cadastrais tanto em momento anterior à abertura da licitação quanto durante o procedimento, até o terceiro dia anterior *à data do recebimento das propostas*. Podemos afirmar que essa habilitação é genérica, em função de não ser voltada para esta ou aquela licitação. Em verdade, trata-se de um cadastro geral que poderá ser utilizado em qualquer licitação promovida pelo órgão ou entidade;

c) **Convite:** embora possa ser dispensada total ou parcialmente, a critério da Administração, faz-se por meio da escolha e convite àqueles que o próprio órgão ou entidade encarregada da licitação reputa capacitados e idôneos para executar o contrato. Os licitantes convidados que não sejam cadastrados deverão entregar documentação relativa ao cadastramento antes do julgamento das propostas. Já os licitantes não convidados somente poderão participar do certame se estiverem previamente cadastrados e desde que manifestem interesse em participar em até 24 horas da apresentação das propostas;

d) **Concurso:** é facultativa, pois poderá ser dispensada total ou parcialmente, a critério da Administração;

e) **Leilão:** é facultativa (dispensável total ou parcialmente) e até desnecessária, por se tratar de alienação de bens de entrega imediata e pagamento à vista, salvo nas hipóteses de leilão para a privatização de empresas, em decorrência do Plano Nacional de Desestatização, na forma da Lei nº 9.491/1997; e

f) **Pregão:** a habilitação dos licitantes por meio de envelopes.[115] Ocorrerá após o julgamento das propostas. Pelo que se percebe, há inversão das fases do procedimento: julgamento ocorre antes da habilitação.

113 Não há óbice jurídico a que ocorra pré-qualificação de licitantes nas concorrências, a ser procedida sempre que o objeto da licitação recomende análise mais detida da qualificação técnica dos interessados (art. 114, Lei nº 8.666/1993). Conforme a lição de Hely Lopes Meirelles (*Direito Administrativo Brasileiro*, 34ª ed. São Paulo: Malheiros, 2008, p. 321) "pré-qualificação é a verificação prévia da idoneidade jurídica, técnica e financeira de firmas ou consórcios para participarem de determinadas e futuras concorrências de um mesmo empreendimento. Não se confunde com a habilitação preliminar, porque esta se faz em cada concorrência e aquela se realiza para todas as concorrências de uma repartição ou de um empreendimento certo. Na pré-qualificação não se apresentam propostas, mas apenas a documentação comprobatória dos requisitos de capacitação solicitados pela Administração. Os pré-qualificados consideram-se habilitados a participar das concorrências previstas na pré-qualificação, para as quais serão convidados pessoalmente, dispensada a publicidade. Nessas concorrências, principalmente se distanciadas da pré-qualificação, poderá haver, ainda, a habilitação preliminar, mas limitada à verificação de que os concorrentes permanecem nas condições já comprovadas e de que possuem, no momento, a real capacidade financeira e operativa. Assim sendo, embora pré-qualificados, os concorrentes poderão ser inabilitados numa determinada concorrência, o que não impede participem de outra do mesmo empreendimento para o qual se fez a pré-qualificação".

114 O art. 18-A da Lei nº 8.987/1995, inserido pela Lei nº 11.196/2005, estabeleceu a possibilidade de que o edital da licitação na modalidade de concorrência para a concessão de serviços públicos preveja a inversão das fases de habilitação e julgamento, bem como o oferecimento de lances verbais pelos licitantes.

115 Destaque-se que, em todos os casos em que for exigida a entrega de documentos de habilitação em envelopes, essa exigência poderá ser suprida mediante comprovação de inscrição nos registros cadastrais.

A lei determina que não se exigirá, para fins de habilitação dos licitantes, prévio recolhimento de taxas ou emolumentos, salvo os referentes a fornecimento impresso do edital, quando solicitado, com os seus elementos constitutivos, limitados ao valor do custo efetivo de reprodução gráfica da documentação fornecida (art. 32, § 5º).

Nos termos dos arts. 28 a 31 da Lei nº 8.666/1993, para a habilitação nas licitações exigir-se-á dos interessados, exclusivamente, documentação relativa a habilitação jurídica, qualificação técnica, qualificação econômico-financeira, regularidade fiscal e regularidade trabalhista relativa ao trabalhador menor de idade.

À comissão é vedada qualquer outra exigência de habilitação aos licitantes. [116]

Em colaboração à tese, o TCU entende **ilícita** a exigência, como condição de habilitação, de declaração de solidariedade do fabricante em caso de defeitos do produto ofertado na licitação.[117] Idêntico entendimento foi adotado pela Corte de Contas Federal com relação à ilicitude da exigência de Certificação ISO como condição de habilitação, pois "afastar os participantes não certificados reduz a possibilidade de alcance da melhor proposta para a Administração, sem que haja justificativa razoável para tanto". Todavia, não haveria qualquer óbice na utilização do referido certificado para atribuir pontuação a uma empresa licitante, posto que isso permitiria reconhecer seu diferencial em relação a outras que não comprovaram a adequação de seu sistema de produção aos critérios de qualidade estabelecidos em tais normas.[118]

Essa documentação é obrigatória para as modalidades de concorrência e tomada de preços. [119] No caso de convite, concurso e leilão ou de fornecimento de bens para pronta entrega, será dispensada, no todo ou em parte (art. 32, § 1º).[120]

A abertura dos envelopes contendo a documentação para habilitação e as propostas será realizada sempre em ato público previamente designado, do qual se lavrará ata circunstanciada, assinada pelos licitantes presentes e pela Comissão (art. 43, § 1º).

Em caso de necessidade de esclarecimento ou complementação de qualquer documento, é facultada à Comissão ou autoridade superior, em qualquer fase da licitação, a promoção de diligência a fim de sanar eventuais dúvidas, sendo vedada a inclusão posterior de documento ou informação que deveria constar originariamente da proposta (art. 43, § 3º). O objetivo da norma é proteger a igualdade entre os licitantes ao proibir a inclusão intempestiva de qualquer

116 TCU, Súmula nº 274: É vedada a exigência de prévia inscrição no Sistema de Cadastramento Unificado de Fornecedores – Sicaf para efeito de habilitação em licitação.

117 Decisão monocrática no TC-006.795/2011-0, Rel. Min.-Subst. WEDER DE OLIVEIRA, julg.: 04.05.2011.

118 Acórdão nº 1085/2011-Plenário.

119 Segundo o § 4º do art. 40, considera-se bens de pronta entrega aqueles cujo prazo de fornecimento não exceda de trinta dias contados da data prevista para apresentação da proposta.

120 A comprovação de regularidade com a Seguridade Social é exigência obrigatória em todas as modalidades de licitação, ainda que se trate de fornecimento de bens para pronta entrega (TCU, Decisão 705/1994 – Plenário).

documento que deveria constar do momento inicial de apresentação da documentação de habilitação.

Na modalidade concorrência, o licitante que não cumprir os requisitos mínimos de habilitação será desabilitado, e estará a partir de então excluído do certame. Isto é, proferida a decisão com relação aos licitantes inabilitados encerra-se a fase de habilitação. Somente passarão à fase seguinte, a de julgamento das propostas, os licitantes habilitados. Os inabilitados, excluídos da licitação, receberão de volta, lacrados e intactos, os seus envelopes de proposta. É que não interessa à Administração conhecer a proposta de licitante que potencialmente não irá cumprir fielmente o contrato.

Com razão, o art. 41, § 4º, da LLC reza que a inabilitação do licitante importa **preclusão** do seu direito de participar das fases subsequentes. Ademais, é exatamente por esse motivo que o recurso administrativo contra a inabilitação do licitante tem efeito suspensivo (art. 109, § 2º). Isto é, enquanto não decidido o recurso, o procedimento licitatório não poderá prosseguir em direção às fases subsequentes.

É imperioso não confundir a inabilitação (ou desqualificação) com desclassificação. Inabilitação é a rejeição da documentação do licitante que não apresenta os requisitos mínimos previstos no edital, enquanto a desclassificação é a rejeição da proposta de licitante já qualificado ou habilitado, por defeito formal ou inadequação do conteúdo.

Ultrapassada a fase de habilitação dos concorrentes e abertas as propostas, não cabe desclassificá-los por motivo relacionado à habilitação, salvo em razão de fatos supervenientes ou só conhecidos após o julgamento (art. 43, § 5º). Esses motivos podem se referir tanto a fatos ocorridos em momento **posterior** à habilitação (exemplificativamente, a empresa que deixa de recolher a quantia referente ao FGTS de seus trabalhadores), como fatos **anteriores**, mas só conhecidos após essa fase (por exemplo, se essa irregularidade fiscal já existia, mas só foi descoberta após a habilitação da empresa).

Após a fase de habilitação, não cabe desistência de proposta, salvo por motivo justo decorrente de fato superveniente e aceito pela Comissão (art. 43, § 6º).

5.6.1. Habilitação jurídica

A habilitação jurídica é justificável em razão da necessidade de se verificar a regularidade da constituição da pessoa jurídica participante do certame.

O art. 28 da lei estabelece os documentos que serão exigidos para estes fins:

> I – cédula de identidade;
>
> II – registro comercial, no caso de empresa individual;
>
> III – ato constitutivo, estatuto ou contrato social em vigor, devidamente registrado, em se tratando de sociedades

> comerciais, e, no caso de sociedades por ações, acompanhado de documentos de eleição de seus administradores;
>
> IV – inscrição do ato constitutivo, no caso de sociedades civis, acompanhada de prova de diretoria em exercício;
>
> V – decreto de autorização, em se tratando de empresa ou sociedade estrangeira em funcionamento no País, e ato de registro ou autorização para funcionamento expedido pelo órgão competente, quando a atividade assim o exigir.

5.6.2. Qualificação técnica-operacional

A qualificação técnica-operacional refere-se à análise das condições profissionais e operacionais do licitante para a fiel execução do contrato.

O art. 30 da Lei de Licitações e Contratos dispõe sobre os documentos que serão exigidos para comprovação de qualificação técnica-operacional, quais sejam:

> I – registro ou inscrição na entidade profissional competente;
>
> II – comprovação de aptidão para desempenho de atividade pertinente e compatível em características, quantidades e prazos com o objeto da licitação, e indicação das instalações e do aparelhamento e do pessoal técnico adequados e disponíveis para a realização do objeto da licitação, bem como da qualificação de cada um dos membros da equipe técnica que se responsabilizará pelos trabalhos;
>
> III – comprovação, fornecida pelo órgão licitante, de que recebeu os documentos, e, quando exigido, de que tomou conhecimento de todas as informações e das condições locais para o cumprimento das obrigações objeto da licitação;
>
> IV – prova de atendimento de requisitos previstos em lei especial, quando for o caso.

Reza o § 1º do art. 30 que a comprovação de aptidão referida no inciso II do *caput*, no caso das licitações pertinentes a obras e serviços, será feita por **atestados** fornecidos por pessoas jurídicas de direito público ou privado, devidamente registrados nas entidades profissionais competentes, limitadas as exigências à capacitação técnico-profissional: comprovação do licitante de possuir em seu quadro permanente, na data prevista para entrega da proposta, profissional de nível superior ou outro devidamente reconhecido pela entidade competente, detentor de atestado de responsabilidade técnica por execução de obra ou serviço de características semelhantes, limitadas estas exclusivamente às parcelas de maior relevância e valor significativo do objeto da licitação, vedadas as exigências de quantidades mínimas ou prazos máximos.[121]

Não obstante o trecho final do dispositivo, o TCU editou a Súmula nº 263 para ressalvar o seguinte (destaques nossos): "Para a comprovação de capacidade técnico-operacional, e desde que limitada, simultaneamente, às parcelas de maior relevância e valor significativo do objeto a ser contratado, é **legal** a exigência de comprovação da **execução de quantitativos mínimos** em obras ou serviços com características semelhantes, devendo essa exigência guardar proporção com a dimensão e a complexidade do objeto a ser executado".

O § 3º preceitua que será sempre admitida a comprovação de aptidão através de certidões ou **atestados** de obras ou serviços similares de complexidade tecnológica e operacional equivalente ou superior. Note que

> A referida comprovação de aptidão deva ser demonstrada exclusivamente mediante a comprovação de serviços similares, e não idênticas àqueles a serem contratados.[122]

Nas licitações para fornecimento de bens, a comprovação de aptidão, quando for o caso, será feita através de atestados fornecidos por pessoa jurídica de direito público ou privado (art. 30, § 4º).

É vedada a exigência de comprovação de atividade ou de aptidão com limitações de tempo ou de época ou ainda em locais específicos, ou quaisquer outras não previstas nessa lei, que inibam a participação na licitação (§ 5º).

Todavia, a Corte de Contas federal propugna o entendimento de que a adoção de exigência temporal de experiência mínima no mercado do objeto como critério de aferição da qualificação técnica do licitante é compatível com a Lei de Licitações, já que o tempo de atuação é critério relevante para avaliar a solidez do futuro fornecedor e, com isso, assegurar a boa execução do objeto. Entretanto, devem ser observados os seguintes requisitos: a) justificativa técnica da Administração; b) demonstração de que é imprescindível à execução do contrato; e c) adoção concomitante de outros critérios de aferição da qualificação do licitante.[123]

As exigências mínimas relativas a instalações de canteiros, máquinas, equipamentos e pessoal técnico especializado, considerados essenciais para o cumprimento do objeto da licitação, serão atendidas mediante a apresentação de relação explícita e da declaração formal da sua disponibilidade, sob as penas cabíveis, vedadas as exigências de propriedade e de localização prévia (§ 6º).

No caso de obras, serviços e compras de grande vulto, de alta complexidade técnica, poderá a Administração exigir dos licitantes a metodologia de execução,

---

121 "Abstenha-se de exigir número mínimo ou certo de contratos/atestados para que comprove a aptidão técnica dos licitantes, exceto quando o estabelecimento de um número definido for justificado e expressamente considerado necessário à comprovação requerida, em conformidade com o art. 37, inc. XXI, da Constituição Federal, e com o art. 30, inc. II, e §§ 3º e 5º, da Lei nº 8.666/93." (TCU, Plenário 2.272/2011-Plenário).

122 TCU, Decisão Monocrática no TC-021.115/2010.

123 TCU, Acórdão nº 2939/2010-Plenário; Acórdão nº 210/2011-Plenário.

cuja avaliação, para efeito de sua aceitação ou não, antecederá sempre à análise dos preços e será efetuada exclusivamente por critérios objetivos (§ 8º).

Entende-se por licitação de alta complexidade técnica aquela que envolva alta especialização, como fator de extrema relevância para garantir a execução do objeto a ser contratado, ou que possa comprometer a continuidade da prestação de serviços públicos essenciais (§ 9º).

Os profissionais indicados pelo licitante para fins de comprovação da capacitação técnico-profissional de que trata o inc. I do § 1º desse artigo deverão participar da obra ou serviço objeto da licitação, admitindo-se a substituição por profissionais de experiência equivalente ou superior, desde que aprovada pela Administração (§ 10º).[124]

5.6.3. Qualificação econômico-financeira

A qualificação econômico-financeira visa a aferir se o interessado em contratar tem, presumivelmente, condições de satisfazer os encargos econômicos oriundos da execução do contrato, sendo vedada a exigência de valores mínimos de faturamento anterior, índices de rentabilidade ou lucratividade (art. 31, § 1º).

Comprova-se a capacidade econômico-financeira pelo balanço patrimonial e demonstrações contáveis do último exercício, por certidão negativa de falência ou concordata e por prestação de garantia real ou fidejussória, desde que limitada a 1% (um por cento) do valor estimado da contratação (art. 31). Tal exigência é denominada **garantia de proposta**.

Não se pode confundir a **garantia de proposta**, exigida para simples participação no procedimento licitatório como demonstração da qualificação econômico-financeira, com a **garantia contratual**, que serve como mecanismo de minimização dos prejuízos sofridos pela Administração em caso de descumprimento de cláusulas contratuais por culpa do contratado e, por conseguinte, rescisão do ajuste.

A Administração, nas compras para entrega futura e na execução de obras e serviços, poderá estabelecer, no instrumento convocatório da licitação, a exigência de **capital mínimo ou de patrimônio líquido mínimo**, ou ainda as garantias previstas no Estatuto, como dado objetivo de comprovação da qualificação econômico-financeira dos licitantes e para efeito de garantia ao adimplemento do contrato a ser ulteriormente celebrado. O capital mínimo ou o valor do patrimônio líquido exigido **não poderá exceder a 10% do valor estimado da contratação**, devendo a comprovação ser feita relativamente à data da apresentação da proposta, na forma da lei, admitida a atualização para essa data através de índices oficiais (art. 31, §§ 2º e 3º).

124 É lícita cláusula em edital de licitação exigindo que o licitante, além de contar, em seu acervo técnico, com um profissional que tenha conduzido serviço de engenharia similar àquele em licitação, já tenha atuado em serviço similar (STJ, RMS 39.883-MT, Rel. Min. HUMBERTO MARTINS, Julg.: 17.12.2013).

Note que, nesse caso, a Administração deverá optar entre exigir comprovação de capital social/patrimônio líquido mínimo e prestação de garantia - jamais exigir ambos, pois isto prejudicaria o caráter competitivo do certame.[125]

Pela regra do § 4º do mesmo artigo, poderá ser exigida, ainda, a relação dos compromissos assumidos pelo licitante que importem diminuição da capacidade operativa ou absorção de disponibilidade financeira, calculada esta em função do patrimônio líquido atualizado e sua capacidade de rotação.

A comprovação de boa situação financeira da empresa será feita de forma objetiva, através do cálculo de índices contábeis previstos no edital e devidamente justificados no processo administrativo da licitação que tenha dado início ao certame licitatório, vedada a exigência de índices e valores não usualmente adotados para correta avaliação de situação financeira suficiente ao cumprimento das obrigações decorrentes da licitação (§ 5º).

5.6.4. Regularidade fiscal

Pela regularidade fiscal verifica-se a quitação das obrigações tributárias junto ao Fisco. Nesse sentido, art. 29 do Estatuto de Licitações estabelece os documentos que podem ser exigidos para comprovação de regularidade fiscal:

> I - prova de inscrição no Cadastro de Pessoas Físicas (CPF) ou no Cadastro Geral de Contribuintes (CGC);
>
> II - prova de inscrição no cadastro de contribuintes estadual ou municipal, se houver, relativo ao domicílio ou sede do licitante, pertinente ao seu ramo de atividade e compatível com o objeto contratual;
>
> III - prova de regularidade para com a Fazenda Federal, Estadual e Municipal do domicílio ou sede do licitante, ou outra equivalente, na forma da lei;
>
> IV - prova de regularidade relativa à Seguridade Social e ao Fundo de Garantia por Tempo de Serviço (FGTS), demonstrando situação regular no cumprimento dos encargos sociais instituídos por lei.

Quanto às microempresas e empresas de pequeno porte, o art. 42 da Lei Complementar nº 123/2006 prescreve que somente poderá ser exigida a documentação de regularidade quando da assinatura do contrato. Significa dizer que mesmo que uma ME/EPP tenha débitos tributários exigíveis, poderá participar da licitação. Caso seja a vencedora do certamente, terá que regularizar a sua situação fiscal previamente à assinatura do contrato.

125 TCU, Súmula nº 275: Para fins de qualificação econômico-financeira, a Administração pode exigir das licitantes, de forma não cumulativa, capital social mínimo, patrimônio líquido mínimo ou garantias que assegurem o adimplemento do contrato a ser celebrado, no caso de compras para entrega futura e de execução de obras e serviços.

Todavia, isso não exime tais entidades de apresentarem o referido documento, pois o art. 43 determina que as ME e EPP, por ocasião da participação em certames licitatórios, deverão apresentar toda a documentação exigida para efeito de comprovação de regularidade fiscal, mesmo que esta apresente alguma restrição. Havendo alguma restrição na comprovação da regularidade fiscal, será assegurado o prazo de **dois dias úteis**, cujo termo inicial corresponderá ao momento em que o proponente for declarado o vencedor do certame, prorrogável por igual período, a critério da Administração Pública, para a regularização da documentação, pagamento ou parcelamento do débito, e emissão de eventuais certidões negativas ou positivas com efeito de certidão negativa. A não regularização da documentação, no prazo supramencionado, implicará decadência do direito à contratação, sem prejuízo das sanções previstas na Lei nº 8.666/1993, sendo facultado à Administração convocar os licitantes remanescentes, na ordem de classificação, para a assinatura do contrato, ou revogar a licitação (§§ 1º e 2º).

O § 3º do art. 195 da Constituição reza que a pessoa jurídica em débito com o sistema de seguridade social não poderá contratar com o Poder Público nem dele receber benefícios ou incentivos fiscais ou creditícios. Além disso, o contratado é obrigado a manter, durante toda a execução do contrato, as condições de habilitação e qualificação exigidas na licitação.[126]

Entretanto, é útil advertir que não se afigura legítima a **retenção do pagamento** do serviço prestado, após a efetivação do contrato e a prestação dos serviços contratados, pelo fato de a empresa contratada não comprovar sua regularidade fiscal. Nesses casos, a cobrança do débito do contratado junto ao Fisco deverá ser realizada por ação judicial de execução fiscal, jamais legitimando a Administração a reter os pagamentos por conta própria, a fim de coagir à quitação da dívida. Assim:

> Recebida a prestação executada pelo contratado, não pode a Administração se locupletar indevidamente, e, ao argumento da não comprovação da quitação dos débitos perante a Fazenda Pública, reter os valores devidos por serviços já prestados, o que configura violação ao princípio da moralidade administrativa.[127]

Desse modo, no caso de falta de regularidade fiscal durante a execução do contrato, a Lei de Licitações autoriza que o Poder Público imponha penalidades ao contratado ou até mesmo rescinda o contrato, mas não há permissivo no sentido da retenção dos pagamentos devidos.

126 TCU, Acórdão nº 2.648/2004 – Plenário.

127 STJ, REsp 730.800/DF, Rel. Min. FRANCIULLI NETTO, DJ 21.03.2006. No mesmo sentido: STJ, AgRg no REsp 1.313.659-RR, Min. MAURO CAMPBELL MARQUES, julg.: 23.10.2012; AgRg no REsp 1.048.984-DF, Rel. Min. CASTRO MEIRA, DJe 10.09.2009.

5.6.5. Regularidade trabalhista ou social

A regularidade trabalhista, também chamada de regularidade social, refere-se ao cumprimento das normas relativas à proibição de trabalho noturno, perigoso ou insalubre a menores de dezoito e de qualquer trabalho a menores de dezesseis anos, salvo na condição de aprendiz, a partir de quatorze anos. O art. 7º, XXXIII, da Constituição Federal e o Decreto nº 4.358/2002 dispõem sobre as regras de regularidade trabalhista.

Em reforço à relevância da regularidade trabalhista, a Lei nº 12.440/2011 incluiu o inc. "V" no art. 29 da Lei de Licitações. Tal dispositivo prevê a exigência, como requisito de habilitação, de "prova de inexistência de débitos inadimplidos perante a Justiça do Trabalho, mediante apresentação de certidão negativa".

Assim, fica a Administração resguardada de contratar com pessoas jurídicas que possuam débitos trabalhistas, o que representa afastamento do risco de se ver obrigada a arcar com o ônus dessas mesmas obrigações na Justiça do Trabalho em reclamações intentadas pelos funcionários da contratada.

5.7. Julgamento das propostas

Feita a análise da documentação relativa à habilitação, passa a comissão de licitação a julgar as propostas ofertadas pelos licitantes segundo os critérios norteadores previstos no edital, sobretudo no que concerne ao tipo de licitação e à razoabilidade dos preços. É importante trazer à memória que o princípio do julgamento objetivo impõe a adoção de critérios concretos e aferíveis na análise das propostas.

Segundo Hely Lopes Meirelles:

> O julgamento das propostas é o ato pelo qual se confrontam as ofertas, classificam-se as propostas e escolhe-se o vencedor a que deverá ser adjudicado o objeto da licitação. O julgamento regular das propostas gera para o vencedor o direito subjetivo à adjudicação e o coloca em condições de firmar o contrato com a Administração.[128]

Conforme o art. 44 da Lei nº 8.666/1993, no julgamento das propostas, a Comissão levará em consideração os critérios objetivos definidos no edital ou carta-convite, os quais não devem contrariar as normas e princípios de licitação.

É vedada a utilização de qualquer elemento, critério ou fator sigiloso, secreto, subjetivo ou reservado que possa ainda que indiretamente elidir o princípio da igualdade entre os licitantes (§ 1º).

Não se considerará qualquer oferta de vantagem não prevista no edital ou no convite, inclusive financiamentos subsidiados ou a fundo perdido, nem preço ou vantagem baseada nas ofertas dos demais licitantes (§ 2º).

128 MEIRELLES, Hely Lopes. *Direito Administrativo Brasileiro*. 34ª ed. São Paulo: Malheiros, 2008, p. 305.

Não se admitirá proposta que apresente preços global ou unitários simbólicos, irrisórios ou de valor zero, incompatíveis com os preços dos insumos e salários de mercado, acrescidos dos respectivos encargos, ainda que o ato convocatório da licitação não tenha estabelecido limites mínimos, exceto quando se referirem a **materiais e instalações de propriedade do próprio licitante**, para os quais ele renuncie a parcela ou à totalidade da remuneração (§ 3º). Isto significa que, em caso de materiais e instalações do próprio licitante, a comissão poderá aceitar proposta de preços incompatíveis com o de mercado.

Pelo art. 48, serão desclassificadas: I – as propostas que não atendam às exigências do ato convocatório da licitação; II – propostas com valor global superior ao limite estabelecido ou com preços manifestamente inexequíveis, assim considerados aqueles que não venham a ter demonstrada sua viabilidade através de documentação que comprove que os custos dos insumos são coerentes com os de mercado e que os coeficientes de produtividade são compatíveis com a execução do objeto do contrato, condições estas necessariamente especificadas no ato convocatório da licitação.

Consideram-se manifestamente inexequíveis, no caso de licitações de menor preço para obras e serviços de engenharia, as propostas cujos valores sejam inferiores a 70% (setenta por cento) do menor dos seguintes valores: a) média aritmética dos valores das propostas superiores a 50% (cinquenta por cento) do valor orçado pela administração, ou b) valor orçado pela administração (art. 48, § 1º).

Para ilustrar essa situação, imaginemos que numa licitação do tipo menor preço para serviço de engenharia o valor orçado pela Administração tenha sido estimado em R$ 1.000.000,00. As propostas dos licitantes são as seguintes: A – R$ 550.000,00; B – R$ 750.000,00; C – R$ 950.000,00; e D – R$ 1.150.000,00. Como todas as propostas superam 50% do valor orçado pela Administração, todas serão levadas em consideração no cálculo da média aritmética a que se refere o dispositivo legal. O valor resultante dessa média é de R$ 850.000,00.

Feitos esses primeiros cálculos, passemos à segunda etapa. Assim, pegaremos o menor dos seguintes valores: a) média aritmética da alínea "a", no valor de R$ 850.000,00; e b) valor orçado pela Administração, nos termos da alínea "b" que no caso é de R$ 1.000.000,00. Sobre o menor desses valores, incidirá o percentual de 70%. Fazendo assim, chegaremos ao valor de R$ 595.000,00 (70% de R$ 850.000,00). A partir disso, podemos concluir que, na situação concreta, considera-se manifestamente inexequível a proposta ofertada pelo licitante A (R$ 550.000,00) e, por conseguinte, deverá ser desclassificada do certame.

Nesse passo, trazemos à baila o entendimento do TCU segundo o qual "os critérios elencados pela Lei nº 8.666, de 21 de junho de 1993, para definir a proposta inexequível apenas conduzem a uma presunção relativa de inexequibilidade de preços". Assim, ao receber proposta que contenha valor inexequível, a Administração deverá **diligenciar** junto à empresa para que esta possa comprovar a **viabilidade** dos valores de sua oferta.[129]

O art. 7º, § 7º, do Estatuto dispõe que não será ainda computado como valor da obra ou serviço, para fins de julgamento das propostas de preços, a atualização monetária das obrigações de pagamento, desde a data final de cada período de aferição até a do respectivo pagamento, que será calculada pelos mesmos critérios estabelecidos obrigatoriamente no ato convocatório.

Dá-se o nome de **licitação fracassada** ao certame em que todos os licitantes são inabilitados ou todas as propostas são desclassificadas. Nesse caso, a Administração poderá fixar aos licitantes o prazo de **oito dias úteis** para a apresentação de nova documentação ou de outras propostas escoimadas de inabilitação ou desclassificação, facultada, no caso de **convite**, a redução desse prazo para **três dias úteis** (art. 48, § 3º).

Não obstante ambas configurem hipótese de licitação dispensável (art. 24, V, e VII), é importante distinguir licitação fracassada de **licitação deserta**, pois esta ocorre quando não comparecem interessados à licitação, enquanto naquela os licitantes comparecem, mas são todos inabilitados ou desclassificados. Em caso de licitação deserta, faculta a Lei nº 8.666/1993 a dispensa de licitação quando, justificadamente, não puder ser repetida a licitação anterior sem prejuízo para a Administração, mantidas, neste caso, todas as condições preestabelecidas (art. 24, V).

Questão interessante é a que atine ao comparecimento apenas de um licitante. Nesses casos, deverá ser dado prosseguimento ao certame? O professor Bandeira de Mello advoga o entendimento de que, em hipóteses assim, é plenamente possível a sua habilitação e exame da sua proposta:

> Como ocorreria se outros licitantes houvesse. Não há óbice algum a que lhe seja adjudicado o objeto da licitação, em sendo regular sua proposta, pelo fato de inexistirem outros interessados. O mesmo ocorrerá se vários comparecerem, mas apenas um for habilitado.[130]

José dos Santos Carvalho Filho advoga o mesmo entendimento e argumenta:

> Em primeiro lugar, a lei em nenhuma momento exigiu número mínimo de interessados para participação e julgamento; só exigiu para a convocação. Depois, porque a revogação do certame ofenderia o princípio da economicidade e da eficiência, já que implicaria maior demora e maiores gastos com outra licitação. Por último, não teria cabimento descartar justamente o único licitante que se interessou em participar da disputa, ou que foi devidamente habilitado por cumprir as exigências legais; a ser assim, estar-se-ia beneficiando

129 TCU, Acórdão 1.857/2011.

130 MELLO, Celso Antônio Bandeira de. *Curso de Direito Administrativo*. 25ª ed. São Paulo: Malheiros, 2007, p. 583.

> os desinteressados ou inabilitados em desfavor do único que se interessou, ou que foi aprovado na fase de habilitação.[131]

Por fim, cabe anotarmos o teor do § 5º do art. 42 da LLC, que prevê que para a realização de obras, prestação de serviços ou aquisição de bens com recursos provenientes de financiamento ou doação oriundos de **agência oficial de cooperação estrangeira ou organismo financeiro multilateral de que o Brasil seja parte**, poderão ser admitidas, na respectiva licitação, as **condições decorrentes de acordos, protocolos, convenções ou tratados internacionais** aprovados pelo Congresso Nacional, bem como as normas e procedimentos daquelas entidades, inclusive quanto ao critério de seleção da proposta mais vantajosa para a Administração, o qual poderá contemplar, além do preço, outros fatores de avaliação, desde que por elas exigidos para a obtenção do financiamento ou da doação, e que também não conflitem com o princípio do julgamento objetivo e sejam objeto de despacho motivado do órgão executor do contrato, despacho esse ratificado pela autoridade imediatamente superior (destaque nosso).

5.7.1. Tipos de licitação

O julgamento das propostas será objetivo, devendo a Comissão de licitação ou o responsável pelo convite realizá-lo em conformidade com os tipos de licitação, os critérios previamente estabelecidos no ato convocatório e de acordo com os fatores exclusivamente nele referidos, de maneira a possibilitar sua aferição pelos licitantes e pelos órgãos de controle (art. 45).

Os tipos de licitação, previstos na lei, são: menor preço, melhor técnica, técnica e preço e maior lance ou oferta. Vê-se que se trata de rol taxativo, exaustivo, *numerus clausus*. Isto é, não são admitidos outros tipos de licitação, que não os previstos na lei (art. 45, parágrafo único).[132]

O tipo de licitação **menor preço** ocorre quando o critério de seleção da proposta mais vantajosa para a Administração determinar que será vencedor o licitante que apresentar a proposta de acordo com as especificações do edital ou convite e ofertar o menor preço (art. 45, I).

O fato de a escolha da melhor proposta se basear no quesito menor preço não significa que a Comissão irá desconsiderar outros fatores imprescindíveis ao sucesso da contratação, tais como o período de validade do produto, as condições e extensão da garantia do produto, e até mesmo a embalagem do produto.[133]

---

131 CARVALHO FILHO, José dos Santos. *Manual de Direito Administrativo*. 20ª ed. Rio de Janeiro: Lumen Juris, 2008, p. 275.

132 Em virtude da amplitude de modelos que podem ser adotados, a legislação que trata da concessão de serviços públicos (Lei nº 8.987/1995 e Lei nº 11.079/2004) preveem outros tipos de licitação, a saber, menor valor da tarifa, melhor proposta técnica, melhor oferta de pagamento pela outorga, menor contraprestação pecuniária entre outros.

133 FARIA JUNIOR, Cyonil & BERNARDES, Sandro Henrique. *Licitações e Contratos*. 2ª ed. Rio de Janeiro: Elsevier, 2010, p. 65.

O menor preço é o tipo de licitação **usualmente** adotado nas licitações públicas. No caso da licitação do tipo "menor preço", entre os licitantes considerados qualificados a classificação se dará pela ordem crescente dos preços propostos, prevalecendo, no caso de **empate**, **exclusivamente** o critério do **sorteio** (art. 45, § 3º). O art. 4º, X, da Lei nº 10.520/2002 traz a obrigatoriedade de que o tipo menor preço seja utilizado na modalidade pregão.

Os tipos de licitação "melhor técnica" ou "técnica e preço" serão utilizados exclusivamente para serviços de natureza predominantemente intelectual, em especial na elaboração de projetos, cálculos, fiscalização, supervisão e gerenciamento e de engenharia consultiva em geral e, em particular, para a elaboração de estudos técnicos preliminares e projetos básicos e executivos (art. 46).

A licitação de **melhor técnica** é aquela que prima pela excelência técnica do licitante sem, no entanto, desconsiderar aspectos financeiros. É imperioso mencionar que nesse tipo de licitação é bem possível que o licitante vencedor não tenha oferecido a proposta de valor mais baixo, pois o que se busca, em primeiro plano, não é o fator preço (ainda que este seja relevante), mas a aptidão técnica do licitante.

O art. 46, § 1º, prevê, nas licitações do tipo "melhor técnica", procedimento a ser adotado, o qual será claramente explicitado no instrumento convocatório, o qual fixará o preço máximo que a Administração se propõe a pagar.

Quando se conjuga o fator preço com o fator técnica, utiliza-se o tipo **técnica e preço**. Nessas situações, realiza-se média aritmética ponderada entre técnica e preço.

Reza o § 4º do art. 45 da LLC que para a contratação de bens e serviços de informática a Administração observará o disposto no art. 3º da Lei nº 8.248/1991, levando em conta fatores especificados no § 2º e adotando obrigatoriamente o tipo de licitação "técnica e preço", permitido o emprego de outro tipo de licitação nos casos indicados em decreto do Poder Executivo.

É lamentável a precária técnica legislativa do dispositivo, pois de início afirma ser obrigatória a utilização do tipo de licitação "técnica e preço" para logo adiante autorizar o uso de outro tipo, mormente nos casos especificados em decreto. Como se isso já não fosse muito, o dispositivo remete ao art. 3º da Lei nº 8.248/1991, que faculta o uso da modalidade pregão de licitação para a "aquisição de bens e serviços de informática e automação considerados como bens e serviços comuns". O detalhe interessante é que o pregão adota obrigatoriamente o tipo menor preço.

Nessa esteira, foi editado o Decreto nº 7.174, de 12 de maio de 2010, que regulamenta a contratação de bens e serviços de informática e automação pela Administração Pública Federal, direta ou indireta. No art. 9º do referido diploma normativo encontra-se a regra de que para a contratação de bens e serviços de informática e automação, deverão ser adotados os tipos de licitação "menor preço" ou "técnica e preço", ressalvadas as hipóteses de dispensa ou inexigibilidade previstas na legislação.

A licitação do tipo menor preço será exclusiva para a aquisição de bens e serviços de informática e automação considerados comuns, na forma do parágrafo único do art. 1º da Lei nº 10.520, de 2002, e deverá ser realizada na modalidade pregão, preferencialmente na forma eletrônica, conforme determina o art. 4º do Decreto nº 5.450, de 31 de maio de 2005.

Nas aquisições de bens e serviços que não sejam comuns em que o valor global estimado for igual ou inferior ao da modalidade convite, não será obrigatória a utilização da licitação do tipo "técnica e preço" (art. 9º, §§ 1º e 3º, Decreto nº 7.174/2010).

A licitação do tipo técnica e preço será utilizada exclusivamente para bens e serviços de informática e automação de natureza predominantemente intelectual, justificadamente, assim considerados quando a especificação do objeto evidenciar que os bens ou serviços demandados requerem individualização ou inovação tecnológica, e possam apresentar diferentes metodologias, tecnologias e níveis de qualidade e desempenho, sendo necessário avaliar as vantagens e desvantagens de cada solução. Quando da adoção do critério de julgamento técnica e preço, será vedada a utilização da modalidade convite, independentemente do valor. (art. 9º, §§ 4º e 5º, Decreto nº 7.174/2010).

Diante dessa gama de informações, podemos sintetizar o assunto da seguinte forma:

a) para aquisição de bens e serviços de informática que não sejam considerados comuns, a Administração poderá adotar o tipo técnica e preço, possibilitando-se que decreto do Poder Executivo especifique hipóteses em que se admitirão outros tipos de licitação; e

b) para aquisição de bens e serviços de informática considerados comuns, a Administração poderá adotar o tipo técnica e preço ou a modalidade pregão (que adota obrigatoriamente o tipo menor preço), admitindo-se que decreto do Poder Executivo especifique hipóteses em que se admitirão outros tipos de licitação.

As licitações de **melhor técnica** ou **técnica e preço** também podem ser utilizadas nas hipóteses de fornecimento de bens e execução de obras ou prestação de serviços de grande vulto majoritariamente dependentes de tecnologia nitidamente sofisticada e de domínio restrito (art. 48, § 3º).

Excepcionalmente, os tipos de licitação "melhor técnica" e "técnica e preço" poderão ser adotados, por autorização expressa e mediante justificativa circunstanciada da maior autoridade da Administração promotora constante do ato convocatório, para fornecimento de bens e execução de obras ou prestação de serviços de **grande vulto** majoritariamente dependentes de **tecnologia nitidamente sofisticada e de domínio restrito**, atestado por autoridades técnicas de reconhecida qualificação, nos casos em que o objeto pretendido admitir soluções alternativas e variações de execução, com repercussões significativas sobre sua qualidade, produtividade, rendimento e durabilidade concretamente mensuráveis, e estas puderem ser adotadas à livre escolha dos licitantes, na conformidade dos critérios objetivamente fixados no ato convocatório (art. 46, § 3º).

O procedimento a ser adotado nas licitações do tipo "técnica e preço" será o mesmo estabelecido para o tipo "melhor técnica", com o acréscimo dos seguintes atos (art. 46, § 2º):

I. avaliação e valorização das propostas de preços, de acordo com critérios objetivos preestabelecidos no instrumento convocatório;

II. classificação dos proponentes far-se-á de acordo com a média ponderada das valorizações das propostas técnicas e de preço, de acordo com os pesos preestabelecidos no instrumento convocatório.

O tipo **maior lance ou oferta** reconhece como vencedor da licitação o licitante que apresentar o maior lance ou oferta em relação ao objeto licitado. Isto é, o tipo maior lance ou oferta é diametralmente oposto ao tipo menor preço, pois enquanto neste é declarado vencedor o que oferece o menor preço para o objeto da licitação, naquele o que vence o certame oferece o maior valor. Pelo art. 45, IV, vê-se que esse tipo é utilizado no caso de alienações de bens e concessão de direito real de uso.

É de se esclarecer o fato de que maior lance ocorre quando os licitantes apresentam suas propostas de preço verbalmente, ao passo que maior oferta relaciona-se ao oferecimento de propostas escritas entregues em envelopes.

Por fim, ressalte-se que os tipos de licitação **não se aplicam** à **modalidade concurso**, pois o prêmio ou remuneração já são definidos previamente pela Administração.

5.8. Homologação e adjudicação ao vencedor

Com o julgamento das propostas encerram-se os trabalhos da Comissão de licitação. A seguir, os autos são remetidos à autoridade competente para homologação e adjudicação.

A homologação é o ato administrativo por meio do qual a autoridade certifica a legitimidade do procedimento licitatório. É ato privativo da autoridade, jamais da Comissão de Licitação, pois seria incongruente que esta estivesse incumbida de declarar a legitimidade dos próprios atos. Assim, vê-se que a homologação é ato que não pode ser delegado à Comissão.

Na lição de Hely Lopes Meirelles:

> Essa autoridade competente deverá ser, hierarquicamente, superior à Comissão de Julgamento e, em regra, é aquela que determinou a abertura da licitação, mas poderá ser qualquer outra indicada no edital, no regulamento ou na lei.[134]

Caso haja alguma irregularidade, a autoridade competente devolverá os autos para a Comissão para correção das ilicitudes (no caso de vícios sanáveis) ou anulação dos atos contaminados pela ilegalidade e refazimento dos atos posteriores ao surgimento do vício insanável.

Será possível, ainda, revogar a licitação por motivos relevantes devidamente justificados, fundamentados na ausência de conveniência e oportunidade, nos termos do art. 49 do Estatuto.

Uma vez homologado o procedimento licitatório, a autoridade deverá atribuir o objeto ao licitante vencedor. A isso dá-se o nome de **adjudicação**, que é também ato privativo da autoridade competente, não podendo ser praticado pela Comissão de Licitação. Trata-se de ato vinculado que, salvo em caso de anulação ou revogação do procedimento licitatório, deve ser praticado, sob pena de nulidade do procedimento e responsabilização da autoridade omissa. O art. 50 da lei prevê que a Administração não poderá celebrar o contrato com preterição da ordem de classificação das propostas ou com terceiros estranhos ao procedimento licitatório, sob pena de nulidade.

Por fim, cabe ressaltarmos a possibilidade de haver mais de um adjudicatário em uma única licitação. Isto é, ao fim do procedimento tem-se mais de um licitante vencedor. Essa hipótese é possível em caso de parcelamento do objeto prevista no § 1º do art. 23 da Lei nº 8.666/1993:

> As obras, serviços e compras efetuadas pela Administração serão divididas em tantas parcelas quantas se comprovarem técnica e economicamente viáveis, procedendo-se à licitação com vistas ao melhor aproveitamento dos recursos disponíveis no mercado e à ampliação da competitividade sem perda da economia de escala.

Oportunamente, citamos a Súmula nº 247 do TCU:

> É obrigatória a admissão da adjudicação por item e não por preço global, nos editais das licitações para a contratação de obras, serviços, compras e alienações, cujo objeto seja divisível, desde que não haja prejuízo para o conjunto ou complexo ou perda de economia de escala, tendo em vista o objetivo de propiciar a ampla participação de licitantes que, embora não dispondo de capacidade para a execução,

134 MEIRELLES, Hely Lopes. *Direito Administrativo Brasileiro*. 34ª ed. São Paulo: Malheiros, 2008, p. 312.

fornecimento ou aquisição da totalidade do objeto, possam fazê-lo com relação a itens ou unidades autônomas, devendo as exigências de habilitação adequar-se a essa divisibilidade.

Assim, se a Administração Pública pretendesse realizar uma única licitação para contratação de obra de engenharia no valor de R$ 4.000.000,00 e pretenda, para agilizar a execução da obra, fracionar o objeto para que haja quatro itens de disputa de R$ 1.000.000,00 cada. Nesse processo licitatório, teremos quatro licitantes vencedores e proceder-se-á à adjudicação do objeto a estes.

6. LICITAÇÕES INTERNACIONAIS

A Administração poderá realizar licitação interna ou internacional. Tem-se aqui típico caso de exercício do poder discricionário: a cada licitação que se pretenda promover, a depender da complexidade do objeto e do cenário nacional mercadológico, far-se-á análise da conveniência e oportunidade de se manter a disputa no âmbito interno ou de ampliá-la internacionalmente.

A licitação interna é aquela cuja participação fica restrita às empresas nacionais, isoladamente ou em consórcio, e empresas estrangeiras em funcionamento no País.[135] Empresas estrangeiras que não estejam em funcionamento no País não podem participar de licitações internas, pois não possuem autorização para tanto (art. 28, V, LLC).

Já na licitação internacional, temos participação de empresas nacionais e estrangeiras que não estejam em funcionamento no País, isoladamente ou em consórcio com empresas nacionais.

O procedimento licitatório é o mesmo para as licitações comuns, estando apenas sujeitas às diretrizes estabelecidas pelos órgãos federais responsáveis pela política monetária e de comércio exterior, ou seja, às normas expedidas pelo Banco Central do Brasil e pelo Ministério da Fazenda.[136]

No que tange aos critérios diferenciadores entre empresas brasileiras e estrangeiras, o Estatuto estabelece alguns critérios básicos:

a) a regra é a igualdade de tratamento entre licitantes brasileiras e estrangeiras. Logo, é vedado aos agentes públicos dispensar tratamento diferenciado de natureza comercial, legal, trabalhista, previdenciária ou qualquer outra, entre empresas brasileiras e estrangeiras, inclusive no que se refere a moeda, modalidade, local e condições de pagamentos (art. 3º, § 1º, II, LLC);

b) as empresas estrangeiras que não funcionem no País, tanto quanto possível, atenderão aos requisitos de habilitação por meio de documentos

135 Na dicção do art. 64 do Decreto-Lei nº 2.627, de 26 de setembro de 1940, empresas estrangeiras em funcionamento no País são as que estão autorizadas, por meio de decreto, a funcionar no país diretamente ou por meio de filiais, sucursais ou estabelecimento que as representem.

136 MEIRELLES, Hely Lopes. *Direito Administrativo Brasileiro*. 34ª ed. São Paulo: Malheiros, 2008, p. 319.

equivalentes, autenticados pelos respectivos consulados e traduzidos por tradutor juramentado, devendo ter representação legal no Brasil com poderes expressos para receber citação e responder administrativa ou judicialmente (art. 32, § 4º, LLC);

c) nas concorrências de âmbito internacional, o edital deverá ajustar-se às diretrizes da política monetária e do comércio exterior e atender às exigências dos órgãos competentes (art. 42, LLC);

d) quando for permitido ao licitante estrangeiro cotar preço em moeda estrangeira, igualmente o poderá fazer o licitante brasileiro. Todavia, o pagamento feito ao licitante brasileiro eventualmente contratado em virtude da licitação de que trata o tópico anterior será efetuado em moeda brasileira, à taxa de câmbio vigente no dia útil imediatamente anterior à data do efetivo pagamento (art. 42, §§ 1º e 2º, LLC);

e) para fins de julgamento da licitação, as propostas apresentadas por licitantes estrangeiros serão acrescidas dos gravames consequentes dos mesmos tributos que oneram exclusivamente os licitantes brasileiros quanto à operação final de venda (art. 42, § 4º, LLC);

f) nos leilões internacionais, o pagamento da parcela à vista poderá ser feito em até vinte e quatro horas (art. 53, § 3º, LLC); e

g) nos contratos celebrados pela Administração Pública com pessoas físicas ou jurídicas, inclusive aquelas domiciliadas no estrangeiro, deverá constar necessariamente cláusula que declare competente o foro da sede da Administração para dirimir qualquer questão contratual (art. 55, § 2º, LLC).

Quanto à modalidade de licitação a ser adotada, temos que, via de regra, a **concorrência** é a modalidade de licitação cabível nas licitações internacionais. Porém, admite-se, observados os valores pertinentes a cada uma,[137] a tomada de preços, quando o órgão ou entidade dispuser de cadastro internacional de fornecedores ou o convite, quando não houver fornecedor do bem ou serviço no País. Ademais, é possível a adoção de leilão internacional nas situações pertinentes descritas em lei.

7. SISTEMA DE REGISTRO DE PREÇOS

O sistema de registro de preços é o meio encontrado pela Administração para a contratação de obras, serviços e compras de necessidade contínua e ininterrupta ou quando não haja possibilidade de definição prévia do quantitativo

137 O art. 23, incs. I e II, estabelecem esses valores em função do objeto da licitação: para obras e serviços de engenharia (até R$ 1.500.000,00 para tomada de preços e até R$ 150.000,00 para convite) e para outras compras e serviços (até R$ 650.000,00 para tomada de preços e até R$ 80.000,00 em caso de convite).

a ser demandado.[138] Não se trata de nova modalidade ou novo tipo de licitação, mas apenas de um procedimento licitatório visando a uma eventual e futura contratação.

A fim de ilustrarmos, imaginemos o caso da aquisição de materiais de expediente (papel, caneta, lápis, borracha, grampeador, grampos, pastas plásticas, post-it, entre outros). Como a demanda por esses materiais tem caráter contínuo e rotineiro, poderá ser aberto procedimento licitatório na modalidade pregão (em alguns casos permite-se a concorrência), conforme o caso, não para uma contratação certa e imediata, mas para que os licitantes registrem seus preços perante a Administração interessada e fiquem disponíveis durante um período determinado para sucessivas contratações. Assim, a Administração, frente a uma necessidade concreta, convocaria o licitante vencedor para celebrar o contrato pelo preço registrado, devidamente atualizado, sem prejuízo da possibilidade de abertura de nova licitação.

Como é de se perceber, no sistema de registro de preços procede-se a uma licitação peculiar, em que não se tem em vista a contratação imediata, mas diversas contratações durante certo período, sempre que a aquisição do bem ou serviço for necessária à Administração.

O sistema de registro de preços traz diversas vantagens para a Administração, tais como redução do quantitativo de licitações, celeridade das contratações, diminuição de estoques e custos operacionais, eliminação do fracionamento de despesas, controle de qualidade do objeto contratado e atualidade dos preços da aquisição.

O art. 15 da Lei nº 8.666/1993 estabelece algumas diretrizes a serem observadas pela Administração nas suas compras, sempre que possível:

I. atenção ao princípio da padronização, que imponha compatibilidade de especificações técnicas e de desempenho;

II. processamento pelo sistema de registro de preços;

III. submissão às condições de aquisição e pagamento semelhantes às do setor privado;[139]

IV. subdivisão em tantas parcelas quantas necessárias para aproveitar as peculiaridades do mercado, visando economicidade;

138 Quanto à possibilidade de obras e serviços serem objeto do sistema de registro de preços, o STJ no RMS 15.647-SP, Rel.ª Min.ª ELIANA CALMON, DJ 14.04.2003, asseverou que "o regime de licitações por registro de preços foi ampliado pelos Decretos Regulamentadores 3.931/2001 e 4.342/2002, sendo extensivo não só a compras, mas a serviços e obras". Registre-se, oportunamente, que ambos os decretos foram revogados pelo Decreto nº 7.892/2012.

139 Com base nesse dispositivo, o TCU entende cabível a aquisição de helicópteros e afins com pagamento parcialmente antecipado, já que se trata de prática corrente no mercado. Nesse caso, eventual estipulação de condição de pagamento à entrega poderia inviabilizar a disponibilização dos helicópteros no prazo requerido pela Administração. A Corte asseverou que o pagamento antecipado não é regra, mas excepcionalmente é admitido (Acórdão nº 5.294/2010 – 1º Câmara). Em outra oportunidade o Tribunal assentou que "a efetivação de adiantamento somente pode ser admitida se estabelecidas as devidas garantias e se houver previsão no contrato e no edital da licitação" (Acórdãos nº 1.614/2013 – Plenário e 2.679/2010 – Plenário).

V. balizamento pelos preços praticados no âmbito dos órgãos e entidades da Administração Pública;

VI. especificação completa do bem a ser adquirido sem indicação de marca;

VII. definição das unidades e das quantidades a serem adquiridas em função do consumo e utilização prováveis, cuja estimativa será obtida, sempre que possível, mediante adequadas técnicas quantitativas de estimação;

VIII. condições de guarda e armazenamento que não permitam a deterioração do material.

O § 2º do mesmo artigo prescreve que os preços registrados sejam publicados trimestralmente para orientação da Administração, na imprensa oficial.

Em seguida, o § 3º determina a regulamentação do sistema de registro de preços (SRP) por decreto e fixa os seguintes vetores:

a) seleção feita mediante concorrência, ou na modalidade pregão, em se tratando de bens e serviços comuns, nos termos do art. 11 da Lei nº 10.520/2002;

b) estipulação prévia do sistema de controle e atualização dos preços registrados; e

c) validade do registro não superior a um ano.

Com o objetivo de regulamentar o SRP foi editado o Decreto nº 7.892, de 23 de janeiro de 2013.[140] O art. 3º do referido decreto prevê que será adotado, preferencialmente, o SRP nas seguintes hipóteses:

> I – quando, pelas características do bem ou serviço, houver necessidade de contratações frequentes;
>
> II – quando for conveniente a aquisição de bens com previsão de entregas parceladas ou contratação de serviços remunerados por unidade de medida ou em regime de tarefa;
>
> III – quando for conveniente a aquisição de bens ou a contratação de serviços para atendimento a mais de um órgão ou entidade, ou a programas de governo; e
>
> IV – quando pela natureza do objeto não for possível definir previamente o quantitativo a ser demandado pela Administração.

140 Vale registrar que o referido decreto revogou integralmente o regulamento anterior: o Decreto nº 3.931, de 19 de setembro de 2001.

Uma vez realizada a licitação para registro de preços, a Administração elaborará a **ata de registro de preços**, que, segundo o inc. II do art. 2º do Decreto nº 7.892/2013, é:

> Documento vinculativo, obrigacional, com característica de compromisso para futura contratação, onde se registram os preços, fornecedores, órgãos participantes e condições a serem praticadas, conforme as disposições contidas no instrumento convocatório e propostas apresentadas.

O prazo de validade da ata de registro de preço **não poderá ser superior a 12 meses**, computadas neste as eventuais prorrogações (art. 12, Decreto nº 7.892/2013).

Outro ponto importante é a prática administrativa de **adesão à ata** de registros de preços, que é a contratação, por órgão ou entidade da Administração que não tenha participado do certame licitatório, nos termos da ata de registro de preços de outro órgão ou entidade – este, sim, que realizou a licitação. Exemplificativamente, o órgão A adere à ata de registro de preços de licitação para registro de preços promovida pelo órgão B.

Não tem faltado na doutrina quem faça severas críticas ao mecanismo de adesão à ata. Alegam esses autores, em síntese, que tal instituto viola os princípios da licitação e da competitividade, uma vez que a empresa que se sagra vencedora em certame realizado por determinado órgão poderá celebrar contratos administrativos com diversos outros órgãos ou entidades, impedindo a abertura de novos procedimentos licitatórios e inviabilizando nova disputa entre os interessados no objeto. Inclusive, registre-se, é comum que as empresas vencedoras de licitações para registro de preços enviem seus empregados por diversos órgãos e entidades para sugerirem adesão à ata e, com isso, evitem a relização de nova licitação.

Não obstante as diversas críticas, a adesão à ata tem sido prática constante em todo o país. Tal prática, entretanto, deverá obedecer alguns critérios:

a) não ter expirado o prazo de vigência da ata (em regra, um ano);

b) prévia consulta ao órgão gerenciador da ata, que é aquele responsável pela condução do procedimento licitatório que a produziu;

c) comprovação da vantagem advinda da adesão;

d) aquisições ou contratações adicionais não excedam, por órgão ou entidade, a 100% dos quantitativos registrados na ata;

e) aceitação ou não por parte do fornecedor cujos preços foram registrados, independentemente dos quantitativos registrados em ata, desde que este fornecimento não prejudique as obrigações anteriormente assumidas; e

f) limitação quanto à esfera federativa. Isto é, cada órgão ou entidade só poderá aderir a atas de licitações que tenham ocorrido na sua própria esfera de governo (federal, estadual, distrital ou municipal). Consoante a Orientação Normativa nº 21 da AGU, de 1º de abril de 2009, "é vedada aos órgãos públicos federais a adesão à ata de registro de preços, quando a licitação tiver sido realizada pela Administração Pública estadual, municipal ou do Distrito Federal".[141]

Por último, vale ressaltar que a existência de preços registrados **não obriga a Administração a firmar as contratações** que deles poderão advir, ficando-lhe facultada a utilização de outros meios, respeitada a legislação relativa às licitações, sendo assegurado ao beneficiário do registro preferência em igualdade de condições (art. 15, § 4º, da Lei nº 8.666/1993). Isso significa que a Administração pode abrir uma nova licitação, visando a uma contratação específica, mesmo estando seu objeto com o preço registrado em ata vigente. Exige-se apenas que o primeiro classificado no registro de preço tenha preferência na contratação em caso de empate com a proposta melhor classificada na segunda licitação.

8. REGISTROS CADASTRAIS

Os órgãos e entidades da Administração Pública que realizem frequentemente licitações manterão registros cadastrais para efeito de habilitação, na forma regulamentar, válidos por, no máximo, um ano (art. 34, LLC).

O registro cadastral, consoante a lição de Faria Júnior e Bernardes, é:

> Conjunto de arquivos que documentam a situação jurídica, técnica, financeira e fiscal das empresas que participam, costumeiramente, de licitações. Nesse sentido, funciona como espécie de banco de dados que permite à Administração obter informações relevantes sobre os licitantes.[142]

O § 1º do art. 34 afirma que o registro cadastral deverá ser amplamente divulgado e deverá estar permanentemente aberto aos interessados, obrigando-se a unidade por ele responsável a proceder, no mínimo **anualmente**, através da imprensa oficial e de jornal diário, a **chamamento público** para a atualização dos registros existentes e para o ingresso de novos interessados.

É possível às unidades administrativas utilizarem-se de registros cadastrais de outros órgãos ou entidades da Administração Pública (§ 2º). É o que ocorre na esfera federal com a adoção maciça do Sistema de Cadastramento Unificado de Fornecedores (SICAF) por quase todos os órgãos e entidades da União.

141 Na mesma linha, o TCU, Acórdão nº 1000/2014 – Plenário: "Considerar irregular a adesão ou participação de órgão ou entidade federal em Sistema de Registro de Preços da Administração Pública Estadual, Municipal ou do Distrito Federal, em razão da limitação à publicidade, bem como da ausência de amparo legal (Acórdãos 2.611/2012 – Plenário, 3.625/2011 – 2ª Câmara, entre outros)."

142 FARIA JUNIOR, Cyonil & BERNARDES, Sandro Henrique. *Licitações e Contratos*. 2ª ed. Rio de Janeiro: Elsevier, 2010, p. 201.

Ao requerer inscrição no cadastro, ou atualização deste, a qualquer tempo, o interessado fornecerá os elementos necessários à satisfação das exigências de habilitação (habilitação jurídica, qualificação técnica, qualificação econômico-financeira e regularidade fiscal e trabalhista).

Os inscritos serão classificados por categorias, tendo-se em vista sua especialização, subdivididas em grupos, segundo a qualificação técnica e econômica avaliada pelos elementos constantes da documentação relacionada às qualificações técnicas e econômico-financeira da Lei de Licitações e Contratos (art. 36, LLC).

A qualquer tempo poderá ser **alterado**, **suspenso** ou **cancelado** o registro do inscrito que deixar de satisfazer as exigências de habilitação dessa lei, ou as estabelecidas para classificação cadastral (art. 37):

> É interessante notar que a inscrição em registro cadastral não exclui a possibilidade de o licitante cadastrado ter de apresentar este ou aquele documento para habilitação em determinada licitação. É que existe uma habilitação genérica, que diz respeito às exigências gerais para execução de contratos administrativos. Por outro lado, há também a habilitação específica, que se relaciona aos requisitos próprios desta ou daquela licitação. A documentação relativa à habilitação específica será apresentada no momento adequado no transcurso do procedimento licitatório.[143]

É crime de licitação, punível com detenção de seis meses a dois anos e multa, obstar, impedir ou dificultar, injustamente, a inscrição de qualquer interessado nos registros cadastrais ou promover indevidamente a alteração, suspensão ou cancelamento de registro do inscrito (art. 98, LLC).

9. PARTICIPAÇÃO DE EMPRESAS EM CONSÓRCIO

A participação em consórcio ocorre quando duas ou mais pessoas jurídicas se juntam para participar de licitação, como se fossem uma única pessoa jurídica.

Permitir a participação de empresas em consórcio é opção discricionária da Administração. Isso ocorre, comumente, quando o objeto da licitação é complexo ou extenso, e poucas empresas teriam condições de cumprir isoladamente todos os requisitos de habilitação exigidos no edital. Daí, se juntam empresas do mesmo ramo para que possam atender a tais exigências.

Sobre o tema, o STJ considerou ilegal inabilitação de consórcio de empresas fundada na aferição isolada da qualificação técnica de cada empresa que o compunha. Nesse sentido, a Corte consignou que o objetivo da participação de empresas em consórcio é justamente o de somatório de forças para que as pequenas empresas tenham condições igualitárias ao competir com empresas

143 MEIRELLES, Hely Lopes. *Direito Administrativo Brasileiro*. 34ª ed. São Paulo: Malheiros, 2008, p. 323.

de grande porte. Logo, a qualificação técnica deve ser aferida conjuntamente de todas as empresas que integram o consórcio.[144]

É imperioso sublinhar que não obstante seja poder discricionário da Administração permitir a participação de empresas em consórcio, não pode esta fixar no instrumento convocatório número mínimo ou máximo de participantes em cada consórcio, por não haver na Lei qualquer restrição dessa natureza.[145]

O art. 33, ao dispor sobre o assunto, afirma que, quando permitida a participação de empresas em consórcio, observar-se-ão as seguintes diretrizes:

> I – comprovação do compromisso público ou particular de constituição de consórcio, subscrito pelos consorciados;
>
> II – indicação da empresa responsável pelo consórcio que deverá atender às condições de liderança, obrigatoriamente fixadas no edital. Quando o consórcio for formado por empresas brasileiras e estrangeira, caberá obrigatoriamente àquela a liderança do consórcio;
>
> III – apresentação dos documentos exigidos nesta Lei por parte de cada consorciado, admitindo-se, para efeito de qualificação técnica, o somatório dos quantitativos de cada consorciado, e, para efeito de qualificação econômico-financeira, o somatório dos valores de cada consorciado, na proporção de sua respectiva participação, podendo a Administração estabelecer, para o consórcio, um acréscimo de até 30% dos valores exigidos para licitante individual, inexigível este acréscimo para os consórcios compostos, em sua totalidade, por micro e pequenas empresas assim definidas em lei;
>
> IV – impedimento de participação de empresa consorciada, na mesma licitação, através de mais de um consórcio ou isoladamente;
>
> V – responsabilidade solidária dos integrantes pelos atos praticados em consórcio, tanto na fase de licitação quanto na de execução do contrato.

10. RECURSO ADMINISTRATIVO EM PROCEDIMENTO ADMINISTRATIVO LICITATÓRIO

Em atenção aos princípios da Administração Pública, sobretudo ao da legalidade, o Estatuto dispõe sobre os recursos administrativos em procedimento licitatório que podem ser interpostos pelos **licitantes** sempre que se verem prejudicados em seu direito de tratamento isonômico no certame, bem como para zelar pela observância das regras licitatórias em geral.

144 REsp 710.534/RS, Rel. Min. HUMBERTO MARTINS, julg.: 17.10.2006.

145 Acórdão nº 718/2011-Plenário.

Reza o art. 109 da LLC que dos atos da Administração cabem (destacamos):

> I – recurso, no prazo de **cinco dias úteis** a contar da intimação do ato ou da lavratura da ata, nos casos de:
> a) habilitação ou inabilitação do licitante;
> b) julgamento das propostas;
> c) anulação ou revogação da licitação;
> d) indeferimento do pedido de inscrição em registro cadastral, sua alteração ou cancelamento;
>
> e) rescisão do contrato, a que se refere o inciso I do art. 79 desta Lei;
>
> f) aplicação das penas de advertência, suspensão temporária ou de multa;
>
> II – representação, no prazo de **cinco dias úteis** contados da intimação da decisão relacionada com o objeto da licitação ou do contrato, de que não caiba recurso hierárquico;[146]
>
> III – pedido de reconsideração, de decisão de Ministro de Estado, ou Secretário Estadual ou Municipal, conforme o caso, na hipótese do § 4º do art. 87 desta Lei, no prazo de **10 dias úteis** da intimação do ato.[147]

O § 2º do art. 109 prevê que o recurso contra habilitação ou inabilitação do licitante ou julgamento das propostas terá **efeito suspensivo**, podendo a autoridade competente, motivadamente e presentes razões de interesse público, atribuir ao recurso interposto eficácia suspensiva aos demais recursos.

O recurso será dirigido à autoridade superior, por intermédio da que praticou o ato recorrido, a qual poderá reconsiderar sua decisão, no prazo de **cinco dias úteis**, ou, nesse mesmo prazo, fazê-lo subir, devidamente informado, devendo, nesse caso, a decisão ser proferida dentro do prazo de **cinco dias úteis**, contado do recebimento do recurso, sob pena de responsabilidade. Interposto, o recurso será comunicado aos demais licitantes, que poderão impugná-lo no prazo de **cinco dias úteis**. (§§ 3º e 4º).

Em observância aos princípios do devido processo, contraditório e ampla defesa, dispõe o § 5º que nenhum prazo de recurso, representação ou pedido de reconsideração se inicia ou corre sem que os autos do processo estejam com vista franqueada ao interessado.

146 O prazo para interposição de recursos e representação será de dois dias úteis em se tratando de licitação realizada na modalidade convite (art. 119, § 6º, LLC).

147 A representação tem caráter subsidiário. Isto é, somente é utilizada se não houver possibilidade de interposição de recurso para discutir a questão.

11. ANULAÇÃO E REVOGAÇÃO

A **anulação** é a forma de desfazimento dos atos administrativos que deixaram de observar alguma regra legal ou contrariam algum princípio da Administração Pública. Logo, anulam-se atos ilícitos. A **revogação**, de outra parte, é a forma de retirada do mundo jurídico do ato administrativo discricionário e lícito que, no entanto, com o passar do tempo e diante de **fatos supervenientes**, torna-se inconveniente e inoportuno ao interesse público. Somente poderão ser revogados os atos discricionários válidos, jamais os inválidos.[148]

Em matéria de licitação, a anulação e revogação do procedimento administrativo são perfeitamente cabíveis. O art. 49 da LLC dispõe sobre o assunto ao afirmar que a autoridade competente para a aprovação do procedimento somente poderá **revogar** a licitação por razões de interesse público decorrentes de fato superveniente devidamente comprovado, pertinente e suficiente para justificar tal conduta, devendo **anulá-la** por ilegalidade, de ofício ou por provocação de terceiros, mediante parecer escrito e devidamente fundamentado.

Da leitura do dispositivo depreende-se que:

> A discricionariedade administrativa sofreu séria restrição legal, pois a revogação há de fundamentar-se necessariamente em fatos novos, não mais se admitindo a mudança do critério de oportunidade expendido anteriormente, para a abertura do procedimento licitatório.[149]

Há uma limitação temporal quando à revogação, que só pode ocorrer enquanto o procedimento licitatório estiver em aberto. Após a assinatura do contrato, não é mais possível a revogação da licitação. Diferentemente ocorre com a anulação, que poderá ocorrer, em tese, a qualquer momento.

O § 1º do aventado dispositivo reza que a anulação do procedimento licitatório por motivo de ilegalidade não gera obrigação de indenizar, salvo nos casos em que o licitante não tenha procedido de **má-fé**. Nessas situações, em que o licitante não tenha dado causa à ilicitude, a Administração deverá indenizá-lo pelas despesas em que este incorreu para participar do procedimento licitatório.

Seguindo esse vetor, o STJ entendeu que, se for reconhecida a nulidade do contrato administrativo por **ausência de prévia licitação**, a Administração Pública, em regra, tem o **dever de indenizar os serviços prestados** pelo contratado. No entanto, a Administração Pública não terá o dever de indenizar os serviços prestados pelo contratado na hipótese em que este tenha agido de má-fé ou concorrido para a nulidade do contrato.[150]

A revogação, apesar de não haver expressa menção legal, gera o dever de indenizar os licitantes pelas despesas que suportaram para participar do certame.

148 Mais detalhes sobre o assunto, *vide* tópico 9.2 do Capítulo 6 (Atos administrativos).

149 MEIRELLES, Hely Lopes. *Direito Administrativo Brasileiro*. 34ª ed. São Paulo: Malheiros, 2008, p. 315.

150 STJ. AgRg no REsp 1.394.161/SC, Rel. Min. HERMAN BENJAMIN, julg.: 08.10.2013.

Correta é a observação de Celso Antônio Bandeira de Mello quando afirma:

> Se a Administração exige seriedade dos concorrentes e firmeza em suas propostas, não pode, depois, mesmo socorrida por razões de interesse público, deixar de atuar com seriedade e honrar a firmeza da convocação que fez, ignorando os gastos que incorreu aquele que venceu o certame apresentando oferta satisfatória.[151]

É imprescindível que, nos casos de desfazimento do processo licitatório por anulação ou revogação, fique assegurado o contraditório e a ampla defesa ao licitante atingido (art. 49, § 3º).

Inclusive esse é o entendimento do Tribunal de Contas da União.[152] Todavia, em relação à revogação, o STF entende que **antes da homologação** da licitação, não emerge aos concorrentes nenhum direito capaz de impedir a revogação da abertura do processo licitatório e, bem por isso, se a revogação não interferir gravemente na esfera de direitos e interesses privados do licitante, não cabe falar em observância de contraditório e de ampla defesa.[153]

No caso de a ilegalidade praticada ter sido descoberta somente após a assinatura do contrato, este também será atingido pela nulidade e será extinto. A nulidade do procedimento licitatório induz à do contrato (art. 49, § 2º).

12. CRIMES DE LICITAÇÃO

Os crimes de licitação, ainda que simplesmente tentados, sujeitam os seus autores, quando servidores públicos, além das sanções penais, à perda do cargo, emprego, função ou mandato eletivo (art. 83).

Importante considerar que a perda à que o dispositivo faz referência é a do cargo, emprego, função ou mandato ocupado pelo agente público no momento em que incorreu no delito, e não do que vier a ocupar posteriormente em razão de novas investiduras no serviço público ou reeleições. Com base nessa tese, o STJ manteve mandato de prefeito reeleito cuja condenação penal por crime de licitação ocorreu somente após o término do mandato que permitiu o cometimento do delito (no caso, o primeiro mandato de prefeito). Assim, como a lei não pode incidir sobre mandato futuro, mas apenas sobre o que gerou a prática do crime, o prefeito reeleito obteve o direito de permanecer no mandato. A justificativa do entendimento é que, em observância ao princípio da legalidade, caso o legislador quisesse proibir novas investiduras ao agente público condenado criminalmente, teria afirmado literalmente tal impedimento,

151 MELLO, Celso Antônio Bandeira de. *Curso de Direito Administrativo*. 25ª ed. São Paulo: Malheiros, 2007, p. 599.

152 Acórdão nº 2211/2010-Plenário.

153 RMS 24.188/DF, Rel. Min. CEZAR PELUSO, DJ 13.09.2007. No mesmo sentido: STJ, RMS 23.402/PR, Rel.ª Min.ª ELIANA CALMON, julg.: 03.08.2008.

a exemplo do que ocorre na denominada Lei da Ficha Limpa, em relação à inelegibilidade de oito anos para novos cargos públicos.[154]

A pena imposta será acrescida da terça parte, quando os autores dos crimes previstos nessa lei forem ocupantes de cargo em comissão ou de função de confiança em órgão da Administração direta, autarquia, empresa pública, sociedade de economia mista, fundação pública, ou outra entidade controlada direta ou indiretamente pelo Poder Público (art. 83, § 2º).

Reza o art. 85 que as infrações penais previstas nessa lei pertinem às licitações e aos contratos celebrados pela União, Estados, Distrito Federal, Municípios, e respectivas autarquias, empresas públicas, sociedades de economia mista, fundações públicas, e quaisquer outras entidades sob seu controle direto ou indireto.

Desde logo, é importante destacar que os crimes de licitação são puníveis a título de dolo, e não meramente de culpa. A grande questão que vem sendo debatida nos tribunais se refere à necessidade da efetiva comprovação de dolo específico e dano ao erário para a ocorrência do crime.

Na Corte Especial do STJ e no STF a jurisprudência prevalente é no sentido de que **há necessidade de efetivo dano ao erário e dolo específico** para tipificação dos crimes previstos na Lei de Licitações.[155]

Entretanto, há precedentes da Quinta e da Sexta Turmas no sentido de que, para caracterização de crime previsto no art. 89 da Lei de Licitações (dispensa ou inexigibilidade irregular), **não se exige o dolo específico** ou a **comprovação de prejuízo** aos cofres públicos. Para caracterizá-los bastaria a simples conduta ilícita. O que concorreria para a caracterização do crime é o **dolo genérico do agente**, que consiste na vontade consciente de agir ilicitamente independentemente de haver objetivo específico, como, por exemplo, obter vantagem patrimonial.[156]

De nossa parte, estamos alinhados com o segundo posicionamento por entender que é mais compatível com o princípio da moralidade administrativa. Razão pela qual, verificada a mera intenção do agente de conduzir de modo fraudulento é suficiente para exigir a reprimenda estatal, independentemente de daí ter resultado prejuízo efetivo ao erário.

Os crimes de licitação estão previstos nos arts. 89 a 98, Lei nº 8.666/1993.

154 REsp 1.244.666-RS, Rel. Min. SEBASTIÃO REIS JÚNIOR, julg.: 16.08.2012.

155 STJ: HC nº 202.937/SP, Rel. Min. SEBASTIÃO REIS JÚNIOR, 22.05.2012; APn 480-MG, Rel.ª Orig. Min.ª MARIA THEREZA DE ASSIS MOURA, Rel. para acórdão Min. CESAR ASFOR ROCHA, julg.: 29.03.2012; Apn 214/SP, Rel. Min. LUIZ FUX, julg.: 07.05.2008; APn 330/SP, Rel. Min. FRANCISCO FALCÃO, Rel. p/ Acórdão Min. LUIZ FUX, julg.: 03.10.2007; Apn 261/PB, Rel.ª Min.ª ELIANA CALMON, julg.: 02.03.2005. STF: Inq 2.245/MG, Rel. Min. JOAQUIM BARBOSA, DJU 28.08.2007; HC 83.947/AM, Rel. Min. CELSO DE MELO, DJU 07.08.2007; HC 87.768/RJ, Rel. Min. GILMAR MENDES, DJU 17.04.2007; e HC 81.295/SP, Rel.ª Min.ª ELLEN GRACIE, DJU 06.11.2001.

156 STJ, HC 171.152/SP, Rel. Min. OG FERNANDES, DJe 11.10.2010; REsp 1.185.750, Rel. Min. GILSON DIPP, DJe 22.11.2010; CC 111.430, Rel. Min. MAURO CAMPBELL MARQUES, DJe 03.02.2011.

A pena de multa cominada para os crimes de licitação consiste no pagamento de quantia fixada na sentença e calculada em índices percentuais (entre 2% e 5% do valor do contrato), cuja base corresponderá ao valor da vantagem efetivamente obtida ou potencialmente auferível pelo agente (art. 99).

Em complemento, o § 2º prevê que o produto da arrecadação da multa reverterá, conforme o caso, à Fazenda Federal, Distrital, Estadual ou Municipal.

13. REGIME DIFERENCIADO DE CONTRATAÇÕES – RDC

13.1. Aspectos gerais

Em virtude da realização dos jogos da Copa das Confederações - 2013, da Copa do Mundo - 2014 e dos jogos Olimpícos e Paraolímpicos - 2016, cogitou-se da necessidade de desenvolvimento de um sistema de regras licitatórias distinto do previsto no Estatuto Geral (Lei nº 8.666/1993). A ideia era maximizar a economicidade, a competitividade e principalmente a celeridade nas contratações públicas relativas a esses grandes eventos, uma vez que implementar toda a infraestrutura exigida pelos organismos internacionais era (e ainda é) desafio que se impõe ao Governo brasileiro.

Nesse contexto, veio à luz o Regime Diferenciado de Contratações (RDC), instituído inicialmente pela Medida Provisória nº 527/2011, posteriormente convertida na Lei nº 12.462, de 4 de agosto de 2011.[157] O regulamento da referida norma é o Decreto nº 7.581/2011. Alicerçados nesses diplomas é que faremos os comentários a seguir, mas não sem antes advertir que não temos a intenção de fazer abordagem aprofundada sobre o tema, posto que isso nos distanciaria do propósito generalista deste *Curso de Direito Administrativo.* Como muitas das disposições do RDC coincidem com as da Lei nº 8.666/1993, neste tópico daremos atenção apenas aos aspectos diferenciadores de ambos os regimes.

Desde logo, convém ressaltar que o RDC se constitui como **regime alternativo à Lei nº 8.666/1993**. Todavia, seu uso ainda permanece restrito às hipóteses previstas na lei instituidora. Em verdade, nossa compreensão é de que, apesar de ser desenvolvido para alcançar empreendimentos contratuais de grande vulto e altíssima relevância político-econômica, o RDC tende a ser uma espécie de "experimento legislativo", uma forma de a Administração Pública testar novas soluções que podem aprimorar a eficiência das contratações públicas, sem ter de drasticamente revogar o estatuto vigente. Em outras palavras, o RDC vem para implementar melhoramentos no modelo de contratações, ficando restrito a determinadas situações. Uma vez que se demonstre vantajoso e factível, cogitar-se-á

157 Desde sua implementação o RDC tem suscitado inúmeras críticas no âmbito da iniciativa pública e privada. De alegação de vicio formal, por inclusão de matéria estranha à tratada na medida provisória que lhe deu origem, passando por inexistência de afinidade lógica das emendas, até arguição de inobservância dos pressupostos constitucionais de relevância e urgência, tudo isso são argumentos que fundamentam a propositura das ADINs 4.645 e 4.655 acusando de inconstitucionais diversos dispositivos da norma. Ambas as ações ainda estão pendentes de julgamento no Supremo Tribunal Federal.

de sua adoção generalizada para, quem sabe até, implicar na revogação total do Estatuto vigente (Lei nº 8.666/1993).

Como afirmado anteriormente, o RDC tem **aplicação restrita**. Inicialmente, deveria ser aplicado **exclusivamente** nas licitações e contratos dos Jogos Olímpicos e Paraolímpicos de 2016, Copa das Confederações de 2013, Copa do Mundo de 2014 e de obras de infraestrutura e de contratação de serviços de alguns aeroportos (art. 1º, Lei nº 12.462/2011).

No entanto, após a publicação da Lei do RDC, houve intenso trabalho legislativo de ampliação da sua abrangência, motivo pelo qual passou a ser aplicada também a licitações e contratos das ações integrantes do Programa de Aceleração do Crescimento (PAC), das obras e serviços de engenharia no âmbito do Sistema Único de Saúde - SUS, de obras e serviços de engenharia no âmbito dos sistemas públicos de ensino, das obras e serviços de engenharia para construção, ampliação e reforma de estabelecimentos penais e unidades de atendimento socioeducativo.[158]

Verifica-se, pois, que o RDC se apresenta inicialmente como regime alternativo de larga (mas não ilimitada) utilização, e que tende a se firmar, num futuro próximo, como regime principal de licitações e contratos do Poder Público brasileiro.

Importante destacar que a **opção pelo RDC** deverá constar de forma **expressa** do instrumento convocatório e resultará no **afastamento das normas contidas na Lei nº 8.666/1993**. Isto é, exceto nos casos expressamente previstos na própria Lei do RDC, o Estatuto Geral de Licitações não é aplicável subsidiariamente.

A teor do que dispõe o art. 1º, § 1º, são formalmente **objetivos do RDC** ampliar a eficiência nas contratações públicas e a competitividade entre os licitantes, além de promover a troca de experiências e tecnologias em busca da melhor relação entre custos e benefícios para o setor público e também incentivar a inovação tecnológica.

O art. 4º enuncia diversas **diretrizes** a serem observadas no RDC, dentre as quais destacamos a adoção de **condições** de aquisição, de seguros, de garantias e de pagamento **compatíveis com as condições do setor privado**, inclusive mediante pagamento de **remuneração variável conforme desempenho**.

13.2. Objeto da licitação

O objeto da licitação **deverá** ser **definido de forma clara e precisa** no instrumento convocatório, vedadas especificações excessivas, irrelevantes ou desnecessárias (art. 5º).

158 Incluído pela Lei nº 12.980, de 2014.

Diferentemente do que ocorre no regime geral de licitações[159], o art. 6º da Lei do RDC prevê que o orçamento previamente estimado para a contratação será tornado **público apenas e imediatamente após o encerramento da licitação**, sem prejuízo da divulgação do detalhamento dos quantitativos e das demais informações necessárias para a elaboração das propostas. Isto é, no decorrer do procedimento licitatório, os licitantes não terão acesso à pesquisa de preços responsável pelo orçamento estimado da contratação. Nota-se aqui a intenção de evitar a formação de cartel, conluio ou outras práticas anticoncorrenciais entre os licitantes ou a elevação artificial de preços.

Obviamente, o sigilo comentado não é oponível aos órgãos de controle externo e interno, que terão acesso incondicionado a todos os atos licitatórios a fim de bem cumprirem seu mister de fiscalização. Segundo preveem os §§ 1º e 2º do art. 6º, o sigilo também não se aplica nos casos em que o critério de julgamento for por **maior desconto** ou por **melhor técnica**, posto que o valor do prêmio ou da remuneração será incluído no instrumento convocatório.

Nas licitações para **aquisição de bens** a Administração poderá **indicar marca ou modelo**, desde que formalmente justificado, em decorrência da necessidade de **padronização do objeto** ou quando a descrição do objeto a ser licitado puder ser melhor compreendida pela identificação de determinada marca ou modelo aptos a **servir como referência**, situação em que será obrigatório o acréscimo da expressão "ou similar ou de melhor qualidade". Além disso, será possível **exigir amostra** do bem no procedimento de pré-qualificação, na fase de julgamento das propostas ou de lances, desde que justificada a necessidade da sua apresentação. Por fim, há a possibilidade de se solicitar, motivadamente, **carta de solidariedade emitida pelo fabricante**, que assegure a execução do contrato, no caso de licitante revendedor ou distribuidor.

É **vedada** a realização, **sem projeto executivo**, de obras e serviços de engenharia para cuja concretização tenha sido utilizado o RDC, qualquer que seja o regime adotado. Interessante notar que no Estatuto Geral a Administração poderá admitir que o projeto executivo seja desenvolvido concomitantemente com a execução das obras e serviços (art. 7º, § 1º, Lei nº 8.666/1993).

13.3. Regimes de Execução

Além dos tradicionais regimes de execução da Lei nº 8.666/1993 (empreitada por preço unitário, empreitada por preço global, contratação por tarefa e empreitada integral), o RDC inclui a **contratação integrada**, que, na dicção do art. 9º, § 1º, compreende a **elaboração e o desenvolvimento dos projetos básico e executivo**, a **execução** de obras e serviços de engenharia, a montagem, a realização de testes, a pré-operação e todas as demais operações necessárias

159 O art. 7º da Lei 8.666/1993 determina que a estimativa dos custos orçamentários em planilhas de quantitativos e preços unitários das obras, compras e serviços seja publicada como anexo dos editais de licitação.

e suficientes para a entrega final do objeto. Enfim, diversamente do que ocorre na Lei nº 8.666/1993 em que há separação rígida entre quem elabora o projeto básico e quem executa o contrato (art. 9º, I), no RDC o regime de contratação integrada permite que todas as etapas das obras e serviços de engenharia sejam confiadas a uma única empresa, desde a elaboração do projeto básico até a entrega final do objeto contratual.

O regime de **contratação integrada** é cabível, desde que técnica e economicamente justificada e cujo objeto envolva, pelo menos, **uma das seguintes condições** (art. 9º): I – inovação tecnológica ou técnica; II – possibilidade de execução com diferentes metodologias; ou III – possibilidade de execução com tecnologias de domínio restrito no mercado.

Entretanto, adverte o § 4º do art. 7º que nas hipóteses em que for adotada a **contratação integrada**, é **vedada a celebração de termos aditivos** aos contratos firmados, exceto para recomposição do equilíbrio econômico-financeiro decorrente de caso fortuito ou força maior; e por necessidade de alteração do projeto ou das especificações para melhor adequação técnica aos objetivos da contratação, a pedido da Administração Pública, desde que não decorrentes de erros ou omissões por parte do contratado, observados os limites previstos no § 1º do art. 65 da Lei nº 8.666, de 21 de junho de 1993.

Além do regime de contratação integrada, o RDC traz como novidade a possibilidade de, respeitado o limite orçamentário fixado, ser estabelecida **remuneração variável vinculada ao desempenho da contratada**, com base em metas, padrões de qualidade, critérios de sustentabilidade ambiental e prazo de entrega definidos no instrumento convocatório e no contrato (art. 10).

Outra questão interessante está prevista no art. 11 do RDC que faculta à Administração contratar **mais de uma empresa ou instituição** para executar o mesmo serviço, desde que **não seja de engenharia** e não implique perda de economia de escala, quando o objeto da contratação puder ser executado de forma concorrente e simultânea por mais de um contratado, ou a múltipla execução for conveniente para atender à Administração Pública. Nesses casos, a Administração Pública deverá **manter o controle individualizado** da execução do objeto contratual relativamente a cada uma das contratadas.

13.4. Procedimento Licitatório

Na forma do art. 13, as licitações do RDC deverão ser realizadas **preferencialmente** sob a **forma eletrônica**, admitida a presencial.

A licitação será conduzida por comissão de licitação nos mesmos moldes previstos pela Lei nº 8.666/1993. Quanto ao procedimento propriamente dito, serão observadas as seguintes fases, nesta ordem: I – preparatória; II – publicação do instrumento convocatório; III – apresentação de propostas ou lances; IV – julgamento; V – habilitação; VI – recursal; e VII – encerramento. Veja-se que, como regra, a fase de **habilitação ocorre após o julgamento das propostas**. Excepcionalmente, a fase de habilitação poderá, mediante ato motivado, anteceder a apresentação de propostas ou lances e o julgamento, desde que expressamente previsto no instrumento convocatório.

Segundo o art. 16, poderão ser adotados os modos de disputa aberto e fechado, que poderão ser combinados. No modo de **disputa aberto**, os licitantes apresentarão suas ofertas por meio de **lances públicos e sucessivos**, crescentes ou decrescentes, conforme o critério de julgamento adotado. Já no modo de **disputa fechado**, as **propostas** apresentadas pelos licitantes serão **sigilosas até a data e hora** designadas para que sejam divulgadas.

Conforme os arts. 18 a 23, poderão ser utilizados os seguintes critérios de julgamento (**tipos de licitação**), a serem identificados no instrumento convocatório: **menor preço** ou **maior desconto**; **técnica e preço**; **melhor técnica ou conteúdo artístico**; **maior oferta de preço**; e **maior retorno econômico**.

Tal qual no pregão, definido o resultado do julgamento, a Administração Pública poderá **negociar condições mais vantajosas** com o primeiro colocado (art. 26). A negociação poderá ser feita com os demais licitantes, segundo a ordem de classificação inicialmente estabelecida, quando o preço do primeiro colocado, mesmo após a negociação, for desclassificado por sua proposta permanecer acima do orçamento estimado.

Outro ponto de destaque no RDC é que, salvo no caso de inversão de fases, o procedimento licitatório terá uma **fase recursal única**, que se seguirá à habilitação do vencedor. Em contraponto, na Lei nº 8.666/1993 há seguidas oportunidades de apresentação de recurso ao longo do procedimento.

Exauridos os recursos administrativos, o procedimento licitatório será encerrado e encaminhado à autoridade superior, que poderá: I – determinar o retorno dos autos para saneamento de irregularidades que forem supríveis; II – anular o procedimento, no todo ou em parte, por vício insanável; III – revogar o procedimento por motivo de conveniência e oportunidade; ou IV – adjudicar o objeto e homologar a licitação (art. 28).

13.5. Dispensa e inexigibilidade de licitação

As hipóteses de dispensa e inexigibilidade de licitação estabelecidas nos arts. 24 e 25 da Lei nº 8.666, de 21 de junho de 1993, aplicam-se, no que couber, às contratações realizadas com base no RDC.

Da mesma forma, o processo de contratação por dispensa ou inexigibilidade de licitação deverá seguir o procedimento previsto no art. 26 da Lei nº 8.666, de 21 de junho de 1993.

13.6. Condições específicas para a participação nas licitações e para a contratação

Quanto à **vedação à participação no certame** prevista no art. 36 do RDC, as disposições são as mesmas do art. 9º da Lei nº 8.666/1993 (pessoa física ou jurídica, isolada ou em consórcio, autora do projeto básico ou executivo, salvo contratação integrada; servidor do órgão ou entidade responsável pela contratação, membro da comissão permanente de licitação etc.).

Adicionalmente, prevê o art. 37 que é **vedada a contratação direta**, sem licitação, de pessoa jurídica na qual haja administrador ou sócio com poder de direção que mantenha relação de parentesco, inclusive por afinidade, até o terceiro grau civil com: I – detentor de cargo em comissão ou função de confiança que atue na área responsável pela demanda ou contratação; e II – autoridade hierarquicamente superior no âmbito de cada órgão ou entidade da Administração Pública.

Relevante destacar que, se por um lado a Lei do RDC trouxe diversas inovações no que se refere ao procedimento licitatório, no que se refere aos contratos daí decorrentes não houve substancial mutação. Prova disso é que o art. 39 preceitua que os **contratos administrativos** celebrados com base no RDC reger-se-ão pelas normas da Lei nº 8.666/1993, salvo disposto em sentido contrário na própria Lei do Regime Diferenciado.

O único ponto peculiar digno de nota é que na hipótese de o **licitante vencedor não assinar o contrato** no prazo estipulado e nenhum dos licitantes aceitar a contratação nos termos e condições ofertadas pelo licitante vencedor, a Administração Pública poderá convocar os licitantes remanescentes, na ordem de classificação, para a celebração do contrato nas **condições ofertadas por estes**, desde que o respectivo valor seja **igual ou inferior ao orçamento estimado** para a contratação, inclusive quanto aos preços atualizados nos termos do instrumento convocatório. Com efeito, na Lei nº 8.666/1993, os demais licitantes só poderão celebrar o contrato caso aceitem integralmente as condições da proposta do licitante vencedor.

13.7. Sanções administrativas

No campo disciplinar, convém esclarecer que as sanções administrativas, criminais e demais regras previstas na Lei nº 8.666/1993, aplicam-se às licitações e aos contratos do RDC.

Em acréscimo, fez questão o legislador de estabelecer sanção não prevista no Estatuto Geral de Licitações. Nos termos do art. 47 da Lei do RDC, ficará **impedido de licitar e contratar com a União, Estados, Distrito Federal ou Municípios**, pelo prazo de **até 5 (cinco) anos, sem prejuízo das multas** previstas no instrumento convocatório e no contrato, bem como das demais cominações legais, o licitante que: I – convocado dentro do prazo de validade da sua proposta não celebrar o contrato; II – deixar de entregar a documentação exigida para o certame ou apresentar documento falso; III – ensejar o retardamento da execução ou da entrega do objeto da licitação sem motivo justificado; IV – não mantiver a proposta, salvo se em decorrência de fato superveniente, devidamente justificado; V – fraudar a licitação ou praticar atos fraudulentos na execução do contrato; VI – comportar-se de modo inidôneo ou cometer fraude fiscal; ou VII – der causa à inexecução total ou parcial do contrato.

A aplicação da sanção de impedimento implicará ainda o **descredenciamento** do licitante, pelo prazo estabelecido de **até cinco anos**, dos **sistemas de cadastramento** dos entes federativos que compõem a Autoridade Pública Olímpica (União, Estado do Rio de Janeiro e Município do Rio de Janeiro).

14. OUTRAS NORMAS ACERCA DE PROCESSOS LICITATÓRIOS ESPECÍFICOS

Ao longo deste capítulo, tratamos acerca das principais normas aplicáveis às licitações e contratos em geral do Poder Público: Lei nº 8.666/1993 e Lei nº 10.520/2002.

Entretanto, não se pode perder de vista que há diversas outras normas que têm por finalidade disciplinar processos licitatórios específicos, que por sua singularidade não poderiam ser disciplinadas de modo semelhante às contratações rotineiras da Administração Pública. Estamos tratando da Lei nº 8.987/1995, que dispõe sobre normas específicas para as licitações de concessões e permissões de serviços públicos, da Lei nº 11.079/2004, que alcança as licitações para formação de Parcerias Público-Privadas, da Lei nº 12.462/2011, que disciplina o Regime Diferenciado de Contratações. Esta última foi objeto de estudo no tópico anterior, ao passo que as duas outras serão devidamente detalhadas no Capítulo 10 (Serviços Públicos).[160]

160 No nosso artigo intitulado "Normas específicas licitatórias", disponível em: <www.elyesleysilva.com.br/normas-especificas-licitacao>, discorremos sobre a Lei nº 12.232/2010 aplicável ao processo licitatório de serviços de publicidade e sobre a Lei nº 12.598/2012, que dispõe sobre licitações para contratação e desenvolvimento de produtos e de sistemas de defesa nacional.

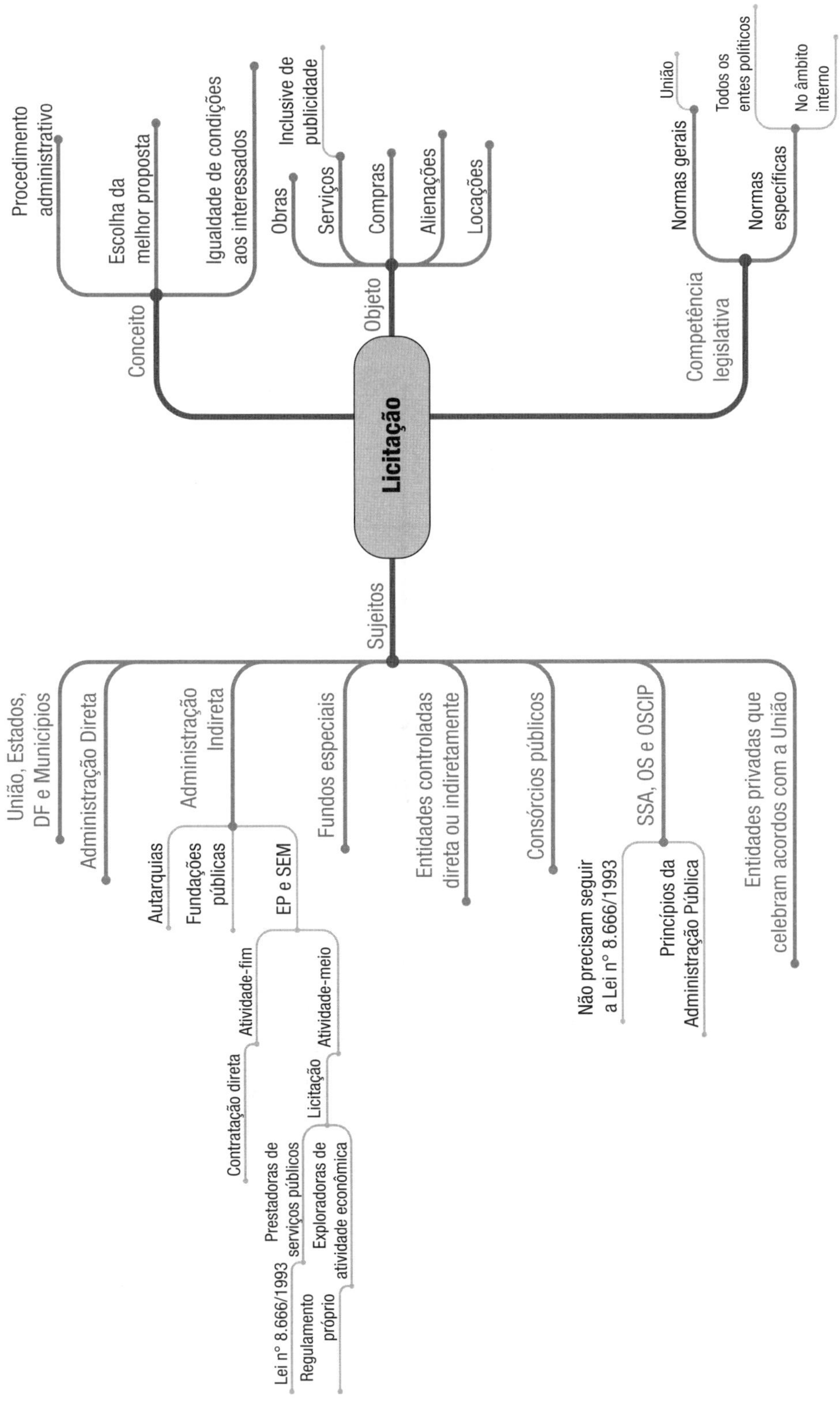
Licitação
Conceito
Procedimento administrativo
Escolha da melhor proposta
Igualdade de condições aos interessados
Objeto
Obras
Serviços
Inclusive de publicidade
Compras
Alienações
Locações
Competência legislativa
Normas gerais
União
Normas específicas
Todos os entes políticos
No âmbito interno
Sujeitos
União, Estados, DF e Municípios
Administração Direta
Administração Indireta
Autarquias
Fundações públicas
EP e SEM
Atividade-fim
Contratação direta
Atividade-meio
Licitação
Prestadoras de serviços públicos
Lei nº 8.666/1993
Exploradoras de atividade econômica
Regulamento próprio
Fundos especiais
Entidades controladas direta ou indiretamente
Consórcios públicos
SSA, OS e OSCIP
Não precisam seguir a Lei nº 8.666/1993
Princípios da Administração Pública
Entidades privadas que celebram acordos com a União

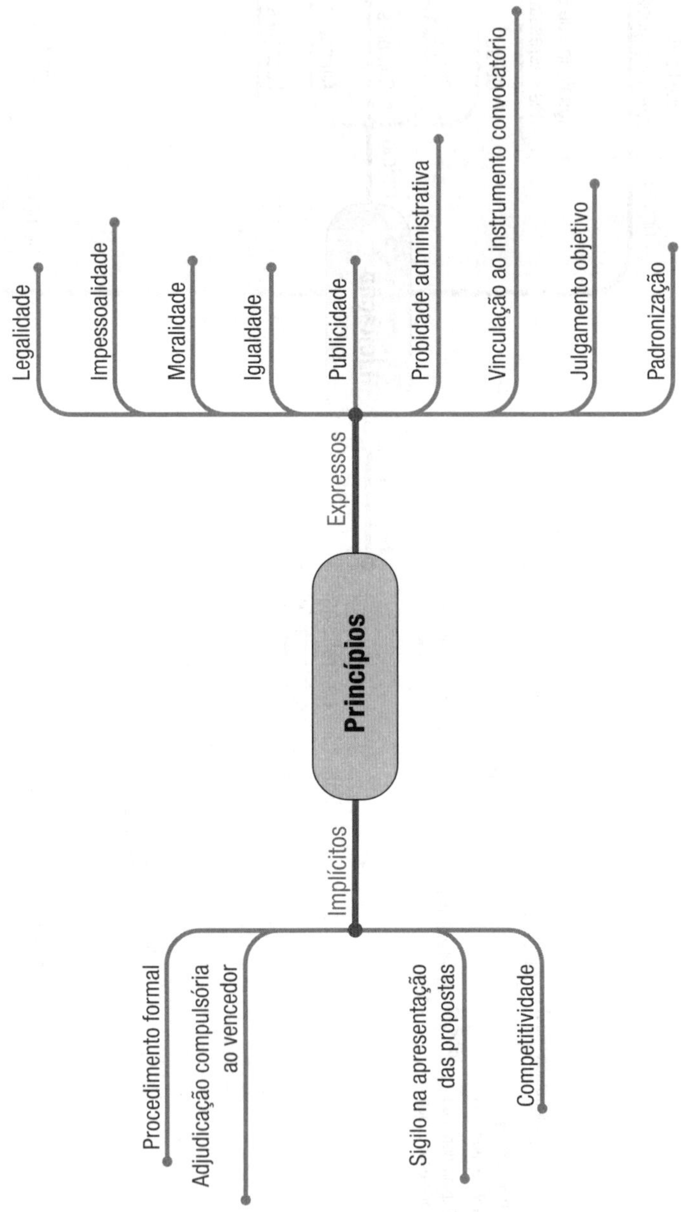
Princípios
Expressos
Legalidade
Impessoalidade
Moralidade
Igualdade
Publicidade
Probidade administrativa
Vinculação ao instrumento convocatório
Julgamento objetivo
Padronização
Implícitos
Procedimento formal
Adjudicação compulsória ao vencedor
Sigilo na apresentação das propostas
Competitividade

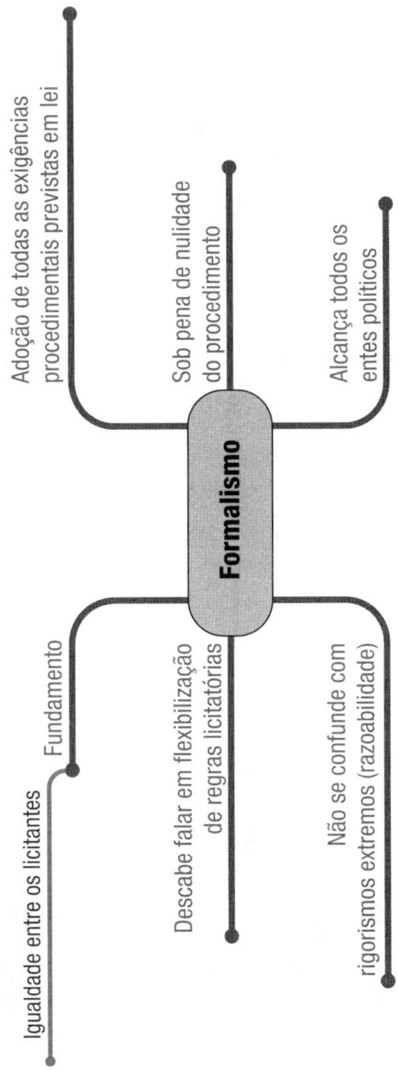
Formalismo
Adoção de todas as exigências procedimentais previstas em lei
Sob pena de nulidade do procedimento
Alcança todos os entes políticos
Fundamento
Igualdade entre os licitantes
Descabe falar em flexibilização de regras licitatórias
Não se confunde com rigorismos extremos (razoabilidade)

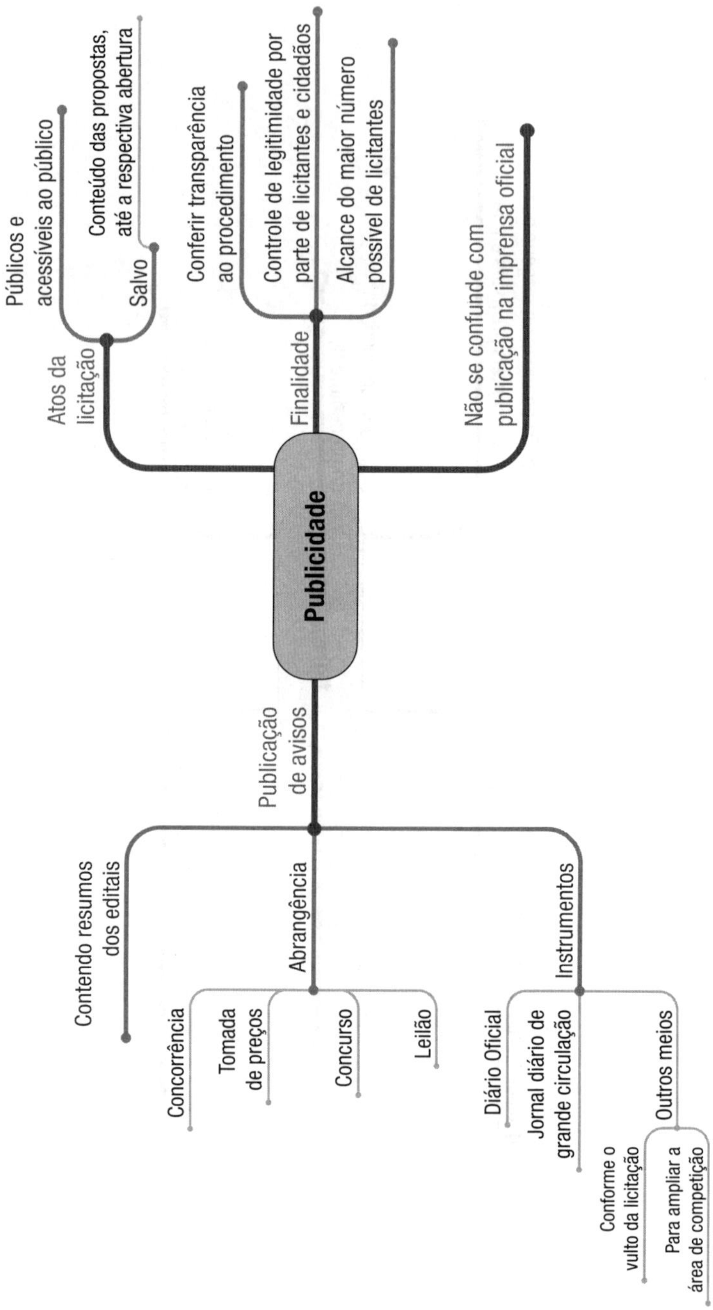
Publicidade
Atos da licitação
Públicos e acessíveis ao público
Salvo
Conteúdo das propostas, até a respectiva abertura
Finalidade
Conferir transparência ao procedimento
Controle de legitimidade por parte de licitantes e cidadãos
Alcance do maior número possível de licitantes
Não se confunde com publicação na imprensa oficial
Publicação de avisos
Contendo resumos dos editais
Abrangência
Concorrência
Tomada de preços
Concurso
Leilão
Instrumentos
Diário Oficial
Jornal diário de grande circulação
Outros meios
Conforme o vulto da licitação
Para ampliar a área de competição

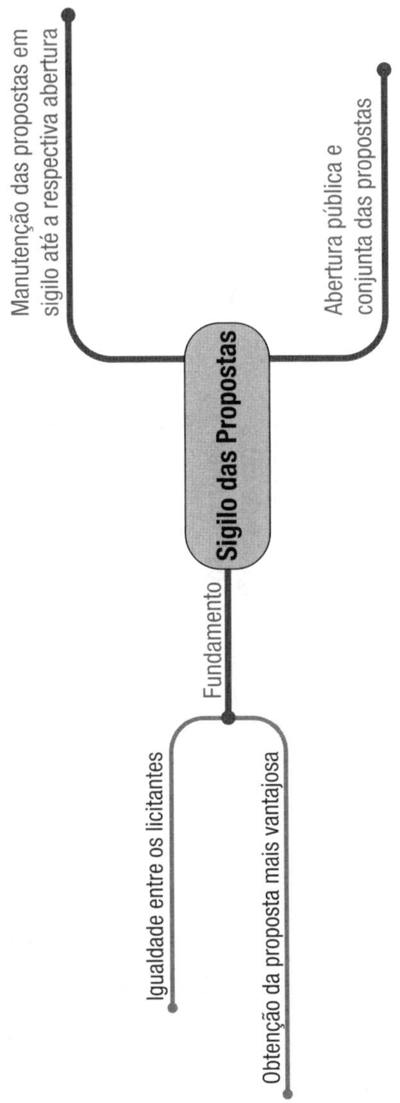
Sigilo das Propostas
Manutenção das propostas em sigilo até a respectiva abertura
Abertura pública e conjunta das propostas
Fundamento
Igualdade entre os licitantes
Obtenção da proposta mais vantajosa

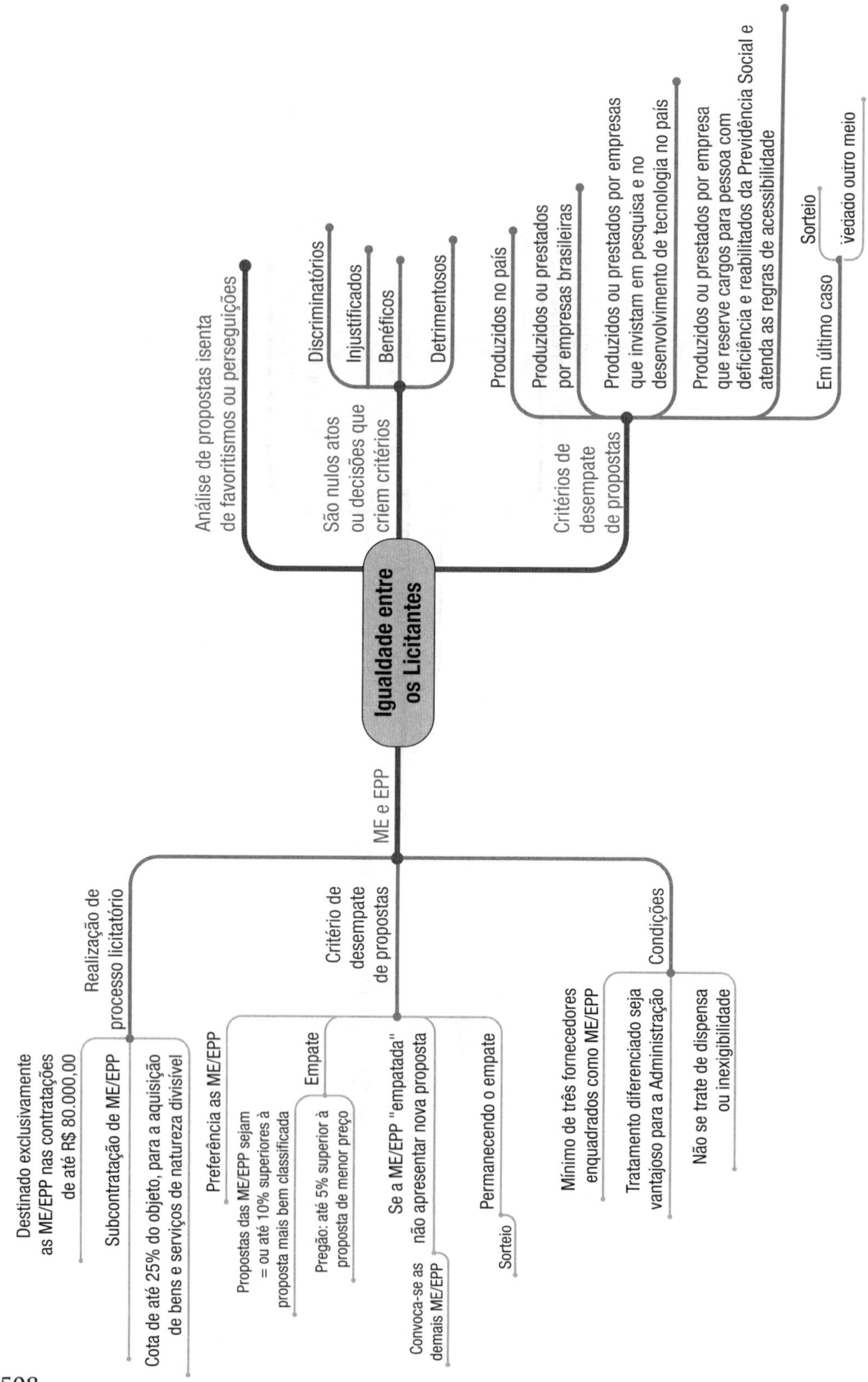
Igualdade entre os Licitantes
Análise de propostas isenta de favoritismos ou perseguições
São nulos atos ou decisões que criem critérios
Discriminatórios
Injustificados
Benéficos
Detrimentosos
Critérios de desempate de propostas
Produzidos no país
Produzidos ou prestados por empresas brasileiras
Produzidos ou prestados por empresas que invistam em pesquisa e no desenvolvimento de tecnologia no país
Produzidos ou prestados por empresa que reserve cargos para pessoa com deficiência e reabilitados da Previdência Social e atenda as regras de acessibilidade
Em último caso
Sorteio
Vedado outro meio
ME e EPP
Realização de processo licitatório
Destinado exclusivamente as ME/EPP nas contratações de até R$ 80.000,00
Subcontratação de ME/EPP
Cota de até 25% do objeto, para a aquisição de bens e serviços de natureza divisível
Critério de desempate de propostas
Preferência as ME/EPP
Propostas das ME/EPP sejam = ou até 10% superiores à proposta mais bem classificada
Empate
Pregão: até 5% superior à proposta de menor preço
Se a ME/EPP "empatada" não apresentar nova proposta
Convoca-se as demais ME/EPP
Permanecendo o empate
Sorteio
Condições
Mínimo de três fornecedores enquadrados como ME/EPP
Tratamento diferenciado seja vantajoso para a Administração
Não se trate de dispensa ou inexigibilidade

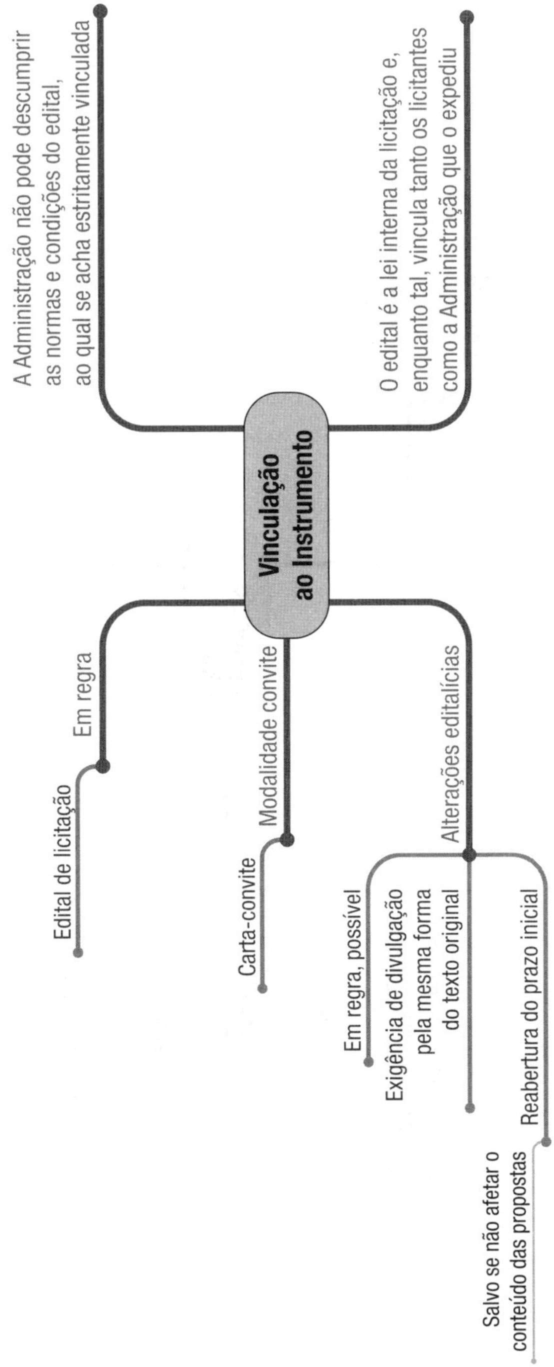
Vinculação ao Instrumento
A Administração não pode descumprir as normas e condições do edital, ao qual se acha estritamente vinculada
O edital é a lei interna da licitação e, enquanto tal, vincula tanto os licitantes como a Administração que o expediu
Em regra
Edital de licitação
Modalidade convite
Carta-convite
Alterações editalícias
Em regra, possível
Exigência de divulgação pela mesma forma do texto original
Reabertura do prazo inicial
Salvo se não afetar o conteúdo das propostas

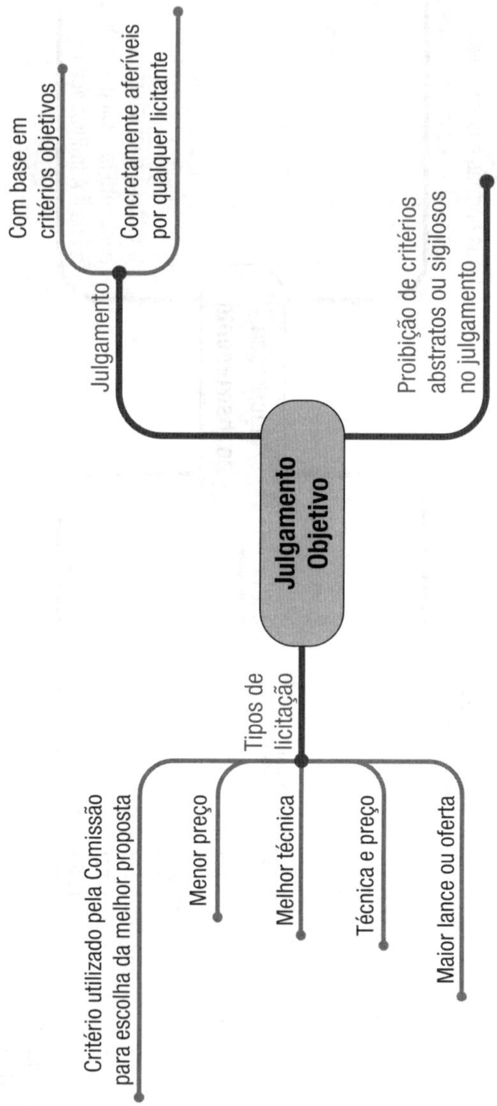
Julgamento Objetivo
Julgamento
Com base em critérios objetivos
Concretamente aferíveis por qualquer licitante
Proibição de critérios abstratos ou sigilosos no julgamento
Tipos de licitação
Critério utilizado pela Comissão para escolha da melhor proposta
Menor preço
Melhor técnica
Técnica e preço
Maior lance ou oferta

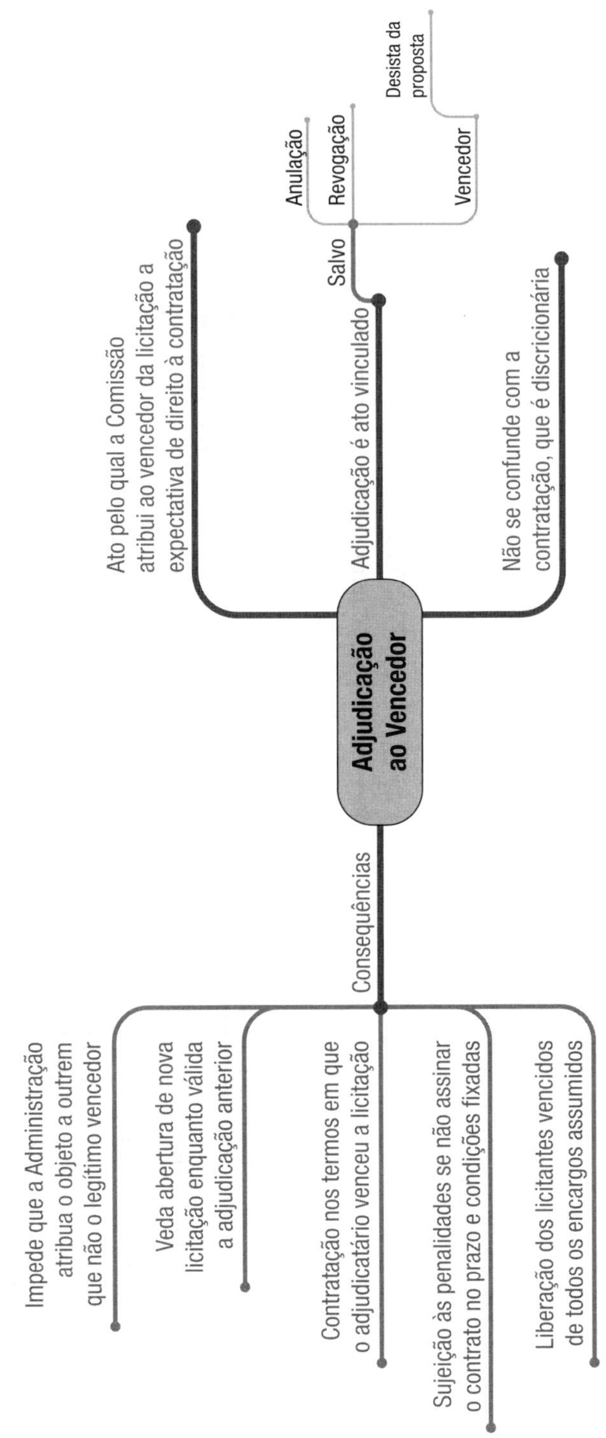
Adjudicação ao Vencedor
Ato pelo qual a Comissão atribui ao vencedor da licitação a expectativa de direito à contratação
Adjudicação é ato vinculado
Salvo
Anulação
Revogação
Vencedor
Desista da proposta
Não se confunde com a contratação, que é discricionária
Consequências
Impede que a Administração atribua o objeto a outrem que não o legítimo vencedor
Veda abertura de nova licitação enquanto válida a adjudicação anterior
Contratação nos termos em que o adjudicatário venceu a licitação
Sujeição às penalidades se não assinar o contrato no prazo e condições fixadas
Liberação dos licitantes vencidos de todos os encargos assumidos

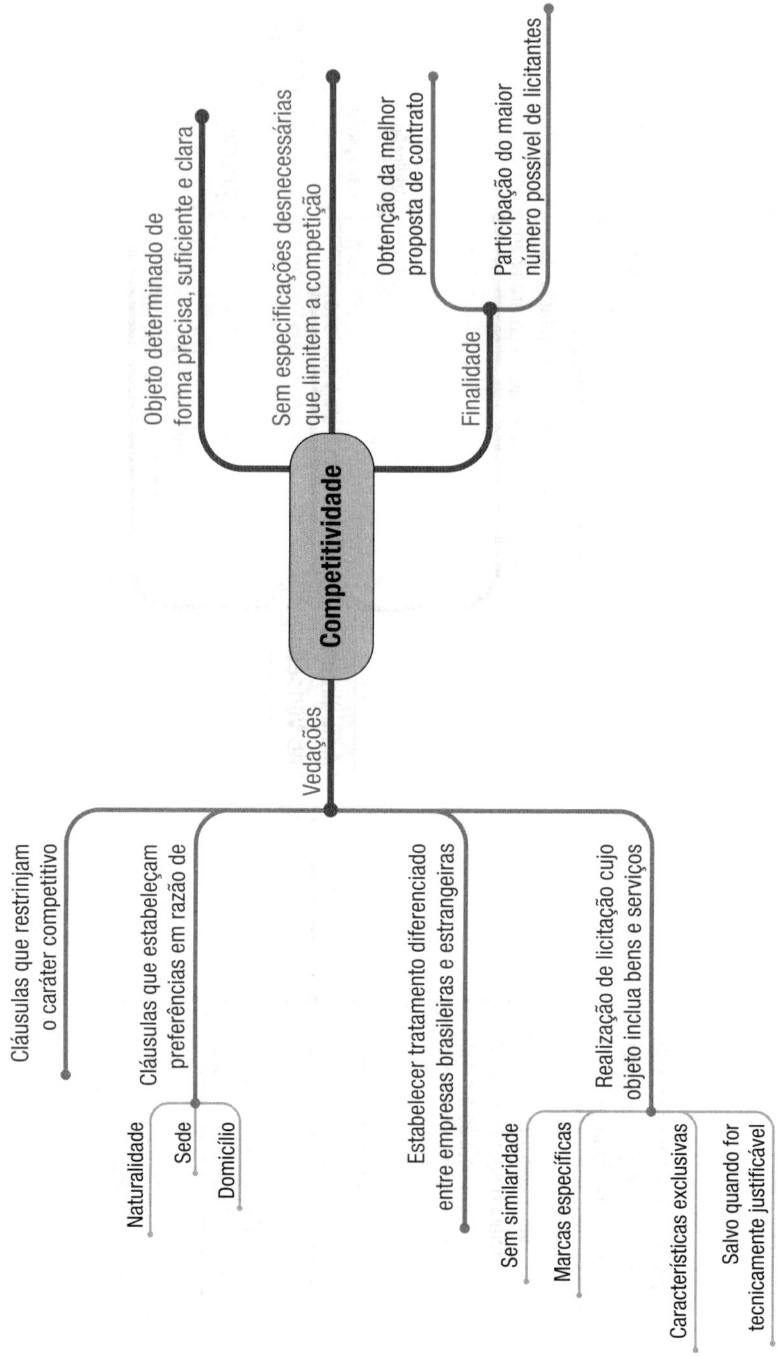
Competitividade
Objeto determinado de forma precisa, suficiente e clara
Sem especificações desnecessárias que limitem a competição
Finalidade
Obtenção da melhor proposta de contrato
Participação do maior número possível de licitantes
Vedações
Cláusulas que restrinjam o caráter competitivo
Cláusulas que estabeleçam preferências em razão de
Naturalidade
Sede
Domicílio
Estabelecer tratamento diferenciado entre empresas brasileiras e estrangeiras
Realização de licitação cujo objeto inclua bens e serviços
Sem similaridade
Marcas específicas
Características exclusivas
Salvo quando for tecnicamente justificável

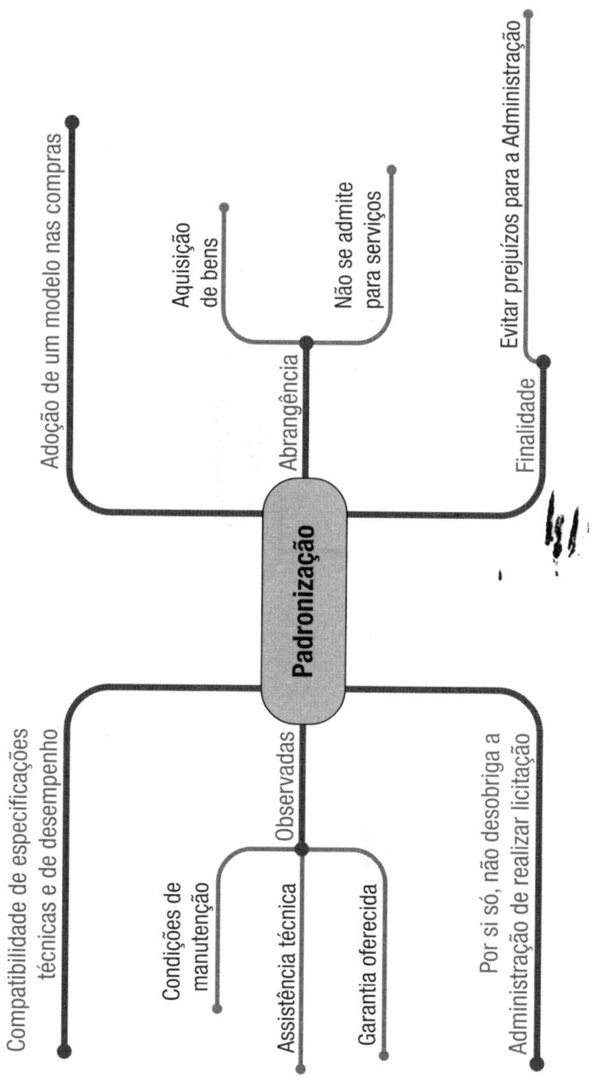
Padronização
Adoção de um modelo nas compras
Abrangência
Aquisição de bens
Não se admite para serviços
Finalidade
Evitar prejuízos para a Administração
Compatibilidade de especificações técnicas e de desempenho
Observadas
Condições de manutenção
Assistência técnica
Garantia oferecida
Por si só, não desobriga a Administração de realizar licitação

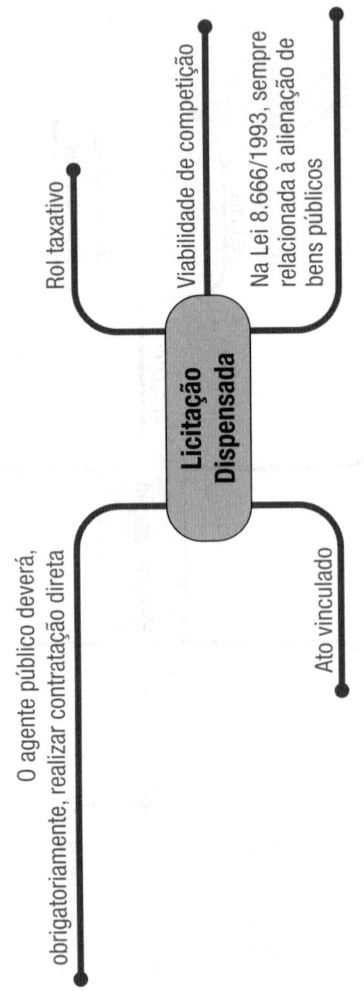
Licitação Dispensada
Rol taxativo
Viabilidade de competição
Na Lei 8.666/1993, sempre relacionada à alienação de bens públicos
O agente público deverá, obrigatoriamente, realizar contratação direta
Ato vinculado

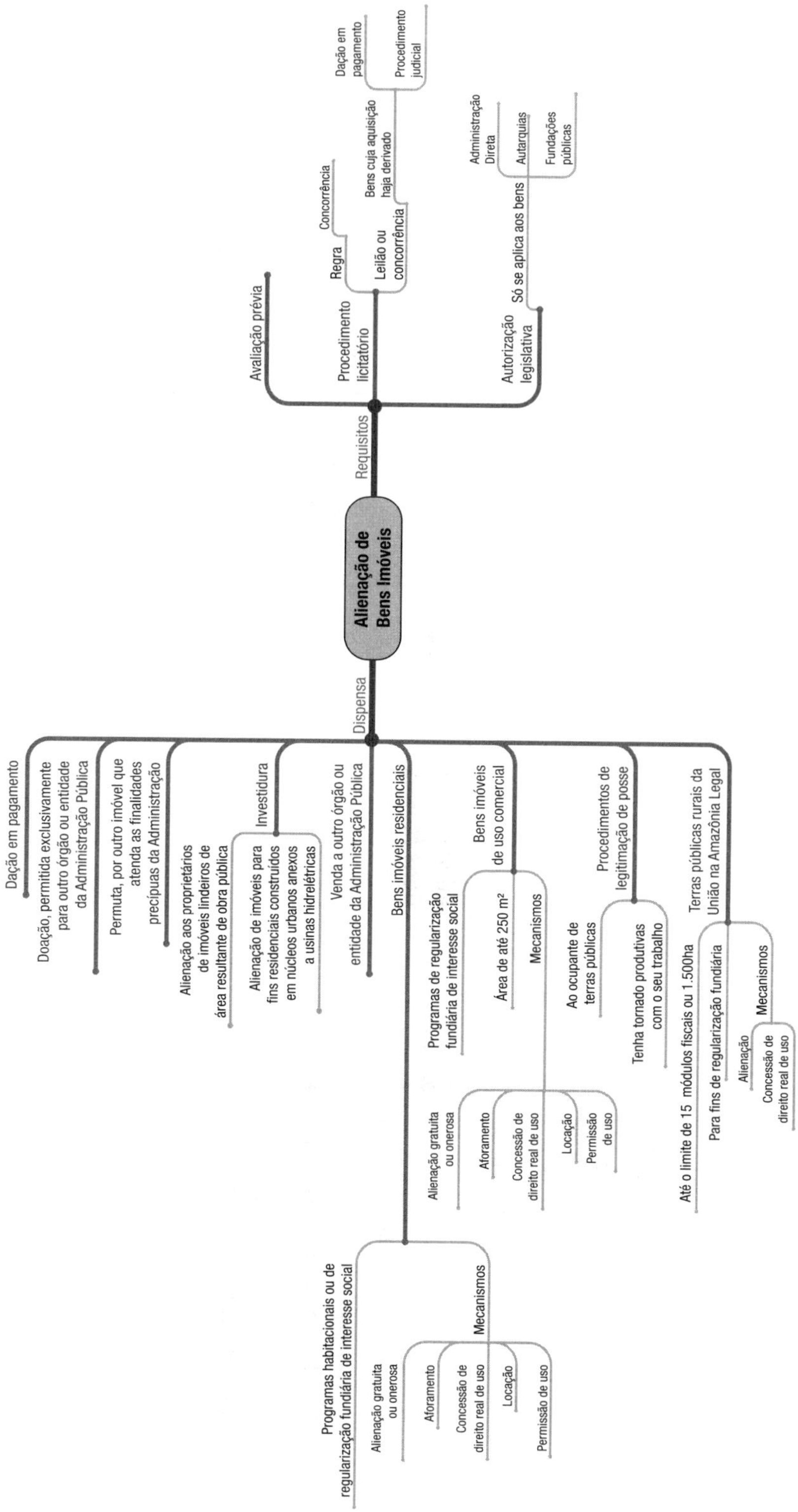
Alienação de Bens Imóveis
Requisitos
Avaliação prévia
Procedimento licitatório
Regra
Concorrência
Leilão ou concorrência
Bens cuja aquisição haja derivado
Dação em pagamento
Procedimento judicial
Autorização legislativa
Só se aplica aos bens
Administração Direta
Autarquias
Fundações públicas
Dispensa
Dação em pagamento
Doação, permitida exclusivamente para outro órgão ou entidade da Administração Pública
Permuta, por outro imóvel que atenda as finalidades precípuas da Administração
Investidura
Alienação aos proprietários de imóveis lindeiros de área resultante de obra pública
Alienação de imóveis para fins residenciais construídos em núcleos urbanos anexos a usinas hidrelétricas
Venda a outro órgão ou entidade da Administração Pública
Bens imóveis residenciais
Programas habitacionais ou de regularização fundiária de interesse social
Mecanismos
Alienação gratuita ou onerosa
Aforamento
Concessão de direito real de uso
Locação
Permissão de uso
Bens imóveis de uso comercial
Programas de regularização fundiária de interesse social
Área de até 250 m²
Mecanismos
Alienação gratuita ou onerosa
Aforamento
Concessão de direito real de uso
Locação
Permissão de uso
Procedimentos de legitimação de posse
Ao ocupante de terras públicas
Tenha tornado produtivas com o seu trabalho
Terras públicas rurais da União na Amazônia Legal
Até o limite de 15 módulos fiscais ou 1.500ha
Para fins de regularização fundiária
Mecanismos
Alienação
Concessão de direito real de uso

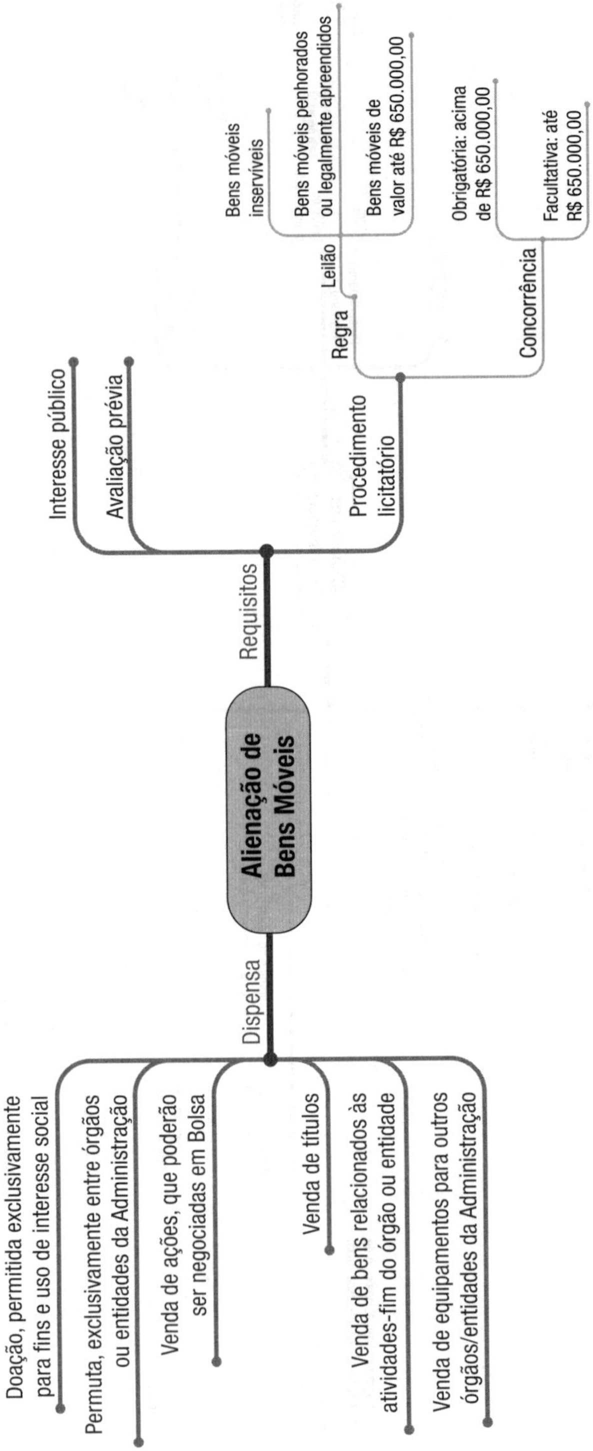
Alienação de Bens Móveis
Requisitos
Interesse público
Avaliação prévia
Procedimento licitatório
Regra
Leilão
Bens móveis inservíveis
Bens móveis penhorados ou legalmente apreendidos
Bens móveis de valor até R$ 650.000,00
Concorrência
Obrigatória: acima de R$ 650.000,00
Facultativa: até R$ 650.000,00
Dispensa
Doação, permitida exclusivamente para fins e uso de interesse social
Permuta, exclusivamente entre órgãos ou entidades da Administração
Venda de ações, que poderão ser negociadas em Bolsa
Venda de títulos
Venda de bens relacionados às atividades-fim do órgão ou entidade
Venda de equipamentos para outros órgãos/entidades da Administração

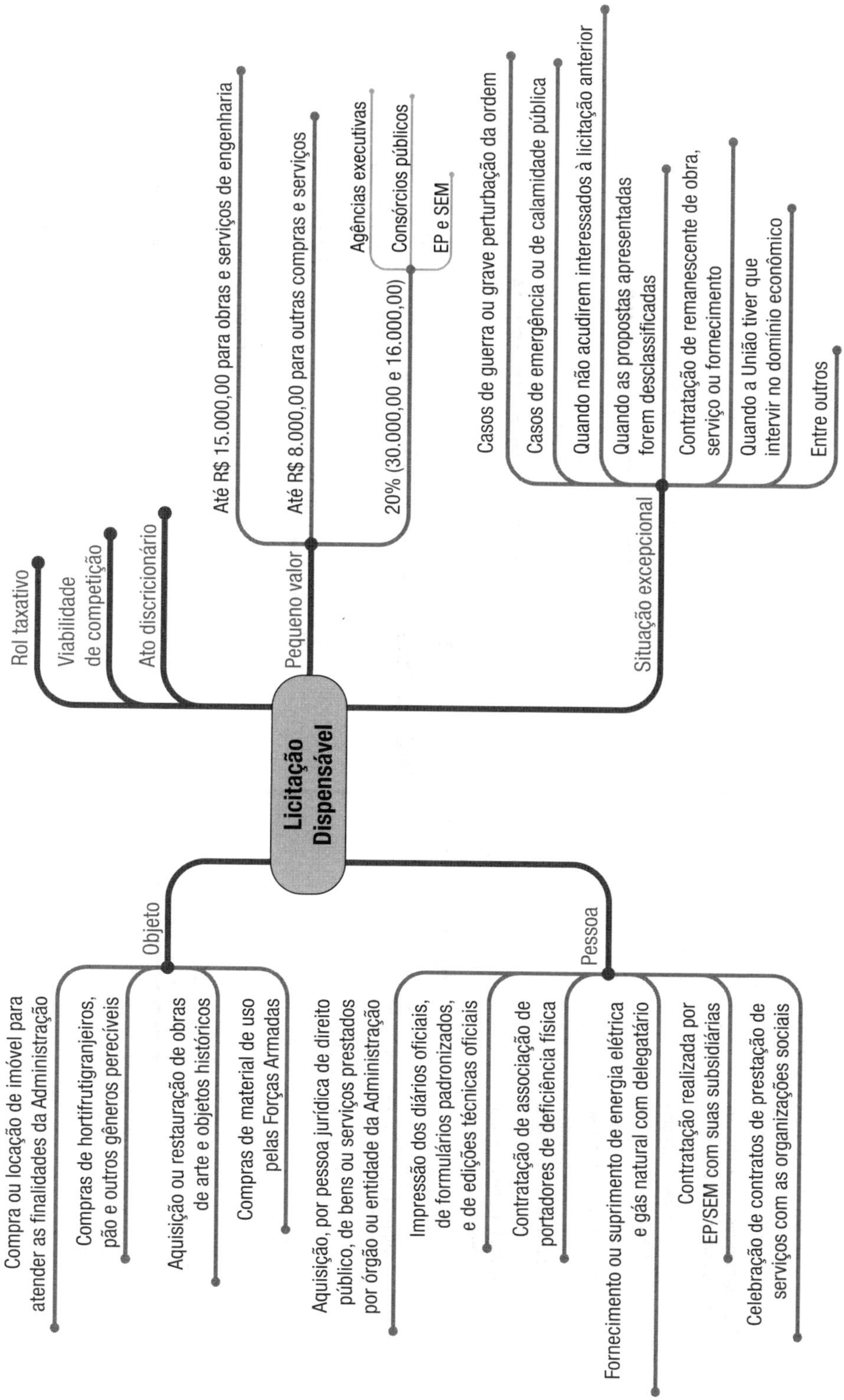
Licitação Dispensável
Rol taxativo
Viabilidade de competição
Ato discricionário
Pequeno valor
Até R$ 15.000,00 para obras e serviços de engenharia
Até R$ 8.000,00 para outras compras e serviços
20% (30.000,00 e 16.000,00)
Agências executivas
Consórcios públicos
EP e SEM
Situação excepcional
Casos de guerra ou grave perturbação da ordem
Casos de emergência ou de calamidade pública
Quando não acudirem interessados à licitação anterior
Quando as propostas apresentadas forem desclassificadas
Contratação de remanescente de obra, serviço ou fornecimento
Quando a União tiver que intervir no domínio econômico
Entre outros
Objeto
Compra ou locação de imóvel para atender as finalidades da Administração
Compras de hortifrutigranjeiros, pão e outros gêneros perecíveis
Aquisição ou restauração de obras de arte e objetos históricos
Compras de material de uso pelas Forças Armadas
Pessoa
Aquisição, por pessoa jurídica de direito público, de bens ou serviços prestados por órgão ou entidade da Administração
Impressão dos diários oficiais, de formulários padronizados, e de edições técnicas oficiais
Contratação de associação de portadores de deficiência física
Fornecimento ou suprimento de energia elétrica e gás natural com delegatário
Contratação realizada por EP/SEM com suas subsidiárias
Celebração de contratos de prestação de serviços com as organizações sociais

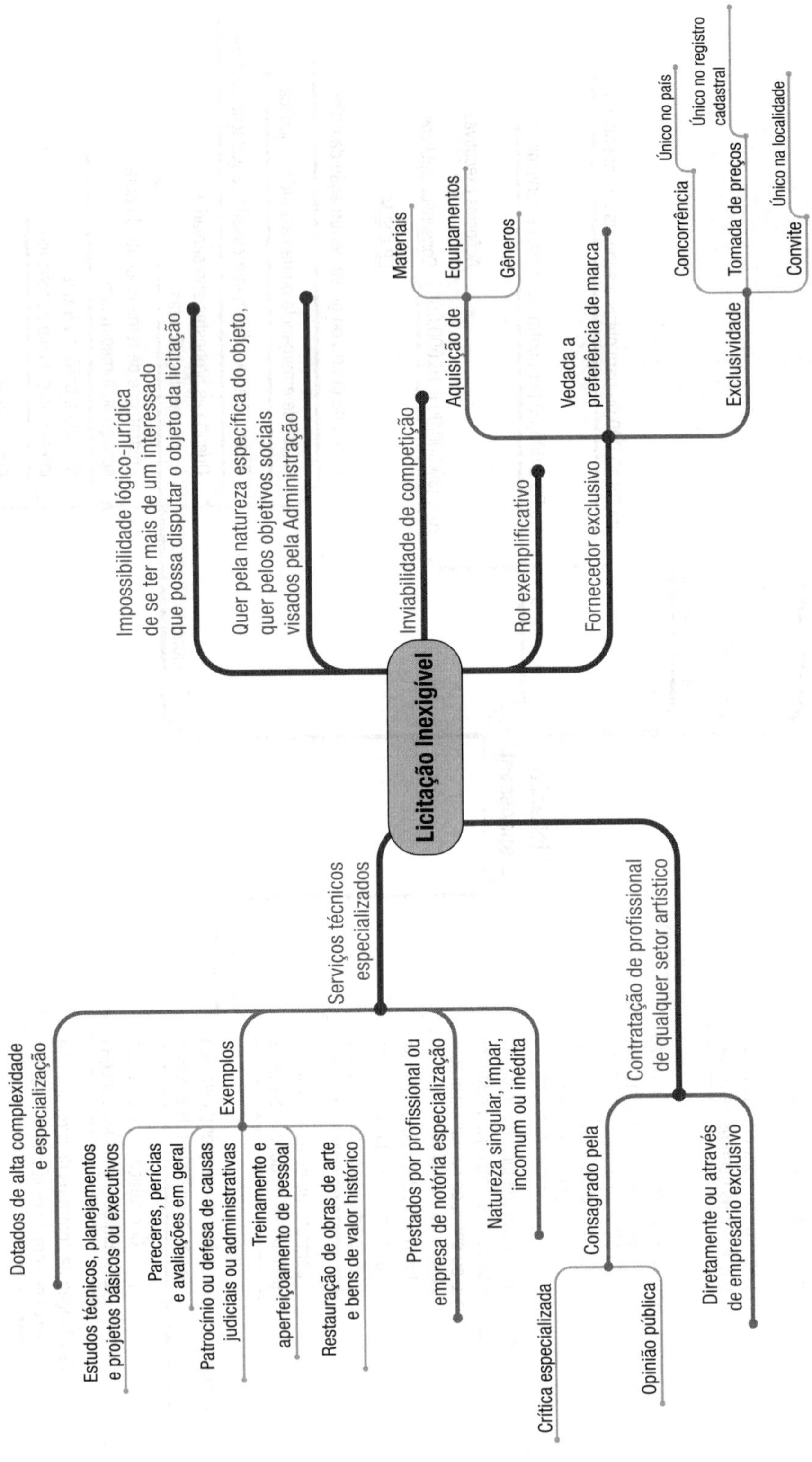
Licitação Inexigível
Impossibilidade lógico-jurídica de se ter mais de um interessado que possa disputar o objeto da licitação
Quer pela natureza específica do objeto, quer pelos objetivos sociais visados pela Administração
Inviabilidade de competição
Rol exemplificativo
Fornecedor exclusivo
Aquisição de
Materiais
Equipamentos
Gêneros
Vedada a preferência de marca
Exclusividade
Concorrência
Único no país
Tomada de preços
Único no registro cadastral
Convite
Único na localidade
Serviços técnicos especializados
Dotados de alta complexidade e especialização
Exemplos
Estudos técnicos, planejamentos e projetos básicos ou executivos
Pareceres, perícias e avaliações em geral
Patrocínio ou defesa de causas judiciais ou administrativas
Treinamento e aperfeiçoamento de pessoal
Restauração de obras de arte e bens de valor histórico
Prestados por profissional ou empresa de notória especialização
Natureza singular, ímpar, incomum ou inédita
Contratação de profissional de qualquer setor artístico
Consagrado pela
Crítica especializada
Opinião pública
Diretamente ou através de empresário exclusivo

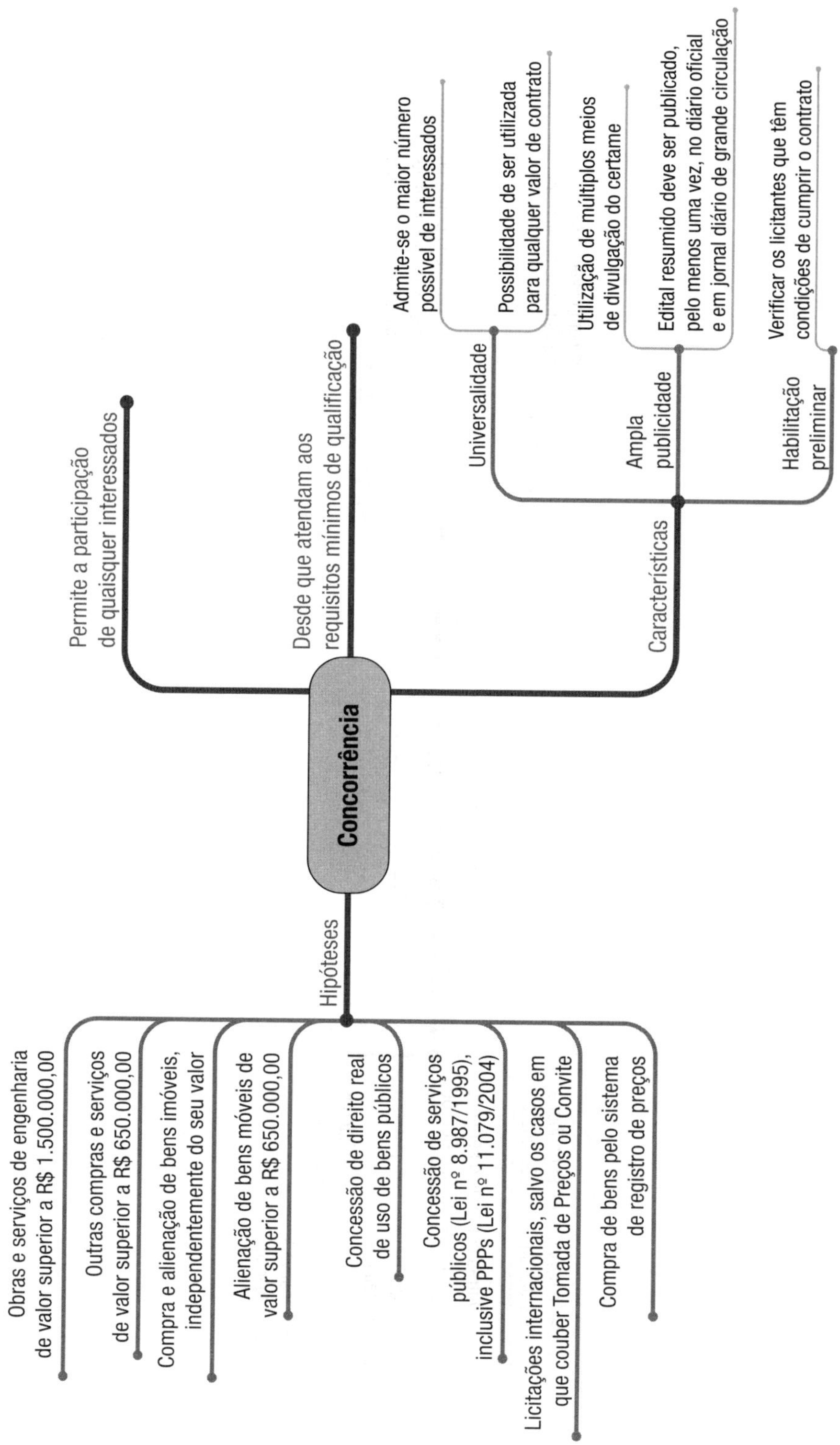
Concorrência
Permite a participação de quaisquer interessados
Desde que atendam aos requisitos mínimos de qualificação
Características
Universalidade
Admite-se o maior número possível de interessados
Possibilidade de ser utilizada para qualquer valor de contrato
Ampla publicidade
Utilização de múltiplos meios de divulgação do certame
Edital resumido deve ser publicado, pelo menos uma vez, no diário oficial e em jornal diário de grande circulação
Habilitação preliminar
Verificar os licitantes que têm condições de cumprir o contrato
Hipóteses
Obras e serviços de engenharia de valor superior a R$ 1.500.000,00
Outras compras e serviços de valor superior a R$ 650.000,00
Compra e alienação de bens imóveis, independentemente do seu valor
Alienação de bens móveis de valor superior a R$ 650.000,00
Concessão de direito real de uso de bens públicos
Concessão de serviços públicos (Lei nº 8.987/1995), inclusive PPPs (Lei nº 11.079/2004)
Licitações internacionais, salvo os casos em que couber Tomada de Preços ou Convite
Compra de bens pelo sistema de registro de preços

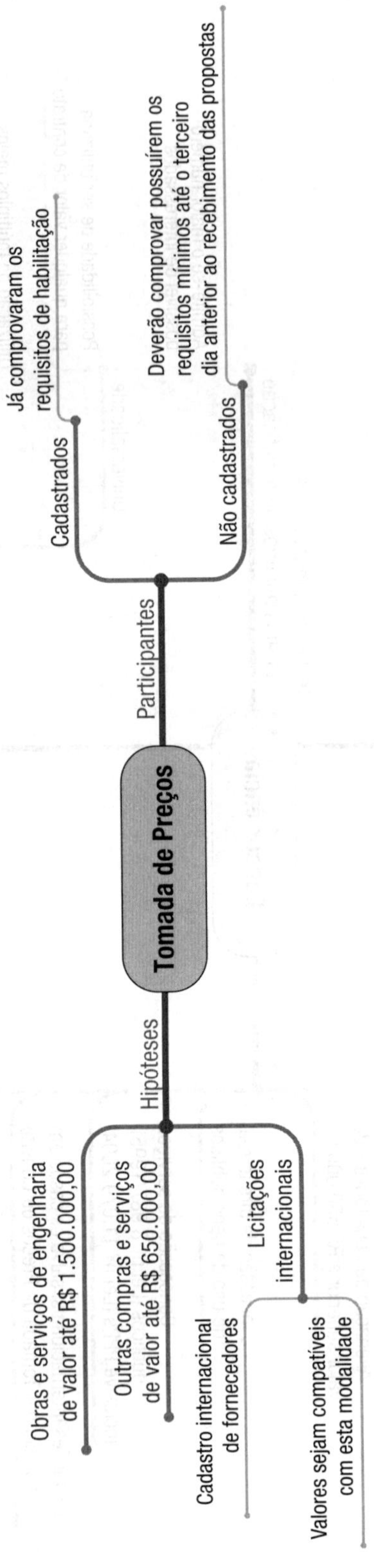
Tomada de Preços
Participantes
Cadastrados
Já comprovaram os requisitos de habilitação
Não cadastrados
Deverão comprovar possuírem os requisitos mínimos até o terceiro dia anterior ao recebimento das propostas
Hipóteses
Obras e serviços de engenharia de valor até R$ 1.500.000,00
Outras compras e serviços de valor até R$ 650.000,00
Licitações internacionais
Cadastro internacional de fornecedores
Valores sejam compatíveis com esta modalidade

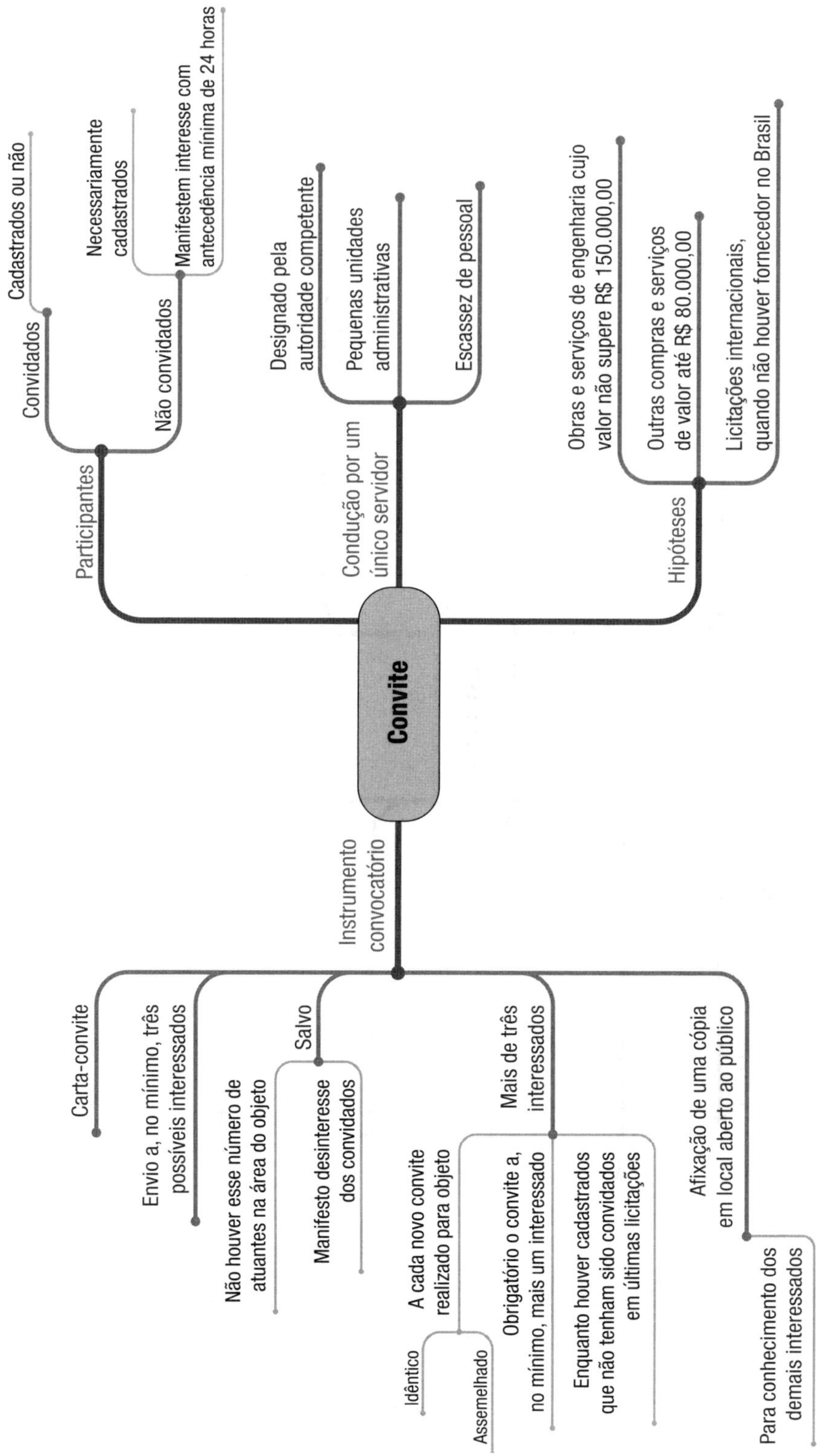
Convite
Participantes
Convidados
Cadastrados ou não
Não convidados
Necessariamente cadastrados
Manifestem interesse com antecedência mínima de 24 horas
Condução por um único servidor
Designado pela autoridade competente
Pequenas unidades administrativas
Escassez de pessoal
Hipóteses
Obras e serviços de engenharia cujo valor não supere R$ 150.000,00
Outras compras e serviços de valor até R$ 80.000,00
Licitações internacionais, quando não houver fornecedor no Brasil
Instrumento convocatório
Carta-convite
Envio a, no mínimo, três possíveis interessados
Salvo
Não houver esse número de atuantes na área do objeto
Manifesto desinteresse dos convidados
Mais de três interessados
A cada novo convite realizado para objeto
Idêntico
Assemelhado
Obrigatório o convite a, no mínimo, mais um interessado
Enquanto houver cadastrados que não tenham sido convidados em últimas licitações
Afixação de uma cópia em local aberto ao público
Para conhecimento dos demais interessados

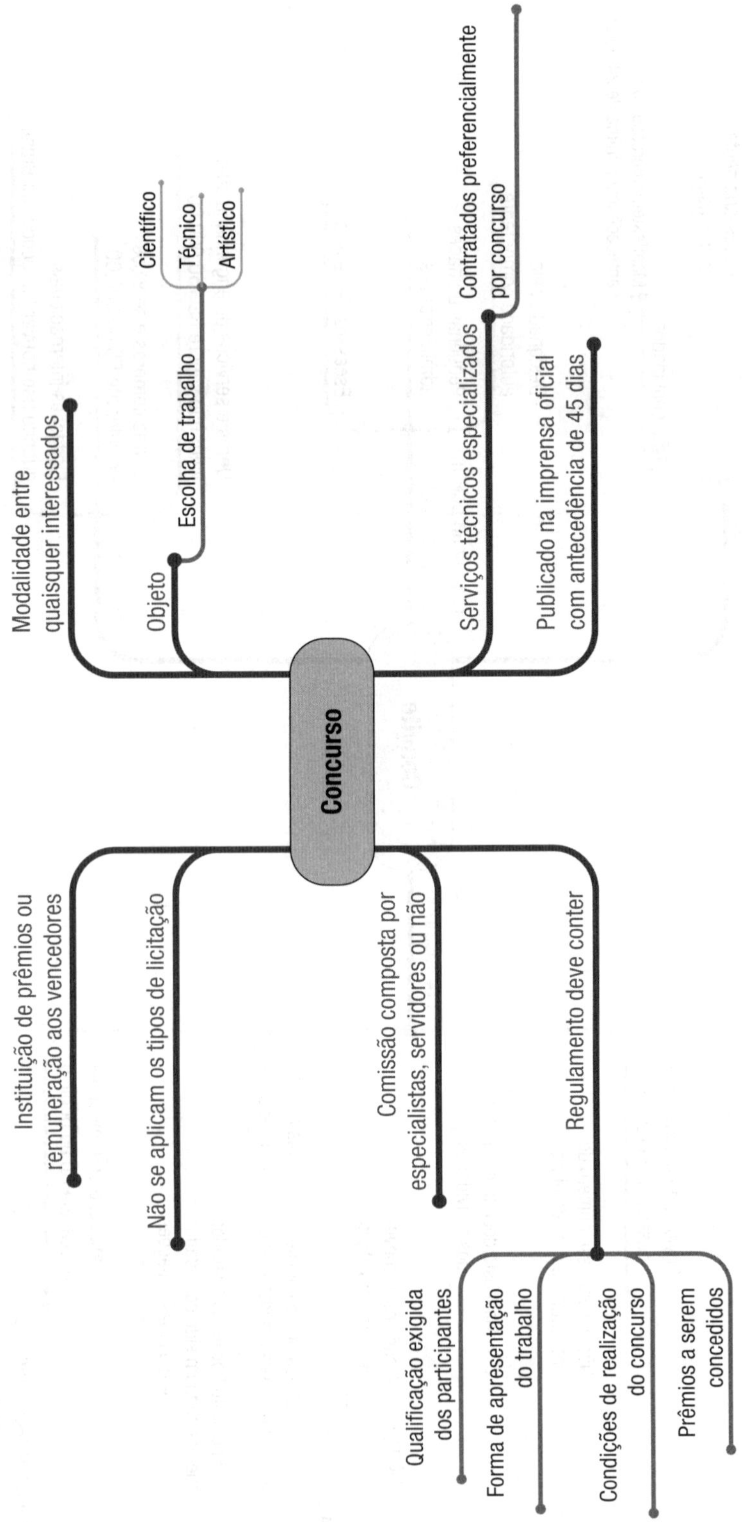
Concurso
Modalidade entre quaisquer interessados
Objeto
Escolha de trabalho
Científico
Técnico
Artístico
Serviços técnicos especializados
Contratados preferencialmente por concurso
Publicado na imprensa oficial com antecedência de 45 dias
Instituição de prêmios ou remuneração aos vencedores
Não se aplicam os tipos de licitação
Comissão composta por especialistas, servidores ou não
Regulamento deve conter
Qualificação exigida dos participantes
Forma de apresentação do trabalho
Condições de realização do concurso
Prêmios a serem concedidos

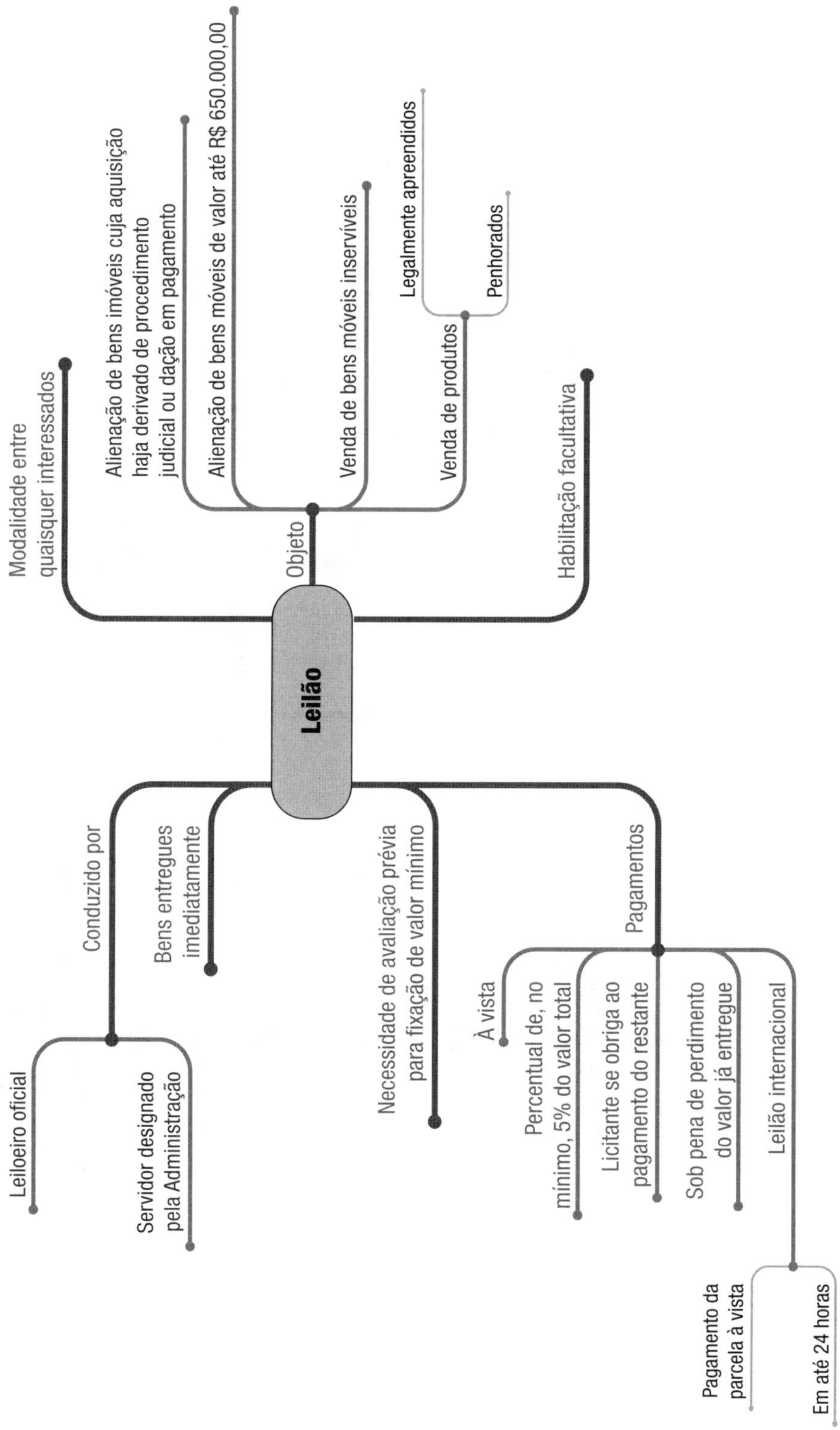
Leilão
Modalidade entre quaisquer interessados
Objeto
Alienação de bens imóveis cuja aquisição haja derivado de procedimento judicial ou dação em pagamento
Alienação de bens móveis de valor até R$ 650.000,00
Venda de bens móveis inservíveis
Venda de produtos
Legalmente apreendidos
Penhorados
Habilitação facultativa
Conduzido por
Leiloeiro oficial
Servidor designado pela Administração
Bens entregues imediatamente
Necessidade de avaliação prévia para fixação de valor mínimo
Pagamentos
À vista
Percentual de, no mínimo, 5% do valor total
Licitante se obriga ao pagamento do restante
Sob pena de perdimento do valor já entregue
Leilão internacional
Pagamento da parcela à vista
Em até 24 horas

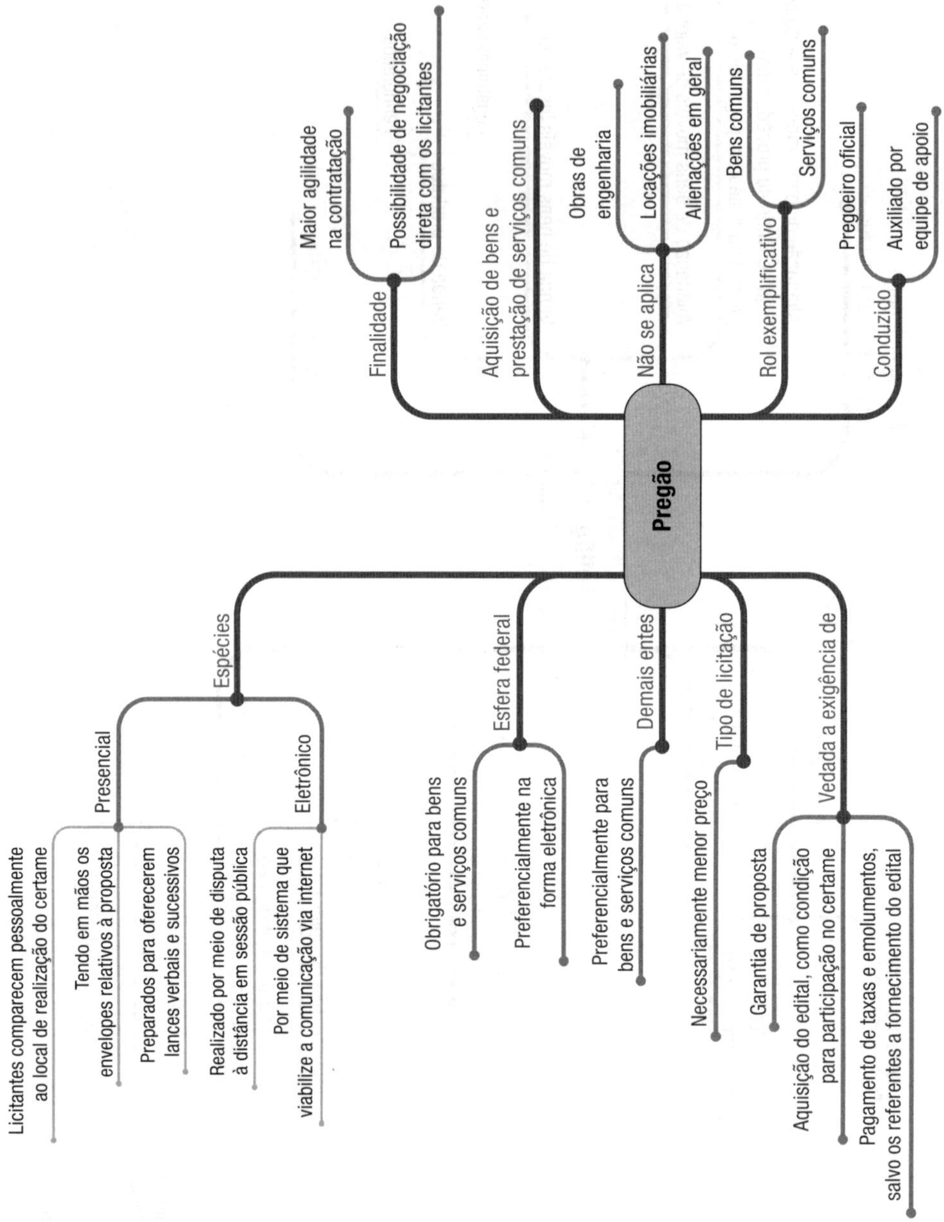
Pregão
Finalidade
Maior agilidade na contratação
Possibilidade de negociação direta com os licitantes
Aquisição de bens e prestação de serviços comuns
Não se aplica
Obras de engenharia
Locações imobiliárias
Alienações em geral
Rol exemplificativo
Bens comuns
Serviços comuns
Conduzido
Pregoeiro oficial
Auxiliado por equipe de apoio
Espécies
Presencial
Licitantes comparecem pessoalmente ao local de realização do certame
Tendo em mãos os envelopes relativos à proposta
Preparados para oferecerem lances verbais e sucessivos
Eletrônico
Realizado por meio de disputa à distância em sessão pública
Por meio de sistema que viabilize a comunicação via internet
Esfera federal
Obrigatório para bens e serviços comuns
Preferencialmente na forma eletrônica
Demais entes
Preferencialmente para bens e serviços comuns
Tipo de licitação
Necessariamente menor preço
Vedada a exigência de
Garantia de proposta
Aquisição do edital, como condição para participação no certame
Pagamento de taxas e emolumentos, salvo os referentes a fornecimento do edital

Procedimento do pregão presencial

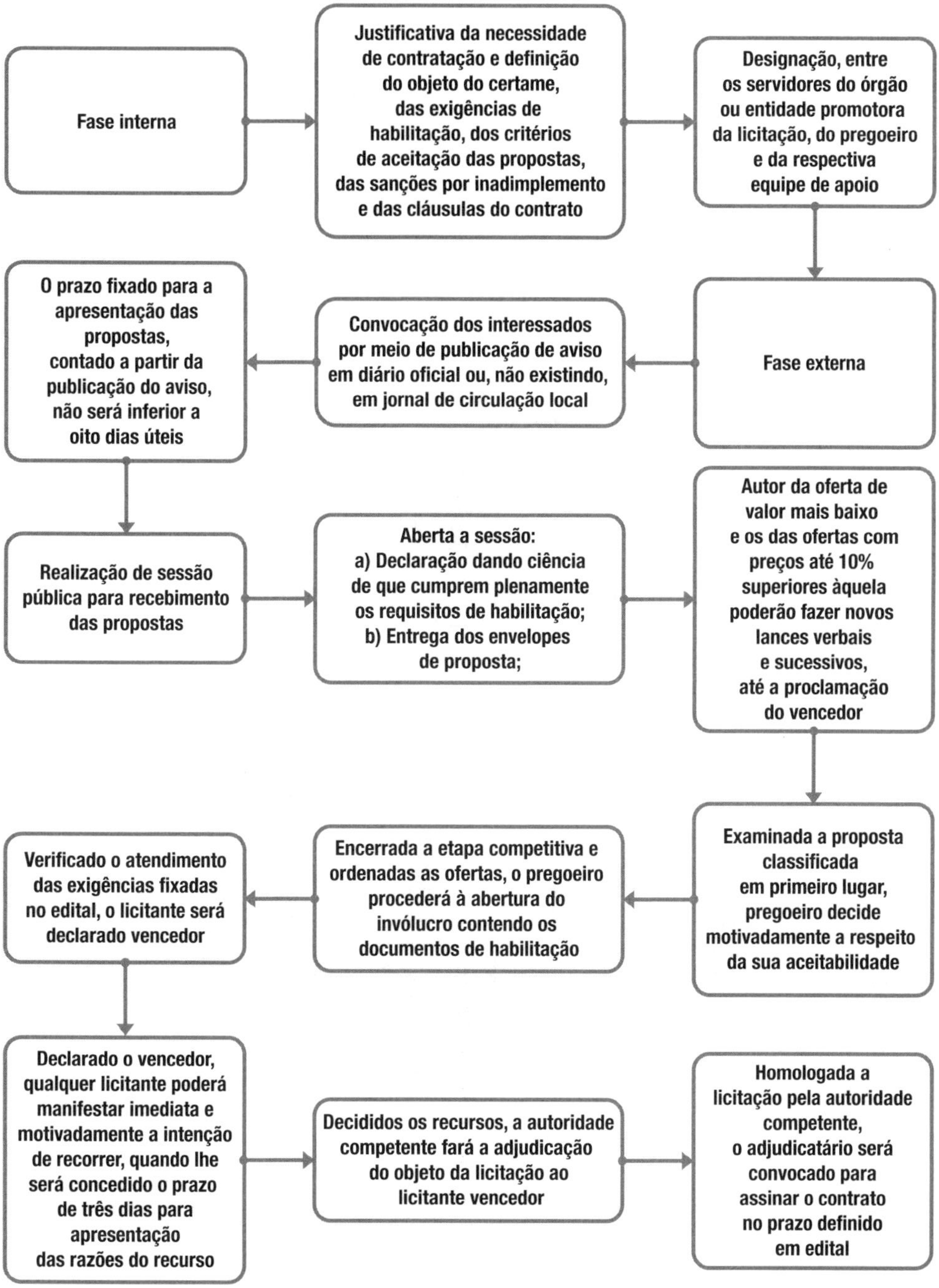

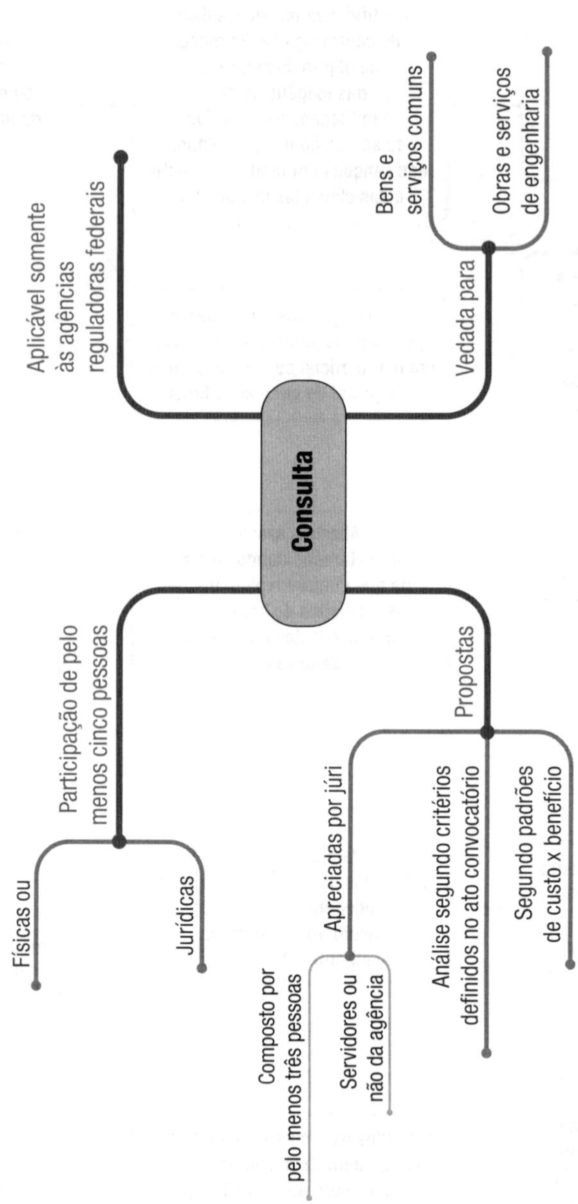
Consulta
Aplicável somente às agências reguladoras federais
Vedada para
Bens e serviços comuns
Obras e serviços de engenharia
Participação de pelo menos cinco pessoas
Físicas ou
Jurídicas
Propostas
Apreciadas por júri
Composto por pelo menos três pessoas
Servidores ou não da agência
Análise segundo critérios definidos no ato convocatório
Segundo padrões de custo x benefício

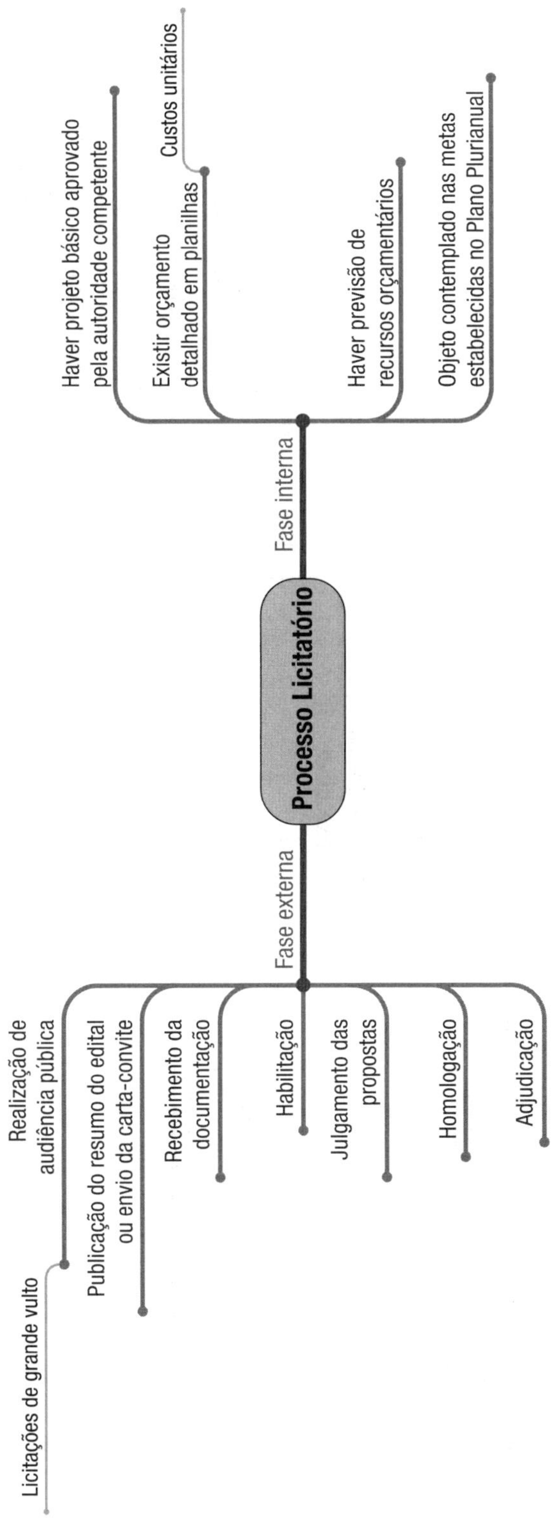
Processo Licitatório
Fase interna
Haver projeto básico aprovado pela autoridade competente
Existir orçamento detalhado em planilhas
Custos unitários
Haver previsão de recursos orçamentários
Objeto contemplado nas metas estabelecidas no Plano Plurianual
Fase externa
Realização de audiência pública
Licitações de grande vulto
Publicação do resumo do edital ou envio da carta-convite
Recebimento da documentação
Habilitação
Julgamento das propostas
Homologação
Adjudicação

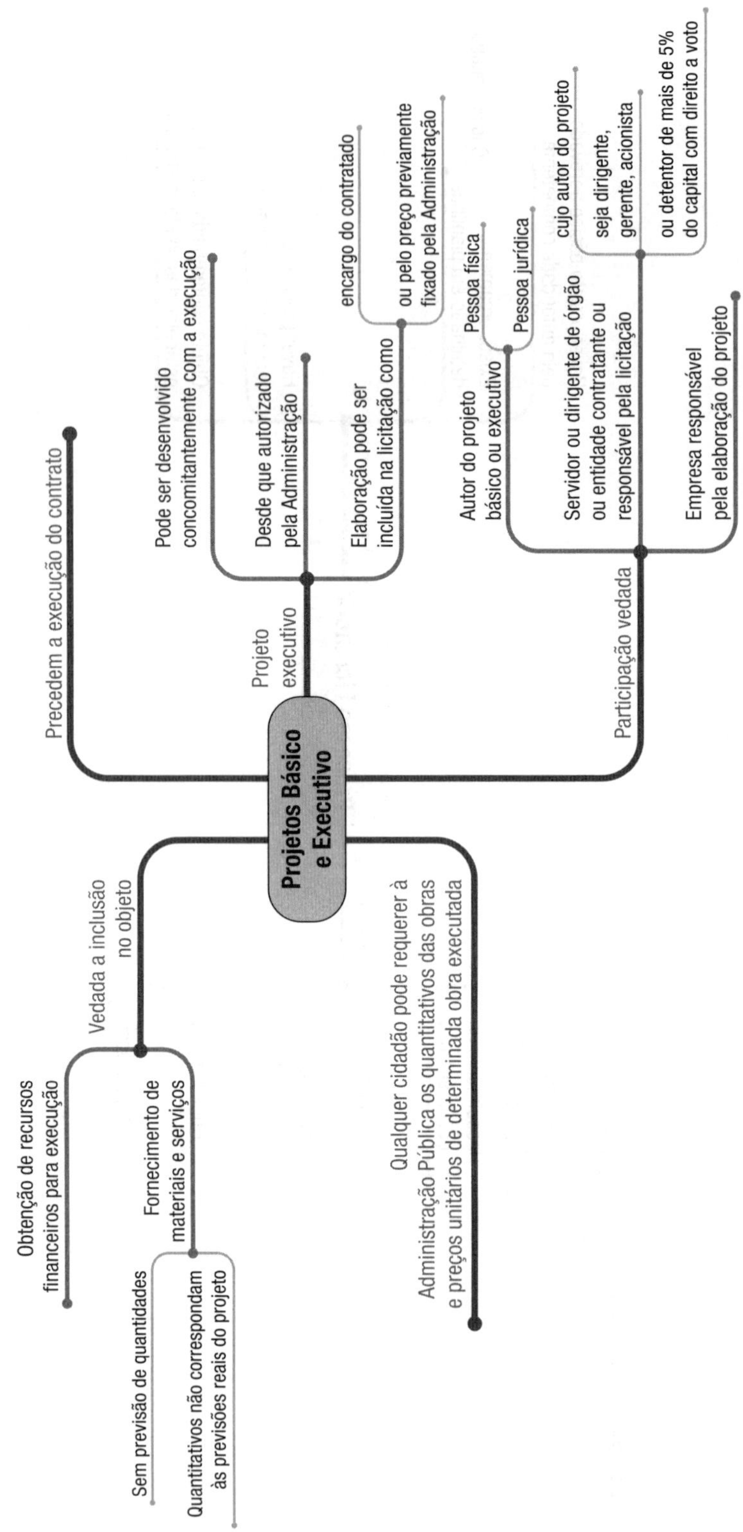
Projetos Básico e Executivo
Precedem a execução do contrato
Projeto executivo
Pode ser desenvolvido concomitantemente com a execução
Desde que autorizado pela Administração
Elaboração pode ser incluída na licitação como
encargo do contratado
ou pelo preço previamente fixado pela Administração
Participação vedada
Autor do projeto básico ou executivo
Pessoa física
Pessoa jurídica
Servidor ou dirigente de órgão ou entidade contratante ou responsável pela licitação
cujo autor do projeto
seja dirigente, gerente, acionista
ou detentor de mais de 5% do capital com direito a voto
Empresa responsável pela elaboração do projeto
Vedada a inclusão no objeto
Obtenção de recursos financeiros para execução
Fornecimento de materiais e serviços
Sem previsão de quantidades
Quantitativos não correspondam às previsões reais do projeto
Qualquer cidadão pode requerer à Administração Pública os quantitativos das obras e preços unitários de determinada obra executada

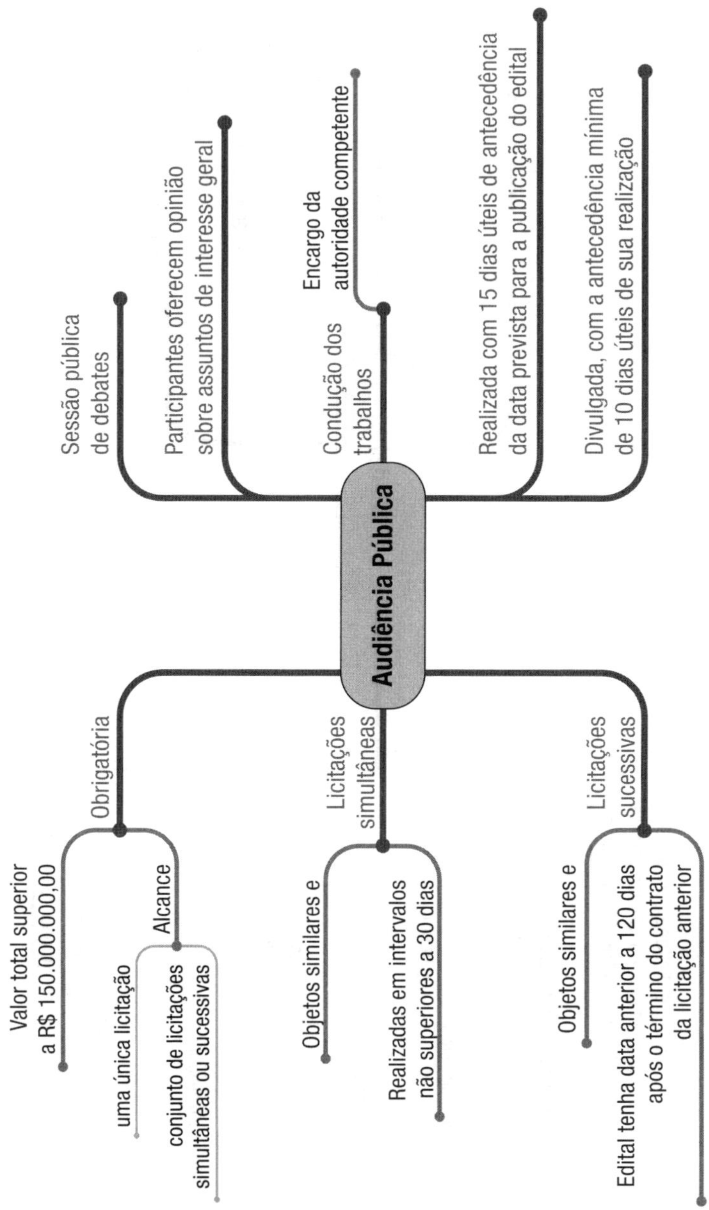
Audiência Pública
Sessão pública de debates
Participantes oferecem opinião sobre assuntos de interesse geral
Condução dos trabalhos
Encargo da autoridade competente
Realizada com 15 dias úteis de antecedência da data prevista para a publicação do edital
Divulgada, com a antecedência mínima de 10 dias úteis de sua realização
Obrigatória
Valor total superior a R$ 150.000.000,00
Alcance
uma única licitação
conjunto de licitações simultâneas ou sucessivas
Licitações simultâneas
Objetos similares e
Realizadas em intervalos não superiores a 30 dias
Licitações sucessivas
Objetos similares e
Edital tenha data anterior a 120 dias após o término do contrato da licitação anterior

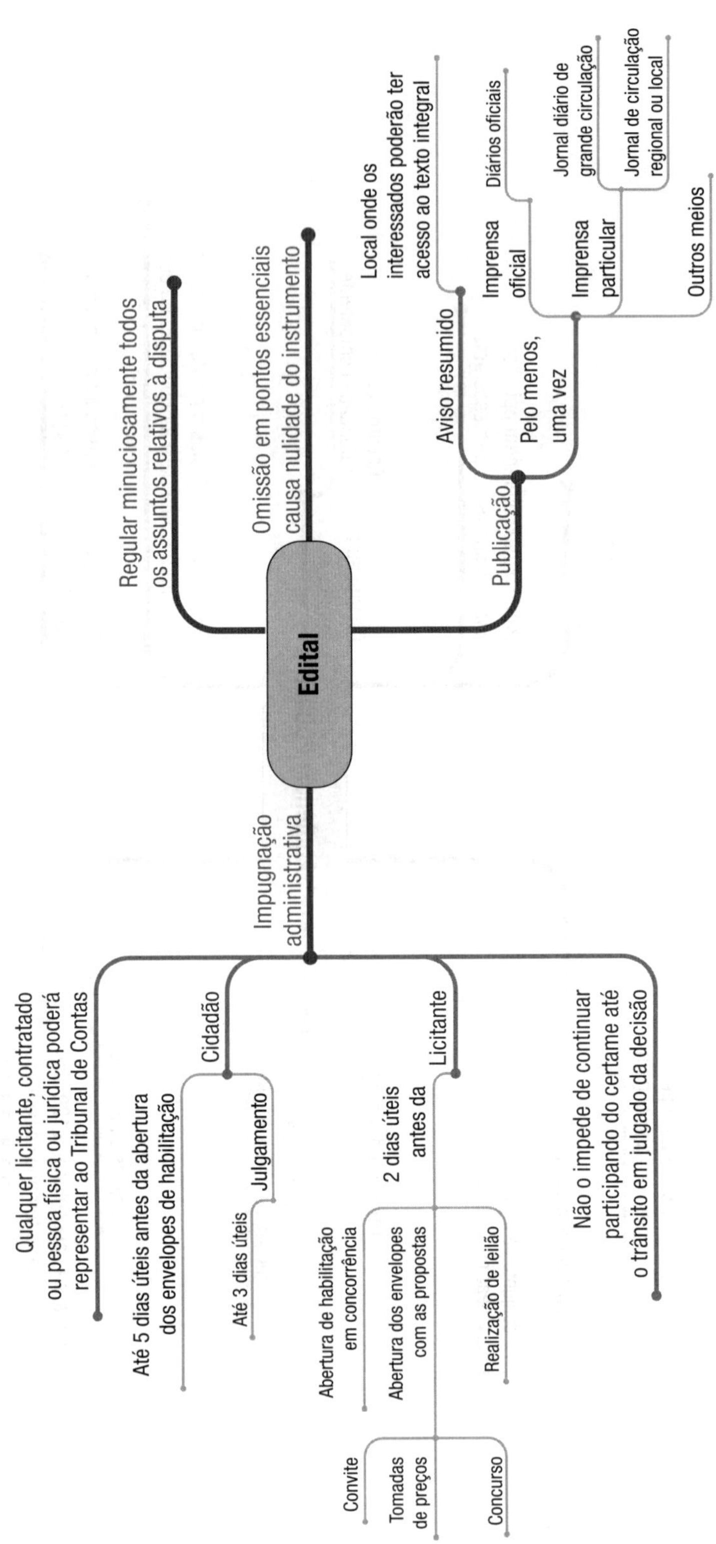
Edital
Regular minuciosamente todos os assuntos relativos à disputa
Omissão em pontos essenciais causa nulidade do instrumento
Publicação
Aviso resumido
Local onde os interessados poderão ter acesso ao texto integral
Pelo menos, uma vez
Imprensa oficial
Diários oficiais
Imprensa particular
Jornal diário de grande circulação
Jornal de circulação regional ou local
Outros meios
Impugnação administrativa
Qualquer licitante, contratado ou pessoa física ou jurídica poderá representar ao Tribunal de Contas
Cidadão
Até 5 dias úteis antes da abertura dos envelopes de habilitação
Julgamento
Até 3 dias úteis
Licitante
2 dias úteis antes da
Abertura de habilitação em concorrência
Abertura dos envelopes com as propostas
Realização de leilão
Convite
Tomadas de preços
Concurso
Não o impede de continuar participando do certame até o trânsito em julgado da decisão

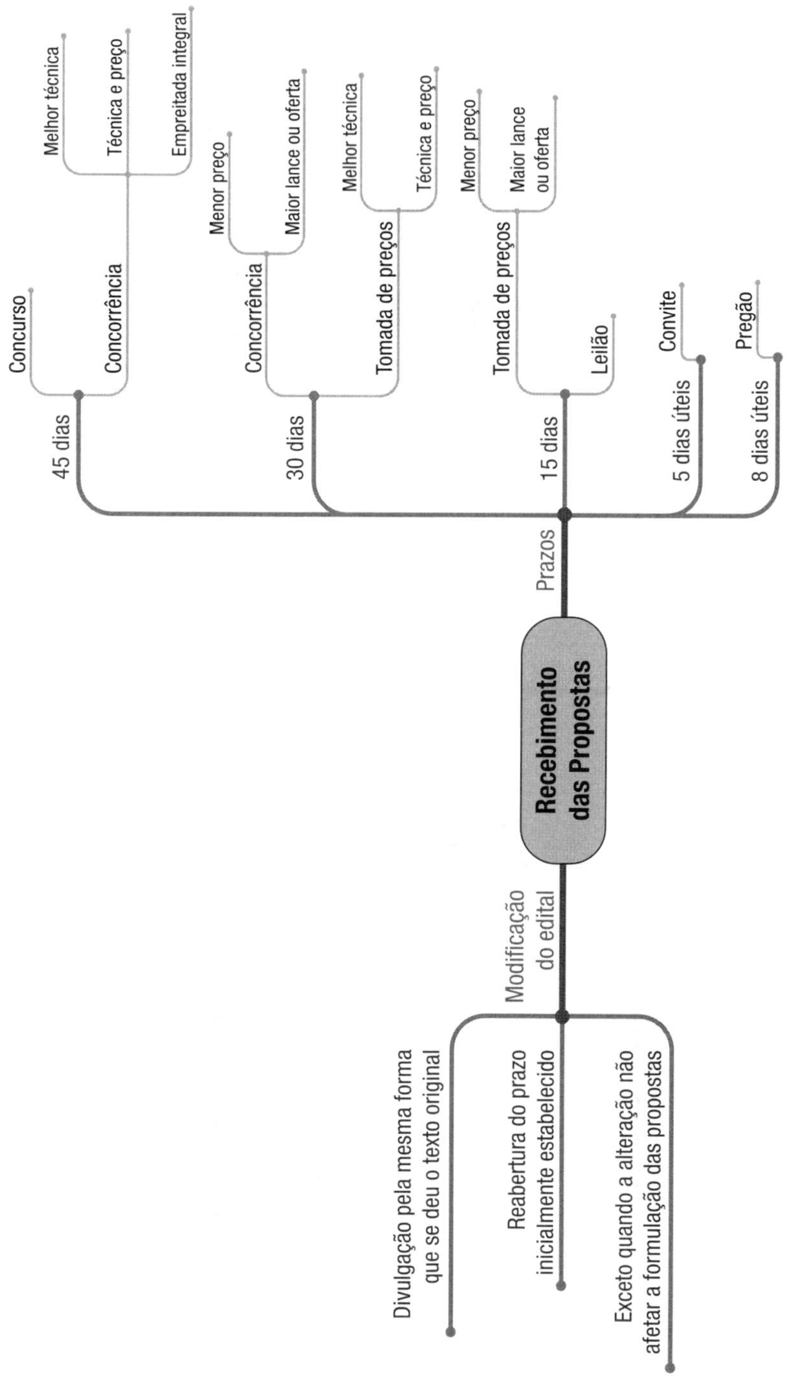
Recebimento das Propostas
Prazos
45 dias
Concurso
Concorrência
Melhor técnica
Técnica e preço
Empreitada integral
30 dias
Concorrência
Menor preço
Maior lance ou oferta
Tomada de preços
Melhor técnica
Técnica e preço
15 dias
Tomada de preços
Menor preço
Maior lance ou oferta
Leilão
5 dias úteis
Convite
8 dias úteis
Pregão
Modificação do edital
Divulgação pela mesma forma que se deu o texto original
Reabertura do prazo inicialmente estabelecido
Exceto quando a alteração não afetar a formulação das propostas

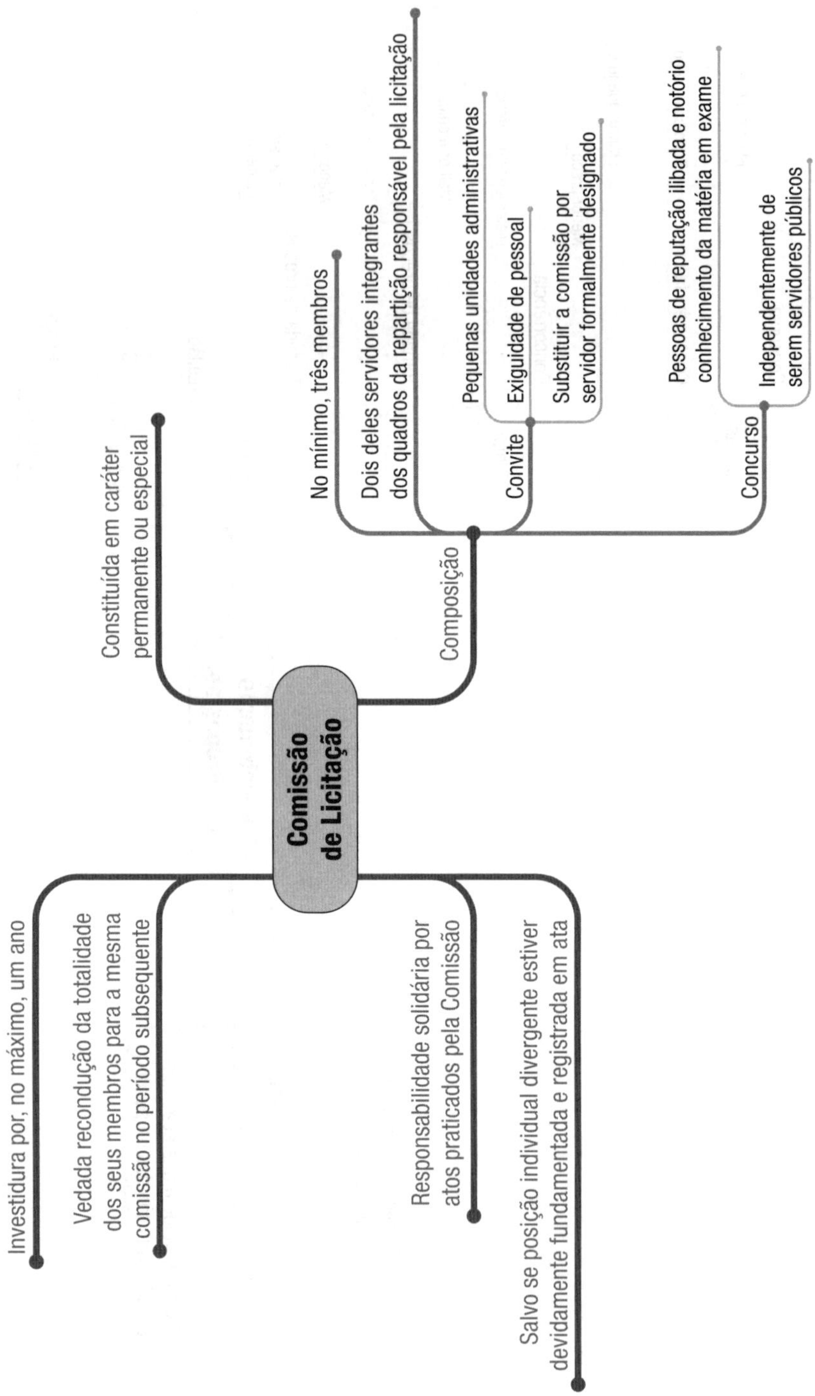
Comissão de Licitação
Constituída em caráter permanente ou especial
Composição
No mínimo, três membros
Dois deles servidores integrantes dos quadros da repartição responsável pela licitação
Convite
Pequenas unidades administrativas
Exiguidade de pessoal
Substituir a comissão por servidor formalmente designado
Concurso
Pessoas de reputação ilibada e notório conhecimento da matéria em exame
Independentemente de serem servidores públicos
Investidura por, no máximo, um ano
Vedada recondução da totalidade dos seus membros para a mesma comissão no período subsequente
Responsabilidade solidária por atos praticados pela Comissão
Salvo se posição individual divergente estiver devidamente fundamentada e registrada em ata

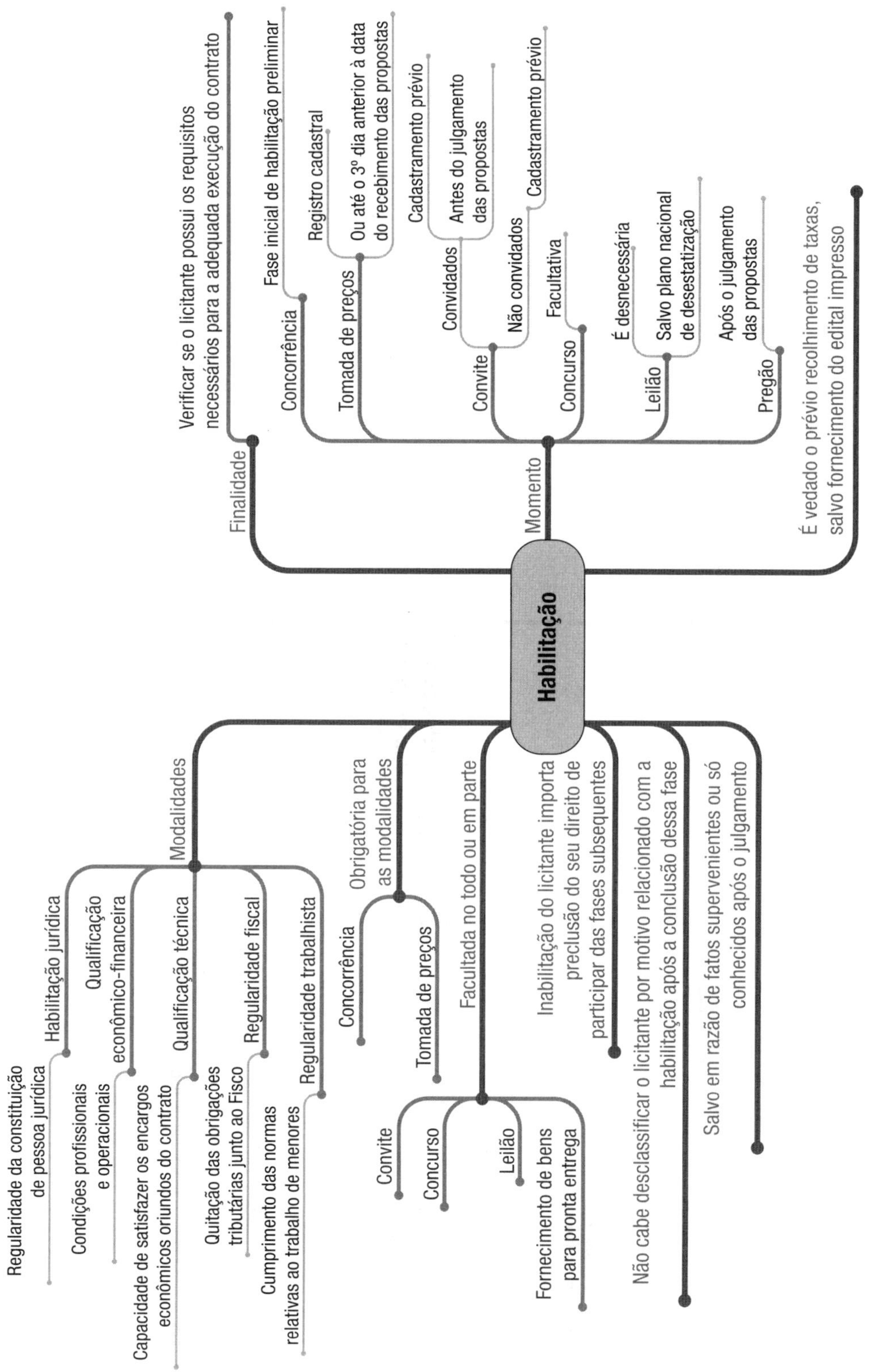
Habilitação
Finalidade
Verificar se o licitante possui os requisitos necessários para a adequada execução do contrato
Momento
Concorrência
Fase inicial de habilitação preliminar
Tomada de preços
Registro cadastral
Ou até o 3º dia anterior à data do recebimento das propostas
Convite
Convidados
Cadastramento prévio
Antes do julgamento das propostas
Não convidados
Cadastramento prévio
Concurso
Facultativa
Leilão
É desnecessária
Salvo plano nacional de desestatização
Pregão
Após o julgamento das propostas
É vedado o prévio recolhimento de taxas, salvo fornecimento do edital impresso
Modalidades
Habilitação jurídica
Regularidade da constituição de pessoa jurídica
Qualificação econômico-financeira
Condições profissionais e operacionais
Qualificação técnica
Capacidade de satisfazer os encargos econômicos oriundos do contrato
Regularidade fiscal
Quitação das obrigações tributárias junto ao Fisco
Regularidade trabalhista
Cumprimento das normas relativas ao trabalho de menores
Obrigatória para as modalidades
Concorrência
Tomada de preços
Facultada no todo ou em parte
Convite
Concurso
Leilão
Fornecimento de bens para pronta entrega
Inabilitação do licitante importa preclusão do seu direito de participar das fases subsequentes
Não cabe desclassificar o licitante por motivo relacionado com a habilitação após a conclusão dessa fase
Salvo em razão de fatos supervenientes ou só conhecidos após o julgamento

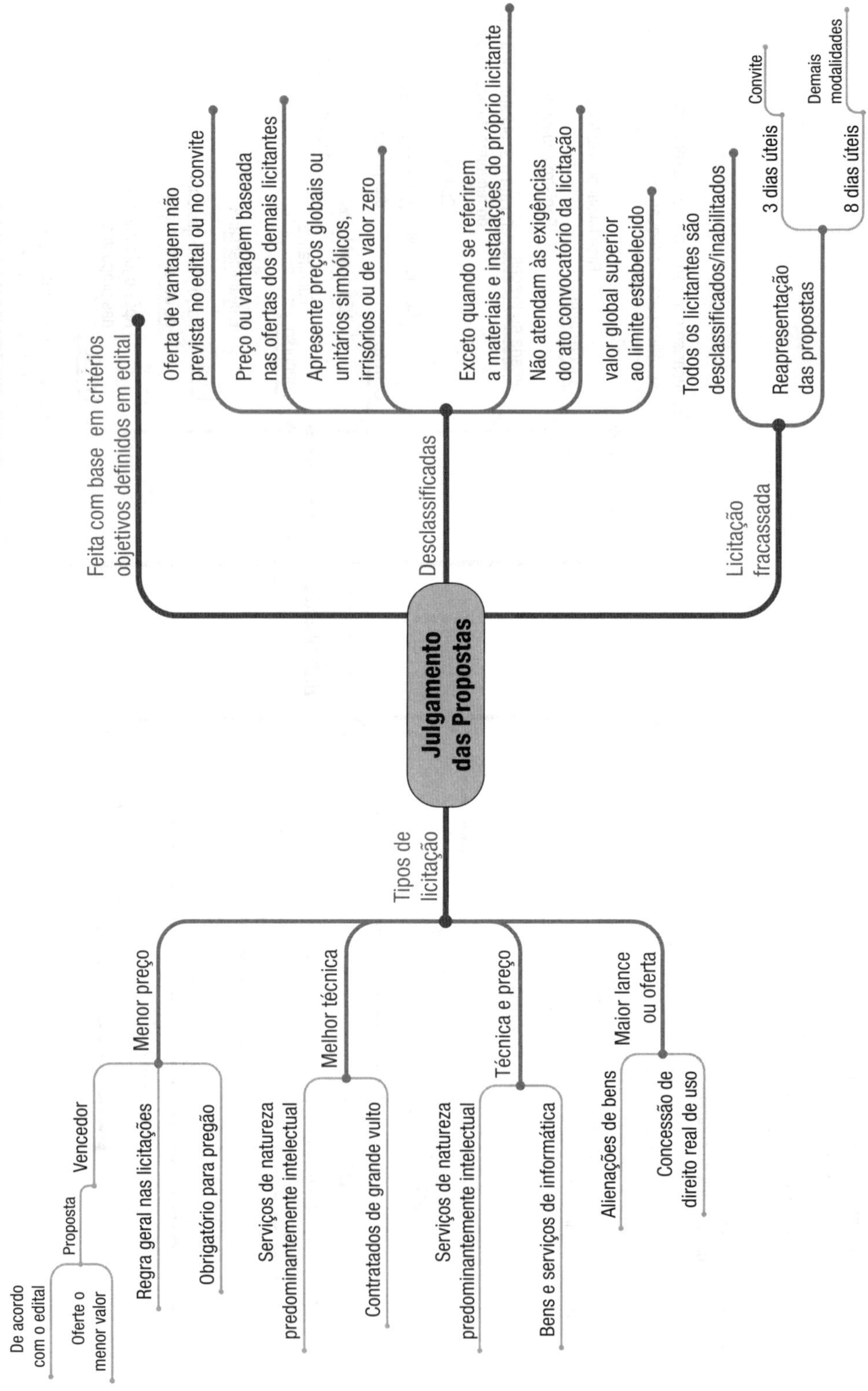
Julgamento das Propostas
Feita com base em critérios objetivos definidos em edital
Desclassificadas
Oferta de vantagem não prevista no edital ou no convite
Preço ou vantagem baseada nas ofertas dos demais licitantes
Apresente preços globais ou unitários simbólicos, irrisórios ou de valor zero
Exceto quando se referirem a materiais e instalações do próprio licitante
Não atendam às exigências do ato convocatório da licitação
valor global superior ao limite estabelecido
Licitação fracassada
Todos os licitantes são desclassificados/inabilitados
Reapresentação das propostas
3 dias úteis
Convite
8 dias úteis
Demais modalidades
Tipos de licitação
Menor preço
Vencedor
Proposta
De acordo com o edital
Oferte o menor valor
Regra geral nas licitações
Obrigatório para pregão
Melhor técnica
Serviços de natureza predominantemente intelectual
Contratados de grande vulto
Técnica e preço
Serviços de natureza predominantemente intelectual
Bens e serviços de informática
Maior lance ou oferta
Alienações de bens
Concessão de direito real de uso

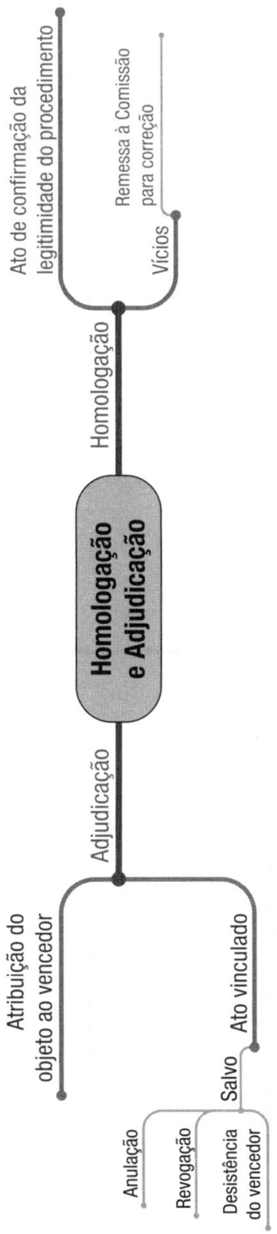
Homologação
e Adjudicação
Homologação
Ato de confirmação da
legitimidade do procedimento
Vícios
Remessa à Comissão
para correção
Adjudicação
Atribuição do
objeto ao vencedor
Ato vinculado
Salvo
Anulação
Revogação
Desistência
do vencedor

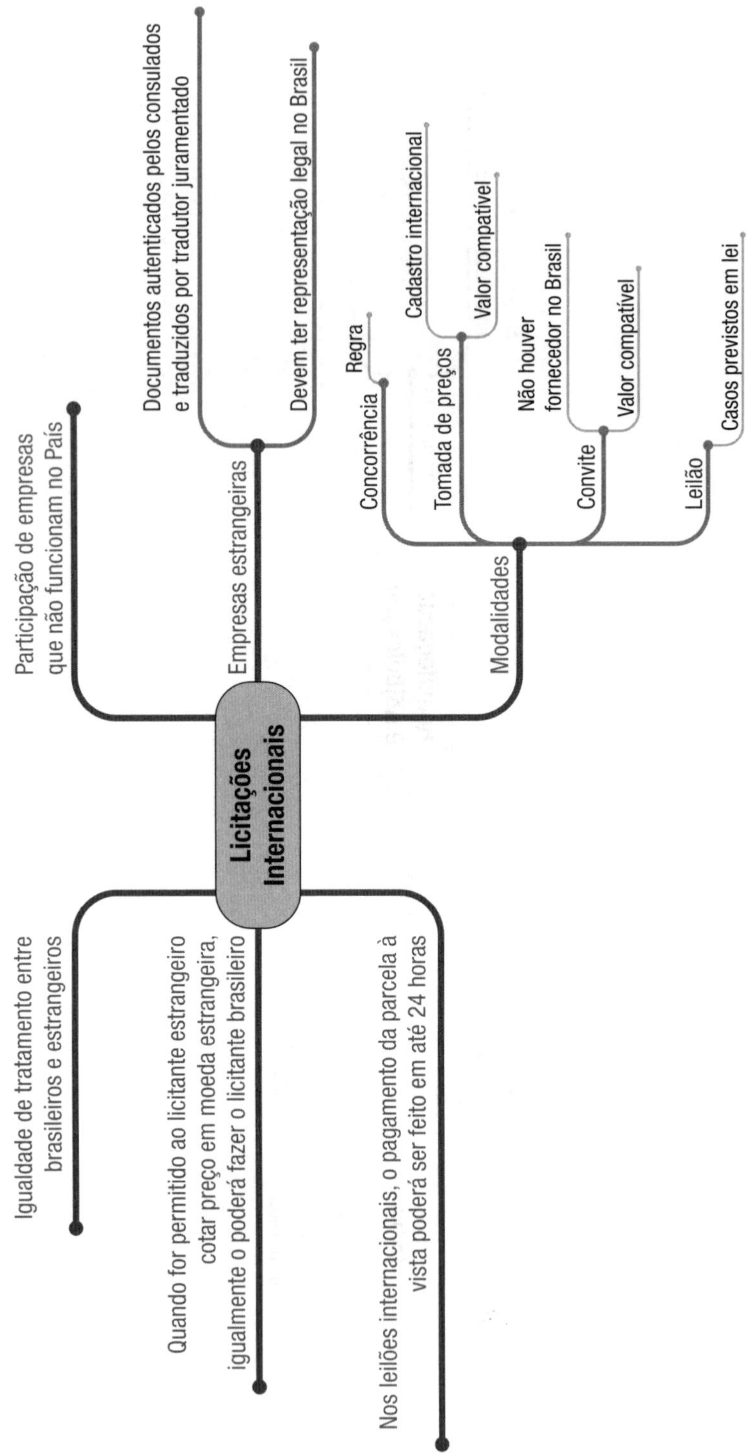
Licitações Internacionais
Participação de empresas que não funcionam no País
Empresas estrangeiras
Documentos autenticados pelos consulados e traduzidos por tradutor juramentado
Devem ter representação legal no Brasil
Modalidades
Concorrência
Regra
Tomada de preços
Cadastro internacional
Valor compatível
Convite
Não houver fornecedor no Brasil
Valor compatível
Leilão
Casos previstos em lei
Igualdade de tratamento entre brasileiros e estrangeiros
Quando for permitido ao licitante estrangeiro cotar preço em moeda estrangeira, igualmente o poderá fazer o licitante brasileiro
Nos leilões internacionais, o pagamento da parcela à vista poderá ser feito em até 24 horas

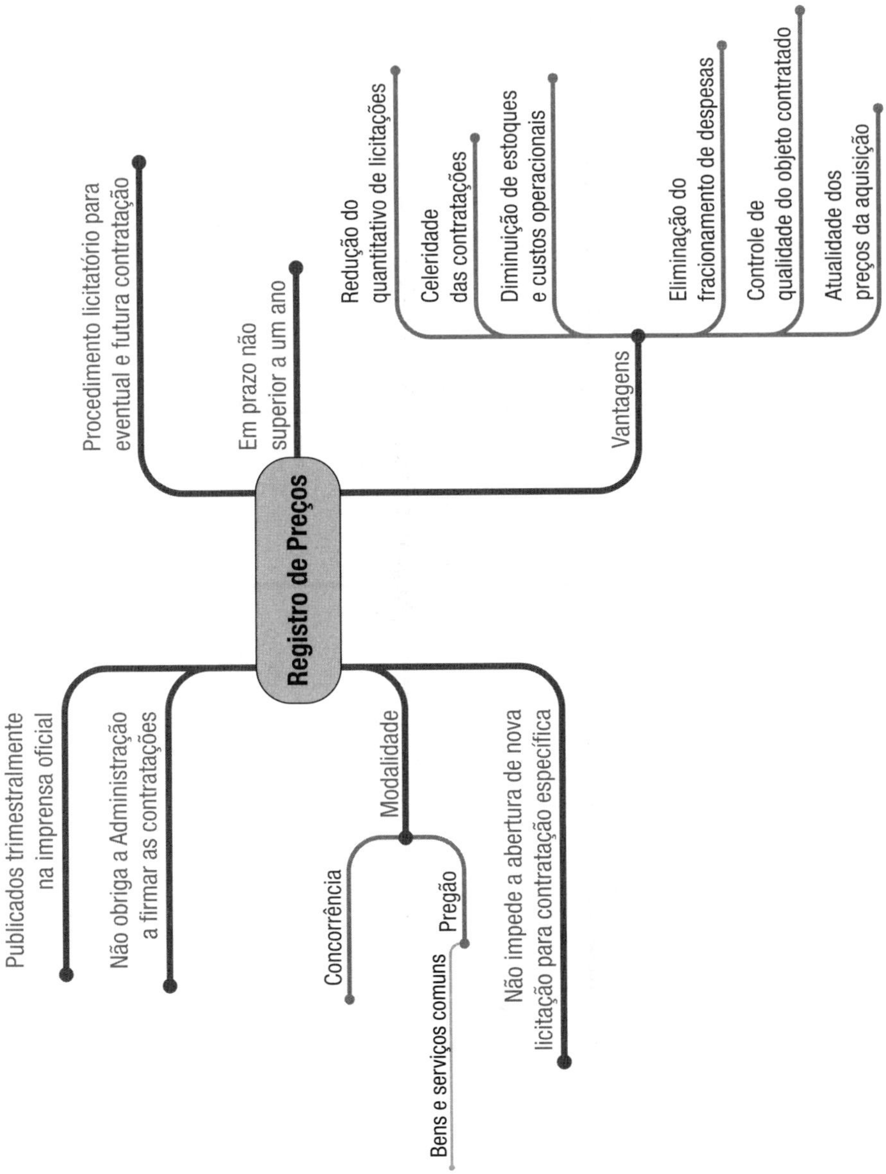
Registro de Preços
Procedimento licitatório para eventual e futura contratação
Em prazo não superior a um ano
Vantagens
Redução do quantitativo de licitações
Celeridade das contratações
Diminuição de estoques e custos operacionais
Eliminação do fracionamento de despesas
Controle de qualidade do objeto contratado
Atualidade dos preços da aquisição
Publicados trimestralmente na imprensa oficial
Não obriga a Administração a firmar as contratações
Modalidade
Concorrência
Pregão
Bens e serviços comuns
Não impede a abertura de nova licitação para contratação específica

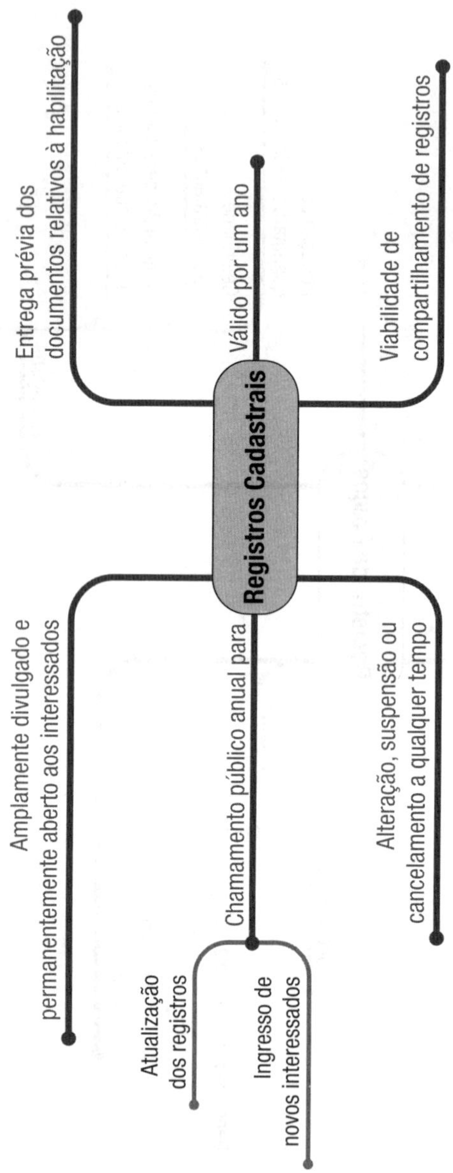
Registros Cadastrais
Entrega prévia dos documentos relativos à habilitação
Válido por um ano
Viabilidade de compartilhamento de registros
Amplamente divulgado e permanentemente aberto aos interessados
Chamamento público anual para
Atualização dos registros
Ingresso de novos interessados
Alteração, suspensão ou cancelamento a qualquer tempo

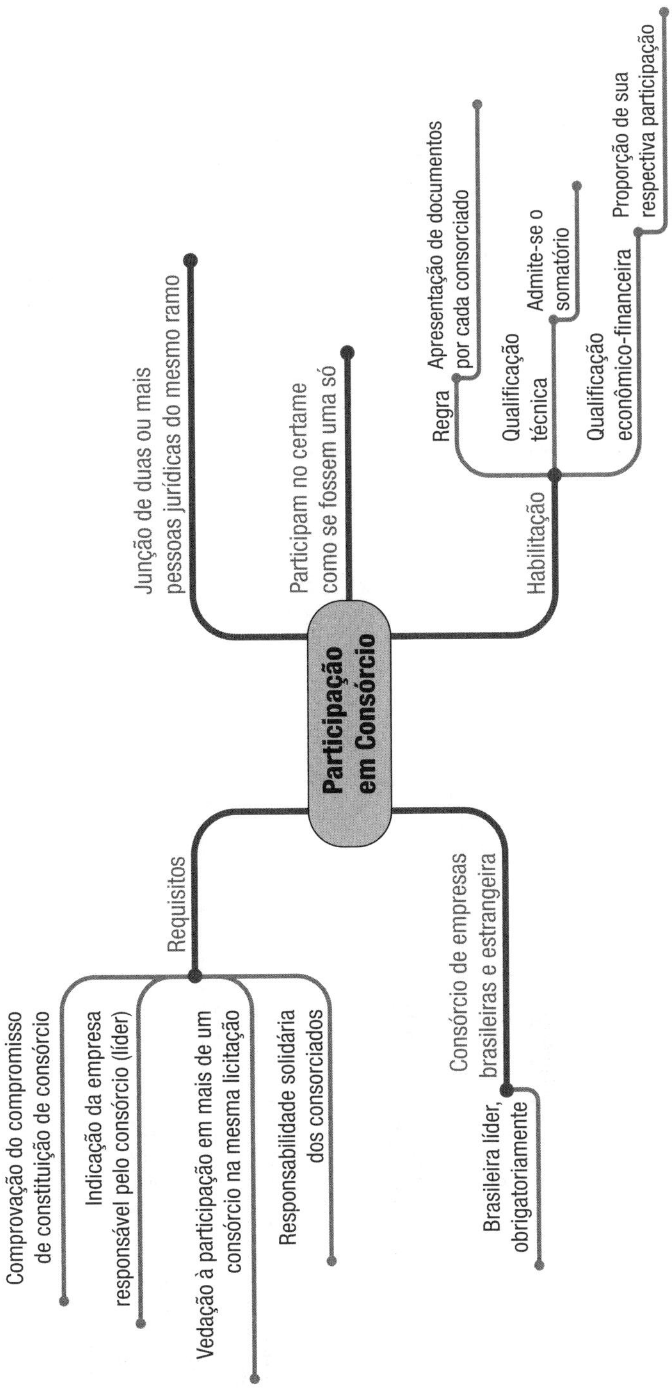
Participação em Consórcio
Junção de duas ou mais pessoas jurídicas do mesmo ramo
Participam no certame como se fossem uma só
Habilitação
Regra
Apresentação de documentos por cada consorciado
Qualificação técnica
Admite-se o somatório
Qualificação econômico-financeira
Proporção de sua respectiva participação
Requisitos
Comprovação do compromisso de constituição de consórcio
Indicação da empresa responsável pelo consórcio (líder)
Vedação à participação em mais de um consórcio na mesma licitação
Responsabilidade solidária dos consorciados
Consórcio de empresas brasileiras e estrangeira
Brasileira líder, obrigatoriamente

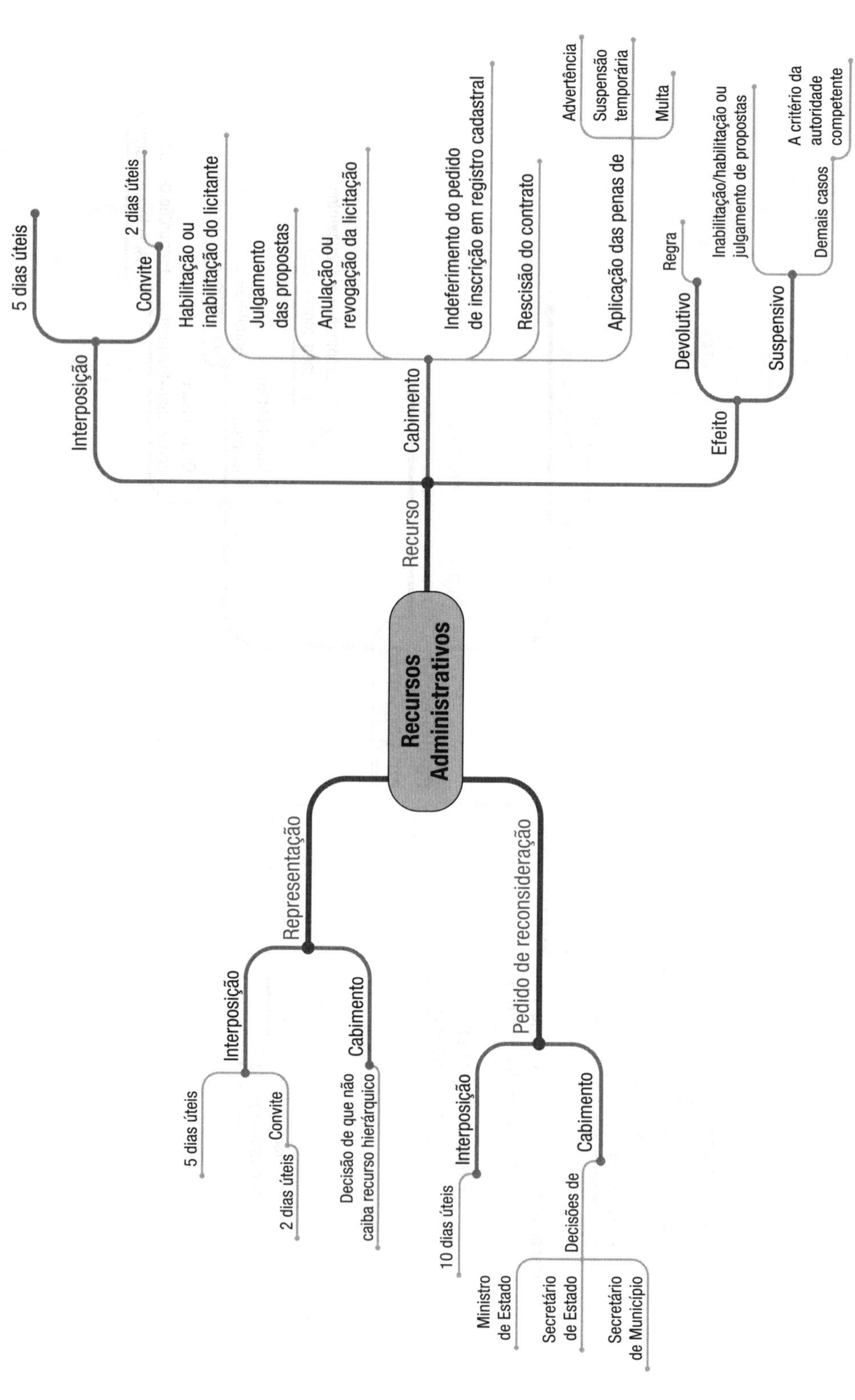
Recursos Administrativos
Recurso
Interposição
5 dias úteis
Convite
2 dias úteis
Cabimento
Habilitação ou inabilitação do licitante
Julgamento das propostas
Anulação ou revogação da licitação
Indeferimento do pedido de inscrição em registro cadastral
Rescisão do contrato
Aplicação das penas de
Advertência
Suspensão temporária
Multa
Efeito
Devolutivo
Regra
Suspensivo
Inabilitação/habilitação ou julgamento de propostas
Demais casos
A critério da autoridade competente
Representação
Interposição
5 dias úteis
Convite
2 dias úteis
Cabimento
Decisão de que não caiba recurso hierárquico
Pedido de reconsideração
Interposição
10 dias úteis
Cabimento
Decisões de
Ministro de Estado
Secretário de Estado
Secretário de Município

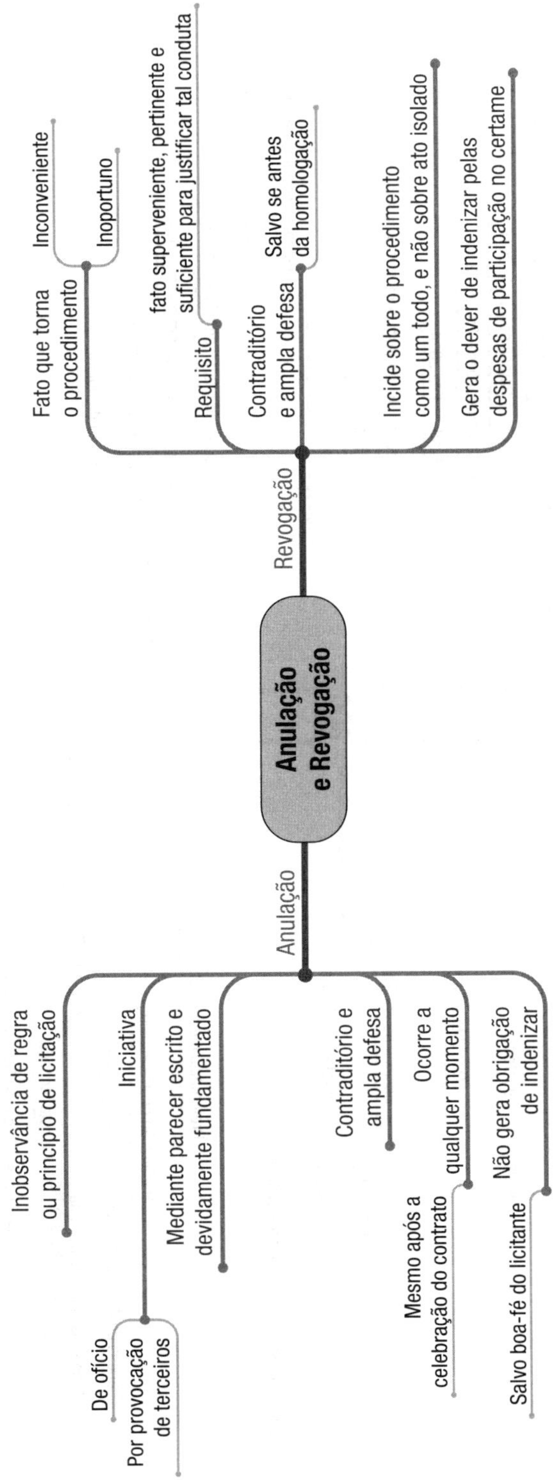
Anulação e Revogação
Revogação
Fato que torna o procedimento
Inconveniente
Inoportuno
Requisito
fato superveniente, pertinente e suficiente para justificar tal conduta
Contraditório e ampla defesa
Salvo se antes da homologação
Incide sobre o procedimento como um todo, e não sobre ato isolado
Gera o dever de indenizar pelas despesas de participação no certame
Anulação
Inobservância de regra ou princípio de licitação
Iniciativa
De ofício
Por provocação de terceiros
Mediante parecer escrito e devidamente fundamentado
Contraditório e ampla defesa
Ocorre a qualquer momento
Mesmo após a celebração do contrato
Não gera obrigação de indenizar
Salvo boa-fé do licitante

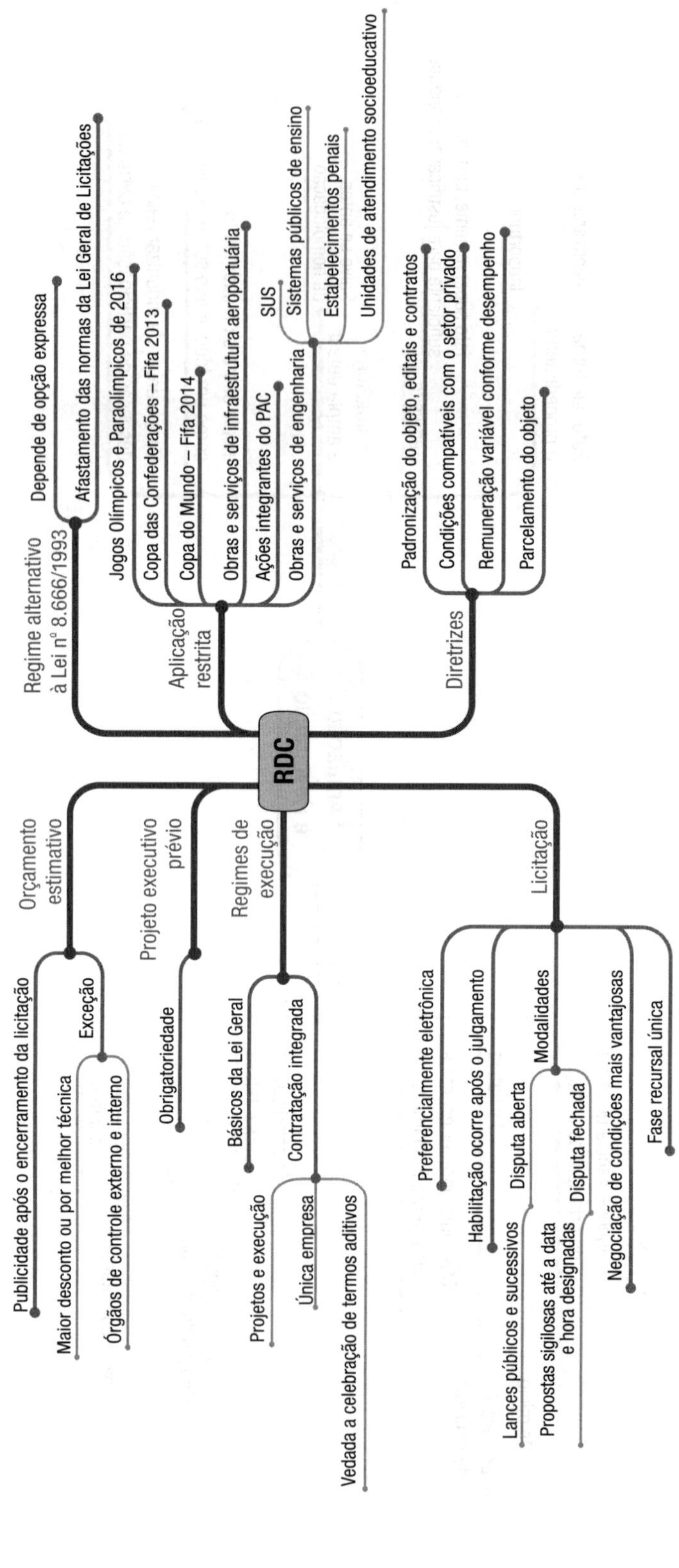
RDC
Regime alternativo à Lei nº 8.666/1993
Depende de opção expressa
Afastamento das normas da Lei Geral de Licitações
Aplicação restrita
Jogos Olímpicos e Paralímpicos de 2016
Copa das Confederações – Fifa 2013
Copa do Mundo – Fifa 2014
Obras e serviços de infraestrutura aeroportuária
Ações integrantes do PAC
Obras e serviços de engenharia
SUS
Sistemas públicos de ensino
Estabelecimentos penais
Unidades de atendimento socioeducativo
Diretrizes
Padronização do objeto, editais e contratos
Condições compatíveis com o setor privado
Remuneração variável conforme desempenho
Parcelamento do objeto
Orçamento estimativo
Publicidade após o encerramento da licitação
Exceção
Maior desconto ou por melhor técnica
Órgãos de controle externo e interno
Projeto executivo prévio
Obrigatoriedade
Regimes de execução
Básicos da Lei Geral
Contratação integrada
Projetos e execução
Única empresa
Vedada a celebração de termos aditivos
Licitação
Preferencialmente eletrônica
Habilitação ocorre após o julgamento
Modalidades
Disputa aberta
Lances públicos e sucessivos
Disputa fechada
Propostas sigilosas até a data e hora designadas
Negociação de condições mais vantajosas
Fase recursal única

Capítulo 9

Contratos Administrativos

1. CONSIDERAÇÕES INICIAIS

Na lição de Hely Lopes Meirelles, "contrato é todo acordo de vontades, firmado livremente pelas partes, para criar obrigações e direitos recíprocos".[1]

O parágrafo único do art. 2º da Lei nº 8.666/1993, a Lei de Licitações e Contratos, considera contrato como:

> Todo e qualquer ajuste entre órgãos ou entidades da Administração Pública e particulares, em que haja um acordo de vontades para a formação de vínculo e a estipulação de obrigações recíprocas, seja qual for a denominação utilizada.

Os contratos em geral situam-se na categoria dos atos jurídicos, que são manifestações de vontade humanas que produzem efeitos jurídicos. Mais especificamente, em regra, os contratos são bilaterais e comutativos. Ou seja, são ajustes realizados entre indivíduos que se obrigam a prestações (obrigações e direitos) mútuas e equivalentes.

Desde a Roma antiga, os contratos sofrem a incidência de três princípios básicos:

a) *Lex inter partes*: as cláusulas contratuais fazem-se lei entre as partes. Isto é, são prescrições de observância e obediência obrigatória, e não podem ser alteradas unilateralmente por uma das partes. Assim, como as cláusulas foram estabelecidas por consentimento mútuo, a alteração destas faz-se mediante acordo;

b) *Pacta sunt servanda*: os contratos devem ser cumpridos fielmente, conforme combinado no momento de sua pactuação; e

c) Autonomia da vontade: as partes contratuais têm liberdade de celebrar contratos de qualquer natureza, inclusive com objetos inéditos, desde que lícitos, possíveis e determinados (ou determináveis). Trata-se do princípio pelo qual tudo o que não está proibido por lei, está de igual forma permitido.

1 MEIRELLES, Hely Lopes. *Direito Administrativo Brasileiro*. 34ª ed. São Paulo: Malheiros, 2008, p. 213.

Feita essa breve revista pela teoria geral dos contratos, podemos situar os contratos administrativos no sistema jurídico. Como atos jurídicos bilaterais, os contratos administrativos são espécies de atos da Administração Pública, ao lado dos atos administrativos, dos atos materiais e de outros já mencionados nesta obra.[2] São chamados bilaterais exatamente porque resultam de acordo de vontades entre as partes e estabelecem vantagens recíprocas. Dessa maneira, no Direito Administrativo, não cabe falar em contrato unilateral, de qualquer espécie.

Não devemos esquecer que, de maneira geral, a teoria geral dos contratos é aplicável aos contratos administrativos, com a ressalva de que, pelo fato de contarem sempre com o Estado como uma das partes negociais, há efetiva incidência de diversas regras de Direito Público, notadamente de Direito Administrativo. Isso se consubstancia em diversos privilégios e restrições especiais em favor da Administração Pública, a exemplo das cláusulas exorbitantes, comentadas oportunamente neste capítulo.

Assim, podemos conceituar **contrato administrativo** como o acordo de vontades que a Administração Pública, sob a égide do regime jurídico--administrativo, firma com outra pessoa, física ou jurídica, visando ao atendimento do interesse público.

De resto, importa advertir que o presente capítulo trata não só de contratos administrativos propriamente ditos, mas de outras modalidades de acordos firmados pela Administração Pública, a exemplo dos convênios e consórcios administrativos e consórcios públicos.

2. REGIME JURÍDICO

Já foi dito que regime jurídico é o conjunto de normas e princípios que regem determinada relação jurídica. No âmbito das relações contratuais, quando falamos em regime jurídico nos referimos às regras e princípios aplicáveis aos contratos celebrados pela Administração Pública.

Quanto ao regime jurídico, a doutrina costuma classificar os contratos que a Administração celebra em contratos administrativos e contratos de direito privado.

2.1. Contratos administrativos

Nos contratos administrativos a Administração se situa na condição de gestora do interesse público, estando sob a incidência de normas publicísticas. Logo, nessa categoria de contratos a Administração Pública goza de diversos

2 Sobre os atos da Administração consulte o tópico 3 do Capítulo 6 (Atos Administrativos).

privilégios especiais, que são exercidos por meio das cláusulas exorbitantes (**verticalidade**).

A verticalidade, entretanto, não impede que normas de Direito Privado incidam sobre esses contratos. Pelo contrário, o art. 54 da Lei nº 8.666/1993 reza que:

> Os contratos administrativos de que trata esta Lei regulam-se pelas suas cláusulas e pelos preceitos de direito público, **aplicando -se-lhes, supletivamente, os princípios da teoria geral dos contratos e as disposições de direito privado** (grifo nosso).

O interesse público, nessa espécie de ajuste, é **direto e imediato**, pois a Administração visa à satisfação direta e instantânea de uma finalidade pública. Ademais, a celebração do contrato atende predominantemente as exigências do interesse público.

Exemplificativamente, são contratos administrativos os contratos de obra pública, de concessão de uso de bem público, de prestação de serviços, entre outros.

2.2. Contratos de direito privado

Os contratos de direito privado recebem incidência predominante de normas de Direito Privado. Disso resulta clara a igualdade jurídica entre a Administração e o particular (**horizontalidade**).

Todavia, não é demais afirmarmos que essa horizontalidade é **relativa**, posto que, embora haja incidência de normas privatísticas nesse tipo de contrato, aplicam-se normas publicísticas, subsidiariamente. Assim, no silêncio das disposições de Direito Privado, aplicam-se as normas de Direito Público, inclusive cláusulas exorbitantes.

É o que se depreende do § 3º do art. 62 da Lei de Licitações e Contratos, segundo o qual se aplicam cláusulas exorbitantes e outras disposições gerais de direito público, no que couber e desde que previstas expressamente:

> I – aos contratos de seguro, de financiamento, de locação em que o Poder Público seja locatário, e aos demais cujo conteúdo seja regido, predominantemente, por norma de direito privado;
>
> II – aos contratos em que a Administração for parte como usuária de serviço público.

Quanto ao interesse público, podemos afirmar que nessa espécie de avença seu atendimento é apenas indireto e mediato, uma vez que a celebração do contrato é motivada predominantemente por interesses privados.

Exemplos de contratos administrativos são os contratos de locação (em que a Administração figura como locatária), os contratos de conta-corrente em bancos estatais, os contratos de financiamento e de seguro.

Contratos da Administração	
Contratos Administrativos	**Contratos de Direito Privado**
Direito Público (Direito Administrativo)	Direito Privado (Direito Civil)
Verticalidade (Cláusulas Exorbitantes)	Horizontalidade
Ex.: contrato de obra pública, contrato de concessão de uso de bem público, contrato de prestação de serviços etc.	Ex.: contrato de conta-corrente em banco estatal, contrato de financiamento, de locação (administração como locatária) etc.

3. CARACTERÍSTICAS

Além da verticalidade, da finalidade pública e da existência de cláusulas exorbitantes, podemos apontar outras características presentes nos contratos administrativos, as quais passamos a analisar.

3.1. Consensualismo, comutatividade e onerosidade

O **consensualismo** dos contratos administrativos deflagra-se pelo fato de ser um acordo de vontades entre as partes da relação negocial. No campo do Direito Administrativo, não há contrato unilateral. Todo e qualquer contrato administrativo surge da livre conjunção de vontades entre a Administração e outra pessoa, física ou jurídica. No contrato administrativo não há imperatividade, no sentido de a Administração impor a celebração do contrato ao particular. É bem certo que a Administração, no exercício de sua verticalidade, pode exercer alguns privilégios sobre o particular. Mas a decisão de celebrar ou não o contrato é deste, mediante aquilo que julgar conveniente para si mesmo.

Os contratos também gozam de **onerosidade**, que impõe uma relação de deveres e vantagens para as partes envolvidas na relação negocial. O contrário disso seria o contrato gratuito, acordo no qual uma das partes envolvidas no negócio aufere todas as vantagens e a outra arca com todo o ônus.

Os contratos administrativos geralmente são onerosos. Mas há espécies gratuitas, a exemplo da concessão de uso de bem público não remunerada. Observe que nesse caso temos: de um lado a Administração concedente não usufruindo de qualquer vantagem e arcando com o ônus da utilização do bem público pelo concessionário, e de outro temos este usufruindo tão somente as vantagens dessa utilização sem arcar com qualquer ônus (pagamento). Vale repisar, de maneira geral, os contratos administrativos são onerosos.

A **comutatividade** significa, nesse contexto, a relação de equivalência entre as prestações e contraprestações efetuadas pelas partes. Assim, nos contratos administrativos, não basta que as obrigações e direitos contratuais sejam recíprocos (onerosidade). Além disso, é necessário que essas prestações guardem entre si uma relação de proporcionalidade em que as obrigações de uma das partes correspondam exatamente aos direitos que esta usufrui da relação contratual.

Nessa esteira, o princípio do equilíbrio econômico financeiro, inerente a todo e qualquer contrato administrativo, exige que haja revisão dos pagamentos devidos ao contratado, sempre que os encargos deste forem aumentados ou diminuídos drasticamente de forma a manter uma relação proporcional entre encargos e vantagens para ambas as partes.

Em suma, os contratos administrativos são sempre consensuais e, em regra, onerosos e comutativos.

3.2. Formalismo

O formalismo nos contratos administrativos é exigência inafastável, por representar uma garantia para os administrados e para a própria Administração.[3] Assim, o contrato administrativo, para ser válido, deve seguir diversos requisitos formais especiais estabelecidos em lei.

O contrato administrativo é, em regra, registrado por escrito em relação às cláusulas e normas legais pertinentes ao acordo. A exceção encontra-se nos casos de contratos de pequeno valor (até R$ 4.000,00) e pronto pagamento em regime de adiantamento (art. 60, parágrafo único, Lei nº 8.666/1993). Esses contratos podem ser **verbais**.[4]

O instrumento de contrato é **obrigatório** nos casos de **concorrência** e de **tomada** de preços, bem como nas dispensas e inexigibilidades cujos preços estejam compreendidos nos limites dessas duas modalidades de licitação, e **facultativo** nos demais casos.

Nessas situações em que o termo de contrato administrativo é facultativo a Administração poderá substituí-lo por outros instrumentos hábeis, tais como **carta-contrato**, **nota de empenho de despesa**, **autorização de compra** ou **ordem de execução de serviço** (art. 62, Lei nº 8.666/1993).

3 MEIRELLES, Hely Lopes. *Direito Administrativo Brasileiro*. 34ª ed. São Paulo: Malheiros, 2008, p. 223.

4 Note-se que a regra é que são nulos e de nenhum efeito os contratos verbais firmados com a Administração.

O § 4º reza que, a critério da Administração e independentemente de seu valor, a mesma liberdade na escolha de outros instrumentos hábeis repousa sobre os contratos de compra com **entrega imediata e integral** dos bens adquiridos, dos quais não resultem **obrigações futuras**, inclusive assistência técnica. Em situações assim, o acordo pode ser formalizado por meio de nota de empenho de despesa, carta-contrato, autorização de compra ou ordem de execução de serviço.

O art. 61 determina que todo contrato deve mencionar os nomes das partes e os de seus representantes, a finalidade, o ato que autorizou a sua lavratura, o número do processo da licitação, da dispensa ou da inexigibilidade, a sujeição dos contratantes às normas legais e às cláusulas contratuais.

A Administração convocará regularmente o interessado para assinar o termo de contrato, aceitar ou retirar o instrumento equivalente, dentro do prazo e condições estabelecidos, sob pena de decair o direito à contratação. A partir da entrega das propostas, a Administração terá 60 dias para convocar o licitante vencedor à assinatura do contratado, não podendo este recusá-la, sob pena de sofrer as penalidades previstas em lei. Após esse prazo, o licitante vencedor poderá renunciar à sua proposta e não celebrar contrato com a Administração sem que esteja sujeito às sanções disciplinares. Em situações assim, a Administração poderá convocar o segundo classificado na licitação para que celebre o contrato nas mesmas condições e prazos do licitante vencedor. Não querendo fazê-lo o segundo colocado, poderá a Administração repetir o mesmo procedimento para com os demais licitantes na ordem de classificação do certame. Alternativamente, poderá ser revogada a licitação e, por conseguinte, abrir o novo procedimento licitatório.

Como requisito essencial à eficácia dos contratos administrativos, a publicação oficial resumida deste e dos seus aditamentos deverá ser providenciada pela Administração até o **quinto dia útil** do mês seguinte ao de sua assinatura, para ocorrer no prazo de **20 dias** daquela data, qualquer que seja o seu valor, ainda que **sem ônus** (art. 61, parágrafo único).

Por causa da presunção de legitimidade de que gozam, uma vez publicados na imprensa oficial dispensam testemunhas ou **registro em cartório,** bastando que sejam registrados em livro próprio da repartição pública interessada. Todavia, alguns contratos, por expressa exigência legal, deverão ter registro em cartório, a exemplo dos que tenham por objeto direitos reais sobre imóveis (art. 60, LLC).

Sobre as cláusulas contratuais, Hely Lopes Meirelles ensina com propriedade:

> Em todo contrato administrativo estão presentes também as denominadas cláusulas implícitas, que, por serem da própria natureza dos ajustes públicos, consideram-se existentes mesmo que não escritas, tais como a que permite a rescisão unilateral por interesse público, com a consequente indenização; a que autoriza a

> alteração unilateral por conveniência do serviço, desde que mantido o equilíbrio financeiro; a que possibilita a redução ou ampliação do objeto do contrato, dentro dos limites regulamentares; a que faculta a assunção dos trabalhos paralisados, para evitar a descontinuidade do serviço público, e outras dessa espécie, reconhecidas à Administração como privilégios irrenunciáveis em suas contratações.[5]

As cláusulas essenciais a que alude o saudoso mestre estão previstas no art. 55 da Lei nº 8.666/1993, dentre as quais destacamos as seguintes: o objeto e seus elementos característicos; o regime de execução ou a forma de fornecimento; o preço e as condições de pagamento, os critérios, data-base e periodicidade do reajustamento de preços, os critérios de atualização monetária entre a data do adimplemento das obrigações e a do efetivo pagamento; os prazos de início de etapas de execução, de conclusão, de entrega, de observação e de recebimento definitivo, conforme o caso; as garantias oferecidas para assegurar sua plena execução, quando exigidas; os direitos e as responsabilidades das partes, as penalidades cabíveis e os valores das multas; os casos de rescisão; e a obrigação do contratado de manter, durante toda a execução do contrato, em compatibilidade com as obrigações por ele assumidas, todas as condições de habilitação e qualificação exigidas na licitação.

Além dessas, o art. 55, § 2º, do Estatuto exige que nos contratos celebrados pela Administração Pública com pessoas físicas ou jurídicas, inclusive aquelas domiciliadas no estrangeiro, **conste, necessariamente, cláusula** que declare competente o **foro da sede da Administração** para dirimir qualquer questão contratual, salvo as seguintes situações:

a) aqueles cujo pagamento seja feito com produto de financiamento concedido por organismo financeiro internacional de que o Brasil faça parte, ou por agência estrangeira de cooperação;

b) contratação com empresa estrangeira, para a compra de equipamentos fabricados e entregues no exterior; e

c) aquisição de bens e serviços realizada por unidades administrativas com sede no exterior.

3.3. Natureza de contrato de adesão contínua

O contrato de adesão é aquele em que uma das partes estabelece todas as cláusulas contratuais, ou a maior parte delas, e à outra resta apenas aceitá-las integralmente, sem possibilidade de alterá-las. Caso não as aceite, não há possibilidade de ser celebrado o ajuste. A negociação das cláusulas contratuais, uma a uma, pelas partes contratantes não ocorre nos contratos de adesão.

Os contratos administrativos são contratos de adesão justamente porque cabe à Administração definir as cláusulas contratuais, enquanto a outra parte (o futuro

5 MEIRELLES, Hely Lopes. *Direito Administrativo Brasileiro*. 34ª ed. São Paulo: Malheiros, 2008, p. 224-225.

contratado) ou as aceita integralmente ou não celebra o ajuste. Inclusive, caso a outra parte se negue a celebrar o contrato sob a justificativa de desconhecimento das cláusulas contratuais, poderá a Administração se valer do argumento de que a minuta do contrato é parte integrante do instrumento convocatório, devendo correr em anexo a este (art. 40, § 2º, III, e art. 62, § 1º). Isto é, o particular, antes mesmo de participar do procedimento licitatório, terá o conhecimento das cláusulas do futuro contrato que poderá, se vencedor do certame, celebrar com a Administração. Se ainda assim resolve ingressar na disputa, significa que assumiu tacitamente a responsabilidade pela assinatura do ajuste.

Não raro os contratos de direito privado, firmados entre particulares, também têm natureza de contrato de adesão. Daí nosso leitor, com razão, poderia questionar: se os contratos de direito privado também são, em grande parte, contratos de adesão, essa característica não seria peculiar dos contratos administrativos. Sim, há total acerto nessa afirmação. Entretanto, há algo que devemos acrescentar: o que de fato torna o contrato administrativo especial frente aos demais contratos do universo jurídico é ser ele um **contrato de adesão contínua**. Isso significa que o contratado não apenas é obrigado a aceitar as cláusulas contratuais conforme estabelecidas no momento inicial da celebração, como também deverá continuar concordando com alterações que porventura venham a ocorrer após a sua celebração. Inclusive, uma das cláusulas exorbitantes dos contratos administrativos, como veremos adiante, é justamente a prerrogativa de alterá-los unilateralmente, para melhor adequação ao interesse público.

O princípio da autonomia da vontade está presente nos contratos administrativos, mesmo tendo estes natureza de contrato de adesão, pois ainda assim o particular tem liberdade entre contratar, ou não, com a Administração.

O que não se aceita é que o particular, mesmo conhecedor do futuro contrato, ingresse no procedimento licitatório, seja o legítimo vencedor e, no momento da assinatura da avença, desista de fazê-lo sob o argumento de que esta ou aquela cláusula do contrato não lhe é interessante.

3.4. Caráter "*intuitu personae*"

O contratado, por sua própria força, deverá executar o contrato. As subcontratações, de forma geral, são vedadas nos contratos administrativos.

A subcontratação ocorre quando a Administração Pública celebra contrato com particular e este, por sua vez, contrata terceiro para executar o objeto que se comprometeu a realizar.

O inc. VI do art. 78 prescreve que a subcontratação total ou parcial do objeto, a associação do contratado com outrem, a cessão ou transferência, total ou parcial, bem como a fusão, cisão ou incorporação, não admitidas no edital e no contrato, é motivo para **rescisão do contrato**.

Não obstante a regra seja a vedação de subcontratação do objeto, esta será possível somente quando prevista expressamente no edital e no contrato e haja, em cada caso, autorização da Administração.

Ademais, a subcontratação deve sempre ser vista como exceção, pois somente é recomendável quando restar patentemente demonstrada a inviabilidade técnica e/ou econômica da execução integral do objeto pelo contratado.[6]

Isso ocorre normalmente quando o objeto da contratação somente possa ser satisfatoriamente desempenhado por empresa ou profissional que atue em ramo distinto do que foi contratado. Exemplo disso seria uma empreiteira contratada para construção de prédio público, que subcontrata a parte de instalação dos aparelhos de ar-condicionado com empresário do ramo.

A própria Lei de Licitações e Contratos se antecipa e estabelece caso em que a subcontratação não será, em hipótese alguma, permitida pela Administração: a empresa de prestação de serviços técnicos especializados que apresente relação de integrantes de seu corpo técnico em procedimento licitatório ou como elemento de justificação de dispensa ou inexigibilidade de licitação, ficará obrigada a garantir que os referidos integrantes realizem pessoal e diretamente os serviços objeto do contrato (art. 13, § 3º, LLC).

É bom destacar que a subcontratação não surte efeitos perante a Administração, permanecendo a empresa contratada responsável pela integralidade do objeto do contrato.

4. CLÁUSULAS EXORBITANTES

Também chamadas de cláusulas de privilégio, as cláusulas exorbitantes são as que conferem à Administração prerrogativas, privilégios, poderes especiais, em relação ao contratado. Em verdade, essas cláusulas fazem a relação contratual pender para o lado da Administração. Isto é, quebram a isonomia (horizontalidade) característica dos contratos de direito privado. Por isso, se dizem exorbitantes do Direito comum, pois em contratos privados tais cláusulas seriam ilícitas ou, quando menos, incomuns.

As cláusulas exorbitantes não podem ser confundidas com cláusulas abusivas (ou leoninas), na medida em que não configuram abuso de direito, mas tão somente uma necessária desigualdade jurídica entre a Administração e o contratado, com vistas ao prevalecimento do interesse público.

A existência de cláusulas exorbitantes é o traço diferenciador entre os contratos administrativos e os demais contratos que são firmados no universo jurídico. Ademais, as cláusulas exorbitantes em nada desfiguram a bilateralidade dos contratos administrativos.

6 TCU, Acórdão nº 2.089/2011-Plenário.

O art. 58 do Estatuto enumera as cláusulas exorbitantes em favor da Administração, qual seja o poder de:

> I – modificá-los, unilateralmente, para melhor adequação às finalidades de interesse público, respeitados os direitos do contratado;
>
> II – rescindi-los, unilateralmente, nos casos especificados em lei;
>
> III – fiscalizar-lhes a execução;
>
> IV – aplicar sanções motivadas pela inexecução total ou parcial do ajuste;
>
> V – nos casos de serviços essenciais, ocupar provisoriamente bens móveis, imóveis, pessoal e serviços vinculados ao objeto do contrato, na hipótese da necessidade de acautelar apuração administrativa de faltas contratuais pelo contratado, bem como na hipótese de rescisão do contrato administrativo.

A estas, devemos acrescentar duas: restrição ao uso, pelo contratado, da cláusula *exceptio non adimpleti contractus* e exigência de garantia.

4.1. Alteração unilateral

Na âmbito da teoria geral dos contratos, o princípio *pacta sunt servanda* impõe que os acordos sejam cumpridos conforme o combinado entre as partes. Isto é, as cláusulas contratuais consubstanciam verdadeiras leis entre as partes contratantes, de modo que devem ser rigorosamente observadas (*lex inter partes*). Quaisquer alterações que sejam feitas no ajuste devem ser bilateralmente acordadas entre as partes, sob pena de nulidade do vínculo. Ou seja, a bilateralidade está presente tanto na celebração do contrato quanto no decorrer de sua vigência.

Esta teoria aplica-se integralmente aos contratos regidos pelo Direito Privado. Todavia, vemos que nos contratos administrativos há relativização do princípio *pacta sunt servanda* pela presença de cláusulas exorbitantes que conferem à Administração poderes de alterar unilateralmente a avença. Vale dizer, uma vez que a Administração figure no contrato em posição de superioridade em relação ao contratado, descabe falar em direito adquirido à imutabilidade das cláusulas contratuais originalmente estabelecidas. Pelo contrário, a **mutabilidade** é a tônica dos contratos administrativos, pois sempre que o interesse público exigir a Administração deverá promover alterações contratuais a fim de atender às exigências do bem coletivo.

Não poderia ser diferente, de vez que condicionar alterações contratuais à anuência do contratado significaria subordinar o interesse público ao interesse privado, absurdo que nem de longe poderia ser tolerado no ordenamento jurídico de qualquer Estado que se diga minimamente sério.

De tudo o que foi dito, o que é sobremodo importante é que a alteração unilateral somente incide sobre **cláusulas regulamentares ou de serviço** (relativas à caracterização do objeto e suas quantidades), jamais sobre **cláusulas econômico-financeiras** (aquelas que concernem à justa remuneração do contratado). Ocorre assim porque um dos direitos inafastáveis do contratado é o justo pagamento dos encargos a ele cometidos. Dessa forma, as cláusulas econômico-financeiras só poderão ser alteradas mediante acordo entre as partes (art. 58, § 1º).

Pela dicção do art. 65, verifica-se a existência de duas espécies de alterações contratuais: qualitativas e quantitativas.

As **alterações qualitativas** são aquelas que se referem às características do objeto e suas especificações para melhor adequação técnica. Esse tipo de alteração deverá observar, como limites, os direitos do contratado (equilíbrio econômico-financeiro) e o valor máximo para acréscimos e supressões estabelecido no art. 65, § 1º, do Estatuto.[7] Além disso, a alteração qualitativa não pode ser tamanha que desvirtue a natureza do objeto do contrato (ex.: não pode um contrato de concessão de uso de bem público converter-se em contrato de compra e venda).

Já as **alterações quantitativas**, como o próprio nome denuncia, nos remetem à quantização numérica do objeto para aumentá-la ou diminuí-la.

Os limites para alterações contratuais unilaterais são:

a) 25% para acréscimos ou supressões do valor inicialmente acordado; e

b) 50% para acréscimos, no caso particular de reforma de edifícios ou de equipamentos.

Graficamente, temos:

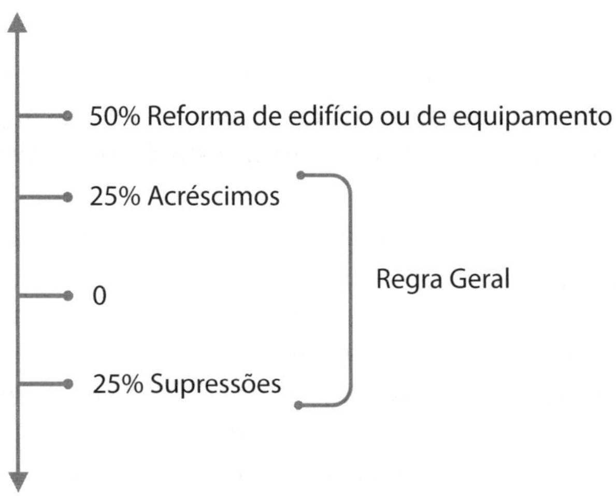

7 O professor Carvalho Filho (*Manual de Direito Administrativo*. 20ª ed. Rio de Janeiro: Lumen Juris, 2008, p. 185) entende que os limites constantes no art. 65, § 1º, seriam aplicáveis às alterações qualitativas e quantitativas.

Embora estes sejam os limites para supressões e acréscimos advindos de alteração unilateral do contrato, é possível que, **mediante acordo** entre as partes, haja **supressões** além dos 25% já estabelecidos na lei. Note que essa regra sobre alterações consensuais não se aplica aos acréscimos, mas tão somente às supressões. Veja que como se trata de medida tomada mediante acordo entre as partes (bilateral), não cabe falar em cláusula exorbitante, pois a alteração deixou de ser unilateral.

Reza o § 4º do art. 65 que no caso de supressão de obras, bens ou serviços, se o contratado já houver adquirido os materiais e posto no local dos trabalhos, estes deverão ser pagos pela Administração pelos custos de aquisição regularmente comprovados e monetariamente corrigidos, podendo caber indenização por outros danos eventualmente decorrentes da supressão, desde que regularmente comprovados.

Observe-se que a lei menciona indenização pelos danos emergentes da supressão, que são aqueles efetiva e imediatamente verificados quando da alteração contratual. Quanto aos lucros cessantes decorrentes dela (o que o contratado deixou de ganhar em virtude da supressão), tem-se entendimento doutrinário no sentido de que não são cabíveis em situações assim. Contudo, há precedente no STJ no sentido de que, mesmo nestes casos, seria cabível indenização por lucros cessantes.[8]

Ademais, os contratos podem ser alterados mediante **acordo** entre as partes (art. 65, II, LLC):

a) quando conveniente a substituição da garantia de execução;

b) quando necessária a modificação do regime de execução da obra ou serviço, bem como do modo de fornecimento, em face de verificação técnica da inaplicabilidade dos termos contratuais originários;

c) quando necessária a modificação da forma de pagamento, por imposição de circunstâncias supervenientes, mantido o valor inicial atualizado, vedada a antecipação do pagamento, com relação ao cronograma financeiro fixado, sem a correspondente contraprestação de fornecimento de bens ou execução de obra ou serviço;

d) para restabelecer a relação que as partes pactuaram inicialmente entre os encargos do contratado e a retribuição da administração para a justa remuneração da obra, serviço ou fornecimento, objetivando a manutenção do equilíbrio econômico-financeiro inicial do contrato, na hipótese de sobrevirem fatos imprevisíveis, ou previsíveis porém de consequências incalculáveis, retardadores ou impeditivos da execução do ajustado, ou, ainda, em caso de força maior, caso fortuito ou fato do príncipe, configurando área econômica extraordinária e extracontratual.

8 REsp 585.113/PE, Rel. Min. FRANCISCO PEÇANHA MARTINS, DJ 20.06.2005.

Para preservar o equilíbrio econômico-financeiro dos contratos administrativos, o § 5º do art. 65 dispõe que quaisquer tributos ou encargos legais criados, alterados ou extintos, bem como a superveniência de disposições legais, quando ocorridas após a data da apresentação da proposta, de comprovada repercussão nos preços contratados, implicarão a **revisão** destes para mais ou para menos, conforme o caso. Com o mesmo intuito, o § 6º do mesmo artigo: "Em havendo alteração unilateral do contrato que aumente os encargos do contratado, a Administração deverá restabelecer, por aditamento, o equilíbrio econômico--financeiro inicial".

Por fim, vale mencionar que a variação do valor contratual para fazer face ao reajuste de preços previsto no próprio contrato, as atualizações, compensações ou penalizações financeiras decorrentes das condições de pagamento nele previstas, bem como o empenho de dotações orçamentárias suplementares até o limite do seu valor corrigido, não caracterizam alteração do mesmo, podendo ser registrados por simples apostila, dispensando a celebração de aditamento (art. 65, § 8º).

4.2. Rescisão unilateral

Uma das formas de extinção dos contratos administrativos é a rescisão. Hely Lopes Meirelles conceitua a rescisão como "o desfazimento do contrato durante sua execução por inadimplência de uma das partes, pela superveniência de eventos que impeçam ou tornem inconveniente o prosseguimento do ajuste ou pela ocorrência de fatos que acarretem seu rompimento de pleno direito".[9] Diz--se unilateral a revisão feita pela Administração sem que haja concordância do contratado.

Sempre formalmente motivada, a rescisão unilateral deve ser precedida de contraditório e ampla defesa do particular contratado. Não obstante, entende o STJ que "independente de prévio procedimento administrativo a rescisão unilateral do contrato pela Administração Pública, vinculada, especificamente, a 'razões de interesse público, de alta relevância e amplo conhecimento, justificadas e determinadas pela máxima autoridade da esfera administrativa a que está subordinado o contratante e exaradas no processo administrativo a que se refere o contrato'".[10] Nesses casos, a ideia central é a de que a concessão de amplo direito de defesa ao contratado é despicienda, já que não pode impedir a rescisão contratual diante do interesse público que se tem de atender no caso concreto.

O art. 78 estabelece as causas de extinção as quais resolvemos separar em grupos em função da causa da rescisão:

9 MEIRELLES, Hely Lopes. *Direito Administrativo Brasileiro*. 34ª ed. São Paulo: Malheiros, 2008, p. 247.

10 REsp 1.223.306-PR, Rel. originário Min. MAURO CAMPBELL MARQUES, Rel. para o acórdão Min. CESAR ASFOR ROCHA, julg.: 08.11.2011.

a) Culpa do contratado:

I. o não cumprimento de cláusulas contratuais, especificações, projetos ou prazos;

II. o cumprimento irregular de cláusulas contratuais, especificações, projetos e prazos;

III. a lentidão do seu cumprimento, levando a Administração a comprovar a impossibilidade da conclusão da obra, do serviço ou do fornecimento, nos prazos estipulados;

IV. o atraso injustificado no início da obra, serviço ou fornecimento;

V. a paralisação da obra, do serviço ou do fornecimento, sem justa causa e prévia comunicação à Administração;

VI . a subcontratação total ou parcial do seu objeto, a associação do contratado com outrem, a cessão ou transferência, total ou parcial, bem como a fusão, cisão ou incorporação, não admitidas no edital e no contrato;

VII. o desatendimento das determinações regulares da autoridade designada para acompanhar e fiscalizar a sua execução, assim como as de seus superiores;

VIII. o cometimento reiterado de faltas na sua execução, anotadas pelo representante da Administração incumbido da fiscalização do contrato;

XVIII. descumprimento das normas pertinentes ao trabalho noturno, perigoso ou insalubre a menores de 18 anos e de qualquer trabalho a menores de 16 anos, salvo na condição de aprendiz, a partir de 14 anos, sem prejuízo das sanções penais cabíveis.

b) Culpa da Administração:

XIII. a supressão, por parte da Administração, de obras, serviços ou compras, acarretando modificação do valor inicial do contrato além dos limites permitidos;

XIV. a suspensão de sua execução, por ordem escrita da Administração, por prazo superior a 120 dias, salvo em caso de calamidade pública, grave perturbação da ordem interna ou guerra, ou ainda por repetidas suspensões que totalizem o mesmo prazo, independentemente do pagamento obrigatório de indenizações pelas sucessivas e contratualmente imprevistas desmobilizações e mobilizações e outras previstas, assegurado ao contratado, nesses casos, o direito de optar pela suspensão do cumprimento das obrigações assumidas até que seja normalizada a situação;

XV. o atraso superior a 90 dias dos pagamentos devidos pela Administração decorrentes de obras, serviços ou fornecimento, ou parcelas destes, já recebidos ou executados, salvo em caso de calamidade pública, grave perturbação da ordem interna ou guerra, assegurado ao contratado o direito de optar pela suspensão do cumprimento de suas obrigações até que seja normalizada a situação;

XVI. a não liberação, por parte da Administração, de área, local ou objeto para execução de obra, serviço ou fornecimento, nos prazos contratuais, bem como das fontes de materiais naturais especificadas no projeto.

c) Inadimplemento sem culpa:

IX. a decretação de falência ou a instauração de insolvência civil;

X. a dissolução da sociedade ou o falecimento do contratado;

XI. a alteração social ou a modificação da finalidade ou da estrutura da empresa, que prejudique a execução do contrato.

d) Caso fortuito ou força maior:

XVII. a ocorrência de caso fortuito ou de força maior, regularmente comprovada, impeditiva da execução do contrato.

e) Interesse público:

XII. razões de interesse público, de alta relevância e amplo conhecimento, justificadas e determinadas pela máxima autoridade da esfera administrativa a que está subordinado o contratante e exaradas no processo administrativo a que se refere o contrato.

Feita a separação das hipóteses de rescisão conforme a causa, cabe agora mencionarmos as consequências decorrentes da extinção do vínculo. De antemão, podemos afirmar que, como regra, indeniza quem, por culpa, deu causa à rescisão.

A rescisão por culpa do contratado acarreta as seguintes consequências (art. 80):

I. assunção imediata do objeto do contrato, no estado e local em que se encontrar, por ato próprio da Administração;

II. ocupação e utilização do local, instalações, equipamentos, material e pessoal empregados na execução do contrato, necessários à sua continuidade;

III. execução da garantia contratual, para ressarcimento da Administração, e dos valores das multas e indenizações a ela devidos;

IV. retenção dos créditos decorrentes do contrato até o limite dos prejuízos causados à Administração.

A aplicação das duas primeiras medidas fica a critério da Administração, que poderá dar continuidade à obra ou ao serviço por execução direta ou indireta (*vide* art. 10, Lei nº 8.666/1993).

A rescisão por interesse público, por culpa da Administração e por advento de caso fortuito ou força maior dará ocasião às seguintes consequências (art. 79, § 2º):

I. ressarcimento dos prejuízos regularmente comprovados que houver sofrido;

II. devolução de garantia;

III. pagamentos devidos pela execução do contrato até a data da rescisão;

IV. pagamento do custo da desmobilização.

Quanto à inexecução de parte da Administração, o contratado faz jus, além dos **danos emergentes**, aos **lucros cessantes**. Isto é, aos rendimentos que deixou de auferir se não houvesse paralisação de execução do contrato em decorrência da atuação da Administração Pública.[11]

4.3. Poder de fiscalização e acompanhamento

O art. 67 da Lei de Licitações e Contratos prevê que a execução do contrato deverá ser acompanhada e fiscalizada por um **representante da Administração** especialmente designado, permitida a **contratação de terceiros** para assisti-lo e subsidiá-lo de informações pertinentes a essa atribuição.

Não raro vemos, no dia a dia da Administração Pública, a designação de fiscais de contratos administrativos sem a devida observância de critérios de afinidade técnica entre a formação profissional do servidor e a matéria que será objeto de fiscalização. Em situações assim, como vimos anteriormente, prevê a lei que sejam contratados terceiros para auxiliar o servidor e muni-lo de informações necessárias ao exercício de suas atribuições. Todavia, em muitos casos a contratação de terceiros não ocorre, tendo o servidor que exercer a árdua (e arriscada!) tarefa de fiscalizar aquilo do qual pouco entende. Nesse contexto, como era de se supor, equívocos diversos são cometidos (emprego de material de qualidade duvidosa ou defeituosos, adoção de procedimentos mais baratos e menos confiáveis só para citar alguns exemplos), gerando prejuízos à Administração, que por sua vez responsabilizará civil, penal e administrativa, conforme o caso, o servidor designado para fiscalizar o contrato. Resta claro,

11 STJ, REsp 1.232.571/MA, Rel. Min. MAURO CAMPBELL MARQUES, DJe 31.03.2011; REsp 1.155.771/DF, Rel. Min. TEORI ALBINO ZAVASCKI, DJe 08.10.2010; AgRg no REsp 929.310/RS, Rel.ª Min.ª DENISE ARRUDA, DJe 12.11.2009.

portanto, que se há má fiscalização, não pode essa circunstância ser atribuída ao servidor responsável pela fiscalização do contrato. Muito pelo contrário, deve ser atribuída à Administração que foi omissa em fornecer àquele as condições ideais para o pleno exercício de suas atribuições. Sobre o tema, o TCU tem jurisprudência no sentido de que "demonstrado nos autos que a responsável pela fiscalização do contrato tinha condições precárias para realizar seu trabalho, elide-se sua responsabilidade".[12]

O preposto da Administração **anotará em registro próprio** todas as ocorrências relacionadas à execução do contrato, determinando o que for necessário à regularização das faltas ou defeitos observados. As decisões e providências que ultrapassarem a competência do representante deverão ser solicitadas a seus superiores em tempo hábil para a adoção das medidas convenientes (§§ 1º e 2º).

A fiscalização da execução do contrato abrange a verificação do material e do trabalho, admitindo testes, provas de carga, experiências de funcionamento e de produção e tudo o mais que se relacionar à perfeição da obra, do serviço ou do fornecimento.[13]

O **contratado deverá manter preposto**, aceito pela Administração, no local da obra ou serviço, para representá-lo na execução do contrato (art. 68).

O contratado é responsável pelos danos causados diretamente à Administração ou a terceiros, decorrentes de sua culpa ou dolo na execução do contrato, não excluindo ou reduzindo essa responsabilidade a fiscalização ou o acompanhamento pelo órgão interessado (art. 70).

4.4. Restrições ao uso da cláusula *exceptio non adimpleti contractus*

Um contrato nada mais é que um acordo de vontades firmado entre duas pessoas que gera, para ambas, obrigações e direitos recíprocos. Se uma das partes cumpre fielmente aquilo que foi avençado, tem o direito de exigir que a outra parte também cumpra suas obrigações. O contrário também é verdadeiro: se uma das partes deixa de cumprir suas obrigações, a outra fica liberada, daquele momento em diante, de honrar os compromissos assumidos.

A cláusula *exceptio non adimpleti contractus*, nas felizes palavras de Carvalho Filho, "significa que uma parte contratante não pode exigir da outra o cumprimento de sua obrigação sem que ela mesma tenha cumprido a sua".[14]

O princípio *pacta sunt servanda* (os contratos devem ser cumpridos conforme o combinado) sofre atenuações diante do descumprimento das obrigações por

12 Acórdão nº 839/2011-Plenário.

13 MEIRELLES, Hely Lopes. *Direito Administrativo Brasileiro*. 34ª ed. São Paulo: Malheiros, 2008, p. 220.

14 CARVALHO FILHO, José dos Santos. *Manual de Direito Administrativo*. 20ª ed. Rio de Janeiro: Lumen Juris, 2008, p. 187.

uma das partes (a outra fica liberada de seus deveres). A cláusula *exceptio non adimpleti contractus* (exceção do contrato não cumprido) refere-se exatamente a essa situação em que uma das partes deixa de cumprir suas obrigações e libera a outra de continuar cumprindo o acordo. Em outras palavras, os contratos devem ser cumpridos conforme o combinado, exceto se uma das partes deixar de zelar pelas suas obrigações, ocasião em que a outra parte estará liberada de seus compromissos.

Pois bem, transpondo essa teoria para o âmbito dos contratos administrativos, perceberemos que essa cláusula é plenamente invocável pela Administração. Isso significa que se o particular contratado, por exemplo, interrompe a prestação dos serviços objeto do contrato, a Administração poderá, imediatamente, suspender os pagamentos a ele devidos, até que volte a prestar o serviço.

Todavia, no que tange ao particular contratado, a cláusula "*exceptio non adimpleti contractus*" não é plenamente invocável, pois mesmo que a Administração descumpra suas obrigações, aquele deverá aguardar o prazo definido em lei para, só então, interromper a execução do contrato ou, até mesmo, requerer a rescisão contratual.

Exemplificativamente, o art. 78, XV, da Lei de Licitações e Contratos estabelece que somente após **90 dias** de atraso dos pagamentos é que o contratado poderá suspender a execução do contrato ou, se preferir, requerer judicialmente a sua rescisão.

Outra situação em que o particular poderá invocar a referida cláusula é a da suspensão da execução do contrato, por ordem escrita da Administração, por prazo superior a **120 dias**, salvo em caso de calamidade pública, grave perturbação da ordem interna ou guerra, ou ainda por repetidas suspensões que totalizem o mesmo prazo, independentemente do pagamento obrigatório de indenizações pelas sucessivas e contratualmente imprevistas desmobilizações e mobilizações e outras previstas, assegurado ao contratado, nesses casos, o direito de optar pela suspensão do cumprimento das obrigações assumidas até que seja normalizada a situação (art. 78, XIV, LLC).

4.5. Aplicação direta de penalidades contratuais

O poder disciplinar, objeto de nossos estudos anteriormente, recai sobre a maior parte dos agentes públicos e sobre particulares que mantenham vínculo estreito com a Administração, a exemplo dos que com ela celebram contratos administrativos. Logo, o particular contratado fica sujeito ao **poder disciplinar** da Administração sempre que incorrer em alguma falta contratual.

Uma das características desse poder disciplinar é a autoexecutoriedade, que é a capacidade que possui a Administração de aplicar penalidades diretamente, sem necessidade de prévia anuência do Poder Judiciário.

Como condicionadores da legitimidade da aplicação de penalidade estão os princípios do devido processo legal, contraditório e ampla defesa.[15] É nesse sentido que o § 2º do art. 87 faculta ao contratado a apresentação de defesa prévia no prazo de **cinco dias úteis**, contados da cientificação.

O art. 87 da Lei de Licitações e Contratos estabelece as penalidades a que o contratado estará sujeito no caso de incorrer em infrações administrativas relacionadas ao contrato: advertência, multa, suspensão temporária e declaração de inidoneidade.

I. **Advertência**

É penalidade de natureza leve, sempre escrita, aplicada com o intuito de coagir o contratado a cumprir fielmente o contrato. Caso esse objetivo não seja alcançado, poderá a Administração valer-se de outras penalidades mais intensas previstas em lei.

II. **Multa**

Há dois tipos de multa contratual: as que são decorrentes de atraso injustificado na execução do contrato e as advindas de faltas administrativas do contratado. Quanto às primeiras, a Administração poderá, ainda, rescindir unilateralmente o contrato e aplicar outras sanções previstas em lei.

Embora tenhamos dito que o poder disciplinar da Administração é autoexecutório, especificamente quanto à multa, tem-se que o seu valor limita-se ao valor da soma da garantia prestada pelo contratado e dos pagamentos a ele devidos. Caso ultrapasse esse limite, a Administração terá de valer-se de ação judicial para obter o ressarcimento desses valores.

III. **Suspensão temporária de participar de licitação ou contratar com a Administração por prazo não superior a dois anos**

Como se percebe, trata-se de penalidade temporária, que ao término de dois anos cessa os seus efeitos sobre o contratado, independentemente de regularização de sua situação perante o Poder Público.

IV. **Declaração de inidoneidade para licitar ou contratar com a Administração Pública**

Essa declaração prolongar-se-á enquanto perdurarem os motivos determinantes da punição ou até que seja promovida a reabilitação perante a própria autoridade que aplicou a penalidade, que será concedida sempre que o contratado ressarcir a Administração pelos prejuízos resultantes. Em qualquer caso, não poderá ter duração inferior a dois anos.

Por ser penalidade de natureza grave, só pode ser aplicada por Ministro de Estado ou Secretário estadual ou municipal, conforme a esfera em que for

15 A respeito, consulte o tópico 13 do Capítulo 2 (Princípios da Administração Pública).

celebrado o contrato. É facultada ao contratado a apresentação de defesa prévia no prazo de 10 dias da abertura de vista (art. 87, § 3º).

Quanto às duas últimas penalidades (suspensão e declaração de inidoneidade) há certa polêmica em torno de sua amplitude. Isso porque o art. 87, ao prever a penalidade de "suspensão temporária", refere-se à "Administração", e ao definir "declaração de inidoneidade" refere-se à "Administração Pública".[16] Em razão disso, temos três posicionamentos doutrinários sobre o tema:

a) as duas penalidades têm o seu alcance limitado à esfera administrativa onde foram aplicadas, em respeito à autonomia dos entes políticos e ao princípio da competitividade. Assim, a declaração de inidoneidade aplicada na esfera federal somente valeria em relação às licitações e contratos realizados pela União, não alcançando os demais entes políticos;
b) a suspensão de licitar ou contratar só produz efeitos na esfera em que foi aplicada, ao passo que a declaração de inidoneidade reflete-se nas demais esferas federativas. Como se vê, por este posicionamento, restringe-se os efeitos da suspensão e amplia-se os efeitos da declaração de inidoneidade;
c) as duas penalidades produzem efeitos em todas as esferas da Administração Pública. Isto é, a aplicação dessas penalidades em uma esfera impede que a participação em certames e a contratação nas demais esferas.

Sobre o assunto, o STJ tem se posicionado a favor da terceira corrente: a que **atribui efeitos extensivos às demais esferas** em ambas as penalidades. Assim, se uma empresa forneceu remédios impróprios ao consumo a um Município, declarada sua inidoneidade, não poderá fornecer medicamentos à União, aos Estados nem ao Distrito Federal.[17]

Todavia, o Tribunal de Contas da União (TCU) tem adotado posicionamento diverso, no sentido de que a suspensão de licitação só se aplica à esfera em que foi declarada ao passo que a declaração de inidoneidade produziria efeitos em todas as esferas da Administração Pública.[18]

Por oportuno, impende sublinhar que a declaração de inidoneidade **não opera efeitos retroativos** (*ex tunc*) para alcançar **contratos já existentes e em andamento**. Em outras palavras, a sanção em tela procura inibir o contratado de licitar ou celebrar contratos com a Administração Pública, sem, entretanto, acarretar, automaticamente, a rescisão de contratos administrativos

16 O art. 6º, incs. XI e XII, conceitua, respectivamente, Administração Pública como "a administração direta e indireta da União, dos Estados, do Distrito Federal e dos Municípios, abrangendo inclusive as entidades com personalidade jurídica de direito privado sob controle do poder público e das fundações por ele instituídas ou mantidas" e Administração como "órgão, entidade ou unidade administrativa pela qual a Administração Pública opera e atua concretamente".

17 REsp 520.553-RJ, Rel. Min. HERMAN BENJAMIN, julg.: 03.11.2009. Ver também: STJ, EDcl no REsp 1.021.851-SP, Rel.ª Min.ª ELIANA CALMON, DJe 06.08.2009; REsp 174.274-SP, Rel. Min. CASTRO MEIRA, DJ 22.11.2004.

18 Acórdão 842/2013 – Plenário; Acórdão 3.243/2012 – Plenário; Acórdão nº 3.439/2012 – Plenário; Acórdão nº 1.539/2010 – Plenário; Decisão nº 352/98 – Plenário e Acórdãos nº 1.727/2006 – 1ª Câmara e 3.858/2009 – 2ª Câmara.

já aperfeiçoados juridicamente e em execução, sobretudo os celebrados no âmbito de outros órgãos ou entidades não vinculados à autoridade impetrada ou integrante de outros entes da Federação. Por outro lado, fique bem claro que essa impossibilidade de rescisão automática não impede que as entidades da Administração tomem medidas administrativas específicas com o intuito de promover a rescisão desses contratos com base nas hipóteses estabelecidas nos arts. 77 a 80 da Lei nº 8.666/1993.[19]

As sanções de suspensão temporária e declaração de inidoneidade poderão também ser aplicadas às empresas ou aos profissionais que, em razão dos contratos administrativos (art. 88):

I. tenham sofrido condenação definitiva por praticarem, por meios dolosos, fraude fiscal no recolhimento de quaisquer tributos;
II. tenham praticado atos ilícitos visando a frustrar os objetivos da licitação;
III. demonstrem não possuir idoneidade para contratar com a Administração em virtude de atos ilícitos praticados.

É **vedada aplicação cumulativa de penalidades** contratuais, **salvo no caso da multa**, que poderá ser aplicado concomitantemente com as demais (art. 87, § 2º).

4.6. Ocupação provisória

Ocupação provisória é o meio assecuratório de que dispõe a Administração de, nos casos de rescisão ou indícios de irregularidades, assumir imediatamente o objeto do contrato e utilizar temporariamente bens, pessoal e serviços relativos à execução do contrato a fim de interromper brusca e desnecessária interrupção dos **serviços essenciais.** Ao final dessa situação temporária, os bens, pessoal e serviços serão devolvidos ou ressarcidos ao contratado posteriormente, por intermédio de avaliação prévia, que poderá acarretar o pagamento de indenização a este se demonstrado prejuízos materiais em razão da ocupação.

O art. 58, V, da LLC prescreve que nos casos de serviços essenciais, ocupar provisoriamente bens móveis, imóveis, pessoal e serviços vinculados ao objeto do contrato, na hipótese da necessidade de **acautelar apuração administrativa** de faltas contratuais pelo contratado, bem como na hipótese de **rescisão** do contrato administrativo.[20]

---

19 STJ, MS 14.002/DF, Rel. Min. TEORI ALBINO ZAVASCKI, DJe 06.11.2009. No mesmo sentido: STJ, MS 13.101/DF, Rel.ª Min.ª ELIANA CALMON, DJe 09.12.2008; e TCU, Acórdão nº 3002/2010-Plenário.

20 A expressão "serviços essenciais" empregada no texto legal deve ser entendida como sinônimo de "serviço indispensável às atividades da Administração". A advertência se faz necessária pelo fato de na classificação dos serviços públicos de que tratamos no Capítulo 10 (Serviços Públicos) haver menção aos serviços públicos propriamente ditos, que são essenciais a toda a coletividade.

Para que seja válida essa ocupação deve ser precedida de autorização do Ministro de Estado ou Secretário Estadual ou Municipal, conforme o caso (art. 80, § 3º).

4.7. Exigência de garantia

Como meio de se resguardar de eventuais prejuízos, a Administração poderá **exigir garantia** do contratado. A exigência, ou não, de garantia é exercício de **poder discricionário** da Administração Pública. Entretanto, se optar pela exigência de garantia, deverá haver previsão expressa no edital, a fim de que o licitante possa dela tomar conhecimento, antes mesmo de ingressar no procedimento licitatório.

Uma vez estabelecida a exigência de garantia, a Administração deverá oportunizar ao contratado a opção por uma das modalidades de garantia previstas em lei (art. 56):

a) **caução em dinheiro**;

b) **caução em títulos da dívida pública**: devendo estes ter sido emitidos sob a forma escritural, mediante registro em sistema centralizado de liquidação e de custódia autorizado pelo Banco Central do Brasil e avaliados pelos seus valores econômicos, conforme definido pelo Ministério da Fazenda;

c) **seguro-garantia**: ocorre quando companhia seguradora obriga-se a completar com recursos próprios o objeto do contrato ou a efetuar o pagamento do valor correspondente, caso o contratado não cumpra adequadamente o contrato; e

d) **fiança bancária**: é a garantia oferecida por banco que se responsabiliza perante a Administração pelo inadimplemento do contrato.

Vale repetir, a decisão quanto à modalidade de garantia a ser prestada é do contratado, não podendo a Administração interferir nesse processo.

Independentemente da modalidade de garantia, esta não poderá ultrapassar a **5%** do valor do contrato. Para obras, serviços e fornecimentos de **grande vulto** envolvendo alta **complexidade técnica** e **riscos financeiros consideráveis**, demonstrados através de parecer tecnicamente aprovado pela autoridade competente, o limite de garantia poderá ser elevado para até **10%** do valor do contrato (art. 56, §§ 2º e 3º).

É possível que na fase de habilitação do procedimento licitatório seja exigida garantia como condição para participação no certame. Esta é a chamada **garantia de proposta**, que será limitada a **1%** do valor estimado do contrato (art. 31). No caso específico da concorrência para a venda de bens imóveis, a fase de habilitação limitar-se-á à comprovação do recolhimento de quantia correspondente a **5%** da avaliação (art. 18).

É importante não confundir garantia de proposta com garantia contratual. A primeira é prévia ao contrato, pois deve ser exigida como requisito para participação na licitação. Com essa garantia, a Administração Pública pretende alcançar dupla finalidade: aferir a capacidade econômico-financeira do licitante e garantir que o vencedor cumpra com os valores ofertados na proposta, caso contrário poderá perder a garantia feita em favor da Administração. A Lei nº 10.520/2002, em seu art. 5º, I, veda a exigência de garantia de proposta do licitante na modalidade pregão, não havendo óbice para exigência de garantia contratual. A garantia contratual, por sua sorte, somente pode ser exigida do licitante que irá efetivamente celebrar o contrato com a Administração. Essa garantia poderá ser executada em caso de descumprimento de cláusulas contratuais e, consequentemente, de rescisão contratual.

A garantia prestada pelo contratado será liberada ou restituída após a execução do contrato e, quando em dinheiro, atualizada monetariamente (art. 56, § 4º). Nos casos de contratos que importem na entrega de bens pela Administração, dos quais o contratado ficará depositário, ao valor da garantia deverá ser acrescido o valor desses bens (§ 5º).

5. PRINCÍPIO DO EQUILÍBRIO ECONÔMICO-FINANCEIRO

Nas felizes palavras de Hely Lopes Meirelles, o princípio do equilíbrio econômico-financeiro:

> É a relação estabelecida inicialmente pelas partes entre os encargos do contratado e a retribuição da Administração para a justa remuneração do objeto de ajuste. Essa relação encargo-remuneração deve ser mantida durante toda a execução do contrato, a fim de que o contratado não venha a sofrer indevida redução nos lucros normais do empreendimento.[21]

Quando tratamos da alteração unilateral do contrato administrativo, frisamos com veemência que a modificação unilateral se operaria exclusivamente sob as cláusulas regulamentares ou de serviço, jamais sobre as cláusulas econômico-financeiras. Pois em relação a estas, deve ser mantida até o término do contrato a proporção entre os encargos do contrato e a remuneração a ele devida inicialmente fixada no ajuste. Essa relação de proporcionalidade tem de ser mantida frente a alterações qualitativas e quantitativas do objeto, e mesmo diante de eventos extraordinários que acarretem prejuízos extremos ao contratado.

Nesse passo, é útil esmiuçarmos os diversos mecanismos utilizados pela Administração para garantir a manutenção do equilíbrio econômico-financeiro, qual seja a atualização financeira, o reajuste e a revisão.

A **atualização ou correção monetária** é o mecanismo automático de ajuste que visa a restabelecer o poder aquisitivo da moeda frente às perdas inflacionárias ocorridas entre o momento do adimplemento da parcela e a data

21 MEIRELLES, Hely Lopes. *Direito Administrativo Brasileiro*. 34ª ed. São Paulo: Malheiros, 2008, p. 218.

do efetivo pagamento do contratado. Os critérios de correção monetária são fixados no edital e no próprio contrato.

O **reajuste dos preços** é o instrumento utilizado para readequar o valor da proposta ao momento em que venha a ser efetivamente cumprida. É que entre o período de apresentação da proposta e a efetiva prestação do serviço ou fornecimento do bem decorre certo lapso temporal. E nesse interstício poderá haver variação dos preços dos insumos necessários ao cumprimento do contrato. O reajuste visa justamente à alteração automática dos valores devidos ao contratado, a fim de que este não sofra sozinho os custos adicionais de matéria-prima.

Por fim, a **revisão** contratual, ou recomposição, ocorre quando houver brusca alteração da equação econômico-financeira inicial decorrente de:

a) alteração unilateral das cláusulas de execução do contrato; e
b) ocorrência de evento extraordinário, mesmo que externo ao contrato, que interfira sobremodo nos custos de sua execução (teoria da imprevisão).

Diferentemente dos demais mecanismos, cujos critérios devem ser estabelecidos previamente no edital e no contrato, a revisão não carece de expressa previsão. É que nem todo contrato administrativo sofrerá revisão, pois nem todo contrato será alterado unilateralmente ou sofrerá algum dos eventos da chamada teoria da imprevisão. Já a atualização financeira e o reajuste são mecanismos periódicos (inerentes a todos os contratos) de ajustamento dos valores da remuneração do contratado. A revisão não é algo que ocorra periodicamente, nenhuma relação tem com perdas inflacionárias ou oscilações da economia, descabendo falar em "índices preestabelecidos", como ocorre na atualização monetária e reajuste.

O art. 55 da LLC estabelece como cláusulas necessárias em todo contrato as que estabeleçam o preço e as condições de pagamento, os critérios, a data-base e periodicidade do **reajustamento de preços**, os critérios de **atualização monetária** entre a data do adimplemento das obrigações e a do efetivo pagamento.

O § 8º do art. 65 do Estatuto dispõe que a variação do valor contratual para fazer face ao reajuste de preços previsto no próprio contrato, as atualizações, compensações ou penalizações financeiras decorrentes das condições de pagamento nele previstas, bem como o empenho de dotações orçamentárias suplementares até o limite do seu valor corrigido, **não caracterizam alteração do mesmo**, podendo ser registrados por simples apostila, dispensando a celebração de aditamento.

6. RESPONSABILIDADE CONTRATUAL

O tema da responsabilidade contratual destina-se a verificar quando e como os danos causados a terceiros decorrentes da execução de contratos administrativos geram para o contratado ou para a Administração o dever de indenizar a pessoa lesada.

De maneira geral, o **contratado responde subjetivamente** (isto é, depende de comprovação de dolo ou culpa) pelos **danos decorrentes da execução do contrato**. Isto é, o contratado responde civilmente pela solidez e segurança da obra ou do serviço e possui responsabilidade ético-profissional pela perfeita execução do ajuste (art. 73, § 2º).

O contratado é obrigado a observar as normas técnicas adequadas e o emprego do material apropriado na execução do contrato. Razão pela qual deverá reparar, corrigir, remover, reconstruir ou substituir, às suas expensas, no total ou em parte, o objeto do contrato em que se verificarem vícios, defeitos ou incorreções resultantes da execução ou de materiais empregados (art. 69).

O art. 71 da Lei de Licitações e Contratos prevê que o **contratado** é responsável pelos **encargos trabalhistas, previdenciários, fiscais e comerciais** resultantes da execução do contrato.

O § 1º do mesmo artigo é bem incisivo ao afirmar que a inadimplência do contratado, com referência aos encargos trabalhistas, fiscais e comerciais não transfere à Administração Pública a responsabilidade por seu pagamento, nem poderá onerar o objeto do contrato ou restringir a regularização e o uso das obras e edificações, inclusive perante o Registro de Imóveis.

Todavia, com relação aos **encargos previdenciários**, a Administração Pública **responde solidariamente** com o contratado quando este deixa de recolher as contribuições previdenciárias dos seus empregados.

Vale repisar, a lei expressamente estabeleceu **responsabilidade exclusiva** do contratado pela inadimplência de débitos trabalhistas para com os seus empregados.

A despeito desse entendimento, o TST vinha adotando sistematicamente o entendimento de que a inadimplência do contratado quanto às **obrigações trabalhistas** enseja a **responsabilidade subsidiária do Estado**. Isso sem se fazer qualquer análise acerca da existência de conduta omissiva do Estado no seu dever de fiscalizar a execução do contrato, bem como de verificar o cumprimento de normas trabalhistas por parte do contratado. Simplesmente não podendo o contratado solver os débitos trabalhistas contraídos, poderia o Estado ser automaticamente acionado para responder por estes.

Nessa esteira, em setembro de 2000, o TST elaborou a Súmula nº 331 que assim dispunha originariamente:

> O inadimplemento das obrigações trabalhistas, por parte do empregador, implica a responsabilidade subsidiária do tomador de serviços, quanto àquelas obrigações, inclusive quanto aos órgãos da administração direta, das autarquias, das fundações públicas, das empresas públicas e das sociedades de economia mista, desde que hajam participado da relação processual e constem também do título executivo judicial.

É importante notar que o enunciado original da súmula supramencionada violava flagrantemente, sem qualquer ressalva de hipótese, o disposto no § 1º do art. 71 da Lei de Licitações e Contratos. (A inadimplência do contratado, com referência aos encargos trabalhistas, fiscais e comerciais não transfere à Administração Pública a responsabilidade por seu pagamento). É certo que seria possível que o TST declarasse a inconstitucionalidade do aludido dispositivo, porém não o fez: simplesmente reconhecia automaticamente a responsabilidade subsidiária do Estado.

Em 2010, o STF apreciou Ação Declaratória de Constitucionalidade movida pelo Governador do Distrito Federal em face do conflito entre o disposto expressamente na lei e o entendimento da Justiça Trabalhista. Nessa oportunidade, manifestou-se o Pretório Excelso pela **constitucionalidade** do § 1º do art. 71 da Lei nº 8.666/1993.

Ressaltou, porém, a Corte que o fato de o disposistivo estar em conformidade com a Constituição Federal não significaria que eventual omissão da Administração Pública, na obrigação de fiscalizar o cumprimento das obrigações do contratado, não viesse a gerar sua responsabilidade subsidiária.[22]

Sendo assim, não poderia o TST generalizar os casos e reconhecer automaticamente a responsabilidade subsidiária do Estado por inadimplemento dos encargos trabalhistas. Pelo contrário, seria preciso investigar com mais rigor se a inadimplência teria como causa principal a falha ou falta de fiscalização pelo Poder Público contratante.

Pois bem, seguindo a linha adotada pelo STF, o TST, em 24 de maio de 2011, alterou a Súmula nº 331, que passa a vigorar com o seguinte texto (destaques nossos):

> I – A contratação de trabalhadores por empresa interposta é ilegal, formando-se o vínculo diretamente com o tomador dos serviços, salvo no caso de trabalho temporário (Lei nº 6.019, de 03.01.1974).
>
> II – A contratação irregular de trabalhador, mediante empresa interposta, não gera vínculo de emprego com os órgãos da Administração Pública direta, **indireta** ou **fundacional** (art. 37, II, da CF/1988).

22 STF, ADC nº 16/DF, Rel. Min. CEZAR PELUSO, julg.: 24.11.2010. Em sentido análogo: Rcl 10.636/SE, Rel.ª Min.ª ROSA WEBER, DJe 23.05.2014; RE 760.931/DF, Rel.ª Orig. Min.ª ROSA WEBER, Red. p/ o Acórdão Min. LUIZ FUX, julg.: 26.04.2017 (repercussão geral).

III – Não forma vínculo de emprego com o tomador a contratação de serviços de vigilância (Lei nº 7.102, de 20.06.1983) e de conservação e limpeza, bem como a de serviços especializados ligados à atividade-meio do tomador, desde que inexistente a pessoalidade e a subordinação direta.

IV – O inadimplemento das obrigações trabalhistas, por parte do empregador, implica a responsabilidade subsidiária do tomador dos serviços quanto àquelas obrigações, desde que haja participado da relação processual e conste também do título executivo judicial.

V – Os entes integrantes da Administração Pública direta e indireta respondem subsidiariamente, nas mesmas condições do item IV, caso evidenciada a sua **conduta culposa** no cumprimento das obrigações da Lei nº 8.666, de 21.06.1993, especialmente na **fiscalização** do cumprimento das obrigações contratuais e legais da prestadora de serviço como empregadora. A aludida responsabilidade **não decorre** de mero inadimplemento das obrigações trabalhistas assumidas pela empresa regularmente contratada.

VI – A responsabilidade subsidiária do tomador de serviços abrange todas as verbas decorrentes da condenação referentes ao período da prestação laboral.

Retomando o tema geral da responsabilidade contratual, é importante sublinhar que os danos causados pelo **só fato da existência da obra**, em virtude de sua extensão, duração, localização ou natureza, geram **responsabilidade objetiva do Estado**. Isto é, independentemente da comprovação de dolo ou culpa.[23]

7. FORMAS DE EXTINÇÃO

Os contratos administrativos podem ser extintos pela conclusão do objeto, término do prazo, anulação e rescisão.

A **conclusão do objeto** ocorre quando o contratado cumpre e conclui adequadamente o objeto do contrato. Exemplificativamente, podemos citar o contrato de obra pública para a construção de um hospital público em que a empreiteira contratada conclui a obra. Com isso, o contrato de obra pública é extinto natural e automaticamente, sem necessidade de qualquer ato formal de reconhecimento da extinção do vínculo.

O **término do prazo** é bastante comum nos contratos administrativos de prestação de serviços, pois nestes há sempre estipulação de um prazo de duração da atividade prestada, posto que esta nunca cessa: é de demanda contínua. Uma vez findo o prazo estabelecido, e não havendo prorrogação, o contrato extingue-se

23 A respeito da responsabilidade objetiva, subjetiva e temas correlatos, *vide* Capítulo 13 (Responsabilidade Civil Extracontratual do Estado).

naturalmente qualquer que seja a fase de execução do objeto, sem qualquer ato formal por parte da Administração.

A **anulação** sucede quando o contrato administrativo é desfeito pela existência de ilicitudes na formação do vínculo. Essas nulidades tanto podem referir-se à celebração do contrato, quanto ao próprio procedimento licitatório.

O art. 59 da LLC determina que a declaração de nulidade do contrato administrativo opera retroativamente impedindo os efeitos jurídicos que ele, ordinariamente, deveria produzir, além de desconstituir os já produzidos.

A nulidade não exonera a Administração do **dever de indenizar o contratado** pelo que este houver executado até a data em que ela for declarada e por outros prejuízos regularmente comprovados, contanto que não lhe seja imputável, promovendo-se a responsabilidade de quem lhe deu causa. Com efeito, havendo nulidade de contrato administrativo, a Administração Pública não tem o dever de indenizar os serviços prestados pelo contratado na hipótese em que este tenha agido de má-fé ou concorrido para a nulidade do contrato.[24]

A **rescisão**, conforme o anteriormente dito, é o desfazimento do contrato por culpa do contratado ou da Administração, inadimplemento sem culpa, superveniência de interesse público ou de evento de caso fortuito e força maior. São tipos de rescisão:

I. **administrativa**: realizada unilateralmente pela própria Administração, por inadimplência do contrato ou por interesse público superveniente. Carvalho Filho ensina que "para evitar abusos, o legislador exigiu a presença de quatro pressupostos para legitimar esse tipo de rescisão: a) que as razões administrativas sejam altamente relevantes; b) que a Administração promova amplo conhecimento desses motivos; c) que tais razões sejam justificadas e determinadas pela mais alta autoridade na respectiva esfera administrativa; e d) que tudo fique formalizado no processo administrativo";[25]

II. **amigável**: decorre de acordo entre a Administração e o contratado nos casos de inadimplemento sem culpa e nos que autorizam a extinção por interesse público. Nesses casos, não há qualquer conflito entre as partes, mas acordo que privilegia interesses comuns; e

III. **judicial**: é fruto de decisão em ação judicial proposta pelo contratado que se julgue detentor do direito de obter rescisão do contrato. Não cabe falar em rescisão judicial por iniciativa da Administração, uma vez que esta pode simplesmente rescindir unilateralmente o ajuste.

---

24 AgRg no REsp 1.394.161-SC, Rel. Min. HERMAN BENJAMIN, julg.: 08.10.2013.

25 CARVALHO FILHO, José dos Santos. *Manual de Direito Administrativo*. 20ª ed. Rio de Janeiro: Lumen Juris, 2008, p. 206.

Note que as únicas hipóteses de extinção contratual por iniciativa do particular são a amigável e a judicial, enquanto a Administração poderá rescindir o contrato unilateral ou amigavelmente.

Por fim, é de se sublinhar que não cabe falar em revogação de contratos administrativos, pois este instituto é próprio dos atos jurídicos unilaterais - os atos administrativos. Contudo, os mesmos motivos que ensejam a revogação de um ato administrativo (ausência de conveniência e oportunidade na manutenção da relação jurídica) podem ensejar a extinção do contrato administrativo, que ocorrerá por intermédio da rescisão administrativa unilateral, com a reposição dos prejuízos suportados pelo contratado.[26]

8. PRAZO DE DURAÇÃO E PRORROGAÇÃO

De antemão podemos afirmar que é **vedada** a celebração de contrato administrativo que tenha prazo de vigência **indeterminado** (art. 57, § 3º). Assim, é obrigatória cláusula contratual que fixe o prazo de duração do ajuste, bem como as condições de prorrogação.

Todavia, os contratos cujo objeto for o uso de bens públicos por particulares poderão ser firmados sem que haja fixação de prazo determinado de duração (ex.: concessão de uso de bem público, concessão de direito real de uso e locação). Nessa espécie de ajustes, normalmente gratuitos, não há qualquer ônus para a Administração.[27]

Além destes, os contratos de direito privado não se sujeitam às regras aqui expostas quanto ao prazo de duração e prorrogação, mas às disposições do Direito Privado. É assim porque o art. 62, § 3º, da Lei nº 8.666/1993, ao estender aos contratos de direito privado as cláusulas exorbitantes dos contratos administrativos, não faz menção ao art. 57, que trata dos prazos de duração. Sendo assim, um contrato de locação poderá ter prazo de duração de três anos, que é superior ao período de vigência dos respectivos créditos orçamentários, que coincidem com o ano civil.

Tirante essa observação, toda prorrogação de prazo deverá ser justificada por escrito e previamente autorizada pela autoridade competente para celebrar o contrato (art. 57, § 2º, LLC).

Na visão do STF não há para o contratado direito líquido e certo à prorrogação do contrato administrativo, pois essa decisão decorre do poder discricionário da Administração Pública.[28]

26 A *contrario sensu* das nossas afirmações, o art. 40 da Lei Geral das Concessões e Permissões de serviços públicos afirma ser a permissão contrato de adesão precário e revogável unilateralmente pelo poder permitente. Aqui, nota-se extremo desvio técnico do legislador que jogou palavras ao vento na redação do dispositivo. Mais detalhes sobre o assunto, *vide* tópico 12 do Capítulo 10 (Serviços Públicos).

27 É como pensa Maria Sylvia Zanella Di Pietro (*Direito Administrativo*. 20ª ed. São Paulo: Atlas, 2006, p. 247).

28 MS 26.250/DF, Rel. Min. AYRES BRITTO, DJe 12.03.2010.

O § 1º do mesmo artigo estabelece que os prazos de início de etapas de execução, de conclusão e de entrega admitem prorrogação, mantidas as demais cláusulas do contrato e assegurada a manutenção de seu equilíbrio econômico--financeiro, desde que ocorra algum dos seguintes motivos, devidamente autuados em processo:

I. alteração do projeto ou especificações, pela Administração;

II. superveniência de fato excepcional ou imprevisível, estranho à vontade das partes, que altere fundamentalmente as condições de execução do contrato;

III. interrupção da execução do contrato ou diminuição do ritmo de trabalho por ordem e no interesse da Administração;

IV. aumento das quantidades inicialmente previstas no contrato, nos limites permitidos por esta Lei;

V. impedimento de execução do contrato por fato ou ato de terceiro reconhecido pela Administração em documento contemporâneo à sua ocorrência;

VI. omissão ou atraso de providências a cargo da Administração, inclusive quanto aos pagamentos previstos de que resulte, diretamente, impedimento ou retardamento na execução do contrato, sem prejuízo das sanções legais aplicáveis aos responsáveis.

Quanto à duração dos contratos, sabe-se que de maneira geral o prazo de duração dos contratos administrativos fica restrito à **vigência dos respectivos créditos orçamentários** (essa prazo coincide com ano civil, que é de doze meses), salvo quando relativos (art. 57):

I. aos projetos cujos produtos estejam contemplados nas metas estabelecidas no Plano Plurianual (PPA), os quais poderão ser prorrogados se houver interesse da Administração e desde que isso tenha sido previsto no ato convocatório. Essa hipótese ocorre em relação aos contratos de obra pública, que não raro duram 36 meses ou mais;

II. à prestação de **serviços a serem executados de forma contínua**, que poderão ter a sua duração prorrogada por iguais e sucessivos períodos com vistas à obtenção de preços e condições mais vantajosas para a Administração, limitada a 60 meses, podendo ser prorrogado por mais 12 mês, totalizando o **máximo de 72 meses** de duração. Os contratos de prestação de serviços gerais, por exemplo, poderão se encaixar na hipótese em comento. Note que, nesse caso, o contrato administrativo terá prazo de vigência que ultrapassará o Plano Plurianual (PPA);[29]

29 O inciso III foi vetado pelo Presidente da República quando da alteração produzida pela Lei nº 8.883, de 8 de junho de 1994.

IV. ao aluguel de equipamentos e à utilização de programas de informática, podendo a duração estender-se pelo prazo de até 48 meses após o início da vigência do contrato;

V. às hipóteses previstas nos incisos IX, XIX, XXVIII e XXXI do art. 24 cujos contratos poderão ter vigência por **até 120 meses**, caso haja interesse da administração.

As situações previstas nos incisos supramencionados do art. 24 são as seguintes:

IX. quando houver possibilidade de comprometimento da segurança nacional;

XIX. para as compras de material de uso pelas Forças Armadas, com exceção de materiais de uso pessoal e administrativo, quando houver necessidade de manter a padronização requerida pela estrutura de apoio logístico dos meios navais, aéreos e terrestres;

XXVIII. para o fornecimento de bens e serviços, produzidos ou prestados no País, que envolvam, cumulativamente, alta complexidade tecnológica e defesa nacional, mediante parecer de comissão especialmente designada pela autoridade máxima do órgão;

XXXI. nas contratações referentes à constituição de alianças estratégicas e ao desenvolvimento de projetos de cooperação envolvendo empresas nacionais, ICT e organizações de direito privado sem fins lucrativos voltadas para atividades de pesquisa e desenvolvimento, que objetivem a geração de produtos e processos inovadores.

O art. 79, § 5º da LLC estabelece que ocorrendo impedimento, paralisação ou sustação do contrato, o cronograma de execução será prorrogado automaticamente por igual tempo.

9. RECEBIMENTO DO OBJETO

Os contratos administrativos em geral têm o seu ápice no momento em que a Administração recebe o objeto do contrato, seja obra, serviço, compra ou locação. Afinal, desde o momento em que a Administração inicia o processo licitatório o que se tem em vista é o efetivo cumprimento das obrigações contratuais.

Há duas formas de recebimento do objeto: provisório e definitivo. A regra geral é o recebimento definitivo do objeto. O recebimento provisório só poderá ser adotado quando houver expressa previsão no instrumento convocatório e no contrato, desde que motivado por circunstâncias que justificam a verificação da perfeição do objeto e a experimentação necessária à comprovação de sua qualidade para só então, confirmados esses quesitos, ser recebido definitivamente o objeto e liberada a garantia.

Executado o contrato, o seu objeto será recebido (art. 73):

I – em se tratando de obras e serviços:

a) provisoriamente, pelo responsável por seu acompanhamento e fiscalização, mediante termo circunstanciado, assinado pelas partes em até 15 dias da comunicação escrita do contratado;

b) definitivamente, por servidor ou comissão designada pela autoridade competente,[30] mediante termo circunstanciado, assinado pelas partes, após o decurso do prazo de observação, ou vistoria que comprove a adequação do objeto aos termos contratuais;

II – em se tratando de compras ou de locação de equipamentos:

a) provisoriamente, para efeito de posterior verificação da conformidade do material com a especificação;

b) definitivamente, após a verificação da qualidade e quantidade do material e consequente aceitação.

Nos casos de aquisição de equipamentos de grande vulto, o recebimento far-se-á mediante termo circunstanciado e, nos demais, mediante recibo (§ 1º).

Na hipótese de o termo circunstanciado ou a verificação da qualidade e quantidade do material **não** serem, respectivamente, lavrado ou procedida dentro dos prazos fixados, reputar-se-ão como realizados, desde que comunicados à Administração nos 15 dias anteriores à exaustão dos mesmos.

O prazo para assinatura das partes (em regra, 15 dias) não poderá ser superior a 90 dias, salvo em casos excepcionais, devidamente justificados e previstos no edital (art. 76, §§ 2º e 3º).

O contratado é obrigado a reparar, corrigir, remover, reconstruir ou substituir, às suas expensas, no total ou em parte, o objeto do contrato em que se verificarem vícios, defeitos ou incorreções resultantes da execução ou de materiais empregados (art. 69).

O art. 74 da LLC prevê que poderá ser **dispensado o recebimento provisório** nos seguintes casos em que o recebimento far-se-á por simples recibo:

I. gêneros perecíveis e alimentação preparada;

II. serviços profissionais;

III. obras e serviços de valor até R$ 80.000,00, desde que não se componham de aparelhos, equipamentos e instalações sujeitos à verificação de funcionamento e produtividade.

30 O recebimento de material de valor superior a R$ 80.000,00, para a modalidade de convite, deverá ser confiado a uma comissão de, no mínimo, três membros (art. 15, § 8º).

Reza o § 2º do art. 73 que o recebimento provisório ou definitivo não exclui a responsabilidade civil do contratado pela solidez e segurança da obra ou do serviço, nem ético-profissional pela perfeita execução do contrato, dentro dos limites estabelecidos pela lei ou pelo contrato.

10. INEXECUÇÃO DO CONTRATO

A inexecução do contrato, descumprimento total ou parcial das suas cláusulas, poderá ser culposa ou sem culpa.

A **inexecução culposa** decorre do descumprimento ou cumprimento irregular das cláusulas contratuais em razão da ação ou omissão culposa ou dolosa da Administração ou do contratado.

Quando afirmamos ser a inexecução culposa, estamos utilizando a expressão "culpa" em sentido amplo, abrangendo tanto a culpa em sentido estrito (imprudência, negligência e imperícia) quanto o dolo (intenção).

Tanto a Administração Pública (ex.: atraso de pagamentos) quanto o contratado (ex.: atraso injustificado em dar início à obra pública) podem dar causa à inexecução culposa.

As consequências da inexecução culposa sucederão conforme a parte a quem possa ser atribuída.

A rescisão por culpa do contratado acarreta as seguintes consequências (art. 80):

I. assunção imediata do objeto do contrato, no estado e local em que se encontrar, por ato próprio da Administração;

II. ocupação e utilização do local, instalações, equipamentos, material e pessoal empregados na execução do contrato, necessários à sua continuidade;

III. execução da garantia contratual, para ressarcimento da Administração, e dos valores das multas e indenizações a ela devidos;

IV. retenção dos créditos decorrentes do contrato até o limite dos prejuízos causados à Administração.

A rescisão por culpa da Administração dará ocasião às seguintes consequências (art. 79, § 2º):

I. ressarcimento dos prejuízos regularmente comprovados que houver sofrido;

II. devolução de garantia;

III. pagamentos devidos pela execução do contrato até a data da rescisão;

IV. pagamento do custo da desmobilização.

Quando a inexecução parte da Administração, o contratado faz jus, além dos **danos emergentes**, aos **lucros cessantes.** Isto é, os rendimentos que deixou de auferir se não houvesse paralisação de execução do contrato em decorrência da atuação da Administração Pública.[31]

O **inadimplemento sem culpa** é o que advém do descumprimento das cláusulas contratuais por razão não imputável diretamente à parte inadimplente. Essa situação gera, por vezes, retardamento ou impossibilidade de prosseguimento da execução do contrato e, em regra, não gera responsabilidade alguma para ambas as partes. Exemplo disso seria o inadimplemento sem culpa do contrato por incêndio ocorrido em suas instalações, que acarreta a total impossibilidade de cumprimento das obrigações contratuais.

11. TEORIA DA IMPREVISÃO

O princípio *pacta sunt servanda* impõe que os contratos sejam fielmente cumpridos conforme o combinado inicialmente entre as partes. Todavia, muitas vezes ocorre de a situação de fato vigente à época da celebração ser alterada profundamente por fato superveniente. A cláusula *rebus sic standibus* estabelece que os deveres de honrar os compromissos firmados por contrato somente subsistem enquanto inalterada a situação de fato vigente à data da celebração do ajuste. Caso contrário, deverá haver repactuação para reestabelecer o equilíbrio contratual.

Em outras palavras, esta cláusula desobriga a parte contratante de cumprir os compromissos inicialmente assumidos se, após a celebração do ajuste, vier a ocorrer algum fato imprevisível e extraordinário que afete intensamente a situação existente quando da celebração do acordo.

Para ilustrar o sobredito, vejamos o caso de contrato de fornecimento parcelado de produtos agrícolas celebrado entre uma grande rede de supermercados e um grande produtor. As partes, naturalmente, irão estipular a quantidade mensal de produtos a serem fornecidos mediante certa quantia. Esse pacto inicialmente estabelecido deverá ser cumprido fielmente enquanto vigente o contrato. Todavia, se um furacão atingir a fazenda do produtor agrícola e destruir completamente tudo que nela há, não cabe falar em cumprimento das obrigações exatamente como foram firmadas, pois representaria um ônus para o produtor muito superior aos pagamentos que deva ele receber em contrapartida. Nesse caso, deverá ser feito um novo acordo que, levando em considerações essa situação superveniente, reestabeleça o equilíbrio contratual.

A teoria da imprevisão refere-se justamente aos fatos extraordinários, imprevisíveis (ou previsíveis de consequências imprevisíveis), irresistíveis e

31 STJ, REsp 1.232.571/MA, Rel. Min. MAURO CAMPBELL MARQUES, DJe 31.03.2011; REsp 1.155.771/DF, Rel. Min. TEORI ALBINO ZAVASCKI, DJe 08.10.2010; AgRg no REsp 929.310/RS, Rel.ª Min.ª DENISE ARRUDA, DJe 12.11.2009.

extracontratuais que ocorrem após a celebração e repercutem nele intensamente, causando:

I. **demora na execução**: nesse caso, prorroga-se o prazo contratual;

II. **excessiva onerosidade** na execução para uma das partes: efetua-se a revisão dos pagamentos devidos ao contratado a fim de restabelecer o equilíbrio econômico-financeiro, na proporção inicialmente fixada; e

III. **impossibilidade absoluta** de sua execução: opera-se a rescisão por inadimplemento sem culpa.

É de todo relevante mencionar que nem todo fato surgido após a celebração do contrato, que altere a situação de fato existente à data da avença, corresponde a um fato abrangido pela teoria da imprevisão. É que em todos os contratos, sejam privados ou administrativos, há sempre a álea **ordinária** ou **empresarial**, que representa os riscos a que todo empresário ou profissional está sujeito pelas variações de mercado e circunstâncias outras previsíveis.

Os eventos que dão azo à aplicação da teoria da imprevisão são aqueles compreendidos na chamada **álea extraordinária e extracontratual**, que compreende os fenômenos caso fortuito, força maior, fato do príncipe, fato da Administração e interferências imprevistas. Isto é, a aplicação da teoria da imprevisão "somente é possível se o fato extraordinário e imprevisível causador de onerosidade excessiva é aquele que não está coberto objetivamente pelos riscos próprios da contratação".[32]

11.1. Caso fortuito ou força maior

Costumam divergir os autores sobre o significado das expressões "caso fortuito" e "força maior". Para alguns, caso fortuito seria o evento extraordinário de força irresistível decorrente da **atuação humana**, a exemplo das greves, guerras, assaltos e arrastões; enquanto força maior estaria relacionada a fatos imprevisíveis advindos de **causas naturais**, como enchentes, furacões, terremotos, tsunamis. Para outros, seria exatamente o contrário: "caso fortuito, evento da natureza e força maior, evento humano".[33]

Todavia, percebemos que essa discussão é menos importante do ponto de vista prático que do prisma terminológico, pois tanto o caso fortuito quanto a força maior operam as mesmas consequências no plano jurídico. Isto é, é totalmente inútil a diferenciação entre uma e outra. Assim, caso fortuito e força maior significam, indistintamente, eventos externos imprevisíveis, inevitáveis e estranhos à vontade das partes, que causam excessivo desequilíbrio contratual.

32 STJ, REsp 860.977/GO, Rel. Min. LUÍS FELIPE SALOMÃO, DJe 03.09.2010.

33 MEIRELLES, Hely Lopes. *Direito Administrativo Brasileiro*, 34ª ed. São Paulo: Malheiros, 2008, p. 239.

Diante dessa categoria de eventos, a Administração deverá restabelecer o equilíbrio contratual, por meio de:

a) prorrogação do prazo contratual, no caso de acarretarem paralisação ou necessidade de maior tempo para execução;

b) revisão dos valores, quando ocasiona excessiva onerosidade para o contratado; e

c) rescisão por inadimplemento sem culpa, no caso de haver total impossibilidade da execução.

Inclusive o art. 57, § 1º, da Lei de Licitações e Contratos prevê que os prazos de início de etapas de execução, de conclusão e de entrega admitem prorrogação, mantidas as demais cláusulas do contrato e assegurada a manutenção de seu equilíbrio econômico-financeiro, desde que:

a) ocorra a superveniência de fato excepcional ou imprevisível, estranho à vontade das partes, que altere fundamentalmente as condições de execução do contrato; e

b) impedimento de execução do contrato por fato ou ato de terceiro reconhecido pela Administração em documento contemporâneo à sua ocorrência.

Na mesma esteira, o art. 65, II, "d" da Lei nº 8.666/1993 prevê que os contratos administrativos poderão ser alterados por acordo das partes para restabelecer a relação que pactuaram inicialmente entre os encargos do contratado e a retribuição da Administração para a justa remuneração da obra, serviço ou fornecimento, objetivando a manutenção do equilíbrio econômico-financeiro inicial do contrato, na hipótese de sobrevirem fatos imprevisíveis, ou previsíveis, porém de consequências incalculáveis, retardadores ou impeditivos da execução do ajustado, ou, ainda, em **caso de força maior**, **caso fortuito** ou fato do príncipe, **configurando área econômica extraordinária e extracontratual.**

11.2. Fato do príncipe

Fato do príncipe é toda **atuação geral e imprevisível** do Poder Público, em qualquer esfera de governo, que apesar de não relacionada diretamente ao contrato, acaba tornando sua execução onerosa, demorada ou até mesmo impossível para o contratado.

Exemplificativamente, citamos o caso da majoração de tributos incidentes sobre determinada matéria-prima essencial à execução do contrato ou situação de reajuste do salário-mínimo em proporções inesperadas. Em situações como essas, a Administração poderá efetuar a revisão contratual.

A base legal do fato do príncipe é a mesma do caso fortuito ou força maior. No art. 65, II, "d" da LLC vemos que os contratos administrativos poderão ser alterados por acordo das partes para restabelecer a relação que as partes pactuaram inicialmente entre os encargos do contratado e a retribuição da Administração para a justa remuneração da obra, serviço ou fornecimento, objetivando a manutenção do equilíbrio econômico-financeiro inicial do contrato, na hipótese de sobrevirem fatos imprevisíveis, ou previsíveis porém de consequências incalculáveis, retardadores ou impeditivos da execução do ajustado, ou, ainda, em caso de força maior, caso fortuito ou **fato do príncipe, configurando área econômica extraordinária e extracontratual**.

Também tratando sobre o tema, o art. 65, § 5º, prevê que quaisquer **tributos** ou **encargos legais** criados, alterados ou extintos, bem como a **superveniência de disposições legais**, quando ocorridas após a data da apresentação da proposta, de comprovada repercussão nos preços contratados, implicarão a **revisão** destes para mais ou para menos, conforme o caso.

11.3. Fato da Administração

Fato da Administração é toda **atuação ou omissão específica e direta** da Administração em relação a determinado contrato administrativo.

É assim porque, no fato da Administração, o Poder Público age como parte contratante, gerando para o contratado direito de reparação do dano pelas vias cabíveis.

É no **caráter específico** e direto do fato da Administração que repousa a diferença em relação ao fato do príncipe, que é atuação estatal geral e indireta que não tem por fim atingir este ou aquele contrato, mas que acaba reflexamente o atingindo.

São fatos da Administração:

a) a **suspensão da execução do contratado**, por ordem escrita da Administração, por **prazo superior a 120 dias**, salvo em caso de calamidade pública, grave perturbação da ordem interna ou guerra, ou ainda por repetidas suspensões que totalizem o mesmo prazo, independentemente do pagamento obrigatório de indenizações pelas sucessivas e contratualmente imprevistas desmobilizações e mobilizações e outras previstas, assegurado ao contratado, nesses casos, o direito de optar pela **suspensão do cumprimento** das obrigações assumidas até que seja normalizada a situação ou pela **rescisão do contrato**;

b) o **atraso superior a 90 dias dos pagamentos devidos pela Administração** decorrentes de obras, serviços ou fornecimento, ou parcelas destes, já recebidos ou executados, salvo em caso de calamidade pública, grave perturbação da ordem interna ou guerra, assegurado ao contratado o direito de optar pela **suspensão do cumprimento** de suas obrigações até que seja normalizada a situação ou pela **rescisão do contrato**;

c) a não liberação, por parte da Administração, de área, local ou objeto para execução de obra, serviço ou fornecimento, nos prazos contratuais, bem como das fontes de materiais naturais especificadas no projeto.

As consequências do fato da Administração são as mesmas do fato do princípe: revisão contratual, prorrogação dos prazos ou rescisão por inadimplemento sem culpa, conforme o caso.

11.4. Interferências imprevistas

Para Hely Lopes Meirelles, interferências imprevistas são:

> Ocorrências materiais não cogitadas pelas partes na celebração do contrato, mas que surgem na sua execução de modo surpreendente e excepcional, dificultando e onerando extraordinariamente o prosseguimento e a conclusão dos trabalhos.[34]

Tais condições, se fossem conhecidas no momento da celebração do contrato, certamente teriam feito com que as partes as levassem em consideração no momento de estabelecer valores e prazos contratuais.

Exemplo disso seria a descoberta de tubulação de água encanada no trajeto de uma linha de metrô cuja construção foi objeto de contrato administrativo. Nesse caso, o prazo do contratado deverá ser prorrogado ou até mesmo os valores da obra revistos.

A diferença substancial entre as interferências imprevistas e os demais eventos da teoria da imprevisão é que, enquanto estas ocorrem após a celebração do contrato, aquelas já existem quando da assunção dos compromissos, mas se mantêm ocultas até serem reveladas na execução das obras e serviços.

Quanto às consequências das interferências imprevistas são as mesmas mencionadas anteriormente para os demais eventos da teoria da imprevisão (revisão, prorrogação de prazos ou rescisão, conforme o caso).

12. ARBITRAGEM

O instituto da arbitragem, instituído pela Lei nº 9.307, de 23 de setembro de 1996 (Lei de Arbitragem), é um instrumento alternativo de solução de controvérsias paralelo ao processo judicial e que se restringe a direitos patrimoniais disponíveis.

As partes poderão, nesses casos, resolver o conflito mais rapidamente por meio de decisão proferida por árbitros, evitando o tão indesejado congestionamento

34 MEIRELLES, Hely Lopes. *Direito Administrativo Brasileiro*. 34ª ed. São Paulo: Malheiros, 2008, p. 243.

do Poder Judiciário. Em regra, a decisão arbitral não pode ser objeto de ação judicial para rediscutir a matéria.

O uso da arbitragem na solução de controvérsias envolvendo a Administração Pública já foi objeto de muita discussão em âmbito doutrinário. Hoje não mais. Atualmente, o assunto encontra-se pacificado no sentido da admissibilidade da arbitragem na esfera pública.

É que a Lei nº 13.129/2015 alterou a Lei de Arbitragem para nela fazer constar expressamente o seguinte preceito (art. 1º, § 1º): "A administração pública direta e indireta poderá utilizar-se da arbitragem para dirimir conflitos relativos a direitos patrimoniais disponíveis."

Sendo assim, a síntese é esta: a aplicação da arbitragem aos contratos administrativos dependerá da espécie de interesse que está em jogo. Se for o **interesse público primário**, não há possibilidade de arbitragem por estar gravado pela **indisponibilidade**. Se tratar-se de **interesse público secundário**, sempre há um campo de **interesses patrimoniais disponíveis**, que podem ser objeto de **arbitragem**.

A Lei nº 11.079/2004, que regula as parcerias público-privadas, prevê a utilização de mecanismos privados de resolução de disputas, inclusive arbitragem para dirimir conflitos decorrentes ou relacionados ao contrato (art. 11, III). Na mesma linha, a Lei nº 8.987/1995, no art. 23-A, prevê a solução de controvérsias por meio de arbitragem.

13. ESPÉCIES

13.1. Contrato de obra pública

O art. 6º, I, da Lei de Licitações e Contratos define obra como toda construção, reforma, fabricação, recuperação ou ampliação, realizada por execução direta ou indireta.

A partir disso, podemos afirmar que contrato de obra pública é todo contrato administrativo que tenha por objeto a construção, a reforma, a recuperação ou ampliação de bem público imóvel.

Quanto ao regime de execução, as obras públicas podem ser de **execução direta**, quando feitas pela própria Administração Pública por meio de seus órgão e entidades administrativas, ou de **execução indireta**, quando são contratados terceiros para sua execução.

A contratação de obra pública por execução indireta poderá ocorrer sob quaisquer dos seguintes regimes (art. 6º, VIII):

a) **empreitada por preço global**: quando se contrata a execução da obra ou serviço por preço certo e total, embora ajustável;

b) **empreitada por preço unitário**: quando se contrata a execução da obra ou do serviço por preço certo de unidades determinadas. Por exemplo, pagamento por quilômetro de obra ou por dezenas de produtos;

c) **empreitada integral**: quando se contrata um empreendimento em sua integralidade, compreendendo todas as etapas das obras, serviços e instalações necessárias, sob inteira responsabilidade da contratada até a sua entrega ao contratante em condições de entrada em operação, atendidos os requisitos técnicos e legais para sua utilização em condições de segurança estrutural e operacional e com as características adequadas às finalidades para que foi contratada. O que diferencia empreitada integral e empreitada por preço global é que, enquanto na segunda o objeto seria a obra (p. ex.: o edifício onde irá funcionar determinada repartição pública), na segunda o objeto do contrato seria a própria repartição, incluindo o edifício, o mobiliário, os equipamentos. Note-se que, nesse último caso, a empresa contratada entregaria à Administração a repartição pronta para funcionamento; e

d) **tarefa**: quando se ajusta mão de obra para pequenos trabalhos por preço certo, global ou unitário, com ou sem fornecimento de materiais.

O regime de **administração contratada** não pode mais ser utilizado, porquanto foi vetado pelo Presidente da República. Nesse regime, o contratado é remunerado com base em um percentual calculado sobre o custo da obra ou serviço, ficando a Administração com os riscos do empreendimento.

Aconteceria mais ou menos assim: o contratado efetuaria as despesas para execução da obra ou prestação de serviços e a Administração lhe reembolsaria todos os valores despendidos nessa atividade e o remuneraria com base no percentual que incide sobre o custo total da obra ou do serviço.

A razão do veto presidencial fundou-se na alegação de que esse sistema acarretaria alto risco de desequilíbrio orçamentário por não exigir (nem haver possibilidade de) previsão de despesas na lei orçamentária anual ou no plano plurianual. Ademais, o fato de a remuneração do contrato ter por parâmetro o custo total da obra ou serviço certamente o levaria a elevar sobremodo os custos a fim de se beneficiar com valores vultosos a título de remuneração.

13.2. Contrato de prestação de serviços

Serviço é toda atividade destinada a obter determinada utilidade de interesse para a Administração, como: demolição, conserto, instalação, montagem, operação, conservação, reparação, adaptação, manutenção, transporte, locação de bens, publicidade, seguro ou trabalhos técnico-profissionais (art. 6º, II, LLC).

São tipos de serviços:

a) **comuns**: são ordinários, pois não exigem qualquer habilidade para sua execução, podendo ser prestados por qualquer pessoa ou empresa;

b) **técnicos-profissionais**: possuem certo grau de especialização e complexidade técnica e, por isso, requerem habilitação específica daqueles que devam desenvolvê-los; e

c) **técnicos-profissionais especializados**: dotados de alta complexidade e especialização, impõem que as pessoas ou empresas incumbidas de sua realização tenham alto grau de conhecimentos e habilidades. São exemplos dessa categoria de serviços: pareceres, perícias e avaliações em geral, assessorias ou consultorias técnicas e auditorias financeiras ou tributárias, patrocínio ou defesa de causas judiciais ou administrativas, restauração de obras de arte e bens de valor histórico, entre outros. Em regra, são contratados pela Administração mediante a modalidade concurso (art. 13, § 1º, Lei nº 8.666/1993). Quando forem de natureza singular autorizam a contratação direta de profissionais de notória especialização, com inexigibilidade de licitação na forma do art. 25, II, da LLC.

Ainda há o contrato de prestação de serviços artísticos que são desenvolvidos em diversos setores da arte, tais como música, artes públicas, artes cênicas entre outras. Esse tipo de serviço pode ser contratado diretamente sem licitação (por inexigibilidade) desde que consagrado pela opinião pública ou crítica especializada (art. 25, III, Lei nº 8.666/1993).

O que diferencia o contrato de obra pública do contrato de prestação de serviços é a predominância, naquele, do material sobre a atividade operacional, enquanto no segundo o que predomina é a atividade material. Em outros termos, a execução de obra pública é **estática** e tem termo certo para conclusão, enquanto a prestação de serviços é atividade **dinâmica** que se desenvolve continuamente.[35]

13.3. Contrato de fornecimento

O art. 6º, III, da Lei nº 8.666/1993 define compra como toda aquisição remunerada de bens para fornecimento de uma só vez ou parceladamente.

A lei não faz distinção entre contrato de compra e contrato de fornecimento, por isso resolvemos utilizar a definição de compra ao tratarmos de contrato de fornecimento.

O contrato de fornecimento é exatamente aquele que tem por fim a aquisição de bens pela Administração.

São tipos de fornecimento:

a) **integral**: quando o bem ou produto é entregue de uma só vez na sua totalidade;

35 MEIRELLES, Hely Lopes. *Direito Administrativo Brasileiro*. 34ª ed. São Paulo: Malheiros, 2008, p. 259.

b) **parcelado**: se entregue em diversas prestações periódicas, previamente definidas; e

c) **contínuo**: ocorre quando o fornecimento do bem é sucessivo, sempre na data combinada e pelo tempo que durar o contrato.

Pondera Maria Sylvia Di Pietro que, quanto ao conteúdo, o contrato de fornecimento não se distingue do contrato de compra e venda; e, por isso, alguns autores negam que exista como um contrato administrativo.[36]

13.4. Contrato de concessão

Segundo Carvalho Filho, "concessão leva à ideia de que alguém, sendo titular de alguma coisa, transfere a outrem algumas das faculdades a esta relativas".[37]

São modalidades de contrato de concessão:

a) **concessão de obra pública**: é o ajuste mediante o qual o Estado delega ao particular a execução e exploração de obra pública por tempo determinado. A diferença entre o contrato de concessão de obra pública e o contrato de obra pública é que neste o contratado é remunerado pela própria Administração, enquanto na concessão de obra pública o contratado executa a obra pública por sua **conta e risco**, sendo remunerado pela população em geral, por meio da exploração da utilidade econômica que a obra proporciona (cobrança de tarifas);

b) **concessão de uso de bem público**: é contrato administrativo por meio do qual a Administração, gratuita ou remuneradamente, concede a alguém a utilização privativa de bem público, conforme sua destinação específica;

c) **concessão de serviços públicos**: é a delegação de sua prestação, feita pelo poder concedente, mediante licitação, na modalidade de concorrência, à pessoa jurídica ou consórcio de empresas que demonstre capacidade para seu desempenho, por sua conta e risco e por prazo determinado (art. 2º, II, Lei nº 8.987/1995);[38]

d) **concessão de serviços públicos precedida de obra pública**: é a construção, total ou parcial, conservação, reforma, ampliação ou melhoramento de quaisquer obras de interesse público, delegada pelo poder concedente, mediante licitação, na modalidade concorrência, à pessoa jurídica ou consórcio de empresas que demonstre capacidade para a sua realização, por sua conta e risco, de forma que o investimento da concessionária seja remunerado e amortizado mediante a exploração do serviço ou da obra por prazo determinado (art. 2º, III, Lei nº 8.987/1995);

36 DI PIETRO, Maria Sylvia Zanella. *Direito Administrativo*. 20ª ed. São Paulo: Atlas, 2006, 311.

37 CARVALHO FILHO, José dos Santos. *Manual de Direito Administrativo*. 20ª ed. Rio de Janeiro: Lumen Juris, 2008, p. 179.

38 Mais detalhes, *vide* o Capítulo 10 (Serviços públicos).

e) **concessão especial de serviços públicos na modalidade patrocinada**: modalidade de concessão prevista na Lei nº 11.079/2004 (Lei das Parcerias Público-Privadas), mediante a qual o Estado delega a prestação de serviços públicos ao particular que obterá sua remuneração de contraprestação pecuniária do Poder Público, sem prejuízo da tarifa cobrada dos usuários do serviço público; e

f) **concessão especial de serviços públicos na modalidade administrativa**: é o contrato de parceria público-privada de prestação de serviços de que a Administração Pública seja usuária direta ou indireta, mesmo que o objeto do contrato abranja a execução de obra ou o fornecimento e instalação de bens.

Ainda impende notar que há algumas "concessões" que, a despeito da nomenclatura, não podem ser consideradas como tal, mas como simples **atos administrativos de autorização** de atividades de caráter privado. Estamos nos referimos às concessões de lavra de recursos minerais (art. 176, §1º) e às concessões para a atividade de radiodifusão sonora e de sons e imagens (art. 223).

Embora sejam várias as modalidades de concessão, o fato relevante é que serão sempre um contrato administrativo, ao contrário das permissões, que ora são contratos (serviços públicos), ora atos administrativos (uso de bem público).

14. CONVÊNIOS ADMINISTRATIVOS

Segundo Maria Sylvia Zanella Di Pietro, convênio é uma "forma de ajuste entre o Poder Público e entidades públicas ou privadas para a realização de objetivos de interesse comum, mediante mútua colaboração".[39] Em outros termos, os convênios administrativos são acordos de vontades firmados entre entes de natureza jurídica distinta (públicas e privadas) para a consecução de objetivos comuns dos partícipes.

O fundamento constitucional da matéria encontra-se no art. 241, onde se lê que a União, os Estados, o Distrito Federal e os Municípios disciplinarão por meio de lei os consórcios públicos e os **convênios** de cooperação entre os entes federados, autorizando a **gestão associada** de serviços públicos, bem como a transferência total ou parcial de encargos, serviços, pessoal e bens essenciais à continuidade dos serviços transferidos.

A disciplina normativa infraconstitucional dos convênios administrativos, na esfera federal, está estabelecida pelo art. 116 da Lei de Licitações e Contratos, pelo Decreto nº 6.170, de 25 de julho de 2007[40] e pela Portaria Interministerial

39 DI PIETRO, Maria Sylvia Zanella. *Direito Administrativo*. 20ª ed. São Paulo: Atlas, 2006, p. 314.

40 Recentemente alterado pelo Decreto nº 8.180, de 30 de dezembro de 2013.

MPOG/MF/CGU nº 507, de 24 de novembro de 2011.[41]-[42] Há outros atos normativos que versam sobre a matéria. Entretanto, como o objetivo deste *Curso* é fazer uma abordagem geral sobre convênios administrativos, nos limitaremos aos diplomas normativos supracitados.

O art. 1º, § 1º, do Decreto nº 6.170/2007 define convênio como o (grifo nosso):

> **Acordo, ajuste ou qualquer outro instrumento** que discipline a **transferência de recursos financeiros** de dotações consignadas nos Orçamentos Fiscal e da Seguridade Social da União e tenha como partícipe, **de um lado, órgão ou entidade da administração pública** federal, direta ou indireta, e, **de outro lado, órgão ou entidade da administração pública** estadual, distrital ou municipal, direta ou indireta, **ou ainda, entidades privadas sem fins lucrativos**, visando à execução de programa de governo, envolvendo a realização de **projeto, atividade, serviço, aquisição de bens** ou evento de **interesse recíproco**, em regime de **mútua cooperação**.

A partir do conceito exposto, podemos fazer algumas conclusões:

a) no que tange aos partícipes do convênio, podemos ter, de um lado, órgão ou entidade da Administração federal, e de outro, órgãos ou entidades da Administração Pública estadual, distrital ou municipal, bem como entidades privadas sem fins lucrativos. Quando o ajuste for entre órgãos ou entidades da Administração Pública federal, entre si, não haverá convênio, mas **termo de execução descentralizada**;

b) nos convênios administrativos, em regra, há **repasse de recursos públicos** em troca de execução de atividades de interesse do Estado;[43]

c) o objeto do convênio pode ser a realização de projeto, atividade, serviço, aquisição de bens ou evento que vise à execução de **programa de governo**. Note que quando o convênio é firmado com particulares o objeto do ajuste **não é** a prestação de **serviços públicos**, pois para isso existem as formas próprias de delegação, tais como concessão, permissão ou autorização. Outro argumento a favor da tese de que nos convênios não há delegação de serviços públicos é o de que nesta "ocorre a transferência da atividade de uma pessoa para outra que não a possui; no convênio, pressupõe-se que as duas pessoas têm competências comuns e vão prestar mútua colaboração para atingir seus objetivos".[44] A atividade administrativa envolvida nesses

41 Este ato normativo revogou integralmente a Portaria Interministerial MP/MF/MCT nº 127, de 29 de maio de 2008, que regulava a matéria até então.

42 Esta Portaria Interministerial foi recentemente alterada pela também Portaria Interministerial nº 495, de 6 de dezembro de 2013. Tais modificações já constam neste tópico.

43 Inclusive, o art. 2º, I, a, da PI nº 507/2011 é clara ao afastar de sua incidência os convênios que não envolvam transferência de recursos entre os partícipes. Tais ajustes serão objeto de regulamentação específica.

44 DI PIETRO, Maria Sylvia Zanella. *Direito Administrativo*. 20ª ed. São Paulo: Atlas, 2006, p. 316.

convênios é a de **fomento**, por meio do qual o Poder Público incentiva, ao invés de ele próprio realizá-la, a iniciativa privada de interesse público;[45] e

d) nos convênios os interesses institucionais dos partícipes serão sempre **recíprocos** e as atividades são desempenhadas em regime de **mútua cooperação**.[46] Todavia, isto não significa que todos os partícipes do acordo deverão cooperar de modo idêntico. Há possibilidade de os encargos serem distintos conforme o grau de interesse e o benefício obtido por cada partícipe em razão do acordo.

Com a celebração de um convênio, **não há criação de pessoas jurídicas,** mas mera cooperação associativa. O convênio revela mero assentimento dos seus integrantes no compartilhamento de objetivos e responsabilidades comuns. Sempre haverá pessoa jurídica para lhe dar execução, esta sim exercerá direitos e contrairá obrigações em nome próprio e oferecerá as garantias peculiares (atos inerentes à pessoa jurídica).

Inclusive, sabe-se que a criação do instrumento "consórcio público" pela Lei nº 11.107/2005 é uma tentativa de resolver essa questão, uma vez que a celebração do consórcio público acarreta a criação de pessoa jurídica que ficará responsável pelo desempenho das atividades de interesse comum dos envolvidos.[47]

14.1. Distinções entre convênios e contratos administrativos

Apesar de o convênio ser um acordo de vontades entre duas pessoas jurídicas, não podemos confundi-lo com o contrato administrativo. É exatamente por isso que a Lei nº 8.666/1993, evidenciando a preocupação do legislador de tratar os convênios separadamente, como categoria jurídica distinta dos contratos, reservou o Capítulo III (Dos contratos) para estes, ao passo que os primeiros foram encartados no Capítulo VI (Das disposições finais e transitórias). Ademais, o próprio art. 116 expressamente determinou que as normas relativas aos contratos administrativos (arts. 54 a 80) se aplicassem aos convênios, **apenas no que coubesse**, isto é, naquilo que não conflitantes com a natureza jurídica dessa modalidade de acordo.

Nessa esteira, para o professor Celso Antônio Bandeira de Mello, o máximo que se pode aproximar os convênios dos contratos é afirmando que os convênios

---

45 A execução de programa de trabalho que objetive a realização de obra será feita por meio de contrato de repasse, salvo quando o concedente dispuser de estrutura para acompanhar a execução do convênio (art. 8º, Decreto nº 6.170/2007).

46 TCU, Acórdão nº 3.749/2007 – 1ª Câmara: "Limite o uso do instrumento de convênio aos casos em que efetivamente houver interesse recíproco e regime de mútua cooperação, abstendo-se, nos casos de simples prestação onerosa de serviços, de firmar convênios, devendo proceder à contratação, mediante o devido processo licitatório, nos termos do Regulamento de Licitação e Contratos da entidade."

47 A fim de evitar repetições desnecessárias, remetemos o leitor ao tópico 15 deste Capítulo, onde se tratará especificamente de consórcios públicos.

correspondem a uma modalidade específica de contratos "em que as partes se compõem pela comunidade de interesses, pela finalidade comum que as impulsiona".[48] Note que os convênios estão classificados como contratos, mas não contratos administrativos propriamente ditos, em que os interesses das partes são contrapostos. Seriam, portanto, uma categoria excepcional de contrato, marcada pela ideia de que os celebrantes têm interesses comuns e recíprocos.

De nossa parte, preferimos estabelecer rígida separação entre uns e outros, a fim de que não haja confusão e imprecisão terminológica. Portanto, convênios e contratos são espécies distintas do gênero "acordos" que podem ser celebrados pela Administração Pública.

A professora Di Pietro, em sucinta exposição do tema, enuncia algumas diferenças entre convênios e contratos, as quais passamos a analisar:[49]

a) enquanto nos convênios os partícipes buscam resultados comuns, compartilhados por todos igualmente (serviços, obra, projeto), nos contratos administrativos as partes perseguem resultados distintos (o contratante visa à execução do objeto e o contrato objetiva ganhos financeiros);

b) se nos convênios os interesses são comuns e recíprocos (todos os partícipes buscam o mesmo objetivo), nos contratos administrativos as partes têm interesses contrapostos (o contratante deseja a melhor execução do objeto pelo menor preço e o contratado deseja executar o contrato com o mínimo de custo possível, recebendo a maior remuneração);

c) nos convênios, os partícipes atuam em colaboração uns com os outros, conforme suas possibilidades. Ilustrativamente, um dos partícipes contribui com o aporte de recursos financeiros, e outro com a força humana de trabalho, com o fornecimento de conhecimentos técnicos, entre outras modalidades de colaboração. Já nos contratos administrativos, as obrigações das partes são autônomas, não dependendo de colaboração da outra parte. Isto é, cada parte cumpre com suas obrigações por sua conta e risco;

d) nos convênios, as pessoas partícipes têm finalidade institucional comum, em função do que celebram o ajuste (ex.: Ministério da Saúde e Associação Paulista para o Desenvolvimento da Medicina - SPDM), ao passo que nos contratos as partes contratuais, normalmente, têm finalidades institucionais distintas (ex.: DNIT e empresa empreiteira de obra pública); e

e) os valores repassados (não são considerados remuneração, mas simples incentivo) nos convênios ficam vinculados ao objeto do ajuste, sendo sua aplicação passível de fiscalização por qualquer um dos partícipes. Já nos contratos, os valores percebidos por uma das partes passam a integrar o seu patrimônio, ficando à sua inteira disponibilidade.

48 MELLO, Celso Antônio Bandeira de. *Curso de Direito Administrativo*. 25ª ed. São Paulo: Malheiros, 2007, p. 653.

49 DI PIETRO, Maria Sylvia Zanella. *Parcerias na Administração Pública*. 8ª ed. São Paulo: Atlas, 2011, p. 232.

A seguir, o quadro sintetiza as distinções apontadas:

Convênios	Contratos
Os partícipes buscam resultados comuns, compartilhados por todos igualmente (serviços, obra, projeto)	As partes contratuais procuram resultados distintos (o contratante visa à execução do objeto e o contratado objetiva ganhos financeiros)
Os interesses são comuns e recíprocos	As partes têm interesses contrapostos
Os partícipes atuam em colaboração uns com os outros	As obrigações das partes são autônomas, não dependendo uma da colaboração da outra
Os partícipes têm finalidade institucional comum	As partes contratuais, normalmente, têm finalidades institucionais distintas
Aplicações financeiras vinculadas ao convênio são passíveis de fiscalização	Livre disposição da remuneração por parte do contratado, pois esta passa a integrar o seu patrimônio pessoal

Além dos convênios, são instrumentos de transferência voluntária de recursos financeiros públicos: termos de execução descentralizada, contratos de repasse, termos de parceria (OSCIP), contratos de gestão (OS), parcerias públicas-privadas e consórcios públicos.[50]

15. CONSÓRCIOS PÚBLICOS

15.1. Aspectos gerais

A prestação de serviços públicos, compreendida entre as atividades finalísticas da Administração Pública, é matéria afeta a cada ente político, segundo a partilha constitucional de competências administrativas. Nesse diapasão, os serviços públicos são prestados pelos entes federativos em sua esfera interna (e restrita a esta), não cabendo interferência nos serviços públicos de competência alheia. Exemplificando: cabe ao Distrito Federal prestar o serviço público de assistência médica, gerindo internamente todo o universo clínico e hospitalar público. Em relação ao mesmo serviço prestado nos Municípios circunvizinhos do Estado de Goiás, não há espaço de atuação para o Distrito Federal, pois há autonomia do Estado de Goiás e seus Municípios para a referida prestação.

Em que pese a autonomia administrativa de cada ente político, não devemos esquecer que há forte relação de interdependência federativa, pois quase sempre serviços prestados (ou mal prestados) por determinado ente acabam interferindo

50 Para mais detalhamentos sobre convênios e seu ato normativo principal na esfera federal (Decreto nº 6.107/2007), acesse nosso artigo "Convênios Administrativos", disponível em <www.elyesleysilva.com.br/convenios>.

direta ou indiretamente nos mesmos serviços a cargo de outros entes políticos. Retomando o exemplo anterior, as más condições dos serviços de assistência médica de alguns Municípios de Goiás acabam gerando uma intensa procura pelos mesmos serviços no Distrito Federal, gerando sobrecarga de demandas e, consequentemente, comprometendo a qualidade dos serviços prestados no âmbito deste ente.

É nesse plano de fundo que surge a figura dos consórcios públicos, como forma de gestão associada de serviços públicos de interesse comum a mais de um ente político, a fim de que haja menos disparidade e o cidadão tenha suas demandas efetivamente atendidas. O consórcio público nada mais é do que a reunião de recursos financeiros, técnicos, patrimoniais e administrativos dos entes políticos interessados na execução de serviços públicos de interesse mútuo. Em muitos casos, tais entes dificilmente disporiam de recursos suficientes para, isoladamente, atender as crescentes e contínuas demandas sociais.

Nesse passo, é útil a constatação de Di Pietro, quando afirma que a gestão associada de serviços públicos pode ser feita mediante:[51]

a) instituição de **consórcio público**, por meio de pessoa jurídica de direito público ou de direito privado, nos termos da Lei nº 11.107/2005; e
b) **convênio de cooperação;** ou
c) **contrato de programa**, que pode estar vinculado a um consórcio público, ou a um convênio de cooperação, ou a outro instrumento congênere que tenha por objeto a gestão associada de serviços públicos.

Desse maneira, tendo em vista que o consórcio afigura-se como uma (mas não única) das formas de o Estado executar o comando constitucional de gestão associada de serviços públicos, passemos à análise específica do mecanismo, não esquecendo de também fazer breves considerações acerca dos contratos de programa no tópico apropriado.[52]

15.2. Fundamento constitucional

A propósito de termos feito menção ao texto constitucional, iniciemos o trato da matéria exatamente por este ponto. O art. 241 da Constituição determina que a União, os Estados, o Distrito Federal e os Municípios disciplinarão por meio de **lei ordinária** os **consórcios públicos** e os convênios de cooperação entre os entes federados, autorizando a **gestão associada de serviços públicos**,

51 DI PIETRO, Maria Sylvia Zanella. *Direito Administrativo*. 20ª ed. São Paulo: Atlas, 2006, p. 449.

52 Com a acuidade habitual, o notável mestre José dos Santos Carvalho Filho (*Consórcios públicos*. Rio de Janeiro: Lumen Juris, 2009, p. 23) atentou-se para a circunstância de que a Lei nº 11.107/2005 tratou de três modalidades autônomas de ajuste a serem firmados no contexto do consórcio público, que é o negócio principal: protocolo de intenções, contrato de programa e contrato de rateio. Ao longo deste tópico, trataremos detidamente sobre cada um desses instrumentos.

bem como a transferência total ou parcial de encargos, serviços, pessoal e bens essenciais à continuidade dos serviços transferidos.

Com o fito de emprestar eficácia ao referido comando constitucional, a União, no exercício da competência legislativa que lhe foi outorgada pelo art. 22, XXVII, da Constituição, editou a Lei nº 11.107, de 6 de abril de 2005, que estabelece **normas gerais** aplicáveis aos consórcios públicos firmados pela União, Estados, Distrito Federal e Municípios.[53] Para regulamentar a referida lei foi editado o Decreto nº 6.017, de 17 de janeiro de 2007.

Acerca exclusivamente dos mencionados atos normativos é que faremos os comentários contidos neste tópico.

15.3. Conceito

Os **consórcios públicos** são ajustes de vontades firmados **exclusivamente** entre **entidades políticas**, após **autorização legislativa** de cada uma, com vistas à prestação de serviços públicos de **interesse comum** dos consorciados.

De modo simples, porém prático, Diógenes Gasparini define consórcio público como "a pessoa jurídica sem finalidade econômica, pública ou privada, constituída unicamente por entes da Federação para a realização de objetivos de interesses comuns".[54]

Em caráter extensivo, o art. 2º, inc. I, do Decreto nº 6.017/2007, definiu consórcio público como:

> Pessoa jurídica formada **exclusivamente por entes da Federação**, na forma da Lei nº 11.107, de 2005, para estabelecer relações de cooperação federativa, inclusive a realização de objetivos de **interesse comum**, constituída como **associação pública**, com personalidade jurídica de **direito público e natureza autárquica**, ou como **pessoa jurídica de direito privado sem fins econômicos** (destacamos).

Como já apontado, uma das diferenças entre os consórcios públicos e os consórcios administrativos é que estes são firmados entre entes (políticos ou administrativos) da mesma esfera de governo, ao passo que aqueles são firmados exclusivamente por entes políticos (União, Estados, Distrito Federal e Municípios), jamais entes administrativos.

A esse respeito, Carvalho Filho faz excelente observação ao consignar que "o consórcio público não faz distinção quanto à espécie dos participantes. Tanto

53 Trata-se de exercício da competência privativa da União para legislar sobre licitações e contratos, em todas as modalidades, nos termos do inc. XXVII do art. 22 da Constituição Federal. Sendo assim, observadas as normas gerais ditadas pela União, podem os Estados, o DF e os Municípios elaborar normas específicas acerca de consórcios públicos.

54 GASPARINI, Diógenes. *Direito Administrativo*. 13ª ed. São Paulo: Saraiva, 2008, pp. 347-348.

podem participar entes federativos diversos, como, por exemplo, a União, os Estados A e B e os Municípios C, D e F, como da mesma esfera, na hipótese de o ajuste ser celebrado apenas entre Estados ou entre Municípios. Não há, por conseguinte, o requisito antes exigido (por parte da doutrina) para os consórcios administrativos despersonalizados: serem da mesma espécie os signatários".[55]

Em complemento, o § 2º do art. 1º da Lei nº 11.107/2005 determina que a União somente participe de consórcios públicos em que também façam parte todos os Estados em cujos territórios estejam situados os Municípios consorciados. Dessa forma, não poderá a União firmar consórcio com Municípios cujos Estados em que estejam situados não participem do acordo. De nossa parte, entendemos tal vedação como inconstitucional, posto que suprime a autonomia garantida pela Lei Maior (art. 18) aos Municípios ao atrelar a participação destes ao arbítrio dos Estados em cujo território estiverem situados.

Importante também não confundir consórcios públicos com consórcios de empresas, que, nos termos do art. 33 da Lei nº 8.666/1993, nada mais são do que a pessoa jurídica resultante de um conjunto de empresas privadas que somam recursos técnicos e financeiros para atender requisitos de habilitação em licitações de maior vulto, requisitos esses que nenhuma dessas empresas isoladamente poderia reunir.

Exemplo atual de consórcio público é a Autoridade Pública Olímpica - APO. Por meio da Lei nº 12.396/2011, foi a União autorizada a firmar acordo com o Estado do Rio de Janeiro e o Município do Rio de Janeiro com objetivo de coordenar a preparação e realização dos jogos olímpicos e paraolímpicos de 2016, especialmente para assegurar o cumprimento das obrigações por eles assumidas perante o Comitê Olímpico Internacional - COI.[56]

15.4. Criação

A instituição de consórcio público ocorrerá não pela simples celebração de um acordo, mas mediante todo um procedimento administrativo que percorrerá as seguintes fases:

a) **subscrição de protocolo de intenções** e respectiva publicação na imprensa oficial;

b) **ratificação total ou parcial** do protocolo de intenções por meio de lei de cada um dos partícipes;[57]

55 CARVALHO FILHO, José dos Santos. *Consórcios públicos*. Rio de Janeiro: Lumen Juris, 2009, p. 20.

56 A APO (Autoridade Pública Olímpica), autarquia em regime especial constituída sob a forma de consórcio público pela Lei nº 12.396, de 21 de março de 2011, é dotada de autonomia administrativa e financeira, com patrimônio próprio, e fica, no âmbito federal, vinculada ao Ministério do Esporte.

57 Essa ratificação por lei de cada ente consorciado será dispensada caso o ente político, antes de subscrever o protocolo de intenções, discipline por lei a sua participação no consórcio público. Nesse caso, a referida lei equivalerá ao protocolo de intenções ratificado.

c) **celebração do contrato**;[58] e

d) **aquisição de personalidade jurídica**.

A Lei nº 11.107/2005 veda a celebração de consórcio público sem observar formalidades para tanto exigidas. O descumprimento dessa proibição poderá caracterizar ato de improbidade administrativa que causa lesão ao erário, previsto no inc. XIV do art. 10 da Lei nº 8.429/1992: "celebrar contrato ou outro instrumento que tenha por objeto a prestação de serviços públicos por meio da gestão associada sem observar as formalidades previstas em lei".

15.5. Protocolo de intenções e celebração do contrato

O **protocolo de intenções**, nas palavras de Di Pietro, é:

> Instrumento pelo qual os interessados manifestam a intenção de celebrar um acordo de vontade (contrato, convênio, consórcio ou outra modalidade) para a consecução de objetivos de seu interesse, porém sem qualquer tipo de sanção pelo descumprimento. Na realidade, não se assumem, nele, o compromisso de celebrar o acordo; não se assumem direitos e obrigações; apenas se definem as cláusulas que serão observadas em caso de o acordo vir a ser celebrado.[59]

Na dicção do art. 2º, inc. III, do Decreto nº 6.017/2007, protocolo de intenções é o "contrato preliminar que, ratificado pelos entes da Federação interessados, converte-se em contrato de consórcio público".

Como se percebe, o protocolo de intenções não gera nenhuma consequência prática em relação às atividades que serão desempenhadas pelo consórcio público. Trata-se apenas de uma etapa preliminar de caráter formal que visa a "preparar o caminho", é dizer, fixar as cláusulas a serem observadas na elaboração do contrato de consórcio, que é o negócio principal.

O art. 4º da Lei nº 11.107/2005 estabelece quais são as **cláusulas necessárias** do protocolo de intenções.

Certamente a existência dessas cláusulas obrigatórias não exclui a possibilidade do estabelecimento de outras, a depender das peculiaridades do caso concreto.

A **celebração de contrato** de constituição de consórcio público deverá ocorrer necessariamente após a ratificação do protocolo de intenções por lei de cada

58 Apesar de o próprio legislador expressamente usar a expressão "contrato" para designar a natureza jurídica do pacto "consórcio público", devemos ter a devida cautela para compreender que não se trata de contrato propriamente dito, pois este, como já se observou neste capítulo, é marcado pela oposição de interesses das partes envolvidas, situação que não ocorre no tocante ao consórcio público. Neste, os signatários têm interesses comuns. Feita esta observação, apenas para não destoar da nomenclatura legislativa, nos permitiremos doravante designar o consórcio público como "contrato".

59 DI PIETRO, Maria Sylvia Zanella. *Direito Administrativo*. 20ª ed. São Paulo: Atlas, 2006, p. 445.

um dos entes políticos consorciados. O § 1º do art. 6º do Decreto nº 6.017/2007 prevê que a **recusa ou demora** na ratificação **não poderá ser penalizada**.

Entretanto, uma vez ratificado o protocolo por lei de cada signatário, o ente partícipe **não tem qualquer obrigação** de celebrar consórcio. É exatamente por isso que o § 1º do art. 5º da Lei nº 11.107/2005 faculta a celebração de consórcio público por apenas **parcela dos entes** da Federação que subscrevem o protocolo de intenções, desde que haja cláusula que preveja essa hipótese. Se a ratificação ocorrer em até dois anos da subscrição do protocolo de intenções, não dependenderá de homologação da assembleia geral do consórcio público. Entretanto, se realizada **após dois anos** requererá **homologação** legislativa (§ 3º). Além disso, a ratificação pode ser realizada **com reserva** que, **aceita pelos demais entes** subscritores, implicará **consorciamento parcial ou condicional** (§ 2º).[60]

Apesar de não estar consignado na lei, o Decreto nº 6.017/2007 admite o **ingresso de novos signatários**, isto é, de entes políticos que não tenham sido mencionados no protocolo de intenções. Para tanto, é necessária a **alteração do contrato** do consórcio público (art. 6º, § 6º, Decreto nº 6.017/2007).

15.6. Aquisição de personalidade jurídica

Sem dúvida alguma, a maior novidade trazida pela figura dos consórcios públicos é a criação, por meio do ajuste, de pessoa jurídica administrativa para executar as atividades que figuram no bojo do acordo, o que acaba gerando maior autonomia na prestação do serviço, bem como estabilidade institucional no sentido de que não será sumariamente dissolvido ao sabor dos detentores eventuais do poder. Para realçar essa novidade, a Lei nº 11.107/2005 logo no § 1º do art. 1º afirma que o consórcio público constituirá associação pública ou pessoa jurídica de direito privado. Os consórcios administrativos tradicionais não lograram êxito justamente por não se constituírem em pessoas jurídicas autônomas para o desempenho das atividades objeto do acordo.

Com personalidade jurídica, os consórcios públicos estão aptos a exercer direitos e obrigações na ordem civil: comprar e vender, ter patrimônio e receita próprios, ser empregadores, contratar, abrir e manter conta bancária, responder as demandas judiciais relacionadas às suas atividades, entre outras atividades inerentes à personalidade jurídica.

O consórcio público adquirirá personalidade jurídica (art. 6º):

> I - de **direito público**, no caso de constituir associação pública, com a mera **publicação das leis** de ratificação do protocolo de intenções; e

60 Em complemento, caso a lei de ratificação do protocolo preveja reservas, a admissão do ente no consórcio público dependerá da aprovação de cada uma das reservas pelos demais subscritores do protocolo de intenções ou, caso já constituído o consórcio público, pela assembleia geral (art. 6º, § 3º, Decreto nº 6.017/2007).

> II – de **direito privado**, mediante o **registro do contrato no Registro Civil das Pessoas Jurídicas.**[61]-[62]

Dessa forma, temos duas espécies de consórcios públicos: os de direito público e os de direito privado.

Quando pessoas jurídicas de direito público, os consórcios assumem a forma jurídica de **associações públicas**, regidas pelo Direito Público **e integrantes da Administração Indireta** de todos os entes consorciados.[63] Isso significa que o consórcio público disporá de todas as prerrogativas e privilégios das pessoas jurídicas de direito público (imunidade de impostos, não sujeição à falência, impenhorabilidade de bens, prazos dilatados em juízo etc.). Em verdade, esta espécie de consórcio público terá natureza de autarquia, do tipo **multifederativa**, posto que não integrará a estrutura de um único, mas de diversos entes políticos.[64]

Todavia, se assumirem personalidade de **direito privado**, poderíamos presumir que os consórcios públicos **não integrariam a Administração Indireta**, já que a lei não traz nenhuma regra nesse sentido. Vale dizer, a norma só atribui essa qualidade aos consórcios de direito público, mas sem proibir que assim o seja em relação aos de direito privado. Não é essa, porém, a tese sustentada entre os administrativistas, para quem os consórcios públicos de direito privado também integrariam a Administração Indireta, gozando do mesmo tratamento jurídico aplicável às fundações públicas de direito privado ou empresas estatais. A ideia central é a de que "não há como uma pessoa jurídica política (União, Estados, Distrito Federal e Municípios) instituir pessoa jurídica para desempenhar atividades próprias do ente instituidor e deixá-la fora do âmbito de atuação do Estado, como se tivesse sido instuída pela iniciativa privada. Todos os entes criados pelo Poder Público para o desempenho de funções administrativas do Estado têm que integrar a Administração Pública [...]".[65]

Não há norma que expressamente estabeleça o regime de pessoal aplicável aos consórcios públicos de direito público (associação pública), o que leva ao inevitável questionamento se seria aplicável o regime estatutário ou o celetista. Preliminarmente, em razão da natureza autárquica desses consórcios, poder-se-ia

61 Interessante registrar que os consórcios de direito público adquirirão personalidade jurídica mediante a vigência das leis de ratificação do protocolo de intenções, tal qual como ocorre com as autarquias. Já no caso dos de direito privado, além da lei de ratificação, exige-se o registro do ato constitutivo no órgão competente, nos moldes da legislação civil.

62 Note-se, oportunamente, o caso especial sublinhado pelo § 2º do art. 7º do Decreto nº 6.017/2007, aplicável quando todos os entes subscritores, ao invés de ratificar o protocolo, disciplinarem por lei a sua participação no consórcio público. Nessa hipótese, o aperfeiçoamento do contrato de consórcio público e a aquisição da personalidade jurídica pela associação pública dependerão apenas da publicação do protocolo de intenções.

63 Art. 6º, § 1º, da Lei nº 11.107/2005.

64 O próprio legislador fez questão de incluir as associações públicas na categoria de autarquias ao alterar o art. 41, V, do Código Civil, para estabelecer que são pessoas jurídicas de direito público, entre outras, "as autarquias, inclusive as associações públicas".

65 DI PIETRO, Maria Sylvia Zanella. *Parcerias na Administração Pública*. 8ª ed. São Paulo: Atlas, 2011, p. 242. No mesmo sentido: CARVALHO FILHO, José dos Santos. *Consórcios públicos*. Rio de Janeiro: Lumen Juris, 2009, p. 40.

cogitar a aplicação do regime estatutário. Entretanto, para Carvalho Filho[66], deve ser aplicado o regime celetista, porquanto este tem como característica a unicidade normativa (há uma única CLT no país, que é aplicável a todos os entes federativos). Segundo o preclaro mestre, caso fosse adotado o regime estatutário, que é marcado pela pluralidade normativa (estatuto elaborado por cada ente político para seus servidores), seria difícil solucionar o impasse acerca de qual regime estatutário adotar, já que o consórcio é formado por diversos entes federativos e cada um tenderia a adotar o próprio estatuto de servidores públicos.

De nossa parte, ousamos discordar desse posicionamento, partindo da premissa de que a própria natureza de direito público das associações públicas prescreve a total incompatibilidade com o regime celetista. As prerrogativas, privilégios e o poder de império (verticalidade) inerentes às pessoas de direito público não encontram amparo jurídico na CLT, despida do intituto da garantia de estabilidade no serviço público. Como as atividades das associações públicas requererão, com certa frequência, o exercício destemido das prerrogativas (sem medo de ingerências externas de natureza pessoal) por parte dos seus agentes públicos, entendemos que tal circunstância só encontra compatibilidade com o regime estatutário, que preserva a impessoalidade do servidor ao garantir-lhe estabilidade no serviço público. Desse modo, o regime de pessoal das associações públicas deverá ser sempre estatutário.

Para contornar a dificuldade apontada por Carvalho Filho quanto à possível controvérsia sobre qual dos regimes estatutários seria adotado num dado consórcio, entendemos ser útil a aplicação do § 2º do art. 8º do Decreto nº 6.017/2007 segundo o qual os estatutos do consórcio poderão dispor sobre o exercício do poder disciplinar e regulamentar, as atribuições administrativas, hierarquia, avaliação de eficiência, lotação, jornada de trabalho e denominação dos cargos. Isto é, mesmo que haja diferenças entre os regimes estatutários dos entes consorciados, estas podem ser equalizadas nos estatutos do próprio consórcio público a fim de atender eventuais pecualiaridades do caso.

Deixando de lado os consórcios de direito público, tratemos agora dos de direito privado. Os consórcio públicos com personalidade de **direito privado** terão natureza de **associações civis sem fins econômicos** e serão regidos pelas **normas de Direito Civil** em tudo o que não forem contrárias ao Direito Público (regime jurídico híbrido).[67] Nessa linha, o § 2º do art. 6º dispõe que, no caso de se revestir de personalidade jurídica de direito privado, o consórcio público observará as **normas de direito público** no que concerne à realização

66 CARVALHO FILHO, José dos Santos. *Consórcios públicos*. Rio de Janeiro: Lumen Juris, 2009, p. 76.

67 Em que pese o legislador tenha estabelecido e facultado a constituição de consórcio público como pessoa de direito público ou de direito privado, inexplicavelmente, talvez por uma questão de conveniência operacional, o Decreto nº 6.017/2007 em seu art. 39 determinou que, a partir de 1º de janeiro de 2008, a União só celebrasse convênios com consórcios públicos constituídos como pessoas de direito público (na forma de associação pública).

de **licitação**, celebração de **contratos**, **prestação de contas** e **admissão de pessoal**, que será regido pela Consolidação das Leis do Trabalho – **CLT**.

Útil registrar que, para Diógenes Gasparini[68], os consórcios públicos de direito privado, além da forma de associação civil (art. 53, Código Civil), poderiam assumir a forma de fundação privada (art. 62, CC). Com o devido respeito ao saudoso mestre, nos filiamos à corrente perfilhada por Carvalho Filho[69], pois não vislumbramos tal possibilidade em razão das próprias características das fundações privadas: a) sua finalidade é fixada pelo instituidor, liberdade que inexistiria no caso do consórcio público, pois seus fins já estão claramente definidos na Constituição (art. 241)[70]; e b) as fundações privadas são controladas pelo Ministério Público, o que implicaria duplicidade de controles caso se trate de um consórcio público, que também sofrerá controle finalístico por parte da Administração Direta. Desse modo, entendemos que a única forma jurídica possível para os consórcios públicos de direito privado é a de associação civil. Ademais, a própria Lei dos Consórcios Públicos (art. 15) estipulou que os consórcios de direito privado serão regidos, no que couber, "pela legislação que rege as associações civis".

Independentemente da personalidade jurídica do consórcio público, a **lei é imprescindível**, quer para ratificar o protocolo de intenções, quer para, antes mesmo de ser firmado o protocolo de intenções, disciplinar a participação dos entes federativos no consórcio.

15.7. Prerrogativas e controle

Entre os poderes outorgados aos consórcios públicos, podemos citar os seguintes:

I. firmar convênios, contratos, acordos de qualquer natureza, receber auxílios, contribuições e subvenções sociais ou econômicas de outras entidades e órgãos do governo;[71]

II. nos termos do contrato de consórcio de direito público, promover desapropriações e instituir servidões nos termos de declaração de utilidade ou necessidade pública, ou interesse social, realizada pelo Poder Público;

III. ser contratados pela Administração direta ou indireta dos entes da Federação consorciados, dispensada a licitação, inclusive com limites

68 CARVALHO FILHO, José dos Santos. *Direito Administrativo*. 13ª ed. São Paulo: Saraiva, 2008, p. 349.

69 CARVALHO FILHO, José dos Santos. *Consórcios públicos*. Rio de Janeiro: Lumen Juris, 2009, p. 35.

70 Para mais detalhes sobre os objetivos específicos do consórcio, *vide* o art. 3º do Decreto nº 6.017/2007.

71 Nos termos do § 3º do art. 12 da Lei nº 4.320/1964, consideram-se subvenções as transferências destinadas a cobrir despesas de custeio das entidades beneficiadas, distinguindo-se como: I – subvenções sociais, as que se destinem a instituições públicas ou privadas de caráter assistencial ou cultural, sem finalidade lucrativa; II – subvenções econômicas, as que se destinem a empresas públicas ou privadas de caráter industrial, comercial, agrícola ou pastoril.

mais elevados para fins de definição da modalidade de licitação cabível e para fins de dispensa de licitação em razão do valor (arts. 23, § 8º e 24, parágrafo único, LLC);[72]

IV. realizar licitação da qual, nos termos do edital, decorram contratos administrativos celebrados por órgãos ou entidade dos entes da Federação consorciados, sendo facultado à entidade interessada acompanhar a licitação e a execução do contrato (art. 112, § 1º, Lei nº 8.666/1993);

V. emitir documentos de cobrança e exercer atividades de arrecadação de tarifas e outros preços públicos pela prestação de serviços ou pelo uso ou outorga de uso de bens públicos por eles administrados ou, mediante autorização específica, pelo ente da Federação consorciado; e

VI. outorgar concessão, permissão ou autorização de obras ou serviços públicos mediante autorização prevista no contrato de consórcio público, que deverá indicar de forma específica o objeto da concessão, permissão ou autorização e as condições a que deverá atender, observada a legislação de normas gerais em vigor.

Quanto ao controle externo financeiro-orçamentário, a fim de impedir a simultaneidade de controles exercidos pelos tribunais de contas dos diversos entes envolvidos, o parágrafo único do art. 9º da Lei nº 11.107/2005 reza que o consórcio público está sujeito à fiscalização contábil, operacional e patrimonial pelo **Tribunal de Contas** competente para apreciar as contas do **chefe do Poder Executivo, representante legal**, inclusive quanto à legalidade, legitimidade e economicidade das despesas, atos, contratos e renúncia de receitas, sem prejuízo do controle externo a ser exercido em razão de cada um dos contratos de rateio.

15.8. Contrato de rateio

Há dois tipos principais de contrato a serem celebrados pelos entes consorciados: o contrato de rateio e o contrato de programa.

Na definição de Diógenes Gasparini, o contrato de rateio é o "ajuste celebrado entre o consórcio público e os seus consorciados, mediante o qual aquele responsabiliza-se pela execução de certa obra ou pela prestação de determinado serviço de interesse comum e estes comprometem-se a lhe entregar, proporcionalmente ao benefício que receberão ou ao que devem investir face ao custo total da obra ou do serviço, uma dada importância em dinheiro".[73]

72 Tais regramentos estão expostos no Capítulo 8 (Licitações Públicas) deste Curso.

73 GASPARINI, Diógenes. *Direito Administrativo*. 13ª ed. São Paulo: Saraiva, 2008, p. 355.

De maneira simplificada, trata-se do contrato por meio do qual os entes consorciados comprometem-se a fornecer recursos financeiros para a realização das despesas do consórcio público (art. 2º, VII, Decreto nº 6.017/2007).

Importante observação faz Carvalho Filho no sentido de que "os sujeitos do contrato de rateio são, de um lado, o ente consorciado, e, de outro, o consórcio público. Tendo em vista a pluralidade de entes consorciados, serão também plúrimos os contratos de rateio celebrados pelas partes. Vale dizer: cada consorciado firmará seu próprio contrato de rateio com o respectivo consórcio."[74]

O **único instrumento** previsto na lei para a entrega, pelos entes consorciados, de **recursos financeiros** ao consórcio público é o **contrato de rateio**. Com efeito, deve-se entender que não há outro meio de entrega de recursos financeiros pelos entes consorciados.

Tanto é assim que o § 3º do art. 4º da Lei nº 11.107/2005 estabelece que é **nula a cláusula do contrato de consórcio** que preveja determinadas **contribuições financeiras ou econômicas de ente da Federação** ao consórcio público. A razão da referida vedação é bem simples: o instrumento jurídico adequado à transferência de recursos financeiros dos entes políticos para o consórcio é o contrato de rateio. O contrato de consórcio destina-se basicamente a formalizar a relação jurídica negocial entre os signatários.

Entretanto, essa regra precisa ser vista em termos, pois há possibilidade de cláusula do contrato de consórcio que preveja doações, destinações ou cessões de bens móveis e imóveis, bem assim a transferência ou cessão de direitos operados por força de gestão associada de serviços públicos. Além disso, os entes consorciados, ou com eles conveniados, poderão **ceder-lhes servidores**, na forma e condições da legislação de cada um (§ 4º).

Prevê o § 1º do art. 8º da Lei nº 11.107/2005 que o contrato de rateio será formalizado em **cada exercício financeiro** e seu prazo de vigência não será superior ao das dotações que o suportam (que serão de, **no máximo, um ano**), com exceção:

a) dos contratos que tenham por objeto **exclusivamente** projetos consistentes em programas e ações contemplados em **plano plurianual**, cuja duração é de **quatro anos**; e

b) da gestão associada de serviços públicos **custeados por tarifas ou outros preços públicos**, pois os recursos não são oriundos dos orçamentos dos entes consorciados, mas dos usuários do serviço.

Tão relevante é a regra quanto às dotações financeiras que o § 5º do mesmo dispositivo supracitado prevê que poderá ser **excluído** do consórcio público, após **prévia suspensão**, o ente consorciado que **não consignar**, em sua lei

74 CARVALHO FILHO, José dos Santos. *Consórcios públicos*. Rio de Janeiro: Lumen Juris, 2009, p. 99.

orçamentária ou em créditos adicionais, as **dotações suficientes** para suportar as despesas assumidas por meio de contrato de rateio.

Ademais, o inc. XV do art. 10 da Lei nº 8.429/1992 prevê como ato de **improbidade administrativa** que causa lesão ao erário celebrar contrato de rateio sem suficiente e prévia dotação orçamentária, ou sem observar as formalidades legais.

Quanto à destinação dos recursos recebidos por intermédio do contrato de rateio, o § 2º do art. 8º da Lei dos Consórcios veda a aplicação desses recursos no pagamento de **despesas genéricas**[75], inclusive transferências ou operações de crédito. Tais valores só poderão ser adequamente utilizados nos termos postos no contrato de consórcio público.

Para fomentar a celebração de consórcios, o art. 38 do Decreto nº 6.017/2007 estabelece que os órgãos e entidades federais darão **preferência às transferências voluntárias** para Estados, Distrito Federal e Municípios cujas ações sejam desenvolvidas por intermédio de consórcios públicos.

Em seguida, prevê o § 1º do art. 39 do mesmo diploma normativo que a **celebração do convênio** para a transferência de recursos da União está **condicionada ao atendimento**, pelos entes consorciados, das **exigências legais** aplicáveis, sendo **vedada sua celebração**, bem como a liberação de quaisquer parcelas de recursos, caso exista alguma **inadimplência** por parte de qualquer dos entes consorciados.

15.9. Contrato de programa

Contrato de programa é o instrumento que regula as **obrigações** que um ente da Federação deve assumir em relação a outro ente político ou a consórcio público no âmbito de gestão associada em que haja a prestação de serviços públicos ou a transferência total ou parcial de encargos, serviços, pessoal ou de bens necessários à continuidade dos serviços transferidos.

Em termos descomplicados, o contrato de programa define as obrigações do ente político no âmbito da gestão associada de serviços públicos.

Acerca do tema, ensina Maria Sylvia Zanella Di Pietro que o contrato de programa poderá ser celebrado em **duas situações**:[76]

a) No **âmbito de um consórcio público**: o contrato de programa será celebrado entre o consórcio e um de seus consorciados, no caso de este último optar por prestar os serviços por meio de órgãos e entidades de sua própria Administração Pública. Há necessidade de previsão no protocolo

75 Art. 15, §§ 1º e 2º, Decreto nº 6.017/2007: Entende-se por despesa genérica aquela em que a execução orçamentária se faz com modalidade de aplicação indefinida. Não se considera como genérica as despesas de administração e planejamento, desde que previamente classificadas por meio de aplicação das normas de contabilidade pública.

76 DI PIETRO, Maria Sylvia Zanella. *Direito Administrativo*. 20ª ed. São Paulo: Atlas, 2006, p. 449.

de intenções ratificado por lei e no contrato de constituição do consórcio público;

b) **Fora do consórcio público**: aqui não haverá exigência de instituição de consórcio público, pois a gestão associada dos serviços públicos fluirá pelo próprio contrato de programa. Deverá haver previsão do contrato de programa no convênio de cooperação ou, não havendo este, será o contrato de programa regido pelo art. 116 da Lei nº 8.666/1993 e não dependerá de autorização legislativa.

O art. 13 da Lei nº 11.107/2005 estabelece algumas regras relativas aos contratos de programa

Prevê o § 2º do art. 13 da Lei dos Consórcios Públicos que no caso de a gestão associada originar a **transferência total ou parcial** de **encargos, serviços, pessoal e bens** essenciais à continuidade dos serviços transferidos, o contrato de programa, **sob pena de nulidade**, deverá conter cláusulas que estabeleçam: I - os encargos transferidos e a responsabilidade subsidiária da entidade que os transferiu; II - as penalidades no caso de inadimplência em relação aos encargos transferidos; III - o momento de transferência dos serviços e os deveres relativos à sua continuidade; IV - a indicação de quem arcará com o ônus e os passivos do pessoal transferido; V - a identificação dos bens que terão apenas a sua gestão e administração transferidas e o preço dos que sejam efetivamente alienados ao contratado; VI - o procedimento para o levantamento, cadastro e avaliação dos bens reversíveis que vierem a ser amortizados mediante receitas de tarifas ou outras emergentes da prestação dos serviços.

O art. 10, inc. XIV, da Lei nº 8.429, de 1992, prevê que constitui ato de **improbidade administrativa** que causa prejuízo ao erário celebrar contrato ou outro instrumento que tenha por objeto a prestação de serviços públicos por meio de cooperação federativa sem a celebração de contrato de programa, ou sem que sejam observadas outras formalidades previstas em lei.

15.10. Retirada e extinção

Prevê o art. 24 do Decreto nº 6.017/2007 que **nenhum** ente da Federação **poderá ser obrigado a se consorciar** ou a **permanecer consorciado**.

Assim, a **retirada voluntária** do ente da Federação do consórcio público dependerá de **ato formal** (deve ser uma lei) de seu representante na assembleia geral, sendo que os bens destinados ao consórcio público pelo consorciado que se retira somente serão revertidos ou retrocedidos no caso de expressa previsão no contrato de consórcio público ou no instrumento de transferência ou de alienação (art. 11, Lei nº 11.107/2005).

Interessante notar que a retirada de um ente da Federação do consórcio público constituído por apenas dois entes implicará a extinção do consórcio (art. 25, § 3º, Decreto nº 6.017/2007).

Ao lado da retirada voluntária, a lei também prevê a **exclusão de ofício** do consorciado que, após **prévia suspensão, não consignar**, em sua lei orçamentária ou em seus créditos adicionais, as **dotações suficientes** para suportar as despesas assumidas por meio de contrato de rateio (art. 8º, § 5º).

A extinção do consórcio público igualmente dependerá de instrumento aprovado em **assembleia geral**, ratificado mediante lei por todos os entes consorciados (art. 12). Vê-se aqui a observância do clássico princípio da simetria jurídica ou paralelismo das formas: o mesmo rito adotado para a criação deverá ser observado quando da extinção.

Além disso, é importante consignar que a extinção deve ser precedida de processo administrativo em que sejam assegurados contraditório e ampla defesa ao consorciado passível de exclusão.

Mediante previsão do contrato de consórcio público, poderá ser dele **excluído** o ente que, **sem autorização** dos demais consorciados, **subscrever** protocolo de intenções para constituição de **outro consórcio** com finalidades, a juízo da maioria da assembleia geral, iguais, assemelhadas ou incompatíveis (art. 28, Decreto nº 6.017/2007).

A retirada ou a extinção do consórcio público **não prejudicará** as obrigações já constituídas, inclusive os contratos de programa, cuja extinção dependerá do prévio pagamento das indenizações eventualmente devidas (art. 11, § 2º, Lei nº 11.107/2005).

Os bens, direitos, encargos e obrigações decorrentes da gestão associada de serviços públicos custeados por tarifas ou outra espécie de preço público serão atribuídos aos titulares dos respectivos serviços (§ 1º). Diferente não poderia ser, uma vez que o ente político não poderia abrir mão de seus bens por mera celebração de contrato. Devem ser observadas as condições dos arts. 17 a 19 da Lei nº 8.666/1993.

Quanto à responsabilidade civil pelos eventuais danos causados pelos agentes públicos integrantes dos quadros de pessoal dos consórcios públicos, tem-se que, pela aplicação do art. 37, § 6º, da Constituição Federal, a responsabilidade será do **próprio consórcio público**, como pessoa jurídica. A responsabilidade dos entes políticos consorciados por tais danos dar-se-á apenas em **caráter subsidiário** à do consórcio, vale dizer, nos casos em que o consórcio não tenha qualquer possibilidade de arcar com as eventuais indenizações poderá o ente consorciado ser chamado a responder civilmente.[77]

77 Art. 9º, Decreto nº 6.017/2007: "Os entes da Federação consorciados respondem subsidiariamente pelas obrigações do consórcio público."

Entretanto, no caso de extinção ou alteração do consórcio, até que haja decisão que indique os responsáveis por cada obrigação, os entes consorciados **responderão solidariamente** pelas obrigações remanescentes, garantindo o **direito de regresso** em face dos entes beneficiados ou dos que deram causa à obrigação (art. 12, § 2º).

Tratando de responsabilidade administrativa, o legislador estabeleceu no parágrafo único do art. 10 da Lei dos Consórcios Públicos que os **agentes públicos** incumbidos da gestão de consórcio **não responderão pessoalmente** pelas obrigações contraídas pelo consórcio público, mas **responderão** pelos atos praticados em **desconformidade com a lei** ou com as disposições dos respectivos estatutos.

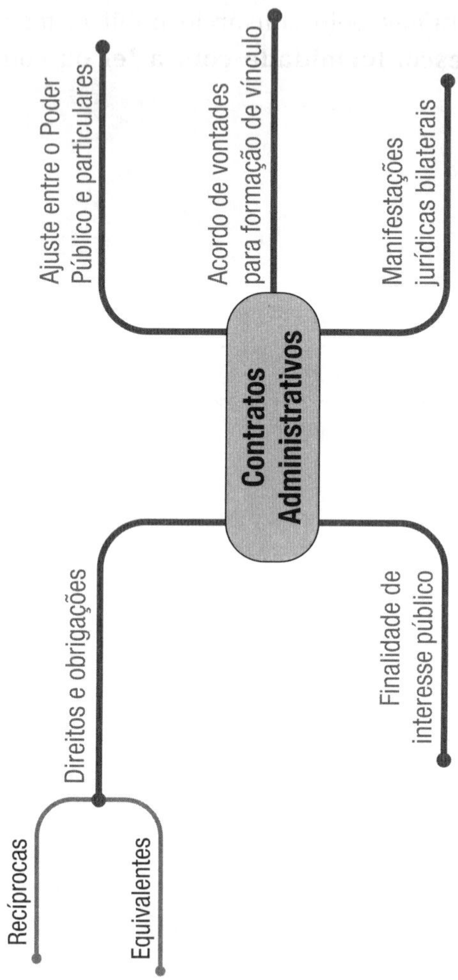
Contratos Administrativos
Ajuste entre o Poder Público e particulares
Acordo de vontades para formação de vínculo
Manifestações jurídicas bilaterais
Direitos e obrigações
Recíprocas
Equivalentes
Finalidade de interesse público

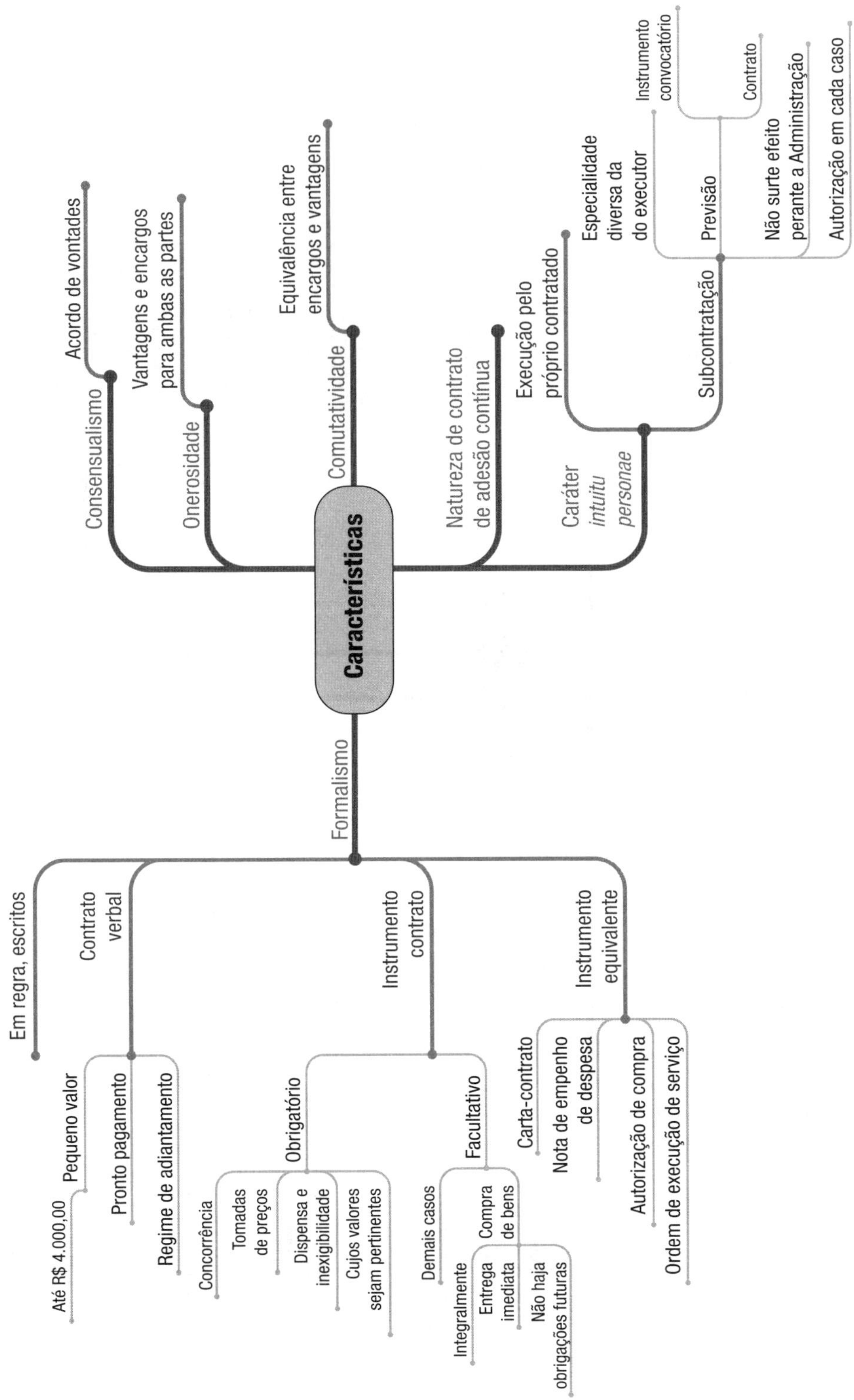
Características
Consensualismo
Acordo de vontades
Onerosidade
Vantagens e encargos para ambas as partes
Comutatividade
Equivalência entre encargos e vantagens
Natureza de contrato de adesão contínua
Caráter *intuitu personae*
Execução pelo próprio contratado
Subcontratação
Especialidade diversa da do executor
Previsão
Instrumento convocatório
Contrato
Não surte efeito perante a Administração
Autorização em cada caso
Formalismo
Em regra, escritos
Contrato verbal
Pequeno valor
Até R$ 4.000,00
Pronto pagamento
Regime de adiantamento
Instrumento contrato
Obrigatório
Concorrência
Tomadas de preços
Dispensa e inexigibilidade
Cujos valores sejam pertinentes
Facultativo
Demais casos
Compra de bens
Integralmente
Entrega imediata
Não haja obrigações futuras
Instrumento equivalente
Carta-contrato
Nota de empenho de despesa
Autorização de compra
Ordem de execução de serviço

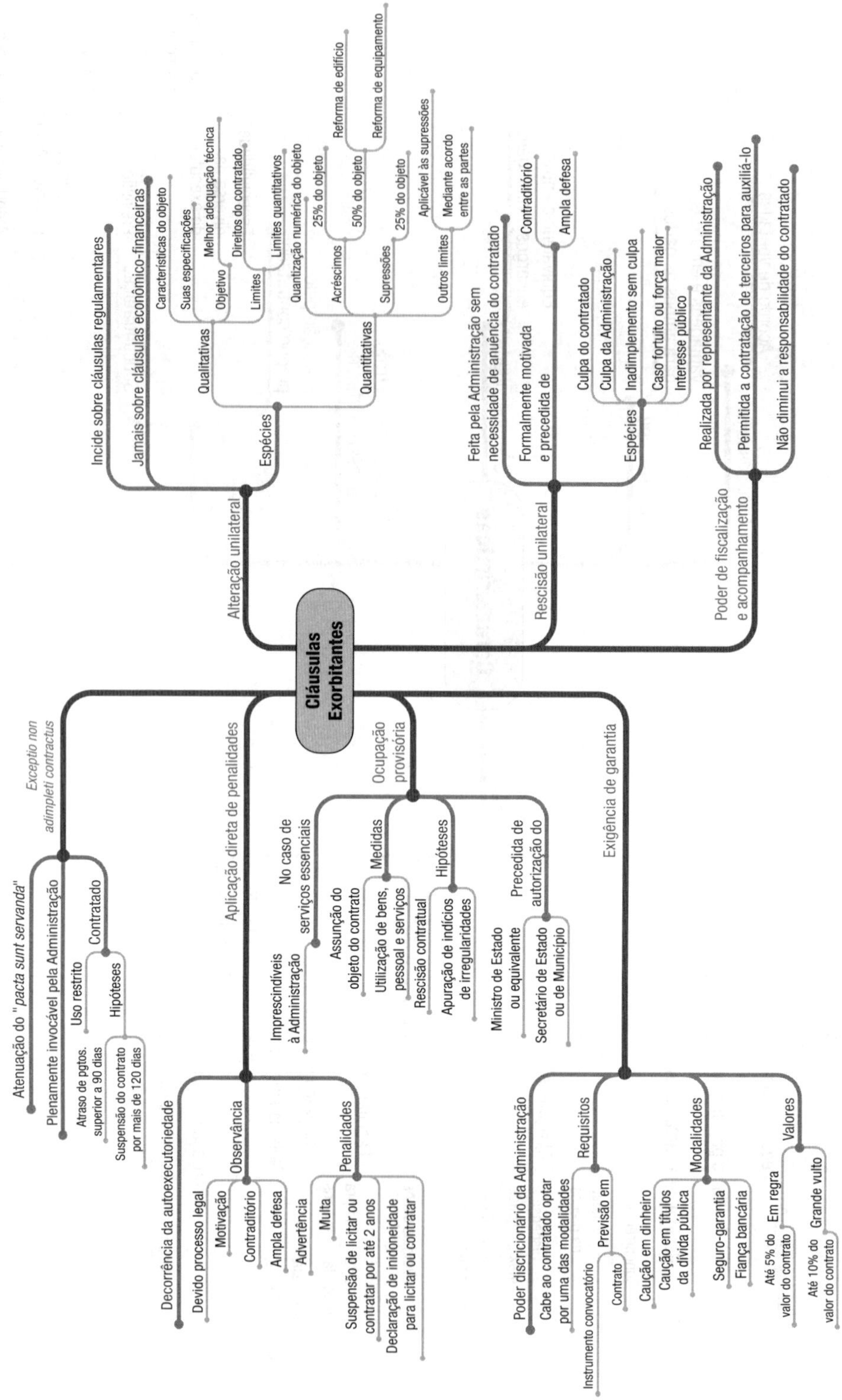

Cláusulas Exorbitantes
Alteração unilateral
Incide sobre cláusulas regulamentares
Jamais sobre cláusulas econômico-financeiras
Espécies
Qualitativas
Características do objeto
Suas especificações
Objetivo
Melhor adequação técnica
Limites
Direitos do contratado
Limites quantitativos
Quantitativas
Quantização numérica do objeto
Acréscimos
25% do objeto
50% do objeto
Reforma de edifício
Reforma de equipamento
Supressões
25% do objeto
Outros limites
Aplicável às supressões
Mediante acordo entre as partes
Rescisão unilateral
Feita pela Administração sem necessidade de anuência do contratado
Formalmente motivada e precedida de
Contraditório
Ampla defesa
Espécies
Culpa do contratado
Culpa da Administração
Inadimplemento sem culpa
Caso fortuito ou força maior
Interesse público
Poder de fiscalização e acompanhamento
Realizada por representante da Administração
Permitida a contratação de terceiros para auxiliá-lo
Não diminui a responsabilidade do contratado
Exceptio non adimpleti contractus
Atenuação do "pacta sunt servanda"
Plenamente invocável pela Administração
Contratado
Uso restrito
Hipóteses
Atraso de pgtos. superior a 90 dias
Suspensão do contrato por mais de 120 dias
Aplicação direta de penalidades
Decorrência da autoexecutoriedade
Observância
Devido processo legal
Motivação
Contraditório
Ampla defesa
Penalidades
Advertência
Multa
Suspensão de licitar ou contratar por até 2 anos
Declaração de inidoneidade para licitar ou contratar
Ocupação provisória
No caso de serviços essenciais
Imprescindíveis à Administração
Medidas
Assunção do objeto do contrato
Utilização de bens, pessoal e serviços
Hipóteses
Rescisão contratual
Apuração de indícios de irregularidades
Precedida de autorização do
Ministro de Estado ou equivalente
Secretário de Estado ou de Município
Exigência de garantia
Poder discricionário da Administração
Requisitos
Cabe ao contratado optar por uma das modalidades
Previsão em
Instrumento convocatório
Contrato
Modalidades
Caução em dinheiro
Caução em títulos da dívida pública
Seguro-garantia
Fiança bancária
Valores
Em regra
Até 5% do valor do contrato
Grande vulto
Até 10% do valor do contrato

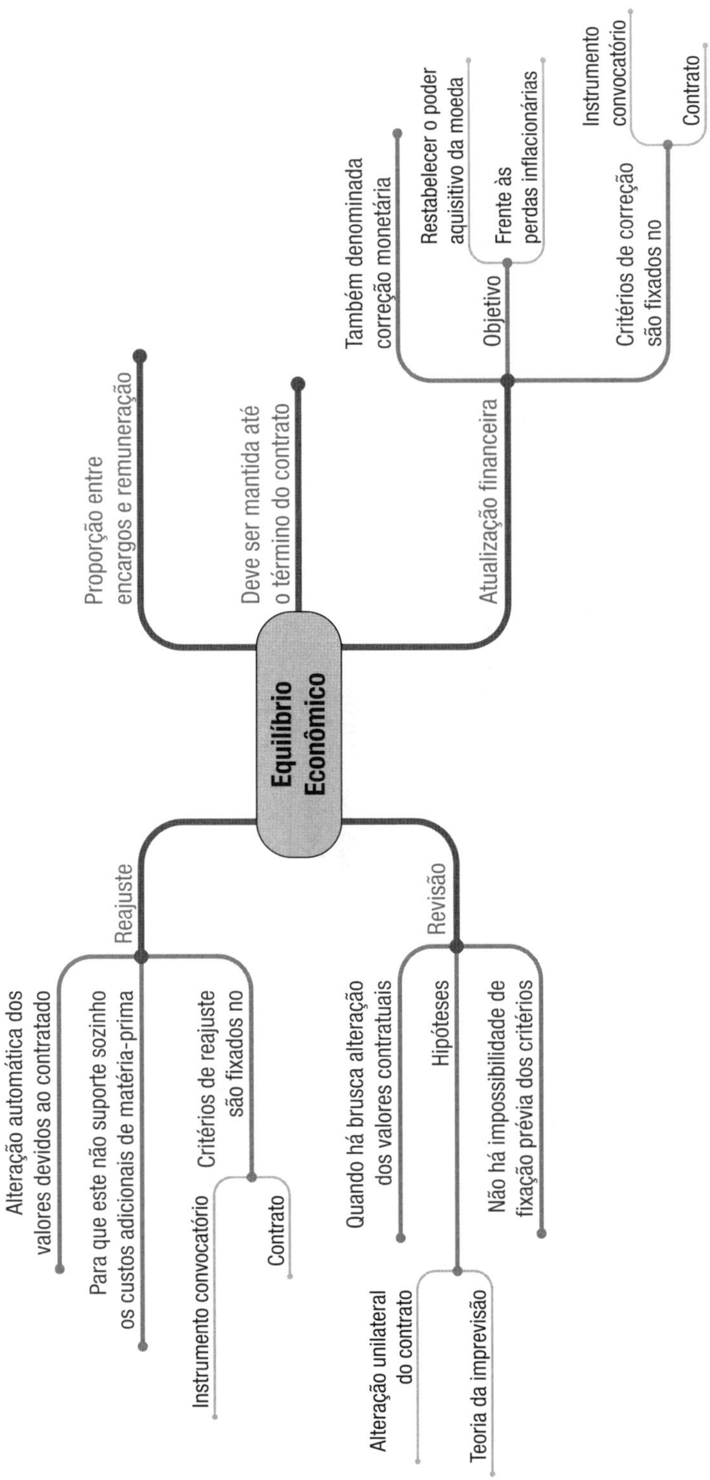
Equilíbrio Econômico
Proporção entre encargos e remuneração
Deve ser mantida até o término do contrato
Atualização financeira
Também denominada correção monetária
Objetivo
Restabelecer o poder aquisitivo da moeda
Frente às perdas inflacionárias
Critérios de correção são fixados no
Instrumento convocatório
Contrato
Reajuste
Alteração automática dos valores devidos ao contratado
Para que este não suporte sozinho os custos adicionais de matéria-prima
Critérios de reajuste são fixados no
Instrumento convocatório
Contrato
Revisão
Quando há brusca alteração dos valores contratuais
Hipóteses
Alteração unilateral do contrato
Teoria da imprevisão
Não há impossibilidade de fixação prévia dos critérios

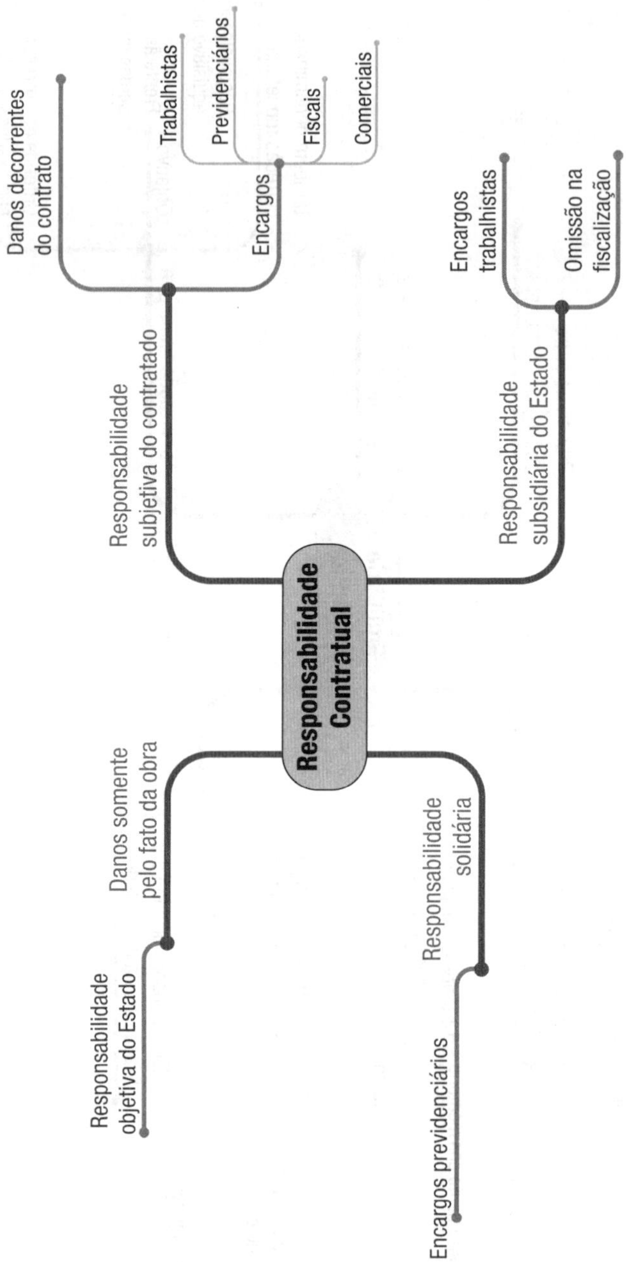
Responsabilidade Contratual
Responsabilidade subjetiva do contratado
Danos decorrentes do contrato
Encargos
Trabalhistas
Previdenciários
Fiscais
Comerciais
Responsabilidade subsidiária do Estado
Encargos trabalhistas
Omissão na fiscalização
Danos somente pelo fato da obra
Responsabilidade objetiva do Estado
Responsabilidade solidária
Encargos previdenciários

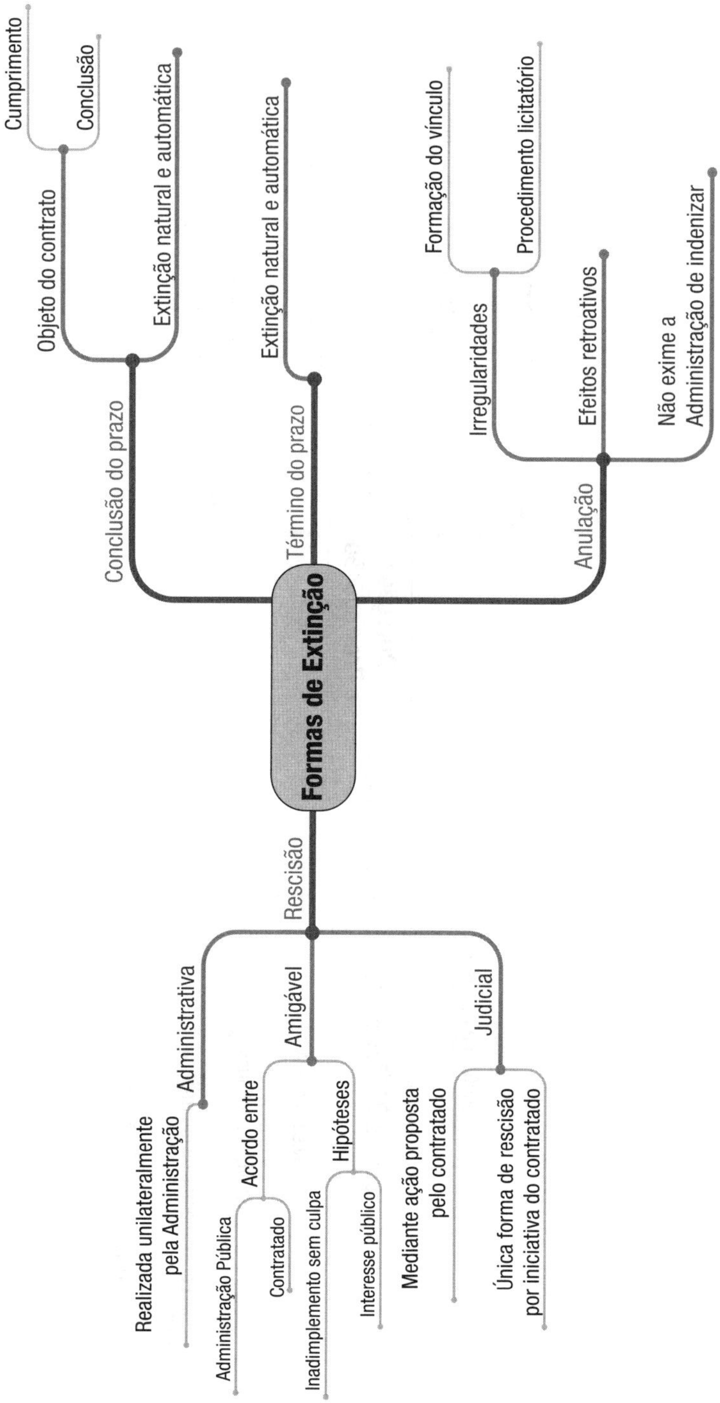
Formas de Extinção
Conclusão do prazo
Objeto do contrato
Cumprimento
Conclusão
Extinção natural e automática
Término do prazo
Extinção natural e automática
Anulação
Irregularidades
Formação do vínculo
Procedimento licitatório
Efeitos retroativos
Não exime a Administração de indenizar
Rescisão
Administrativa
Realizada unilateralmente pela Administração
Amigável
Acordo entre
Administração Pública
Contratado
Hipóteses
Inadimplemento sem culpa
Interesse público
Judicial
Mediante ação proposta pelo contratado
Única forma de rescisão por iniciativa do contratado

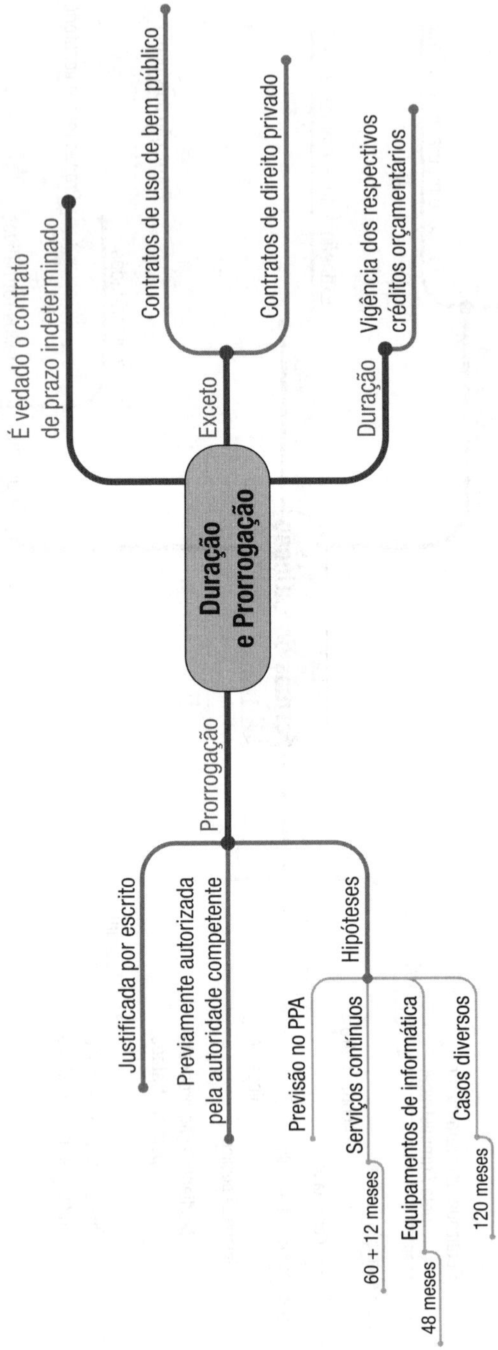
Duração e Prorrogação
É vedado o contrato de prazo indeterminado
Exceto
Contratos de uso de bem público
Contratos de direito privado
Duração
Vigência dos respectivos créditos orçamentários
Prorrogação
Justificada por escrito
Previamente autorizada pela autoridade competente
Hipóteses
Previsão no PPA
Serviços contínuos
60 + 12 meses
Equipamentos de informática
48 meses
Casos diversos
120 meses

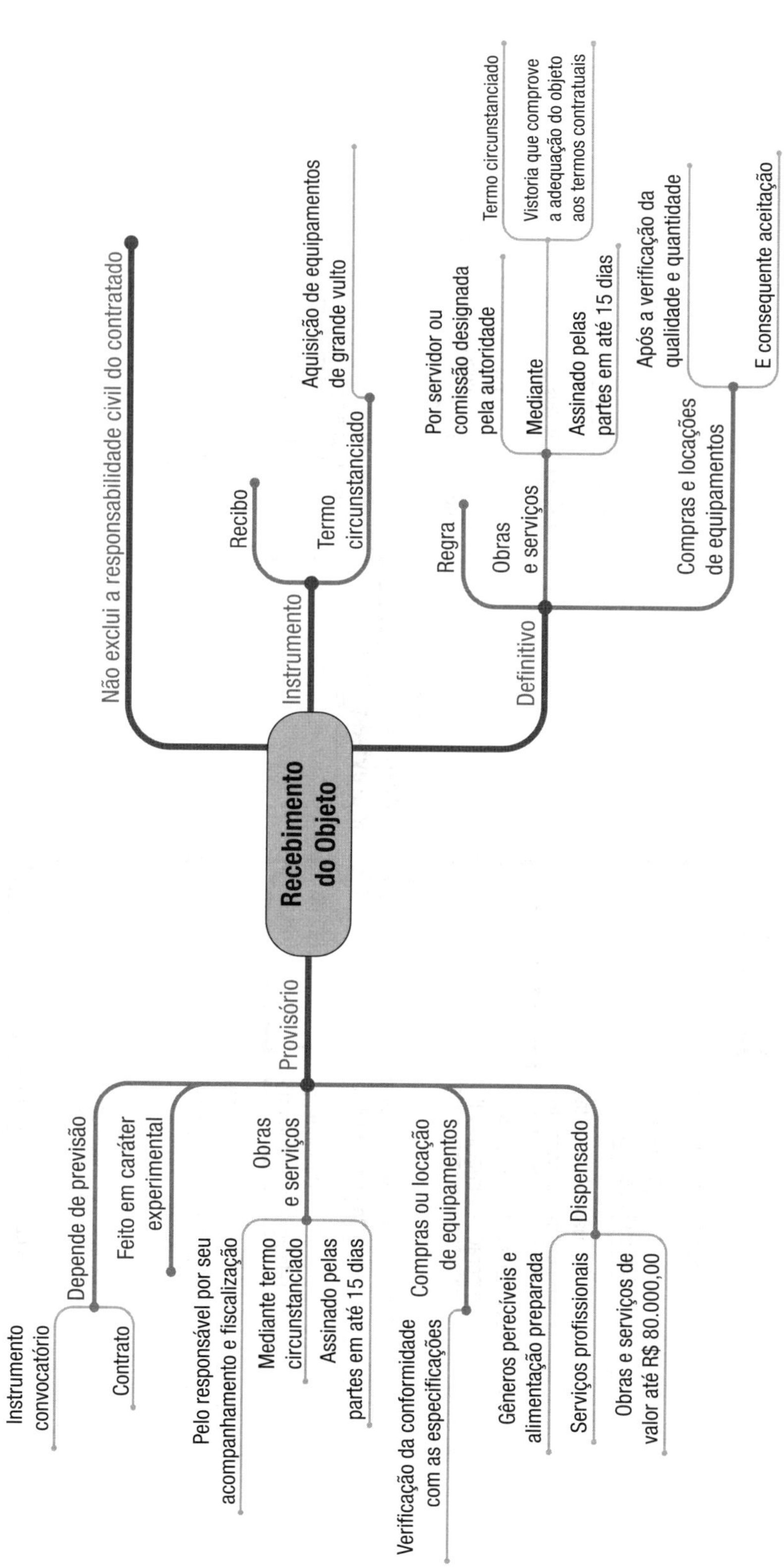
Recebimento do Objeto
Não exclui a responsabilidade civil do contratado
Instrumento
Recibo
Termo circunstanciado
Aquisição de equipamentos de grande vulto
Definitivo
Regra
Obras e serviços
Por servidor ou comissão designada pela autoridade
Mediante
Termo circunstanciado
Vistoria que comprove a adequação do objeto aos termos contratuais
Assinado pelas partes em até 15 dias
Compras e locações de equipamentos
Após a verificação da qualidade e quantidade
E consequente aceitação
Provisório
Depende de previsão
Instrumento convocatório
Contrato
Feito em caráter experimental
Obras e serviços
Pelo responsável por seu acompanhamento e fiscalização
Mediante termo circunstanciado
Assinado pelas partes em até 15 dias
Compras ou locação de equipamentos
Verificação da conformidade com as especificações
Dispensado
Gêneros perecíveis e alimentação preparada
Serviços profissionais
Obras e serviços de valor até R$ 80.000,00

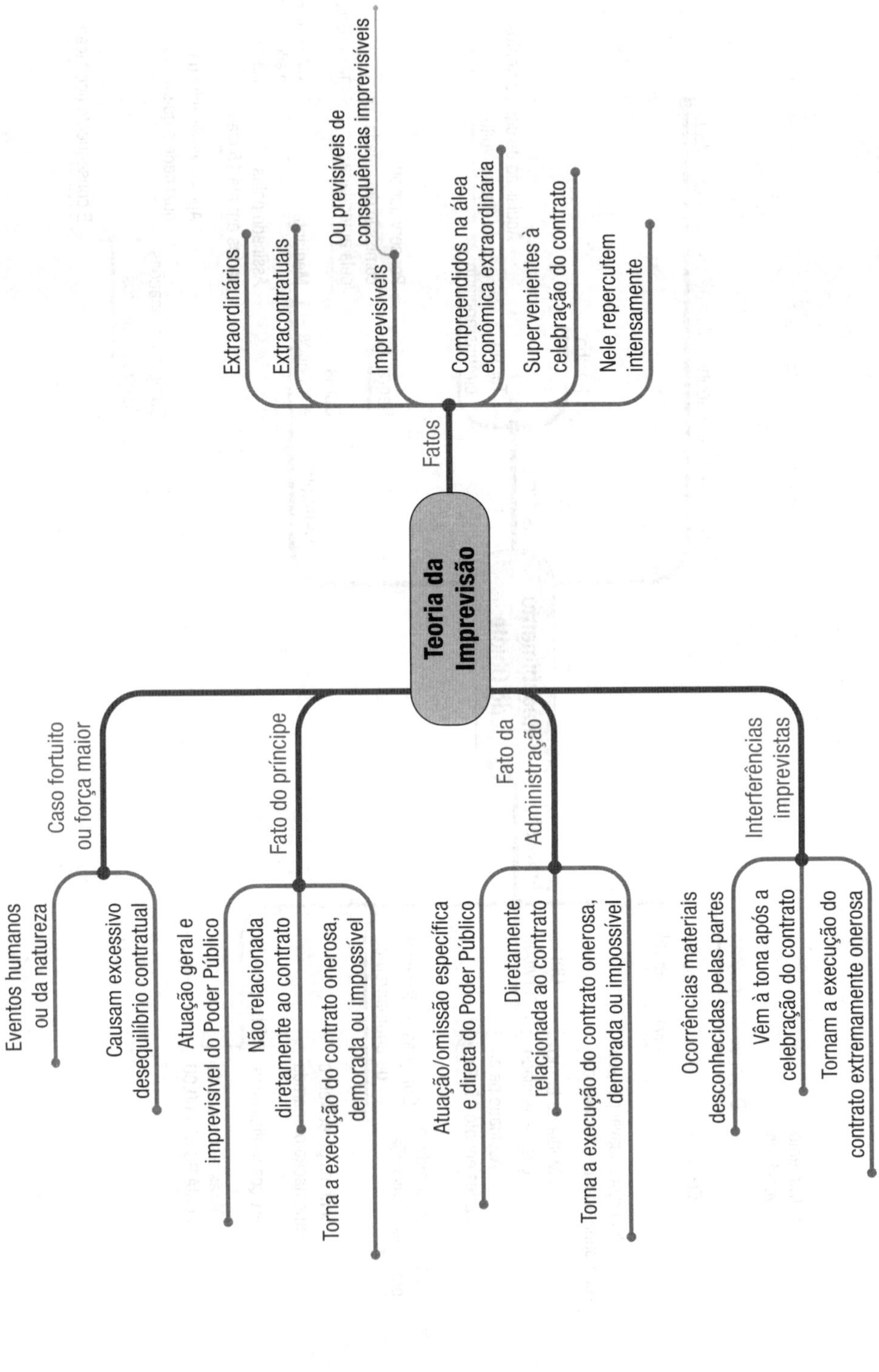
Teoria da Imprevisão
Fatos
Extraordinários
Extracontratuais
Imprevisíveis
Ou previsíveis de consequências imprevisíveis
Compreendidos na álea econômica extraordinária
Supervenientes à celebração do contrato
Nele repercutem intensamente
Caso fortuito ou força maior
Eventos humanos ou da natureza
Causam excessivo desequilíbrio contratual
Fato do príncipe
Atuação geral e imprevisível do Poder Público
Não relacionada diretamente ao contrato
Torna a execução do contrato onerosa, demorada ou impossível
Fato da Administração
Atuação/omissão específica e direta do Poder Público
Diretamente relacionada ao contrato
Torna a execução do contrato onerosa, demorada ou impossível
Interferências imprevistas
Ocorrências materiais desconhecidas pelas partes
Vêm à tona após a celebração do contrato
Tornam a execução do contrato extremamente onerosa

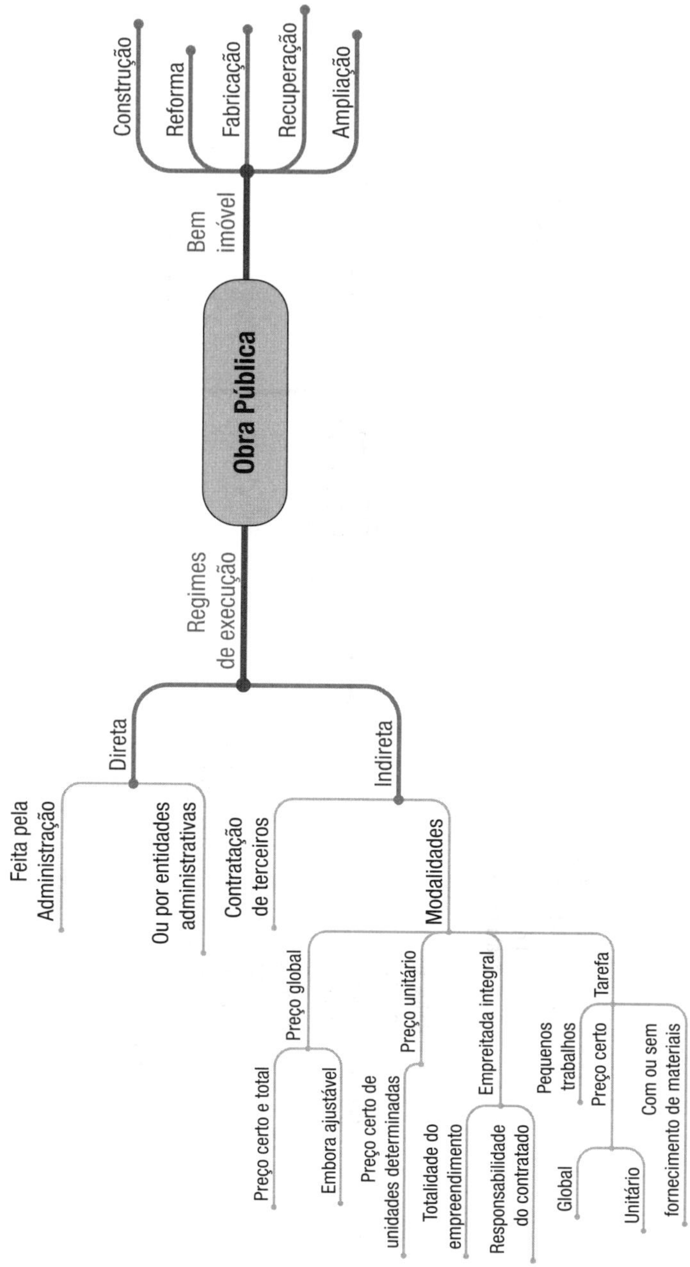
Obra Pública
Bem imóvel
Construção
Reforma
Fabricação
Recuperação
Ampliação
Regimes de execução
Direta
Feita pela Administração
Ou por entidades administrativas
Indireta
Contratação de terceiros
Modalidades
Preço global
Preço certo e total
Embora ajustável
Preço unitário
Preço certo de unidades determinadas
Empreitada integral
Totalidade do empreendimento
Responsabilidade do contratado
Tarefa
Pequenos trabalhos
Preço certo
Global
Unitário
Com ou sem fornecimento de materiais

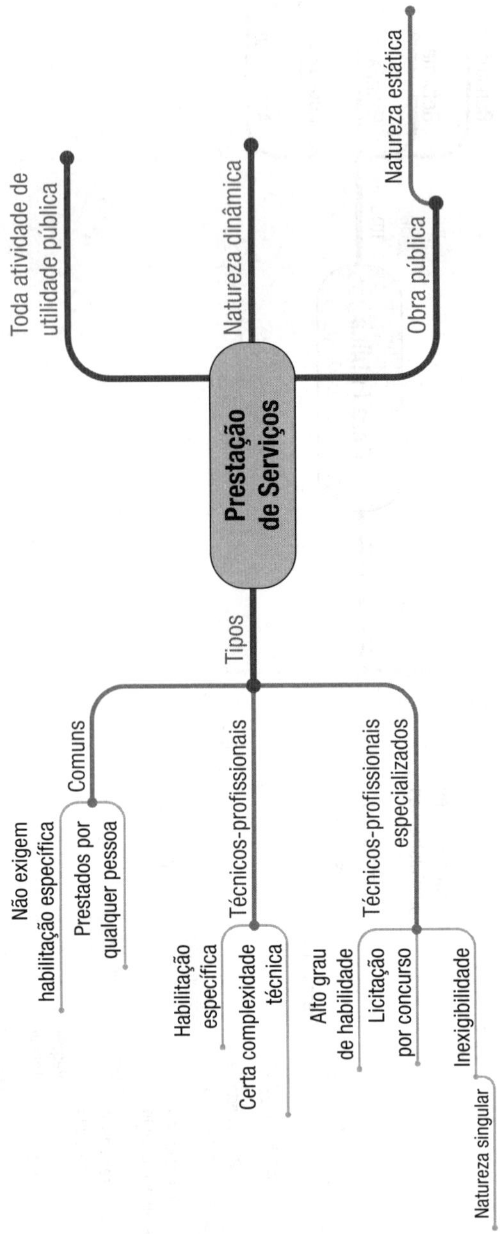
Prestação de Serviços
Toda atividade de utilidade pública
Natureza dinâmica
Obra pública
Natureza estática
Tipos
Comuns
Não exigem habilitação específica
Prestados por qualquer pessoa
Técnicos-profissionais
Habilitação específica
Certa complexidade técnica
Técnicos-profissionais especializados
Alto grau de habilidade
Licitação por concurso
Inexigibilidade
Natureza singular

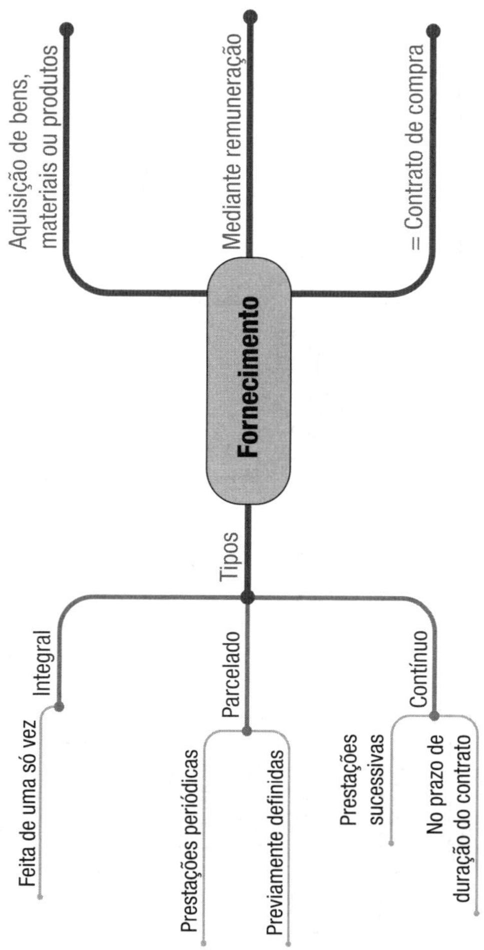
Fornecimento
Aquisição de bens, materiais ou produtos
Mediante remuneração
= Contrato de compra
Tipos
Integral
Feita de uma só vez
Parcelado
Prestações periódicas
Previamente definidas
Contínuo
Prestações sucessivas
No prazo de duração do contrato

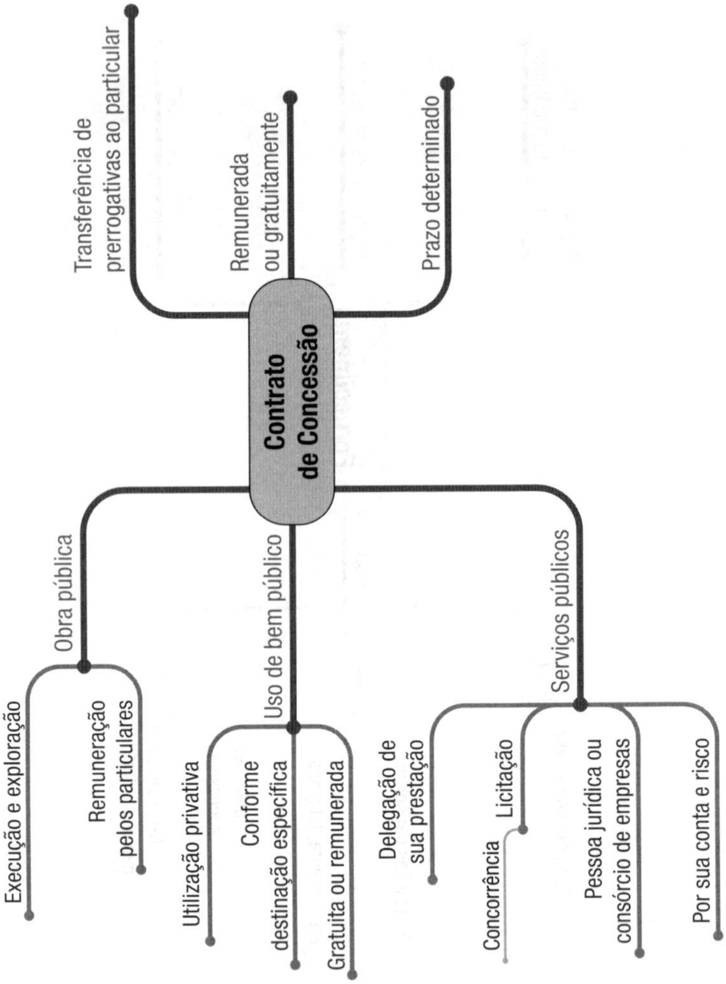
Contrato de Concessão
Transferência de prerrogativas ao particular
Remunerada ou gratuitamente
Prazo determinado
Obra pública
Execução e exploração
Remuneração pelos particulares
Uso de bem público
Utilização privativa
Conforme destinação específica
Gratuita ou remunerada
Serviços públicos
Delegação de sua prestação
Licitação
Concorrência
Pessoa jurídica ou consórcio de empresas
Por sua conta e risco

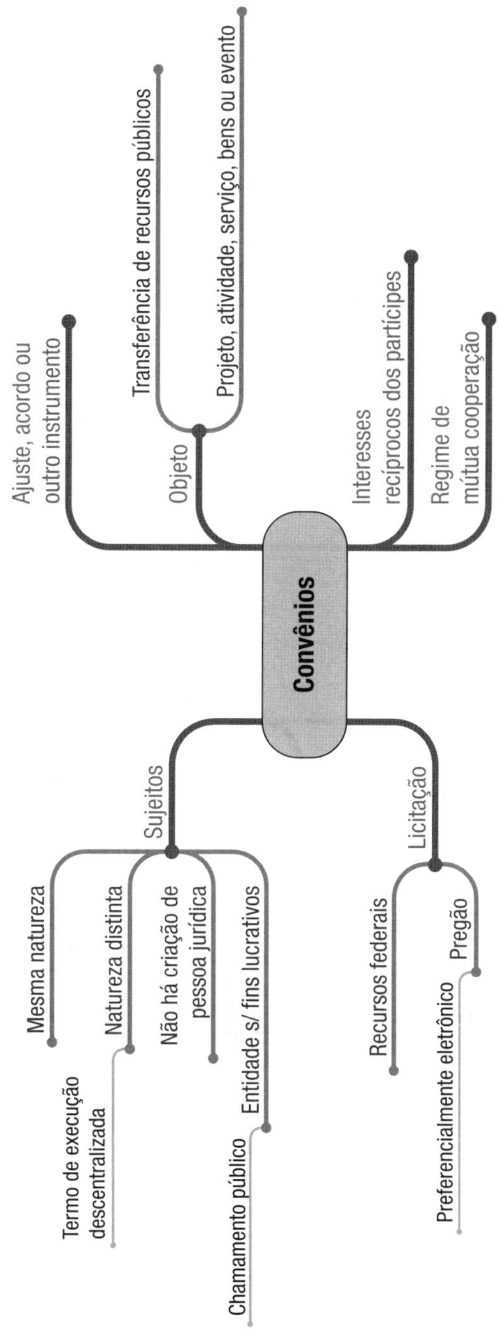
Convênios
Ajuste, acordo ou outro instrumento
Objeto
Transferência de recursos públicos
Projeto, atividade, serviço, bens ou evento
Interesses recíprocos dos partícipes
Regime de mútua cooperação
Sujeitos
Mesma natureza
Natureza distinta
Termo de execução descentralizada
Não há criação de pessoa jurídica
Entidade s/ fins lucrativos
Chamamento público
Licitação
Recursos federais
Pregão
Preferencialmente eletrônico

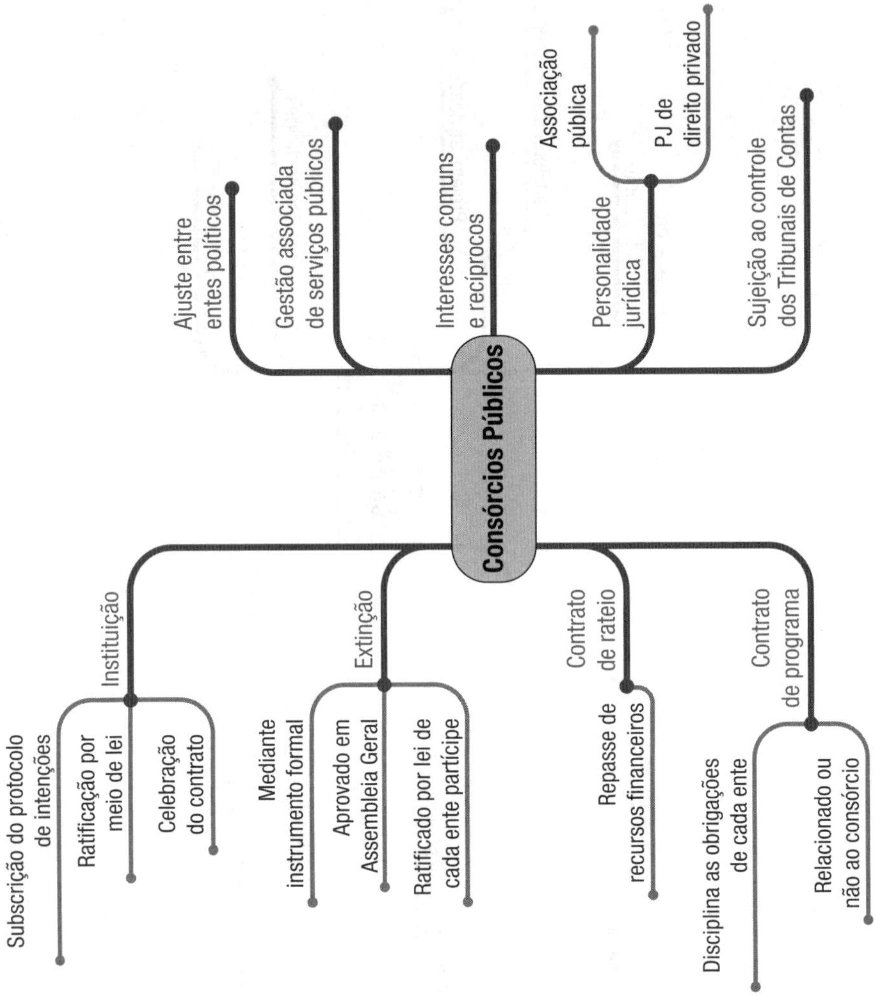
Consórcios Públicos
Ajuste entre entes políticos
Gestão associada de serviços públicos
Interesses comuns e recíprocos
Personalidade jurídica
Associação pública
PJ de direito privado
Sujeição ao controle dos Tribunais de Contas
Instituição
Subscrição do protocolo de intenções
Ratificação por meio de lei
Celebração do contrato
Extinção
Mediante instrumento formal
Aprovado em Assembleia Geral
Ratificado por lei de cada ente partícipe
Contrato de rateio
Repasse de recursos financeiros
Contrato de programa
Disciplina as obrigações de cada ente
Relacionado ou não ao consórcio

Capítulo 10
Serviços Públicos

1. EVOLUÇÃO HISTÓRICA

A evolução dos serviços públicos, segundo síntese proposta por Maria Sylvia Di Pietro, teve como primeira fase o momento em que todas as atividades tidas como serviços públicos eram desempenhadas pelo **próprio Estado**, por meio de seus órgãos públicos. Com o gradual afastamento do Estado dos princípios do liberalismo, o rol de atividades tidas como serviços públicos aumentou substancialmente, passando a alcançar inclusive as atividades econômicas e industriais – típicas da iniciativa privada. Notadamente, o Estado passava a assumir diversos outros encargos, sobretudo no campo econômico e social.

Com a dificuldade de manter essas atividades, em virtude do alto custo operacional que representavam, o Estado teve de buscar novas formas de prestação dos serviços públicos. Nessa segunda fase, a ideia central era transferir a execução desses serviços a outras pessoas, para que o desempenhassem com maior grau de especialização e eficiência. Nesse contexto, foi adotado o modelo de **concessão de serviços públicos** (descentralização por delegação), em que o Estado transferia à iniciativa privada a execução de determinados serviços para que esta os desempenhasse por sua conta e risco. A grande vantagem desse sistema é que, com as concessões, o Estado poderia prestar serviços públicos por meio de uma pessoa altamente especializada sem ter, no entanto, que despender recursos financeiros próprios: o particular é que o fará. A remuneração do concessionário adviria da tarifa paga pelos usuários do serviço.

Todavia, com a evolução dos institutos jurídicos de compartilhamento dos riscos contratuais, como a teoria da imprevisão, as características das concessões foram sendo sensivelmente alteradas, em virtude do aumento da parcela de investimento do Estado nesses serviços. Dessa forma, o modelo de concessões revelou-se pouco vantajoso, inversamente de como era de início.

Com isso, os serviços públicos passam a uma terceira fase: a da descentralização por outorga. O Estado começou, então, a criar pessoas jurídicas de direito privado sob a forma de **empresas públicas** ou **sociedades**

de economia mista (genericamente denominadas empresas estatais). Tais entidades integravam a Administração Pública Indireta e eram instituídas e mantidas pelo Estado.

Pouco tempo depois, acompanhando tendência mundial, retornou-se ao **modelo de concessão de serviços públicos**, mas não para transferir a sua execução aos particulares, mas às **empresas estatais**. Assim, temos uma entidade criada pelo Estado que posteriormente terá de firmar contrato com o próprio Poder Público para obter concessão de determinado serviço público. Sendo assim, passa-se a falar em duas espécies de concessão: a que é feita aos particulares e a que é feita à empresa estatal.

Por derradeiro, com todo o momento pró-privatização, volta o Poder Público a **delegar serviços públicos a particulares por concessão**, sem abandonar a que era feita a empresas estatais. Essa delegação a particulares passou a ser feita de duas formas: a) pela concessão tradicional à iniciativa privada, mediante licitação, como é o caso da telefonia brasileira, que passou a mão de empresas privadas; e b) pela transferência do controle acionário de empresas estatais ao setor privado, a exemplo do que foi feito com a nossa Companhia Vale do Rio Doce.

Como última tendência de prestação de serviços públicos, temos as parcerias público-privadas, nos termos da Lei nº 11.079/2004, que abrange duas modalidades: a concessão patrocinada e a concessão administrativa.

2. CONCEITO

Historicamente, o conceito de serviço público teve suas primeiras delineações na França, pela chamada "Escola do Serviço Público", encabeçada pelos célebres juristas Léon Duguit e Gaston Jèze. Tal era a relevância do tema naquela época que, na concepção desta Escola, o Direito Administrativo nada mais seria do que um conjunto sistematizado de normas e princípios que disciplinavam a prestação dos serviços públicos. Entretanto, com o passar dos tempos, esta noção entrou em crise, mormente em razão do alargamento das atividades estatais (que passaram a abranger atividades que nada tinham a ver com serviço público) e, posteriormente, pela delegação de serviços públicos à iniciativa privada. Assim, surgiram diversas outras escolas que se propunham a explicar o fenômeno serviço público.

Para autores da **escola essencialista**, também denominada materialista, uma atividade poderá ser considerada serviço público em virtude de possuir determinados caracteres específicos, sobretudo em função de atenderem concretamente ao bem-estar da coletividade, como os serviços relacionados à segurança pública e ao exercício do poder de polícia. Conforme essa orientação, serviço público seria toda atividade indispensável à coletividade, para satisfação de suas necessidades. Por esta linha de pensamento, identificar um serviço público seria uma mera atividade de verificação se uma determinada atividade preenche determinados requisitos.

Essa escola não é adotada no Brasil justamente pela impossibilidade de se identificar, entre nós, características comuns que permitam afirmar se uma atividade é, ou não, serviço público. Temos casos de serviços como a educação que, não obstante sua indispensabilidade ao público, é desenvolvida por particulares sem que haja qualquer delegação do Poder Público (ex.: escolas privadas). Por outro lado, atividades muito menos relevantes do ponto de vista coletivo, como as relativas às loterias, são desempenhadas pelo Estado como serviço público.

Há também a **escola orgânica** ou subjetivista, que entende o serviço público como a atividade incumbida aos órgãos da Administração Direta ou às entidades da Administração Indireta. Note que o que está em destaque não é a atividade em si ou sua natureza, mas o sujeito que a desempenha. Se a atividade for desempenhada pela Administração Pública, será serviço público. Se não for, não será serviço público. Simples assim.

Notoriamente esse critério não pode ser transportado para o ordenamento jurídico brasileiro, uma vez que temos particulares que desempenham serviços públicos em regime de delegação, assim como entidades da Administração que exploram atividade econômica (que não são, obviamente, serviços públicos) mediante a produção e comercialização de bens, a exemplo da Petrobras.

Por derradeiro, temos ainda a **escola formalista** para a qual uma atividade é serviço público quando assim definida pelo ordenamento jurídico (legal ou constitucional) e, consequentemente, regida pelo regime jurídico-administrativo (regime de direito público). O regime jurídico a que está submetida a atividade é que a define como serviço público, ou não. Essa é a escola adotada no Brasil.

A partir disso, pode-se formular um conceito de serviço público que possa atender à realidade da máquina pública brasileira. É imperioso sublinhar que não há qualquer lei ou qualquer trecho do texto constitucional que se proponha a estabelecer um conceito geral de serviço público, o que acabou sendo feito largamente pela doutrina brasileira.

Para Hely Lopes Meirelles:

> Serviço público é todo aquele prestado pela Administração ou por seus delegados, sob normas e controles estatais, para satisfazer necessidades essenciais ou secundárias da coletividade ou simples conveniências do Estado.[1]

Serviço público, na perspectiva de Celso Antônio Bandeira de Mello:

> É toda atividade de oferecimento de utilidade ou comodidade material destinada à satisfação da coletividade em geral, mas

1 MEIRELLES, Hely Lopes. *Direito Administrativo Brasileiro*. 34ª ed. São Paulo: Malheiros, 2008, p. 333.

> fruível singularmente pelos administrados, que o Estado assume como pertinente a seus deveres e presta por si mesmo ou por quem lhe faça as vezes, sob um regime de Direito Público – portanto, consagrador de prerrogativas de supremacia e de restrições especiais –, instituído em favor dos interesses definidos como públicos no sistema normativo.[2]

Em complemento, o eminente administrativista realça que:

> A noção de serviço público há de se compor necessariamente de dois elementos: "(a) um deles, que é seu substrato material, consistente na prestação de utilidade ou comodidade fruível singularmente pelos administrados; o outro, (b) traço formal indispensável, que lhe dá justamente caráter de noção jurídica, consistente em um específico regime de Direito Público, isto é, numa 'atividade normativa'".[3]

A professora Maria Sylvia Zanella Di Pietro define serviço público como:

> Toda atividade material que a lei atribui ao Estado para que a exerça diretamente ou por meio de seus delegados, com o objetivo de satisfazer concretamente às necessidades coletivas, sob regime jurídico total ou parcialmente público.[4]

Por fim, temos o conceito de José dos Santos Carvalho Filho, para quem serviço público é:

> Toda atividade prestada pelo Estado ou por seus delegados, basicamente sob regime de direito público, com vistas à satisfação de necessidades essenciais e secundárias da coletividade.[5]

3. FUNDAMENTO CONSTITUCIONAL

A disciplina constitucional dos serviços públicos tem como alicerce o art. 175 da Constituição que preceitua que "incumbe ao Poder Público, na forma da lei, diretamente ou sob regime de concessão ou permissão, sempre através de licitação, a prestação de serviços públicos".

Nos termos do dispositivo, fica claro que a titularidade dos serviços pertence ao Estado, na figura de suas entidades políticas (União, Estados, Distrito Federal e Municípios). E estas, por sua vez, atuam por meio de seus órgãos ou entidades administrativas (autarquias, fundações públicas, empresas públicas e sociedades de economia mista). É possível, ainda, que o Estado transfira a execução de determinados serviços públicos (delegação) a particulares que tenham interesse em fazê-lo, o que ocorrerá por meio da seleção da proposta mais vantajosa em procedimento licitatório.

2 MELLO, Celso Antônio Bandeira de. *Curso de Direito Administrativo*. 25ª ed. São Paulo: Malheiros, 2007, p. 659.

3 *Idem, ibidem*, p. 662.

4 DI PIETRO, Maria Sylvia Zanella. *Direito Administrativo*. 20ª ed. São Paulo: Atlas, 2006, p. 90.

5 CARVALHO FILHO, José dos Santos. *Manual de Direito Administrativo*. 20ª ed. Rio de Janeiro: Lumen Juris, 2008, p. 305.

É importante notar que, embora particulares possam prestar serviços públicos, o Estado **nunca perde a titularidade** desses serviços, pois o que é transferido ao delegatário é a mera execução de um serviço público cuja titularidade é sempre mantida nas mãos do ente político.

Embora tenhamos dito que a titularidade dos serviços públicos esteja sempre nas mãos do Estado, não é correto concluir que há sempre exclusividade na sua prestação. Poderíamos citar o exemplo dos serviços de educação, saúde e previdência social, que somente poderão ser considerados públicos quando prestados pelo Estado, mas que poderá ser prestado pela iniciativa privada, despojando-se do *status* de serviço público, passando a ser atividade privada de interesse coletivo.

4. COMPETÊNCIAS CONSTITUCIONAIS

A Constituição Federal estabeleceu a partilha de competências para a prestação de serviços públicos, conforme o critério da predominância do interesse. Assim, os serviços de interesse nacional foram outorgados à União, os de interesse regional ficaram a cargo dos Estados-membros e os de interesse local foram atribuídos aos Municípios. O Distrito Federal, como ente híbrido, agregou competências dos Estados-membros e dos Municípios.

O rol das competências administrativas constitucionais é meramente exemplificativo, sendo possível que outros serviços definidos como públicos em leis administrativas sejam estabelecidos, desde que observados os parâmetros constitucionais.

O art. 21 da CF/1988 elenca as competências administrativas da União.

Os Municípios, por sua sorte, estão contemplados no art. 31 da Constituição.

Os Estados são destinatários da denominada competência remanescente, que é residual, compreendendo todos os serviços que não estiverem na alçada da União ou dos Municípios. Isto é, o Estado poderá prestar os serviços que não forem da competência da União ou Municípios. Ao Distrito Federal serão outorgadas as competências dos Estados e Municípios.

Há também a competência comum, que se refere às atividades que, pela sua amplitude, devam ser levados a cabo cumulativamente por todos os entes políticos. São elas as previstas no art. 23 da CF.

5. REGULAMENTAÇÃO E CONTROLE

A fim de tratar o assunto em nível infraconstitucional, dispõe o parágrafo único do art. 175 da Constituição Federal que a **lei** disporá sobre:

> I – o regime das empresas concessionárias e permissionárias de serviços públicos, o caráter especial de seu contrato e

> de sua prorrogação, bem como as condições de caducidade, fiscalização e rescisão da concessão ou permissão;
>
> II - os direitos dos usuários;
>
> III - política tarifária;
>
> IV - a obrigação de manter serviço adequado.

A referida lei regulamentadora incumbe, em tese, ao ente político que recebeu da Constituição a titularidade do serviço público, conforme visto no tópico anterior. Entretanto, tal regra não impede que a União estabeleça **normas gerais** a serem observadas por todos os entes federativos. A partir disso, cada ente político poderá perfeitamente estabelecer **regras específicas** aplicáveis aos seus serviços públicos, desde que observadas as regras gerais da norma federal.

Em âmbito federal, editou-se a Lei nº 8.987, de 13 de fevereiro de 1995, para estabelecer **normas gerais** sobre o regime de **concessão e permissão de serviços públicos** no âmbito da União, Estados, Distrito Federal e Municípios. Inclusive esta lei já no parágrafo único do art. 1º preceitua que os entes políticos promoverão a revisão e adaptações necessárias de sua legislação às prescrições dessa lei, buscando atender as peculiaridades das diversas modalidades dos seus serviços.

Há também a Lei nº 11.079, de 30 de dezembro de 2004, que dispõe sobre normas gerais sobre licitação e contratação de **parceria público-privada** no âmbito da Administração Pública. Trata-se das concessões especiais de serviços público em oposição às concessões comuns da Lei nº 8.987/1995.

Por fim, vemos que, por mais que os serviços públicos sejam prestados por particulares, a regulamentação e o controle de tais atividades será sempre incumbência irrenunciável do Estado.

6. CLASSIFICAÇÃO

Na linha do que propõe o eminente Hely Lopes Meirelles, quanto ao alcance, os serviços públicos são classificados em serviços coletivos e serviços individuais. Os **serviços coletivos ou gerais** (*uti universi*) alcançam destinatários indeterminados, como o serviço de iluminação pública, limpeza urbana, policiamento ostensivo. Esse tipo de serviço é prestado conforme as possibilidades do Estado, não gerando para os destinatários direito subjetivo à sua fruição. Além disso, não há como fazer a aferição do consumo individualizado desses serviços. Por outro lado, **serviços individuais ou singulares** (*uti singuli*) são aqueles destinados a indivíduos determinados, individualmente identificados, como é o caso dos serviços de telefonia, energia elétrica, fornecimento de água ou gás, transporte, serviço postal, coleta domiciliar de lixo. Essa categoria de serviços públicos possibilita a mensuração do consumo de cada usuário. Diferentemente do que ocorre com os serviços coletivos, os destinatários têm direito subjetivo à prestação dos serviços singulares, desde que preencham os requisitos mínimos para tanto.[6]

Os serviços públicos também podem ser classificados em propriamente ditos e de utilidade pública. **Serviços públicos propriamente ditos** são os imprescindíveis à sobrevivência da sociedade e do próprio Estado. Bem por isso é que são atividades privativas do Estado, não sendo possível a sua delegação a particulares, mesmo porque, não raro, envolvem medidas de império e coercitivas em relação aos administrados. São exemplos os serviços de defesa nacional, polícia administrativa, serviços judiciários, policiamento urbano, entre outros.[7] Os **serviços de utilidade pública** são aqueles que, embora não essenciais à coletivide, são convenientes a esta por atender várias de suas necessidades e podem ser prestados diretamente pelo próprio Estado ou indiretamente por meio de seus delegados que desempenham suas atividades por conta e risco, mas submetidos ao controle e fiscalização do Poder Público. Como exemplos, podemos citar os serviços de fornecimento de energia elétrica, limpeza urbana, transporte coletivo, telefonia, entre outros.

Quanto à delegabilidade, os serviços públicos podem ser classificados em delegáveis e indelegáveis. Os **serviços indelegáveis** são os que não podem ser objeto de transferência a particulares por representarem atividades comprometedoras da segurança e existência da sociedade e do próprio Estado. Em grande parte, esses serviços envolvem o poder de império (poder extroverso, para a doutrina italiana), mediante o qual o Estado pode impor obrigações e aplicar sanções aos particulares de maneira unilateral. Por isso, sua execução é tarefa exclusiva do Estado, por meio de seus órgãos ou entidades. É o caso dos serviços de defesa das fronteiras, defesa nacional, polícia administrativa, serviços judiciários, entre outros. Como se vê, correspondem aos serviços públicos propriamente ditos. De outra quadra, os **serviços delegáveis** são aqueles cuja execução pode ser feita diretamente pelo Estado, por meio de seus órgãos ou entidades administrativas, ou indiretamente por meio de delegação a particulares (concessionários, permissionários e autorizatários). Correspondem aos serviços de utilidade pública, mencionados anteriormente, tais como o de transporte coletivo ou individual, a telefonia, limpeza urbana, iluminação pública etc.

Quanto ao aspecto federativo, os **serviços públicos exclusivos** são desempenhados por apenas um ente político, a exemplo do serviço de emissão de moeda, que só pode ser desempenhado em nível federal (art. 21, VII, CF). Em outro giro, os **serviços públicos não exclusivos** podem ser desempenhados indistintamente por todos os entes políticos, como é o caso do serviço de proteção ao meio ambiente (art. 23, VII, CF).

---

6 MEIRELLES, Hely Lopes. *Direito Administrativo Brasileiro*. 34ª ed. São Paulo: Malheiros, 2008, p. 336.

7 *Idem, ibidem*, p. 334.

Quanto ao objeto, os serviços públicos são classificados como administrativos, industriais e sociais. Os **serviços administrativos** são serviços instrumentais que o Estado desempenha para dar suporte às suas atividades-fim. Com esses serviços, a Administração procura atender demandas internas ou dar suporte a outros serviços que desempenha. Exemplificativamente, podemos mencionar os serviços de imprensa oficial. Em sequência, os **serviços industriais,** nas palavras de Hely Lopes Meireles, são os que "produzem renda para quem os presta, mediante a remuneração da utilidade usada ou consumida, remuneração, esta, que, tecnicamente, se denomina tarifa ou preço público, por ser sempre fixada pelo Poder Público, quer quando o serviço é prestado por seus órgãos ou entidades, quer quando por concessionários, permissionários ou autorizatários".[8] E, por último, temos os **serviços sociais** que são aqueles destinados a atender necessidades coletivas essenciais. Normalmente são prestados pelo Estado, mas convivem com a iniciativa privada, tal como ocorre com os serviços de saúde, educação, previdência, cultura, meio ambiente. Esses serviços são tratados na Constituição Federal no capítulo da Ordem Social e objetivam atender aos direitos sociais do homem considerados direitos fundamentais pelo art. 6º.

Em término, temos os serviços públicos próprios e impróprios. Para o professor Hely Lopes Meirelles, a quem recorremos continuamente, **próprios** são "os serviços que, pelo fato de corresponderem de forma mais próxima às atribuições do Estado e aos interesses primeiros da comunidade, são prestados apenas pelo ente estatal ou por suas entidades administrativas de direito público, no uso de sua supremacia sobre o particular".[9] Nessa linha, os serviços **impróprios**, são os que não se relacionam às necessidades primárias, mas secundárias da coletividade. Esses serviços podem ser prestados diretamente pelo Estado ou indiretamente mediante delegação à iniciativa privada.[10]

Por oportuno, vale trazer à baila a doutrina da professora Maria Sylvia Zanella Di Pietro, que confere acepção distinta aos serviços próprios e impróprios. Para essa autora, os **serviços próprios** seriam essenciais à vida em coletividade e cuja titularidade pertenceria ao Poder Público. Dessa forma, seriam prestados diretamente, por meio de seus órgãos ou entidades, ou indiretamente por delegação à iniciativa privada. Os **serviços impróprios**, por sua vez, seriam os que poderiam ser prestados tanto pelo Estado quanto por particulares sem que estes, entretanto, tivessem qualquer delegação do Estado, pois este não teria a titularidade desses serviços. O controle que o Estado exerce sobre esses serviços seria tão somente de fiscalização, controle e supervisão inerentes ao poder de polícia. Nesse contexto, os serviços de educação, saúde e previdência social só

8 MEIRELLES, Hely Lopes. *Direito Administrativo Brasileiro*. 34ª ed. São Paulo: Malheiros, 2008, p. 336.

9 *Idem, ibidem*, p. 336.

10 O STJ (REsp 914.828/RS, Rel.ª Min.ª ELIANA CALMON, julg.: 08.05.2007) já exarou acórdão adotando a classificação perfilhada por Hely Lopes Meirelles.

seriam considerados serviços públicos próprios quando prestados pelo Estado; se prestados por particulares, seriam serviços públicos impróprios.[11]

7. PRINCÍPIOS OU REQUISITOS

Todos os serviços públicos, como atividades administrativas positivas, que ampliam a esfera jurídica dos usuários, devem atender alguns princípios (ou requisitos) para que cumpram efetivamente o seu papel.

Sobre o tema, Hely Lopes Meirelles destaca que "faltando qualquer desses requisitos ou condições em um serviço público ou de utilidade pública, é dever da Administração intervir para restabelecer funcionamento ou retomar sua prestação". E mais: "desatendendo a qualquer desses requisitos, o concessionário expõe-se às sanções regulamentares ou contratuais da concessão, por execução inadequada do serviço".[12]-[13]

7.1. Continuidade

Também chamado de princípio da **permanência**, impõe que os serviços públicos sejam prestados de maneira contínua, ininterrupta, pois atendem necessidades inadiáveis da coletividade, tais como aquelas que coloquem em perigo iminente a sobrevivência, a saúde ou a segurança da população.

Institutos como os da ocupação provisória, da relativa aplicabilidade da cláusula *exceptio non adimpleti contractus* aos contratos administrativos e a necessidade de substituição, delegação e suplência para evitar a interrupção do serviço nas ausências, impedimentos e licenças dos agentes públicos titulares corroboram a importância da continuidade dos serviços públicos.

Em observância a esse princípio foi editada a Lei nº 7.783, de 28 de junho de 1989, que dispõe sobre o exercício do **direito de greve** nos serviços essenciais.[14] O art. 9º da referida norma reza que, durante a greve, deverão ser mantidas em atividade equipes de empregados com o propósito de assegurar os serviços cuja paralisação resultem em prejuízo irreparável, pela deteriorização irreversível de bens, máquinas e equipamentos, bem como a manutenção daqueles essenciais à retomada das atividades da empresa quando da cessação do movimento.

---

11 DI PIETRO, Maria Sylvia Zanella. *Direito Administrativo*. 20ª ed. São Paulo: Atlas, 2006, p. 96 e 100.

12 MEIRELLES, Hely Lopes. *Direito Administrativo Brasileiro*. 34ª ed. São Paulo: Malheiros, 2008, p. 338.

13 A Lei nº 13.460, de 27 de junho de 2017, estabelece normas básicas para participação, proteção e defesa dos direitos do usuário dos serviços públicos prestados direta ou indiretamente pela Administração Pública. Na mesma linha, o Decreto nº 6.932, de 11 de agosto de 2009, dispõe sobre a simplificação do atendimento público prestado ao cidadão, institui a Carta de Serviços ao Cidadão, que tem por objetivo informar o cidadão dos serviços prestados pelo órgão ou entidade, das formas de acesso a esses serviços e dos respectivos compromissos e padrões de qualidade de atendimento ao público.

14 Em 24 de julho de 2012, foi editado o Decreto nº 7.777, que dispõe sobre as medidas para a continuidade de atividades e serviços públicos dos órgãos e entidades da Administração Pública federal durante greves, paralisações ou operações de retardamento de procedimentos administrativos promovidas pelos servidores públicos federais. Uma das medidas a serem adotadas para evitar a interrupção de serviços essenciais é promover, mediante convênio, o compartilhamento da execução da atividade ou serviço com Estados, Distrito Federal ou Municípios.

Não obstante tenhamos dito que os serviços públicos não podem ser interrompidos, essa afirmação não é absoluta. Pois há casos em que a própria Lei nº 8.987/1995, permite sua suspensão quais sejam:

> I - em situações de emergência;
>
> II - devido a razões de ordem técnica ou de segurança das instalações; e
>
> III - pela inadimplência do usuário, considerado o interesse da coletividade.

Nesses últimos dois casos, deverá a suspensão ser precedida de prévio aviso ao usuário.

Questão que chama atenção é a interrupção do serviço quando o usuário inadimplente é o próprio Poder Público. Em face do não pagamento, tem-se que se o serviço prestado pelo órgão ou entidade for **essencial à coletividade não há possibilidade de interrupção** (a exemplo do serviço de energia elétrica prestado a um hospital público, presídios, escolas e universidades públicas). Entretanto, quando a repartição inadimplente prestar **serviços não essenciais à coletividade**, **poderá haver interrupção** da prestação (exemplo disso seria a interrupção de serviço de energia elétrica prestada a um ginásio de esportes).[15]

Note que a inadimplência justificadora da interrupção do fornecimento do serviço é relativa ao mês de consumo, não podendo ocorrer em virtude de **débitos antigos não quitados**, em relação aos quais há os meios ordinários de cobrança, sob pena de infringência ao disposto no art. 42 do Código de Defesa do Consumidor.[16]

Os institutos da **delegação**, **substituição** e **suplência** são utilizados como instrumentos concretizadores do princípio da continuidade, posto que estabelecem mecanismos de prestação contínua dos serviços públicos, mesmo em face de ausências, impedimentos, afastamentos ou licenças de quem titularize estas funções.

No âmago do princípio da continuidade está a ocupação provisória, que é o meio assecuratório de que dispõe a Administração de, nos casos de rescisão ou indícios de irregularidades, assumir imediatamente o objeto do contrato e utilizar temporariamente bens, pessoal e serviços relativos à execução do contrato a fim de interromper brusca e desnecessária interrupção dos **serviços essenciais.** Ao final dessa situação temporária, os bens, pessoal e serviços serão devolvidos ou ressarcidos ao contratado, por intermédio de avaliação prévia, que poderá acarretar o pagamento de indenização a ele, se demonstrados prejuízos materiais em razão da ocupação.

15 Esse é o entendimento do STJ sobre a matéria: REsp 771.853/MT, Rel.ª Min.ª ELIANA CALMON, julg.: 02.02.2010; EREsp 845982/RJ, Rel. Min. LUIZ FUX, DJe 03.08.2009; RMS 21772/RN, Rel. Min. LUIZ FUX, DJe 20.10.2008; REsp 898.769/RS, Rel. Min. TEORI ALBINO ZAVACKI, DJ 12.04.2007.

16 STJ, AgRg no AREsp 211.514-SP, Rel. Min. HERMAN BENJAMIN, julg.: 18.10.2012; AgRg REsp 1.017.777/RS, Rel.ª Min.ª DENISE ARRUDA, DJe 03.12.2008; AgRg REsp 854.002/RS, Rel. Min. LUIZ FUX, DJ 11.06.2007; e REsp 772.486/RS, Rel. Min. FRANCISCO FALCÃO, DJ 06.03.2006.

7.2. Generalidade

A generalidade, chamada por alguns de princípio da igualdade entre os usuários, impõe serviço igual para todos os usuários, indiscriminadamente. Uma vez satisfeitas as exigências para o gozo do serviço público, a Administração ou quem lhe faça as vezes não poderá se negar a prestá-lo ao usuário. A prestação do serviço não pode excluir as populações de baixa renda e das áreas de baixa densidade populacional, inclusive as rurais.

É exatamente nessa esteira que vai o art. 3º, IV, da Lei nº 9.074/1995, que prescreve que deve ser garantido o atendimento, sem discriminação, a todos os interessados que se situem na área abrangida pelo serviço, desde que atendam aos requisitos para sua implantação.

7.3. Eficiência

O princípio da eficiência dos serviços públicos impõe presteza, rendimento, perfeição e celeridade em sua prestação. O foco do prestador deve ser a efetiva satisfação das demandas legítimas dos usuários.

Além disso, na prestação do serviço devem sempre ser observados os benefícios e o custo que cada atividade representará, a fim de que haja uso racional dos meios, evitando com isso o desperdício de recursos humanos e financeiros.

7.4. Modicidade das tarifas

O referido princípio impõe a cobrança de tarifas razoáveis, que sejam justas e remunerem adequadamente o serviço prestado. O objetivo da cobrança de tarifas não é garantir lucros exorbitantes ao prestador do serviço, mas a obtenção do lucro suficiente para manter o empreendimento e gerar lucro razoável.

Aliás, a própria lei estabelece a revisão, como mecanismo da manutenção do equilíbrio econômico-financeiro do contrato de delegação.

José dos Santos Carvalho Filho assevera que deve "o Poder Público avaliar o poder aquisitivo do usuário para que, por dificuldades financeiras, não seja ele alijado do universo de beneficiários do serviço".[17]

7.5. Cortesia

Diretamente ligado ao bom atendimento ao público, a cortesia exige atendimento prestativo, empático, educado, gentil, proativo, com o objetivo de alcançar a plena satisfação do usuário.

17 CARVALHO FILHO, José dos Santos. *Manual de Direito Administrativo*. 20ª ed. Rio de Janeiro: Lumen Juris, 2008, p. 317.

7.6. Segurança

O serviço público deve ser planejado e prestado de modo a prevenir riscos de acidentes envolvendo os usuários e os próprios agentes prestadores.

Caso as providências de segurança não sejam tomadas e o usuário de serviço público sofra algum dano causado por acidente, configura-se a responsabilidade civil do Estado ou do prestador, conforme o caso, nos termos do art. 37, § 6º, da Constituição.

7.7. Atualidade

A atualidade, por sua vez, requer modernidade das técnicas, dos equipamentos e das instalações e a sua conservação, bem como a melhoria e expansão do serviço (art. 6º, § 2º, Lei nº 8.987/1995).

Esse é um dos princípios que mais flagrante e cotidianamente tem sido violado pelos prestadores de serviços públicos, sobretudo dos de serviço de transporte coletivo urbano. Essa conduta ilícita aliada à inércia, dolosa ou culposa, do Poder Público em fiscalizar o serviço gera profundos danos aos usuários, que se veem diariamente obrigados a trafegar em veículos em estado avançado de depreciação.

7.8. Regularidade

O referido princípio impõe o atendimento da expectativa do usuário quanto ao momento e ao local da prestação do serviço público. Quem necessita do serviço sabe quando e onde poderá ter sua demanda atendida. Sendo assim, o usuário do serviço público não pode ser surpreendido pela alteração repentina e arbitrária do local e do horário de funcionamento da repartição responsável sem que haja justificativa plausível. Além do mais, o atraso na prestação do serviço gera para o usuário direito a obter indenização pelos prejuízos oriundos dele.

7.9. Mutabilidade do regime jurídico

Por esse princípio, vê-se que o conjunto de normas ou princípios relativos ao serviço público **podem ser alterados unilateralmente** pela Administração sempre que o interesse jurídico exigir, independentemente da concordância do prestador.

Se por um lado é cediço que, presentes o interesse público e a necessidade de melhorar o atendimento aos usuários, o Poder Público poderia alterar unilateralmente as regras do contrato, por outro lado, eventual modificação não pode desrespeitar o equilíbrio econômico-financeiro do pacto e as vantagens inicialmente asseguradas ao particular delegatário.[18]

18 ADI 1.746/SP, Rel. Min. MARCO AURÉLIO, julg.: 18.09.2014.

8. DIREITOS E OBRIGAÇÕES DOS USUÁRIOS

O fundamento constitucional dos direitos dos usuários está previsto no § 3º do art. 37 da Constituição quando afirma que a lei disciplinará as formas de participação do usuário na Administração Pública direta e indireta, regulando especialmente:

> I – as reclamações relativas à prestação dos serviços públicos em geral, asseguradas a manutenção de serviços de atendimento ao usuário e a avaliação periódica, externa e interna, da qualidade dos serviços;
>
> II – o acesso dos usuários a registros administrativos e a informações sobre atos de governo, ressalvadas aquelas cujo sigilo seja imprescindível à segurança do Estado e da sociedade e aquelas que concernem à intimidade, à vida privada do indivíduo;
>
> III – a disciplina da representação contra o exercício negligente ou abusivo de cargo, emprego ou função na administração pública.

Com relação ao acesso às informações, o art. 22 da Lei nº 8.987/1995 assegura a qualquer pessoa, independentemente de demonstração de interesse pessoal, a obtenção de certidão sobre atos, contratos, decisões ou pareceres relativos à licitação ou às próprias concessões. Trata-se do princípio da transparência comentado oportunamente nessa obra.

Em consonância com o dispositivo constitucional, o art. 7º da Lei nº 8.987/1995 confere aos usuários de serviços públicos os seguintes direitos:

> I – receber serviço adequado;
>
> II – receber do poder concedente e da concessionária informações para a defesa de interesses individuais ou coletivos;
>
> III – obter e utilizar o serviço, com liberdade de escolha entre vários prestadores de serviços, quando for o caso, observadas as normas do poder concedente;
>
> IV – levar ao conhecimento do poder público e da concessionária as irregularidades de que tenham conhecimento, referentes ao serviço prestado;
>
> V – comunicar às autoridades competentes os atos ilícitos praticados pela concessionária na prestação do serviço;
>
> VI – contribuir para a permanência das boas condições dos bens públicos através dos quais lhes são prestados os serviços.

Ademais, o Código do Consumidor (Lei nº 8.078/1990) considera direito básico a adequada e eficaz prestação dos serviços públicos em geral (art. 6º). E, ainda mais, obriga o Poder Público e seus delegados a fornecer serviços adequados, eficientes, seguros e, quanto aos essenciais, contínuos, dispondo sobre os meios para o cumprimento daquelas obrigações e a reparação dos danos (art. 22 e parágrafo único).

Por fim, é interessante mencionar que o art. 7º-A, com redação dada pela Lei nº 9.791/1999, determina que as concessionárias de serviços públicos nos Estados e no Distrito Federal ofereçam ao consumidor e ao usuário, dentro do mês de vencimento, o mínimo de seis datas opcionais para escolherem os dias de vencimentos dos seus débitos.

9. FORMAS DE PRESTAÇÃO

A **titularidade** dos serviços públicos, vale repisar, será **sempre** do Poder Público que os prestará direta ou indiretamente. Logo, percebemos que há duas formas de prestação de serviços públicos: direta e indireta.

A **prestação direta** de serviços públicos é feita pelo próprio Estado, seja por meio dos órgãos da Administração Direta ou das entidades da Administração Indireta. No âmbito da prestação direta de serviços públicos temos as figuras da **centralização** (quando a atividade é desempenhada por órgãos da Administração Direta) e da **descentralização por outorga** (quando há transferência da titularidade para uma entidade administrativa: autarquia, fundação pública, empresa pública e sociedade de economia mista).

Não se pode confundir a forma direta de prestação de serviços públicos com Administração Direta ou Indireta, pois vemos que se o Estado presta o serviço por meio de uma entidade da Administração Indireta ainda assim há prestação direta.

A **prestação indireta** de serviços públicos fica a cargo da iniciativa privada, mediante delegação do Poder Público, com fulcro no fenômeno da **descentralização por colaboração** (ou por delegação).[19]

Em suma, temos prestação direta quando o serviço público é prestado pela própria Administração e prestação indireta quando por pessoas físicas ou jurídicas não integrantes da Administração.

10. MODALIDADES DE DELEGAÇÃO

Embora a Constituição Federal, no art. 175, tenha feito menção tão só **à** concessão e à permissão como formas de delegação de serviços públicos, não

19 Mais detalhes sobre as modalidades de descentralização administrativa, *vide* o Capítulo 3 (Organização Administrativa).

podemos deixar de trazer à baila a autorização de serviços públicos, que inclusive é mencionada em outros trechos da própria Constituição (art. 21, XI e XII). Dessa forma, são modalidades de delegação de serviços públicos: a concessão, a permissão e a autorização.

A **concessão de serviços públicos** é a delegação de sua prestação, feita pelo poder concedente, mediante licitação, na modalidade concorrência, à pessoa jurídica ou consórcio de empresas que demonstre capacidade para seu desempenho, por sua conta e risco e por prazo determinado (art. 2º, II, Lei nº 8.987/1995).

A doutrina costuma apontar duas espécies de concessão de serviços públicos: **concessão comum** e **concessão especial**. Desde logo, convém apontar que a principal diferença entre elas reside na contraprestação pecuniária recebida pelo concessionário: enquanto na primeira a contrapartida pecuniária advém, principalmente, da cobrança de tarifas dos usuários do serviço, na segunda o concedente, além das tarifas cobradas dos usuários, recebe contraprestação pecuniária do Poder Público.

A concessão comum é regida pela Lei nº 8.987/1995 e desmembra-se em **concessão de serviços públicos simples** e **concessão de serviços públicos precedida de obra pública**. A concessão especial é regida pela Lei nº 11.079/2004 (Lei das Parcerias Público-Privadas) e subdivide-se em **concessão patrocinada** e **concessão administrativa**.

A **permissão de serviço público** é a delegação, a título precário, mediante licitação, da prestação de serviços públicos, feita pelo poder concedente à pessoa física ou jurídica que demonstre capacidade para seu desempenho, por sua conta e risco (art. 2º, IV, Lei nº 8.987/1995).

Como terceira modalidade de delegação, temos a **autorização de serviços públicos** que é aquela mediante a qual o Estado por ato administrativo discricionário e precário transfere a particulares a execução de serviços públicos que não requerem grandes investimentos, nem alta especialização por parte do prestador. São serviços de menor relevância se comparados aos demais, mas que merecem do Estado atenção peculiar. São exemplos de serviços autorizados os de despachantes e de segurança particular de residências ou estabelecimentos.

11. CONCESSÃO DE SERVIÇOS PÚBLICOS

11.1. Conceito

Nas palavras de Maria Sylvia Di Pietro:

> Concessão de serviço público é o contrato administrativo pelo qual a Administração Publica delega a outrem a execução de um serviço público, para que o execute em seu próprio nome, por sua conta

e risco, assegurando-lhe a remuneração mediante tarifa paga pelo usuário ou outra forma de remuneração decorrente da exploração do serviço.[20]

Como já mencionado anteriormente, a Lei Geral das Concessões e Permissões (Lei nº 8.789/1995) conceitua concessão de serviço público como a delegação de sua prestação, feita pelo poder concedente, mediante licitação, na modalidade concorrência, à pessoa jurídica ou consórcio de empresas que demonstre capacidade para seu desempenho, por sua conta e risco e por prazo determinado (art. 2º, II).

O art. 2º, III, da Lei nº 8.987/1995 dispõe sobre a **concessão de serviços públicos precedida da execução de obra pública** que é a construção, total ou parcial, conservação, reforma, ampliação ou melhoramento de quaisquer obras de interesse público, delegadas pelo poder concedente, mediante licitação, na modalidade concorrência, à pessoa jurídica ou consórcio de empresas que demonstre capacidade para a sua realização, por sua conta e risco, de forma que o investimento da concessionária seja remunerado e amortizado mediante a exploração do serviço ou da obra por prazo determinado.

11.2. Objeto

Sem dúvida alguma, a concessão é a modalidade mais complexa de delegação, recomendada para os serviços que requerem **altos investimentos** em infraestrutura para sua implantação.

Nos termos do art. 1º da Lei nº 9.074/1995 poderão ser objeto de concessão de serviços públicos as rodovias federais, exploração de obras ou serviços barragens ou contenções, eclusas, diques e irrigações, estações aduaneiras e outros terminais alfandegados de uso público, não instalados em área de porto ou aeroporto e serviços postais.

Por outro lado, complementa os §§ 2º e 3º do art. 2º da mesma lei que independem de concessão os serviços de transporte aquaviário, de passageiros, que não seja realizado entre portos organizados; rodoviário e aquaviário de pessoas, realizado por operadoras de turismo no exercício dessa atividade; de cargas pelos meios rodoviário e aquaviário; e de pessoas, em caráter privativo de organizações públicas ou privadas, ainda que em forma regular.

11.3. Fundamento constitucional

A concessão de serviços públicos tem como dispositivo constitucional básico o art. 175 que, como já exposto, preceitua que incumbe ao Poder Público, na forma da lei, diretamente ou sob regime de concessão ou permissão, sempre através de licitação, a prestação de serviços públicos.

20 DI PIETRO, Maria Sylvia Zanella. *Direito Administrativo*. 20ª ed. São Paulo: Atlas, 2006, p. 273.

11.4. Incidência normativa

As concessões de serviços públicos podem ser comuns ou especiais. No primeiro caso, reguladas pela Lei nº 8.987/1995 (Lei Geral das Concessões e Permissões); no segundo, pela Lei nº 11.079/2004 (Lei das Parcerias Público-Privadas).

Nunca é demais repisar que ambos os diplomas normativos estabelecem normas gerais a serem observadas por todos os entes políticos (União, Estados, Distrito Federal e Município). Nada impede que cada ente federativo elabore suas próprias normas disciplinando de maneira específica suas concessões de serviços públicos (comuns ou especiais).

11.5. Sujeitos passivos

Por conta da complexidade que envolve os serviços concedidos, sua delegação fica restrita às pessoas jurídicas ou consórcios de empresas, não sendo possível a pessoas físicas.

É possível que empresas públicas e sociedades de economia mista sejam concessionárias de serviços públicos. A Lei nº 9.074/1995, em seu art. 32, regulou a participação de empresas estatais no procedimento licitatório para concessão de serviços públicos.

Impende notar que essa possibilidade se adstringe à situação de empresa estatal de um ente político que, mediante participação em procedimento licitatório, celebra contrato de concessão ou permissão para prestar serviços públicos da titularidade de outro ente federativo. Exemplificando, seria o seguinte: uma empresa pública do Estado X, após lograr êxito em processo licitatório, celebra contrato de concessão para prestar serviços públicos no Município Y. A razão disso é que a prestação de serviços públicos no Estado X independe de celebração de contrato de concessão, pois a outorga do serviço se dá por autorização legislativa (art. 37, XIX, CF). A concessão será, isto sim, relativa à prestação do serviço público no município Y.

O professor Celso Antônio, ao tratar sobre o tema, destaca que **não poderão** ser concessionárias ou permissionárias de serviços públicos as empresas públicas cujo capital seja oriundo de um único ente político (U, E, DF e M), tanto do próprio ente político quanto de suas entidades administrativas. Em conclusão, as empresas públicas cujo capital se origine de mais de um ente político e as sociedades de economia mista em geral poderão ser concessionárias ou permissionárias de serviços públicos.[21]

21 MELLO, Celso Antônio Bandeira de. *Curso de Direito Administrativo*. 25ª ed. São Paulo: Malheiros, 2007, p. 200.

11.6. Autorização legislativa

Não cabe ao Poder Executivo decidir discricionariamente quando, como e qual serviço público será objeto de concessão. É atribuição do Poder Legislativo autorizar a delegação deste ou daquele serviço por meio de lei.

Nessa esteira prevê o art. 2º da Lei nº 9.074, de 7 de julho de 1995, que é vedado à União, aos Estados, ao Distrito Federal e aos Municípios executarem obras e serviços públicos por meio de concessão de serviço público, sem lei que os autorize e fixe os termos.

Há três hipóteses em que será dispensada lei autorizativa:

a) saneamento básico;

b) limpeza urbana; e

c) os serviços já referidos na Constituição Federal ou Estadual e nas Leis Orgânicas como passíveis de prestação indireta por meio de delegação.

Cite-se como exemplo de serviços públicos que a própria Constituição já definiu como passíveis de concessão: telecomunicações, energia elétrica e o aproveitamento energético dos cursos de água, navegação aérea, aeroespacial e a infraestrutura aeroportuária, transporte ferroviário e aquaviário entre portos brasileiros e fronteiras nacionais, transporte rodoviário interestadual e internacional de passageiros, portos marítimos, fluviais e lacustres, pesquisa e exploração de recursos hídricos e minerais, serviços locais de gás canalizado, entre outros.

11.7. Licitação

Toda concessão de serviço público, precedida ou não da execução de obra pública, será objeto de prévia licitação, nos termos da legislação própria e com observância dos princípios da legalidade, moralidade, publicidade, igualdade, do julgamento por critérios objetivos e da vinculação ao instrumento convocatório (art. 14, Lei nº 8.987/1995).

Na lição de Hely Lopes Meirelles, "a concessão, em regra, deve ser conferida sem exclusividade, para que seja possível sempre a competição entre os interessados, favorecendo, assim, os usuários com serviços melhores e tarifas mais baratas. Apenas quando houver inviabilidade técnica ou econômica de concorrência na prestação do serviço, devidamente justificada, admite-se a concessão com exclusividade".[22] Inclusive o art. 16 da Lei nº 8.987/1995 prescreve que a concessão ou permissão não terá caráter de exclusividade (isso possibilita a existência de mais de um concessionário prestando o mesmo serviço público), ressalvadas as hipóteses em que uma segunda delegação for inviável do ponto de vista técnico

22 MEIRELLES, Hely Lopes. *Direito Administrativo Brasileiro*. 34ª ed. São Paulo: Malheiros, 2008, p. 391.

ou econômico, caso em que será necessária exposição dos motivos que levaram a Administração a essa decisão.

É interessante notar que as hipóteses de dispensa de licitação previstas na Lei nº 8.666/1993 não se aplicam às concessões de serviços públicos, que deverão ser precedidas de licitação, na modalidade **concorrência**. Todavia, no que tange à inexigibilidade de licitação motivada pela impossibilidade de competição, verificamos que é plenamente aceitável. Basta citar o exemplo do serviço de telefonia móvel que pode ser prestado concomitantemente por mais de uma concessionária. Neste caso, há inviabilidade de competição, o que justificaria a inexigibilidade de licitação.

Como exceção a essa regra, temos a Lei nº 9.074/1995, que, no art. 27, prevê a utilização da modalidade **leilão**, para a venda de quotas ou ações na hipótese de estatização de empresas estatais sob controle direto ou indireto da União, com a simultânea outorga de novas concessões ou a prorrogação das já existentes. Impende sublinhar que se trata de hipótese excepcionalíssima e que a regra geral é o uso da concorrência como antecedente do contrato de concessão de serviços públicos.

O poder concedente publicará, previamente ao edital de licitação, ato justificando a conveniência da outorga de concessão ou permissão, caracterizando seu objeto, área e prazo (art. 5º, Lei nº 8.987/1995).

O art. 18 estatui que o edital de licitação será elaborado pelo poder concedente, observados, no que couber, os critérios e as normas gerais da legislação própria sobre licitações e contratos.

Inovação importante introduzida pela Lei nº 11.196, de 21 de novembro de 2005, foi a possibilidade de o edital prever a **inversão da ordem das fases de habilitação e julgamento** (art. 18-A).

O art. 15 da Lei nº 8.987/1995 estabelece os critérios que podem ser adotados no julgamento das propostas dos licitantes (**tipos de licitação**):

> I – o menor valor da tarifa do serviço público a ser prestado;
>
> II – a maior oferta, nos casos de pagamento ao poder concedente pela outorga da concessão;
>
> III – a combinação, dois a dois, dos critérios referidos nos incisos I, II e VII;
>
> IV – melhor proposta técnica, com preção fixado no edital;
>
> V – melhor proposta em razão da combinação dos critérios de menor valor da tarifa do serviço público a ser prestado com o de melhor técnica;
>
> VI – melhor proposta em razão da combinação dos critérios de maior oferta pela outorga da concessão com o de melhor técnica; ou
>
> VII – melhor oferta de pagamento pela outorga após qualificação das propostas técnicas.

O art. 45 da Lei nº 8.666/1993, Lei de Licitações e Contratos, estabelece os tipos de licitação a serem adotados pela Administração na condução de procedimentos licitatórios. Vê-se, então, que os critérios adotados nas licitações para concessões de serviços públicos são **distintos** dos que são cabíveis nas licitações em geral.

O edital deverá conter parâmetros e exigências para formulação de propostas técnicas (art. 15, § 2º). O poder concedente recusará propostas manifestamente inexequíveis ou financeiramente incompatíveis com os objetivos da licitação (art. 15, § 3º). Em igualdade de condições, será dada preferência à proposta apresentada por empresa brasileira (art. 12, § 4º).

Reza o art. 17 da lei que considerar-se-á desclassificada:

a) a proposta que, para sua viabilização, necessite de vantagens ou subsídios[23] que não estejam previamente autorizados em lei e à disposição de todos os concorrentes;

b) a proposta de entidade estatal alheia à esfera político-administrativa do poder concedente que, para sua viabilização, necessite de vantagens ou subsídios do poder público controlador da referida entidade.

Os estudos, investigações, levantamentos, projetos, obras e despesas ou investimentos já efetuados, vinculados à concessão, de utilidade para a licitação, realizados pelo poder concedente ou com a sua autorização, estarão à disposição dos interessados, devendo o vencedor da licitação ressarcir os dispêndios correspondentes, especificados no edital (art. 21).

11.8. Instrumento de formação do vínculo

A concessão é firmada por meio de **contrato administrativo**, que é instrumento bilateral, oneroso, comutativo e realizado *intuitu personae*.[24]

Nessa esteira, ensina Hely Lopes Meirelles que "toda concessão, portanto, fica submetida a duas categorias de normas: as de natureza regulamentar e as de ordem contratual. As primeiras disciplinam o modo e forma de prestação do serviço; as segundas fixam as condições de remuneração do concessionário; por isso, aquelas são denominadas leis do serviço, e estas, cláusulas econômicas ou financeiras".[25] É útil lembrar que as cláusulas econômico-financeiras não podem ser objeto de alteração unilateral por parte do Poder Público: somente mediante acordo é que poderão sofrer mutações.

O art. 23 da Lei nº 8.987/1995 estatui as cláusulas essenciais do contrato de concessão.

---

23 Considera-se vantagem ou subsídio qualquer tipo de tratamento tributário diferenciado, ainda que em consequência da natureza jurídica do licitante, que comprometa a isonomia fiscal que deve prevalecer entre todos os concorrentes (art. 17, § 2º, Lei nº 8.987/1995).

24 Sobre as características gerais do contrato administrativo, consultar o Capítulo 9 (Contratos administrativos).

25 MEIRELLES, Hely Lopes. *Direito Administrativo Brasileiro*. 34ª ed. São Paulo: Malheiros, 2008, p. 394.

Além delas, reza o parágrafo único do mesmo artigo que as concessões de serviço público precedidas de obra pública deverão, adicionalmente, estipular os cronogramas físico-financeiros de execução das obras vinculadas à concessão e exigir garantia do fiel cumprimento, pela concessionária, das obrigações relativas às obras vinculadas à concessão.

Com objetivo de solucionar controvérsias contratuais sobre direitos patrimoniais disponíveis o art. 23-A prescreve que o contrato de concessão **poderá prever** o emprego de mecanismos privados para resolução de disputas decorrentes ou relacionadas ao contrato, inclusive a **arbitragem**, a ser realizada no Brasil e em língua portuguesa, nos termos da Lei nº 9.307, de 23 de setembro de 1996.

11.9. Prazo de duração do contrato

Já que a concessão de serviço será, em regra, precedida de licitação, o contrato somente poderá ser firmado por **prazo determinado**, a fim de que ao final possa abrir oportunidade a possíveis interessados na concessão.

A Lei nº 8.987/1995 não dispõe sobre os prazos das concessões, deixando essa tarefa às leis específicas que tratam desta ou daquela concessão, a exemplo da Lei nº 9.472/1997, que disciplina as concessões de serviços de telecomunicações e estabelece o prazo máximo de vinte anos, prorrogável uma única vez por igual período (art. 99).

Assim, caberá ao Poder Legislativo, em cada lei que autorizar o Poder Executivo a proceder à concessão de determinado serviço público, definir o prazo do contrato.

11.10. Encargos da concessionária

A tônica da prestação indireta de serviços públicos é a obtenção de maior qualidade ao delegar a uma pessoa jurídica especializada a prestação de determinado serviço público. Nada disso seria possível se não fossem estabelecidas legalmente as obrigações da concessionária para com o Poder Público concedente.

O art. 31 da Lei Geral das Concessões estabelece os encargos da concessionária, quais sejam:

> I – prestar serviço adequado, na forma prevista nesta Lei, nas normas técnicas aplicáveis e no contrato;
>
> II – manter em dia o inventário e o registro dos bens vinculados à concessão;
>
> III – prestar contas da gestão do serviço ao poder concedente e aos usuários, nos termos definidos no contrato;
>
> IV – cumprir e fazer cumprir as normas do serviço e as cláusulas contratuais da concessão;

> V - permitir aos encarregados da fiscalização livre acesso, em qualquer época, às obras, aos equipamentos e às instalações integrantes do serviço, bem como a seus registros contábeis;
>
> VI - promover as desapropriações e constituir servidões autorizadas pelo poder concedente, conforme previsto no edital e no contrato;
>
> VII - zelar pela integridade dos bens vinculados à prestação do serviço, bem como segurá-los adequadamente; e
>
> VIII - captar, aplicar e gerir os recursos financeiros necessários à prestação do serviço.

Sobre a possibilidade de o poder concedente outorgar à concessionária poderes para promover as **desapropriações** e constituir as **servidões administrativas**,[26] é importante sublinhar que a participação da concessionária ocorre na fase executória da desapropriação, e não na declaratória. Assim, após a declaração da necessidade ou utilidade pública pelo poder concedente, caberá à concessionária promover todas as medidas necessárias à execução da desapropriação e da servidão, podendo, inclusive, arcar com o ônus da indenização, conforme o estabelecido no edital e no contrato.

Reza o parágrafo único do art. 31 que as contratações, inclusive de mão de obra, feitas pela concessionária serão regidas pelas disposições de Direito privado e pela legislação trabalhista, não se estabelecendo qualquer relação entre os terceiros contratados pela concessionária e o poder concedente.

11.11. Responsabilidade do concessionário

Sobre o tema da responsabilidade civil, é útil recorrermos inicialmente ao texto constitucional que estabelece o alicerce do tema. Prescreve o texto constitucional que as **pessoas jurídicas de direito público** e as de **direito privado prestadoras de serviços públicos** responderão pelos danos que seus agentes, nessa qualidade, causarem a terceiros, assegurado o direito de regresso contra o responsável nos casos de dolo ou culpa (art. 37, § 6º).

A Lei nº 8.987/1995, em harmonia com o postulado constitucional, aponta a concessionária como responsável por todos os prejuízos causados ao poder concedente, aos usuários ou a terceiros, sem que a fiscalização exercida pelo órgão competente exclua ou atenue essa responsabilidade (art. 25).

A responsabilidade da concessionária em tais casos será **objetiva**. Isto é, ocorrerá independentemente de comprovação de dolo ou culpa por parte do agente. Basta que a vítima demonstre atuação comissiva do agente da concessionária, o dano causado e nexo de causalidade entre este e aquele.

26 Acerca da desapropriação e da servidão administrativa, *vide* Capítulo 16 (Intervenção do Estado na Propriedade Privada e no Domínio Econômico).

Embora a responsabilidade primária por danos causados pela prestação do serviço seja da concessionária, isso não exclui a **responsabilidade subsidiária do Estado** quando o concessionário não dispuser de meios para reparar o dano causado, resguardado o direito de regresso do Estado contra o concessionário.

11.12. Direitos do concessionário

O concessionário tem basicamente três direitos perante o poder concedente: a) **ser remunerado adequadamente**; b) ver preservado o **equilíbrio econômico-financeiro** até o fim da relação contratual; e c) **não ser submetido a prestação de serviços não compreendidos no objeto do contrato de concessão** (ex.: o concessionário de serviço de energia elétrica ser obrigado a prestar serviço de gás canalizado). Sobre este último ponto, Celso Antônio Bandeira de Mello acrescenta:

> Mesmo que o concessionário concordasse na modificação do objeto da concessão, o concedente não poderia pretendê-la, sob pena de burlar o princípio da licitação, pois, no caso, estaria, em verdade, outorgando nova concessão, se abrir a terceiros a possibilidade de concorrerem a ela e demonstrarem, eventualmente, que prestariam o serviço em condições mais vantajosas para o Poder Público.[27]

11.13. Política tarifária

A remuneração da concessionária compreende três componentes: as tarifas, as receitas complementares de receita e o equilíbrio econômico-financeiro.

O que caracteriza a concessão é a remuneração do serviço paga por meio de cobrança de tarifas dos usuários. Ainda assim, é possível que o Poder Público subsidie parcialmente a remuneração da concessionária a fim de tornar o valor da tarifa menor para o usuário. O que não pode ocorrer é de a remuneração da concessionária ficar integralmente a cargo do Poder concedente.

A **tarifa** do serviço público concedido será fixada pelo preço da proposta vencedora da licitação e preservada pelos critérios de correção monetária e reajuste previstos na lei, no edital e no contrato (art. 9º, Lei nº 8.987/1995). Não obstante a regra seja a de tarifas iguais para todos, poderá haver tarifas diferentes para determinados usuários em função das características técnicas e dos custos específicos provenientes do atendimento aos distintos segmentos de usuários.

A cobrança de tarifas poderá ser condicionada à existência de serviço público alternativo e gratuito para o usuário (art. 9º, § 1º, Lei nº 8.987/1995).

As tarifas poderão ser alteradas unilateralmente por ato do poder, a fim de manter-se o equilíbrio econômico-financeiro, desde que os critérios de revisão estejam previstos nos contratos de concessão.

27 Curso de Direito Administrativo. 25ª ed. São Paulo: Malheiros, 2007, p. 721.

No atendimento às peculiaridades de cada serviço público, poderá o poder concedente prever, em favor da concessionária, no edital de licitação, a possibilidade de outras fontes provenientes de **receitas alternativas, complementares, acessórias** ou de **projetos associados**, com ou sem exclusividade, com vistas a favorecer a modicidade das tarifas (art. 11, Lei nº 8.987/1995). Tais fontes complementares de receitas serão obrigatoriamente consideradas para a aferição do equilíbrio econômico-financeiro inicial do contrato.

Seria exemplo de fonte alternativa a possibilidade de explorar o espaço subjacente ou o subsolo do local da concessão com a instalação de diversos empreendimentos comerciais, como estacionamentos, supermercados, *shopping centers*, restaurantes, lojas, galerias, postos de gasolina etc.[28]

Sobre a **manutenção do equilíbrio econômico-financeiro**, Bandeira de Mello ensina:

> Há uma necessária *relação* entre os encargos fixados no ato concessivo e o lucro então ensejado ao concessionário. Uns e outro, segundo os termos compostos na época, como pesos distribuídos entre dois pratos da balança, fixam uma *igualdade de equilíbrio*. É este equilíbrio que o Estado não pode romper unilateralmente, mas deve, ainda, procurar preservar.[29]

O § 3º do art. 9º prevê que ressalvados os impostos sobre a renda, a criação, alteração ou extinção de quaisquer tributos ou encargos legais, após a apresentação da proposta, quando comprovado seu impacto, implicará a **revisão da tarifa**, para mais ou para menos, conforme o caso. Nos casos de alteração unilateral do contrato que afete o seu inicial equilíbrio econômico-financeiro, o poder concedente deverá restabelecê-lo, concomitantemente à alteração (§ 4º).

O art. 10 da lei prevê que sempre que forem atendidas as condições do contrato, considera-se mantido seu equilíbrio econômico-financeiro.

11.13.1. Tarifa ou taxa

Há certa divergência acadêmica quanto à natureza jurídica das contraprestações pecuniárias cobradas dos usuários de serviços públicos: se taxa (espécie de tributo previsto no art. 145, II, da Constituição) ou (espécie do gênero preço público). A primeira se encontra no domínio acadêmico do Direito Tributário, ao passo que a segunda é correlata ao Direito Administrativo.

As **taxas** são sempre instituídas por lei e cobradas pela utilização, **efetiva ou potencial**, de **serviços públicos específicos e divisíveis** prestados ao

28 MELLO, Celso Antônio Bandeira de. *Curso de Direito Administrativo*. 25ª ed. São Paulo: Malheiros, 2007, p. 707.
29 *Idem, ibidem*, p. 726.

contribuinte ou postos à sua disposição, exclusivamente para cobrir custos operacionais, a exemplo da taxa de incêndio e da taxa de coleta de lixo.[30]

Imprescindível notar que os **serviços públicos não específicos e não divisíveis** não serão remunerados nem por taxa nem por tarifa, mas devem ser custeados pelas demais receitas estatais, sobretudo os impostos. A ideia central dessa afirmação é a de que atividades que beneficiam a coletividade como um todo, indiscriminadamente, devem ser custeadas por todos sem diferenciação.[31]

Se temos certeza de que serviços públicos específicos e divisíveis podem ser remunerados por taxa, a grande questão prenhe de dúvidas diz respeito a se também seria possível o serviço, ao invés de taxa, ser remunerado por tarifa, que é, inclusive, a forma mais comum de remuneração de serviços públicos.

As **tarifas** têm natureza contratual (e não legal) e, como tal, só podem ser cobradas dos serviços voluntariamente aderidos pelo usuário. É certo que em alguns casos há cobrança de tarifas mínimas obrigatórias (ex.: assinatura básica de serviço de telefone fixo)[32], mas isso de modo algum conduz à ideia de que o usuário é compelido ao pagamento da tarifa, uma vez que a contratação do serviço é livre e facultativa. Diferentemente, as tarifas são cobradas de forma compulsória, independentemente da efetiva fruição do serviço, bastando a sua mera colocação à disposição do usuário.[33]

Tendo isso em conta, no contexto dos serviços específicos e divisíveis, podemos adotar como referencial teórico a ideia de que serão remunerados por **taxa** os **serviços compulsórios** e por **tarifa** os **serviços facultativos**. Cuide-se que há casos excepcionais que exigirão tratamento específico, a exemplo do serviço de fornecimento de água, aparentemente obrigatório, mas que será remunerado por tarifa ou taxa.[34]-[35]

30 STF, AgRg no RE 557.957, Rel. Min. RICARDO LEWANDOWSKI, DJe 25.06.2009.

31 Nessa linha de raciocínio, *vide* a Súmula nº 670, STF (convertida na Súmula Vinculante nº 41): "O serviço de iluminação pública não pode ser remunerado mediante taxa". Em verdade, esse serviço não pode ser remunerado nem por taxa nem por tarifa, pois é genérico e universal.

32 Súmula nº 356, STJ: "É legítima a cobrança de tarifa básica pelo uso dos serviços de telefonia fixa." Precedentes no STJ: REsp 911.802/RS , REsp 870.600/PB , REsp 994.144/RS, REsp 983.501/RS e REsp 872.584/RS. Esse posicionamento foi chancelado pelo STF no julgamentos de três ADIs (4.478/AP, 3.343/DF, 3.847/SC), todas de relatoria do Ministro AYRES BRITTO, julgada em setembro de 2011.

33 Súmula nº 545, STF: "Preços de serviços públicos e taxas não se confundem, porque estas, diferentemente daqueles, são compulsórias e têm sua cobrança condicionada à prévia autorizaçâo orçamentária, em relação à lei que as instituiu."

34 STF, AgR RE 201.630/DF, Rel.ª Min.ª ELLEN GRACIE, DJ 02.08.2002; RE 518.256/RS, Rel. Min. EROS GRAU, DJe 14.4.2008; STJ, 102.021/RS, Rel. Min. TEORI ALBINO ZAVASKI, DJe 12.02.2009; REsp 914828/RS, Rel.ª Min.ª ELIANA CALMON, DJ 17.05.2007.

35 Conforme o STF (ADI nº 800/RS, Rel. Min. TEORI ZAVASCKI, Dje 27.06.2014), o pedágio cobrado pela efetiva utilização de rodovias conservadas pelo Poder Público não tem natureza jurídica de taxa, mas sim de preço público.

11.14. Prerrogativas e encargos do poder concedente

Na esteira do art. 2º, I, da Lei nº 8.987/1995 podemos afirmar que o **poder concedente** é a entidade política (União, Estados, Distrito Federal e Municípios) a que a titularidade do serviço foi concedida expressa ou implicitamente pela Constituição.

Segundo a doutrina de Bandeira de Mello, são prerrogativas do poder concedente:[36]

a) poder de inspeção e fiscalização;

b) poder de alteração unilateral das cláusulas regulamentares;

c) poder de extinguir a concessão antes de findo o prazo inicialmente estatuído;

d) poder de intervenção; e

e) poder de aplicar sanções ao concessionário inadimplente.

O art. 29 da Lei define as prerrogativas do poder concedente, a saber:

> I - **regulamentar** o serviço concedido e **fiscalizar** permanentemente a sua prestação;
>
> II - **aplicar as penalidades** regulamentares e contratuais;
>
> III - **intervir na prestação do serviço**, nos casos e condições previstos em lei;
>
> IV - **extinguir a concessão**, nos casos previstos nesta Lei e na forma prevista no contrato;
>
> V - **homologar reajustes e proceder à revisão das tarifas** na forma desta Lei, das normas pertinentes e do contrato;
>
> VI - cumprir e fazer cumprir as disposições regulamentares do serviço e as cláusulas contratuais da concessão;
>
> VII - zelar pela boa qualidade do serviço, receber, apurar e solucionar queixas e reclamações dos usuários, que serão cientificados, em até trinta dias, das providências tomadas;
>
> VIII - declarar de utilidade pública os bens necessários à execução do serviço ou obra pública, promovendo as desapropriações, diretamente ou mediante outorga de poderes à concessionária, caso em que será desta a responsabilidade pelas indenizações cabíveis;
>
> IX - declarar de necessidade ou utilidade pública, para fins de instituição de servidão administrativa, os bens necessários à execução de serviço ou obra pública, promovendo-a diretamente ou mediante outorga de poderes à concessionária, caso em que será desta a responsabilidade pelas indenizações cabíveis;

36 MELLO, Celso Antônio Bandeira de. *Curso de Direito Administrativo*. 25ª ed. São Paulo: Malheiros, 2007, p. 716-717.

> X – estimular o aumento da qualidade, produtividade, preservação do meio-ambiente e conservação;
>
> XI – incentivar a competitividade; e
>
> XII – estimular a formação de associações de usuários para defesa de interesses relativos ao serviço.

No exercício da fiscalização, o poder concedente terá acesso aos dados relativos à administração, à contabilidade, aos recursos técnicos, econômicos e financeiros da concessionária. Essa fiscalização do serviço será feita por intermédio de órgão técnico do poder concedente ou por entidade com ele conveniada, e, periodicamente, conforme previsto em norma regulamentar, por comissão composta de representantes do poder concedente, da concessionária e dos usuários (art. 30 e parágrafo único, Lei nº 8.987/1995).

11.15. Subconcessão

Embora o contrato de concessão de serviço público tenha caráter *intuitu personae*, a Lei nº 8.987/1995 faculta à concessionária, sem prejuízo de sua responsabilidade direta, a **contratacão de terceiros para auxiliá-la em atividades-meio**, não compreendidas diretamente no contrato de concessão (art. 25, § 1º). Aqui estão alcançadas atividades inerentes, acessórias ou complementares ao serviço concedido, bem como a implementação de projetos associados. Como se percebe, essa contratação se restringe às atividades-meio relacionadas ao objeto do contrato e pressupõe o cumprimento das normas regulamentares da modalidade do serviço concedido.

Ressalta o § 2º que os contratos celebrados entre a concessionária e os terceiros reger-se-ão pelo Direito Privado, **não se estabelecendo qualquer relação jurídica** entre os terceiros e o poder concedente. Ou seja, não há vínculo algum entre o terceiro contratado pelo concessionário e o Poder Público concedente.

Além disso, a lei admite a substituição da concessionária anterior por terceiro, por meio da transferência parcial do objeto. Trata-se da **subconcessão**. Como exemplo, podemos imaginar o caso de uma concessionária de 300 km de rodovia que faz a subconcessão de 50 km a uma outra empresa.

Partindo das disposições do art. 26, a doutrina costuma apontar três requisitos para que haja subconcessão de serviço público;

a) **pedido do concessionário**, pois não há subconcessão de ofício;

b) **autorização expressa** do poder concedente, que o fará no exercício de poder discricionário, podendo simplesmente rejeitar o pedido da concessionária; e

c) realização de **novo procedimento licitatório** na modalidade **concorrência**.

O subconcessionário se sub-rogará em todos os direitos e obrigações do subconcedente, dentro dos limites da subconcessão (art. 26, § 2º). Isto é, a concessionária estará liberada da responsabilidade relativa à parcela do serviço objeto de subconcessão. Com isso fica clara a diferença da subconcessão para a primeira situação, em que a concessionária contrata terceiro para prestação de serviços de apoio, pois no caso da subconcessão forma-se **relação jurídica** entre a subconcessionária e o poder concedente, pois aquela passa a ser responsável pela parcela do serviço público que lhe foi delegada, eximindo o concessionário.

Outra hipótese em que terceiros se envolvem com a execução de serviços públicos é a prevista no art. 27 da lei, segundo o qual a concessionária poderá **transferir a concessão ou o controle societário a terceiros.** Para que essa transferência seja válida, é necessária prévia anuência do poder concedente, sob pena de caducidade da concessão. Além disso, o pretendente à transferência deverá (art. 27, § 1º):

> I – atender às exigências de capacidade técnica, idoneidade financeira e regularidade jurídica e fiscal necessárias à assunção do serviço; e
>
> II – comprometer-se a cumprir todas as cláusulas do contrato em vigor.
>
> Nos contratos de financiamento, as concessionárias poderão oferecer em **garantia** os direitos emergentes da concessão, até o limite que não comprometa a operacionalização e a continuidade da prestação do serviço (art. 28).

11.16. Intervenção

No exercício de suas prerrogativas, o poder concedente poderá intervir na concessão, com o fim de assegurar a adequação na prestação do serviço, bem como o fiel cumprimento das normas contratuais, regulamentares e legais pertinentes (art. 32, Lei nº 8.987/1995). A intervenção far-se-á por decreto do poder concedente, que conterá a designação do interventor, o prazo da intervenção e os objetivos e limites da medida.

Conforme o art. 33 e seus parágrafos, uma vez declarada por decreto a intervenção, o poder concedente deverá, no prazo de **30 dias**, instaurar procedimento administrativo (a ser concluído no prazo de até 180 dias, sob pena de invalidade) para comprovar as causas determinantes da medida e apurar responsabilidades, assegurado o direito de ampla defesa ao concessionário. Se ficar comprovado que a intervenção não observou os pressupostos legais e regulamentares, será declarada sua nulidade, devendo o serviço ser imediatamente devolvido à concessionária, **sem prejuízo** de seu direito à indenização.

Ao final da intervenção, haverá duas situações possíveis:

a) comprovação de infração da concessionária: o poder concedente poderá optar pela manutenção da concessão, mediante a aplicação das penalidades previstas em lei, ou pela sua extinção pela decretação de caducidade; ou

b) inexistência de falta da concessionária: a administração do serviço será devolvida, sem pagamento de indenização, à concessionária, precedida de prestação de contas pelo interventor, que responderá pelos atos praticados durante a sua gestão (art. 34).

11.17. Formas de extinção

A Lei nº 8.987/1995 estabelece as formas de extinção das concessões de serviços públicos por:

> I – advento do termo contratual;
>
> II – encampação;
>
> III – caducidade;
>
> IV – rescisão;
>
> VI – falência ou extinção da empresa concessionária e falecimento ou incapacidade do titular, no caso de empresa individual.

Após a extinção da concessão há três medidas a serem adotadas:

a) ocupação das instalações;

b) assunção do serviço pelo poder concedente, procedendo-se aos levantamentos, avaliações e liquidações necessários; e

c) retorno ao poder concedente de todos os bens reversíveis, direitos e privilégios transferidos ao concessionário conforme previsto no edital e estabelecido no contrato.

Independentemente da forma da extinção da concessão, a concessionária sempre fará jus à **indenização das parcelas dos investimentos vinculados a bens reversíveis, ainda não amortizados ou depreciados,** que tenham sido realizados com o objetivo de garantir a continuidade e atualidade do serviço concedido.

Os bens reversíveis são adquiridos pelo concessionário para a prestação do serviço e, por manterem sua utilidade, passam a ser de propriedade do poder concedente ao final do contrato, pela aplicação do princípio da continuidade dos serviços públicos. Ao fim da concessão, o valor desses bens será levantado pelo Poder Público, a fim de que o concessionário seja indenizado pelas parcelas relativas aos bens não depreciados ou amortizados por lucros oriundos da concessão. Se não houvesse essa indenização, o serviço público definharia nos últimos anos da concessão, posto que o concessionário não se prestaria a realizar os necessários investimentos sabendo que não seria ressarcido desses valores. Assim, a lei, ao garantir a indenização desses investimentos, fornece ao poder concedente os necessários argumentos para exigir o cumprimento do dever de atualidade do serviço, correspondente à manutenção dos equipamentos, instalações e demais exigências do serviço.

A título de exemplo vejamos o caso de um concessionário que nos últimos dois anos da concessão efetuou investimento da ordem de R$ 1.000.000,00 (um milhão de reais) em bens necessários à modernização do serviço. Imaginemos que esses bens sofram uma taxa de depreciação de 10% ao ano. Dessa forma, ao fim da concessão o Poder Público deverá indenizar o concessionário pela parcela não depreciada desses bens. O cálculo será feito da seguinte forma: a) do montante total de investimentos deverão ser subtraídos os 10% (no caso, R$ 100.000,00) relativos a cada ano que faltava para o término da concessão; b) como foram dois anos, o valor a ser subtraído será de R$ 200.000,00; e c) o valor da indenização, assim, será de R$ 800.000,00 (R$ 1.000.000,00 – R$ 200.000,00).

Ainda acerca da indenização das parcelas dos investimentos vinculados a bens reversíveis, é importante destacar que o seu efetivo pagamento não é condição necessária para a extinção do contrato de concessão, salvo no caso de encampação. Isto é, rompido o vínculo contratual por outros motivos que não o interesse público, cabe ao Poder Público a retomada imediata da prestação do serviço, até a realização de nova licitação, **a fim de assegurar a plena observância do princípio da continuidade do serviço público**, independentemente do prévio pagamento de indenização.[37]

11.17.1. Advento do termo contratual

Também chamado de **reversão**, o advento do termo contratual é a extinção natural dos contratos de concessão, pois nesses casos presume-se que o contrato foi adequadamente cumprido, encerrando-se em virtude do término de seu **prazo de duração.**

Com essa forma de extinção, o contrato se extingue automaticamente, independente de qualquer ato formal da Administração que o declare extinto. Desse modo, a Administração assume imediatamente a execução do serviço e, se for o caso, ocupará as instalações e utilizará os bens reversíveis.

Como não há qualquer ilegalidade a ser invocada no contrato, sua extinção produz efeitos proativos (*ex nunc*). A partir desse momento findam as obrigações

37 STJ, AgRg no REsp 1.435.347-RJ, Rel. Min. MAURO CAMPBELL MARQUES, julg.: 19.08.2014; REsp 1.156.519/RO, Rel. Min. CASTRO MEIRA, DJe 28.06.2013; AgRg no REsp 1.139.802-SC, Rel. Min. HAMILTON CARVALHIDO, DJe 25.04.2011.

contratuais da concessionária e, consequentemente, cessam também todas as prerrogativas decorrentes da delegação.

11.17.2. Encampação

Encampação, também denominada **resgate**, é a extinção da concessão e consequente retomada do serviço pelo poder concedente durante o prazo da concessão, mediante decreto do chefe do Poder Executivo, por motivo de **interesse público superveniente**, mediante lei autorizativa específica e após prévio pagamento da indenização.

O procedimento adotado para encampação de um contrato de concessão é o seguinte: havendo interesse público que torne inconveniente e inoportuna a concessão do serviço público a particular, o chefe do Poder Executivo envia ao Poder Legislativo projeto de lei que autoriza a retomada do serviço por encampação. Sendo aprovado o projeto de lei, será feito o cálculo do valor da indenização devida ao particular pelas parcelas dos investimentos vinculados a bens reversíveis, ainda não amortizados ou depreciados. Após o pagamento da indenização, o chefe do Poder Executivo editará decreto em que declara a encampação do contrato de concessão.

No atinente à indenização do concessionário, a doutrina majoritária é no sentido de não admitir lucros cessantes, mas tão só danos emergentes. Vale dizer, na encampação o concessionário tem direito à indenização apenas pelos danos sofridos imediatamente com a extinção do vínculo (danos emergentes), não fazendo jus à indenização pelos lucros que certamente iria auferir se o contrato seguisse normalmente até o término do prazo previsto inicialmente (lucros cessantes). Todavia, registre-se o posicionamento do professor Bandeira de Mello, que admite indenização por danos emergentes e lucros cessantes.[38]

A encampação do contrato de concessão corresponde à revogação do ato administrativo. Ambas têm o mesmo fundamento: a inconveniência e inoportunidade da continuidade do contrato ou ato administrativo, respectivamente. Entretanto, jamais poderemos dizer que um contrato foi revogado, pois essa forma de extinção é aplicável somente aos atos unilaterais. Quanto um contrato de concessão, que é ato bilateral, torna-se inconveniente e oportuno ao interesse público poderá ocorrer a encampação. É interessante ressaltar que, nos contratos administrativos em geral regidos pela Lei nº 8.666/1993 (art. 78, XII), a forma de extinção do contrato por interesse público superveniente é a rescisão, e não encampação.

11.17.3. Caducidade

A caducidade é a extinção da concessão em razão de inexecução parcial ou total do contrato por parte do **concessionário**.

38 MELLO, Celso Antônio Bandeira de. *Curso de Direito Administrativo*. 25ª ed. São Paulo: Malheiros, 2007, p. 743.

Não é demais lembrar que, em caso de inexecução contratual, o poder concedente terá opção entre declarar a caducidade da concessão ou aplicar sanções contratuais (ato discricionário).

As únicas hipóteses em que a caducidade será vinculada estão previstas no art. 27 e ocorrerão quando a concessionária realizar transferência da concessão ou do controle acionário da concessionária sem prévia anuência do poder concedente.

O § 1º do art. 38 prevê as hipóteses em que a caducidade da concessão poderá **discricionariamente** ser declarada pelo poder concedente.

O procedimento para declaração de caducidade é este: a) o poder concedente comunicará detalhadamente os descumprimentos contratuais, dando à concessionária um prazo para corrigir as falhas e transgressões apontadas; b) decorrido o prazo e não havendo correção das falhas e irregularidades, será aberto processo administrativo, assegurado o direito ao contraditório e à ampla defesa; e c) comprovada a inadimplência, a caducidade será declarada por **decreto** do poder concedente, independentemente de indenização prévia, calculada no decurso do processo.

Quanto à indenização a ser paga pelas parcelas dos investimentos vinculados a bens reversíveis, ainda não amortizados ou depreciados, o § 5º do art. 38 da lei prescreve que dela deverá ser descontado o valor das multas. Além disso, não há necessidade de que a indenização seja prévia já que a própria lei afirma que a declaração de caducidade independe do pagamento prévio de indenização.

Declarada a caducidade, não resultará para o poder concedente qualquer espécie de responsabilidade em relação aos encargos, ônus, obrigações ou compromissos com terceiros ou com empregados da concessionária (§ 6º).

Fazendo um paralelo com as formas de extinção dos atos administrativos, vemos que naquele caso a caducidade é a extinção do ato administrativo cujo conteúdo tornou-se incompatível com lei superveniente, a exemplo da caducidade de uma licença para explorar determinado recurso natural em reserva ambiental pela edição posterior de uma lei que proíbe toda e qualquer exploração daquele determinado recurso. Contudo, não há qualquer semelhança entre a caducidade do ato administrativo e a caducidade dos contratos de concessão de serviços públicos, pois esta ocorrerá quando a concessionária incorrer em faltas administrativas. Sendo assim, não se pode confundir a caducidade do ato administrativo com a caducidade da concessão.

11.17.4. Rescisão

A rescisão é a forma de extinção do contrato de concessão de serviços públicos no caso de descumprimento das normas contratuais pelo **poder concedente**, mediante ação judicial especialmente intentada para esse fim. Em homenagem ao princípio da continuidade dos serviços públicos, enquanto a ação judicial estiver em curso, fica o contratado obrigado a manter a prestação do serviço público.[39]

A partir do conceito exposto, podemos fazer um paralelo entre a rescisão do contrato de concessão de serviços públicos e a rescisão dos contratos administrativos em geral, a fim de que o leitor não confunda uma e outra:

------------------------	Rescisão do contrato de concessão de serviços públicos (Lei nº 8.987/1995)	Rescisão dos contratos administrativos em geral (Lei nº 8.666/1993)
Procedimento	Ocorrerá por processo judicial, eventualmente amigável	Poderá ser amigável, administrativa ou judicial
Motivo	Inadimplemento do poder concedente	Inadimplemento da Administração ou do contratado, inadimplemento sem culpa, interesse público superveniente ou caso fortuito / força maior
Interrupção da execução do contrato	Não poderá ocorrer até que a decisão judicial transite em julgado	Poderá ocorrer após o prazo previsto na lei desde que haja autorização judicial (ex.: após 90 dias no caso de atraso nos pagamentos devidos pela Administração)

11.17.5. Anulação

A anulação é a forma de extinção do contrato de concessão de serviço público que decorre de **ilegalidade** cometida na celebração do ajuste ou até mesmo no procedimento licitatório.

O que há de particular na anulação em relação às demais formas de extinção do contrato é o fato de que nela o fato gerador é **anterior ou concomitante** à celebração do contrato enquanto nas demais o fato é superveniente ao acordo. Além disso, enquanto nas demais os efeitos da extinção são proativos (*ex nunc*: daquele momento em diante), na anulação os efeitos são retroativos (*ex tunc*: desfaz as consequências jurídicas produzidas pelo contrato, desde o momento de sua celebração até a data da sua anulação).

39 Não obstante seja essa a disposição legal sobre o assunto, José dos Santos Carvalho Filho (*Manual de Direito Administrativo*. 20ª ed. Rio de Janeiro: Lumen Juris, 2008, p. 379) acentua que a regra mencionada "só tem aplicação quando o concessionário puder manter as condições de prestação do serviço. Não o podendo em virtude do inadimplemento do concedente, pode recorrer à via judicial e pleitear a tutela cautelar, nos termos dos arts. 300 e seguintes do NCPC, desde que presentes os pressupostos que amparam essa especial modalidade de prestação jurisdicional – a plausibilidade do direito (*fumus boni iuris*) e o risco de lesão irreparável (*periculum in mora*)".

11.17.6. Falência ou extinção da empresa concessionária e falecimento ou incapacidade do titular, no caso de empresa individual

Nesse caso, o contrato de concessão obviamente se extingue com o desaparecimento do sujeito passivo prestador do serviço.

12. PERMISSÃO

A permissão de serviços públicos segue basicamente, naquilo que couber, as regras da concessão, razão pela qual, neste tópico, apenas ressaltaremos as diferenças marcantes entre esses institutos.

O art. 2º, IV, da Lei nº 8.987/1995 define permissão de serviço público como:

> A delegação, a título precário, mediante licitação, da prestação de serviços públicos, feita pelo poder concedente à pessoa física ou jurídica que demonstre capacidade para seu desempenho, por sua conta e risco.

Para Carvalho Filho:

> Permissão de serviço público é o contrato administrativo através do qual o Poder Público (permitente) transfere a um particular (permissionário) a execução de certo serviço público nas condições estabelecidas em norma de direito público, inclusive quanto à fixação do valor das tarifas.[40]

A permissão é modalidade de delegação menos complexa que a concessão exatamente por ter como objeto serviços de médio porte que não requerem altos investimentos, como na concessão.

A permissão de serviços públicos tem como alicerce constitucional o art. 175 que, como já exposto, preceitua que incumbe ao Poder Público, na forma da lei, diretamente ou sob regime de concessão ou **permissão**, sempre através de licitação, a prestação de serviços públicos.

No plano infraconstitucional, o art. 40 da Lei nº 8.987/1995 prevê a aplicação às permissões das disposições referentes às concessões, naquilo que for cabível. Então, como já dito anteriormente, tudo o que foi dito para as concessões, em tese, pode ser aplicável às permissões.

Em virtude da menor complexidade dos serviços objeto de permissão, poderão ser sujeitos passivos de permissão de serviços **pessoas jurídicas ou físicas**. Note que não há previsão no sentido de que a permissão poderá realizada para consórcio de empresas.

Quanto ao instrumento de formação do vínculo, o já citado art. 40 da Lei nº 8.987/1995 preceitua que a permissão de serviço público será formalizada mediante contrato de adesão, que nada mais é que um **contrato administrativo**.

40 CARVALHO FILHO, José dos Santos. *Manual de Direito Administrativo*. 20ª ed. Rio de Janeiro: Lumen Juris, 2008, p. 387.

Historicamente, as permissões, independentemente do seu objeto, sempre foram consideradas atos administrativos unilaterais, discricionários, precários (não geravam ao destinatário direito adquirido à sua manutenção) e, portanto, revogáveis a qualquer tempo. Todavia, com a promulgação da Constituição de 1988, as permissões de serviços públicos, e somente estas, ganharam novo *status* jurídico: passaram a ser contratos administrativos. Essa alteração de *status* da permissão rendeu severas críticas por parte da doutrina no sentido de que, com isso, se alterou o verdadeiro traço diferenciador entre as concessões e as permissões (a primeira era contrato; a segunda, ato administrativo).[41] Há, inclusive, autores que até hoje se negam a emprestar às permissões de serviços públicos a natureza de contrato administrativo.

Isso não bastasse, o art. 40 da Lei nº 9.987/1995, em franca desatenção aos rigores da técnica redacional legislativa, utilizou as infelizes expressões "precariedade" e "revogabilidade" como inerentes aos contratos de permissão de serviços públicos. Os referidos atributos, em verdade, são coerentes com a lógica dos atos administrativos unilaterais, que dependem do arbítrio da Administração para serem criados, alterados ou extintos. Ao mencionar a possibilidade de a Administração extinguir a permissão por razões de interesse público, poderia ter utilizado o termo "encampação", como a própria lei fez para as concessões.

Apesar de assistir razão aos críticos da novidade, não podemos negar a existência da natureza contratual da permissão. Nesse raciocínio, a "precariedade" e a "revogabilidade" do contrato de permissão devem ser entendidos no sentido de garantir à Administração a posição de supremacia em relação ao permissionário, podendo alterar ou extinguir unilateralmente o contrato sempre que o interesse público o exigir.

No tocante ao prazo de duração, as permissões de serviços públicos, por sua natureza contratual, terão sempre **prazo de duração determinado**, podendo ser prorrogadas nas situações previstas em lei. O que se busca com isso é possibilitar que ao fim do prazo do contrato de permissão seja aberta nova licitação a fim de que outros interessados possam pleitear a delegação de serviço público.

Assim, como ocorre nas concessões, os contratos de permissão serão precedidos de procedimento licitatório. Todavia, ao contrário das concessões em que a modalidade a ser adotada é exclusivamente a **concorrência**, nas permissões poderão ser utilizadas, além da concorrência, as modalidades **tomada de preços** e **convite** ou leilão, conforme o que dispuser a lei de cada ente político sobre o assunto.

Não cabe ao Poder Executivo decidir discricionariamente quando, como e qual serviço público será objeto de permissão. É atribuição do Poder Legislativo

41 Foi como entendeu o STF (ADI nº 1.491-DF, Rel. Min. CARLOS VELLOSO, DJ 01.07.1998) ao asseverar que o art. 175 da Constituição "afastou qualquer distinção conceitual entre permissão e concessão, ao conferir àquela o caráter contratual próprio desta". No mesmo sentido: STJ, RMS 22770/DF, Rel. Min. HUMBERTO MARTINS, DJ 19.09.2007.

autorizar a delegação deste ou daquele serviço por meio de **lei**. Nessa esteira prevê o art. 2º da Lei nº 9.074/1995, que é vedado à União, aos Estados, ao Distrito Federal e aos Municípios executarem obras e serviços públicos por meio de permissão de serviço público, sem lei que os autorize e fixe os termos.

Há três hipóteses em que será dispensada lei autorizativa:

a) saneamento básico;
b) limpeza urbana; e
c) os serviços já referidos na Constituição Federal ou Estadual e nas Leis Orgânicas como passíveis de prestação indireta por meio de delegação.

Como exemplos de serviços para os quais a própria Constituição Federal já abriu a possibilidade de serem objeto de permissão podemos citar: telecomunicações, energia elétrica, aproveitamento energético dos cursos de água, navegação aérea, aeroespacial e a infraestrutura aeroportuária, transporte ferroviário e aquaviário entre portos brasileiros e fronteiras nacionais, transporte rodoviário interestadual e internacional de passageiros, portos marítimos, fluviais e lacustres.

13. AUTORIZAÇÃO

A autorização de serviços públicos é o **ato administrativo unilateral, discricionário e precário**, por meio do qual o Poder Público consente que o particular preste serviços públicos em nome próprio e por sua conta e risco.

A autorização de serviços públicos é:

> Adequada para todos aqueles que não exigem execução pela própria Administração, nem pedem especialização na sua prestação ao público, como ocorre com os serviços de táxi, de despachantes, de pavimentação de ruas por conta dos moradores, de guarda particular de estabelecimentos ou residências, os quais, embora não sendo uma atividade pública típica, convém que o Poder Público conheça e credencie seus executores e sobre eles exercerá o necessário controle no seu relacionamento com o público e com os órgãos administrativos a que se vinculam para o trabalho.[42]

A autorização de serviços públicos, apesar de não prevista expressamente no art. 175 da Constituição, é reconhecida igualmente como terceira modalidade de delegação de serviços públicos a particulares.

Quanto aos sujeitos passivos, poderão ser destinatários de autorização de serviços públicos **tanto pessoas jurídicas quanto físicas**, que demonstrem possuírem os requisitos mínimos para a sua satisfatória prestação.

No tocante ao instrumento formalizador do vínculo, como anteriormente dito, a autorização de serviços públicos é formalizada por **ato administrativo**

42 MEIRELLES, Hely Lopes. *Direito Administrativo Brasileiro*. 34ª ed. São Paulo: Malheiros, 2008, p. 411.

unilateral, **discricionário**, **precário** e, portanto, **revogável a qualquer tempo**, sem necessidade de **indenização**.

Há uma hipótese excepcionalíssima em que a autorização será ato vinculado, e não discricionário como é usual. A Lei Geral de Telecomunicações (Lei nº 9.472/1997, no art. 131, § 1º, dispõe que "autorização de serviço de telecomunicações é o ato administrativo vinculado que faculta a exploração, no regime privado, de modalidade de serviço de telecomunicações, quando preenchidas as condições objetivas e subjetivas necessárias". Afirmar que a autorização é ato vinculado é equívoco elementar, entretanto, não se pode ignorar o fato de que está prevista expressamente na lei. Dessa forma, a autorização será sempre ato discricionário, salvo no caso dos serviços de telecomunicação.

Quanto à duração, de modo geral, a autorização de serviços públicos será por **prazo indeterminado**. Não obstante sua precariedade, isto é, inexistência de direito do destinatário à sua permanência, a autorização de serviços públicos poderá ser feita por prazo determinado. Ressalte-se, todavia, que a estipulação de prazo indeterminado para a autorização não impede a sua livre revogação pela Administração a qualquer tempo se assim o interesse público exigir.

A **licitação pública**, em tese e pela natureza dos serviços públicos autorizados, não requer prévio procedimento licitatório. Entretanto, nada impede que, em situações específicas em que haja pluralidade de interessados no objeto da autorização, seja realizada licitação pública para escolha da proposta mais vantajosa ao interesse público.

Sobre a **autorização legislativa**, de modo geral, não há exigência desse mecanismo para que os entes políticos possam autorizar serviços públicos.

Por derradeiro, a fim de sintetizar e estabelecermos as devidas comparações entre as formas indiretas de prestação dos serviços públicos, vejamos o quadro adiante:

<table>
<tr><th>--------------------</th><th>Concessão</th><th>Permissão</th><th>Autorização</th></tr>
<tr><td>Instrumento de formação do vínculo</td><td colspan="2">Contrato administrativo</td><td>Ato administrativo precário</td></tr>
<tr><td>Vigência</td><td colspan="2">Necessariamente por tempo determinado</td><td>Pode ser feita por prazo indeterminado</td></tr>
<tr><td>Obrigatoriedade de licitação</td><td>Sim, na modalidade concorrência</td><td>Sim, em qualquer modalidade</td><td>Não</td></tr>
<tr><td>Destinatários</td><td>Pessoas jurídicas ou consórcio de empresas</td><td colspan="2">Pessoas físicas ou jurídicas</td></tr>
<tr><td>Exigência de lei autorizadora</td><td colspan="2">Sim, salvo os casos previstos no art. 2º da Lei nº 9.074/1995</td><td>Não</td></tr>
</table>

14. PARCERIAS PÚBLICO-PRIVADAS

14.1. Conceito e fundamento

A parceria público-privada é um contrato de parceria entre o Poder Público (parceiro público) e a iniciativa privada (parceiro privado) para prestação de serviços públicos que exigem expressivo aporte de recursos financeiros.

O fundamento central das PPPs é o fato de que a prestação de alguns serviços públicos requerem altos investimentos em infraestrutura ou vultosos custos operacionais, a exemplo da construção civil, administração de presídios, hospitais, manutenção de rodovias, entre outros. Entretanto, tais serviços não proporcionam a mesma lucratividade que outros empreendimentos da iniciativa privada. Assim, os investidores e empresas privadas pouco se interessariam na concessão desses serviços pelo sistema comum, da Lei nº 8.987/1995, em que a remuneração do concessionário advém basicamente da cobrança de tarifas. Para sanar essa problemática foi idealizado o sistema de parcerias público-privadas, mediante o qual o concessionário do serviço público, além de auferir renda oriunda da cobrança de tarifas dos usuários, recebe do Poder Público contraprestação pecuniária que garantirá o retorno mínimo para tornar o empreendimento vantajoso. Em suma, a iniciativa privada entra com o investimento inicial e a execução do serviço público, enquanto o Poder Público garante-lhe o aporte dos recursos financeiros necessários à garantia de retorno mínimo para o empreendimento.

Outro ponto fundamental das parcerias é que os riscos do empreendimento são compartilhados entre o parceiro público e o parceiro privado, sobretudo nas situações de caso fortuito e força maior. No modelo tradicional de concessão, o concessionário executa o serviço público por sua conta e risco, sendo diretamente responsável pelos danos que seus empregados causarem a terceiros. Já no modelo especial de concessão, as PPPs, os riscos e as responsabilidades do empreendimento são compartilhados entre Poder Público e particular. Nota-se que, com isso, o regime de parcerias torna-se ainda mais atrativo às empresas privadas.

Além disso, não há como negar que a gestão privada, desimpedida das amarras burocráticas estatais, acarreta maior eficiência na prestação do serviço público, fazendo com que as demandas da população sejam de fato atendidas. No caso brasileiro, por exemplo, a gestão e a manutenção das rodovias pelo sistema de parcerias trouxeram notórias vantagens para o desenvolvimento socioeconômico nacional. Prova disso é que as mais bem conservadas e seguras estradas brasileiras são administradas por empresas privadas.

Em suma, são características básicas das parcerias público-privadas o **financiamento público**, o **compartilhamento de risco** e o **ganho de eficiência com a gestão privada**.

O art. 4º da Lei nº 11.079/2004 estabelece as diretrizes e os princípios a serem observados nas parcerias público-privadas.

14.2. Incidência normativa

A Lei nº 11.079, de 30 de dezembro de 2004, estabelece **normas gerais** sobre licitação e contratação de parcerias público-privadas no âmbito da Administração Pública direta e indireta, fundos especiais e demais entidades controladas direta ou indiretamente pela União, Estados, Distrito Federal e Municípios.

Naquilo que couber, e for permitido pela Lei das Parcerias, poderão ser aplicadas subsidiariamente as disposições da Lei nº 8.987/1995.

14.3. Modalidades

São modalidades de parceria público-privada (art. 2º, §§ 1º e 2º):

a) **concessão patrocinada** é a concessão de serviços públicos ou de obras públicas, quando envolver, adicionalmente à tarifa cobrada dos usuários, contraprestação pecuniária do parceiro público ao parceiro privado. Em termos mais simples, trata-se de uma concessão especial de serviços públicos em que o Poder Público, juntamente com o usuário, remunera o concessionário (parceiro privado) pela prestação do serviço; e

b) **concessão administrativa** é o contrato de prestação de serviços de que a Administração Pública seja a usuária direta ou indireta, ainda que envolva execução de obra ou fornecimento e instalação de bens. Nesse caso, os pagamentos ficarão a cargo do parceiro público. Exemplo desse tipo de concessão seria a contratação de empresa privada para construção e administração de presídio mediante pagamento mensal proporcional ao número de detentos.

Sobre esta última, fica bem claro que não se trata de concessão de serviços públicos propriamente ditos (perceba que não há menção à Lei nº 8.987/1995), mas de serviços administrativos internos à Administração Pública. Isto é, não são serviços que têm como destinatários a coletividade em geral. Ao contrário, o usuário é o próprio Poder Público.

Como já dito anteriormente, as parcerias público-privadas são regidas pela Lei nº 11.079/2004, mas é possível a aplicação supletiva do Estatuto das Concessões e Permissões de Serviços Públicos (Lei nº 8.987/1995). Com relação às **concessões patrocinadas**, as disposições da Lei nº 8.987/1995 podem ser aplicadas integralmente, em caráter subsidiário. Já no que tange às **concessões administrativas** aplicam-se apenas o disposto nos arts. 21 (obrigação de o vencedor da licitação ressarcir a Administração pelos dispêndios relativos a estudos, investigações, levantamentos, projetos, obras e despesas ou investimentos já efetuados, nas concessões de utilidade pública), 23 (cláusulas essenciais dos contratos de concessão comuns), 25 (responsabilidade do concessionário pelos prejuízos causados à Administração ou aos usuários),

27 (critérios para transferência da concessão ou do controle societário do concessionário), 28 (possibilidade de o concessionário oferecer em garantia os direitos emergentes da concessão nos contratos de financiamento), 29 a 31 (encargos do Poder concedente e da concessionária), 32 a 34 (intervenção na concessão), 35 a 39 (formas de extinção da concessão) da Lei nº 8.987/1995 e o art. 31 (possibilidade de os autores ou responsáveis economicamente pelos projetos básico e executivo participarem da licitação ou da execução das obras objeto da concessão) da Lei nº 9.074/1995.

Sinteticamente, temos o seguinte:

a) **contratos administrativos em geral**: continuam regidos pela Lei nº 8.666/1993, não lhe sendo aplicáveis a Lei nº 11.079/2004;

b) **contratos de concessão comum de serviços públicos**: regidos pela Lei nº 8.987/1995 e subsidiariamente pela Lei nº 8.666/1993, sem possibilidade de aplicação da Lei nº 11.079/2004 mesmo que subsidiáriamente; e

c) **contratos de concessão especial de serviços públicos**: regidos pela Lei nº 11.079/2004, sendo possível a aplicação subsidiária da Lei nº 8.987/1995 integralmente para a concessão patrocinada e parcialmente para a concessão administrativa.

14.4. Objeto

Desde logo é útil afirmar que o objeto das parcerias público-privadas é a prestação de serviços, ora públicos ora meramente internos à Administração.

É **vedada** celebração de contrato de parceria (art. 2º, § 4º):

> I – cujo valor do contrato seja inferior a R$ 20.000.000,00;
>
> II – cujo período de prestação do serviço seja inferior a 5 anos; ou
>
> III – que tenha como objeto único o fornecimento de mão de obra , o fornecimento e instalação de equipamentos ou a execução de obra pública.

Sobre o último ponto, é útil reforçar que o contrato poderá também abranger a execução de obra pública ou o fornecimento e instalação de bens, desde que tenham caráter instrumental, secundário, em relação à finalidade principal do contrato, que é a prestação do serviço público. O que fica claro é que a parceria público-privada não pode ter por objeto exclusivo a execução de obra pública ou o fornecimento e instalação de bens. Estas só poderão integrar o objeto quando necessárias ao objeto principal (o serviço público ou administrativo).

Justamente para distinguir o objetivo das parcerias público-privadas, o § 3º afirma que **não constitui parceria público-privada** a concessão comum, assim entendida a concessão de serviços públicos ou de obras públicas de que trata a Lei nº 8.987/1995, quando não envolver contraprestação pecuniária do parceiro público ao parceiro privado.

14.5. Contrato de parceria

Além das cláusulas obrigatórias previstas no art. 23 da Lei nº 8.987/1995 (Lei das Concessões comuns), os contratos de parceria público-privada deverão observar determinadas diretrizes (art. 5º, *caput* e § 2º) algumas das quais destacamos: o prazo de vigência do contrato, compatível com a amortização dos investimentos realizados, não inferior a **cinco**, nem superior a **trinta e cinco anos**, incluindo eventual prorrogação; as **penalidades aplicáveis** à Administração Pública e ao parceiro privado em caso de inadimplemento contratual, fixadas sempre de forma proporcional à gravidade da falta cometida, e às obrigações assumidas; a **repartição de riscos entre as partes**, inclusive os referentes a caso fortuito, força maior, fato do príncipe e álea econômica extraordinária; as formas de **remuneração** e de **atualização** dos valores contratuais; os fatos que caracterizem a **inadimplência pecuniária** do parceiro público, os modos e o prazo de regularização e, quando houver, a forma de **acionamento da garantia**; VIII – a prestação, pelo parceiro privado, de garantias de execução suficientes e compatíveis com os ônus e riscos envolvidos, observados os limites de **10% do valor do contrato** para serviços de grande vulto envolvendo alta complexidade técnica e riscos financeiros consideráveis[43], e, no que se refere às concessões patrocinadas, o valor da garantia será adequada e limitada ao valor da obra, dentre outros.

14.6. Remuneração

Estabelece o art. 6º da Lei nº 11.079/2004 que a contraprestação da Administração Pública nos contratos de parceria público-privada poderá ser feita por:

> I – ordem bancária;
>
> II – cessão de créditos não tributários;
>
> III – outorga de direitos em face da Administração Pública;
>
> IV – outorga de direitos sobre bens públicos dominicais;[44] e
>
> V – outros meios admitidos em lei.

Sem embargo, o contrato poderá prever o pagamento ao parceiro privado de **remuneração variável** vinculada ao seu desempenho, conforme metas e

43 Nos casos de contratos que importem na entrega de bens pela Administração, dos quais o contratado ficará depositário, ao valor da garantia deverá ser acrescido o valor desses bens (art. 56, § 5º, Lei nº 8.666/1993).

44 Para José dos Santos Carvalho Filho (*Manual de Direito Administrativo*. 20ª ed. Rio de Janeiro: Lumen Juris, 2008, p. 406), "insere-se nessa modalidade a renda obtida em decorrência da locação ou da concessão de bens públicos (que serão mesmo necessariamente dominicais)".

padrões de qualidade e disponibilidade definidos no contrato. Também pode prever **aporte de recursos em favor do parceiro privado** para a realização de obras e aquisição de bens reversíveis, desde que autorizado no edital de licitação. Todavia, por ocasião da extinção do contrato, o parceiro privado **não receberá indenização** pelas parcelas de investimentos vinculados a bens reversíveis ainda não amortizadas ou depreciadas, quando tais investimentos houverem sido realizados com valores provenientes do referido aporte de recursos.

A contraprestação da Administração Pública será obrigatoriamente precedida da disponibilização do serviço objeto do contrato de parceria público-privada. Todavia, é facultado à Administração Pública, nos termos do contrato, efetuar o pagamento da contraprestação relativa à parcela fruível do serviço objeto do contrato de parceria público-privada (art. 7º, *caput* e § 1º).

A respeito das garantias, diferentemente do que ocorre no âmbito dos contratos administrativos em geral, o art. 8º prevê que as obrigações pecuniárias contraídas pela Administração Pública em contrato de parceria público-privada poderão ser garantidas mediante:

> I – vinculação de receitas, ressalvadas as hipóteses previstas no art. 167, IV, da Constituição que veda a vinculação de receita de impostos a órgão, fundo ou despesa;
>
> II – instituição ou utilização de fundos especiais previstos em lei;
>
> III – contratação de seguro-garantia com as companhias seguradoras que não sejam controladas pelo Poder Público;
>
> IV – garantia prestada por organismos internacionais ou instituições financeiras que não sejam controladas pelo Poder Público;
>
> V – garantias prestadas por fundo garantidor ou empresa estatal criada para essa finalidade;
>
> VI – outros mecanismos admitidos em lei.

Dispõe o § 3º do art. 10 que as concessões patrocinadas em que mais de 70% da remuneração do parceiro privado forem pagos pela Administração Pública dependerão de **autorização legislativa específica**.

14.7. Licitação

É requisito indispensável à licitude do contrato de parceria público-privada a realização prévia de licitação, **obrigatoriamente na modalidade concorrência**. Dessa forma, não há possibilidade de aplicação das regras relativas à dispensa e à inexigibilidade de licitação previstas nos arts. 24 e 25 da Lei nº 8.666/1993.

Apesar de regulada primariamente pela Lei nº 11.079/2004, às licitações que precederem o contrato de concessão especial poderão ser aplicadas subsidiariamente as disposições da Lei nº 8.987/1995 ou da Lei nº 8.666/1993, conforme o caso.

A abertura de procedimento licitatório fica condicionada às exigências prevista no art. 10 da Lei nº 11.079/2004.

O edital deverá especificar, quando houver, as garantias da contraprestação do parceiro público a serem concedidas ao parceiro privado (art. 11, parágrafo único).

Sobre o procedimento, temos que o julgamento poderá ser precedido de etapa de qualificação de propostas técnicas, desclassificando-se os licitantes que não alcançarem a pontuação mínima, os quais não participarão das etapas seguintes. O julgamento poderá adotar como critérios, além dos tipos de licitação previstos na Lei nº 8.987/1995 (menor valor da tarifa, maior oferta, melhor proposta técnica etc.), os seguintes: a) menor valor da contraprestação a ser paga pela Administração Pública; e b) melhor proposta em razão da combinação do critério anterior com o de melhor técnica, de acordo com os pesos estabelecidos no edital (art. 12, I e II).

O edital definirá a forma de apresentação das propostas econômicas, admitindo-se: a) propostas escritas em envelopes lacrados; ou b) propostas escritas, seguidas de lances em viva voz (art. 12, III). Os lances em viva voz serão sempre oferecidos na ordem inversa da classificação das propostas escritas, sendo vedado ao edital limitar a quantidade de lances. O edital poderá restringir a apresentação de **lances em viva voz** aos licitantes cuja proposta escrita for no máximo **20% maior** que o valor da melhor proposta. (art. 12, § 1º, I). O edital poderá prever a possibilidade de saneamento de falhas, de complementação de insuficiências ou ainda de correções de caráter formal no curso do procedimento, desde que o licitante possa satisfazer as exigências dentro do prazo fixado no instrumento convocatório (art. 12, IV).

O edital poderá prever a **inversão da ordem das fases de habilitação e julgamento** (art. 13).

É cláusula facultativa no edital de licitação de parceria público-privada a que estabeleça o emprego dos mecanismos privados de resolução de disputas, inclusive **arbitragem** para dirimir conflitos decorrentes ou relacionados ao contrato, nos termos da Lei nº 9.307/1996.

14.8. Sociedade de propósito específico

Antes da celebração do contrato, deverá ser constituída sociedade de propósito específico, incumbida de implantar e gerir o objeto da parceria (art. 9º).

Afirma Carvalho Filho:

> Pretendeu o legislador colocar em apartado a pessoa jurídica interessada na parceria, de um lado, e a pessoa jurídica incumbida da execução do objeto do contrato, de outro. A providência, de fato, permitirá melhor forma de controle do poder concedente sobre as atividades, o desempenho e as contas do parceiro privado.[45]

A transferência do controle da sociedade de propósito específico fica condicionada à autorização expressa da Administração Pública, nos termos do edital e do contrato, observadas as regras relativas à transferência da concessão previstas no art. 27 da Lei nº 8.987/1995.

A sociedade de propósito específico poderá assumir a forma de **companhia aberta**, sob o modelo de **sociedade anônima**, com valores mobiliários admitidos à negociação no mercado (art. 9º, § 2º). Importante notar que se trata de poder discricionário da Administração definir se a sociedade terá qualificação jurídica de sociedade de capital aberto ou fechado. O que não se admite é que a Administração seja sócia majoritária da sociedade, ressalvada a eventual aquisição da maioria do capital votante da sociedade de propósito específico por instituição financeira controlada pelo Poder Público em caso de **inadimplemento de contratos de financiamento** (art. 9º, §§ 4º e 5º).

15. CONCESSÕES COMUNS E CONCESSÕES ESPECIAIS (DISTINÇÕES)

A professora Maria Sylvia Di Pietro elenca algumas características comuns e diferenciadoras entre as concessões comuns (Lei nº 8.987/1995) e as concessões especiais (Lei nº 11.079/1995), as quais passamos a sintetizar no quadro abaixo:[46]

<table>
<tr><th>------------------------</th><th>Concessões Comuns</th><th>Concessões Especiais</th></tr>
<tr><td rowspan="5">Características comuns</td><td colspan="2">Outorga de prerrogativas públicas ao parceiro privado</td></tr>
<tr><td colspan="2">Sujeição aos princípios do serviço público: continuidade, atualidade, eficiência, generalidade, modicidade das tarifas entre outros</td></tr>
<tr><td colspan="2">Prerrogativas do parceiro público, tais como: alteração unilateral do contrato, intervenção, encampação, aplicação de penalidade etc.</td></tr>
<tr><td colspan="2">Reversão dos bens do concessionário ao final do contrato</td></tr>
<tr><td colspan="2">Inalienabilidade dos bens da concessionária afetados à prestação do serviço público</td></tr>
</table>

45 CARVALHO FILHO, José dos Santos. *Manual de Direito Administrativo*. 20ª ed. Rio de Janeiro: Lumen Juris, 2008, p. 408.

46 DI PIETRO, Maria Sylvia Zanella. *Direito Administrativo*. 20ª ed. São Paulo: Atlas, 2006, p. 286-288.

Características diferenciadoras	Remuneração obtida por tarifas pagas pelos usuários e receitascomplementares	Remuneração advinda de cobrança de tarifas dos usuários do serviço, receitas complementares e, ainda, de contraprestação pecuniária do parceiro público
	Não há previsão semelhante	Obrigatoriedade de constituição de sociedade de propósito específico
	Concessionária desenvolve atividades por sua conta e risco	Compartilham-se os riscos entre parceiro público e parceiro privado
	Inexistência de previsão específica quanto a prazos contratuais pela Lei nº 8.987/1995	Prazos de CINCO a TRINTA E CINCO anos de duração
	Sujeitas às disposições gerais da Lei de Responsabilidade Fiscal	Imposição de limites específicos de despesa com contratos de parcerias público-privadas

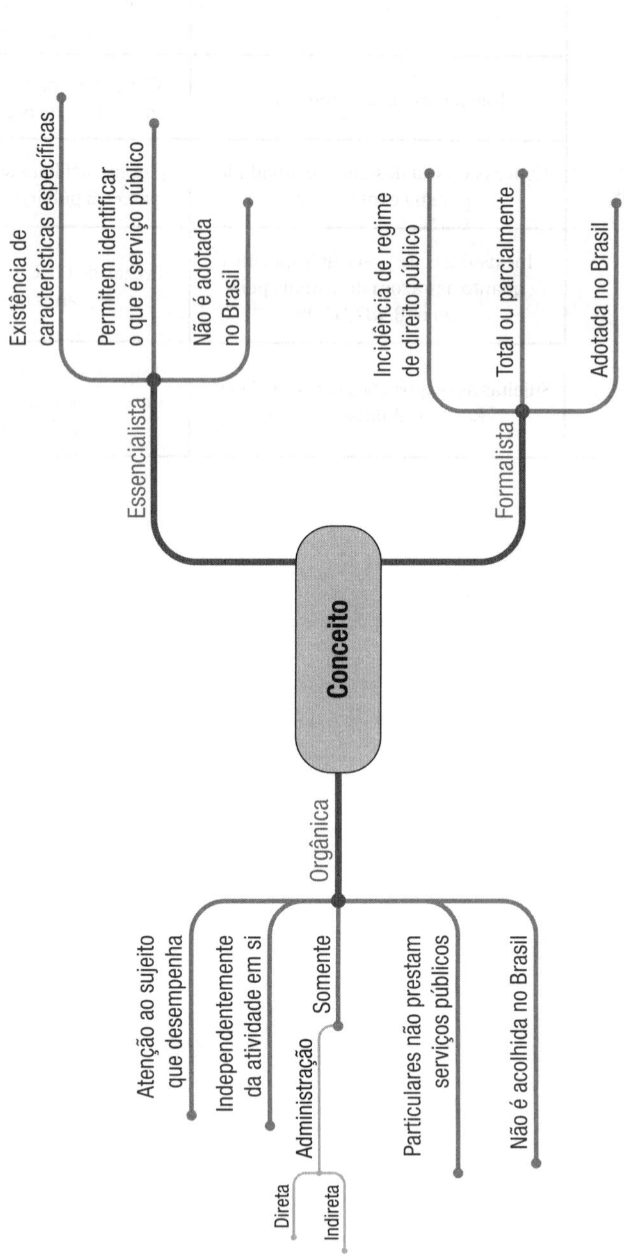
Conceito
Essencialista
Existência de características específicas
Permitem identificar o que é serviço público
Não é adotada no Brasil
Formalista
Incidência de regime de direito público
Total ou parcialmente
Adotada no Brasil
Orgânica
Atenção ao sujeito que desempenha
Independentemente da atividade em si
Somente
Administração
Direta
Indireta
Particulares não prestam serviços públicos
Não é acolhida no Brasil

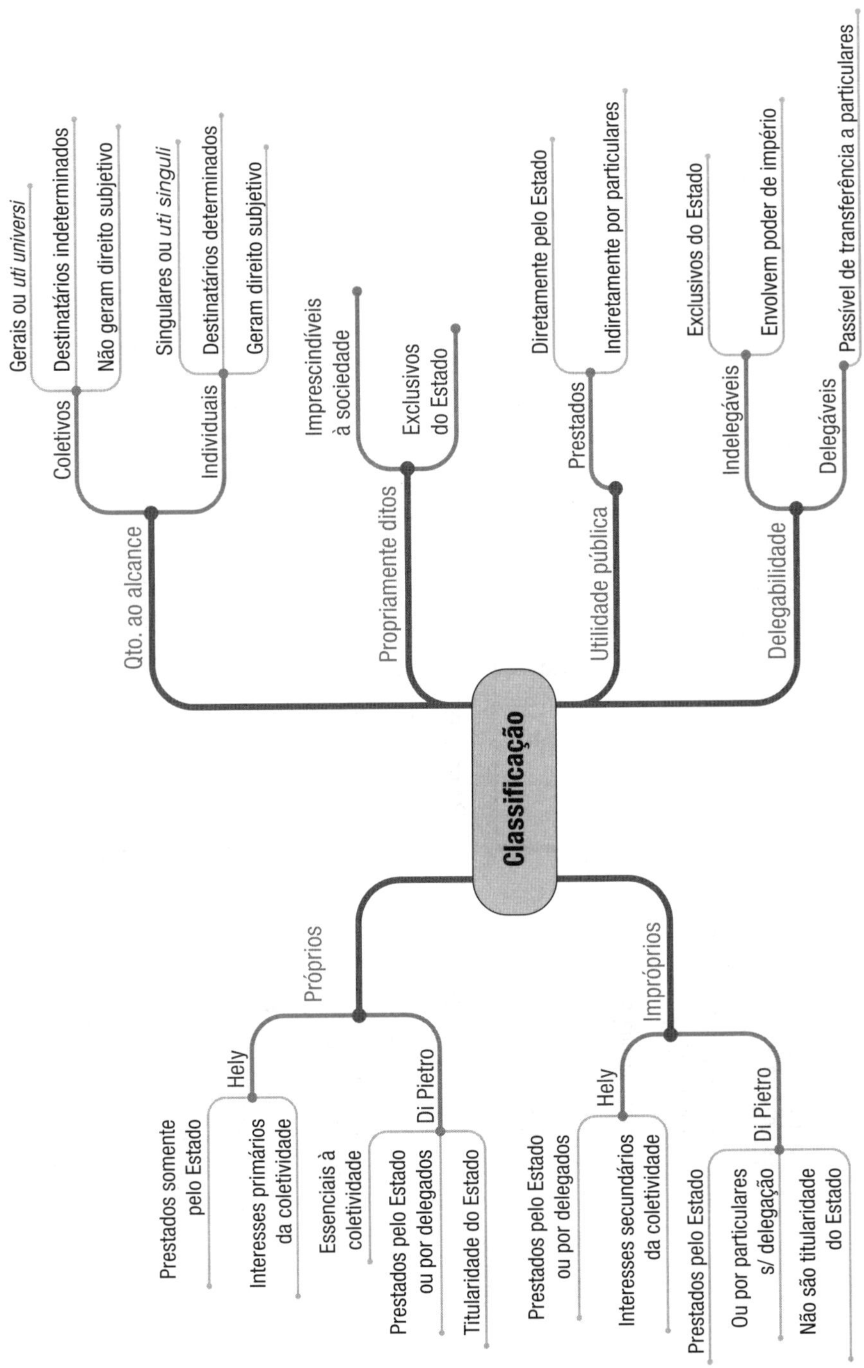
Classificação
Qto. ao alcance
Coletivos
Gerais ou *uti universi*
Destinatários indeterminados
Não geram direito subjetivo
Individuais
Singulares ou *uti singuli*
Destinatários determinados
Geram direito subjetivo
Propriamente ditos
Imprescindíveis à sociedade
Exclusivos do Estado
Utilidade pública
Prestados
Diretamente pelo Estado
Indiretamente por particulares
Delegabilidade
Indelegáveis
Exclusivos do Estado
Envolvem poder de império
Delegáveis
Passível de transferência a particulares
Próprios
Hely
Prestados somente pelo Estado
Interesses primários da coletividade
Di Pietro
Essenciais à coletividade
Prestados pelo Estado ou por delegados
Titularidade do Estado
Impróprios
Hely
Prestados pelo Estado ou por delegados
Interesses secundários da coletividade
Di Pietro
Prestados pelo Estado
Ou por particulares s/ delegação
Não são titularidade do Estado

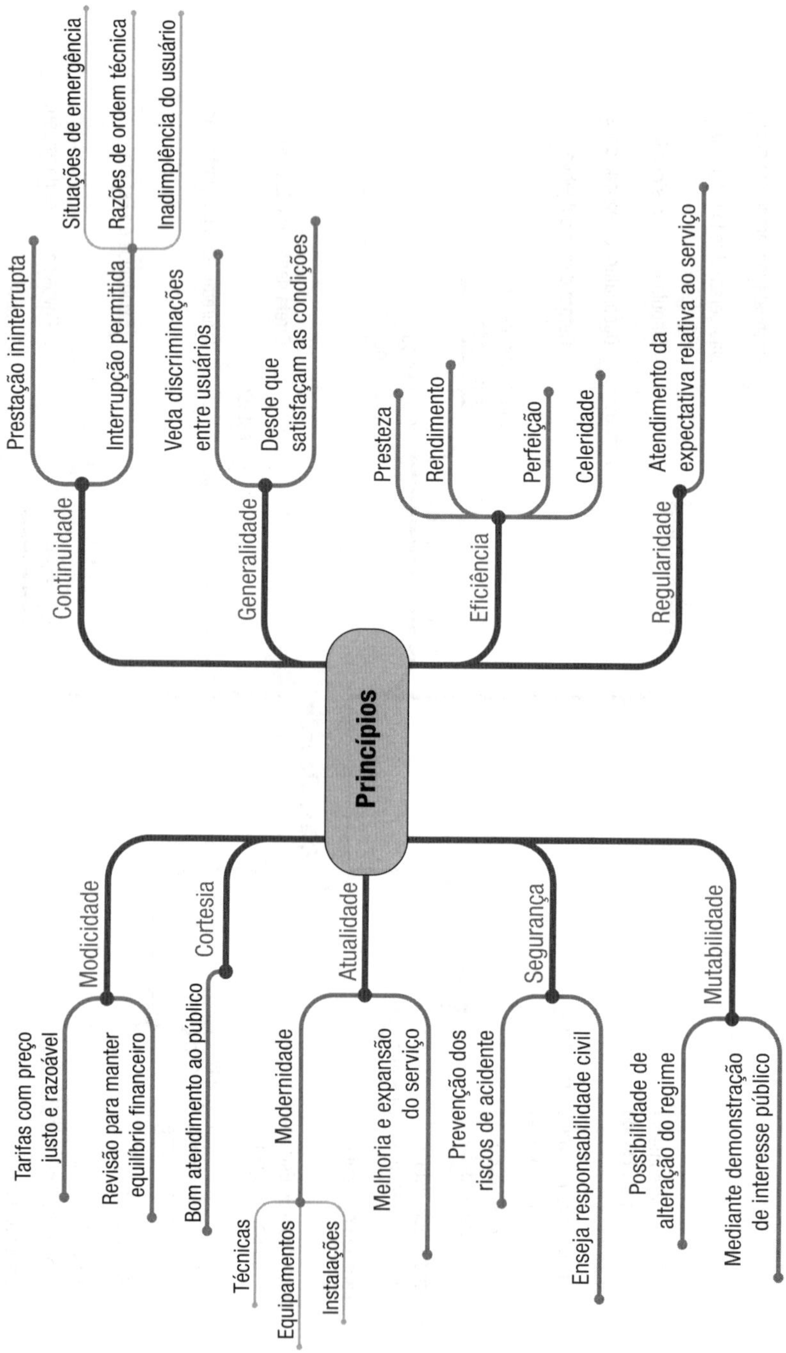
Princípios
Continuidade
Prestação ininterrupta
Interrupção permitida
Situações de emergência
Razões de ordem técnica
Inadimplência do usuário
Generalidade
Veda discriminações entre usuários
Desde que satisfaçam as condições
Eficiência
Presteza
Rendimento
Perfeição
Celeridade
Regularidade
Atendimento da expectativa relativa ao serviço
Modicidade
Tarifas com preço justo e razoável
Revisão para manter equilíbrio financeiro
Cortesia
Bom atendimento ao público
Atualidade
Modernidade
Técnicas
Equipamentos
Instalações
Melhoria e expansão do serviço
Segurança
Prevenção dos riscos de acidente
Enseja responsabilidade civil
Mutabilidade
Possibilidade de alteração do regime
Mediante demonstração de interesse público

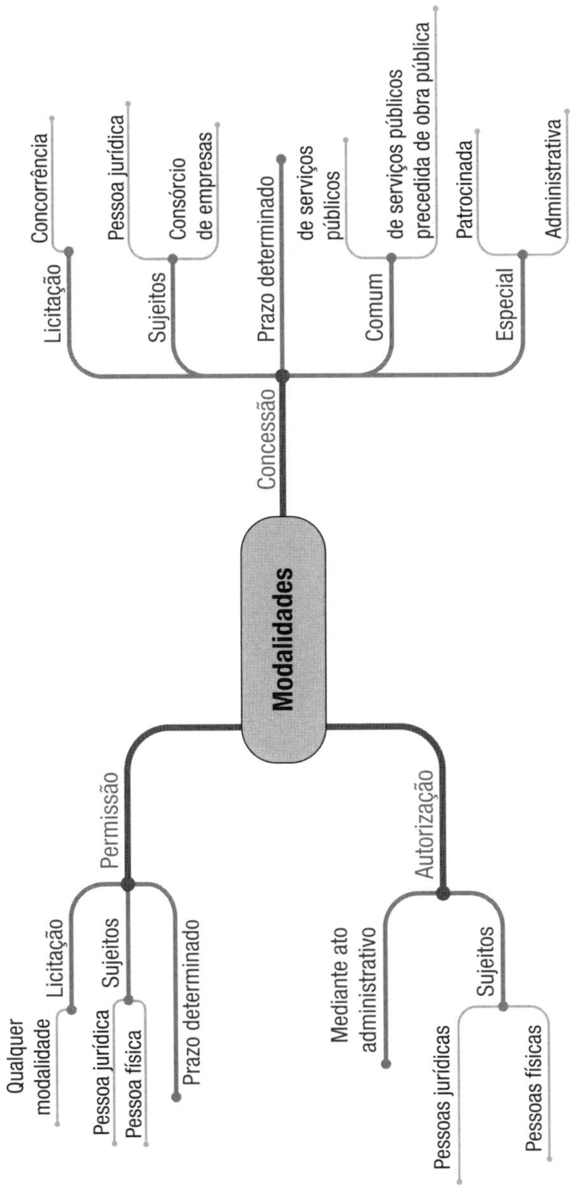
Modalidades
Concessão
Licitação
Concorrência
Sujeitos
Pessoa jurídica
Consórcio de empresas
Prazo determinado
Comum
de serviços públicos
de serviços públicos precedida de obra pública
Especial
Patrocinada
Administrativa
Permissão
Licitação
Qualquer modalidade
Sujeitos
Pessoa jurídica
Pessoa física
Prazo determinado
Autorização
Mediante ato administrativo
Sujeitos
Pessoas jurídicas
Pessoas físicas

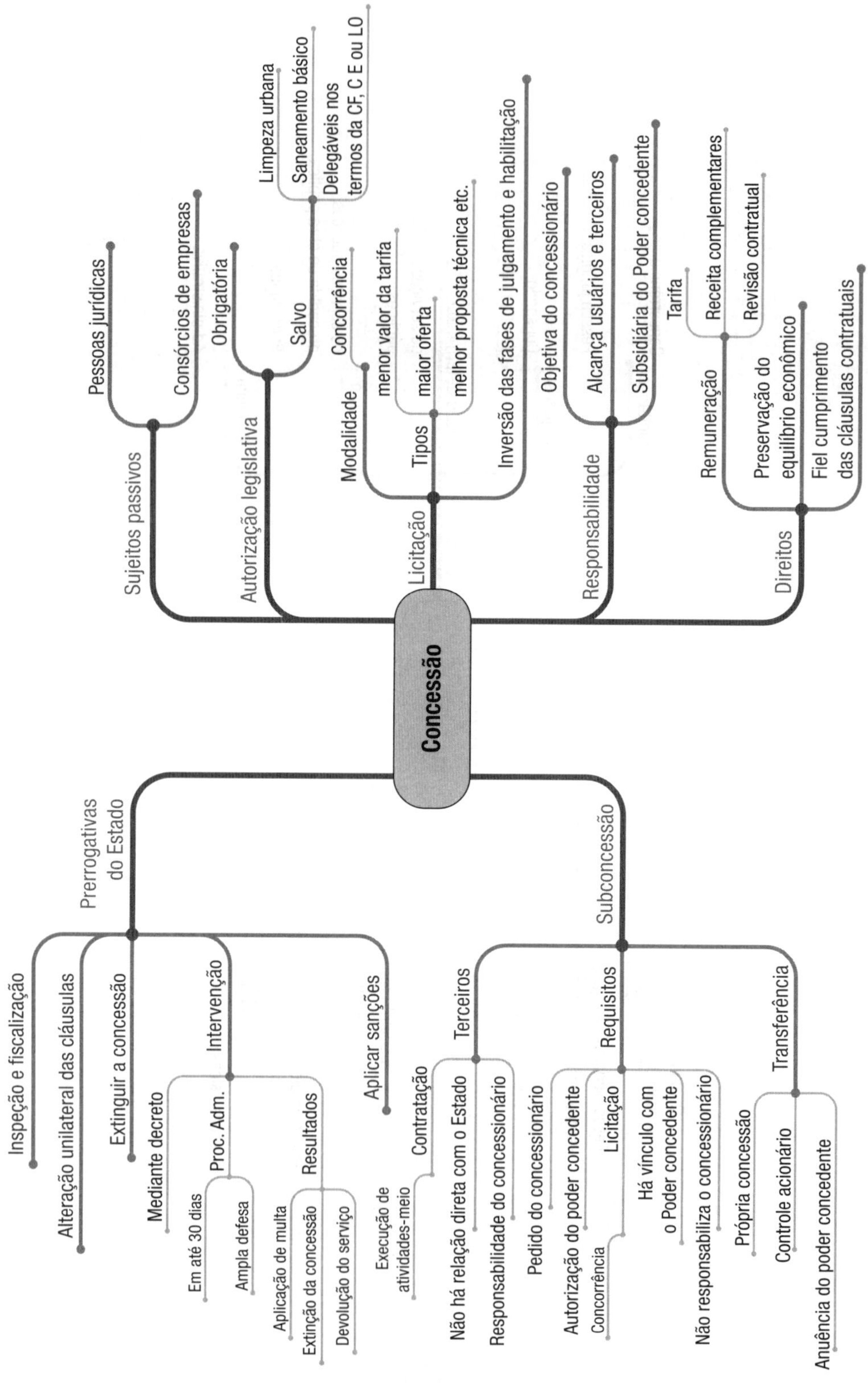
Concessão
Sujeitos passivos
Pessoas jurídicas
Consórcios de empresas
Autorização legislativa
Obrigatória
Salvo
Limpeza urbana
Saneamento básico
Delegáveis nos termos da CF, C E ou LO
Licitação
Modalidade
Concorrência
Tipos
menor valor da tarifa
maior oferta
melhor proposta técnica etc.
Inversão das fases de julgamento e habilitação
Responsabilidade
Objetiva do concessionário
Alcança usuários e terceiros
Subsidiária do Poder concedente
Direitos
Remuneração
Tarifa
Receita complementares
Revisão contratual
Preservação do equilíbrio econômico
Fiel cumprimento das cláusulas contratuais
Prerrogativas do Estado
Inspeção e fiscalização
Alteração unilateral das cláusulas
Extinguir a concessão
Intervenção
Mediante decreto
Proc. Adm.
Em até 30 dias
Ampla defesa
Resultados
Aplicação de multa
Extinção da concessão
Devolução do serviço
Aplicar sanções
Subconcessão
Terceiros
Contratação
Execução de atividades-meio
Não há relação direta com o Estado
Responsabilidade do concessionário
Requisitos
Pedido do concessionário
Autorização do poder concedente
Licitação
Concorrência
Há vínculo com o Poder concedente
Não responsabiliza o concessionário
Transferência
Própria concessão
Controle acionário
Anuência do poder concedente

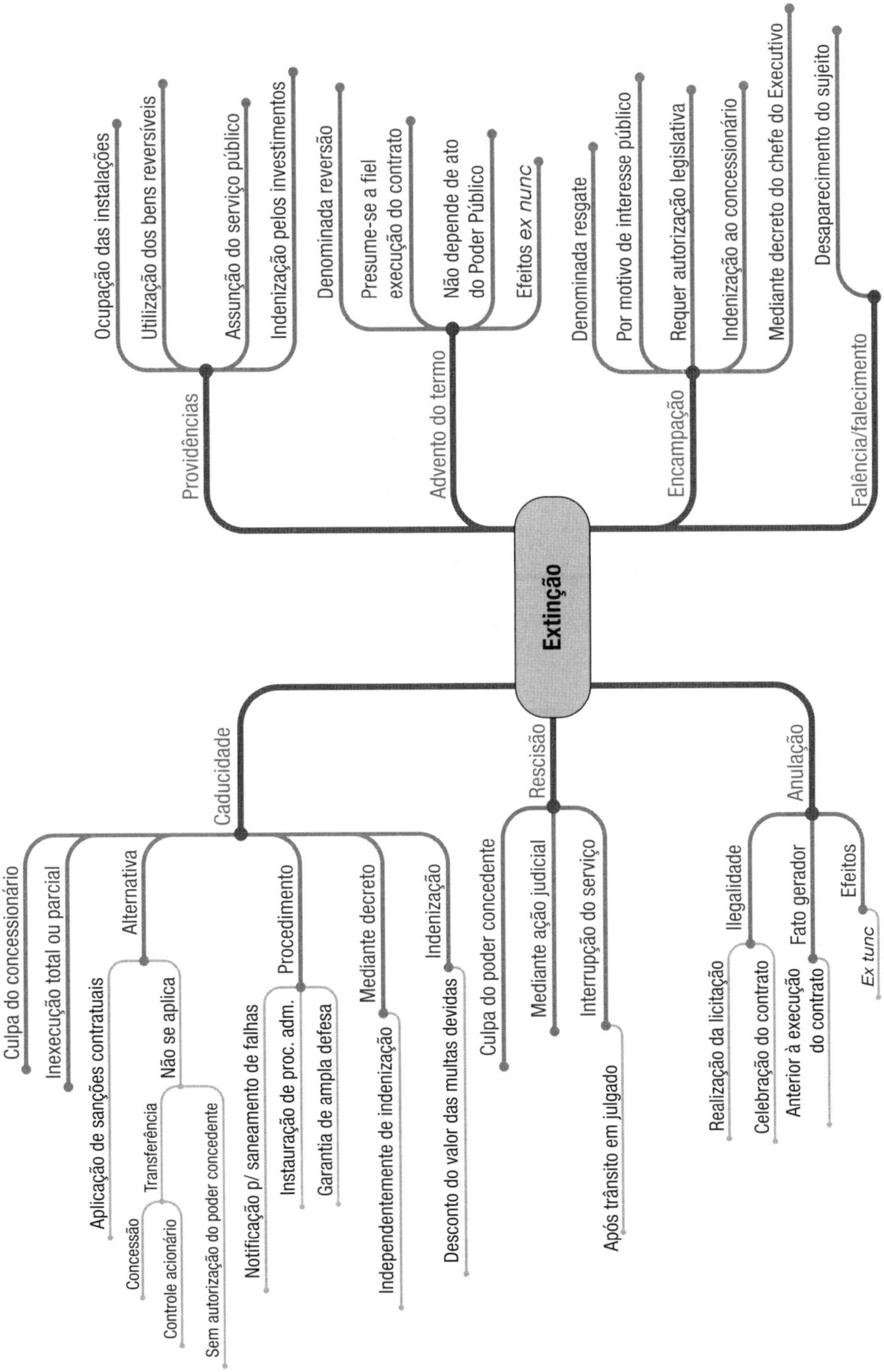
Extinção
Providências
Ocupação das instalações
Utilização dos bens reversíveis
Assunção do serviço público
Indenização pelos investimentos
Advento do termo
Denominada reversão
Presume-se a fiel execução do contrato
Não depende de ato do Poder Público
Efeitos *ex nunc*
Encampação
Denominada resgate
Por motivo de interesse público
Requer autorização legislativa
Indenização ao concessionário
Mediante decreto do chefe do Executivo
Falência/falecimento
Desaparecimento do sujeito
Caducidade
Culpa do concessionário
Inexecução total ou parcial
Alternativa
Aplicação de sanções contratuais
Não se aplica
Concessão
Transferência
Controle acionário
Sem autorização do poder concedente
Procedimento
Notificação p/ saneamento de falhas
Instauração de proc. adm.
Garantia de ampla defesa
Mediante decreto
Independentemente de indenização
Indenização
Desconto do valor das multas devidas
Rescisão
Culpa do poder concedente
Mediante ação judicial
Interrupção do serviço
Após trânsito em julgado
Anulação
Ilegalidade
Realização da licitação
Celebração do contrato
Fato gerador
Anterior à execução do contrato
Efeitos
Ex tunc

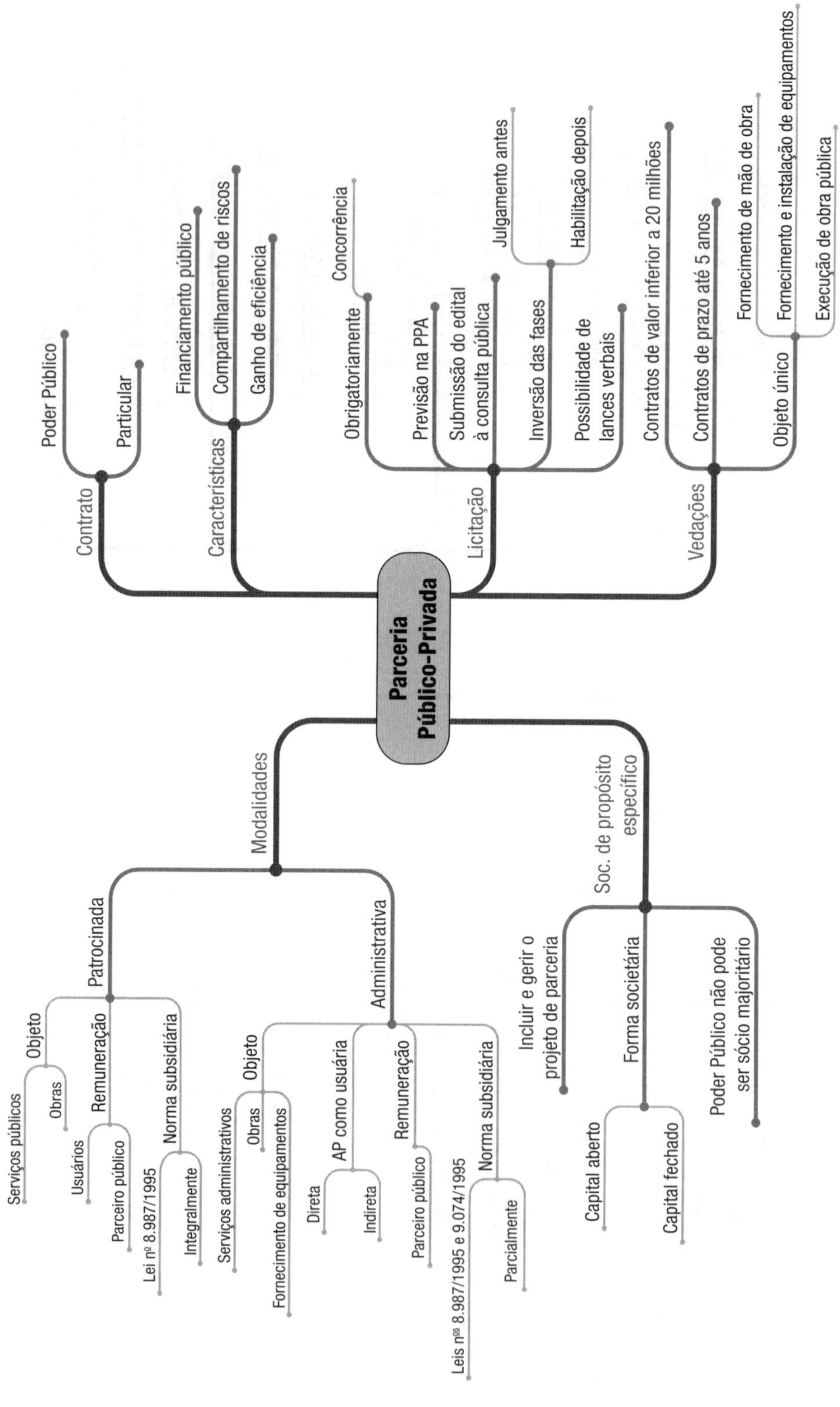
Parceria Público-Privada
Contrato
Poder Público
Particular
Características
Financiamento público
Compartilhamento de riscos
Ganho de eficiência
Licitação
Obrigatoriamente
Concorrência
Previsão na PPA
Submissão do edital à consulta pública
Inversão das fases
Julgamento antes
Habilitação depois
Possibilidade de lances verbais
Vedações
Contratos de valor inferior a 20 milhões
Contratos de prazo até 5 anos
Objeto único
Fornecimento de mão de obra
Fornecimento e instalação de equipamentos
Execução de obra pública
Modalidades
Patrocinada
Objeto
Serviços públicos
Obras
Remuneração
Usuários
Parceiro público
Norma subsidiária
Lei nº 8.987/1995
Integralmente
Administrativa
Objeto
Serviços administrativos
Obras
Fornecimento de equipamentos
AP como usuária
Direta
Indireta
Remuneração
Parceiro público
Norma subsidiária
Leis nºs 8.987/1995 e 9.074/1995
Parcialmente
Soc. de propósito específico
Incluir e gerir o projeto de parceria
Forma societária
Capital aberto
Capital fechado
Poder Público não pode ser sócio majoritário

Capítulo 11
Bens Públicos

1. CONSIDERAÇÕES INICIAIS

É inegável que toda atuação estatal há de ser necessariamente lastreada num conjunto de bens das mais diversas naturezas, caso contrário não seria possível ao Estado atingir os seus fins. Não há como imaginarmos a prestação de serviço público de saúde, por exemplo, sem que pensemos também numa gama de bens que permitam o desenvolvimento dessa atividade: os prédios públicos onde funcionem os hospitais e os postos de saúde, as ambulâncias, os equipamentos médicos e hospitalares (adipômetro, autoclave, bisturi, desfibrilador, estetoscópio), computadores etc.

1.1. Domínio público

O Estado, no exercício da sua supremacia, exerce poderes sobre todos os bens que se encontram sob o seu território. Alguns desses bens pertencem ao próprio Estado; outros, embora pertencentes a particulares, ficam sujeitos a uma série de regramentos impostos pelo Estado; outros, ainda, não pertencem a ninguém, por inapropriáveis (mares, fauna, espaço aéreo, rios etc.), mas sua utilização subordina-se às normas estabelecidas pelo Estado.[1] A expressão **domínio público** nasce no âmago do conjunto de bens submetidos à soberania estatal.

Segundo a lição do Prof. José dos Santos Carvalho Filho, a expressão "domínio público" pode ser empregada, em **sentido estrito**, como designativa de todos os bens que pertencem ao Estado ou cuja administração e regulamentação sejam por este realizada. Nesse caso, "o **adjetivo público** fica entrelaçado à noção de Estado, a quem é conferido um poder de dominação geral".[2]

Em **sentido amplo**, "domínio público" abrange todo e qualquer bem que esteja destinado à satisfação do bem-estar coletivo. Dessa forma, "o adjetivo estaria se referindo ao **público**, de forma direta ou indireta".[3] Nessa perspectiva,

---

1 MEIRELLES, Hely Lopes. *Direito Administrativo Brasileiro*. 34ª ed. São Paulo: Malheiros, 2008, p. 522.

2 CARVALHO FILHO, José dos Santos. *Manual de Direito Administrativo*. 20ª ed. Rio de Janeiro: Lumen Juris, 2008, p. 1047.

3 *Idem, ibidem.*

consideraríamos como domínio público tanto os bens pertencentes ao Estado quanto aqueles que estão destinados à utilização do público em geral, tais como vias públicas, praças públicas, rios, mares etc.

Enfim, podemos conceituar domínio público como o **complexo de bens, submetidos a regime de direito público cuja regulamentação esteja a cargo do Estado, destinados ao uso pelo próprio Poder Público ou pelos particulares em geral, direta ou indiretamente**.

Nesse ponto é imperioso tecer breves comentários sobre a noção de **domínio eminente**. Sobre esse instituto podemos afirmar que refere-se ao poder de dominação geral que o Estado, no exercício de sua soberania, exerce sobre todos os bens situados em seu território, estejam ou não sob sua propriedade. A justificativa para tal poder decorre do princípio da supremacia do interesse público sobre o privado, que garante ao Estado uma série de privilégios sobre os particulares com o fito de atingir os fins coletivos. Com esteio no domínio eminente é que o Estado realiza as intervenções na propriedade privada, por meio de institutos como a desapropriação, limitação administrativa, tombamento, servidão administrativa etc.[4]

Não se pode confundir o domínio eminente com o **domínio patrimonial**, pois essa noção é mais restrita, limitando-se aos bens que pertencem ao Estado a título de propriedade.

Dessa forma, podemos elencar os bens que estão sujeitos ao domínio eminente do Estado: os bens públicos (objeto de nosso estudo), os bens privados e os bens não sujeitos ao regime normal da propriedade, como, por exemplo, as águas e o espaço aéreo.

1.2. Conceito

Nesse ensejo, é relevante definirmos o alcance da expressão bens públicos. De pronto devemos ressaltar que quando nos referimos a bens públicos, estão aí abrangidos tanto bens móveis e imóveis quanto semoventes, créditos, direitos e ações.

O art. 98 do novo Código Civil define bens públicos:

> São públicos os bens do domínio nacional pertencentes às pessoas jurídicas de direito público interno; todos os outros são particulares, seja qual for a pessoa a que pertencerem.

Logo, podemos conceituar bens públicos como **os bens pertencentes à União, aos Estados, ao Distrito Federal, aos Municípios e às respectivas autarquias e fundações públicas de direito público**.

4 Para mais detalhes, *vide* o Capítulo 16 (Intervenção do Estado na propriedade privada e no domínio econômico).

Assim, podemos afastar do conceito o patrimônio das pessoas jurídicas de direito privado que integram a Administração Indireta, a saber, fundações públicas de direito privado, empresas públicas e sociedades de economia mista. Os bens dessas entidades, de acordo com o art. 98 do Código Civil, são considerados como bens privados.

Tal posicionamento é compartilhado por José dos Santos Carvalho Filho, para quem bens públicos são:

> Todos aqueles que, de qualquer natureza e a qualquer título, pertençam às pessoas jurídicas de direito público, sejam elas federativas, como a União, os Estados, o Distrito Federal e os Municípios, sejam da Administração descentralizada, como as autarquias, nestas incluindo-se as fundações de direito público e as associações públicas.[5]

Embora estejamos tratando de bens públicos, é de se esclarecer que mesmo os bens privados das fundações públicas de direito privado, das empresas públicas e das sociedades de economia mista estão sujeitos ao controle externo financeiro-orçamentário dos tribunais de contas.

Assim, também é a jurisprudência do STF sobre a matéria, revelada por sucessivos mandados de segurança impetrados pelo Banco do Brasil contra decisões do Tribunal de Contas da União, que determinavam a instauração de tomadas de contas especiais para apurar indícios de danos. O entendimento inicial da Corte foi no sentido de que os bens e direitos das sociedades de economia mista são privados, não incidindo sobre eles a competência do TCU descrita no art. 71, II, da Constituição Federal, que se refere ao julgamento das contas dos responsáveis por dinheiros, bens e valores públicos.[6] Todavia, o Pretório Excelso mudou o posicionamento, estabelecendo que, ainda que os bens sejam privados o **TCU é competente para a tomada de contas das empresas públicas e sociedades de economia mista**, pelo fato de haver dinheiro público (capital majoritário com direito a voto) na composição da entidade, podendo, mesmo que indiretamente, causar danos ao erário público.[7]

1.3. Bens Públicos e Bens Privados

Afirmar que um determinado bem é público ou privado implica em apontar o regime jurídico a que está submetido.

Os bens públicos estão sujeitos a regime jurídico de direito público.[8] Veremos mais adiante que sobre os bens públicos incide um regime jurídico todo especial,

5 CARVALHO FILHO, José dos Santos. *Manual de Direito Administrativo*. 20ª ed. Rio de Janeiro: Lumen Juris, 2008, p. 1049.

6 MS 23.627/DF e MS 23.875/DF, Rel. Min. ILMAR GALVÃO, julg.: 07.03.2002.

7 MS 25.092/DF, Rel. Min. CARLOS VELLOSO, julg.: 10.11.2005.

8 Mais detalhes acerca de regime jurídico, consulte o tópico 4 do Capítulo I (Fundamentos de Direito Público e Teoria Geral do Direito Administrativo).

em que há uma série de privilégios e restrições especiais: alienabilidade relativa, impenhorabilidade, não onerabilidade e imprescritibilidade.

Já os bens privados são submetidos a regime jurídico de direito privado, o qual não apresenta privilégios ou restrições especiais.

2. CLASSIFICAÇÃO

2.1. Quanto à finalidade

2.1.1. Bens de uso comum do povo

São utilizados pelos administrados em geral, sem necessidade de anuência individualizada do Poder Público. Como exemplos desses bens, podemos citar rios, mares, florestas, estradas, ruas, praças, praias, vias públicas etc.

O fato de a utilização desses bens não carecer de consentimento individualizado por parte da Administração não significa que o Estado não possa exercer regulamentação (normas gerais aplicáveis a todos os indivíduos) sobre o uso e gozo de tais bens, de modo a garantir a conservação, proteção e garantia de acesso a todos os usuários indiscriminadamente. Exemplo disso são as normas de trânsito – incidem sobre bens de uso comum do povo: estradas, vias públicas etc.

É lícito à Administração, inclusive em favor da coisa pública, condicionar o uso do bem ao pagamento de contraprestação pecuniária, a exemplo do pedágio cobrado em algumas rodovias.

2.1.2. Bens de uso especial

São assim considerados os bens destinados ao desenvolvimento das atividades administrativas e aos serviços públicos em geral. Constituem, na lição de Carvalho Filho, o aparelhamento material do Estado para atingir os seus fins.[9]

Podem ser considerados bens de uso especial edifícios ou terrenos destinados a serviço ou estabelecimento da Administração federal, estadual, territorial ou municipal dos Poderes Executivo, Legislativo e Judiciário, bibliotecas públicas, cemitérios, escolas e universidades, quartéis, hospitais, museus, aeroportos, e demais bens móveis da Administração (computadores, telefones, automóveis etc.).

São utilizados normalmente pelos agentes públicos no desempenho de suas atribuições. Mas também utilizados secundariamente por particulares usuários do serviço, sempre que necessitam resolver questão de interesse geral ou pessoal. Nesses casos, por óbvio, a Administração tem competência para estabelecer regras sobre o uso desses bens, como, por exemplo, horário e dias de funcionamento das repartições neles realizadas, proibição de determinadas vestimentas etc.

9 CARVALHO FILHO, José dos Santos. *Manual de Direito Administrativo*. 20ª ed. Rio de Janeiro: Lumen Juris, 2008, p. 1047.

Não se pode confundir a expressão "bens de uso especial" com "uso especial de bens públicos". Esta última refere-se ao **uso privativo** de certos bens públicos deferido a particulares mediante consentimento expresso da Administração, ao passo que o uso comum significaria o uso generalizado de bens públicos por particulares.[10]

Um dado interessante é que os bens de uso especial, quando utilizados por particulares na prestação de serviços públicos, não perdem sua qualificação e prerrogativas de bem público. Em verdade, os bens em momento algum deixam de pertencer ao Estado, apenas são utilizados pelo particular prestador de serviços públicos, mediante consentimento da Administração. Inclusive o STF já se pronunciou sobre o tema.[11]

2.1.3. Bens dominicais

São os que não estão sendo utilizados com **nenhuma finalidade pública específica**. Os bens dominicais recebem um conceito residual, correspondendo a todos os bens públicos que não estão sendo utilizados na execução de alguma atividade administrativa (serviço público) ou sendo usufruídos pelos administrados em geral. Normalmente, esses bens são utilizados pela Administração como uma forma de auferir renda, com o intuito de auxiliar no funcionamento da máquina administrativa e manter a prestação de serviços públicos.

Nesse passo, é útil diferenciarmos dois termos: bens **dominicais** e bens **dominiais**. Com base na doutrina de Cretella Júnior, podemos afirmar que os bens dominicais compreendem a categoria de bens do Estado que não são classificados como de uso comum ou de uso especial, ao passo que os bens dominiais indicam aqueles bens submetidos ao poder de império do Estado (refere-se aos bens do domínio eminente, já estudado).[12]

Encontram-se classificados como bens dominicais, entre outros, as terras devolutas (terras públicas sem uma destinação específica), os bens móveis inservíveis, a dívida ativa, os prédios públicos desativados etc.

2.2. Quanto à disponibilidade

Esta classificação tem como parâmetros a possibilidade de um bem ser ou não alienado, na medida em que tenha ou não caráter patrimonial e conforme esteja ou não sendo usado para satisfação de certa finalidade pública. Assim, os bens públicos podem ser classificados em indisponíveis por natureza, patrimoniais indisponíveis e patrimoniais disponíveis.

---

10 Sobre uso especial de bens públicos, consulte o tópico 5 (Gestão dos Bens Públicos).

11 RE 253.394/SP, Rel. Min. ILMAR GALVÃO, julg.: 26.11.2002.

12 CRETELLA JÚNIOR, José. *Dicionário de Direito Administrativo*. Rio de Janeiro: Forense, 1978, p. 107.

2.2.1. Bens indisponíveis por natureza

São os que possuem natureza não patrimonial (impossibilidade de avaliação pecuniária), e por isso não se encontram disponíveis, ou seja, não podem ser alienados, onerados ou desvinculados de suas finalidades essenciais. Pelo contrário, incumbe ao Poder Público conservá-los, melhorá-los e zelar para que sempre atendam à sua finalidade pública.

Encontram-se nesta categoria **alguns** (não todos) **bens de uso comum do povo**, como mares, florestas, rios, espaço aéreo etc.

2.2.2. Bens patrimoniais indisponíveis

São os bens que, embora possuam natureza patrimonial, estão gravados com a indisponibilidade. Ou seja, não podem ser alienados por estarem empregados numa finalidade pública específica. Essa inalienabilidade permanece ainda que o bem esteja sendo utilizado por terceiros. Enfim, esses bens são sempre instrumentos de ação do Estado para atingir os seus fins.

Nesse grupo enquadram-se os **bens de uso comum de natureza patrimonial** (praças públicas, ilhas etc.) e **todos os bens de uso especial**, tais como veículos oficiais, museus, hospitais.

É interessante notar que os bens de uso comum do povo e os de uso especial, enquanto mantiverem sua destinação pública, não podem ser alienados pela Administração por estarem indisponíveis. Porém, vindo a perder tal destinação, podem ser alienados.

2.2.3. Bens patrimoniais disponíveis

São todos aqueles que, além de possuir natureza patrimonial (suscetibilidade de mensuração econômica), não estão empregados em uma destinação pública e, por isso, podem ser alienados pela Administração, desde que obedecidos alguns critérios fixados em lei. Não se trata, em verdade, de uma ampla possibilidade de alienação, mas de uma alienação condicionada aos parâmetros estabelecidos pela lei (no caso, a Lei nº 8.666/1993).

Pertencem a esta categoria os bens dominicais, a exemplo de prédios públicos desativados, bens móveis inservíveis etc.

2.3. Quanto à titularidade

Conforme o ente político a que pertencem, os bens públicos podem ser classificados como federais, estaduais, distritais e municipais. A Constituição Federal no capítulo da organização político-administrativa do Estado (arts. 20 e 26) dispõe sobre o tema.

2.3.1. Bens federais

No art. 20 da Constituição temos a relação dos bens que estão sob o domínio patrimonial da União. Devemos lembrar que a lista não é taxativa, obedecendo o critério de os bens que seriam mais relevantes constarem no texto constitucional.

2.3.2. Bens estaduais e distritais

Obedecendo à sistemática dos bens federais, os bens do Estado estão previstos no art. 26 da Constituição Federal.

Embora os bens do Distrito Federal não constem expressamente no texto constitucional, nada impede que estendamos a esse ente os bens atribuídos aos Estados.

2.3.3. Bens municipais

Assim como o Distrito Federal, os Municípios não receberam tratamento expresso da Constituição quanto aos bens de seu domínio. Todavia, não se pode negar que há uma diversidade de bens que pertencem aos Municípios.

Como exemplo, podemos citar ruas, logradouros públicos, praças públicas, repartições públicas, dinheiros públicos, dívida ativa etc.

3. AFETAÇÃO E DESAFETAÇÃO

Afetação é instituto utilizado para designar um bem que está vinculado a uma finalidade específica, que pode ser tanto o uso pelos indivíduos em geral (no caso dos bens de uso comum do povo) quanto a prestação de um serviço público ou atividade administrativa do Estado (no caso dos bens de uso especial). Em ambos os casos afirmamos que o bem está empregado em uma finalidade pública específica, e por isso está **afetado** a um determinado fim.

Já a **desafetação** significa exatamente o contrário: que o bem não está empregado numa finalidade pública específica. É o caso dos bens públicos dominicais.

O fato de um bem estar ou não afetado a um fim determinado, é relevante na medida em que se analisa a possibilidade de sua alienação. Um bem afetado, enquanto mantiver essa qualidade, **não pode ser alienado** pela Administração Pública (é o caso dos bens de uso comum do povo e os de uso especial). Já o bem desafetado pode ser alienado, segundo critérios previamente estabelecidos em lei específica (a saber, os bens dominicais).

Vale ressaltar que a afetação e a desafetação não são estanques. Isso significa que um bem afetado poderá ser desafetado (ao perder sua destinação pública específica) e, consequentemente, passará a ser patrimônio disponível da Administração, podendo vir a ser alienado. Imagine uma escola pública que sofre um incêndio e é desativada pela Prefeitura. Esse bem, agora, pode ser alienado, pois passou de bem patrimonial indisponível (bem de uso especial) a bem patrimonial disponível (bem dominical).

Assim, também, um bem público desafetado poderá ser afetado ao ser destinado ao atendimento de um fim público específico e, consequentemente, deixará de ser patrimônio disponível e não poderá ser alienado. Exemplo disso é o bem que anteriormente era uma escola e que, depois de reformado por conta do incêndio, volta a ser utilizado na prestação de serviços educacionais. Nesse caso, esse bem deixa de ser patrimônio disponível (bem dominical) e passa a ser indisponível (bem de uso especial).

Podemos então concluir que **a desafetação de um bem traz consigo de maneira implícita a faculdade de aliená-lo**, com a seguinte exceção: quando um bem não é mais utilizado numa finalidade específica e, logo em seguida, passa a ser utilizado em outra. Imagine que o Tribunal Superior Eleitoral, em decorrência de obra pública recém-concluída, tenha que deixar as atuais instalações e mudar-se para o novo prédio. Assim, haverá desafetação desse bem. Porém, imagine que logo após a desocupação do prédio pelo TSE, haverá ocupação por parte do Conselho Nacional de Justiça (CNJ). Perceba que nesse caso há uma desafetação seguida de afetação. Assim, por conseguinte, não haverá faculdade de alienação.

4. REGIME JURÍDICO DOS BENS PÚBLICOS

Inicialmente, afirmamos que os bens públicos têm características especiais que os diferenciam dos bens privados. Tais prerrogativas são decorrência natural do regime publicístico a que esses bens estão sujeitos.

É interessante notar que a expressão "bens públicos" não se deve ao fato de que tais bens sejam pertencentes ao Estado (apesar de naturalmente o serem), mas ao fato de serem bens cujas caracteristicas advêm das normas de Direito Público.

Tanto é assim que quando utilizamos a expressão "bens privados", não significa, necessariamente, que estamos fazendo alusão a um bem de um particular, pois alguns bens do Poder Público (a exemplo dos bens de uma empresa pública) ostentam essa condição.

4.1. Inalienabilidade relativa ou condicionada

Alienar um bem é transferi-lo ao domínio de outrem. As formas mais comuns de alienação de bens, inclusive públicos, são: venda, doação, dação em pagamento e permuta.

Em regra, **os bens públicos são inalienáveis**. Essa inalienabilidade só é absoluta em relação aos bens que, por sua natureza, são insuscetíveis de valoração econômica, como os mares, praias, espaço aéreo etc. (nesses casos, há impossibilidade absoluta de alienação). Já os que são patrimonialmente disponíveis podem ser alienados pela Administração, desde que percam sua destinação pública específica (desafetação).

Sobre o tema, assim dispõem os arts. 100 e 101 do Código Civil de 2002:

> **Art. 100.** Os bens públicos de uso comum do povo e os de uso especial são inalienáveis, enquanto conservarem a sua qualificação, na forma que a lei determinar.
>
> **Art. 101.** Os bens públicos dominicais podem ser alienados, observadas as exigências da lei.

Assim, podemos concluir que os bens de uso comum do povo e os de uso especial, enquanto conservarem sua natureza especial, são inalienáveis. Para serem alienados pelos institutos de Direito Privado, precisam ser **desafetados**.[13]

Os bens dominicais, todavia, podem ser alienados, porém não de qualquer maneira, mas segundo procedimento previsto em lei. A lei que trata de alienações de bens móveis e imóveis públicos é a Lei nº 8.666/1993 que, nos arts. 17 a 19, prevê regras gerais sobre a matéria.

4.2. Impenhorabilidade

A penhora é ato judicial por meio do qual se vincula determinado bem móvel ou imóvel ao pagamento de uma dívida. Uma vez não quitado o débito, o bem penhorado pode ser levado à hasta pública para ser alienado a fim de satisfazer o direito do credor.

Os bens públicos, qualquer que seja sua classificação, são **impenhoráveis**. A Constituição, no seu art. 100, estabelece um procedimento especial para quitação dos débitos da Fazenda Pública: o sistema de precatórios, os quais serão pagos na ordem cronológica de sua apresentação, ressalvados os créditos de natureza alimentícia e das obrigações definidas em lei como de pequeno valor.[14]

Em momento anterior, verificamos que os bens pertencentes às pessoas de direito privado da Administração Indireta (fundações públicas de direito privado, empresas públicas e sociedades de economia mista) são bens privados.

---

13 É interessante mencionarmos a excelente observação da eminente Di Pietro (*Direito Administrativo*. 20ª ed. São Paulo: Atlas, 2006, p. 627), para quem os bens de uso comum do povo e os de uso especial só podem ser alienados pelos "métodos de direito privado" após a sua desafetação. Todavia, nada impede que estes bens sejam alienados segundo regras de Direito Público. Assim, é possível que bens de uma entidade política, mediante lei, possam ser alienados a outra pessoa política, sem que haja desafetação.

14 Para fins de dispensa de pagamento pelo regime de precatórios, cada ente da Federação estabelecerá, em lei própria, o que são obrigações de pequeno valor. Todavia, enquanto não editada a referida lei (e alguns entes já o fizeram) aplica-se o disposto no art. 87 do ADCT (Ato das Disposições Constitucionais Transitórias) que fixa os valores considerados como obrigações de pequeno valor: valor igual ou inferior a 40 salários-mínimos para Estados e DF, e 30 salários-mínimos para os Municípios. Na União, os créditos de até 60 salários-mínimos são considerados de pequeno valor, por força da Lei nº 10.259/2001 (Lei dos Juizados Especiais Cíveis).

Assim, os bens dessas entidades não gozam de nenhuma das prerrogativas mencionadas neste tópico. Todavia, as empresas públicas e sociedades de economia mista prestadoras de serviços públicos gozarão de prerrogativas do regime publicista, sobretudo a **impenhorabilidade dos bens afetados à prestação do serviço público**. Note que não é qualquer bem dessas empresas estatais que goza de prerrogativas, mas tão só os bens afetados à prestação do serviço público. Esta é a posição do STF já pronunciado no caso da Empresa de Correios e Telégrafos para quem, embora tenha personalidade jurídica de direito privado, é aplicável o privilégio da **impenhorabilidade de seus bens,** rendas e serviços. Logo, há **observância ao regime de precatório, sob pena de vulneração do disposto no art. 100 da Constituição Federal.**[15]

4.3. Não onerabilidade

Onerar um bem é oferecê-lo como garantia ao credor para que este possa utilizá-lo no caso de descumprimento de determinada obrigação. Ou seja, um indivíduo se compromete a cumprir determinada obrigação em relação a outrem e oferece como garantia um bem de seu domínio. Em caso de não cumprimento da obrigação, usa-se o bem para amortecer total ou parcialmente a inadimplência.

Os bens públicos **não podem ser onerados**, pois isto equivaleria em última análise à alienação indireta do bem. Pois, se assim fosse, bastaria que o Poder Público fosse inadimplente para que o bem fosse utilizado para pagamento da obrigação.

O Código Civil, no art. 1.419, estabelece os direitos reais sobre coisa alheia, quais sejam, o penhor, a hipoteca e a anticrese. Aos bens públicos, de qualquer natureza, não se aplicam tais direitos reais.

4.4. Imprescritibilidade

Imprescritibilidade refere-se à situação de que os bens públicos de quaisquer categorias **não podem ser adquiridos por meio de usucapião**.

A usucapião ocorre quando alguém, mansa e pacificamente, sem interrupção, possui como seu um imóvel ou móvel pertencente a outra pessoa. Nesse caso, adquire-lhe a propriedade, podendo requerer ao juiz que assim o declare por sentença, a qual servirá de título para o registro no Cartório de Registro de Imóveis.

Por força dos arts. 183, § 3º, e 191, parágrafo único, da Constituição, a usucapião não se aplica aos bens públicos, móveis ou imóveis. Assim, também, dispõe o art. 102 do Código Civil: "Os bens públicos não estão sujeitos a usucapião".

15 RE 220.906, Min. Rel. MAURÍCIO CÔRREA, DJ 16.11.2000. No mesmo sentido, *vide* STF, RE 229.696, Min. Rel. MAURÍCIO CÔRREA, 14.11.2002.

A matéria da imprescritibilidade dos bens públicos está pacificada na Súmula nº 340 do STF que assim dispõe: "Desde a vigência do Código Civil, os bens dominicais, como os demais bens públicos, não podem ser adquiridos por usucapião."

A título de complemento, o STJ já teve oportunidade de se manifestar sobre o tema da imprescritibilidade dos bens públicos entendendo que não é cabível o pagamento de indenização por acessões ou benfeitorias, nem o reconhecimento do direito de retenção, na hipótese em que o particular ocupa irregularmente área pública, pois, como o imóvel público é insuscetível de usucapião, o particular jamais poderá ser considerado possuidor, senão mero detentor, sendo irrelevante falar-se em posse de boa ou má-fé.[16]

5. GESTÃO DOS BENS PÚBLICOS

A gestão dos bens públicos é o termo designativo da utilização e conservação dos bens públicos pelo Estado ou por particulares, mediante consentimento daquele.

5.1. Usos normal e anormal

Pelo critério da conformidade ou não da utilização com o destino principal a que o bem está afetado, o uso pode ser **normal** ou **anormal**.[17]

Diz-se que o uso é **normal** quando está alinhado com a destinação principal do bem. Por sua vez, o uso **anormal** ocorre quando o bem é utilizado para finalidades diversas da principal prevista para o bem.

5.2. Usos comum e privativo

Pelo critério da exclusividade ou não do uso, combinado com o da necessidade ou não de consentimento expresso da Administração, o uso pode ser classificado em: **uso comum** e **uso privativo**.

O **uso comum** ocorre quando um bem público é utilizado pela **coletividade em geral**, sem que haja discriminação entre os usuários.

Não de pode confundir a expressão "bens de uso comum" com a expressão "uso comum de bens públicos". Pois o primeiro refere-se à classificação do bem em si, enquanto o segundo trata da forma como o bem é utilizado por particulares. Tanto é assim que alguns bens de uso comum do povo (mares, praças públicas, praias) e alguns bens de uso especial (bibliotecas, hospitais, edifícios das repartições públicas), estão sujeitos a regime de uso comum.

O uso comum pode ser **ordinário** ou **extraordinário**. Será **ordinário** quando o bem é utilizado pelos particulares em geral, gratuitamente, sem necessidade

16 REsp 1.183.266/PR, Rel. Min. TEORI ALBINO ZAVASCKI, DJe 18.05.2011.

17 DI PIETRO, Maria Sylvia Zanella. *Direito Administrativo*. 20ª ed. São Paulo: Atlas, 2006, p. 631.

de qualquer consentimento estatal (ex.: biblioteca utilizada por estudantes de determinado Município). O **uso extraordinário** refere-se às situações em que, apesar de o bem ser utilizado pelos indivíduos em geral (sem exclusividade), há uma série de condições e requisitos para a utilização (pagamento de remuneração ou de manifestação de vontade do Estado com base no poder de polícia - normalmente sob a forma de licença ou autorização).[18] Ex.: museu público em que se cobra determinado valor para ingresso.

O **uso privativo (ou especial)**, por sua vez, acontece sempre que o bem seja utilizado com exclusividade por **pessoas determinadas** mediante consentimento individual específico do Estado e sujeição a regras específicas de uso.

Em relação ao uso remunerado de bens públicos, vale a pena mencionar o art. 103 do Código Civil:

> O uso comum dos bens públicos pode ser gratuito ou retribuído, conforme for estabelecido legalmente pela entidade a cuja administração pertencerem.

Quanto ao uso especial dos bens públicos, é importante ressaltar algumas características:[19]

a) **privatividade**: o particular destinatário do consentimento do Estado tem direito a usar sozinho o bem público, desde que satisfeitos os requisitos legais;

b) **precariedade**: decorrência do princípio da supremacia do interesse público sobre o privado, significa que a qualquer momento pode a Administração revogar o consentimento do uso privativo pelo particular, sem que este, em regra, possa invocar direito adquirido à manutenção do ato;

c) **regime jurídico de direito público**: significa que à Administração, como protetora dos interesses coletivos, são asseguradas prerrogativas especiais em relação ao particular (verticalidade);

d) **instrumentalidade formal**: o uso privativo dá-se mediante título jurídico formal em que constem as condições e requisitos básicos para a aquisição e manutenção do consentimento estatal.

Podem ser objeto de uso especial quaisquer das espécies de bens públicos (bens de uso comum do povo, bens de uso especial e bens dominicais). A título de exemplo podemos citar, respectivamente, o uso de uma praça pública para funcionamento de um quiosque de espetinhos, o uso de um espaço localizado no prédio de uma repartição pública para funcionar restaurante e o uso por um particular de um prédio desativado.

18 DI PIETRO, Maria Sylvia Zanella. *Direito Administrativo*. 20ª ed. São Paulo: Atlas, 2006, p. 633.

19 CARVALHO FILHO, José dos Santos. *Manual de Direito Administrativo*. 20ª ed. Rio de Janeiro: Lumen Juris, 2008, p. 1073.

5.3. Combinação dos critérios

Utilizando simultaneamente os dois critérios de classificação do uso dos bens públicos (uso normal e anormal; uso comum e privativo), podemos fazer as seguintes conclusões:

I. O **uso comum pode ser normal ou anormal**. É normal quando o bem é utilizado por todos indiscriminadamente em harmonia com a finalidade principal do bem (ex.: praia utilizada por banhistas para lazer). É anormal quando é utilizado pelos indivíduos em geral numa finalidade diversa daquela a que normalmente se destina o bem (ex.: a mesma praia sendo utilizada na festa de comemoração dos 500 anos do Brasil);

II. O **uso especial pode ser normal ou anormal**. É normal quando, mediante consentimento estatal específico, uma pessoa utiliza bem público de acordo com o fim normal do bem (ex.: permissão para ocupar um box num mercado municipal). É anormal no caso de o bem, mediante anuência estatal, ser utilizado para finalidade desvinculada da principal (ex.: permissão para instalar quiosque de sorvetes em praça pública).

5.4. Instrumentos de uso privativo de bens públicos

5.4.1. Autorização de uso

É o ato administrativo negocial **discricionário** e **precário** mediante o qual o Poder Público consente, **gratuita** ou **remuneradamente**, que determinado indivíduo utilize **privativamente** um bem público com o fito de atender a **interesse preponderantemente particular**.

Note que na parte final do conceito mencionamos "interesse preponderantemente particular". O que não significa dizer que a autorização atende exclusivamente a interesse particular. É que nesses casos, o interesse público é atingido indireta e remotamente. Como argumento, valemo-nos do seguinte exemplo: autorização para que determinado veículo transporte carga de peso excessivo (caldeiras de usinas, p. ex.) em estradas. Note que o interesse que prepondera é o do particular, mas também há, mesmo que indireto, interesse público uma vez que há uma série de medidas a serem tomadas pelo Estado a fim de garantir a conservação das rodovias.

Em apertada síntese, Maria Sylvia Zanella Di Pietro menciona alguns efeitos da utilização no interesse predominante de particular:[20]

a) a autorização goza de maior precariedade que a permissão e a concessão de uso;

b) é outorgada, em geral, em caráter transitório;[21]

c) confere menores poderes e garantias ao usuário;

20 Di Pietro, Maria Sylvia Zanella. *Direito Administrativo*. 20ª ed. São Paulo: Atlas, 2006, p. 637.

21 Quanto à durabilidade do uso, Celso Antônio Bandeira de Mello (*Curso de Direito Administrativo*. 25ª ed. São Paulo: Malheiros, 2007, p. 911), costuma qualificar a autorização de uso para aqueles casos em que a utilização for episódica e de curta duração.

d) dispensa licitação e autorização legislativa;

e) não cria para o usuário um dever de utilização, mas simples faculdade.

Dizer que a autorização é ato **discricionário** significa dizer que, mesmo preenchendo todos os requisitos legais para a obtenção do ato, a Administração pode negar autorização ao particular, se assim entender conveniente e oportuno ao interesse público.

Diz-se a autorização ser ato **precário** pelo fato de ser revogável a qualquer tempo pelo Poder Público, sem que o destinatário possa invocar direito adquirido à manutenção daquela situação jurídica. Questão relevante é se a revogação da autorização de uso gera para o Estado o dever de indenizar o destinatário do ato. A indenização, nesses casos, depende de a autorização ser **simples** (por tempo indeterminado) ou **qualificada** (por tempo determinado). Quando for autorização qualificada e a Administração revogar o ato antes de findo esse prazo, caberá indenização ao destinatário. Todavia, se a autorização for simples, não caberá indenização se a qualquer tempo o ato for revogado.

5.4.1.1. O direito de reunião e a autorização de uso de bem público

Há situações em que a utilização do bem acarreta destinação diversa daquela em que ordinariamente o bem é aplicado, obstando o uso normal do bem por terceiros. Exemplos disso são as passeatas, *shows* gratuitos, comícios, manifestações religiosas etc.

O texto constitucional dispõe sobre o direito de reunião no art. 5º, XVI, segundo o qual:

> Todos podem reunir-se pacificamente, sem armas, em locais abertos ao público, independentemente de autorização, desde que não frustrem outra reunião anteriormente convocada para o mesmo local, sendo apenas exigido prévio aviso à autoridade competente.

Diante disso, fica a questão: como harmonizar as regras acerca de uso especial de bens públicos com o comando constitucional sobre o direito de reunião?

O mestre Celso Antônio Bandeira de Mello consigna que, nesses casos, o dispositivo constitucional deve ser interpretado no sentido de que o Poder Público não pode oferecer resistência injustificada e desarrazoada à utilização de locais abertos. Entretanto, isso não significa que uma vez "avisada" de determinada reunião, não possa a Administração, diante de riscos de sérios prejuízos à coletividade, vetar a sua realização e indicar vários outros locais públicos onde possam tais reuniões se realizar sem prejuízos ao interesse público. Afinal, não se pode admitir que o interesse de alguns se sobreponha ao interesse de todos.[22]

22 MELLO, Celso Antônio Bandeira de. *Curso de Direito Administrativo*. 25ª ed. São Paulo: Malheiros, 2007, p. 912.

5.4.2. Permissão de uso

É o ato administrativo negocial **discricionário** e **precário** por meio do qual a Administração, **gratuita** ou **onerosamente**, concorda com que determinado indivíduo utilize privativamente bem público com vistas à satisfação de **interesse predominantemente público**.

Exemplo de permissão de uso de bem público é o que se refere à instalação de bancas de jornal em logradouros públicos.

Note que o interesse preponderante na permissão é o interesse público. Se não houver predominante interesse para a coletividade, mas preponderante interesse particular, o uso do bem público não será permitido nem concedido, mas **autorizado**. Nesse caso, como bem destaca o mestre Hely Lopes, a permissão de uso é um meio-termo entre a autorização e a concessão, pois é "menos precária que aquela, sem atingir a estabilidade desta".[23]

Em relação à precariedade, o direito de indenização segue a mesma sistemática da autorização. Quando for por tempo determinado (permissão qualificada) e sendo revogada por motivo de interesse público antes do término do prazo, deve haver prévio processo administrativo, com a observância do contraditório e da ampla defesa, sem prejuízo de eventual indenização por perdas e danos, quando cabível. Pelo contrário, em sendo por tempo indeterminado (simples), não há qualquer direito subjetivo à indenização.[24]

Permissão é ato *intuitu personae* (personalíssimo), que não admite transferência a terceiros sem que haja para tanto manifestação prévia da Administração Pública.

Questão interessante é a que trata da obrigatoriedade de **licitação** para permissão de uso de bem público. O prof. José dos Santos Carvalho Filho advoga a tese de que a permissão de uso de bem público requer licitação para escolha do destinatário do uso do bem público, exceto nas situações em que não há possibilidade de múltiplos interessados, como, por exemplo, o caso de permissão de uso de calçada em frente a um bar, restaurante ou sorveteria, que só pode ter por titular o dono do estabelecimento.[25] Para Maria Sylvia Di Pietro, a permissão de uso de bem público quando expedida por ato administrativo, em regra, dispensa procedimento licitatório. Todavia, quando a permissão assumir a **forma contratual** (art. 175, I, CF/88: permissão de serviços públicos), deve ser precedida de **licitação**, nos termos do art. 2º, inc. IV, da Lei nº 8.987/1995.[26]

23 MEIRELLES, Hely Lopes. *Direito Administrativo Brasileiro*. 34ª ed. São Paulo: Malheiros, 2007, p. 534.

24 STJ, RMS 43.300/MT, Rel. Min. HUMBERTO MARTINS, Dje 29.10.2013; RMS 27.759/SP, Rel. Min. HUMBERTO MARTINS, DJe 24.09.2010.

25 CARVALHO FILHO, José dos Santos. Curso de Direito Administrativo. 25ª ed. São Paulo: Malheiros, 2007, p. 1081.

26 DI PIETRO, Maria Sylvia Zanella. Direito Administrativo. 20ª ed. São Paulo: Atlas, 2006, p. 639.

Por fim, valemo-nos, mais ainda da lição da autora, ao apontar três diferenças entre a autorização e a permissão de uso de bens públicos:[27]

a) enquanto na autorização há apenas **faculdade** de uso do bem, na permissão há o **dever**;

b) a autorização é concedida no interesse **preponderante** do **beneficiário**, enquanto na permissão há **interesse público predominante** na utilização do bem; e

c) embora a **precariedade** seja característica comum as duas, pode-se afirmar que, na autorização, essa característica é mais acentuada justamente pela finalidade de interesse particular.

5.4.3. Concessão de direito de uso

Concessão de direito de uso é **contrato administrativo** de natureza **discricionária** por meio do qual a Administração, **gratuita** ou **remuneradamente**, concede a alguém a utilização privativa de bem público, conforme sua destinação pública específica. Ocorre normalmente em relação aos **bens de uso especial**.

O primeiro ponto a notarmos é que enquanto a autorização e a permissão de uso são atos administrativos, a concessão de uso é contrato administrativo e, portanto, tem natureza bilateral.

Quanto à **discricionariedade** da concessão, verificamos que celebrar o contrato é opção discricionária da Administração, que estará livre para avaliar a conveniência e oportunidade da utilização privativa do bem pelo particular. Todavia, uma vez celebrado o contrato, não há faculdade de a Administração extingui-lo a qualquer tempo sem indenização. Não estamos, por óbvio, negando à Administração a faculdade de rescindir unilateralmente o ajuste (rescisão esta que é inclusive uma das cláusulas exorbitantes dos contratos administrativos). O que queremos ressaltar é que, em não havendo grave situação de emergência ou relevante interesse público, a Administração não está inteiramente livre para, a qualquer momento, extinguir a concessão. Caso contrário, ninguém se sentiria atraído a desenvolver determinada atividade e fazer os necessários investimentos ao empreendimento para estar sujeito à investida repentina do Poder Público para extinguir o vínculo.

Semelhante à permissão, a concessão de uso será precedida de licitação a fim de possibilitar iguais condições aos interessados na utilização do bem público (art. 2º, Lei nº 8.666/1993), excetuadas as situações em que o objeto da concessão enquadre-se em hipótese de dispensa ou inexigibilidade de licitação.

Podemos anotar como exemplos de concessão **remunerada** de uso, a reserva de espaços em repartições públicas para o funcionamento de restaurantes cuja

27 DI PIETRO, Maria Sylvia Zanella. *Direito Administrativo*. 20ª ed. São Paulo: Atlas, 2006, p. 638.

Administração esteja a cargo de particulares.[28] Concessão **gratuita** de uso ocorre, por exemplo, no caso de imóveis funcionais, que são utilizados por servidores que têm exercício em local diverso de suas residências.

5.4.4. Concessão de direito real de uso

É **contrato administrativo** mediante o qual a Administração, **remunerada** ou **gratuitamente**, por **tempo certo** ou **indeterminado**, concede ao particular **direito real** resolúvel de uso de bem público, inclusive do espaço aéreo, para fins específicos de regularização fundiária de interesse social, urbanização, industrialização, edificação, cultivo da terra, aproveitamento sustentável das várzeas, preservação das comunidades tradicionais e seus meios de subsistência ou outras modalidades de interesse social em áreas urbanas (art. 7º, Decreto-Lei nº 271/1967).

Exemplo dessa modalidade é a concessão de direito real de uso de terrenos públicos em virtude de programas habitacionais promovidos pelo Poder Público.

A concessão de direito real de uso é formalizada por meio de escritura pública ou particular, ou por simples termo administrativo, registrado no Registro de Imóveis competente (art. 7º, § 1º, Decreto-Lei nº 271/1967). Faz-se necessária, também, lei autorizativa e licitação prévia, na modalidade concorrência, que pode ser dispensada nos termos do art. 17, § 2º, da Lei nº 8.666/1993 (Lei de Licitações e Contratos).

A concessão de direito real de uso de bens imóveis poderá ocorrer, dispensada a licitação, quando o uso destinar-se a outro órgão ou entidade da Administração Pública, qualquer que seja a localização do imóvel; ou destinar-se a pessoa física que, nos termos da lei, regulamento ou ato normativo do órgão competente, haja implementado os requisitos mínimos de cultura, ocupação mansa e pacífica e exploração direta sobre área rural situada na região da Amazônia Legal (art. 17, § 2º, Lei nº 8.666/1993).[29]

Como diferenças entre a concessão de uso e a concessão de direito real de uso podemos apontar:

a) a concessão de uso confere ao administrado apenas um **direito pessoal**, não sendo passível de transmissão a terceiros. Já a concessão de direito real de uso, como o próprio nome está a indicar, significa um verdadeiro **direito real**, podendo ser transmitido a terceiros por ato *intervivos* ou *causa mortis* (sucessão legítima ou testamentária); e

b) os fins da concessão de direito real de uso são **explicitamente definidos na lei reguladora**, a exemplo do Decreto-Lei nº 271/1967. Sendo assim, se o particular utilizar o bem com fim diverso do contrato ou termo

28 TCU, Acórdão nº 2219/2010-Plenário.

29 Redação dada pela Lei nº 11.977/2009.

administrativo, extingue-se a concessão de direito real de uso antes de seu término, revertendo o bem à Administração, que pode inclusive firmar novo ajuste (art. 7º, § 3º, Decreto-Lei nº 271/1967). Em relação à concessão de uso, os seus fins não são definidos expressamente por lei, ficando a critério da Administração decidir pela concessão.

Por fim, há a **concessão de direito real de uso para fins de moradia**, prevista no art. 4º, V, "b", do Estatuto da Cidade. Regulamentada pela MP 2.220/2001, a concessão de direito real de uso para fins de moradia é aplicada àquele que, até 30 de junho de 2001, possuiu como seu, por cinco anos, ininterruptamente e sem oposição, até 250 m^2 de imóvel público situado em área urbana, utilizando-o para sua moradia ou de sua família, desde que não seja proprietário ou concessionário, a qualquer título, de outro imóvel urbano ou rural (art. 1º). No entanto, o Poder Público assegurará o direito em questão a outro bem imóvel:

a) se a ocupação oferecer risco de vida ou à saúde dos ocupantes, (art. 4º); e
b) na hipótese de ocupação de imóvel de uso comum do povo, destinado a projeto de urbanização, de interesse da defesa nacional, da preservação ambiental e da proteção dos ecossistemas naturais, reservado à construção de represas e obras congêneres e situado em via de comunicação (art. 5º).

5.4.5. Cessão de uso

É ato por meio do qual a Administração outorga, gratuitamente ou em condições especiais, o uso privativo de bens imóveis da União a:

I. Estados, Municípios e entidades, sem fins lucrativos, de caráter educacional, cultural ou de assistência social;

II. pessoas físicas ou jurídicas, em se tratando de interesse público ou social ou de aproveitamento econômico de interesse nacional, que mereça tal favor (art. 18, Lei nº 9.636/1998).

A cessão será autorizada por decreto do Presidente da República e se formalizará mediante **termo** ou **contrato**, do qual constarão expressamente as condições estabelecidas, entre as quais a finalidade da sua realização e o **prazo** para o seu cumprimento, e tornar-se-á nula, independentemente de ato especial, se ao imóvel, no todo ou em parte, vier a ser dada aplicação diversa da prevista no ato autorizativo e consequente termo ou contrato (art. 18, § 3º, Lei nº 9.636/1998).

A cessão, quando destinada à execução de empreendimento de fim lucrativo, será onerosa e, sempre que houver condições de competitividade, deverão ser observados os procedimentos licitatórios previstos em lei (art. 18, § 5º, Lei nº 9.636/1998).

Em regra, nesse tipo de ajuste não há necessidade de lei autorizadora, pois tal atribuição encontra-se dentro do poder de gestão que cada órgão tem sobre os bens confiados a sua guarda.[30]

A título de exemplo, imagine a cessão de uso de bem imóvel do Tribunal de Contas da União (TCU) ao Tribunal Superior Eleitoral (TSE).

A cessão de uso é ato administrativo revogável a qualquer tempo pelo cedente, presentes razões de relevante interesse público.

6. AQUISIÇÃO DE BENS PELO ESTADO

Os bens que integram o acervo patrimonial do Estado ou são por este concebidos por meio de obras públicas e compras, ou são adquiridos de particulares.

A aquisição de bens pelo Estado pode ser classificada como:

a) **originária**: ocorre quando há transmissão de propriedade independentemente de qualquer manifestação de vontade por parte do transmitente. Exemplo que se pode citar é o da aquisição originária por usucapião; e

b) **derivada**: ocorre quando há a figura do transmitente que, por expressa e livre manifestação de vontade, transfere um bem ao domínio de terceiro. Exemplo disso seria a aquisição de bens por meio de doação.

Entre as várias formas de aquisição de bens pelo Poder Público, mencionaremos, sucintamente, algumas delas.

I. **contratos**: o Estado, como qualquer particular, pode celebrar contratos visando à aquisição de bens de terceiros. Tais contratos podem ter diversos objetos: compra, permuta, doação, dação em pagamento (contribuinte que não tem como solver seus débitos celebra com o Estado ajuste de dação em pagamento). Em geral, esses contratos são de natureza privada, sendo, por conseguinte regidos pelo Direito Privado (estão fora da incidência de cláusulas exorbitantes). Todavia, isso não significa que não incidam sobre esses contratos algumas normas de cunho publicístico, como, por exemplo, a exigência de licitação prevista na Lei nº 8.666/1993;

II. **desapropriação:** é típica forma de perda de propriedade prevista no art. 1.275, V, do Código Civil. Em regra, as desapropriações são efetuadas pelas pessoas de direito público. Assim, a consequência direta é que, uma vez desapropriado, o bem privado passa a pertencer ao Estado, recebendo com isso a qualificação de bem público. Ressalta Carvalho Filho

30 Ressalte-se, entretanto, que há autores como Hely Lopes Meirelles (*Direito Administrativo Brasileiro*. 34ª ed. São Paulo: Malheiros, 2007, p. 535) que entendem ser necessária lei autorizativa quando a cessão é para entidade federativa diversa da cedente.

que mesmo quando esses bens são repassados a terceiros, como no caso de desapropriação para fins de reforma agrária, os bens desapropriados permanecem como bens públicos enquanto não se dá a transferência;[31]

III. **usucapião:** é forma de aquisição de propriedade mediante a qual um indivíduo que esteja na posse de um bem mansa e pacificamente durante um período previsto em lei tem direito à propriedade daquele bem, a ser devidamente declarada em sentença judicial e registrada no órgão competente;

IV. **acessão:** consoante o art. 1.248 do Código Civil, a acessão é instituto de aquisição mediante o qual o proprietário fica dono de tudo que se une ou adere à propriedade. Ex.: a formação de uma ilha em águas de um rio que pertence à União torna essa ilha bem federal;

V. **aquisição *causa mortis*:** ocorre quando não há legítimo sucessor à herança do falecido ou os herdeiros a tenham renunciado. Nesse caso, tais bens passam a pertencer ao ente político (União, Estados, DF e Município) no qual se encontram localizadas;

VI. **loteamento:** no caso do parcelamento do solo urbano por meio de loteamento, é assegurado ao Estado, desde o registro do loteamento no órgão competente, a reserva de algumas áreas, tais como, praças, logradouros públicos, ruas, espaços livres, entre outros;

VII. **perdimento dos bens:** ocorre quando a norma jurídica fixa o perdimento dos bens como forma de punir o proprietário. Cite-se o exemplo do Código Penal, que estabelece que um dos efeitos da sentença é a perda, em favor da União, dos instrumentos do crime, desde que consistam em coisas cujo fabrico, alienação, uso, porte ou detenção constitua fato ilícito, bem como a perda do produto do crime ou de qualquer bem ou valor que constitua proveito auferido pelo agente com a prática do fato criminoso (art. 91);

VIII. **abandono:** previsto no Código Civil (arts. 1275, III e 1.276), dá-se quando o proprietário de imóvel urbano abandona-o, com a intenção de não mais o conservar em seu patrimônio. Nesse caso, faz-se a arrecadação, como bem vago e passa, três anos após, à propriedade do Município ou do Distrito Federal, conforme a circunscrição territorial onde for encontrado;

IX. **reversão:** ocorre na retomada do serviço público pelo poder concedente. Com a reversão, os bens do concessionário passam ao pertencer ao Poder Público, tornando-se bens de uso especial, caso continuem empregados na prestação do serviço público;

X. **arrematação:** sucede quando bens penhorados, em processo de execução, são alienados por meio de leilão judicial. Nesses casos, não

31 Carvalho Filho, José dos Santos. *Manual de Direito Administrativo*. 20ª ed. Rio de Janeiro: Lumen Juris, 2008, p. 1066.

há impedimento a que o Poder Público compareça à hasta pública a fim de oferecer lances e arrematar o bem. Sendo a Administração vitoriosa, passa o bem à categoria de bem público; e

XI. **adjudicação:** ocorre quando o Estado é credor em processo de execução. Nesse caso, o Poder Público terá o direito de adquirir o bem penhorado por preço não superior ao da avaliação. Tal aquisição dá-se por meio de adjudicação dos bens do devedor.

7. ALIENAÇÃO DE BENS PÚBLICOS

Alienação é a transferência de bens a domínio de terceiros. Basicamente, há quatro formas de se alienar bens: venda, permuta, doação e dação em pagamento.

Em relação aos bens públicos a regra é que a Administração utilize os seus bens segundo a finalidade pública a que estão vinculados. No entanto, satisfeitos os requisitos legais e desde que haja interesse público devidamente comprovados é permitida a alienação de alguns bens pertencentes ao Poder Público.

Acerca da possibilidade ou não de alienação de bens públicos, como vimos anteriormente, sabemos que só podem ser alienados os bens dominicais, ou seja, os que não estejam sendo utilizados em nenhuma finalidade pública específica (desafetação). Os bens de uso comum do povo e os de uso especial só poderão ser alienados após serem desafetados, passando, consequentemente, à categoria de bens dominicais.

A disciplina legal sobre a alienação dos bens públicos encontra-se na Lei nº 8.666/1993. Esse diploma normativo traça **normas gerais** sobre licitações e contratos para toda a Administração da União, dos Estados, do Distrito Federal e dos Municípios. Note que, em obediência ao disposto no art. 22, XXVII, da Constituição Federal, a competência da União para legislar sobre licitações e contratos limita-se à edição de normas gerais, deixando a cada ente político liberdade para editar normas específicas, cada um em seu âmbito de atuação. Consequentemente, quando a União elabora regras específicas sobre o tema, tais regras somente podem ser aplicadas à Administração Pública desse ente.

Todavia, em que pese a disciplina constitucional da matéria, a Lei nº 8.666/1993 é alvo de sucessivas críticas por parte da doutrina, que reiteradas vezes aponta a **inconstitucionalidade** de alguns dispositivos do referido diploma por traçarem verdadeiras **regras específicas**. É o caso da exigência de que a doação de bens imóveis seja permitida exclusivamente para outro órgão ou entidade da Administração Pública (art. 17, I, "b", Lei nº 8.666/1993) ou a que cria condições para a permuta de bens (art. 17, I, "c" e 17, II, "b", do mesmo diploma). Inclusive o STF já declarou a inconstitucionalidade de diversos outros dispositivos da Lei de Licitações e Contratos.[32] Ressalte-se, porém, que a declaração de inconstitucionalidade desses dispositivos resume-se a torná-los aplicáveis exclusivamente no âmbito da Administração Pública Federal (União), e não em relação aos demais entes federativos, por encerrar comandos específicos sobre o assunto. Repise-se: em âmbito federal, os supramencionados dispositivos estão plenamente em vigor.

7.1. Alienação de bens imóveis

Os requisitos para alienação de bens imóveis dos órgãos da Administração Direita, das autarquias e das fundações públicas são (art. 17, I, Lei nº 8.666/1993):

a) interesse público, devidamente justificado;

b) avaliação prévia;

c) autorização legislativa; e

d) procedimento licitatório, em regra, na modalidade **concorrência**.[33]

Quando o bem imóvel pertencer à **empresa pública e sociedade de economia mista**, é importante registrar que a alienação não será regida pelo dispositivo supratranscrito da Lei nº 8.666/93 (art. 17), e sim pelas **regras contidas nos arts. 49 e 50 da Lei nº 13.303/2016**, o estatuto jurídico da empresa pública, da sociedade de economia mista e de suas subsidiárias, o qual estabelece como requisito para alienação de bens destas entidades, em regra, o seguinte: I – avaliação formal do bem contemplado; e II – licitação.

Quando houver impossibilidade jurídica ou peculiaridade da alienação do bem imóvel, a licitação será dispensada nos seguintes casos (art. 17, I, Lei nº 8.666/1993):

a) dação em pagamento;

b) doação, permitida exclusivamente para outro órgão ou entidade da Administração Pública, de qualquer esfera de governo, ressalvado o disposto nas alíneas *f*, *h* e *i*. Nesses casos, cessadas as razões que justificaram a sua doação, reverterão ao patrimônio da pessoa jurídica doadora, vedada a sua alienação pelo beneficiário;[34-35]

---

32 *Vide* STF, Medida Cautelar na ADI nº 927-3-RS, Rel. Min. CARLOS VELLOSO, DJ 11.11.94, na qual foram julgados inconstitucionais os seguintes dispositivos da Lei nº 8.666/1993: art. 17, I, "b" e "c"; e 17, II, "b"; e § 1º. Portanto, passíveis de aplicação somente no âmbito da União.

33 Lei nº 8.666/1993: Art. 19. Os bens imóveis da Administração Pública, cuja aquisição haja derivado de procedimentos judiciais ou de dação em pagamento, poderão ser alienados por ato da autoridade competente, observadas as seguintes regras:
I – avaliação dos bens alienáveis;
II – comprovação da necessidade ou utilidade da alienação;
III – adoção do procedimento licitatório, sob a modalidade de concorrência ou leilão.

34 *Vide* STF, Medida Cautelar na ADI nº 927-3-RS, Rel. Min. CARLOS VELLOSO, DJ 11.11.94, na qual foram julgados inconstitucionais os seguintes dispositivos da Lei nº 8.666/1993: art. 17, I, "b" e "c"; e 17, II, "b"; e § 1º do mesmo artigo. Portanto, passíveis de aplicação somente no âmbito da União.

35 Dispositivo alterado pela Lei nº 11.952, de 25 de junho de 2009.

c) permuta, por outro imóvel destinado ao atendimento das finalidades precípuas da Administração, cujas necessidades de instalação e localização condicionem a sua escolha, desde que o preço seja compatível com o valor de mercado;[36]

d) investidura, que ocorre em duas situações: I – a alienação aos proprietários de imóveis lindeiros de área remanescente ou resultante de obra pública, área esta que se tornar inaproveitável isoladamente, por preço nunca inferior ao da avaliação e desde que esse não ultrapasse a R$ 40.000,00 e II – a alienação, aos legítimos possuidores diretos ou, na falta destes, ao Poder Público, de imóveis para fins residenciais construídos em núcleos urbanos anexos a usinas hidrelétricas, desde que considerados dispensáveis na fase de operação dessas unidades e não integrem a categoria de bens reversíveis ao final da concessão;

e) venda a outro órgão ou entidade da Administração Pública, de qualquer esfera de governo;

f) alienação gratuita ou onerosa, aforamento, concessão de direito real de uso, locação ou permissão de uso de bens imóveis residenciais construídos, destinados ou efetivamente utilizados no âmbito de programas habitacionais ou de regularização fundiária de interesse social desenvolvidos por órgãos ou entidades da Administração Pública;

g) procedimentos de legitimação de posse ao ocupante de terras públicas, que as tenha tornado produtivas com o seu trabalho e o de sua família, mediante iniciativa e deliberação dos órgãos da Administração Pública em cuja competência legal inclua-se tal atribuição. Aqui, a lei dispensa a autorização legislativa (art. 17, § 2º-A);[37]

h) alienação gratuita ou onerosa, aforamento, concessão de direito real de uso, locação ou permissão de uso de bens imóveis de uso comercial de âmbito local com área de até 250 m^2 e inseridos em programas de regularização fundiária de interesse social desenvolvidos por órgãos ou entidades da Administração Pública;

i) alienação e concessão de direito real de uso, gratuita ou onerosa, de terras públicas rurais da União na Amazônia Legal onde incidam ocupações até o limite de 15 (quinze) módulos fiscais ou 1.500ha (mil e quinhentos hectares), para fins de regularização fundiária, atendidos os requisitos legais.[38]

Nesses casos supramencionados, a dispensa de licitação é **ato vinculado**. Vale dizer, a autoridade competente não tem liberdade de escolha entre realizar ou não procedimento licitatório, cabendo unicamente a contratação direta.

36 *Vide* STF, Medida Cautelar na ADI nº 927-3-RS, Rel. Min. CARLOS VELLOSO, DJ 11.11.94.

37 Legitimação de posse é a transferência voluntária do domínio de terras devolutas ou outras áreas sem destinação pública específica a particulares, que, ao longo dos anos, vem cultivando-a por meio de seu trabalho e de sua família, tornando-a produtiva. A legitimação de posse concretiza a função social da propriedade (art. 170, III, CF/88).

38 Dispositivo alterado pela Lei nº 11.952, de 25 de junho de 2009.

Por fim, vale mencionar que o rol dos casos de licitação dispensada é **taxativo**, ou seja, não se admite outras hipóteses que não aquelas previstas na lei.

7.2. Alienação de bens móveis

Os requisitos para alienação de **bens móveis** dos órgãos da Administração Direita ou Indireta são (art. 17, II, Lei nº 8.666/1993):

a) interesse público devidamente justificado;

b) avaliação prévia; e

c) procedimento licitatório, em regra, na modalidade **leilão**.[39]

Note que não há, como na alienação de bens imóveis, necessidade de autorização legislativa. Além disso, a lei não estabelece diferença quanto ao sujeito alienante. Vale dizer, as condições fixadas acima são para a alienação dos bens públicos de quaisquer das pessoas estatais.

Quando houver impossibilidade jurídica ou peculiaridade da alienação do bem móvel, a licitação será dispensada nos seguintes casos (art. 17, II, Lei nº 8.666/1993):

a) doação, permitida exclusivamente para fins e uso de interesse social, após avaliação de sua oportunidade e conveniência socioeconômica, relativamente à escolha de outra forma de alienação;

b) permuta, permitida exclusivamente entre órgãos ou entidades da Administração Pública;[40]

c) venda de ações, que poderão ser negociadas em bolsa, observada a legislação específica;

d) venda de títulos, na forma da legislação pertinente;

e) venda de bens produzidos ou comercializados por órgãos ou entidades da Administração Pública, em virtude de suas finalidades;

f) venda de materiais e equipamentos para outros órgãos ou entidades da Administração Pública, sem utilização previsível por quem deles dispõe; e

g) procedimentos de legitimação de posse de que trata o art. 29 da Lei nº 6.383, de 7 de dezembro de 1976, mediante iniciativa e deliberação dos órgãos da Administração Pública em cuja competência legal inclua-se tal atribuição;

A doação com encargo **será licitada** e de seu instrumento constarão, obrigatoriamente os encargos, o prazo de seu cumprimento e cláusula de reversão, sob pena de nulidade do ato, sendo **dispensada** a **licitação** no caso de

39 Para a venda de bens móveis avaliados, isolada ou globalmente, em valor até R$ 650.000,00, a Administração poderá permitir o leilão (art. 17, § 6º, Lei nº 8.666/1993). A partir de R$ 650.000,00, é obrigatória a concorrência.

40 *Vide* STF, Medida Cautelar na ADI nº 927-3-RS, Rel. Min. CARLOS VELLOSO, DJ 11.11.94.

interesse público devidamente justificado. Nessas hipóteses, caso o donatário necessite oferecer o imóvel em garantia de financiamento, a cláusula de reversão e demais obrigações serão garantidas por hipoteca em segundo grau em favor do doador (art. 17, §§ 4º e 5º).

7.3. Instrumentos de alienação de bens públicos

7.3.1. Venda

Instrumento de Direito Privado, previsto no art. 481 do Código Civil, a venda, ou mais propriamente compra e venda, ocorre quando alguém (vendedor) transfere bem a domínio de terceiro (comprador) mediante certo preço. Desde que satisfeitos determinados requisitos legais, os bens públicos podem ser alienados por venda.

7.3.2. Permuta

É o contrato previsto no art. 533 do Código Civil por meio do qual se efetiva uma verdadeira troca de bens entre os permutantes. A Administração pode, desde que satisfeitos os requisitos legais, realizar a permuta de bens de seu domínio patrimonial, adquirindo bens de particulares e, concomitantemente, transferindo bens públicos a particulares.

Nesses casos, os bens recebidos, que eram privados, passam à categoria de bens públicos; e os bens que eram públicos e foram alienados a particulares, passam a ser bens privados.

7.3.3. Doação

É contrato de direito privado previsto nos arts. 538 a 564 do Código Civil mediante o qual o Estado na figura de proprietário (doador) transfere a outrem (donatário) bem do seu domínio patrimonial.

Apesar de ser possível a doação de bens públicos, tal hipótese, todavia, deve ser vista de maneira condicionada, visto que a lei estabeleceu uma série de requisitos para doação de bens públicos. E como bem leciona o mestre Meirelles, "qualquer violação a tais pressupostos espelha conduta ilegal e dilapidatória do patrimônio público".[41]

O art. 17, I, *b*, da Lei nº 8.666/1993 revelou especial preocupação com relação à doação de **bens imóveis**, dispondo que esta será "permitida exclusivamente para outro órgão ou entidade da Administração Pública, de qualquer esfera de governo". Nesses casos, os imóveis doados, cessadas as razões que justificaram a

41 MEIRELLES, Hely Lopes. *Direito Administrativo Brasileiro*. 34ª ed. São Paulo: Malheiros, 2008, p. 545.

sua doação, reverterão ao patrimônio da pessoa jurídica doadora, vedada a sua alienação pelo beneficiário (art. 17, § 1º, Lei nº 8.666/1993).[42]

7.3.4. Dação em pagamento

A dação em pagamento é a entrega de um bem (que não dinheiro) com o intuito de saldar dívida contraída pelo proprietário. Consoante previsão legal (art. 356, CC), "o credor pode consentir em receber prestação diversa da que lhe era devida". Assim, quando a Administração for devedora de alguma importância, o credor pode receber como forma de pagamento da dívida um bem público, observados os requisitos legais para tanto. Note que para que haja dação de um bem público em pagamento é necessário haver, em regra, autorização legislativa e prévia avaliação do bem a ser dado em pagamento, nos termos do art. 17 da Lei nº 8.666/1993.

7.3.5. Concessão de domínio

Forma de transferência de bens públicos a terceiros, a **concessão de domínio de bens imóveis** poderá ocorrer, **dispensada a licitação**, quando o uso destinar-se a:

a) outro órgão ou **entidade da Administração Pública**, qualquer que seja a localização do imóvel; ou

b) **pessoa física** que, nos termos da lei, regulamento ou ato normativo do órgão competente, haja implementado os requisitos mínimos de cultura, ocupação mansa e pacífica e exploração direta sobre área rural situada na região da Amazônia Legal[43] (art. 17, § 2º, Lei nº 8.666/1993).

7.3.6. Investidura

A Lei nº 8.666/1993 (Lei de Licitações e Contratos) define investidura como sendo:

a) a alienação aos proprietários de imóveis lindeiros de área remanescente ou resultante de obra pública, que se tornar inaproveitável isoladamente, por preço nunca inferior ao da avaliação e desde que esse não ultrapasse a 50% do valor constante da alínea "a" do inc. II do art. 23 da Lei nº 8.666/1993 (R$ 40.000,00);

b) a alienação, aos legítimos possuidores diretos ou, na falta destes, ao Poder Público, de imóveis para fins residenciais construídos em núcleos urbanos anexos a usinas hidrelétricas, desde que considerados dispensáveis na fase de operação dessas unidades e não integrem a categoria de bens reversíveis ao final da concessão.

---

42 Dispositivos declarados inconstitucional pela Medida Cautelar na ADI nº 927-3-RS, Rel. Min. CARLOS VELLOSO, DJ 11.11.94 (STF).

43 Redação dada pela Lei nº 11.977/2009.

7.3.7. Legitimação de posse

É a forma de alienação de bens públicos utilizada pelo Estado como instrumento de caráter social que visa a atender pessoas que exercem, a título de moradia e trabalho, e não com fins especulativos, atividade agrícola em terras públicas.[44]

O art. 5º da Lei nº 601/1950 (Lei de Terras) estabeleceu que seriam legitimadas as posses mansas e pacíficas, adquiridas por ocupação primária ou havidas do primeiro ocupante, que se acharem cultivadas, ou com princípio de cultura e morada habitual do respectivo posseiro, ou de quem o representasse. Como ressalta Maria Sylvia Zanella Di Pietro, a legitimação de posse é, em regra, precedida de um processo de discriminação de terras devolutas, cujo objetivo é separar as terras públicas das terras particulares; concluído o processo, os posseiros que não tenham título legítimo de domínio, mas que preenchem os requisitos para a legitimação, recebem o título de domínio do Poder Público.[45]

Pela natureza desse tipo de alienação (o interessado é o próprio ocupante da terra), a licitação é **dispensada** nesses casos, não havendo qualquer possibilidade de competição (art. 17, I, "g", Lei nº 8.666/1993).

Interessante notar que, diversamente da regra geral em que se exige autorização legislativa para alienação de bens móveis, a legitimação de posse em imóveis públicos dispensa autorização legislativa, desde que alguns requisitos especiais sejam satisfeitos (art. 17, § 2º-A, Lei nº 8.666/1993).

O instituto da legitimação de posse perdeu relevância em virtude de a atual Constituição não mais trazer dispositivo que o discipline.

7.3.8. Incorporação

Incorporação é a forma de alienação pela qual o Estado, mediante lei, ao criar entidade administrativa (uma sociedade de economia mista, por exemplo), transfere a ela bens ou valores que passam a integrar o capital da pessoa jurídica recém-criada.

7.3.9. Retrocessão

Ocorre quando a entidade que desapropriou bem de um particular não o utiliza para a finalidade para o qual foi preordenado, nem em obras, nem na prestação de serviços públicos. Nesses casos, a entidade expropriante oferece o bem de volta ao desapropriado (o antigo proprietário), mediante pagamento lastreado no preço atual da coisa.

---

44 CARVALHO FILHO, José dos Santos. *Manual de Direito Administrativo*. 20ª ed. Rio de Janeiro: Lumen Juris, 2008, p. 1106.

45 DI PIETRO, Maria Sylvia Zanella. *Direito Administrativo*. 20ª ed. São Paulo: Atlas, 2006, p. 630.

7.3.10. Enfiteuse ou aforamento

Expressões equivalentes que significam o direito real sobre coisa alheia que confere a alguém (foreiro ou enfiteuta), perpetuamente, amplos poderes de uso e gozo de determinado bem imóvel, juntamente com seus frutos, produtos e rendimentos, sem que, no entanto, lhe mude a substância ou o deteriore. Nesses casos, há obrigação de pagar ao dono do bem imóvel (senhorio direto) uma renda anual (foro) certa e invariável.

Essa forma de aquisição de propriedade restou proibida com a entrada em vigor do Código Civil (art. 2.038).

8. BENS PÚBLICOS EM ESPÉCIE

8.1. Terras devolutas

Partindo de um ponto de vista residual, podemos definir terras devolutas como aquelas áreas que, apesar de fazerem parte do domínio patrimonial de determinado ente político, não estão sendo utilizadas em nenhuma finalidade pública específica, nem incorporadas ao domínio privado. Trata-se de um **bem dominical**.

Como bem leciona o prof. Celso Antônio Bandeira de Mello, a origem das terras devolutas remonta ao período colonial brasileiro:

> Com a descoberta do País, todo o território passou a integrar o domínio da Coroa portuguesa. Destas terras, largos tratos foram trespassados aos colonizadores, mediante as chamadas concessões de sesmarias e cartas de data, com a obrigação de medi-las, demarcá-las e cultivá-las [...], sob pena de "comisso", isto é, reversão delas à Coroa, caso fossem descumpridas as sobreditas obrigações. Tanto as terras que jamais foram trespassadas, como as que caíram em comisso, se não ingressaram no domínio privado por algum título legítimo e não receberam destinação pública, constituem as terras devolutas. Com a independência do País passaram a integrar o domínio imobiliário do Estado brasileiro.[46]

Em regra, por força de dispositivo constitucional (art. 26, IV, CF), as terras devolutas pertencem aos **Estados**. À **União** foram reservadas aquelas terras devolutas "indispensáveis à defesa das fronteiras, das fortificações e construções militares, das vias federais de comunicação e à preservação ambiental, definidas em lei" (art. 20, II, CF).

Os Municípios não receberam expressamente da atual Carta Política domínio sobre terras devolutas. No entanto, muitos Estados transferiram a Municípios parte de suas terras devolutas, passando tais bens a serem municipais.

46 MELLO, Celso Antônio Bandeira de. *Curso de Direito Administrativo*. 25ª ed. São Paulo: Malheiros, 2007, p. 903.

Em suma, as terras devolutas podem pertencer tanto à União e aos Estados, quanto aos Municípios.

8.2. Zonas de fronteira

É a área de 150 km de largura, paralela à linha terrestre demarcatória da divisa entre o território nacional e países estrangeiros, considerada indispensável à defesa do território nacional (art. 20, § 2º, CF/88).

O art. 20, II, da Constituição estabelece que são bens da **União** as terras devolutas indispensáveis à defesa das fronteiras.

Nesse ponto, é importante mencionar a Súmula nº 477 do STF a respeito do tema:

> As concessões de terras devolutas situadas na faixa de fronteira, feitas pelos estados, autorizam, apenas, o uso, permanecendo o domínio com a união, ainda que se mantenha inerte ou tolerante, em relação aos possuidores.

A concessão ou alienação de terras públicas situadas em faixa de fronteira dependerá, sempre, de autorização prévia do Conselho de Segurança Nacional, hoje Conselho de Defesa Nacional.[47]

8.3. Terrenos da Marinha e seus acrescidos

São as faixas de terras que, banhadas pelas águas do mar ou dos rios navegáveis, se estendem à distância de 33 metros para a área terrestre, contados da linha do preamar-média de 1831 (art. 2º, Decreto-Lei nº 9.760/1946).

Consoante entendimento do STJ, os terrenos da Marinha são **bens dominicais** de propriedade da União, previstos no Decreto nº 9.760/1946. E, como tais, podem ser objeto de exploração pelo Poder Público, para obtenção de renda. Exemplo disso ocorre quando se permite a ocupação por particulares, mediante pagamento de taxa de ocupação.[48]

Por expressa disposição constitucional (art. 20, VII, CF), os terrenos da Marinha pertencem à União, em virtude da necessidade de defesa e de segurança nacional.

A Emenda Constitucional nº 46/2005 alterou o inc. IV do art. 20 da CF para fazer constar que são bens da União "as ilhas fluviais e lacustres nas zonas limítrofes com outros países; as praias marítimas; as ilhas oceânicas e as costeiras, excluídas, destas, as que contenham a sede de Municípios, exceto aquelas áreas afetadas ao serviço público e a unidade ambiental federal" Antes da referida EC, toda ilha costeira era presumidamente bem da União. Com a EC,

47 STJ, REsp 1.015.133/MT, Rel.ª Min.ª ELIANA CALMON, Rel. p/ Acórdão Min. CASTRO MEIRA, DJe 23.04.2010.
48 REsp 1145801/SC, Rel. Min. HUMBERTO MARTINS, Dje 19.08.2010.

criou-se uma exceção, vale dizer, a propriedade da União sobre determinada área localizada dentro de ilha costeira sede de Município (por exemplo, Vitória, Ilhéus, Florianópolis) depende da existência de outro título para legitimá-la.

Nesse contexto, surgiram opiniões divergentes sobre se a nova regra constitucional alcançaria os terrenos de marinha situados em ilhas costeiras. Ao apreciar o tema, o STF[49] decidiu que a EC nº 46/2005 não teve a intenção de interferir na propriedade que a União detém sobre os terrenos de marinha e seus acrescidos situados em ilhas costeiras sede de Municípios, que, portanto, continuam bens federais.

Pela definição do art. 3º do Decreto-Lei nº 9.760/1946, terrenos acrescidos "são os que se tiverem formado, natural ou artificialmente, para o lado do mar ou dos rios e lagoas, em seguimento aos terrenos da marinha". São bens dominicais se não estiverem destinados ao uso comum e sua propriedade assiste à entidade política titular do terreno a que aderiram, salvo se, por algum título legítimo, estiverem em propriedade privada (art. 16, § 1º, Decreto-Lei nº 9.760/1946).[50]

8.4. Terrenos reservados

Também chamados de terrenos marginais ou ribeirinhos, são bens que, banhados pelas correntes navegáveis, fora do alcance das marés, vão até a distância de 15 metros para a parte da terra, contados da linha média das enchentes ordinárias (art. 4º, Decreto-Lei nº 9.760/1946 e art. 14, Código de Águas).[51]

São de propriedade da **União** quando marginais de águas doces situadas em terras federais ou que banhem mais de um Estado, sirvam de limite com outros países ou, ainda, se estendam a território estrangeiro ou dele provenham (art. 20, III, CF). Via de consequência, quando marginais de rios estaduais ou distritais, serão bens de domínio, respectivamente, estadual e distrital.

O Código de Águas estabelece que "pertencem aos **Estados** os terrenos reservados às margens das correntes e lagos navegáveis se, por algum título, não forem do domínio federal, municipal ou particular" (art. 31).

A Súmula nº 479 do STF, disciplinando a matéria, veio a solucionar antiga controvérsia no sentido de os terrenos reservados não pertencerem ao Poder Público, mas serem bens particulares objeto de servidão administrativa (tal posicionamento restou superado à luz dessa Súmula):

> As margens dos rios navegáveis são domínio público, insuscetíveis de expropriação e, por isso mesmo, excluídas de indenização.

49 RE 636.199/ES, Rel.ª Min.ª ROSA WEBER, julg.: 27.04.2017.

50 MELLO, Celso Antônio Bandeira de. *Curso de Direito Administrativo*. 25ª ed. São Paulo: Malheiros, 2007, p. 903.

51 Os terrenos banhados pela maré serão classificados como terrenos da marinha, nos termos do art. 13, Código de Águas.

Todavia, ressalta Maria Sylvia Zanella Di Pietro, esse entendimento da Suprema Corte deve ser interpretado no sentido de excluir do seu âmbito de aplicação as áreas marginais que houverem sido legitimamente transferidas pelo Poder Público ao domínio privado.[52]

Sendo assim, pode-se corretamente, sintetizar a matéria da seguinte forma: os terrenos reservados estão sob o domínio público, salvo quando houver transmissão legítima do bem a particulares.

8.5. Terras tradicionalmente ocupadas pelos índios

São terras tradicionalmente ocupadas pelos índios as por eles habitadas em caráter permanente, as utilizadas para suas atividades produtivas, as imprescindíveis à preservação dos recursos ambientais necessários a seu bem-estar e as necessárias a sua reprodução física e cultural, segundo seus usos, costumes e tradições (art. 231, § 1º, CF/1988).

O dispositivo supramencionado revela a proteção especial do Estado aos povos indígenas a fim de preserva-lhes a cultura, modo de vida, tradições. Vale nesse ponto ressaltar a Súmula nº 650 do STF que declara que os bens de domínio da União, previstos no art. 20, incs. I (bens que lhe pertencem ou que vierem a lhe pertencer) e XI (as terras tradicionalmente ocupadas pelos índios), não alcançam as terras de aldeamentos extintos, ainda que ocupados por indígenas em passado remoto.

Ocorre que, uma vez reconhecidos como terras devolutas, por força do art. 64 da Constituição de 1891, os aldeamentos extintos transferiram-se ao domínio dos Estados.

Consideradas **bens de uso especial**, as terras tradicionalmente ocupadas pelos índios destinam-se à sua posse permanente, cabendo-lhes o usufruto exclusivo das riquezas do solo, dos rios e dos lagos nelas existentes (art. 231, § 2º, CF/1988).

A Constituição Federal expressamente declarou serem as terras tradicionalmente ocupadas por indígenas bens da **União** (art. 20, XI, CF/1988).

O aproveitamento dos recursos hídricos, incluídos os potenciais energéticos, a pesquisa e a lavra das riquezas minerais em terras indígenas só podem ser efetivados com autorização do Congresso Nacional, ouvidas as comunidades afetadas, ficando-lhes assegurada participação nos resultados da lavra, na forma da lei (art. 231, § 3º, CF/1988).

52 DI PIETRO, Maria Sylvia Zanella. *Direito Administrativo*. 20ª ed. São Paulo: Atlas, 2006, p. 654.

8.6. Plataforma continental

Denomina-se plataforma continental a faixa de doze milhas marítimas de largura, medidas a partir da linha de baixa-mar do litoral continental e insular.[53]

A Constituição Federal, em seu art. 20, V, declarou bens públicos federais os recursos naturais **da plataforma continental** e da zona econômica exclusiva (art. 20, V).

Se bem observamos, veremos que a atual Constituição não menciona expressamente a plataforma continental como bem da União, o que de fato era feito pela antiga Carta. Todavia, o art. 20, I, estabelece que são bens da União os que atualmente lhe pertencerem. Por via de conclusão, podemos considerar a plataforma continental como bem federal.

8.7. Ilhas

São as elevações de terra acima das águas e por estas cercadas em toda a sua extensão. São bens dominicais, salvo quando estiverem afetadas a alguma destinação.

Conforme se localizem no mar, nos rios e nos lagos classificam-se, respectivamente, em ilhas marítimas, fluviais e lacustres. As ilhas marítimas, por sua sorte, desmembram-se em ilhas costeiras, se surgem do próprio relevo da plataforma continental, e em ilhas oceânicas, caso não tenham qualquer relação geológica com o relevo continental.

Em relação às ilhas costeiras e oceânicas, percebe-se que, em geral, pertencem à **União** (art. 20, IV, CF/1988). Todavia, poderá haver domínio parcial ou total pelos **Estados**, **Municípios** ou de terceiros **particulares** (art. 26, II, CF/1988). Ademais, serão **bens municipais** as áreas das ilhas costeiras ou oceânicas onde esteja localizada a sede do Município, salvo se estiverem afetadas à prestação do serviço público ou atividades ambientais federais, caso em que serão bens do domínio da **União** (art. 20, IV, CF/1988).

As ilhas fluviais e lacustres, como regra, pertencem aos **Estados** (art. 26, III, CF/1988). Não obstante, serão **bens da União** quando estiverem em zona limítrofe com outros países (art. 20, IV, CF), banharem mais de um Estado ou se estenderem a território estrangeiro ou dele provierem (art. 20, III, CF).

8.8. Águas públicas

Os bens do domínio hídrico estão disciplinados em diploma específico – o Código de Águas – e é desse instrumento que iremos retirar alguns conceitos básicos acerca da matéria.

53 Lei nº 8.617, de 4 de janeiro de 1993.

São bens do domínio hídrico (art. 2º, Código de Águas):

a) os mares territoriais, nos mesmos incluídos os golfos, baías, enseadas e portos;

b) as correntes, canais, lagos e lagoas navegáveis ou flutuáveis, **ressalvados aqueles situados em um só prédio particular e por ele exclusivamente cercado, quando não sejam alimentados por alguma corrente de uso comum**;

c) as correntes de que se façam essas águas;

d) as fontes e reservatórios públicos;

e) as nascentes quando forem de tal modo consideráveis que, por si sós, constituam o "caput fluminis";

f) os braços de quaisquer correntes públicas, desde que os mesmos influam na navegabilidade ou flutuabilidade.

Conforme disposição do Código de Águas, as águas públicas são consideradas **bens de uso comum do povo ou dominicais**, conforme a sua destinação (art. 25). Em relação a estas últimas, o art. 6ª do mesmo diploma normativo estabelece que "todas as águas situadas em terrenos que também o sejam, quando as mesmas não forem do domínio público de uso comum, ou não forem comuns".

Pertencem à **União** os lagos, rios e mares que (art. 20, III, CF):[54]

a) estejam em terrenos de seu domínio;

b) banhem mais de um Estado;

c) façam limites com outros países;

d) se estendam a território estrangeiro ou dele provenham; e

e) mar territorial (inciso VI).

As águas públicas pertencentes aos **Estados** serão, por conseguinte, todas as demais águas (as águas superficiais ou subterrâneas, fluentes, emergentes e em depósito – art. 26, I, CF/1988).

Os potenciais de energia elétrica, consoante o art. 20, VIII, da Constituição, são bens pertencentes à União.

Em relação às margens dos rios navegáveis, é pacífico no STF o entendimento de que são bens do domínio público, insuscetíveis de expropriação e, por isso mesmo, excluídos de indenização.[55]

54 CARVALHO FILHO, José dos Santos. *Manual de Direito Administrativo*. 20ª ed. Rio de Janeiro: Lumen Juris, 2008, p. 1117.

55 *Vide* Súmula nº 479, STF.

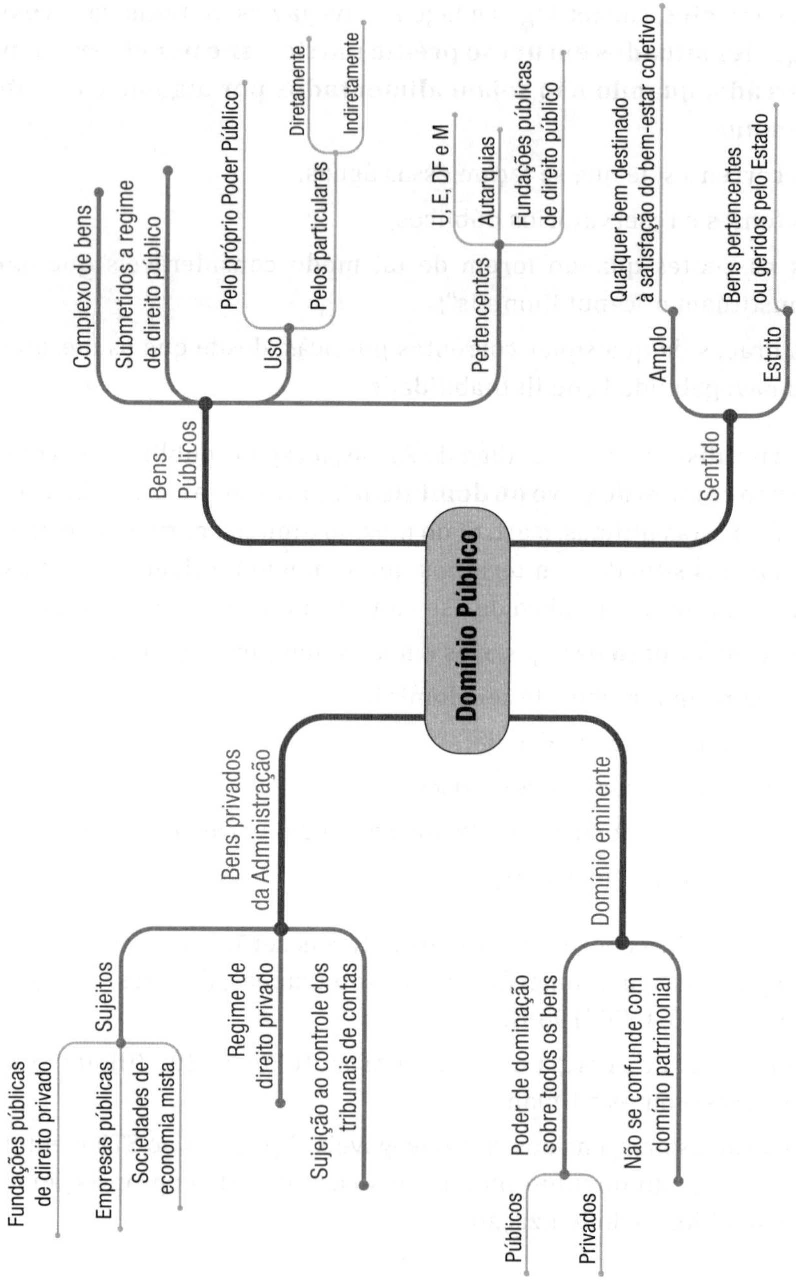
Domínio Público
Bens Públicos
Complexo de bens
Submetidos a regime de direito público
Uso
Pelo próprio Poder Público
Pelos particulares
Diretamente
Indiretamente
Pertencentes
U, E, DF e M
Autarquias
Fundações públicas de direito público
Sentido
Amplo
Qualquer bem destinado à satisfação do bem-estar coletivo
Estrito
Bens pertencentes ou geridos pelo Estado
Bens privados da Administração
Sujeitos
Fundações públicas de direito privado
Empresas públicas
Sociedades de economia mista
Regime de direito privado
Sujeição ao controle dos tribunais de contas
Domínio eminente
Poder de dominação sobre todos os bens
Públicos
Privados
Não se confunde com domínio patrimonial

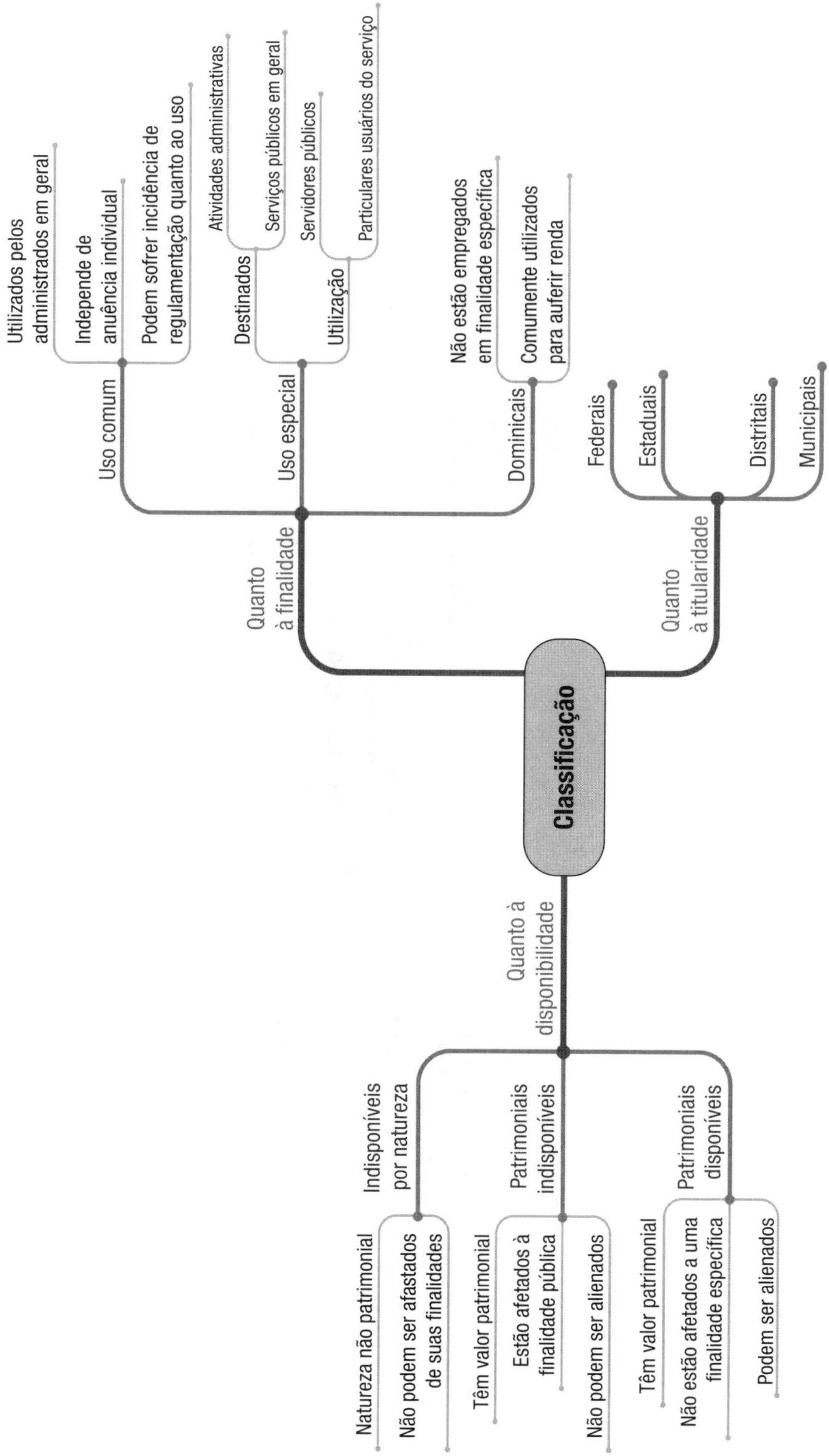
Classificação
Quanto à finalidade
Uso comum
Utilizados pelos administrados em geral
Independe de anuência individual
Podem sofrer incidência de regulamentação quanto ao uso
Uso especial
Destinados
Atividades administrativas
Serviços públicos em geral
Utilização
Servidores públicos
Particulares usuários do serviço
Dominicais
Não estão empregados em finalidade específica
Comumente utilizados para auferir renda
Quanto à titularidade
Federais
Estaduais
Distritais
Municipais
Quanto à disponibilidade
Indisponíveis por natureza
Natureza não patrimonial
Não podem ser afastados de suas finalidades
Patrimoniais indisponíveis
Têm valor patrimonial
Estão afetados à finalidade pública
Não podem ser alienados
Patrimoniais disponíveis
Têm valor patrimonial
Não estão afetados a uma finalidade específica
Podem ser alienados

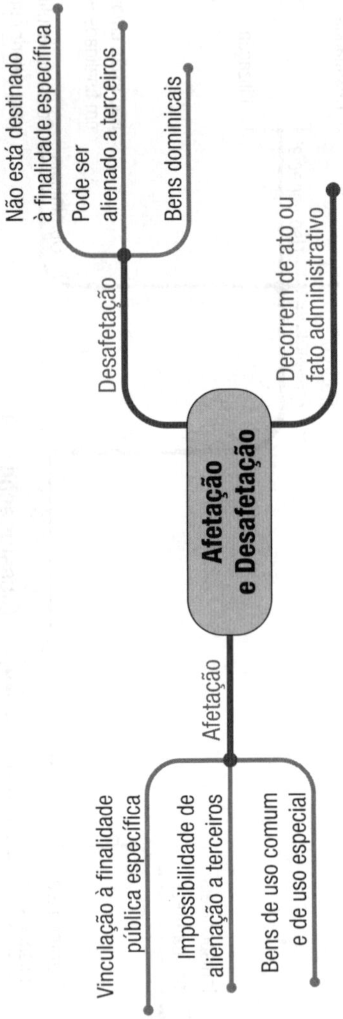
Afetação e Desafetação
Afetação
Vinculação à finalidade pública específica
Impossibilidade de alienação a terceiros
Bens de uso comum e de uso especial
Desafetação
Não está destinado à finalidade específica
Pode ser alienado a terceiros
Bens dominicais
Decorrem de ato ou fato administrativo

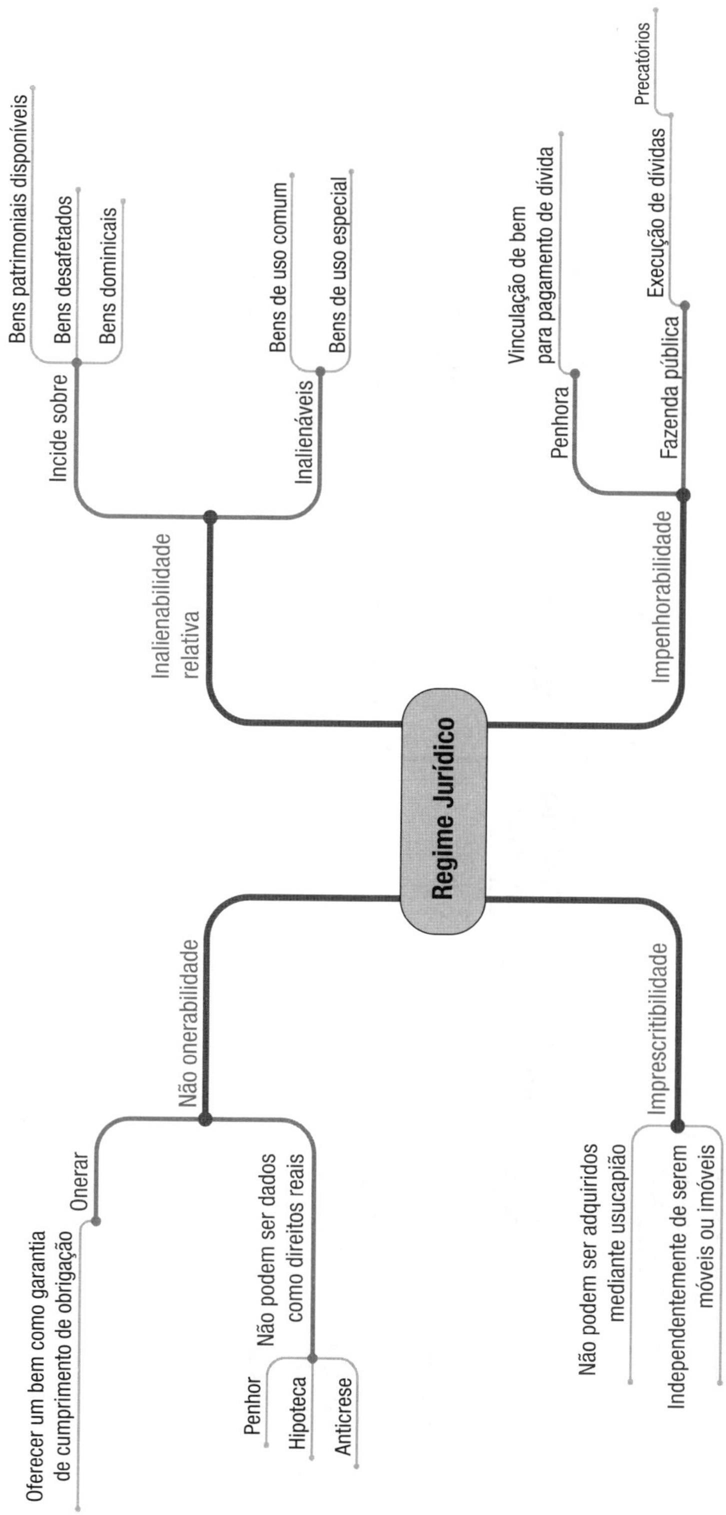
Regime Jurídico
Inalienabilidade relativa
Incide sobre
Bens patrimoniais disponíveis
Bens desafetados
Bens dominicais
Inalienáveis
Bens de uso comum
Bens de uso especial
Impenhorabilidade
Penhora
Vinculação de bem para pagamento de dívida
Fazenda pública
Execução de dívidas
Precatórios
Não onerabilidade
Onerar
Oferecer um bem como garantia de cumprimento de obrigação
Não podem ser dados como direitos reais
Penhor
Hipoteca
Anticrese
Imprescritibilidade
Não podem ser adquiridos mediante usucapião
Independentemente de serem móveis ou imóveis

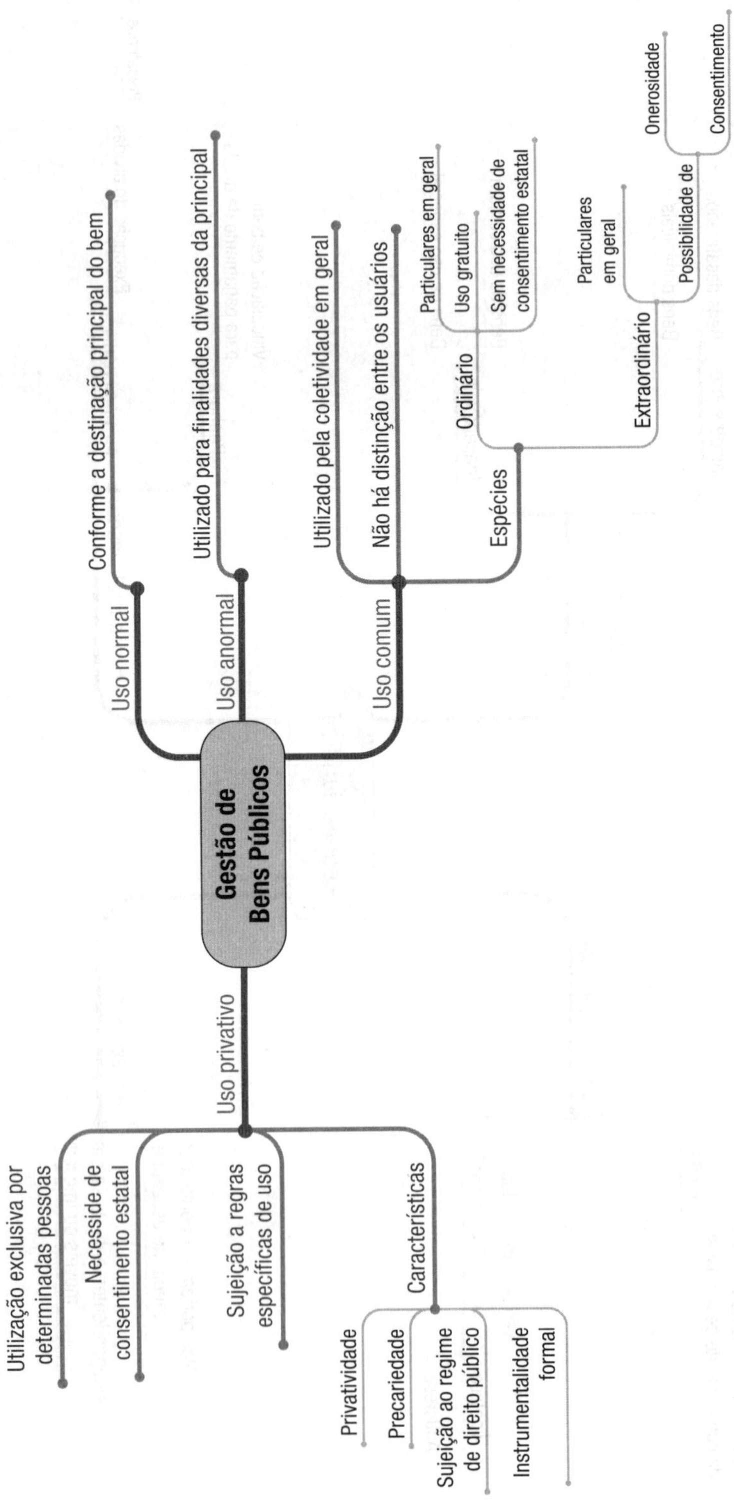
Gestão de Bens Públicos
Uso normal
Conforme a destinação principal do bem
Uso anormal
Utilizado para finalidades diversas da principal
Uso comum
Utilizado pela coletividade em geral
Não há distinção entre os usuários
Espécies
Ordinário
Particulares em geral
Uso gratuito
Sem necessidade de consentimento estatal
Extraordinário
Particulares em geral
Possibilidade de
Onerosidade
Consentimento
Uso privativo
Utilização exclusiva por determinadas pessoas
Necesside de consentimento estatal
Sujeição a regras específicas de uso
Características
Privatividade
Precariedade
Sujeição ao regime de direito público
Instrumentalidade formal

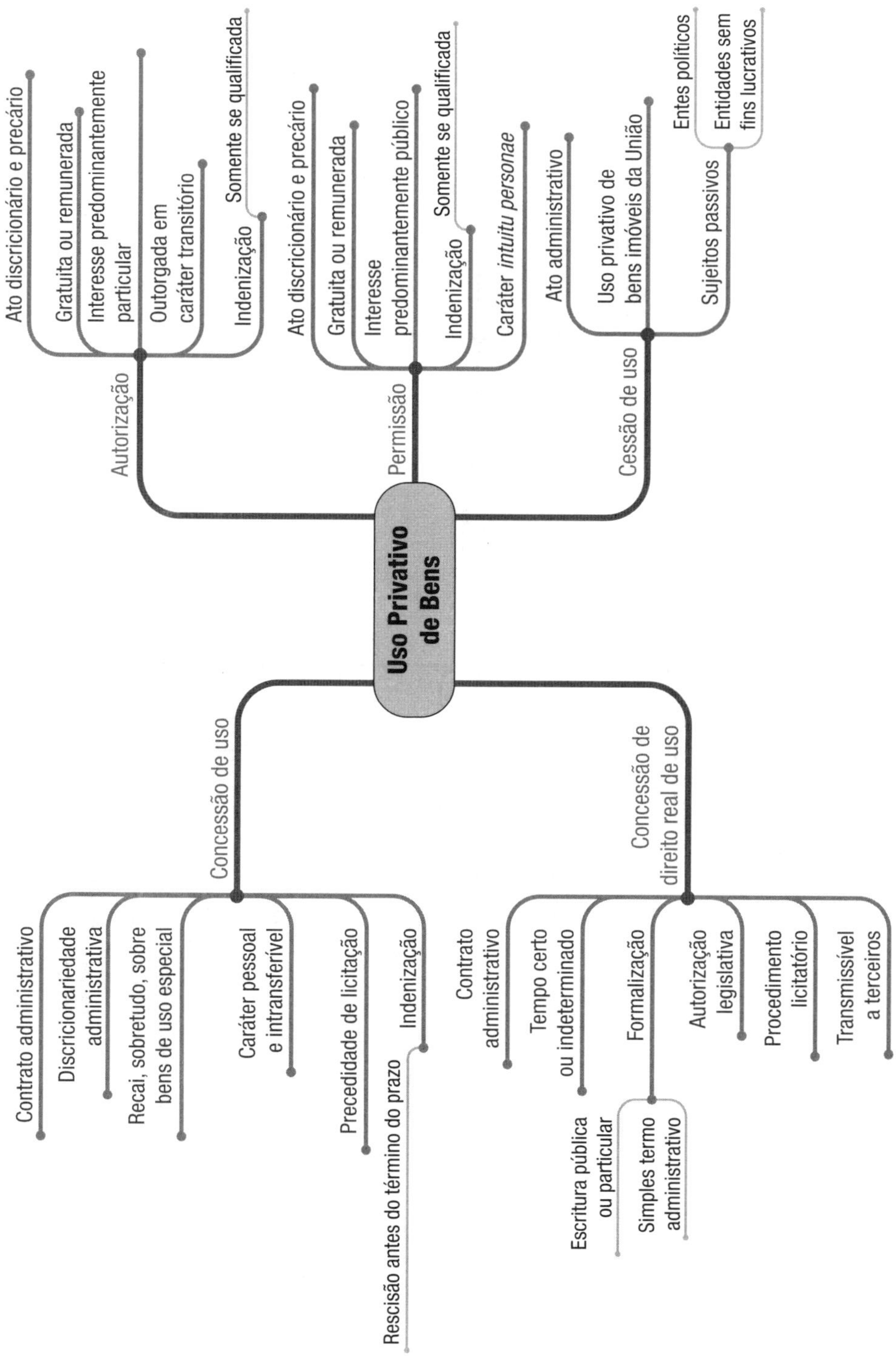
Uso Privativo de Bens
Autorização
Ato discricionário e precário
Gratuita ou remunerada
Interesse predominantemente particular
Outorgada em caráter transitório
Indenização
Somente se qualificada
Permissão
Ato discricionário e precário
Gratuita ou remunerada
Interesse predominantemente público
Indenização
Somente se qualificada
Caráter *intuitu personae*
Cessão de uso
Ato administrativo
Uso privativo de bens imóveis da União
Sujeitos passivos
Entes políticos
Entidades sem fins lucrativos
Concessão de uso
Contrato administrativo
Discricionariedade administrativa
Recai, sobretudo, sobre bens de uso especial
Caráter pessoal e intransferível
Precedidade de licitação
Indenização
Rescisão antes do término do prazo
Concessão de direito real de uso
Contrato administrativo
Tempo certo ou indeterminado
Formalização
Escritura pública ou particular
Simples termo administrativo
Autorização legislativa
Procedimento licitatório
Transmissível a terceiros

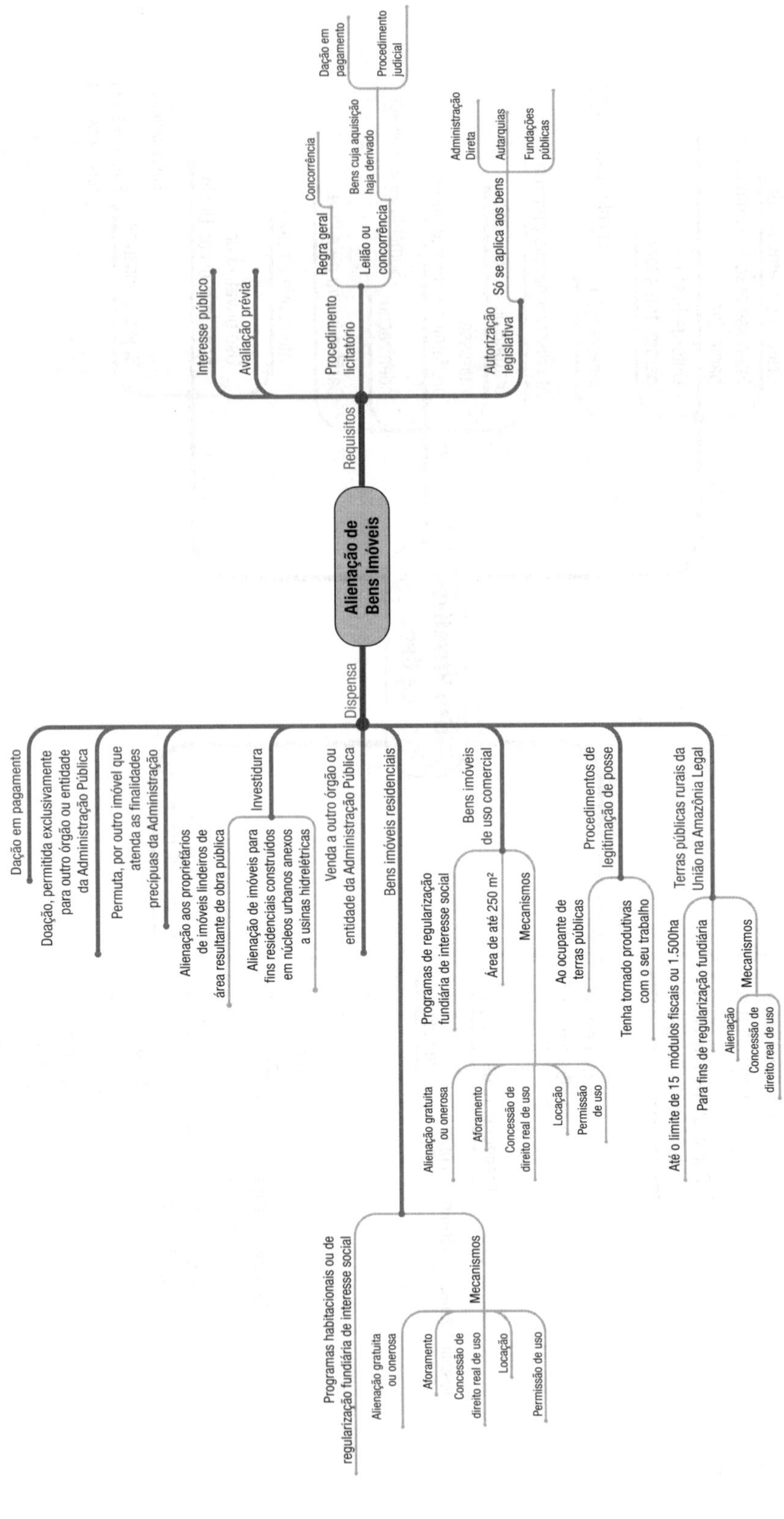

Alienação de Bens Imóveis
Requisitos
Interesse público
Avaliação prévia
Procedimento licitatório
Regra geral
Concorrência
Leilão ou concorrência
Bens cuja aquisição haja derivado
Dação em pagamento
Procedimento judicial
Autorização legislativa
Só se aplica aos bens
Administração Direta
Autarquias
Fundações públicas
Dispensa
Dação em pagamento
Doação, permitida exclusivamente para outro órgão ou entidade da Administração Pública
Permuta, por outro imóvel que atenda as finalidades precípuas da Administração
Alienação aos proprietários de imóveis lindeiros de área resultante de obra pública
Investidura
Alienação de imóveis para fins residenciais construídos em núcleos urbanos anexos a usinas hidrelétricas
Venda a outro órgão ou entidade da Administração Pública
Bens imóveis residenciais
Programas habitacionais ou de regularização fundiária de interesse social
Mecanismos
Alienação gratuita ou onerosa
Aforamento
Concessão de direito real de uso
Locação
Permissão de uso
Bens imóveis de uso comercial
Programas de regularização fundiária de interesse social
Área de até 250 m²
Mecanismos
Alienação gratuita ou onerosa
Aforamento
Concessão de direito real de uso
Locação
Permissão de uso
Procedimentos de legitimação de posse
Ao ocupante de terras públicas
Tenha tornado produtivas com o seu trabalho
Terras públicas rurais da União na Amazônia Legal
Até o limite de 15 módulos fiscais ou 1.500ha
Para fins de regularização fundiária
Mecanismos
Alienação
Concessão de direito real de uso

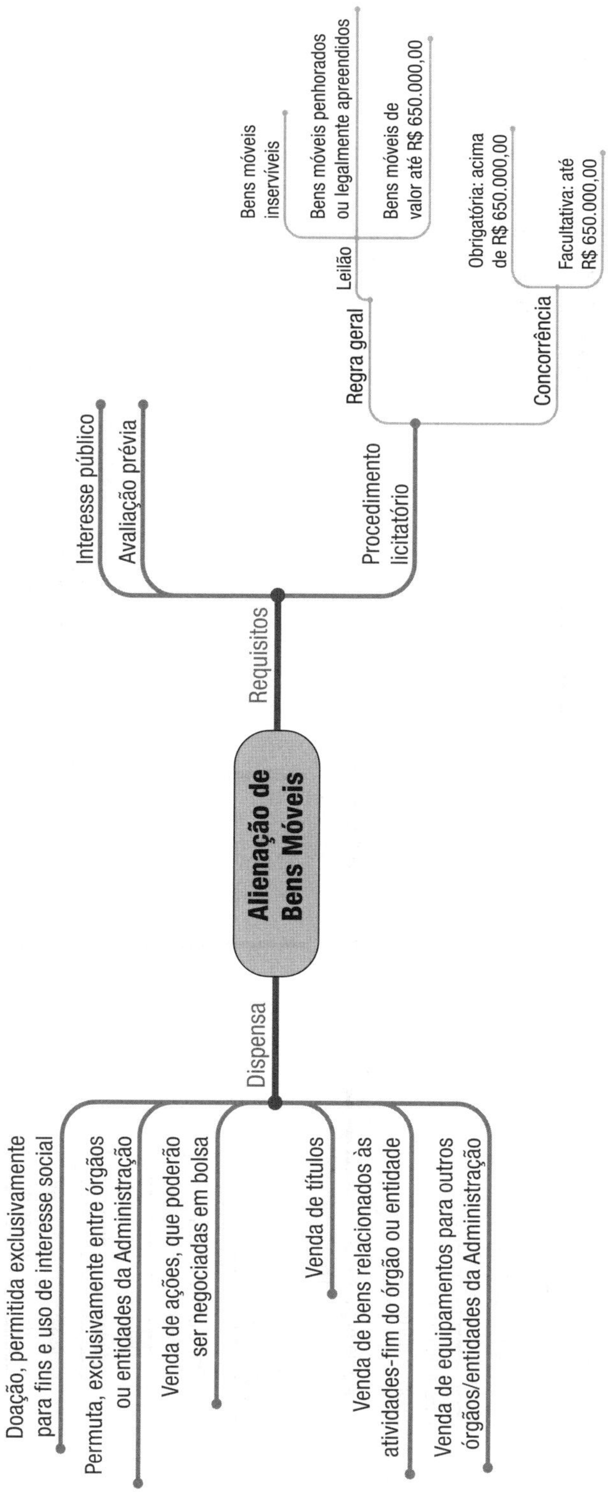
Alienação de Bens Móveis
Requisitos
Interesse público
Avaliação prévia
Procedimento licitatório
Regra geral
Leilão
Bens móveis inservíveis
Bens móveis penhorados ou legalmente apreendidos
Bens móveis de valor até R$ 650.000,00
Concorrência
Obrigatória: acima de R$ 650.000,00
Facultativa: até R$ 650.000,00
Dispensa
Doação, permitida exclusivamente para fins e uso de interesse social
Permuta, exclusivamente entre órgãos ou entidades da Administração
Venda de ações, que poderão ser negociadas em bolsa
Venda de títulos
Venda de bens relacionados às atividades-fim do órgão ou entidade
Venda de equipamentos para outros órgãos/entidades da Administração

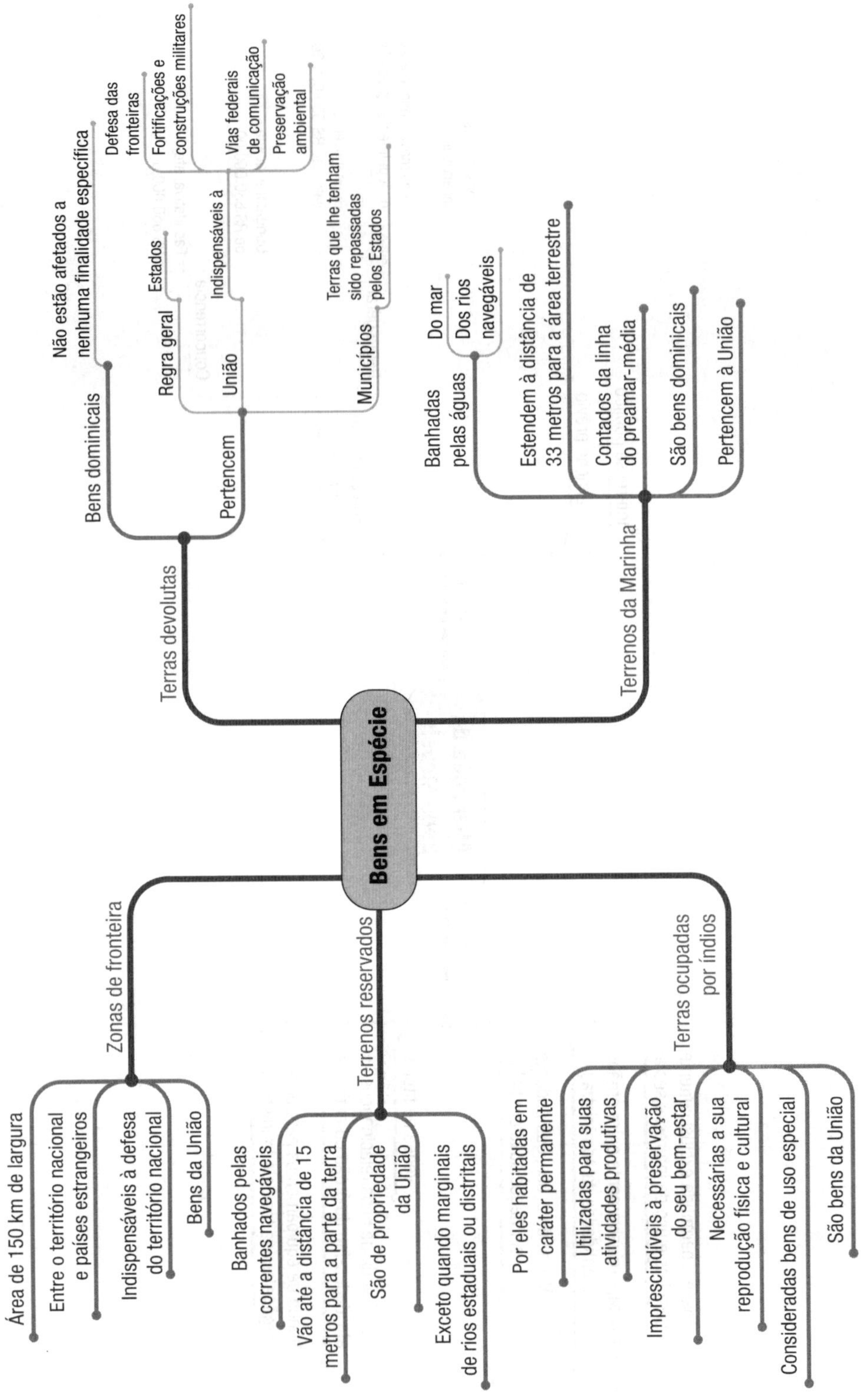
Bens em Espécie
Terras devolutas
Bens dominicais
Não estão afetados a nenhuma finalidade específica
Pertencem
Regra geral
Estados
União
Indispensáveis à
Defesa das fronteiras
Fortificações e construções militares
Vias federais de comunicação
Preservação ambiental
Municípios
Terras que lhe tenham sido repassadas pelos Estados
Terrenos da Marinha
Banhadas pelas águas
Do mar
Dos rios navegáveis
Estendem à distância de 33 metros para a área terrestre
Contados da linha do preamar-média
São bens dominicais
Pertencem à União
Zonas de fronteira
Área de 150 km de largura
Entre o território nacional e países estrangeiros
Indispensáveis à defesa do território nacional
Bens da União
Terrenos reservados
Banhados pelas correntes navegáveis
Vão até a distância de 15 metros para a parte da terra
São de propriedade da União
Exceto quando marginais de rios estaduais ou distritais
Terras ocupadas por índios
Por eles habitadas em caráter permanente
Utilizadas para suas atividades produtivas
Imprescindíveis à preservação do seu bem-estar
Necessárias a sua reprodução física e cultural
Consideradas bens de uso especial
São bens da União

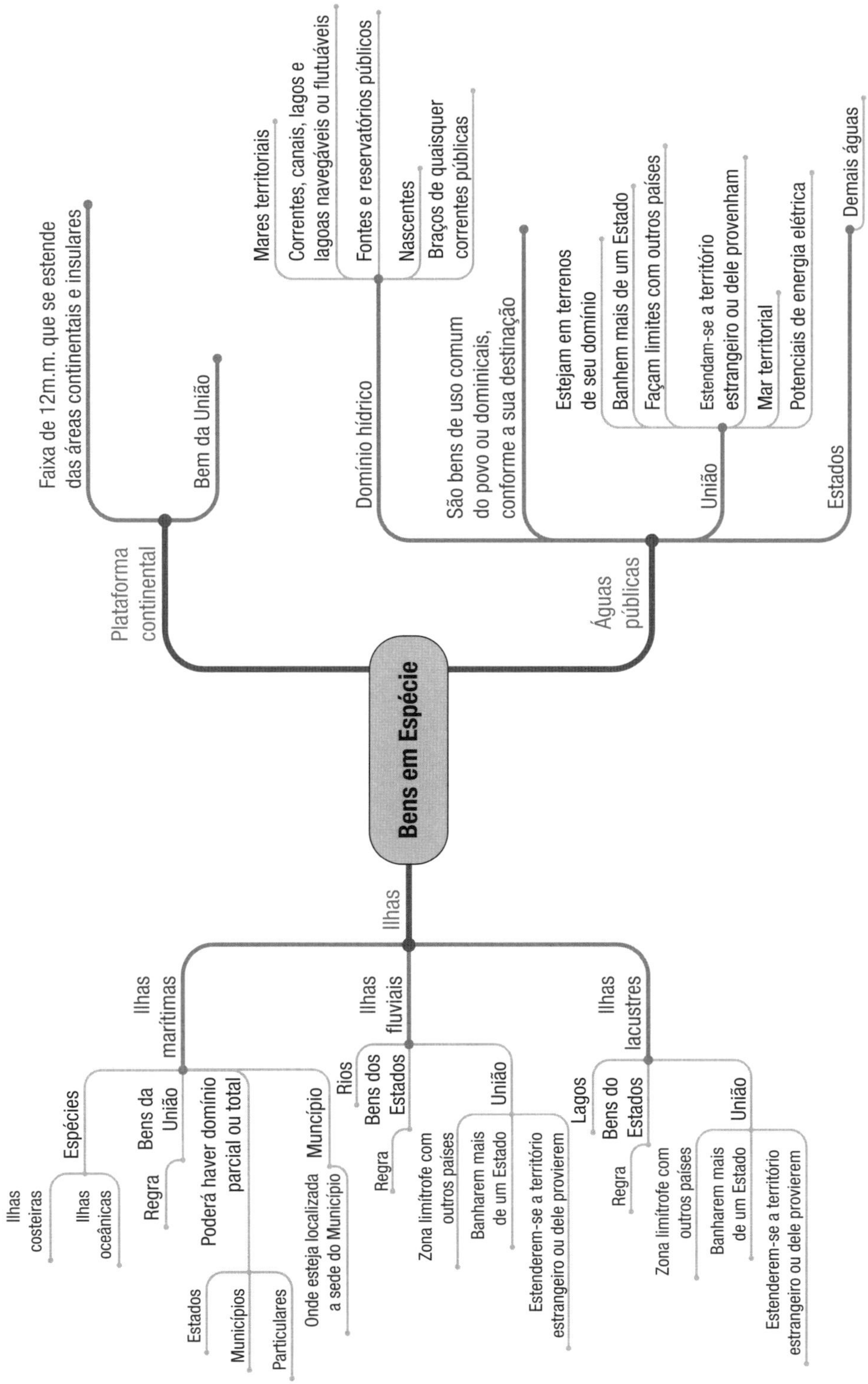
Bens em Espécie
Plataforma continental
Faixa de 12m.m. que se estende das áreas continentais e insulares
Bem da União
Águas públicas
Domínio hídrico
Mares territoriais
Correntes, canais, lagos e lagoas navegáveis ou flutuáveis
Fontes e reservatórios públicos
Nascentes
Braços de quaisquer correntes públicas
São bens de uso comum do povo ou dominicais, conforme a sua destinação
União
Estejam em terrenos de seu domínio
Banhem mais de um Estado
Façam limites com outros países
Estendam-se a território estrangeiro ou dele provenham
Mar territorial
Potenciais de energia elétrica
Estados
Demais águas
Ilhas
Ilhas marítimas
Espécies
Ilhas costeiras
Ilhas oceânicas
Bens da União
Regra
Poderá haver domínio parcial ou total
Estados
Municípios
Particulares
Muncípio
Onde esteja localizada a sede do Município
Ilhas fluviais
Rios
Bens dos Estados
Regra
União
Zona limítrofe com outros países
Banharem mais de um Estado
Estenderem-se a território estrangeiro ou dele provierem
Ilhas lacustres
Lagos
Bens do Estados
Regra
União
Zona limítrofe com outros países
Banharem mais de um Estado
Estenderem-se a território estrangeiro ou dele provierem

Capítulo 12
Servidores Públicos

1. CONSIDERAÇÕES INICIAIS

Toda vez que nos referimos à atuação do Poder Público, estamos, em verdade, falando sobre comportamentos humanos que podem ser considerados como a manifestação da vontade do Estado naquele momento específico. Nesse pano de fundo é que surge a figura do agente público, que é o sujeito que detém e exerce poderes de manifestar a vontade do Estado. Não há como imaginar que o Estado faça algo que não seja por meio de seus agentes públicos.

Se é verdade que o Estado não atua senão por meio de seus agentes, também é verdadeiro que a relação desses agentes com o Estado não pode se dar de maneira casual, aleatória, desregrada. É necessário que sejam estabelecidas regras que incidam sobre essa relação jurídica constituída entre o Estado e o agente público. A esse conjunto de regras e princípios que regulam a relação jurídica entre o Estado e os seus agentes damos o nome de regime jurídico.

Em um primeiro momento, esse conjunto de regras é definido na Constituição Federal. A Carta de 1988, nos seus arts. 37 a 41, dispõe sobre as regras aplicáveis aos servidores públicos (concurso público, estabilidade, formas de provimento, sistema remuneratório, regime de previdência, entre outros assuntos). A esse conjunto de regras atinentes aos servidores públicos previstas no texto da Constituição denominamos **regime constitucional** dos servidores públicos.

Dispondo de maneira pormenorizada sobre os comandos normativos constitucionais, e sem contrariá-los, o Estatuto dos Servidores Públicos compõe o **regime estatutário** (ou regime legal) dos servidores públicos, e nada mais é que uma lei ordinária de iniciativa de cada ente político (União, Estados, Distrito Federal e Municípios), que dispõe sobre a relação jurídico-funcional desses agentes públicos com o Estado. Vale dizer, a Constituição Federal estabelece as diretrizes a serem observadas pelos entes políticos ao elaborarem os seus respectivos regimes jurídicos de servidores públicos.

Na esfera federal foi editada a Lei nº 8.112/1990: o regime jurídico estatutário dos servidores da Administração Direta, autárquica e fundacional da União.[1]

Não se poderia, também, deixar de fazer menção às regras internas expedidas pelos mais diversos órgãos e entidades da Administração Pública, por meio de portarias, resoluções, circulares, instruções, no exercício de poder hierárquico. Esse conjunto de normas denomina-se regime infralegal dos agentes públicos.

O objetivo do presente capítulo é trazer à baila tão somente o **regime constitucional** dos agentes públicos, sobretudo a categoria dos servidores públicos.

2. AGENTES PÚBLICOS

2.1. Conceito

Hely Lopes Meirelles define agentes públicos como "todas as pessoas físicas incumbidas definitiva ou transitoriamente do exercício de alguma função estatal".[2]

Em outro dizer, agente público é toda pessoa física que, com ou sem vínculo profissional, gratuita ou remunerada, permanente ou transitoriamente, por qualquer forma de investidura ou vínculo, presta serviços de interesse do Estado, exercendo mandato, cargo, emprego ou função pública.

Cabe agora examinarmos especificamente alguns pontos do conceito ora exposto:

a) agente público é expressão utilizada para designar somente pessoas físicas, jamais pessoas jurídicas. Dessa maneira, não podemos considerar como agente público uma empresa pública, mas os empregados que nela desempenham suas atribuições;

b) o conceito de agentes públicos envolve todos os agentes da União, dos Estados, do Distrito Federal e dos Municípios, de qualquer dos Poderes dessas pessoas federativas, das suas autarquias, das fundações públicas, das empresas públicas, das sociedades de economia mista, das respectivas subsidiárias, dos delegatários de serviços públicos e demais particulares que atuem em colaboração com o Poder Público e fazem as vezes deste;

c) embora seja comum, a existência de vínculo profissional não é pressuposto necessário para a categorização de alguma pessoa como agente público. Um mesário eleitoral, por exemplo, no momento em que desempenha a atividade pública para a qual foi designado pode ser considerado agente público, mesmo não tendo vínculo profissional com o Estado;

---

1 Neste *Curso* não nos deteremos aos meandros do Regime Estatutário Federal. Para tanto, recomendamos o nosso *Lei nº 8.112/1990 – Estatuto dos Servidores Públicos Federais*. *Vide* referência bibliográfica completa ao fim desta obra.

2 MEIRELLES, Hely Lopes. *Direito Administrativo Brasileiro*. 34ª ed. São Paulo: Malheiros, 2007, p. 76.

d) a contraprestação pecuniária pelo trabalho prestado também não é determinante, posto que em face de previsão legal, a prestação de serviços gratuitos será lícita. A título de exemplo, cite-se o próprio mesário eleitoral. Mesmo assim, cabe a advertência no sentido de que a prestação de serviços gratuitos é permitida apenas nos casos indicados em lei;[3] e

e) o vínculo do agente público com o Estado, a depender do caso, pode ser permanente (quando no início da adesão ao vínculo não se pode estipular até que momento ele será mantido) ou temporário (quando do início da formação do vínculo já se tem a sua duração exata ou aproximada). Um e outro caso não elidem a natureza jurídica do vínculo da pessoa física com o Poder Público a ponto de não ser considerada agente público.

Pelo exposto, fica fácil notar que a abrangência da expressão "agente público" vai desde o exercente de mandado eletivo, passa pela pessoa regularmente investida em cargo público mediante concurso e alcança, inclusive, os particulares que eventualmente desempenham função pública.

Em face da dimensão da expressão "agentes públicos", a doutrina não costuma classificá-los de maneira uniforme, razão pela qual resolvemos trazer à tona a lição de apenas dois de nossos grandes administrativistas: Hely Lopes Meirelles e Celso Antônio Bandeira de Mello.

2.2. Classificação segundo Hely Lopes Meirelles

2.2.1. Agentes políticos

Na dicção de Hely Lopes Meirelles, agentes políticos são:

> Os componentes do Governo nos seus primeiros escalões, investidos em cargos, funções, mandatos ou comissões, por nomeação, eleição, designação ou delegação, para o exercício de atribuições com prerrogativas e responsabilidade próprias, estabelecidas na Constituição e em leis especiais.[4]

Os agentes políticos são titulares dos mais elevados cargos na Administração Pública e estão voltados à **formação e exteriorização da vontade superior do Estado**. Carvalho Filho, oportunamente, afirma que "são estes agentes que desenham as estratégias políticas por eles consideradas necessárias e convenientes para que o Estado atinja seus fins".[5]

Nessa categoria estão os chefes do Poder Executivo (Presidente da República, Governadores e Prefeitos), seus auxiliares imediatos (Ministros ou Secretários de

3 O art. 4º da Lei nº 8.112/1990 prevê que "é proibida a prestação de serviços gratuitos, salvo os casos previstos em lei". Trata-se do princípio da vedação do enriquecimento sem causa do Estado, que não pode se locupletar do trabalho do agente público sem que lhe dê a devida paga.

4 MEIRELLES, Hely Lopes. *Direito Administrativo Brasileiro*. 34ª ed. São Paulo: Malheiros, 2007, p. 76.

5 CARVALHO FILHO, José dos Santos. *Manual de Direito Administrativo*. 20ª ed. Rio de Janeiro: Lumen Juris, 2008, p. 556.

Estado ou municipais), parlamentares, membros do Poder Judiciário (Ministros de Tribunal, Desembargadores e Juízes) e do Ministério Público.[6]

Importante ressaltar entendimento do STF no sentido de que a função de Conselheiro do Tribunal de Contas não se enquadra no conceito de agente político, uma vez que exerce a função de auxiliar do Legislativo no controle da Administração Pública.[7]

Os agentes públicos integrantes das carreiras da Advocacia-Geral da União, da Procuradoria-Geral da Fazenda Nacional, das Procuradorias dos Estados e do Distrito Federal e da Defensoria Pública (art. 135, CF/1988) e os servidores das Polícias Federal, Civil, Militares e Corpos de Bombeiros Militares (art. 144, § 9º, CF/1988) **não são agentes políticos**, uma vez que a Lei Maior, nos mencionados dispositivos, denomina-os apenas como "servidores".

Isso exposto, fica fácil perceber que a investidura em cargo político ocorrerá por:

a) mandato eletivo: chefes do Executivo e parlamentares;
b) concurso público de provas e títulos: juízes, membros do Ministério Público;
c) livre nomeação: ministros e secretários de Estado ou de Município, membros dos Tribunais do Judiciário e Procurador-Geral da República.

Os agentes políticos são os formadores da vontade superior do Estado e, por isso, têm as suas atribuições previstas no próprio **texto constitucional**. Isso significa que, pela relevância da função que desempenham, não se sujeitam às regras aplicáveis aos servidores em geral. Além do mais, não se sujeitam à hierarquia de qualquer outra autoridade. A exceção a essa regra são os Ministros e Secretários de Estado ou de Município, pois esses agentes políticos guardam vínculo de subordinação hierárquica com os respectivos chefes do Poder Executivo.

Para fins penais, são equiparados, quanto aos crimes relacionados com o exercício de sua função, aos funcionários públicos, nos termos do art. 327 do Código Penal. Também podem ser sujeitos ativos para fins de responsabilização por ato de improbidade administrativa, conforme a Lei nº 8.429/1993. Alguns desses agentes respondem, ainda, pela prática de crime de responsabilidade.

É útil salientar que STF[8], modificando entendimento firmando anteriormente, entende ser aplicável o regime da Lei 8.429/92 (Lei de Improbidade) a quem

6 Os parlamentares somente são considerados agentes políticos quando estiverem no exercício de seus mandatos. Os suplentes se enquadram nessa categoria apenas quando ocupam a vaga do titular. Caso contrário, não são considerados agentes públicos.

7 Rcl 6702 AgR-MC/PR, rel. Min. Ricardo Lewandowski, 4.3.2009.

8 Pet 4.070-AgR/DF, Rel. Min. CELSO DE MELLO, julg.: 24.10.2007; Pet 4.076 AgR, Rel. Min. RICARDO LEWANDOWSKI, DJe 14.12.2007; Rcl 2.138, Rel. Min. NELSON JOBIM, Rel. p/ acórdão Min. GILMAR MENDES, DJe 18.04.2008; Pet 4.099 AgR, Rel. Min. GILMAR MENDES, DJe 08.05.2009; Pet 3.030-QO/RO, Rel. Min. MARCO AURÉLIO, julg.: 23.05.2012; PET 4.314-AgR/DF, Rel.ª Min.ª ROSA WEBER, julg.: 19.06.2013.

tenha exercido função ou cargo de Agente Político (exceto o Presidente da República), para responsabilizá-lo por improbidade decorrente de conduta praticada nessa condição, mesmo que já não a exerça mais à época do processo.

A espécie remuneratória aplicável aos agentes políticos é o **subsídio**, retribuição pecuniária fixada em parcela única, vedado o acréscimo de qualquer outra vantagem pecuniária de natureza remuneratória (art. 39, § 4º, CF/1988). Os demais agentes públicos também podem ser remunerados por subsídio. Basta que a lei que regulamenta as respectivas carreiras assim disponha. Entretanto, para algumas categorias de servidores a Constituição se antecipou e estipulou que serão remunerados por subsídio. Mais adiante cuidaremos desse assunto. Por ora, basta sabermos que os agentes políticos recebem como contraprestação pecuniária obrigatoriamente o subsídio.

Os agentes políticos, por terem suas atribuições previstas diretamente na Constituição, são objeto de estudo predominantemente do Direito Constitucional, cabendo ao Direito Administrativo a mera inserção dessa categoria na sistemática dos agentes públicos.

2.2.2. Agentes administrativos

Constituindo a larga maioria dos agentes públicos, temos os agentes administrativos, que são as pessoas físicas que titularizam **cargo**, **emprego** ou **função pública** ao prestarem serviços ao Estado, mediante a manutenção de **vínculo profissional** com este e mediante **remuneração** paga pelos cofres públicos.

Integram essa categoria os **servidores públicos**, os **empregados públicos** e os **servidores temporários**. Estes últimos são aqueles contratados pelo Poder Público em face de necessidade temporária de excepcional interesse público.

Em sentido estrito, os **servidores públicos** são os ocupantes de **cargos** efetivos (mediante aprovação prévia em concurso público) ou em comissão (livre nomeação e exoneração), cujo regime de pessoal é **estatutário** (na esfera federal, Lei nº 8.112/1990), de natureza eminentemente **legal**, e como contraprestação pecuniária recebem **remuneração** pelo exercício de suas funções.[9]

Integram os quadros da Administração Direta, das autarquias e fundações públicas de direito público dos entes políticos.

A essa categoria de agentes, notadamente os ocupantes de cargo efetivo, aplicam-se algumas prerrogativas sem igual na iniciativa privada, a saber: estabilidade, licença para tratar de interesses particulares, licença-capacitação, entre outros.

9 A expressão "servidores públicos" em sentido amplo é sinônima de agente administrativo. Ou seja, engloba os servidores públicos em sentido estrito, os empregados públicos e os servidores temporários.

Os **empregados públicos** são os agentes que ocupam **empregos** públicos, também mediante aprovação prévia em concurso público, cujo regime de pessoal é o **celetista** (Consolidação das Leis do Trabalho), de natureza eminentemente **contratual**, e como contraprestação pecuniária recebem **salário**.

Integram os quadros das fundações públicas de direito privado, empresas públicas e sociedades de economia mista.

Apesar de a esses agentes não se aplicar o instituto da estabilidade, há direitos trabalhistas dos empregados públicos que não são extensíveis aos servidores públicos: Fundo de Garantia do Tempo de Serviço (FGTS), seguro-desemprego, participação nos lucros e rendimentos, entre outros.

Os **servidores temporários** são pessoas físicas contratadas pelo Estado em virtude de necessidade temporária de excepcional interesse público, que desempenham **função pública**, mediante **processo seletivo simplificado**, dispensado este em alguns casos, sob a influência de um regime jurídico de natureza eminentemente **legal** (na esfera federal, a Lei nº 8.745/1993), e como contraprestação pecuniária recebem remuneração.

Os militares até a EC nº 19/1998 enquadravam-se na categoria de servidores públicos, sendo, inclusive, chamados de servidores públicos militares. Porém, a referida emenda os colocou em apartado, passando a fazê-los integrar uma categoria à parte dos servidores públicos (CF/1988, arts. 42 e 142, que tratam dos militares das Polícias Militares e Corpos de Bombeiros e dos militares das Forças Armadas, respectivamente). Assim, temos que, atualmente, é imprópria a utilização das terminologias "servidores públicos militares" e "servidores públicos civis", pois com a nova sistemática constitucional temos duas categorias distintas: os servidores públicos e os militares.[10]

Quanto à expressão "funcionário público", largamente adotada pela doutrina e por diversos diplomas legais, a Constituição de 1988 e a legislação administrativa superveniente não mais fazem uso da mencionada expressão. Todavia, a legislação penal continua fazendo uso do termo, a exemplo do art. 327 do Código Penal, segundo o qual se denomina funcionário público todo aquele que, "embora transitoriamente ou sem remuneração, exerce cargo, emprego ou função pública". Perceba que o conceito de funcionário público, para fins penais, vai além da categoria dos agentes administrativos – engloba todos os agentes públicos. Em conclusão, podemos afirmar que no Direito Administrativo a locução "funcionário público" não é mais utilizada, porém no Direito Penal continua sendo de uso corrente para designar o conjunto de pessoas físicas que desenvolvem as atividades do Estado (agentes públicos).

Por oportuno, devemos ainda registrar que os agentes administrativos não estão sujeitos à responsabilização por crime de responsabilidade, nos termos

10 Os militares das Forças Armadas têm Estatuto próprio (Lei nº 6.880/1980), não se submetendo à Lei nº 8.112/1990, nem à CLT.

da Lei nº 1.079/1950. Todavia, respondem por improbidade administrativa, na forma da Lei nº 8.429/1992.

2.2.3. Agentes honoríficos

Diz-se agente honorífico aquele que, em razão de sua condição de cidadão presta transitoriamente, por nomeação, designação ou requisição, serviços públicos relevantes, a título de um **múnus público** (dever imputado ao indivíduo como parte do grupo social). De maneira mais simples, os agentes honoríficos são os cidadãos que desempenham função pública em reconhecimento a sua honra.

Os convocados para o serviço eleitoral, os jurados, os membros de conselhos tutelares e os conscritos são exemplos de agentes honoríficos.

De maneira geral, os agentes honoríficos não mantêm vínculo profissional com o Estado, nem recebem contraprestação pecuniária em função do desempenho de suas atividades. No entanto, para fins penais, são considerados funcionários públicos, na forma do art. 327 do Código Penal. Também estão sujeitos à prática de ato de improbidade, nos termos da Lei nº 8.429/1992.

É importante verificar que a inexistência de vínculo profissional e de remuneração, embora seja a regra, não se aplica a todos os agentes honoríficos, a exemplo dos conscritos (jovens que prestam serviço militar obrigatório).

As regras relativas à vedação constitucional de acumulação de cargos, empregos e funções públicas (art. 37, XVI e XVII) não se aplicam aos agentes honoríficos, em face do caráter transitório de sua investidura e de não cultivarem vínculo profissional com o Estado.

2.2.4. Agentes delegados

São os **particulares** que prestam, em **nome próprio** e por sua **conta** e **risco**, determinado serviço público mediante delegação do Poder Público.

A partir do conceito dado, fazemos as seguintes conclusões sobre os agentes delegados:

a) atuam em **nome próprio**: enquanto os demais agentes públicos atuam em nome do Estado, os agentes delegados atuam em nome próprio. Exemplificativamente, quando um Oficial de Justiça do TJDFT promove a citação do réu para apresentar contestação no processo, o faz em nome da União, ao passo que um tradutor público quando atua no exercício da função pública que lhe foi delegada o faz em seu próprio nome, e não no do ente estatal que lhe deferiu a atribuição;

b) atuam por sua **conta e risco**: os agentes delegados assumem totalmente o risco pelas atividades que desenvolvem, podendo sofrer prejuízos financeiros ou até mesmo vir à falência, não havendo qualquer responsabilidade do Estado por danos que venham a sofrer em decorrência dos riscos ordinários inerentes ao negócio;

c) respondem **objetivamente** pelos danos causados por seus atos: segundo o art. 37, § 6º, CF/1988, respondem objetivamente pelos danos advindos de atos comissivos de seus agentes que, agindo nessa qualidade, causarem a terceiros. Note que essa responsabilidade recai, não sobre o agente delegado (pessoa física), mas sobre a pessoa jurídica incumbida da prestação do serviço.

Os concessionários, permissionários e autorizatários integram a categoria dos agentes delegados, assim como os leiloeiros, serventuários de ofícios e cartórios não estatizados, trapicheiros, tradutores e intérpretes públicos.

O principal traço distintivo entre os agentes delegados e os agentes administrativos é que nos primeiros **inexiste vínculo de subordinação** com o Estado.

Os agentes delegados têm **legitimidade passiva** para responder em mandado de segurança por atos praticados no exercício da função delegada.

Para fins penais, são considerados funcionários públicos, na forma do art. 327 do Código Penal.

2.2.5. Agentes credenciados

Os agentes credenciados são os indivíduos convidados ou convocados para representar o Estado em alguma **solenidade** ou para **desenvolver uma atividade específica** em nome daquele.

Um famoso ambientalista convidado a representar o Brasil em fórum internacional sobre o aquecimento global e um médico especialista em determinado vírus incumbido de identificar surto endêmico em população indígena são exemplos de agentes delegados.

Semelhante aos agentes honoríficos, os agentes credenciados não mantêm qualquer vínculo profissional com o Estado, mas recebem remuneração pelo serviço prestado ao Poder Público. Não é demais repetir que são considerados funcionários públicos para fins penais.

2.3. Classificação segundo Celso Antônio Bandeira de Mello

O professor Celso Antônio Bandeira de Mello propõe classificação distinta ao dividir os agentes públicos em apenas três categorias: agentes políticos, servidores estatais e particulares em colaboração com o Poder Público.

Para esse autor, os **agentes políticos** são "os titulares dos cargos estruturais à organização política do país, isto é, os ocupantes dos cargos que compõem o arcabouço constitucional do Estado e, portanto, o esquema fundamental do poder. Sua função é de formadores da vontade superior do Estado".[11] O vínculo entre tais agentes e o Estado é de natureza política e suas atribuições estão previstas na própria Constituição, não na legislação infraconstitucional.

Por entender que o que determina a qualificação como agente político é a participação na formação das políticas governamentais e diretrizes do Estado (isto é, o desempenho efetivo da função política), Bandeira de Mello advoga o entendimento de que estão excluídos dessa categoria de agentes os membros da magistratura, pois o Poder Judiciário, no Brasil, se atém a questões exclusivamente jurisdicionais e não políticas.[12] O mesmo raciocínio pode ser aplicado aos membros do Ministério Público e dos Tribunais de Contas[13]. Dessa maneira, para esse ilustre jurista, integram a categoria dos agentes políticos apenas os chefes do Poder Executivo, seus auxiliares imediatos e os parlamentares. Repita-se que os membros da Magistratura, do Ministério Público dos Tribunais de Contas não exercem funções tipicamente políticas, pois não interferem diretamente nas políticas de ação do Estado, razão pela qual são classificados entre os servidores estatais.[14]

É de todo oportuno salientar que esses agentes, pela peculiaridade e relevância das funções que desempenham, são destinatários de determinadas garantias funcionais sem paralelo em relação aos demais servidores, tais como a vitaliciedade, inamovibilidade, entre outras.

Sem embargo da excelência e acerto do posicionamento do eminente professor Bandeira de Mello, deve-se dispensar a devida atenção à lição de Hely Lopes Meirelles, pois é esse o posicionamento do Supremo Tribunal Federal sobre a matéria.[15]

Os **servidores estatais** são a categoria de agentes públicos que mantêm vínculo profissional com a Administração Direta e Indireta, submetidos a uma estrutura hierárquica e que recebe contraprestação pecuniária pelo desempenho de suas funções. Nessa categoria, se enquadram: a) os servidores públicos titulares de cargos públicos na Administração Direta, autárquica e fundacional; b) os empregados públicos das fundações públicas de direito privado, empresas públicas e sociedades de economia mista; e c) os contratados temporariamente para atender à necessidade temporária de excepcional interesse público.

11 MELLO, Celso Antônio Bandeira de. *Curso de Direito Administrativo*. 25ª ed. São Paulo: Malheiros, 2007, p. 245.

12 A função política cabe, em princípio, ao Poder Executivo e, em parte, ao Poder Legislativo. A participação do Judiciário nas decisões políticas é praticamente inexistente.

13 Importante ressaltar entendimento do STF no sentido de que a função de Conselheiro do Tribunal de Contas não se enquadra no conceito de agente político, uma vez que exerce a função de auxiliar do Legislativo no controle da Administração Pública.

14 Compartilham do mesmo posicionamento os seguintes autores: Maria Sylvia Zanella Di Pietro, José dos Santos Carvalho Filho, Edimur Ferreira Faria, Diógenes Gasparini, entre outros.

15 RE 579799 AgR / SP, Rel. Min. EROS GRAU, julg.: 02.12.2008; RE 228.977/SP, Rel. Min. NÉRI DA SILVEIRA, DJ 12.4.2002.

Os servidores estatais correspondem aos agentes administrativos, assim chamados por Hely Lopes Meirelles.

Por fim, temos os **particulares em colaboração com o Poder Público** que são os agentes que, "sem perderem sua qualidade de particulares - portanto, de pessoas alheias à intimidade do aparelho estatal (com exceção única dos recrutados para serviço militar) - exercem função pública, ainda que às vezes apenas em caráter episódico".[16] Aqui estão incluídos: a) os requisitados para a prestação de algum serviço de utilidade pública, como os mesários eleitorais, jurados, conscritos; b) os que, livremente e por sua conta e risco, assumem algum encargo público frente a situações anormais que exigem a adoção de medidas urgentes, como os "gestores de negócios públicos"; c) os contratados como locação civil de serviços, como um renomado arquiteto contratado para desenvolver um projeto para a construção de um museu público; d) os concessionários, permissionários e autorizatários de serviços públicos, bem como os titulares de serventias de Justiça não oficializadas; e e) os indivíduos que praticam certos atos dotados de força jurídica oficial, como os diretores de faculdades particulares.

Os agentes honoríficos, delegados e credenciados, da classificação de Hely Lopes, estão todos aqui enquadrados como particulares em colaboração com o Poder Público.

2.4. Agente de fato

Quando alguém é investido em alguma função pública mediante a adoção dos critérios e requisitos constitucionais e legais exigidos, dizemos que essa pessoa é um **agente de direito**, pois sua investidura tem validade na órbita jurídica. Quando, todavia, o desempenho da função pública se dá em caráter temporário ou permanente, sem a necessária e regular investidura, estamos diante do **agente de fato** - apesar de não haver vínculo jurídico, há exercício de função pública no plano material. Dessa forma, agente de fato, nas palavras de Celso Antônio Bandeira de Mello, "é aquele cuja investidura foi irregular, mas cuja situação tem aparência de legalidade".[17]

Tal como o agente de direito, o agente de fato desempenha a função pública para atender interesse público. No entanto, a investidura deu-se em decorrência de situação excepcional, por erro da Administração ou por fraude do próprio agente.

A doutrina costuma dividir os agentes de fato em duas categorias: os **agentes necessários** e os **agentes putativos**. Os primeiros são os que, em situações emergenciais e transitórias, praticam atos e desempenham atividades, como se

16 BANDEIRA DE MELLO, Celso Antônio. *Curso de Direito Administrativo*. 25ª ed. São Paulo: Malheiros, 2007, p. 249.

17 *Idem, ibidem*, p. 243.

fossem agentes de direito. Em razão da excepcionalidade e do interesse público envolvido, os atos praticados pelos agentes de fato necessários são confirmados pelo Estado, convalidando-se-lhes o vício de competência e suprindo os demais requisitos legais. Cite-se o exemplo de civis que, numa situação calamitosa de desastre natural (p. ex.: uma enchente) prestam auxílio aos agentes públicos da defesa civil ou do corpo de bombeiros.

Os segundos (agentes de fato putativos), diferentemente, são aqueles que desempenham uma função pública em decorrência de investidura irregular, a exemplo do indivíduo que passa a exercer um cargo público sem a devida aprovação em concurso público. Em relação aos atos praticados pelos agentes putativos, internamente sofrem de vício insanável de competência, mas externamente, em nome dos princípios da aparência, da boa-fé, da segurança jurídica e da presunção de legalidade dos atos administrativos, tais atos permanecem inalterados, como se lícitos fossem, para não prejudicar os terceiros de boa-fé, salvo no caso de conluio ou pré-conhecimento por parte destes, situações em que deverá ser anulado o ato e responsabilizado o terceiro juntamente com o agente putativo.

É interessante salientar que, embora o agente de fato putativo tenha se apropriado da função pública mediante fraude ou erro da Administração, ao ser invalidada a sua investidura, não terá de devolver os valores percebidos a título de remuneração pelo exercício do cargo. É que nesses casos, mesmo sendo a investidura irregular, o serviço efetivamente foi prestado e o Estado se valeu da força de trabalho do agente. Logo, o Poder Público não poderá exigir a devolução aos cofres públicos das respectivas remunerações, pois assim haveria um **enriquecimento sem causa do Estado**, que se locupletaria de trabalho gratuito – o que é terminantemente vedado.[18]

3. REGIME DE PESSOAL

Regime de pessoal é o conjunto de regras que incidem sobre o vínculo laboral que o agente público mantém com o Estado.

Há três regimes de pessoal na Administração Pública brasileira:

a) estatutário: aplicável aos servidores públicos de cada ente político. Em âmbito federal, e a Lei nº 8.112/1990;[19]

b) celetista: relativo aos empregados públicos regidos pela Consolidação das Leis do Trabalho (CLT), válida para todos os entes políticos; e

c) especial: alcança os servidores temporários contratados para atender necessidade temporária de excepcional interesse público, cujo vínculo com o Estado, na esfera federal, é ditado pelas normas da Lei nº 8.745/1993.

18 Nesse mesmo sentido é o posicionamento do STJ (REsp 575.551/SP, Rel.ª Min.ª DENISE ARRUDA, DJ 06.02.2007).

19 No Estado de Goiás por exemplo, o regime jurídico dos servidores é dado pela Lei Estadual nº 10.460/1988.

3.1. Estatutário

O regime estatutário é o conjunto de regras e princípios que incidem sobre a relação jurídica que os **servidores públicos** mantêm com o Estado e tem como características principais:

a) alcança os servidores públicos da **Administração Direta** (conjunto de órgãos dos Poderes Legislativo, Executivo e Judiciário da União, Estados, Distrito Federal e Municípios), **autárquica** e **fundacional** (entidades administrativas de direito público da Administração Indireta);[20]

b) objeto do vínculo é o cargo público, efetivo ou em comissão;

c) **pluralidade normativa**: cada ente da Federação no exercício de sua competência legislativa tem autonomia para elaborar o Estatuto dos seus respectivos servidores públicos. Na União, temos a Lei nº 8.112/1990, cuja iniciativa do projeto de lei que trate desse assunto é reservada ao Presidente da República, nos termos do art 61, § 1º, II, "c", da CF/1988;[21]-[22]

d) natureza **legal** (estatutária) e **unilateral**: o servidor público tem a sua relação com o Estado regulada por lei. Com efeito, a materialização do vínculo com o Estado se dá por meio da assinatura do Termo de Posse, e não por contrato de trabalho. A consequência disso é que o servidor público não tem direito adquirido à manutenção dos direitos e vantagens previstas no Estatuto. A qualquer momento tais benefícios podem ser extintos. Isso porque todos os aspectos jurídicos atinentes ao vínculo estatutário decorrem diretamente da lei e, se esta for alterada, os servidores públicos serão imediatamente atingidos por essas alterações, ressalvadas as situações jurídicas já consolidadas. Se, ao contrário, o vínculo do servidor público se desse por meio de contrato de trabalho (ajuste bilateral de vontades), o Estado não poderia alterar disposições contratuais sem prévia anuência do trabalhador; [23]

e) os processos que envolvam servidores públicos federais são processados e julgados na Justiça Federal. *Mutatis mutantis*, o mesmo raciocínio aplica-se aos servidores estaduais, distritais e municipais;[24]

---

20 Mais detalhes sobre a organização administrativa brasileira, consulte o Capítulo 3 (Organização Administrativa do Estado) deste *Curso*.

21 O servidor público brasileiro que presta serviço no exterior é regido, não pela Lei nº 8.112/1990, mas pelo Regime Jurídico do Serviço Exterior Brasileiro – Lei nº 11.440/2006.

22 Dessa forma, é inconstitucional o projeto de lei de iniciativa do Poder Legislativo que disponha sobre regime jurídico de servidores públicos (STF, ADI nº 341/PR, Rel. Min. EROS GRAU, DJe 10.06.2010). No mesmo sentido: STF, ADI 2834/ES, Rel. Min. DIAS TOFFOLI, julg.: 20.08.2014.

23 Consulte o tópico 4 (Regime jurídico e direito adquirido).

24 Não obstante o art. 114 da CF estabeleça que as ações oriundas da relação de trabalho, envolvendo entes políticos da Administração Direta e entidades da Administração Indireta, serão processadas e julgadas na Justiça do Trabalho, o STF, liminarmente, concedeu interpretação conforme à Constituição ao citado dispositivo para excluir da incidência da Justiça do Trabalho as relações de ordem estatutária entre os servidores públicos e as pessoas de direito público da Administração. Vale dizer, litígios entre Poder Público e servidores estatutários são de competência da Justiça Federal (ADI 33.95 MC/DF, Rel. Min. CEZAR PELUSO, DJ 05.04.2006).

f) acesso mediante prévia aprovação em concurso de provas ou provas e títulos;

g) segurados pelo Regime Próprio de Previdência Social (RPPS);

h) garantia de estabilidade para os servidores que, nomeados para cargo de provimento efetivo em virtude de concurso público, atingirem três anos de efetivo exercício;

i) não há possibilidade de dissídios e negociações coletivas, em face de a fixação e alteração de vencimentos ser matéria afeta à lei;

j) existência de institutos como a reintegração, recondução, aproveitamento e disponibilidade, entre outros.

3.2. Celetista

O regime celetista trata do conjunto de regras que regulam a relação jurídica entre o Estado e seus **empregados públicos** e tem como principais características:

a) alcança os empregados públicos das fundações públicas de direito privado, empresas públicas e sociedades de economia mista (entidades administrativas de direito privado da Administração Indireta);

b) objeto do vínculo é o emprego público;

c) **unicidade normativa**: regência pela Consolidação das Leis do Trabalho (Decreto-Lei nº 5.452/1943), diploma único para todos os entes da Federação (União, Estados, Distrito Federal e Municípios). Tal característica deriva da competência privativa da União para legislar sobre Direito do Trabalho, nos termos do art. 22, I, da Constituição Federal;

d) natureza **contratual** e **bilateral**: os empregados públicos materializam o vínculo com o Estado por meio da celebração do contrato de trabalho e assinatura na Carteira de Trabalho e Previdência Social (CTPS). E, por isso, qualquer alteração na relação de trabalho somente será lícita se decorrer de acordo entre as partes. Vale dizer, o Estado não pode alterar unilateralmente as regras do contrato de trabalho celebrado com empregados públicos. Isso porque a força normativa da relação de emprego advém diretamente do contrato, de sorte que eventuais modificações posteriores na Consolidação não poderão alterar as situações jurídicas vigentes (os contratos de trabalho já celebrados), mas tão somente as que se constituírem dali por diante. Note que é possível que alterações sejam feitas mediante acordo entre empregado e empregador;

e) necessidade de prévia aprovação em concurso público;

f) os processos que envolvam empregados públicos são processados e julgados na Justiça do Trabalho; e

g) não há garantia de estabilidade,[25] reintegração, recondução, aproveitamento e disponibilidade. Mas, por outro lado, há o direito à percepção de verbas indenizatórias em decorrência da despedida sem justa causa (Fundo de Garantia do Tempo de Serviço, seguro-desemprego). Além disso, dissídios e negociações coletivas são instrumentos próprios do regime celetista.[26]

3.3. Especial

O regime especial é aquele que incide sobre os contratados temporariamente para atender necessidade temporária de excepcional interesse público. O art. 37, IX, da Constituição dispõe que "a lei estabelecerá os casos de contratação por tempo determinado para atender a necessidade temporária de excepcional interesse público". Trata-se de norma constitucional de eficácia limitada e, portanto, depende de lei que a regulamente a fim de tornar-se aplicável. Se quiserem contratar servidores com base no regime especial estabelecido no art. 37, IX, a União, os Estados, o Distrito Federal e os Municípios deverão editar as respectivas leis que tratem do assunto.[27]

Em cumprimento ao comando constitucional, na esfera federal, foi editada a Lei nº 8.745, de 9 de dezembro de 1993, que estabelece normas de contratação por tempo determinado de servidores temporários.

Da leitura do dispositivo constitucional supramencionado e da disciplina doutrinária sobre a matéria sobressaem algumas características importantes, que merecem destaque:

a) alcança os servidores temporários de quaisquer órgãos ou entidades da Administração Direta e Indireta;

b) objeto do vínculo é a função pública. Os servidores temporários não titularizam cargos, nem empregos públicos. Em verdade, os servidores temporários desempenham tão somente função pública;

---

25 Embora não sejam detentores de estabilidade, os empregados públicos celebram contrato de trabalho por prazo indeterminado, que só poderá ser rescindido unilateralmente mediante a ocorrência das seguintes situações: a) prática de falta grave (art. 482, CLT); b) necessidade de redução do quadro por excesso de despesa com pessoal (art. 169, CF/1988); e c) acumulação ilícita de cargos, empregos e funções públicos (art. 37, XVI, CF/1988). Ainda sobre o tema, o STF considera inadmissível a extensão do instituto da estabilidade aos empregados públicos (RE 363.328, Rel.ª Min.ª ELLEN GRACIE, DJ 19.09.2003 e AI-AgR 561.230/RS, Rel. Min. GILMAR MENDES, DJ 18.05.2007). Em contrário, a Súmula nº 390 do TST, segundo a qual "I. O servidor público celetista da administração direta, autárquica ou fundacional é beneficiário da estabilidade prevista no art. 41 da CF/1988. II. Ao empregado de empresa pública ou de sociedade de economia mista, ainda que admitido mediante aprovação em concurso público, não é garantida a estabilidade prevista no art. 41 da CF/1988". Embora haja certo dissenso na jurisprudência, devemos acolher o posicionamento do STF, que nos parece ser o mais acertado após as alterações promovidas pela Reforma Administrativa (EC nº 19/1998). Ademais, com o regime jurídico único torna-se inviável a existência de outro regime que não o estatutário para os servidores públicos da Administração Direta, autárquica e fundacional de cada ente político.

26 É vedada a despedida imotivada de empregados públicos das empresas públicas e sociedades de economia mista (STF, RE 589.998/PI, Rel. Min. RICARDO LEWANDOWSKI, julg.: 24.02.2010).

27 No Distrito Federal, a Lei nº 1.169, de 24 de julho de 1996, autoriza a contratação de pessoal por tempo determinado para atender a necessidade temporária de excepcional interesse público.

c) pluralidade normativa: cada ente da Federação, no exercício de sua competência legislativa, tem autonomia para elaborar o Estatuto dos seus respectivos servidores públicos (na União, temos a Lei nº 8.745/1993);

d) natureza **bilateral** e **contratual**, nos termos do art. 37, IX, CF/1988. Aqui, não se trata de um contrato de trabalho, nos moldes da CLT, mas de contrato administrativo especial regido por normas de Direito Público (regime jurídico-administrativo);

e) os processos que envolvam servidores temporários são processados e julgados na Justiça Comum, Federal ou Estadual, conforme o caso;[28]

f) não há necessidade de aprovação em concurso público para recrutamento de pessoal temporário. Para tanto é suficiente processo seletivo simplificado sujeito à ampla divulgação;[29]-[30]

g) temporariedade da contratação: os contratos temporários, por óbvio, têm prazo de vigência sempre determinado e, em tese, são improrrogáveis;[31]

h) os contratos temporários podem findar antes do decurso de seu prazo, a pedido do contratado; ou pelo simples transcurso do seu período de duração (advento do termo contratual). Em ambos os casos, a rescisão dá-se

28 O STF entende que "as contratações temporárias para suprir os serviços públicos estão no âmbito de relação jurídico-administrativa, sendo competente para dirimir os conflitos a Justiça comum e não a Justiça especializada" (Rcl 4.872/GO, Rel. Min. MARCO AURÉLIO, DJe 07.11.2008). *Vide* também STF, Rcl 4.464, Rel. Min. CARLOS BRITTO, DJe 21.08.2009. Inicialmente, o STJ defendia a mesma tese (CC 100.271/PE, Rel. Min. ARNALDO ESTEVES LIMA, DJe 06.04.2009). Entretanto, posteriormente acabou por alterar sua jurisprudência, passando a asseverar que é preciso distinguir os casos em que a lei estadual ou municipal preveja regime jurídico-administrativo (Justiça Comum) ou trabalhista (Justiça do Trabalho) para os servidores temporários. Feito isso, será possível definir o foro competente para julgamento das referidas ações (AgRg no AgRg no CC 115.400/SP, Rel. Min. HUMBERTO MARTINS, julg.: 27.04.2011; AgRg no CC 116.308-SP, Min. Rel. CASTRO MEIRA, julg.: 08.02.2012).

29 A diferença entre o concurso público e o processo seletivo simplificado é que este não necessariamente (mas quase sempre) consiste num teste de conhecimentos – característica que está presente em todos os concursos públicos. Em que pese essa afirmação, a Lei nº 11.350/2006 exigiu, que, para contratação de Agentes Comunitários de Saúde e de Agentes de Combate a Epidemias, "deverá ser precedida de processo seletivo público de provas ou de provas e títulos, de acordo com a natureza e a complexidade de suas atribuições e requisitos específicos para o exercício das atividades, que atenda aos princípios de legalidade, impessoalidade, moralidade, publicidade e eficiência". Como se percebe, esse processo seletivo não se diferenciou muito do concurso público previsto no texto constitucional.

30 O processo seletivo simplificado poderá ser dispensado nas hipóteses de contratação para atender às necessidades decorrentes de calamidade pública, de emergência ambiental e de emergências em saúde pública (art. 3º, § 1º, Lei nº 8.745/1993, alterado pela Lei nº 12.314/2010) e para contratação de professor visitante (art. 2º, IV, V e VI, "a", "c", "d", "e" e "g", Lei nº 8.745/1993). Em relação a este último, será suficiente a análise de *curriculum vitae*, em vista da notória capacidade técnica ou científica do profissional. Todavia, é importante consignar que esta última é hipótese excepcional. A regra é que o processo seletivo seja composto de algum tipo de teste de conhecimentos. Repisamos: a exclusiva análise curricular como processo seletivo simplificado deve ser vista como exceção, e não regra.

31 Diga-se de passagem que, em verdade, anualmente, o Presidente da República edita nova medida provisória para prorrogar o prazo de tais contratos, tornando-os, no final das contas, verdadeiros contratos por prazo indeterminado. A respeito, em 2006, foi interposta, pelo Procurador-Geral da República, a ADI n. 3678/DF, Rel. Min. CELSO DE MELLO, com pedido de liminar, contra o art. 10 da MP nº 269/2005, que autorizou o poder Executivo a prorrogar os contratos temporários firmados por entidades diversas até 31 de março de 2007. Para o PGR com a edição da MP ficou caracterizada verdadeira "perpetuação de um estado de temporariedade que acabou se tornando permanente pela subsequência". Até o fechamento desta edição, não houve julgamento de mérito.

sem ônus para qualquer das partes. A Administração também poderá rescindir o contrato antes do prazo, mas nesse caso indenizará o contratado em valor correspondente à metade do que lhe caberia se o contrato fosse cumprido integralmente (art. 12, Lei nº 8.745/1993). Por exemplo, se a Administração rescinde o contrato seis meses antes do término, a indenização corresponderá à metade das remunerações a que o servidor teria direito até o término do contrato. Se o valor total estimado fosse de R$ 6.000,00, a indenização corresponderia a R$ 3.000,00;[32]

i) em termos previdenciários, os servidores temporários pertencem ao Regime Geral de Previdência Social (RGPS);

j) consideram-se hipóteses de necessidade temporária de excepcional interesse público (art. 2º, Lei nº 8.745/1990):

I. assistência a situações de calamidade pública;

II. assistência a emergências em saúde pública;

III. realização de recenseamentos e outras pesquisas de natureza estatística efetuadas pela Fundação Instituto Brasileiro de Geografia e Estatística - IBGE;

IV. admissão de professor substituto e professor visitante;

V. admissão de professor e pesquisador visitante estrangeiro;

VI. atividades especiais nas organizações das Forças Armadas para atender à área industrial ou a encargos temporários de obras e serviços de engenharia; bem como de identificação e demarcação territorial;

VII. atividades finalísticas do Hospital das Forças Armadas;

VIII. atividades de pesquisa e desenvolvimento de produtos destinados à segurança de sistemas de informações, sob responsabilidade do Centro de Pesquisa e Desenvolvimento para a Segurança das Comunicações - Cepesc;

IX. atividades de vigilância e inspeção, relacionadas à defesa agropecuária, no âmbito do Ministério da Agricultura e do Abastecimento, para atendimento de situações emergenciais ligadas ao comércio internacional de produtos de origem animal ou vegetal ou de iminente risco à saúde animal, vegetal ou humana;

X. atividades desenvolvidas no âmbito dos projetos do Sistema de Vigilância da Amazônia - Sivam e do Sistema de Proteção da Amazônia - Sipam.

XI. atividades didático-pedagógicas em escolas de governo;

XII. atividades de assistência à saúde para comunidades indígenas;

32 O STF tem entendido que a mera prorrogação do prazo de contratação de servidor temporário, quando permitida, não tem o condão de transmudar o vínculo administrativo que este mantinha com o Estado em relação de natureza trabalhista (RE 573.202/AM, Rel. Min. RICARDO LEWANDOWSKI, julg.: 21.08.2008). No mesmo sentido, STJ, CC 100.271/PE, Rel. Min. ARNALDO ESTEVES LIMA, DJe 06.04.2009.

XIII. admissão de professor, pesquisador e tecnólogo substitutos para suprir a falta de professor, pesquisador ou tecnólogo ocupante de cargo efetivo, decorrente de licença para exercer atividade empresarial relativa à inovação;

XIV. admissão de pesquisador, de técnico com formação em área tecnológica de nível intermediário ou de tecnólogo, nacionais ou estrangeiros, para projeto de pesquisa com prazo determinado, em instituição destinada à pesquisa, ao desenvolvimento e à inovação;

XV. combate a emergências ambientais, na hipótese de declaração, pelo Ministro de Estado do Meio Ambiente, da existência de emergência ambiental na região específica; e

XVI. admissão de professor para suprir demandas da expansão das instituições federais de ensino, respeitados os limites e condições fixados em ato conjunto dos Ministérios do Planejamento, Desenvolvimento e Gestão e da Educação.

Questão relevante paira sobre a natureza em si da atividade que será objeto de contratação temporária: se deve também ser transitória ou se pode se tratar de atividade permanente, mas com necessidade excepcional. Seria o caso de se indagar se seria possível contratar servidores temporários para exercer atividades meramente burocráticas (que nada têm de transitórias), mas cuja necessidade fosse transitória (por exemplo, para a realização de determinado projeto) ou se a atividade em si a ser desempenhada teria de ser temporária.

Em primeiro lugar, cabe consignar que, consoante a jurisprudência do Supremo Tribunal Federal, são **três os requisitos para a realização de contratação temporária**, a saber: a) previsão em lei das hipóteses em que será possível a contratação temporária; b) definição prévia do prazo de duração do contrato (o que é óbvio, visto que se trata de vínculo "temporário"); e c) necessidade temporária de interesse público excepcional.[33]

Pelo exposto, já fica claro que **a contratação temporária deve ser vista como exceção** à regra de provimento de cargos públicos, que deve ser feita prioritariamente em caráter efetivo mediante concurso público.

Isso posto, volta-se à questão posta acima quanto à natureza da atividade a ser desempenhada pelo servidor temporário. A resposta, à luz do entendimento consolidado no STF, será no sentido de que é possível a contratação temporária mesmo para atividades permanentes da Administração (como é o exemplo de professores), mas para suprir demanda eventual ou passageira. No entanto, o legislador tem o dever de especificar, em cada caso, os traços de emergencialidade que justifiquem a contratação temporária. Usando o exemplo dos professores,

33 ADI 3.247/MA, Rel.ª Min.ª CÁRMEN LÚCIA, julg.: 26.03.2014; ADI 3.210/PR, Rel. Min. CARLOS VELLOSO, DJ 03.02.2004.

poderia hipoteticamente se pensar em contratação temporária para suprir vagas a serem preenchidas mediante curso, caso não haja candidatos aprovados e somente até que fosse realizado um novo certame.[34]

------------------------	Estatutário	Celetista	Especial
Abrangência	Administração Direta, autarquias e fundações públicas de direito público	Fundações públicas de direito privado, empresas públicas e sociedade de economia mista	Administração direta ou indireta
Disciplina legal	Pluralidade normativa (cada ente político pode elaborar o seu próprio estatuto)	Unicidade normativa (CLT: alcança todos os entes políticos)	Pluralidade normativa (cada ente político pode elaborar o seu próprio estatuto)
Natureza jurídica do vínculo	Legal e unilateral	Contratual e bilateral	Contratual e bilateral
Agentes públicos (classificação)	Servidores públicos	Empregados públicos	Servidores temporários

3.4. Regime Jurídico Único (RJU)

A Constituição Federal de 1988, inicialmente, em seu art. 39, previa a criação de regime jurídico único para os ocupantes de cargos públicos na Administração direta, autárquica e fundacional de cada ente político (União, Estados, Distrito Federal e Municípios). Dessa maneira, os referidos entes deveriam ter, em suas administrações diretas, autárquicas e fundacionais, um único regime de pessoal, que, em tese, poderia ser estatutário ou celetista. A ideia era conceder tratamento isonômico aos servidores públicos de cada ente político (União, Estados, Distrito Federal e Municípios), além de facilitar a gestão de pessoal na Administração, o que era sobremodo difícil com a diversidade de regimes.

Exemplificando o sobredito, um consultor legislativo do Senado Federal (órgão público federal), um técnico do Banco Central (autarquia federal) e um Analista do IBGE (fundação pública federal), teriam em comum o fato de serem regidos por um mesmo regime de pessoal – no caso, a Lei nº 8.112/1990.

Contudo, em 1998, foi promulgada a Emenda Constitucional nº 19, a reforma administrativa, e o art. 39 da Constituição passou a ter a seguinte redação: "A União, os Estados, o Distrito Federal e os Municípios instituirão conselho de

34 STF, ADI 3.247/MA, Rel.ª Min.ª CÁRMEN LÚCIA, julg.: 26.03.2014; ADI 3721/CE, Rel. Min. TEORI ZAVASCKI, julg.: 09.06.2015.

política de administração e remuneração de pessoal, integrado por servidores designados pelos respectivos Poderes". Como se percebe não houve qualquer menção ao regime jurídico único dos servidores. Com isso, passou a doutrina a entender que, a partir da reforma administrativa, não há mais obrigatoriedade de adoção de regime jurídico único para cada pessoa política, admitindo a coexistência, numa mesma esfera de governo, de diversos regimes de pessoal (estatutário, celetista ou um outro qualquer que fosse criado).[35] Nesse ensejo, foi editada a Lei nº 9.962/2000 que autorizava a instituição do regime de emprego (celetista) na Administração Federal direta, autárquica e fundacional.

Todavia, em agosto de 2007, a aplicabilidade do art. 39 da Constituição com redação dada pela Emenda Constitucional nº 19/1998 foi suspensa liminarmente pelo STF, que apontou a não aplicabilidade indistinta do regime de emprego no seio da Administração direta, autárquica e fundacional. Essa decisão, sem efeitos retroativos, da Corte Suprema trouxe novamente à existência, pelo menos por enquanto, o Regime Jurídico Único e tornou inaplicável *ex nunc* a Lei nº 9.962/2000.[36] Isto é, não mais poderá haver coexistência de regimes jurídicos no âmbito interno da Administração Pública federal, estadual, distrital ou municipal. Assim, até que o STF decida definitivamente a questão, é obrigatória a adoção de **regime jurídico único** para o pessoal da Administração Direta, autárquica e fundacional da União, dos Estados, do Distrito Federal e dos Municípios.

Vale repetir, até que o STF profira decisão de mérito, fica restaurada a redação original do art. 39 da Constituição Federal:

> A União, os Estados, o Distrito Federal e os Municípios instituirão, no âmbito de sua competência, regime jurídico único e planos de carreira para os servidores da administração pública direta, das autarquias e das fundações públicas.

4. REGIME JURÍDICO E DIREITO ADQUIRIDO

Imaginemos o caso de José, analista judiciário do TST desde 1995. À época do ingresso de José no serviço público federal, o Estatuto previa a licença-prêmio por assiduidade com duração de três meses para aqueles servidores que completassem cinco anos de exercício ininterrupto. Porém, em 1997 (ano em que José completava dois anos de exercício ininterrupto), por força da Lei nº 9.257, a licença-prêmio foi retirada do Estatuto. Indagamos: se José entrou no serviço público em momento

35 Advirta-se que a EC nº 19/1998 não extinguiu o regime jurídico único, mas tão somente passou a não mais exigi-lo, admitindo a coexistência de diversos regimes na Administração direta, autárquica e fundacional de cada uma das pessoas políticas.

36 ADI nº 2135/MC, Rel. p/ acórdão Min.ª ELLEN GRACIE, julg.: 02.08.2007.

anterior à lei que extinguiu a licença-prêmio, seria atingido por essa alteração? Isto é, José perderia o direito à licença-prêmio?

Inicialmente, é preciso notar que o entendimento pacífico da Corte Suprema é no sentido de que **não há direito adquirido que garanta a imutabilidade do regime jurídico**.[37] Isso implica dizer que pode a lei nova, ao criar direito novo para o servidor público, estabelecer exigência que não observe o regime jurídico anterior. O servidor não tem nenhuma garantia de que a relação funcional originária permanecerá inalterada até a extinção do vínculo laboral. Como esse vínculo entre o Estado e o servidor não tem natureza contratual, não há falar em direito adquirido à manutenção das relações estatutárias inicialmente estipuladas.

Ademais, se o Poder Público se furtasse ao direito de alteração das regras do Estatuto, estaria abrindo mão de defender os interesses públicos que lhe cabe cuidar e dos quais não pode dispor livremente. Em outras palavras, pode a Lei nº 8.112/1990 ser alterada, inclusive para suprimir direitos e vantagens de servidores, sem que estes possam invocar direitos adquiridos. Tanto é assim que vários direitos já foram retirados do regime jurídico, tais como a supracitada licença-prêmio e o adicional por tempo de serviço, sem que se admitisse qualquer alegação de direito adquirido.

Retomando o caso concreto em análise, podemos afirmar que José não terá direito ao gozo de licença-prêmio, haja vista que à data da alteração legislativa não havia cumprido os requisitos para a fruição do benefício. Significa dizer que José tinha apenas expectativa de direito à licença-prêmio.

É preciso notar que toda aquisição de direito depende da consumação de determinada situação fática. Nesse sentido, afirma Carvalho Filho:

> Se se consuma o suporte fático previsto na lei e se são preenchidos os requisitos para o seu exercício, o servidor passa a ter direito adquirido ao benefício ou vantagem que o favorece.[38]

Assim, devemos distinguir entre as situações jurídicas que estão em curso à data da alteração do regime e as que à essa época já estavam consolidadas. Com relação às primeiras, não há qualquer direito adquirido por parte do servidor, por não ter satisfeito os necessários requisitos para o gozo dos referidos direitos. Em verdade, nessas situações ainda não ocorreu o fato gerador do direito, perfazendo **mera expectativa de direito**. É exatamente essa a situação de José.

Entretanto, **as situações já consolidadas devem ser respeitadas**. Alterando a situação hipotética, se José, à época da extinção da licença-prêmio, tivesse cumprido **todos os requisitos** para o gozo daquele direito (ou seja, contasse

37 STF, RE 600837 AgR / DF, Rel. Min. CELSO DE MELLO, DJe 04.12.2009.

38 CARVALHO FILHO, José dos Santos. *Manual de Direito Administrativo*. 20ª ed. Rio de Janeiro: Lumen Juris, 2008, p. 585.

cinco anos de exercício ininterrupto), teria direito adquirido ao gozo de **um período** de três meses a título de licença-prêmio. Note que dali em diante não caberá mais a invocação de direito adquirido, pois José já não terá mais atendido o requisito de novos cinco anos de exercício ininterrupto.

5. ORGANIZAÇÃO LEGAL DO SERVIÇO PÚBLICO FEDERAL

A criação, transformação e extinção de cargos, empregos e funções da Administração Direta, autárquica e fundacional do Poder Executivo é competência exclusiva do Congresso Nacional, exercida mediante apresentação de projeto de lei pelo Presidente da República (art. 61, §1º, II, "a", CF/1988).[39]

Nos termos do art. 169, § 1º, da Constituição Federal:

> A concessão de qualquer vantagem ou aumento de remuneração, a criação de cargos, empregos e funções ou alteração de estrutura de carreiras, bem como a admissão ou contratação de pessoal, a qualquer título, pelos órgãos e entidades da administração direta ou indireta, inclusive fundações instituídas e mantidas pelo poder público, só poderão ser feitas:
>
> I - se houver prévia dotação orçamentária suficiente para atender às projeções de despesa de pessoal e aos acréscimos dela decorrentes;
>
> II - se houver autorização específica na lei de diretrizes orçamentárias, ressalvadas as empresas públicas e as sociedades de economia mista.

Nesse passo há uma observação a ser feita. O princípio do paralelismo (ou simetria) jurídico determina que a mesma forma utilizada para instituir algo seja utilizada quando da sua extinção. Não obstante, a EC nº 32/2001 inovou ao permitir que o Presidente da República extinga, mediante **decreto**, cargos e funções públicas, quando vagos. Essa é a redação do inc. VI do art. 84 da Constituição da República. Como não houve menção aos empregos públicos, entende-se que, mesmo quando vagas, somente podem ser extintos mediante lei.

A criação e extinção de órgãos e ministérios da Administração Direta é competência do Congresso Nacional e ocorrerá mediante apresentação de projeto de lei pelo Presidente da República (art. 61, §1º, II, "e", CF/1988). As autarquias e fundações públicas de direito público são criadas e extintas mediante lei específica de iniciativa do Presidente da República. Em relação às demais entidades, são criadas ou extintas após a inscrição ou cancelamento, respectivamente, de seus registros no órgão competente, após autorização em lei específica.

39 Emenda à Constituição estadual não pode prever, de forma genérica, que ficam extintos cargos públicos. Esse tema pressupõe lei específica, a dispor sobre quantos e quais cargos seriam extintos (STF, ADI 1.521/RS, Rel. Min. RICARDO LEWANDOWSKI, julg.: 19.06.2013.

Compete ao Presidente da República dispor, mediante decreto, sobre o funcionamento da Administração Pública federal, desde que não importe em aumento de despesas, nem haja criação ou extinção de órgãos públicos (art. 84, VI, CF/1988).

Interessante observar que, diferente dos demais, os cargos da Câmara e do Senado serão criados, transformados e extintos por resolução da Casa respectiva, como consta dos arts. 51, IV, e 52, XII, da Constituição. Embora a criação dos cargos seja por meio de resolução, a fixação da remuneração somente poderá ocorrer por lei (art. 37, X, CF/1988).

A criação e a extinção de cargos e a remuneração dos serviços auxiliares e dos juízos que lhes forem vinculados, bem como a fixação do subsídio de seus membros compete ao Supremo Tribunal Federal (STF), aos Tribunais Superiores e aos Tribunais de Justiça, aos quais compete apresentar ao Poder Legislativo respectivo os projetos de lei que cuidem dessas matérias (art. 96, II, "b", CF/1988). O mesmo regramento é aplicável aos Tribunais de Contas.

Compete ao Procurador-Geral de cada ramo do Ministério Público propor ao Legislativo respectivo o projeto de lei que verse sobre a criação e a extinção de seus cargos, a política remuneratória e o plano de carreira (art. 127, § 2º, CF/1988).

Origem		Iniciativa	Instrumento jurídico
Executivo	Ocupados	Chefe do Executivo	Lei ordinária
	Vagos	Chefe do Executivo	Decreto, salvo empregos públicos
Legislativo		Presidente de cada Casa	Resolução
Judiciário		Presidentes do STF, Tribunais Superiores e Tribunais de Justiça	Lei ordinária
Ministério Público		Procurador-Geral da República	Lei ordinária
Tribunal de Contas		Presidente do Tribunal	Lei ordinária

6. ACESSO A CARGOS, EMPREGOS E FUNÇÕES PÚBLICAS

6.1. Cargos públicos

Na doutrina de Celso Antônio Bandeira de Mello os cargos públicos são:

> As mais simples e indivisíveis unidades de competência a serem expressadas por um agente, previstas em número certo, com denominação própria, retribuídas por pessoas jurídicas de direito público e criadas por lei, salvo quando concernentes aos serviços

auxiliares do Legislativo, caso em que se criam por resolução, da Câmara ou do Senado, conforme se trate de serviços de uma ou de outra destas Casas.[40]

Os cargos públicos correspondem ao conjunto de atribuições e responsabilidades, previstas na estrutura organizacional, cometidas a um servidor público, submetido ao regime estatutário. Os cargos públicos, empregos e funções públicas são acessíveis aos **brasileiros** que preencham os requisitos previstos em lei, **bem como aos estrangeiros**, na forma da lei (art. 37, I, CF/1988). São criados por lei, com **denominação própria** (todo cargo deve ter um nome que lhe seja próprio e o distinga dos demais cargos), número certo e **vencimentos** pagos pelos cofres públicos, o que afasta, de pronto, a prestação de serviços gratuitos ao Estado, salvo nos casos previstos em lei (ex.: cidadãos convocados para prestação de serviços eleitorais, os membros do júri popular etc.).

Apesar de termos afirmado que os cargos públicos são criados por lei, é imperioso notar que tal regramento aplica-se a cargos dos Poderes Executivo e Judiciário, ao Ministério Público e ao Tribunal de Contas. Quanto aos cargos do Legislativo, nos termos dos arts. 51, IV, e 52, XIII, da Constituição Federal, são criados por **resolução** de cada Casa, ainda que posteriormente seja imprescindível a edição de lei para indicar-lhes os respectivos vencimentos. Em síntese, embora os cargos públicos do Poder Legislativo possam ser criados por resolução, a fixação ou alteração dos vencimentos relativos a estes cargos será sempre feita por meio de lei formal, nos termos do inc. X do art. 37 da Constituição.

6.1.1. Cargo efetivo, cargo em comissão e função de confiança

Quando, para o cargo público, é requerida do seu ocupante prévia aprovação em concurso público e se garante a este estabilidade após três anos de efetivo exercício, diz-se que se trata de cargo efetivo. Ao contrário, quando a investidura depende de livre escolha da autoridade nomeante, tem-se cargo em comissão. Sobre o tema, cite-se o art. 37, V, da Constituição:

> As funções de confiança, exercidas exclusivamente por servidores ocupantes de cargo efetivo, e os cargos em comissão, a serem preenchidos por servidores de carreira nos casos, condições e percentuais mínimos previstos em lei, destinam-se apenas às atribuições de direção, chefia e assessoramento.

Os **cargos em comissão**, ou cargos comissionados, também chamados de cargos comissionados ou de confiança, são destinados exclusivamente às atribuições de Direção, Chefia e Assessoramento, providos a critério da autoridade competente,

40 MELLO, Celso Antônio Bandeira de. *Curso de Direito Administrativo*. 25ª ed. São Paulo: Malheiros, 2007, p. 250.

que é livre para nomear ou exonerar seus ocupantes – que inclusive podem não ter qualquer vínculo com a Administração Pública. No entanto, devemos atentar para o fato de que, embora possam ser ocupados por pessoas externas aos quadros da Administração, haverá um percentual mínimo dos cargos em comissão a ser ocupados por servidores efetivos. Por exemplo, no âmbito do Poder Judiciário da União, por força da Lei nº 11.416/2006, no mínimo 50% dos cargos em comissão deverão ser preenchidos por servidores efetivos.[41]-[42]-[43]

A investidura em cargo comissionado independe de aprovação em concurso público, mas isso não libera o eventual ocupante do preenchimento de determinados requisitos legais para a investidura, a exemplo da nacionalidade brasileira, pleno gozo dos direitos políticos, escolaridade, idade mínima, aptidão física e mental, entre outros.

Não é demais repisar que o ocupante de cargo em comissão não tem qualquer direito de permanência no cargo, podendo ser a qualquer tempo exonerado pela autoridade competente, sem necessidade, sequer, de motivação. Isso decorre do indeclinável vínculo de confiança que deve haver entre a autoridade nomeante e o nomeado. Sendo assim, uma vez quebrado esse vínculo de confiança, o administrador terá total liberdade para exonerar o ocupante do cargo comissionado.

Outro ponto que merece especial atenção é o que concerne às atribuições que podem ser desempenhadas por servidor comissionado. O art. 37, V, da Constituição determina que os cargos em comissão se destinam exclusivamente às atribuições de Direção, Chefia e Assessoramento.[44] Por isso, como ressalta José Maria Pinheiro Madeira:

> Não se vislumbra a criação por lei de cargos em comissão para atribuições meramente burocráticas, que podem perfeitamente ser exercidas por pessoas sem qualquer qualificação especial,

---

41 Com o intuito de prevenir eventuais abusos de poder e violação aos princípios da impessoalidade e moralidade, o Decreto nº 5.497/2005 estabelece percentuais mínimos dos cargos em comissão da Administração Direta, autárquica e fundacional a serem preenchidos por servidores de carreira, a saber: 75% dos cargos em comissão DAS 1, 2 e 3; 50% dos cargos em comissão DAS 4 e inteira liberdade quanto às nomeações para DAS 5 e 6.

42 "Pelo princípio da proporcionalidade, há que ser guardada correlação entre o número de cargos efetivos e em comissão" (STF, RE 365.368/AgR/SC, Rel Min. RICARDO LEWANDOSWSKI, DJ 29.06.2007).

43 O STF declarou inconstitucional dispositivo da Constituição do Estado do Rio de Janeiro que estabelecia que os cargos de diretores de escolas estaduais deveriam ser providos mediante eleições diretas, com a participação da comunidade escolar. Isso porque tal dispositivo viola o inc. II do art. 37 da Constituição de 1988, que afirma que os cargos em comissão devem ser declarados em lei como de livre nomeação e exoneração (ADI 2.997/MC, Rel. Min. CEZAR PELUSO, julg.: 29.10.2003).

44 O STF julgou inconstitucional a criação de cargo em comissão para assessor ou agente de segurança (ADI 3.233, Rel. Min. JOAQUIM BARBOSA, DJe 14.09.2007). Nessa mesma esteira, o STF julgou inconstitucional lei do Estado de Goiás que criava cargos em comissão para oficial de justiça e possibilitava a sua substituição por outro servidor escolhido pelo diretor do foro ou um particular credenciado pelo Presidente do Tribunal (ADI 1.141/GO, Min.ª Rel.ª ELLEN GRACIE, DJ 28.08.2003). Ademais, o STF suspendeu, em caráter liminar, dispositivos da Lei nº 8.186/2007, do Estado da Paraíba, que atribui a ocupantes de cargos em comissão a competência para exercer funções próprias dos procuradores de Estado, posto que o ingresso na referida carreira depende de concurso público de provas e títulos, com a participação da Ordem dos Advogados do Brasil em todas as suas fases (ADI MC nº 4.843/PB, Rel. Min. CELSO DE MELLO, DJe 31.01.2014).

> tampouco desnecessários à típica confiança e o comprometimento que se requer para os cargos em comissão.[45]

As **funções de confiança** ou funções comissionadas são um conjunto de atribuições relacionadas necessariamente à Direção, Chefia e Assessoramento ou a outras atividades para as quais o legislador não crie o respectivo cargo público. As funções de confiança não podem ser cometidas a pessoas externas aos quadros da Administração. Pelo contrário, devem ser ocupadas **exclusivamente** por servidores efetivos, mediante livre designação da autoridade competente.

Esclarece Ivan Barbosa Rigolin:

> Cargos em comissão são postos de trabalho autônomos, a serem preenchidos pelo critério da confiança pessoal da autoridade nomeadora, sem concurso, enquanto que funções de confiança são modalidades de trabalho, competências ou atribuições adicionais a um cargo efetivo, que por sua singeleza não justifica a criação de um cargo autônomo, e que são remuneradas por um parcela acessória, em geral denominada adicional de função, ou gratificação de função.[46]

O mesmo autor em outra de suas obras, ensina que função de confiança:

> É o encargo de chefia, direção ou encarregadura que pela sua natureza ou pouca complexidade não justifica a criação de um cargo, considerando-se apenas uma especialização de certos cargos efetivos, a ser exercida, repita-se, exclusivamente por servidor ocupante de cargo de provimento efetivo – e presumivelmente do mesmo quadro de pessoal, pois que não faz muito sentido, salvo em situações excepcionais, imaginar um servidor efetivo de determinado quadro exercendo função de confiança em outro quadro, em outra repartição.[47]

6.1.2. Cargos de natureza especial (CNE)

Os **cargos de natureza especial** nada mais são que espécies de cargos em comissão que dispensam concurso público para sua investidura. A diferença é que, nestes, não há percentuais mínimos de ocupação por servidores efetivos.

Seria o caso dos cargos de Consultor Jurídico, Chefe de Gabinete de Governador, Chefe de Cerimonial, entre outros.

6.1.3. Cargos isolados e de carreira

Os **cargos isolados** são aqueles que são únicos na carreira. Não se escalonam em classes e padrões, a exemplo do cargo de Diretor-Geral do Senado, que é cargo em comissão.

---

45 MADEIRA, José Maria Pinheiros. O servidor público na atualidade. 6ª ed. Rio de Janeiro: Lumen Juris, 2007, p. 57.

46 RIGOLIN, Ivan Barbosa. O servidor público nas reformas constitucionais. 2ª ed. Fórum, 2006, p. 32.

47 RIGOLIN, Ivan Barbosa. Comentários ao regime único dos servidores públicos civis. 5ª ed. São Paulo: Saraiva, 2007, p. 60.

Os **cargos de carreira** são os que preveem em sua estrutura diversas classes[48] e padrões, escalonadas em função da complexidade das atribuições e nível de responsabilidade, a que o servidor periodicamente tem acesso por promoção ou progressão (desenvolvimento na carreira). Assim ocorre com a maioria dos cargos públicos da Administração Federal. Ex.: o ingresso na carreira da Advocacia da União dá-se pelo cargo de Advogado da União Segunda Categoria, depois, mediante promoção, passa-se a Advogado da União Primeira Categoria e, finalmente, passa-se a Advogado da União de Categoria Especial.

Note que somente poderão ser dispostos em carreira os cargos efetivos. Já os cargos em comissão serão necessariamente isolados. Sendo assim, podemos sintetizar o conteúdo dessa forma: o cargo efetivo pode ser em carreira ou isolado, enquanto todo cargo em comissão é isolado.

6.2. Empregos públicos

Os empregos públicos também referem-se a um conjunto de atribuições e responsabilidades que devem ser cometidas a um **empregado público**. São acessíveis a todos os brasileiros, assim como aos estrangeiros, conforme o disposto em lei.

O regime de emprego na Administração é regulado pela Consolidação das Leis Trabalhistas (CLT), logo os direitos previstos no regime estatutário, tais como estabilidade, licença-capacitação, afastamento para acompanhar cônjuge, entre outros, não se aplicam aos empregados públicos que, repita-se, ocupam empregos públicos nas pessoas de direito privado da Administração Pública (fundações de direito privado, empresas públicas ou sociedades de economia mista).

Não obstante, os empregados públicos têm direito a Fundo de Garantia do Tempo de Serviço (FGTS) e seguro-desemprego, em caso de desemprego involuntário, participação nos lucros e rendimentos da empresa, desvinculada do salário.[49]

6.3. Funções públicas

Às funções públicas deve ser dado um conceito residual, pois equivale ao conjunto de deveres e atribuições que não correspondem necessariamente a um cargo ou emprego.

---

48 Classe é o conjunto de cargos da mesma natureza de trabalho, de idênticas atribuições, responsabilidades e remuneração. Carreira é o agrupamento de classes da mesma profissão, escalonadas segundo a hierarquia do serviço, para acesso privativo dos cargos que a integram. Por final, quadro é a reunião de carreiras, cargos isolados e funções de confiança de um mesmo serviço, órgão ou Poder.

49 O STF já se manifestou no sentido de entre os servidores estatutários não caber a celebração de convenções e acordos coletivos de trabalho, artifícios esses exclusivos dos trabalhadores vinculados à CLT (ADI 554/MG, Rel. Min. EROS GRAU, DJ 05.05.2006). Todavia, a questão não parece definitivamente resolvida, pois em 6 de março de 2013 foi publicado o Decreto nº 7.944, que regulamenta a Convenção 151 (estabelece o princípio da negociação coletiva para trabalhadores do setor público) da Organização Internacional do Trabalho – OIT. Com a edição do decreto, pode-se começar a discutir a regulamentação para colocar em prática os princípios da convenção. Aguardemos a disciplina normativa a ser firmada pelo Congresso Nacional.

Observe que qualquer agente que ocupe um cargo ou um emprego na Administração também necessariamente desempenha uma função pública, todavia nem todos os agentes que desempenham uma função pública ocuparão necessariamente cargos ou empregos. Exemplificando, imagine um mesário eleitoral. No momento em que exerce as atividades voltadas para o processo eleitoral, exerce uma função pública. No entanto, não podemos afirmar que, nesse caso, ocupa um cargo ou emprego público.

Consoante o art. 37, I, as funções públicas também são acessíveis a todos os brasileiros que preencham os requisitos e condições mínimas previstas em lei, bem como aos estrangeiros, na forma da lei.

Segundo Maria Sylvia Zanella Di Pietro, a Constituição Federal, quando se refere a funções públicas, distingue duas espécies: as funções públicas temporárias que não exigem necessariamente concurso ou processo seletivo em face de em muitos casos a urgência da contratação ser incompatível com a demora do procedimento (art. 37, XI) e as funções de confiança que correspondem às atividades de direção, chefia e assessoramento, que não justificam a criação de cargo público e que são desempenhadas exclusivamente por servidor efetivo (art. 37, V).[50] Daí a afirmação de que as funções permanentes da Administração são exclusivas de servidores efetivos, enquanto as funções transitórias podem ser desempenhadas por servidores designados, admitidos ou contratados precariamente.[51]

Partindo da doutrina da eminente administrativista ousamos acrescentar ainda outra espécie de função pública: a função pública honorífica, decorrente da convocação de pessoas, no exercício de *munus publico*, para a prestação de serviços ao Estado, normalmente de maneira gratuita, a exemplo dos mesários eleitorais e jurados populares.

Em suma, pode-se perceber, em verdade, quatro espécies de função pública: a que decorre de cargo ou emprego público, a temporária, a de confiança e a honorífica.

6.4. Requisitos para investidura em cargos e empregos públicos

Tomando como ponto de partida o art. 37, I, da Constituição, temos como primeiro requisito para a investidura em cargo e empregos: a **nacionalidade brasileira**. Não obstante, estrangeiros também podem ocupar cargos públicos nas hipóteses previstas legalmente.

Perceba que todos os brasileiros, natos ou naturalizados, podem ocupar qualquer cargo público, ressalvados os casos previstos no texto constitucional, em que se tem em vista a proteção da segurança nacional. É assim porque a

50 DI PIETRO, Maria Sylvia Zanella. *Direito Administrativo*. 20ª ed. São Paulo: Atlas, 2006, p. 484.
51 MEIRELLES, Hely Lopes. *Direito Administrativo Brasileiro*. 34ª ed. São Paulo: Malheiros, 2007, p. 424.

Constituição é o único instrumento que pode estabelecer diferenças entre brasileiros natos e naturalizados. O art. 12, § 3º, da Constituição relaciona os **cargos privativos** de **brasileiros natos**, a saber: Presidente e Vice-Presidente da República; Presidente da Câmara dos Deputados; Presidente do Senado Federal; Ministro do Supremo Tribunal Federal; membro da carreira diplomática; oficial das Forças Armadas e Ministro de Estado da Defesa.

Todavia, quanto aos estrangeiros, o regramento é distinto, pois a legislação infraconstitucional poderá estabelecer diferenças entre brasileiros e estrangeiros, e, inclusive, vedar aos estrangeiros a ocupação de determinados cargos públicos. Nesse sentido, cite-se o exemplo da Lei nº 9.986/2000 que restringe aos brasileiros os cargos de direção das agências reguladoras. Enfim, para os estrangeiros, o art. 37, I, da Constituição, é norma constitucional de eficácia contida, pois pode sofrer restrições pela legislação infraconstitucional. Antes mesmo de a EC nº 19/1998 alterar a redação do inc. I do art. 37 da Constituição, o art. 207 do texto constitucional já dispunha que as universidades e instituições de pesquisa científica e tecnologia podem admitir professores, técnicos ou cientistas estrangeiros, na forma da lei. O art. 5º, § 3º, da Lei nº 8.112/1990 prevê que as universidades e instituições de pesquisa federais poderão prover seus cargos públicos com professores, técnicos e cientistas estrangeiros, observados os requisitos legais.

Pelo que foi exposto, conclui-se que os brasileiros têm direito de amplo acesso aos cargos públicos, ressalvadas as limitações e condições previstas em lei. Já os estrangeiros somente poderão ocupar aqueles cargos que a lei mencionar como passíveis de serem ocupados por tais pessoas. Isto é, para os brasileiros o livre acesso aos cargos públicos é regra geral, enquanto para os estrangeiros constitui exceção.

Por derradeiro, é imperioso sublinhar, ainda, que os cargos públicos são ocupados segundo requisitos e condições estabelecidos diretamente em lei, de competência de cada ente da Federação, no exercício de sua autonomia administrativa. Desse modo, editais de concurso público, portarias, instruções normativas ou quaisquer outros atos normativos da Administração não se prestam a estabelecer exigências para investidura em cargo público. Somente a **lei** é instrumento idôneo para tanto. Quando muito, os editais reproduzem os requisitos estabelecidos em lei.[52]

Sem embargo do que dissemos, devemos ainda acrescentar que a mera previsão em lei, por si só, não é suficiente para estabelecimento de requisitos para investidura em cargos públicos, pois a lei não pode estabelecer exigências discriminatórias, incoerentes, sem qualquer nexo com as atribuições do cargo a ser preenchido. Em outras palavras, qualquer exigência para investidura em cargo

52 Com fulcro nesse entendimento, o STF concedeu liminar a candidato a cargo público para garantir a participação nas demais etapas do concurso público, independente de sua aprovação no teste de aptidão física. O fundamento da decisão foi o de que a exigência de teste físico possivelmente não estaria prevista na Lei nº 11.415/2006, que regulamenta a carreira para qual concorre o candidato. Sendo assim, o edital não poderia, por si só, versar sobre o tema (MS 29.799/DF, Rel.ª Min.ª CÁRMEN LÚCIA, DJe 19.11.2010).

ou emprego público deve obedecer ao princípio da razoabilidade. Isso porque, em tese, o estabelecimento de tais exigências fere o princípio da isonomia.[53]

Vejamos um exemplo. Imagine que uma lei estabeleça como requisito de preenchimento de determinado cargo público o sexo feminino. Ora, tal requisito é, em tese, inconstitucional, pois institui discriminação indevida entre homens e mulheres. Mas se imaginarmos que o cargo regulamentado pela referida lei é o de agente penitenciário em cárcere feminino, a quebra de isonomia desaparece, pois cede espaço ao princípio da razoabilidade. Uma vez que não é razoável que, numa penitenciária feminina, os agentes penitenciários sejam do sexo masculino. O mesmo raciocínio pode ser aplicado ao caso de limite de idade, altura, entre outras exigências. Se houver razoabilidade, são permitidos. Caso contrário, revelam-se ilícitos por violarem o princípio da isonomia.

No mesmo sentido do que temos aqui exposto, vejamos a jurisprudência do STF:

> O limite de idade para a inscrição em concurso público só se legitima em face do art. 7º, XXX, da Constituição, quando possa ser justificado pela natureza das atribuições do cargo a ser preenchido.[54]-[55]

É inconstitucional o veto não motivado à participação de candidato a concurso público.[56]

Ainda acerca da limitação de idade em concurso público, prevê o art. 27 do Estatuto do Idoso que "na admissão do idoso em qualquer trabalho ou emprego, é vedada a discriminação e a fixação de limite máximo de idade, inclusive para concursos, ressalvados os casos em que a natureza do cargo o exigir." Em complemento, o parágrafo único do mesmo dispositivo dispõe que "o primeiro critério de desempate em concurso público será a idade, dando-se preferência ao de idade mais elevada."

O § 7º do art. 37 da Constituição encarrega a lei de dispor sobre os requisitos e as restrições ao ocupante de cargo ou emprego da administração direta e indireta que possibilite o acesso a informações privilegiadas. Assim, por conta da natureza das atribuições, a lei poderá estabelecer requisitos mais rígidos para ingresso nessas funções, bem como deveres funcionais mais rigorosos a seus futuros ocupantes.

Reza também a Constituição que a administração fazendária e seus servidores fiscais terão, dentro de suas áreas de competência e jurisdição, precedência sobre os demais setores administrativos, na forma da lei (art. 37, XVIII).

---

53 Segundo o SFT, editais de concurso público não podem estabelecer restrição a pessoas com tatuagem, salvo situações excepcionais em razão de conteúdo que viole valores constitucionais (RE 898.450/SP, Rel. Min. LUIZ FUX, jul.: 17.08.2016).

54 Súmula nº 683.

55 O prazo decadencial para impetrar mandado de segurança contra limitação de idade em concurso público conta-se da ciência do ato administrativo que determina a eliminação do candidato pela idade, e não da publicação do edital que prevê a regra da limitação (STJ, AgRg no AREsp 213.264-BA, Rel. Min. BENEDITO GONÇALVES, julg.: 05.12.2013).

56 Súmula nº 684.

7. ACUMULAÇÃO REMUNERADA DE CARGOS, EMPREGOS E FUNÇÕES PÚBLICAS

Entre nós vige a regra da não acumulação remunerada de cargos, empregos e funções públicas. A abrangência dessa vedação é a mais ampla possível, pois o inc. XVII do art. 37 estendeu a proibição de acumulação remunerada de cargos, empregos e funções públicas para toda a Administração Direta e Indireta (autarquias, fundações públicas, empresas públicas e sociedades de economia mista) dos três Poderes de quaisquer entes da Federação, bem como para as demais sociedades controladas (empresas nas quais o Estado detenha participação acionária) pelo Poder Público, direta ou indiretamente, por meio de suas entidades da Administração Indireta.

A exceção a essa regra encontra-se no art. 37, XVI, da Constituição quando menciona as hipóteses em que, havendo **compatibilidade de horários**, a acumulação remunerada é permitida, a saber:

a) a de dois cargos de professor;

b) a de um cargo de professor com outro, técnico ou científico;[57]

c) a de dois cargos ou empregos privativos de profissionais da saúde, com profissões regulamentadas.[58]-[59]

Fora as hipóteses mencionadas, podemos ainda encontrar no texto constitucional as seguintes:

a) acumulação obrigatória para os servidores da Administração Direta, autárquica e fundacional, quando eleitos para o mandato eletivo de vereador, no caso de haver compatibilidade de horários entre o mandato e o cargo que exerce (art. 38, III, CF/1988);

b) possibilidade de os magistrados exercerem uma função de magistério (art. 95, parágrafo único, I, CF/1988); e

c) permissão para que os membros do Ministério Público desempenhem o magistério (art. 128, § 5º, II, "d", CF/1988).

57 Cargos técnicos são os que exigem conhecimentos especializados em determinado ramo do saber e, portanto, requerem de seu titular habilitação específica (nível superior ou médio) para ocupá-los. É esse o entendimento do STF (RMS 28.497/DF, Rel. orig. Min. LUIZ FUX, red. p/ o acórdão Min.ª CÁRMEN LÚCIA, 20.05.2014.) e do STJ na matéria (RMS 20.033/RS, Rel. Min. ARNALDO ESTEVES LIMA, DJ 12.03.2007). No mesmo sentido, TCU, Acórdão nº 408/2004-1ª Câmara: "a conceituação de cargo técnico ou científico, para fins da acumulação permitida pelo texto constitucional, abrange os cargos de nível superior e os cargos de nível médio cujo provimento exige a habilitação específica para o exercício de determinada atividade profissional, a exemplo do técnico em enfermagem, do técnico em contabilidade, programador entre outros".

58 Redação dada pela EC nº 34, de 13 de dezembro de 2001. Anteriormente a essa alteração somente poderiam ser acumulados os cargos privativos de médico, o que injustamente excluía da hipótese outros profissionais da área de saúde que também mereciam igual tratamento em virtude de serem submetidos às mesmas condições de trabalho e carga horária, a saber: psicólogos, dentistas, radiologistas, enfermeiros.

59 Com a alteração produzida pela supracitada EC nº 34, o art. 17, § 2º, do ADCT (É assegurado o exercício cumulativo de dois cargos ou empregos privativos de profissionais de saúde que estejam sendo exercidos na administração pública direta ou indireta) perdeu totalmente sua aplicabilidade, uma vez que qualquer profissional de saúde com profissão regulamentada poderá acumular licitamente dois cargos ou empregos públicos.

É interessante dar especial relevo para o fato de que qualquer das hipóteses que encerram exceção à regra da vedação de acumulação remunerada de cargos, empregos e funções públicas somente é lícita se houver compatibilidade de horários. Caso contrário, não há possibilidade de acumulação.

Ponto de destaque é que na literalidade do texto constitucional supracitado percebe-se tratamento diferenciado entre magistrados e membros do Ministério Público. É que em relação aos magistrados, a Constituição admite que estes exerçam, além de seu cargo vitalício, mais uma função de magistério (apenas uma), seja na esfera pública ou privada. Enquanto isso, os membros do Ministério Público podem exercer, além de seu cargo vitalício, uma função pública de magistério, não havendo nenhuma restrição no texto constitucional quanto ao magistério na iniciativa privada. Não obstante essa seja a literalidade do texto, o STF decidiu que o magistrado, além de uma função pública de magistério, pode exercer outras funções de magistério na iniciativa privada, desde que haja compatibilidade de horários, equiparando, assim, a regra dos magistrados à dos membros do Ministério Público.[60]

No tocante à questão da acumulação remunerada dos militares, o art. 142, § 3º, II, da Constituição estabelecia restrição ainda maior em relação a esses agentes ao determinar que o militar em atividade que tomasse posse em cargo efetivo ou emprego público seria transferido para a reserva, sem ressalva de hipótese.

Em razão da literalidade do texto constitucional, e tratando especificamente dos militares que desempenham atividade de saúde, havia certa polêmica no que diz respeito a estes poderem acumular suas funções militares com outro cargo ou emprego privativo de profissionais de saúde. A doutrina dominante e os tribunais inclinaram-se ao entendimento de que o referido dispositivo deveria ser interpretado no sentido de que o militar profissional da área de saúde não desempenha atividade militar propriamente dita. Pelo contrário, as atividades desempenhadas por tais agentes são idênticas à dos profissionais civis. Por essa razão, adotou-se a tese de que a vedação do art. 142, § 3º, II, não se aplicaria aos militares profissionais de saúde. Para estes, aplicar-se-iam as disposições do art. 37, XVI, da Constituição, que permitem a acumulação de dois cargos ou empregos privativos de profissionais de saúde com profissões regulamentadas.[61]

Uma vez que a tese já estava assentada na doutrina e na jurisprudência do STF e do STJ, para torná-la incontroversa o Congresso Nacional fez aprovar a Emenda

60 ADI 3.126/DF, Rel. Min. GILMAR MENDES, DJ 06.05.2005.

61 STF, RE 182.811-MG, Rel. Min. GILMAR MENDES, DJ 30.06.2006; STJ, RMS 22.765-RJ, Rel.ª Min.ª MARIA THEREZA DE ASSIS MOURA, DJe 23.08.2010 e RMS 32.930-SE, Rel. Min. HUMBERTO MARTINS, julg.: 20.09.2011; RMS 28.059/RO, Rel. Min. JORGE MUSSI, julg.: 04.10.2012; AgRg no RMS 23.736/TO, Rel. Min. OG FERNANDES, julg.: 21.05.2013.

Constitucional nº 77, de 11 de fevereiro de 2014[62], para alterar os incs. II e III do § 3º do art. 142 da CF e assegurar o **direito de o militar que desempenha atividade na área de saúde, com prevalência da atividade militar, acumular o cargo militar com outro cargo ou emprego de mesma atividade.**[63] A redação atual do dispositivo é esta:

> II – o militar em atividade que tomar posse em cargo ou emprego público civil permanente, ressalvada a hipótese prevista no art. 37, inciso XVI, alínea "c", será transferido para a reserva, nos termos da lei;
>
> III – o militar da ativa que, de acordo com a lei, tomar posse em cargo, emprego ou função pública civil temporária, não eletiva, ainda que da administração indireta, ressalvada a hipótese prevista no art. 37, inciso XVI, alínea "c", ficará agregado ao respectivo quadro e somente poderá, enquanto permanecer nessa situação, ser promovido por antiguidade, contando-se-lhe o tempo de serviço apenas para aquela promoção e transferência para a reserva, sendo depois de dois anos de afastamento, contínuos ou não, transferido para a reserva, nos termos da lei;

Alerta importante deve ser feito para que se perceba que a extensão promovida pelo constituinte derivado quanto à acumulação de cargo ou empregos por militares ficou restrita à hipótese da alínea "c" do inc. XVI do art. 37 (cargos ou empregos privativos de profissionais de saúde). Não houve qualquer menção à possibilidade de acumulação do cargo de professor. Tanto é assim que o STJ[64] já assentou que policiais militares e militares em geral não podem acumular seus cargos com os de professores, ante a ausência de previsão legal ou constitucional. O art. 142 da CF é expresso ao definir quais dispositivos do art. 37 são extensíveis aos militares, não existindo tal ressalva com relação à cumulação de cargos públicos de professor.

Não obstante a leitura do art. 17, § 1º, ADCT (É assegurado o exercício cumulativo de dois cargos ou empregos privativos de médico que estejam sendo exercidos por médico militar na Administração Pública direta ou indireta) dê a entender que, nessa hipótese específica, é possível a acumulação lícita de três cargos ou empregos públicos, não é esse o posicionamento que devemos ter. Isso porque a jurisprudência do STF e do STJ é firme no sentido de não admitir a acumulação remunerada de três ou mais cargos e empregos na Administração

62 A citada emenda constitucional veio em boa hora para fincar a estaca acerca do tema, pois a 2ª Turma do STF já apresentava indicativo de mudança jurisprudencial ao negar a possibilidade de acumulação para médicos militares (STF, 2ª Turma, RE 741.304, Rel. Min. RICARDO LEWANDOWSKI, julg.: 03.12.2013).

63 Importante destacar que, apesar de a EC nº 77/2014 ter modificado apenas o art. 142, que trata sobre os "membros das Forças Armadas" (Marinha, Aeronáutica e Exército), essa alteração aplica-se também aos militares dos Estados (Polícia Militar e Corpo de Bombeiros) por força do § 1º do art. 42 da CF/1988.

64 RMS 44.550/DF, Rel. Min. HUMBERTO MARTINS, DJe 24.02.2014.

Pública, ainda que um deles provenha de aposentadoria. É nessa esteira o posicionamento dos nossos Tribunais.[65]

Outro ponto importante é que o texto constitucional em sua redação original, ao tratar da matéria da acumulação de cargos, cuidou apenas das situações em que o agente público encontra-se em atividade com relação a todos os cargos, empregos ou funções públicas. Assim, ficou em aberto a questão da acumulação simultânea de proventos de aposentadoria no regime próprio com a remuneração de cargo, emprego ou função pública. Todavia, a EC nº 20/1998 veio sanar esse vácuo ao acrescentar o § 10 ao art. 37 da Constituição, segundo o qual é **vedada a percepção simultânea** de proventos de aposentadoria pelo Regime Próprio de Previdência (RPPS) com a remuneração de cargo, emprego ou função pública, ressalvados os cargos acumuláveis na forma da própria Constituição Federal, os cargos eletivos e os cargos em comissão declarados em lei de livre nomeação e exoneração.

Resumidamente, podemos afirmar que é possível acumular os proventos de aposentadoria pelo RPPS quando se tratar de:

a) **cargos acumuláveis na ativa na forma da Constituição**: por exemplo, dois cargos de professor. Assim, pode um professor aposentado da secretária de educação acumular provento de aposentadoria com mais um cargo de professor numa universidade pública;

b) **mandato eletivo**: por exemplo, um auditor-fiscal da Receita Federal aposentado eleito para o cargo de deputado distrital pode acumular os proventos de aposentadoria com o subsídio do mandato eletivo; e

c) **cargos em comissão**: seria o caso, ilustrativamente, de um procurador do Distrito Federal ser nomeado para exercer o cargo de Secretário de Justiça do DF, que poderá receber simultaneamente os proventos de aposentadoria com o subsídio pelo exercício do cargo em comissão.

Ademais, é permitida a acumulação de remuneração com os proventos de aposentadoria do Regime Geral de Previdência Social (RGPS), na forma do art. 201 da CF. Exatamente por isso é que o STJ admite a acumulação de aposentadoria de emprego público com remuneração de cargo temporário, uma vez que não se aplica ao caso a vedação do § 10 do art. 40 da CF/88.[66]

Ainda é útil mencionar uma hipótese de que não trata o texto constitucional que é a possibilidade de o servidor aposentado em determinado cargo efetivo, ante uma situação de vedação de acumulação de cargos, **renunciar aos proventos de aposentadoria**. De maneira geral, a doutrina e a jurisprudência têm aceitado essa possibilidade, posto que, a aposentadoria é direito patrimonial disponível e com a

65 STF, AI 565.422 AgR/PR, Relator Min. CEZAR PELUSO, DJ 20.04.2006; STF, RE 381.204/RS, Rel.ª Min.ª ELLEN GRACIE, DJ 11.11.2005; STJ, AgRg no RO em MS Nº 14.937/PR, Rel. Min. FÉLIX FISCHER, julg.: 03.06.2003.

66 REsp 1.298.503/DF, Rel. Min. Humberto Martins, jul.: 07.04.2015.

renúncia a esse direito, não há de fato uma acumulação simultânea de provento de aposentadoria com a remuneração de cargo, emprego ou função pública.[67]

8. EXERCÍCIO DE MANDATO ELETIVO POR SERVIDORES PÚBLICOS

O art. 38 da Constituição dispõe sobre regras aplicáveis aos servidores públicos, quando eleitos para o exercício de mandato eletivo:

> Ao servidor público da administração direta, autárquica e fundacional, no exercício de mandato eletivo, aplicam-se as seguintes disposições:
>
> I. tratando-se de mandato eletivo federal, estadual ou distrital, ficará afastado de seu cargo, emprego ou função;
>
> II. investido no mandato de Prefeito, será afastado do cargo, emprego ou função, sendo-lhe facultado optar por sua remuneração;
>
> III. investido no mandato de vereador, havendo compatibilidade de horários, perceberá as vantagens de seu cargo, emprego ou função, sem prejuízo da remuneração do cargo eletivo, e, não havendo compatibilidade, será aplicada a norma do inciso anterior;

As regras previstas no dispositivo constitucional podem ser vistas, em outras palavras, da seguinte forma:

I. em se tratando de mandato eletivo federal (presidente, vice, senador e deputado federal), estadual (governador, vice e deputado estadual) ou distrital (governador, vice ou deputado distrital), o servidor ficará obrigatoriamente afastado do cargo, emprego ou função, recebendo apenas o subsídio do mandato;

II. se for o caso de mandato de prefeito, o servidor fica obrigatoriamente afastado, mas poderá optar por continuar recebendo a remuneração do cargo, emprego ou função ou receber o subsídio do mandato eletivo (embora não conste expressamente, o disposto neste inciso também aplica-se ao vice-prefeito);[68] e

III. quando tratar-se de mandato de vereador, tudo depende de haver compatibilidade de horários; em caso negativo, aplica-se a mesma regra aplicável

---

67 A respeito, *vide* STJ, REsp 1.113.682/SC, Rel. originário Min. NAPOLEÃO NUNES MAIS FILHO, Rel. p/ acórdão Min. JORGE MUSSI, julg.: 23.02.2010 e AgRg no REsp 1055431/SC, Rel. Min. OG FERNANDES, DJe 09/11/2009. E mais, no AgRg no REsp 1107638 / PR, Rel.ª Min.ª LAURITA VAZ, DJe 25/05/2009, a mesma Corte asseverou que "a renúncia à aposentadoria, para fins de concessão de novo benefício, seja no mesmo regime ou em regime diverso, não implica em devolução dos valores percebidos, pois, enquanto esteve aposentado, o segurado fez jus aos seus proventos".

68 STF, ARE 659.543/RS, Rel.ª Min.ª CÁRMEN LÚCIA, julg.: 30.10.2012; AI 451.267/RS, Rel. Min. CELSO DE MELLO, julg.: 19.05.2009.

ao prefeito (afastamento obrigatório e opção pela remuneração ou subsídio); em caso positivo, o servidor poderá **acumular a remuneração e o exercício** do cargo, emprego ou função com o subsídio de vereador. [69]

Por fim, é bom registrar que em qualquer caso que exija o afastamento para o exercício de mandato eletivo, seu tempo de serviço será contado para todos os efeitos legais, exceto para promoção por merecimento (art. 38, IV, CF). Para efeito de benefício previdenciário, no caso de afastamento, os valores serão determinados como se no exercício estivesse (inc. V).

9. DIREITOS SOCIAIS APLICÁVEIS

9.1. Direito de associação sindical

O art. 37, VI, da Constituição prevê que é garantido ao servidor público o direito à **livre associação sindical**. A norma em apreço é autoaplicável, garantido por si só o direito de associação sindical aos servidores públicos por meio de entidades representativas (sindicatos, federações e confederações). Os empregados públicos têm este direito por força do art. 8º da Constituição – dispositivo também autoaplicável.

Conforme advertência de José Maria Pinheiro Madeira, "considerando-se que a sindicalização vocaciona-se à permanência, não se permite a associação sindical de servidor público contratado temporariamente, pois que sua contratação é precária e visa atender necessidade pública de curta duração, não dispondo, portanto, da condição que o habilita a manter-se como servidor público".[70] Em suma, o direito à associação sindical não alcança servidores temporários.

O art. 240 da Lei nº 8.112/1990 determina que ao servidor público civil é assegurado o direito à **livre associação sindical** e aos seguintes direitos, entre outros, dela decorrentes:

a) de ser representado pelo sindicato, inclusive como substituto processual;
b) de inamovibilidade do dirigente sindical, até um ano após o final do mandato, exceto se a pedido;
c) de descontar em folha, sem ônus para a entidade sindical a que for filiado, o valor das mensalidades e contribuições definidas em assembleia geral da categoria.

O foro judicial competente para conhecer lides que envolvam servidores públicos e as respectivas pessoas jurídicas onde desempenham suas atividades é

69 Ao vereador é vedado o exercício de cargo emprego ou função remunerada, inclusive os exoneráveis ad nutum nas pessoas jurídicas de direito público da Administração, empresa pública, sociedade de economia mista ou empresa concessionária de serviço público (art. 54, I, "b" c/c art. 29, IX da Constituição). Quanto à possibilidade de vereador exercer cargo de Secretário Municipal, dependerá do que dispuser sobre o assunto a Lei Orgânica do Município. No silêncio desta, entende-se que tal acumulação será vedada.

70 MADEIRA, José Maria Pinheiro. *O servidor público na atualidade*. 6ª ed. Rio de Janeiro: Lumen Juris, 2007, p. 338.

a **Justiça Federal**, e não a Justiça do Trabalho. Já em se tratando de empregados públicos e as entidades de direito privado da Administração Indireta, compete à **Justiça do Trabalho** dirimir as controvérsias trabalhistas.[71]

9.2. Direito de greve

A Constituição Federal, rompendo tradição das Cartas anteriores, outorgou aos servidores públicos o **direito de greve**.

Não obstante a densidade desse direito, as Constituições anteriores à de 1988 expressamente o proibiam aos servidores públicos. Com efeito inovador, o art. 37, VII, da atual Carta Magna, assegura expressamente o direito de greve ao servidor público nos seguintes termos: "o direito de greve será exercido nos termos e nos limites definidos em **lei específica**".[72]

Como se percebe, segundo a lição do memorável constitucionalista José Afonso da Silva, o dispositivo é uma norma constitucional de eficácia limitada:[73] o direito de greve somente poderá ser exercido licitamente após a edição de uma lei ordinária federal que estabeleça os termos e limites da greve no serviço público.[74] A referida lei, exigência presente desde a promulgação da Constituição em 1988, ainda não foi editada.[75]

Diante dessa inércia legislativa, não se pode furtar ao servidor público um direito conquistado a duras penas durante décadas de luta. O STF, ao ser provocado e mostrando sensibilidade em relação ao problema, adotou solução provisória para a situação: **enquanto não editada a lei que regule a greve no serviço público, será aplicada a Lei nº 7.783/1989 – a lei que disciplina o direito de greve para os trabalhadores celetistas.**[76]

Trata-se de uma forma de garantir o exercício imediato do direito de greve ao servidor público. Não fosse assim, ter-se-ia que aguardar a escassa boa vontade do legislador nacional para editar a "lei de greve no serviço público". Por outro

---

71 STF, Rcl 8107 AgR/GO, Rel. Min. MARCO AURÉLIO, DJe 27.11.2009. STJ, CC 111.430/RJ, Rel. Min. MAURO CAMPBELL MARQUES, DJe 03.02.2011.

72 Observe que a redação original do dispositivo, hoje modificado pela EC nº 19/1998, exigia lei complementar para regulamentar o direito de greve.

73 SILVA, José Afonso da. *Curso de Direito Constitucional Positivo*. 22ª ed. São Paulo: Malheiros, 2003, p. 12.

74 STF, RE-AgR 539.852/SP, Rel. Min. EROS GRAU, DJ 27.06.2008.

75 Essa assombrosa inércia legislativa de um quarto de século já gerou mais de uma centena de trabalhos acadêmicos quanto à eficácia do Mandado de Injunção na concretização de direitos fundamentais cujo exercício esteja impedido por omissão legislativa, a exemplo do direito de greve. Não obstante, o máximo que se havia conseguido até o fechamento desta edição era a publicação do Decreto nº 7.944, de 6 de março de 2013, que regulamenta a Convenção 151 (estabelece o princípio da negociação coletiva para trabalhadores do setor público) da Organização Internacional do Trabalho – OIT. Com a edição do decreto, pode-se começar a discutir a regulamentação para colocar em prática os princípios da convenção. Além deste, foi editado o Decreto nº 7.777, de 24 de julho de 2012, que dispõe sobre as medidas para a continuidade de atividades e serviços públicos dos órgãos e entidades da Administração Pública Federal durante greves, paralisações ou operações de retardamento de procedimentos administrativos promovidas pelos servidores públicos federais. É nesses momentos que se recorda da máxima segundo a qual "a esperança é a última que padece" e a nossa já está agonizando...

76 A respeito, consulte o MI 708, Rel. Min. GILMAR MENDES, julg.: 25.10.2007 e o MI 712/ES, Rel. Min. EROS GRAU, julg.: 21.10.2007.

lado, aplicar a lei de greve da iniciativa privada ao serviço público é um tanto inadequado, pois é inegável que se trata de contextos bem distintos que deveriam ser tratados em atenção às suas peculiaridades.

Ademais, vale ressaltar, quando à amplitude do direito de greve dos servidores públicos, a Súmula nº 679 do STF, segundo a qual "**a fixação dos vencimentos dos servidores públicos não pode ser objeto de convenção coletiva**". É que a matéria de fixação e aumento de vencimentos é afeta ao princípio da legalidade. Isto é, dependem de lei que trate do assunto, o que inviabiliza a negociação e reivindicação sindical de conteúdo econômico.

É interessante sublinhar que, não obstante o direito de greve seja reconhecido aos servidores públicos e garantido constitucionalmente, **é lícito o desconto remuneratório atinente aos dias parados em razão de adesão a movimento grevista**. Esse é o firme entendimento do STJ sobre a matéria.[77]-[78] Entretanto, não há obrigatoriedade de desconto, pois em cada caso compete ao administrador analisar a necessidade de tal medida.[79]

No âmbito do STF, foi reconhecida a repercussão geral do tema (portanto, se torna vinculante) cuja tese se firmou no sentido de que é licito o desconto dos dias parados decorrentes do exercício do direito de greve pelos servidores públicos, em virtude da suspensão do vínculo funcional que dela decorre. É permitida a compensação em caso de acordo. O desconto será, contudo, incabível se ficar demonstrado que a greve foi provocada por conduta ilícita do Poder Público.[80]

Os empregados públicos têm tratamento distinto na matéria: são regidos pelo art. 9º da Constituição, dispositivo autoaplicável, que lhes assegura o imediato exercício do direito de greve, o qual poderá sofrer restrições por legislação infraconstitucional (norma constitucional de eficácia contida). Ademais, o § 1º, II, do art. 173 da Constituição impõe que as empresas públicas e sociedades de economia mista que explorem atividade econômica gozem do mesmo regime jurídico das empresas particulares, inclusive quanto aos direitos e obrigações trabalhistas. Quando tratar-se atividade essencial, devem tais entidades obediência à Lei nº 7.783/1989 (arts. 10 a 13), bem como ao art. 114, § 3º, da Constituição, que determina que em caso de greve em atividade essencial, como há possibilidade de lesão ao interesse público, o Ministério Público do Trabalho poderá ajuizar dissídio coletivo, competindo à Justiça do Trabalho decidi-lo.

---

77 A respeito, *vide* MS 14.942/DF, Rel. Min. CESAR ASFOR ROCHA, julg.: 11.01.2010. No mesmo sentido: AgRg no RMS 24.431/ES, Rel. Min. NAPOLEÃO NUNES MAIA FILHO, DJe 04.08.2008 e RMS 20.822/SP, Rel. Min. FELIX FISCHER, DJU 15.10.2007.

78 No entendimento do STJ, não se mostra razoável a possibilidade de desconto em parcela única sobre a remuneração do servidor público dos dias parados e não compensados provenientes do exercício de greve (RMS 49.339/SP, Rel Min. FRANCISCO FALCÃO, julg.: 06.10.16).

79 STJ, AgRg na MC 16.774/DF, Rel. Min. HAMILTON CARVALHIDO, julg.: 23.06.2010.

80 RE 693456/RJ, Rel. Min. DIAS TOFFOLI, julg.: 27.10.2016. No mesmo sentido: AI 799041/MG, Rel. Min. RICARDO LEWANDOWSKI, DJe 28.05.2010; RE 456.530 ED/SC, Rel. Min. JOAQUIM BARBOSA, DJe 31.01.2011.

Em relação aos **militares**, o art. 142, IV, e o art. 42, § 1º, da Lei Maior veda-lhes o direito à sindicalização e à greve. Por certo que a ordem e a hierarquização, características inerentes ao militarismo, são incompatíveis com o exercício do direito de greve, que, nesse caso, poderiam comprometer a segurança do Estado e da própria sociedade.

Sobre os servidores públicos ocupantes de cargos em comissão, já assentou o Supremo que a tal categoria não se estende o direito à sindicalização.[81]

Com relação à competência para dirimir controvérsias oriundas de movimentos grevistas, faz-se oportuno citar síntese de extrema clareza colhida da jurisprudência do STF:[82]

> I – se a paralisação for de âmbito nacional, ou abranger mais de uma região da Justiça Federal, ou, ainda, compreender mais de uma unidade da Federação, a competência para o dissídio de greve será do Superior Tribunal de Justiça (por aplicação analógica do art. 2º, I, "a", da Lei nº 7.701/1988);
>
> II – ainda no âmbito federal, se a controvérsia estiver adstrita a uma única região da Justiça Federal, a competência será dos Tribunais Regionais Federais (aplicação analógica do art. 6º da Lei nº 7.701/1988);
>
> III – para o caso da jurisdição no contexto estadual ou municipal, se a controvérsia estiver adstrita a uma unidade da Federação, a competência será do respectivo Tribunal de Justiça (também por aplicação analógica do art. 6º da Lei nº 7.701/1988);
>
> IV – as greves de âmbito local ou municipal serão dirimidas pelo Tribunal de Justiça ou Tribunal Regional Federal com jurisdição sobre o local da paralisação, conforme se trate de greve de servidores municipais, estaduais ou federais.

Outra questão relevante é a que atine à possibilidade de servidor em estágio probatório ser exonerado por participação em movimento grevista. O STF manteve o cargo de servidor público que, durante o estágio probatório, aderiu à greve e faltou ao serviço por mais de 30 dias por considerar que "a **inassiduidade em decorrência de greve não poderia implicar a exoneração de servidor em estágio probatório**, uma vez que essa ausência não teria como motivação a vontade consciente de não comparecer ao trabalho simplesmente por não comparecer ou por não gostar de trabalhar. Revelaria, isso sim, inassiduidade imprópria, resultante de um movimento de paralisação da categoria em busca de melhores condições de trabalho. Assim, o fato de o recorrido estar em estágio probatório, por si só, não seria fundamento

81 "Estabilidade sindical provisória (art. 8º, VIII, CF): não alcança o servidor público, regido por regime especial, ocupante de cargo em comissão e, concomitantemente, de cargo de direção no sindicato da categoria (STF, RE 183.884/SP, Rel. Min. SEPÚLVEDA PERTENCE, DJ 16.06.99).

82 MI, 670/ES, Rel. Min. MAURÍCIO CORRÊA, DJ 31.10.2008.

para essa exoneração".[83] Ademais, a Súmula nº 316 da Suprema Corte averba que "a **simples adesão a greve não constitui falta grave**".[84]

Na mesma linha, o Pretório Excelso declarou inconstitucional decreto estadual que estabelecia sanções diferenciadas para servidores em estágio probatório pelo simples fato de participarem de movimento grevista. São fundamentos da decisão: a) a Súmula nº 316 do STF, supratranscrita; e b) a violação do princípio da isonomia em razão de se criar tratamento desigual em detrimento de servidores em estágio probatório por causa do legítimo exercício do direito de greve.[85]

Por derradeiro, devemos trazer à baila outro ponto que tem sido objeto de debate na Alta Corte do País que é a greve dos servidores de carreiras essenciais: manutenção da ordem pública, segurança pública, administração da Justiça, exação tributária e saúde pública. O STF repeliu a extensão do direito de greve a essas categorias sob a justificativa de que ao lado do direito de greve que, em tese, teriam esses servidores há que se observar também outros interesses coletivos que possam eventualmente ser sacrificados em virtude do exercício de greve por aqueles agentes.[86]

10. CONCURSO PÚBLICO

O concurso público configura um meio isonômico e moral de acesso aos cargos públicos. Se não é a melhor forma de seleção de pessoal para a Administração Pública, certamente é a mais justa e democrática. É a regra geral para admissão de pessoal, excetuadas as hipóteses de investidura em cargo em comissão e contratação destinada a atender necessidade temporária de excepcional interesse público, entre outras.

O eminente prof. Pinheiro Madeira conceitua concurso público como:

> Uma série complexa de procedimentos para apurar as aptidões pessoais apresentadas por um ou vários candidatos que se empenham para a obtenção de uma ou mais vagas, em que se submetem voluntariamente aos trabalhos de julgamento de uma comissão examinadora.[87]

Para complementar a definição vale trazer a definição de Francisco Lobello de Oliveira Rocha, para quem concurso público é:

> O procedimento administrativo, subordinado a um ato administrativo prévio, o edital – que por sua vez subordina-se a todo o

83 RE 226966/RS, rel. orig. Min. MENEZES DIREITO, Rel.ª p/ o acórdão Min.ª CÁRMEN LÚCIA, 11.11.2008.

84 Em abono a esse posicionamento, o STF julgou inconstitucional norma editada pelo governador do Estado de Alagoas, que previa punição para servidores em estágio probatório envolvidos, comprovadamente, em movimentos grevistas. Para o Pretório Excelso não há embasamento na Constituição para que se faça distinção entre servidores estáveis e não estáveis, nos casos de participação em movimento grevista (ADI nº 3235/AI, Rel. Min. CARLOS VELLOSO, Rel. p/ acórdão Min. GILMAR MENDES, julg.: 04.02.2010).

85 ADI 3.235/AL, Rel. Min. CARLOS VELLOSO, Rel. p/ Acórdão: Min. GILMAR MENDES, DJe 11.03.2010.

86 Rcl 6.568/SP, Rel. Min. EROS GRAU, julg.: 21.05.2009. No mesmo sentido: ARE 654.432/GO, Rel. orig. Min. EDSON FACHIN, Rel. p/ Acórdão ALEXANDRE DE MORAES, julg.: 05.04.2017.

87 MADEIRA, José Maria Pinheiro. *O servidor público na atualidade*. 6ª ed. Rio de Janeiro: Lumen Juris, 2007, p. 84.

> ordenamento jurídico preexistente –, destinado a propiciar a mais perfeita seleção entre os candidatos que preencherem as necessidades da Administração, garantindo-se a igualdade de oportunidades na concretização do direito fundamental ao livre acesso a cargos e empregos públicos.[88]

O concurso público é exigência constitucional que atende, a um só tempo, aos princípios da **isonomia**, da **moralidade** e da **eficiência**. Observa-se o princípio da isonomia ao abrir possibilidade de que qualquer brasileiro, e até mesmo estrangeiros, na forma da lei, concorram em situação de igualdade com os demais interessados. A moralidade é levada a efeito por impedir que os cargos e empregos públicos efetivos sejam providos mediante critérios desonestos e discriminatórios, mediante indicação deste ou daquele, parente, ou não, da autoridade competente para nomear. Por fim, o concurso público favorece a efetivação do princípio da eficiência, uma vez que seleciona aqueles que demonstrarem nível intelectual mínimo para exercer as atribuições do cargo.[89]

Em que pese se tenha notícia da realização de processos de seleção pública de pessoal desde o ano 2220 a.C., na retrospectiva constitucional brasileira, nossas Constituições, desde a de 1824 até a de 1967, faziam referência implícita ou expressa ao concurso, mas não o instituíram efetivamente para todos os cargos e empregos públicos efetivos.[90] Isso só ocorreu com a Constituição Federal de 1988.

O inc. II do art. 37 da Constituição determina que a investidura em **cargo ou emprego público** depende de **prévia aprovação** em concurso público de provas ou de provas e títulos, de acordo com a natureza e o grau de complexidade do cargo ou emprego, na forma prevista em lei, ressalvadas as nomeações para cargo em comissão declarado em lei de livre nomeação ou exoneração. Assim, fica claro que o concurso público é procedimento administrativo obrigatório para o provimento de cargos efetivos e empregos públicos dos órgãos da Administração Direta e das entidades da Administração Indireta, incluindo fundações públicas de direito privado, empresas públicas e sociedades de economia mista e suas subsidiárias.

---

88 ROCHA, Francisco Lobello de Oliveira. *Regime Jurídico dos Concursos Públicos*. São Paulo: Dialética, 2006, p. 57.

89 Aproveitamos o ensejo para expressar nossa indignação com o fato de não haver no Brasil lei alguma que trate especificamente sobre os concursos públicos, na área federal, onde está concentrada a maior parte dos certames. Em um país em que mais de cinco milhões de pessoas participam anualmente de certames públicos, é inadmissível que a matéria prossiga sem que tenha recebido o devido tratamento legal. O que se tem sobre o assunto são regras esparsas plasmadas no art. 37 da Constituição Federal e nos arts. 11 e 12 da Lei nº 8.112/1990, e outros escassos atos normativos infralegais. Diante disso, não raro, as bancas examinadoras cometem arbitrariedades contra os candidatos, que, quando invocam a tutela jurisdicional do Estado, caem na vetusta justificativa do “mérito da banca”. Faz-se necessário, e com urgência, a edição do Estatuto do Concursando, que estabeleça regras específicas acerca do edital, das inscrições, da anulação e revogação do certame, da elaboração, aplicação e correção das provas, cronograma de nomeação de candidatos, dentre outros pontos relevantes. Há, inclusive, projeto de lei que cuida desse assunto tramitando no Congresso Nacional. O que falta é vontade política de aprovar medidas que beneficiem todos aqueles que lutam aguerrida e licitamente por uma vaga no serviço público (e não são poucos, advirta-se).

90 A título de curiosidade, tal é a relevância da isonomia para o acesso a cargos públicos, que o art. XXI da Declaração Universal dos Direitos Humanos de 1948 prevê que “Toda pessoa tem igual direito de acesso ao serviço público do seu país.”

Nesse exato sentido, tratando acerca do alcance da obrigatoriedade de realização de concurso público, o Tribunal de Contas da União elaborou a Súmula nº 231, segundo a qual: "A exigência de concurso público para admissão de pessoal se estende a toda a Administração Indireta, nela compreendidas as autarquias, as fundações instituídas e mantidas pelo Poder Público, as sociedades de economia mista, as empresas públicas e, ainda, as demais entidades controladas direta ou indiretamente pela União, mesmo que visem a objetivos estritamente econômicos, em regime de competitividade com a iniciativa privada." Na mesma linha, vale trazer à colação a Súmula nº 685 do STF (atual Súmula Vinculante nº 43) que preconiza o entendimento de que: "É inconstitucional toda modalidade de provimento que propicie ao servidor investir-se, sem prévia aprovação em concurso público destinado ao provimento, em cargo que não integra a carreira na qual anteriormente investido."[91]

Tanto é assim que o § 2º do art. 37 da Constituição prevê as consequências de sua não realização, quando obrigatória: a **nulidade do ato irregular de provimento** e a **punição da autoridade responsável**. Nesse esteio, o art. 4º, I, da Lei nº 4.717/1965 dá ensejo à propositura de ação popular visando a anular ato irregular de ingresso de servidor: são nulos os atos de "admissão ao serviço público remunerado, com desobediência quanto às condições de habilitação, das normas legais, regulamentares ou constantes de instruções legais".[92] Ainda, sobre o mesmo tema, vale citar a Súmula nº 17 do STF, pela qual "**se ocorrer nomeação de servidor sem concurso público, pode ela ser desfeita antes da posse**".

A nomeação para cargo em comissão não se submete à obrigatoriedade de realização de concurso público, posto que se refere a atribuições de direção, chefia e assessoramento, as quais serão melhor desempenhadas por quem seja da confiança da autoridade competente, que escolherá livremente o ocupante do cargo, segundo critérios de conveniência e oportunidade.

As funções de confiança também são preenchidas mediante livre designação da autoridade competente. Não há necessidade de concurso público, pois somente podem ser designados servidores públicos ocupantes de cargo efetivo, que já foram aprovados em concurso quando do seu ingresso no serviço público.

Como vimos anteriormente, os contratados temporariamente para atender a necessidade temporária de excepcional interesse público são recrutados mediante processo seletivo simplificado, e não por concurso público. A diferença entre concurso público e processo seletivo simplificado é que este não necessariamente

91 Na visão do STF (ADI 917/MG, red. p/ o acórdão Min. TEORI ZAVASCKI, julg.: 06.11.2013), é inconstitucional a lei estadual que prevê que determinados cargos da Administração Pública serão preenchidos mediante concurso do qual somente participarão servidores públicos (concurso interno). Essa espécie de "promoção interna" viola o princípio da ampla acessibilidade aos cargos públicos (art. 37, II, da CF/1988).

92 Em complemento, a Lei nº 8.429/1992 (art. 11, V) prevê que frustrar a licitude de concurso público constitui ato de improbidade administrativa que atenta contra os princípios da Administração Pública. Também o Código Penal (art. 311-A, redação de Lei nº 12.555/2011) define como crime de "Fraudes em certames de interesse público" a conduta de utilizar ou divulgar, indevidamente, com o fim de beneficiar a si ou a outrem, ou de comprometer a credibilidade do certame, conteúdo sigiloso de concurso público e afins.

corresponde a um teste de conhecimentos, aspecto obrigatório nos concursos públicos.

Nesse ponto, vale mencionar importante alteração trazida pela EC nº 51/2006 ao § 4º do art. 198 da Constituição Federal:

> Os gestores locais do sistema único de saúde poderão admitir agentes comunitários de saúde e agentes de combate às endemias por meio de processo seletivo público, de acordo com a natureza e complexidade de suas atribuições e requisitos específicos para sua atuação.

Dessa forma, temos um caso excepcional de provimento de cargo público efetivo sem necessidade de prévia aprovação em concurso público, mas por mero **processo seletivo simplificado**.

Questão interessante é a relativa aos agentes que desempenham atividades na Ordem dos Advogados do Brasil (OAB). De modo geral, os conselhos fiscalizadores de profissão (CFM, CFC, CREA, OMB) têm natureza autárquica e, portanto, submetem-se à obrigatoriedade do concurso público para selecionar seus agentes. Entretanto, a OAB, não obstante seja entidade fiscalizadora de profissão, não tem natureza de autarquia: é entidade anômala no Direito brasileiro, ímpar, *sui generis*, um serviço público independente que não integra a Administração Pública. Enfim, é uma entidade que não se encaixa em nenhuma categoria de órgão público ou entidade da Administração Pública. Por não consubstanciar uma entidade da Administração Indireta, a OAB não está sujeita a controle da Administração, nem a qualquer das suas partes está vinculada.[93] Assim sendo, não se sujeita à obrigatoriedade de concurso público para admissão dos seus empregados.

Escapando à regra do concurso público, há o caso dos ex-combatentes da Segunda Guerra Mundial, que efetivamente tenham participado de operações bélicas, que foram aproveitados no serviço público, sem concurso público, e com estabilidade (art. 53, I, ADCT).

Ainda no ADCT, precisamente no art. 19, os servidores públicos civis da União, dos Estados, do Distrito Federal e dos Municípios, da Administração Direta, autárquica e das fundações públicas, em exercício na data da promulgação da Constituição, há pelo menos **cinco anos continuados**, e que não tenham sido admitidos mediante concurso público, são considerados estáveis no serviço público.

Com base no exposto, podemos concluir que não se submetem à regra da obrigatoriedade do concurso público:

a) nomeação para cargos em comissão, declarados em lei de livre nomeação ou exoneração (art. 37, V);

b) designação para função de confiança;

93 STF, ADI nº 3.026,. Min. Rel. EROS GRAU, DJ 19.06.2006.

c) contratação de servidores temporários (art. 38, IX);
d) admissão de agente comunitário de saúde e agente de combate a endemias (art. 198, §4º);[94]
e) contratação de empregados pela Ordem dos Advogados do Brasil; e
f) aproveitamento de ex-combatentes da Segunda Guerra Mundial (art. 53, I, ADCT).

Em que pesem estas exceções, há o caso dos titulares de serviço notarial, que embora sejam particulares em colaboração com o Estado, se sujeitam à regra do concurso público por expresso mandamento constitucional: "O ingresso na atividade notarial e de registro depende de concurso público de provas e títulos, não se permitindo que qualquer serventia fique vaga, sem abertura de concurso de provimento ou de remoção, por mais de seis meses" (art. 236, § 3º).

Obedecendo ao regramento constitucional e legal sobre a matéria, o edital, ato administrativo de competência do órgão ou entidade que esteja realizando o concurso, deve ser publicado com a antecedência mínima necessária ao conhecimento de todos os possíveis interessados em concorrer às vagas a serem ofertadas. A finalidade do edital é estabelecer regras específicas aplicáveis a cada um dos certames que estejam sendo realizados: o prazo e o valor da inscrição, a oferta de vagas, os requisitos exigidos para a investidura, a data de realização das provas, critérios de classificação e desempate, o conteúdo programático, o prazo de validade entre outros pontos relevantes. É interessante notar que o edital do concurso estabelece regras de observância obrigatória que vinculam tanto a Administração quanto os candidatos participantes.

Impende destacar que as regras editalícias são subordinadas à lei que regulamenta a carreira para a qual o concurso público esteja sendo realizado. Assim, jamais o edital poderá se sobrepor aos comandos traçados na lei regulamentadora a título de regulamentá-la. Ademais, há matérias acobertadas pelo princípio da reserva legal, isto é, alguns assuntos que somente podem ser disciplinados por lei, e não por edital. Exemplo disso são os requisitos para a investidura em cargo ou emprego público: somente a **lei** poderá fazer exigências dessa natureza, jamais um edital poderia fazê-lo (arts. 37, I, e 39, § 3º, CF). Em suma, o edital de concurso público, além de não poder contrariar a lei que regulamenta o cargo ou emprego, não poderá dispor sobre assuntos que não estejam previamente disciplinados pela referida lei.

10.1. Edital

Na dicção de Francisco Lobello de Oliveira Rocha, edital é o "ato convocatório que dá ciência à coletividade da existência de cargos vagos a serem preenchidos

94 A contratação desses agentes está disciplinada pela Lei nº 11.350, de 05 de outubro de 2006.

pela Administração Pública e fixa o procedimento e os critérios que serão obedecidos no seu provimento."[95]

Como visto, o edital do concurso público é o instrumento que estabelece as regras que serão aplicadas especificamente àquele certame: em quantas etapas será realizado, locais e datas em que ocorrerão as provas, cargos ofertados (atribuições, nível de escolaridade, jornada de trabalho, remuneração, número de vagas, lotação), período de inscrições, critérios de avaliação e de desempate, vigência do concurso, conteúdo programático, homologação do resultado, entre outros pontos de relevo.

Sobre a importância da clareza e da suficiência do edital para reger a realização do concurso público, Francisco Lobello enfatiza que:

> Não basta [...] que o edital contenha os critérios de avaliação dos candidatos. É imperioso que descreva, de forma minudente e exaustiva, a forma de avaliação e pontuação atribuída a cada critério. Isto porque, após a publicação do edital, não pode restar ao Administrador qualquer margem de discricionariedade que pudesse ter sido exaurida no momento de sua elaboração.[96]

Uma vez estabelecidas essas regras, ficam vinculados tanto a Administração Pública quanto os candidatos, de modo que se estabelece uma via de mão dupla quanto ao cumprimento das disposições editalícias: a Administração e os candidatos podem exigir-se reciprocamente no tocante à sua observância. Nessa esteira, a jurisprudência sedimentada do STF e do STJ é no sentido de que:

> [...] o edital de concurso público rege as relações entre os candidatos e a Administração Pública. Ambos estariam submetidos, portanto, às suas regras, e, eventual desrespeito ao que nele disciplinado consubstanciaria violação ao princípio da legalidade, o que autorizaria o candidato a buscar sua correção.[97]
>
> O edital é a lei do concurso. Desta forma, estabelece-se um vínculo entre a Administração e os candidatos, igualmente ao descrito na Lei de Licitações Públicas, já que o escopo principal do certame é propiciar a toda coletividade igualdade de condições no serviço público. Pactuam-se, assim, normas preexistentes entre os dois sujeitos da relação editalícia. De um lado, a Administração. De outro, os candidatos. Com isso, é defeso a qualquer candidato vindicar direito alusivo à quebra das condutas lineares, universais e imparciais adotadas no certame.[98]
>
> Esse apego da Administração Pública às normas editalícias, por ela mesma publicadas, homenageia a um só tempo o princípio da segurança jurídica

95 ROCHA, Francisco Lobello de Oliveira. *Regime Jurídico dos Concursos Públicos*. São Paulo: Dialética, 2006, p. 56.

96 *Idem, ibidem*, p. 57.

97 MS 32042/DF, Rel.ª Min.ª CÁRMEN LÚCIA, julg.: 26.08.2014.

98 MS nº 9.253/DF, Rel. Min. GILSON DIPP, julg.: 25.05.2005; REspe nº 441.121/DF, Rel. Min. VICENTE LEAL, julg.: 17.10.2002.

> – as partes querem estar seguras de que o edital será respeitado – o princípio da lealdade, legalidade naquele sentido de que a Administração Pública tem que corresponder às expectativas por ela mesma geradas nos administrados.[99]

Além desta função vinculante, o edital do concurso público também prestigia o princípio da padronização, amplamente consagrado no domínio das licitações públicas, pois mantém os candidatos submetidos às mesmas regras, o que concretiza simultaneamente o princípio da constitucional isonomia.

10.2. Modalidades

O art. 37, II, da Carta Magna dispõe que o concurso público para cargo ou emprego público é de provas ou de provas e títulos. Assim, temos duas modalidades de concurso público: a) provas; e b) provas e títulos.

As provas constituem testes de conhecimentos ou de verificação de aptidão física e mental a que se submete o candidato, conforme o disposto na lei que regulamenta a carreira para a qual se está realizando o concurso. Dessa maneira, provas objetivas, discursivas, orais, testes físicos, psicotécnicos são espécies de provas a que podem ser submetidos os candidatos.

Os títulos são documentos que se relacionam direta ou indiretamente com as atribuições a serem desempenhadas pelo candidato e comprovam sua habilitação para o desempenho das atribuições do cargo ou emprego público, tais como diplomas universitários, certificados de cursos, experiência profissional, publicação de livros e artigos científicos entre outros estabelecidos em edital. No concurso público, conforme dispuser o instrumento convocatório do certame, os títulos somam pontos na nota final e interferem na classificação dos candidatos.

A exigência de títulos não pode ser gratuita e nem despropositada, de modo a se aplicar em todo e qualquer caso. Ao contrário, deve ser restrita aos cargos públicos que efetivamente exijam conhecimento e experiências específicos em determinado campo do saber para o seu exercício. Isto é, cargos em que a simples prova objetiva seja insuficiente para se aferir o grau de aptidão do candidato para o desempenho das atribuições. E, exatamente por isso, os títulos exigidos devem guardar correlação lógica com a natureza do cargo ou emprego a ser preenchido. Desse modo, não seria razoável num concurso público para magistratura aceitar-se como título a comprovação pelo candidato de ter concluído o "Curso teórico e prático de violão erudito".

A lei que regulamenta o cargo ou emprego é que define a modalidade de concurso público aplicável ao caso específico. Não obstante, a Constituição se

99 STF, RE 434.708, Rel. Min. SEPÚLVEDA PERTENCE, DJ 09.09.2005. Trecho do voto do Min. Ayres Britto.

antecipou em relação a algumas carreiras ao exigir a obrigatoriedade de concurso público de provas e títulos para o seu ingresso. É o caso da Magistratura (art. 93, I), dos membros do Ministério Público (art. 129, § 3º), da Advocacia Pública (art. 131, § 2º) e da Defensoria Pública (art. 134, § 1º).

É expressamente proibida a realização de concurso público exclusivamente de títulos, pois isso equipararia o processo de seleção do Poder Público ao da iniciativa particular: o candidato é escolhido mediante mera análise curricular.

O estabelecimento de provas como modalidade obrigatória em todo e qualquer concurso público tem finalidade dupla: garantir igualdade de condições àqueles que desejam ocupar cargos e empregos públicos e afastar do procedimento qualquer método de seleção que possa oferecer margem de subjetividade suficiente para que haja violação à obrigatoriedade do concurso público. Assim, em todas as espécies de provas, os critérios de avaliação devem ser transparentes de modo a permitir ao candidato saber em que está sendo avaliado e o porquê da nota obtida, até mesmo para que possa oferecer eventuais recursos.

Nesse passo, é importante tratarmos sumariamente dos exames psicotécnicos, que consistem na aferição, com emprego de procedimentos científicos, da sanidade mental dos candidatos com o objetivo de identificar e inabilitar indivíduos cujas características psicológicas revelem traços de personalidade incompatíveis com o desempenho de determinadas funções. O STF entende que é admissível a sujeição do candidato a testes psicotécnicos, desde que observados os seguintes requisitos:[100]

a) previsão legal da exigência;

b) estabelecimento de critérios objetivos de caráter notadamente científico para a avaliação do candidato; e

c) possibilidade de interposição de recurso contra eventual resultado desfavorável.[101]

No mesmo sentido, vale mencionar a Súmula nº 686 da Corte: "Só por lei se pode sujeitar a exame psicotécnico a habilitação de candidato a cargo público". Em 08.04.2015, esta súmula veio a se tornar o enunciado da Súmula Vinculante nº 44.

Avulta ainda mencionar que o veto à participação de candidato em determinado concurso em decorrência do não atendimento dos requisitos legais deve ser necessariamente **motivado**. Ou seja, o candidato tem direito a saber o porquê de sua desclassificação em concurso público, a fim de que possa

100 *Vide* RE 232.571-7/RS, Rel. Min. CARLOS VELLOSO, DJ 05.02.99; RE 188.234/DF, Rel. Min. NÉRI DA SILVEIRA, DJ 24.05.2004. No STJ, a jurisprudência é idêntica: REsp 1.429.656-PR, Rel. Min. MAURO CAMPBELL MARQUES, julg.: 11.02.2014; AgRg no REsp 1.404.261/DF, Rel. Min. MAURO CAMPBELL MARQUES, julg.: 11.02.2014.

101 É importante notar que, declarada a nulidade do exame psicotécnico, deve o candidato se submeter a novo exame, não podendo dele se eximir (STJ, AgRg no Ag 1291819/DF, Rel. Min. HUMBERTO MARTINS, DJe 21.06.2010; AgRg no REsp 112560/RJ, Rel.ª Min.ª MARIA THEREZA DE ASSIS MOURA, DJe 14.12.2009).

exercer contraditório e ampla defesa. A exclusão de candidato sob a alegação genérica de que "não preencheu os requisitos legais" é ilícita e, como tal, deve ser combatida pelo Poder Judiciário. Inclusive, o STF já se manifestou sobre esse assunto e editou a Súmula nº 684, segundo a qual: "**É inconstitucional o veto não motivado à participação de candidato a concurso público**".

O Supremo Tribunal Federal tem entendido estar em consonância com o princípio constitucional da isonomia a realização de concurso público em que a classificação se faça por regiões, ou para áreas de especialização. Na situação em apreço, a Suprema Corte denegou mandado de segurança de candidatos ao cargo de auditor-fiscal que se insurgiam contra dispositivo do edital que estabelecia que a classificação seria feita de acordo com a região fiscal, não obstante a unidade da carreira.[102]

10.3. Prazo de validade

O prazo de validade do concurso público assinala o período no qual é possível a nomeação ou a contratação do candidato a ocupar o cargo ou o emprego público, respectivamente. Escoado esse prazo, a Administração não poderá nomear nenhum candidato daquele certame.

O inc. III do art. 37 da Constituição Federal dispõe que o prazo de validade do concurso público será de até **dois anos** e pode ser prorrogado, uma **única vez**, por **igual período**. Sobre o dispositivo, vale a pena enunciarmos alguns pontos básicos:

a) o texto constitucional, ao estabelecer o prazo de validade do concurso público, utilizou a expressão "até" com o objetivo de dar ideia de limite máximo, mas não limite mínimo. Dessa forma, o concurso público pode ter prazo de validade de dois anos, um ano, seis meses, dois meses, enfim, o prazo que for suficiente para que a Administração possa nomear os candidatos, desde que não ultrapasse dois anos;

b) a prorrogação do concurso público é ato discricionário da Administração, podendo esta optar simplesmente por não prorrogá-lo, observados, logicamente, os princípios da impessoalidade, moralidade, eficiência e motivação. Não há por parte do candidato qualquer direito subjetivo a que seja o concurso prorrogado, pois tal hipótese fica a critério da conveniência da Administração. Perceba que existe a possibilidade de prorrogação, e não uma certeza insofismável de que esta ocorrerá;

c) uma vez que a Administração opte por prorrogar o prazo de validade do concurso, deve obedecer a duas condições: prorrogação por período idêntico ao fixado para o prazo de validade e realização de um única prorrogação. Assim, tenha o concurso público dois anos ou seis meses de validade, somente poderá ser prorrogado, uma única vez, por mais dois anos ou seis meses, respectivamente; e

102 RMS 23.432/DF, Rel. Min. OCTAVIO GALLOTTI, julg.: 04.04.2000.

d) A prorrogação deve ocorrer antes do término do prazo inicial. Vale dizer, é ilícita a prorrogação efetivada após o transcurso do prazo inicial de validade do certame.[103]

O prazo de validade do concurso é contado a partir da homologação do resultado do certame pela autoridade competente, e não da realização das provas ou da divulgação do resultado final. Por homologação infere-se o ato administrativo por meio do qual a autoridade competente declara a lisura do procedimento e a observância de todas as normas constitucionais e legais pertinentes. Somente após a homologação do concurso é que se inicia o transcurso do prazo de validade e consequentemente, se torna possível a nomeação dos candidatos aprovados.

Questão importante é a que se refere à investidura de candidato quando já transcorrido razoável lapso temporal entre a data de homologação do concurso público e a de sua nomeação. Nesses casos, o entendimento do STJ é o de que, ainda que o edital estabeleça que é de inteira responsabilidade do candidato o acompanhamento dos atos relativos ao certame, devendo manter atualizados endereço e telefone, a Administração Pública deverá efetuar a **intimação pessoal** acerca da nomeação, e não somente via imprensa oficial (Diário Oficial). O fundamento desse entendimento são os princípios da publicidade e razoabilidade. À medida que o prazo de vigência do concurso transcorre diminui no candidato a real expectativa de ser nomeado. Não seria razoável exigir que ficasse por anos a fio consultando o Diário Oficial diariamente para se certificar da publicação de sua nomeação. Assim, a Administração Pública deverá intimá-lo pessoalmente da nomeação (ex.: via postal), sem prejuízo da regular publicação do ato na imprensa oficial.[104]

10.4. Concurso público e direito à nomeação

Até pouco tempo, era pacífico na jurisprudência o entendimento de que a Administração Pública, ao realizar concursos públicos, poderia nomear candidatos em número inferior às vagas ofertadas, ou até mesmo não nomear nenhum candidato. Uma vez encerrado o prazo de vigência do concurso, instantaneamente poderia se abrir novo concurso visando a preencher as mesmas vagas que não foram preenchidas no certame anterior. Aos candidatos aprovados que se sentissem lesados por serem "passados para trás" não havia possibilidade de exigirem administrativa ou judicialmente seu ingresso no serviço público, pois a aprovação em concurso público gerava tão somente "**expectativa de direito à nomeação**".

103 STF, RE 352.258/BA, Rel.ª Min.ª ELLEN GRACIE, DJ 14.05.2004.

104 AREsp 169.460/SP, Rel. Min. NAPOLEÃO NUNES MAIA FILHO, DJe 19.12.2013; AgRg no RMS 37.227-RS, Rel. Min. MAURO CAMPBELL MARQUES, julg.: 06.12.2012. RMS 23.106/RR, Rel.ª Min.ª LAURITA VAZ, julg.: 18.11.2010; RMS 21.554/MG, Rel.ª Min.ª MARIA THEREZA DE ASSIS MOURA, DJe 02.08.2010; e RMS 24.716/BA, Rel. Min. NAPOLEÃO NUNES MAIS FILHO, DJe 22.09.2008.

À época, a jurisprudência do STF e do STJ era pacífica no sentido de que o candidato aprovado em concurso público, mesmo dentro do número de vagas, teria mera expectativa de direito à nomeação, podendo a Administração, motivadamente, optar por não nomear nenhum candidato aprovado.[105]

Todavia, com a crescente realização de concursos públicos em todo o país, mormente de 2004 aos dias atuais, a jurisprudência não poderia permanecer a mesma, posto que a conduta de não nomear nenhum candidato ou em número inferior às vagas notoriamente vai de encontro aos princípios da segurança jurídica e da proteção à confiança gerada nos administrados.

Assim, esses mesmos Tribunais, em julgados mais recentes, adotaram posicionamento distinto: **o candidato aprovado em concurso público dentro do número de vagas tem direito subjetivo à nomeação.** Fica, portanto, a Administração Pública vinculada às normas do edital e obrigada a preencher as vagas previstas para o certame dentro do prazo de validade do concurso.[106]

Imperioso ressaltar que o dever de nomear candidatos aprovados dentro do número de vagas não significa que a Administração deva nomear todos os candidatos de **uma só vez**, assim que homologado o concurso público. Isso equivaleria a subtrair da Administração o poder discricionário que teria para avaliar o momento apropriado para cada nomeação. Desse modo, a Administração, em que pese tenha o **dever de nomear** os candidatos aprovados no número de vagas, poderá fazê-lo parceladamente **ao longo do prazo de vigência do concurso público**, que poderá ser de até dois anos, prorrogável uma única vez por igual período.

Tendo assentado sobre os candidatos classificados no número de vagas previsto em edital, passaremos a avaliar em quais outros casos candidatos, ainda que aprovados para integrar **somente cadastro de reserva**, terão direito subjetivo à nomeação.

A primeira situação a ser apreciada ocorre quando a Administração convoca candidato classificado em posição inferior àquela que deveria efetivamente ser nomeado, violando a ordem de classificação. Exemplificativamente, considere uma candidata que foi aprovada em sétimo lugar em concurso público que oferecia cinco vagas para o cargo ao qual concorria. Caso a Administração nomeasse qualquer outro candidato de posição inferior à referida candidata (oitavo, nono, décimo etc.), sem tê-la nomeado, haveria para esta direito à

105 STF: AI 373.054/SP, Rel.ª Min.ª ELLEN GRACIE, DJ 27.09.2002; RE-AgR 421.938/DF, Rel. Min. SEPÚLVEDA PERTENCE, DJ 02.06.2006. STJ: RMS 11.986/ES, Rel. Min. GILSON DIPP, DJ 10.02.2003; RMS 15.203/PE, Rel. Min. FELIX FISCHER, DJ 17.02.2003; MS 9909/DF, Rel.ª Min.ª LAURITA VAZ, DJ 30.03.2005.

106 STF, RE 598.099/MS, Rel. Min. GILMAR MENDES, julg.: 10.8.2011. Precedente: RE 227480/RJ, Rel. Min. MENEZES DIREITO, Rel.ª p/ o acórdão Min.ª CÁRMEN LÚCIA, *DJe 16.09.2008. Alguns precedentes no STJ:* RMS 27.508/DF, Rel. Min. ARNALDO ESTEVES LIMA, DJe 18.05.2009. No mesmo sentido: REsp 1.220.684/AM, Rel. Min. CASTRO MEIRA, julg.: 03.02.2011; RMS 24971/BA, Rel. Min. NAPOLEÃO NUNES MAIS FILHO, DJe 22.09.2008; RMS 25.502, Rel. Min. ARNALDO ESTEVES LIMA, DJe 14.09.2009; MS 14.149/DF, Rel. Min. ARNALDO ESTEVES LIMA, julg.: 14.04.2010; RMS 21.528/MA, Rel.ª Min.ª MARIA THEREZA DE ASSIS MOURA, julg.: 24.08.2010.

nomeação. Note-se que a mera expectativa de direito à nomeação de quem estava no cadastro de reserva converteu-se em **direito subjetivo** em razão da **não observância da ordem de classificação**. A respeito, o STF estatuiu na Súmula nº 15 que: "**Dentro do prazo de validade do concurso, o candidato aprovado tem o direito à nomeação, quando o cargo for preenchido sem observância da classificação**".

Outra situação que enseja o direito à nomeação é aquela em que, a despeito de haver candidato aprovado em concurso público em vigência, a Administração contrata ou mantém contratados funcionários terceirizados, servidores temporários, servidores requisitados de outros órgãos ou exclusivamente comissionados exercendo exatamente a mesma função ou cargo para o qual foi realizado o certame. Nesse caso, há direito subjetivo à nomeação por parte do candidato aprovado em concurso, "sob pena de vir a sofrer enorme prejuízo e ante a responsabilidade de lesão irreversível ao direito, visto que, expirado o prazo de validade do concurso, ficará impedido de ser nomeado."[107]

Sobre o tema, não vacila a jurisprudência dos nossos tribunais ao advogar a tese da procedência do direito à nomeação quando há candidato aprovado em concurso público e a Administração Pública, ao invés de nomeá-lo, contrata ou mantém contratados funcionários **terceirizados**, **temporários, requisitados, servidores comissionados** ou **terceiros precariamente** exercendo exatamente a mesma função ou cargo para o qual foi realizado o concurso público.[108]

Note que não se está declarando que a Administração Pública esteja obrigada a nomear candidato aprovado fora do número de vagas previstas, simplesmente pela **existência ou surgimento de nova vaga**, seja por nova lei, seja decorrente de vacância. O que se está afirmando é que, caso haja cargos vagos e as atribuições respectivas estejam sendo desempenhadas por terceiros contratados precariamente, haverá direito à nomeação para os candidatos aprovados, mesmo fora do número de vagas, em concurso público com prazo de validade em vigência. Sobre o ponto, assim já se manifestou o Superior Tribunal de Justiça.[109]

Nessa mesma linha de raciocínio, a celebração de **acordos de cooperação** entre a União e Municípios, por meio do qual pessoas que são **estranhas aos quadros efetivos** da Administração Pública Federal passam, sob a supervisão

107 MADEIRA, José Maria Pinheiro. *O servidor público na atualidade*. 6ª ed. Rio de Janeiro: Lumen Juris, 2007, p. 100.

108 O STF já decidiu que a contratação de pessoal por meio de ajuste civil de locação de serviços, nos termos da Lei nº 8.666/1993, é "escapismo" à exigência constitucional de concurso público, e afronta o art. 37, II, da Constituição Federal (ADI nº 890/DF, Rel. Min. MAURÍCIO CORRÊA, DJ 26.2.2004).

109 MS 13.823/DF, Rel. Min. ARNALDO ESTEVES LIMA, DJe 12.05.2010; RMS 31.847/RS, Rel. Min. MAURO CAMPBELL MARQUES, julg.: 22.11.2011. Outros precedentes no STJ: RMS 29.227/RJ, Rel. Min. FELIX FISCHER, DJe 03.08.2009; RMS 18.990/MG, Rel.ª Min.ª LAURITA VAZ, DJ 25.09.2006; RMS 16.489/PR, Rel. Min. OG FERNANDES, DJ 10.11.2008. Na mesma linha, precedentes do STF: AI-AgR 440.895/SE, Rel. Min. SEPÚLVEDA PERTENCE, DJ 20.10.2006; AI 820.065 AgR/GO, Rel.ª Min.ª ROSA WEBER, julg.: 21/08/2012; RMS 29.915/DF, Rel. Min. DIAS TOFFOLI, DJe 26.09.2012; AG. REG. no RE 733.596-MA, Rel. Min. LUIZ FUX , DJe 15.04.2014; RMS 31.478/DF, Rel. Min. MARCO AURÉLIO, julg.: 09.08.2016.

e controle da União, a exercer funções por lei atribuídas a servidores públicos federais, faz surgir o direito à nomeação dos candidatos aprovados em concurso público para o aludido cargo, desde que comprovada a existência de vaga. Nesse caso, embora a União não contrate diretamente terceiros, em caráter precário, para desempenhar as funções públicas, ela o faz de maneira indireta, ao passar a se utilizar da mão de obra de servidores municipais disponibilizados pelas prefeituras, os quais passam a exercer funções próprias da Administração Federal. Sendo assim, o candidato aprovado em concurso público para o cargo público federal terá direito à nomeação.[110]

Por outro lado, se o **edital dispuser que serão providas as vagas** oferecidas e outras que vierem a existir durante a validade do concurso, os candidatos aprovados fora do número de vagas oferecidas – mas dentro do número das vagas posteriormente surgidas ou criadas – têm direito líquido e certo à nomeação no cargo público. Foi exatamente esse o entendimento adotado pelo STJ em concurso público destinado ao preenchimento de sete vagas, bem como daquelas que viessem a existir durante o período em que tivesse validade o certame. Após a realização do concurso, foram convocados os cem candidatos aprovados para o curso de formação. Durante a validade do concurso, foram nomeados os sete mais bem classificados, mais 84 aprovados que não passaram dentro das vagas, restando nove candidatos na lista de espera. Após as mencionadas nomeações, o órgão deixou de nomear os candidatos remanescentes ao argumento de que não havia vagas. Menos de seis meses após o fim da validade do concurso, o órgão lançou novo concurso para preenchimento de trinta vagas. Por não considerar crível a versão de que não havia vagas, visto que, seis meses depois, sem nenhum fato extraordinário, o órgão lançou novo certame, o Tribunal entendeu que não houve motivação idônea para preterição dos nove candidatos remanescentes, razão pela qual assiste direito aos candidatos do cadastro de reserva.[111]

Em complemento, pode-se destacar qu a cessão de servidor para servir em outro órgão ou entidade **sem ônus** para o órgão cedente **não gera direito à nomeação** de candidato aprovado em concurso público para cargo público de atribuições idênticas. O STJ apreciou caso em que candidata aprovada em concurso para escrevente judicial do Tribunal de Justiça do Mato Grosso do Sul (TJ/MS) pleiteou o direito à nomeação em função de ter sido cedido por Município, às suas expensas, servidor da Prefeitura para exercer funções no Fórum local, sem qualquer ônus para o Poder Judiciário. Na situação em epígrafe, resta claro que embora esteja exercendo a função de escrevente em virtude de

110 STJ, MS 13.575/DF, Rel.ª Min.ª JANE SILVA, DJe 01.10.2008.

111 RMS 27.389-PB, Rel. Min. SEBASTIÃO REIS JÚNIOR, julg.: 14.08.2012. Precedentes do STF: RE 598.099-MS, Rel. Min. GILMAR MENDES, DJe 03.10.2011; RE 581.113-SC, Rel. Min. DIAS TOFFOLI, DJe 31.05.2011; Precedentes do STJ: RMS 34.789-PB, Rel. Min. TEORI ALBINO ZAVASCKI, DJe 25.10.2011; AgRg no RMS 34.975-DF, Rel. Min. HUMBERTO MARTINS, DJe 16.11.2011.

cessão, o servidor da prefeitura não foi nomeado para o cargo efetivo, nem está recebendo sua remuneração dos cofres estaduais, pois o Município assumiu o ônus da remuneração. Sendo assim, não há falar em direito à nomeação da candidata aprovada no concurso.[112]

Outra questão relacionada ao direito à nomeação de candidatos aprovados em concursos públicos cujos contornos já foram delineados pelo STJ: determinado candidato classificou-se em 49º lugar no concurso público para o cargo de auditor-fiscal, cujo edital previa 48 vagas. O classificado na 32º posição não compareceu à fase de realização dos exames médicos, nem apresentou os documentos solicitados apesar de devidamente notificado. Por conta disso, tal candidato foi automaticamente eliminado do concurso, conforme cláusula do edital. O classificado na posição subsequente ao número de vagas (49º colocado) entrou com ação judicial sustentando que ficou pendente o preenchimento de uma vaga em razão da exclusão de um dos aprovados, e que a Administração estaria obrigada a nomear o próximo candidato na ordem de classificação. O Tribunal de Justiça da Bahia negou o pedido do candidato e este recorreu ao STJ, que adotou o seguinte posicionamento (destaque nosso):

> 2. **O não preenchimento de todas as vagas ofertadas dentro do prazo de validade do concurso, em razão da eliminação de candidato inicialmente habilitado dentro do número previsto em Edital, gera o direito subjetivo à nomeação do candidato classificado na posição imediatamente subsequente na lista de classificados.**
>
> 3. Explicitada a necessidade de a Administração nomear 48 Auditores-Fiscais, o ato de nomeação do recorrente, diante do desinteresse de candidato aprovado em tomar posse, deixou de ser discricionário para se tornar vinculado, uma vez que passou a se enquadrar dentro do número de vagas previstas no Edital do certame.[113]

Também foi apreciado pelo Tribunal da Cidadania o caso de uma candidata que foi aprovada na primeira colocação em concurso público que não previa número de vagas, mas tão somente cadastro de reserva. Transcorrido todo o prazo de validade do certame, e não tendo sido nomeada, a candidata intentou ação judicial invocando direito líquido e certo à nomeação. O Tribunal de Justiça local denegou a segurança, asseverando que não lhe assistiria o direito à nomeação, uma vez que a candidata não teria sido preterida na ordem de classificação e a Administração não estaria adotando mecanismos precários de preenchimento da vaga existente. Não obstante, em sede de recurso o STJ entendeu que, se a Administração abriu concurso público, é porque pelo menos uma vaga efetivamente existiria. Caso contrário, seria ilógica a abertura de novo

112 STJ, RMS 26.044/MS, Rel.ª Min.ª MARIA THEREZA DE ASSIS MOURA, DJe 28.06.2011.

113 RMS 27.575, Rel. Min. NAPOLEÃO NUNES MAIA FILHO, DJe 16.09.2009.

concurso público. Logo, a **candidata aprovada na primeira colocação** tem **direito subjetivo** a ser nomeada para esta vaga.[114]

Sinteticamente, o candidato aprovado em concursos públicos tem direito à nomeação quando:

a) aprovado dentro do número de vagas previstas em edital;

b) ocorrer nomeação de candidato com classificação inferior a outro não nomeado, ou quando ocorrer nomeação, para o mesmo cargo, de pessoa não aprovada em concurso público;

c) houver candidato aprovado em um concurso público, e a Administração Pública publicar edital de novo concurso para o mesmo cargo efetivo ou emprego público, e realizar nomeação de candidato aprovado no concurso mais recente, ignorando o candidato aprovado do concurso anterior que ainda se encontra em seu prazo de validade;[115]

d) houver candidato aprovado em concurso público não expirado e a Administração Pública, ao invés de nomeá-lo, contratar ou manter contratados funcionários terceirizados, temporários, comissionados, requisitados ou terceiros admitidos precariamente exercendo a mesma função ou cargo para o qual foi realizado o certame;

e) não forem preenchidas todas as vagas ofertadas dentro do prazo de validade do concurso, em razão da eliminação ou desistência de candidato nomeado; e

f) aprovado na primeira colocação, mesmo que para cadastro de reserva.

Vale citar ainda o caso do candidato que, insatisfeito com reprovação em teste psicotécnico e consequente impossibilidade de participar do curso de formação, ingressa com ação judicial e obtém decisão liminar (precária) no sentido de poder frequentar as aulas do curso de formação enquanto a decisão de mérito (definitiva) não é prolatada. Nesse caso, tal candidato, caso conclua curso de formação e nele seja aprovado, **não terá direito à nomeação** enquanto não exarada decisão de mérito no processo judicial. A finalidade é impedir que este candidato seja nomeado e, posteriormente, com a decisão de mérito a seu desfavor, tenha a sua nomeação desfeita, causando com isso prejuízos à Administração Pública.[116]

Importante registro se faz quanto à situação de candidato aprovado em concurso público cuja nomeação, no entanto, só vem a ocorrer meses ou anos depois, e, mesmo assim, por força de decisão judicial liminar. Teria este

114 AgRg no RMS 33.426/RS, Rel. Min. HAMILTON CARVALHIDO, DJe 30.08.2011.

115 Tratamos acerca dessa hipótese de abertura de novo concurso público em tópico anterior deste mesmo capítulo.

116 STJ, MS 12.786/DF, Rel. Min. ARNALDO ESTEVES LIMA, DJe 21.11.2008; RMS 24.975/MS, Rel. Min. NAPOLEÃO NUNES MAIA FILHO, DJe 29.09.2008.

candidato, nomeado tardiamente em razão de ato ilegal da Administração, o direito de receber a remuneração retroativa?

Nessa situação, é corrente a jurisprudência do STF[117] no sentido de que tal candidato **não faz jus à indenização pelos prejuízos sofridos em razão da nomeação tardia**, a não ser que demonstre que o atraso decorreu de situação de manifesta ilegalidade e abuso flagrante por parte do Poder Público.

A ideia central que fundamentou o entendimento do Tribunal é que, como não houve efetivo exercício das atribuições, não há falar em pagamento de remuneração, sob pena de se proporcionar enriquecimento sem causa ao futuro servidor.

E mais, segundo o Supremo[118], além de não fazer jus à indenização, o servidor tampouco terá direito às promoções ou progressões funcionais a que faria jus se a nomeação tivesse sido feita no momento adequado.

Também é possível verificar a situação do candidato que, nomeado pela Administração e impossibilitado de atender a esta convocação, requer a inclusão no último lugar da lista total de aprovados. O STJ também tem se posicionado no sentido de que tal candidato não tem direito subjetivo à nomeação, caso o número de aprovados seja superior ao número de vagas e as nomeações não alcancem a nova classificação (inferior) em que foi posto voluntariamente este candidato.[119]

10.5. Concurso público e cadastro de reserva

Imaginemos o exemplo de órgão da Administração Direta que, além de 10 cargos vagos no quadro efetivo de pessoal, poderá "perder" algo em torno de 35% dos seus servidores nos próximos quatro anos em decorrência de consumação da idade mínima para o gozo de aposentadoria voluntária, segundo estimativas do setor de pessoal. Tendo em vista que estas vagas surgirão a "conta-gotas" no transcorrer desses quatro anos e que podem até mesmo não surgir se alguns servidores optarem por continuar trabalhando, o que poderá fazer o citado órgão para manter a continuidade dos serviços prestados pelos servidores que optarem pela aposentadoria? A solução encontra-se na realização de concurso público em que haja número certo de vagas (no caso, 10), e também cadastro de reserva. Com isso, preenchidas as vagas preexistentes, a cada vez que surgir nova vaga, poderá a Administração convocar, conforme a ordem de classificação, candidato que se encontra no cadastro de reserva. Desse modo, a Administração fica desobrigada de nomear todos os aprovados, uma vez que não sabe ao certo quantas vagas surgirão no transcurso do prazo de vigência do concurso. Vê-se, portanto, que o cadastro de reserva é um eficiente instrumento que visa a evitar

117 STF. RE 724.347/DF, Rel. para acórdão Min. Roberto Barroso, julg.: 26.02.2015.

118 STF. RE 629.392 RG/MT, Rel. Min. Marco Aurélio, julg.: 08.06.2017 (repercussão geral).

119 STJ, RMS 27.575/BA, Rel. Min. NAPOLEÃO NUNES MAIA FILHO, DJe 30.11.2009; RMS 19.110/SE, Rel.ª Min.ª MARIA THEREZA DE ASSIS MOURA, DJe 26.05.2008.

que postos de trabalho no setor público fiquem vagos durante longo período de tempo. Não fosse assim, ou seria deixado vago o cargo ou se faria concurso público apenas para preencher aquela vaga. Nada mais inócuo!

Assim conclui-se pela vantagem notória do cadastro de reserva, entretanto, como em nosso país quase tudo o que é bom acaba sendo manobrado de maneira a atender interesses espúrios de quem detém o poder, o mecanismo do cadastro de reserva tem sido indevidamente utilizado por diversos órgãos e entidades que querem se ver livres da obrigatoriedade de nomear candidatos que estariam, não fosse a manobra imoral, entre o número de vagas disponíveis e necessárias. Isto é, se não há número de vagas previstos no edital, mas mero cadastro de reserva, não haverá direito subjetivo à nomeação por parte dos candidatos. A boa notícia é que a jurisprudência dos nossos tribunais, como já demonstrado no tópico anterior, vem evoluindo no sentido de impedir que a Administração Pública utilize o sistema de cadastro de reserva como meio escuso de escape à obrigatoriedade de nomeação de candidatos quando as vagas efetivamente surgirem e forem preenchidas precariamente.

10.6. Abertura de novo concurso público

Quanto à possibilidade de abertura de novo concurso enquanto válido certame anterior para o preenchimento dos mesmos cargos, partamos do comando constitucional expresso no art. 37, IV, da CF/1988 (destaque nosso):

> Durante o **prazo improrrogável** previsto no edital de convocação, aquele aprovado em concurso público de provas ou de provas e títulos será convocado com prioridade sobre novos concursados para assumir cargo ou emprego, na carreira.

Há no dispositivo em comento certa dificuldade de compreensão acerca do alcance da expressão "prazo improrrogável". Não obstante, firmou-se o entendimento de que o "prazo improrrogável" a que se refere o texto constitucional deve ser entendido como o prazo de prorrogação do certame, pois somente é possível uma única prorrogação, tornando-se, após isso, improrrogável. Dessa forma, a abertura de novo concurso público durante o seu prazo inicial de validade é terminantemente vedada, sendo possível apenas se ocorrer dentro do período de prorrogação do certame.

Ainda que se abra um segundo concurso público dentro do período de prorrogação de concurso anterior para preenchimento das mesmas vagas, deve-se obedecer outra limitação: a de que os candidatos aprovados no concurso anterior tenham direito de preferência nas nomeações em relação aos novos aprovados. Enquanto houver candidatos aprovados em concurso anterior ainda válido, estes serão nomeados precedentemente aos novos aprovados no segundo concurso.

Isso que foi dito alcança os concursos públicos realizados na Administração Direta e Indireta da União, Estados, Distrito Federal e Municípios. Todavia, especificamente na esfera federal, essa afirmativa deve ser vista com cautela, pois em relação à Administração Direta, autárquica e fundacional da União, a Lei nº 8.112/1990 estabeleceu disciplina mais rígida à matéria.

O regime jurídico dos servidores públicos federais estabelece em seu art. 11, § 2º, que "**Não se abrirá novo concurso enquanto houver candidato aprovado em concurso anterior com prazo de validade não expirado**". Perceba que aqui não há qualquer distinção entre prazo inicial de validade e prorrogação desse prazo. Enquanto houver candidato aprovado e não convocado, somente após o escoamento do prazo total de validade do concurso é que a Administração poderá abrir novo concurso para preenchimento do mesmo cargo.

Impende sublinhar que, não havendo mais candidatos aprovados, pode a Administração abrir novo concurso ainda que este esteja dentro do seu prazo de validade. É que, em não havendo mais candidatos aprovados (ou porque foram todos nomeados ou porque nenhum deles logrou aprovação), não há qualquer efeito jurídico que o concurso anterior possa produzir. Logicamente, não faria sentido a Administração aguardar o término do prazo de validade de um concurso público em que já não há mais candidatos a serem nomeados.

É preciso entender que o objetivo das regras que tratam da abertura de novo concurso é sempre o mesmo: resguardar o direito do candidato que foi aprovado em concurso em vigência de não ser "passado para trás" por novos candidatos aprovados em concurso para o mesmo cargo ou emprego. Se tal objetivo for alcançado, não há óbice à abertura de novo concurso.

Situação interessante é aquela em que o edital determina número fixo de vagas para classificação de candidatos. O STJ[120] ao apreciar a matéria resolveu pela admissibilidade de tal previsão editalícia. Dessa forma, mesmo que o concurso público ainda esteja dentro do prazo de validade, a Administração Pública poderá abrir novo certame para o provimento de novas vagas (exceto aquelas previstas no concurso ainda válido), não sendo obrigada a nomear os classificados no certame anterior, além do número de vagas fixadas no edital. O caso em tela tratava de candidata classificada em concurso na 231ª posição para o cargo de delegado de Polícia Civil do Rio Grande do Sul, cujo edital previu 50 vagas para classificação de candidatos para a segunda etapa do certame – o curso de formação. O edital também previa que os classificados além das 50 vagas estariam automaticamente eliminados do concurso. Ela recorreu ao STJ para obter sua inclusão no curso de formação previsto para o novo concurso, posterior ao que ela obteve a aprovação, mas não foi classificada, pleito este negado pelo Tribunal.

120 RMS, 24593/RS, Rel. Min. ARNALDO ESTEVES LIMA, DJe 17.11.2008.

10.7. Reserva de vagas para deficientes

O inc. VIII do art. 37 da Constituição prevê que "a lei reservará percentual dos cargos e empregos públicos para as pessoas portadoras de deficiência e definirá os critérios de sua admissão".[121]

Em razão das necessidades especiais de que são portadoras essas pessoas e para dar efetividade ao princípio da isonomia, a Constituição estabeleceu proteção especial aos portadores de deficiência. É importante atentar para o fato de que a norma não está a liberar essas pessoas da obrigatoriedade de prévia aprovação em concurso público, mas apenas determinando que tais pessoas concorram entre si por meio da reserva de vagas, pois assim estar-se-á tratando os desiguais na medida de suas desigualdades.

O art. 5º, § 2º, da Lei nº 8.112/1990 determina que às pessoas portadoras de deficiência é assegurado o direito de se inscrever em concurso público para provimento de cargo cujas atribuições sejam compatíveis com a deficiência de que são portadoras, mediante declaração em perícia médica oficial; para tais pessoas serão reservadas até 20% das vagas oferecidas no concurso. O Decreto nº 3.298/1999 estabelece, no art. 37, § 1º, que o candidato portador de deficiência, em razão da necessária igualdade de condições, concorrerá a todas as vagas, sendo reservado no mínimo o percentual de 5% em face da classificação obtida. No mesmo sentido, o Enunciado Administrativo CNJ nº 12/2009 prevê o mínimo de 5% das vagas ofertadas em concursos públicos para serem reservadas a candidatos com deficiência.

O STF entende que na hipótese de a divisão resultar em número fracionado – não importando que a fração seja inferior a meio –, impõe-se o arredondamento para cima.[122]

Uma situação interessante tem ocorrido quando os editais de concurso preveem apenas **duas vagas** a serem preenchidas no concurso público. Nesse caso, se houver reserva de vagas, o percentual das vagas que se estará reservando, de fato, é de 50% – e não de até 20%, como fixa a Lei nº 8.112/1990. Nessa situação considerou o STF que não se reserve vaga alguma para portadores de deficiência física.[123]

Outro tema relevante é o que trata da **comunicabilidade das vagas reservadas para deficientes com as vagas gerais do certame**. Imagine um concurso público em que sejam oferecidas quatro vagas para portadores de necessidades especiais e 25 vagas para os demais candidatos. Suponha que João, que concorre às vagas reservadas, tenha obtido 78 pontos, obtendo a quinta colocação nas vagas especiais. O candidato que acumulou a 25º colocação das vagas gerais fez, na mesma prova,

121 O art. 4º do Decreto nº 3.298, de 20 de dezembro de 1999, alterado pelo Decreto nº 5.296/04, estabelece as categorias de deficiências (deficiência física, auditiva, visual, mental e múltipla), que caracterizam a pessoa portadora de deficiência, para efeito de reserva de vagas em concurso público.

122 RE 227.299-MG, Rel. Min. ILMAR GALVÃO, DJ 14.6.2000.

123 MS 26.310, Rel. Min. MARCO AURÉLIO, DJ 31.10.2007.

76 pontos. Nesse caso, João não obteve pontuação suficiente para se classificar dentro do número de vagas destinadas a deficientes físicos, mas sua pontuação o classificaria dentro do número das vagas gerais. João teria direito a concorrer às vagas gerais? Tudo depende do que dispõe o edital sobre o assunto: se haverá comunicabilidade entre as vagas reservadas e as vagas em geral ou se segue restrita aos deficientes, mesmo que estes venham a não ocupá-las por inteiro.

Em caso de haver comunicabilidade, e essa é a opção mais adotada atualmente, os candidatos portadores de deficiência física que não conseguirem ser aprovados dentro do número de vagas reservadas, serão nomeados conforme a lista geral de classificação de acordo com a nota obtida no certame. Se não houver deficientes aprovados em número suficiente para preencher completamente o número de vagas a eles destinado, estas podem ser legitimamente ocupadas pelos demais aprovados, seguindo a ordem de classificação.[124]

Quando num concurso se tem aprovados nas vagas gerais e nas reservadas a portadores de deficiência física, conforme entendimento do STJ, se não há nomeação dos aprovados de uma só vez, deverá haver alternância entre os aprovados. Assim, nomear-se-á um candidato não deficiente, seguido de um deficiente, depois de outro não deficiente e assim por diante.[125]

Questão relevante aborda a seguinte indagação: é obrigatória a reserva de vagas para candidatos portadores de deficiência em todos os concursos públicos, independentemente da natureza das atribuições do cargo público em oferta? Tradicionalmente, a opinião predominante entre os administrativistas era no sentido negativo. Isto é, a reserva de vagas em concurso público depende da natureza das atribuições do cargo. Nessa esteira, ilustrativamente, muitos dos concursos públicos para as carreiras policiais sequer previam reserva de vagas para deficientes em seus editais.

Entretanto, os notáveis avanços da Medicina de atenção às pessoas portadoras de necessidades especiais, aliados à consolidação paulatina das políticas afirmativas de acessibilidade (o que representa franca concretização do princípio constitucional da dignidade da pessoa humana) produziram mutação no sentido de que **não se pode, simples e preliminarmente, impedir que pessoas portadoras de deficiência acessem cargos públicos de determinada carreira profissional**. Há que se avaliar em cada caso concreto, mediante inspeção médica específica, quais candidatos têm limitações compatíveis ou não com as atribuições dos cargos públicos em disputa nos concursos públicos. Em termos mais simples, não se pode simplesmente "barrar" a participação de candidatos portadores de deficiência em determinado concurso público, partindo da premissa de que o exercício do

124 "O candidato cuja deficiência alegada quando da inscrição do concurso público não se confirma por ocasião da posse, por meio de laudo pericial, pode, à míngua de disposição no edital em sentido contrário, ser nomeado, observando-se a ordem de classificação geral do certame, desde que não demonstrada a existência de má-fé" (STJ, RMS 28.355/MG, Rel. Min. ARNALDO ESTEVES LIMA, DJe 02.08.2010).

125 MS 18.669/RJ, Rel. Min. GILSON DIPP, DJ 29.11.2004.

cargo é incompatível com qualquer tipo de deficiência. Ao contrário, deve-se franquear o acesso ao certame inclusive a candidatos portadores de deficiência e, na fase de inspeção médica oficial, apurar quais têm limitações compatíveis com o desempenho das atribuições exigidas no exercício do cargo.

Com base nessa premissa, o STF determinou que no concurso público do Departamento de Polícia Federal (DPF) para provimento dos cargos de escrivão, perito criminal e delegado no ano de 2012 fosse garantida a reserva de vagas para pessoas com deficiência. Nas palavras da relatora, Ministra Cármen Lúcia, é inadmissível a alegação de que os cargos públicos da área policial "não são compatíveis com nenhum tipo de deficiência física", tendo em vista que seus titulares "estarão sujeitos a atuar em campo, durante atividades de investigação", e poderiam "ser expostos a situações de conflito armado que demandam o pleno domínio dos sentidos e das funções motoras e intelectuais". Por conseguinte, "cabe à Administração Pública examinar, com critérios objetivos, se a deficiência apresentada é ou não compatível com o exercício do cargo, assegurando a ampla defesa e o contraditório ao candidato, sem restringir a participação no certame de todos e de quaisquer candidatos portadores de deficiência".[126]

Por derradeiro, impende dar especial enfoque para o fato de que há determinadas doenças que obstam o ingresso no serviço público por serem consideradas doenças graves que geram direito à aposentadoria por invalidez permanente, nos termos do art. 40, § 1º, I, da Constituição Federal. A Lei nº 8.112/1990, em seu art. 186, § 1º, elenca algumas das doenças consideradas graves: tuberculose ativa, alienação mental, esclerose múltipla, neoplasia maligna, cegueira posterior ao ingresso ao serviço público, hanseníase, cardiopatia grave, doença de Parkinson, paralisia irreversível e incapacitante, espondiloartrose anquilosante, nefropatia grave, estados avançados do mal de Paget (osteíte deformante), Síndrome de Imunodeficiência Adquirida – AIDS, e outras a serem indicadas por lei, com base na Medicina especializada.[127]-[128] O candidato que apresentar quaisquer desses males estará impossibilitado de ser investido no serviço público. Posto que se servidor fosse seria aposentado por invalidez permanente. Com efeito, nesse caso, não há falar em reserva de vagas em concurso público.

---

126 STF, Rcl 14.145/MG, Rel.ª Min.ª CÁRMEN LÚCIA, julg.: 28.11.2012. No mesmo sentido: RMS 32.732/DF, Rel. Min. CELSO DE MELLO, julg.: 13.05.2014.

127 A respeito, a Súmula nº 377 do STJ: "O portador de visão monocular tem direito de concorrer, em concurso público, às vagas reservadas aos deficientes". Com a mesma redação, *vide* Súmula Administrativa AGU nº 45, 14 de setembro de 2009.

128 A jurisprudência do STJ orienta-se no sentido de que o rol descrito no art. 186, § 1º, da Lei nº 8.112/1990 é exemplificativo, e não taxativo, haja vista a impossibilidade de a norma conseguir prever todas as doenças consideradas pela Medicina como graves, contagiosas e incuráveis (AgRg no AREsp 179.447-RS, Rel. Min. HUMBERTO MARTINS, DJe 20.08.2012; AgRg no REsp 1.294.095-GO, Rel. Min. BENEDITO GONLÇALVES, DJe 02.04.2012; REsp 1.322.927-DF, Rel.ª Min.ª DIVA MALERBI (Desembargadora convocada do TRF da 3ª Região), julg.: 13.11.2012.

10.8. Reserva de vagas para negros (Lei nº 12.990/2014)

Além da reserva de vagas para deficientes, que tem previsão no art. 37, inc. VIII, da Constituição, o ordenamento jurídico legal passou a admitir reserva de vagas para negros. Trata-se das chamadas "cotas raciais" que, embora despidas de abordagem constitucional, passaram a compor o regime jurídico de ingresso no serviço público brasileiro.

O critério de discriminação baseado na cor da pele surgiu com a Lei nº 12.990, de 9 de junho de 2014, que determina a reserva aos negros de 20% das vagas oferecidas nos concursos públicos para provimento de cargos efetivos e empregos públicos no âmbito da Administração Pública federal, das autarquias, das fundações públicas, das empresas públicas e das sociedades de economia mista controladas pela União (art. 1º).

A inspiração da norma é a implementação de medidas visando à promoção da igualdade das contratações do setor público. Em que pese sejamos partidários da ideia de promoção da igualdade racial, não concordamos com a medida eleita para se alcançar esse objetivo. Isto é, com todo o respeito aos que pensam o contrário, as cotas raciais em concursos públicos em pouco contribuirão para a solução do problema da discriminação racial. Em primeiro lugar, a melhor forma de reparar a histórica dívida para com os negros brasileiros é proporcionar-lhes educação de qualidade, que lhes dê condições de competir em igualdade de condições com os demais indivíduos. Ao instituir facilidades para ingresso no serviço público com base na cor da pele, cria-se mais um fator de discriminação racial. Em segundo, fica enfraquecido o princípio da eficiência, na medida em que as cotas beneficiam candidatos que eventualmente obterão menor pontuação que os demais. Não há como negar que essa medida certamente acarretará perda de qualidade da mão de obra no setor público. Em terceiro e último lugar, para efeito de direito à reserva de vagas, o candidato deverá se autodeclarar preto ou pardo. Segundo dados da Pesquisa Nacional de Amostras de Domicílios de 2013[129], realizada pelo Instituto Brasileiro de Geografia e Estatística (IBGE), 53% da população brasileira se autodeclara parda ou preta e, portanto, negra. Assim, soa no mínimo estranho que lei que tem o propósito de gerar privilégio de reserva de 20% das vagas em concursos públicos alcance mais da metade da população. Portanto, entendemos que, caso aceita a tese da necessidade de inserir pessoas com traços afrodescendentes nos mais variados postos do serviço público, deveria ter a lei restringido o benefício aos candidatos de cor preta (8% da população). Enfim, somos contrários às cotas sociais em concursos públicos. Todavia, a fim de não transbordar o propósito panorâmico deste *Curso*, a seguir nos limitaremos a apontar os aspectos relevantes da aplicação das cotas sociais.

Dispõe o § 1º do art. 1º que a referida reserva não será aplicada quando o número de vagas oferecidas no concurso público for inferior a três.

129 Disponível em: <www.ibge.gov.br/home/estatistica/populacao/trabalhoerendimento/pnad2013/default.shtm>.

A exigência fixada no art. 2º para que o candidato se valha da mencionada vantagem é bem simples: basta se autodeclarar preto ou pardo no ato da inscrição no concurso público, conforme o quesito cor ou raça utilizado pela Fundação Instituto Brasileiro de Geografia e Estatística – IBGE.

Todavia, na hipótese de constatação de declaração falsa, o candidato será eliminado do concurso e, se houver sido nomeado, ficará sujeito à anulação da sua admissão ao serviço ou emprego público, após procedimento administrativo em que lhe sejam assegurados o contraditório e a ampla defesa, sem prejuízo de outras sanções cabíveis (art. 2º, parágrafo único).

Ao contrário do que ocorre com os candidatos portadores de deficiência, que concorrem somente em lista reservada, os candidatos negros concorrerão concomitantemente às vagas reservadas e às vagas destinadas à ampla concorrência, de acordo com a sua classificação no concurso. Os candidatos negros aprovados dentro do número de vagas oferecido para ampla concorrência não serão computados para efeito do preenchimento das vagas reservadas. Em caso de desistência de candidato negro aprovado em vaga reservada, esta será preenchida pelo candidato negro posteriormente classificado. Na hipótese de não haver número de candidatos negros aprovados suficiente para ocupar as vagas reservadas, as vagas remanescentes serão revertidas para a ampla concorrência e serão preenchidas pelos demais candidatos aprovados, observada a ordem de classificação (art. 3º).

Uma vez homologado o certame, para evitar que os candidatos negros sejam preteridos na ordem de classificação, o art. 4º da lei determina que a nomeação dos candidatos aprovados respeitará os critérios de alternância e proporcionalidade, os quais consideram a relação entre o número de vagas total e o número de vagas reservadas a candidatos com deficiência e a candidatos negros.

Por fim, vale registrar que, em junho de 2016, a OAB ajuizou a Ação Declaratória de Constitucionalidade nº 41 em defesa da Lei nº 12.990/2016, ante o que o Supremo Tribunal Federal fixou a tese que a partir daquele momento deveria ser observada pela Administração Pública e Poder Judiciário: "**É constitucional a reserva de 20% das vagas oferecidas nos concursos públicos para provimento de cargos efetivos e empregos públicos no âmbito da Administração Pública direta e indireta.**"[130]

10.9. Concurso público e período eleitoral

Atenta à situação peculiar que envolve o período eleitoral e para prevenir, por aqueles que estão no poder, o uso da máquina pública com o objetivo de angariar votos e com isso afetar a isonomia nos pleitos eleitorais, a Lei nº 9.504, de 30 de setembro de 1997, a Lei das Eleições, em seu art. 73, proíbe aos agentes

130 STF. ADC 41/DF, Rel. Min. Roberto Barroso, julg.: 08.06.2017.

públicos, servidores ou não, **nomear**, **contratar** ou de qualquer forma **admitir**, demitir sem justa causa, suprimir ou readaptar **vantagens** ou por outros meios dificultar ou impedir o exercício funcional e, ainda, *ex officio,* **remover**, transferir ou **exonerar servidor público**, na circunscrição do pleito, nos **três meses que antecedem** o pleito e **até a posse dos eleitos**, sob pena de nulidade de pleno direito, **ressalvados**:

a) a nomeação ou exoneração de cargos em comissão e designação ou dispensa de funções de confiança;

b) a nomeação para cargos do Poder Judiciário, do Ministério Público, dos Tribunais ou Conselhos de Contas e dos órgãos da Presidência da República;

c) **a nomeação dos aprovados em concursos públicos homologados até o início daquele prazo;**

d) a nomeação ou contratação necessária à instalação ou ao funcionamento inadiável de serviços públicos essenciais, com prévia e expressa autorização do chefe do Poder Executivo;

e) a transferência ou remoção *ex officio* de militares, policiais civis e de agentes penitenciários.

Isso posto, concluímos que em momento algum a Lei das Eleições proíbe a realização de concursos público em período eleitoral. A restrição imposta pelo legislador restringe-se à nomeação de candidatos que tenham sido aprovados em concurso público homologado no período que vai dos três meses que antecedem as eleições até a posse dos eleitos. E mais, essa restrição não se aplica aos concursos realizados pelo Poder Judiciário, Ministério Público, Tribunais de Contas e órgãos da Presidência da República.

10.10. Nepotismo

A nomeação de cônjuge, companheiro ou parente em linha reta, colateral ou por afinidade, até o terceiro grau para **cargos em comissão** ou **funções de confiança**, denominada nepotismo, fere a um só tempo os princípios da impessoalidade, moralidade e eficiência.

Durante muito tempo reinou (ou infelizmente reina) no Brasil a utilização dos "cabides de emprego", para alçar aos postos de Direção, Chefia e Assessoramento pessoas que tenham mero vínculo parental com a autoridade nomeante, em detrimento da boa técnica e eficiência no serviço público.

Sensível a essa questão, em 18.10.2005 o Conselho Nacional de Justiça (CNJ), no uso das atribuições que lhe foram conferidas pelo art. 103-B, § 4º, II, da Constituição Federal, editou a Resolução nº 7, que veda o nepotismo na nomeação de ocupantes de cargos em comissão e funções de confiança no Poder Judiciário. Em 2006 foi interposta a ação declaratória de constitucionalidade a favor da Resolução do CNJ, ao que o STF declarou sua constitucionalidade sob o argumento de que a vedação ao nepotismo **não exige a edição de lei formal** para coibir a prática, uma vez que **decorre diretamente dos princípios constitucionais** expressos no art. 37, *caput*, da Constituição Federal.[131] Para reforçar o repúdio a tal prática e para evitar uma infinidade de processos que envolvessem esse assunto, em 2008, o STF editou a Súmula Vinculante nº 13, confirmando a vedação ao nepotismo em toda Administração Pública brasileira (grifamos):

> A nomeação de cônjuge, companheiro ou parente em linha reta, colateral ou por afinidade, até o terceiro grau, inclusive, da autoridade nomeante ou de servidor da mesma pessoa jurídica investido em cargo de direção, chefia ou assessoramento, para o exercício de **cargo em comissão ou de confiança ou, ainda, de função gratificada** na Administração Pública direta e indireta em qualquer dos Poderes da União, dos Estados, do Distrito Federal e dos Municípios, compreendido o ajuste mediante designações recíprocas,[132] viola a Constituição Federal.

Para o STF, não há nepotismo na nomeação de servidor para cargo em comissão, se o cônjuge, companheiro ou parente até 3º grau já exerce outro cargo em comissão no mesmo órgão, mas não tem qualquer poder legal de nomeação, ou seja, não pode interferir no processo de seleção (RCL 18.564/SP, Rel. Min. DIAS TOFFOLI, julg.: 23.02.2016).

Note que a vedação ao nepotismo incide apenas sobre os cargos em comissão e funções de confiança. **Não alcança os cargos de natureza política** (Ministro de Estado, Secretário Municipal, entre outros).[133] Ilustrativamente, um Prefeito poderá nomear sua filha para o cargo de Secretária de Fazenda do Município, mas não poderá nomear sua sogra para o cargo de assessor de imprensa do seu gabinete.[134]

Recentemente, o Poder Executivo Federal editou o Decreto nº 7.203, de 4 de junho de 2010, que dispõe sobre a vedação do nepotismo no âmbito da Administração Pública Federal. Analisemos alguns dispositivos.

Preceitua o art. 3º do Decreto que, no âmbito de **cada órgão** (inclusive as autarquias e fundações a ele vinculadas) e de **cada entidade**, são vedadas as nomeações, contratações ou designações de familiar de **Ministro de Estado**, familiar da máxima autoridade administrativa correspondente ou, ainda, familiar de ocupante de **cargo em comissão** ou **função de confiança** de direção, chefia ou assessoramento, para: I – cargo em comissão ou função de confiança; II – atendimento a necessidade temporária de excepcional interesse público, salvo quando a contratação tiver sido precedida de regular processo seletivo; e III – estágio, salvo se a contratação

131 ADC nº 12/DF, Rel. Min. CARLOS BRITTO, julg.: 16.02.2006.

132 Trata-se, aqui, do nepotismo cruzado, em que autoridades combinam entre si nomear parentes um do outro.

133 É assim o entendimento do STF vazado na Rcl 6.650/PR, Rel.ª Min.ª ELLEN GRACIE, DJe 21.11.2008: a nomeação de parentes para cargos políticos não implica ofensa aos princípios que regem a Administração Pública, em face de sua natureza eminentemente política.

134 É inconstitucional lei estadual que excepciona a vedação da prática do nepotismo, permitindo que sejam nomeados para cargos em comissão ou funções gratificadas até dois parentes das autoridades estaduais, além do cônjuge do Governador (STF, ADI 3.745/GO, Rel. Min. DIAS TOFFOLI, julg.: 15.05.2013).

for precedida de processo seletivo que assegure o princípio da isonomia entre os concorrentes.[135] Em complemento, reza o § 2º que as vedações desse artigo estendem-se aos familiares do **Presidente e do Vice-Presidente da República** e, nessa hipótese, abrangem todo o Poder Executivo Federal.

É vedada também a **contratação direta**, sem licitação, por órgão ou entidade da Administração Pública Federal de pessoa jurídica na qual haja **administrador ou sócio com poder de direção**, familiar de detentor de cargo em comissão ou função de confiança que atue na área responsável pela demanda ou contratação ou de autoridade a ele hierarquicamente superior no âmbito de cada órgão e de cada entidade (art. 3º, § 3º).

Não se incluem nas vedações desse decreto as nomeações, designações ou contratações (art. 4º): [...] II – de pessoa, ainda que sem vinculação funcional com a Administração Pública, para a ocupação de cargo em comissão de nível hierárquico **mais alto** que o do agente público referido no art. 3º; III – realizadas **anteriormente ao início do vínculo familiar** entre o agente público e o nomeado, designado ou contratado, desde que não se caracterize ajuste prévio para burlar a vedação do nepotismo; ou IV – de pessoa já em exercício no mesmo órgão ou entidade **antes do início do vínculo familiar** com o agente público, para cargo, função ou emprego de nível hierárquico igual ou mais baixo que o anteriormente ocupado. Na linha do parágrafo único, em qualquer caso, é vedada a manutenção de familiar ocupante de cargo em comissão ou função de confiança sob subordinação direta do agente público.

Cabe aos titulares dos órgãos e entidades da Administração Pública Federal exonerar ou dispensar agente público em situação de nepotismo, de que tenham conhecimento, ou requerer igual providência à autoridade encarregada de nomear, designar ou contratar, sob pena de responsabilidade (art. 5º).

Por fim, prevê o art. 7º do decreto supramencionado que os editais de licitação para a contratação de empresa prestadora de **serviço terceirizado**, assim como os convênios e instrumentos equivalentes para contratação de entidade que desenvolva projeto no âmbito de órgão ou entidade da Administração Pública federal, deverão estabelecer vedação de que familiar de agente público preste serviços no órgão ou entidade em que este exerça cargo em comissão ou função de confiança.

10.11. Anulação de questões de prova de concurso pelo Poder Judiciário

Irresignados com questões mal elaboradas, dúbias, ou mesmo grosseiramente equivocadas, os candidatos de concursos públicos, não raro, recorrem à proteção jurisdicional no intuito de ver garantida sua classificação e consequente nomeação nos certames.

135 Para os fins desse decreto considera-se familiar (art. 2º, III): "o cônjuge, o companheiro ou o parente em linha reta ou colateral, por consanguinidade ou afinidade, até o terceiro grau".

Para completo estarrecimento, devemos noticiar que no Brasil não há lei que regulamente minuciosamente a realização de concursos públicos na esfera federal, onde se concentra a maioria dos postos de trabalho em oferta! Consequentemente, quando a questão desemboca no Judiciário na maioria das vezes é solucionada sob o desbotado argumento do "mérito da banca". Felizmente, a jurisprudência na última década tem arriscado traçar alguns limites ao arbítrio das bancas examinadoras. Embora se esteja longe do esperado, ninguém pode negar que se trata de uma evolução no trato do tema. Decerto que a questão somente chegará ao ponto ideal com a edição do tão sonhado Estatuto do Concursando. É de todos conhecida a máxima segundo a qual "a esperança é a última que morre". Aguardemos e não morramos...

Isto posto, passemos à análise de algumas decisões judiciais sobre anulação de questões de concursos públicos. De antemão podemos afirmar que o entendimento dominante é que o Judiciário não pode atuar em substituição à banca examinadora, apreciando critérios na formulação de questões, examinando correções de provas ou reavaliando as notas. A anulação de questões justifica-se quando estas apresentem **erro material** ou **discrepância com o edital**.

Considera-se erro material não apenas a formulação de questões sobre matéria não contida no edital, mas também a elaboração de questões de múltipla escolha que apresentem mais de uma alternativa correta, ou nenhuma alternativa correta, nas hipóteses em que o edital determina a escolha de uma única proposição correta. Ainda assim, só é possível a anulação judicial de questão objetiva de concurso público em caráter excepcional, quando o vício manifeste-se de forma evidente e insofismável.[136]

Isto posto, podemos concluir com base na jurisprudência do STJ que a anulação de questão objetiva de concursos públicos poderá ocorrer nas seguintes hipóteses:

a) questão que verse sobre conteúdo programático não previsto no edital;

b) questão de múltipla escolha com mais de uma opção correta ou errada, conforme o caso;

c) questão em que não há resposta, isto é, todas as alternativas estão certas ou todas estão erradas; e

d) questão formulada de maneira ininteligível que cause dificuldade de compreensão sob os critérios do homem médio (princípio da razoabilidade).

136 STJ, RMS 28.204/MG, Rel.ª Min.ª ELIANA CALMON, DJ 18.02.2009; RMS 19.615/RS, Rel. Min. LUIZ FUX, DJ 03.11.2008; REsp 731257/RJ, Rel. Min. MAURO CAMPBELL MARQUES. DJ 07.10.2008; REsp 471360/DF, Rel. Min. ARNALDO ESTEVES LIMA. DJ 21.09.2006. No mesmo sentido: STF, RE 434.708/RS, Rel. Min. SEPÚLVEDA PERTENCE, julg.: 21.06.2005; MS 30.859/DF, Rel. Min. LUIZ FUX, julg.: 28.8.2012.

Ainda acerca de questões em discrepância com o conteúdo programático do edital do concurso público, é importante registrar que nem sempre é possível (ou conveniente) que venham absolutamente expressos todos os conhecimentos a serem exigidos dos candidatos quando da realização das provas. Ilustrativamente, quando se exige no conteúdo programático a Lei nº 8.666/1993, isso não significa que somente será exigido conhecimento quanto ao texto literal da norma. Ao contrário, é comum que se afira do candidato conhecimento de fontes que orbitam em torno da lei, tais como os principais atos normativos regulamentadores daquela lei; os julgados mais relevantes do STF, STJ e TCU; os embates doutrinários de maior calor acadêmico. Enfim, em que pese o texto expresso do edital seja tão somente a "lei", outras fontes correlatas ao assunto podem ser objeto de questões de prova. Em casos assim, não há falar em ilegalidade na cobrança de elementos que estão previstos em edital, mas não de modo taxativo.[137]

Não se pode perder de vista que o direito do candidato de impetrar mandado de segurança se submete a prazo decadencial de 120 dias, a contar do término do prazo de validade do certame. No caso de contestação de regras estabelecidas no instrumento convocatório de concurso público, o prazo se inicia a partir da publicação do edital.[138] E, finalmente, no caso de eliminação indevida de concurso público, o prazo tem início a partir do ato administrativo formal que determina a eliminação do candidato.[139]

Interessante questão é a relativa à possibilidade de inclusão, nas questões, de alterações legislativas posteriores à publicação do edital de concurso público. De maneira geral, em homenagem aos princípios da segurança jurídica e da proteção à confiança, a legislação alterada posteriormente à data de publicação do edital não deve ser objeto de prova, ainda que o edital nada tenha fixado a respeito. Não obstante tem o STJ advogado a tese de que prova de concurso público pode apresentar questões que abordem alterações legislativas posteriores ao edital quando deste não constar prazo limite para a inclusão de alterações legislativas supervenientes.[140]

10.12. Concurso público e alteração do edital

Outro tema importante na temática dos concursos públicos é o que versa sobre a alteração do edital durante a realização do concurso público. Vale repisar que, como o assunto ainda não tem regulamentação legal, os contornos

137 MS 30.860/DF, Rel. Min. LUIZ FUX, DJe 05.11.2012; MS 27.260/DF, Rel.ª Min.ª CARLOS BRITTO, Rel.ª p/ Acórdão Min.ª CÁRMEN LÚCIA, DJe 26.03.2010.

138 Essa tem sido a orientação do STJ na matéria: RMS 31.919/AC, Rel. Min. CASTRO MEIRA, DJe 08.09.2010; MS 13.823/DF, Rel. Min. ARNALDO ESTEVES LIMA, DJe 12.05.2010.

139 STJ, REsp 1.230.048/PR, Rel. Min. CASTRO MEIRA, DJe 02.06.2011.

140 STJ, RMS 21.743/ES, Rel. Min. ARNALDO ESTEVES LIMA, DJe 05.05.2008.

têm sido dados pela jurisprudência dos Tribunais, frequentemente invocada por candidatos que se sentem prejudicados por alterações editalícias.

O entendimento que tem tido o STF sobre a matéria é que **enquanto não concluído e homologado concurso público, pode a Administração alterar as exigências e condições do edital respectivo, para adaptá-las à nova legislação aplicável à espécie, ainda que o instrumento convocatório do certame seja omisso a respeito.**[141]

Foi com base nesse entendimento que a Corte Constitucional decidiu pela aplicabilidade, ao concurso público do MPU (Ministério Público da União) ainda em fase de inscrições, da Lei nº 11.415/2006 que estabelecia como requisito para investidura no cargo a comprovação de ser o candidato titular de Carteira Nacional de Habilitação – CNH, categorias "D" ou "E", expedida há, no mínimo, três anos, completados até a data do encerramento das inscrições do concurso, exigência que não constava do texto inicial do instrumento convocatório.[142]

Por oportuno, registre-se que, a depender da natureza da alteração, deve ser reaberto o prazo para inscrições, bem como facultada a devolução de taxas de inscrição já pagas, no caso de desistência.

11. ESTABILIDADE

A estabilidade é o **direito de permanência no serviço público** que é conferido ao servidor efetivo nomeado em virtude de concurso público, após o decurso de três anos de efetivo exercício e mediante avaliação especial de desempenho feita por Comissão instituída para essa finalidade.

É um instrumento de proteção ao servidor contra interferências políticas indevidas no âmbito da Administração Pública. Imagine a situação de um auditor-fiscal da Receita Federal que se deparasse com um grande caso de sonegação de impostos empreendido por uma grande empresa do ramo de construção civil. Será que esse servidor desempenharia com impessoalidade o exercício de suas funções, sabendo que poderia perder o cargo por causar "transtornos" a pessoas de tamanha influência? É bem provável que não! Por isso, o instituto da estabilidade, que dá certeza ao servidor de que somente perderá o cargo nos casos estabelecidos na Constituição e no ordenamento jurídico infraconstitucional.

A estabilidade é prerrogativa exclusiva dos servidores ocupantes de cargo efetivo. Não se estende aos empregados públicos, nem aos ocupantes de cargo em comissão, que são de livre nomeação e exoneração, muito menos aos servidores temporários.[143]

141 AI 814.164, Rel. Min. DIAS TOFFOLI, DJe 10.03.2014; RE 480.129/DF, Rel. Min. MARCO AURÉLIO, DJe 23.10.2009; RE 318.106/RN, Rel.ª Min.ª ELLEN GRACIE, julg.: 18.10.2005.

142 STF, MS 26.587/MT, Rel. Min. CARLOS BRITTO, julg.: 15.4.2009.

143 Nesse sentido, correto é posicionamento do STJ ao asseverar que os servidores temporários não fazem jus à estabilidade (AgRg no RMS 19.415/MG, Rel.ª Min.ª LAURITA VAZ, DJ 12.06.2006).

O art. 41 da Constituição disciplina o assunto ao estabelecer que "são estáveis após três anos de efetivo exercício os servidores nomeados para cargo de provimento efetivo em virtude de concurso público". Pela leitura do dispositivo depreendemos os quatro requisitos para aquisição de estabilidade:

a) **aprovação em concurso público** de provas ou provas e títulos;

b) **nomeação** para cargo de provimento **efetivo**;

c) **três anos** de efetivo exercício; e

d) desempenho satisfatório em **avaliação especial** feita por comissão instituída para essa finalidade.

A estabilidade não significa, em absoluto, que o servidor não poderá perder o cargo, mas tão somente que a perda do cargo ocorrerá apenas naqueles casos expressamente assinalados pelo sistema jurídico, a saber (art. 41, §1º, CF/1988):

a) **sentença judicial transitada em julgado:** a perda de cargo dar-se-á quando (art. 92, Código Penal):

> I – for aplicada pena privativa de liberdade por tempo igual ou superior a **um ano**, nos crimes praticados com **abuso de poder ou violação de dever para com a Administração Pública**;
>
> II – for aplicada pena privativa de liberdade por tempo superior a **quatro anos nos demais casos.**[144]

b) **processo administrativo disciplinar, assegurada a ampla defesa:** o Processo Administrativo Disciplinar (PAD) é o processo instituído para apurar ilícitos administrativos cometidos por servidores e ocorre no âmbito interno da Administração Pública;

c) **desempenho insatisfatório em avaliação periódica de desempenho, assegurada a ampla defesa:** o *modus operandi* dessa avaliação periódica de desempenho será definido em lei complementar. Entretanto, até o presente momento não foi editada a mencionada norma. A consequência disso é que, não obstante haja a possibilidade teórica de perda de cargo nessa hipótese, esse dispositivo não pode ser aplicado aos servidores. Isto é, nenhum servidor estável atualmente poderá perder o cargo com fundamento em desempenho insatisfatório em avaliação periódica – norma constitucional de eficácia limitada;

144 Segundo o entendimento do STJ, a condenação penal por fato cometido por servidor público em atividade poderá causar a perda do cargo mesmo que já esteja aposentado. Note bem que se trata de perda do cargo, e não de cassação de aposentadoria (REsp 914.405/RS, Rel.ª Min.ª LAURITA VAZ, julg.: 23.11.2010).

d) **excesso de despesa com pessoal, na forma do art. 169, CF/1988** (destaque nosso):[145]

> **Art. 169.** A despesa com pessoal ativo e inativo da União, dos Estados, do Distrito Federal e dos Municípios não poderá exceder os limites estabelecidos em lei complementar. (...)[146]
>
> § 3º Para o cumprimento dos limites estabelecidos com base neste artigo, durante o prazo fixado na lei complementar referida no *caput*, a União, os Estados, o Distrito Federal e os Municípios adotarão as seguintes providências:
>
> I – redução em pelo menos **vinte por cento** das despesas **com cargos** em comissão e **funções de confiança;**
>
> II – **exoneração dos servidores não estáveis.**[147]
>
> § 4º Se as medidas adotadas com base no parágrafo anterior não forem suficientes para assegurar o cumprimento da determinação da lei complementar referida neste artigo, o **servidor estável poderá perder o cargo**, desde que ato normativo motivado de cada um dos Poderes especifique a atividade funcional, o órgão ou unidade administrativa objeto da redução de pessoal.
>
> § 5º O servidor que perder o cargo na forma do parágrafo anterior fará jus a **indenização correspondente a um mês de remuneração por ano de serviço**.
>
> § 6º O cargo objeto da redução prevista nos parágrafos anteriores será considerado extinto, **vedada a criação de cargo, emprego ou função com atribuições iguais ou assemelhadas pelo prazo de quatro anos**.

A estabilidade ocorre no serviço público como um todo e não no cargo que o servidor ocupa. Ou seja, uma vez estável no serviço público, estável definitivamente. A estabilidade não protege o servidor contra a extinção do cargo. Nesses casos, o servidor estável tem direito de permanência no serviço público em cargo de mesmo nível de escolaridade, atribuições afins e equivalência de vencimentos, seja pelo aproveitamento imediato, seja pela colocação em disponibilidade para posterior aproveitamento. Celso Antônio Bandeira de Mello faz interessante observação acerca da estabilidade ao afirmar que esta

145 Os critérios para a perda do cargo público por excesso de despesa com pessoal estão disciplinados na Lei nº 9.801/1999.

146 A LC nº 101/00 estabeleceu que a despesa total com pessoal não poderá exceder 50% da receita corrente líquida, no caso da União, e 60%, no caso de Estados, Distrito Federal e Municípios (arts. 19 e 20).

147 Consideram-se servidores não estáveis, para fins do art. 169, § 3º, II, da Constituição Federal aqueles admitidos na Administração Direta, autárquica e fundacional sem concurso público de provas ou de provas e títulos após o dia 5 de outubro de 1983 (art. 33 da EC nº 19/1998). Apesar de não constituir penalidade, a exoneração de servidores não estáveis deverá ser precedida de contraditório e de ampla defesa, sob pena de nulidade do ato de exoneração (STF, RE 223.904/MG, Rel.ª Min.ª ELLEN GRACIE, DJ 08.06.2004).

"confere o direito de permanecer no serviço público vinculado à atividade da mesma natureza de trabalho para qual o servidor ingressou".[148]

O fato de a estabilidade dar-se no serviço público, e não no cargo, não significa que a cada nova investidura o servidor não deva passar por novo estágio probatório. Apesar de intimamente relacionados, a estabilidade não se confunde com o estágio probatório. O estágio probatório visa aferir a aptidão do servidor para ocupar determinado cargo, enquanto a estabilidade é apenas uma garantia de permanência no serviço público conferida ao servidor com o intuito de que este exerça suas atribuições com imparcialidade, livre de pressões ou ingerências políticas de qualquer natureza. Pelo exposto, fica claro que a cada nova nomeação em caráter efetivo o servidor cumprirá novo estágio probatório relativo àquele novo cargo. O que se assegura com a estabilidade é que, uma vez estável no serviço público, o servidor que se submeta a novo estágio probatório em decorrência de aprovação em outro concurso, se inabilitado, tenha direito à recondução ao cargo que anteriormente ocupava e no qual já era estável.

Tanto o STJ quanto o STF têm reconhecido o direito à **estabilidade provisória**, prevista no art. 10, II, "b", do ADCT, que proíbe a dispensa arbitrária de **empregada gestante** desde a confirmação da gravidez até cinco meses após o parto, às servidoras públicas estatutárias.[149]-[150]

Situação ligeiramente diversa ocorre no caso da servidora pública comissionada que é exonerada do cargo ainda gestante. Nesse caso, entendem nossos Tribunais que se a exoneração se deu em virtude da própria gravidez, há que se proteger essa servidora, senão com a permanência no cargo, pelo menos com indenização substitutiva correspondente às remunerações que perceberia desde a exoneração até cinco meses após o parto.[151] Todavia, se a indenização provém de ato discricionário da Administração em face de circunstâncias outras que não a apontada, essa servidora não terá direito à permanência, nem à indenização.[152]

Nesse passo, é importante estabelecermos as devidas diferenças entre **estabilidade e efetividade**. "Aquela é atributo do cargo, designando o funcionário desde o instante da nomeação; a estabilidade é aderência, é integração no

148 MELLO, Celso Antônio Bandeira de. *Curso de Direito Administrativo*. 25ª ed. São Paulo: Malheiros, 2007, p. 301.

149 STF, RE 24263/DF, Rel. Min. CARLOS VELLOSO, DJ 09.05.2003. STJ, RMS 25.555/MG, Rel. Min. VASCO DELLA GIUSTINA, DJe 09.11.2011; RMS 22.361/RJ, Rel. Min. ARNALDO ESTEVES LIMA, DJe 07.02.2008.

150 A Lei Complementar nº 146, de 25 de junho de 2014, estendeu a estabilidade provisória prevista na alínea "b" do inc. II do art. 10 do Ato das Disposições Constitucionais Transitórias à trabalhadora gestante, nos casos de morte desta, a quem detiver a guarda de seu filho.

151 STJ, RMS 25274/MG, Rel. Min. NAPOLEÃO NUNES MAIA FILHO, DJ 17.12.2007; RMS 3313/SC, Rel. Min. ADHEMAR MACIEL, DJ 20.03.95.

152 STJ, RMS 25138/MG, Rel. Min. FELIX FISCHER, DJe 30.06.2008; STJ, RMS 18887/MS, Rel. Min. ARNALDO ESTEVES LIMA, DJ 27.11.2006.

serviço público, depois de preenchidas determinadas condições fixadas em lei, e adquirida pelo decurso de tempo."[153] Assim, o servidor que ingressa em cargo público efetivo tem efetividade desde o primeiro dia de exercício (pois esta é inerente ao cargo), vindo a adquirir a estabilidade após três anos de efetivo exercício, entre outros requisitos.

Apesar de constituírem garantia relativa de permanência no serviço público, é útil a distinção entre **estabilidade** e **vitaliciedade**:

I - Somente a Constituição Federal pode estabelecer o rol de cargos vitalícios (magistrados em geral, ministros e conselheiros dos Tribunais de Contas e membros do Ministério Público). Não cabe à legislação ordinária ampliá-lo. Os cargos públicos são criados mediante lei, instrumento, portanto, idôneo para estabelecer estabilidade;

II - O prazo para aquisição de vitaliciedade, no primeiro grau, é de 2 anos, enquanto para os cargos efetivos esse prazo é de 3 anos;[154]

III - Uma vez adquirida a vitaliciedade, o agente público somente perderá o cargo em virtude de sentença judicial transitada em julgado. Antes disso, poderá perder o cargo por decisão de órgão colegiado competente (há casos em que a vitaliciedade ocorre imediatamente, com a posse, a exemplo dos ministros do STF). A estabilidade, diferentemente, é mais flexível, pois admite a perda do cargo pela via administrativa, mediante processo administrativo disciplinar, avaliação periódica de desempenho ou por excesso de despesa com pessoal; [155]

IV - Enquanto a vitaliciedade assegura a permanência no próprio cargo que o agente público já ocupa, a estabilidade é garantia que se dá no serviço público, não no cargo; e

V - O servidor efetivo, para adquirir estabilidade, deve ingressar no serviço público mediante concurso público, já o agente vitalício pode ser investido no cargo sem nunca ter sido aprovado em concurso público, como é o caso, entre outros, dos Ministros do STF (art. 101, CF).

153 STF, ADI 1.695 MC / PR, Rel. Min. MAURÍCIO CÔRREA, DJ 07.08.98.

154 Para os tribunais de segundo e terceiro graus e para os magistrados não oriundos da carreira, a vitaliciedade é adquirida no ato da posse, nos termos do art. 95, I, CF/1988.

155 Vale mencionar que, assim como o servidor estável, o ocupante de cargo vitalício sujeita-se ao limite de 75 anos de idade para fins de aposentadoria compulsória. Assim é a Súmula nº 36 do STF, segundo a qual o "servidor vitalício está sujeito à aposentadoria compulsória, em razão da idade".

------------------------	Vitaliciedade	Estabilidade
Hipóteses	Somente a CF pode estabelecer	Mediante lei
Prazo para aquisição	Dois anos	Três anos
Perda do cargo	Somente por sentença judicial transitada em julgado	Sentença judicial, PAD, avaliação periódica e excesso de despesa com pessoal
Objeto	Assegura permanência no próprio cargo	Dá-se no serviço público, e não no cargo para o qual foi investido
Ingresso	Não necessariamente por concurso público (ex.: Ministros do STF)	Obrigatoriamente por concurso público

Sem prejuízo do que vimos até aqui, alguns autores fazem menção a dois tipos de estabilidade, com base no tratamento dado pela Constituição de 1988 à matéria: **estabilidade ordinária** e **estabilidade excepcional**. A primeira é a tradicional, do art. 41 da CF, à qual já fizemos largos comentários precedentemente. A segunda refere-se às situações excepcionais encontradiças no texto constitucional em que há atribuição de estabilidade a agentes públicos que não foram investidos mediante prévia aprovação em concurso público. Trata-se do art. 19 do ADCT, segundo o qual os servidores públicos civis da União, dos Estados, do Distrito Federal e dos Municípios, da Administração Direta, autárquica e das fundações públicas, em exercício na data da promulgação da Constituição, há pelo menos **cinco anos continuados**, e que não tenham sido admitidos mediante concurso público, são considerados estáveis no serviço público.[156] A título de advertência, cabe notar que estão excluídos do dispositivo os empregados públicos das empresas públicas e sociedades de economia mista, os ocupantes de cargos, funções e empregos de confiança ou em comissão e os professores universitários (§§ 2º e 3º).[157]

O § 1º do dispositivo em comento traz detalhe importante: o reconhecimento da estabilidade **não implicou em atribuição de efetividade** a esses servidores. Isto é, são estáveis, mas não efetivos, teriam o direito de permanecer no serviço público, no cargo em que foram admitidos, mas não seriam incorporados à carreira, não teriam direito à progressão funcional nem tampouco aos mesmos

156 Somente haverá estabilidade excepcional naqueles casos expressamente indicados no texto da Constituição Federal. Inclusive, em relação a esse tema, o STF declarou a inconstitucionalidade de normas de Constituições Estaduais que ampliavam as hipóteses de estabilidade excepcional do art. 19 do ADCT (ADI 1.808/AM, Rel. Min. GILMAR MENDES, julg.: 18.09.2014; ADI 289/CE e ADI 125/SC, Rel. Min. SEPÚLVEDA PERTENCE, DJ 16.03.2007 e 26.04.2007, respectivamente).

157 STF, RE 208.046, Rel. Min. OCTAVIO GALLOTTI, DJ 24.04.98.

benefícios dos integrantes da carreira.[158] Por outro lado, o tempo de serviço desses servidores será contado como título quando se submeterem a concurso para fins de efetivação, na forma do que a lei estabelecer.

Não obstante essa diferença, as duas categorias de servidores estáveis têm as mesmas garantias de permanência no serviço público: somente perderão o cargo nas situações indicadas no § 1º do art. 41 e do art. 169, ambos da Constituição.[159]

Apesar de havermos dito que o prazo para aquisição de estabilidade ocorre com três anos de efetivo exercício, é preciso reconhecer, com pesar, que em alguns casos, o prazo de três anos decorrerá sem que o servidor tenha sido submetido à avaliação especial de desempenho. Como o dever de proceder à avaliação especial de desempenho incumbe à Administração, o servidor não pode ser penalizado pela inércia administrativa e deverá ser estabilizado desde que preencha os demais requisitos, apurando-se a responsabilidade do servidor que tinha o dever funcional de instituir a comissão especial e, no entanto, não o fez.[160]

Por fim, já que tratamos das hipóteses de perda do cargo, cabe fazermos importante **distinção entre demissão e exoneração**. A primeira tem caráter punitivo e é aplicada mediante processo administrativo disciplinar quando o servidor pratica ilícitos administrativos graves. Assim, percebe-se que a demissão não é algo que possa ocorrer a pedido do próprio servidor, pois se trata de penalidade aplicada mediante apuração de falta grave em processo disciplinar. Há também, conforme supramencionado, a demissão como efeito acessório da pena em processo criminal, na forma do art. 92 do Código Penal. Já a exoneração é mero ato administrativo de desligamento, que poderá ocorrer a pedido do servidor, de ofício nas hipóteses previstas em lei e na Constituição, e a critério da autoridade competente quando se trata de servidor comissionado. Entre as hipóteses de perda de cargo, haverá exoneração nos casos de avaliação periódica de desempenho e por excesso de despesa com pessoal. Pelo exposto, resta claro que o servidor que pretende, por vontade própria, se desligar do serviço público por motivo particular, pedirá exoneração, e não demissão.[161]

12. REINTEGRAÇÃO, RECONDUÇÃO, DISPONIBILIDADE E APROVEITAMENTO

De início é importante salientar que reintegração, recondução, aproveitamento e disponibilidade são institutos exclusivos de servidores estáveis.

A **reintegração**, prevista no § 2º do art. 41 da Constituição, consiste no reingresso ao serviço público do servidor estável que teve a sua demissão

158 RE 716.378/SP, Rel. Min. DIAS TOFFOLI, julg.: 01.10.2014.

159 DI PIETRO, Maria Sylvia Zanella. *Direito Administrativo*. 20ª ed. São Paulo: Atlas, 2006, p. 551.

160 Compartilham desse posicionamento Hely Lopes Meirelles (*Direito Administrativo Brasileiro*, Ed. Malheiros, 34ª ed., 2007, p. 452). O próprio STF esposa esse entendimento (MS 24.543/DF, Rel. Min. CARLOS VELLOSO, DJ 21.8.2003).

161 Para os trabalhadores celetistas é perfeitamente cabível a demissão a pedido, pois a CLT concede natureza jurídica distinta à demissão (*vide* art. 500 do referido diploma).

declarada nula por sentença judicial. Em resumo, é a reinvestidura do servidor demitido injustamente do serviço público.[162]

Com a reintegração, o servidor terá ressarcimento de todas as vantagens a que teria direito se em efetivo exercício estivesse, tais como vencimentos que deixou de receber durante o período em que esteve demitido, gratificações, adicionais, promoções por antiguidade, cômputo do tempo de serviço e de contribuição etc.

A reintegração dar-se-á no cargo anteriormente ocupado ou naquele resultante de sua transformação. Quando do retorno do servidor, o cargo que ocupava anteriormente ou o resultante de sua transformação poderá estar vago, preenchido ou ter sido extinto. No primeiro caso, o servidor retoma normalmente o exercício de suas funções. No caso de estar preenchido, o servidor também retomará o exercício de suas atribuições, sendo que o eventual ocupante do cargo, se estável, será reconduzido sem qualquer indenização ao cargo que ocupava anteriormente, aproveitado em outro cargo ou, ainda, posto em disponibilidade com remuneração proporcional ao tempo de serviço. Se o servidor não for estável, será exonerado de ofício. Se extinto o cargo, o servidor a ser reintegrado será posto em disponibilidade.

A **recondução** é o retorno do servidor estável ao cargo ocupado anteriormente e decorre de:

a) reprovação em estágio probatório relativo a outro cargo;
b) desistência do estágio probatório mediante manifestação expressa do servidor;
c) reintegração do anterior ocupante.

Quanto ao primeiro caso, decorre do fato de que, mesmo sendo estável, a cada nova investidura em cargo de provimento efetivo o servidor deve cumprir estágio probatório relativo a este, já que a razão do estágio é aferir a aptidão do servidor para exercer as atribuições específicas daquele cargo. Sendo assim, para cada nova investidura, novo estágio probatório. Ocorre que, na hipótese apresentada, o servidor já adquiriu estabilidade no serviço público. E lógico inferir que foi aprovado no estágio probatório relativo a um primeiro cargo. Assim, se o servidor se submeter a uma segunda investidura decorrente de aprovação em concurso público, deverá cumprir novo estágio probatório e, caso seja nesse segundo estágio reprovado, terá direito a retornar ao cargo que ocupava anteriormente em decorrência da estabilidade de que é portador e da aprovação em estágio relativo ao primeiro cargo – afinal a sua aptidão já foi aferida quanto ao primeiro cargo. Em síntese, a reprovação do servidor estável em estágio probatório relativo a uma segunda investidura enseja a sua

162 A Lei nº 8.112/1990 amplia o alcance da reintegração ao estatuir que poderá se dar por força de sentença judicial ou decisão administrativa.

recondução ao cargo que ocupava anteriormente, pois enquanto não confirmado no estágio probatório do novo cargo não estará extinta a situação anterior.[163]

Quanto à segunda hipótese de recondução, é perfeitamente possível que o servidor estável, por livre e espontânea manifestação de vontade, resolva por motivos pessoais desistir do estágio probatório relativo a uma segunda investidura. Nesses casos, terá direito de regresso ao cargo que ocupava anteriormente. É que enquanto não confirmado o estágio probatório no novo cargo, não estará extinta a situação anterior.

E, por fim, a terceira hipótese em que há recondução é aquela em que o servidor estável ocupa, em sua segunda investidura, vaga que foi aberta em decorrência da demissão de seu anterior ocupante e este consegue invalidar o ato de demissão. Nesse caso, o servidor demitido injustamente retorna ao cargo que ocupava e o seu eventual ocupante, se estável, é reconduzido ao cargo que ocupava anteriormente.

O **aproveitamento** é o retorno à ativa do servidor que estava em **disponibilidade** remunerada. No conceito de Carvalho Filho, a disponibilidade "é a situação funcional na qual o servidor passa à inatividade em virtude de extinção de seu cargo ou da declaração de sua desnecessidade".[164] O aproveitamento dar-se-á em outro cargo, de mesmo grau de escolaridade, atribuições afins e equivalência de remuneração.

O § 3º do art. 41 da Constituição reza que "extinto o cargo ou declarada a sua desnecessidade, o servidor estável ficará em disponibilidade, com remuneração proporcional ao tempo de serviço, até seu adequado aproveitamento em outro cargo". Na esfera federal, o Decreto nº 3.151/1999 dispõe sobre prática da extinção e declaração de desnecessidade de cargos públicos, assim como dos atos de disponibilidade e aproveitamento de servidores públicos em decorrência da extinção ou da reorganização de órgãos ou entidades da Administração Pública Direta, Autárquica e Fundacional da União.[165]

13. SISTEMA REMUNERATÓRIO

A Emenda Constitucional nº 19/1998 (Reforma Administrativa), alterou substancialmente o sistema remuneratório dos agentes públicos, previsto nos arts. 37, incs. X a XV, e 39 da Constituição. A inserção do subsídio como nova espécie remuneratória, a exclusão do princípio da isonomia dos vencimentos dos servidores do Executivo, Legislativo e Judiciário, a modificação nos tetos remuneratórios dos agentes públicos são algumas das mais importantes inovações trazidas por esta Emenda.

163 STF, MS 24.543/DF, Rel. Min. CARLOS VELLOSO, DJ 12.09.2003.

164 CARVALHO FILHO, José dos Santos. *Manual de Direito Administrativo*. 20ª ed. Rio de Janeiro: Lumen Juris, 2008, p. 673.

165 O STF entende que o aproveitamento deve ocorrer somente se as atribuições do cargo recém-criado forem semelhantes às do cargo extinto, sob pena de inconstitucionalidade por violação ao princípio do concurso público (ADI 3.582/PI, Rel. Min. SEPÚLVEDA PERTENCE, DJ 17.08.2007).

13.1. Sistema remuneratório e plano de carreira

Assinalava o art. 39, com redação dada pela EC nº 19/1998, que a União, os Estados, o Distrito Federal e os Municípios instituirão **conselho de política de administração e remuneração de pessoal**, integrado por servidores designados pelos respectivos Poderes. Esse dispositivo veio substituir a redação anterior que estabelecia a obrigatoriedade de adoção de **regime jurídico único** e planos de carreira para os servidores da Administração Direta, autárquica e fundacional de cada um dos entes políticos. Ocorre que, como já exposto alhures, em agosto de 2007 o STF suspendeu liminarmente a aplicação do art. 39 por inconstitucionalidade formal na tramitação da EC nº 19/1998. Com efeito, volta o art. 39 a dispor sobre a obrigatoriedade de adoção do RJU e de instituição de planos de carreira pelo próprio Poder Público, sem participação direta de servidores públicos.[166]

Observação importante é que apenas o *caput* do art. 39 foi suspenso liminarmente pelo STF, permanecendo plenamente eficazes os demais parágrafos com a redação que lhes deu a EC nº 19/1998.

Nesse passo, destacaremos a intenção do constituinte reformador ao determinar a instituição de conselho de política de administração e remuneração do serviço público para garantir aos servidores o reajustamento e atualização contínua em suas remunerações e planos de carreira por meio de sua participação direta nas tomadas de decisão. Com isso, evita-se um antigo fenômeno no serviço público: a fuga de profissionais extremamente qualificados para a iniciativa privada, onde por vezes as políticas salariais são mais generosas. Em última instância, podemos afirmar que o desiderato desse dispositivo é observar o moderno princípio da eficiência administrativa.

Com a reforma administrativa de 1998, foi retirada do texto constitucional a regra do art. 39, § 1º, que estabelecia a **isonomia de vencimentos** aos servidores que ocupassem cargos de atribuições iguais ou assemelhadas de um mesmo Poder ou entre os Poderes Executivo, Legislativo e Judiciário, ressalvadas as vantagens de caráter individual e as relativas à natureza ou local de trabalho. O objetivo dessa isonomia era evitar as disparidades remuneratórias entre órgãos com atribuições afins situados em estruturas funcionais diversas. A nova redação do art. 39, § 1º, passou a ser a seguinte: "A fixação dos padrões de vencimento e dos demais componentes do sistema remuneratório observará a natureza, o grau de responsabilidade e a complexidade dos cargos componentes de cada carreira, os requisitos para a investidura e as peculiaridades dos cargos". Atualmente, subsiste a regra posta no inc. XII do art. 37, que determina como limite remuneratório dos servidores dos Poderes Judiciário e Legislativo os vencimentos pagos pelo Poder Executivo.

Em seguida, o § 2º reza que a União, os Estados e o Distrito Federal manterão **escolas de governo** para a **formação** e o **aperfeiçoamento** dos servidores

166 A respeito, consulte a STF, ADI nº 2.135/DF, Rel.ª Min.ª ELLEN GRACIE, julg.: 02.08.2007.

públicos, constituindo-se a participação nos cursos um dos requisitos para a **promoção** na carreira, facultada, para isso, a celebração de convênios ou contratos entre os entes federados. Pelo que se lê percebe-se o intuito claro de mais uma vez dar azo ao princípio da eficiência cravado no *caput* do art. 37 e que impõe rendimento, perfeição, celeridade e presteza no agir dos servidores públicos. No mesmo sentido é o § 7º do artigo em tela quando estatui que lei da União, dos Estados, do Distrito Federal e dos Municípios disciplinará a aplicação de **recursos orçamentários** provenientes da economia com despesas correntes em cada órgão, autarquia e fundação, para aplicação no desenvolvimento de programas de **qualidade** e **produtividade**, **treinamento** e **desenvolvimento**, **modernização**, **reaparelhamento** e **racionalização** do serviço público, inclusive sob a forma de adicional ou prêmio de produtividade.

Com o objetivo de tornar transparente a política remuneratória do serviço público, estabelece o art. 39, § 5º, da Constituição que a União, os Estados, o Distrito Federal e os Municípios, mediante lei própria, poderão estabelecer a relação entre a **maior** e a **menor remuneração** dos servidores públicos, com observância, em qualquer caso, do teto remuneratório geral e absoluto: o subsídio dos Ministros do STF. Complementa o § 6º do mesmo artigo que os Poderes Executivo, Legislativo e Judiciário **publicarão anualmente** os valores do subsídio e da remuneração dos cargos e empregos públicos.

13.2. Espécies remuneratórias

O sistema remuneratório (sentido amplo) dos servidores públicos abrange três espécies remuneratórias: os vencimentos (ou remuneração em sentido estrito), o salário e o subsídio.[167]

Os **vencimentos** são a espécie remuneratória aplicável aos **servidores públicos**, submetidos ao **regime estatutário**. Os vencimentos são compostos pelo vencimento (assim no singular, também chamado de vencimento-base ou vencimento-padrão), parcela básica fixada em lei, e pelas vantagens pecuniárias[168] de natureza remuneratória, valores também estabelecidos por **lei**, tais como gratificações e adicionais (gratificação natalina, adicional noturno, adicional de férias, periculosidade, insalubridade, entre outras). As **indenizações** não integram o conceito de vencimentos em razão de serem vantagens pecuniárias devidas ao servidor em decorrência de valores que este teve que desembolsar

167 Alguns autores utilizam o termo "remuneração" em sentido amplo. Isto é, como designativa das diversas categorias de estipêndio dos servidores públicos (vencimentos, salário e subsídio). Remuneração em sentido estrito, por sua vez, é sinônimo de vencimentos.

168 Segundo José Maria Pinheiro Madeira, "vantagens pecuniárias são as parcelas pecuniárias acrescidas ao vencimento-base em decorrência de uma situação fática previamente estabelecida na norma jurídica pertinente. Toda vantagem pecuniária reclama a consumação de certo fato, que proporciona o direito à sua percepção. Presente a situação fática prevista na norma, fica assegurado ao servidor o direito subjetivo a receber o valor correspondente à vantagem. Vários fatos podem levar ao recebimento desses acréscimos, entre os quais: tempo de serviço, trabalho em gabinetes do escalão superior, horas trabalhadas além da jornada normal, trabalho noturno, entre outros" (*O servidor público na atualidade*. 6ª ed. Rio de Janeiro: Lumen Juris, 2007, p. 220).

para o exercício de suas funções e, por isso, precisa ser ressarcido. Como exemplos de indenizações, podemos citar a verba de representação, auxílio-moradia, franquia postal, franquia telefônica, a ajuda de custo, as diárias, indenização de transporte.

O **salário** é a contraprestação pecuniária devida aos **empregados públicos**, contratados sob o regime **celetista**. Exercem suas atividades nas pessoas jurídicas de direito privado da Administração Indireta (fundações públicas de direito privado, empresas públicas e sociedades de economia mista). O salário, da mesma forma que os vencimentos, é composto pelo salário-base, parcela básica fixada em **lei**, e pelas demais vantagens pecuniárias de natureza remuneratória, que podem ser fixadas em **lei** ou em **acordo ou convenção coletiva de trabalho.**[169] As indenizações também não integram o salário por se tratarem de ressarcimentos devidos aos empregados em decorrência de despesas extras efetuadas em razão das suas atribuições, tais como diárias, ajudas de custo, auxílio-moradia, entre outras.

Como última espécie remuneratória objeto de nossa análise, temos o **subsídio**, figura inserida na Constituição pela Reforma Administrativa (EC nº 19/1998), e que consiste na retribuição pecuniária paga **obrigatoriamente** às seguintes categorias de agentes públicos:

a) todos os agentes políticos, a exemplo do Presidente da República e Vice, ministros de Estado, parlamentares, membros da Magistratura, do Ministério Público, dos Tribunais de Contas, entre outros (pela classificação de Hely Lopes Meirelles);[170]

b) membros das carreiras da Advocacia-Geral da União, da Defensoria Pública, da Procuradoria-Geral da Fazenda Nacional, das Procuradorias dos Estados e do Distrito Federal; e

c) servidores da Polícia Federal, da Polícia Rodoviária Federal, da Polícia Ferroviária Federal, das Polícias Civis, das Polícias Militares e dos Corpos de Bombeiros Militares.

A Constituição (art. 37, § 8º) faculta a fixação de subsídio para outras categorias de **servidores públicos organizados em carreira**, bastando para tanto que haja **previsão** na **lei** que regulamenta as respectivas carreiras. Assim, por exemplo, pode a lei prever que os analistas judiciários do Poder Judiciário da União sejam remunerados por subsídio, em vez de vencimentos. Com esse dispositivo pretendeu o legislador constituinte estabelecer um controle mais

169 É interessante assinalar que os servidores públicos têm os seus vencimentos fixados em lei, razão pela qual não se estendem a estes o direito de celebrarem acordos ou convenções coletivas de trabalho, uma vez que o reajustamento de remuneração dos servidores é matéria vinculada ao princípio da reserva legal. Sobre o assunto, *vide* Súmula nº 679, STF e ADI 492/DF, Rel. Min. CARLOS VELLOSO, DJ 12.03.1993.

170 Sobre a classificação dos agentes públicos segundo a doutrina de Hely Lopes Meirelles, consulte o tópico 2.2 deste capítulo.

efetivo sobre a retribuição pecuniária de algumas categorias do serviço público, uma vez que o subsídio fixado em parcela única afasta a incidência de quaisquer outras vantagens pecuniárias de natureza remuneratória.

A esse propósito, é de todo conveniente salientarmos que, diferente do que ocorre com os vencimentos e com salário, o subsídio é fixado em **parcela única**, sendo **vedado o acréscimo de qualquer outra vantagem pecuniária** de natureza remuneratória. Nesse sentido, trazemos à baila o § 4º do art. 37 da Constituição:

> O membro de poder, o detentor de mandato eletivo, os Ministros de Estado e os Secretários Estaduais e Municipais serão remunerados exclusivamente por subsídio fixado em parcela única, vedado o acréscimo de qualquer gratificação, adicional, abono, prêmio, verba de representação ou outra espécie remuneratória, obedecido em qualquer caso o disposto no art. 37, X e XI.

Embora tenhamos dito que o subsídio será fixado em parcela única, vedado o acréscimo de qualquer outra vantagem pecuniária, devemos harmonizar essa afirmação com outros dispositivos constitucionais. O § 3º do art. 39 da Constituição Federal assegura aos servidores públicos vários direitos previstos no art. 7º para os trabalhadores em geral, entre eles, a gratificação natalina, o adicional noturno, o adicional por serviço extraordinário e o adicional de férias. Com efeito, merece referência a lição da professora Di Pietro no sentido de que se deve conciliar a leitura dos §§ 3º e 4º do art. 39 da Constituição, para concluir que **é vedado o acréscimo de outras vantagens remuneratórias à parcela única do subsídio, ressalvadas aquelas excepcionadas no próprio texto constitucional**. Não poderia um dispositivo constitucional ser observado em sacrifício integral de outro. Reza a boa hermenêutica constitucional que se deve dar máxima efetividade aos comandos impressos na Constituição, a fim de obter a maior eficácia de cada um deles.

Precedentemente afirmamos que é vedado o acréscimo ao subsídio de quaisquer vantagens de natureza remuneratória. Agora impende notarmos que as indenizações não integram o subsídio, pois tais contraprestações pecuniárias não têm natureza remuneratória, mas indenizatória, como o próprio nome está a indicar. As indenizações são verdadeiros ressarcimentos pagos ao servidor por ocasião de despesas extras realizadas por força das atribuições do cargo. É o caso das diárias, ajuda de custo, auxílio-moradia, entre outras.

------------------------	Vencimentos	Salário	Subsídio
Agentes públicos (classificação)	Servidores públicos	Empregados públicos	Obrigatoriamente, agentes políticos e, facultativamente, algumas categorias de servidores conforme disposto em lei
Regime de pessoal	Estatutário	Celetista	Estatutário
Composição	Vencimento + vantagens pecuniárias de natureza remuneratória	Salário-base + vantagens pecuniárias de natureza remuneratória	Parcela única, vedado o acréscimo de vantagem de caráter remuneratório
Fixação ou Alteração	Sempre mediante lei ordinária	Por meio de lei ordinária e também por acordo ou convenção coletiva	Em regra, por meio de lei ordinária

13.3. Fixação, alteração e revisão geral da remuneração e do subsídio

O art. 37, X, da Constituição estabelece regras pertinentes à fixação, alteração da remuneração e do subsídio, bem como critérios para a sua revisão geral anual, nos seguintes termos (destacamos):

> A remuneração dos servidores públicos e o subsídio de que trata o § 4º do art. 39 somente poderão ser **fixados** ou **alterados por lei específica**, observada a iniciativa privativa em cada caso, assegurada **revisão geral anual**, sempre na **mesma data** e **sem distinção de índices**.

Assim, o assunto referente à fixação e à alteração da remuneração e do subsídio está submetido à reserva legal. E não qualquer lei genérica, mas somente lei formal específica – que trate somente do assunto em questão. Sendo assim, não se admite que outros atos normativos, como decretos, resoluções legislativas ou portarias versem sobre tal assunto.[171]

Ainda nesse sentido, vale citar a Súmula nº 339 do STF, que assevera: "Não cabe ao Poder Judiciário, que não tem função legislativa, aumentar vencimentos de servidores públicos, sob o fundamento de isonomia". A fim de uniformizar esse entendimento em todas as instâncias judiciais brasileiras, o STF editou a Súmula Vinculante nº 37 para fixar que: "Não cabe ao Poder Judiciário, que

171 Adotando este preceito, o STF declarou a inconstitucionalidade de Resolução da Câmara Legislativa do Distrito Federal que dispunha acerca da remuneração dos servidores da Casa (ADI 3.306/DF, Rel. Min. GILMAR MENDES, DJe 06.06.2011). Na mesma tônica, o Supremo julgou procedente pedido formulado em ação direta para declarar a inconstitucionalidade de ato normativo do STJ que instituía gratificação remuneratória, o que só seria possível mediante lei (ADI 1.776/DF, Rel. Min. DIAS TOFFOLI, 04.09.2014).

não tem função legislativa, aumentar vencimentos de servidores públicos sob o fundamento de isonomia".

No mesmo sentido de reforçar o caráter eminentemente legal de reajuste de vencimentos, a Súmula nº 679 do STF estabelece que "a fixação de vencimentos dos servidores públicos não pode ser objeto de convenção coletiva".

Ademais, o art. 169, § 1º, da Constituição exige **prévia dotação orçamentária** suficiente para atender às projeções de despesa de pessoas e aos acréscimos dela decorrentes, bem como autorização específica na lei de diretrizes orçamentárias, para a concessão de qualquer vantagem ou aumento de remuneração ou outras medidas que impliquem aumento de despesa.

Cabe agora indagarmos a respeito de quem tem a iniciativa do projeto de lei respectivo. O tema foi tratado em nível constitucional nos seguintes termos:

I – para os cargos do Poder Executivo federal a iniciativa é privativa do Presidente da República (art. 61, § 1º, II, *a*);

II – para os cargos da Câmara dos Deputados, a iniciativa das leis que fixem ou alterem sua remuneração será privativa desta Casa (art. 51, IV);

III – quanto aos cargos do Senado Federal, compete privativamente a esta Casa a iniciativa das leis que fixem ou alterem suas remunerações (art. 52, XIII);

IV – no Poder Judiciário, compete privativamente a cada tribunal elaborar a proposta de lei que fixe ou altere as remunerações dos cargos integrantes de suas carreiras (art. 96, II, *b*);

V – o projeto de lei que cuide da fixação do subsídio dos Ministros do Supremo Tribunal Federal é de iniciativa privativa do próprio STF (EC nº 43/2003). A referida emenda não mais exige projeto de lei de iniciativa conjunta dos Presidentes da República, da Câmara dos Deputados, do Senado Federal e do Supremo Tribunal Federal para a fixação do subsídio destes; e

VI – a fixação do subsídio dos Deputados Federais, dos Senadores, do Presidente e do Vice-Presidente da República e dos Ministros de Estado é da competência exclusiva do Congresso Nacional, mediante decreto legislativo, espécie legislativa não sujeita à sanção ou veto do Presidente da República (art. 48, XV).

Dessa forma, a revisão geral ocorrerá sempre na mesma data e sem distinção de índices. Aqui cabem algumas observações. A primeira delas é a que trata da **não distinção de índices**, que significa que deve ser dado o mesmo percentual de reajuste para todos os servidores públicos. Assim, se for dado 3% a título de revisão, esse percentual valerá para todas as categorias, e não somente para este ou aquele grupo de servidores. Uma segunda colocação é que essa revisão não se aplica aos militares, pois essa categoria não mais integra o rol dos servidores públicos, são denominados apenas militares.[172] Assim, os estipêndios dos militares poderão ser revistos em data diversa e em índices distintos dos servidores públicos. Por fim, cabe salientar que a revisão geral não é de fato acréscimo pecuniário, mas tão só uma recomposição remuneratória com o escopo de manter o poder aquisitivo da moeda, diariamente corroído pela inflação. A concessão da revisão geral anual não impossibilita o advento de outras revisões específicas, realizadas com o objetivo de garantir o valor real das remunerações desta ou daquela categoria.

Outro ponto digno de nota é que, diferente da revisão específica cujo objetivo é recompor o poder aquisitivo dos vencimentos dos servidores, implementada mediante projeto de lei de iniciativa do respectivo Poder e acima já comentada, a revisão geral anual compete ao **chefe do Poder Executivo**, nos termos do art. 61, § 1º, II, "a", da Constituição. Assim, ao chefe do Executivo caberá a iniciativa do projeto de lei de revisão geral de todas as categorias do serviço público dos três Poderes.

Nesse ponto registre-se o posicionamento do STF no sentido da exigência de **lei específica** para revisão geral anual dos servidores públicos.[173]

13.4. Tetos remuneratórios

Os tetos remuneratórios do serviço público (valor mensal de retribuição pecuniária a que a remuneração de nenhum servidor deve ultrapassar) são definidos no art. 37, XI, da Constituição, que assim dispõe:

> A remuneração e o subsídio dos ocupantes de cargos, funções e empregos públicos da administração direta, autárquica e fundacional, dos membros de qualquer dos Poderes da União, dos Estados, do Distrito Federal e dos Municípios, dos detentores de mandato eletivo e dos demais agentes políticos e os proventos, pensões ou outra espécie remuneratória, percebidos cumulativamente ou não, incluídas as vantagens pessoais ou de qualquer outra natureza, não poderão exceder o subsídio mensal, em espécie, dos Ministros do Supremo Tribunal Federal, aplicando-se como limite, nos Municípios, o subsídio do Prefeito, e nos Estados e no Distrito Federal, o subsídio mensal do Governador no âmbito do Poder Executivo, o subsídio dos Deputados Estaduais e Distritais no âmbito do Poder Legislativo e o subsídio dos Desembargadores do Tribunal de Justiça, limitado a noventa inteiros e vinte e cinco centésimos por cento do subsídio mensal, em espécie, dos Ministros do Supremo Tribunal Federal, no âmbito do Poder Judiciário, aplicável este limite aos membros do Ministério Público, aos Procuradores e aos Defensores Públicos.

172 A respeito, *vide* o tópico 2.2.2. deste capítulo.

173 ADI 2061/DF, Rel. Min. ILMAR GALVÃO, DJ 29.06.2001.

Pela leitura do dispositivo percebe-se a amplitude da regra constitucional que estabelece os tetos remuneratórios. Os limites impostos pelo teto remuneratório alcançam todas as **espécies remuneratórias** (vencimentos, salários e subsídios) e abrangem a maioria das **vantagens de caráter remuneratório** (gratificações e adicionais), com **exceção de algumas vantagens constitucionais de caráter pessoal**, a exemplo do adicional de férias, gratificação natalina, e das indenizações.[174] Nesse sentido, cite-se o art. 37, § 11, da Constituição:

> Não serão computadas, para efeito dos limites remuneratórios de que trata o inciso XI do *caput* deste artigo, as parcelas de caráter indenizatório previstas em lei.

A simples leitura do dispositivo constitucional previsto no inc. XI do art. 37 nos faz concluir que o teto constitucional do subsídio dos ministros do STF aplica-se a todas as hipóteses de acumulação de cargos, empregos, funções e proventos previstos no texto constitucional, seja de remuneração com proventos de aposentadoria ou pensão, seja de proventos de aposentadoria com pensão, ou, ainda, uma tríplice acumulação envolvendo remuneração, proventos e pensão. Nessa linha de pensamento, tais acumulações, ainda que lícitas, subordinam-se aos tetos acima mencionados.[175]

Todavia, o entendimento do STF,[176] com repercussão geral reconhecida, é de que nos casos autorizados constitucionalmente de acumulação de cargos, empregos e funções, a incidência da limitação do teto remuneratório considera cada um dos vínculos formalizados, afastada a observância do teto remuneratório quanto ao somatório dos ganhos do agente público. Em outras palavras, **a aferição do teto remuneratório se dá em cada cargo acumulado, e não na soma das remunerações percebidas cumulativamente**.

Assim, exemplificativamente, um professor de universidade federal que venha a ser aprovado em concurso público também para o cargo de professor poderá em cada um dos cargos receber remuneração de valor até o limite do subsídio dos Ministros do STF. Isto é, o teto seria considerado especificamente para cada cargo, sendo permitido que ele receba no total acima do limite previsto no art. 37, XI, da CF.

174 Nesse sentido, *vide* ADIN 1833 MC/PE, Rel. Min. NÉRI DA SILVEIRA, DJ 22.10.1999 e ADIN 1550 MC/AL, Rel. Min. MAURÍCIO CORRÊA, DJ 04.04.1997.

175 Inclusive o *caput* do art. 17 do Ato das Disposições Constitucionais Transitórias (ADCT) determinou, à época de sua promulgação, a imediata redução de quaisquer valores que estivessem ultrapassando o limite estabelecido como teto remuneratório. Assim, qualquer servidor que, à época da promulgação da EC nº 19/1998, estivesse acima do limite previsto no inc. XI, deveria ter um corte automático em seus vencimentos a fim de se adequar ao novo teto remuneratório. É bem certo que o dispositivo supramencionado tem sido alvo de intermináveis críticas por parte da doutrina, por encerrar afronta clara às garantias constitucionais do direito adquirido, protegido como cláusula pétrea constitucional (art. 60, § 4º, CF/1988).

176 RE 612.975/MT e RE 602.043/MT, Rel. Min. MARCO AURÉLIO, julg.: 26 e 27.04.2017. No mesmo sentido o STJ: AgRg no RMS 45.937/DF, Rel. Min. BENEDITO GONÇALVES, julg.: 05.11.2015; RMS 38.682/ES, Rel. Min. HERMAN BENJAMIN, julg.: 18.10.2012; RMS 33.170/DF, Rel. Min. MAURO CAMPBELL MARQUES, Rel. p/Acórdão Min. CESAR ASFOR ROCHA , DJe 07.08.2012.

A Constituição optou por estabelecer, em vez de apenas um, diversos tetos remuneratórios no serviço público. Há um teto geral e absoluto, que atinge os três Poderes de todas as Unidades da Federação: o subsídio dos ministros do STF. Na esfera **federal**, este é o único teto estabelecido.

Na esfera **estadual e distrital**, além do teto geral, há subtetos (ou tetos específicos) por Poder, nos seguintes termos:

a) **Poder Executivo**: subsídio do Governador, que, inclusive, pode ser idêntico ao subsídio dos ministros do STF;

b) **Poder Legislativo**: subsídio dos deputados estaduais e distritais, o qual, nessa hipótese, não pode ser fixado em valor idêntico ao subsídio dos ministros do STF, posto que, por força do § 2º do art. 27 e do § 3º do art. 32, o subsídio dos deputados estaduais e distritais será de, no máximo, 75% do subsídio dos deputados federais, que, por sua vez, está limitado ao valor do subsídio dos ministros do STF. Em conclusão, o valor do subsídio dos deputados estaduais e distritais podem corresponder a, no máximo, 75% do valor do subsídio dos ministros do STF; e

c) **Poder Judiciário**: subsídio dos desembargadores do Tribunal de Justiça, que não podem ultrapassar 90,25% do valor do subsídio dos ministros do STF. Este mesmo limite é aplicável aos membros do Ministério Público estadual, aos procuradores estaduais e distritais[177] e aos defensores públicos estaduais.

Quanto ao Poder Judiciário, o STF deferiu liminar formulada para excluir os membros da magistratura estadual do subteto de remuneração equivalente a 90,25% do subsídio dos ministros do STF, por entender que tal regra violava o princípio da isonomia pelo fato de dar tratamento discriminatório entre magistrados federais e estaduais, que se submetem ao mesmo estatuto e realizam atividade da mesma natureza. Sendo assim, podemos afirmar que atualmente a regra que limita o teto remuneratório do Poder Judiciário estadual a 90,25% do subsídio dos ministros do STF é aplicável tão somente aos servidores deste Poder, e não aos desembargadores, que podem perceber rendimentos idênticos aos dos ministros do STF. [178]

Ainda com relação aos subtetos dos Estados e do DF, a EC nº 47/2005 inovou ao dar nova redação ao § 12 do art. 37 da Constituição que, agora, possibilita a existência de um limite único para os Estados e o DF, aplicável a todos os Poderes, que é o subsídio mensal dos desembargadores do Tribunal de Justiça, limitado a 90,25% do subsídio mensal dos ministros do STF. A exigência é que esse limite

177 O STF entende que quando a Constituição faz referência ao termo "procuradores", o faz de forma genérica, sem distinguir entre os membros das diversas carreiras da Advocacia Pública, qual seja os advogados da União, os procuradores da Fazenda Nacional, os procuradores de Estado, os procuradores autárquicos (RE 558.258/SP, Rel. Min. RICARDO LEWANDOWSKI, julg.: 09.11.2010).

178 ADI 3.854 MC/DF, Rel. Min. CEZAR PELUSO, DJ 08.03.2007.

único seja estabelecido mediante emenda às respectivas **Constituições** ou **Leis Orgânicas**. Advirta-se, porém, que esse limite único não se aplica aos subsídios dos deputados estaduais e distritais, pois estes têm teto próprio estabelecido na Carta Magna.

Situação curiosa é a que trouxe a EC nº 41/2003 ao estabelecer o subteto no Poder Legislativo dos Estados e do DF como sendo o subsídio dos deputados estaduais e distritais. Assim, os servidores do respectivo ente político não poderão receber remuneração superior ao subsídio dos seus parlamentares. Todavia, se for estabelecido o limite único do subsídio dos desembargadores do Tribunal de Justiça, surgirá a estranha possibilidade de os servidores do Legislativo receberem remuneração superior ao subsídio dos membros deste mesmo Poder. Vejamos. Se o ente optar pelo limite único, esse será de, no máximo, 90,25% do subsídio dos ministros do STF. Todavia, os deputados estaduais e distritais não se submeteram a esse limite, pois já são alcançados pela regra segundo a qual não podem receber subsídio superior a 75% dos subsídios dos deputados distritais. Assim, na prática, teremos a remuneração dos servidores, limitada a 90,25% do subsídio dos ministros do STF, bem como o subsídio dos deputados estaduais e distritais, limitados a 75% do subsídio dos ministros do STF.[179]

Na **esfera municipal**, além do teto geral, há um subteto, aplicável aos Poderes Legislativo e Executivo, que é o **subsídio do prefeito**. Assim, nos Municípios há dois limites: o geral, que é o subsídio dos ministros do STF, e o subteto local, que é o subsídio do prefeito. Note que nada impede que o subsídio do prefeito seja fixado em valor idêntico ao subsídio dos ministros do STF. O que não é permitido é que se ultrapasse esse valor.

O § 9º do art. 37 da Constituição prevê que os tetos remuneratórios se aplicam às **empresas públicas e sociedades de economia mista** que receberem recursos da União, dos Estados, do Distrito Federal ou dos Municípios para pagamento de **despesas de pessoal ou de custeio em geral**. Com efeito, invertendo o raciocínio, se uma empresa pública ou sociedade de economia mista não recebe recursos orçamentários para pagamento de pessoal ou custeio em geral, os salários de seus empregados e dirigentes não estão sujeitos aos tetos remuneratórios. Desse modo, podem receber salário que supere o valor dos subsídios dos ministros do Supremo Tribunal Federal.

Concluindo, trazemos à colação a regra do inc. XII do art. 37 da Constituição: "**os vencimentos dos cargos do Poder Legislativo e do Poder Judiciário não poderão ser superiores aos pagos pelo Poder Executivo**". Essa regra é válida apenas para cargos idênticos ou com funções assemelhadas no âmbito dos três Poderes. Não seria justo que servidores que desempenham as mesmas atribuições tenham remuneração diferenciada. Entretanto, em se tratando de

179 Nessa esteira é a orientação de Ivan Barbosa Rigolin (*O servidor público nas reformas constitucionais*, Ed. Fórum, 2ª ed., 2006, p. 88).

atribuições diferenciadas, nada impede que os Poderes Legislativo e Judiciário fixem remuneração superior à que é paga aos servidores do Poder Executivo.[180]

É válido lembrar que com a EC nº 19/1998 foi retirada do texto constitucional a regra do art. 39, § 1º, que estabelecia a **isonomia de vencimentos** aos servidores que ocupassem cargos de atribuições iguais ou assemelhadas de um mesmo Poder ou entre os Poderes Executivo, Legislativo e Judiciário, ressalvadas as vantagens de caráter individual e as relativas à natureza ou local de trabalho. O objetivo dessa isonomia era evitar as disparidades remuneratórias entre órgãos com atribuições afins situados em estruturas funcionais diversas. A nova redação do art. 39, § 1º, passou a ser a seguinte:

> A fixação dos padrões de vencimento e dos demais componentes do sistema remuneratório observará a natureza, o grau de responsabilidade e a complexidade dos cargos componentes de cada carreira, os requisitos para a investidura e as peculiaridades dos cargos.

Atualmente, subsiste a regra posta no inc. XII do art. 37, que determina como limite remuneratório dos servidores os vencimentos pagos pelo Poder Executivo. Note que não se trata de igualar os vencimentos, mas simplesmente de estabelecer um teto para os vencimentos recebidos pelos servidores dos Poderes Legislativo e Judiciário.

Questão sobremodo curiosa é a que trata do servidor que acumula licitamente cargos públicos de entes federativos distintos, a exemplo da servidora que ocupa o cargo de professora da Secretaria de Educação do Distrito Federal e professora da Universidade de Brasília (UnB). Nesse caso, indaga-se: qual o teto remuneratório a ser aplicado a essa servidora – federal ou distrital? Entende-se que a ela será aplicado, entre os tetos e subtetos envolvidos, o de maior valor.

Agora que já tratamos sobre o teto remuneratório, é interessante indagar-se acerca do piso remuneratório do servidor público. Isto é, a quantia mínima que um servidor poderia receber a título de remuneração. Quanto ao tema, o § 3º do art. 39 garante expressamente aos servidores públicos que a remuneração destes **não será inferior ao salário-mínimo**.

Nesse passo, trazemos à colação a Súmula Vinculante nº 6 pela qual "**não viola a Constituição o estabelecimento de remuneração inferior ao salário mínimo para as praças prestadoras de serviço militar inicial**". A justificativa da exceção é que, ao contrário dos servidores públicos, os militares não foram contemplados com a garantia de salário nunca inferior ao mínimo prevista no art. 7º, IV.[181] Assim, exceto as praças do serviço militar inicial, nenhum agente público poderá perceber remuneração inferior ao salário mínimo.

180 Essa é a orientação do STF sobre a matéria: ADI 48/RS, Rel. Min. MAURÍCIO CORRÊA, DJ 18.10.2002.

181 A respeito, consulte o art. 142, § 3º, VIII, CF/1988.

Ainda é imperioso citar o teor da Súmula Vinculante nº 16, editada em 1º de julho de 2009, que propugna o seguinte entendimento: "**Os arts. 7º, IV, e 39, § 3º (redação da EC 19/1998), da Constituição, referem-se ao total da remuneração percebida pelo servidor público**". Isto é, a garantia de salário não inferior ao mínimo incide não apenas sobre o vencimento básico, mas sobre a remuneração do servidor, que é a soma do vencimento básico mais as vantagens de caráter permanente. Ilustrativamente, levando em consideração que o salário-mínimo seja de R$ 740,00, se um servidor percebe remuneração de R$ 750,00, mas o seu vencimento é de apenas R$ 520,00, estará plenamente atendida a garantia do salário-mínimo. Vale repisar que, para efeito de piso remuneratório, o que importa é a totalidade da remuneração, e não apenas o vencimento básico.

No caso de a remuneração do servidor ser inferior ao salário-mínimo, o Poder Público deverá complementar a quantia faltante por meio de abono pecuniário complementar. Assim, se um servidor perceber R$ 560,00 de remuneração, deverá ser-lhe pago abono pecuniário no valor de R$ 180,00 a fim de dar cumprimento à garantia plasmada no § 3º do art. 39 da Constituição.

Nesse diapasão, merece especial referência a Súmula Vinculante nº 15, que ao tratar sobre o abono pecuniário de complementação estatui: "**O cálculo de gratificações e outras vantagens não incide sobre o abono utilizado para se atingir o salário-mínimo do servidor público**". Essa regra aplica-se ao servidor que perceba remuneração inferior ao salário-mínimo e faz jus ao abono de complementação de que já tratamos anteriormente. Para entendermos melhor o teor da súmula devemos levar em consideração os seguintes dados: a) o salário-mínimo é reajustado periodicamente; b) a cada vez que o salário-mínimo é reajustado o valor do abono complementar também é alterado, a fim de que a remuneração se iguale ao salário-mínimo e o Estado não efetue pagamentos além do necessário (isto é, em valor superior ao salário-mínimo); e c) as gratificações e adicionais normalmente incidem sobre o vencimento básico, por meio de percentuais que incidem sobre este. A partir disso, podemos fazer a seguinte conclusão: **as gratificações e adicionais incidirão unicamente sobre o vencimento básico, e não sobre este somado ao abono complementar.** Ou seja, abono de complementação não será levado em consideração para efeito de cálculo de vantagens pecuniárias. Isso porque a incidência das gratificações e adicionais sobre o salário-mínimo acarretaria vinculação do valor dessas vantagens ao valor do salário-mínimo. Isto é, toda vez que o salário-mínimo fosse reajustado, as vantagens pecuniárias também o seriam, automaticamente. Todavia, a vinculação do salário, qualquer que seja a finalidade, é vedada pelo inc. IV do art. 7º da Lei Maior. Na mesma esteira é a Súmula Vinculante nº 4, "**Salvo nos casos previstos na Constituição, o salário-mínimo não pode ser usado como indexador de base de cálculo de vantagem de servidor público ou de empregado, nem ser substituído por decisão judicial**".

13.5. Irredutibilidade

O inc. XV do art. 37 da Lei Maior estabelece a irredutibilidade da remuneração, do salário e dos subsídios:

> O subsídio e os vencimentos dos ocupantes de cargos e empregos públicos são irredutíveis, ressalvado o disposto nos incisos XI e XIV deste artigo e nos artigos 39, § 4º, 150, II, 153, III, e 153, § 2º, I.

Note que o dispositivo menciona a regra[182] e, na parte final, as exceções à irredutibilidade. Assim, poderá haver redução do subsídio ou dos vencimentos:

a) quando ultrapassarem o teto remuneratório geral e absoluto (subsídio dos ministros do STF)[183];

b) se houver concessão de alguma vantagem que incida sobre o *quantum* total da remuneração, e não somente sobre o vencimento básico. Nesse caso, como a Constituição veda o cômputo de vantagens para fins de concessão de acréscimos ulteriores, haverá automática redução da remuneração a fim de adequá-la ao regramento constitucional;

c) quando, no regime de subsídio, for violada a regra da parcela única e o agente receba alguma vantagem de natureza remuneratória; e

d) instituição de tributos sobre a renda (exemplo imposto de renda), de modo a diminuir o seu valor líquido.[184]

Além das hipóteses já mencionadas, há outra direcionada especificamente aos empregados públicos: podem ter seus salários reduzidos por **acordo ou convenção coletiva**, consoante o disposto no art. 7º, VI, do texto constitucional.

Os adicionais e gratificações decorrentes de circunstâncias especiais e de caráter transitório não são alcançadas pela garantia de irredutibilidade dos vencimentos.

Ademais, a Suprema Corte já assentou que o princípio da irredutibilidade constitui garantia de ordem formal, está satisfeito quando o **valor nominal da remuneração não é reduzido**, mesmo que seu poder aquisitivo tenha se

182 Segundo o STF (ARE 660.010/PR, Rel. Min. DIAS TOFFOLI, julg.: 04.09.2014.), aumentar a carga horária de servidores ou de empregados públicos sem a elevação proporcional dos vencimentos viola o princípio constitucional da irredutibilidade dos vencimentos.

183 O STF (RE 609.381/GO, Rel. Min. TEORI ZAVASCKI, julg.: 02.10.2014) tem reconhecido que a norma constitucional que trata do teto remuneratório é de "eficácia imediata, e submete às referências de valor máximo nela discriminadas todas as verbas de natureza remuneratória percebidas pelos servidores públicos da União, dos Estados, do Distrito Federal e dos Municípios, ainda que adquiridas de acordo com regime legal anterior." Na mesma direção, a jurisprudência do STJ (AgRg no RMS 43.925/MG, Rel. Min. BENEDITO GONÇALVES, DJe 03.10.2014; AgRg no RMS 42.564/MG, Rel. Min. HERMAN BENJAMIN, DJe 07/05/2014) tem-se posicionado no sentido de que não existe direito adquirido ao recebimento de remuneração além do teto estabelecido pela Emenda Constitucional nº 41, não prevalecendo a garantia da irredutibilidade de vencimentos em face da nova ordem constitucional.

184 STF, ADI 3.105/DF e ADI 3.128/DF, Rel.ª Orig. Min.ª ELLEN GRACIE, rel. p/ acórdão Min. JOAQUIM BARBOSA, julg.: 18.08.2004.

deteriorado em virtude do fenômeno inflacionário ou que haja mutação da forma de cálculo da remuneração.[185]

O princípio da irredutibilidade de vencimentos também não impede a redução de parcelas que componham os critérios legais de fixação, desde que não se diminua o valor da remuneração na sua totalidade.[186] Além disso, decidiu a mesma Corte que a irredutibilidade de vencimentos também é extensiva aos cargos em comissão e funções gratificadas.[187]

13.6. Equiparações e vinculações

O art. 37, XIII, da Constituição Federal dispõe que é **vedada a vinculação ou equiparação** de quaisquer espécies remuneratórias para o efeito de remuneração de pessoal do serviço público.

Equiparar é estabelecer, por lei, que os vencimentos de uma categoria são iguais aos vencimentos de outra, de modo que haja uma relação automática de alterações. Seria o caso de uma lei que determinasse que a remuneração dos auditores da Receita Federal corresponde à dos analistas de controle externo do TCU. Observe que, aumentando esta, aquela automaticamente aumentaria.

Não obstante, permite-se que uma lei estabeleça remuneração idêntica para duas carreiras distintas do serviço público, desde que não haja entre elas uma relação automática, em que reajustando uma estar-se-á necessariamente alterando a outra. Assim, seria constitucional uma lei que fixasse a remuneração dos auditores da Receita Federal e dos analistas de controle externo do TCU em R$ 10.000,00, pois nessa situação o aumento da remuneração de uma das carreiras acarretaria tão somente a revogação parcial do próprio dispositivo legal.

Vincular é relacionar automaticamente o aumento da remuneração de uma carreira à outra, por meio de determinados percentuais. Uma lei que estabelecesse que a remuneração dos técnicos do Banco Central corresponderia à 80% da remuneração dos especialistas da Anatel, por exemplo, estaria vinculando uma remuneração à outra de modo que aumentando esta, aquela estaria automaticamente aumentada.

Uma observação interessante é que o próprio texto constitucional estabelece casos de equiparação e vinculação. Cite-se o exemplo do teto remuneratório do subsídio dos desembargadores dos Tribunais de Justiça que corresponderá a,

185 STF, RE 415.454/SC, Rel. Min. GILMAR MENDES, DJe 25.10.2007 e AI 553.708/RS, Rel. Min. SEPÚLVEDA PERTENCE, DJ 20.10.2006.

186 STF, RE-AgR 343.005/CE, Rel. Min. SEPÚLVEDA PERTENCE, DJ 10.11.2006. No mesmo sentido, Rcl 2.482, Rel. Min. JOAQUIM BARBOSA, DJ 14.09.2007; AI 665.622/RS, Rel Min. JOAQUIM BARBOSA, DJe 30.01.2011; AI 833.985-ED, Rel.ª Min.ª CÁRMEN LÚCIA, DJe 12.4.2011; MS 31.736/DF, Rel. Min. LUIZ FUX, DJe 03.02.2014. No mesmo sentido: STJ, ROMS 15.546/MS, Rel. Min. FELIX FISCHER, DJ 15.12.2003.

187 STF, RE 599.411 AgR/AC, Rel.ª Min.ª CÁRMEN LÚCIA, julg.: 27.10.2009. No mesmo sentido RE 378.932/PE, Rel. Min. CARLOS BRITO, DJ 30.09.2003.

no máximo, 90,25% do teto do subsídio dos ministros do STF (art. 37, XI). Ocorre que as vinculações e equiparações são vedadas ao legislador ordinário, não abrangendo as equiparações e vinculações previstas no próprio texto constitucional. É que a mesma Constituição que estabeleceu a regra também estatuiu as exceções.

Sobre o tema da equiparação e vinculação, o STF editou a Súmula nº 681, convertida na Súmula Vinculante nº 42, segundo a qual (destaque nosso): "é **inconstitucional a vinculação** do reajuste de vencimentos de servidores estaduais ou municipais a **índices federais de correção monetária**".[188-189]

Outro aspecto relevante é o que trata da utilização do salário-mínimo como indexador de vantagens pecuniárias, de modo que havendo alteração do salário, haverá automaticamente alteração da respectiva vantagem pecuniária. Sobre esse tema, entende o STF que, ressalvados os casos previstos na Constituição, é vedada a adoção do salário-mínimo como indexador de quaisquer vantagens pecuniárias, sejam indenizações, sejam gratificações e adicionais.[190]

O art. 37, XIV, determina que os acréscimos pecuniários percebidos por servidor público **não serão computados nem acumulados** para fins de concessão de **acréscimos ulteriores**. Isso significa que qualquer vantagem pecuniária percebida pelo servidor incide somente sobre o vencimento (parcela básica), e não sobre o montante da remuneração.

Para ilustrar o sobredito, se um servidor recebe R$ 1.000,00 a título de vencimento básico e R$ 150,00 de adicional de insalubridade (15% do vencimento), se posteriormente o referido servidor passa a desempenhar atividade cujas condições justifiquem o pagamento de adicional de atividades penosas (fixado em 10% do vencimento), o cálculo dessa vantagem incidiria unicamente sobre o vencimento básico (R$ 1.000,00), e não sobre este acrescido do adicional de insalubridade (R$ 1.150,00). Assim, a renumeração do servidor, ao final, será de R$ 1.250,00.

188 Em 2007, o STF julgou inconstitucional lei complementar estadual que vinculava o reajuste de vencimentos dos servidores do Poder Judiciário estadual ao aumento na arrecadação de ICMS (RE 218.874, Rel. Min. EROS GRAU, julg.: 07.11.2007). No mesmo diapasão, a Corte entendeu inconstitucional lei municipal que estabelece o reajuste automático de servidores municipais pela variação do IPC – Índices de Preços ao Consumidor (RE 247.387/GO, Rel. Min. NÉRI DA SILVEIRA, DJ 20.02.2002).

189 Em complemento, o STF declarou a inconstitucionalidade de lei do Estado de Rondônia, que estabeleceu que o vencimento básico seria reajustado quadrimestralmente em percentual igual ao da variação acumulada do IPC – Índice de Preços ao Consumidor, e que, sempre que a variação do IPC, verificada no mês anterior, fosse superior a 7%, o vencimento básico seria reajustado, a cada mês, a título de antecipação pelo percentual correspondente a este excedente. O fundamento desse entendimento é que o reajuste automático de vencimentos de servidores públicos, tomando-se como base a variação de indexadores de atualização monetária, desrespeita a autonomia dos Estados-membros e a vedação constitucional de vinculação, para efeito de remuneração de servidores públicos (ADI 285/RO, Rel.ª Min.ª CÁRMEN LÚCIA, julg.: 04.02.2010).

190 STF, RE 565.714/SP, Rel.ª Min.ª CARMÉN LÚCIA, DJ 30.04.2008.

13.7. Pagamento com atraso

Não raro o Poder Público atrasa o pagamento de seus servidores e empregados. Em tais situações surge para o Estado o dever de indenizar os servidores pelos pagamentos feitos com inobservância do prazo, bem como a correção monetária sobre a parcela em atraso. Dessa maneira, acertada é a observação de Carvalho Filho no sentido de que "tais valores constituem **dívidas de valor** e, por conseguinte, suscetíveis de atualização monetária, e isso para que as importâncias devidas não sofram redução em seu valor real em virtude da corrosão provocada pelo decurso de tempo e pela diminuição do poder aquisitivo da moeda".[191]

Além de correção monetária sobre as parcelas em atraso, incidem também os juros de mora, que, nos termos do art. 1º-F da Lei nº 9.494/1997, não poderão ultrapassar o percentual de 6% ao ano.

Sobre o tema, já tiveram oportunidade de se posicionar tanto o STF quanto o STJ: "Não ofende a Constituição a correção monetária no pagamento com atraso dos vencimentos de servidores públicos."[192]

14. REGIME DE PREVIDÊNCIA DOS SERVIDORES PÚBLICOS

14.1. Considerações iniciais

A Constituição Federal de 1988 teve preocupação especial com o tema da seguridade social e, por isso, a ele destinou o Capítulo I da Ordem Social. Consoante o art. 194 do texto constitucional, vê-se que a Seguridade Social se constitui num conjunto de ações formado por saúde, assistência social e previdência social. Entre estas, somente a última compõe o objeto de estudo nesta obra.

Aposentadoria é o direito atribuído a alguém mediante o atendimento de certos requisitos legais e constitucionais, e que consiste em receber do Poder Público determinada retribuição pecuniária mensal, mesmo depois de findado o vínculo laboral com o Estado. Em outros termos, é o direito à inatividade remunerada. Provento é a denominação técnica dada a essa retribuição pecuniária devida aos aposentados, aos pensionistas e aos servidores em disponibilidade.

14.2. Natureza jurídica do ato de aposentadoria

O ato administrativo de aposentadoria deve ser visto como parte integrante de um processo administrativo em que diversos atos intermediários são praticados a fim de se obter um ato final e conclusivo: o de aposentadoria. Dessa forma, o

191 CARVALHO FILHO, José dos Santos. *Manual de Direito Administrativo*. 20ª ed. Rio de Janeiro: Lumen Juris, 2008, p. 694.

192 STF, Súmula nº 682. STF, AO 152/RS, Rel. Min. CARLOS VELLOSO, DJ 03.03.2000. STJ, AgRg no REsp 1042168/SP, Rel. Min. CELSO LIMONGI, DJe 18/05/2009; AgRg no Ag 1070697/MG, Rel. Min. OG FERNANDES, DJe 16/03/2009.

servidor, conforme a modalidade de aposentadoria, requer aposentadoria e, para tanto, apresenta os documentos probatórios. Tudo isso é feito junto ao órgão ou entidade onde exerce suas atribuições. A autoridade competente, após rigorosa análise da veracidade e legitimidade dos documentos apresentados, concede, ou não, aposentadoria ao servidor. Uma vez que defira o pedido, ao TCU caberá a análise posterior desse ato para fins de controle e registro, nos termos do art. 71, III, da Constituição Federal. O ato de aposentadoria é, portanto, **ato complexo**, que só se aperfeiçoa com a apreciação pelo TCU do registro da concessão inicial do direito.

Em nome dos princípios da segurança jurídica e da proteção à confiança, vem-se entendendo que o controle do ato concessório de aposentadoria pelo TCU submete-se a **prazo decadencial de cinco anos** (art. 54, Lei nº 9.784/1999), após o transcurso do qual não poderá a Corte de Contas anular ou alterar a situação do inativo impondo-lhe maior gravame. Sobre o tema, José dos Santos afirma:

> Seria um absurdo que o servidor já venha fruindo normalmente sua aposentadoria quando, dez anos depois, o Tribunal de Contas resolva considerar o ato inválido ou passível de alteração. A admitir-se tal possibilidade, estar-se-á premiando a inércia, a desídia e a ineficiência da Administração controladora em desfavor do interessado, que, afinal, confiou no ato concessivo do benefício; tratar-se-ia de uma desproteção à confiança e à segurança jurídica.[193]

Entretanto, a tese que vem prevalecendo nos julgados mais recentes da Corte Suprema é que, após o transcurso dos cinco anos da concessão inicial, a Corte de Contas ainda teria competência para anular o registro, desde que garantisse contraditório e ampla defesa ao beneficiário.[194] Em outras palavras, não se opera a decadência prevista no art. 54 da Lei nº 9.784/1999 no período compreendido entre a concessão inicial de aposentadoria, pensão ou reforma e o posterior julgamento de sua legalidade e registro pelo Tribunal de Contas da União. A consequência da superação desse prazo é tão somente a obrigatoriedade de que se assegure contraditório e ampla defesa.[195]

Ainda sobre a apreciação do Tribunal de Contas, é válido ressaltar que, enquanto não operada a decadência, é possível a alteração ou anulação do ato de aposentadoria. No entanto, entende o STF que, nessas situações, não é necessária a observância das garantias constitucionais de ampla defesa e contraditório,

193 CARVALHO FILHO, José dos Santos. *Manual de Direito Administrativo*. 20ª ed. Rio de Janeiro: Lumen Juris, 2008, p. 646. No mesmo sentido é o tradicional posicionamento do STF e do STJ no trato da matéria, conforme os seguintes julgados: STF, MS 26.872/DF, Rel. Min. MARCO AURÉLIO, julg.: 19.05.2010; MS 25.963-DF, Rel. Min. CEZAR PELUSO, DJe 21.11.2008 e STJ, REsp 1.098.490/SC, NAPOLEÃO NUNES MAIA FILHO, DJe 27.04.2009; MS 9.073-DF, Rel. Min. FRANCISCO PEÇANHA MARTINS, DJ 01.08.2005.

194 STF, MS 24.781/DF, Rel.ª Min.ª ELLEN GRACIE, DJe 09.06.2011; MS 26.053/DF, Rel. Min. RICARDO LEWANDOSWKI, julg.: 18.11.2010; MS 28074/DF, Rel.ª Min.ª CÁRMEN LÚCIA, DJe 13.06.2012; MS 27.746/DF, Rel. Min. DIAS TOFFOLI, DJe 05.09.2012; MS 28.604/DF, Rel. Min. MARCO AURÉLIO, Dje 21.02.2013.

195 STF, MS 25.116/DF, Rel. Min. AYRES BRITTO, DJe 10.02.2011.

posto que a aposentadoria é ato complexo e, enquanto não há conclusão das manifestações de vontade e produção do ato, não há que se falar em lesão a direito. Logo, o ato somente se torna impugnável após a sua edição (no caso em tela, após a impugnação pelo TCU). [196] Assim, resta claro que, no curso do procedimento, **não é necessário oportunizar previamente contraditório e ampla defesa** aos interessados.[197] Nessa esteira, veja-se o teor da Súmula Vinculante nº 3 (destaque nosso):

> Nos processos perante o Tribunal de Contas da União asseguram-se o contraditório e a ampla defesa quando da decisão puder resultar anulação ou revogação de ato administrativo que beneficie o interessado, excetuada a apreciação da legalidade do **ato de concessão inicial de aposentadoria**, reforma ou pensão. [198]

Note bem que a súmula vinculante trata especificamente dos atos de aposentadoria, reforma e pensão no tocante ao registro inicial. Em relação à anulação desses atos e aos demais atos administrativos submetidos ao crivo do TCU, subsiste a obrigatoriedade de observância do contraditório e da ampla defesa previamente à anulação ou alteração.

14.3. Regimes de previdência

Há basicamente duas espécies de regime de previdência: o regime próprio (RPPS) e o regime geral (RGPS).

O **Regime Próprio** de Previdência Social (RPPS) é objeto de estudo do Direito Administrativo, está disciplinado no art. 40 da Constituição Federal e alcança os agentes vitalícios, parlamentares e os servidores estatutários efetivos da Administração Direta, autárquica e fundacional da União, dos Estados, do Distrito Federal e dos Municípios.[199]-[200]

O **Regime Geral** de Previdência Social (RGPS) é objeto de estudo do Direito Previdenciário (administrado pelo Ministério do Trabalho com o auxílio do Instituto Nacional do Seguro Social – INSS), está disciplinado nos arts. 201 e 202 da Constituição Federal e abrange os servidores ocupantes exclusivamente de cargo em comissão, os empregados públicos, os servidores temporários e,

196 STF, MS 24.997/DF, Rel. Min. EROS GRAU, julg.: 02.02.2005; e STJ, EREsp 1.240.168/SC, Rel. Min. JOÃO OTÁVIO DE NORONHA, julg.: 07.11.2012.

197 RE 285.495/SE, Rel. Min. MARCO AURÉLIO, DJ 02.10.2007.

198 Da mesma forma era a disposição da Súmula nº 256 do TCU: Não se exige a observância do contraditório e da ampla defesa na apreciação da legalidade de ato de concessão inicial de aposentadoria, reforma e pensão e de ato de alteração posterior concessivo de melhoria que altere os fundamentos legais do ato inicial já registrado pelo TCU.

199 A Lei nº 9.717, de 27 de novembro de 1998, dispõe sobre regras gerais para a organização e o funcionamento dos regimes próprios de previdência social dos servidores públicos da União, Estados, Distrito Federal e Municípios, dos militares dos Estados e do Distrito Federal.

200 Consoante posicionamento do STF (ADI 3.106/MG, Rel. Min. EROS GRAU, DJe 23.09.2010), é obrigatória para todos os entes da Federação a restrição do RPPS aos parlamentares, agentes vitalícios e servidores estatutários efetivos, sendo proibida a inclusão de servidores não efetivos no rol de segurados do art. 40 da Constituição.

sobretudo, os trabalhadores da iniciativa privada, empregados domésticos e autônomos.

Como é de se perceber, o objeto do nosso estudo nesta obra é o Regime Próprio de Previdência Social (RPPS) e é sobre ele que passamos a tecer nossos comentários doravante.

O art. 40 estabelece o regime de previdência de caráter contributivo e solidário, mantido mediante contribuição do respectivo ente público, dos servidores ativos e inativos e dos pensionistas, observados critérios que preservem o equilíbrio financeiro e atuarial. Da leitura do dispositivo podemos extrair algumas características do RPPS:

a) **caráter contributivo**: alterando a sistemática anterior, segundo a qual se exigia tempo de serviço como requisito para aposentação, a EC nº 20/1998 passou a prever tempo de contribuição, reforçando o caráter contributivo do sistema. Fica clara a necessidade inafastável de real recolhimento da contribuição para fins de gozo de aposentadoria. Nesse sentido, o § 10 do art. 40 dispõe que "a lei não poderá estabelecer qualquer forma de contagem de tempo de contribuição fictício";[201-202]

b) **caráter solidário**: ao prever que tanto o ente público e o servidor ativo quanto o inativo e o pensionista contribuem para a previdência reforçou-se o caráter solidário do sistema, cuja viga mestra encontra-se na ideia de que cada servidor contribui para si e para as gerações futuras que hão de gozar dos benefícios da previdência;

c) **equilíbrio financeiro e atuarial**: por meio dessa característica exige-se que o regime de previdência se autossustente, sem necessidade de aporte de recursos oriundos de fontes de natureza não previdenciária. O valor da contribuição deve ser suficiente para o custeio integral do sistema, o que será obtido por meio da adequada definição desse valor.

O § 20 do art. 40 da Carta Magna **veda a existência** de **mais de um regime próprio de previdência social** para os servidores efetivos, e de **mais de uma unidade gestora** do respectivo em cada ente estatal. O objetivo da norma é evitar desvirtuamento das regras constitucionais do regime próprio, posto

201 Sobre esse tema, José Maria Pinheiro Madeira (*O servidor público na atualidade*. 6ª ed. Rio de Janeiro: Lumen Juris, 2007, p. 400) ressalta que "ficam excluídos para cômputo de aposentadoria os períodos conhecidos como tempo presumido, adotados em casos de licenças e afastamentos em que o servidor efetivamente não contribuiu para o regime previdenciário, aqui incluídos os casos de contagem em dobro de tempo de férias, licenças especiais não gozadas etc. Este período de afastamento só será computado para a aquisição do direito à aposentação caso o servidor comprove a correspondente contribuição deste período". O parágrafo único do art. 2º da Instrução Normativa nº 5/1999 da Secretaria de Estado de Administração e do Patrimônio (SEAP) define tempo de contribuição fictício como "todo aquele considerado em lei como tempo de serviço público para fins de concessão de aposentadoria sem que haja, por parte do servidor, a prestação de serviço e a correspondente contribuição social, cumulativamente".

202 O § 2º do art. 103 da Lei nº 8.112/1990 estabelece situação de contagem de tempo de contribuição ficto ao dispor que "será contado em dobro o tempo de serviço prestado às Forças Armadas em operações de guerra". O referido dispositivo é flagrantemente inconstitucional.

vez que obsta que categorias com maior poder de barganha no serviço público exerçam pressões no sentido da criação de um regime previdenciário com regras mais flexíveis em relação às do art. 40 da Constituição. Trata-se, como ensina Carvalho Filho, do **princípio da unicidade de regime e gestão do sistema previdenciário** em que se atribui competência específica a determinado órgão ou entidade administrativa para efetuar a gestão dos diversos componentes do regime, como arrecadação das contribuições, aporte de recursos financeiros, análise de pedidos de aposentadoria etc. [203]

14.4. As reformas previdenciárias constitucionais

Nas últimas décadas assistiu-se a um acelerado déficit no sistema previdenciário brasileiro. Como causas para esse "rombo" nas contas previdenciárias podemos apontar o aumento da expectativa de vida do brasileiro (o que acarreta o aumento do número de aposentados e pensionistas), a diminuição da taxa de natalidade e o aumento do mercado informal (que diminuiu a arrecadação previdenciária por escassez de trabalhadores ativos para custear o sistema), o aumento dos gastos públicos (construção de Brasília, Ponte Rio-Niterói, Transamazônica, Itaipu, Belém-Brasília) e consequente desvio de verbas da Previdência Social que gerou a inadimplência dos entes estatais em custear e manter o sistema.

Diante dessa conjuntura, notou-se que a manutenção das regras previdenciárias vigentes poderia ocasionar a total insustentabilidade do sistema. Era necessário que se alterasse as regras do Sistema Previdenciário. Dá-se o nome de reformas previdenciárias ao conjunto de emendas à Constituição editadas com o fito de alterar as regras previdenciárias. Desde a Constituição de 88, a primeira reforma previdenciária ocorreu com a EC nº 20/1998. A segunda em 2003, com a EC nº 41. A terceira, a EC nº 47/2005, também chamada de "PEC Paralela". E a última, a EC nº 70/2012.

Antes de iniciarmos os comentários acerca das alterações produzidas pelas referidas emendas, é útil demonstrar que, apesar de nenhuma delas ter conseguido unificar o sistema previdenciário (RGPS e RPPS), a EC nº 20/1998 e a EC nº 41/2003 em muito aproximaram as regras do RPPS às regras do RGPS. Essa intenção restou clara com a redação do § 12 do art. 40, que prevê a aplicação ao regime próprio, no que couber, dos **requisitos e critérios fixados para o Regime Geral de Previdência Social**.

A primeira reforma da previdência, a EC nº 20, de 15 de dezembro de 1998, teve como uma das suas principais justificativas a manutenção do equilíbrio financeiro do sistema previdenciário. Nesse sentido, as suas principais alterações foram:

a) a aposentadoria fundada no tempo de serviço passou a ser baseada no tempo de contribuição;

203 CARVALHO FILHO, José dos Santos. *Manual de Direito Administrativo*. 20ª ed. Rio de Janeiro: Lumen Juris, 2008, p. 634.

b) passou-se a exigir tempo mínimo de exercício no serviço público e no cargo em que se deu a aposentadoria;

c) os ocupantes exclusivamente de cargo em comissão e de cargo temporário passaram a ser beneficiários do Regime Geral de Previdência Social (RGPS).

A segunda reforma da previdência ocorreu em 2003 e surtiu efeitos devastadores sobre o plano de previdência dos servidores públicos. As principais alterações inseridas pela EC nº 41, de 19 de dezembro de 2003, foram as seguintes:

a) extinção da aposentadoria voluntária com proventos integrais;

b) menção expressa ao caráter solidário do regime de previdência;

c) os inativos e pensionistas passaram a contribuir para o sistema;

d) fim da paridade entre ativos e inativos;

e) redução às pensões que ultrapassarem determinado limite;

f) criação do regime de previdência complementar; e

g) instituição do abono de permanência.

A terceira reforma da previdência foi introduzida pela EC nº 47, de 05 de julho de 2005, apelidada popularmente de "PEC Paralela". Essa emenda não trouxe nenhuma profunda alteração ao texto constitucional como fizeram suas antecessoras. É por esses motivos que alguns autores afirmam que a PEC Paralela não foi uma reforma constitucional propriamente dita. Na verdade, o intuito principal da EC nº 47/2005 foi atenuar as perdas sofridas pelos servidores com as regras da EC nº 41/2003. Sem embargo do que foi dito, a principal alteração ao texto constitucional produzida pela EC em comento foi a ampliação dos casos de concessão de aposentadoria especial com critérios diferenciados, nos termos a serem estabelecidos em lei complementar.

Por fim, traga-se à baila a EC nº 70, de 29 de março de 2012, que corrigiu uma "injustiça social" imposta aos servidores que se aposentaram por invalidez permanente não decorrente de acidente em serviço, moléstia profissional ou doença grave, contagiosa ou incurável. Com a referida emenda, restou incluído na EC nº 41/2003 o art. 6º-A. Por questões didáticas, no tópico apropriado, abordaremos com mais vagar o assunto.

14.4.1. As reformas da previdência e o direito adquirido

Em tópico anterior afirmamos que o servidor público não tem direito à manutenção das regras do regime jurídico, que poderão ser modificadas para melhor atender às necessidades públicas. Dissemos, também, que o servidor público que, à época da alteração do regime jurídico, tiver reunido todos os requisitos para o gozo de determinado direito (passando, portanto, à categoria de direito adquirido) não será atingido pelas novas regras. De outra sorte, o servidor que, à data da alteração do regime, não tiver satisfeito todos os requisitos para o gozo de um direito terá tão somente expectativa e, portanto, poderá ser atingido pelas novas regras.

Transpondo essa lição para o regime previdenciário dos servidores públicos, podemos afirmar que as regras de aposentação passaram, e cremos que ainda passarão, por diversas alterações. Diante disso, sobrevém a indagação: quando as regras de previdência são alteradas, os servidores estarão sujeitos, desde logo, às novas regras? A resposta depende da situação em que se encontra o servidor.

As novas regras atingem apenas os servidores que, à data das alterações, ainda não haviam completado todos os requisitos para se aposentarem. Em outros termos, até que o servidor preencha todos os requisitos para aposentadoria (idade, tempo de contribuição, tempo no serviço público e no cargo no qual se dará a aposentadoria), poderá ser atingido por novas regras previdenciárias, pois tem **mera expectativa de direito**. Após preencher os requisitos, terá **direito adquirido** às regras vigentes no momento em que cumpriu os requisitos para aposentadoria.

Nessa mesma esteira vai a Súmula nº 359 do STF, segundo a qual:

> Ressalvada a revisão prevista em lei, os proventos da inatividade regulam-se pela lei vigente ao tempo em que o militar, ou o servidor civil, reuniu os requisitos necessários, inclusive a apresentação do requerimento, quando a inatividade for voluntária.

Em face das reformas previdenciárias, o professor Carvalho Filho, com incrível acuidade, sintetiza as situações aplicáveis aos servidores sujeitos ao regime próprio nos seguintes termos:

> 1º) **situações consumadas**, as relativas a servidores que já cumpriram todos os requisitos para a aquisição do direito antes das emendas e, portanto, titulares de direito adquirido, sujeitando-se ao **regime previdenciário anterior**; 2º) **situações novas**, as que concernem aos novos servidores, ou seja, àqueles que vêm a ingressar na estrutura orgânica do Poder Público após a vigência das emendas, com submissão ao **regime previdenciário novo**; 3º) **situações transitórias**, assim consideradas as relativas a servidores que, a despeito de não terem direito adquirido, já haviam ingressado no serviço público antes das emendas, sobre eles incidindo o **regime previdenciário transitório**.[204]

Não obstante o que temos apresentado, presenciamos nos últimos anos reformas previdenciárias extremamente nocivas aos servidores que já tinham direito adquirido às regras pretéritas e, no entanto, foram alcançados arbitrariamente pelas novas regras. Esse suposto atentado contra as garantias

204 CARVALHO FILHO, José dos Santos. *Manual de Direito Administrativo*. 20ª ed. Rio de Janeiro: Lumen Juris, 2008, p. 665.

constitucionais do direito adquirido e do ato jurídico perfeito rendeu inúmeras críticas por parte da doutrina, as quais passamos doravante a analisar.

A primeira regra objeto de críticas foi a do art. 40, § 18, da Constituição que determinou que os inativos contribuam para o sistema previdenciário com percentual igual ao estabelecido para os servidores da ativa. Até aí tudo bem. Fica instituída a taxação dos inativos. A grande polêmica reside no art. 4º da EC nº 41/2003 que aplicou essa regra, com percentuais diferenciados, aos aposentados e pensionistas que se encontravam nessa situação à data de publicação da emenda (31/12/2003).

A Suprema Corte, quando provocada a se manifestar sobre o tema, entendeu ser constitucional o art. 4º da EC nº 41/2003, sob o argumento de que "não há, em nosso ordenamento, nenhuma norma jurídica válida que, como efeito específico do fato jurídico da aposentadoria, lhe imunize os proventos e as pensões, de modo absoluto, à tributação de ordem constitucional, qualquer que seja a modalidade do tributo eleito, donde não haver, a respeito, direito adquirido com o aposentamento. [...] Não é inconstitucional o art. 4º, *caput*, da Emenda Constitucional nº 41, de 19 de dezembro de 2003, que instituiu contribuição previdenciária sobre os proventos de aposentadoria e as pensões dos servidores públicos da União, dos Estados, do Distrito Federal e dos Municípios, incluídas suas autarquias e fundações."[205]

14.5. Abrangência do RPPS

O interminável art. 40 da Constituição, que dispõe sobre o Regime Próprio de Previdência Social (RPPS), saiu com a seguinte redação (destaque nosso):

> Aos servidores titulares de **cargos efetivos da União, dos Estados, do Distrito Federal e dos Municípios, incluídas suas autarquias e fundações**, é assegurado regime de previdência de caráter contributivo e solidário, mediante contribuição do respectivo ente público, dos servidores ativos e inativos e dos pensionistas, observados critérios que preservem o equilíbrio financeiro e atuarial e o disposto neste artigo.

Como se pode notar, o Regime Próprio de Previdência Social é destinado ao servidor público ocupante de cargo efetivo (aquele que teve a sua investidura precedida de aprovação em concurso e após três anos de efetivo exercício tem direito à estabilidade) e que exerça atribuições na Administração Direta, autárquica e fundacional de quaisquer dos Poderes da União, Estados, Distrito Federal e Municípios.

Apesar de o dispositivo mencionar expressamente apenas os servidores efetivos, acontece que a EC nº 20/1998 acabou por extinguir diversos regimes previdenciários próprios, o que culminou na migração de seus respectivos

205 ADI 3128/DF, Rel.ª Min.ª ELLEN GRACIE, DJ 18/08/2004.

destinatários às regras do art. 40 da CF. Estamos nos referindo aos titulares de cargos vitalícios (membros da magistratura e do Ministério Público e Ministros e Conselheiros dos Tribunais de Contas) e aos parlamentares (deputados, senadores e vereadores).

É interessante dar relevo ao fato de que os servidores ocupantes de cargo em comissão, que também forem titulares de cargos efetivos, estão da mesma forma sob a égide do art. 40 da forma da CF. Assim, os servidores efetivos que ocuparem cargo em comissão continuam vinculados ao regime próprio, contribuindo para este, inclusive quanto à remuneração percebida pelo exercício do cargo em comissão.

O regime de previdência social previsto no art. 40 não é o único regime próprio previsto no texto constitucional. Os militares (policiais e bombeiros militares) dos Estados, do Distrito Federal e Territórios e os militares das Forças Armadas estão submetidos a regime próprio previsto, respectivamente, nos arts. 42 e 142 da Constituição. Esses dois regimes seguem regras próprias, apartadas das do art. 40, e não serão objeto de estudo nesta obra.

14.6. Modalidades de aposentadoria

Os segurados pelo RPPS poderão gozar de aposentadoria pelas seguintes modalidades: por invalidez permanente, compulsória, voluntária e especial. O § 1º do art. 40 da Constituição Federal trata sobre o tema nos seguintes termos (destaque nosso):

> Os servidores abrangidos pelo regime de previdência de que trata este artigo serão aposentados, calculados os seus proventos a partir dos valores fixados na forma dos §§ 3º e 17:
>
> I – por **invalidez permanente**, sendo os **proventos proporcionais** ao tempo de contribuição, exceto se decorrente de **acidente em serviço**, **moléstia profissional** ou **doença grave, contagiosa ou incurável**, na forma da lei;
>
> II – **compulsoriamente**, com **proventos proporcionais** ao tempo de contribuição, aos 70 (setenta) anos de idade, ou aos **75 (setenta e cinco) anos de idade**, na forma de lei complementar (Redação dada pela Emenda Constitucional nº 88, de 2015);[206]
>
> III – **voluntariamente**, desde que cumprido tempo mínimo de **dez anos** de efetivo exercício no serviço público e **cinco**

206 Esse dispositivo constitucional foi regulamentado pela Lei Complementar nº 152, de 2015, que fixa em 75 anos a idade para aposentadoria compulsória para servidores titulares de cargos efetivos da União, dos Estados, do Distrito Federal e dos Municípios, incluídas suas autarquias e fundações; membros do Poder Judiciário; membros do Ministério Público; membros das Defensorias Públicas; e membros dos Tribunais e dos Conselhos de Contas.

> **anos** no cargo efetivo em que se dará a aposentadoria, observadas as seguintes condições:
>
> a) sessenta anos de idade e trinta e cinco de contribuição, se homem, e cinquenta e cinco anos de idade e trinta de contribuição, se mulher;
>
> b) sessenta e cinco anos de idade, se homem, e sessenta anos de idade, se mulher, com proventos proporcionais ao tempo de contribuição.

A aposentadoria por **invalidez permanente** decorre de limitação física ou mental que incapacita o servidor para o exercício do cargo e dar-se-á com proventos proporcionais ao tempo de contribuição, salvo se a aposentadoria decorrer de acidente em serviço, moléstia profissional ou doença grave, contagiosa ou incurável, na forma da lei.[207]

Embora a aposentadoria por invalidez permanente, via de regra, confira proventos proporcionais ao inativo, nada impede que a lei garanta um piso mínimo de proventos a fim de proteger os servidores com pouco tempo de contribuição que foram acometidos de limitação física ou mental ensejadora de invalidez. Exemplo disso é o art. 191 da Lei nº 8.112/1990 que assegura provento em valor não inferior a 1/3 da remuneração da atividade ao aposentado com proventos proporcionais ao tempo de contribuição.

A aposentadoria **compulsória** é aquela decorrente do advento da idade de 75 anos do servidor, seja homem ou mulher, e dá-se com proventos proporcionais ao tempo de serviço. Essa modalidade, vulgarmente apelidada de "expulsória" vincula tanto a Administração quanto o servidor, pois dar-se-á automaticamente na data em que o servidor completa 75 anos de idade.

Apesar de o regime próprio se aplicar somente aos servidores efetivos, aos agentes vitalícios e aos parlamentares, é bom destacar que a aposentadoria compulsória a que estamos aludindo não se aplica aos detentores de mandato eletivo no Legislativo (parlamentares) e no Executivo, assim como aos servidores ocupantes de cargo em comissão.[208] Dessa maneira, um deputado federal, um Governador e um Secretário de Estado podem continuar exercendo seus mandatos e cargos mesmo após completarem 50 anos de idade, pois a eles não se aplica a aposentadoria compulsória.

No entender da Corte Suprema, os titulares das serventias de notas e registros públicos, sujeitos à obrigatoriedade de aprovação em concurso público, são agentes públicos em sentido amplo. Todavia, tais agentes não ocupam cargos efetivos. Tendo em consideração que o art. 40, § 1º, II, da Constituição aplica-se somente aos servidores titulares de cargo efetivo, entende o STF que os notários

207 Na visão do STF (RE 656.860/MT, Rel. Min. TEORI ZAVASCKI, julg.: 21.08.2014), a concessão de aposentadoria por invalidez com proventos integrais exige que a doença incapacitante esteja prevista em rol taxativo da legislação de regência. No mesmo sentido, *vide* STJ, REsp 1.324.671/SP, Rel. Min. HUMBERTO MARTINS, julg.: 03.03.2015.

208 STF, RE 786.540/DF, Rel Min. DIAS TOFFOLI, julg.: 15.12.2016.

e registradores não estão sujeitos a limitação de idade de 75 anos relativa à aposentadoria compulsória.[209]

Cabe agora tratarmos da **aposentadoria voluntária**, que se subdivide em duas espécies:

a) **aposentadoria voluntária por tempo de contribuição**, aos sessenta (60) anos de idade e trinta e cinco (35) de contribuição, se homem, e aos cinquenta e cinco (55) anos de idade e trinta (30) de contribuição, se mulher. De início, essa modalidade de aposentadoria conferia direito a proventos integrais, mas a EC 41/2003 alterou o § 3º do art. 40, passando a prescrever que para efeito do cálculo dos proventos é levado em consideração a média das remunerações do servidor durante certo período de sua carreira no serviço. Antigamente, o cálculo tinha por base a última remuneração do servidor. É por esse motivo e pela taxação dos inativos (a ser comentadas a seguir) que se diz que foram extintos os proventos integrais nas aposentadorias voluntárias. Isso posto, devemos concluir que nessa modalidade os proventos são **proporcionais** ao tempo de contribuição, **mas em valor superior ao da segunda modalidade de aposentadoria voluntária**. Em outras palavras, quando se trata de aposentadoria voluntária com proventos proporcionais ao tempo de contribuição, os proventos são quase integrais;[210]

b) **aposentadoria voluntária por idade**, aos sessenta e cinco (65) anos de idade, se homem, e aos sessenta anos (60) de idade, se mulher, com proventos proporcionais ao tempo de contribuição.

Em ambos os casos exige-se tempo mínimo de dez anos de efetivo exercício no serviço público e cinco anos no cargo efetivo em que se dará a aposentadoria (art. 40, III, CF/1988).

Ainda sobre o tema da aposentadoria voluntária tem o STF entendido que o servidor público em estágio probatório não poderá valer-se de tal benefício, pois a etapa final do processo seletivo para o aperfeiçoamento da titularidade do cargo público ainda não foi concluída.[211]

14.7. Critérios especiais de concessão de aposentadoria

É vedada adoção de requisitos ou critérios diferenciados para a concessão de aposentadoria aos abrangidos pelo RGPS. Isto é, os critérios fixados nos incs. I, II e III do § 1º do art. 40 da Lei Maior devem ser aplicados a todos quantos sejam filiados ao regime próprio. É exatamente para prevenir tais práticas que o § 20

209 STF, ADI 2.602/MG, Rel. Min. JOAQUIM BARBOSA, DJ 31.3.2006.

210 Sobre o tema, consulte o tópico 14.9 (Forma de cálculo de proventos de aposentadoria) deste capítulo.

211 MS 24744/DF, Rel. Min. CARLOS VELLOSO, julg.: 19.05.2004; MS 22947/BA, Rel Min. OCTAVIO GALLOTTI, julg.: 11.11.1998. Na mesma esteira: STJ, RMS 23.689/RS, Rel.ª Min.ª MARIA THEREZA DE ASSIS MOURA, julg.: 18.05.2010.

do mesmo artigo veda a existência de mais de um regime próprio por entidade da Federação. Com isso, evita-se que categorias mais fortes do serviço público queiram manter para si regime próprio com regras mais benéficas.

Todavia, o § 4º do art. 40 da Constituição determina em que casos poderão ser adotados, mediante lei complementar, critérios e requisitos diferenciados para concessão de aposentadoria, a saber:

a) portadores de deficiência;

b) que exerçam atividades de risco; e

c) cujas atividades sejam exercidas sob condições especiais que prejudiquem a saúde ou a integridade física.

Não obstante, o Congresso Nacional até hoje não elaborou a referida lei complementar. Diante dessa circunstância, o Supremo Tribunal Federal tem decidido que, até que sobrevenha a norma regulamentadora do § 4º do art. 40, poderão ser aplicadas aos servidores públicos as disposições do art. 57, § 1º, da Lei nº 8.213/1991, destinada aos trabalhadores em geral: "A aposentadoria especial será devida, uma vez cumprida a carência exigida nesta Lei, ao segurado que tiver trabalhado sujeito a condições especiais que prejudiquem a saúde ou a integridade física, durante 15 (quinze), 20 (vinte) ou 25 (vinte e cinco) anos, conforme dispuser a lei".[212]

Para sedimentar o entendimento, foi elaborada a Súmula Vinculante nº 45, segundo a qual: "Aplicam-se ao servidor público, no que couber, as regras do Regime Geral de Previdência Social sobre aposentadoria especial de que trata o artigo 40, parágrafo 4º, inciso III, da Constituição Federal, até edição de lei complementar específica."

14.8. Aposentadoria especial do professor

Também excepcionando os requisitos para aposentadoria, o § 5º do art. 40 da Carta Política dispõe que:

> Os requisitos de idade e de tempo de contribuição serão reduzidos em cinco anos, em relação ao disposto no § 1º, III, "a", para o professor que comprove exclusivamente tempo de efetivo exercício das funções de magistério na educação infantil e no ensino fundamental e médio.

Inicialmente, cabe mencionar que a EC nº 20/1998 extinguiu a aposentadoria especial para o professor universitário. O atual texto somente concede aposentadoria especial aos professores de educação infantil (pré-escola), ensino fundamental e médio (antigos 1º e 2º graus, respectivamente).

212 MI 3718/DF, Rel. Min. MARCO AURÉLIO, DJe 07.10.2011; MI 788/DF, Rel. Min. CARLOS AYRES BRITTO, DJe 08.05.2009.

Assim, comprovado tempo de efetivo exercício exclusivo na função de magistério, o professor poderá aposentar-se voluntariamente por tempo de contribuição quando preenchidos os seguintes requisitos:

I - 10 anos de efetivo exercício no serviço público;

II - 05 anos de efetivo exercício no cargo em que se dará a aposentadoria;[213]

III - **55 anos** de idade, se **homem**; e **50 anos** de idade, se **mulher**; e

IV - **30 anos** de contribuição, se **homem**; e **25 anos** de contribuição, se **mulher**.

Para que a redução em cinco anos do tempo de contribuição e idade seja gozada pelo professor, este deverá comprovar tempo de efetivo exercício exclusivo da função de magistério. Com a exclusão dos professores universitários desse benefício, a função de magistério, para efeito de aposentadoria especial, deve ser entendida como atividade desenvolvida em sala de aula. Desse modo, se alguém é titular de um cargo de professor, mas exerce funções diversas (de direção, supervisão ou administrativas), o tempo respectivo não é considerado para fins de aposentadoria especial. Nesse esteio, vale citar a Súmula nº 726 do STF, segundo a qual "para efeito de aposentadoria especial de professores, não se computa o tempo de serviço prestado fora da sala de aula".[214]

Sobre o tema, em novembro de 2011, o próprio STF abriu precedente ao entender que "a função de magistério não se circunscreve apenas ao trabalho em sala de aula, abrangendo também as funções de preparação de aulas, a correção de provas, o atendimento aos pais e alunos, a coordenação e o assessoramento pedagógico e, ainda, a direção da unidade escolar. As funções de direção, coordenação e assessoramento integram a carreira do magistério, desde que exercidos em estabelecimentos de ensino básico, por professores de carreira, excluídos os especialistas em educação, fazendo jus aqueles que as desempenham ao regime especial de aposentadoria" previsto na Constituição Federal.[215]

Entretanto, em julgados posteriores, a Corte Excelsa reafirmou a jurisprudência tradicional no sentido de entender que, para enquadramento no regime especial de aposentadoria, o professor deve comprovar exclusivamente tempo de efetivo exercício das funções de magistério na Educação Infantil e no Ensino Fundamental e Médio. Em reforço à tese, não é permitido sequer fundir normas que regem a contagem do tempo de serviço para as aposentadorias normal e especial, contando proporcionalmente o tempo de serviço exercido em funções diversas.[216]

---

213 Os requisitos I e II não se aplicam nas aposentadorias por invalidez e compulsória.

214 No mesmo sentido, STF, ADI 856 MC/RS, Rel. Min. CELSO DE MELLO, DJ 19.12.2006 e STJ, RMS 20.304/SC, Rel. Min. ARNALDO ESTEVES LIMA, DJ 19.03.2007.

215 STF, ADI 3.772/DF, Rel. p/ o Acórdão Min. RICARDO LEWANDOWSKI, DJe 10.11.2008.

216 ARE-ED 655.682, Rel.ª Min.ª CÁRMEN LÚCIA, DJe 09.04.2012; ARE 703.551, Rel. Min. DIAS TOFFOLI, DJe 06.12.2012; RE 814.205, Rel. Min. MARCO AURÉLIO, DJe 17.06.2014; RE 783.331, Rel. Min. RICARDO LEWANDOWSKI, DJe 01.08.2014.

14.9. Forma de cálculo de proventos de aposentadoria

A EC nº 41/2003 alterou sobremodo a sistemática de cálculo dos proventos de aposentadoria. Anteriormente, havia o princípio da integralidade, segundo o qual o valor do provento de inatividade era definido com base no valor integral da última remuneração do servidor no cargo em que se deu a aposentação. Com a reforma, o valor do provento passou a resultar da média aritmética simples das remunerações percebidas pelo servidor ao longo de sua vida funcional.

O §§ 2º e 3º do art. 40 da Constituição definem as regras básicas sobre a forma de cálculo dos proventos de aposentadoria nos seguintes termos:

> Os proventos de aposentadoria e as pensões, por ocasião de sua concessão, não poderão exceder a remuneração do respectivo servidor, no cargo efetivo em que se deu a aposentadoria ou que serviu de referência para a concessão da pensão.
>
> Para o cálculo dos proventos de aposentadoria, por ocasião da sua concessão, serão consideradas as remunerações utilizadas como base para as contribuições do servidor aos regimes de previdência de que tratam este artigo e o art. 201, na forma da lei.

A nova regra do § 3º significou a extinção da aposentadoria com proventos integrais. Observe que o texto constitucional, a partir de 2003, não mais fez menção a "proventos integrais", que consistiam na fixação do valor do provento de aposentadoria em valor idêntico ao da última remuneração no cargo em que se deu a aposentadoria.

Para facilitar o entendimento do conteúdo, vejamos como era a redação anterior do § 3º (destaque nosso): "Os proventos de aposentadoria, por ocasião da sua concessão, serão calculados com base na remuneração do servidor no cargo efetivo em que se der a aposentadoria e, na forma da lei, **corresponderão à totalidade da remuneração**".

Os proventos integrais eram garantidos ao servidor em duas modalidades de aposentadoria: a aposentadoria por invalidez permanente decorrente de acidente em serviço, moléstia profissional, contagiosa ou incurável, e a aposentadoria voluntária por tempo de contribuição. Mas com a EC nº 41/2003 modificou-se a base de cálculo dos proventos de aposentadoria (antes calculados tendo como base a última remuneração do cargo público em que se deu a aposentadoria – integralidade –, agora com base na média das remunerações que serviram de base para a contribuição aos regimes de previdência a que o servidor esteve vinculado). Assim, atualmente, o valor dos proventos do servidor é fixado a partir da **média aritmética simples de 80% das melhores remunerações**

percebidas pelo servidor ao longo de sua carreira no serviço público (art. 1º, Lei nº 10.887/2004).

Contudo, o art. 3º da EC nº 41, de 31.12.2003, assegurou a aplicação da legislação que vigia antes de sua publicação aos servidores que já tinham cumprido os requisitos para a **aposentaria voluntária**. Vale dizer, para estes servidores aposentados voluntariamente foi mantida a base de cálculo integral dos proventos.

Repita-se que, antes da EC nº 41/2003, recebiam **proventos integrais** tanto os servidores aposentados **voluntariamente** quanto os aposentados por **invalidez permanente** decorrente de acidente em serviço, moléstia profissional ou doença grave, contagiosa ou incurável. Nesse passo, cabe a indagação: se o art. 3º da EC nº 41/2003 manteve a integralidade para os servidores em caso de aposentadoria voluntária, como ficou a situação dos servidores que se aposentariam por invalidez permanente não decorrente de acidente em serviço, moléstia profissional ou doença grave, contagiosa ou incurável?

A resposta é simples: quanto à aposentadoria por **invalidez permanente**, **nada dispôs o constituinte** derivado: nem para proibir nem para estender expressamente a integralidade!

Vejamos um exemplo: considere dois servidores da mesma repartição pública, um aposentado voluntariamente (idade e tempo de contribuição), o outro, por invalidez permanente. Segundo o que dispôs a EC nº 41/2003, o primeiro receberá proventos integrais, mas o segundo os receberá proporcionais ao tempo de contribuição. Criou-se, portanto, um grave quadro de "injustiça social" em que o servidor aposentado por invalidez permanente receberá proventos inferiores aos seus colegas de trabalho, aposentados voluntariamente e que potencialmente não incorrerão em tantos gastos com serviços de saúde e medicamentos.

A fim de corrigir essa escabrosa distorção, a EC nº 70, de 29 de março de 2012, incluiu o art. 6º-A na EC nº 41/2003 para estender, a partir da data de sua promulgação, aos servidores que ingressaram no serviço público até 31.12.2003 e que tenham se aposentado ou venham a se aposentar por **invalidez permanente não decorrente** de acidente em serviço, moléstia profissional ou doença grave, contagiosa ou incurável o direito a **proventos de aposentadoria calculados com base na remuneração do cargo efetivo em que se der a aposentadoria.**

Uma vez comentado o § 3º, e sabendo que não há mais garantia de provento integral, podemos constatar, numa análise apressada, a absoluta inutilidade do § 2º, que estabelece como teto aos proventos de aposentadoria a última remuneração do servidor. Para defesa dessa tese poderíamos até argumentar que o § 2º foi inserido no texto Constitucional pela EC nº 20/1998 e, portanto, em momento anterior a redação atual do § 3º, dada pela EC nº 41/2003. Com o teto do § 2º visava-se a impedir que o servidor se aposentasse com proventos superiores ao da sua última remuneração. Isso se tornava possível na medida em que na época era comum o estruturamento dos planos de carreira de modo a prever um último nível, que só seria alcançado com a aposentadoria, elevando sobremaneira o valor dos proventos. Assim, era possível que o valor do provento de aposentadoria fosse superior à última remuneração percebida no serviço público. Com o estabelecimento, em 2003, do valor do provento de aposentadoria a partir da média das remunerações do servidor, a norma do § 2º aparentemente perdeu a razão de existir, já que, em tese, o valor do provento não será mesmo superior à última remuneração percebida.

Todavia, uma leitura sistemática do texto constitucional revela que o § 2º tem sua utilidade. É que o § 17 do mesmo artigo consigna que "todos os valores de remuneração considerados para o cálculo do benefício previsto no § 3º serão devidamente atualizados, na forma da lei". O dispositivo constitucional está disciplinado no art. 1º, § 1º, da Lei nº 10.887/2004:

> As remunerações consideradas no cálculo do valor inicial dos proventos terão seus valores atualizados mês a mês de acordo com a variação integral do índice fixado para a atualização dos salários-de-contribuição considerados no cálculo dos benefícios do regime geral da previdência social.

Se bem observamos, constataremos que, ressalvados alguns casos bem restritos, os reajustes concedidos aos servidores públicos nas últimas décadas foram irrisórios, abaixo dos índices de reposição de corrosão inflacionária. O que possibilita a hipótese de o índice legal de atualização implicar numa média de valor superior ao da última remuneração percebida pelo servidor na ativa. Nesse caso, aplica-se o § 2º, suprimindo o que exceder o valor da última remuneração.

A partir de análise tão extensa, podemos sintetizar a matéria da seguinte maneira:

a) o valor dos proventos é fixado a partir da média das remunerações que serviram de base para o cálculo das contribuições do servidor ao RPPS e RGPS (§ 3º);

b) as remunerações terão seu valor monetariamente atualizado quando do cálculo da média (§ 17);

c) se, em razão desse atualização, porventura a média superar o valor da última remuneração do servidor, o valor excedente é cortado, fixando-se os proventos em valor idêntico ao da remuneração.

Por fim, o § 9º do art. 40 da Constituição fixa que "o tempo de contribuição federal, estadual ou municipal será contado para efeito de aposentadoria e o tempo de serviço correspondente para efeito de disponibilidade". Trata-se do princípio da reciprocidade do cômputo do tempo de contribuição, que veda nova contagem de tempo de contribuição, para efeitos de aposentadoria, quando há a interrupção da prestação do serviço pelo servidor de um ente federativo, e o seu concomitante ingresso em outro, hipótese em que o servidor não se desvincula do Poder Público, mas tão somente altera a esfera federativa em que desenvolve suas atividades.[217]

Com o intuito de regulamentar o referido dispositivo, foi editada a Lei nº 9.796/1999, que dispõe sobre a compensação financeira entre o Regime Geral de Previdência Social e os regimes de previdência dos servidores da União, dos Estados, do Distrito Federal e dos municípios, nos casos de contagem recíproca de tempo de contribuição para fins de aposentadoria.

Todavia, impende salientar que o servidor que queira averbar tempo de contribuição na iniciativa privada somente fará jus à aposentadoria com base no regime próprio de previdência após completar 10 anos de efetivo exercício no serviço público e cinco anos no cargo público em que se dará a aposentadoria, na forma do art. 40, § 1º, III da Carta Magna.[218]

14.10. Forma de cálculo de proventos de pensão

Verificada a forma de cálculo dos proventos de aposentadoria, podemos analisar como se dá a fixação dos proventos de pensão. A matéria encontra-se disciplinada no § 7º do art. 49 da Constituição, que assim dispõe (destaque nosso):

> Lei disporá sobre a concessão do benefício de pensão por morte, que será igual:
>
> I - ao valor da **totalidade dos proventos** do servidor falecido, **até o limite máximo** estabelecido para os benefícios do regime geral de previdência social de que trata o art. 201, acrescido de **setenta por cento da parcela excedente** a este limite, caso **aposentado** à data do óbito; ou
>
> II - ao valor da **totalidade da remuneração** do servidor no cargo efetivo em que se deu o falecimento, **até o limite máximo** estabelecido para os benefícios do regime geral de previdência social de que trata o art. 201, acrescido de **setenta por cento da parcela excedente** a este limite, caso em **atividade** na data do óbito.

Inicialmente, o que se pode salientar da redação do dispositivo é que a única diferença entre o provento de pensão do servidor que falecer na inatividade

217 MADEIRA, José Maria Pinheiro. *O servidor público na atualidade*. 6ª ed. Rio de Janeiro: Lumen Juris, 2007, p. 398.

218 A respeito, consulte o RE 219.169/RS, Rel. Min. NELSON JOBIM, DJ 25/04/2002, em que o STF entendeu inconstitucional lei complementar que exigia tempo mínimo de serviço público, além dos já fixados pela Constituição Federal, como requisito para admitir a compensação entre regimes pre*vide*nciários diversos.

e o provento do servidor cujo óbito tenha ocorrido ainda na ativa é a base de incidência do cálculo de pensão:

a) servidores falecidos na inatividade: incide sobre os proventos do servidor (que, para relembrar, foram calculados a partir da média das suas remunerações durante a sua vida funcional);

b) servidores falecidos em atividade: incide sobre o valor da remuneração integral do servidor no cargo em que se deu o falecimento.

Conclui-se do exposto que o provento do servidor que falecer na inatividade será menor do que o provento daquele que falecer ainda estando em serviço, uma vez que no primeiro caso o percentual de 70% incide sobre o provento, que desde a EC nº 41/2003 não é integral, ao passo que no segundo o referido percentual incide sobre a remuneração integral do servidor.

Uma segunda conclusão que se pode retirar do dispositivo supracitado é que **os proventos de pensão não são definidos pelo tempo de contribuição** do servidor, mas do valor da remuneração ou do provento do servidor, conforme o caso. A pensão é determinada a partir da aplicação direta das regras do § 9º do art. 40 da CF.

Se o servidor, quando do seu falecimento, estiver em disponibilidade, o valor da pensão de seus dependentes corresponderá à remuneração integral do cargo efetivo que ocupava anteriormente, e não a partir do estipêndio proporcional ao tempo de serviço que recebia na disponibilidade. Tal afirmação decorre da utilização, no inc. II do § 7º, da expressão "remuneração no cargo efetivo". Assim, não é possível a fixação de proventos de pensão sobre o estipêndio temporário proporcional ao tempo de serviço percebido pelo servidor em disponibilidade, na forma do § 3º do art. 41 da Lei Maior.[219]

Sobre a forma de cálculo, temos que a pensão corresponderá à totalidade dos proventos ou da remuneração, até o limite do RGPS, acrescida de 70% do valor do que ultrapassar esse limite. No exemplo que segue utilizamos como limite do RGPS o valor de R$ 5.000,00 para facilitar a compreensão dos cálculos. Um servidor que recebe remuneração mensal de R$ 10.000,00 vem a falecer. O cálculo dos proventos de pensão dos dependentes será realizado em duas etapas: uma primeira parte que se refere a 100% do valor estabelecido como limite do RGPS, o que resulta na quantia aproximada de R$ 5.000,00; e uma segunda parte que corresponde a 70% do valor que superar o limite do RGPS (ou seja, o que sobrar do primeiro cálculo, que, no caso, é R$ 5.000,00), resultando no valor de R$ 3.500,00. Assim, o valor dos proventos de pensão será correspondente à soma dos dois resultados: R$ 5.000,00 (100% do limite do RGPS) + R$ 3.500,00

219 Compartilha desse posicionamento, Marco André Ramos Vieira (*Comentários à Reforma da Previdência*, Impetus, 2004, p. 29).

(70% do valor que superar o limite do RGPS) – totalizando R$ 8.500,00, que corresponderá ao valor da pensão dos dependentes.[220]

De outra forma, se a remuneração do servidor falecido em atividade fosse de R$ 1.000,00. Como esse valor é inferior ao limite do RGPS, então, nesse caso, o valor do provento de pensão seria equivalente a 100% da remuneração até o teto do RGPS. Ou seja, os dependentes receberiam os mesmos R$ 1.000,00 a título de pensão.

14.11. Forma de cálculo da contribuição previdenciária

Uma das principais, e mais criticadas, alterações trazidas pela EC nº 41/2003 foi a denominada taxação dos inativos. Por ela, além do ente público e do servidor ativo, contribuirão para o sistema os aposentados e pensionistas.[221] Os §§ 18 e 21 do art. 40 da Carta Magna dispõem sobre o assunto nos seguintes termos (destaque nosso):

> Incidirá contribuição sobre os **proventos de aposentadorias e pensões** concedidas pelo regime de que trata este artigo que **superem o limite máximo** estabelecido para os benefícios do regime geral de previdência social de que trata o art. 201, com **percentual igual ao estabelecido para os servidores titulares de cargos efetivos.**
>
> A contribuição prevista no § 18 deste artigo incidirá apenas sobre as parcelas de proventos de aposentadoria e de pensão que **superem o dobro do limite** máximo estabelecido para os benefícios do regime geral de previdência social de que trata o art. 201 desta Constituição, quando o beneficiário, na forma da lei, for **portador de doença incapacitante**.

O fundamento de se instituir contribuição para os servidores inativos está no caráter solidário do sistema previdenciário, segundo o qual o inativo contribuiria não mais para si mesmo, mas para as gerações futuras, que eventualmente gozarão dos benefícios previdenciários.

É imperioso destacar que a Constituição, no dispositivo supramencionado, determina que a alíquota de contribuição será a mesma para ativos, aposentados e pensionistas. Todavia, o texto constitucional não define a base de cálculo da contribuição previdenciária para os servidores da ativa, que incide sobre a

220 Note que sobre esse valor ainda incidirá a contribuição previdenciária, a ser cabalmente demonstrada no tópico 14.11 (Forma de cálculo da contribuição previdenciária).

221 Preliminarmente, o STF foi provocado a se manifestar sobre dispositivo da revogada Lei nº 9.783/1999, que estabelecia a contribuição dos servidores inativos. Naquele momento, a Corte suspendeu a eficácia do referido dispositivo por entender que lhe faltava "a necessária matriz constitucional" capaz de instituir essa "exação tributária sobre o valor das aposentadorias e pensões". A este respeito, *vide* ADI nº 2.010-2, Rel. Min. CELSO DE MELLO, DJ 30.09.99. Todavia, a EC 41/2003 supriu a ausência da previsão constitucional da contribuição dos inativos, passando a Corte a reputá-la como válida (*Vide* ADIs 3.105-DF e 3.128-DF, Rel. Min. JOAQUIM BARBOSA, DJ 18.08.2004).

totalidade de sua remuneração, deixando o assunto à disciplina da legislação ordinária. Por isso, o art. 5º da Lei nº 10.887/2004 fixa a alíquota de contribuição dos servidores inativos em 11% incidentes sobre o valor dos proventos e pensões que superem o limite máximo dos proventos que podem perceber os filiados ao RGPS. Nesse contexto, o § 1º do art. 149 da Constituição estabelece que as **alíquotas instituídas pelos Estados, pelo Distrito Federal e pelos Municípios não poderão ser inferiores às que a União cobra dos seus servidores**.

Embora as alíquotas de contribuição sejam idênticas para ativos, aposentados e pensionistas, o valor da contribuição será distinto em face de a base de cálculo alterar em cada caso. Vejamos:

a) **ativos**: a base de cálculo é a totalidade das remunerações auferidas pelo servidor ao longo de sua carreira;

b) **aposentados e pensionistas**: a base de cálculo é o valor dos proventos que superar o limite do RGPS;

c) **aposentados e pensionistas portadores de doença incapacitante**: a base de cálculo é o valor dos proventos que superar o dobro do teto do RGPS.

Para ilustrar o sobredito, e considerando o limite do RGPS como R$ 5.000,00, imaginemos que um servidor receba remuneração bruta de R$ 10.000,00 mensais. Como a base de cálculo de sua contribuição previdenciária é a totalidade de sua remuneração, o valor da contribuição desse servidor será de R$ 1.100,00 (basta multiplicar o valor de sua remuneração por 11%). Logo, o valor da remuneração líquida desse servidor, desprezados outros descontos, será de R$ 8.900,00.

No caso de um aposentado ou pensionista cujo provento fosse de R$ 8.500,00, a base de cálculo seria outra: incidiria sobre o valor dos proventos que excedessem o limite do RGPS. Assim, o valor de sua contribuição seria de R$ 385,00 (inicialmente diminui-se o valor de sua remuneração, R$ 8.500,00, do valor do limite do RGPS, R$ 5.000,00, do resultado dessa subtração, R$ 3.500,00 extrai-se o percentual de 11%, totalizando R$ 385,00). Dessa forma, o valor do provento de pensão desse servidor será de R$ 8.115,00.

Por fim, é importante registrar que não integrarão a base de cálculo dos proventos de aposentadoria dos servidores públicos as seguintes vantagens (art. 4º, § 1º, Lei nº 10.887/2004): a) as diárias para viagens; b) a ajuda de custo em razão de mudança de sede; c) a indenização de transporte; d) o salário-família; e) o auxílio-alimentação; f) o auxílio-creche; g) as parcelas remuneratórias pagas em decorrência de local de trabalho; h) a parcela percebida em decorrência do exercício de cargo em comissão ou de função de confiança; i) o abono de permanência; j) o adicional de férias; l) o adicional noturno; m) o adicional por serviço extraordinário; n) a parcela paga a título de assistência à saúde suplementar; o) a parcela paga a título de assistência pré-escolar; p) a parcela paga a servidor público indicado para integrar conselho ou órgão deliberativo, na condição de representante do governo, de órgão ou de entidade da Administração Pública do qual é servidor; q) o auxílio-moradia; (...).

Nesse derradeiro ponto, reflitamos sobre a amplitude dos cortes efetuados pela EC nº 41/2003. Por tudo o que foi exposto e para demonstrarmos mais uma vez a magnitude dos prejuízos pecuniários sofridos, vejamos o caso de servidor público que se aposentou e posteriormente faleceu, deixando pensão aos seus dependentes. Num primeiro momento, quando de sua aposentadoria, foi realizada média aritmética simples de 80% das melhores remunerações percebidas pelo servidor ao longo de sua carreira no serviço público. Aqui, provavelmente, o servidor já sofreu considerável decréscimo em relação à última remuneração que percebeu no cargo em que se deu a aposentadoria. A partir dessa média aritmética, suponhamos que o valor do provento tenha sido fixado em R$ 10.000,00. Quando esse servidor falecer, será feito o cálculo do provento de pensão, na forma do § 7º do art. 40, CF. Pelos exemplos dados, sabemos que, após esses cálculos, o valor da pensão cai para R$ 8.500,00. Mas isso não é tudo, para aumentar o decréscimo, incidirá ainda a contribuição previdenciária de 11%, consoante o § 18 do art. 40 da CF, totalizando R$ 8.115,00. Em suma, os beneficiários de um servidor, após sofrer supressão em sua renda em virtude da aposentadoria, assistirão a um encolhimento na renda familiar de, aproximadamente, R$ 2.800,00. Esse é o legado deixado pelas reformas à previdência que, diga-se de passagem, num futuro próximo ressurgirão causando ainda mais prejuízos.

14.12. Acumulação de proventos

Quanto à acumulação de proventos de inatividade, temos que, ressalvadas as aposentadorias decorrentes dos cargos acumuláveis licitamente, é vedada a percepção de mais de uma aposentadoria à conta do regime próprio de previdência social (art. 40, § 6º, CF/1988).

Podemos sintetizar a regra da seguinte forma: **se é lícita a acumulação das remunerações, também será lícita a acumulação dos respectivos proventos**. Assim, se um servidor acumular dois cargos de médico numa secretaria de estado de saúde, também será lícita a acumulação dos proventos dos respectivos cargos, uma vez preenchidos os requisitos de compatibilidade de horários.

Cabe, nesse passo, indagar se é possível o servidor aposentado em determinado cargo efetivo, ante a situação de vedação de acumulação de cargos, **renunciar aos proventos de aposentadoria**, a fim de ocupar o referido cargo. De maneira geral, a doutrina tem aceitado essa possibilidade, posto que, com a renúncia ao provento de aposentadoria, não há de fato uma acumulação simultânea de provento de aposentadoria com a remuneração de cargo, emprego ou função pública.[222]

Quanto à questão do teto remuneratório a ser aplicado em tais casos, o entendimento do STF[223], com repercussão geral reconhecida, é de que nos casos autorizados constitucionalmente de acumulação de cargos, empregos e funções, a incidência da limitação do teto remuneratório considera cada um dos vínculos formalizados, afastada a observância do teto remuneratório quanto ao somatório dos ganhos do agente público. Em outras palavras, **a aferição do teto remuneratório se dá em cada cargo acumulado, não na soma das remunerações percebidas cumulativamente**.

Assim, exemplificativamente, um professor de universidade federal aposentado que venha a ser aprovado em concurso público também para o cargo de professor poderá acumular os proventos de aposentadoria com a remuneração do cargo efetivo, podendo receber em cada um dos cargos até o limite do subsídio dos Ministros do STF. Nesse exemplo, o teto seria considerado especificamente para cada cargo, sendo permitido que ele receba acima do limite previsto no art. 37, XI, da CF se considerarmos seus ganhos globais.

14.13. Paridade

Uma das maiores perdas dos servidores impostas pela EC nº 41/2003 foi o fim da paridade entre ativos e inativos.

A paridade significava que, sempre que fossem reajustadas as remunerações do pessoal ativo do servidor público, seriam também reajustadas, na mesma proporção e na mesma data, os proventos dos aposentados e pensionistas, sendo também estendidos aos inativos quaisquer benefícios ou vantagens posteriormente concedidos aos servidores em atividade, inclusive quando decorrentes da transformação ou reclassificação do cargo ou função em que se deu a aposentadoria ou que serviu de referência para a concessão da pensão (redação original do § 8º do art. 40, CF). Em suma, a paridade significava a **isonomia de reajuste entre ativos e inativos**.

A atual dicção do § 8º do art. 40 da Constituição garante aos inativos direito ao **reajustamento** dos benefícios para preserva-lhes, em **caráter permanente**, o valor real, conforme o estabelecido em lei. Tal reajustamento não mais correrá em paralelo aos reajustes remuneratórios do pessoal ativo da respectiva categoria.

222 A respeito, *vide* STJ, REsp 1.113.682/SC, Rel. originário Min. NAPOLEÃO NUNES MAIA FILHO, Rel. p/ acórdão Min. JORGE MUSSI, julg.: 23.02.2010 e AgRg no REsp 1.055.431/SC, Rel. Min. OG FERNANDES, DJe 09.11.2009. E mais, no AgRg no REsp 1.107.638 / PR, Rel.ª Min.ª LAURITA VAZ, DJe 25.05.2009, a mesma Corte asseverou que "a renúncia à aposentadoria, para fins de concessão de novo benefício, seja no mesmo regime ou em regime diverso, não implica em devolução dos valores percebidos, pois, enquanto esteve aposentado, o segurado fez jus aos seus proventos".

223 RE 612.975/MT e RE 602.043/MT, Rel. Min. MARCO AURÉLIO, julg.: 26 e 27.04.2017. No mesmo sentido o STJ: AgRg no RMS 45.937/DF, Rel. Min. BENEDITO GONÇALVES, julg.: 05.11.2015; RMS 38.682/ES, Rel. Min. HERMAN BENJAMIN, julg.: 18.10.2012; RMS 33.170/DF, Rel. Min. MAURO CAMPBELL MARQUES, Rel. p/Acórdão Min. CESAR ASFOR ROCHA , DJe 07.08.2012.

Serão periódicos, mas não na mesma data, nem na mesma proporção. Embora o dispositivo mencione "caráter permanente" e "valor real", na prática não há qualquer garantia do inativo quanto à periodicidade mínima do reajustamento dos seus proventos.

14.14. Abono de permanência

O § 19 do art. 40 da Constituição trata do abono de permanência ao prever que o servidor abrangido pelo RPPS que tenha completado as exigências para **aposentadoria voluntária** (35 anos de contribuição e 60 de idade, se homem; 30 anos de contribuição e 55 anos de idade, se mulher; e para ambos, 10 anos de serviço público, 5 anos no cargo) e que **opte por permanecer em atividade** fará jus a um abono de permanência **equivalente ao valor da sua contribuição previdenciária** até completar as exigências para aposentadoria compulsória (até atingir a idade de **75 anos**).

14.15. Regime de previdência complementar

Regime de previdência complementar do servidor público é aquele gerido por **entidade fechada** de previdência social cuja filiação **só é permitida** aos servidores públicos da respectiva unidade federativa, que contribuirão em separado para esse regime previdenciário.

Os §§ 14 a 16 do art. 40 dispõem sobre as regras para instituição do regime de previdência complementar:

> A União, os Estados, o Distrito Federal e os Municípios, desde que instituam regime de previdência complementar para os seus respectivos servidores titulares de cargo efetivo, poderão fixar, para o valor das aposentadorias e pensões a serem concedidas pelo regime de que trata este artigo, o limite máximo estabelecido para os benefícios do regime geral de previdência social de que trata o art. 201.
>
> O regime de previdência complementar de que trata o § 14 será instituído por lei de iniciativa do respectivo Poder Executivo, observado o disposto no art. 202 e seus parágrafos, no que couber, por intermédio de entidades fechadas de previdência complementar, de natureza pública, que oferecerão aos respectivos participantes planos de benefícios somente na modalidade de contribuição definida.
>
> Somente mediante sua prévia e expressa opção, o disposto nos §§ 14 e 15 poderá ser aplicado ao servidor que tiver ingressado no serviço público até a data da publicação do ato de instituição do correspondente regime de previdência complementar.

Preliminarmente, note-se que o primeiro passo a ser dado em direção ao sistema de previdência complementar é a edição de **lei complementar** que estabeleça **normas gerais sobre a instituição** do dito regime (art. 202, CF/1988). A competência para editar essa lei complementar é privativa da União, o que efetivamente foi empreendido por meio das Leis Complementares n°s 108 e 109, ambas de 29 de maio de 2001.

Os **entes políticos** que desejarem limitar os proventos de inatividade de seus servidores ao teto do regime geral deverão instituir regime de previdência complementar por meio de **lei específica**.

Observe que uma é a lei complementar que disporá acerca dos regimes complementares em geral, e outra é a lei ordinária que institui o regime complementar no âmbito interno de cada ente político. Enquanto a primeira é de competência da União, a segunda é da iniciativa de cada ente público (União, Estados, Distrito Federal e Municípios). Na esfera federal, a Lei nº 12.618, de 30 de abril de 2012, instituiu o regime de previdência complementar para os servidores públicos federais titulares de cargo efetivo e autorizou a criação de **três entidades fechadas de previdência complementar**, com natureza de **fundação pública de direito privado**, denominadas Fundação de Previdência Complementar do Servidor Público Federal do Poder Executivo (Funpresp-Exe), Fundação de Previdência Complementar do Servidor Público Federal do Poder Legislativo (Funpresp-Leg) e Fundação de Previdência Complementar do Servidor Público Federal do Poder Judiciário (Funpresp-Jud).[224]

A opção por limitar o teto do regime próprio (RPPS) em valor idêntico ao do regime geral (RGPS) é decisão **discricionária** de cada ente político. Mas, uma vez que queira fazê-lo, deverá **obrigatoriamente** instituir regime de previdência complementar aos seus segurados.

Uma vez instituído esse regime complementar, será ele administrado por entidades fechadas de previdência complementar de **natureza pública**. Estamos nos referindo a uma pessoa jurídica cujo objeto exclusivo será a gestão de previdência complementar de caráter fechado (somente podem participar os servidores ocupantes de cargos efetivos das respectivas administrações diretas, autárquicas e fundacionais). Apesar de a Constituição utilizar a locução "natureza pública" para definir a entidade fechada de previdência complementar, nada impede que essas entidades sejam **pessoas jurídicas privadas**, com fins notadamente lucrativos. O que pretendeu o legislador constituinte foi distinguir as entidades de previdência complementar dos servidores das previdências privadas em geral.

O § 16 determina que o servidor que ingressar no serviço público **antes** da instituição do regime complementar de previdência só ingressará nele mediante

224 Uma vez autorizada a criação por lei ordinária, as referidas fundações públicas foram efetivamente criadas pelos seguintes atos normativos: Decreto nº 7.808/2012 (Funpresp-Exe), Resolução STF nº 496/2012 (Funpresp-Jud) e Portaria DITEC/PREVIC/MPS nº 239/2013 (que referendou a adesão do Poder Legislativo Federal ao Funpresp-Exe, mediante celebração de convênio).

prévia e expressão **opção**. Em verdade, mesmo o servidor que ingressou no serviço público após a instituição do regime complementar de previdência somente nele ingressará por expressa opção nesse sentido. Sem embargo, haverá um tratamento diferenciado entre essas duas categorias:

a) aquele que ingressou no serviço público **antes** da criação do regime complementar e não aderir a ele permanecerá tendo seus proventos de inatividade calculados com base nas atuais regras do art. 40 da Constituição; e

b) aquele que ingressou no serviço público **após** a instituição do regime de previdência complementar terá como limite único dos seus proventos o teto do Regime Geral de Previdência Social (RGPS).

Pela regra do § 3º do art. 202 da Constituição, "é vedado o aporte de recursos a entidade de previdência privada pela União, Estados, Distrito Federal e Municípios, suas autarquias, fundações, empresas públicas, sociedades de economia mista e outras entidades públicas, salvo na qualidade de patrocinador, situação na qual, em hipótese alguma, sua contribuição normal poderá exceder a do segurado". Caberá a lei complementar disciplinar a relação entre a União, Estados, Distrito Federal ou Municípios, inclusive suas autarquias, fundações, sociedades de economia mista e empresas controladas direta ou indiretamente, enquanto patrocinadoras de entidades fechadas de previdência privada, e suas respectivas entidades fechadas de previdência privada, e ainda estabelecer os requisitos para a designação dos membros das diretorias das entidades fechadas de previdência privada e disciplinar a inserção dos participantes nos colegiados e instâncias de decisão em que seus interesses sejam objeto de discussão e deliberação. (§§ 4º e 6º). Essa lei complementar aplicar-se-á também, no que couber, às empresas privadas permissionárias ou concessionárias de prestação de serviços públicos, quando patrocinadoras de entidades fechadas de previdência privada (§ 5º).

14.16. Regras transitórias das EC nºs 41/2003 e 47/2005

A fim de amenizar as abruptas mudanças no regime previdenciário do servidor, tanto a EC nº 41/2003 quanto a EC nº 47/2005 estabeleceram as regras transitórias a serem aplicadas àqueles servidores que, à época das reformas, ainda não haviam preenchido todos os requisitos para o gozo de aposentadoria e, portanto, tinham apenas mera expectativa aos benefícios.

A fim de não nos distanciarmos do propósito panorâmico deste *Curso de Direito Administrativo*, remetemos o leitor ao artigo publicado em nosso site para obter mais detalhes sobre as regras transitórias previdenciárias.[225]

225 *Vide* o artigo "Regras transitórias das EC nºs 41/2003 e 47/2005", disponível em: <www.elyesleysilva.com.br/regras-transitorias".

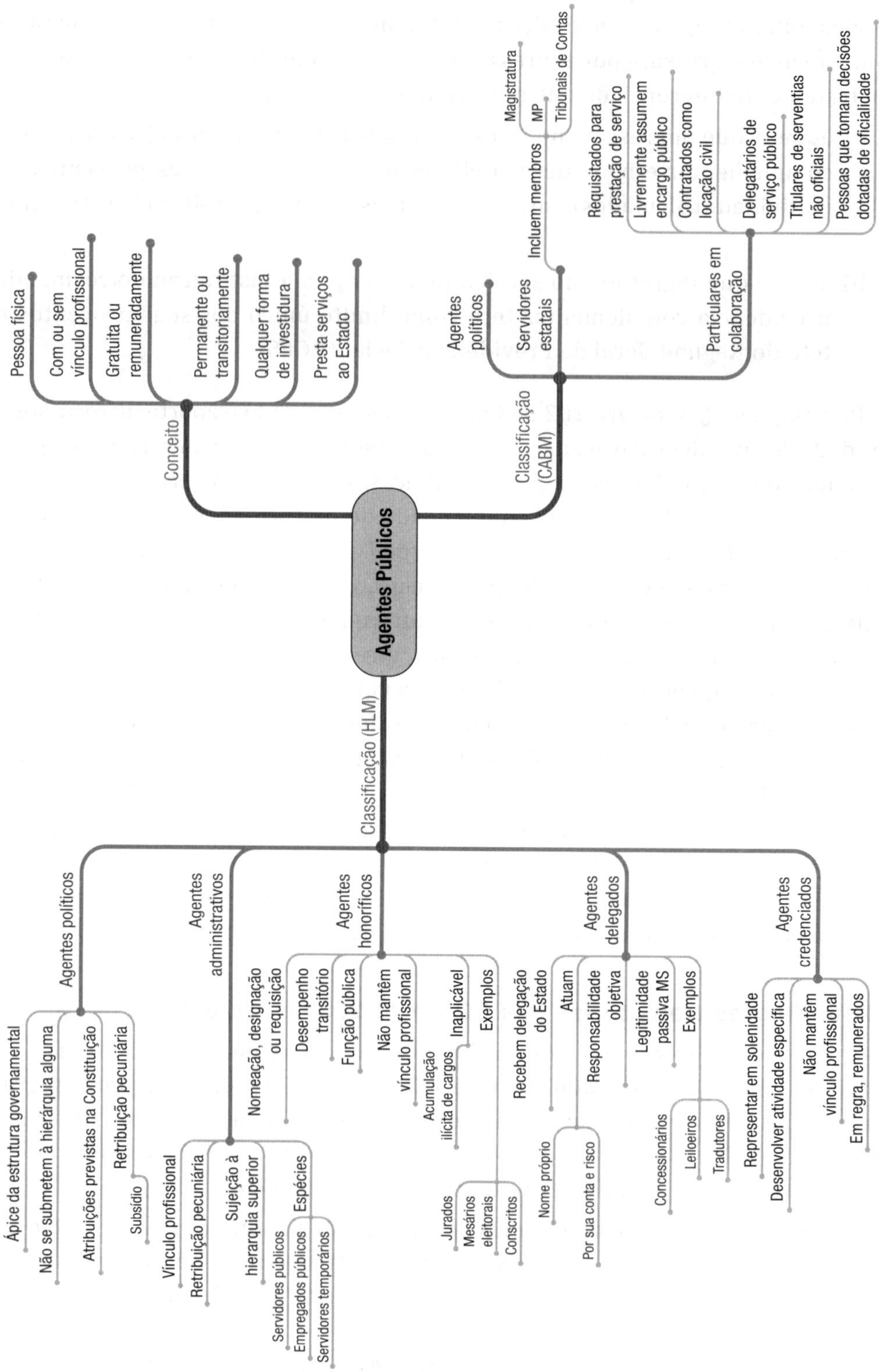
Agentes Públicos
Conceito
Pessoa física
Com ou sem vínculo profissional
Gratuita ou remuneradamente
Permanente ou transitoriamente
Qualquer forma de investidura
Presta serviços ao Estado
Classificação (CABM)
Agentes políticos
Servidores estatais
Incluem membros
Magistratura
MP
Tribunais de Contas
Particulares em colaboração
Requisitados para prestação de serviço
Livremente assumem encargo público
Contratados como locação civil
Delegatários de serviço público
Titulares de serventias não oficiais
Pessoas que tomam decisões dotadas de oficialidade
Classificação (HLM)
Agentes políticos
Ápice da estrutura governamental
Não se submetem à hierarquia alguma
Atribuições previstas na Constituição
Retribuição pecuniária
Subsídio
Agentes administrativos
Vínculo profissional
Retribuição pecuniária
Sujeição à hierarquia superior
Espécies
Servidores públicos
Empregados públicos
Servidores temporários
Nomeação, designação ou requisição
Agentes honoríficos
Desempenho transitório
Função pública
Não mantêm vínculo profissional
Acumulação ilícita de cargos
Inaplicável
Exemplos
Jurados
Mesários eleitorais
Conscritos
Agentes delegados
Recebem delegação do Estado
Atuam
Nome próprio
Por sua conta e risco
Responsabilidade objetiva
Legitimidade passiva MS
Exemplos
Concessionários
Leiloeiros
Tradutores
Agentes credenciados
Representar em solenidade
Desenvolver atividade específica
Não mantêm vínculo profissional
Em regra, remunerados

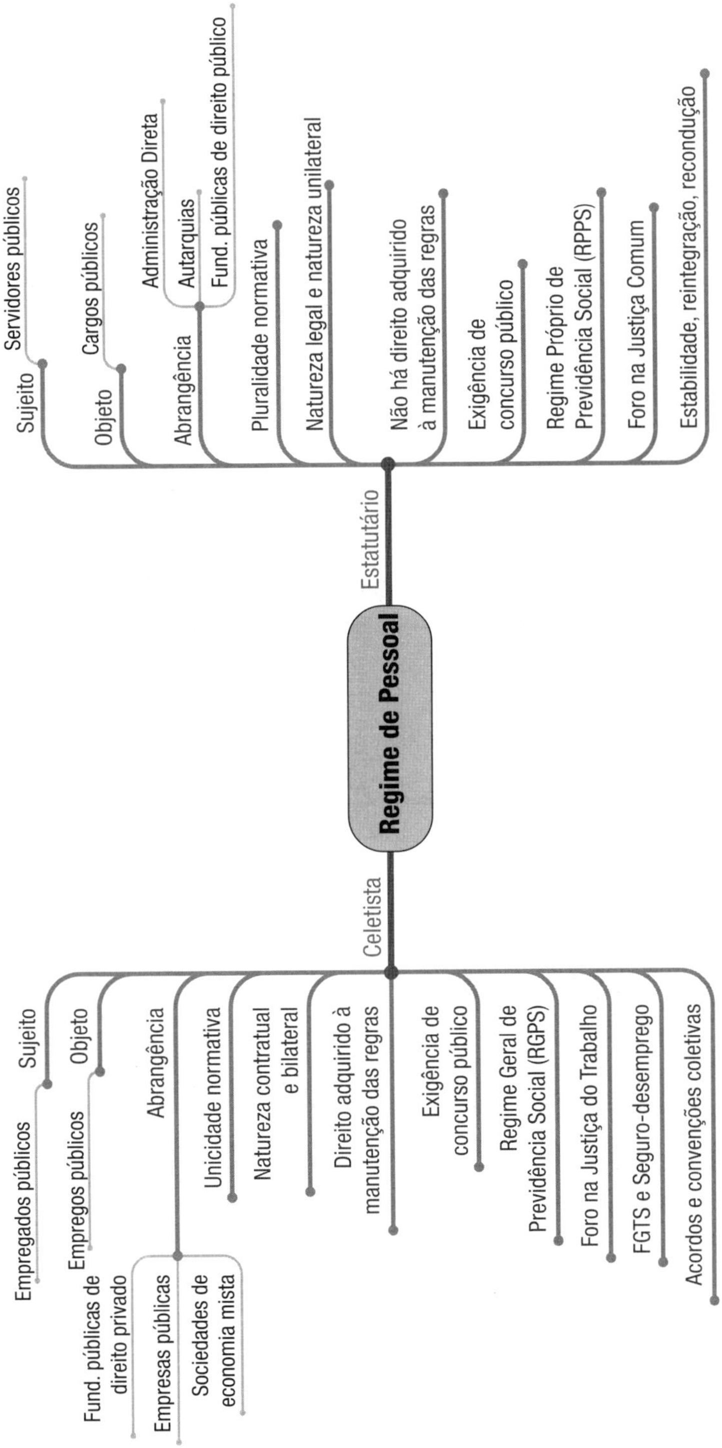
Regime de Pessoal
Estatutário
Sujeito
Servidores públicos
Objeto
Cargos públicos
Abrangência
Administração Direta
Autarquias
Fund. públicas de direito público
Pluralidade normativa
Natureza legal e natureza unilateral
Não há direito adquirido à manutenção das regras
Exigência de concurso público
Regime Próprio de Previdência Social (RPPS)
Foro na Justiça Comum
Estabilidade, reintegração, recondução
Celetista
Sujeito
Empregados públicos
Objeto
Empregos públicos
Abrangência
Fund. públicas de direito privado
Empresas públicas
Sociedades de economia mista
Unicidade normativa
Natureza contratual e bilateral
Direito adquirido à manutenção das regras
Exigência de concurso público
Regime Geral de Previdência Social (RGPS)
Foro na Justiça do Trabalho
FGTS e Seguro-desemprego
Acordos e convenções coletivas

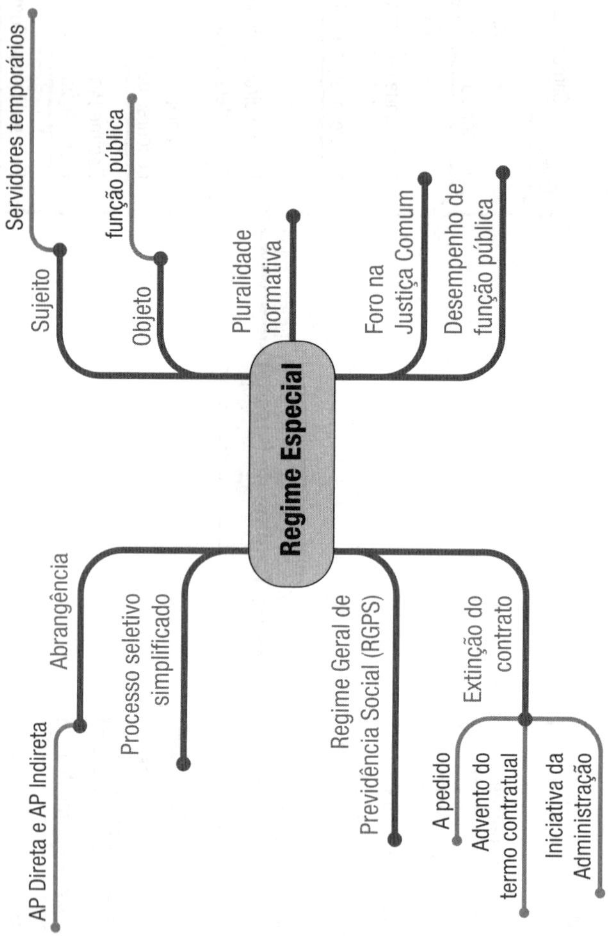
Regime Especial
Sujeito
Servidores temporários
Objeto
função pública
Pluralidade normativa
Foro na Justiça Comum
Desempenho de função pública
Abrangência
AP Direta e AP Indireta
Processo seletivo simplificado
Regime Geral de Previdência Social (RGPS)
Extinção do contrato
A pedido
Advento do termo contratual
Iniciativa da Administração

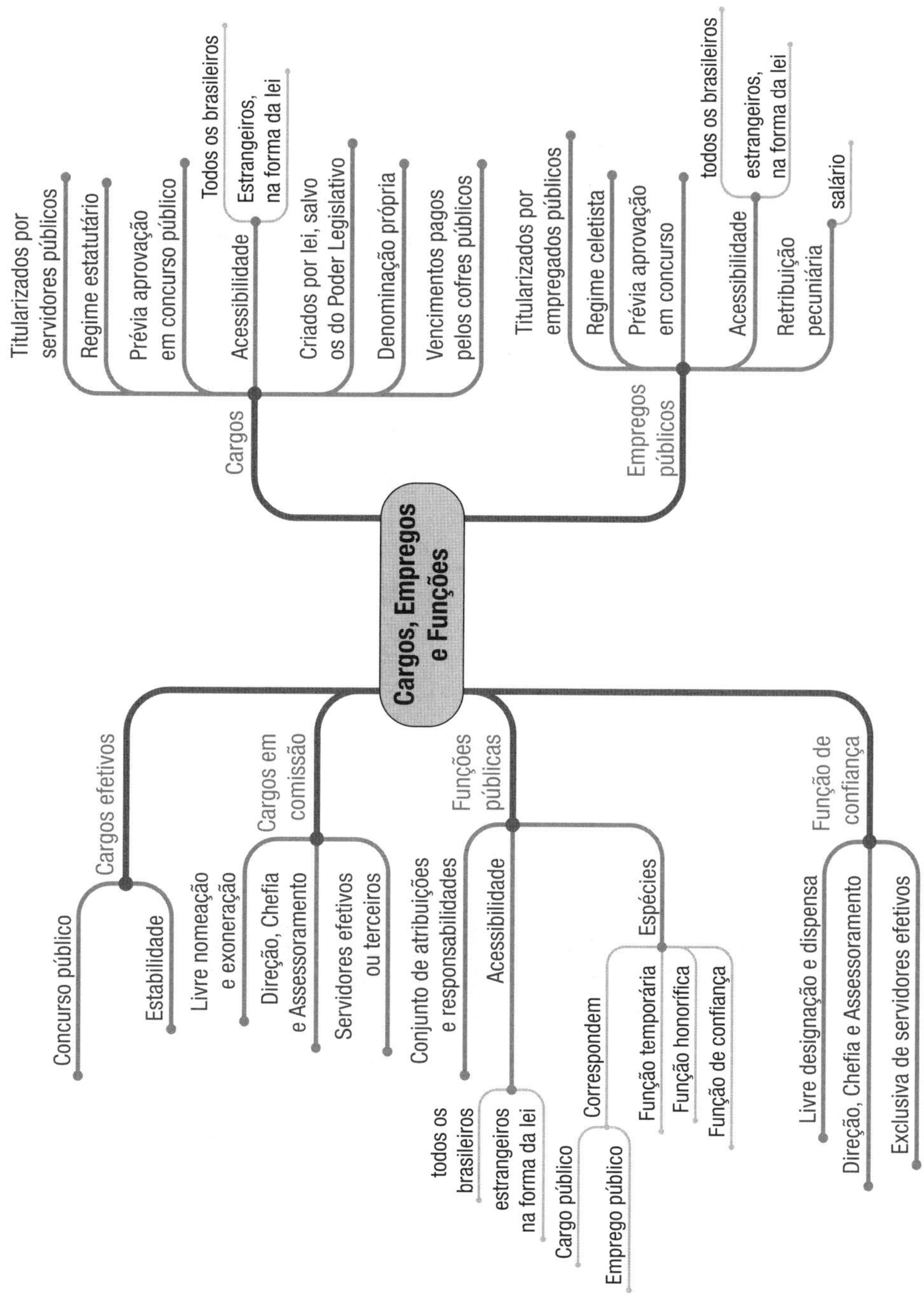
Cargos, Empregos e Funções
Cargos
Titularizados por servidores públicos
Regime estatutário
Prévia aprovação em concurso público
Acessibilidade
Todos os brasileiros
Estrangeiros, na forma da lei
Criados por lei, salvo os do Poder Legislativo
Denominação própria
Vencimentos pagos pelos cofres públicos
Empregos públicos
Titularizados por empregados públicos
Regime celetista
Prévia aprovação em concurso
Acessibilidade
todos os brasileiros
estrangeiros, na forma da lei
Retribuição pecuniária
salário
Cargos efetivos
Concurso público
Estabilidade
Cargos em comissão
Livre nomeação e exoneração
Direção, Chefia e Assessoramento
Servidores efetivos ou terceiros
Funções públicas
Conjunto de atribuições e responsabilidades
Acessibilidade
todos os brasileiros
estrangeiros na forma da lei
Espécies
Correspondem
Cargo público
Emprego público
Função temporária
Função honorífica
Função de confiança
Função de confiança
Livre designação e dispensa
Direção, Chefia e Assessoramento
Exclusiva de servidores efetivos

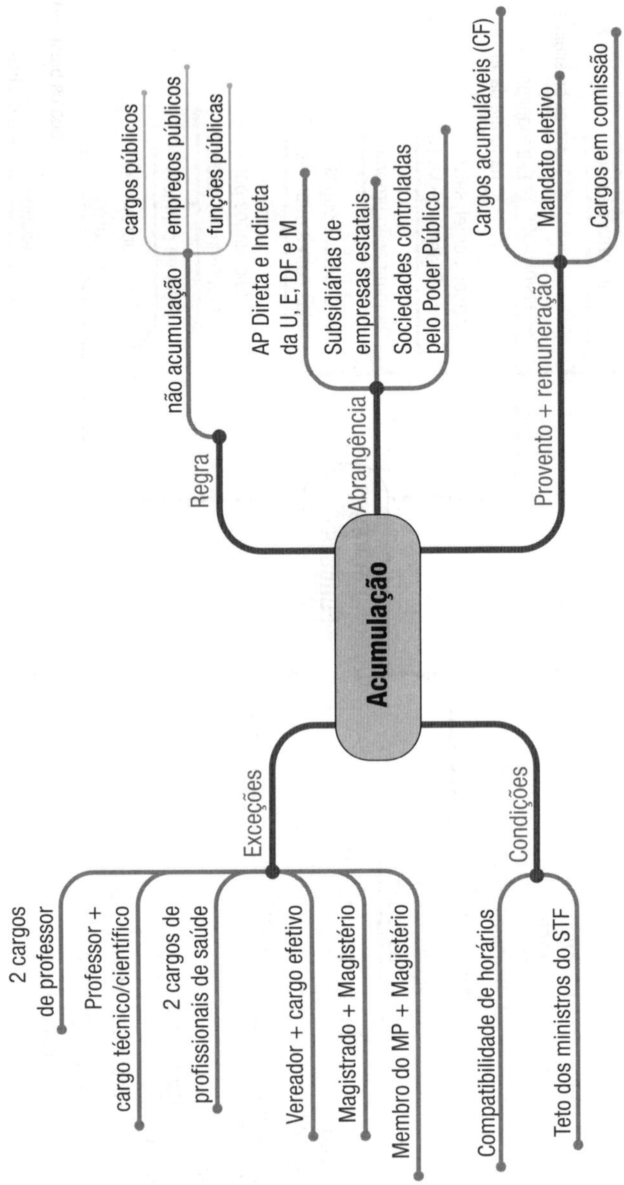
Acumulação
Regra
não acumulação
cargos públicos
empregos públicos
funções públicas
Abrangência
AP Direta e Indireta da U, E, DF e M
Subsidiárias de empresas estatais
Sociedades controladas pelo Poder Público
Provento + remuneração
Cargos acumuláveis (CF)
Mandato eletivo
Cargos em comissão
Exceções
2 cargos de professor
Professor + cargo técnico/científico
2 cargos de profissionais de saúde
Vereador + cargo efetivo
Magistrado + Magistério
Membro do MP + Magistério
Condições
Compatibilidade de horários
Teto dos ministros do STF

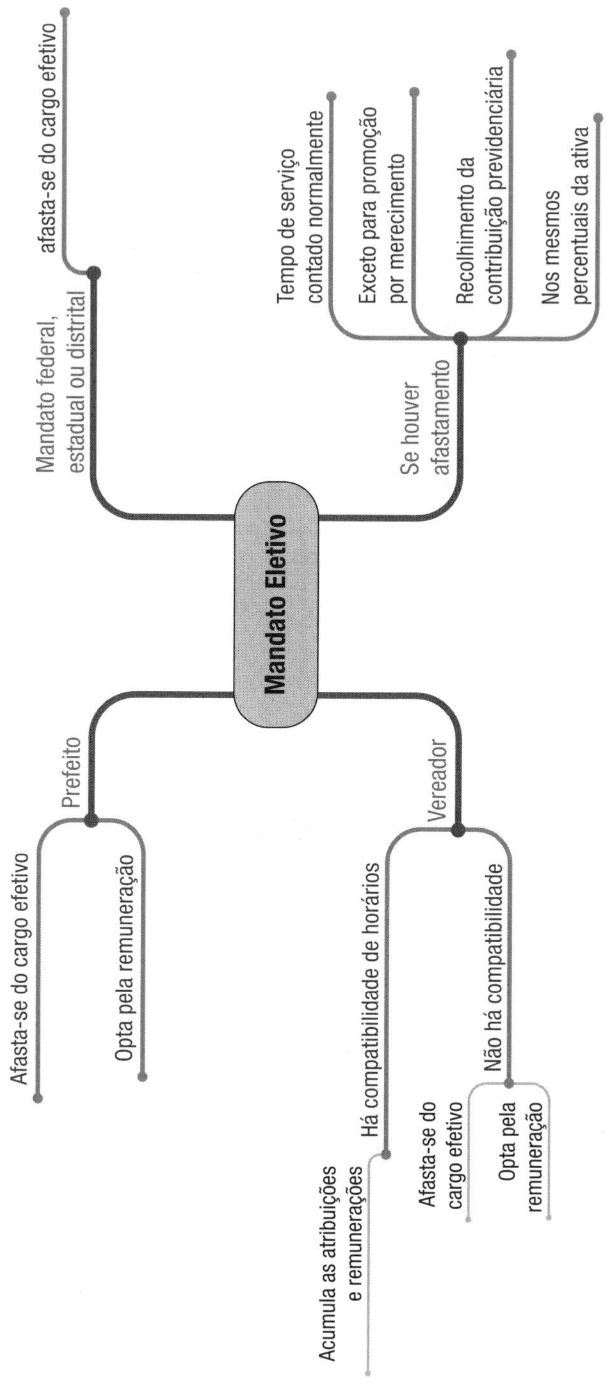
Mandato Eletivo
Mandato federal, estadual ou distrital
afasta-se do cargo efetivo
Se houver afastamento
Tempo de serviço contado normalmente
Exceto para promoção por merecimento
Recolhimento da contribuição previdenciária
Nos mesmos percentuais da ativa
Prefeito
Afasta-se do cargo efetivo
Opta pela remuneração
Vereador
Há compatibilidade de horários
Acumula as atribuições e remunerações
Não há compatibilidade
Afasta-se do cargo efetivo
Opta pela remuneração

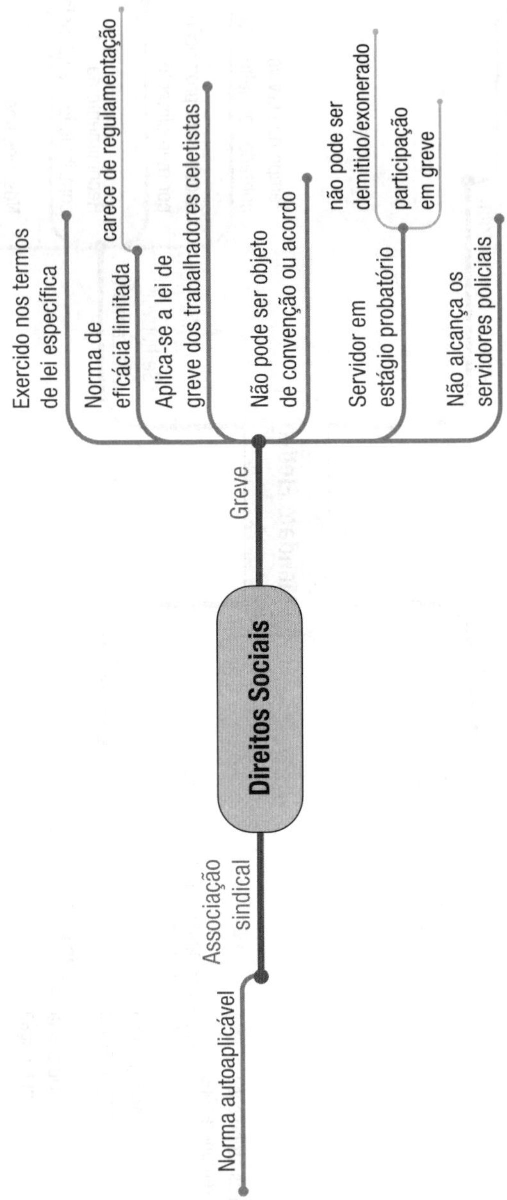
Direitos Sociais
Greve
Exercido nos termos de lei específica
Norma de eficácia limitada
carece de regulamentação
Aplica-se a lei de greve dos trabalhadores celetistas
Não pode ser objeto de convenção ou acordo
Servidor em estágio probatório
não pode ser demitido/exonerado
participação em greve
Não alcança os servidores policiais
Associação sindical
Norma autoaplicável

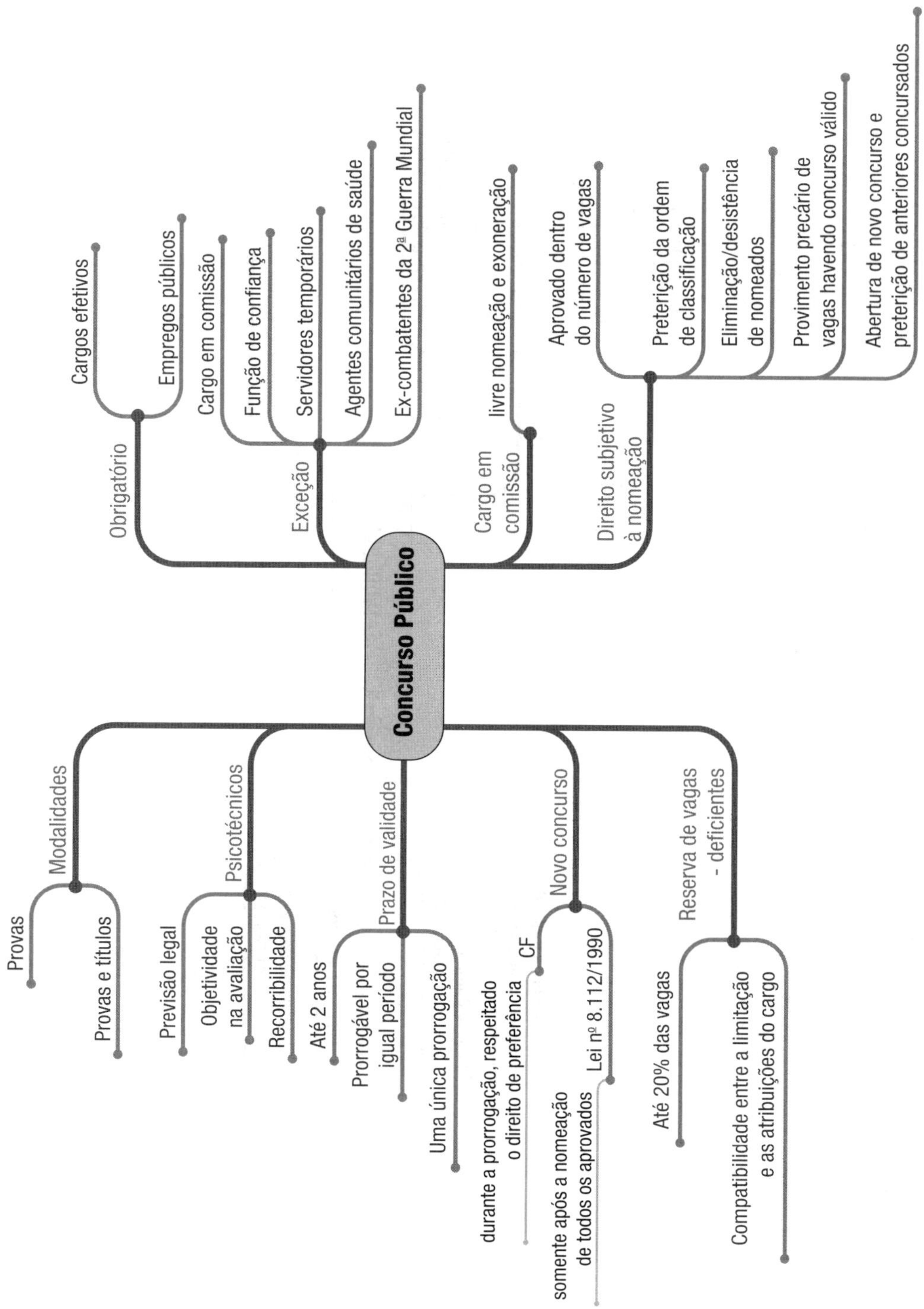
Concurso Público
Obrigatório
Cargos efetivos
Empregos públicos
Exceção
Cargo em comissão
Função de confiança
Servidores temporários
Agentes comunitários de saúde
Ex-combatentes da 2ª Guerra Mundial
Cargo em comissão
livre nomeação e exoneração
Direito subjetivo à nomeação
Aprovado dentro do número de vagas
Preterição da ordem de classificação
Eliminação/desistência de nomeados
Provimento precário de vagas havendo concurso válido
Abertura de novo concurso e preterição de anteriores concursados
Modalidades
Provas
Provas e títulos
Psicotécnicos
Previsão legal
Objetividade na avaliação
Recorribilidade
Prazo de validade
Até 2 anos
Prorrogável por igual período
Uma única prorrogação
Novo concurso
CF
durante a prorrogação, respeitado o direito de preferência
Lei nº 8.112/1990
somente após a nomeação de todos os aprovados
Reserva de vagas - deficientes
Até 20% das vagas
Compatibilidade entre a limitação e as atribuições do cargo

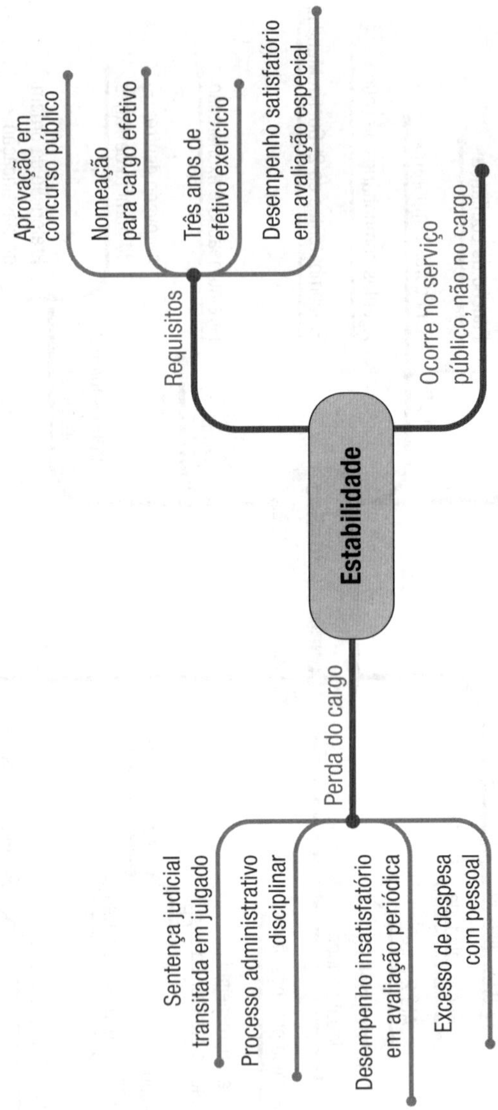
Estabilidade
Requisitos
Aprovação em concurso público
Nomeação para cargo efetivo
Três anos de efetivo exercício
Desempenho satisfatório em avaliação especial
Ocorre no serviço público, não no cargo
Perda do cargo
Sentença judicial transitada em julgado
Processo administrativo disciplinar
Desempenho insatisfatório em avaliação periódica
Excesso de despesa com pessoal

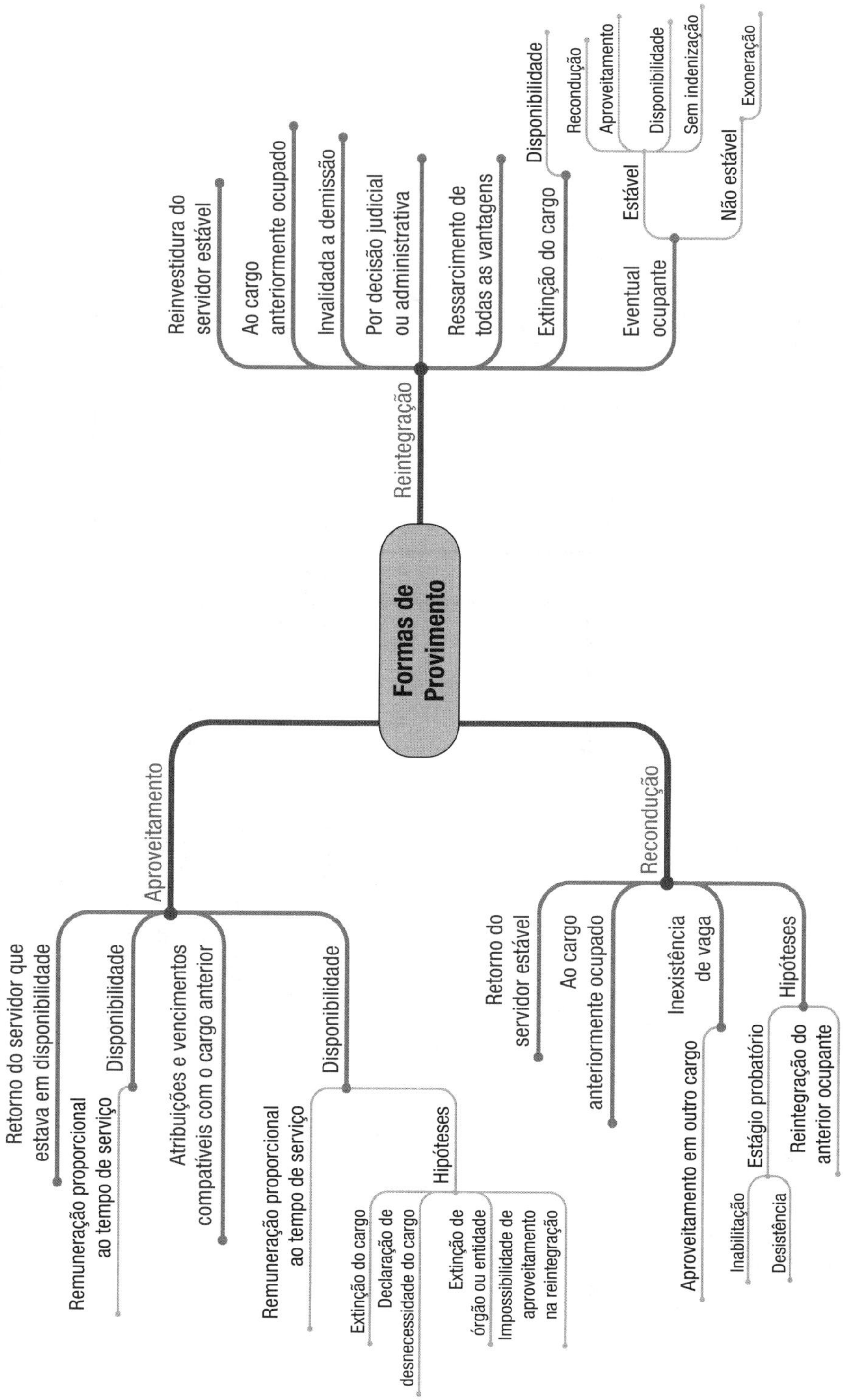
Formas de Provimento
Reintegração
Reinvestidura do servidor estável
Ao cargo anteriormente ocupado
Invalidada a demissão
Por decisão judicial ou administrativa
Ressarcimento de todas as vantagens
Extinção do cargo
Disponibilidade
Eventual ocupante
Estável
Recondução
Aproveitamento
Disponibilidade
Sem indenização
Não estável
Exoneração
Aproveitamento
Retorno do servidor que estava em disponibilidade
Disponibilidade
Remuneração proporcional ao tempo de serviço
Atribuições e vencimentos compatíveis com o cargo anterior
Disponibilidade
Remuneração proporcional ao tempo de serviço
Hipóteses
Extinção do cargo
Declaração de desnecessidade do cargo
Extinção de órgão ou entidade
Impossibilidade de aproveitamento na reintegração
Recondução
Retorno do servidor estável
Ao cargo anteriormente ocupado
Inexistência de vaga
Aproveitamento em outro cargo
Hipóteses
Estágio probatório
Inabilitação
Desistência
Reintegração do anterior ocupante

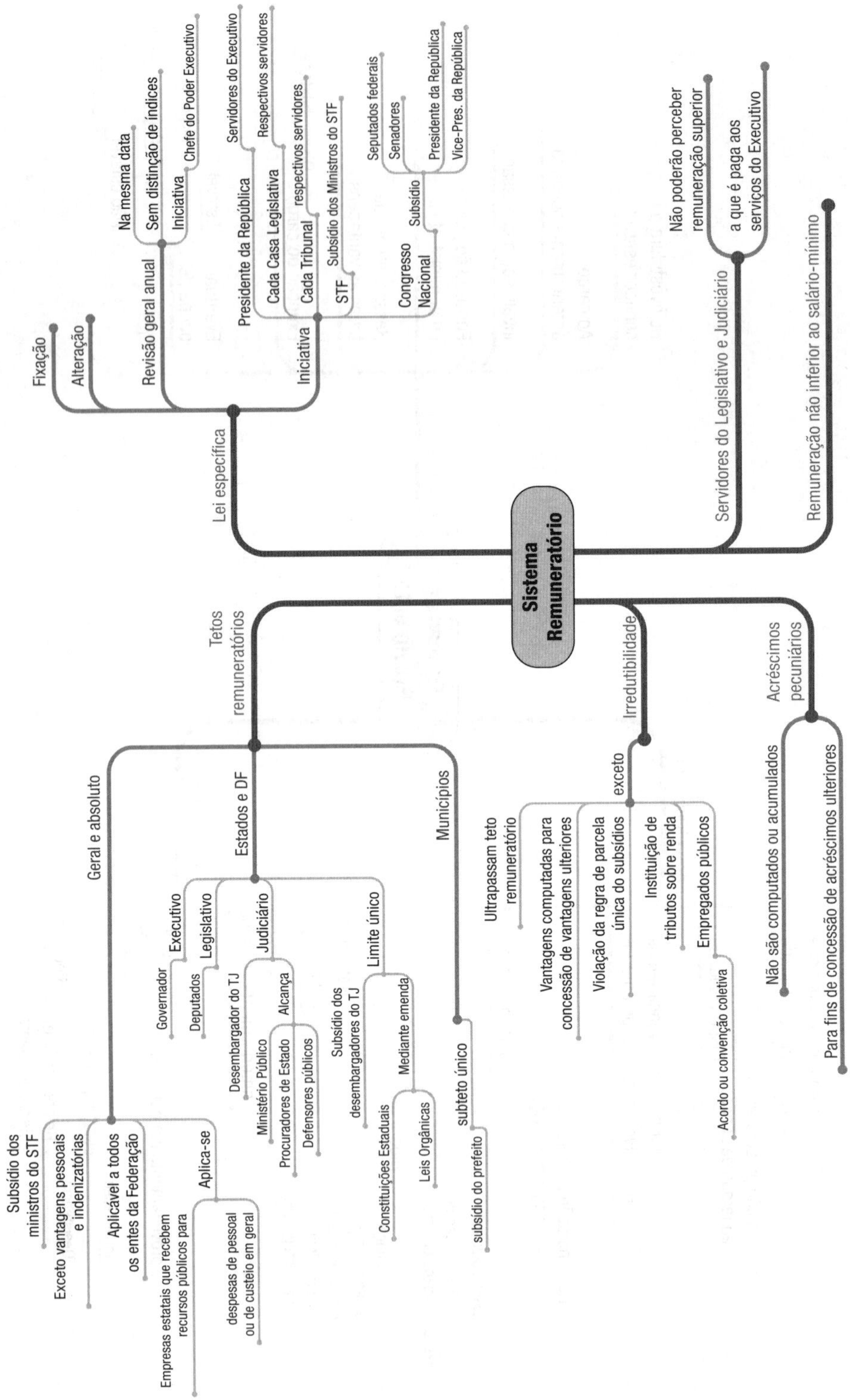
Sistema Remuneratório
Lei específica
Fixação
Alteração
Revisão geral anual
Na mesma data
Sem distinção de índices
Iniciativa
Chefe do Poder Executivo
Iniciativa
Presidente da República
Servidores do Executivo
Cada Casa Legislativa
Respectivos servidores
Cada Tribunal
respectivos servidores
STF
Subsídio dos Ministros do STF
Congresso Nacional
Subsídio
Seputados federais
Senadores
Presidente da República
Vice-Pres. da República
Servidores do Legislativo e Judiciário
Não poderão perceber remuneração superior
a que é paga aos serviços do Executivo
Remuneração não inferior ao salário-mínimo
Tetos remuneratórios
Geral e absoluto
Subsídio dos ministros do STF
Exceto vantagens pessoais e indenizatórias
Aplicável a todos os entes da Federação
Aplica-se
Empresas estatais que recebem recursos públicos para
despesas de pessoal ou de custeio em geral
Estados e DF
Executivo
Governador
Legislativo
Deputados
Judiciário
Desembargador do TJ
Alcança
Ministério Público
Procuradores de Estado
Defensores públicos
Limite único
Subsídio dos desembargadores do TJ
Mediante emenda
Constituições Estaduais
Leis Orgânicas
Municípios
subteto único
subsídio do prefeito
Irredutibilidade
exceto
Ultrapassam teto remuneratório
Vantagens computadas para concessão de vantagens ulteriores
Violação da regra de parcela única do subsídios
Instituição de tributos sobre renda
Empregados públicos
Acordo ou convenção coletiva
Acréscimos pecuniários
Não são computados ou acumulados
Para fins de concessão de acréscimos ulteriores

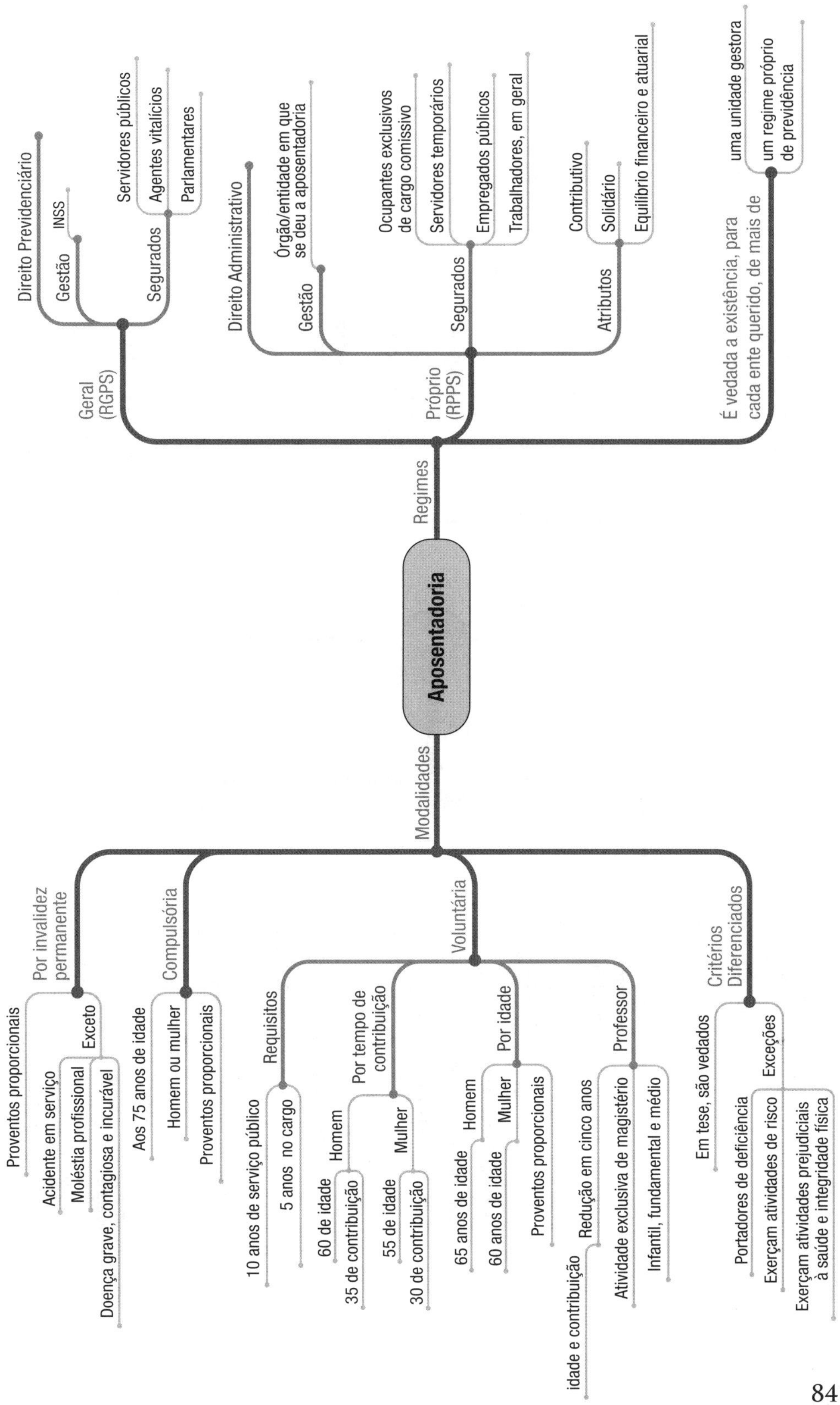
Aposentadoria
Regimes
Geral (RGPS)
Direito Previdenciário
Gestão
INSS
Segurados
Servidores públicos
Agentes vitalícios
Parlamentares
Próprio (RPPS)
Direito Administrativo
Gestão
Órgão/entidade em que se deu a aposentadoria
Segurados
Ocupantes exclusivos de cargo comissivo
Servidores temporários
Empregados públicos
Trabalhadores, em geral
Atributos
Contributivo
Solidário
Equilíbrio financeiro e atuarial
É vedada a existência, para cada ente querido, de mais de
uma unidade gestora
um regime próprio de previdência
Modalidades
Por invalidez permanente
Proventos proporcionais
Exceto
Acidente em serviço
Moléstia profissional
Doença grave, contagiosa e incurável
Compulsória
Aos 75 anos de idade
Homem ou mulher
Proventos proporcionais
Voluntária
Requisitos
10 anos de serviço público
5 anos no cargo
Por tempo de contribuição
Homem
60 de idade
35 de contribuição
Mulher
55 de idade
30 de contribuição
Por idade
Homem
65 anos de idade
Mulher
60 anos de idade
Proventos proporcionais
Professor
Redução em cinco anos
idade e contribuição
Atividade exclusiva de magistério
Infantil, fundamental e médio
Critérios Diferenciados
Em tese, são vedados
Exceções
Portadores de deficiência
Exerçam atividades de risco
Exerçam atividades prejudiciais à saúde e integridade física

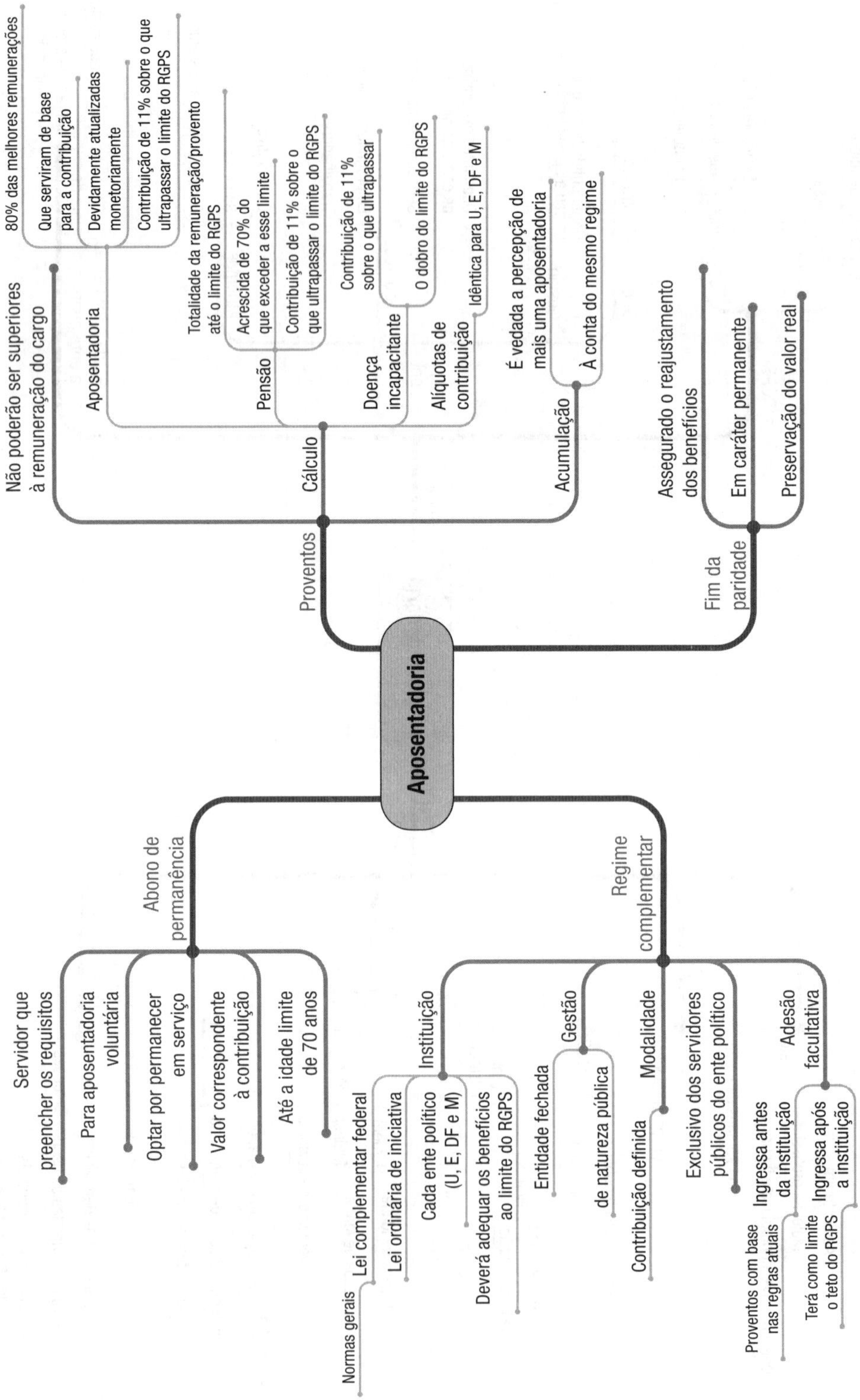

Aposentadoria
Proventos
Não poderão ser superiores à remuneração do cargo
Cálculo
Aposentadoria
80% das melhores remunerações
Que serviram de base para a contribuição
Devidamente atualizadas monetoriamente
Contribuição de 11% sobre o que ultrapassar o limite do RGPS
Pensão
Totalidade da remuneração/provento até o limite do RGPS
Acrescida de 70% do que exceder a esse limite
Contribuição de 11% sobre o que ultrapassar o limite do RGPS
Doença incapacitante
Contribuição de 11% sobre o que ultrapassar
O dobro do limite do RGPS
Alíquotas de contribuição
Idêntica para U, E, DF e M
Acumulação
É vedada a percepção de mais uma aposentadoria
À conta do mesmo regime
Fim da paridade
Assegurado o reajustamento dos benefícios
Em caráter permanente
Preservação do valor real
Abono de permanência
Servidor que preencher os requisitos
Para aposentadoria voluntária
Optar por permanecer em serviço
Valor correspondente à contribuição
Até a idade limite de 70 anos
Regime complementar
Instituição
Normas gerais
Lei complementar federal
Lei ordinária de iniciativa
Cada ente político (U, E, DF e M)
Deverá adequar os benefícios ao limite do RGPS
Gestão
Entidade fechada
de natureza pública
Modalidade
Contribuição definida
Exclusivo dos servidores públicos do ente político
Adesão facultativa
Ingressa antes da instituição
Proventos com base nas regras atuais
Ingressa após a instituição
Terá como limite o teto do RGPS

Capítulo 13

Responsabilidade Civil Extracontratual do Estado

1. CONSIDERAÇÕES INICIAIS

A Administração Pública, uma vez que lida diretamente com a coletividade, por meio de atividades como fomento, serviços públicos, polícia e intervenção administrativas, está sujeita a causar danos a este ou àquele particular. Nesses casos, surge a questão da responsabilidade civil do Estado por atos dos seus agentes públicos que, nessa qualidade, causarem danos a terceiros.

A depender da natureza da conduta, há diferentes tipos de responsabilidade, a saber, responsabilidade penal, administrativa e civil. Quando alguém adota alguma conduta prevista na lei penal como crime ou contravenção penal, surge a **responsabilidade penal**. Quando um agente público viola algum dever funcional, dá azo à **responsabilidade administrativa**. Por fim, quando um indivíduo causa danos patrimoniais ou morais a quem quer que seja, surge o dever de reparação desse prejuízo, pois há **responsabilidade civil**.

Sobre esta última, o Código Civil, em seu art. 186 prescreve: "Aquele que, por ação ou omissão voluntária, negligência ou imprudência, violar direito e causar dano a outrem, ainda que exclusivamente moral, comete ato ilícito". Em complemento, o art. 927 do mesmo Código determina: "Aquele que, por ato ilícito (arts. 186 e 187), causar dano a outrem, fica obrigado a repará-lo".

A responsabilidade civil pode ser contratual ou extracontratual. A primeira está intrinsecamente ligada aos compromissos assumidos pelas partes na celebração de contratos. Em caso de descumprimento de obrigações contratuais, haverá ensejo para a responsabilização civil do causador do dano. Assim, resta claro que a responsabilidade contratual pressupõe vínculo jurídico específico entre as partes. Como pessoa jurídica, o Estado celebra contratos e sua responsabilidade no âmbito desses ajustes é **contratual**, tema devidamente estudado no capítulo referente aos contratos administrativos.[1] A responsabilidade **extracontratual** decorre da atuação administrativa, não

1 *Vide* tópico 6 do Capítulo 9 (Contratos Administrativos).

relacionada a nenhum vínculo contratual com o Poder Público, mas com o vínculo geral do Estado com toda a coletividade. O fundamento da responsabilidade extracontratual é o descumprimento de dever legal. A responsabilidade que deriva do ilícito extracontratual é também chamada de aquilina.

2. TIPOS DE RESPONSABILIDADE

Com base no que já vimos, podemos afirmar que um agente público, conforme a natureza do ilícito praticado, responde civil, penal e administrativamente pelo exercício irregular de suas atribuições.

A **responsabilidade civil** decorre de ato omissivo ou comissivo, doloso ou culposo, que resulte em prejuízo ao erário ou a terceiros (art. 122, Lei nº 8.112/1990).

A **responsabilidade penal** abrange os crimes e contravenções imputados ao servidor, nessa qualidade (art. 123, Lei nº 8.112/1990).

A **responsabilidade administrativa** configura-se quando o agente público comete ilícitos administrativos – infrações funcionais.

Diferentemente ocorre em relação ao Estado que, por motivos óbvios, não pode responder penal e administrativamente pelos atos que seus agentes praticarem. Imagine o Estado sendo condenado a 16 anos de reclusão ou sendo demitido...

A única forma de o Estado reparar os danos sofridos pelos administrados por conta da atuação dos agentes públicos é efetuando pagamentos justos que tenham por finalidade reparar o prejuízo moral ou patrimonial sofrido pela vítima. Logo, **a responsabilidade do Estado é sempre e somente civil**.

3. SUJEITOS DA RELAÇÃO JURÍDICA

Os sujeitos envolvidos na sistemática da teoria da responsabilidade civil do Estado são o agente público, a vítima e a pessoa jurídica à qual se acha subordinado o agente (a que denominaremos genericamente Estado).

O Estado, como figura abstrata, obviamente, não pode causar dano a quem quer que seja, pois não existe no plano físico, mas tão só no campo teórico. Mas o fato inegável é que, se há lesão à esfera jurídica de alguém, isso foi causado pela atuação de outrem. Assim, teremos sempre duas pessoas físicas: o causador do dano e a vítima. Assim, de um lado temos o agente público (pessoa física) causador do dano e do outro, a vítima. Como o agente público atua em nome do Estado, a responsabilidade pelas condutas daquele é assumida por este. Daí, surge a responsabilidade civil extracontratual do Estado, no sentido de reparar o prejuízo causado pelo agente público a terceiros.

É relevante salientar que a questão da responsabilidade civil extracontratual do Estado deve ser compreendida em seus devidos termos, pois a responsabilidade civil, em si, recairá sobre a pessoa jurídica de direito público (União, Estados, Distrito Federal, Municípios e respectivas autarquias e fundações públicas de direito público) ou de direito privado (fundações públicas de direito privado, empresas públicas, sociedades de economia mista e delegatários de serviços públicos) a cujos quadros o agente causador do dano pertença.

Assim, temos uma relação jurídica trilateral:

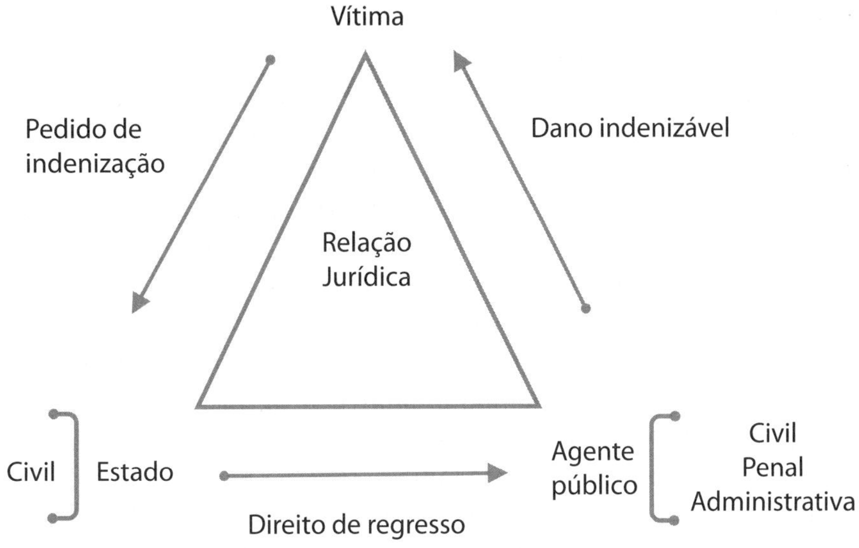

A seguir descrevemos, em linhas gerais, as etapas envolvidas desde o momento em que o dano é sofrido pelo particular até o eventual ressarcimento por parte do agente público:

a) inicialmente, temos que o agente público, por comportamento comissivo ou omissivo, lícito ou ilícito, doloso ou culposo, causa dano ao particular;

b) o particular lesado efetua pedido de indenização contra a pessoa jurídica à qual está subordinado o agente público visando à reparação do dano sofrido;

c) a pessoa jurídica indeniza o particular;

d) após o trânsito em julgado da ação de indenização, a pessoa jurídica volta-se contra o agente em ação regressiva com o objetivo de obter o ressarcimento do valor da indenização que teve que despender em favor do particular;

e) o agente público pode, além da ação regressiva, que tem natureza cível, responder a processo penal e administrativo, conforme a sua conduta seja capitulada como ilícito penal ou administrativo, respectivamente.

Nesse passo, é imprescindível alertamos que a palavra "Estado" está sendo utilizada como designativa de pessoas jurídicas incumbidas das tarefas estatais, a saber: União, Estados-membros, Distrito Federal, Municípios, autarquias, fundações públicas, empresas públicas, sociedades de economia e delegatários de serviços públicos (concessionários, permissionários e autorizatários).

O professor Carvalho Filho inclui no rol, como sujeitos ativos de responsabilidade do Estado, os serviços sociais autônomos, por entender o eminente administrativista que tais entidades prestam serviços de natureza pública mediante vínculo específico com o Poder Público.[2]

Pelo teor do art. 37, § 6º, da Lei Maior, o Estado responde pelos danos que seus agentes públicos, **nessa qualidade**, causarem a terceiros.

Agente público é toda pessoa física que, com ou sem vínculo profissional, gratuita ou remunerada, permanente ou transitoriamente, por qualquer forma de investidura ou vínculo, presta serviços de interesse do Estado, exercendo mandato, cargo, emprego ou função pública. Estão incluídos nessa categoria os agentes políticos (chefe do Poder Executivo, Parlamentares, Ministros de Estado etc.), os servidores estatutários, os militares, os empregados públicos, os servidores temporários, os particulares que prestam serviços de interesse do Estado (concessionários, permissionários, mesários eleitorais, jurados populares, entre outros).

O que nos propomos a delimitar aqui é o alcance da expressão "nessa qualidade" para efeitos de responsabilização estatal. Pois é óbvio que nem todo dano causado a terceiro por agente público (pessoa física incumbida de parcela da atividade estatal) será passível de responsabilizar civilmente o Estado. Imagine o exemplo de um auditor federal de controle externo do TCU que, num final de semana num estádio de futebol, se envolve numa discussão futebolística e chega às vias de fato com uma pessoa da torcida adversária, vindo a causar-lhe sérios danos físicos. Nesse caso, parece legítimo que o Estado responda perante o particular pela conduta de um agente público totalmente desconexa com o cargo que ocupa? Absolutamente, não!

O Estado só responde quando o agente público atua na **qualidade de agente público**. De outro modo, quando o agente público atua como simples particular, na sua esfera íntima e privada, o Estado não será responsabilizado por suas condutas. Ocorrendo o dano, responderá o agente como qualquer pessoa responde por seus atos, com base no Direito comum.

Há duas situações caracterizadas como atuação de "agente público, nessa qualidade":

a) quando o agente está no **efetivo desempenho** de suas funções, inclusive no percurso de sua residência à repartição ou vice-versa; e

2 CARVALHO FILHO, José dos Santos. *Manual de Direito Administrativo*. 20ª ed. Rio de Janeiro: Lumen Juris, 2008, p. 522.

b) Quando, apesar de não estar "em serviço", o agente atua valendo-se de qualquer **direito, vantagem ou prerrogativa decorrente do exercício da função pública**, pois o Estado, ou escolheu mal o agente público (*culpa in eligendo*), ou não fiscalizou adequadamente sua conduta (*culpa in vigilando*). Seria o exemplo de um agente dirigindo veículo oficial que, no final de semana e após ter ingerido quantidade excessiva de bebidas alcoólicas, atropela um particular que atravessava uma faixa de pedestre. Nesse caso, cabe ao Estado responder civilmente pelos danos causados.

Do exposto, podemos concluir que o Estado responde pela conduta do agente quando este está em efetivo exercício da função pública, ou, mesmo fora dela, quando se vale de prerrogativa funcional, inclusive quando atua com ilegalidade ou abuso de poder.

Sobre este assunto, há alguns julgados do Supremo Tribunal Federal que valem a pena serem trazidos à colação.

Em sentido contrário à tese que estamos a defender, em 2004, a Primeira Turma do STF entendeu que dano causado por agente público atuando fora do exercício da função pública, mesmo que valendo-se de prerrogativa funcional, não gera para o Estado dever de responsabilização.[3]

Todavia, esse posicionamento não prevaleceu. O entendimento majoritário é o de que o **Estado responde** por conduta do agente público que, mesmo não estando no exercício da função pública, atua logrando de privilégio decorrente.[4]

Por fim, a vítima pode ser qualquer pessoa que, alcançada pela atuação comissiva ou omissiva de agente público, sofra dano passível de indenização.

4. COMPORTAMENTO INDENIZÁVEL

O Estado responde por comportamentos **bilaterais** e **unilaterais**, **comissivos** ou **omissivos**, **lícitos** ou **ilícitos**, **dolosos** ou **culposos**, de seus agentes públicos, nessa qualidade, sempre que causarem danos a terceiros.

Utilizamos o termo "comportamentos" para designarmos tanto os atos jurídicos em que há manifestação de vontade (atos e contratos administrativos) quanto os atos materiais, que são fenômenos alheios à manifestação de vontade do Poder Público dotados de efeitos jurídicos (fatos administrativos).[5]

A responsabilidade por comportamentos **bilaterais** ocorre no âmbito dos contratos administrativos cujo diploma normativo principal é a Lei nº 8.666/1993.

---

3 RE 363423/SP, Rel. Min. CARLOS BRITTO, Julg. 16/11/2004.

4 RE-AgR 213525/SP, Rel.ª Min.ª ELLEN GRACIE, julgamento: 09.12.2008; RE-AgR 508114/SP, Rel.ª Min.ª CÁRMEN LÚCIA, DJe 06.11.2008. No mesmo sentido: RE-AgR 418.023/RJ, Rel. Min. EROS GRAU, julg.: 09.09.2008; AI-AgR 637.065 / MT, Rel. Min. EROS GRAU, julg.: 12.06.2007; RE-AgR 337.024/RJ, Rel. Min. CEZAR PELUSO, julg.: 10.10.2006; RE 418.023, Rel. Min. NELSON JOBIM, DJ 29.03.2004.

5 Para mais detalhes acerca dos atos jurídicos e materiais, remetemos o leitor ao Capítulo 6 (Atos Administrativos).

Cabe aqui remetermos à responsabilidade do Estado por comportamentos **unilaterais** lesivos ao patrimônio jurídico dos indivíduos. Repita-se, o presente capítulo tem por objeto o estudo da Responsabilidade Civil Extracontratual do Estado (comportamentos unilaterais), a responsabilidade contratual é regida pela Lei nº 8.666/1993, que já estudamos nesta obra.[6]

A responsabilidade do Estado incide sobre comportamentos **comissivos** (conduta positiva: fazer algo) e **omissivos** (conduta negativa: deixar de fazer algo e permitir com que o dano ocorra).

Interessante é notar que pelos **comportamentos comissivos** o Estado responde independentemente de serem **lícitos** ou **ilícitos**. Diversamente do que ocorre no Direito Privado, no qual o agente causador do dano, em regra, somente poderá ser responsabilizado diante de ato ilícito, no Direito Administrativo o Estado responde mesmo por atos lícitos praticados por seus agentes, desde que causem ônus maior para determinadas pessoas em detrimento dos demais membros da coletividade.[7] É exemplo de conduta comissiva lícita, que gera para o Estado o dever de responsabilização, o caso de uma obra pública que pelo simples fato de existir causa danos aos moradores circunvizinhos por causa das rachaduras nas paredes de suas casas provocadas pelo maquinário utilizado.

De outra parte, a **conduta omissiva** só gera dever de responsabilidade civil do Estado quando é **ilícita**, também chamada de omissão própria (o agente que por lei estava obrigado a agir, não o fez, e em decorrência disso permitiu que o dano acontecesse). Ilustrativamente, dois policiais que fazem a ronda por determinada via pública presenciam particular sendo assaltado e, no entanto, fogem, amedrontados. Essa omissão irá ensejar para a vítima o direito de obter indenização do Estado em decorrência do comportamento ilícito desses agentes públicos.

Já o **comportamento omisso lícito** (o agente poderia agir se quisesse, mas não estava obrigado a tal) **não gera responsabilização civil** do Estado. Vejamos um exemplo de um servidor da Câmara dos Deputados que, ao retornar à sua residência, se encontra parado com seu veículo em semáforo de trânsito, quando se depara com assalto ao veículo ao lado do seu e nada faz para impedi-lo a não ser acionar as forças policiais. Nesse caso, temos uma omissão lícita (omissão imprópria) e o Estado não poderá ser responsabilizado por tal comportamento do agente público.

Em suma, **o Estado responde por comportamentos comissivos lícitos e ilícitos, e nas omissões responde somente quando forem ilícitas**.

---

6 Consulte o Capítulo 9 (Contratos Administrativos).

7 DI PIETRO, Maria Sylvia Zanella. *Direito Administrativo*. 20ª ed. São Paulo: Atlas, 2006, p. 595.

Ainda sobre o tema das omissões, é necessário, como pondera a doutrina pátria, fazer a devida distinção entre **omissão genérica** e **omissão específica**. Como bem assenta o professor José dos Santos Carvalho Filho:

> Nem toda omissão administrativa se qualifica como ilegal; estão nesse caso as **omissões genéricas**, em relação às quais cabe ao administrador avaliar a oportunidade própria para adotar tais providências positivas. Incide aqui o que a moderna doutrina denomina de **reserva do possível**, para indicar que, por vários motivos, nem todas as metas governamentais podem ser alcançadas, principalmente pela costumeira escassez de recursos financeiros. Somente diante dos concretos elementos a serem sopesados ao momento de cumprir determinados empreendimentos é que o administrador público poderá concluir no sentido da **possibilidade** de fazê-lo, à luz do que constitui a **reserva administrativa** dessa mesma possibilidade. Por lógico, não se pode obrigar a Administração a fazer o que se revela impossível. Em cada situação, todavia, poderá a Administração ser instada a demonstrar tal impossibilidade; se esta inexistir, não terá como invocar em seu favor a reserva do possível. Ilegais, desse modo, serão as **omissões específicas**, ou seja, aquelas que estiverem ocorrendo mesmo diante de expressa imposição legal no sentido do **facere** administrativo em prazo determinado, ou ainda quando, mesmo sem prazo fixado, a Administração permanece omissa em período superior ao aceitável dentro dos padrões normais de tolerância ou razoabilidade. Em tais hipóteses, assegura-se ao interessado exigir da autoridade omissa conduta positiva – originária, pois, do poder--dever de agir atribuído aos administradores públicos.[8]

Fica caracterizada a **culpa em sentido estrito** quando o agente dá causa ao resultado danoso por **imprudência** (em que pese o conhecimento dos riscos envolvidos, há convicção de que seja possível adotar a conduta sem que haja prejuízo a outrem), **negligência** (desatenção ou falta de cuidado ao adotar certa conduta) ou **imperícia** (falta de técnica ou de conhecimento ao atuar). Seria conduta culposa a liberação de um paciente de determinado hospital público mesmo havendo relativo perigo de morte.

O **dolo** ocorre quando o agente teve a intenção de produzir aquele resultado lesivo ou assumiu os riscos de produzi-lo. Retomando o exemplo anterior, haveria dolo se os policiais se omitiram no dever de impedir o assalto pelo fato de a vítima ser torcedora de time rival de futebol e, no conceito dos policiais, não merecer proteção digna, como os demais cidadãos.

A **culpa em sentido amplo** seria utilizada para designar, em geral, as condutas ilícitas, dolosas ou culposas. Assim, quando dizemos que alguém é culpado,

8 CARVALHO FILHO, José dos Santos. *Manual de Direito Administrativo*. 20ª ed. Rio de Janeiro: Lumen Juris, 2008, p. 40-41.

estamos dizendo que houve o cometimento de ilícito, seja doloso ou culposo. Em suma, culpa em sentido amplo refere-se tanto às condutas culposas quantos às dolosas.

5. DANO INDENIZÁVEL E AÇÃO DE INDENIZAÇÃO

O fato gerador da responsabilidade do Estado é o dano, seja ele material ou moral. O dano material se refere ao patrimônio econômico do indivíduo lesado, enquanto o dano moral toca a esfera íntima e subjetiva do indivíduo – está relacionada aos seus preceitos pessoais e à sua imagem perante a sociedade e a si mesmo. Durante certo tempo discutiu-se a existência do dano moral e a obrigatoriedade de indenizá-lo. Entretanto, atualmente é ponto comum do direito reconhecer e tutelar a esfera moral do indivíduo, admitindo a indenização em caso de violação.

Entretanto, é importante assinalar que nem todo dano sofrido por particular é passível de indenização pelo Estado. O professor Celso Antônio Bandeira de Mello elenca alguns requisitos necessários à configuração da responsabilidade civil do Estado, a saber:[9]

a) **juridicidade**: é necessário que o dano corresponda a um direito da vítima (dano jurídico), pois quem não sofre violação na sua esfera jurídica não tem do que ser indenizado. Nesse contexto, não basta que o dano seja patrimonial, é necessário que corresponda a um direito tutelado pelo sistema normativo. Dessa forma, a simples mudança de um hospital de determinada localidade poderia acarretar para os proprietários de drogarias circunvizinhas prejuízo pela diminuição, ou mesmo o aniquilamento, do fluxo de clientes usuários do serviço público hospitalar. Entretanto, isso não seria suficiente para que fique caracterizado o dano jurídico, sendo simplesmente um dano patrimonial. Ademais, o dano pode ser única e exclusivamente moral. Se o dano advém de um ato cuja finalidade é o sacrifício total de um direito, previsto e autorizado pela ordem jurídica, também não há possibilidade de configuração da responsabilidade civil do Estado, como é o caso da desapropriação; e

b) **certeza**: o dano precisa ser real, determinado, ainda que futuro. Logo, o dano eventual ou possível não garante o direito à indenização. Nessa situação, o valor da indenização deve ser o mais amplo possível, pois deverão ser reparados tanto os **danos emergentes** (o que se perdeu diretamente em razão do dano) quanto os **lucros cessantes** (o que certamente se deixou de ganhar em virtude do ato lesivo) e outros prejuízos regularmente comprovados, tais como honorários advocatícios, custas processuais, correção monetária, entre outros.

9 BANDEIRA DE MELLO, Celso Antônio. *Curso de Direito Administrativo*. 25ª ed. São Paulo: Malheiros, 2007, p. 1004.

No caso dos comportamentos lícitos, são necessários, ainda, os seguintes requisitos:

a) **especialidade**: é necessário que o dano prejudique especialmente determinado(s) particular(es), não podendo ter onerado a sociedade como um todo. Se o dano se estende à sociedade em geral, como os casos de perda do poder aquisitivo da moeda, não haverá responsabilidade civil do Estado; e

b) **anormalidade**: o dano deve superar os meros e pequenos agravos patrimoniais, inerentes aos riscos do convício social ou da atividade econômica. A responsabilidade civil do Estado não se presta a garantir a reparação por moderados, ocasionais e transitórios gravames oriundos dos riscos a que todos os indivíduos da sociedade estão sujeitos. Sendo assim, não configura dano indenizável o oriundo de transitória obstrução de via pública, o que obriga os motoristas a tomarem um trajeto alternativo mais longo, gerando aumento das despesas com combustível.

Uma vez reunidos os requisitos que configuram o dano indenizável (juridicidade, certeza e, em alguns casos especialidade e anormalidade), a vítima pode buscar reparação por duas vias:

a) **via administrativa (amigável)**: a vítima ingressa com requerimento administrativo no próprio órgão ou entidade à que se subordina o agente causador do dano. Daí, o Estado e a vítima chegam a um acordo onde fica consignada a responsabilização estatal e o valor da indenização cabível, que não necessariamente será em dinheiro ou paga integralmente. Não havendo acordo, a vítima poderá se valer da via judicial para obter reparação dos danos sofridos; e

b) **via judicial**: a vítima leva a questão ao Poder Judiciário numa ação de indenização que seguirá o rito definido na legislação processual civil.

Consoante entendimento majoritário na doutrina, o particular que opta pela reparação do dano na via judicial tem a sua disposição três opções:[10]

a) **ajuizar ação somente contra o Estado**: nesses casos, num primeiro momento, a lide será entre a pessoa jurídica à que se subordina o agente público e o particular lesado. Aqui haverá aplicação de uma das teorias de responsabilidades, que serão estudadas adiante: responsabilidade objetiva ou subjetiva. Após o trânsito em julgado da ação de indenização, a pessoa jurídica se volta contra o agente público em ação regressiva e requererá deste o ressarcimento do valor da indenização;

10 Esse é o posicionamento do STJ sobre a matéria: REsp 1.325.862-PR, Rel. Min. LUIS FELIPE SALOMÃO, julg.: 05.09.2013.

b) **ajuizar ação apenas contra o agente público**: acionando diretamente o agente público, a vítima deverá comprovar o dolo ou culpa na atuação, pois a responsabilidade do agente é sempre subjetiva; e

c) **ajuizar ação contra o Estado e o agente público, em litisconsórcio passivo**: aqui teremos dois réus na ação de indenização: o agente público e a pessoa jurídica à qual está subordinado.

Como afirmado, as três vias estão à disposição da vítima, que procederá à escolha conforme juízo próprio de conveniência. Todavia, o STF em diversas oportunidades decidiu que o particular lesado somente poderia ajuizar **ação de indenização exclusivamente contra o Estado**, não sendo possíveis as demais alternativas.[11] Ademais, e para reforçar esse posicionamento, o próprio STF reconheceu a impossibilidade de responsabilidade concorrente do Estado por dano causado por magistrado no exercício de função jurisdicional.[12]

Quanto ao prazo de prescrição para que o particular reivindique a reparação dos danos sofridos, há certa divergência na doutrina e na jurisprudência.

O Decreto nº 20.910/1932 estabelece o prazo prescricional de **cinco anos** a contar da data do evento lesivo oriundo de agente público de ente político (União, Estado, Distrito Federal ou Municípios), de autarquia ou de fundação de direito público. É o que se denomina **prescrição quinquenal**. Para as pessoas jurídicas de direito privado, o art. 1º-C da Lei nº 9.094/1997 também fixa o prazo prescricional de **cinco anos** para a propositura da ação de indenização.

Note que a referida **prescrição quinquenal** é aplicável a todas as ações e direitos contra a Fazenda Pública, incluindo autarquias, fundações públicas, empresas públicas e sociedades de economia prestadoras de serviços públicos. Até a publicação do Código Civil, a aplicação da prescrição quinquenal estava pacificada na doutrina e na jurisprudência dos tribunais. Entretanto, após o advento da nova Lei Civil, fundou-se controvérsia acerca do assunto. O ponto de divergência é que o art. 206, § 3º, V, do Código Civil estatuiu prazo prescricional de três anos para reparação civil de modo geral.

Nesse contexto, alguns autores administrativistas, de modo razoavelmente fundamentado, se posicionaram no sentido de que a **prescrição trienal** do Código Civil, por ser mais favorável ao Estado e por ser veiculada por norma mais recente, se aplicaria às ações contra a Fazenda Pública no tocante à reparação civil. Isto é, no ponto, o Código Civil de 2002 teria operado a revogação tácita da prescrição quinquenal (Decreto nº 20.910/1932) pelo critério da temporalidade

11 RE 720.275, Min. DIAS TOFFOLI, julg.: 10.12.2012; RE 344.133/PE, Rel. Min. MARCO AURÉLIO, julg.: 09.09.2008; RE 327.904, Rel. Min. AYRES BRITTO, DJ 08.09.2006.

12 RE 228.977-SP, Rel. Min. NÉRI DA SILVEIRA, DJ 12.04.2002.

(lei nova revoga lei antiga). Quanto às demais pretensões contra a Fazenda Pública, permaneceria a aplicação da prescrição quinquenal.[13]

Outros[14], dentre os quais nos incluímos, argumentam que a **prescrição quinquenal** insculpida no Decreto nº 20.910/1932 seria norma especial que regula a prescrição das pretensões formuladas contra a Fazenda Pública, e, como tal, teria de prevalecer sobre o prazo trienal do Código Civil, norma que disciplina a matéria em termos gerais. Vê-se, aqui, aplicado o critério da especialidade, segundo o qual norma especial prevalece sobre norma geral.

Durante certo tempo, no STJ a questão encontrou-se em profunda controvérsia: tanto houve julgados no sentido de ser aplicável o prazo prescricional de três anos[15] quanto outros no sentido de que esse prazo seria de cinco anos[16].

Entretanto, a partir do segundo semestre de 2012[17], o Tribunal da Cidadania passou a reiterar o entendimento de que **prescreve em cinco anos todo e qualquer direito ou ação movida contra a Fazenda Pública**, seja ela federal, estadual ou municipal, inclusive indenização por reparação civil. Desse modo, atualmente, pode-se afirmar que esta é a jurisprudência do STJ no trato da matéria.[18]-[19]

6. AÇÃO REGRESSIVA

Uma vez tendo indenizado a vítima e transitado em julgado a ação de indenização, deve a pessoa jurídica responsável voltar-se contra o agente público causador do dano a fim de obter o ressarcimento do valor que despendeu a título de indenização. O ressarcimento poderá ocorrer administrativamente, caso haja acordo entre Estado e agente, ou judicialmente, por meio da ação regressiva.

Vimos anteriormente que o agente público poderá responder civil, penal e administrativamente pelo exercício irregular de suas atribuições. A **responsabilidade civil**, que é a que nos interessa neste capítulo, decorre de ato omissivo ou comissivo, doloso ou culposo, que resulte em prejuízo ao erário ou a terceiros (art. 122, Lei nº 8.112/1990).

---

13 CARVALHO FILHO, José dos Santos. *Manual de Direito Administrativo*. 20ª ed. Rio de Janeiro: Lumen Juris, 2008, p. 542; CUNHA, Leonardo Carneiro da. *A Fazenda Pública em Juízo*. 8ª ed., São Paulo: Dialética, 2010, p. 88-90; MARINELA, Fernanda. Direito Administrativo. 4ª ed. Niterói: Impetus, 2010, p. 1030.

14 FURTADO, Lucas Rocha. Curso de *Direito Administrativo*. Belo Horizonte: Fórum. 2006, p. 1015-1017; JUSTEN FILHO, Marçal. *Curso de Direito Administrativo*. 9ª ed. São Paulo: Editora Revista dos Tribunais, 2013, p. 1362.

15 AREsp 14.062, Rel. Min. ARNALDO LIMA, Julg.: 20.09.2012; REsp 1.104.062/RS, Rel. Min. MAURO CAMPBELL, DJe 27.05.2010; REsp 1.137.354/RJ, Rel. Min. CASTRO MEIRA, julg.: 08.09.2009; REsp 1.066.063/RS, Rel. Min. FRANCISCO FALCÃO, DJe 11.11.2008 e REsp 698.195/DF, Rel. Min. JORGE SCARTEZZINI, DJ 29.05.2006.

16 AgRg no REsp 1.149.621/PR, Rel. Min. BENEDITO GONÇALVES, DJe 18.05.2010; AgRg no REsp 1.073.796/RJ, Rel. Min. HUMBERTO MARTINS, DJe 01.07.2009; REsp 1.014.307, SP, Rel.ª Min.ª DENISE ARRUDA, DJe 24.06.2009.

17 AgR no AREsp 69.696/SE, Rel. Min. BENEDITO GONÇALVES, DJe 21.08.2012; AgRg no EREsp 1.200.764/AC, Rel. Min. ARNALDO ESTEVES LIMA, DJe 06.06.2012; AgR no REsp 1.195.013/AP, Rel. Min. TEORI ALBINO ZAVASCKI, DJe 23.05.2012; REsp 1.236.599/Rr, Rel. Min. CASTRO MEIRA, DJe 21.05.2012; AgR no AREsp 131.894/GO, Rel. Min. HUMBERTO MARTINS, DJe 26.04.2012.

18 A título de curiosidade, foi este o julgado que inaugurou o consenso jurisprudencial: REsp 1.251.993/PR, Rel. Min. MAURO CAMPBELL MARQUES, Julg.: 12.12.2012.

19 Idêntico entendimento tem o STF: ADI 2.418/DF, Rel. Min. TEORI ZAVASCKI, julg.: 04.05.2016.

Ação de ressarcimento é aquela em que, **após o trânsito em julgado** da ação de indenização, o Estado busca obter do agente causador do dano os valores pagos à vítima a título de indenização. Como se vê, a ação de regresso tem natureza eminentemente civil e será liquidada preferencialmente pela penhora dos bens do agente público (art. 125, NCPC). Na falta destes, a indenização de prejuízo dolosamente causado ao erário somente será liquidada mediante desconto mensal da remuneração do servidor público.

A obrigação de reparar o dano estende-se aos sucessores e contra eles será executada, até o limite do valor da herança recebida (art. 122, § 3º, Lei nº 8.112/1990).

A responsabilidade civil do agente é **sempre subjetiva**. Isto é, o agente será obrigado a ressarcir o valor de indenização feito pelo Estado quando fica devidamente comprovado o **dolo ou culpa** em sua atuação.

Em regra, a responsabilidade do Estado é objetiva, enquanto a responsabilidade do agente público é sempre subjetiva. Assim, é perfeitamente possível, em alguns casos, que o Estado efetue indenização ao particular, mas ao se voltar contra o agente em ação regressiva, não receba ressarcimento do agente porque este não atuou com dolo ou culpa.

Muito se discute na doutrina sobre a possibilidade de o Estado denunciar à lide o agente causador do dano. A **denunciação à lide** é modalidade de intervenção de terceiros, prevista no arts. 125 a 129 do novo Código de Processo Civil, que permite ao autor ou réu da ação judicial chamar um terceiro (o provável causador do dano e contra o qual tem direito de regresso) ao processo para que, desde logo, defina sua situação jurídica com relação a esse terceiro. No caso da responsabilidade civil do Estado, a pessoa jurídica de natureza pública chamaria ao processo o agente público que pretensamente causou o dano a fim de cobrar dele o valor da indenização que tiver de pagar à vítima.

Dissemos alhures que somente após o trânsito em julgado da ação de indenização é que pode o Estado voltar-se contra o agente público em ação regressiva. Sendo assim, nos filiamos à corrente majoritária que é no sentido de **não se admitir** a denunciação à lide do agente público.[20]

Vale dizer, não é possível o Estado, na mesma ação movida contra ele pelo particular, denunciar à lide o agente público para que este discuta a sua responsabilidade civil perante o Estado. Um dos argumentos a favor dessa tese é que, uma vez que a responsabilidade do Estado é objetiva (independe de dolo ou culpa), trazer o agente público, que sempre responde subjetivamente (depende de dolo ou culpa), para esse mesmo processo acarretaria maior demora no trâmite da ação uma vez que, como se tratam de responsabilidades distintas, o conjunto probatório também não seria o mesmo. Ademais, seria necessário

20 Cite-se como exemplo o eminente Celso Antônio Bandeira de Mello (*Curso de Direito Administrativo*. 25ª ed. São Paulo: Malheiros, 2007, p. 1019).

arguir um fato novo que não estava presente na ação (a culpa do agente público), o que é vedado na denunciação à lide.

Todavia, não é esse o entendimento do STJ sobre a matéria. Para o Tribunal da Cidadania a denunciação à lide é **plenamente possível e recomendável, mas não obrigatória**, na ação de indenização. O fundamento dessa orientação são os princípios da economia processual e da celeridade, que permitiriam que, numa só ação, fossem integralmente dirimidas duas controvérsias jurídicas: a existente entre a vítima e o Estado, a existente entre este e o agente público causador do dano.[21]

Por fim, consoante o disposto no art. 37, § 5º, CF/1988, as ações de ressarcimento ao erário são **imprescritíveis**. Todavia, conforme entendimento recente do STF, o referido dispositivo refere-se somente a ações de ressarcimento relativas a prejuízos causados por atos de improbidade administrativa. No caso de ilícitos civis, que é o caso dos danos em geral causados por agentes públicos e pelos quais o Estado responderá civilmente, **é prescritível em cinco anos a ação de reparação de danos à Fazenda Pública (Decreto nº 20.910/32)**.[22]-[23]

7. EVOLUÇÃO DAS TEORIAS DE RESPONSABILIDADE

Desde a formação dos Estados modernos, discute-se o modelo de responsabilidade civil extracontratual do Estado. Isto é, para chegarmos à sistemática que temos atualmente, muitas teorias surgiram e foram aplicadas. E até hoje há evolução do tema, para melhor adaptação ao desenvolvimento dos valores, conceitos e reclames da sociedade.

7.1. Teoria da irresponsabilidade

A teoria da irresponsabilidade, também denominada Teoria Regalista ou Regaliana, tem como pano de fundo o período do absolutismo monárquico, em que o soberano exercia as três funções do Estado (legislativa, jurisdicional e administrativa) de maneira isolada, absoluta e ilimitada. Os Poderes Executivo, Legislativo e Judiciário estavam, direta ou indiretamente, sob o comando do Rei, que exercia o poder da forma que mais parecesse conveniente aos seus interesses. A identificação entre o Rei e o Estado era tamanha que, nos tempos áureos do absolutismo, o Rei Luís XVI da França chegou a proclamar a célebre frase: "O Estado sou eu".

21 REsp 955.352/RN, Rel.ª Min.ª ELIANA CALMON, DJ 29.06.2009; REsp 850.251/SC, Rel. Min. HUMBERTO MARTINS, DJ 09.03.2007; AgRg no REsp 631.723/CE, Rel. Min. JOSÉ DELGADO, DJ 13.09.2004.

22 STF, RE 669.069/MG, Rel. Min. TEORI ZAVASCKI, Julg.: 03.02.2016.

23 Importante destacar que há um caso peculiar que merece tratamento diferenciado: as ações de indenização por danos morais decorrentes de perseguição, tortura e prisão, por motivos políticos, durante o regime militar. Estas, sim, são imprescritíveis, pois tais lesões a direitos ocorreram num momento conturbado em que a ordem jurídica foi amplamente desconsiderada, um regime de exceção (STJ, REsp 1.374.376/CE, Rel. Min. HERMAN BENJAMIN, Julg.: 25.06.2013).

Além de exercer de maneira absoluta os três Poderes do Estado, sobre a figura real pairava a força da divindade: acreditava-se que o Rei era representante escolhido por Deus. Logo, se Deus não erra, o Rei, que é o seu escolhido para exercer poder estatal, também não pode errar e, consequentemente, não pode ser chamado a responder por seus atos. Daí, as máximas: "o rei não pode errar", "*the king can do no wrong*" e "*le roi ne peut mal faire*".

E se o rei não pode errar, nenhuma conduta de seus agentes, por mais danosa que seja, poderá gerar para o Estado dever de indenizar, pois trata-se tão somente da vontade de Deus para os homens.

Assim, na teoria da irresponsabilidade do Estado, em nenhuma hipótese ele seria obrigado a indenizar o particular que fosse prejudicado por qualquer atuação dos agentes públicos.

No Brasil, a teoria da irresponsabilidade foi amplamente adotada no período pré-republicano. O art. 99 da Constituição de 1824 previa o seguinte (*ad litteram*): "A Pessoa do Imperador é inviolavel, e Sagrada: Elle não está sujeito a responsabilidade alguma."

7.2. Teorias civilistas

As teorias civilistas nascem na primeira metade do século XIX com a queda do absolutismo e como corolário da era das revoluções burguesas (principalmente, a Revolução Francesa), inspiradas em conter a supremacia arbitrária do Estado. Aqui, temos o claro objetivo de trazer o Estado para o plano de igualdade com o particular, para responder da mesma forma que este responde por seus atos. As teorias civilistas fundam-se basicamente na ideia de culpa em sentido amplo (dolo + culpa em sentido estrito).

7.2.1. Teoria da distinção entre atos de império e atos de gestão

Essa teoria surge como uma tentativa de atenuar os efeitos nefastos da teoria da irresponsabilidade, uma vez que faz a distinção entre os atos do Poder Público e os atos de império e atos de gestão. Pelos primeiros o Estado não responderia, pelos demais seria possível a responsabilização do Estado. Maria Sylvia Zanella Di Pietro, sobre o tema, assinala que para aplicação dessa teoria distinguia-se a:

> Pessoa do Rei (insuscetíveis de errar – *the king can do no wrong, le roi ne peut mal faire*), que praticaria os atos de império, da pessoa do Estado, que praticaria os atos de gestão através de seus prepostos.[24]

Em detalhes, os **atos de império** eram aqueles praticados usualmente pelo monarca ou pelos agentes públicos de alto escalão por meio de imposições unilaterais e coercitivas aos administrados (verticalidade), no exercício da

24 DI PIETRO, Maria Sylvia Zanella. *Direito Administrativo*. 20ª ed. São Paulo: Atlas, 2006, p. 205.

supremacia estatal e sob a regência de um direito especial, exorbitante do Direito comum. Por tais atos, o Estado não responderia, pois, acreditava-se, representavam a medida exata do Estado para garantir o bem comum. Daí, os administrados prejudicados teriam de suportar os ônus.

Já os **atos de gestão** eram aqueles praticados por agentes públicos de inferior hierarquia por meio de atos bilaterais e consensuais em que o Estado se despia de sua supremacia e se colocava em plano de igualdade jurídica com o particular (horizontalidade). Normalmente, por meio de tais atos, o Estado zelava pela conservação e desenvolvimento dos bens públicos e gestão de serviços públicos, o que revelava o caráter burocrático de tais atos. Nesses casos, se o Estado causasse algum dano, seria passível de responsabilização pelas vias adequadas.

Tudo isso que expomos trata-se verdadeiramente de uma tentativa de argumentação teórica para disfarçar a arbitrariedade do soberano, frente à:

> Impossibilidade de dividir-se a personalidade do Estado, quer pela própria dificuldade, senão impossibilidade, de enquadrar-se como atos de gestão todos aqueles praticados pelo Estado na administração do patrimônio público e na prestação de seus serviços.[25]

Na prática, a teoria da separação entre atos de gestão e atos de império era uma forma velada, uma versão mal acabada, da teoria da irresponsabilidade.

7.2.2. Teoria da responsabilidade subjetiva

A primeira teoria civilista de responsabilidade (atos de império x atos de gestão) foi logo ultrapassada, cedendo lugar à teoria da responsabilidade subjetiva (também chamada de teoria da **culpa civil** ou **culpa comum**), que situava o Estado no mesmo plano jurídico dos particulares, sem distinguir a espécie de ato praticado pelo Poder Público. Isto é, pela teoria da responsabilidade subjetiva, o Estado responde pelos atos que pratica da mesma forma que respondem os particulares por suas condutas: quando há comprovação de dolo ou culpa.[26]

Sendo assim, para que haja indenização com fulcro na teoria da responsabilidade subjetiva é necessário que sejam demonstrados conjuntamente:

a) atuação, comissiva ou omissiva, **dolosa ou culposa**, de agente público, nessa qualidade;

b) dano indenizável;

c) nexo causal entre o dano e a atuação do agente.

---

25 DI PIETRO, Maria Sylvia Zanella. *Direito Administrativo*. 20ª ed. São Paulo: Atlas, 2006, p. 598

26 Note, entretanto, que apesar de a responsabilidade civil dos particulares ser, em regra, subjetiva, o nosso Código Civil admite hipóteses em que o particular responde objetivamente (art. 927): nos casos especificados em lei ou quando a atividade normal e ordinariamente desenvolvida pelo autor do dano implicar, por sua natureza, risco para os direitos de outrem.

Ponto alto dessa teoria, o particular lesado pela atuação do agente público deverá, em juízo, comprovar o dolo ou culpa na atuação deste, caso contrário não haverá possibilidade de responsabilização do Estado. Trata-se da **noção individualista de culpa**, segundo a qual a vítima precisa se centrar na conduta do agente causador do dano, a fim de demonstrar dolo ou culpa em sua atuação.

Em suma, podemos afirmar que a teoria da responsabilidade subjetiva **depende da comprovação de dolo ou culpa do agente público**. Verifica-se, assim, uma perspectiva individualista de culpa (em sentido amplo), uma vez que o particular lesado, para receber indenização, deverá comprovar que houve dolo ou culpa na atuação de determinado agente público.

7.3. Teorias publicistas

O passo inicial em direção à consolidação das teorias publicísticas de responsabilidade civil foi o caso Blanco em 1873. O referido caso referia-se ao dano sofrido pela menina Agnés Blanco que, ao atravessar determinada rua da cidade de Bordeaux, sofreu atropelamento por uma vagonete da companhia "Manufatura Nacional de Tabaco". O acidente veio a causar-lhe perda de uma das pernas. Naquele momento, em ação intentada pela família da menor, surge o conflito de competência entre a Justiça Comum (incumbida de apreciar controvérsias havidas no âmbito do Direito Privado) e a Justiça Administrativa (competente para apreciar litígios envolvendo a Administração Pública) francesas. Levada ao Tribunal dos Conflitos, ficou assentado que a matéria deveria ser submetida ao julgamento dos Tribunais Administrativos, em função de o dano ter sido causado pelo Estado na prestação de serviço público e, como tal, a responsabilidade ter de ser apurada com base em regras e princípios de Direito Público, diversamente das verificadas no Direito Privado.

As teorias publicistas surgem com a evolução da jurisprudência do Conselho de Estado na França. Essas teorias brotam das teses de Direito Público e, portanto, reconhecem a posição especial que goza o Estado em relação ao indivíduo (supremacia), mas também reconhecem os direitos individuais e coletivos frente à atuação estatal (indisponibilidade). Em síntese, as teorias publicistas surgem da constatação de que o Estado não poderia responder civilmente com base nas regras do Direito Civil, aplicáveis aos particulares em geral, uma vez que a responsabilidade do ente público deve se dar segundo parâmetros diferenciados.

Como consequência direta desses argumentos, emergem as teorias da falta do serviço, do risco administrativo e do risco integral.

7.3.1. Teoria da falta do serviço

A teoria da falta do serviço, também denominada teoria da **culpa do serviço**, da **falta administrativa**, da **culpa administrativa** ou da **culpa anônima** lastreia-se na falta da prestação do serviço, genericamente considerado.

O fundamento dessa teoria era que a teoria da responsabilidade subjetiva, por depender de demonstração de dolo ou culpa do agente, não possibilitava a identificação desse agente em caso de omissão estatal. Imagine um dano causado a diversos veículos em virtude de enorme buraco encontrado em determinada rodovia. Como encontrar o agente diretamente responsável pelo dano? Com a teoria da falta do serviço, abandona-se a noção individualista de culpa. O que importa não é mais a conduta deste ou daquele agente público a fim de demonstrar culpa ou dolo em sua atuação. O particular que deseja obter reparação pelo dano sofrido deverá demonstrar a falta do serviço, genericamente considerado.

A falta do serviço abrange três modalidades:

a) **não funcionamento:** o serviço não é prestado ao administrado. Ex.: particular cuja residência está sendo assaltada disca o número da polícia, mas ninguém atende à ligação, e isso lhe causa sérios danos materiais;
b) **mau funcionamento**: o serviço é prestado de maneira insatisfatória, desleixada, ineficiente. Ex.: paciente internado em hospital público que recebe alta antes do período de repouso e observação adequados e vem a óbito em decorrência disso; e
c) **demora na prestação**: o serviço é prestado com atraso e, com isso, acarreta prejuízos ao particular. Ex.: candidato aprovado em concurso público que solicita diploma de nível superior à universidade pública que deixa escoar o prazo legal para fornecimento do documento e, com isso, impede o candidato de tomar posse no tempo determinado.

Destaque-se que com o advento da teoria da falta do serviço, não se abandonou totalmente a teoria da responsabilidade subjetiva, mas tão somente passou-se a utilizá-la apenas quando fosse possível identificar o agente causador do dano e, consequentemente, provar sua culpa ou dolo. Sendo assim, naquele momento, a depender das circunstâncias e da natureza do dano causado, aplicava-se ora a teoria da responsabilidade subjetiva, ora a da falta do serviço.

7.3.2. Teoria da responsabilidade objetiva na modalidade risco administrativo

Também oriunda da jurisprudência do Conselho de Estado francês, por esta teoria o Estado é obrigado a indenizar o particular, mesmo naqueles casos em que o agente não atuar com dolo ou culpa. Ou seja, a responsabilização do Estado pela teoria do risco administrativo **independe de dolo ou culpa do agente**. Basta que o particular comprove a presença dos seguintes elementos:

a) atuação de agente público, nessa qualidade;
b) dano a terceiro;
c) nexo de causalidade entre a conduta do agente e o dano sofrido pelo particular.

Assim, para que o Estado indenize o particular é suficiente que este demonstre que sofreu um dano e que esse dano é consequência de atuação do agente público, mesmo sem que haja dolo ou culpa deste.

Para a professora Maria Sylvia Zanella Di Pietro, a teoria do risco administrativo tem alicerce:

> No princípio da igualdade dos ônus e encargos sociais: assim como os benefícios decorrentes da atuação estatal repartem-se por todos, também os prejuízos sofridos por alguns membros da sociedade devem ser repartidos. Quando uma pessoa sofre um ônus maior do que o suportado pelas demais, rompe-se o equilíbrio que necessariamente deve haver entre os encargos sociais; para restabelecer esse equilíbrio, o Estado deve indenizar o prejudicado, utilizando recursos do erário público.[27]

O art. 37, § 6º, da Constituição consagra a teoria do risco administrativo em nosso ordenamento jurídico:

> As pessoas jurídicas de direito público e as de direito privado prestadoras de serviços públicos responderão pelos danos que seus agentes, nessa qualidade, causarem a terceiros, assegurado o direito de regresso contra o responsável nos casos de dolo ou culpa.

7.3.3. Excludentes e atenuante de responsabilidade

Não obstante essa teoria da responsabilidade objetiva independa de dolo ou culpa, nem sempre o Estado terá de indenizar o particular. Há situações em que a responsabilidade do Estado é excluída por não haver nexo causal entre a conduta comissiva do agente público e o dano sofrido. São os chamados **excludentes de responsabilidade**:

a) **culpa exclusiva da vítima**: quando a vítima por si só dá causa ao evento danoso. Nessa situação, o Estado fica eximido da obrigação de efetuar qualquer indenização ao particular causador do dano. Pelo contrário, o particular é que terá de indenizar o Estado pelo prejuízo por este sofrido. Imagine um motorista bêbado e na contramão que, em alta velocidade, colide com um veículo oficial, que trafegava pela via em sentido normal e na velocidade permitida; e

b) **caso fortuito e força maior**: são eventos extraordinários, imprevisíveis (ou previsíveis de consequências imprevisíveis) e de força irresistível estranhos à vontade das partes e que, por isso, quebram o nexo causal entre a atuação comissiva do agente público e o dano sofrido. Não podemos acreditar que se um indivíduo cujo para-brisas do veículo foi destruído por uma chuva de granizo obterá algum indenização do Estado.

27 DI PIETRO, Maria Sylvia Zanella. *Direito Administrativo*. 20ª ed. São Paulo: Atlas, 2006, p. 599.

Além dos excludentes de responsabilidade, há o atenuante de responsabilidade nos casos de culpa concorrente. A **culpa concorrente** resta configurada quando o particular e o agente público concorrem para a ocorrência do evento danoso. Em casos como esses, não seria justo o Estado responder integralmente pelos danos causados à vítima, pois houve participação desta no resultado lesivo. Caberá, pois, ao juiz definir qual é a parcela de culpa ou dolo de cada uma das partes e, a partir disso, repartir o ônus da indenização (princípio da compensação de culpas). O art. 945 do vigente Código Civil preceitua:

> Se a vítima tiver concorrido culposamente para o evento danoso, a sua indenização será fixada tendo-se em conta a gravidade de sua culpa em confronto com a do autor do dano.[28]

Pela complexidade do tema, resolvemos abordá-lo em apartado. As expressões caso fortuito e força maior são fontes de inúmeras controvérsias na doutrina brasileira.

Alguns autores entendem **força maior** como o evento da natureza, extraordinário, imprevisível (ou previsível de consequências imprevisíveis) e de força irresistível. Exemplo disso seriam as enchentes, furacões, terremotos, deslizamento de terras, raios etc. E o **caso fortuito** seria entendido como o evento humano de terceiros, extraordinário, imprevisível (ou previsível de consequências imprevisíveis) e de força irresistível. Exemplos seriam os arrastões, guerras, tiroteios, greves etc. Outros vão na direção contrária: o caso fortuito é o evento da natureza e a força maior, evento humano de terceiros. E, ainda, há aqueles que reúnem as duas figuras na força maior, dando ao caso fortuito acepção diversa.

Neste trabalho, analisaremos essas expressões em duas perspectivas. Numa primeira, podemos entender **caso fortuito e força maior como eventos externos à vontade da Administração** que rompem o nexo causal e, portanto, não geram para o Estado qualquer dever de responsabilização (excludentes de responsabilidade). Seriam exemplos tanto um terremoto que deixa milhares de pessoas desabrigadas, quanto uma pedrada disparada por terceiro em uma passageira usuária de transporte público coletivo no momento em que estava dentro do ônibus em um trecho rodoviário em que nunca havia acontecido tal acidente.[29] Perceba que, nesses exemplos, não há nenhuma correlação (nexo de causalidade) entre a atuação do agente público e o dano sofrido. Sendo assim,

28 Com base nesse entendimento, o STJ deu parcial provimento ao recurso especial de pai e irmãs de vítima de atropelamento em linha ferroviária para reconhecer o direito à indenização, porém reduzindo à metade o valor a ser pago. O Tribunal asseverou que "é dever da concessionária de transporte ferroviário disponibilizar aos pedestres um caminho seguro para transpor a linha de trem, inclusive fechando acessos clandestinos, mas, existindo passarela de travessia próxima a local onde ocorreu atropelamento, é de ser reconhecida a culpa concorrente da vítima" (REsp 622.715/SP, Rel. Min. ALDIR PASSARINHO JÚNIOR, DJe 23.09.2010).

29 STJ, REsp 247.349/MG, Rel. Min. ALDIR PASSARINHO JÚNIOR, DJe 26.02.2009.

não podemos chegar à absurda conclusão de que o Estado deva responder por danos que não foram, direta ou indiretamente, causados por seus agentes.

Numa segunda perspectiva, valemo-nos da lição de um dos maiores administrativistas brasileiros: Celso Antônio Bandeira de Mello.[30] Para o insígne administrativista, a **força maior** engloba tanto os eventos da natureza quanto os eventos humanos de terceiros (extraordinário, imprevisível, ou previsível de consequências imprevisíveis, e de força irresistível), considerando-os **externos à Administração**. Por eventos classificados **exclusivamente** como força maior **o Estado não responde** por não haver nexo de causalidade.

Já o **caso fortuito** seria o **evento interno** à Administração que, por sua total imprevisibilidade, acaba atingindo consequências danosas. Imagine o agente público condutor de veículo oficial que, mesmo tomando todas as providências cabíveis, colide contra veículo particular por conta de uma falha mecânica – o freio falhou quando utilizado próximo ao semáforo. Nesse caso, mesmo não havendo qualquer dolo ou culpa do agente, o Estado deverá responder, pois há nexo causal entre a conduta do agente e o dano sofrido. Retomando o exemplo anterior: o particular sofreu prejuízos em seu veículo única e exclusivamente porque foi atingido por veículo oficial conduzido por agente público.

Feitas essas considerações, podemos sintetizar a matéria nos seguintes termos:

a) caso fortuito e força maior, quando eventos externos, rompem o nexo causal e não geram para o Estado dever de indenizar;
b) força maior, entendida como evento externo da natureza ou de terceiros, quebra o nexo causal e, também, não obriga o Estado a indenizar a vítima; caso fortuito, por sua vez, entendido como evento interno à atuação administrativa em que há nexo de causalidade, gera responsabilização estatal.

Por fim, vale lembrar que na hipótese de excludentes ou atenuante de responsabilidade caberá ao Estado o ônus de provar tais circunstâncias a fim de se eximir total ou parcialmente do dever de indenizar.

7.3.4. Teoria da responsabilidade objetiva na modalidade risco integral

Diametralmente oposta à teoria da irresponsabilidade, em que o Estado nunca responde pelos atos de seus agentes, a teoria do risco integral representa um exacerbamento da teoria da responsabilidade objetiva ao não admitir as excludentes de responsabilidade. Dessa forma, mesmo que haja culpa exclusiva da vítima e caso fortuito ou força maior, o Estado responderá

30 MELLO, Celso Antônio Bandeira de. *Curso de Direito Administrativo*. 25ª ed. São Paulo: Malheiros, 2007, p. 1009.

pelo dano causado à vítima, bastando tão somente a comprovação de nexo causal.

Seria o exemplo de determinada pessoa invadir área de acesso restrito de uma usina nuclear e, ao manusear incorretamente determinada substância causar sério acidente nuclear. Pela teoria do risco integral, ainda assim, o Estado seria obrigado a indenizar o particular que, no exemplo dado, seria o exclusivo culpado pelo dano.

Apesar de alguma controvérsia, há autores que admitem a aplicação dessa teoria nos casos de danos causados por acidentes nucleares e ambientais.[31] Mais adiante, trataremos desse ponto com mais detalhes.

8. OCORRÊNCIA DAS TEORIAS DE RESPONSABILIDADE NO DIREITO POSITIVO BRASILEIRO

A teoria da irresponsabilidade nunca foi adotada como teoria principal no Direito positivo brasileiro. Desde o Império, o Direito positivo brasileiro oscilou entre a teoria objetiva e subjetiva de responsabilidade civil.

Atualmente, há apenas dois campos de aplicação da teoria da irresponsabilidade, a saber: danos causados por atos legislativos e danos causados por atos judiciais.

A Constituição de 1824, em diversos dispositivos, estatuiu a responsabilidade direta dos agentes públicos por seus atos que causassem danos. Cite-se como exemplo o art. 133 que estabelecia a responsabilidade dos Ministros do Império pela prática de traição, peita, suborno, concussão, abuso de poder, falta de observância da lei, pelos que obrarem contra a liberdade, segurança ou propriedade dos cidadãos e por qualquer dissipação dos bens públicos.

Na mesma linha, o art. 82 da Constituição Republicana de 1891 preceituou que "Os funcionários públicos são estritamente responsáveis pelos abusos e omissões em que incorrerem no exercício de seus cargos, assim como pela indulgência ou negligência em não responsabilizarem efetivamente os seus subalternos". Nesse momento, ainda não havia no Brasil norma jurídica específica que responsabilizasse o Estado por comportamentos de seus agentes.

Com o advento do Código Civil de 1916 e com base na redação do art. 15 deste diploma, a doutrina majoritária brasileira defendeu o acolhimento da teoria civilista da responsabilidade subjetiva ou da culpa comum. Como a redação do referido artigo era bastante confusa, havia quem refutasse a ideia de que essa teoria teria sido adotada. De um modo ou de outro, a partir de então o Estado seria diretamente responsabilizado por atos de seus agentes.

---

31 Registre-se, entretanto, que há estudiosos, a exemplo de Sérgio Cavalieri Filho (*Programa de Responsabilidade Civil*. 5ª ed. São Paulo: Malheiros, 2004, p. 154), que advogam a tese de que danos oriundos de acidentes nucleares ensejariam a responsabilidade estatal pela teoria do risco integral.

As Constituições de 1934 e 1937 adotaram o princípio da responsabilidade civil solidária entre o Estado e os seus agentes públicos, por danos causados a terceiros, ressalvado o direito de regresso.

As teorias publicistas, sobretudo a do risco administrativo, vieram à baila com a Constituição de 1946. O art. 194 desta Carta assim dispunha: "As pessoas jurídicas de direito público interno são civilmente responsáveis pelos danos que seus funcionários, nessa qualidade, causem a terceiros". Embora não houvesse previsão expressa, o direito de regresso contra o agente causador do dano estava assegurado.

A partir daí passou-se a reconhecer que as atividades do Estado envolvem o risco de causar danos aos particulares e que, por isso, estes não deveriam demonstrar dolo ou culpa dos agentes públicos para receberem indenização pelos danos sofridos.

A Carta Política de 1967 manteve essa regra em seu art. 105, passando a prever expressamente que a ação regressiva seria cabível em caso de dolo ou culpa do agente. Idêntica redação foi adotada pela EC nº 1/1969, no art. 107.

Enfim, a Constituição 1988, em seu art. 37, § 6º, preceitua que:

> As pessoas jurídicas de direito público e as de direito privado prestadoras de serviços públicos responderão pelos danos que seus agentes, nessa qualidade, causarem a terceiros, assegurado o direito de regresso contra o responsável nos casos de dolo ou culpa.

Com essa redação, a CF/88 consagrou a teoria da responsabilidade objetiva na modalidade risco administrativo como principal do ordenamento, sem prejuízo da aplicação de outras em casos especiais.

9. APLICAÇÃO ATUAL

Como o ordenamento jurídico adota, como principal, a **teoria da responsabilidade objetiva na modalidade risco administrativo**, nas hipóteses que em não incide esta última, aplica-se a teoria da responsabilidade subjetiva.

Aplicar a teoria da responsabilidade objetiva na modalidade risco administrativo ou teoria da responsabilidade subjetiva é uma questão que depende do tipo de comportamento adotado pelo agente público e da pessoa jurídica à qual ele está subordinado. Dessa forma, a partir do disposto no art. 37, § 6º, da Constituição Federal, elaboramos um esquema acerca das teorias aplicáveis a cada caso:

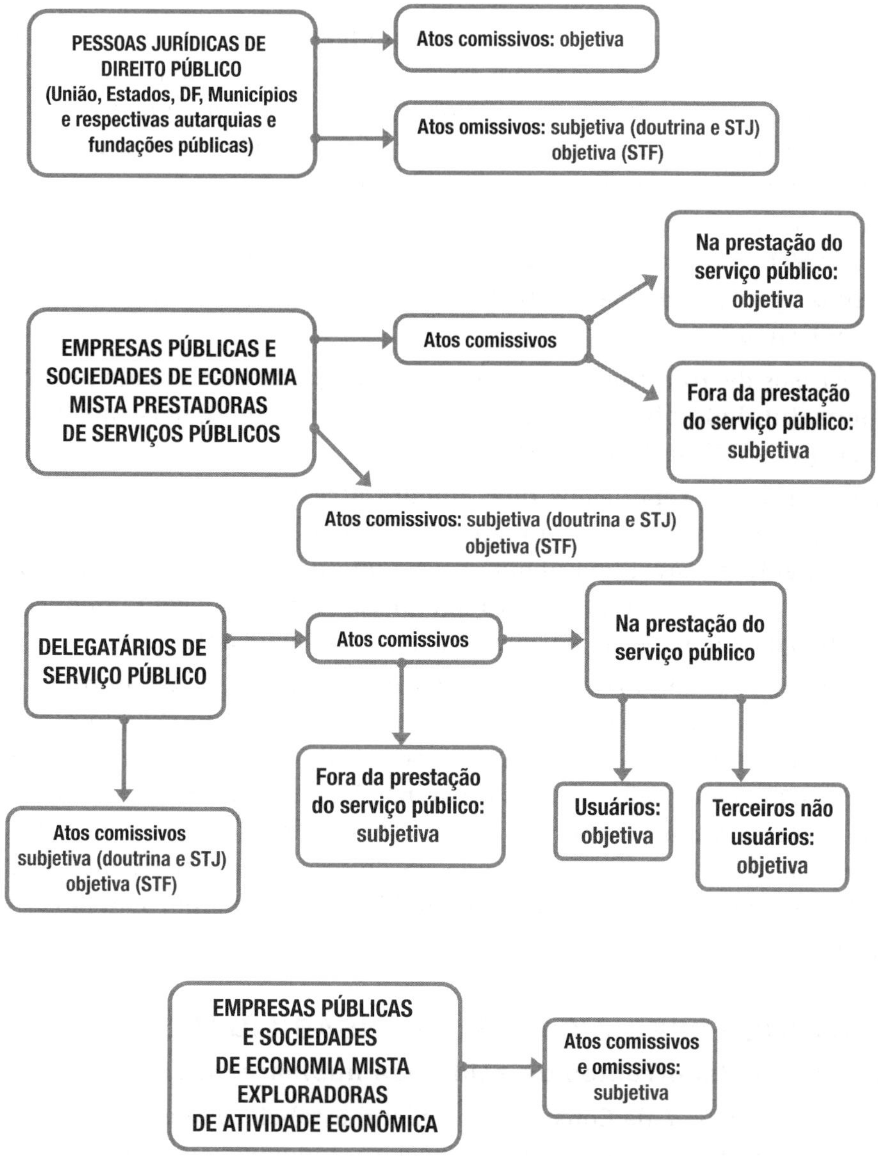

A partir disso, podemos fazer a constatação de que devemos frisar apenas os casos em que se aplica a **responsabilidade objetiva**, pois aos demais casos aplicar-se-à exclusivamente a teoria da responsabilidade subjetiva:

a) atos comissivos das pessoas jurídicas de direito público;

b) atos comissivos na prestação do serviço público das empresas públicas e sociedades de economia mista prestadoras de serviços públicos;

c) atos comissivos na prestação do serviço público que atingirem usuários e não usuários de serviços públicos prestados por delegatários.

Em suma, a responsabilidade civil do Estado nos casos de **atos omissivos** é, via de regra, **subjetiva**. Esta é a opinião majoritária da doutrina e do STJ[32]. Todavia, no STF ultimamente vem se desenvolvendo o entendimento de que a responsabilidade civil do Estado por atos omissivos também é objetiva. Isso porque o art. 37, § 6º, da CF, ao estabelecer a responsabilidade objetiva do Estado, não distingue condutas comissiva e omissiva. Assim, se o constituinte não fez distinção, não cabe ao intérprete fazê-la. Portanto, é importante frisar que **a jurisprudência atual do STF** é no sentido de que o **Estado responde objetivamente pelos danos que seus agentes causarem a terceiros, tanto por atos comissivos quanto por atos omissivos.**[33]

Nos casos de **atos comissivos**, em regra, responderá o Estado pela teoria da **responsabilidade objetiva** (nos casos elencados acima), mas em alguns casos, pela **responsabilidade subjetiva**.

Por fim, é útil repetirmos que, embora a responsabilidade do Estado seja objetiva, a responsabilidade do **agente público** é **sempre subjetiva**. Assim, é perfeitamente possível, em alguns casos, que o Estado efetue indenização ao particular, mas em ação regressiva não possa reaver do agente público o valor respectivo da indenização, porque este não atuou com dolo ou culpa.

Cogitemos o exemplo de um motorista de veículo oficial do Supremo Tribunal Federal que, apesar de proceder aos devidos reparos no veículo e conduzi-lo com a máxima prudência, colide contra veículo particular por conta de uma falha no sistema de freios. Nesses casos, não há falar em culpa ou dolo do agente público. Nessa situação, mesmo assim, o Estado responderá pelo dano, pois a responsabilidade objetiva independe de dolo ou culpa do agente. Todavia, o Estado nada poderá cobrar do agente público motorista por não haver dolo ou culpa em sua conduta.

10. CASOS ESPECIAIS DE RESPONSABILIDADE

10.1. Danos decorrentes de acidentes nucleares e ambientais

O art. 21, XXIII, *d*, da Constituição Federal estabelece que a responsabilidade por danos decorrentes de acidentes nucleares independe da existência de culpa.

Questão prenhe de dúvidas e discussões é a identificação de qual teoria de **responsabilidade objetiva** deve ser aplicada ao caso: risco administrativo ou risco integral?

A nosso ver, merece prosperar a tese de que **deve ser aplicada a teoria do risco integral**. A justificativa para esse tratamento decorre da magnitude e gravidade dos danos causados por acidentes nucleares. Quem desenvolve esse

32 Resp 1.345.620/RS, Rel. Min. ASSUSETE MAGALHÃES, Julg.: 24.11.2015.

33 ARE 956285 AgR/CE, Rel. Min. EDSON FACHIN, Julg.: 09.08.2016; ARE 951552 AgR / ES, Rel. Min. DIAS TOFFOLI, Julg.: 02.08.2016; ARE 842088 AgR / RJ, Rel. Min. GILMAR MENDES, Julg.: 03.03.2015; ARE 897.890, Rel. Min. DIAS TOFFOLI, Julg.: 22.09.2015; RE 677.283, Rel. Min. GILMAR MENDES, Julg.: 17.04.2015.

tipo de atividade deve ser gravado com regime especial de responsabilidade, isto é, que contemple aumentado grau do dever de indenizar, uma vez que os danos produzidos serão quase sempre mais drásticos que os danos oriundos de outras situações do cotidiano. Para constatar a veracidade disso que estamos afirmando, é suficiente um breve retrospecto dos registros históricos de acidentes nucleares: 2,4 milhões de mortos em Chernobyl (1986), 25 mil contaminados no acidente de Three Mile Island – EUA (1979), 600 pessoas contaminadas e 100 mil expostas à radiação no caso Césio – Goiânia/GO (1987). Desse modo, mesmo havendo culpa exclusiva da vítima ou evento de caso fortuito ou força maior, pensamos que subsiste o dever de indenizar por parte do explorador de atividade nuclear.[34]-[35]

No caso de acidentes ambientais, pensamos que a mesma tese da aplicação da teoria do risco integral deve ser sustentada, pois tais acidentes também tendem a gerar consequências catastróficas para a coletividade. Assim, **a responsabilidade civil por danos ambientais é objetiva**, fundada na **teoria do risco integral**, em face do disposto no art. 14, § 1º, da Lei nº 6.938/1981, que consagra o princípio do poluidor-pagador.[36]

De uma forma ou de outra, há duas peculiaridades nesse tipo de situação. A primeira é que se trata de excepcional hipótese em que pessoas jurídicas de direito privado não prestadoras de serviços públicos respondem objetivamente pelos danos causados a terceiros por seus agentes. Assim, um laboratório privado que tenha obtido permissão para utilização de radioisótopos para fins de pesquisa responderá objetivamente por eventuais danos advindos dessa atividade. Em segundo lugar, quando ocorrem acidentes nucleares, a reponsabilidade objetiva se aplica tanto para os atos comissivos quanto para os atos omissivos que produziram danos.

10.2. Danos advindos de obra pública

É comum que as obras púbicas, pelos simples fato de existirem, sua natureza, extensão, localização ou duração, causem danos aos administrados, sobretudo aqueles que se situem próximos ao local do empreendimento. Tais danos são denominados pela doutrina danos causados pelo **só fato da existência da obra**.

Imagine que o Estado de Goiás abra licitação para construção de novas linhas metroviárias e contrate a empresa "ABC Engenharia". No decorrer da obra, particulares moradores das residências próximas à obra intentam ação de

34 No mesmo sentido: CAVALIERI FILHO, Sérgio. *Programa de Responsabilidade Civil*. 5ª ed. São Paulo: Malheiros, 2004, p. 154.

35 Registram posicionamento distinto: CARVALHO FILHO, José dos Santos. *Manual de Direito Administrativo*. 20ª ed. Rio de Janeiro: Lumen Juris, 2008, p. 520; GASPARINI, Diógenes. *Direito Administrativo*. 13ª ed., São Paulo: Saraiva, 2008, p. 1.046.

36 A jurisprudência do STJ é pacífica em admitir a aplicação da teoria do risco integral tanto no caso de danos decorrentes de acidentes nucleares quanto de acidentes ambientais: REsp 1.354.536-SE, Rel. Min. LUIS FELIPE SALOMÃO, julg.: 26.03.2014; REsp 1.373.788-SP, Rel. Min. PAULO DE TARSO SANSEVERINO, julg.: 06.05.2014; AgRg no AREsp 201.350-PR, Rel. Min. MARCO BUZZ, julg.: 01.10.2013; REsp 1.346.430/RR, Rel. Min. LUIS FELIPE SALOMÃO, julg.: 18.10.2012.

indenização alegando que o maquinário utilizado na obra (que é o mais indicado para este tipo de empreendimento) teria causado profundas rachaduras nas paredes das casas e apartamentos próximos, inclusive oferecendo risco de desabamento. Nessa situação, ninguém pode negar que esse grupo de moradores faz jus à indenização pelos danos sofridos. O que cabe indagar, então, é: Quem irá arcar com o ônus das indenizações? O Estado de Goiás ou a empresa contratada "ABC Engenharia"? Como se trata de dano causado pelo só fato da existência da obra, quem responde pelos danos não é o particular contratado pelo Estado para realizar a obra (pois este não poderia ter feito nada para evitá-los), mas o próprio Estado, com base na **teoria da responsabilidade objetiva na modalidade risco administrativo.**

Utilizemos outro exemplo: o metrô estava em fase de construção quando, por erro dos engenheiros da "ABC", um dos túneis por onde passariam os trens desaba e com isso várias residências sobre ele são "engolidas" pela cratera. Aberto o processo administrativo para averiguar a causa do dano, fica constatado que além de não fazerem corretamente os cálculos, os engenheiros da ABC, por determinação da gerência, ordenaram que fosse utilizado material de preço e qualidade inferior com intuito de diminuírem o custo da obra. Nessa situação, como se trata de dano causado pela má execução da obra, quem responderá é a "ABC Engenharia" - executora da obra. Como se trata de pessoa jurídica de direito privado não prestadora de serviços públicos, aplicar-se-á a **teoria da responsabilidade subjetiva ou culpa comum**. A responsabilidade do Estado em casos como esses é subsidiária. Isto é, o Estado somente é obrigado a responder se o executor da obra não puder, por seus próprios recursos, ressarcir os prejuízos causados às vítimas.

Em suma, se o dano é causado pelo só fato da existência da obra, quem responde é o Estado, objetivamente; se, ao contrário, é causado pela má execução da obra pública, quem responde é o executor contratado, subjetivamente, e o Estado subsidiariamente.[37]

10.3. Danos por atos legislativos

Em se tratando de danos causados por atos legislativos, sobretudo leis em sentido estrito, a regra é a **irresponsabilidade**. Tal tese encontra albergue nos seguintes argumentos:[38]

a) a lei representa exercício da soberania do Estado e não recebe limitações, senão, aquelas impostas explícita ou implicitamente pela Constituição;

b) quando o povo elege seus representantes, está implicitamente reconhecendo, como sua, a vontade destes representantes (no caso,

37 CARVALHO FILHO, José dos Santos. Esse é o entendimento do STJ, REsp 467.252-ES, Rel. Min. ANTÔNIO DE PÁDUA RIBEIRO, DJ 02.12.2004.

38 DI PIETRO, Maria Sylvia Zanella. *Direito Administrativo*. 20ª ed. São Paulo: Atlas, 2006, p. 604.

os parlamentares). Logo, quando os agentes do Executivo e Legislativo editam normas primárias entende-se que a vontade do povo é manifestada naquele momento; e

c) a lei, como se trata de norma jurídica de caráter geral e abstrato, quando causa prejuízos, o faz em relação a toda coletividade, e não somente em relação a este ou àquele indivíduo.

A par dessas considerações, aplica-se a teoria da irresponsabilidade aos danos causados por atos legislativos. Todavia, partindo exatamente desses dois últimos argumentos, podemos apontar duas exceções à irresponsabilidade do Estado por atos legislativos: as leis inconstitucionais e as leis de efeito concreto.

Quando o povo elege os representantes que, por meio das leis, manifestarão a vontade popular, o faz dentro de uma presunção de que essas leis estarão conforme os comandos constitucionais. De sorte que, se os representantes editam **leis inconstitucionais**, estarão traindo o mandato que lhes foi outorgado e o Estado por isso terá de responder. O desrespeito às normas constitucionais legitima o eventual prejudicado a buscar a reparação do dano pelas vias adequadas. Porém, essa inconstitucionalidade de que falamos precisa ser declarada formalmente em sede de controle abstrato de constitucionalidade.[39]

Sob o ponto de vista material, as **leis de efeito concreto** são idênticas aos atos administrativos. Como exemplo, pensemos numa lei ordinária que inscreva o nome de determinada pessoa no Livro dos Heróis da Pátria. Na verdade, são consideradas leis tão somente em sentido formal. Essas normas são passíveis de gerar responsabilização ao Estado por atingirem, não a coletividade em geral, mas a pessoas determinadas, nominalmente identificadas. Esses indivíduos prejudicados podem obter indenização pelas vias idôneas.

Por fim, é útil mencionar que os atos administrativos praticados pelos órgãos do Poder Legislativo submetem-se à regra da responsabilidade civil objetiva na modalidade risco administrativo. O ponto que está em discussão aqui são os atos legislativos do Poder Legislativo ou, atipicamente, do Poder Executivo ou do Poder Judiciário. Talvez por esse último argumento, seja útil reconhecer que o tema responsabilidade do Estado por atos legislativos não seja tema propriamente do Direito Administrativo.

10.4. Danos por atos jurisdicionais

Os atos jurisdicionais expressam a soberania do Estado, haja vista que por eles o Poder Público, no exercício de privilégio de dizer o Direito aplicável aos casos concretos, soluciona conflitos jurídicos de maneira definitiva. Trata-se do exercício de uma das funções estruturais e imanentes do Estado. Por isso, da

39 Nesse sentido, convém citar jurisprudência do STJ, REsp 571.645-RS, Rel. Min. JOÃO OTÁVIO DE NORONHA, DJ 21.9.2006.

mesma forma que nos atos legislativos, via de regra, **o Estado não responde por atos jurisdicionais**. Nesse diapasão, a jurisprudência do STF.[40]

Outro argumento que sustenta a tese da irresponsabilidade do Estado é o da recorribilidade dos atos jurisdicionais. Vale dizer, a parte que se sinta prejudicada por decisão judicial poderá vê-la objeto de reapreciação por órgão judicial superior.

Portanto, em regra, aplica-se a teoria da irresponsabilidade. Contudo, na esfera penal, por força de dispositivo constitucional, "o Estado indenizará o condenado por erro judiciário, assim como o que ficar preso além do tempo fixado na sentença" (art. 5º, LXXV, CF/1988). Assim, o indivíduo vítima de erro judiciário poderá voltar-se contra o Estado, buscando reparação dos prejuízos sofridos. Nessas hipóteses, aplica-se a teoria da **responsabilidade objetiva na modalidade risco administrativo**.[41]

A indenização decorrente de erro judiciário não será devida, excepcionalmente, nas seguintes hipóteses indicadas no § 2º do art. 630 do Código de Processo Penal:

a) se o erro ou a injustiça da condenação proceder de ato ou falta imputável ao condenado, como a confissão ou ocultação de prova em seu poder, hipótese em que há rompimento evidente do nexo de causalidade com a ação ou omissão estatal; ou
b) se a acusação houver sido meramente privada.

Na esfera civil, o art. 143 do novo Código de Processo Civil (NCPC), prevê que é possível a **responsabilização pessoal do magistrado** que atuar com dolo ou que recusar, omitir ou retardar, sem motivo legítimo, qualquer providência que deva ordenar de ofício ou a requerimento da parte. Apesar de o dispositivo afirmar a existência de responsabilidade pessoal do juiz, não há por que afastar a incidência do art. 37, § 6º, da Constituição, que estabelece a responsabilidade do Estado por atos de seus agentes. Sendo o juiz um agente público, também se aplica a ele o referido dispositivo constitucional, assegurado o direito de regresso contra o magistrado que proceder dolosamente.

Segundo decisão inédita tomada pela Segunda Turma do STJ, os magistrados também estão sujeitos à responsabilização pessoal na Lei de Improbidade Administrativa, não pelos atos jurisdicionais, mas por atitudes tomadas no âmbito administrativo. No caso concreto, autorizou-se o prosseguimento de ação de improbidade contra juíza acusada de retardar o julgamento de processos no intuito de atender interesses políticos do próprio marido, candidato a cargo eletivo.[42]

Em síntese, a jurisprudência pátria admite a **responsabilidade objetiva do Estado por atos legislativos apenas na esfera criminal** e para decisões

40 RE 228.977/SP, Rel. Min. NÉRI DA SILVEIRA, DJ 05.03.2002.

41 Nessa linha, STF, RE 505.393/PE, Rel. Min. SEPÚLVEDA PERTENCE, DJ 05.10.2007.

42 REsp 1.249.531/RN, Rel. Min. MAURO CAMPBELL MARQUES, Dje 05.12.2012.

condenatórias definitivas, e não para decisões não terminativas ou por decretação indevida de prisão preventiva. Também não se admite responsabilidade por negligência ou por demora na prestação jurisdicional, nem se reconhece a responsabilidade do Estado por erro judiciário no cível ou qualquer outra hipótese de responsabilidade por ação ou omissão na prestação jurisdicional.

Por derradeiro, devemos destacar que os atos administrativos praticados pelos órgãos e juízes do Poder Judiciário estão abrangidos pela regra comum da responsabilidade civil objetiva na modalidade risco administrativo.

O tema responsabilidade do Estado por atos legislativos não é tema propriamente do Direito Administrativo.

10.5. Danos a pessoas ou coisas sob a responsabilidade do Estado

Quando o Poder Público mantém pessoas ou coisas sob sua guarda, a exemplo de alunos em escolas públicas, presidiários, veículos e mercadorias apreendidos, assume **total responsabilidade** por quaisquer danos que venham a ocorrer, independentemente de atuação dolosa ou culposa de agente público. A essas situações aplica-se a **teoria da responsabilidade objetiva na modalidade risco administrativo**, mesmo que a conduta do agente público seja **meramente omissiva** (não fazer) e aqui reside a peculiaridade do caso.[43]

Sobre o tema, são vários os casos concretos que passaram pela apreciação dos tribunais brasileiros. A seguir, faremos breves menções aos casos mais emblemáticos. O Estado já foi condenado a indenizar a vítima ou sua família nos seguintes casos de omissão no dever de vigilância:

a) suicídio ou assassinato de detento dentro do estabelecimento prisional;[44]
b) crime cometido por preso foragido logo após a fuga;[45]
c) briga ou morte de aluno em escola pública;
d) danos em bens sob custódia da Receita Federal, Polícia Rodoviária Federal, Departamentos de trânsito, Polícia Militar etc.;
e) suicídio ou assassinato de paciente em hospital público nas situações em que seria exigida vigilância especial, permanente (ex.: paciente de comprovada incapacidade mental ou paciente preso levado ao hospital para se tratar).[46]

43 STF, RE 677.139, Rel. Min. GILMAR MENDES, Julg.: 22.10.2010; RE 841.526/RS, Rel. Min. LUIZ FUX, Julg.: 30.03.2016.

44 STF, ARE 700.927, Rel. Min. GILMAR MENDES, julg.: 28.08.2012: "O Estado tem o dever de zelar pela integridade física e moral do preso sob sua custódia, atraindo, então, a responsabilidade civil objetiva, em razão de sua conduta omissiva, motivo pelo qual é devida a indenização decorrente da morte do detento, ainda que em caso de suicídio." No mesmo sentido: STJ, AgRg no REsp 1.305.259-SC, Rel. Min. MAURO CAMPBELL MARQUES, julg.: 02.04.2013.

45 Inclusive, o STF (RE 608.880/MT, Rel. Min. MARCO AURÉLIO, julg.: 03.02.2011) reconheceu a repercussão geral de controvérsia acerca da responsabilidade civil do Estado em face de dano decorrente de crime praticado por preso foragido.

46 STF, RE 318.725/RJ , Rel. Min. GILMAR MENDES, DJe 22.04.2008.

Observe-se que em todos os casos elencados, há um dever jurídico por parte do Estado de zelar pela integridade física e moral de pessoas ou coisas mantidas sob sua custódia ou guarda. Assim, mesmo não havendo conduta comissiva de agente público, mas de terceiros, o Estado responderá objetivamente pelo dano. Mas para que isso ocorra, é necessário provar que o dano sofrido poderia ser evitado pelo agente público, isto é, não se trata de evento inevitável. Ex.: detento que, em perfeito estado de saúde, sofre enfarto e cai morto no pátio do presídio. Neste caso, não haverá dever de indenizar.

10.6. Danos causados por ato de multidão

Os danos causados por ato de multidão são oriundos de agrupamentos humanos, que, não raro, dilapidam o patrimônio público ou privado como forma de reivindicação dos seus interesses. Assim, é comum vermos confrontos entre manifestantes de uma passeata e agentes policiais, entre torcedores de times adversários, entre grupos sociais ou partidários antagônicos, e muitos outros.

Como se trata de ato de terceiros, não há ensejo para **responsabilização do Estado** por não restarem satisfeitos os requisitos para configuração da responsabilidade civil do Estado, quais sejam: atuação comissiva de agente, dano e nexo causal. Os danos causados por ato de multidão não são fruto de atuação comissiva de agente público, e por isso não há qualquer nexo causal entre a conduta do agente e o dano sofrido pela vítima. Assim, em regra, o Estado não se responsabiliza por ato de multidão.

Contudo, quando fica comprovado que, aliada à conduta do agrupamento humano, verifica-se **omissão estatal** em zelar pelo bem prejudicado, o Estado responderá proporcionalmente à sua participação omissiva no evento danoso. Isto é, teremos a aplicação da falta do serviço, como já demonstrado alhures.

Exemplificativamente, veja o caso de rodoviários em greve que exageram no teor das manifestações e resolvem depredar veículos particulares próximo ao local da reunião. Mesmo havendo reiterados avisos à polícia militar no sentido da iminência de risco à incolumidade dos bens imóveis e de pessoas, os agentes policiais, negligentemente, não se dirigem ao local do agrupamento, o que faz com que os revoltosos encontrem caminho livre para se insurgirem contra os veículos particulares. Em situações como essas, diante de clara inércia administrativa, o Estado responde civilmente.

11. RESPONSABILIDADE CIVIL DAS PESSOAS JURÍDICAS QUE CAUSAREM DANOS À ADMINISTRAÇÃO PÚBLICA

Embora fuja um pouco ao objetivo deste Capítulo (responsabilidade civil do Estado perante vítimas de danos causados por agentes públicos), não poderíamos deixar de passar em breve revista algumas disposições inovadoras trazidas pela Lei nº 12.846/2013, que instituiu pela primeira vez em nosso país a **responsabilidade objetiva administrativa e civil** de pessoas jurídicas da iniciativa privada pela prática de atos prejudiciais à Administração Pública. Trata-se da popularmente conhecida como Lei Anticorrupção ou Lei da Empresa Limpa (em alusão à Lei da Ficha Limpa).

Submetem-se ao regime dessa lei as sociedades empresárias e as sociedades simples, personificadas ou não, independentemente da forma de organização ou modelo societário adotado, bem como quaisquer fundações, associações de entidades ou pessoas, ou sociedades estrangeiras, que tenham sede, filial ou representação no território brasileiro, constituídas de fato ou de direito, ainda que temporariamente (art. 1º, parágrafo único).

Importante consignar que, nos termos do art. 3º, a responsabilização da pessoa jurídica **não exclui a responsabilidade individual** de seus dirigentes ou administradores ou de qualquer pessoa natural, autora, coautora ou partícipe do ato ilícito, mesmo se não tiver prévio conhecimento ou autorizado a prática do ato corruptivo. Da mesma forma, a responsabilização individual dos dirigentes não exclui a responsabilização da pessoa jurídica. Com essa disposição, restam dificultadas as manobras de ocultação de pessoas físicas sob o manto da separação da pessoa jurídica dos seus sócios. Com efeito, estes podem ser responsabilizados pessoalmente pelos atos ilícitos praticados, na medida da sua culpabilidade.

O art. 5º, por sua vez, estabelece as condutas típicas que ensejam a aplicação das sanções previstas na Lei nº 12.846/2013, as quais constituem causa de pedir de eventual ação civil pública, a saber exemplificativamente: prometer, oferecer ou dar vantagem indevida a agente público; financiar, custear, patrocinar ou de qualquer modo subvencionar a prática de atos ilícitos; frustrar ou fraudar, mediante ajuste, combinação ou qualquer outro expediente, o caráter competitivo de procedimento licitatório público; afastar ou procurar afastar licitante, por meio de fraude ou oferecimento de vantagem de qualquer tipo; entre outras.

A depender do ilícito praticado, na esfera administrativa, pode ser aplicada **multa** de R$ 6.000,00 (seis mil reais) a R$ 60.000.000,00 (sessenta milhões de reais). Além disso, poderá ser aplicada a sanção de **publicação extraordinária da decisão condenatória** em jornais de grande circulação na região de atuação da empresa, a fim de gerar repercussão negativa acerca da empresa "ficha suja".

A fim de que as pessoas jurídicas responsáveis colaborem com as investigações para em contrapartida serem isentadas de algumas penalidades, a autoridade máxima de cada órgão ou entidade pública poderá celebrar **acordo de leniência** com as pessoas jurídicas responsáveis pela prática de atos ilícitos mencionados neste tópico, sendo que dessa colaboração resulte a identificação dos demais envolvidos na infração e a obtenção célere de informações e documentos que comprovem o ilícito sob apuração (art. 16).

Importante destacar que, nos termos do art. 18, a responsabilização da pessoa jurídica no âmbito administrativo não exclui a possibilidade de sua responsabilização em processo judicial, o qual adotará o rito da ação civil pública. Detectados atos ilícitos, serão aplicadas, isolada ou cumulativamente, pelo juiz as seguintes **sanções**: I - perdimento dos bens, direitos ou valores que representem vantagem ou proveito direta ou indiretamente obtidos da infração, ressalvado o direito do lesado ou de terceiro de boa-fé; II - suspensão ou interdição parcial de suas atividades; III - dissolução compulsória da pessoa jurídica; IV - proibição de receber incentivos, subsídios, subvenções, doações ou empréstimos de órgãos ou entidades públicas e de instituições financeiras públicas ou controladas pelo Poder Público, de um a cinco anos.

Para assegurar a efetividade das sanções, o Ministério Público, a Advocacia Pública ou órgão de representação judicial, ou equivalente, do ente público poderão requerer a **indisponibilidade de bens**, direitos ou valores necessários à garantia do pagamento da multa ou da reparação integral do dano (art. 19, § 4º).

A teor do art. 25, o *ius puniendi* estatal **prescreve em cinco anos**, contados da data da ciência da infração ou, no caso de infração permanente ou continuada, do dia em que tiver cessado. Entretanto, a instauração de processo administrativo ou judicial interrompe a fluência do prazo prescricional.

Por fim, vale destacar que a aplicação da Lei Anticorrupção não exclui, sob qualquer hipótese, a obrigação de reparação integral do dano causado, tampouco a aplicação das penas previstas em outros diplomas normativos, a exemplo da Lei de Improbidade Administrativa, da Lei de Licitações e Contratos ou do Regime Diferenciado de Contratações (RDC).

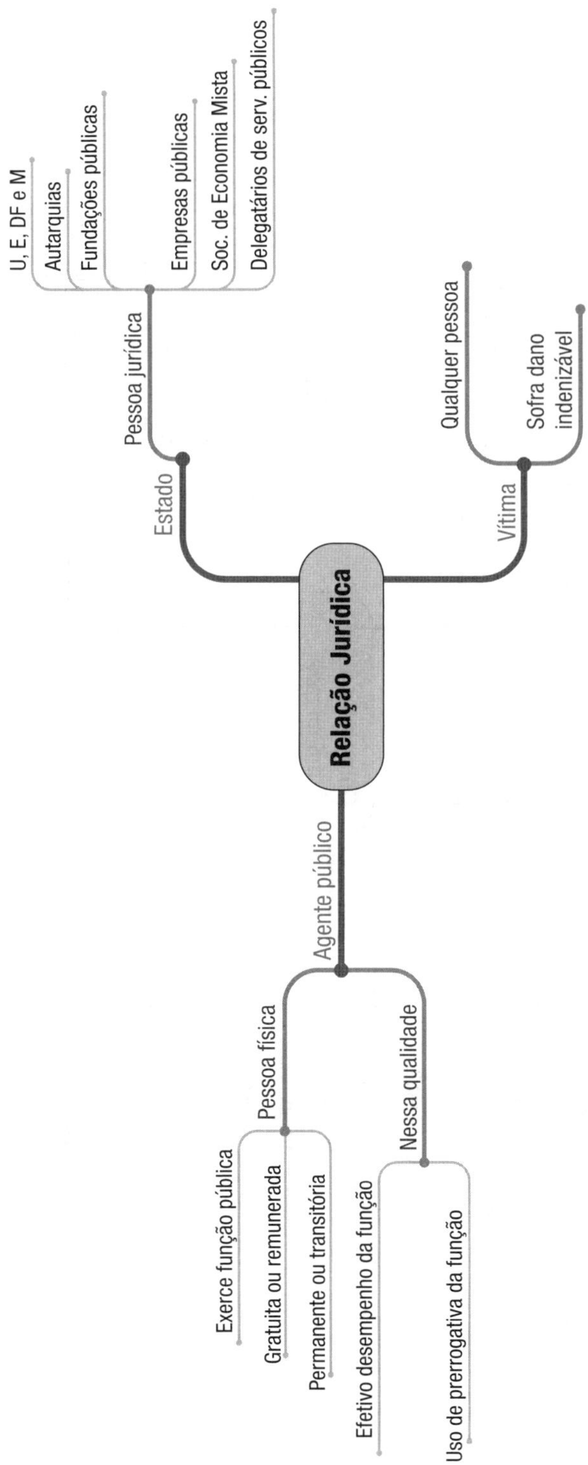
Relação Jurídica
Estado
Pessoa jurídica
U, E, DF e M
Autarquias
Fundações públicas
Empresas públicas
Soc. de Economia Mista
Delegatários de serv. públicos
Vítima
Qualquer pessoa
Sofra dano indenizável
Agente público
Pessoa física
Exerce função pública
Gratuita ou remunerada
Permanente ou transitória
Nessa qualidade
Efetivo desempenho da função
Uso de prerrogativa da função

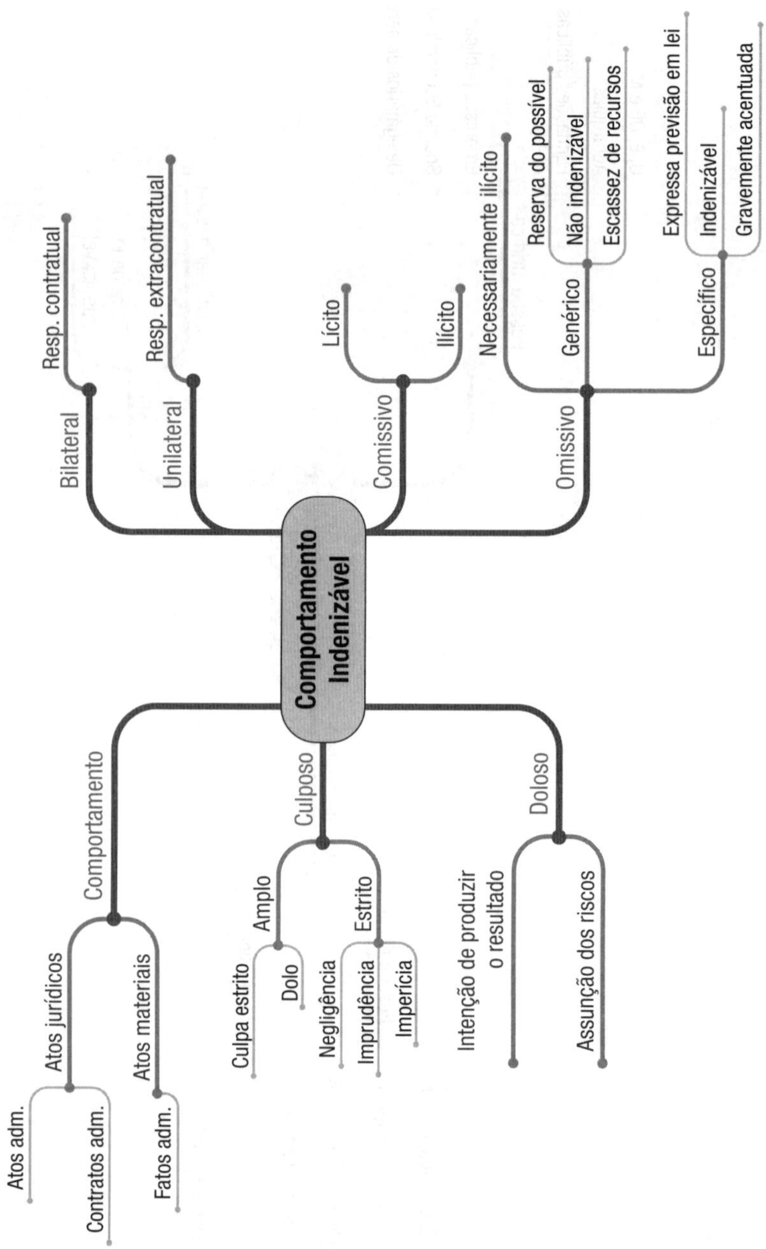
Comportamento Indenizável
Bilateral
Resp. contratual
Unilateral
Resp. extracontratual
Comissivo
Lícito
Ilícito
Omissivo
Necessariamente ilícito
Genérico
Reserva do possível
Não indenizável
Escassez de recursos
Específico
Expressa previsão em lei
Indenizável
Gravemente acentuada
Comportamento
Atos jurídicos
Atos adm.
Contratos adm.
Atos materiais
Fatos adm.
Culposo
Amplo
Culpa estrito
Dolo
Estrito
Negligência
Imprudência
Imperícia
Doloso
Intenção de produzir o resultado
Assunção dos riscos

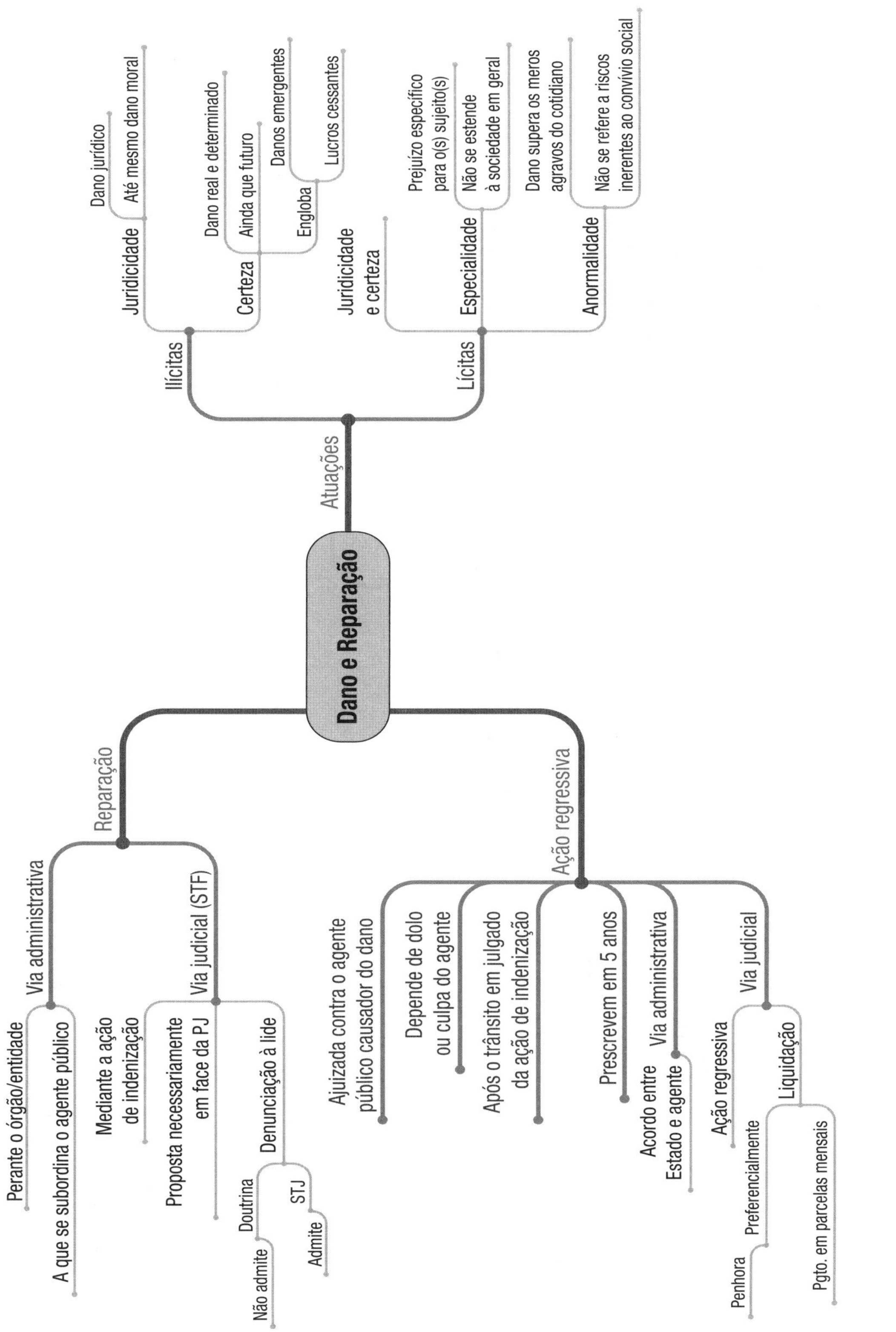
Dano e Reparação
Atuações
Ilícitas
Juridicidade
Dano jurídico
Até mesmo dano moral
Certeza
Dano real e determinado
Ainda que futuro
Engloba
Danos emergentes
Lucros cessantes
Lícitas
Juridicidade e certeza
Especialidade
Prejuízo específico para o(s) sujeito(s)
Não se estende à sociedade em geral
Anormalidade
Dano supera os meros agravos do cotidiano
Não se refere a riscos inerentes ao convívio social
Reparação
Via administrativa
Perante o órgão/entidade
A que se subordina o agente público
Via judicial (STF)
Mediante a ação de indenização
Proposta necessariamente em face da PJ
Denunciação à lide
Doutrina
Não admite
STJ
Admite
Ação regressiva
Ajuizada contra o agente público causador do dano
Depende de dolo ou culpa do agente
Após o trânsito em julgado da ação de indenização
Prescrevem em 5 anos
Via administrativa
Acordo entre Estado e agente
Via judicial
Ação regressiva
Liquidação
Preferencialmente
Penhora
Pgto. em parcelas mensais

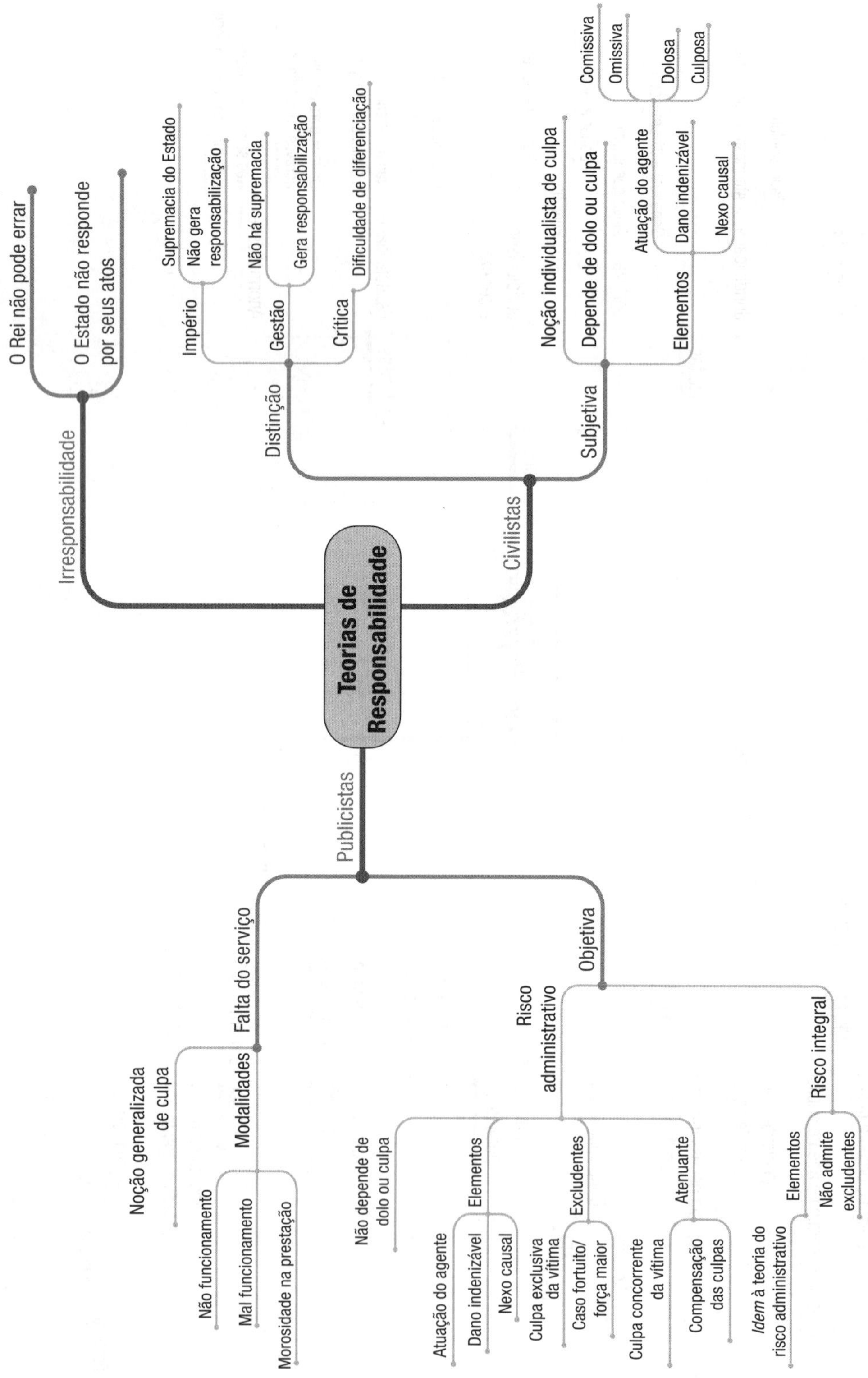
Teorias de Responsabilidade
Irresponsabilidade
O Rei não pode errar
O Estado não responde por seus atos
Civilistas
Distinção
Império
Supremacia do Estado
Não gera responsabilização
Gestão
Não há supremacia
Gera responsabilização
Crítica
Dificuldade de diferenciação
Subjetiva
Noção individualista de culpa
Depende de dolo ou culpa
Elementos
Atuação do agente
Comissiva
Omissiva
Dolosa
Culposa
Dano indenizável
Nexo causal
Publicistas
Falta do serviço
Noção generalizada de culpa
Modalidades
Não funcionamento
Mal funcionamento
Morosidade na prestação
Objetiva
Risco administrativo
Não depende de dolo ou culpa
Elementos
Atuação do agente
Dano indenizável
Nexo causal
Excludentes
Culpa exclusiva da vítima
Caso fortuito/ força maior
Atenuante
Culpa concorrente da vítima
Compensação das culpas
Risco integral
Elementos
Idem à teoria do risco administrativo
Não admite excludentes

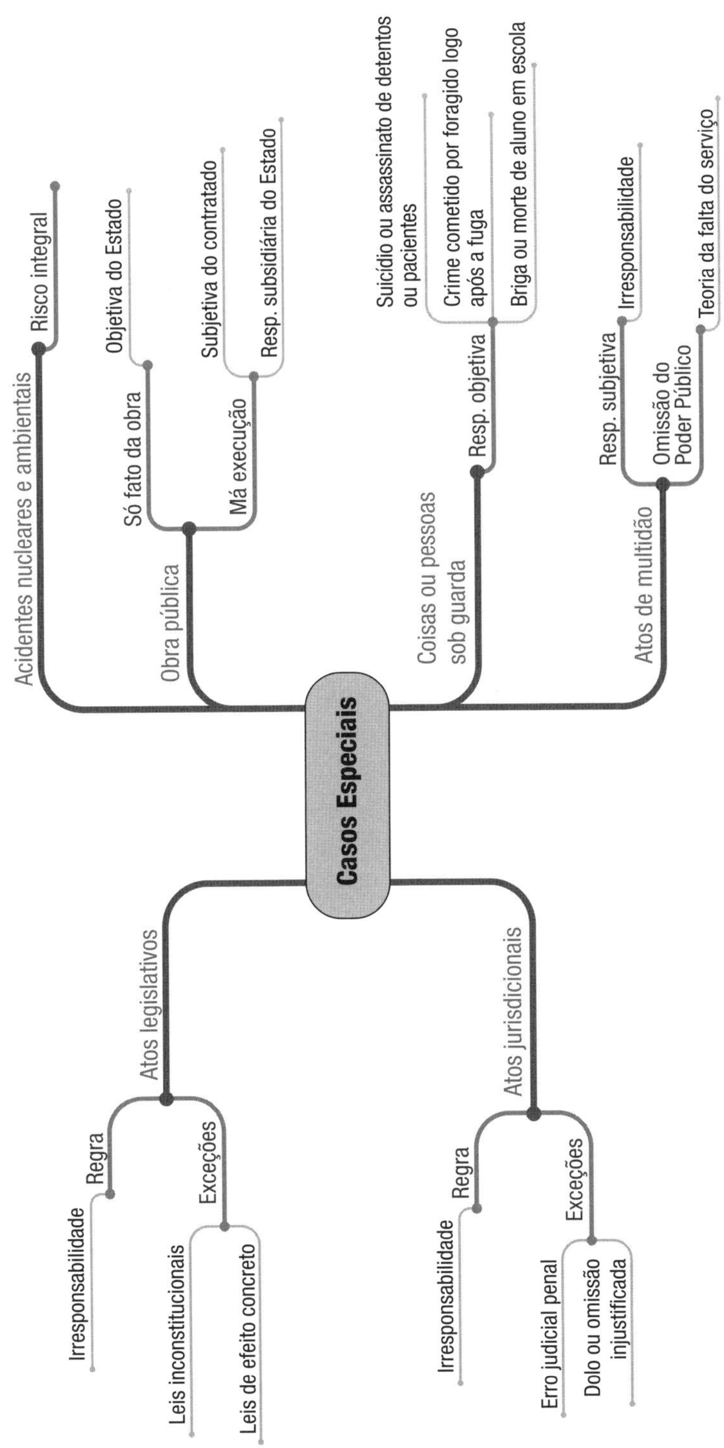

Casos Especiais
Acidentes nucleares e ambientais
Risco integral
Obra pública
Só fato da obra
Objetiva do Estado
Má execução
Subjetiva do contratado
Resp. subsidiária do Estado
Coisas ou pessoas sob guarda
Resp. objetiva
Suicídio ou assassinato de detentos ou pacientes
Crime cometido por foragido logo após a fuga
Briga ou morte de aluno em escola
Atos de multidão
Resp. subjetiva
Irresponsabilidade
Omissão do Poder Público
Teoria da falta do serviço
Atos legislativos
Regra
Irresponsabilidade
Exceções
Leis inconstitucionais
Leis de efeito concreto
Atos jurisdicionais
Regra
Irresponsabilidade
Exceções
Erro judicial penal
Dolo ou omissão injustificada

Capítulo 14

Controle da Administração Pública

1. CONSIDERAÇÕES INICIAIS

Com a queda do absolutismo no final da Idade Moderna e o surgimento do Estado de Direito, que submete o Poder Público à lei e ao Direito, surge a ideia de controle dos atos da Administração Pública. Inspirados nos ideais iluministas, sobretudo do pensamente de John Locke e Montesquieu, a teoria da tripartição das funções estatais traz consigo a ideia de que os Poderes do Estado devem manter entre si e dentro de si um sistema de controle mútuo.

Em 1789, a Declaração dos Direitos do Homem e do Cidadão estabelece em seu art. 15 que "A sociedade tem o direito de pedir conta a todo agente público quanto a sua administração".

A nossa Constituição Federal já no seu art. 2º traz ínsita a necessidade de que os Poderes do Estado exerçam controles uns sobre os outros: "São poderes da União, independentes e harmônicos entre si, o Legislativo, o Executivo e o Judiciário".

O controle da Administração é um ponto de fundamental importância no Direito Administrativo, uma vez que, por meio dele, se assegura a observância de todas as regras e princípios que foram até aqui estudados. De nada adiantaria termos um sistema jurídico moderno e efetivo, se não houvesse instrumentos de aferição da conduta da Administração Pública. Assim, o controle se refere ao conjunto de mecanismos que visam a manter a Administração Pública dentro dos padrões de comportamento que dela se espera, sempre na esteira dos princípios da moralidade, legalidade, impessoalidade, proporcionalidade, razoabilidade entre outros.

2. CONCEITO

A professora Maria Sylvia Zanella Di Pietro define controle da Administração Pública:

> Como o poder de fiscalização e correção que sobre ela exercem os órgãos dos Poderes Judiciário, Legislativo e Executivo, com o objetivo de garantir a conformidade de sua atuação com os princípios que lhe são impostos pelo ordenamento jurídico.[1]

O controle exercido sobre a Administração Pública é amplo no sentido de abranger os órgãos e entidades dos três Poderes da União, Estados, Distrito Federal e Municípios, desde que estejam no desempenho da função administrativa. Onde há exercício de função administrativa, há espaço para o controle de que estamos tratando.

Nesse panorama, o papel do **Ministério Público** assume extrema relevância. O art. 129 da Constituição conferiu a esta instituição, que no entender majoritário da doutrina não integra nenhum dos Poderes do Estado, a tarefa de zelar pelos direitos da sociedade.

3. CLASSIFICAÇÃO

A depender do prisma em que observamos o fenômeno do controle, temos diversas classificações elaboradas pela doutrina, que o faz quanto ao momento do exercício, em controle prévio, concomitante ou subsequente; quanto ao aspecto controlado, em controle de legalidade e de mérito administrativo; quanto à origem, em controle interno, externo e popular; e quanto à amplitude, em controle hierárquico e finalístico; e quanto à natureza do controle, em controle administrativo, legislativo e judicial.

Note que, na medida do possível, utilizamos os mesmos exemplos nas diversas modalidades de controle, para demonstrar que os critérios de classificação não são excludentes entre si. Assim, podemos ter um ato cujo controle pode ser classificado simultaneamente como corretivo, de legalidade e externo, conforme vá se encaixando em uma das modalidades.

3.1. Quanto ao momento de exercício

Quanto ao momento de exercício, o controle da Administração pode ser prévio, concomitante ou subsequente.

O **controle prévio** ou **preventivo**, *a priori*, é exercido antes de o ato administrativo produzir seus efeitos jurídicos. Usualmente por meio de autorizações, aprovações, ratificações, o controle prévio constitui condição de **eficácia** do ato, pois só a partir dele é que ele poderá produzir seus efeitos jurídicos. Uma das vantagens do

1 DI PIETRO, Maria Sylvia Zanella. *Direito Administrativo*. 20ª ed. São Paulo: Atlas, 2006, p. 672.

controle prévio é a possibilidade de corrigir eventuais falhas antes mesmo de o ato iniciar a produção de seus efeitos jurídicos, preservando a legalidade e evitando desperdício de recursos públicos e esforços humanos excedentes (economicidade). Como exemplo de controle preventivo podemos citar a autorização do Senado Federal para que a União, Estados, DF, e Municípios contraiam empréstimos com instituições de crédito estrangeiras (art. 52, V, CF/1988).

O **controle concomitante** ou **sucessivo** é exercido durante o processo administrativo de formação do ato bem como durante a realização de determinada atividade administrativa, sempre com o objetivo de verificar a observância das determinações legais. Exemplificativamente, seria concomitante o controle que o TCU exerce quando realiza auditoria de obras públicas em andamento (art. 67, Lei nº 8.666/1993).

O **controle subsequente** ou **corretivo**, *a posteriori*, é desempenhado após a conclusão do processo de formação do ato e até mesmo quando este já produziu todos os seus efeitos jurídicos. Denomina-se controle corretivo, pois pela sua presunção de legitimidade o ato produzirá seus efeitos imediatamente, mas poderá ser corrigido pelas vias cabíveis (anulação, revogação ou cassação). Exemplo de controle corretivo é a anulação judicial de uma multa de trânsito, a homologação de aposentadoria pelo TCU, a sustação pelo Congresso Nacional de ato normativo do Presidente da República que exorbite do poder regulamentar, entre outros.

3.2. Quanto ao aspecto controlado

Quanto ao aspecto controlado, o controle da Administração pode ser de legalidade ou de mérito administrativo.

O **controle de legalidade** ou legitimidade ocorre quando há verificação da conformidade do ato administrativo com as leis e os princípios da Administração. Dessa maneira será legal ou legítimo o ato administrativo que for praticado com observância das regras do Direito. Essa modalidade de controle pode resultar na confirmação da validade do ato (quando é constatada a inexistência de ilicitude no ato), na anulação (extinção do ato por razões de ilegalidade) ou na convalidação (correção dos defeitos sanáveis do ato, a fim de preservar a sua existência e observar o princípio da legalidade).

Alguns autores costumam apontar diferença entre legalidade e legitimidade, advogando que esta é mais ampla, visto que se refere à conformação do ato com as regras de Direito (tanto lei em sentido amplo quanto princípios da Administração Pública), e aquela seria mais estrita, por se referir à observância tão somente da lei.

O **mais amplo controle externo de legalidade** é realizado pelo **Poder Judiciário**, pois o art. 5º, XXXV, da Constituição prevê o **princípio da**

inafastabilidade de jurisdição: "a lei não excluirá da apreciação do Poder Judiciário a lesão ou ameaça a direito". Assim, o Judiciário é competente para conhecer todas as espécies de controvérsias jurídicas de quaisquer dos Poderes no que tange à legalidade e decidi-las de maneira definitiva.

O Poder Legislativo também controla a legalidade dos atos administrativos de outros Poderes, a exemplo da competência do Congresso Nacional de sustar os atos normativos do Poder Executivo que exorbitem do poder regulamentar ou dos limites de delegação legislativa (art. 49, V, CF).

O Poder Executivo também exerce controle de legalidade sobre os demais, nas hipóteses previstas na Lei Maior. Cite-se como exemplo o controle de legalidade realizado pelo Presidente da República ao vetar ou sancionar projetos de lei.

Por sua vez, o **controle de mérito** significa avaliar o grau de conveniência e oportunidade que impeliu a Administração Pública a praticar o ato administrativo discricionário. O controle de mérito irá verificar os critérios de valoração sobre a conveniência e oportunidade da escolha do administrador público a fim de se chegar a melhor solução – à que melhor traduz os ideais de justiça e o interesse público, cuja defesa a Administração é incumbida de realizar.

De maneira geral, o controle do mérito administrativo é privativo da Administração Pública que praticou o ato, seja ela do Poder Executivo, Legislativo ou Judiciário. Isto é, o controle de mérito tem caráter eminentemente interno. Assim, cada um dos Poderes detém competência para controlar o mérito dos atos administrativos que pratica. Todavia, essa regra não afasta situações excepcionais, previstas na Constituição Federal com fundamento no sistema de freios e contrapesos, em que haverá possibilidade de um Poder controlar o mérito administrativo de ato discricionário praticado por outro Poder.

O Poder Legislativo pode controlar o mérito de atos administrativos praticados pelo Poder Executivo. Porém, esse controle de mérito não é irrestrito, pois se restringe às situações previstas no texto constitucional. Se verificarmos a competência do Senado Federal para autorizar os entes políticos a contraírem empréstimos externos, perceberemos que há certa valoração do Legislativo sobre a conveniência e oportunidade da operação financeira. Outro bom exemplo é a escolha de nome para ocupar vaga de ministro do STF, que é feita pelo Presidente da República, mas requer aprovação do Senado Federal.

O Poder Executivo, como já foi dito, exerce controle de mérito em relação àquelas situações expressamente previstas no texto constitucional. Com relação ao Judiciário, nomeação dos membros de Tribunais Superiores. Com relação ao Legislativo, sanção e veto aos projetos de lei.

O mesmo não ocorre com o Poder Judiciário, a quem cabe somente o controle de legalidade. O magistrado não é competente para controlar o mérito dos atos administrativos e valorar a conveniência e oportunidade da conduta administrativa adotada pelo agente, pois tal liberdade foi conferida à Administração Pública.

Violar esses limites de atuação significa atentar contra o princípio da separação dos Poderes – cláusula pétrea constitucional (art. 60, § 4º, III, CF/1988).

Nesse passo, é importante sublinhar que, embora o Poder Judiciário não possa analisar o mérito administrativo em si dos atos praticados por outros Poderes, é plenamente possível a aferição judicial dos **limites da discricionariedade administrativa**, a fim de garantir que esta não se converta em arbitrariedade. Vale dizer, se a Administração, a pretexto de exercer o mérito administrativo, extrapola os limites gizados pela lei ou pelos princípios da Administração Pública, poderá o Judiciário apreciar o ato a fim de verificar a sua legalidade. Como, nesse caso, o juiz analisa se a Administração atuou, ou não, dentro dos limites da lei e dos princípios, trata-se de análise, não de mérito administrativo, mas de legalidade. Em suma, o mérito administrativo significa liberdade dentro dos limites da lei e dos princípios. Quando tais limites são desrespeitados a questão passa a ser de legalidade, não mais de mérito administrativo, e, portanto, é legítima a intervenção judicial.

Em suma, podemos concluir que o **controle de mérito** pode ser exercido pelos Poderes Legislativo e Executivo, nas hipóteses previstas expressamente no texto constitucional, e o **controle de legalidade** pode ser exercido pelos três Poderes da República, com a ressalva de que o Judiciário controla somente a legalidade, e não o mérito, dos atos praticados por outros Poderes.

3.3. Quanto à origem

Quanto à origem, o controle da Administração pode ser interno, externo ou popular.

O **controle interno** ocorre quando um Poder do Estado (Executivo, Legislativo e Judiciário) controla os próprios atos administrativos. A ideia central do controle interno é a seguinte: sempre que o ato produzido por determinado órgão ou entidade sofre controle por outro órgão ou entidade integrante do mesmo Poder, estamos diante de controle interno, mesmo que se trate de duas pessoas jurídicas distintas (ex.: União por meio de um Ministério controla uma autarquia a ele vinculado – controle finalístico).

O controle interno deriva da **autotutela** da Administração Pública, mediante o qual ela mesma pode efetuar o controle de legalidade dos atos que pratica. Nesse sentido vale citar a Súmula nº 473 do STF segundo a qual:

> A administração pode anular seus próprios atos, quando eivados de vícios que os tornam ilegais, porque deles não se originam direitos; ou revogá-los, por motivo de conveniência ou oportunidade, respeitados os direitos adquiridos, e ressalvada, em todos os casos, a apreciação judicial.

O controle realizado pela Controladoria-Geral da União sobre os órgãos e entidades da Administração Federal é exemplo de controle interno, pois realizado no âmbito interno do Poder Executivo da União.

O art. 74 da Constituição trata de uma espécie de controle interno, o **financeiro-orçamentário**, ao determinar que os Poderes Legislativo, Executivo e Judiciário manterão, de forma integrada, sistema de controle interno com a finalidade de, dentre outras atividades, comprovar a legalidade e avaliar os resultados, quanto à eficácia e eficiência, da gestão orçamentária, financeira e patrimonial nos órgãos e entidades da Administração Federal, bem como da aplicação de recursos públicos por entidades de direito privado. O parágrafo único do supramencionado artigo reza que:

> Os responsáveis pelo controle interno, ao tomarem conhecimento de qualquer irregularidade ou ilegalidade, dela darão ciência ao Tribunal de Contas da União, sob pena de irresponsabilidade solidária.

De outra quadra, o **controle externo** ocorre quando um Poder controla condutas adotadas por outro. Aqui a ideia central é: se um ato administrativo sofre controle por Poder diverso do que o praticou, temos controle externo. O fundamento do controle externo é o **sistema de freios e contrapesos** (*check and balances*), mediante o qual, a partir dos mecanismos constitucionais, cada um dos Poderes da República fiscaliza as condutas dos demais, sem, no entanto, ferir a independência de que são dotados.

São exemplos de controle externo a anulação judicial de um ato administrativo praticado pelo Poder Executivo, a sustação de atos normativos do Poder Executivo por parte do Congresso Nacional, a apreciação pelo TCU de atos de admissão de pessoal do Poder Judiciário, entre outros.

O **controle popular** é uma espécie de controle que não se origina no Poder Público, mas na própria coletividade. Como detentor do poder estatal, não seria de estranhar que ao povo fosse atribuída uma série de instrumentos para que controle a atuação funcional dos agentes da Administração Pública, bem como os atos que praticam. Não fosse assim, não seria possível afirmarmos que a República Federativa do Brasil constitui-se em Estado Democrático de Direito. A Constituição e a legislação infraconstitucional estabeleceram alguns mecanismos de controle popular, a serem comentados oportunamente: o direito de petição, o mandado de segurança, a ação popular e o mandado de injunção.

3.4. Quanto à amplitude

Quanto à amplitude, o controle da Administração pode ser hierárquico ou finalístico.

O **controle hierárquico** é verificado entre órgãos e agentes públicos que guardam entre si uma relação de comando. Sempre um controle interno, o controle hierárquico se circunscreve à pessoa jurídica em que é exercido. Isto é, não há controle hierárquico entre duas pessoas jurídicas distintas. É por isso que quando se fala na relação existente entre os órgãos centrais da Administração Direta e as entidades da Administração Indireta a eles vinculadas (que têm a mesma área de atuação), não se pode falar em hierarquia, mas em controle finalístico.

O **controle finalístico** ou teleológico é realizado pelos órgãos da Administração Direta em relação às entidades da Administração Indireta a eles vinculadas. Também é um controle interno, segundo a perspectiva que temos trabalhado nesta obra, pois tanto o órgão da Administração direta quanto a entidade da Administração Indireta integram o Poder Executivo da mesma esfera de governo.[2]

Ilustrativamente, embora haja poder hierárquico entre o Presidente da República e o Ministro de Estado da Fazenda, não há a mesma relação entre este e o Presidente do Bacen. No primeiro caso temos dois agentes públicos da mesma pessoa jurídica: a União. Já no segundo, temos pessoas jurídicas distintas: a União e o Bacen, que é autarquia.

O controle hierárquico **independe de lei** que estabeleça os mecanismos que o superior pode controlar em relação ao subordinado. Isto é, mesmo à míngua de previsão legal, haverá possibilidade de o superior controlar as condutas do subordinado, desde que não incida em ato ilícito. Já o controle finalístico **depende de lei** que estabeleça os mecanismos e aspectos de controle entre o órgão da Administração Direta e as entidades administrativas a ele vinculadas. Vale dizer, no controle finalístico é necessário que a lei estabeleça exaustivamente os mecanismos e aspectos de controle que serão exercidos pelo órgão da Administração Direta, que não terá liberdade para tanto. É por isso que se diz que o controle hierárquico tem maior amplitude (pois não depende de lei) que o controle finalístico, que depende de expressa previsão que o delimite.

3.5. Quanto à natureza do controle

A classificação quanto à natureza do controle leva em conta o órgão controlador, que é titular da função do Estado que representa. Desse modo, o controle pode ser administrativo, legislativo e judicial.

O **controle administrativo** é exercido por cada Poder do Estado sobre as condutas e atos administrativos que praticam, com fundamento no poder de autotutela.

2 Esse é o pensamento de Celso Antônio Bandeira de Mello (*Curso de Direito Administrativo*. 25ª ed. São Paulo: Malheiros, 2007, p. 923). Entretanto, para o prof. José dos Santos Carvalho Filho (*Manual de Direito Administrativo*. 20ª ed. Rio de Janeiro: Lumen Juris, 2008, p. 881) e para Maria Sylvia Zanella Di Pietro (*Direito Administrativo*. 20ª ed. São Paulo: Atlas, 2006, p. 673), o controle exercido por órgãos da Administração Direta sobre entidades da Administração Indireta seria externo, pois realizado por órgão de estrutura administrativa distinta daquele em que o ato foi praticado. É que, para os ilustre juristas, o controle externo é aquele exercido por órgão de Administração diversa daquele onde se originou o ato a ser controlado.

O **controle judicial** é realizado pelo Poder Judiciário, mediante provocação dos interessados, do Ministério Público ou pelas entidades da própria Administração, a fim de apreciar a legalidade dos atos administrativos praticados pelos demais Poderes do Estado.

O **controle legislativo** é realizado pelos órgãos do Poder Legislativo por intermédio dos instrumentos previstos na Constituição Federal e incide sobre as ações administrativas dos Poderes Executivo e Judiciário.

4. CONTROLE ADMINISTRATIVO

O controle administrativo é aquele que a própria Administração Pública exerce sobre os seus órgãos e entidades e, portanto, tem caráter eminentemente interno. Isto é, onde houver função administrativa haverá controle administrativo.

É importante não confundir controle da Administração e controle administrativo. O primeiro refere-se às mais variadas espécies de controle exercido sobre a Administração Pública, independentemente do órgão ou entidade controladora. Aqui está compreendido tanto o controle que os três Poderes do Estado exercem sobre a função administrativa (externo), quanto o controle que a própria Administração Pública exerce sobre os seus atos (interno). Esta última espécie de controle, de caráter notoriamente interno, é que se denomina controle administrativo. Vale dizer, quando a Administração Pública controla os atos administrativos que ela mesma pratica, temos controle administrativo.

O professor José dos Santos Carvalho Filho ensina que o controle administrativo é "o exercido pelo Executivo e pelos órgãos administrativos do Legislativo e do Judiciário para o fim de confirmar, rever ou alterar condutas internas, tendo em vista aspectos de legalidade ou de conveniência para a Administração".[3]

O fundamento do controle administrativo é o **princípio da legalidade**. Se por este princípio a Administração está inteiramente obrigada a praticar tão somente aquilo que está previsto em lei, a consequência lógica é que, se algum ato é praticado em desobediência à lei ou ao interesse público, deve ser extirpado do mundo jurídico pela própria Administração.

O controle administrativo também encontra amparo no **princípio da autotutela**, segundo o qual a Administração pode controlar os seus próprios atos, anulando os ilegais e revogando os inconvenientes e inoportunos, independentemente de decisão judicial que a autorize.

Quando no desempenho de função administrativa, típica ou atipicamente, os três Poderes do Estado, qual seja o Legislativo, o Judiciário e o Executivo, realizam controle administrativo sobre os seus próprios atos.

Em continuidade à amplitude do controle administrativo, é importante notar que **não se pode confundir controle administrativo com controle do**

3 *Manual de Direito Administrativo*. 29ª ed. São Paulo: Atlas, 2015, p. 981.

Poder Executivo, pois o Poder Executivo tanto executa controle administrativo internamente quanto controle político externamente.

4.1. Principais órgãos de controle administrativo

O controle administrativo, pode ser de caráter eminentemente interno, opera-se tanto pela via do poder hierárquico (quando o controle é exercido por órgãos e agentes superiores sobre os seus subordinados) quanto pela atuação dos órgãos especializados, tais como corregedorias, ouvidorias, Controladoria-Geral da União, Conselho Nacional de Justiça, Conselho Nacional do Ministério Público, entre outros.

Como justificativa da tendência atual de criação e fortalecimento de órgãos especializados de controle, Rogério Gesta Leal consigna que:

> A crescente complexidade do aparelho estatal, a maior complexidade técnica das questões que tocam à Administração, a multiplicação das categorias de interesses e o incremento das exigências éticas por parte da sociedade tornaram insuficiente o controle baseado no princípio da hierarquia, o que motivou a criação de órgãos e departamentos para auxiliar o controle interno das Administrações Públicas.[4]

Neste tópico, trataremos dos principais órgãos de controle na esfera federal.

No âmbito do Poder Executivo federal, o controle administrativo fica a cargo especificamente da **Controladoria-Geral da União**, sem prejuízo dos demais órgãos internos de controle administrativo. Isto é, embora cada órgão e entidade administrativa (autarquias, fundações públicas etc.) do Executivo tenham seu respectivo órgão de controle interno, esses mesmos órgãos e entidades são controlados administrativamente pela CGU, que também realiza controle interno, na linha do raciocínio adotado alhures. As competências da CGU estão definidas na Lei nº 10.683, de 28 de maio de 2003, dentre elas estão a de controle interno, defesa do patrimônio, auditoria pública, correição, prevenção e combate à corrupção, ouvidoria e incremento da transparência da gestão no âmbito da Administração Pública Federal.[5] Em virtude da importância das atividades que desempenha, a CGU tem *status* de Ministério de Estado e o seu titular é o Ministro de Estado do Controle e da Transparência.

O controle administrativo do Judiciário e do Ministério Público é exercido, respectivamente, pelo Conselho Nacional de Justiça e pelo Conselho Nacional do Ministério Público, órgãos criados pela EC nº 45/2004.

4 O controle da Administração Pública no Brasil em face de sua necessária transparência. *Revista Brasileira de Estudos da Função Pública* – RBEFP, Belo Horizonte, ano 1, nº 1, p. 2.947, jan./abr. 2012.

5 Para o STF, a investigação da CGU deve se limitar às verbas federais repassadas pela União aos Municípios por meio de convênios, não alcançando os recursos de outras origens. Com isso, os prefeitos não podem ser obrigados a exibir documentos e comprovar gastos que estejam fora deste limite (RMS 25.943/BA, Rel. Min. RICARDO LEWANDOWSKI, julg.: 24.11.2010).

O **Conselho Nacional de Justiça** (CNJ), composto por quinze membros, com mais de 35 e menos de 66 anos de idade, com mandato de dois anos, admitida uma recondução, nomeados pelo Presidente da República, depois de aprovada a escolha pela maioria absoluta do Senado Federal, é órgão incumbido do controle da atuação administrativa e financeira do Poder Judiciário e do cumprimento dos deveres funcionais dos juízes. Suas funções estão previstas no art. 103-B, § 4º, CF/1988.

Embora o CNJ seja órgão integrante do Poder Judiciário brasileiro, é importante sublinhar que suas decisões não se revestem de caráter jurisdicional. Isto é, o Conselho não desempenha função jurisdicional, mas tão somente administrativa, pelo que suas decisões têm **caráter administrativo**.[6] Tanto é assim que o STF não tem competência para reexaminar as decisões administrativas deste órgão de controle.[7]

O **Conselho Nacional do Ministério Público** (CNMP), por sua sorte, compõe-se de quatorze membros nomeados pelo Presidente da República, depois de aprovada a escolha pela maioria absoluta do Senado Federal, para um mandato de dois anos, admitida uma recondução.

O § 2º do art. 130-A estatui que compete ao Conselho Nacional do Ministério Público o controle da atuação administrativa e financeira do Ministério Público e do cumprimento dos deveres funcionais de seus membros.

Por fim, o art. 74 da Carta Magna prevê uma espécie de controle administrativo interno, o **financeiro-orçamentário**, ao determinar que os Poderes Legislativo, Executivo e Judiciário manterão, de forma integrada, sistema de controle interno com a finalidade de comprovar a legalidade e avaliar os resultados, quanto à eficácia e eficiência, da gestão orçamentária, financeira e patrimonial nos órgãos e entidades da Administração Federal, bem como da aplicação de recursos públicos por entidades de direito privado, e apoiar o controle externo no exercício de sua missão institucional.

4.2. Controle hierárquico próprio

É o poder de fiscalização e supervisão que os **órgãos e autoridades superiores** exercem sobre os órgãos e agentes **subalternos** na intimidade de uma **mesma pessoa jurídica**, seja política ou administrativa. Trata-se de exercício do Poder Hierárquico, já abordado neste trabalho.[8]

O controle hierárquico é **pleno** (o superior pode rever o mérito e a legalidade dos atos praticados pelo subordinado), **permanente** (exercido a qualquer

6 STF, MS 28.598/DF, Rel. Min. CELSO DE MELLO, julg.: 14.10.2010.

7 STF, AO 1651/ES, Rel. Min. DE MELLO, julg.: 03.03.2011.

8 Sobre o Poder Hierárquico, consultar o tópico 5 do Capítulo 5 (Poderes e deveres administrativos).

tempo: prévia, concomitante e subsequentemente) e **absoluto** (independe de lei que disponha sobre os mecanismos de controle).

É necessário destacarmos que quando dizemos que o controle hierárquico **independe de lei**, esta afirmativa deve ser interpretada cuidadosamente. Ocorre que existe lei, sim. Não para prever os mecanismos de controle, mas para organizar a estrutura hierárquica do órgão ou entidade, escalonando funções internamente. Isso tem a ver com a **organização legal do serviço público**: somente por lei podem ser criados órgãos públicos e entidades administrativas. A partir disso, são editados **atos normativos infralegais** (portarias, resoluções, instruções normativas, usualmente sob a forma de regimento interno) que preveem os mecanismos de controle com o intuito de evitar a arbitrariedade na Administração Pública. Note que os mecanismos de controle estão previstos em atos normativos e não em lei, daí o controle hierárquico ser absoluto.

Com relação à amplitude do controle hierárquico próprio, vê-se que é a maior possível, sendo possível que a autoridade superior aprecie os atos do agente subordinado tanto no que tange à legalidade quanto ao mérito (liberdade de escolha entre o que é conveniente e oportuno) de suas decisões. Além disso, a autoridade superior poderá decidir além do que foi ventilado no recurso. Exemplificativamente, se algum particular tem um pedido indeferido pela autoridade "A", poderá recorrer para quem está imediatamente superior a esta, no caso a autoridade "B". O interessante é que a segunda autoridade não se limita a apreciar o ato do subordinado (autoridade "A") apenas naquilo que foi mencionado no recurso, mas em outros aspectos que repute necessários.

4.3. Controle hierárquico impróprio

É aquele exercido **exclusivamente** mediante a apreciação de **recursos administrativos** dirigidos a órgãos especializados, a exemplo, das JARI (Juntas Administrativas de Recursos de Infrações)[9] e do CARFI (Conselho Administrativo de Recursos Fiscais).[10]

Diz-se impróprio esse tipo de controle, por conta de o órgão responsável por decidir o recurso não integrar a mesma estrutura hierárquica do órgão ou entidade que prolatou a decisão recorrida. Em outros termos, o recurso hierárquico impróprio é aquele em que o órgão especializado na decisão de recursos administrativos revê decisões emanadas de órgão ou entidade pertencente à cadeia hierárquica diversa. Não há, de fato, hierarquia entre eles, mas uma relação de **vinculação**.

9 As JARI são órgãos colegiados, componentes do Sistema Nacional de Trânsito, responsáveis pelo julgamento dos recursos interpostos contra penalidades aplicadas pelos órgãos e entidades executivos de trânsito ou rodoviários.

10 Resultado da unificação do Conselho de Contribuintes do Ministério da Fazenda e do Conselho Superior de Recursos Fiscais, o CARFI é órgão colegiado, integrante da estrutura do Ministério da Fazenda, que tem por finalidade julgar recursos que versam sobre a aplicação da legislação referente a tributos administrativos pela Secretaria da Receita Federal do Brasil (Lei nº 11.941, de 27 de maio de 2009).

Veja que, no exemplo utilizado, a JARI, órgão público da União, decide o recurso das infrações aplicadas pelos Departamentos de Trânsito (Detran), Departamentos de Estradas e Rodagem (DER), Departamento Nacional de Infraestrutura de Transportes (DNIT), que são todos autarquias e, portanto, pessoas jurídicas distintas da União. O que ocorre diretamente entre a União e suas autarquias, como já mencionado anteriormente, é controle finalístico.

O recurso hierárquico impróprio ocorre entre órgãos, entidades e agentes de estrutura hierárquica distintas, mas todos integrantes do Poder Executivo federal. É de todo conveniente salientar que jamais caberia, nem mediante previsão legal, recurso administrativo a um Poder contra atos praticados por outro, pois não há hierarquia entre os Poderes do Estado, nos termos do art. 2º da Carta Magna.

Por fim, queremos ressaltar que o controle hierárquico impróprio somente ocorrerá **mediante expressa previsão legal**. Assim, no silêncio da lei o controle hierárquico impróprio não se presume, como é o caso do recurso hierárquico próprio. Pelo contrário, não havendo previsão em lei, este controle é vedado.[11]

4.4. Tutela administrativa

A tutela administrativa, também chamada de controle finalístico ou supervisão ministerial, é o controle que os órgãos centrais da Administração Direta exercem sobre as entidades administrativas da Administração Indireta a eles vinculadas, nas hipóteses expressamente previstas em lei (cumprimento das políticas governamentais e da finalidade para a qual a entidade foi instituída, eficiência administrativa, execução orçamentária).

Resgistre-se, entretanto, a posição contrária de José dos Santos Carvalho Filho no sentido de considerar que a tutela administrativa é espécie de controle externo. Para esse administrativista, o controle interno seria exercido por "órgãos de um Poder sobre condutas administrativas produzidas dentro de sua esfera", ao passo que o controle externo ocorreria quando "o órgão fiscalizador se situa em Administração diversa daquela de onde a conduta administrativa se originou".[12] Nessa linha de raciocínio, o controle exercido por órgãos da Administração Direta sobre entidades da Administração Indireta seria externo, pois realizado por órgão de estrutura administrativa distinta daquele em que o ato foi praticado.

11 Vale registrar o posicionamento minoritário do ilustre Celso Antônio Bandeira de Mello (*Curso de Direito Administrativo*. 25ª ed. São Paulo: Malheiros, 2007, p. 147), para quem recurso hierárquico impróprio é cabível quando a "lei previr que da decisão de uma pessoa jurídica cabe recurso para autoridade encartada em outra pessoa jurídica". Nessa linha, seria impróprio o recurso de decisão de autarquia federal dirigido ao Ministério supervisor. Entretanto, seria próprio o recurso ao Conselho Administrativo de Recursos Fiscais (CARFI) de decisão de Delegacia de Julgamentos da Secretaria da Receita Federal do Brasil. No primeiro caso, trata-se de pessoas jurídicas distintas (União e autarquia), ao passo que no segundo temos órgãos integrantes da mesma pessoa jurídica (União).

12 CARVALHO FILHO, José dos Santos. *Manual de Direito Administrativo*. 20ª ed. Rio de Janeiro: Lumen Juris, 2008, p. 881.

Com base no exposto, podemos apontar três diferenças básicas entre o controle hierárquico e o controle finalístico:

a) o controle hierárquico é exercido sempre na intimidade de uma pessoa jurídica, enquanto o controle finalístico é exercido entre duas pessoas jurídicas distintas: o ente político, que atua por meio de um de seus órgãos, e a entidade administrativa sujeita ao controle;

b) o controle hierárquico é um controle direto, pois o superior hierárquico pode anular ou revogar atos praticados por subordinados; já o controle finalístico é indireto, pois não pode resultar na anulação ou revogação do ato praticado pela entidade administrativa; e

c) o controle hierárquico independe de lei que estabeleça os mecanismos de controle, enquanto o controle finalístico é exercido nos exatos termos da lei.

O controle finalístico tanto incide sobre a **legalidade** quanto sobre o **mérito** dos atos praticados pelas entidades administrativas, verificando tanto a obediência dos mandamentos legais quanto a conveniência e oportunidade de suas decisões administrativas.

Na esfera federal, o Decreto-Lei nº 200/1967 fixa os objetivos gerais da, por ele denominada, **supervisão ministerial** (arts. 25). Além disso, no art. 26, parágrafo único, estabelece alguns mecanismos pelos quais será exercida a supervisão ministerial, a saber: indicação ou nomeação de seus dirigentes; acompanhar as atividades da entidade e a execução do orçamento-programa e da programação financeira aprovados pelo Governo; aprovação anual da proposta de orçamento--programa e da programação financeira da entidade; fixação de critérios para gastos de publicidade, divulgação e relações públicas; e intervenção, por motivo de interesse público.

Por oportuno, é interessante trazermos a lume, o magistério do professor Bandeira de Mello, para quem a tutela administrativa pode se desmembrar em tutela ordinária e tutela extraordinária. **Tutela ordinária** seria o controle que a Administração Direta exerce sobre as entidades da Administração Indireta, nos estritos termos da lei. Isto é, tutela ordinária seria o controle finalístico tal como o expusemos acima. Todavia, em situações excepcionalíssimas e urgentes de "graves distorções no comportamento" da entidade administrativa, admite-se que a Administração Direta exerça controles administrativos cujos mecanismos não estejam previstos em lei. Tratar-se-ia da **tutela extraordinária**.[13]

13 MELLO, Celso Antônio Bandeira de. *Curso de Direito Administrativo*. 25ª ed. São Paulo: Malheiros, 2007, p. 164.

4.5. Processualidade administrativa

Modernamente, muito se tem falado sobre o surgimento do sub-ramo denominado Direito Administrativo Processual, que teria por objeto o estudo minucioso e autônomo dos processos administrativos em geral.[14] A importância desse enfoque processual no âmbito do Direito Administrativo é a de que o processo cada vez mais se firma como instrumento de defesa dos direitos individuais frente aos lamentáveis arbítrios do Estado. Como bem define Romeu Filipe Barcellar Filho, o processo administrativo é o instrumento de "domesticação do exercício do poder".[15]

4.5.1. Recursos administrativos

O controle administrativo poder ser exercido de ofício, quando a iniciativa é da própria Administração Pública, ou pode ser provocado pelo particular interessado, mediante os instrumentos denominados recursos administrativos.

Recursos administrativos são, em sentido amplo, todos os instrumentos postos à disposição do administrado para provocar um **reexame**, tanto de **legalidade** quanto de **mérito**, pela própria Administração sobre quaisquer decisões administrativas exaradas e que tenham sido pretensamente prejudiciais ao indivíduo destinatário.

O fundamento do recurso administrativo é o inconformismo que a decisão administrativa pode gerar no destinatário e a possibilidade de erro por parte da Administração. Por esses motivos, para ver a decisão modificada ou para corrigir os inevitáveis equívocos no exercício das atividades administrativas, os recursos são interpostos.

O direito à interposição de recursos foi consagrado no art. 5º, LV, da Constituição Federal (destaques nossos):

> Aos litigantes, em processo judicial ou administrativo, e aos acusados em geral são assegurados o contraditório e a ampla defesa, com os meios e **recursos** a ela inerentes.

O recurso de que estamos tratando tramita na via administrativa. Significa dizer que o percurso se dá pelos diversos órgãos que compõem o escalonamento organizacional da Administração e dentro desta o pedido é resolvido. É que os agentes superiores têm poder revisional sobre os atos praticados por subordinados.

Quanto à formalização do recurso administrativo, podemos afirmar que é menos complexa que o recurso no processo judicial. É assim por causa do **princípio do informalismo** que norteia os processos administrativos, em geral. Por esse princípio, formas rígidas só serão exigidas no processo administrativo

14 Para maior aprofundamento, recomendamos MEDAUAR, Odete. *A Processualidade no Direito Administrativo*. 4ª ed. São Paulo: Revista dos Tribunais, 2008.

15 BACELLAR FILHO, Romeu Filipe. *Processo Administrativo Disciplinar*, 2ª ed. São Paulo: Max Limonad, 2003, p. 133.

quando forem imprescindíveis à segurança e lisura do feito. Inclusive, é nesse sentido que o STF editou a Súmula Vinculante nº 5, que torna facultativa a presença de advogado nos processos administrativos, sobretudo disciplinares.[16]

Todavia, devemos atentar para o fato de que o princípio do informalismo não impede que o legislador faça exigências de caráter formal para os requerimentos ou recursos dirigidos à Administração. Essas exigências são calcadas na precaução do legislador em garantir a necessária confiabilidade dos processos administrativos. Nesse sentido, o art. 6º da Lei nº 9.784/1999 enuncia as informações essenciais aos requerimentos administrativos, qual seja:

> I – órgão ou autoridade administrativa a que se dirige;
>
> II – identificação do interessado ou de quem o represente;
>
> III – domicílio do requerente ou local para recebimento de comunicações;
>
> IV – formulação do pedido, com exposição dos fatos e de seus fundamentos;
>
> V – data e assinatura do requerente ou de seu representante.

A não interposição do recurso no prazo legal gera a **preclusão administrativa**, impedindo que o interessado discuta aquela questão *a posteriori* em nível administrativo. O posicionamento do STJ é exatamente neste sentido.[17]

O recurso administrativo, no que concerne aos seus efeitos, pode ser devolutivo ou suspensivo. Diz-se **devolutivo** quando o recurso apenas devolve a matéria ao exame da autoridade competente, sem, no entanto, influenciar a aplicação imediata da decisão já prolatada. Vale dizer, o recurso com efeito devolutivo permite que a decisão continue produzindo normalmente seus efeitos enquanto o recurso é apreciado. Já o efeito **suspensivo** é aquele que suspende os efeitos da decisão até que o recurso seja apreciado e decidido. Ou seja, a decisão recorrida deixa, temporariamente, de produzir seus efeitos até que o recurso seja decidido.

Como regra, o recurso administrativo tem efeito devolutivo, podendo ter efeito suspensivo quando houver **previsão legal**, a exemplo do disposto no art. 109, § 2º, da Lei nº 8.666/1993, que confere efeito suspensivo aos recursos contra habilitação ou julgamento, bem como desclassificação de licitantes. É interessante notar que havendo **receio de dano de difícil ou de incerta reparação**, a autoridade competente poderá, a pedido ou de ofício, conceder efeito suspensivo ao recurso, ainda que não haja previsão legal. Isto é, nos casos em que a lei não prevê expressamente o efeito suspensivo, a autoridade poderá conferir ao recurso este efeito, mesmo não havendo provocação do interessado.

16 Súmula Vinculante nº 5, STF: "A falta de defesa técnica por advogado no processo administrativo disciplinar não ofende a Constituição".

17 STJ, MS 7.897/DF, Rel. Min. JOÃO OTÁVIO DE NORONHA, DJ 12.11.2007.

Quanto à abertura de processo judicial concomitante à tramitação de recurso administrativo, ensina o mesmo autor que se um recurso tem efeito devolutivo, via de regra, **não há óbice** para que o interessado, a qualquer momento, provoque a tutela jurisdicional. No entanto, quando o recurso tem efeito **suspensivo, não** é possível a abertura de processo judicial, pois como o recurso suspende os efeitos da decisão que o interessado reputa ilegítima, não há o pressuposto básico para a incidência de controle judicial: lesão ou ameaça a direito (art. 5º, XXXV, CF/1988). Em situações assim, o interessado deverá aguardar a decisão do recurso administrativo para só depois mover ação judicial contra o ato da Administração. Outra opção seria a desistência do recurso para que regressem os efeitos da decisão e haja lesão ou ameaça a direito, pressupostos da busca de tutela jurisdicional.

A doutrina costuma apresentar algumas espécies de recursos administrativos, a partir da finalidade específica de cada um. Assim, temos o pedido de reconsideração, a revisão, a representação e a reclamação. Entretanto, não se deve perder de vista que o princípio do informalismo impede que um pedido seja rejeitado sob a alegação de que deveria ter sido denominado "representação", ao passo que foi apresentado como "reclamação". Em verdade, nem mesmo é preciso nominar o pedido. Nesses casos, o que é sobremodo relevante é o conteúdo do pedido, juntamente com suas informações essenciais. Isso nos leva a concluir que o *nomem juris* do pedido é menos relevante para o dia a dia da autoridade incumbida da decisão que para o estudo da matéria.

O **pedido de reconsideração** é dirigido à mesma autoridade que proferiu a decisão que gerou o inconformismo do administrado. Exemplificativamente, se o Diretor-Geral de um Tribunal prolatou decisão administrativa em relação a um servidor, e este pretende se dirigir novamente à autoridade mencionada com objetivo de convencê-la com novos argumentos, terá de se valer do pedido de reconsideração. A doutrina costuma apontar o prazo geral de um ano para interposição do pedido de reconsideração, salvo disposição legal específica em contrário.[18] Por analogia, o pedido de reconsideração prescreve em um ano, segundo o art. 6º do Decreto nº 20.910/1932. O pedido de reconsideração não suspende nem interrompe a prescrição, bem como não altera os prazos para interposição de recurso.[19]

A **revisão** é o recurso cabível após a conclusão do processo administrativo sempre que surgirem elementos novos não apreciados quando da tramitação do feito e que possam modificar a decisão já prolatada. Em termos mais simples, revisão é a forma como o interessado requer que seja reexaminada matéria já inteiramente decidida em seu desfavor, em virtude de ter surgido um fato

18 CARVALHO FILHO, José dos Santos. *Manual de Direito Administrativo*. 20ª ed. Rio de Janeiro: Lumen Juris, 2008, p. 895 e MEIRELLES, Hely Lopes. *Direito Administrativo Brasileiro*, 34ª ed. São Paulo: Malheiros, 2008, p. 685.

19 Inclusive, o STF na Súmula nº 430 enuncia que "o pedido de reconsideração não interrompe o prazo para o mandado de segurança".

ainda não apreciado. O art. 65 da Lei nº 9.784/1999 prevê que "os processos administrativos de que resultem sanções poderão ser revistos, a qualquer tempo, a pedido ou de ofício, quando surgirem fatos novos ou circunstâncias relevantes suscetíveis de justificar a inadequação da sanção aplicada". Entretanto, como preceitua o parágrafo único do mesmo artigo, "da revisão do processo não poderá resultar agravamento da sanção". Os arts. 174 a 182 tratam da revisão no âmbito do processo administrativo disciplinar (PAD).

A **representação** é o instrumento recursal administrativo pelo qual se apontam irregularidades, omissões ou abusos de poder de agentes públicos da própria Administração. O objetivo da representação é a apuração e a restauração da legalidade em tais situações. A peculiaridade da representação é que o recorrente pode ser qualquer pessoa, a qualquer tempo, mesmo que não atingido diretamente pela conduta ilícita do agente. O fundamento normativo da representação está no art. 5º, XXXIV, da Constituição, e em leis esparsas, tais como a Lei nº 8.429/1992 (art. 14), Lei nº 8.666/1993 (art. 113, § 1º) e Lei nº 8.112/1990 (art. 116, XII).

O professor Celso Antônio menciona a **denúncia** como um instrumento similar à representação, "na qual, todavia, prepondera o intuito de alertar a autoridade competente para conduta administrativa apresentada como censurável".[20] A título de exemplo, podemos citar o disposto no art. 74, § 2º, CF/1988: "Qualquer cidadão, partido político, associação ou sindicato é parte legítima para, na forma da lei, denunciar irregularidades ou ilegalidades perante o Tribunal de Contas da União". Além disso, tal instrumento tem previsão no art. 114 da Lei nº 8.112/1990.

Por fim, a **reclamação administrativa** tem a mesma finalidade da representação. Isto é, visa a denunciar irregularidades, omissões ou abusos de poder cometidos por agentes públicos. Todavia, diferentemente da representação, a reclamação só pode ser instrumentada por alguém que tenha direito ou interesse diretamente afetado pela atuação abusiva do agente. O art. 6º do Decreto nº 20.910, de 6/1/1932, prescreve que "o direito à reclamação administrativa, que não tiver prazo fixado em disposição de lei para ser formulada, **prescreve em um ano** a contar da data do ato ou fato do qual a mesma se originar". Acrescente-se ainda que, consoante o parágrafo único do art. 4º do mesmo diploma normativo, a interposição da reclamação suspende o prazo prescricional até a solução do pedido. Sobre o tema, vale ainda mencionar o art. 7º da Lei nº 11.417/2006, que prevê a reclamação ao STF como instrumento idôneo contra ato administrativo que contraria enunciado de súmula vinculante, lhe nega vigência ou a aplica indevidamente, estabelecendo que, caso procedente a medida, o ato será anulado.

20 MELLO, Celso Antônio Bandeira de. *Curso de Direito Administrativo*. 25ª ed. São Paulo: Malheiros, 2007, p. 148.

4.5.2. Prescrição, decadência e preclusão administrativa

O Direito, como ciência ordenadora da sociedade, se propõe a garantir às pessoas um mínimo de estabilidade e segurança em suas relações jurídicas, para que todos saibam como devem se comportar a fim de atingir determinados objetivos. Por conseguinte, o exercício de direitos e pretensões deve se submeter a um prazo, pois não se pode admitir que relações jurídicas que gerem obrigações para outrem fiquem infinitamente, como uma ameaça eterna, à disposição do titular para que a qualquer momento possa exigir o cumprimento dessa obrigação.

Imagine o caso de um servidor que, na ocasião da sua aposentadoria, por erro do setor responsável pelos cálculos previdenciários, venha a receber mensalmente em seus proventos R$ 135,00 além do que lhe seria de direito. Será que passados vinte anos e constatada a boa-fé do servidor poderá a Administração alterar essa situação jurídica a fim de refazer os cálculos e retirar-lhe a quantia excedente? Definitivamente, não! Como reza um antigo brocardo jurídico, *dormientibus non sucurrit jus* (o direito não socorre a quem dorme). Portanto, a demora em se identificar o ilícito acarreta a impossibilidade de anulação do ato.

Nesse contexto, institutos como prescrição, decadência e preclusão funcionam como verdadeiros elementos de preservação da estabilidade das relações jurídicas e de homenagem ao princípio da segurança jurídica.

Como ensina Pamplona e Gagliano, "prescrição é a perda da pretensão de reparação do direito violado, em virtude da inércia do seu titular, no prazo previsto em lei".[21] Note bem que a prescrição não faz perecer o direito em si, mas somente a pretensão do seu titular de poder exigir o cumprimento desse direito pelas vias cabíveis. Vale repisar, havendo **prescrição** o titular de um direito continua como tal, apenas estará impedido de exigir judicial ou administrativamente a efetivação desse direito.

A prescrição administrativa pode atingir o particular ou a própria Administração, que a partir de então, estarão impedidos de pleitear administrativamente a defesa de direitos e interesses.

Como exemplo da primeira situação, temos o art. 142 da Lei nº 8.112/1990 que estabelece os prazos de prescrição para ação disciplinar contra servidor acusado de ter praticado infração funcional: I – em 5 anos, quanto às infrações puníveis com demissão, cassação de aposentadoria ou disponibilidade e destituição de cargo em comissão; II - em 2 anos, quanto à suspensão; e III - em 180 dias, quanto à advertência. Os prazos de prescrição previstos na lei penal aplicam-se às infrações disciplinares capituladas também como crime (§ 2º).

21 GAGLIANO, Pablo Stolze & PAMPLONA FILHO, Rodolfo. *Novo Curso de Direito Civil*, v. I: parte geral. 11ª ed., São Paulo: Saraiva, 2009, p. 455.

Vale acrescentar, que também em relação às demais sanções administrativas o prazo de prescrição da lei penal se sobrepõe ao prazo das leis administrativas.

A Lei nº 8.112/1990 estabelece ainda o prazo de prescrição para que o servidor defenda direitos ou interesses pretensamente lesados pela Administração. O art. 110 da lei dispõe sobre o tema nos seguintes termos: o direito de requerer prescreve: a) em 5 anos, quanto aos atos de demissão e de cassação de aposentadoria ou disponibilidade, ou que afetem interesse patrimonial e créditos resultantes das relações de trabalho; b) em 120 dias, nos demais casos, salvo quando outro prazo for fixado em lei.

Na mesma linha, a Lei nº 9.873, de 28 de janeiro de 1999, estabelece prazo de prescrição para o exercício de ação punitiva pela Administração Pública Federal. Logo em seu art. 1º, prevê que **prescreve** em **cinco anos** a pretensão punitiva da Administração Pública, no exercício do poder de polícia, objetivando apurar infrações administrativas, contados da **data da prática do ato** ou, no caso de infração **permanente ou continuada**, do dia em que **tiver cessado**. Se o fato ilícito constituir crime, aplica-se o prazo de prescrição da lei penal.

Incide a prescrição no procedimento administrativo paralisado por mais de **três anos**, pendente de julgamento ou despacho, cujos autos serão arquivados de ofício ou mediante requerimento da parte interessada, sem prejuízo da apuração da responsabilidade funcional decorrente da paralisação, se for o caso (art. 1º, § 1º).

A título de curiosidade, o prazo prescricional de cinco anos não se aplica às infrações de natureza funcional e aos processos e procedimentos de natureza tributária.

Vale mencionar que a prescrição da ação punitiva da Administração é interrompida quando (art. 2º):

a) houver notificação ou citação do indiciado ou acusado, inclusive por edital;
b) puder ser demonstrado, inequivocamente, qualquer ato da Administração no sentido de apurar o fato ilícito;
c) for exarada decisão condenatória irrecorrível; e
d) houver qualquer ato inequívoco que importe em manifestação expressa de tentativa de solução conciliatória no âmbito interno da Administração Pública Federal.

Na área da polícia administrativa ambiental, recentemente, em 13.10.2010, foi editada pelo STJ a Súmula nº 467 que assim dispõe:

> Prescreve em cinco anos, contados do término do processo administrativo, a pretensão da Administração Pública de promover a execução da multa por infração ambiental.

Ainda sobre a prescrição, devemos nos lembrar que o art. 37, § 5º, da Constituição Federal estabelece que as ações de **ressarcimento ao erário**

são imprescritíveis. Isto é, após superado o prazo de prescrição para fins de aplicação de penalidades administrativas ou políticas (no caso de improbidade administrativa), a responsabilização visando à reparação poderá ser intentada contra o causador do dano.

Tem a doutrina se manifestado no sentido de que a revisão de ofício de ato administrativo impugnado intempestivamente (fora do prazo) não poderá ocorrer se já tiver havido prescrição judicial do ato, que seria de cinco anos conforme o disposto no Decreto nº 20.910/1932 (prescrição quinquenal das ações judiciais contra a Fazenda Pública). Nesse sentido, ensina Di Pietro que "o reconhecimento de um direito, nessas circunstâncias, significaria liberalidade da Administração em face de um interesse público do qual ela não pode dispor".[22]

Questão interessante ocorre quando a lei não estabelece expressamente o prazo de prescrição para a Administração Pública **anular de ofício** os seus atos administrativos.

Alguns autores advogam a tese de que, nesses casos, aplicar-se-ia o prazo de **cinco anos** previsto no art. 1º do Decreto nº 20.910/1932 relativo à prescrição das ações judiciais contra a Administração Pública.[23] Importante destacar que o termo inicial do prazo de prescrição é o momento em que tenha sido praticado o ato impugnado ou tenha ocorrido o fato que se quer contestar.[24] Esse prazo seria aplicável a todos os entes políticos, posto que o referido decreto alcança a Administração Pública direta e indireta da União, Estados, Distrito Federal e Municípios.

A prescrição poderá ser **interrompida ou suspensa** nas situações previstas no Código de Processo Civil. Quando se trata de interrupção, o prazo prescricional volta a estaca zero e começa a fluir novamente, desconsiderando o que já tenha escoado. Com a suspensão do prazo prescricional, diversamente, o prazo volta a correr da data em que foi suspenso, prosseguindo dali em diante. Todavia, especificamente a prescrição quinquenal de que tratam, o prazo interrompido recomeça a correr, pela **metade do prazo** (dois anos e meio), da data do ato que a interrompeu ou do último ato ou termo do respectivo processo. Sobre o assunto o STF editou a Súmula nº 383 para estabelecer que a prescrição não poderá ser inferior a cinco anos, caso o titular do direito a interrompa durante a primeira metade do prazo.

Para ilustrar o sobredito verifiquemos dois exemplos:

a) prazo prescricional que iniciou em 12.02.2000, tendo sido interrompido em 12.02.2004. Nesse caso, a prescrição voltará a fluir por mais dois anos e meio até que sobrevenha nova prescrição;

22 DI PIETRO, Maria Sylvia Zanella. *Direito Administrativo*. 20ª ed. São Paulo: Atlas, 2006, p. 683.

23 DI PIETRO, Maria Sylvia Zanella. *Direito Administrativo*. 20ª ed. São Paulo: Atlas, 2006. p. 684; MEIRELLES, Hely Lopes. *Direito Administrativo Brasileiro*, 34ª ed. São Paulo: Malheiros, 2008, p. 741; CARVALHO FILHO, José dos Santos. *Manual de Direito Administrativo*. 20ª ed. Rio de Janeiro: Lumen Juris, 2008, p. 905

24 STJ, REsp 1.174.731/RS, Rel. Min. MAURO CAMPBELL MARQUES, julg.: 12.04.2011.

b) prazo prescricional que iniciou em 12.02.2000 e foi interrompido em 12.02.2002. A prescrição voltará a correr não por mais dois anos e meio (ocorrendo em 12.08.2004), como é a regra geral, mas por mais três anos, pois o prazo total não pode ser inferior a cinco anos, conforme entendimento sumulado do Pretório Excelso.

Outros, entretanto, defendem que o prazo de prescrição na **esfera federal** varia conforme a existência, ou não, de má-fé por parte do destinatário do ato ilícito, bem como se o ato é favorável, ou não, a esse destinatário. Inexistindo má-fé e sendo o ato favorável, aplicar-se-ia o prazo de **cinco anos** previsto no art. 54 da Lei nº 9.784 (O direito da Administração de anular os atos administrativos de que decorram efeitos favoráveis para os destinatários decai em cinco anos, contados da data em que foram praticados, salvo comprovada má-fé). Havendo má-fé do destinatário, bem como no caso de o ato ser desfavorável a este, como a Lei nº 9.784/1999 se omitiu a respeito, aplicar-se-ia o prazo de **dez anos** previsto no art. 205 do Código Civil. Argumenta-se que, se a referida lei estabeleceu prazo decadencial de cinco anos para atos favoráveis a destinatários de boa-fé é porque nos casos de atos desfavoráveis ou de má-fé do destinatário aplicar-se-ia outro prazo.[25] Há quem sustente que neste último caso (inexistência de má-fé ou havendo prejuízo para o destinatário), a Administração poderia anular o ato administrativo **a qualquer tempo**.[26]

Em síntese, temos isto:

a) havendo prazo legal específico, este será aplicado;
b) inexistindo prazo especificado em lei do respectivo ente federado, aplica-se a prescrição quinquenal do Decreto nº 20.910/1932;
c) na esfera federal, sendo o ato favorável ao destinatário de boa-fé, aplica-se o prazo de cinco anos do art. 54 da Lei nº 9.784/1999; e
d) na esfera federal, sendo o caso de atos desfavoráveis para destinatário de boa-fé ou de atos favoráveis a destinatários de má-fé, aplica-se o prazo decenal do art. 205 do Código Civil.

Vale salientar ainda que os prazos de que estamos tratando se referem à anulação de atos administrativos. Quando à **revogação** de atos discricionários lícitos, temos que poderá ocorrer a qualquer tempo, desde que respeitados o direito adquirido e as situações já exauridas.

Por sua vez, a **decadência** representa a perda efetiva de um direito em virtude de o seu titular não ter se manifestado a tempo. Difere-se da prescrição porque nesta o que perece é apenas a pretensão de abertura de processo para a defesa

25 MELLO, Celso Antônio Bandeira de. *Curso de Direito Administrativo*. 25ª ed. São Paulo: Malheiros, 2007, p. 1035

26 STJ, MS 8691/DF, Rel. Min. MAURO CAMPBELL MARQUES, DJe 07.12.2009; AgRg no REsp 992.098/RJ, Rel. Min. ARNALDO ESTEVES LIMA, DJe 09.03.2009.

de um direito lesado ou ameaça de lesão. Na decadência, diversamente, o próprio direito que se pretendia defender passa a não mais existir.

Em outras palavras, a decadência ocorre quando o titular ainda não se manifestou para formalizar o reconhecimento de um direito. Isto é, há completa inação do detentor do direito. Por sua vez, prescrição ocorre quando o titular do direito já teve o seu direito reconhecido, entretanto não exigiu a sua observância por meio do processo. Vê-se que se trata de inação parcial do titular do direito.

Sobre prescrição, o art. 54 da Lei nº 9.784/1999 prevê:

> O direito da Administração de anular os atos administrativos de que decorram **efeitos favoráveis** para os destinatários **decai em cinco anos**, contados da data em que foram praticados, **salvo comprovada má-fé** (destaque nosso).

Por derradeiro, a **preclusão,** em uma de suas vertentes, refere-se à impossibilidade de se praticar determinado ato processual por ter decorrido o tempo estipulado para tanto. Assim, a preclusão é a perda do prazo para praticar um ato processual e, portanto, ocorre em relação ao processo não concluído. A preclusão, instituto do processo judicial, impede que as partes que não tenham, no momento específico e oportuno (eventualmente há mais de um momento para isso), apresentado suas alegações e provas pertinentes, o façam em momento posterior. A prescrição, diferentemente, trata da perda do prazo para abrir um processo administrativo em que se pretende realizar a defesa de direito contra uma lesão ou ameaça de lesão. Logo, a prescrição ocorre sem que tenha sido aberto o processo, e é exatamente isto que representa a prescrição: a impossibilidade de abrir o processo por ter escoado o prazo.

O art. 63, § 2º, da Lei nº 9.784/1999 preceitua que desde que não ocorrida a preclusão administrativa, o não conhecimento do recurso por não preencher os requisitos de admissibilidade não impede a Administração de rever de ofício o ato impugnado.

4.5.3. Coisa julgada administrativa

O instituto da coisa julgada é utilizado para se referir à decisão judicial da qual já não mais cabe recurso. Vale dizer, quando uma decisão judicial transita em julgado, podemos chamá-la de coisa julgada. O art. 502 do novo Código de Processo Civil estatui que "Denomina-se coisa julgada material a autoridade que torna imutável e indiscutível a decisão de mérito não mais sujeita a recurso".

No que tange às decisões administrativas, em tese, não podemos afirmar a existência de coisa julgada, posto que as decisões administrativas comportam apreciação judicial, posterior, se assim o quiser o interessado. Dessa forma, não há decisões exaradas em processos administrativos que não possam ser futuramente questionadas judicialmente.

Ainda assim, a doutrina costuma denominar coisa julgada administrativa a decisão administrativa que não mais pode ser discutida em sede de processo administrativo, mas que continua passível de apreciação na via judicial. Podemos concluir, então, que se uma decisão administrativa torna-se imutável em âmbito administrativo, temos coisa julgada administrativa. Repise-se mais uma vez que mesmo assim poderá ser o assunto objeto de apreciação judicial mediante provocação do interessado.

Ao definir coisa julgada administrativa, Carvalho Filho o faz nos seguintes termos: "A situação jurídica pela qual determinada decisão firmada pela Administração não mais pode ser modificada na via administrativa".[27]

4.5.4. Esgotamento da via administrativa

Para José dos Santos Carvalho Filho, o esgotamento da via administrativa ocorre quando um processo administrativo não pode mais tramitar pelas instâncias da Administração Pública, em virtude de algum proibitivo legal.[28]

Em sequência, o mesmo autor destaca que o exaurimento da via administrativa não requer, necessariamente, que o processo percorra todas as instâncias possíveis da Administração. Pois:

> Tanto exaure a via administrativa aquele que percorre todas as instâncias, como aquele que, usando somente uma delas, deixe transcorrer *in albis* o prazo para recurso, ou que renuncie à interposição do recurso. Tanto num caso com noutro estará surgindo óbice legal ao prosseguimento do percurso. Naquele primeiro caso, o óbice é o efetivo percurso por todas as instâncias. Nestes dois últimos, porém, é o fato de o interessado se manifestar no sentido de que não deseja continuar utilizando a via administrativa, o que é direito seu.[29]

Diante disso, a questão que se põe é a seguinte: poderia o esgotamento da via administrativa constituir condição para que haja apreciação judicial sobre o tema? Isto é, se há uma questão sendo discutida em âmbito administrativo e o interessado deseja vê-la objeto de apreciação judicial, deverá primeiro esgotar a via administrativa ou poderá, desde já, abrir processo judicial?

A resposta para o questionamento parte do inc. XXXV do art. 5º da Constituição Federal, segundo o qual "a lei não excluirá da apreciação do Poder Judiciário lesão ou ameaça a direito". Trata-se do princípio da inafastabilidade de jurisdição, pelo qual sempre que haja lesão, ou simples ameaça a direito, haverá espaço para ação judicial a fim de resolver a controvérsia jurídica.

27 CARVALHO FILHO, José dos Santos. *Manual de Direito Administrativo*. 20ª ed. Rio de Janeiro: Lumen Juris, 2008, p. 902.

28 *Idem, ibidem*, p. 900.

29 CARVALHO FILHO, José dos Santos. *Manual de Direito Administrativo*. 20ª ed. Rio de Janeiro: Lumen Juris, 2008, p. 900.

Como já dito anteriormente, é importante ressaltar que, com base no princípio da inafastabilidade de jurisdição, qualquer lei que constitua o prévio esgotamento da via administrativa como requisito para o acesso ao Judiciário será inconstitucional. O Poder Judiciário é uma porta permanentemente aberta, sempre à disposição dos interessados, sempre que houver lesão ou pelo menos ameaça de lesão a direito.

Os principais casos que podemos apontar em que se exige o prévio exaurimento da via administrativa como requisito para acesso ao Judiciário são os seguintes:

a) Justiça Desportiva (art. 217, § 1º, CF/1988): "O Poder Judiciário só admitirá ações relativas à disciplina e às competições desportivas após esgotarem-se as instâncias da justiça desportiva, regulada em lei".

b) crimes contra a ordem tributária, cuja ação penal só pode ser intentada após o esgotamento da via administrativa, com a constituição definitiva do crédito tributário;[30] e

c) reclamação administrativa ao STF sobre descumprimento de súmula vinculante (art. 7º, § 1º, Lei nº 11.417/2006).

Em relação a essa última hipótese, poder-se-ia, numa primeira análise, opinar pela inconstitucionalidade desse § 1º do art. 7º da Lei nº 11.417/2006, por violação ao princípio da inafastabilidade de jurisdição. Todavia, por outro lado, podemos observar que se assim não fosse poderíamos assistir a uma enxurrada de reclamações ao STF advindas dos mais longínquos rincões deste país em que houvesse descumprimento de súmula vinculante, causando ainda maior lentidão no processamento dos feitos na mais alta Corte Judicial. Para evitar que isso ocorra, o legislador condicionou o acesso ao STF ao prévio esgotamento dos meios administrativos – o que nos parece razoável. Convém salientar que até o presente momento o aventado dispositivo não foi objeto de impugnação no Pretório Excelso.

Alguns costumam apontar o *Habeas Data* (art. 5º, LXXII, CF/1988) como hipótese de prévio esgotamento da via administrativa para acesso ao Judiciário. O argumento dos que advogam tal pensamento funda-se em que esse remédio constitucional é cabível em caso de negativa aos direitos de conhecimento de informações pessoais que constam em registros ou cadastros de dados públicos ou para retificação de dados. Partindo dessa premissa, seria necessário o esgotamento das vias administrativas, para que se tivesse então o pressuposto necessário para a provocação do Poder Judiciário: a lesão ou ameaça a direito (art. 5º, XXXV, CF). No entanto, numa análise mais acurada percebe-se que não há necessidade do exaurimento da via administrativa para que possa impetrar o *habeas data*, haja vista que uma única negativa é suficiente para ensejar a impetração desse remédio constitucional. Basta que após essa negativa o interessado queira postular judicialmente o exercício do seu direito de acesso à informação.

30 SJJ, HC 139.998/RS, Rel. Min. JORGE MUSSI, julg.: 25.11.2010.

5. CONTROLE LEGISLATIVO

O controle legislativo fica a cargo do Poder Legislativo e consiste na fiscalização da Administração Pública dos Poderes Judiciário e Executivo sob os aspectos político e financeiro-orçamentário. Lembrando que o controle político é predominantemente objeto de estudo do Direito Constitucional, ao passo que o estudo do controle financeiro-orçamentário é objeto do Direito Administrativo. Não obstante, pela sua relevância para o tema de que tratamos vamos passar em breve revista alguns mecanismos de controle político-legislativo.

Essa espécie de controle encontra-se prevista **expressamente na Constituição Federal**, pois embora os Poderes do Estado sejam independentes e harmônicos, sofrem e exercem controle uns sobre os outros. É importante frisar que os controles realizados no âmbito do sistema de freios e contrapesos (*check and balances*) devem ser delineados pelo texto constitucional. As Constituições estaduais, leis orgânicas e legislação infraconstitucional não podem prever outros mecanismos de controle distintos dos da Constituição, sob pena de violação do princípio da independência e harmonia entre os Poderes (art. 2º, CF/1988).

5.1. Controle externo político

O controle político, também chamado de controle parlamentar, refere-se às hipóteses em que o Legislativo irá controlar a função político-administrativa dos Poderes Executivo e Judiciário.

O controle político é propriamente matéria de Direito Constitucional. Não obstante, pela relevância do tema, resolvemos fazer breves comentários a respeito.

O controle externo político legislativo está previsto primeiramente no art. 49 da Constituição, que estabelece as competências exclusivas do Congresso Nacional (*vide* incisos II a V, X, XII, XIV, XVI e XVII).

O art. 50 da Constituição Federal trata da **convocação de Ministros de Estado** ou quaisquer titulares de órgãos diretamente subordinados à Presidência da República para prestarem, pessoalmente, informações sobre assunto previamente determinado, importando crime de responsabilidade a ausência sem justificação adequada.

Em seguida, o art. 52, que enumera as competências do Senado Federal, estabelece algumas hipóteses de controle legislativo de natureza política (*vide* incisos III a VIII e XI).

Por fim, não podemos deixar de citar as Comissões Parlamentares de Inquérito (CPI), que são, indiscutivelmente, o mais importante instrumento de controle político pelo Poder Legislativo. O § 3º do art. 58 da Carta Magna prevê que "as comissões parlamentares de inquérito, que terão poderes de investigação próprios das autoridades judiciais, além de outros previstos nos regimentos das respectivas Casas, serão criadas pela Câmara dos Deputados e pelo Senado

Federal, em conjunto ou separadamente, mediante requerimento de um terço de seus membros, para a apuração de fato determinado e por prazo certo, sendo suas conclusões, se for o caso, encaminhadas ao Ministério Público, para que promova a responsabilidade civil ou criminal dos infratores".

5.2. Controle externo financeiro-orçamentário

A fiscalização contábil, financeira, orçamentária, operacional e patrimonial da União e das entidades da Administração direta e indireta, quanto à legalidade, legitimidade, economicidade, aplicação das subvenções e renúncia de receitas, será exercida pelo **Congresso Nacional**, com o auxílio do **Tribunal de Contas da União**, mediante **controle externo** (arts. 70 c/c 71, CF/1988).

O controle externo financeiro-orçamentário é incumbido ao Poder Legislativo, que atuará por meio do Congresso Nacional no âmbito federal, das Assembleias Legislativas nos Estados, da Câmara Legislativa no Distrito Federal e das Câmaras Municipais, todos auxiliados pelos respectivos Tribunais de Contas.

Note bem que a titularidade do controle externo financeiro-orçamentário não é do Tribunal de Contas da União, mas do Congresso Nacional, que nessa atividade contará com o auxílio do TCU. Vale repisar, o controle externo incumbe ao Congresso Nacional e não ao TCU.

Pelo que vemos, o controle externo incide sobre cinco áreas, as quais serão apreciadas a seguir:

a) **contábil**: registro e formalização de demonstrações contábeis em que constam bens, receitas, despesas, obrigações de todos os que administrem ou guardem o patrimônio público (dinheiro, bens móveis e imóveis);

b) **financeira**: verificação, por meio do acompanhamento dos depósitos bancários, dos empenhos de despesas, dos pagamentos efetuados, dos ingressos de valores, das receitas e despesas que foram arrecadadas/executadas;

c) **orçamentária**: acompanhamento da execução do orçamento, fiscalização dos registros nas rubricas orçamentárias adequadas etc.;

d) **operacional**: execução das atividades administrativas em geral, verificando-se a observância dos procedimentos legais (*modus operandi*) e a sua adequação à maior celeridade, eficiência e economicidade; e

e) **patrimonial**: incide sobre os bens do patrimônio público, móveis e imóveis, constantes de almoxarifados, de estoques ou que estejam em uso pela Administração.[31]

31 CARVALHO FILHO, José dos Santos. *Manual de Direito Administrativo*. 20ª ed. Rio de Janeiro: Lumen Juris, 2008, p. 935.

O controle externo financeiro-orçamentário é exercido sob cinco aspectos:

a) **legalidade**: verifica a exata correspondência entre a atuação administrativa e a norma legal pertinente. Trata-se de verificar a observância do princípio da legalidade;

b) **legitimidade**: modernamente, a legitimidade refere-se à conformação da atuação administrativa à lei e aos princípios expressos e implícitos da Administração Pública. Dessa forma, fica claro que a legitimidade é mais ampla que a legalidade, como se fosse um *plus* em relação àquela, pois é perfeitamente possível que alguém observe o texto literal da lei e, ainda assim, viole algum princípio da Administração, como o da moralidade ou o da proporcionalidade;

c) **economicidade**: aprecia o ato sob a perspectiva de uso racional dos recursos públicos, evitando, com isso, a aquisição de bens em quantidade superior ou inferior às necessárias, bem como o valor incompatível com os praticados no mercado. Verifica se a opção discricionária do órgão ou entidade obedeceu adequadamente a relação custo-benefício que deve nortear toda execução orçamentária;

d) **aplicação das subvenções**: atenta para a correta aplicação das verbas orçamentárias recebidas pelas entidades beneficiárias (fomento), segundo o destino estabelecido na lei orçamentária anual ou plurianual;[32] e

e) **renúncia de receitas**: excepcionalmente, permite-se que o administrador público abra mão de receitas orçamentárias por meio de mecanismos como anistia, remissão, isenções fiscais (art. 12, § 1º, Lei de Responsabilidade Fiscal). Quando essa renúncia ocorre mediante motivo de interesse público específico, será lícita. Caso contrário, será ilícita.

5.3. Tribunal de Contas da União

O Tribunal de Contas da União é integrado por nove ministros, tem sede no Distrito Federal, quadro próprio de pessoal e jurisdição em todo o território nacional (art. 73, CF).

Apesar de a Constituição Federal afirmar que o Tribunal de Contas da União tem "jurisdição em todo o território nacional", é importante advertir que este órgão não exerce função jurisdicional propriamente dita, mas **função administrativa** de controle externo. Essa afirmação repousa no fundamento de que as suas decisões não produzem coisa julgada e, portanto, **podem ser rediscutidas no**

32 Nos termos do § 3º do art. 12 da Lei nº 4.320/1964, consideram-se subvenções as transferências destinadas a cobrir despesas de custeio das entidades beneficiadas, distinguindo-se como: I – subvenções sociais, as que se destinem a instituições públicas ou privadas de caráter assistencial ou cultural, sem finalidade lucrativa; II – subvenções econômicas, as que se destinem a empresas públicas ou privadas de caráter industrial, comercial, agrícola ou pastoril.

âmbito judicial. Da mesma forma, uma decisão judicial **não poderá ser objeto de apreciação pelo TCU** no tocante ao mesmo fato.

Não obstante, o STF reconheceu ao TCU competência para realizar controle de constitucionalidade das leis e atos do Poder Público.[33]

Quanto à natureza jurídica, sobreleva mencionar que o Tribunal de Contas da União, bem como os tribunais de contas estaduais ou municipais, auxiliam o Poder Legislativo no controle externo financeiro-orçamentário, sem, no entanto, integrarem este Poder. Vale dizer, os tribunais de contas não integram a estrutura do Poder Legislativo. Tal qual o Ministério Público, os tribunais de contas são instituições independentes que detêm autonomia funcional, administrativa, financeira e orçamentária, mas **não integram nenhum dos Poderes do Estado**.[34] Como órgão independente, os atos e decisões do TCU não se sujeitam a qualquer recurso para o Congresso Nacional. Em suma, as competências da Corte de Contas são próprias e exclusivas, vedada qualquer ingerência do Congresso no seu exercício.

O que acabamos de dizer, por outro lado, não pode nos levar à conclusão de que os atos dos tribunais de contas são insuscetíveis de controle pelo Congresso Nacional e pelo Poder Judiciário. Absolutamente, não há órgão do Estado ou entidade por este constituída que seja imune a controle, prévio ou posterior. Isso destoaria drasticamente da ideia de Estado Democrático de Direito, em que o poder estatal se sujeita integralmente ao império da lei e, consequentemente, aos órgãos do Estado incumbidos de verificar a sua fiel aplicação. Sendo, assim os tribunais de contas, apesar de serem órgãos independentes, não integrantes dos Poderes do Estado, se sujeitam aos **mecanismos constitucionais de controle**. A título de exemplo, citamos o disposto no art. 102, I, alíneas "c", "d" e "q" da Constituição Federal, segundo as quais compete ao Supremo Tribunal Federal processar e julgar, originariamente: nas infrações penais comuns e nos crimes de responsabilidade os membros do Tribunal de Contas da União (inclusive quando estes forem sujeitos pacientes de *habeas corpus*); o mandado de segurança e o *habeas data* contra atos do Tribunal de Contas da União; o mandado de injunção, quando a elaboração da norma regulamentadora for atribuição do Tribunal de Contas da União.

A Constituição Federal **vedou a criação** de Tribunais, Conselhos ou órgãos de Contas **Municipais**, mantendo os que já existiam à época da promulgação do texto constitucional (art. 31, § 4º). Atualmente, somente os Estados da Bahia, Ceará, Goiás e Pará possuem tribunais de contas municipais. Nos demais Municípios, o

33 Súmula nº 347 do STF: "O Tribunal de Contas, no exercício de suas atribuições, pode apreciar a constitucionalidade das leis e dos atos do poder público".

34 Para alguns autores de feição notadamente moderna, ao invés de três funções (teoria tripartite: legislativa, executiva e jurisdicional), o Estado teria uma quarta: a de controle. Nessa ótica, os tribunais de contas e os Ministérios Públicos são órgãos que receberam da Constituição extrema relevância no tocante ao controle dos atos estatais, razão pela qual descaberia enquadrá-los na estrutura de quaisquer dos três Poderes.

controle externo financeiro-orçamentário é realizado pelos tribunais de contas estaduais (TCE's).

O art. 71 da Constituição estabelece as competências do Tribunal de Contas da União. Trataremos apenas de algumas dessas competências, uma vez que este assunto é objeto de estudo do Direito Constitucional.

Primeiramente, em relação às contas anuais do **Presidente da República** (inciso I), a função do TCU é meramente **opinativa**. O TCU apenas **aprecia** as contas e elabora parecer, que será encaminhado ao Congresso Nacional. Este, sim, é que irá **julgar** (aprovar ou rejeitar) as contas do Presidente da República. Vale dizer, o Congresso Nacional não fica vinculado aos termos do parecer produzido pelo TCU. Com relação às contas dos **demais administradores** a competência do TCU é de **julgamento** (aprovação ou rejeição), e não meramente opinativa.[35]

Ainda nesse tema, tem o STF entendido que não pode a Constituição Estadual, sob pena de usurpação de competência do tribunal de contas do Estado, conferir à Assembleia Legislativa respectiva a competência para julgar suas próprias contas, muito menos as contas dos administrativos do Poder Judiciário local.[36]

A respeito da apreciação, para fins de registro, da **legalidade das concessões de aposentadorias, reformas e pensões**, ressalvadas as melhorias posteriores que não alterem o fundamento legal do ato concessório (inciso III), preliminarmente, devemos esclarecer que o ato administrativo de aposentadoria deve ser visto como parte integrante de um processo administrativo em que diversos atos intermediários são praticados a fim de ser obter um ato final e conclusivo: o de aposentação. Dessa forma, o servidor, conforme a modalidade de aposentadoria, requer aposentadoria e, para tanto, apresenta os documentos probatórios. Tudo isso é feito junto ao órgão ou entidade onde exerce suas atribuições. A autoridade competente, após rigorosa análise da veracidade e legitimidade dos documentos apresentados, concede, ou não, aposentadoria ao servidor. Uma vez que defira o pedido, ao TCU caberá a análise posterior deste ato para fins de controle e registro.

Em nome dos princípios da segurança jurídica e da proteção à confiança, vem-se entendendo que o controle do ato concessório de aposentadoria pelo TCU submete-se a **prazo decadencial de cinco anos**, após o transcurso do qual não poderá a Corte de Contas anular ou alterar a situação do inativo impondo-lhe maior gravame.

Entretanto, a tese que vem prevalecendo nos julgados mais recentes da Corte Suprema é o de que, após o transcurso dos cinco anos da concessão inicial, a Corte de Contas ainda teria competência para anular o registro, desde que

35 STF, ADI nº 849/MT, Rel. Min. SEPÚLVEDA PERTENCE, julg.: 11.02.1999.

36 ADI nº 1.779/PE, Rel. Min. ILMAR GALVÃO, julg.: 01.08.2001.

garantisse **contraditório e ampla defesa** ao beneficiário.[37] Em outras palavras, não se opera a decadência prevista no art. 54 da Lei nº 9.784/1999 no período compreendido entre concessão inicial de aposentadoria, pensão ou reforma e o posterior julgamento de sua legalidade e registro pelo Tribunal de Contas da União. A consequência da superação desse prazo é tão somente a obrigatoriedade de que se assegure contraditório e ampla defesa.

Ainda sobre a apreciação do Tribunal de Contas, é válido ressaltar que, enquanto não operada a decadência, é possível a alteração ou anulação do ato de aposentadoria. No entanto, entende o STF que, nessas situações, não é necessária a observância das garantias constitucionais de ampla defesa e contraditório, posto que a aposentadoria é **ato complexo** e, enquanto não há conclusão das manifestações de vontade e produção do ato, não há que se falar em lesão a direito. Logo, o ato somente se torna impugnável após a sua edição (no caso em tela, após a impugnação pelo TCU).[38] Assim, resta claro que, no curso do procedimento administrativo de aposentadoria, reforma ou pensão, **não é necessário oportunizar previamente contraditório e ampla defesa** aos interessados.[39] Nessa esteira, veja-se o teor da Súmula Vinculante nº 3 (destaque nosso):

> Nos processos perante o Tribunal de Contas da União asseguram-se o contraditório e a ampla defesa quando da decisão puder resultar anulação ou revogação de ato administrativo que beneficie o interessado, excetuada a apreciação da legalidade do **ato de concessão inicial de aposentadoria**, reforma ou pensão.

Note bem que a súmula vinculante trata especificamente dos atos de aposentadoria, reforma e pensão no tocante ao registro inicial. Em relação à anulação desses atos e aos demais atos administrativos submetidos ao crivo do TCU, subsiste a obrigatoriedade de observância do contraditório e da ampla defesa previamente à anulação ou alteração.

Outro ponto importante trata da competência do Tribunal de Contas da União na apreciação de atos ou contratos administrativos irregulares. Em relação aos primeiros, compete ao TCU **sustar a execução do ato**, comunicando essa providência, posteriormente, à Câmara dos Deputados e ao Senado Federal. Entretanto, no tocante aos **contratos administrativos**, o ato de **sustação** será adotado diretamente pelo **Congresso Nacional**, que solicitará, de imediato, ao Poder Executivo as medidas cabíveis. Se o Congresso Nacional ou o Poder Executivo, no prazo de **noventa dias**, não efetivar as medidas previstas no

37 STF, MS 24.781/DF, Rel.ª Min.ª ELLEN GRACIE, DJe 09.06.2011; MS 25.116/DF, Rel. Min. AYRES BRITTO, DJe 10.02.2011; MS 26.053/DF, Rel. Min. RICARDO LEWANDOSWKI, julg.: 18.11.2010; MS 28.074/DF, Rel.ª Min.ª CÁRMEN LÚCIA, DJe 13.06.2012; MS 27.746/DF, Rel. Min. DIAS TOFFOLI, DJe 05.09.2012; MS 28.604/DF, Rel. Min. MARCO AURÉLIO, Dje 21.02.2013.

38 STF, MS 24.997/DF, Rel. Min. EROS GRAU, julg.: 02.02.2005; e STJ, EREsp 1.240.168/SC, Rel. Min. JOÃO OTÁVIO DE NORONHA, julg.: 07.11.2012.

39 RE 285.495/SE, Rel. Min. MARCO AURÉLIO, DJ 02.10.2007.

parágrafo anterior, o Tribunal decidirá a respeito, podendo sustar o contrato (art. 71, X e §§ 1º e 2º).

As decisões do Tribunal de que resulte imputação de débito ou multa terão eficácia de **título executivo extrajudicial** (art. 71, § 3º). Um título executivo nada mais é que um documento que representa uma quantia líquida e certa (contrato, cheque, nota promissória, decisão do TCU) que deva ser adimplida por parte do devedor. Assim, sendo o débito imputado ou a multa aplicada pelo TCU poderá a Advocacia-Geral da União (AGU) promover diretamente a ação de execução perante o Poder Judiciário, passando o juiz a expropriar os bens do devedor a fim de saldar o débito, sem necessidade de prévio processo de conhecimento, destinado a aferir a procedência do débito ou da multa.

Em caso de perda, extravio ou outra irregularidade de que resulte prejuízo ao erário público, poderá o TCU instaurar **tomada de contas especial**, que é processo devidamente formalizado, com rito próprio que visa à apuração de responsabilidade do dano e à obtenção do respectivo ressarcimento (art. 3º, IN-TCU nº 56/2007).

A questão interessante que se põe é a possibilidade de as sociedades de economia mista, pessoas jurídicas de direito privado da Administração Indireta, serem submetidas à tomada de conta especial.

Inicialmente, o entendimento do Supremo Tribunal Federal era no sentido da inviabilidade do referido procedimento em relação a essas entidades. O argumento que embasou esse posicionamento foi o de que o patrimônio das sociedades de economia mista, independentemente da atividade que desempenhem, não é formado por bens públicos, mas bens privados. Como haveria participação de capital privado nessas entidades o Pretório Excelso entendeu que seu patrimônio não se enquadraria no âmbito de incidência da expressão "erário público". Assim, essa expressão alcançaria tão somente os bens públicos.[40] Essa interpretação do STF gerou inúmeras críticas na doutrina.

Todavia, pouco tempo depois, houve mudança de orientação na Corte Suprema, que passou a entender que qualquer perda, extravio ou irregularidade envolvendo bens privados das sociedades de economia mista ensejaria a instauração de tomadas de contas especial pelo TCU. O embasamento do novo entendimento foi o de que, apesar de o patrimônio ser formado por bens privados, no capital das sociedades de economia mista, ao lado do capital privado, há também capital público. Inclusive o capital votante terá o Estado como sócio majoritário. Qualquer lesão ao patrimônio dessas entidades redundaria, portanto, prejuízo aos cofres públicos. Sendo assim, é legítima e necessária tomada de contas especial.

Em síntese, o atual posicionamento do STF é o de que **todos os órgãos e entidades da Administração Pública**, independentemente da atividade que

40 MS 23.627/DF, Rel. Min. CARLOS VELLOSO, julg.: 07.03.2002; e MS 23.875/DF, Rel. Min. CARLOS VELLOSO, DJ 30.04.2004.

desempenham ou da natureza jurídica do seu patrimônio, submetem-se ao procedimento da tomada de contas especial, além dos procedimento ordinários de controle financeiro-orçamentário do TCU.[41]

6. CONTROLE JUDICIAL

O controle judicial é exercido pelo Poder Judiciário, sob aspectos exclusivamente de legalidade, sobre os atos administrativos praticados pelos Poderes Executivo e Legislativo.

No art. 5º, XXXV, da Constituição está consagrado o **princípio da inafastabilidade de jurisdição** pelo qual: "a lei não excluirá da apreciação do Poder Judiciário a lesão ou ameaça a direito". Como já visto anteriormente, no Brasil adotou-se o **sistema de jurisdição una** ou **sistema inglês**, em que o Poder Judiciário é competente para apreciar toda e qualquer controvérsia jurídica no tocante à legalidade, detendo sobre ela a decisão definitiva (coisa julgada), oponível aos demais Poderes do Estado.[42]

Sempre que alguém se sentir lesado em algum dos direitos que compõem o seu patrimônio jurídico, poderá provocar a atuação jurisdicional do Estado a fim de ver assegurado o exercício do mesmo. Por isso, o controle judicial é geralmente um **controle corretivo** (exercido após o início da produção de efeitos dos atos administrativos). Não obstante, não é necessária a lesão a direito, pois a simples ameaça de lesão a um direito legitima a provocação do Poder Judiciário que, nesses casos, exercerá **controle preventivo**, por meio de instrumentos processuais como medidas cautelares ou antecipatórias de tutela.

O controle judicial, como já expusemos, é um controle **exclusivamente de legalidade**. A competência do juiz se restringe à análise sobre o alcance da lei e dos princípios da Administração Pública (legalidade ampla) no caso concreto. O mérito administrativo, liberdade de escolha dentro dos limites da lei, é imune ao controle judicial.

Isso posto, podemos concluir que o controle judicial sobre atos vinculados é pleno, pois a lei estabelece todas as condições e requisitos para a prática do ato, não deixando qualquer liberdade ao agente público. Em tais atos descabe falar em mérito administrativo. Se não há mérito, o juiz poderá apreciar a totalidade do ato. Já em relação aos atos discricionários a lei confere certa liberdade ao agente público, liberdade que é intangível pelo juiz. Sendo assim, o controle judicial dos atos discricionários não poderá incidir sobre o mérito administrativo.

A Administração Pública, no gozo de seu poder de autotutela, também controla a legalidade dos atos por ela mesma praticados. Uma das diferenças

41 MS 25.181/DF, Rel. Min. MARCO AURÉLIO, DJ 16.06.2006; MS 25.092/DF, Rel. Min. CARLOS VELLOSO, julg.: 10.11.2005.

42 Mais detalhes, *vide* tópico 5 (Sistemas Administrativos) do Capítulo 1 (Fundamentos de Direito Público e Teoria Geral do Direito Administrativo).

entre o controle administrativo de legalidade e o controle judicial é que este é necessariamente um controle provocado (aplica-se o princípio da inércia, segundo o qual, salvo em raríssimas exceções, o Judiciário somente atua quando há provocação das partes), enquanto aquele é controle que pode ser exercido de ofício (princípio da oficialidade). O art. 2º do antigo CPC rezava que "Nenhum juiz prestará a tutela jurisdicional senão quando a parte ou o interessado a requerer, nos casos e forma legais".

6.1. Atos sujeitos a controle especial

Neste ponto, vamos tratar de algumas categorias que pela sua natureza demandam um controle especial por parte do Poder Judiciário. Note que não estamos afirmando que esses atos não estejam sujeitos ao controle judicial. Definitivamente, não. O que estamos expondo é que o controle judicial em relação a esses atos é especial. Isto é, deve seguir parâmetros distintos dos demais atos sujeitos ao crivo do Judiciário.

a) **atos políticos**: são aqueles praticados pelas mais altas autoridades do Governo e pelos quais se realiza a gestão superior dos negócios do Estado, no exercício de extrema discricionariedade, a partir de competências constitucionalmente deferidas, a exemplo da declaração de guerra ou celebração da paz, que são feitas pelo Presidente da República autorizado pelo Congresso Nacional. Em tese, tais atos, se praticados dentro dos moldes constitucionais, são insuscetíveis de controle judicial.[43] Entretanto, como bem ressalta Maria Sylvia Di Pietro, essa regra de não apreciação judicial vale apenas para os **atos exclusivamente políticos**, pois os **atos quase políticos** ou **não exclusivamente políticos**, "que, embora dizendo respeito a interesses superiores do Estado, da nação, da sociedade, afetam também direitos individuais", podem ser ordinariamente apreciados pelo Judiciário;[44]

b) **atos *interna corporis***: são atos que se referem às questões internas, regimentais, relativas ao funcionamento dos órgãos colegiados dos Poderes Legislativo e Judiciário. Esses atos, desde quando praticados com observância às normas constitucionais, são imunes ao controle judicial. Caso contrário, o Judiciário, se provocado, poderá declarar a sua inconstitucionalidade; e

43 Note-se, entretanto, que o controle judicial de políticas públicas vem sendo aceito em situações extremas em que os administradores públicos, a pretexto de exercer poder discricionário, que é característico da formulação e execução de políticas públicas, acabam por "agirem de modo irrazoável ou procederem com a clara intenção de neutralizar a eficácia dos direitos sociais, econômicos e culturais, afetando, como decorrência causal de uma injustificável inércia estatal ou de um abusivo comportamento governamental, aquele núcleo intangível consubstanciador de um conjunto irredutível de condições mínimas necessárias a uma existência digna e essencial à própria sobrevivência do indivíduo" (STF, ADPF nº 45/DF, Rel Min. CELSO DE MELLO, DJ 04.05.2004).

44 DI PIETRO, Maria Sylvia Zanella. *Direito Administrativo*. 20ª ed. São Paulo: Atlas, 2006, p. 690.

c) **atos normativos**: por terem conteúdo geral e abstrato, não se submetem ao controle judicial pelas vias ordinárias. Só podem ser apreciados judicialmente por via de ação direta de inconstitucionalidade (ADI) ou ação declaratória de constitucionalidade (ADC), cujo julgamento é de competência do STF, quando se tratar de lei ou ato normativo federal ou estadual que contrarie a Constituição Federal (art. 102, I, "a", CF/1988). Entretanto, atos de efeitos concretos poderão invalidadas pelas ações ordinárias.

6.2. Principais instrumentos de controle judicial

A Constituição Federal estabeleceu diversos meios de controle pelo Poder Judiciário mediante provocação do interessado. Assim, qualquer lesão ou ameaça a direito que envolva a Administração Pública pode ser levada à apreciação judicial, podendo resultar na anulação ou modificação de determinado ato administrativo. Para tanto, o interessado poderá se valer dos seguintes instrumentos, entre outros previstos na legislação infraconstitucional, sobretudo de cunho processual civil:

I – Mandado de segurança individual – conceder-se-á mandado de segurança para proteger direito líquido e certo, não amparado por "habeas corpus" ou "habeas data", quando o responsável pela ilegalidade ou abuso de poder for autoridade pública ou agente de pessoa jurídica no exercício de atribuições do Poder Público (art. 5º, LXIX). Esse remédio constitucional está disciplinado pela Lei nº 12.016/2009;

II – Mandado de segurança coletivo – o mandado de segurança coletivo pode ser impetrado por: a) partido político com representação no Congresso Nacional; b) organização sindical, entidade de classe ou associação legalmente constituída e em funcionamento há pelo menos um ano, em defesa dos interesses de seus membros ou associados (art. 5º, LXX);

III – Mandado de injunção – conceder-se-á mandado de injunção sempre que a falta de norma regulamentadora torne inviável o exercício dos direitos e liberdades constitucionais e das prerrogativas inerentes à nacionalidade, à soberania e à cidadania (art. 5º, LXXI);

IV – *Habeas data* – conceder-se-á "habeas data": a) para assegurar o conhecimento de informações relativas à pessoa do impetrante, constantes de registros ou bancos de dados de entidades governamentais ou de caráter público; b) para a retificação de dados, quando não se prefira fazê-lo por processo sigiloso, judicial ou administrativo (art. 5º, LXXII);[45]

45 O STF (HD nº 90/DF, Rel.ª Min.ª ELLEN GRACIE, DJ 25.05.2009) tem entendido que o *habeas data* não se revela meio idôneo para se obter vista de processo administrativo, mas tão somente o conhecimento de informações relativas à pessoa do impetrante constantes em bancos de dados públicos. Conforme o voto da ministra relatora, "há diferenças marcantes entre banco de dados e processo administrativo. Enquanto a informação armazenada em banco de dados tem natureza estatística, unitária e indivisível, referindo-se, tão somente, à pessoa do impetrante, interessando a ele em caráter personalíssimo, o processo constitui um conjunto ordenado de procedimentos para a solução de uma controvérsia, que pode envolver uma ou mais pessoas".

V – Ação Popular – qualquer cidadão é parte legítima para propor ação popular que vise a anular ato lesivo ao patrimônio público ou de entidade de que o Estado participe, à moralidade administrativa, ao meio ambiente e ao patrimônio histórico e cultural, ficando o autor, salvo comprovada má-fé, isento de custas judiciais e do ônus da sucumbência (art. 5º, LXXXIII);

VI – Ação Direta de Inconstitucionalidade: Compete ao Supremo Tribunal Federal, precipuamente, a guarda da Constituição, cabendo-lhe processar e julgar, originariamente a ação direta de inconstitucionalidade de lei ou ato normativo federal ou estadual e a ação declaratória de constitucionalidade de lei ou ato normativo federal (art. 102, I, *a*); e

VII – Ação civil pública – prevista no art. 129, III, da Lei Fundamental, trata-se de um instrumento que visa à proteção dos interesses difusos e coletivos e, em alguns casos, de interesses individuais homogêneos.

7. CONTROLE POPULAR

De maneira geral, o controle da Administração Pública é tarefa que incumbe ao próprio Estado. Todavia, os particulares, como verdadeiros titulares do interesse público, têm à sua disposição diversos mecanismos de provocação do controle da Administração. O controle popular dos órgãos públicos e entidades da Administração é o exercido pela sociedade civil, por meio da participação nos processos de planejamento, acompanhamento, monitoramento e avaliação das ações da gestão pública e na execução das políticas e programas públicos, que visa ao aperfeiçoamento da gestão pública, à legalidade, à efetividade das políticas públicas e à eficiência administrativa. A professora Di Pietro ressalta que "é este, provavelmente, o mais eficaz meio de controle da Administração Pública: o controle popular".[46]

São meios de controle popular a participação em consulta pública ou audiência pública, o exercício do direito de petição ou de representação, a denúncia de irregularidades, a atuação do interessado nos processos administrativos, a participação em órgãos colegiados, entre outros que a lei prever.

A seguir, citamos alguns mecanismos de controle popular encontrados no Direito positivo brasileiro: art. 5º, incs. XXXIV, LXIX, LXXI, LXXII e LXXIII; art. 31, § 3º; art. 37, § 3º; art. 74, § 2º; art. 194, parágrafo único, VII; art. 198, III, todos da CF/88; art. 4º, art. 7º, § 8º, art. 15, § 6º e art. 41, § 1º, da Lei nº 8.666/1993.

É importante notar que alguns desses mecanismos de controle popular coincidem com instrumento de controle judicial ou financeiro-orçamentário. É que em alguns casos o particular ou cidadão, para controlar a atividade estatal, o faz provocando a tutela do Poder Judiciário ou dos tribunais de contas.

46 DI PIETRO, Maria Sylvia Zanella. *Direito Administrativo*. 20ª ed. São Paulo: Atlas, 2006, p. 671.

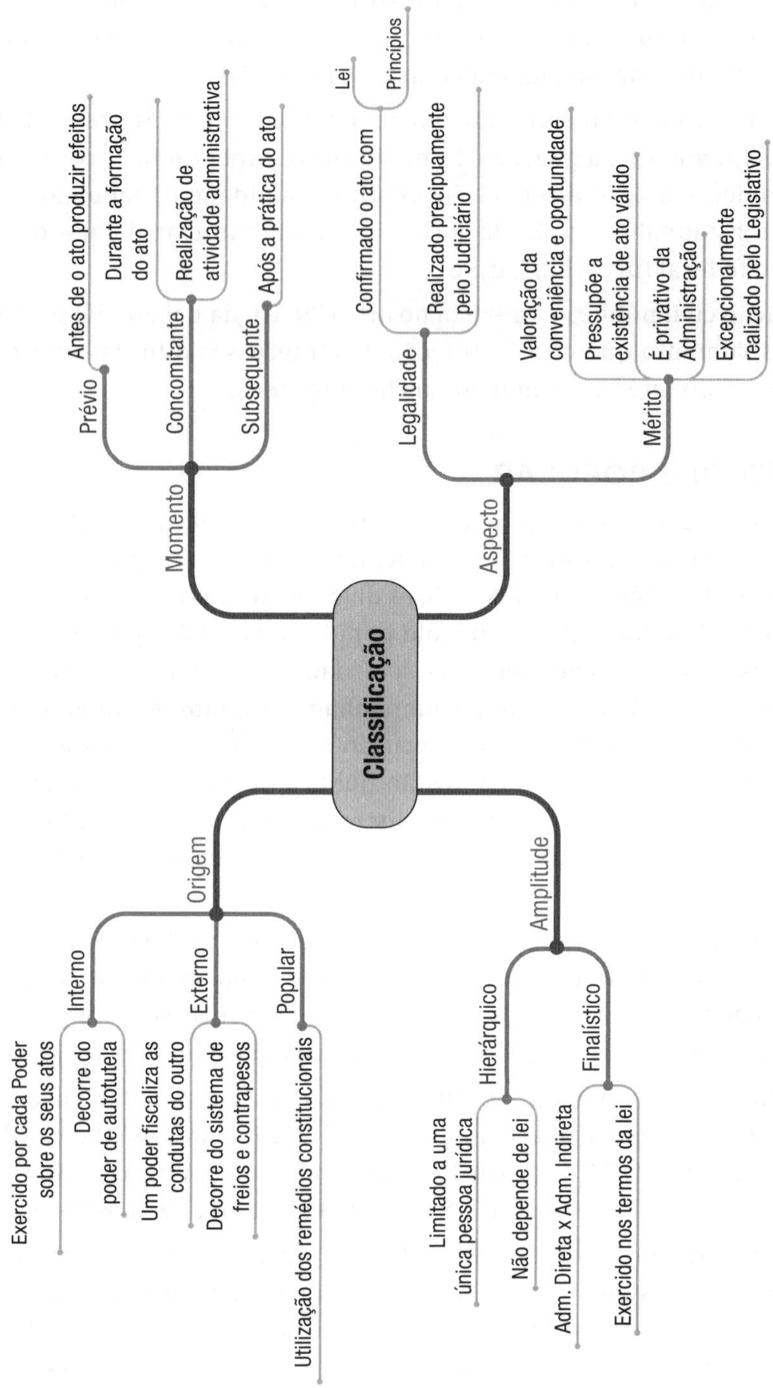
Classificação
Momento
Prévio
Antes de o ato produzir efeitos
Concomitante
Durante a formação do ato
Realização de atividade administrativa
Subsequente
Após a prática do ato
Aspecto
Legalidade
Confirmado o ato com
Lei
Princípios
Realizado precipuamente pelo Judiciário
Mérito
Valoração da conveniência e oportunidade
Pressupõe a existência de ato válido
É privativo da Administração
Excepcionalmente realizado pelo Legislativo
Origem
Interno
Exercido por cada Poder sobre os seus atos
Decorre do poder de autotutela
Externo
Um poder fiscaliza as condutas do outro
Decorre do sistema de freios e contrapesos
Popular
Utilização dos remédios constitucionais
Amplitude
Hierárquico
Limitado a uma única pessoa jurídica
Não depende de lei
Finalístico
Adm. Direta x Adm. Indireta
Exercido nos termos da lei

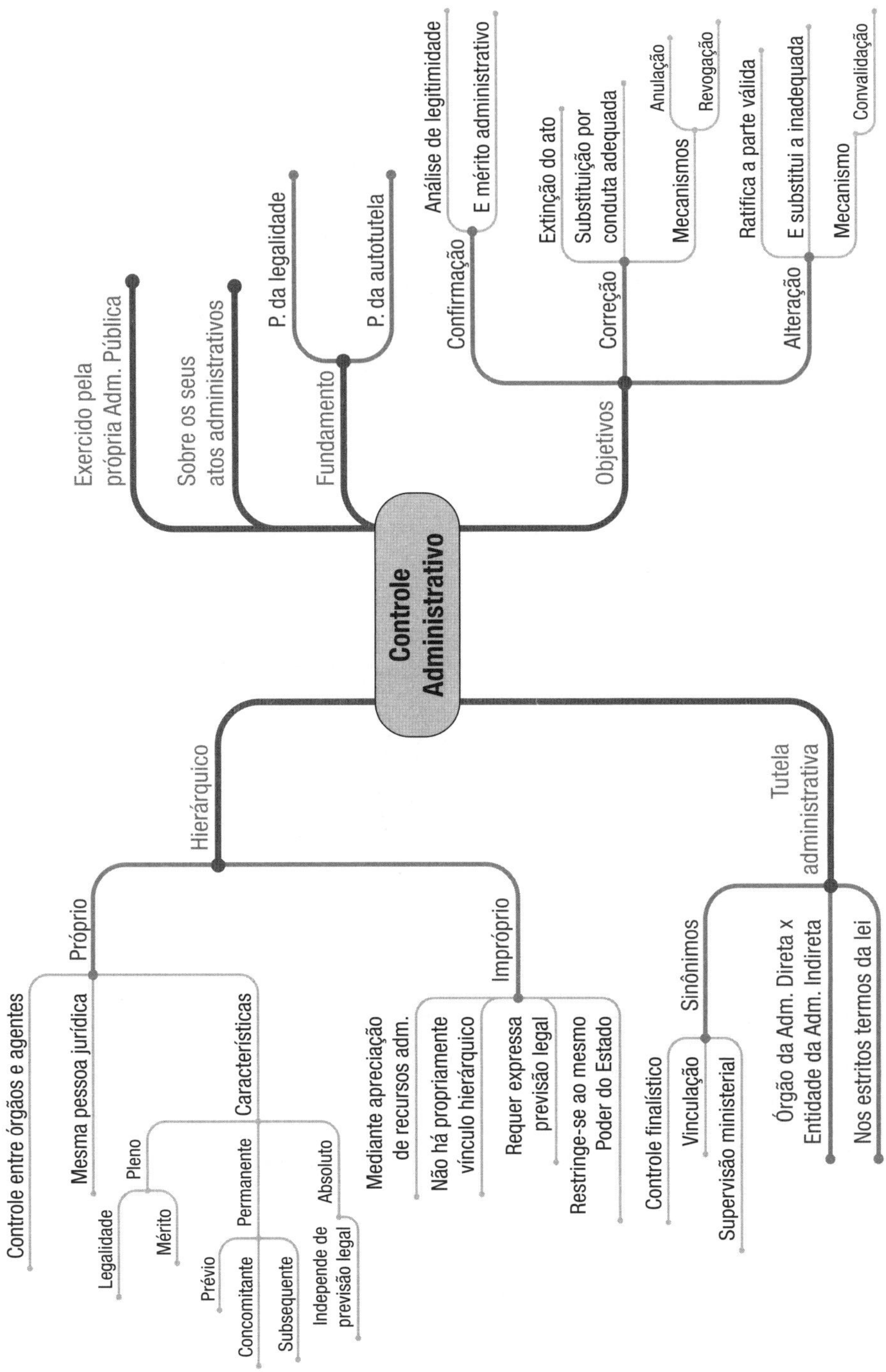
Controle Administrativo
Exercido pela
própria Adm. Pública
Sobre os seus
atos administrativos
Fundamento
P. da legalidade
P. da autotutela
Objetivos
Confirmação
Análise de legitimidade
E mérito administrativo
Correção
Extinção do ato
Substituição por
conduta adequada
Mecanismos
Anulação
Revogação
Alteração
Ratifica a parte válida
E substitui a inadequada
Mecanismo
Convalidação
Hierárquico
Próprio
Controle entre órgãos e agentes
Mesma pessoa jurídica
Características
Pleno
Legalidade
Mérito
Permanente
Prévio
Concomitante
Subsequente
Absoluto
Independe de
previsão legal
Impróprio
Mediante apreciação
de recursos adm.
Não há propriamente
vínculo hierárquico
Requer expressa
previsão legal
Restringe-se ao mesmo
Poder do Estado
Tutela
administrativa
Sinônimos
Controle finalístico
Vinculação
Supervisão ministerial
Órgão da Adm. Direta x
Entidade da Adm. Indireta
Nos estritos termos da lei

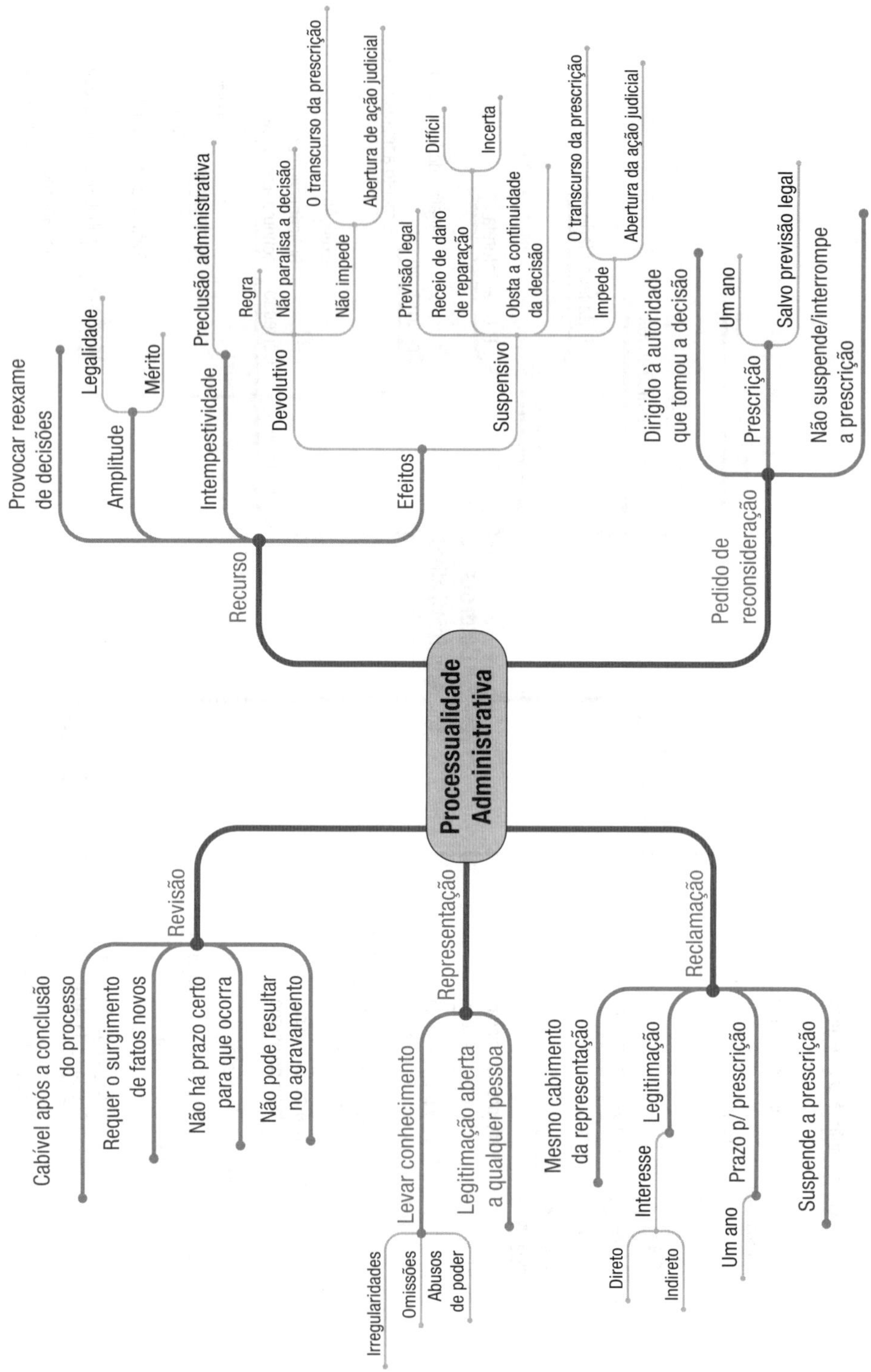
Processualidade Administrativa
Recurso
Provocar reexame de decisões
Amplitude
Legalidade
Mérito
Intempestividade
Preclusão administrativa
Efeitos
Devolutivo
Regra
Não paralisa a decisão
Não impede
O transcurso da prescrição
Abertura de ação judicial
Suspensivo
Previsão legal
Receio de dano de reparação
Difícil
Incerta
Obsta a continuidade da decisão
Impede
O transcurso da prescrição
Abertura da ação judicial
Pedido de reconsideração
Dirigido à autoridade que tomou a decisão
Prescrição
Um ano
Salvo previsão legal
Não suspende/interrompe a prescrição
Revisão
Cabível após a conclusão do processo
Requer o surgimento de fatos novos
Não há prazo certo para que ocorra
Não pode resultar no agravamento
Representação
Levar conhecimento
Irregularidades
Omissões
Abusos de poder
Legitimação aberta a qualquer pessoa
Reclamação
Mesmo cabimento da representação
Legitimação
Interesse
Direto
Indireto
Prazo p/ prescrição
Um ano
Suspende a prescrição

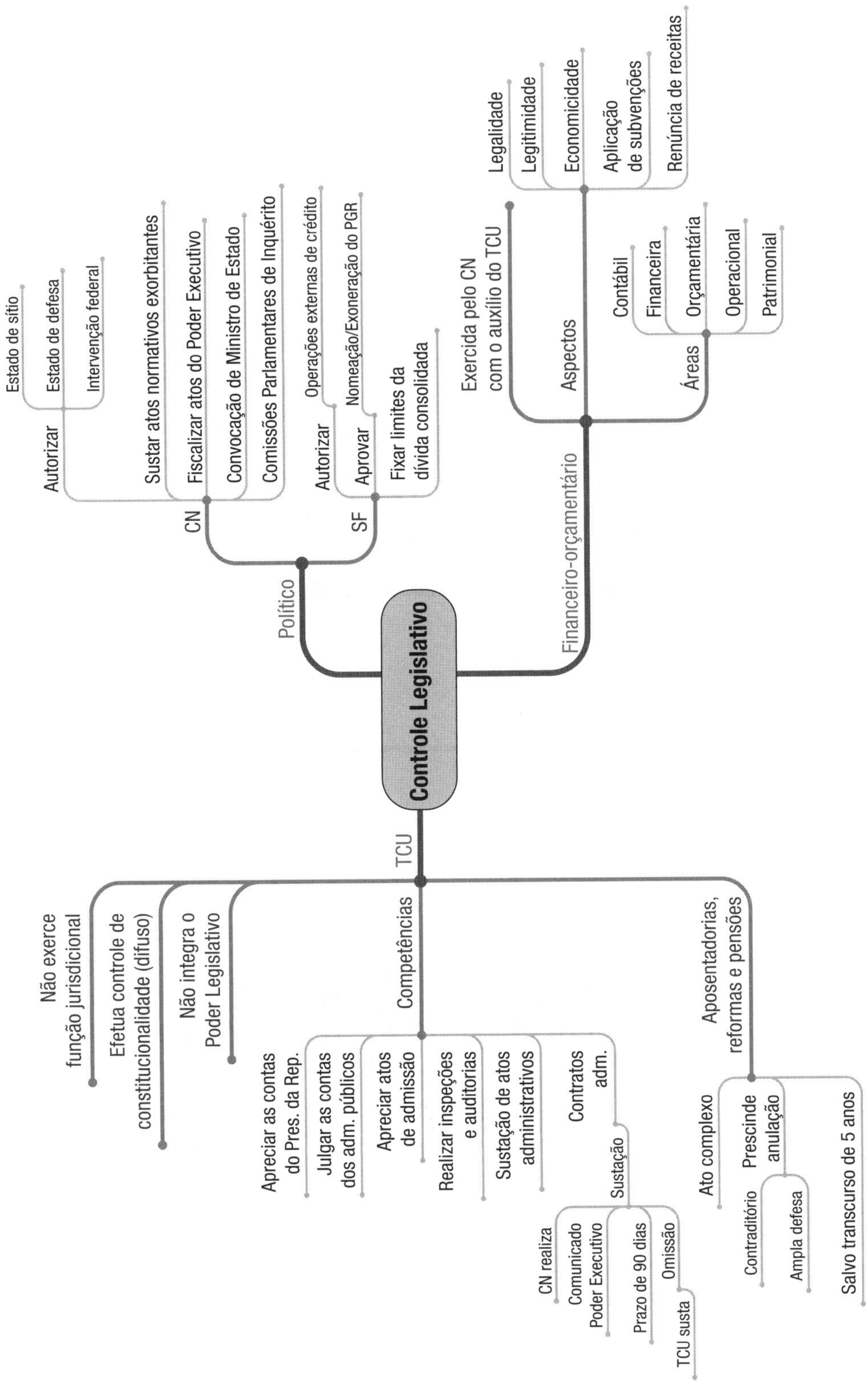
Controle Legislativo
Político
CN
Autorizar
Estado de sítio
Estado de defesa
Intervenção federal
Sustar atos normativos exorbitantes
Fiscalizar atos do Poder Executivo
Convocação de Ministro de Estado
Comissões Parlamentares de Inquérito
SF
Autorizar
Operações externas de crédito
Aprovar
Nomeação/Exoneração do PGR
Fixar limites da dívida consolidada
Financeiro-orçamentário
Exercida pelo CN com o auxílio do TCU
Aspectos
Legalidade
Legitimidade
Economicidade
Aplicação de subvenções
Renúncia de receitas
Áreas
Contábil
Financeira
Orçamentária
Operacional
Patrimonial
TCU
Não exerce função jurisdicional
Efetua controle de constitucionalidade (difuso)
Não integra o Poder Legislativo
Competências
Apreciar as contas do Pres. da Rep.
Julgar as contas dos adm. públicos
Apreciar atos de admissão
Realizar inspeções e auditorias
Sustação de atos administrativos
Contratos adm.
Sustação
CN realiza
Comunicado Poder Executivo
Prazo de 90 dias
Omissão
TCU susta
Aposentadorias, reformas e pensões
Ato complexo
Prescinde anulação
Contraditório
Ampla defesa
Salvo transcurso de 5 anos

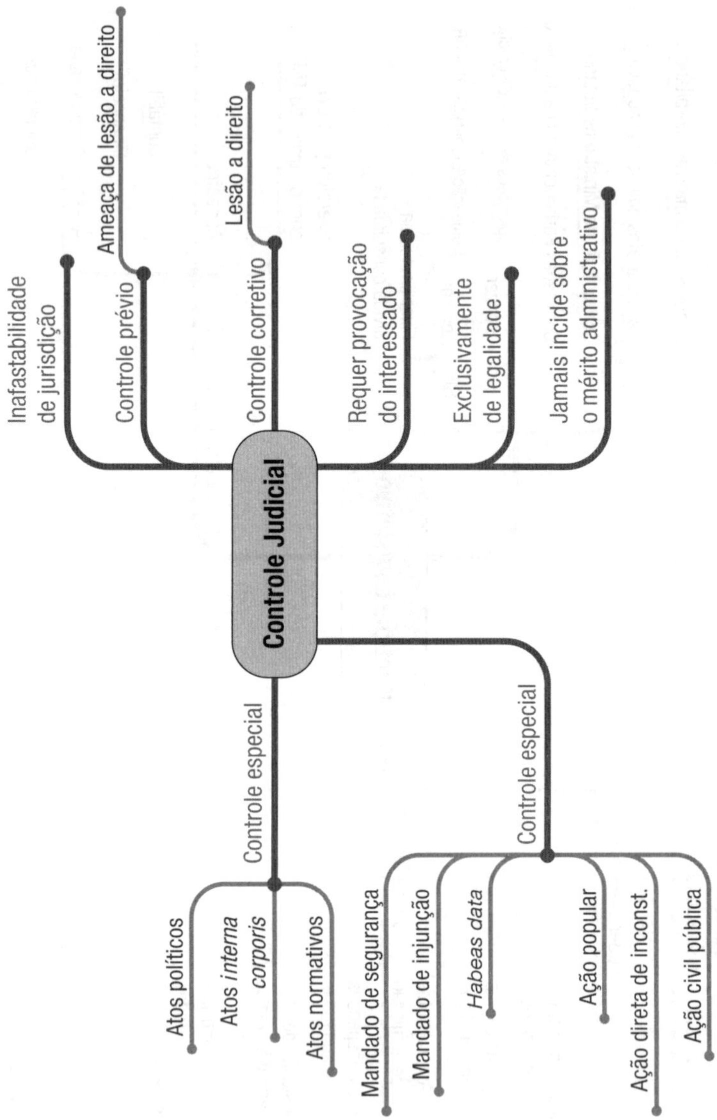
Controle Judicial
Inafastabilidade de jurisdição
Controle prévio
Ameaça de lesão a direito
Controle corretivo
Lesão a direito
Requer provocação do interessado
Exclusivamente de legalidade
Jamais incide sobre o mérito administrativo
Controle especial
Atos políticos
Atos *interna corporis*
Atos normativos
Controle especial
Mandado de segurança
Mandado de injunção
Habeas data
Ação popular
Ação direta de inconst.
Ação civil pública

Capítulo 15

Improbidade Administrativa Lei nº 8.429/1992

1. CONSIDERAÇÕES INICIAIS

A expressão "improbidade" conota desonestidade, ausência de ética, conduta maliciosa, e sinônimos. É comum encontrarmos na literatura jurídica, e mesmo no Direito positivo, menção às expressões "probidade" e "moralidade". Discute a doutrina se essas expressões seriam, ou não, equivalentes.

A primeira tese, de Wallace Paiva Martins, defende que a "moralidade" seria conceito mais amplo que o de "probidade". Isto é, a probidade seria um subprincípio da moralidade.

Como segunda corrente, capitaneada por Emerson Garcia e Rogério Pacheco Alves, a probidade seria um conceito mais amplo que o de moralidade. Isso porque a Lei nº 8.429/1992 elenca como ato de improbidade administrativa a violação a princípios da Administração Pública diversos do da moralidade. Assim, nem todo ato de improbidade corresponderia necessariamente à desobediência ao princípio da moralidade.

Como terceira corrente, liderada por Maria Sylvia Zanella Di Pietro[1] e José dos Santos Carvalho Filho[2], as expressões seriam equivalentes, tendo a Constituição utilizado moralidade como princípio (art. 37, *caput*) e improbidade como lesão a esse princípio (art. 37, § 4º).

No texto constitucional, "moralidade" e "probidade" são utilizadas em diversos trechos: art. 5º, LXXIII; art. 14, § 9º; art. 15, V; art. 37, *caput*; e art. 85, V.

De nossa parte, entendemos que há muita subjetividade envolvida na definição do que é mais ou menos amplo: moralidade ou probidade. Como bem ensina o mestre Celso Antônio Bandeira de Mello, as palavras são meros rótulos que sobrepomos às coisas. Assim ninguém pode se sentir senhor das primeiras a ponto de dizer em termos absolutos como isso ou aquilo deve se chamar. Nessa linha de raciocínio, preferimos usar as expressões como sinônimos, reconhecendo que é usual o emprego da palavra "moralidade" para

1 DI PIETRO, Maria Sylvia Zanella. *Direito Administrativo*. 20ª ed. São Paulo: Atlas, 2006, p. 743.

2 CARVALHO FILHO, José dos Santos. *Manual de Direito Administrativo*. 20ª ed. Rio de Janeiro: Lumen Juris, 2008, p. 987.

fazer referência ao princípio da Administração Pública, e "probidade" para se referir àquilo que se espera de alguém que observa a "moralidade".

Em complemento, a Lei nº 9.784/1999, no art. 2º, parágrafo único, IV, preceitua que nos processos administrativos serão observados, entre outros, os critérios de atuação segundo padrões éticos de probidade, decoro e boa-fé. Trata-se da mais cristalina observância do princípio da moralidade.

O que se pretende aqui destacar é que o sistema jurídico brasileiro, em especial a Constituição da República, deu tratamento especial à questão da moralidade administrativa, prevendo um sem-número de mecanismos que coíbam tais práticas. A justificativa para tanto encontra guarida na tese de que

> Quando se exige probidade ou moralidade administrativa isso significa que não basta a legalidade formal, restrita, da atuação administrativa, com observância da lei; é preciso também a observância de princípios éticos, de lealdade, de boa-fé, de regras que assegurem a boa administração e a disciplina interna na Administração Pública.[3]

A esses dispositivos constitucionais ora mencionados, acrescentamos o art. 37, § 4º, que assim dispõe:

> Os atos de improbidade administrativa importarão a suspensão dos direitos políticos, a perda da função pública, a indisponibilidade dos bens e o ressarcimento ao erário, na forma e gradação previstas em lei, sem prejuízo da ação penal cabível.

Note que a Constituição Federal informa as penalidades aplicáveis aos atos de improbidade administrativa, mas não delimita o conceito de improbidade, as condutas que a caracterizam, o processo de apuração de ilícitos dessa natureza, os prazos de prescrição, entre outros assuntos relevantes.

2. NATUREZA JURÍDICA

Ao contrário do que se possa imaginar, a ação de improbidade administrativa tem natureza jurídica civil e não penal. Tanto é assim que todas as penalidades impostas pela Lei nº 8.429/1992 têm natureza administrativa, civil ou política. Não há nenhuma sanção de natureza penal na Lei de Improbidade Administrativa.

Não seria outra a razão de a Constituição no art. 37, § 4º, ao disciplinar as sanções cabíveis aos atos de improbidade administrativa, ressalvar ao final do dispositivo a eventual ação penal que poderá ser intentada contra o agente público, caso o ilícito por ele praticado seja capitulado na lei penal. Nesse caso serão abertas, concomitantemente, a ação de improbidade e a ação penal pública. O importante é frisar que o ato de improbidade não corresponde, por si só, a ilícito criminal.

3 DI PIETRO, Maria Sylvia Zanella. *Direito Administrativo*. 20ª ed. São Paulo: Atlas, 2006, p. 743.

Outro argumento que corrobora o exposto é que a doutrina é concorde ao propugnar que a ação de improbidade administrativa tem natureza de **ação civil pública**, aplicando-se subsidiariamente as disposições da Lei nº 7.347/1985 (Lei da Ação Civil Pública).[4]

É importante mencionar o entendimento do STJ no sentido de que:

> A Lei nº 8.429/1992 visa a resguardar os princípios da administração pública sob o prisma do combate à corrupção, da imoralidade qualificada e da grave desonestidade funcional, não se coadunando com a punição de meras irregularidades administrativas ou transgressões disciplinares, as quais possuem foro disciplinar adequado para processo e julgamento.[5]

Dessa maneira, os atos de mera irregularidade ou erros toleráveis não configuram violação à Lei nº 8.429/1992 (Lei de Improbidade Administrativa).

3. SUJEITOS PASSIVOS

Os sujeitos passivos são aqueles órgãos ou pessoas jurídicas passíveis de sofrerem atos de improbidade. São os prejudicados pela atuação ímproba do agente público.

Para efeitos da ação de improbidade, são sujeitos passivos:

a) Administração direta, indireta (autarquias, fundações públicas, empresas públicas e sociedades de economia mista) de qualquer dos Poderes da União, dos Estados, do Distrito Federal, dos Municípios, de Território;
b) empresa incorporada ao patrimônio público;
c) entidade para cuja criação ou custeio o erário haja concorrido ou concorra com **mais de 50%** do patrimônio ou da receita anual;
d) entidade para cuja criação ou custeio o erário haja concorrido ou concorra com **menos de 50%** do patrimônio ou da receita anual; ou
e) entidade que receba subvenção, benefício ou incentivo, fiscal ou creditício do Poder Público.[6]

Nessas duas últimas espécies de entidades ("d" e "e"), não controladas direta ou indiretamente pelo Poder Público, o ressarcimento do dano causado pelo ato de improbidade será **limitado à repercussão do ilícito sobre os cofres públicos**. Ou seja, a ação de improbidade buscará tão somente a reparação do

---

4 STJ, REsp 401.472/RO, Rel. Min. HERMAN BENJAMIN, julg.: 15.06.2010.

5 STJ, REsp 1.245.622/RS, Rel. Min. HUMBERTO MARTINS, DJe 24.06.2011.

6 Podem assim ser considerados os Serviços Sociais Autônomos (SSA), as Organizações Sociais (OS) e as Organizações da Sociedade Civil de Interesse Público (OSCIP), entre outras entidades. Os dirigentes das concessionárias e permissionárias, em tese, não respondem por improbidade, pois a receita dessas entidades provém da cobrança das tarifas dos usuários do serviço público. Isto é, em situações normais essas entidades não recebem benefícios, subvenções ou auxílios do Poder Público.

dano causado aos cofres públicos. Em relação à parcela do dano que superar a participação do Poder Público no seu patrimônio ou receita anual, a entidade prejudicada terá de se valer de outro tipo de ação judicial – que não a ação de improbidade administrativa – para obter ressarcimento. Vejamos um exemplo.

Uma entidade cuja receita anual seja de R$ 1.000.000,00, do qual R$ 250.000,00 sejam custeados pelo Poder Público, sofre um prejuízo de R$ 450.000,00, decorrente de um ato de improbidade. Nesse caso, a Ação de Improbidade somente poderá obter, a título de ressarcimento, os R$ 250.000,00 pertencentes ao Poder Público. Já os R$ 200.000,00 restantes serão ressarcidos à entidade por intermédio de outro tipo de ação judicial.

4. SUJEITOS ATIVOS

Os sujeitos ativos são aqueles que praticam o ato de improbidade, concorrem (ou induzem) com sua prática ou dele extraem alguma vantagem direta ou indireta.

Em outro dizer, são os agentes públicos e os particulares que incidem em condutas ilícitas e, por isso, respondem a processo de improbidade administrativa.

Considera-se agente público, para os efeitos dessa lei, todo aquele que exerce, ainda que transitoriamente ou sem remuneração, por eleição, nomeação, designação, contratação ou qualquer outra forma de investidura ou vínculo, mandato, cargo, emprego ou função nos órgãos e entidades mencionadas como sujeitos passivos. Assim, todos os agentes públicos poderão responder a processo por improbidade.[7]

Não obstante, em 2007, o STF prolatou importante decisão que, inteiramente desprovida de efeito vinculante, afirmou ser a Lei de Improbidade Administrativa inaplicável aos Ministros de Estado. A partir disso, vários estudiosos, por analogia, ampliaram a aplicação da tese, passando a afirmar que a tendência do Pretório Excelso era entender que os **agentes políticos passíveis de responder por crime de responsabilidade, nos termos do art. 102, I, *c*, da Constituição, e da Lei nº 1.079/1950, não se sujeitam às disposições da Lei nº 8.429/1992, ou seja, não respondem por improbidade administrativa.**[8] À época, a decisão do Pretório Excelso foi alvo de ácidas críticas doutrinárias, pois os ilícitos de crime de responsabilidade e improbidade administrativa têm natureza jurídica distinta (penal e cível, respectivamente), razão pela qual não há falar em dupla punição pelo mesmo fato (*bis in idem*). Em verdade, como são distintos, podem perfeitamente se acumular como já é comum no sistema jurídico brasileiro (tripla acumulação de responsabilidade: civil, penal e administrativa).

---

7 Para o STJ, o estagiário que atua no serviço público, ainda que transitoriamente, remunerado ou não, está sujeito a responsabilidade por improbidade administrativa (REsp 1.352.035/RS, Rel. Min. HERMAN BENJAMIN, Julg.: 18.08.2015).

8 STF, Recl. 2.138-DF, Rel. Min. NELSON JOBIM, DJ 13.06.2007. Na mesma linha, STJ, REsp 456.649-MG, Rel. Min. LUIZ FUX, DJ 05.09.2006.

Felizmente, em diversas outras oportunidades[9], sobretudo em julgamento de caso paradigmático no ano de 2014, o Supremo Tribunal Federal[10] realinhou sua jurisprudência para asseverar que os agentes políticos estão sujeitos a uma "dupla normatividade em matéria de improbidade, com objetivos distintos", tanto a fundada na Lei de Improbidade Administrativa, quanto a decorrente da Lei nº 1.079/1950.[11]-[12]

Nessa mesma linha, desde há muito, o Superior Tribunal de Justiça (STJ)[13] chancela a compreensão de que as sanções da Lei nº 8.429/1992 **são aplicáveis aos agentes políticos**, que, por ação ou omissão, violem os deveres de honestidade, imparcialidade, legalidade e lealdade às instituições.

É útil complementar que o Tribunal da Cidadania firmou o entendimento de que prefeitos não estão no rol das autoridades submetidas à Lei nº 1.079/1950, que versa sobre os crimes de responsabilidade; logo, poderão responder por seus atos em ação de improbidade administrativa e, portanto, na Justiça Comum estadual perante o juízo de primeiro grau.[14]

Em rota de conclusão, pode-se afirmar que, excetuada a hipótese de atos de improbidade praticados pelo Presidente da República (sujeitos, por força da própria Constituição, a regime especial de julgamento pelo Senado Federal – art. 86, CF), não há norma constitucional alguma que imunize os agentes políticos, sujeitos a crime de responsabilidade, de qualquer das sanções por ato de improbidade previstas no art. 37, § 4º. Portanto, estão sujeitos a duplo regime de responsabilização.

No que diz respeito à competência para o julgamento de improbidade administrativa, devemos, não obstante as infindáveis controvérsias doutrinárias, adotar o posicionamento de que a prerrogativa de foro funcional prevista na Constituição somente se aplica às sanções penais e não às sanções civis, tal como a ação de improbidade. Esse é o entendimento do STF sobre o assunto.[15]

---

9 Pet 4.070-AgR/DF, Rel. Min. CELSO DE MELLO, julg.: 24.10.2007; Pet 4.076 AgR, Rel. Min. RICARDO LEWANDOWSKI, DJe 14.12.2007; Rcl 2.138, Rel. Min. NELSON JOBIM, Rel. p/ acórdão Min. GILMAR MENDES, DJe 18.04.2008; Pet 4.099 AgR, Rel. Min. GILMAR MENDES, DJe 08.05.2009; Pet 3.030-QO/RO, Rel. Min. MARCO AURÉLIO, julg.: 23.05.2012; PET 4.314-AgR/DF, Rel.ª Min.ª ROSA WEBER, julg.: 19.06.2013.

10 STF, AC 3.585/RS, Rel. Min. CELSO DE MELLO, julg.: 02.09.2014.

11 Na doutrina, concordam com esse posicionamento: WALLACE PAIVA MARTINS JÚNIOR (*Probidade Administrativa*, São Paulo: Saraiva, 2001, pp. 241-242), WALDO FAZZIO JÚNIOR (*Atos de Improbidade Administrativa*, São Paulo: Atlas, 2007, pp. 249-250), EMERSON GARCIA e ROGÉRIO PACHECO ALVES (*Improbidade Administrativa*, Rio de Janeiro: Lumen Juris, 2010, pp. 581-585).

12 Segundo decisão inédita tomada pela Segunda Turma do STJ, os magistrados também estão sujeitos à Lei de Improbidade Administrativa, não pelos atos jurisdicionais, mas por atitudes tomadas no âmbito administrativo. No caso concreto, autorizou-se o prosseguimento de ação de improbidade contra juíza acusada de retardar o julgamento de processos no intuito de atender interesses políticos do próprio marido, candidato a cargo eletivo (REsp 1.249.531/RN, Rel. Min. MAURO CAMPBELL MARQUES, Dje 05.12.2012).

13 Rcl 2790/SC, Rel. Min. TEORI ALBINO ZAVASCKI, djE 04.03.2010; REsp 1.216.168/RS, Rel. Min. HUMBERTO MARTINS, DJe 19.11.2010; AgRg na MC 16.383/DF, Rel.ª Min.ª ELIANA CALMON, DJe 04.03.2010; EDcl no REsp 716.991/SP, Rel. Min. LUIZ FUX, DJe 23.06.2010.

14 AgRg no REsp 1.243.779/MG, Rel. Min. CASTRO MEIRA, julg.: 21.06.2011; REsp 1.107.833-SP, Rel. Min. *Mauro Campbell Marques*, julg.: 08.09.2009; REsp 949.452-SP, Rel. Min. *Francisco Falcão*, julg.: 24.03.2009; REsp 861.419-DF, DJ 11.02.2009, e AgRg no Ag 685.351-PR, DJ 21.11.2008.

15 ADI 2.797/DF, Rel. Min. SEPÚLVEDA PERTENCE, DJ 15.09.2005.

Ademais, a Lei de Improbidade Administrativa não somente incide sobre os agentes públicos, pois até mesmo particulares sem qualquer vínculo com as entidades anteriormente arroladas podem ser sujeitos passivos da ação de improbidade, haja vista que ela se aplica também àqueles que **induzam** (convencer outrem à prática de um ato) ou **concorram** (auxiliar materialmente outrem a prática de um ato) para a prática do ato de improbidade ou dele se **beneficie sob qualquer forma direta ou indireta** (art. 3º).[16]

Note que os particulares somente são sujeitos ativos da ação de improbidade se houver concomitantemente a atuação de agente público. Vale dizer, o particular que isoladamente causar prejuízo patrimonial ou moral à Administração estará sujeito à responsabilização civil e criminal comum. Não responderá, pois, à ação de improbidade, que **pressupõe sempre a participação de agente público.**[17]

5. ESPÉCIES DE ATOS DE IMPROBIDADE E RESPECTIVAS SANÇÕES

A Lei nº 8.429/1992 instituiu quatro espécies de atos de improbidade, a saber: os atos de improbidade que importam em enriquecimento ilícito, que causam prejuízo ao erário, que atentam contra os princípios da Administração Pública e que decorrem de concessão ou aplicação indevida de benefício financeiro ou tributário.[18]

Parece ter o legislador estabelecido uma ordem decrescente de gravidade entre as espécies de atos de improbidade administrativa, tendo por mais grave as que importam em enriquecimento ilícito e, na outra ponta, as que atentam contra os princípios da Administração Pública. Tal fato fica evidenciado pela intensidade das sanções de improbidade administrativa que variam conforme a espécie, conforme a seguir demonstrado.

Por oportuno, convém declarar que o rol das hipóteses que compõem cada um dos artigos que trata das espécies de improbidade é meramente **exemplificativo**, *numerus apertus*. Essa constatação advém do fato de que no final dos arts. 9º, 10, 10-A e 11, a lei define o que caracteriza cada uma das espécies de atos de improbidade e, em seguida, pelo uso da expressão "e notadamente", demonstra que, além daquelas hipóteses previstas no texto legal, outras podem ser admitidas.

Art. 9º Constitui ato de improbidade administrativa importando enriquecimento ilícito auferir qualquer tipo de vantagem patrimonial indevida em razão do exercício de

16 Segundo entendimento do STJ, "empresa privada que recebeu recursos de forma irregular não precisa, obrigatoriamente, figurar no polo passivo de ação de improbidade administrativa". Isso porque a Lei de Improbidade Administrativa "não prevê a formação de litisconsorte necessário entre o suposto autor do ato de improbidade e eventuais beneficiários. Os terceiros privados que se beneficiam ou participam do ato ímprobo estão sujeitos às regras da lei, mas não há qualquer imposição para que participem da ação de improbidade, que tem como foco a conduta de agente público" (REsp 896.044/RJ, Rel.ª Min.ª ELIANA CALMON, DJe 22.09.2010).

17 STJ, REsp 1.171.017-PA, Rel. Min. SÉRGIO KUKINA, julg.: 25.02.2014.

18 Esta última espécie foi instituída pela Lei Complementar nº 157, de 30.12.2016.

> cargo, mandato, função, emprego ou atividade nas entidades mencionadas no art. 1º desta lei, e notadamente [...]
>
> **Art. 10.** Constitui ato de improbidade administrativa que causa lesão ao erário qualquer ação ou omissão, dolosa ou culposa, que enseje perda patrimonial, desvio, apropriação, malbaratamento ou dilapidação dos bens ou haveres das entidades referidas no art. 1º desta lei, e notadamente [...]
>
> **Art. 10-A.** Constitui ato de improbidade administrativa qualquer ação ou omissão para conceder, aplicar, ou manter benefício financeiro ou tributário contrário ao que dispõem o *caput* e o § 1º do art. 8º-A da Lei Complementar nº 116, de 31 de julho de 2003 (incluído pela LC 157/2016).
>
> **Art. 11.** Constitui ato de improbidade administrativa que atenta contra os princípios da administração pública qualquer ação ou omissão que viole os deveres de honestidade, imparcialidade, legalidade, e lealdade às instituições, e notadamente [...]

Feitos esses esclarecimentos, à luz da doutrina de José dos Santos Carvalho Filho, cabe examinar as espécies de ato de improbidade administrativa.

5.1. Atos de improbidade que importam em enriquecimento ilícito (art. 9º)

Nessa espécie de atos de improbidade o que sobreleva é a existência de acréscimo patrimonial em descompasso com os rendimentos que o agente público percebe no exercício do cargo. A partir disso, apura-se a evolução patrimonial do agente e, constatada a origem ilícita dessas vantagens, declara-se a prática de ato de improbidade que importa em enriquecimento ilícito.

Dessa forma, o **pressuposto exigível** para que o agente incorra nessa espécie de improbidade é a percepção de vantagem ilícita em decorrência da função pública. Isto é, por mais imoral, ímproba que seja a conduta do agente público no exercício do mister público, se não houver auferimento de vantagens indevidas, não haverá como enquadrá-lo nessa espécie de ato de improbidade.

Note bem que estamos falando de enriquecimento ilícito e não em dano ao erário. É plenamente possível que o agente pratique ato de improbidade que importe em enriquecimento ilícito, sem que haja qualquer prejuízo ao erário público. Exemplo disso é o servidor de hospital público que exige pagamento de determinada quantia para favorecer certo paciente na lista de espera de uma intervenção cirúrgica, passando-o à frente de outros que esperavam há mais tempo. Nesse caso, para o Estado não haverá dano econômico. Em conclusão, o **dano ao erário é pressuposto dispensável** na configuração dessa espécie de improbidade administrativa.

O **elemento subjetivo** do ato de improbidade é o **dolo**, isto é, a intenção de enriquecer em detrimento da dignidade da função pública. Não há falar em culpa, pois nenhum agente percebe vantagem patrimonial indevida por imprudência, negligência ou imperícia.

A **natureza do tipo** é a **conduta comissiva**, pois não há percepção de vantagem patrimonial indevida por omissão. Prova disso é que cada um dos exemplos fornecidos pela LIA é inaugurado por algum verbo de ação do tipo "receber", "utilizar", "adquirir", o que afasta de pronto as condutas omissivas.

O art. 9º da Lei nº 8.429/1992 define os atos de improbidade administrativa que importam em enriquecimento ilícito como:

> [...] auferir qualquer tipo de vantagem patrimonial indevida em razão do exercício de cargo, mandato, função, emprego ou atividade nas entidades mencionadas no art. 1º desta lei, e notadamente:
>
> I – receber, para si ou para outrem, dinheiro, bem móvel ou imóvel, ou qualquer outra vantagem econômica, direta ou indireta, a título de comissão, percentagem, gratificação ou presente de quem tenha interesse, direto ou indireto, que possa ser atingido ou amparado por ação ou omissão decorrente das atribuições do agente público;
>
> II – perceber vantagem econômica, direta ou indireta, para facilitar a aquisição, permuta ou locação de bem móvel ou imóvel, ou a contratação de serviços pelas entidades referidas no art. 1º por preço superior ao valor de mercado;
>
> III – perceber vantagem econômica, direta ou indireta, para facilitar a alienação, permuta ou locação de bem público ou o fornecimento de serviço por ente estatal por preço inferior ao valor de mercado;
>
> IV – utilizar, em obra ou serviço particular, veículos, máquinas, equipamentos ou material de qualquer natureza, de propriedade ou à disposição de qualquer das entidades mencionadas no art. 1º desta lei, bem como o trabalho de servidores públicos, empregados ou terceiros contratados por essas entidades;
>
> V – receber vantagem econômica de qualquer natureza, direta ou indireta, para tolerar a exploração ou a prática de jogos de azar, de lenocínio, de narcotráfico, de contrabando, de usura ou de qualquer outra atividade ilícita, ou aceitar promessa de tal vantagem;
>
> VI – receber vantagem econômica de qualquer natureza, direta ou indireta, para fazer declaração falsa sobre medição ou avaliação em obras públicas ou qualquer outro serviço, ou sobre quantidade, peso, medida, qualidade ou característica

de mercadorias ou bens fornecidos a qualquer das entidades mencionadas no art. 1º desta lei;

VII – adquirir, para si ou para outrem, no exercício de mandato, cargo, emprego ou função pública, bens de qualquer natureza cujo valor seja desproporcional à evolução do patrimônio ou à renda do agente público;

VIII – aceitar emprego, comissão ou exercer atividade de consultoria ou assessoramento para pessoa física ou jurídica que tenha interesse suscetível de ser atingido ou amparado por ação ou omissão decorrente das atribuições do agente público, durante a atividade;

IX – perceber vantagem econômica para intermediar a liberação ou aplicação de verba pública de qualquer natureza;

X – receber vantagem econômica de qualquer natureza, direta ou indiretamente, para omitir ato de ofício, providência ou declaração a que esteja obrigado;

XI – incorporar, por qualquer forma, ao seu patrimônio bens, rendas, verbas ou valores integrantes do acervo patrimonial das entidades mencionadas no art. 1º desta lei;

XII – usar, em proveito próprio, bens, rendas, verbas ou valores integrantes do acervo patrimonial das entidades mencionadas no art. 1º desta lei.

5.2. Atos de improbidade que causam prejuízo ao erário (art. 10)

Nessa espécie de ato de improbidade o que é sobremodo relevante é a existência de prejuízo aos cofres públicos (erário). Aqui estamos falando de danos econômicos que lesam a Fazenda Pública.

Como não poderia deixar de ser, o **pressuposto exigível** dessa conduta é a **efetiva ocorrência de dano patrimonial** ao Estado. Se não houver dano ao erário público, não há como haver consumação dessa espécie de ato de improbidade.[19]

Como corolário do anteriormente dito, o **pressuposto dispensável** é o **enriquecimento ilícito** do agente público, pois haverá situações em que o agente não perceberá qualquer vantagem econômica mas, mesmo assim, pela sua conduta, causará prejuízo ao patrimônio público. Seria o caso de um servidor público que, sem se beneficiar financeiramente, dispensa licitação indevidamente a fim de favorecer empresa de um amigo de longa data.

O **elemento subjetivo** nessa espécie de improbidade pode ser o **dolo** (intenção de causar dano aos cofres públicos) ou a **culpa** (prejuízo causado

19 *Vide*: STJ, REsp 1.173.677-MG, Rel. Min. NAPOLEÃO NUNES MAIA FILHO, julg.: 20.08.2013; REsp 1.233.502-MG, Rel. Min. CESAR ASFOR ROCHA, DJe 23.08.2012; REsp 1.206.741-SP, Rel. Min. BENEDITO GONÇALVES, DJe 23.05.2012.

por imprudência, negligência e imperícia). Diferentemente do que ocorre com o ato de improbidade que importa enriquecimento ilícito, a conduta que causa prejuízo ao erário pode ter sido adotada por mera negligência do agente público em tomar as providências necessárias ao ótimo desempenho de suas atribuições. Exemplo disso é o inc. X do art. 10 que define como ato de improbidade que causa prejuízo ao erário a conduta de agir negligentemente na arrecadação de tributo ou renda.

Já que o ato de improbidade pode ser doloso ou culposo, a **natureza do tipo** pode suceder por conduta **omissiva** ou **comissiva**. Isto é, o ato de improbidade que causa prejuízo ao erário tanto pode advir da atuação positiva do agente público quanto de abstenções (condutas negativas) no exercício da função pública.

O art. 10 da Lei nº 8.429/1992 elenca as condutas que causam prejuízo ao erário, sem que, no entanto, se exclua a possibilidade de outras condutas serem também consideradas improbidade administrativa:

> Constitui ato de improbidade administrativa que atenta contra os princípios da administração pública qualquer ação ou omissão, dolosa ou culposa, que enseje perda patrimonial, desvio, apropriação, malbaratamento ou dilapidação dos bens ou haveres das entidades referidas no art. 1º desta lei, e notadamente:
>
> I - facilitar ou concorrer por qualquer forma para a incorporação ao patrimônio particular, de pessoa física ou jurídica, de bens, rendas, verbas ou valores integrantes do acervo patrimonial das entidades mencionadas no art. 1º desta lei;
>
> II - permitir ou concorrer para que pessoa física ou jurídica privada utilize bens, rendas, verbas ou valores integrantes do acervo patrimonial das entidades mencionadas no art. 1º desta lei, sem a observância das formalidades legais ou regulamentares aplicáveis à espécie;
>
> III - doar à pessoa física ou jurídica bem como ao ente despersonalizado, ainda que de fins educativos ou assistências, bens, rendas, verbas ou valores do patrimônio de qualquer das entidades mencionadas no art. 1º desta lei, sem observância das formalidades legais e regulamentares aplicáveis à espécie;
>
> IV - permitir ou facilitar a alienação, permuta ou locação de bem integrante do patrimônio de qualquer das entidades referidas no art. 1º desta lei, ou ainda a prestação de serviço por parte delas, por preço inferior ao de mercado;
>
> V - permitir ou facilitar a aquisição, permuta ou locação de bem ou serviço por preço superior ao de mercado;

VI – realizar operação financeira sem observância das normas legais e regulamentares ou aceitar garantia insuficiente ou inidônea;

VII – conceder benefício administrativo ou fiscal sem a observância das formalidades legais ou regulamentares aplicáveis à espécie;

VIII – frustrar a licitude de processo licitatório ou de processo seletivo para celebração de parcerias com entidades sem fins lucrativos, ou dispensá-los indevidamente;[20]

IX – ordenar ou permitir a realização de despesas não autorizadas em lei ou regulamento;

X – agir negligentemente na arrecadação de tributo ou renda, bem como no que diz respeito à conservação do patrimônio público;

XI – liberar verba pública sem a estrita observância das normas pertinentes ou influir de qualquer forma para a sua aplicação irregular;

XII – permitir, facilitar ou concorrer para que terceiro se enriqueça ilicitamente;

XIII – permitir que se utilize, em obra ou serviço particular, veículos, máquinas, equipamentos ou material de qualquer natureza, de propriedade ou à disposição de qualquer das entidades mencionadas no art. 1º desta lei, bem como o trabalho de servidor público, empregados ou terceiros contratados por essas entidades;

XIV – celebrar contrato ou outro instrumento que tenha por objeto a prestação de serviços públicos por meio da gestão associada sem observar as formalidades previstas na lei;

XV – celebrar contrato de rateio de consórcio público sem suficiente e prévia dotação orçamentária, ou sem observar as formalidades previstas na lei;

XVI – facilitar ou concorrer, por qualquer forma, para a incorporação, ao patrimônio particular de pessoa física ou jurídica, de bens, rendas, verbas ou valores públicos transferidos pela administração pública a entidades privadas mediante celebração de parcerias, sem a observância das formalidades legais ou regulamentares aplicáveis à espécie;

XVII – permitir ou concorrer para que pessoa física ou jurídica privada utilize bens, rendas, verbas ou valores públicos transferidos pela administração pública a entidade privada mediante celebração de parcerias, sem a observância das formalidades legais ou regulamentares aplicáveis à espécie;

20 Redação alterada pela Lei nº 13.019, de 31 de julho de 2014.

> XVIII - celebrar parcerias da administração pública com entidades privadas sem a observância das formalidades legais ou regulamentares aplicáveis à espécie;
>
> XIX - frustrar a licitude de processo seletivo para celebração de parcerias da administração pública com entidades privadas ou dispensá-lo indevidamente;
>
> XX - agir negligentemente na celebração, fiscalização e análise das prestações de contas de parcerias firmadas pela administração pública com entidades privadas;
>
> XXI - liberar recursos de parcerias firmadas pela administração pública com entidades privadas sem a estrita observância das normas pertinentes ou influir de qualquer forma para a sua aplicação irregular.[21]

5.3. Atos de improbidade administrativa decorrentes de concessão ou aplicação indevida de benefício financeiro ou tributário (art. 10-A)

Nessa nova espécie de ato de improbidade administrativa, instituída recentemente pela Lei Complementar nº 157/2016, o elemento de destaque é a disponibilização de benefício financeiro ou tributário em contrariedade ao que dispõe a Lei Complementar nº 116/2003, que disciplina o Imposto Sobre Serviços de Qualquer Natureza (ISSQN ou simplesmente ISS).

Em linhas gerais, o fato gerador do ISS é a prestação de determinados serviços listados na LC nº 116/2003. Exemplificativamente, a cada vez que um arquiteto, um advogado ou um médico prestam serviços profissionais aos seus clientes, é devido o pagamento do referido imposto.

Cada Município e o Distrito Federal detém competência para editar lei própria disciplinando quesitos específicos sobre o ISS, observadas as diretrizes impostas pela LC nº 116/2003 (que é a norma geral sobre a matéria).

Nesse contexto, o que se verificou desde sempre foi a prática conflituosa travada entre Municípios vizinhos (limítrofes) de reduzirem ou isentarem da alíquota de ISSQN empresas que ali se instalassem e, consequentemente, gerassem empregos na localidade.

Essa prática desleal por vezes resultava em efeitos danosos do ponto de vista do equilíbrio fiscal dos Municípios que, muitas vezes, padecem de total descontrole financeiro.

Exatamente para pôr fim a esta "guerra fiscal", a LC nº 157/2016 estabeleceu uma diretriz no art. 8º-A da LC 112/2003: a alíquota mínima que os Municípios e o DF poderão cobrar a título de ISS é de 2%, havendo exceções em determinados

21 Incisos XVI a XXI incluídos pela Lei nº 13.019, de 31 de julho de 2014.

casos. Logo, fica estabelecido, como regra geral, um patamar mínimo de cobrança do supramencionado imposto.

Há diversos outros aspectos que poderiam ser objeto de aprofundamento no assunto em questão. Todavia, como o propósito desta obra não é o estudo do Direito Tributário, e sim do Direito Administrativo, o que nos interessa saber é que **conceder, aplicar ou manter benefício financeiro ou tributário** contrário ao que dispõem o *caput* e o § 1º do art. 8º-A da LC 112/03 **implica em ato administrativo**.

Desse modo, o **pressuposto exigível** da conduta incursa nessa espécie de improbidade é a **concessão, aplicação ou manutenção** irregular de benefício tributário ou financeiro relacionado ao ISS. O **pressuposto dispensável** é o **dano ao erário e o enriquecimento ilícito**, pois a intenção do legislador não é coibir lesão direta aos cofres públicos ou enriquecimento ilícito, e sim evitar guerra fiscal entre Municípios em prejuízo da eficiente arrecadação tributária.

A **natureza do tipo** é **conduta comissiva ou omissiva**, pois o agente público tanto pode ativamente conceder benefício financeiro ou tributário irregular quanto pode, por omissão, deixar com que irregularidades anteriores ao exercício do cargo público perdurem no tempo, a exemplo de um prefeito recém--empossado no cargo.

Nessa linha de raciocínio, o art. 10-A da LIA estabelece esta espécie de improbidade nos seguintes termos: "Constitui ato de improbidade administrativa qualquer ação ou omissão para conceder, aplicar ou manter benefício financeiro ou tributário contrário ao que dispõem o *caput* e o § 1º do art. 8º-A da Lei Complementar nº 116, de 31 de julho de 2003."

Há também a questão do **elemento subjetivo**. Adotando como premissa a jurisprudência firme do STJ no sentido de que o ato de improbidade culposo depende de expressa previsão legal e que não há previsão a respeito na LIA, podemos afirmar que é obrigatória a presença de **dolo**. Logo, se o agente público agir de forma tão somente culposa (negligência, imprudência e imperícia), não haverá substrato suficiente para ser condenado com base no art. 10-A da LIA.

Por fim, vale destacar que as novas regras trazidas pela LC nº 157/2016 somente produzirão efeitos um ano após sua entrada em vigor (art. 7º - *vacatio legis*), isto é, a partir de 30/12/2017.

5.4. Atos de improbidade que atentam contra os princípios da Administração Pública (art. 11)

Em capítulo precedente, estudamos os princípios que norteiam a atividade administrativa do Estado, a saber: legalidade, impessoalidade, moralidade, publicidade, eficiência, indisponibilidade, supremacia do interesse público, motivação, razoabilidade, proporcionalidade, entre outros.

Destarte, o servidor público que se portar de maneira a violar quaisquer desses princípios estará incorrendo em ato de improbidade administrativa, independentemente de haver enriquecimento ilícito ou dano ao erário. Assim, temos que o **pressuposto exigível** dessa espécie de improbidade é a **violação a princípio da Administração Pública**, enquanto o **pressuposto dispensável** é o **dano ao erário** ou **enriquecimento ilícito.**[22]

O **elemento subjetivo** é a atuação com **dolo**. A culpa em sentido estrito não pode ser arguida, quando da configuração dessa espécie de improbidade. É necessário que haja a intenção do agente público, no sentido de não dar efetividade a este ou àquele princípio da Administração. Esse é o entendimento do STJ ao asseverar que a forma culposa somente é admitida no ato de improbidade administrativa relacionado à lesão do erário (art. 10 da LIA), não sendo aplicável aos demais tipos (arts. 9º e 11 da LIA).[23] A **natureza do tipo** é de conduta **omissiva** (não fazer) ou **comissiva** (fazer).

É importante atentar para o detalhe de que o **princípio da insignificância**, comum ao Direito Penal, não se aplica aos atos de improbidade administrativa. Ocorre que o uso da coisa pública, ainda que por bons propósitos ou motivado pela "praxe" local não legitima condutas imorais, por menor que seja o eventual prejuízo causado.[24]

O art. 11 da Lei de Improbidade Administrativa disciplina os atos de improbidade que atentam contra os princípios da Administração Pública:

> Constitui ato de improbidade administrativa que atenta contra os princípios da administração pública qualquer ação ou omissão que viole os deveres de honestidade, imparcialidade, legalidade, e lealdade às instituições, e notadamente:
>
> I - praticar ato visando fim proibido em lei ou regulamento ou diverso daquele previsto, na regra de competência;
>
> II - retardar ou deixar de praticar, indevidamente, ato de ofício;

22 STJ, REsp 1.038.777/SP, Rel. Min. LUIZ FUX, julg.: 03.02.2011; REsp 1.191.095/SP, Rel. Min. HUMBERTO MARTINS, julg.: 31.05.2010; e REsp 1.009.926/SC, Rel.ª Min.ª ELIANA CALMON, julg.: 17.12.2010.

23 AgRg no REsp 1.382.436-RN, Rel. Min. HUMBERTO MARTINS, julg.: 20.08.2013; REspe 1.164.947/DF, Rel. Min. LUIZ FUX, julg.: 24.08.2010. No mesmo sentido: REsp 875.163-RS, Rel.ª Min.ª DENISE ARRUDA, julg.: 19.05.2009; Eresp 479.812/SP, Rel. Min. TEORI ALBINO ZAVASCKI, julg.: 21.02.2008.

24 Com base nesse entendimento, o STJ negou *Habeas Corpus* a prefeito que praticara ato de improbidade administrativa ao realizar serviços de terraplanagem em sua propriedade particular, no valor de R$ 40,00 (HC 148.765/SP, Rel.ª Min.ª MARIA THEREZA DE ASSIS MOURA, julg.: 11.05.2010).

III – revelar fato ou circunstância de que tem ciência em razão das atribuições e que deva permanecer em segredo;

IV – negar publicidade aos atos oficiais;

V – frustrar a licitude de concurso público;

VI – deixar de prestar contas quando esteja obrigado a fazê-lo;[25]

VII – revelar ou permitir que chegue ao conhecimento de terceiro, antes da respectiva divulgação oficial, teor de medida política ou econômica capaz de afetar o preço de mercadoria, bem ou serviço;

VIII – descumprir as normas relativas à celebração, fiscalização e aprovação de contas de parcerias firmadas pela administração pública com entidades privadas;

IX – deixar de cumprir a exigência de requisitos de acessibilidade previstos na legislação. (Incluído pela Lei nº 13.146, de 2015)

A depender da espécie de ato de improbidade, a lei indica as penalidades cabíveis, conforme o quadro abaixo:

	Espécie de Ato de Improbidade			
-----------------	**Enriquecimento Ilícito**	**Prejuízo ao Erário**	**Conceder Benefício Tributário**	**Atentar Contra os Princípios da Administração Pública**
Objeto da Tutela	Auferir qualquer tipo de vantagem patrimonial indevida em razão do exercício de cargo, mandato, função, emprego ou atividade	Qualquer ação ou omissão, dolosa ou culposa, que enseje perda patrimonial, desvio, apropriação, malbaratamento ou dilapidação dos bens ou haveres das instituições públicas	Conceder, aplicar ou manter benefício financeiro ou tributário contrário à lei do ISS.	Qualquer ação ou omissão que viole os deveres de honestidade, imparcialidade, legalidade, e lealdade às instituições
Pressuposto Exigível	Percepção de vantagem ilícita em decorrência da função pública	Ocorrência de dano patrimonial	Concessão, aplicação ou manutenção irregular de benefício	Violação de algum princípio da Administração Pública
Pressuposto Dispensável	Dano ao erário	Ocorrência de enriquecimento ilícito	Enriquecimento ilícito e efetivo dano ao erário	

25 A ausência de prestação de contas, quando ocorre de forma dolosa, acarreta violação ao princípio da publicidade e, consequentemente, configura ato de improbidade administrativa. Todavia, o simples atraso na entrega das contas, sem que exista dolo na espécie, não é suficiente para gerar a condenação, pois não há demonstração de dolo (STJ, AgRg no REsp 1.382.436-RN, Rel. Min. HUMBERTO MARTINS, julg.: 20.08.2013).

Elemento Subjetivo	Exclusivamente dolo	Dolo ou culpa	Exclusivamente dolo	
Natureza do tipo	Conduta comissiva	Condutas comissivas ou omissivas		
Perda dos bens (se for o caso)	Sim		Não	
Ressarcimento do Dano ao Erário (quando houver)	Sim		---------	Sim
Perda da Função Pública	Sim			
Suspensão dos Direitos Políticos	De 8 a 10 anos	De 5 a 8 anos		De 3 a 5 anos
Multa Civil	Até 3 vezes o valor do acréscimo patrimonial	Até 2 vezes o valor do dano causado	Até 3 vezes o valor do benefício financeiro ou tributário concedido	Até 100 vezes o valor da remuneração
Proibição de Contratar com o Poder Público ou Receber Benefícios ou Incentivos Ficais	Por 10 anos	Por 5 anos	---------	Por 3 anos

Apesar de a ação de improbidade administrativa ser de natureza civil, a lei prescreve sanções de natureza **civil** (ressarcimento do dano ao erário, perda dos bens acrescidos ilicitamente ao patrimônio e multa civil), **administrativa** (perda da função pública[26] e proibição de contratar com o Poder Público por prazo determinado ou dele receber benefícios fiscais ou creditícios) e **política** (suspensão dos direitos políticos).

Não há previsão de sanções penais, uma vez que pelo art. 37, § 4º, CF/1988, as sanções aplicáveis aos atos de improbidade administrativa serão apuradas e aplicadas sem prejuízo das sanções penais cabíveis. Isto é, quando a mesma conduta for definida como ato de improbidade e ilícito penal o agente responderá a pelo menos dois processos: a ação de improbidade administrativa e a ação penal. Não obstante, convém acentuar que nem sempre os atos de improbidade corresponderão a tipos penais e vice-versa.

Em havendo concomitância de processos nas esferas civil, penal e administrativa, a regra geral a ser seguida é a da independência das esferas. Isso significa que, em tese, o resultado de um processo não vincula o outro. Todavia, a absolvição criminal por negativa de fato ou sua autoria afasta as instâncias civil e administrativa.

26 A respeito da perda da função pública, alguns estudiosos a reconhecem como sanção de natureza política, posto que decorre da suspensão dos direitos políticos (DI PIETRO, Maria Sylvia Zanella. *Direito Administrativo*. 20ª ed. São Paulo: Atlas, 2006, p. 752).

Ocorrendo lesão ao patrimônio público por ação ou omissão, dolosa ou culposa, do agente ou de terceiro, dar-se-á o integral ressarcimento do dano (art. 5º). No caso de enriquecimento ilícito, perderá o agente público ou terceiro beneficiário os bens ou valores acrescidos ao seu patrimônio (art. 6º).

É importante notar que a indisponibilidade dos bens não é penalidade, mas medida preventiva que tem por objetivo garantir que, uma vez sendo aplicadas as penalidades de multa civil, perda dos bens e ressarcimento do dano ao erário, haverá bens dos quais se possam obter os valores correspondentes. Acontece que, quando há indisponibilidade dos bens do acusado, este não pode dispor do seu patrimônio, alienando-o (transferindo-os) a terceiros. Seria o caso de um agente público que esteja respondendo o processo por improbidade, mas para se eximir das sanções pecuniárias transfere seus bens a um amigo. Justamente para isso é que serve a indisponibilidade dos bens: para garantir que os bens do acusado permanecerão incólumes até a decisão final no processo. A gravidade de tal medida impede que seja decretada na via administrativa. **Somente na via judicial, por iniciativa do Ministério Público, é que poderá ser decretada a indisponibilidade dos bens.**

Nesse sentido, o art. 7º da lei prevê que quando o ato de improbidade causar lesão ao patrimônio público ou ensejar enriquecimento ilícito, caberá à autoridade administrativa responsável pelo inquérito representar ao Ministério Público, para a indisponibilidade dos bens do indiciado, incidindo sobre aqueles bens que assegurem o integral ressarcimento do dano, ou sobre o acréscimo patrimonial resultante do enriquecimento ilícito.[27]-[28]

Outras medidas de caráter preventivo podem ser decretadas ao acusado, a exemplo do sequestro de bens, que pode ser decretado sempre que houver fundados indícios de responsabilidade do agente público ou do particular, e o afastamento preventivo do agente, sem prejuízo da remuneração do cargo, emprego ou função pública. O objetivo de tal medida é que este, pela sua

27 Na visão do STJ (REsp 1.366.721-BA, Rel. Min. NAPOLEÃO NUNES MAIA FILHO, Rel. para acórdão Min. OG FERNANDES, julg.: 26.02.2014), para a decretação da indisponibilidade de bens pela prática de ato de improbidade administrativa que tenha causado lesão ao patrimônio público, não se exige que seu requerente demonstre a ocorrência de *periculum in mora*. Nesses casos, a presunção quanto à existência dessa circunstância milita em favor do requerente da medida cautelar, estando o *periculum in mora* implícito no comando normativo descrito no art. 7º da Lei nº 8.429/1992, conforme determinação contida no art. 37, § 4º, da CF. Ora, como a indisponibilidade dos bens visa a evitar que ocorra a dilapidação patrimonial, não é razoável aguardar atos concretos direcionados à sua diminuição ou dissipação, na medida em que exigir a comprovação de que esses fatos estariam ocorrendo ou prestes a ocorrer tornaria difícil a efetivação da medida cautelar. Precedentes: AgRg no AREsp 188.986-MG, Rel. Min. TEORI ALBINO ZAVASCKI, julg.: 28.08.2012; AgRg no REsp 1.229.942-MT, Rel. Min. MAURO CAMPBELL MARQUES, julg.: 06.12.2012.

28 Consoante posicionamento do STJ (AgRg no REsp 1.191.497-RS, Rel. Min. HUMBERTO MARTINS, julg.: 20.11.2012; REsp 1.176.440-RO, Rel. Min. NAPOLEÃO NUNES MAIA FILHO, julg.: 17.09.2013), a decretação de indisponibilidade de bens em decorrência da apuração de atos de improbidade administrativa deve se limitar aos bens necessários ao ressarcimento integral do dano (inclusive o valor de possível multa civil), ainda que adquiridos anteriormente ao suposto ato de improbidade, ou até mesmo ao início da vigência da referida lei. E mais: é possível a penhora do rendimento da aplicação financeira cuja origem remonte a verbas trabalhistas, mas o estoque de capital investido, de natureza salarial, é impenhorável (REsp 1.164.037-RS, Rel. Min. SÉRGIO KUKINA, Rel. para acórdão Min. NAPOLEÃO NUNES MAIA FILHO, julg.: 20.02.2014).

influência, não interfira nas apurações. Nesse esteio, vale mencionar o parágrafo único do art. 20 da lei, segundo o qual a autoridade judicial ou administrativa competente poderá determinar o afastamento do agente público do exercício do cargo, emprego ou função, sem prejuízo da remuneração, quando a medida se fizer necessária à instrução processual.

O art. 21 da Lei de Improbidade Administrativa, alterado pela Lei nº 12.120, de 15 de dezembro de 2009, define que a aplicação das sanções independe:

a) da efetiva ocorrência de dano ao patrimônio público, salvo quanto à pena de ressarcimento; e [29]

b) da aprovação ou rejeição das contas pelo órgão de controle interno ou pelo Tribunal ou Conselho de Contas.

A ocorrência de dano patrimonial (econômico) só é indispensável para configurar ato de improbidade que causa prejuízo ao erário. Nos atos de improbidade que importam em enriquecimento ilícito ou que atentem contra os princípios da Administração Pública, o dano patrimonial é pressuposto dispensável, como já destacado anteriormente.

Quanto à dispensa de aprovação ou rejeição da contas pelo órgão competente, tal regra advém do triste fato de que os próprios agentes responsáveis por efetuar o controle externo ou interno podem estar acobertando a conduta irregular ou podem cometer erros ao analisar os atos constitutivos das contas. Ademais, quando as contas dos administradores públicos são apreciadas, isso não se faz a partir de minuciosa análise de cada despesa, isoladamente, a fim de verificar a sua legalidade. As contas são analisadas numa perspectiva geral. Caso haja necessidade de averiguação deste ou daquele ponto, faz-se procedimento especial de análise de contas.

O **sucessor** daquele que causar lesão ao patrimônio público ou se enriquecer ilicitamente **está sujeito às cominações** dessa lei **até o limite do valor da herança** (art. 8º). A possibilidade de as sanções de improbidade administrativa serem transmitidas aos herdeiros só se aplica em relação às sanções pecuniárias que acarretam a perda dos bens do agente ímprobo. Essa transmissão estende-se exclusivamente aos bens do *de cujus* (falecido que deixa herança). Caso o espólio (herança deixada pelo falecido) não seja suficiente para garantir o ressarcimento do Estado, o sucessor jamais responderá com o próprio patrimônio.

A fim de tornar mais didático o que estamos expondo, valhamo-nos de situação hipotética. Se o *de cujus* deixa, por exemplo, R$ 100.000,00 de herança e o valor do ressarcimento é de R$ 80.000,00, os herdeiros ficarão com o valor restante (R$ 20.000,00). Todavia, se o valor da indenização fosse R$ 150.000,00, o Estado deduziria desse valor a herança deixada, mas em relação aos R$ 50.000,00

29 O art. 1º, § 1º, da Lei nº 4.717/1965 define patrimônio público como "os bens e direitos de valor econômico, artístico, estético, histórico ou turístico".

restantes não haveria nada a ser feito, pois os herdeiros respondem somente até o limite da herança recebida.

Para dar aplicação ao princípio da adequação punitiva, o parágrafo único do art. 12 dispõe que na fixação das penas previstas nessa lei o juiz levará em conta a **extensão do dano causado**, assim como o **proveito patrimonial obtido pelo agente**.

Por conta da gravidade que impõem ao agente, a perda da função pública e a suspensão dos direitos políticos só se efetivam com o **trânsito em julgado da sentença condenatória** (art. 20). As demais penalidades podem ser aplicadas quando da sentença judicial de primeiro grau. Prova disso é que, na jurisprudência do STJ, há tese quanto à possibilidade de concessão de liminar *inaudita altera parte* determinando que o réu da ação de improbidade administrativa fique proibido de receber novas verbas do Poder Público, assim como benefícios fiscais e creditícios. Isso porque pode o magistrado, a qualquer tempo, com fundamento no poder geral de cautela, adotar a tutela necessária para fazer cessar ou extirpar a atividade nociva.[30]

Discute-se se as penalidades devem ser aplicadas cumulativamente em todos os casos ou se poderia o juiz em cada caso concreto aplicar as penalidades que entendesse adequadas. A jurisprudência pacífica do STJ é no sentido de que nem sempre as sanções devem ser aplicadas.[31]

Com o intuito de normatizar o assunto, a Lei nº 12.120, de 15 de dezembro de 2009, alterou o art. 12 da Lei de Improbidade Administrativa, que passou a vigorar com a seguinte redação (destacamos):

> Independentemente das sanções penais, civis e administrativas previstas na legislação específica, está o responsável pelo ato de improbidade sujeito às seguintes cominações, que podem ser aplicadas **isolada ou cumulativamente**, de acordo com a gravidade do fato [...]

Embora seja assim, por outro lado, as penalidades não podem ser aplicadas abaixo do mínimo legal, mesmo que sob o argumento da dosimetria ou proporcionalidade.[32] Seria o exemplo a tentativa de aplicação da pena de suspensão de direitos políticos abaixo de 3 anos no caso de ato de improbabilidade administrativa que atenta contra princípio da Administração Pública.

Por fim, podemos concluir que é perfeitamente possível que uma mesma conduta corresponda, a um só tempo, à ofensa simultânea a mais de uma espécie de ato de improbidade (enriquecimento ilícito, prejuízo ao erário e violação aos princípios). Seria o caso de um servidor público que forja situações de emergência

30 STJ. 2ª Turma. REsp 1.385.582-RS, Rel. HERMAN BENJAMIN, julg.: 01.10.2013.

31 REsp 981570/AC, Rel. Min. CASTRO MEIRA, DJe 17.11.2009. No mesmo sentido: REsp 980.706/RS, Rel. Min. LUIZ FUX, julg.: 03.02.2011; REsp 1.134.461/SP, Rel.ª Min.ª ELIANA CALMON, julg.: 03.08.2010.

32 STJ, REsp 1.582.014/CE, Rel. Min. HUMBERTO MARTINS, Julg.: 07.04.2016.

para que haja dispensa de licitação e, com isso, passa a auferir ganhos financeiros de empresas inidôneas. A partir do exposto, vemos que concomitantemente são praticados atos de improbidade administrativa que importam enriquecimento ilícito, prejuízo ao erário e atentam contra os princípios da Administração. Nessa situação aplica-se o **princípio da subsunção**, segundo o qual a conduta e a penalidade mais graves absorvem as de menor gravidade. Isto é, aplicar-se-á a sanção que corresponde à espécie de improbidade de maior gravidade, segundo a gradação prevista em lei, que, no caso, seriam as sanções de atos de improbidade que importam em enriquecimento ilícito. O que jamais poderia ocorrer, por exemplo, seria a soma das penalidades de suspensão de direitos políticos, a fim de se ter uma suspensão de direitos políticos por 18 anos.

6. DECLARAÇÃO DE BENS E VALORES

Com o objetivo de acompanhar a evolução patrimonial, a lei estabelece a obrigatoriedade de o agente público apresentar declaração de bens e valores que compõem o seu patrimônio privado, a fim de ser arquivada no serviço de pessoal competente, ficando a posse e o exercício **condicionados** a essa declaração.

Anualmente atualizada e na data em que o agente público **deixar** o exercício do mandato, cargo, emprego ou função, a declaração de bens e valores abrangerá os bens e valores patrimoniais do cônjuge ou companheiro, dos filhos e de outras pessoas que vivam sob a dependência econômica do agente público (art. 13).

O agente público que se recusar a prestar declaração dos bens, dentro do prazo determinado, ou que a prestar falsa será apenado com **demissão, a bem do serviço público**, sem prejuízo de outras sanções cabíveis.

7. JUÍZO COMPETENTE

Nesse passo, trataremos do órgão do Poder Judiciário competente para conhecer, processar e julgar processos que versam sobre improbidade administrativa.

É sabido de todos que os agentes políticos gozam de foro especial por prerrogativa de função. Assim, o Presidente da República é processado e julgado, nos crimes de responsabilidade, no Senado Federal, e nos crimes comuns, no Supremo Tribunal Federal. Os Ministros de Estado são processados e julgados, nos crimes de responsabilidade e crimes comuns, no Supremo Tribunal Federal. E, assim por diante, principalmente nos arts. 52, 102 e 104 da Constituição Federal, temos o elenco de autoridades que não estão sujeitas a julgamento nas instâncias iniciais do Poder Judiciário, mas normalmente são processadas e julgadas perante os órgãos de cúpula do Estado.

Todavia, é imperioso consignar que o foro especial por prerrogativa de função somente alcança as ações de natureza penal, e não as de natureza cível, como é o caso de ação de improbidade. Isso significa que, teoricamente, o mesmo

Ministro de Estado que responde por crime de responsabilidade perante o STF (foro especial), na ação de improbidade responderá perante um juízo ordinário de primeiro grau.

Como tentativa de reverter esse quadro, a Lei nº 10.628/2002 alterou o art. 84, §§ 1º e 2º, do Código de Processo Penal, para estabelecer que a ação de improbidade administrativa deveria ser apresentada perante o tribunal competente para processar e julgar criminalmente o agente político que goze de foro especial por prerrogativa de função. Dispôs ainda que o foro especial prevaleceria, ainda que o inquérito policial ou a ação judicial fossem iniciadas após a cessação do exercício da função pública.

Ao apreciar o mencionado dispositivo legal, o STF declarou a sua inconstitucionalidade sob o argumento de que:

> As hipóteses de competência cível ou criminal dos tribunais da União são as previstas na Constituição da República ou dela implicitamente decorrentes, salvo quando esta mesma remeta à lei a sua fixação.

E ainda:

> Pretende a lei questionada equiparar a ação de improbidade administrativa, de natureza civil (CF, art. 37, § 4º), à ação penal contra os mais altos dignatários da República, para o fim de estabelecer competência originária do Supremo Tribunal, em relação à qual a jurisprudência do Tribunal sempre estabeleceu nítida distinção entre as duas espécies.[33]

Desse modo, permanece a tese de que a prerrogativa de foro não se estende à ação de improbidade administrativa, devendo ser proposta perante a Justiça de 1º grau.

Exatamente por isso, o STJ perfilha a tese de que a ação de improbidade administrativa deve ser processada e julgada nas instâncias ordinárias, ainda que proposta contra agente político que tenha foro privilegiado no âmbito penal e nos crimes de responsabilidade.[34]

8. PROCEDIMENTO ADMINISTRATIVO E PROCESSO JUDICIAL

É entendimento pacífico na doutrina e na jurisprudência que a ação de improbidade administrativa tem natureza de **ação civil pública**, aplicando-se subsidiariamente a Lei nº 7.347, de 24 de julho de 1985.

Qualquer pessoa poderá representar à autoridade administrativa competente para que seja instaurada investigação destinada a apurar a prática de ato de improbidade. A representação, que será **escrita** ou reduzida a termo

33 STF, ADI nº 2797/DF, Rel. Min. SEPÚLVEDA PERTENCE, DJ 19.12.2005.

34 AgRg na Rcl 12.514-MT, Rel. Min. ARI PARGENDLER, julg.: 16.09.2013.

e **assinada**, conterá, sob pena de rejeição pela autoridade administrativa, a qualificação do representante, as informações sobre o fato e sua autoria e a indicação das provas de que tenha conhecimento (art. 14).

Em caso de a representação não conter as formalidades estabelecidas na lei, caberá à autoridade administrativa rejeitá-la, mediante despacho fundamentado. Todavia, a **rejeição não impede a representação ao Ministério Público** que avaliará novamente se ela satisfaz seus pressupostos de admissibilidade.

Atendidos os requisitos da representação, a autoridade determinará a imediata apuração dos fatos que, em se tratando de servidores federais, será processada do processo administrativo disciplinar (PAD – Lei nº 8.112/1990) e, em se tratando de servidor militar, de acordo com os respectivos regulamentos disciplinares (art. 14, § 3º).

Nesse ponto, é válido ressaltar que constitui crime a representação por ato de improbidade contra agente público ou terceiro beneficiário, quando o autor da denúncia o sabe inocente (art. 19). Além da sanção penal, o denunciante está sujeito a indenizar o denunciado pelos danos materiais, morais ou à imagem que houver provocado. Com o aventado dispositivo fica clara a intenção do legislador de evitar denúncias irresponsáveis, feitas com os objetivos escusos de atrapalhar a boa marcha dos trabalhos no serviço público.[35]

A comissão processante **dará conhecimento ao Ministério Público e ao Tribunal ou Conselho de Contas** da existência de procedimento administrativo para apurar a prática de ato de improbidade. O Ministério Público ou Tribunal ou Conselho de Contas poderá, a requerimento, designar **representante** para acompanhar o procedimento administrativo (art. 15).

Sobre o tema, o STJ tem entendido que:

> Constitui mera irregularidade, incapaz de gerar nulidade, o fato de a comissão processante não ter dado ciência imediata do Ministério Público e ao Tribunal de Contas da existência do procedimento administrativo disciplinar, para eventual apuração da prática do ato de improbidade.[36]

Para apurar qualquer ilícito previsto nesta lei, o Ministério Público, de ofício, a requerimento de autoridade administrativa ou mediante representação formulada de acordo com os parâmetros fixados na lei, poderá requisitar a instauração de **inquérito policial** ou **procedimento administrativo** (art. 21).

Para reafirmar o que já dissemos sobre algumas medidas preventivas, o art. 16 da lei prevê que havendo fundados indícios de responsabilidade, a comissão representará ao Ministério Público ou à procuradoria do órgão para

35 STJ, MS nº 7.069-DF, Rel. Min. FELIX FISCHER, DJ 12.03.2001 e STF, MS nº 24.369, Rel. Min. CELSO DE MELLO, DJ 10.10.2002.

36 MS 15.021/DF, Rel. Min. FELIX FISCHER, DJ 24.09.2010.

que requeira ao juízo competente a decretação do **sequestro dos bens** do agente ou terceiro que tenha enriquecido ilicitamente ou causado dano ao patrimônio público. Quando for o caso, o pedido incluirá a investigação, o exame e o bloqueio de bens, contas bancárias e aplicações financeiras mantidas pelo indiciado no exterior, nos termos da lei e dos tratados internacionais.

A ação principal, que terá o rito ordinário, será proposta pelo **Ministério Público** ou pela **pessoa jurídica** (que foi lesada pelo ato de improbidade), dentro de 30 dias da efetivação da medida cautelar (art. 17).

É **vedada a transação, acordo ou conciliação** nas ações de improbidade administrativa, em vista da relevância dos bens e valores defendidos por meio da ação de improbidade (art. 17, § 1º).

A Fazenda Pública, quando for o caso, promoverá as ações necessárias à complementação do ressarcimento do patrimônio público (art. 17, § 2º). O Ministério Público, se não intervir no processo como parte, atuará obrigatoriamente como fiscal da lei, sob pena de nulidade (§ 4º). A propositura da ação prevenirá a jurisdição do juízo para todas as ações posteriormente intentadas que possuam a mesma causa de pedir ou o mesmo objeto (§ 5º).

A ação será instruída com documentos ou justificação que contenham indícios suficientes da existência do ato de improbidade ou com razões fundamentadas da impossibilidade de apresentação de qualquer dessas provas (art. 17, § 6º). Estando a inicial em devida forma,[37] o juiz mandará autuá-la e ordenará a **notificação do requerido**, para oferecer manifestação por escrito, que poderá ser instruída com documentos e justificações, dentro do prazo de **15 dias** (§ 7º).[38] Recebida a manifestação, o juiz, no prazo de **30 dias**, em decisão fundamentada, rejeitará a ação, se convencido da inexistência do ato de improbidade, da improcedência da ação ou da inadequação da via eleita (§ 8º). Recebida a petição inicial, será o réu citado para apresentar contestação (§ 9º). Da decisão que receber a petição inicial, caberá agravo de instrumento (§ 10). Em qualquer fase do processo, reconhecida a inadequação da ação de improbidade, o juiz extinguirá o processo sem julgamento do mérito (§ 11).

A sentença que julgar procedente ação civil de reparação de dano ou decretar a perda dos bens havidos ilicitamente determinará o pagamento ou a reversão dos bens, conforme o caso, em favor da pessoa jurídica prejudicada pelo ilícito (art. 18).

---

37 Segundo orientação jurisprudencial do STJ (AgRg no REsp 1.317.127-ES, Rel. Min. MAURO CAMPBELL MARQUES, julg.: 07.03.2013), existindo meros indícios da prática de atos de improbidade administrativa, a petição inicial da ação de improbidade deve ser recebida pelo juiz. No ponto deve incidir o princípio do *in dubio pro societate*, a fim de possibilitar o maior resguardo do interesse público tutelado pela ação de improbidade administrativa.

38 A falta de notificação do acusado para apresentar defesa prévia na ação de improbidade administrativa é causa de nulidade relativa do feito, devendo ser alegada em momento oportuno e devidamente comprovado o prejuízo à parte (STJ, EDcl no REsp 1.194.009-SP, Rel. Min. ARNALDO ESTEVES LIMA, julg.: 17.05.2012).

Rito da Ação de Improbidade Administrativa

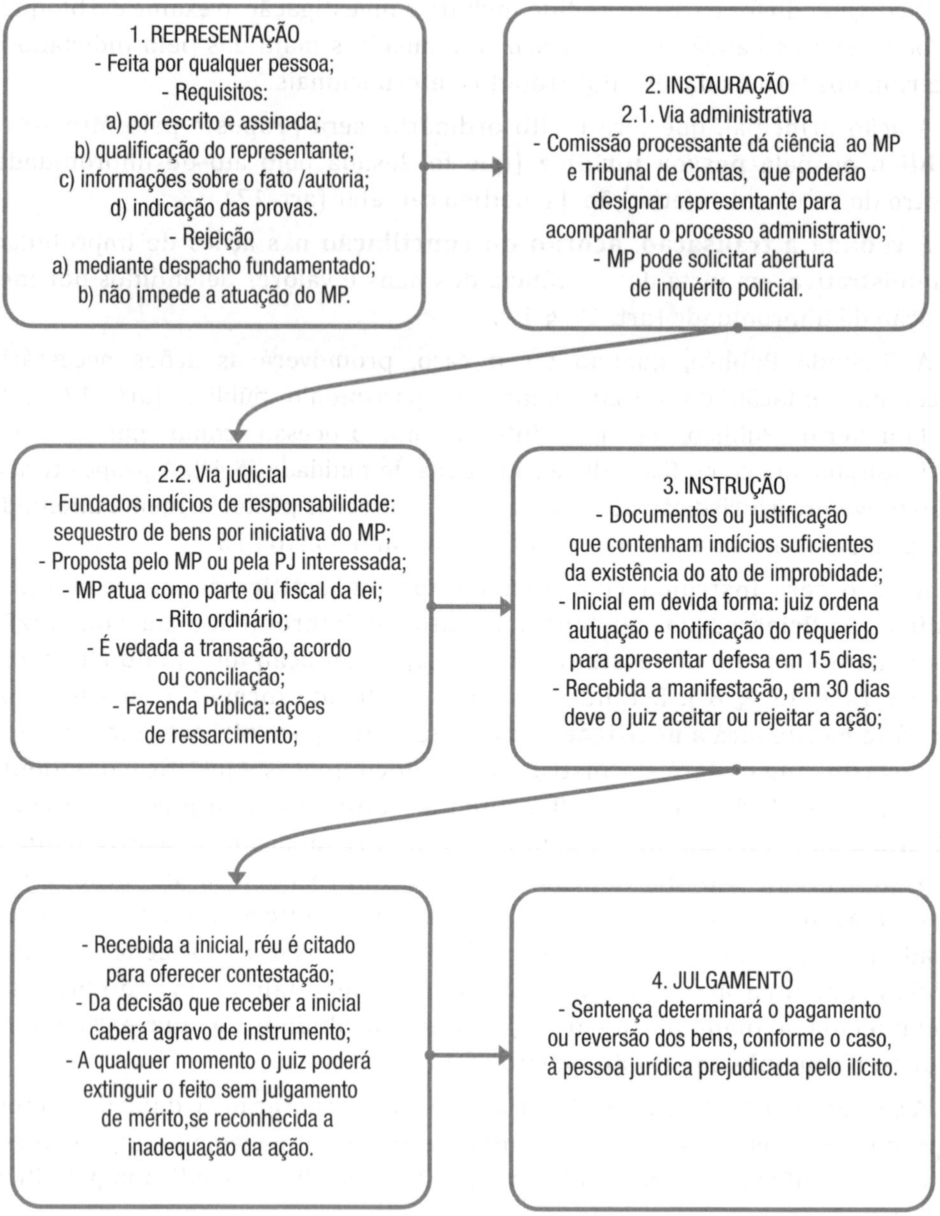

9. PRESCRIÇÃO

As ações destinadas a levar a efeito as sanções previstas prescrevem (art. 23):

a) em **até cinco anos** contados do término do exercício de **mandato**, de **cargo em comissão** ou de **função de confiança**; e

b) dentro do **prazo prescricional previsto em lei específica** para faltas disciplinares puníveis com **demissão** a bem do serviço público, em se tratando de exercente de cargo **efetivo** ou **emprego** público.

Consoante a orientação firmada pelo Tribunal da Cidadania, no caso de servidor que esteja exercendo cumulativamente cargo efetivo e cargo comissionado, o prazo prescricional será o relativo ao cargo efetivo (definido em lei específica), exatamente porque o vínculo entre agente e Administração Pública não cessa com a exoneração do cargo em comissão.[39]

A leitura atenta do art. 23 da LIA revelerá que o legislador deixou lacuna acerca do início da contagem do prazo de prescrição para agentes ocupantes de mandatos eletivos sucessivos. A lei não fez distinção acerca do encerramento de qual deles é que se deve iniciar a fluência de tal prazo. Sobre a questão, a jurisprudência do STJ[40] é firme no sentido de que em se tratando de mandatos sucessivos, o **prazo prescricional começa a fluir a partir da extinção do último mandato ocupado**.

Outra lacuna deixada pelo legislador diz respeito ao prazo de prescrição da pretensão punitiva contra o terceiro que atuou em conjunto com o agente público ímprobo. Na doutrina[41] e na jurisprudência[42], a opinião corrente é que o prazo de prescrição aplicável ao terceiro seguirá a mesma sorte do prazo a ser aplicado ao agente público que atuou em coparticipação.

Quanto à interrupção do prazo de prescrição da pretensão condenatória, o entendimento do STJ[43] é firme em asseverar que o **mero ajuizamento da ação** dentro do prazo de cinco anos contado a partir do término do exercício de mandato, de cargo em comissão ou de função de confiança, é **suficiente para causar a interrupção da prescrição**, ainda que a citação do réu seja efetivada após esse prazo.

Cabe lembrar que os prazos prescricionais supramencionados não se aplicam às **ações de ressarcimento do dano ao erário** que, por força do art. 37, § 5º da Constituição Federal, são **imprescritíveis**. Isto é, transcorrido o prazo de prescrição previsto em lei, já não se pode instaurar ação de improbidade administrativa a fim de imputar penalidades como perda da função pública, suspensão dos direitos políticos, multa civil etc. Todavia será possível, a qualquer tempo, ser aberta a ação de ressarcimento ao erário a fim de haver reparação do dano causado à pessoa jurídica.[44]

---

39 STJ, REsp 1060529/MG, Rel. Min. MAURO CAMPBELL MARQUES, DJe 19.09.2009.

40 AgRg no AREsp 23443, Rel. Min. FRANCISCO FALCÃO, DJe 02.08.2012; REsp 1.153.79/BA, Rel. Min. HAMILTON CARVALHIDO, DJe 29.04.2010; REsp 1.107.833/SP, Rel. Min. MAURO CAMPBELL MARQUES, DJe 18.09.2009.

41 FAZZIO JÚNIOR, Waldo. *Improbidade administrativa e crimes de prefeitos*. São Paulo: Atlas, 2000, p. 300. PAZZAGLINI FILHO, Marino. *Lei de improbidade administrativa comentada*. 4ª ed. São Paulo, Atlas, 2009, p. 311; FERRAZ, Sérgio. Aspectos processuais na lei sobre improbidade administrativa, na obra coletiva *Improbidade administrativa – questões polêmicas e atuais*, São Paulo: Malheiros, 2001, p. 377.

42 REsp 1.156.519-RO, Rel. Min. CASTRO MEIRA, DJe 28.06.2013; REsp 1.159.035-MG, Rel.ª Min.ª ASSUSETE MAGALHÃES, DJe 29.11.2013.

43 REsp 1.391.212-PE, Rel. Min. HUMBERTO MARTINS, julg.: 02.09.2014.

44 Esse é o entendimento consolidado no STJ (REsp 1.089.492/RO, Rel. Min. LUIZ FUX, DJe 18.11.2010; REsp 1.067.561/AM, Rel.ª Min.ª ELIANA CALMON, julg.: 05.02.2009 e REsp 1.069.779/SP, Rel. Min. HERMAN BENJAMIN, DJ 18.09.2008) e do STF (MS 26.210/DF, Rel. Min. RICARDO LEWANDOWSKI, DJ 10.10.2008).

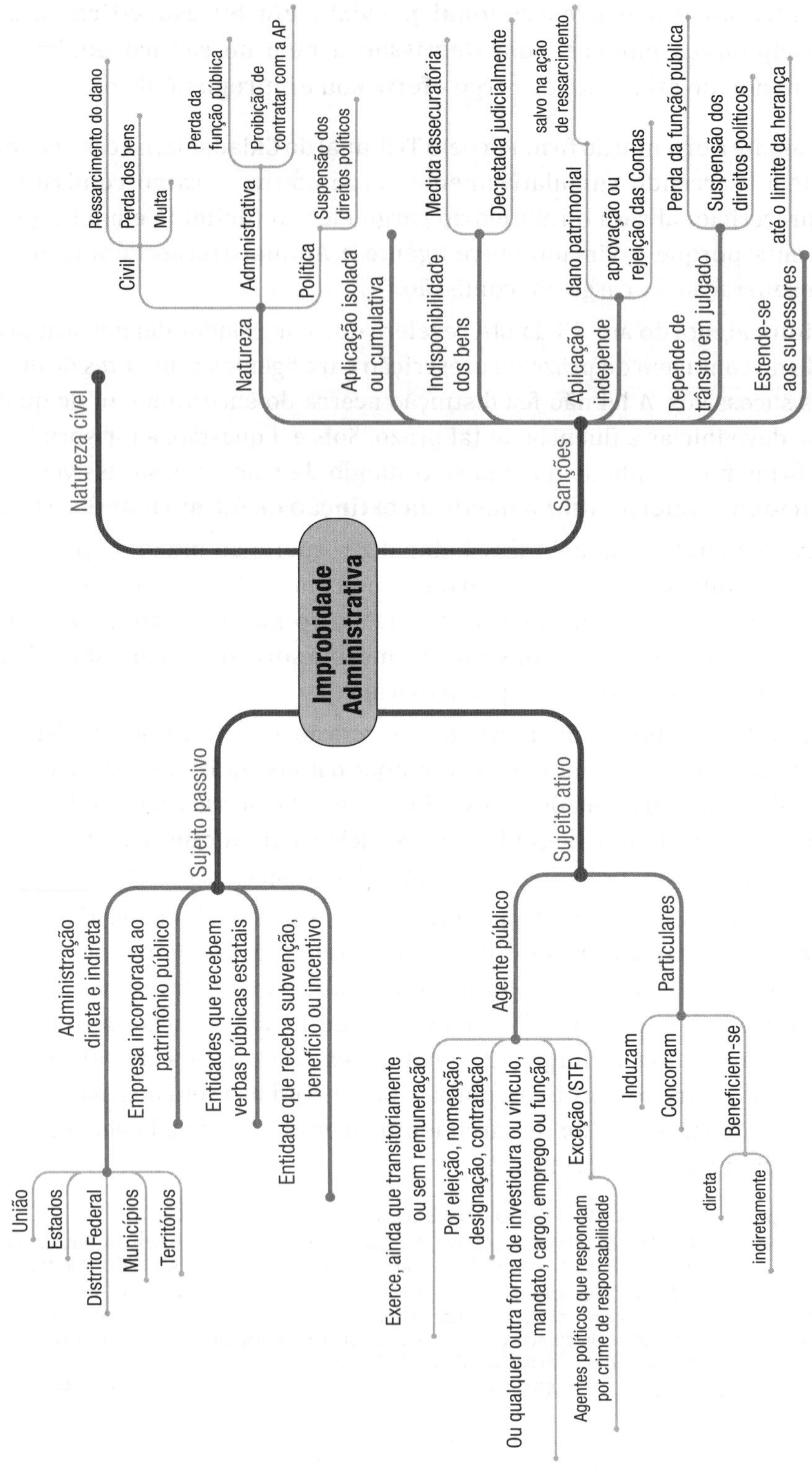
Improbidade Administrativa
Natureza cível
Sanções
Natureza
Civil
Ressarcimento do dano
Perda dos bens
Multa
Administrativa
Perda da função pública
Proibição de contratar com a AP
Política
Suspensão dos direitos políticos
Aplicação isolada ou cumulativa
Indisponibilidade dos bens
Medida assecuratória
Decretada judicialmente
Aplicação independe
dano patrimonial
salvo na ação de ressarcimento
aprovação ou rejeição das Contas
Depende de trânsito em julgado
Perda da função pública
Suspensão dos direitos políticos
Estende-se aos sucessores
até o limite da herança
Sujeito passivo
Administração direta e indireta
União
Estados
Distrito Federal
Municípios
Territórios
Empresa incorporada ao patrimônio público
Entidades que recebem verbas públicas estatais
Entidade que receba subvenção, benefício ou incentivo
Sujeito ativo
Agente público
Exerce, ainda que transitoriamente ou sem remuneração
Por eleição, nomeação, designação, contratação
Ou qualquer outra forma de investidura ou vínculo, mandato, cargo, emprego ou função
Exceção (STF)
Agentes políticos que respondam por crime de responsabilidade
Particulares
Induzam
Concorram
Beneficiem-se
direta
indiretamente

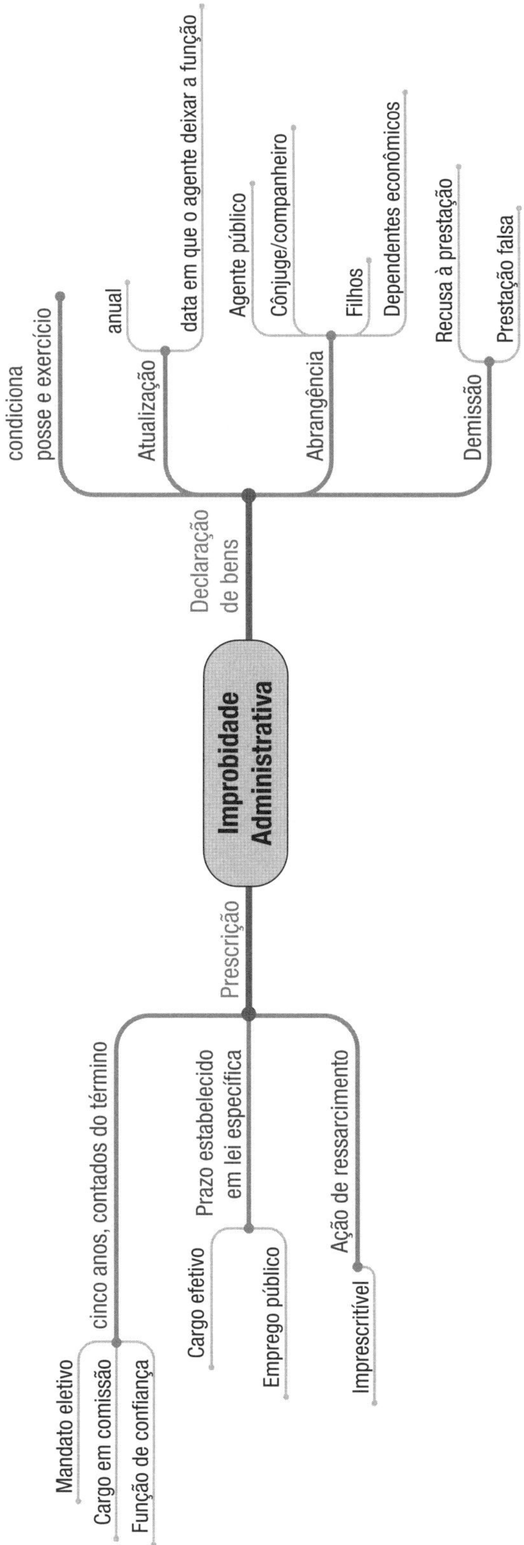
Improbidade Administrativa
Declaração de bens
condiciona posse e exercício
Atualização
anual
data em que o agente deixar a função
Abrangência
Agente público
Cônjuge/companheiro
Filhos
Dependentes econômicos
Demissão
Recusa à prestação
Prestação falsa
Prescrição
cinco anos, contados do término
Mandato eletivo
Cargo em comissão
Função de confiança
Prazo estabelecido em lei específica
Cargo efetivo
Emprego público
Ação de ressarcimento
Imprescritível

Capítulo 16

Intervenção do Estado na Propriedade Privada e no Domínio Econômico

1. CONSIDERAÇÕES INICIAIS

Em capítulo precedente, na oportunidade em que tratamos dos princípios da Administração Pública, destacamos como princípio regente do Direito Administrativo, que constitui um dos seus pilares, o da **supremacia do interesse público sobre o privado**. Tanto a propriedade privada quanto a exploração de atividade econômica constituem liberdades individuais conferidas e conquistadas braviamente ao longo da história pelos particulares para que as manejem conforme os seus interesses e inclinações. Entretanto, o Estado não pode ficar alheio a essas questões, posto que, se assim fosse, haveria sério risco de essas liberdades individuais, quando exercidas abusivamente, causarem inestimáveis danos ao interesse público. É preciso, pois, que o Estado, no exercício de seu Poder de Império, (*ius imperii*) institua sobre a propriedade privada e o domínio econômico limitações diversas para que a disposição individual sobre estes não se torne gravemente ofensiva aos interesses da coletividade.

O Brasil, como um estado **socioliberal**, apesar de reconhecer e assegurar a propriedade e o domínio econômico, institui sobre eles condicionamentos diversos por meio de atos de império a fim de conformá-los ao bem-estar social e reprimir as condutas abusivas.

Tal inteligência deriva do disposto no art. 170 da Carta Política que estabecele os fundamentos as ordem econômica, vale dizer a **livre-iniciativa**, que tem por fim assegurar a todos **existência digna**, conforme os ditames da **justiça social**, alicerçada nos princípios da **propriedade privada**, da **função social da propriedade** e da **livre concorrência**.

O presente capítulo destina-se justamente a abordar as principais ferramentas de que dispõe o Estado ao limitar e condicionar a propriedade privada e a ordem econômica.

2. INTERVENÇÃO DO ESTADO NA PROPRIEDADE PRIVADA

O direito de propriedade é reconhecido aos indivíduos desde priscas eras, sendo extremamente dificultosa, ou até mesmo impossível, a identificação do momento a partir do qual tal noção surgiu na humanidade. Para se ter uma ideia, o antigo Código de Hamurabi, que data do séc. XXIII a.C., já reconhecia o direito de propriedade ao instituir pena de morte para o indivíduo que cometesse roubo de bens, bem como para aquele que recebesse o bem roubado.

Não obstante, o tratamento teórico do direito de propriedade, o seu significado, alcance e limites somente sobrevieram com o Direito romano. O antigo conceito de propriedade (*proprietas*) era baseado na ampla liberdade conferida ao seu titular para uso e gozo do modo como bem lhe aprouvesse. Ainda no Império Romano, por volta do século VI a.C., o conceito de propriedade ganha novos contornos, pois surge a necessidade de conformá-lo ao interesse social. Desse modo, começam a surgir as primeiras limitações jurídicas à propriedade, sobretudo no tocante aos direitos que os proprietários tinham uns para com os outros (direito das vizinhanças). Nota-se, pois, que as restrições então incidentes sobre a propriedade se desenvolveram no âmbito das teorias de Direito Privado. As interferências publicísticas sobre a propriedade surgiram muito tempo depois, em 1789, com a Declaração dos Direitos do Homem. É precisamente nesse momento que o direito de propriedade se deparou efetivamente com as limitações necessárias ao prevalecimento do interesse público sobre o interesse privado.

Em capítulo precedente, estudamos acerca do conceito de **domínio eminente**, que nada mais é que o poder de dominação geral que o Estado, no exercício de sua soberania, exerce sobre a totalidade dos bens situados em seu território, estejam ou não sob sua propriedade. O domínio eminente, portanto, alcança os bens públicos, os bens privados e os bens insuscetíveis ao regime de propriedade. Com esteio no domínio eminente é que o Estado realiza as denominadas "intervenções na propriedade privada".

Nesse contexto, se revela de fundamental importância a **função social da propriedade, que** constitui o principal fundamento jurídico da atividade de intervenção do Estado na propriedade privada. A propriedade deverá sempre atender ao fim de interesse social que lhe é inerente. Por mais que o direito reconheça o direito de propriedade não há como garanti-lo a todo custo ao seu detentor, principalmente quando essa garantia representar frontal violação aos direitos da coletividade.

O Código Civil, em seu art. 1.228, institui o princípio da função social da propriedade, pelo qual o Estado fica autorizado a nela intervir ou até suprimi-la quando necessário ao atendimento de determinada finalidade pública:

> **Art. 1.228.** O proprietário tem a faculdade de usar, gozar e dispor da coisa, e o direito de reavê-la do poder de quem quer que injustamente a possua ou detenha.

> § 1º O direito de propriedade deve ser exercido em consonância com as suas finalidades econômicas e sociais e de modo que sejam preservados, de conformidade com o estabelecido em lei especial, a flora, a fauna, as belezas naturais, o equilíbrio ecológico e o patrimônio histórico e artístico, bem como evitada a poluição do ar e das águas.

A função social da **propriedade urbana** está insculpida no art. 182 da Carta Magna (A propriedade urbana cumpre sua função social quando atende às exigências fundamentais de ordenação da cidade expressas no plano diretor), ao passo que a função social da **propriedade rural** encontra-se definida no art. 186 do mesmo diploma normativo (A função social é cumprida quando a propriedade rural atende, simultaneamente, segundo critérios e graus de exigência estabelecidos em lei, aos seguintes requisitos: I – aproveitamento racional e adequado; II – utilização adequada dos recursos naturais disponíveis e preservação do meio ambiente; III – observância das disposições que regulam as relações de trabalho; e IV – exploração que favoreça o bem-estar dos proprietários e dos trabalhadores).

Lançados esses fundamentos, podemos entender a intervenção do Estado na propriedade privada como o conjunto de atividades materiais por meio das quais o Poder Público retira ou limita os direitos dominiais privados ou amolda o uso da propriedade particular aos interesses supremos da coletividade, mediante institutos que ora condicionam, ora limitam o uso e gozo desses bens privados.

Ensina Carvalho Filho que:

> De forma sintética, podemos considerar intervenção do Estado na propriedade toda e qualquer atividade estatal que, amparada em lei, tenha por fim ajustá-la aos inúmeros fatores exigidos pela função social a que está condicionada. Extrai-se dessa noção que qualquer ataque à propriedade, que não tenha esse objetivo, estará contaminado de irretorquível ilegalidade.[1]

Os meios mais comuns de intervenção na propriedade são: servidão administrativa, ocupação temporária, requisição administrativa, limitação administrativa, tombamento e desapropriação.

Por meio das **servidões e limitações administrativas**, o Estado estabelece restrições quanto ao uso da propriedade; pela **ocupação temporária**, o Poder Público se permite utilizar temporariamente o bem particular a fim de satisfazer concretamente uma dada necessidade; com a **requisição administrativa**, em atendimento a situação de urgência de iminente perigo público, o Estado requisita propriedade particular, para prevenir danos à coletividade; pelo

---

1 CARVALHO FILHO, José dos Santos. *Manual de Direito Administrativo*. 20ª ed. Rio de Janeiro: Lumen Juris, 2008, p. 719.

tombamento, o Poder Público cerca de cuidados determinado bem que tenha atingido, em função de suas características intrínsecas, relevante valor histórico ou cultural nacional; por fim, ao valer-se da **desapropriação** o Estado retira a propriedade particular no intuito de empregá-la numa destinação pública ou de interesse social.

Importante notar que os referidos instrumentos de intervenção na propriedade privada caracterizam-se, em grande parte, pela instituição de restrições e condicionamentos do uso da propriedade, sem, no entanto, retirá-la de seu proprietário (**intervenção restritiva**). Assim, podemos dizer que servidão administrativa, ocupação temporária, requisição administrativa, limitação administrativa e tombamento são instrumentos de intervenção restritiva. Por outro lado, este não é o caso da desapropriação, que resulta na retirada do bem de seu dono e consequente transposição desse bem ao patrimônio estatal (**intervenção supressiva**).[2]

No tocante à competência para intervir na propriedade privada, a Constituição Federal estabelece os contornos que devem ser dados à matéria. Pela regra insculpida no art. 22, I, da Carta Magna, a competência para legislar sobre direito civil e, por conseguinte, sobre o **direito de propriedade**, **desapropriação** e **requisição**, é **privativa da União**. O parágrafo único do mesmo artigo possibilita a delegação, mediante lei complementar federal, dessa competência aos Estados-membros para que disponha acerca de questões específicas. Note que não há, no dispositivo, menção aos Municípios, o que torna inviável a estes legislar sobre o tema.

Se por um lado a competência para legislar sobre Direito Civil seja privativa da União, por outro compete a **todos os entes** da Federação (União, Estados, Distrito Federal e Municípios) concretamente praticar **atos materiais de intervenção** na propriedade privada, a saber, executar servidão administrativa, ocupação temporária, requisição administrativa, limitação administrativa, tombamento e desapropriação.

3. SERVIDÃO ADMINISTRATIVA

A servidão administrativa nada mais é que o **ônus real** que o Poder Público ou quem lhe faça as vezes institui sobre **bens imóveis** de terceiros com o objetivo de realizar ou conservar **obras ou serviços públicos**, mediante indenização, se efetivamente comprovados os prejuízos.

Sem embargo, é possível que a servidão administrativa incida sobre **bens públicos**. Isso ocorre nas hipóteses em que entes federativos de competência

2 CARVALHO FILHO, José dos Santos. *Manual de Direito Administrativo*. 20ª ed. Rio de Janeiro: Lumen Juris, 2008, p. 723.

mais abrangente instituam servidão sobre bens públicos de entes federativos de competência menos abrangente (critério da **verticalidade**). Assim, é possível que a União institua servidão administrativa sobre imóveis estaduais, distritais ou municipais. Também é possível que Estados imponham servidão administrativa a imóveis de propriedade dos Municípios que se encontrem em seus territórios. O Distrito Federal, em função da vedação constitucional a que se divida em Municípios, não tem competência para instituir servidão administrativa.

Seriam exemplos de servidão administrativa a instalação em imóveis particulares de postes para passagem de fios de energia elétrica, a afixação de placas de trânsito ou indicativas de nomes de bairros ou ruas em imóveis privados.

Uma vez editado o ato estatal que declara a servidão administrativa, esta poderá ocorrer mediante **acordo** com o proprietário, registrado em escritura pública, ou por **sentença judicial**. Note-se que a via judicial só é possível quando, após a publicação oficial do decreto que declara a necessidade da servidão, restarem infrutíferas as tentativas de negociação com o proprietário do bem a ser objeto de servidão. Não havendo esse acordo, o Poder Público ingressa com ação judicial, visando à declaração do direito real de uso sobre o bem, após a devida indenização ao proprietário.

Tanto no primeiro caso quanto no outro, a **escrituração** da servidão no Registro de Imóveis é condição *sine qua non*, indispensável à eficácia do ato para que produza efeitos jurídicos externos (*erga omnes*). Tanto é assim que, se o Poder Público se imitir ilegitimamente na posse do bem sem a observância dos parâmetros fixados legalmente (ato declaratório, acordo ou sentença judicial, escrituração), cabe ao proprietário propor ação judicial para obter o reconhecimento da servidão e o pagamento da justa indenização, quando for o caso.

A professora Maria Sylvia Di Pietro entende possível a instituição de servidão, além do acordo e da sentença judicial, **diretamente por lei**.[3] Nesse caso, não seria necessária a escrituração da servidão, pois a própria lei, ao ser publicada, seria suficiente para conferir à servidão eficácia *erga omnes* (perante todos). Em dissenso, Carvalho Filho entende não ser possível a servidão diretamente por lei, sem que haja acordo ou sentença judicial. Para esse eminente administrativista, a lei é instrumento adequado apenas a estabelecer condicionamentos genéricos à propriedade, denominadas limitações administrativas.[4]

A servidão administrativa tem **duração indeterminada**, portanto, permanente, cessando apenas quando exaurida a finalidade que a ensejou. Com

3 DI PIETRO, Maria Sylvia Zanella. *Direito Administrativo*. 20ª ed. São Paulo: Atlas, 2006, p. 137.

4 CARVALHO FILHO, José dos Santos. *Manual de Direito Administrativo*. 20ª ed. Rio de Janeiro: Lumen Juris, 2008, p. 727.

efeito, fatos supervenientes podem tornar desnecessária sua continuidade. Quando isso ocorre, será extinta a servidão, mediante averbação do fato no Registro de Imóveis.

É possível a extinção da servidão pelo desaparecimento do bem gravado. Também é possível a extinção da servidão pela aquisição do bem gravado pelo Poder Público instituidor da servidão, a exemplo do que ocorreria caso o bem fosse desapropriado. Por fim, é possível a extinção da servidão pelo mero desinteresse do Estado em continuar utilizando propriedade de terceiro.

A respeito da **prévia indenização**, é importante asseverar que só será cabível quando o proprietário do bem objeto de servidão demonstrar inequivocamente os **prejuízos** que esta lhe causou.

A indenização deverá contemplar juros moratórios, atualização monetária, honorários advocatícios e custas judiciais. Além disso, a Súmula nº 56 do STJ prevê o pagamento também de juros compensatórios: "Na desapropriação para instituir servidão administrativa são devidos os juros compensatórios pela limitação de uso da propriedade".

A teor do art. 10, parágrafo único, do Decreto-Lei nº 3.365/1941, a prescrição da pretensão indenizatória no caso de servidão administrativa ocorre em **cinco anos**, contados da efetiva restrição imposta pelo Poder Público.

4. OCUPAÇÃO TEMPORÁRIA

Ocupação temporária é modalidade de intervenção na propriedade privada por meio da qual o Poder Público, em **caráter transitório**, utiliza **bens imóveis** de terceiros, **gratuita ou remuneradamente**, para execução de **obras ou serviços** de interesse público, independentemente de perigo público iminente.

É exemplo de ocupação temporária a utilização de terreno baldio como depósito de máquinas e materiais a serem utilizados em determinada obra pública ou ocupação de ginásio de escola privada para realizar campanha de vacinação, o uso de escolas e clubes para realização dos trabalhos relativos às eleições.

Nesse sentido, cabe mencionar o Decreto nº 3.365/1941 que possibilita a ocupação temporária de terrenos não edificados, vizinhos às obras e necessários à sua realização, mediante indenização posterior, quando for o caso.

No âmbito dos contratos administrativos, a Lei nº 8.666/1993 prevê a ocupação provisória com cláusula exorbitante do ajuste mediante a qual é possível ao Poder Público, nos casos de serviços essenciais, ocupar provisoriamente bens móveis, imóveis, pessoal e serviços vinculados ao objeto do contrato, na hipótese da necessidade de acautelar apuração administrativa de faltas contratuais pelo contratado, bem como na hipótese de rescisão do contrato administrativo (art. 58, V).

Enfatize-se o **caráter provisório** da ocupação temporária, pois cessadas as razões que a ensejaram o Poder Público desocupará inteiramente o imóvel de terceiro. É exatamente por isso que a ocupação temporária não depende de acordo ou sentença judicial. Pelo contrário, trata-se de ato discricionário e autoexecutório da Administração Pública.

É cabível **indenização** sempre que a ocupação acarretar efetivos prejuízos ao proprietário do imóvel. No caso de ocupação temporária como ato prévio à desapropriação, a indenização é sempre devida, por expressa disposição do art. 36 do Decreto-Lei nº 3.365/1941.

Aqui, percebe-se que o legislador instituiu duas modalidades de ocupação temporária: ocupação temporária para obras vinculadas ao processo de desapropriação e ocupação temporária para as demais obras e serviços públicos em geral. A primeira será sempre indenizada, enquanto a segunda poderá sê-lo quando acarretar prejuízos ao dono do imóvel.

5. REQUISIÇÃO ADMINISTRATIVA

A requisição administrativa é o ato administrativo interventor que determina a utilização de bens móveis ou imóveis, bem como de serviços particulares em situações transitórias que representem grave ameaça de perigo público.

Tradicionalmente, a requisição era instrumento de intervenção exclusivamente adotado para fins militares, em função da necessidade de o Poder Público ocupar bens ou serviços privados em caso de guerra, risco iminente desta ou episódios graves de caráter político (Decreto-Lei nº 4.812/1942). Posteriormente, a requisição passou a ser utilizada para fins civis (Lei Delegada nº 4/1962). Assim, há dois tipos de requisições: requisição militar e requisição civil. De maneira geral, as requisições militares e civis são idênticas quanto aos seus fundamentos, diferenciando-se apenas quanto à finalidade: enquanto a primeira visa a preservar a segurança nacional, a segunda busca evitar danos à coletividade.

O fundamento constitucional da requisição administrativa é o art. 5º, XXV, segundo o qual "No caso de iminente perigo público, a autoridade competente poderá usar de propriedade particular, assegurada ao proprietário indenização ulterior, se houver dano".

Seriam exemplos de requisição, a utilização de veículos particulares em perseguições policiais, a utilização de imóveis rurais privados como base para conter incêndios, a utilização de serviços médicos de determinado profissional de saúde especializado em certa área.

Deve-se relembrar que a competência para **legislar** em matéria de requisições civis e militares é **privativa da União** (art. 22, III, CF).

Importante distinção entre a requisição e a servidão administrativa é que a primeira pode alcançar bens móveis ou imóveis ou, ainda, serviços, ao passo que a segunda incide apenas sobre bens imóveis. Outra diferença é que a requisição ocorre por ato administrativo autoexecutório, enquanto a servidão será realizada após acordo ou sentença judicial. Por fim, vale mencionar que, quando cabível, a indenização na servidão é prévia, mas na requisição é **sempre posterior** em ação própria.

O prazo de prescrição da pretensão indenizatória no caso de requisição administrativa é de **cinco anos**, contados do efetivo uso do bem pelo Poder Público.

6. LIMITAÇÕES ADMINISTRATIVAS

No magistério de Hely Lopes Meirelles, limitação administrativa:

> É toda imposição geral, gratuita, unilateral e de ordem pública condicionadora do exercício de direitos e atividades particulares às exigências do bem-estar social.[5]

Como bem destaca o saudoso mestre, as limitações administrativas são restrições de **caráter geral**, que consistem em obrigação de fazer, não fazer ou deixar fazer, decorrentes de exercício de poder de polícia, exaradas por meio de leis ou atos normativos infralegais, por meio das quais o exercício, uso e gozo de direitos, bens e atividades privadas são condicionados e limitados em prol do interesse público.

Exemplificativamente, seriam limitações administrativas sob a forma de obrigação de fazer (**positiva**) as normas atinentes ao licenciamento para circulação de veículos automotores em vias públicas. Seriam limitações sob a forma de obrigação de não fazer (**negativa**) as normas urbanísticas que impõem limites acerca da altura máxima permitida na construção de prédios de determinada região geográfica. Como limitação consistente em deixar fazer (**permissiva**), podemos citar a necessidade de licença para construir.

O fundamento normativo das limitações administrativas encontra-se no art. 182 da Constituição Federal:

> A política de desenvolvimento urbano, executada pelo Poder Público municipal, conforme diretrizes gerais fixadas em lei, tem por objetivo ordenar o pleno desenvolvimento das funções sociais da cidade e garantir o bem-estar de seus habitantes. [...] A propriedade urbana cumpre sua função social quando atende às exigências fundamentais de ordenação da cidade expressas no plano diretor.

5 MEIRELLES, Hely Lopes. *Direito Administrativo Brasileiro*. 34ª ed. São Paulo: Malheiros, 2008, p. 639.

Diferentemente das demais modalidades de intervenção, as limitações administrativas incidem indiscriminadamente sobre a **coletividade**, indivíduos determinados. Veja que os exemplos dados acima referem-se a restrições e condicionamentos que incidem sobre toda uma categoria de bens ou pessoas.

Exatamente por decorrerem do **poder de polícia**, no qual o Estado exerce sobre os particulares o seu poder de supremacia geral, as limitações administrativas não geram para os seus destinatários direito à **indenização** pelos danos eventualmente sofridos. Aqui não há falar em prejuízos específicos para determinados indivíduos, mas sacrifícios generalizados a que se submetem os membros da coletividade.

Entendimento admitido pacificamente na jurisprudência é o dever de indenização por limitações administrativas quando importarem em substancial redução do "valor econômico do bem, contanto que não retire ou impeça o exercício do direito de propriedade, nem esvazie completamente seu valor econômico, somente causando-lhe prejuízos".[6] Todavia, é imprescindível consignar que o dever de indenizar só subsiste quando "a aquisição do imóvel tenha se dado antes da ocorrência da restrição administrativa".[7] Essa orientação deriva da constatação de que, se a transferência do bem ao proprietário é anterior à limitação administrativa, a desvalorização já teria sido levada em conta quando da estipulação do valor do bem.

E mais: a **pretensão indenizatória** nos casos de esvaziamento do conteúdo econômico da propriedade **prescreve em cinco anos**, nos termos do art. 10, parágrafo único, do Decreto-Lei nº 3.365/1941.[8]

7. TOMBAMENTO

Uma das formas mais antigas de intervenção na propriedade, o tombamento nada mais significa que o ato administrativo por meio do qual o Estado escreve bem móvel ou imóvel, público ou privado, de notório valor histórico ou cultural nacional no Livro do Tombo para que, a partir de então, passe a receber proteção especial com vistas à sua conservação.

A finalidade do tombamento é:

> Preservar a memória nacional. É o aspecto histórico de um país, como por todos reconhecido, que faz parte da própria cultura do povo e representa a fonte sociológica de identificação dos vários fenômenos sociais, políticos e econômicos existentes na atualidade.[9]

6 STJ, REsp 901.319/SC, Rel.ª Min.ª DENISE ARRUDA, DJ 11.06.2007.

7 STJ, AR 2075/PR, Rel. Min. HUMBERTO MARTINS, DJ 23.09.2009.

8 STJ, AgRg no REsp 1.317.806-MG, Rel. Min. HUMBERTO MARTINS, julg.: 06.11.2012; AgRg no REsp 1.235.798-RS, Rel. Min. HUMBERTO MARTINS, DJe 13.04.2011.

9 CARVALHO FILHO, José dos Santos. *Manual de Direito Administrativo*. 20ª ed. Rio de Janeiro: Lumen Juris, 2008, p. 740.

Para efeito de tombamento, considera-se patrimônio histórico e artístico nacional "o conjunto dos bens móveis e imóveis existentes no país e cuja conservação seja de interesse público, quer por sua vinculação a fatos memoráveis da história do Brasil, quer por seu excepcional valor arqueológico ou etnográfico, bibliográfico ou artístico" (art. 1º, Decreto-Lei nº 25/1937).

É possível, outrossim, que o tombamento incida sobre bens estrangeiros, desde que estes não venham a estar enquadrados na lista taxativa (*numerus clausus*) do art. 3º do Decreto-Lei nº 25/1937 (*verbis*):

> Excluem-se do patrimônio histórico e artístico nacional as obras de origem estrangeira:
>
> 1 – que pertençam às repartições diplomáticas ou consulares acreditadas no país;
>
> 2 – que adornem quaisquer veículos pertencentes a empresas estrangeiras, que façam carreira no país;
>
> 3 – que se incluam entre os bens referidos no art. 10 da Introdução do Código Civil, e que continuam sujeitos à lei do proprietário;
>
> 4 – que pertençam a casas de comércio de objetos históricos e artísticos;
>
> 5 – que sejam trazidas para exposições comemorativas, educativas ou comerciais;
>
> 6 – que sejam importadas por empresas estrangeiras expressamente para adorno dos respectivos estabelecimentos.

A competência para **legislar** sobre proteção ao patrimônio histórico, cultural, artístico, turístico e paisagístico é **concorrente** da União, Estados e Distrito Federal (art. 24, VII, CF). Sendo assim, caberá à União expedir comandos de **caráter geral** sobre tombamento, ao passo que os Estados e o Distrito Federal legislarão sobre **regras específicas**, adaptadas às suas realidades, desde que obedecidas as regras gerais instituídas pela União.

No tocante à competência para a prática de **atos materiais** de proteção ao patrimônio nacional é comum entre União, Estados, Distrito Federal e Municípios (art. 23, I a III, CF). Ainda cabe citar a competência dos Municípios para "promover a proteção de patrimônio histórico-cultural local, observada a legislação e a ação fiscalizadora federal e estadual", nos termos do art. 30, IX, CF.

Segundo disposição do art. 4º do Decreto-Lei nº 25/1937, o Serviço do Patrimônio Histórico e Artístico Nacional possuirá quatro Livros do Tombo, nos quais serão inscritas as obras do patrimônio nacional, a saber: a) Livro do Tombo Arqueológico, Etnográfico e Paisagístico; b) Livro do Tombo Histórico; c) Livro do Tombo das Belas Artes; e d) Livro do Tombo das Artes Aplicadas.

É importante notar que o tombamento não configura plena restrição ao uso da propriedade, mas tão somente restrição parcial ao direito de propriedade. É por isso que o proprietário do bem tombado **não fará jus à indenização**. Quando um bem é tombado, **não há transferência** do patrimônio do particular para o Poder Público. Se assim fosse, teríamos uma verdadeira desapropriação.

Com o tombamento, o proprietário, embora preserve tal condição, sofrerá limitações quanto à livre disposição do bem, devendo se abster de condutas que venham, de qualquer modo, a expor a integridade física do bem a risco de dano ou diminuir o seu valor intrínseco, a saber:

a) o bem tombado **não poderá sair do país**, senão para intercâmbio cultural e por curto prazo, a juízo do órgão ou entidade competente. Havendo tentativa de exportação irregular do bem, poderá este ser sequestrado pela União ou Estado em que se encontrar, sendo que o responsável pelo furto ou roubo será responsabilizado civil e penalmente, sem prejuízo de aplicação de multa;
b) os bens tombados, sob qualquer hipótese, não poderão ser **destruídos**, **demolidos** ou **dilapidados**;
c) a **reparação**, **pintura** ou **restauro** só poderão ser feitos mediante prévia autorização do órgão ou entidade incumbidos de sua preservação, sob pena de **multa** de 50% do dano causado;
d) ao redor do bem tombado não podem ser feitas **construções** que obstruam ou impeçam sua visualização, bem como não podem ser nele colocados **anúncios** ou **cartazes**, salvo quando autorizadas pelo órgão competente e sob pena de destruição da obra ou retirada do objeto publicitário e multado o infrator; e
e) os bens tombados ficam sujeitos à constante **supervisão** do órgão competente, que poderá inspecioná-los sempre que necessário ou conveniente, sendo ilegítimas e passíveis de multa quaisquer tentativas dos proprietários ou responsáveis no sentido de obstaculizar tais atividades.

Não obstante, é possível ao proprietário do bem privado tombado gravá-lo livremente de **penhor**, **hipoteca** ou **anticrese** ou ainda **aliená-lo**, pois tais atos não implicam prejuízos ao bem. Entretanto, o terceiro que recebe o bem privado tomado em razão da garantia deverá sujeitar-se a todas as obrigações e restrições que dantes incidiam sobre o antigo proprietário. No caso específico da alienação do bem tombado, deverá o proprietário originário cientificar o Poder Público sobre esta circunstância, possibilitando-lhe o **direito de preferência** na alienação (art. 22, §§ 3º e 4º, Decreto-Lei nº 25/1937).

É importante lembrar que os bens tombados que pertençam à União, Estados, Distrito Federal ou Municípios são **inalienáveis** por natureza a particulares, podendo ser objeto de transferência apenas entre as referidas entidades.

Se de um lado, o proprietário do bem tombado sujeita-se a uma gama de restrições, por outro o Poder Público não fica imune a essas restrições. Assim, o Instituto do Patrimônio Histórico e Artístico Nacional (Iphan) assume as seguintes obrigações com relação ao bem tombado:[10]

a) mandar executar as obras de conservação do bem, quando o proprietário não puder fazê-lo ou providenciar para que seja feita a desapropriação da coisa (art. 19, § 1º); não adotadas essas providências, o proprietário pode requerer que seja cancelado o tombamento (§ 2º);

b) exercer permanente vigilância sobre as coisas tombadas, inspecionando-as sempre que julgar conveniente (art. 20);

c) providenciar, em se tratando de bens particulares, a transcrição do tombamento no Registro de Imóveis e a averbação ao lado da transcrição do domínio (art. 13). Não adotada essa providência, conforme antes salientado, a União, os Estados e os Municípios perderão o direito de preferência a que se refere o art. 22.

São modalidades de tombamento: de ofício, voluntário ou compulsório. O primeiro é instituído sobre bens públicos, ao passo que os demais incidem sempre sobre bens privados.

Ter-se-á **tombamento de ofício** quando incidir sobre bens públicos, a teor do que dispõe o art. 5º do Decreto nº 25/1937, segundo o qual "o tombamento dos bens pertencentes à União, aos Estados e aos Municípios se fará de ofício, por ordem do diretor do Serviço do Patrimônio Histórico e Artístico Nacional, mas deverá ser notificado à entidade a quem pertencer, ou sob cuja guarda estiver a coisa tombada, afim de produzir os necessários efeitos". Nesse caso, não há muitas formalidades a serem cumpridas para a execução do tombamento. Basta que a autoridade pública competente notifique o ente federativo (União, Estados, Distrito Federal e Municípios) a respeito da medida.

O **tombamento voluntário** ocorre quando o proprietário o pedir ou concordar por escrito com a medida ao ser notificado no início do procedimento. Quando o tombamento é feito contra a vontade do proprietário tem-se o **tombamento compulsório**.

O tombamento compulsório se fará de acordo com o seguinte procedimento (art. 9º, Decreto-Lei nº 25/1937):

> 1 – o Iphan notificará o proprietário para anuir ao tombamento, dentro do prazo de 15 dias, a contar do recebimento da

10 DI PIETRO, Maria Sylvia Zanella. *Direito Administrativo*. 20ª ed. São Paulo: Atlas, 2006, p. 132.

notificação, ou para, si o quiser impugnar, oferecer dentro do mesmo prazo as razões de sua impugnação;

2 – no caso de não haver impugnação dentro do prazo assinado, o diretor do Serviço do Patrimônio Histórico e Artístico Nacional mandará por simples despacho que se proceda à inscrição da coisa no competente Livro do Tombo, o que configura o tombamento voluntário; e

3 – se a impugnação for oferecida dentro do prazo assinado, far-se-á vista da mesma, dentro de outros 15 dias fatais, ao órgão de que houver emanado a iniciativa do tombamento, afim de sustentá-la.

4 – Em seguida, independentemente de custas, será o processo remetido ao ao Iphan, que proferirá decisão a respeito, dentro do prazo de 60 dias, a contar do seu recebimento.

5 – Sendo a decisão contrária ao proprietário, será determinada a inscrição do bem no Livro do Tombo. Se, diversamente, a decisão for favorável ao proprietário, o processo será arquivado; e

6 – Feito isso, a decisão a ser tomada será submetida à apreciação do Ministro da Cultura (Lei nº 6.292/1975), podendo este anular ou revogar o processo ou, ainda, homologar a decisão.

Os tombamentos voluntário e compulsório podem ser **provisórios** ou **definitivos**. Verifica-se o primeiro quando o processo administrativo para sua instituição foi instaurado pelo Poder Público e já se expediu a notificação ao proprietário do bem. Quando o processo é concluído e o bem é inscrito no Registro de Tombamento, este torna-se definitivo. Independentemente da modalidade, quando incidir sobre bens imóveis, é imprescindível o registro do tombamento na respectiva matrícula do bem junto ao Registro de Imóveis.

É importante consignar, por fim, que a partir do tombamento provisório fica o particular obrigado a suportar as limitações jurídicas que incidirão sobre o bem, a exemplo da que proíbe a sua demolição, destruição ou dilapidação.

8. DESAPROPRIAÇÃO

Indubitavelmente, a desapropriação constitui a modalidade mais gravosa de intervenção do Estado na propriedade privada, posto que resulta na total fulminação do direito de propriedade. Trata-se da mais completa manifestação do domínio eminente que o Estado exerce sobre todos os bens (próprios ou de terceiros) sitos em seu território e sob a regência de sua lei.

8.1. Conceito

Desapropriação é um procedimento administrativo em que o Estado ou quem lhe faça as vezes (delegatários de serviços públicos, p. ex.), após declaração da necessidade pública, utilidade pública ou interesse social, visa a adquirir para si bem de terceiro, móvel ou imóvel, material ou imaterial, independentemente da anuência do então proprietário, que receberá justa indenização, via de regra.

Para o professor Hely Lopes, a desapropriação consiste em forma originária de aquisição de propriedade, pois não deriva de nenhum título anterior. Sendo assim, o bem desapropriado é imune à reivindicação (reintegração ao proprietário) e livre de qualquer ônus que preteritamente sobre ele incidia.[11]

8.2. Fundamento

Em razão da disposição constitucional encontrada no art. 5º, inc. XXIV, a desapropriação ampara-se em três fundamentos: necessidade pública, utilidade pública ou interesse social.

Distinguir esses fundamentos não é tarefa muito simples, pois os conceitos têm diversos pontos de contato uns com os outros. Não obstante, calcados nas lições dos administrativistas brasileiros, ousamos estabelecer o seguinte quadro:

a) **necessidade pública**: ocorre quando a desapropriação revela-se o único meio apto a afastar situação de prejuízo ao interesse público. É muito comum em situações de emergência ou calamidade pública. Ex.: desapropriação de medicamentos com vistas a combater surto endêmico;

b) **utilidade pública**: sucede quando, embora não estritamente necessária, a desapropriação demonstre ser conveniente e oportuna ao interesse público. Ex.: desapropriação de terras rurais para construção de estradas; e

c) **interesse social**: como o próprio nome está a denunciar, esse fundamento é verificado nas situações em que a desapropriação constitui instrumento legítimo de redução de desigualdades sociais, melhor distribuição e racionalização do uso de bens, com fulcro no princípio do bem-estar social e da função social da propriedade. Ex.: desapropriação de terras rurais para efeito de reforma agrária.

As desapropriações fundadas em necessidade ou utilidade pública estão disciplinadas no Decreto-Lei nº 3.365/1941, considerado por muitos o Estatuto Geral das Desapropriações, ao passo que as que sejam estribadas em interesse social são regidas pela Lei nº 4.132/1962 e outros diplomas legais.

11 MEIRELLES, Hely Lopes. *Direito Administrativo Brasileiro*. 34ª ed. São Paulo: Malheiros, 2008, p. 609.

8.3. Objeto e competência

Estão sujeitos à desapropriação todos os bens móveis, imóveis, semoventes, corpóreos, incorpóreos, desde que suscetíveis de mensuração econômica.

Desse modo, são suscetíveis de desapropriação o subsolo, o espaço aéreo, direitos autorais, marcas, direito sobre patentes industriais.

Também são passíveis de desapropriação, mediante autorização legislativa, os bens públicos pertencentes a entes federativos territorialmente menores por entes de maior domínio territorial – jamais o contrário (critério da verticalidade). Assim, a União poderá desapropriar bens de qualquer ente federativo, os Estados-membros podem desapropriar bens dos Municípios que se encontrem em seu território.

Desse quadro, podem ser retiradas as seguintes conclusões:

a) os bens da União não serão objeto de expropriação;

b) Estados não podem desapropriar bens de outros Estados;

c) os Estados não podem desapropriar bens de Município situado em Estado diverso;

d) os Municípios e o Distrito Federal não podem desapropriar bens de nenhuma entidade federativa.

Seguindo a linha dos bens estatais, os bens pertencentes às autarquias, fundações públicas, empresas públicas, sociedades de economia mista e delegatários de serviços públicos também são desapropriáveis. Entretanto, há também que se observar o critério vertical das esferas federativas. Sendo assim, a União e os Estados poderão, respectivamente, desapropriar bens de empresas públicas estaduais e municipais. Por outro lado, é inviável que um Estado ou Município desaproprie bens de empresa pública federal.[12]

Nessa esteira, faz-se útil citar o § 3º do art. 2º do Decreto-Lei nº 3.365/1941, segundo o qual:

> É vedada a desapropriação, pelos Estados, Distrito Federal, Territórios e Municípios de ações, cotas e direitos representativos do capital de instituições e empresas cujo funcionamento dependa de autorização do Govêrno Federal e se subordine à sua fiscalização, salvo mediante prévia autorização, por decreto do Presidente da República. (*sic*)

Vale também citar a Súmula nº 157 do STF: "É necessária prévia autorização do Presidente da República para desapropriação, pelos Estados, de empresa de energia elétrica".

Em todos os casos, há que se sublinhar que a desapropriação de bens públicos há sempre que ser precedida de autorização legislativa. É inviável, pois, a

12 Nesse sentido, STJ, REsp nº 214.878/SP, Rel. Min. GARCIA VIEIRA, julg.: 05.10.1999.

desapropriação de bem público com base em manifestação exclusiva do Poder Executivo.

Estão excluídos do sistema desapropriatório os direitos personalíssimos inalienáveis (vida, liberdade, segurança, igualdade, cidadania) e a moeda corrente do País, pois esta constitui justamente o meio de pagamento da indenização. Entretanto, podem ser desapropriadas moedas raras, nacionais ou estrangeiras.[13]

Adverte o professor Bandeira de Mello:

> Não são desapropriáveis pessoas, mas apenas os bens ou direitos acionários relativos a elas, porque desapropriar significa tirar a propriedade, isto é, despojar de um objeto jurídico, e em Direito as pessoas são sujeitos e não objetos. Daí que, ao contrário do que erroneamente se supõe, não se desapropriam empresas, sociedades, fundações, concessionárias de serviços públicos, mas tão só os bens que tais entidades possuam ou os direitos representativos do capital delas (ações). As pessoas não se extinguem por via de desapropriação.[14]

Acerca da competência para efetuar desapropriação, é importante identificarmos os seguintes temas: legislação, declaração e execução.

A competência para **legislar** sobre desapropriação é privativa da **União**, por força de comando constitucional (art. 22, II), mas é possível que lei complementar delegue aos Estados competência para legislar sobre questões específicas.

De modo diverso, a competência para **declarar** a necessidade ou utilidade pública ou, ainda, o interesse social do bem a ser desapropriado é conferida indistintamente a todos os entes políticos (União, Estados, Distrito Federal e Municípios), com ressalva dos casos de competência exclusiva definidos na Constituição Federal.

Por fim, a competência para a **execução** da desapropriação, que é a última fase do procedimento desapropriatório na qual se promove os atos necessários à transferência da propriedade, é conferida aos entes políticos, às entidades da Administração Indireta e aos delegatários de serviços públicos (art. 3º do Decreto-Lei nº 3.365/1941).

No tocante aos delegatários de serviços públicos, prevê o art. 3º do Decreto-Lei nº 3.365/1941 que a competência para executar desapropriação deverá ser autorizada **expressamente** por lei ou contrato administrativo. Como se vê, trata-se de competência condicionada à previsão legal ou contratual.

13 MEIRELLES, Hely Lopes. *Direito Administrativo Brasileiro*, 34ª ed. São Paulo: Malheiros, 2008 p. 610.

14 MELLO, Celso Antônio Bandeira de. *Curso de Direito Administrativo*. 25ª ed. São Paulo: Malheiros, 2008, p. 863.

8.4. Destino dos bens desapropriados

Os bens desapropriados, como regra geral, passarão a integrar o patrimônio do Poder Público ou da pessoa jurídica responsável pela execução da desapropriação. Mas há casos em que o bem desapropriado, após incorporado ao patrimônio público, será transferido a particulares, como é o caso da desapropriação por zona ou por interesse social, comuns no âmbito de programas habitacionais. O que efetivamente não ocorre é o retorno do bem ao patrimônio do expropriado.

Com a desapropriação, se extinguem todos os ônus ou direitos reais porventura incidentes sobre o bem. Entretanto, os titulares desses ônus ou direitos reais não serão prejudicados, visto que seus direitos serão sub-rogados sobre o valor da indenização. Em outra quadra estão os titulares de direitos obrigacionais sobre o bem, pois estes somente poderão buscar satisfação do débito em ação judicial própria.

Situação interessante verifica-se quando o Poder Público efetua o pagamento de indenização a quem não seja o legítimo proprietário do bem. Nesse caso, a desapropriação não será desfeita. Isso porque, em face do caráter obrigacional da desapropriação, o procedimento pode ser instaurado sem que se saiba, ao menos, o proprietário do bem a ser desapropriado. Em outras palavras, a figura do proprietário é indiferente para efeitos de desapropriação. O que importa efetivamente é a necessidade ou utilidade a ser alcançada com a desapropriação. Sendo assim, caso a indenização seja feita a outrem, que não o proprietário, basta corrigi-la efetuando o pagamento a quem de direito.

8.5. Modalidades

São modalidades de desapropriação previstas no texto constitucional: a urbanística, de imóveis rurais e a confiscatória.

A **desapropriação urbanística** está disciplinada no inc. III do art. 182 da Constituição Federal, segundo o qual:

> É facultado ao Poder Público municipal, mediante lei específica para área incluída no plano diretor, exigir, nos termos da lei federal,[15] do proprietário do solo urbano não edificado, subutilizado ou não utilizado, que promova seu adequado aproveitamento, sob pena, sucessivamente, de: [...] III – desapropriação com pagamento mediante títulos da dívida pública de emissão previamente aprovada pelo Senado Federal, com prazo de resgate de até dez anos, em parcelas anuais, iguais e sucessivas, assegurados o valor real da indenização e os juros legais.[16]

15 A lei federal de que trata o referido dispositivo é a Lei nº 10.257/2001, denominada Estatuto da Cidade.

16 Conforme o art. 182 são possíveis, ainda, as seguintes medidas a serem adotadas quando a propriedade urbana não cumpre a sua função social: parcelamento ou edificação compulsórias e imposto sobre a Propriedade Predial e Territorial urbana progressivo no tempo.

Do preceito constitucional, podem-se extrair as seguintes conclusões acerca da desapropriação urbanística:

a) constitui competência exclusiva dos **Municípios**;

b) visa a assegurar o cumprimento da **função social** da propriedade urbana;

c) depende da existência de plano diretor que estipule as diretrizes de ordenação urbana da cidade;

d) o proprietário deve ser notificado acerca do descumprimento da função social da propriedade. Tal notificação assinalará o prazo de um ano para que o proprietário protocolize o projeto no órgão competente e dois anos, a partir da aprovação do projeto, para iniciar as obras necessárias;

e) não atendendo a notificação ou os prazos mencionados no item anterior, o Município aplicará o IPTU progressivo no tempo (majoração da alíquota, nos termos da lei, pelo prazo de cinco anos consecutivos ou até que se cumpra a obrigação);

f) decorridos cinco anos do IPTU progressivo sem que haja cumprimento da obrigação de parcelamento, edificação ou utilização, o Município irá efetuar a desapropriação; e

g) a indenização será paga em **títulos da dívida pública municipal**, resgatáveis no prazo máximo de **10 anos**.

A **desapropriação de imóveis rurais** para fins de reforma agrária ou qualquer outra finalidade compatível com a política agrícola e fundiária tem sede constitucional no art. 184 (*in verbis*):[17]

> **Art. 184.** Compete à União desapropriar por interesse social, para fins de reforma agrária, o imóvel rural que não esteja cumprindo sua função social, mediante prévia e justa indenização em títulos da dívida agrária, com cláusula de preservação do valor real, resgatáveis no prazo de até vinte anos, a partir do segundo ano de sua emissão, e cuja utilização será definida em lei.
>
> § 1º As benfeitorias úteis e necessárias serão indenizadas em dinheiro.
>
> § 2º O decreto que declarar o imóvel como de interesse social, para fins de reforma agrária, autoriza a União a propor a ação de desapropriação.
>
> § 3º Cabe à lei complementar estabelecer procedimento contraditório especial, de rito sumário, para o processo judicial de desapropriação.

17 A Lei nº 8.629/1993 regulamenta os dispositivos constitucionais relativos à reforma agrária.

> § 4º O orçamento fixará anualmente o volume total de títulos da dívida agrária, assim como o montante de recursos para atender ao programa de reforma agrária no exercício.
>
> § 5º São isentas de impostos federais, estaduais e municipais as operações de transferência de imóveis desapropriados para fins de reforma agrária.

Não podemos deixar de trazer à colação o disposto no art. 185 da Carta Política:

> São insuscetíveis de desapropriação para fins de reforma agrária:
>
> I – a pequena e média propriedade rural, assim definida em lei, desde que seu proprietário não possua outra;
>
> II – a propriedade produtiva.

Dos dispositivos constitucionais supratranscritos, podem-se extrair as seguintes conclusões acerca da desapropriação de imóveis rurais para fins de reforma agrária:

a) para fins de **reforma agrária**, constitui competência exclusiva da **União.**[18] As demais hipóteses de imóveis rurais, que não para fins de reforma agrária, são de competência de todos os entes federativos;

b) só incide sobre imóveis que não estejam cumprindo sua função social;

c) a indenização será **prévia, justa e em dinheiro**, exceto em se tratando de desapropriação para fins de **reforma agrária**, em que a indenização, apesar de justa, é paga em **títulos da dívida agrária**, com cláusula de preservação do valor real, resgatáveis no prazo de **até 20 anos**, a partir do segundo ano de sua emissão, e cuja utilização será definida em lei. A regra não alcança as benfeitorias úteis e necessárias, que, mesmo nessa modalidade de desapropriação, serão indenizadas em **dinheiro**. Desse modo, o pagamento em títulos é cabível apenas para a terra nua e para as benfeitorias voluptuárias.

A desapropriação rural para fins de reforma agrária é disciplinada pela Lei nº 8.629/1993 e pela Lei Complementar nº 76/1993.

Por fim, temos a **desapropriação confiscatória**, também chamada de desapropriação-sanção, cabível quando forem localizadas culturas ilegais de plantas psicotrópicas ou a exploração de trabalho escravo em propriedades rurais e urbanas de qualquer região do País. Daí, serão imediatamente expropriadas essas terras, **sem qualquer indenização** ao proprietário e sem prejuízo de outras sanções previstas em lei. Todo e qualquer bem de valor econômico apreendido em decorrência do tráfico ilícito de entorpecentes e drogas afins e da exploração

18 Em que pese haja certa controvérsia doutrinária, ressalvado o caso de desapropriação de imóvel rural para promoção de reforma agrária, as demais modalidades de desapropriação podem ser declaradas e executadas por todos os entes políticos.

de trabalho escravo será confiscado e reverterá a fundo especial com destinação específica, na forma da lei (art. 243, *caput* e parágrafo único, CF).[19]

A Lei nº 8.257/1991 estabelece o procedimento para a realização da desapropriação confiscatória.

É possível extrair algumas conclusões a respeito dessa modalidade de desapropriação:

a) constitui **competência exclusiva** da **União**;

b) não há pagamento de qualquer **indenização** ao proprietário.

Acerca da extensão que possa ter essa modalidade de desapropriação, assevera o professor Carvalho Filho:

> A desapropriação deve alcançar a propriedade integralmente, ainda que o cultivo se dê apenas em parte dela. O proprietário tem o dever de vigilância sobre sua propriedade, de modo que é de se presumir que conhecia o cultivo. Para nós, a hipótese só vai comportar solução diversa no caso de o proprietário comprovar que o cultivo é processado por terceiros à sua revelia, mas aqui o ônus da prova desse fato se inverte e cabe ao proprietário. Nesse caso, parece-nos não se consumar o pressuposto que inspirou essa forma de desapropriação. Em síntese: não há desapropriação parcial; ou se desapropria a gleba integralmente, se presente o pressuposto constitucional, ou não será caso de desapropriação, devendo-se, nessa hipótese, destruir a cultura ilegal e processar os respectivos responsáveis.[20]

Concordamos inteiramente com a opinião do renomado mestre. Salvo comprovado desconhecimento do proprietário, permitir a desapropriação apenas da parte do imóvel onde se deu o cultivo ilegal equivaleria a punir parcial e insatisfatoriamente a prática de ilícito de enorme prejudicialidade à sociedade administrada. Desse modo, deve ser expropriada a integralidade do imóvel. Inclusive o Supremo Tribunal Federal[21] já referendou a tese, asseverando que "Gleba, no artigo 243 da Constituição do Brasil, só pode ser entendida como a propriedade na qual sejam localizadas culturas ilegais de plantas psicotrópicas. O preceito não refere áreas em que sejam cultivadas plantas psicotrópicas, mas as glebas, no seu todo."

Por outro lado, o STF entende que a desapropiação confiscatória pode ser afastada no caso de o proprietário comprovar que não incorreu em culpa, ainda que *in vigilando* ou *in eligendo*.[22]

19 Redação alterada pela Emenda Constitucional nº 81, de 5 de junho de 2014.

20 CARVALHO FILHO, José dos Santos. *Manual de Direito Administrativo*. 20ª ed. Rio de Janeiro: Lumen Juris, 2008, p. 833.

21 STF, RE 543.974/MG, Rel. Min. EROS GRAU, julg.: 26.03.2009.

22 RE 635.336/PE, Rel. Min. GILMAR MENDES, Julg.: 14.12.2016.

8.6. Procedimento

A desapropriação, como ato de extrema restrição à propriedade privada, não configura ato isolado, mas procedimento administrativo que tem por objetivo final a aquisição de bem de terceiro.

Todo esse procedimento pode ser iniciado e concluído em âmbito administrativo. Nessa fase, o Estado declara o interesse na desapropriação e dá início às providências cabíveis para a transferência da propriedade. Se houver acordo entre as partes quanto ao valor da indenização, encerra-se o processo desapropriatório. Entretanto, caso não haja acordo entre o Poder Público e o proprietário do bem a ser desapropriado, o procedimento será concluído na via judicial, para que o Poder Judiciário decida sobre o valor da indenização.

O procedimento desapropriatório inicia-se administrativamente com o **ato declaratório** em que o Poder Público manifesta sua pretensão em efetuar a aquisição da propriedade (art. 2º, Decreto-Lei nº 3.365/1941).

O ato de declaração é praticado usualmente sob a forma de **decreto** do chefe do Poder Executivo da entidade federativa expropriante. Todavia, é possível que a declaração da desapropriação ocorra por meio de **ato legislativo** (art. 8º, Decreto-Lei nº 3.365/1941).

Há ainda hipóteses excepcionais em que, segundo o art. 82, IX, da Lei nº 10.233/2001, o Departamento Nacional de Infraestrutura de Transportes (DNIT) tem competência para declarar a utilidade pública de bens para a implantação do Sistema Nacional de Viação, sobretudo na construção de estradas. Nesses casos, a declaração não será por lei, nem por decreto, mas ato administrativo declaratório daquela entidade. Também é o caso da Agência Nacional de Energia Elétrica (Aneel), que, nos termos do art. 10 da Lei nº 9.074/1995, poderá declarar a utilidade pública de desapropriação de áreas para instalações físicas a serem utilizadas por concessionários, permissionários e autorizatários de energia elétrica. Em ambos os casos, a declaração expropriatória será efetuada por meio de **ato administrativo**.

Independentemente do emissor da declaração, o ato é de natureza eminentemente administrativa. Ademais, em todos os casos, são requisitos indispensáveis à **validade** da declaração: a) finalidade de interesse público específica a ser dada ao bem; b) identificação exata do bem a ser desapropriado; e c) previsão legal da desapropriação.

Com a publicação do ato declaratório, fica autorizado o **ingresso** dos agentes públicos competentes no território do bem imóvel a ser desapropriado, independentemente de anuência do proprietário, sendo legítimo, inclusive, o uso da força se necessário. Outro efeito produzido pela publicação do ato declaratório é fixar, a partir de então, o **estado do bem** a ser desapropriado, a fim de que se defina posteriormente o valor da indenização que será paga.

É importante ressaltar que o controle judicial da declaração de utilidade pública para desapropriação não poderá incidir sobre o mérito administrativo (conveniência e oportunidade), mas tão somente sobre os aspectos de legalidade (cumprimento do texto literal da lei e dos princípios da Administração Pública). Esta é a dicção do art. 9º do Decreto-Lei nº 3.365/1941: "Ao Poder Judiciário é vedado, no processo de desapropriação, decidir se se verificam ou não os casos de utilidade pública".

Publicado o ato declaratório, inicia-se a contagem do **prazo de caducidade** para que o ente federativo ou outra pessoa jurídica que lhe faça as vezes efetive a execução da desapropriação. No caso da desapropriação por necessidade ou utilidade pública esse prazo é de **cinco anos**. Para a desapropriação por interesse social esse prazo será de **dois anos**.[23] Superados esses prazos sem a execução da desapropriação, a desapropriação não mais será possível. Além disso, novo ato declaratório visando ao mesmo objeto só poderá ser expedido após **um ano** da ocorrência da última caducidade (art. 10, Decreto-Lei nº 3.365/1941).

É imperioso consignar que a celebração de acordo na esfera administrativa e a abertura da ação judicial **interrompem** o prazo de caducidade da desapropriação.

O ato seguinte ao de declaração é a **execução** da desapropriação, momento em que se tomam as providências propriamente ditas para transferência do bem para o domínio da entidade desapropriante e, consequentemente, o pagamento da indenização. Como visto anteriormente, esse ato poderá ocorrer na via administrativa ou judicial, conforme haja, ou não, acordo entre as partes.

No caso de execução da desapropriação ainda no procedimento administrativo (extrajudicial), o desfecho é simples: celebrado o acordo, por meio de escritura pública ou outro ato permitido pela lei, o Poder Público efetua o pagamento da indenização e prática os atos necessários à transferência de domínio. Temos aqui a denominada **desapropriação amigável**.

Caso não haja acordo quanto ao valor, forma de pagamento ou condições da indenização, inevitavelmente a desapropriação será resolvida por ação judicial.

É bem de se ver que a desapropriação amigável deverá ser sempre perseguida pela Administração, para que não sejam gastos os, já escassos, recursos financeiros e humanos envolvidos no processamento e julgamento da ação judicial. Desse modo, sempre que possível, a desapropriação deverá se efetivar por meio de acordo com o proprietário do bem a ser expropriado.

8.7. Ação de desapropriação

A ação de desapropriação seguirá as regras de competência previstas nos arts. 46 a 53 do novo Código de Processo Civil. Desse modo, terá como autor a entidade desapropriante (entes federativos, entes administrativos ou delegatários

23 O mesmo prazo de caducidade de dois anos se aplica às desapropriações rurais para fins de reforma agrária (art. 3º, Lei Complementar nº 76/1993).

de serviços públicos), como réu o proprietário do bem e como interveniente obrigatório o Ministério Público (*custos legis*).

Consoante o art. 13 do Decreto-Lei nº 3.365/1941, a petição inicial obrigatoriamente deverá conter, além dos requisitos previstos no art. 319 do NCPC, o pedido de transferência do bem, a oferta de preço do desapropriante, e deverá estar instruída com o original ou a cópia autenticada do contrato ou do diário oficial em que houver sido publicado o decreto expropriatório, bem como de uma planta ou descrição do bem a ser desapropriado, com suas confrontações.

Recebida a Inicial pelo juiz, será o réu citado para apresentar resposta às alegações do autor (art. 334, NCPC c/c art. 16, Decreto-Lei nº 3.365/1941). Na mesma oportunidade, o juiz nomeará perito de sua escolha, para avaliar o bem, facultando-se às partes a indicação de assistentes técnicos para auxiliá-lo. A **contestação** do réu só poderá versar sobre **vício** do processo judicial (p. ex., nulidade da citação, incapacidade da parte, incompetência absoluta do juízo) ou **impugnação do valor da indenização**. Qualquer outra alegação deve ser objeto de ação autônoma (art. 20, Decreto-Lei nº 3.365/1941). Nem mesmo os fundamentos da desapropriação (necessidade ou utilidade pública, interesse social) podem ser abordados na contestação.

Apresentada a resposta do réu, o juiz prolatará a sentença fixando o valor da justa indenização. Sobre o tema, o art. 27 do Decreto-Lei nº 3.365/1941 prevê:

> O juiz indicará na sentença os fatos que motivaram o seu convencimento e deverá atender, especialmente, à estimação dos bens para efeitos fiscais; ao preço de aquisição e interesse que deles aufere o proprietário; à sua situação, estado de conservação e segurança; ao valor venal dos da mesma espécie, nos últimos cinco anos, e à valorização ou depreciação de área remanescente, pertencente ao réu.

Determinado o valor da indenização, será o Poder Público instado a efetuar o pagamento respectivo, adquirindo, a partir daí, o direito à **imissão definitiva na posse**, tornando-se proprietário do bem. Assim, dar-se-á por encerrada a ação judicial e transitará em julgado a decisão judicial, que constituirá título para inscrição no registro de imóveis.

Questão sobremodo interessante é a possibilidade de o Poder Público, no uso de poder discricionário, desinteressar-se de adquirir o bem e **desistir da ação** de desapropriação. Como ocorre nos processos judiciais em geral, é direito da parte autora desistir da ação, não podendo o réu a ela opor-se. Em contrapartida, terá o réu direito à indenização que cubra todas as despesas em que incorreu até aquela data para responder à ação.

No caso da desapropriação, a desistência poderá ocorrer mediante **requerimento** dirigido ao juiz ou pela **revogação do ato declaratório**.

Para o professor Diógenes Gasparini, são requisitos da desistência: a) operar-se até o instante do pagamento (total ou parcial) ou do depósito da justa indenização; b) o desapropriado ser ressarcido de todos os prejuízos advindos da desistência, inclusive despesas processuais; e c) ser devolvido o mesmo bem objeto da desapropriação.[24]

8.8. Indenização

Em função de a desapropriação constituir meio fulminante de extinção do direito de propriedade sobre determinado bem, como contrapartida, via de regra, o ente desapropriante fica obrigado a indenizar o proprietário.

O uso da expressão "via de regra" se justifica pelo fato de que na desapropriação confiscatória não há pagamento de indenização.

Nos termos do art. 5º, XXIV, da Lei Maior, a indenização deverá ser, como regra, **prévia**, **justa** e **em dinheiro**.

Indenização **prévia** é a que se faz antes da consumação da transferência do bem.

Indenização **justa** é aquela que abrange o valor do bem, nele incluídas as benfeitorias necessárias, úteis e voluptuárias já existentes quando do ato declaratório da utilidade pública, necessidade pública ou interesse social. Quanto às benfeitorias realizadas em momento posterior à declaração da desapropriação, se necessárias, estão alcançadas pela indenização. Se forem úteis e estiverem devidamente autorizadas pelo Poder Público, também serão indenizadas. O mesmo não se pode dizer das benfeitorias voluptuárias posteriores à declaração, que não serão indenizadas ao proprietário.

A fim de aclarar nossa exposição, trazemos a definição de Pablo Stolze e Rodolfo Pamplona quanto às benfeitorias:

> Pode-se definir a benfeitoria como sendo a obra realizada pelo homem na estrutura da coisa principal, com o propósito de conservá-la, melhorá-la ou embelezá-la. Consideram-se necessárias as benfeitorias realizadas para evitar um estrago iminente ou deterioração da coisa principal (ex.: reparos realizados em uma viga). Úteis aquelas empreendidas com o escopo de facilitar a utilização da coisa (ex.: a abertura de uma nova entrada que servirá de garagem para a casa). E, finalmente, voluptuárias, quando empreendidas para mero deleite ou prazer, sem aumento da utilidade da coisa (a decoração de um jardim).[25]

Como regra, a indenização deve ser em **dinheiro**. No caso da desapropriação para fins urbanísticos, o pagamento da indenização será feito por meio de

24 GASPARINI, Diógenes. *Direito Administrativo*. 13ª ed. São Paulo: Saraiva, 2008, p. 861.

25 GAGLIANO, Pablo Stolze & PAMPLONA FILHO, Rodolfo. *Novo Curso de Direito Civil*. parte geral. 11ª ed. São Paulo: Saraiva, 2009, p. 272. v. 1.

títulos da dívida pública, de emissão aprovada previamente pelo Senado Federal, com prazo de resgate de até **10 anos**, em parcelas iguais e sucessivas, sendo assegurado o valor real da indenização e os juros legais. Em se tratando da desapropriação de imóveis rurais para fins de reforma agrária, a indenização será paga em **títulos da dívida agrária**, com cláusula de preservação do valor real, resgatáveis no prazo de até **20 anos**, a partir do segundo ano de sua emissão, e cuja utilização será definida.

Acerca do alcance das indenizações, é pertinente trazer à baila a jurisprudência do Pretório Excelso:

> Verificados os pressupostos legais para o licenciamento da obra, não o impede a declaração de utilidade pública para desapropriação do imóvel, mas o valor da obra não se incluirá na indenização, quando a desapropriação for efetivada.[26]
>
> As margens dos rios navegáveis são domínio público, insuscetíveis de expropriação e, por isso mesmo, excluídas de indenização.[27]

Além do valor real do bem e suas benfeitorias, a indenização deve contemplar:

a) danos emergentes (prejuízos materiais ou morais, efetivos, concretos e provados, causados ao expropriado);

b) lucros cessantes;

c) perda de uma chance;

d) juros moratórios (devidos em função da demora no pagamento da indenização) e compensatórios (devidos como compensação pela imissão provisória e antecipada na posse do bem);[28]

e) atualização monetária, em função de perda do poder aquisitivo da moeda. Nesse contexto, a Súmula nº 561 do STF: "Em desapropriação, é devida correção monetária até a data do efetivo pagamento da indenização, devendo proceder-se à atualização do cálculo, ainda que por mais de uma vez";[29-30-31]

f) despesas diversas suportadas pelo ex-proprietário em razão da desapropriação (desmonte e transporte de mecanismos instalados e em funcionamento – art. 25, parágrafo único, Decreto-Lei nº 3.365/1941);

g) custas processuais; e

---

26 STF, Súmula nº 23.

27 STF, Súmula nº 479.

28 Súmula nº 12 do STJ: Em desapropriação, são cumuláveis juros compensatórios e moratórios.

29 De idêntico teor é a Súmula nº 67 do STJ: "Na desapropriação, cabe a atualização monetária, ainda que por mais de uma vez, independente do decurso de prazo superior a um ano entre o cálculo e o efetivo pagamento da indenização".

30 "A atualização do valor fixado judicialmente se faz com aplicação dos índices oficiais para correção monetária, não se justificando a realização de nova perícia, salvo em situações especiais" (STJ, REsp 92.789/SP, Rel. Min. PEÇANHA MARTINS, DJ 09.11.98).

31 Súmula nº 416 do STF: Pela demora no pagamento do preço da desapropriação não cabe indenização complementar além dos juros.

h) honorários advocatícios: calculados sobre a diferença entre a oferta inicial e o valor da indenização, acrescido de juros moratórios e compensatórios.[32-33]

Acerca da cobrança de **juros moratórios**, vale transcrever a Súmula nº 70 do STJ: "Os juros moratórios, na desapropriação direta ou indireta, contam-se desde o trânsito em julgado da sentença". Assim, do momento em que o processo transita em julgado até a data do efetivo pagamento da indenização serão devidos os juros moratórios.

Em sentido contrário à tese que vinha sendo perfilhada pela jurisprudência e doutrina,[34] a Medida Provisória nº 2.183-56/2001[35] acrescentou o art. 15-B ao Decreto-Lei nº 3.365/1941 segundo o qual os juros moratórios somente serão devidos à razão de até **seis por cento ao ano**, a partir de **1º de janeiro do exercício seguinte** àquele em que o pagamento deveria ser feito.

A nova regra claramente prejudica o expropriado, pois diminui o período de cômputo dos juros moratórios. Exemplificativamente, se a sentença que julga procedente a desapropriação transitou em julgado no primeiro semestre de um ano o início da contagem dos juros moratórios será apenas em 1º de janeiro do ano seguinte.

O STF, liminarmente, julgou **inconstitucional** a fixação dos juros compensatórios em até seis por cento por aparente ofensa ao princípio da prévia e justa indenização.[36] Em que pese o julgado mencionado faça menção a juros compensatórios, o mesmo raciocínio aplica-se aos juros moratórios.

Acerca dos **juros compensatórios**, a Súmula nº 618 do STF, pela qual "Na desapropriação, direta ou indireta, a taxa dos juros compensatórios é de 12% (doze por cento) ao ano". Outrossim, vale citar a Súmula nº 164 da mesma Corte: "No processo de desapropriação, são devidos juros compensatórios desde a antecipada imissão de posse, ordenada pelo juiz, por motivo de urgência". O Superior Tribunal de Justiça, por sua vez, editou a Súmula nº 69, para fixar o entendimento de que "na desapropriação direta, os juros compensatórios são devidos desde a antecipada imissão na posse e, na desapropriação indireta, a partir da efetiva ocupação do imóvel".[37]

32 Súmula nº 378 do STF: Na indenização por desapropriação incluem-se honorários do advogado do expropriado.

33 Súmula nº 131 do STJ: Nas ações de desapropriação incluem-se no cálculo da verba advocatícia as parcelas relativas aos juros compensatórios e moratórios, devidamente corrigidas.

34 MELLO, Celso Antônio Bandeira de. *Curso de Direito Administrativo*. 25ª ed. São Paulo: Malheiros, 2008, p. 871. CARVALHO FILHO, José dos Santos. *Manual de Direito Administrativo*. 20ª ed. Rio de Janeiro: Lumen Juris, 2008, p. 796.

35 Esta MP reeditou, com algumas alterações, a MP nº 1.577, de 11 de junho de 1997.

36 ADI 2.332/DF/MC, Rel. Min. MOREIRA ALVES, julg.: 05.09.2001.

37 Em abono, a Súmula nº 113 do STJ: Os juros compensatórios, na desapropriação direta, incidem a partir da imissão na posse, calculados sobre o valor da indenização, corrigido monetariamente.

Entretanto, a supramencionada Medida Provisória nº 2.183-56/2001, em seu art. 15-A, preceituou que no caso de imissão prévia na posse, na desapropriação por necessidade ou utilidade pública e interesse social, inclusive para fins de reforma agrária, havendo divergência entre o preço ofertado em juízo o valor do bem, fixado na sentença, expressos em termos reais, incidirão **juros compensatórios** de até **seis por cento ao ano** sobre o valor da diferença eventualmente apurada, a contar da imissão na posse, vedado o cálculo de juros compostos.

Como salientado anteriormente, o referido dispositivo restou suspenso liminarmente pelo STF, sob o entendimento de que a fixação dos juros compensatórios em até seis por cento representa aparente ofensa ao princípio da prévia e justa indenização, defendido na já transcrita Súmula nº 618 deste mesmo Tribunal.[38]

Em síntese, tanto os juros moratórios quanto os compensatórios serão de 12% (doze por cento) ao ano.[39]

8.9. Imissão provisória na posse

Em regra, a posse do expropriante sobre o bem desapropriado ocorre após a transferência formal deste e o pagamento da indenização. Entretanto, há casos em que o expropriante poderá antecipar a posse para que esta ocorra antes da ultimação do processo expropriatório e pagamento da devida indenização.

Como decorrência do princípio da supremacia do interesse público sobre o privado, a imissão provisória na posse é o ato judicial por meio da qual se opera a **transferência da posse** do bem para o Poder Público ainda no início do processo desapropriatório, para suprir necessidade **urgente** de atendimento de determinada utilidade pública.

Consoante o disposto no art. 15 do Decreto-Lei nº 3.365/1941, são três os requisitos para que seja deferido o pedido de imissão provisória na posse do bem:

a) declaração de urgência;

b) pedido expresso no processo; e

c) depósito em juízo, em favor do proprietário, do valor arbitrado segundo critério previsto em lei.

Satisfeitos os requisitos, o Poder Público tem direito subjetivo à imissão provisória, que se tornará definitiva com a transferência do domínio do bem ao fim do processo.

38 ADI 2.332/DF/MC, Rel. Min. MOREIRA ALVES, julg.: 05.09.2001.

39 STJ, Súmula nº 408: "Nas ações de desapropriação, os juros compensatórios incidentes após a Medida Provisória nº 1.577, de 11.06.1997, devem ser fixados em 6% ao ano até 13.09.2001 e, a partir de então, em 12% ao ano, na forma da Súmula nº 618 do Supremo Tribunal Federal."

A imissão provisória deve ser requerida no prazo de 120 dias, contados da alegação da urgência, sob pena de caducidade do direito e de vedação à nova declaração de urgência (art. 15, § 2º, Decreto-Lei nº 3.365/1941).

Cabe mencionar que a posse provisória tornar-se-á definitiva quando do pagamento da indenização total, salvo se o Poder Público desistir da desapropriação no decurso do processo.

Por fim, é importante não confundir a imissão provisória na posse com o direito de penetrar no imóvel previsto no art. 7º do Decreto-Lei nº 3.365/1941, pois este não resulta na transferência da posse do bem do proprietário para o expropriante. O que se tem aqui é tão só a possibilidade de o Poder Público adentrar no imóvel a ser desapropriado, a fim de conferir-lhe as condições e medidas. É possível, inclusive, em caso de resistência física do proprietário, a requisição de força policial para execução da medida.

8.10. Retrocessão

Retrocessão é o **direito real** que tem o ex-proprietário do bem objeto de desapropriação de **reaver** o seu patrimônio pelo **preço atual**, caso o Poder Público não utilize o bem para finalidade pública.

Nota-se fundada controvérsia doutrinária e jurisprudencial quanto à possibilidade de retrocessão.

Há quem entenda que a retrocessão não confere ao proprietário do bem direito a exigir de volta o seu imóvel, mas apenas o direito de exigir perdas e danos. Parece ter o legislador adotado esta tese: a retrocessão não seria possível, cabendo apenas ao ex-proprietário exigir perdas e danos pelos prejuízos sofridos. Nesse sentido, trazemos à baila o art. 35 do Decreto-Lei nº 3.365/1941, que afirma que "os bens expropriados, uma vez incorporados à Fazenda Pública, não podem ser objeto de reivindicação, ainda que fundada em nulidade do processo de desapropriação. Qualquer ação, julgada procedente, converter-se-á em perdas e danos".

Na mesma esteira, o Código Civil de 2002, ao abordar o tema, estabeleceu os seguintes preceitos (*verbis*):

> **Art. 519.** Se a coisa expropriada para fins de necessidade ou utilidade pública, ou por interesse social, não tiver o destino para que se desapropriou, ou não for utilizada em obras ou serviços públicos, caberá ao expropriado direito de preferência, pelo preço atual da coisa.
>
> **Art. 513.** A preempção, ou preferência, impõe ao comprador a obrigação de oferecer ao vendedor a coisa que aquele vai vender, ou dar em pagamento, para que este use de seu direito de prelação na compra, tanto por tanto.

> **Art. 518.** Responderá por perdas e danos o comprador, se alienar a coisa sem ter dado ao vendedor ciência do preço e das vantagens que por ela lhe oferecem. Responderá solidariamente o adquirente, se tiver procedido de má-fé.

Desse modo, pode-se concluir que prevalece na legislação pátria a tese de que, se o bem desapropriado não tiver exatamente o destino que orientou a desapropriação, ou não for utilizado em obras ou serviços públicos, o seu antigo proprietário terá apenas o direito de preferência na reaquisição do bem. Em alguns casos, poderá haver, além do direito de preferência, o direito à indenização por perdas e danos. Assim, cremos ser essa a teoria prevalecente na atualidade.

Sem embargo do que acabamos de expender e a título de complementação, é importante destacar que há quem defenda a tese de que a retrocessão é direito real do antigo proprietário do bem expropriado e poderá exigi-lo de volta. Para os autores que perfilham essa orientação, o art. 35 do Decreto-Lei nº 3.365/1941 só se aplica no caso de a desapropriação ter transcorrido com total observância dos parâmetros legais, sendo o bem desapropriado empregado numa destinação pública, justamente o fundamento do ato expropriatório. Mas se, por outro lado, o Poder Público abusivamente desapropriou o bem e não conferiu a ele utilidade pública, caberia a retrocessão, sem prejuízo do direito de pleitear perdas e danos.

Por fim, há quem advogue o entendimento de que a retrocessão é direito real, mas pode o proprietário do bem expropriado optar por reavê-lo para utilização (direito de preferência) ou exigir perdas e danos pela conduta ilegítima do Poder Público. É que, nesses casos, é possível que o Poder Público tenha destruído as edificações e benfeitorias realizadas no bem com o intuito de realizar novas construções. Daí a faculdade deferida ao antigo proprietário em converter o direito real à retrocessão do imóvel em direito pessoal à indenização correspondente ao valor do imóvel.

De qualquer modo, nesse ponto, a doutrina concorda com relação à retrocessão: só é cabível quando não for dada **qualquer destinação pública** ao bem desapropriado. Quando o Poder Público conferir, ao bem expropriado, finalidade pública distinta daquela que exatamente inspirou a desapropriação, não cabe falar em retrocessão, nem indenização. Trata-se da figura denominada **tredestinação**, de que iremos tratar no tópico a seguir.

8.11. Tredestinação

Ocorre a tredestinação quando o Poder Público confere ao bem finalidade diversa daquela que serviu de amparo ao ato declaratório da desapropriação. Em outras palavras, ocorre tredestinação quando o bem é empregado em fins diversos dos que deram origem à desapropriação.

A doutrina segmenta a tredestinação em duas espécies: ilícita e lícita. Verifica-se a primeira quando o Poder Público ignora a finalidade descrita no ato declaratório e transfere o bem a terceiros ou, mesmo não fazendo tal transferência, consente que terceiros utilizem o bem para interesses pessoais. Aqui, temos típico caso de desvio de finalidade, que se revela na prática de ato administrativo com fim diverso do interesse público. Exemplificativamente, ocorreria tredestinação ilícita na desapropriação de bem para construção de hospital público e posterior utilização desse bem para locação a hospital privado. Nesse caso, o antigo proprietário não obterá o imóvel expropriado (retrocessão). Poderá, no máximo, mover ação judicial para pleitear perdas e danos.

De outra parte, a **tredestinação lícita** ocorre nos casos em que o Poder Público dota o bem de destinação pública diversa daquela que estribou o ato declaratório. Aqui, é bom notar que a destinação, embora diversa, permanece alinhada ao interesse público. Um bom exemplo seria o caso de construção de escola pública em imóvel desapropriado, mas em cujo ato declaratório constava a construção de hospital público. Vê-se que continua a desapropriação orientada para atender o interesse coletivo.

Ocorrendo a tredestinação lícita não cabe ao proprietário direito de retrocessão do patrimônio nem de indenização por perdas e danos.

Por fim, é importante consignar que nem sempre a tredestinação lícita será possível. Veja-se como exemplo a hipótese prevista no § 3º do art. 5º do Decreto-Lei nº 3.365/1941: "Ao imóvel desapropriado para implantação de parcelamento popular, destinado às classes de menor renda, não se dará outra utilização nem haverá retrocessão".

8.12. Desapropriação indireta

Também chamada de **desapropriação de fato**, diz-se indireta a desapropriação não precedida das **formalidades legais** exigidas, a exemplo da regular declaração desapropriatória, na qual se faça a indicação do bem a ser desapropriado e se indique com precisão a destinação que a ele se pretende dar, ou do pagamento da indenização, quando cabível. Pelo que se vê, trata-se de ação ilegal do Estado que passa a utilizar ostensivamente o bem de terceiro sem que com isso tenha observado os requisitos legais.

Desse modo, a desapropriação indireta não pode ser tida sequer como um ato administrativo, mas tão somente como um **fato administrativo**, porquanto revela um mero acontecimento no âmbito da Administração Pública e que trouxe repercussão para a esfera de direitos e obrigações dos particulares e da própria Administração.

A limitação administrativa não se confunde com a desapropriação indireta. Nesta há efetiva transferência da propriedade para o domínio do Poder Público, com integral indenização. Naquela há mera restrição ao uso da propriedade imposta genericamente a todos os proprietários, sem qualquer indenização, salvo no caso de esvaziamento do conteúdo econômico. Assim, para que haja desapropriação indireta é imprescindível o efetivo apossamento da propriedade pelo expropriante.[40]

Ocorrendo a desapropriação indireta, caso o bem desapropriado não estejá ainda sendo usado em finalidade pública alguma, poderá o proprietário intentar **ação de manutenção ou reintegração de posse** visando a manter ou retomar a posse do bem, respectivamente.

Entretanto, se o bem expropriado já foi incorporado ao patrimônio estatal e, consequentemente, recebeu destinação pública, cabe ao proprietário do bem intentar **ação judicial expropriatória indireta** com o objetivo de receber a indenização que lhe é devida. Não cabe falar nesse caso em ação possessória, em razão do que dispõe o art. 35 do Decreto-Lei nº 3.365/1941, que trata da desapropriação indireta ao reputá-la simplesmente como **fato consumado**: "Os bens expropriados, uma vez incorporados à Fazenda Pública, não podem ser objeto de reivindicação, ainda que fundada em nulidade do processo de desapropriação. Qualquer ação, julgada procedente, resolver-se-á em perdas e danos".

Ocorrendo a desapropriação indireta, cabe ao proprietário do bem intentar **ação judicial** com o objetivo de receber a indenização que lhe é devida.

Entretanto, o art. 35 do Decreto-Lei nº 3.365/1941 trata da desapropriação indireta ao reputá-la simplesmente como **fato consumado**:

> Os bens expropriados, uma vez incorporados à Fazenda Pública, não podem ser objeto de reivindicação, ainda que fundada em nulidade do processo de desapropriação. Qualquer ação, julgada procedente, resolver-se-á em perdas e danos.

Com efeito, mesmo no caso de não terem sido observadas as formalidades legais, o ex-proprietário não terá direito à **reintegração** do bem desapropriado. Caberá a ele apenas pleitear **perdas e danos** pelo ato ilegítimo do Poder Público.

Quanto ao prazo de prescrição para ajuizamento da ação indenizatória, a orientação tradicional do Superior Tribunal de Justiça[41] é no sentido de que, por se tratar de direito real em razão da ausência de previsão do dito prazo em lei específica, aplicar-se-ia por analogia o **mesmo prazo** previsto no Código Civil

40 Com suporte nesse argumento, o STJ (AgRg no REsp 1.359.433/MG, Rel. Min. HUMBERTO MARTINS, julg.: 12.03.2013) entendeu que a edição de leis ambientais que restringem o uso da propriedade caracteriza simples limitação administrativa, cujos prejuízos causados devem ser indenizados por meio de uma ação de direito pessoal, e não de direito real, como é o caso da ação contra a desapropriação indireta.

41 REsp 1.276.316/RS, Rel.ª Min.ª ELIANA CALMON, DJe 28.08.2013; REsp 1.300.442/SC, Rel. Min. HERMAN BENJAMIN, julg.: 18.06.2013; REsp 944.351/PI, Rel. Min. CASTRO MEIRA, DJe 15.04.2013.

para a **usucapião extraordinária**. Sendo assim, a ação poderia ser proposta pelo particular prejudicado enquanto não tivesse transcorrido o prazo para que o Poder Público adquirisse a propriedade do bem por meio da usucapião extraordinária.

No Código Civil de 1916 (art. 550), o prazo da prescrição era de **20 anos**. Nesse sentido, foi elaborada em 1994 (antes da vigência do atual Código Civil, portanto) a Súmula nº 119 do STJ: "A ação de desapropriação indireta prescreve em vinte anos". No novo Código Civil, como regra, o prazo é de **15 anos** (art. 1.238). Logo, fica superado o prazo vintenário previsto no supratranscrito enunciado do STJ, pois que elaborado à luz da lei civil antiga.

Porém, no caso específico da desapropriação indireta, consideranto que o Poder Público tenha realizado obras no imóvel ou tenha dado a este utilidade pública ou de interesse social, entende-se que deve ser aplicado o disposto no parágrafo únido do já citado art. 1.238 do NCC, segundo o qual, se o possuidor houver estabelecido no imóvel a sua moradia habitual, ou nele realizado **obras ou serviços de caráter produtivo**, o prazo de prescrição da ação é reduzido para **10 anos**.

Sendo assim, a conclusão que se deve fazer é a de que atualmente **o prazo prescricional aplicável às ações indenizatórias que versem sobre desapropriação indireta é de 10 anos**.

Todavia, no caso das desapropriações cujo prazo prescricional iniciou na vigência do CC-1916 e se estendeu para o CC-2002, aplica-se o art. 2.028 do CC-2002: "Serão os da lei anterior os prazos, quando reduzidos por este Código, e se, na data de sua entrada em vigor, já houver transcorrido mais da metade do tempo estabelecido na lei revogada".

Tendo em conta que o prazo da lei anterior (CC-1916: 20 anos) foi reduzido para 10 anos pela lei posterior (CC-2002), para clarificar o entendimento, vejamos dois exemplos:

1 - Se um particular sofreu a desapropriação indireta em 1989, quando entrou em vigor o novo CC (11.01.2003 - *vacacio legis*), já havia transcorrido 14 anos, que é mais da metade do prazo prescricional vintenário. Logo, prevalece o CC-1916 e a vítima só terá mais seis anos para intentar ação repatória.

2 - Se, de outra forma, um particular sofreu a desapropriação indireta em 1999, quando entrou em vigor o novo CC (11/01/2003 - *vacacio legis*), somente havia transcorrido quatro anos, que é menos da metade do prazo prescricional vintenário. Logo, prevalece o CC-2002 e a vítima terá 10 anos, a contar da entrada em vigor do novo CC, para intentar ação repatória.

Note-se, por outro lado, que **não se pode confundir** a **desapropriação indireta**, em que ocorre o efetivo desapossamento do imóvel em favor do ente expropriante, com a mera **limitação administrativa**, situação na qual o indivíduo continua proprietário, mas sofre restrições quanto ao uso do bem imóvel. Nesse último caso, segundo a mansa jurisprudência do STJ, aplica-se o **prazo prescricional de cinco anos** previsto no parágrafo único do art. 10 do Decreto-Lei nº 3.365/1941, segundo o qual "Extingue-se em cinco anos o direito de propor ação que vise à indenização por restrições decorrentes de atos do Poder Público."[42]

8.13. Direito de extensão

Entende-se por direito de extensão a faculdade que tem o proprietário do bem de exigir que, na desapropriação, seja incluída a parte restante dos bens que se tornaram inaproveitáveis isoladamente ou de difícil utilização para ocupação ou exploração econômica.

Desse modo, irresignado com a condição de proprietário de parcela inservível do bem, o expropriado tem direito de, na fase **administrativa** ou **judicial**, requerer a extensão da desapropriação àquela parte.

É com base, portanto, no direito de extensão que o proprietário do bem poderá fazer a desapropriação parcial se tornar desapropriação total, com o devido aumento do *quantum* indenizatório.

O direito deverá ser pleiteado ainda quando estiver tramitando o processo administrativo ou judicial de desapropriação, sob pena de extinção do direito por inércia do titular.

8.14. Desapropriação por zona

Na linha do que dispõe o art. 4º do Decreto-Lei nº 3.365/1941, a desapropriação por zona poderá abranger a área contígua necessária ao desenvolvimento da obra a que se destina, e as zonas que se **valorizarem extraordinariamente**, em consequência da realização do serviço. Em qualquer caso, a declaração de utilidade pública deverá compreendê-las, mencionando-se quais as indispensáveis à continuação da obra e as que se destinam à revenda.

42 AgRg nos EDcl no REsp 1.334.228/MG, Rel. Min. MAURO CAMPBELL MARQUES, DJe 11.12.2013; EDcl no AREsp 278.484/MG, Rel. Min. HERMAN BENJAMIN, DJe 16.10.2013.

Sintetizamos na tabela abaixo os pontos nodais desses institutos:

---------	Servidão	Ocupação	Requisição	Limitações	Desapropriação
Natureza jurídica	Direito real de uso	Direito pessoal	Direito pessoal	Ato legislativo ou administrativo de caráter geral	Forma originária de aquisição
Fundamento	Execução, manutenção ou conservação de obras e serviços públicos	Execução, manutenção ou conservação de obras e serviços públicos	Atendimento de necessidades em situações de emergência	Supremacia geral do Estado	Utilidade ou necessidade pública ou interesse social
Extinção ou manutenção da propriedade	Não extingue a propriedade, mas impõe ônus	Não extingue a propriedade, mas impõe ônus	Não extingue a propriedade, mas impõe uso temporário	Não extingue a propriedade, mas impõe ônus	Extingue o direito de propriedade
Definitividade ou gratuidade	Em princípio, permanente	Transitória	Transitória	Permanente	Em princípio, permanente
Incidência	Bens imóveis, exclusivamente	Bens imóveis, predominantemente	Bens móveis e imóveis e serviços	Bens, direitos e atividades	Bens móveis e imóveis
Indenização	Prévia e condicionada à existência de dano	Se vinculada à desapropriação, incondicionada. Caso contrário, condicionada à existência de dano	Posterior e condicionada à existência de dano	Não indenizável	Em regra, prévia, incondicionada e em dinheiro

9. INTERVENÇÃO DO ESTADO NO DOMÍNIO ECONÔMICO

Como já se asseverou anteriormente, apesar de livre aos particulares, a atividade econômica deve se sujeitar ao interesse social. Nesse contexto, é papel do Estado zelar para manter o ambiente econômico dentro de parâmetros que assegurem a dignidade da pessoa humana, a valorização do trabalho do homem, a livre concorrência, a redução das desigualdades sociais e a solidariedade.

Como leciona Hely Lopes Meirelles, "na ordem econômica o Estado atua para coibir os excessos da iniciativa privada e evitar que desatenda às suas finalidades, ou para realizar o desenvolvimento nacional e a justiça social".[43]

É importante não esquecer que toda e qualquer intervenção deverá se conter aos limites impostos pelo interesse público, visivelmente delineado no ordenamento jurídico constitucional e legal. Ninguém poderá ser obrigado a suportar maior ônus ou restrição que a medida estritamente necessária ao atendimento do bem-estar coletivo. Não à toa a Constituição Federal deu tratamento especial a um sem-número de mecanismos de controle da Administração Pública, a saber: ação popular, direito de petição, ação civil pública, mandado de segurança, representações, denúncias, entre outros.

9.1. Meios de atuação

Os principais instrumentos de intervenção estatal no domínio econômico são a repressão ao abuso do poder econômico, o controle de abastecimento, o tabelamento de preços, a criação de empresas estatais e o monopólio.

Desse modo, fica claro que as atividades de repressão ao abuso de poder econômico e controle de abastecimento de preços denotam a existência do **Estado Regulador**, ao passo que o monopólio e a criação de empresas estatais revelam um **Estado Executor**.

Na condição de Estado Regulador, deve haver obediência estrita aos preceitos contidos no art. 174 da Carta Política (*verbis*):

> **Art. 174.** Como agente normativo e regulador da atividade econômica, o Estado exercerá, na forma da lei, as funções de fiscalização, incentivo e planejamento, sendo este determinante para o setor público e indicativo para o setor privado.
>
> § 1º A lei estabelecerá as diretrizes e bases do planejamento do desenvolvimento nacional equilibrado, o qual incorporará e compatibilizará os planos nacionais e regionais de desenvolvimento.
>
> § 2º A lei apoiará e estimulará o cooperativismo e outras formas de associativismo.

Por outro lado, quando desempenha o papel de Estado Executor, revela-se fundamental a observância do art. 173 da Constituição Federal, segundo o qual:

> Ressalvados os casos previstos nesta Constituição, a exploração direta de atividade econômica pelo Estado só será permitida quando **necessária aos imperativos da segurança nacional ou a relevante interesse coletivo**.

43 MEIRELLES, Hely Lopes. *Direito Administrativo* Brasileiro. 34ª ed. São Paulo: Malheiros, 2008, p. 603-604.

9.2. Repressão ao abuso do poder econômico

Para o professor José dos Santos Carvalho Filho, pode-se definir como repressão ao abuso do poder econômico o:

> Conjunto de estratégias adotadas pelo Estado que, mediante intervenção na ordem econômica, têm o objetivo de neutralizar os comportamentos causadores de distorção nas condições normais de mercado em decorrência do acúmulo de riquezas.[44]

O art. 170, IV, da Constituição Federal de 1988, estatui a **livre concorrência** como princípio da ordem econômica no Brasil. Em complemento, o § 4º do art. 173 da Lei Maior exige a edição de lei para reprimir o **abuso do poder econômico** que vise à dominação dos mercados, à eliminação da concorrência e ao aumento arbitrário dos lucros.

No intuito de regulamentar o presente dispositivo, foi editada a Lei nº 8.884, de 11 de junho de 1994. Posteriormente, em 30 de novembro de 2011, foi editada a Lei nº 12.529, que deu nova estrutura ao Sistema Brasileiro de Defesa da Concorrência, dispôs sobre a prevenção e repressão às infrações contra a ordem econômica e alterou algumas leis correlatas. Trata-se da Lei de Defesa da Concorrência que tem como objetivo principal prevenir e reprimir as ações que possam prejudicar ou limitar a concorrência, com base nos ditames constitucionais da liberdade de iniciativa, livre concorrência, função social da propriedade, defesa do consumidor e repressão ao abuso do poder econômico.

O Sistema Brasileiro de Defesa da Concorrência – SBDC é formado pelo Conselho Administrativo de Defesa Econômica – Cade e pela Secretaria de Acompanhamento Econômico do Ministério da Fazenda – SEAE/MF.

O **Conselho Administrativo de Defesa Econômica** (Cade) é autarquia federal, vinculada ao Ministério da Justiça, com sede e foro no Distrito Federal e competência para atuar em todo o território nacional. O referido Conselho é constituído pelos seguintes órgãos: **Tribunal Administrativo de Defesa Econômica** (emite decisões conclusivas em casos mais complexos), **Superintendência-Geral** (instrui processos administrativos e averiguações preliminares, emite pareceres não vinculativos nesses processos, bem como decide casos menos complexos) e **Departamento de Estudos Econômicos** (emite pareceres diversos e elabora estudos econômicos).

O Tribunal Administrativo, órgão judicante, tem como membros um Presidente e seis Conselheiros escolhidos dentre cidadãos com mais de 30 (trinta) anos de idade, de notório saber jurídico ou econômico e reputação ilibada, nomeados pelo Presidente da República, depois de aprovados pelo

44 CARVALHO FILHO, José dos Santos. *Manual de Direito Administrativo*. 20ª ed. Rio de Janeiro: Lumen Juris, 2008, p. 855.

Senado Federal, para um mandato de quatro anos, vedada a recondução (art. 6º, Lei nº 12.529/2011).

Reza o art. 15 da Lei nº 12.529/2011 que junto ao Cade funcionará uma Procuradoria Federal Especializada, competindo-lhe: prestar consultoria e assessoramento jurídico ao Cade, representar o Cade judicial e extrajudicialmente, promover a execução judicial das decisões e julgados do Cade, promover acordos judiciais nos processos relativos a infrações contra a ordem econômica, mediante autorização do Tribunal, entre outras atribuições.

O Procurador-Geral da República, ouvido o Conselho Superior, designará membro do Ministério Público Federal para, nesta qualidade, emitir parecer, nos processos administrativos para imposição de sanções administrativas por infrações à ordem econômica, de ofício ou a requerimento do Conselheiro-Relator (art. 20, Lei nº 12.529/2011).

O professor Carvalho Filho aponta três formas pelas quais se consuma o **abuso de poder econômico**:

> A primeira delas é a **dominação dos mercados**. O mercado, como sabido, funciona de acordo com a lei da oferta e da procura. A regularidade de seu funcionamento depende do equilíbrio entre as forças oriundas do fornecimento e do consumo. Se a empresa privada busca dominar o mercado, a consequência será a do desaparecimento do equilíbrio daquelas forças e a da possibilidade de a empresa dominante impor condições que somente a ela favoreçam. Logicamente, esse domínio e essas imposições provocam efeitos nocivos à coletividade. Em seguida, temos a **eliminação da concorrência**, que, é fácil observar, tem próxima relação com a dominação dos mercados. A relação é de causa e efeito: a eliminação da concorrência deriva do domínio do mercado. Embora seja difícil modernamente admitir-se a concorrência perfeita, o certo é que ela regula e dá relativo equilíbrio ao mercado, porque a intenção abusiva de um encontra barreiras na atuação idônea de seu concorrente. É o regime de competição que cerceia a imposição de produtos e de preços e, dessa maneira, merece defesa no regime econômico. [...] Por fim, temos como forma abusiva o **aumento arbitrário dos lucros**, que também guarda relação com as formas anteriores. Sempre que a empresa intenta dominar o mercado e eliminar o sistema de concorrência, seu objetivo é mesmo o de auferir lucros despropositados e arbitrários.[45]

Pela regra do art. 36 da Lei nº 12.529/2011, constituem infração da ordem econômica, independentemente de culpa, os atos sob qualquer forma

45 CARVALHO FILHO, José dos Santos. *Manual de Direito Administrativo*. 20ª ed. Rio de Janeiro: Lumen Juris, 2008, p. 856-857.

manifestados, que tenham por objeto ou possam produzir os seguintes efeitos, ainda que não sejam alcançados:

> I - limitar, falsear ou de qualquer forma prejudicar a livre concorrência ou a livre-iniciativa;
>
> II - dominar mercado relevante de bens ou serviços;
>
> III - aumentar arbitrariamente os lucros; e
>
> V - exercer de forma abusiva posição dominante.

Entre as modalidades de domínio de mercados, como abuso de poder econômico, encontram-se a prática de cartéis, trustes e *dumpings*. O que há em comum entre as modalidades é que visam sempre ao açambarcamento dos mercados, à eliminação da concorrência e ao aumento arbitrário dos lucros, nesse caso mediante excessivo e injustificável aumento de preços.[46]

O **cartel** refere-se ao acordo, expresso ou tácito, realizado entre empresas concorrentes que atuam em um mesmo nicho de mercado para eliminar ou reduzir a livre concorrência (sobretudo o microempresário) e aumentar lucros abusivamente.

Na definição do Anexo I da Resolução Cade nº 20/1999, cartéis são:

> Acordos explícitos ou tácitos entre concorrentes do mesmo mercado, envolvendo parte substancial do mercado relevante, em torno de itens como preços, quotas de produção e distribuição e divisão territorial, na tentativa de aumentar preços e lucros conjuntamente para níveis mais próximos do monopólio.

É importante considerar que o comportamento paralelo entre os concorrentes somente será considerado como prática ilícita se for intencional. Com efeito, a mera uniformização dos preços não caracteriza, por si só, o ilícito, servindo tão somente como um indício a ser levado em consideração pelas autoridades de defesa da concorrência.

Indubitavelmente, a prática de cartel afeta não somente o mercado empresarial, mas também os consumidores, que muito sofrerão com aumento de preços e baixa qualidade dos produtos e serviços.

Ao lado dos cartéis, encontramos a prática ilícita de **trustes**, marcada pela pressão que as grandes empresas exercem sobre os concorrentes menores, visando a afastá-los do mercado ou obrigá-los a seguir determinada estratégia econômica.

Por fim, encontramos o ***dumping***, concretizado por meio de situação em que empresa de determinado país decide vender seus produtos ou serviços por preços absurdamente abaixo de seu valor justo para outro país (preço que geralmente se considera menor do que se cobra pelo produto dentro do país exportador), por um tempo, visando a prejudicar e eliminar os fabricantes de

46 MEIRELLES, Hely Lopes. *Direito Administrativo Brasileiro*, 34ª ed. São Paulo: Malheiros, 2008, p. 650.

produtos similares concorrentes no local, passando então a dominar o mercado e impondo preços altos.

9.3. Controle de abastecimento

Em épocas inflacionárias ou de crise econômica, não raro, as empresas, movidas por desejo insaciável por lucros, retêm produtos ou deixem de prestar serviços, causando indisponibilidade destes no mercado. Nesses casos, a União fica autorizada a intervir no domínio econômico para assegurar a livre distribuição de mercadorias e serviços essenciais ao consumo e uso do povo.

A Lei Delegada nº 4, de 26 de setembro de 1962 dispõe sobre a intervenção da União no domínio econômico para assegurar a livre distribuição de produtos necessários ao consumo do povo em geral.

Nos termos do art. 2º desse diploma normativo, a intervenção consistirá: a) na compra, armazenamento, distribuição e venda de produtos que estejam sofrendo descontinuidade em sua disponibilização ao consumidor; b) na fixação de preços e no controle do abastecimento, neste compreendidos a produção, transporte, armazenamento e comercialização; c) na desapropriação de bens, por interesse social; ou na requisição de serviços, necessários à realização dos objetivos previstos nesta lei; e d) na promoção de estímulos à produção.

9.4. Tabelamento de preços

Na pontífica lição de Hely Lopes Meirelles:

> Preço é a retribuição pecuniária do valor do bem, do serviços ou da atividade que se compra ou que se utiliza mediante remuneração. Esse preço pode ser privado, semiprivado ou público. Preço privado é todo aquele que se estabelece em livre concorrência; preço semiprivado é o que a Administração Publica interfere na sua formação, embora admitindo influências do mercado; preço público é o que a Administração fixa definitiva e unilateralmente, sem levar em consideração qualquer variação da oferta e da procura.[47]

É importante consignar que os preços privados devem ser livremente fixados pelo próprio mercado. Entretanto, com fundamento na lei da oferta e da procura, quando há indisponibilidade de bens ou serviços no mercado os preços tendem a subir, enquanto, se há abundância de bens e serviços, os preços tendem a diminuir. Não podemos esquecer que cartéis, trustes e *dumping* são práticas ilícitas que modificam substancialmente os preços cobrados no mercado.

Medida análoga à de controle de abastecimento, o tabelamento de preços refere-se à atividade pública de fixação compulsória dos preços privados a fim de proteger o consumidor e evitar desequilíbrios de mercado.

---

47 MEIRELLES, Hely Lopes. *Direito Administrativo Brasileiro*. 34ª ed. São Paulo: Malheiros, 2008, p. 653.

Previsto no art. 2º, inc. II, da Lei Delegada nº 4/1962, o tabelamento de preços é função privativa da União, que atuará por meio de órgãos da Administração Direta ou de entes administrativos da Administração Indireta. Aos Estados-membros, Distrito Federal e Municípios não remanesce qualquer parcela desse poder de intervenção na economia privada.

9.5. Criação de empresas estatais

Uma das modalidades de intervenção na atividade econômica na condição de **Estado Executor** ocorre com a criação de empresas estatais exploradoras de atividade econômica (empresas públicas e sociedades de economia mista e suas subsidiárias).[48]

A exploração de atividade econômica por parte do Estado deve ser vista como excepcional, pois o próprio texto constitucional dispõe que "ressalvados os casos previstos nesta Constituição, a exploração direta de atividade econômica pelo Estado só será permitida quando **necessária aos imperativos da segurança nacional ou a relevante interesse coletivo**" (art. 173 – destaque nosso).

Como exemplo desse tipo de intervenção, podemos citar a Petrobras S/A, que explora atividade econômica de produção e comercialização de petróleo, fonte de energia imprescindível à sociedade.

9.6. Monopólio

O parágrafo único do art. 170 da Constituição estatui que é **livre a todos** o exercício de qual **atividade econômica**, independentemente de autorização de órgãos públicos, salvo nos casos previstos em lei. Na mesma direção vai o preceito insculpido no inc. XIII do art. 5º da Lei Maior, segundo o qual é **livre** o exercício de **qualquer trabalho**, ofício ou profissão, atendidas as qualificações profissionais que a lei estabelecer.

Desse modo, resta claro que o constituinte originário quis estabelecer a valorização da autonomia privada como vetor fundamental da ordem econômica, não podendo o Estado, como regra, erguer impedimento ao livre exercício de atividades econômicas nem reservar determinadas atividades a este ou àquele agente econômico. Pelo contrário, todos têm o direito de exercer qualquer atividade econômica.

Todavia, isso não impede que o Estado mantenha determinadas atividades sob o seu monopólio. Algumas atividades, se entregues livremente à iniciativa privada, representam sérios riscos ao bem-estar coletivo. Assim, o Poder Público avoca para si a exclusividade de sua exploração.

48 A respeito das empresas estatais, remetemos o leitor ao Capítulo 4 (Administração Direta e Indireta).

O art. 177 da Lei Maior elenca algumas atividades econômicas de exploração exclusiva da União, a saber (*in verbis*):

> I – a pesquisa e a lavra das jazidas de petróleo e gás natural e outros hidrocarbonetos fluidos;
>
> II – a refinação do petróleo nacional ou estrangeiro;
>
> III – a importação e exportação dos produtos e derivados básicos resultantes das atividades previstas nos incisos anteriores;
>
> IV – o transporte marítimo do petróleo bruto de origem nacional ou de derivados básicos de petróleo produzidos no País, bem assim o transporte, por meio de conduto, de petróleo bruto, seus derivados e gás natural de qualquer origem;
>
> V – a pesquisa, a lavra, o enriquecimento, o enriquecimento, a industrialização e o comércio de minérios e minerais nucleares e seus derivados, com exceção dos radioisótopos cuja produção, comercialização e utilização poderão ser autorizadas sob regime de permissão, conforme as alíneas *b* e *c* do inciso XXIII do *caput* do art. 21 desta Constituição Federal.

O texto constitucional faz referência, ainda, a outras áreas sobre as quais a União detém o monopólio, a saber (art. 21): emissão de moedas (inc. VII), serviço postal e correio aéreo nacional (inc. X), serviços de telecomunicações (inc. XI), serviços de radiodifusão sonora e de sons e imagens, serviços e instalações de energia elétrica e o aproveitamento energético dos cursos de água, em articulação com os Estados onde se situam os potenciais hidroenergéticos, navegação aérea, aeroespacial e a infraestrutura aeroportuária, serviços de transporte ferroviário e aquaviário entre portos brasileiros e fronteiras nacionais, ou que transponham os limites de Estado ou Território, serviços de transporte rodoviário interestadual e internacional de passageiros e os portos marítimos, fluviais e lacustres.

A Constituição, no parágrafo único do art. 170, fixa a liberdade para exploração de qualquer atividade econômica. Posteriormente, no art. 177 e em outros dispositivos esparsos são listadas as atividades sobre as quais o Estado deterá monopólio. Dessa feita, a conclusão a que somos forçados a chegar é a de que o monopólio estatal de atividades econômicas só pode ser admitido se houver **previsão constitucional expressa**. Caso contrário, a atividade econômica será livre a qualquer pessoa.[49]

49 Não é este o pensamento de Carvalho Filho (*Manual de Direito Administrativo*. 20ª ed. Rio de Janeiro: Lumen Juris, 2008, p. 873), para quem há atividades implicitamente monopolizáveis.

Outro ponto de relevo é compreender com acerto o teor do supracitado parágrafo único do art. 170 quando menciona que "é assegurado a todos o livre exercício de qualquer atividade econômica, independentemente de autorização de órgãos públicos, salvo nos casos previstos em lei". Não está o constituinte a dizer que a lei poderá restringir esta ou aquela atividade econômica a determinados particulares. O que se está a exigir é que a lei estabeleça condições e restrições para o exercício de determinadas atividades econômicas, independentemente de quem seja o agente econômico.

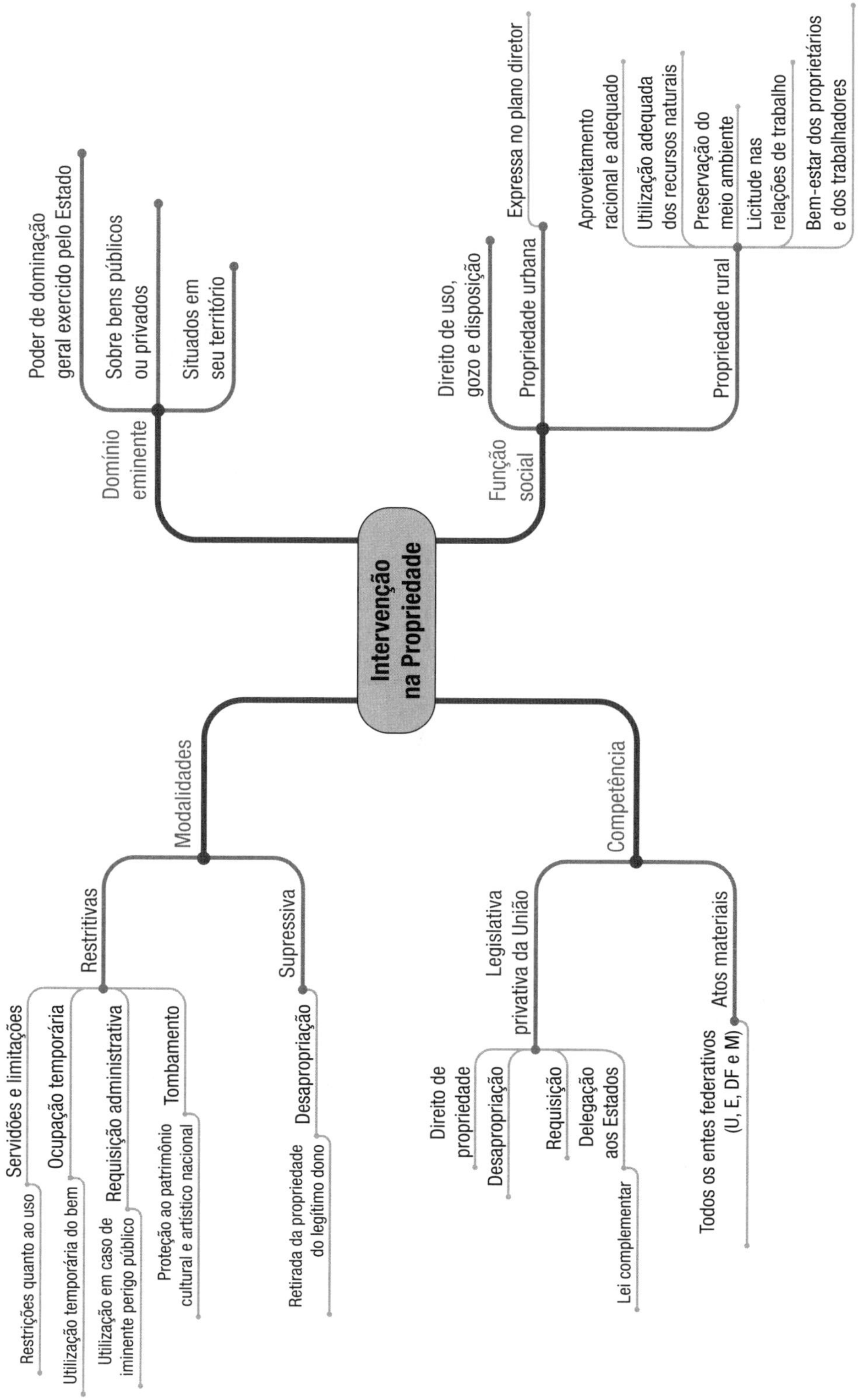
Intervenção na Propriedade
Domínio eminente
Poder de dominação geral exercido pelo Estado
Sobre bens públicos ou privados
Situados em seu território
Função social
Direito de uso, gozo e disposição
Propriedade urbana
Expressa no plano diretor
Propriedade rural
Aproveitamento racional e adequado
Utilização adequada dos recursos naturais
Preservação do meio ambiente
Licitude nas relações de trabalho
Bem-estar dos proprietários e dos trabalhadores
Modalidades
Restritivas
Servidões e limitações
Restrições quanto ao uso
Ocupação temporária
Utilização temporária do bem
Requisição administrativa
Utilização em caso de iminente perigo público
Tombamento
Proteção ao patrimônio cultural e artístico nacional
Supressiva
Desapropriação
Retirada da propriedade do legítimo dono
Competência
Legislativa privativa da União
Direito de propriedade
Desapropriação
Requisição
Delegação aos Estados
Lei complementar
Atos materiais
Todos os entes federativos (U, E, DF e M)

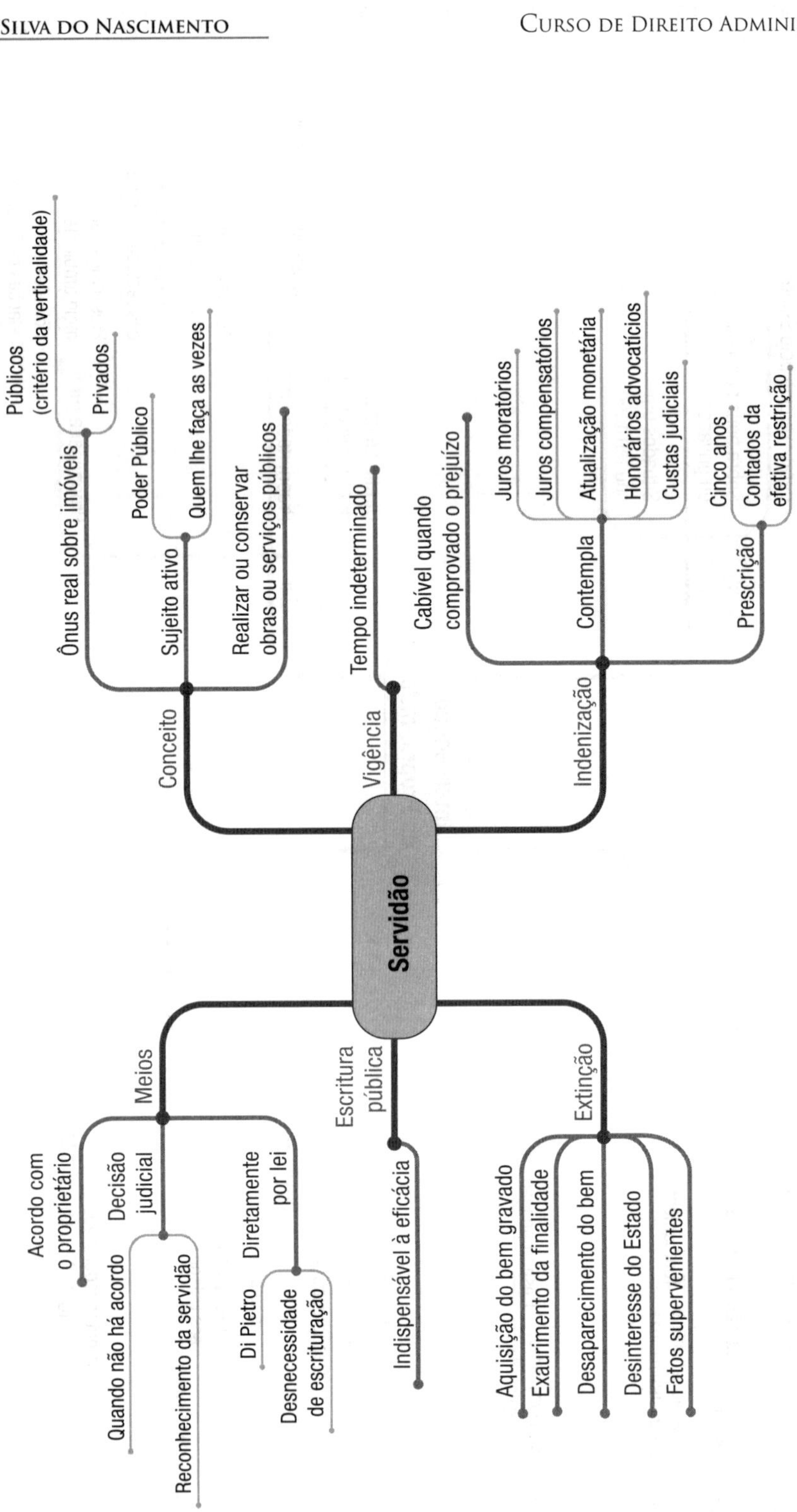
Servidão
Conceito
Ônus real sobre imóveis
Públicos (critério da verticalidade)
Privados
Sujeito ativo
Poder Público
Quem lhe faça as vezes
Realizar ou conservar obras ou serviços públicos
Vigência
Tempo indeterminado
Indenização
Cabível quando comprovado o prejuízo
Contempla
Juros moratórios
Juros compensatórios
Atualização monetária
Honorários advocatícios
Custas judiciais
Prescrição
Cinco anos
Contados da efetiva restrição
Meios
Acordo com o proprietário
Decisão judicial
Quando não há acordo
Reconhecimento da servidão
Diretamente por lei
Di Pietro
Desnecessidade de escrituração
Escritura pública
Indispensável à eficácia
Extinção
Aquisição do bem gravado
Exaurimento da finalidade
Desaparecimento do bem
Desinteresse do Estado
Fatos supervenientes

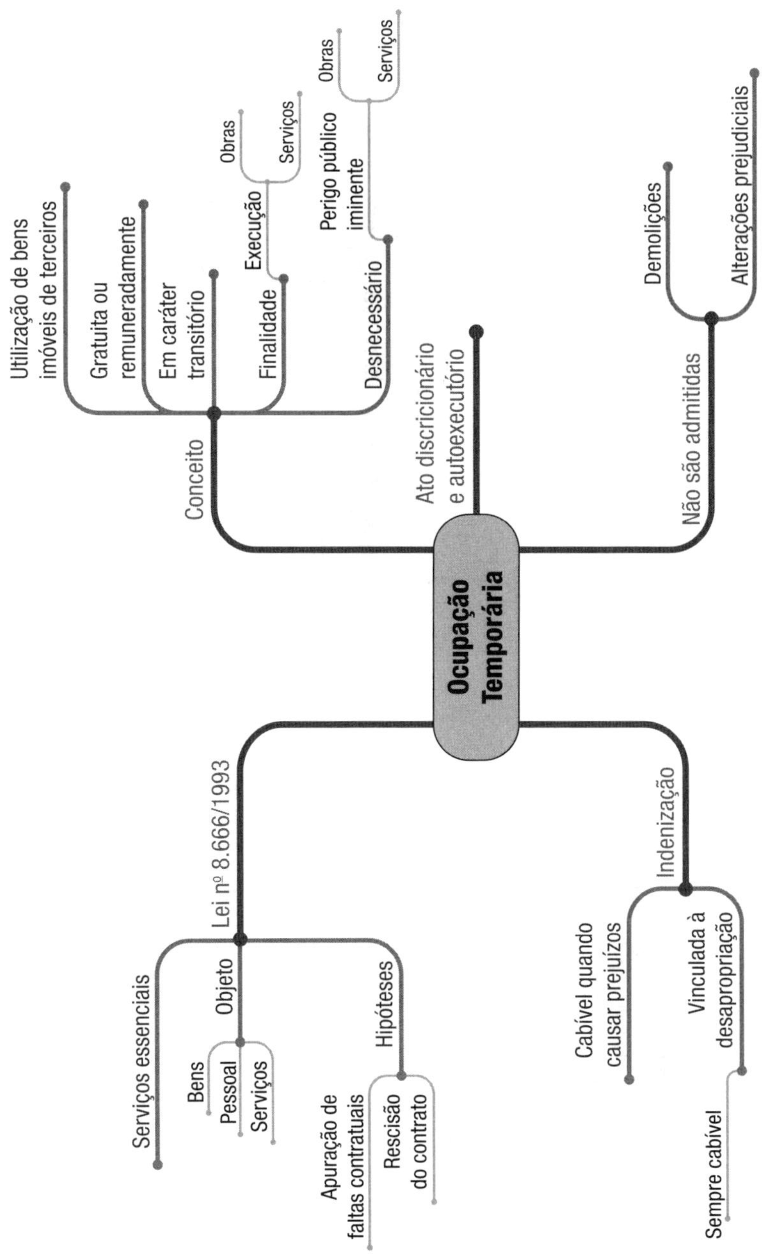
Ocupação Temporária
Conceito
Utilização de bens imóveis de terceiros
Gratuita ou remuneradamente
Em caráter transitório
Finalidade
Execução
Obras
Serviços
Desnecessário
Perigo público iminente
Obras
Serviços
Ato discricionário e autoexecutório
Não são admitidas
Demolições
Alterações prejudiciais
Lei nº 8.666/1993
Serviços essenciais
Objeto
Bens
Pessoal
Serviços
Hipóteses
Apuração de faltas contratuais
Rescisão do contrato
Indenização
Cabível quando causar prejuízos
Vinculada à desapropriação
Sempre cabível

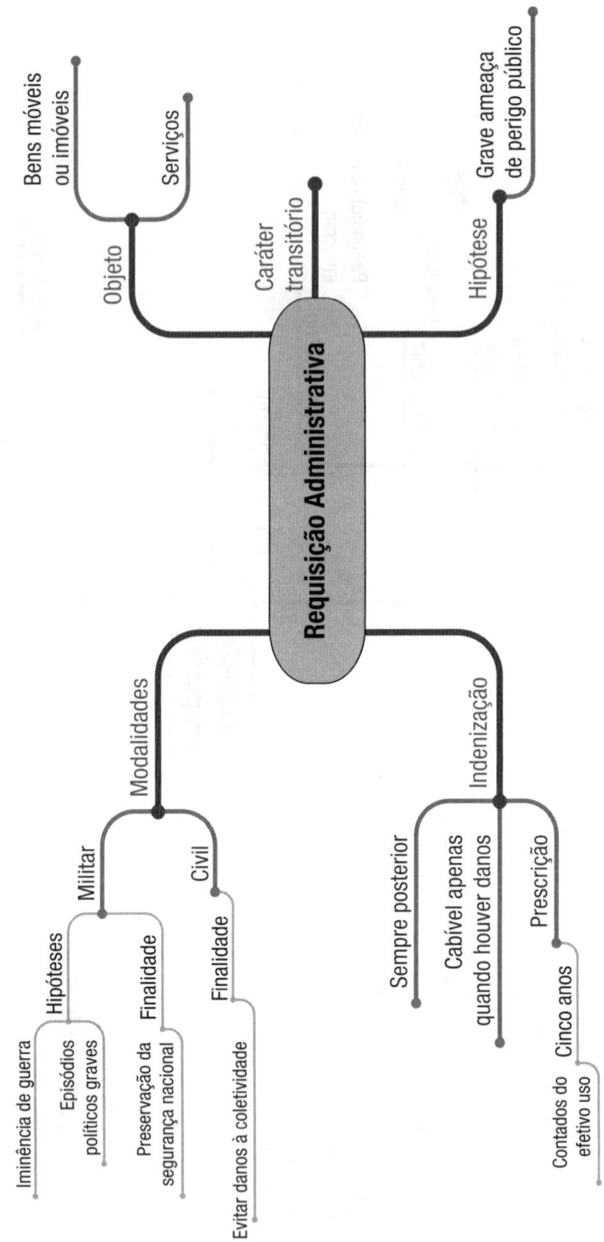
Requisição Administrativa
Objeto
Bens móveis ou imóveis
Serviços
Caráter transitório
Hipótese
Grave ameaça de perigo público
Modalidades
Militar
Hipóteses
Iminência de guerra
Episódios políticos graves
Finalidade
Preservação da segurança nacional
Civil
Finalidade
Evitar danos à coletividade
Indenização
Sempre posterior
Cabível apenas quando houver danos
Prescrição
Cinco anos
Contados do efetivo uso

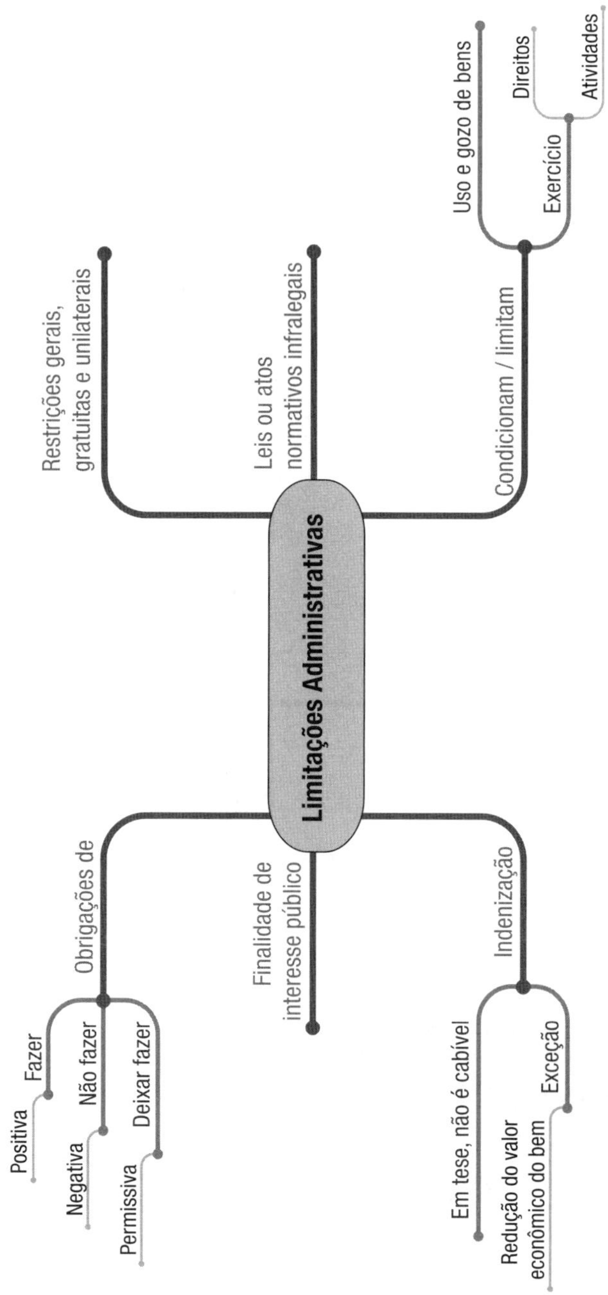
Limitações Administrativas
Restrições gerais, gratuitas e unilaterais
Leis ou atos normativos infralegais
Condicionam / limitam
Uso e gozo de bens
Exercício
Direitos
Atividades
Obrigações de
Fazer
Positiva
Não fazer
Negativa
Deixar fazer
Permissiva
Finalidade de interesse público
Indenização
Em tese, não é cabível
Exceção
Redução do valor econômico do bem

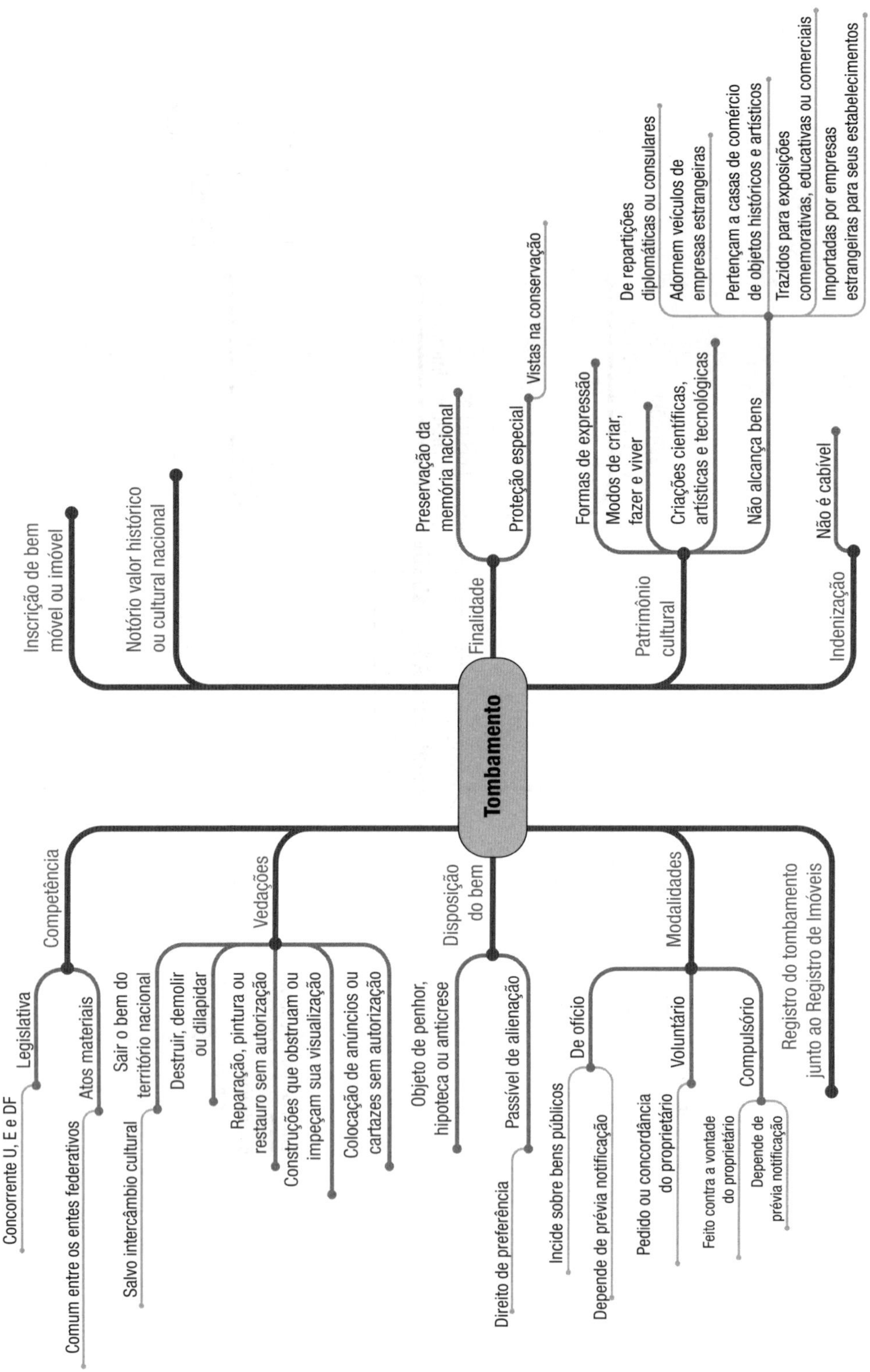

Tombamento
Inscrição de bem móvel ou imóvel
Notório valor histórico ou cultural nacional
Finalidade
Preservação da memória nacional
Proteção especial
Vistas na conservação
Patrimônio cultural
Formas de expressão
Modos de criar, fazer e viver
Criações científicas, artísticas e tecnológicas
Não alcança bens
De repartições diplomáticas ou consulares
Adornem veículos de empresas estrangeiras
Pertençam a casas de comércio de objetos históricos e artísticos
Trazidos para exposições comemorativas, educativas ou comerciais
Importadas por empresas estrangeiras para seus estabelecimentos
Indenização
Não é cabível
Competência
Legislativa
Concorrente U, E e DF
Atos materiais
Comum entre os entes federativos
Vedações
Sair o bem do território nacional
Salvo intercâmbio cultural
Destruir, demolir ou dilapidar
Reparação, pintura ou restauro sem autorização
Construções que obstruam ou impeçam sua visualização
Colocação de anúncios ou cartazes sem autorização
Disposição do bem
Objeto de penhor, hipoteca ou anticrese
Passível de alienação
Direito de preferência
Modalidades
De ofício
Incide sobre bens públicos
Depende de prévia notificação
Voluntário
Pedido ou concordância do proprietário
Compulsório
Feito contra a vontade do proprietário
Depende de prévia notificação
Registro do tombamento junto ao Registro de Imóveis

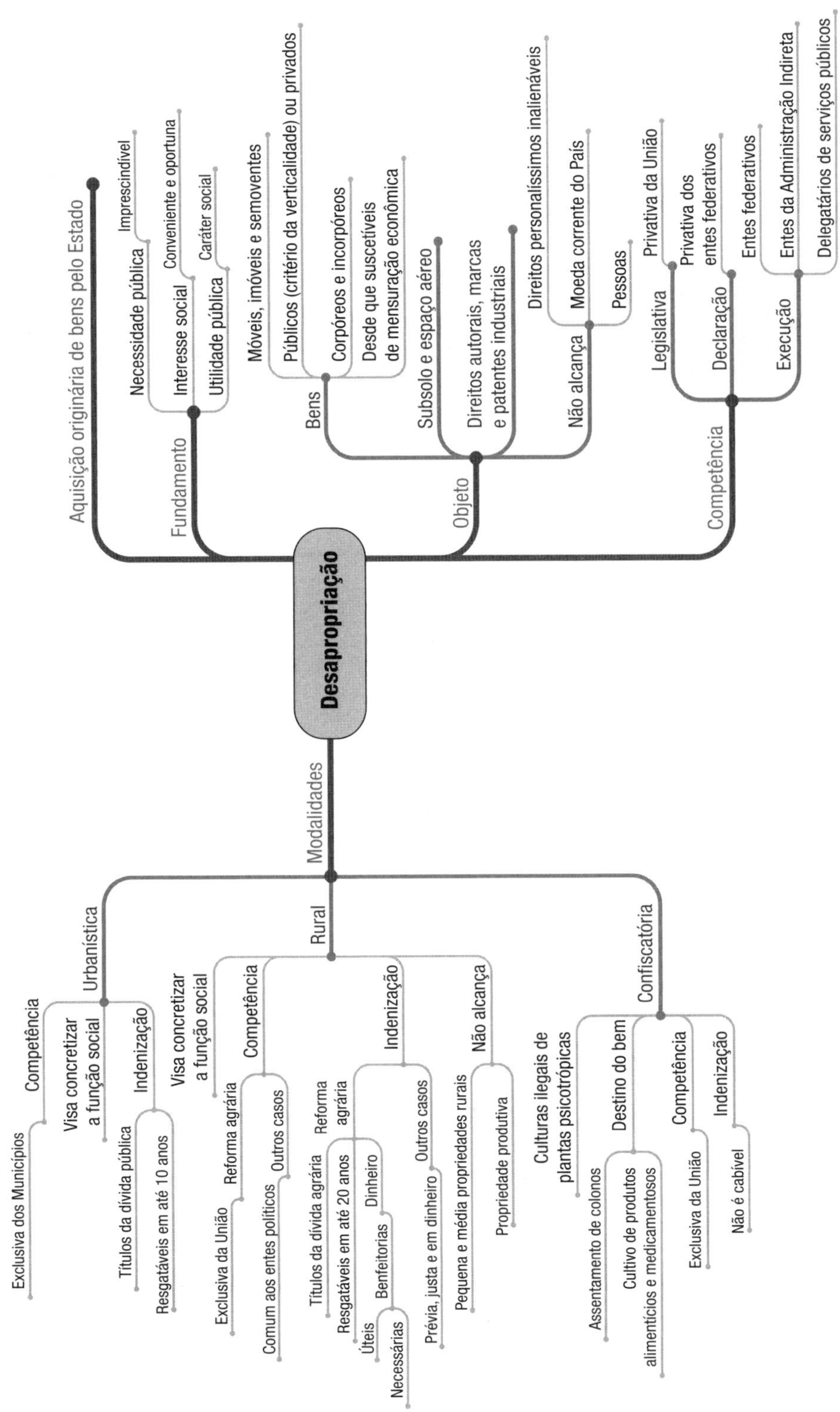
Desapropriação
Aquisição originária de bens pelo Estado
Fundamento
Necessidade pública
Imprescindível
Interesse social
Conveniente e oportuna
Utilidade pública
Caráter social
Objeto
Bens
Móveis, imóveis e semoventes
Públicos (critério da verticalidade) ou privados
Corpóreos e incorpóreos
Desde que suscetíveis de mensuração econômica
Subsolo e espaço aéreo
Direitos autorais, marcas e patentes industriais
Não alcança
Direitos personalíssimos inalienáveis
Moeda corrente do País
Pessoas
Competência
Legislativa
Privativa da União
Declaração
Privativa dos entes federativos
Execução
Entes federativos
Entes da Administração Indireta
Delegatários de serviços públicos
Modalidades
Urbanística
Competência
Exclusiva dos Municípios
Visa concretizar a função social
Indenização
Títulos da dívida pública
Resgatáveis em até 10 anos
Rural
Visa concretizar a função social
Competência
Reforma agrária
Exclusiva da União
Outros casos
Comum aos entes políticos
Indenização
Reforma agrária
Títulos da dívida agrária
Resgatáveis em até 20 anos
Dinheiro
Benfeitorias
Úteis
Necessárias
Outros casos
Prévia, justa e em dinheiro
Não alcança
Pequena e média propriedades rurais
Propriedade produtiva
Confiscatória
Culturas ilegais de plantas psicotrópicas
Destino do bem
Assentamento de colonos
Cultivo de produtos alimentícios e medicamentosos
Competência
Exclusiva da União
Indenização
Não é cabível

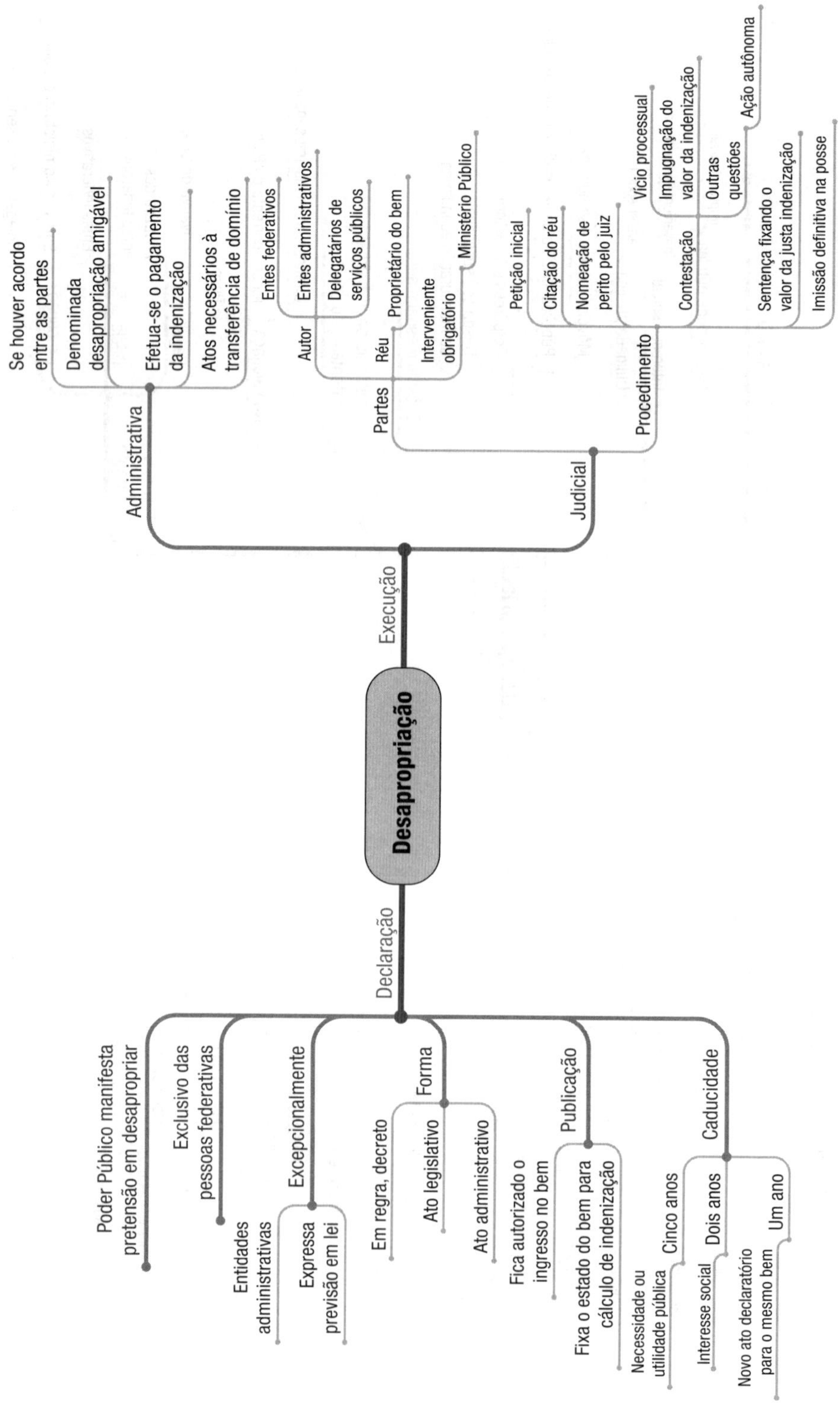
Desapropriação
Execução
Administrativa
Se houver acordo entre as partes
Denominada desapropriação amigável
Efetua-se o pagamento da indenização
Atos necessários à transferência de domínio
Judicial
Partes
Autor
Entes federativos
Entes administrativos
Delegatários de serviços públicos
Réu
Proprietário do bem
Interveniente obrigatório
Ministério Público
Procedimento
Petição inicial
Citação do réu
Nomeação de perito pelo juiz
Contestação
Vício processual
Impugnação do valor da indenização
Outras questões
Ação autônoma
Sentença fixando o valor da justa indenização
Imissão definitiva na posse
Declaração
Poder Público manifesta pretensão em desapropriar
Exclusivo das pessoas federativas
Entidades administrativas
Excepcionalmente
Expressa previsão em lei
Forma
Em regra, decreto
Ato legislativo
Ato administrativo
Publicação
Fica autorizado o ingresso no bem
Fixa o estado do bem para cálculo de indenização
Caducidade
Cinco anos
Necessidade ou utilidade pública
Dois anos
Interesse social
Um ano
Novo ato declaratório para o mesmo bem

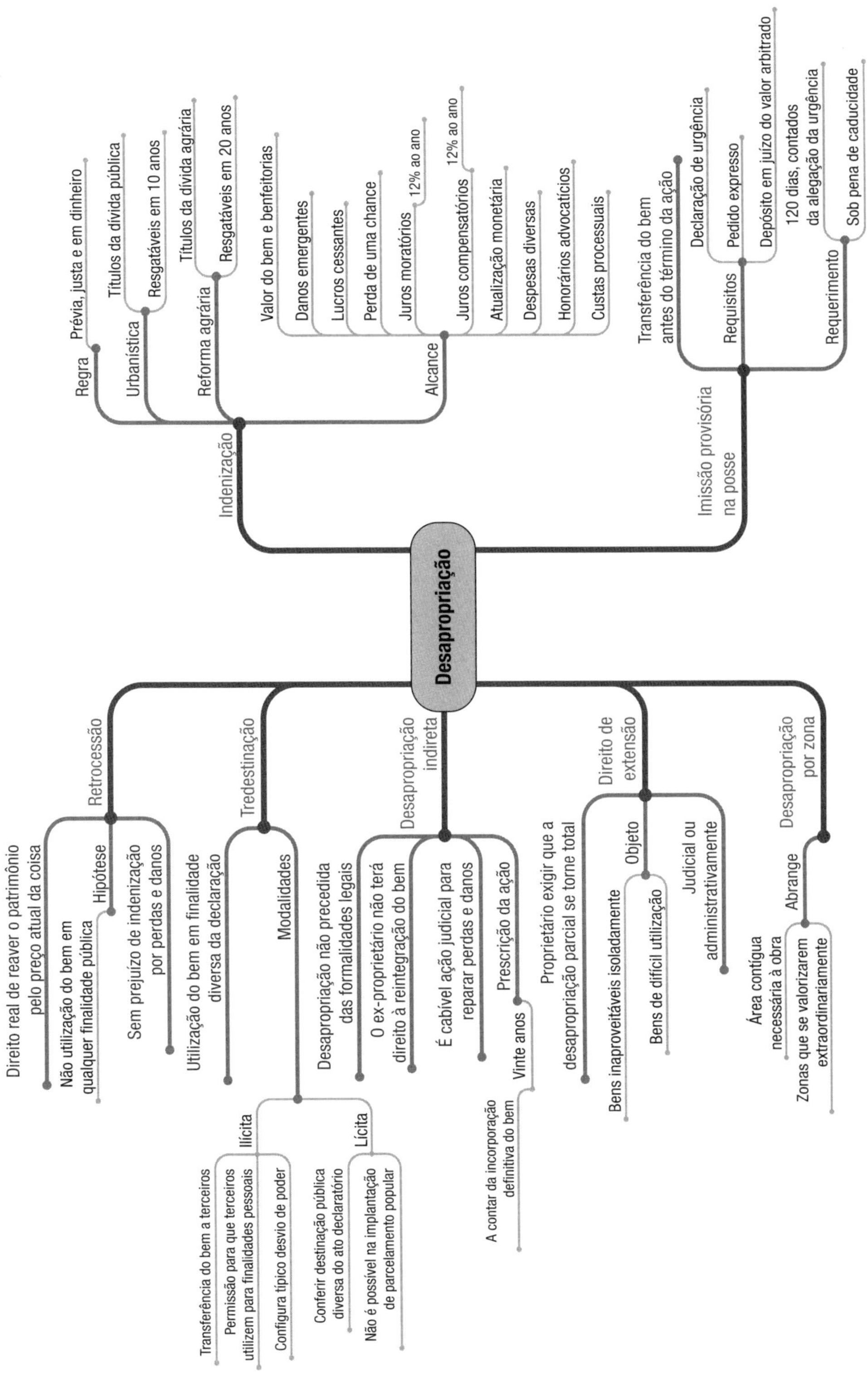
Desapropriação
Indenização
Regra
Prévia, justa e em dinheiro
Urbanística
Títulos da dívida pública
Resgatáveis em 10 anos
Reforma agrária
Títulos da dívida agrária
Resgatáveis em 20 anos
Alcance
Valor do bem e benfeitorias
Danos emergentes
Lucros cessantes
Perda de uma chance
Juros moratórios
12% ao ano
Juros compensatórios
12% ao ano
Atualização monetária
Despesas diversas
Honorários advocatícios
Custas processuais
Imissão provisória na posse
Transferência do bem antes do término da ação
Requisitos
Declaração de urgência
Pedido expresso
Depósito em juízo do valor arbitrado
Requerimento
120 dias, contados da alegação da urgência
Sob pena de caducidade
Retrocessão
Direito real de reaver o patrimônio pelo preço atual da coisa
Hipótese
Não utilização do bem em qualquer finalidade pública
Sem prejuízo de indenização por perdas e danos
Tredestinação
Utilização do bem em finalidade diversa da declaração
Modalidades
Ilícita
Transferência do bem a terceiros
Permissão para que terceiros utilizem para finalidades pessoais
Configura típico desvio de poder
Lícita
Conferir destinação pública diversa do ato declaratório
Não é possível na implantação de parcelamento popular
Desapropriação indireta
Desapropriação não precedida das formalidades legais
O ex-proprietário não terá direito à reintegração do bem
É cabível ação judicial para reparar perdas e danos
Prescrição da ação
Vinte anos
A contar da incorporação definitiva do bem
Direito de extensão
Proprietário exigir que a desapropriação parcial se torne total
Objeto
Bens inaproveitáveis isoladamente
Bens de difícil utilização
Judicial ou administrativamente
Desapropriação por zona
Abrange
Área contígua necessária à obra
Zonas que se valorizarem extraordinariamente

REFERÊNCIAS BIBLIOGRÁFICAS

AGUIAR, Ubiratan *et al. Convênios e tomadas de contas especiais: manual prático.* 3ª ed. rev. e ampl. Belo Horizonte: Fórum, 2010.

ALEXY, Robert. *Teoría de los derechos fundamentales.* Madrid: Centro de Estudios Constitucionales, 1997.

ÁVILA, Humberto Bergmann. *Teoria dos princípios – Da definição à aplicação dos princípios jurídicos.* 7ª ed. São Paulo: Malheiros, 2007

BACELLAR FILHO, Romeu Filipe. *Processo administrativo disciplinar.* 2ª ed. São Paulo: Max Limonad, 2003, p. 133.

BARROSO, Luís Roberto. *Os princípios da razoabilidade e da proporcionalidade.* Disponível em: <www.acta-diurna.com.br/biblioteca/doutrina/d19990628007.htm.> Acesso em: 19 ago. 2003.

BRASIL. *Código Civil.* 60ª ed. São Paulo: Saraiva, 2009.

_____. *Código Penal.* 47ª ed. São Paulo: Saraiva, 2009.

_____. *Consolidação das Leis do Trabalho.* 36ª ed. São Paulo: Saraiva, 2009.

_____. *Constituição (1988).* Constituição da República Federativa do Brasil. 42ª ed. São Paulo: Saraiva. 2009.

_____. *Presidência da República Federativa do Brasil.* Disponível em: <www.presidencia.gov.br/legislacao/>.

_____. *Superior Tribunal de Justiça.* Disponível em: <www.stj.jus.br>.

_____. *Supremo Tribunal Federal.* Disponível em: <www.stf.jus.br>.

_____. *Tribunal de Contas da União.* Disponível em: <www.tcu.gov.br>.

_____. Tribunal de Contas da União. *Licitações e contratos: orientações e jurisprudência do TCU.* 4ª ed. Brasília: TCU, Secretaria-Geral da Presidência: Senado Federal, Secretaria Especial de Editoração e Publicações, 2010.

_____. *Tribunal Superior Eleitoral.* Disponível em: <www.tse.jus.br>.

_____. *Tribunal Superior do Trabalho.* Disponível em: <www.tst.jus.br>.

BULOS, Uadi Lammêgo. *Curso de direito constitucional.* 7ª ed. São Paulo: Saraiva, 2012.

CAETANO, Marcelo. *Manual de direito administrativo.* Lisboa: Coimbra, 1973. v. II.

CARVALHO FILHO, José dos Santos. *Consórcios públicos.* Rio de Janeiro: Lumen Juris, 2009.

_____. *Manual de direito administrativo.* 20ª ed. Rio de Janeiro: Lumen Juris, 2008.

CAVALIERI FILHO, Sérgio. *Programa de responsabilidade civil.* 5ª ed. São Paulo: Malheiros, 2004.

CLÈVE, Clèmerson Merlin; PEIXOTO, Marcela Moraes. O estado brasileiro: algumas linhas sobre a divisão de poderes na Federação brasileira à luz da Constituição de 1988. *Boletim de Direito Administrativo*, São Paulo, v. 1, nº 5, p. 289-304, 1991.

COUTO E SILVA, Almiro do. O princípio da segurança jurídica (proteção à confiança) no direito público brasileiro e o direito da administração pública de anular seus próprios atos administrativos: o prazo decadencial do art. 54 da lei do processo administrativo da União (Lei nº 9.784/99). *Revista Eletrônica de Direito do Estado*, Salvador, Instituto de Direito Público da Bahia, nº 2, abril/maio/junho, 2005. Disponível em: <www.direitodoestado.com.br.> Acesso em: 26 de jan. 2010.

CRETELLA JÚNIOR, José. *Tratado de direito administrativo.* Rio de Janeiro: Forense, 1966.

_______. *Dicionário de direito administrativo.* Rio de Janeiro: Forense, 1978.

CUNHA, Leonardo Carneiro da. *A fazenda pública em juízo.* 8ª ed. São Paulo: Dialética, 2010.

DALLARI, Dalmo de Abreu. *Elementos de teoria geral do estado.* 28ª ed. São Paulo: Saraiva, 2009.

DELL`ISOLLA, Alberto. *Técnicas profissionais para memorização.* São Paulo: Universo dos Livros, 2009.

DI PIETRO, Maria Sylvia Zanella. *Direito administrativo.* 20ª ed. São Paulo: Atlas, 2006.

_______. *Parcerias na administração pública.* 8ª ed. São Paulo: Atlas, 2011.

DWORKIN, Ronald. *Levando os direitos a sério.* Trad. Nelson Boeira. São Paulo: Martins Fontes, 2002.

FARIA JUNIOR, Cyonil & BERNARDES, Sandro Henrique. *Licitações e contratos.* 2ª ed. Rio de Janeiro: Elsevier, 2010.

FAZZIO JÚNIOR, Waldo. *Lei de falências e recuperação de empresas.* 4ª ed. São Paulo: Atlas, 2008.

FERNANDES, Jorge Ulisses Jacoby. *Sistema de registro de preços e pregão presencial e eletrônico.* 2ª ed. Belo Horizonte: Fórum, 2007.

FIGUEIREDO, Lúcia Valle. *Curso de direito administrativo.* 9ª ed. São Paulo: Malheiros. 2008.

FURTADO, Lucas Rocha. *Curso de direito administrativo.* Belo Horizonte: Fórum. 2006.

GAGLIANO, Pablo Stolze & PAMPLONA FILHO, Rodolfo. *Novo curso de direito civil,* parte geral. 11ª ed. São Paulo: Saraiva, 2009. v. I.

GASPARINI, Diógenes. *Direito administrativo.* 13ª ed. São Paulo: Saraiva, 2008.

GOMES, José Jairo. *Direito eleitoral.* 9ª ed. São Paulo: Atlas, 2013.

GRINOVER, Ada Pellegrini; DINAMARCO, Cândido Rangel; CINTRA, Antônio Carlos Araújo. *Teoria geral do processo.* São Paulo: Malheiros, 2009.

JUSTEN FILHO, Marçal. *Curso de direito administrativo.* 9ª ed. São Paulo: Editora Revista dos Tribunais, 2013.

KELSEN, Hans. *Teoria pura do direito.* 8º ed. São Paulo: Martins Fontes, 2009.

LEAL, Rogério Gesta. O controle da administração pública no Brasil em face de sua necessária transparência. *Revista Brasileira de Estudos da Função Pública* – RBEFP, Belo Horizonte, ano 1, nº 1, p. 2.947, jan./abr. 2012.

LIMA, Ruy Cirne. *Princípios de direito administrativo.* 7ª ed. São Paulo: Malheiros, 2007

MADEIRA, José Maria Pinheiro. *O servidor público na atualidade.* 6ª ed. Rio de Janeiro: Lumen Juris, 2007.

MAMEDE, Gladston. *Manual de direito empresarial.* 4ª ed. São Paulo: Atlas, 2008.

MARRARA, Thiago. Direito administrativo e novas tecnologias. *Revista de Direito Administrativo RDA*, Belo Horizonte, v. 256, jan./abr. 2011.

MARINELA, Fernanda. *Direito administrativo.* 4ª ed. Niterói: Impetus, 2010.

MEDAUAR, Odete. *A processualidade no direito administrativo.* 4ª ed. São Paulo: Revista dos Tribunais, 2008.

____. *O direito administrativo em evolução.* 2ª ed. São Paulo: Editora Revista dos Tribunais, 2003.

MEIRELLES, Hely Lopes. *Direito administrativo brasileiro.* 34ª ed. São Paulo: Malheiros, 2008.

MELLO, Celso Antônio Bandeira de. *Curso de direito administrativo.* 25ª ed. São Paulo: Malheiros, 2008.

_______. *Discricionariedade administrativa e controle judicial.* 2ª ed. São Paulo: Malheiros, 2008.

_______. *Apontamentos sobre os agentes e órgãos públicos.* São Paulo: Revista dos Tribunais. 1987.

MELLO, Oswaldo Aranha Bandeira de. *Princípios gerais de direito administrativo.* 3ª ed. São Paulo: Malheiros, 2007.

MENDES, Gilmar Ferreira; BRANCO, Paulo Gustavo Gonet. *Curso de direito constitucional.* 7ª ed. São Paulo: Saraiva, 2012.

MONTESQUIEU. *Do espírito das leis.* Trad. Miguel Morgado. Lisboa: Edições 70, 2011.

MOREIRA NETO, Diogo Figueiredo de. *Curso de direito administrativo.* 14ª ed. Rio de Janeiro: Forense, 2006.

______. *Legitimidade e discricionariedade: novas reflexões sobre os limites e controle da discricionariedade.* 4ª ed. Rio de Janeiro: Forense, 2002.

______. *Mutações do direito administrativo.* 4ª ed. Rio de Janeiro: Renovar, 2007.

______. *Mutações do direito público.* Rio de Janeiro: Renovar, 2006.

______. *Quatro paradigmas do direito administrativo pós-moderno.* Belo Horizonte: Fórum, 2008.

NASCIMENTO, Elyesley Silva do. *Direito administrativo – questões comentadas Cespe/Unb.* Rio de Janeiro: Impetus, 2011.

______. *Lei nº 8.112/90 – Estatuto dos Servidores Públicos Federais.* 2ª ed. Rio de Janeiro: Impetus, 2013.

NASCIMENTO, Elyesley Silva do; CARVALHEDO, Marcos; MACHADO, Weslei. *Lei nº 8.666/93 anotada pelas bancas examinadoras* – Cespe. São Paulo: Método, 2012

NIEBURH, Joel de Menezes. *Pregão Presencial e Eletrônico.* Curitiba: Zênite, 2004.

NUNES, Luiz Antonio Rizzatto. *Manual de introdução ao direito.* 3ª ed. São Paulo: Saraiva, 2000.

ONTORIA, A., Luque, A. de & Gómez, J.P.R. *Aprender com mapas mentais: uma estratégia para pensar e estudar.* São Paulo: Madras, 2004.

PEREIRA JÚNIOR, Jessé Torres & DOTTI, Marinês Restelatto. *Convênios e outros instrumentos de "administração consensual" na gestão pública do século XXI: restrições em ano eleitoral.* Belo Horizonte: Fórum, 2010.

PRADO, Leandro Cadenas. *Servidores públicos federais – Lei nº 8.112/90.* 8ª ed. Rio de Janeiro: Impetus, 2008.

RIGOLIN, Ivan Barbosa. *O servidor público nas reformas constitucionais.* 2ª ed. Belo Horizonte: Fórum, 2006.

______. *Comentários ao regime único dos servidores públicos civis.* 5ª ed. São Paulo: Saraiva, 2007.

___. Transparência não é devassa, nem na Lei nº 12.527/2011. *Fórum Administrativo – FA*, Belo Horizonte, ano 12, nº 138, p. 3236, ago. 2012.

ROCHA, Francisco Lobello de Oliveira. *Regime jurídico dos concursos públicos.* São Paulo: Dialética, 2006.

SIMÕES, MÔNICA TOSCANO. *O processo administrativo e a invalidação dos atos viciados.* São Paulo: Malheiros, 2004.

SILVA, José Afonso da. *Curso de Direito constitucional positivo.* 22ª ed. São Paulo: Malheiros, 2003.

SILVA, José Afonso da. *Curso de direito constitucional positivo.* 36ª ed. São Paulo: Malheiros, 2013.

SILVA, De Plácido e. *Vocabulário jurídico.* 20ª ed. Rio de Janeiro: Forense, 2002.

TAVARES, Marcelo Leonardo; IBRAHIM, Fábio Zambitte & VIEIRA, Marco André Ramos. *Comentários à reforma da previdência – EC nº 41/03*, Rio de Janeiro: Impetus, 2004.

Índice Remissivo

B

C

D

E

F

G

H

I

J

L

M

N

O

P

R

S

ANOTAÇÕES

Anotações

Anotações

Rua Alexandre Moura, 51
24210-200 – Gragoatá – Niterói – RJ
Telefax: (21) 2621-7007

www.impetus.com.br

Esta obra foi impressa em papel offset 63 grs./m²